तुकान्तक शब्दकोश

तुकान्तक शब्दकोश

परमानन्द चतुर्वेदी

लोकभारती प्रकाशन

लोकभारती प्रकाशन
पहली मंजिल, दरबारी बिल्डिंग, महात्मा गांधी मार्ग,
इलाहाबाद–211 001
वेबसाइट : www.lokbhartiprakashan.com
ई-मेल : info@lokbhartiprakashan.com

शाखाएँ : 1–बी, नेताजी सुभाष मार्ग, दरियागंज,
नई दिल्ली–110 002
अशोक राजपथ, साइंस कॉलेज के सामने,
पटना–800 006
36 ए, शेक्सपियर सरणी, कोलकाता–700 017

पहला संस्करण : 2018

मूल्य : ₹ 995

आवरण : लोकभारती स्टूडियो

बी.के. ऑफसेट
नवीन शाहदरा, दिल्ली–110 032 द्वारा मुद्रित

TUKANTAK SHABDKOSH
by Parmanand Chaturvedi

ISBN : 978-93-86863-50-8

प्राक्कथन

लगभग 45 वर्ष पहले मेरे मन में एक ऐसे शब्द-कोश की रचना करने का विचार आया, जिसमें शब्दों का क्रम तुकानुसार हो। इस उत्कंठा का कारण था कविता के प्रति मेरा रुझान और प्रेरणा का स्रोत था महाकवि भूषण का वह छंद जो उन्होंने छत्रपति शिवाजी महाराज की प्रशंसा में अपने प्रथम मिलन के अवसर पर उन्हें सुनाया था–

''इन्द्र जिमि जंभ पर, बाडव सुअंभ पर, रावन सदंभ पर, रघुकुल राज है।
पौन वारि वाह पर, संभु रतनाह पर, ज्यों सहसबाह पर, रामद्विज राज है।''

जंभ, अंभ तथा सदंभ आदि के तुकान्तक शब्दों ने, प्रभावी उपमाओं के योग से जो प्राण इस छंद में फूँक दिए हैं, उन पर शिवाजी महाराज तक रीझे बिना न रह सके। कहते हैं शिवाजी महाराज ने यह छंद भूषण से बार-बार सुना और प्रत्येक बार एक-एक स्वर्ण मुद्रा पारितोषिक रूप में प्रदान की।

लय, स्वर और ताल के बिना जैसे संगीत निष्प्रभ है, वैसे ही तुक के बिना कविता नीरस है। जो भी हो, यहाँ मैं तुकान्त और अतुकान्त कविता के पचड़े में न पड़ते हुए, तुकान्तक-शब्द-कोष के विषय में कुछ कहूँ।

जैसा कि शब्द-कोष के नाम से ही स्पष्ट है, इसमें शब्दों को, उनके अन्तिम अक्षर के क्रम में रखा गया है, साथ ही मात्राओं के क्रम को ध्यान में रखते हुए पहले अ, आ, इ, ई, उ, ऊ, ए, ऐ, ओ, औ, से अन्त होने वाले शब्द हैं, फिर वर्णमाला के क, ख, ग, घ, आदि से अन्त होने वाले शब्द।

इन शब्दों में भी प्रत्येक अक्षर के शब्द को अकारान्त, आकारान्त, इकारान्त आदि क्रम में रखा गया है, अपितु चेष्टा की गई है अन्तिम अक्षर से पूर्व के अक्षर में मात्राओं को भी तदनुसार महत्त्व देते हुए, शब्दों को क्रमबद्ध अक्षरानुसार किया जाए। इस क्रम को अन्तिम, उससे पूर्व के तथा उससे भी पूर्व के, यानी 3 अन्तिम अक्षरों तक निर्वाह करने का मेरा प्रयास रहा है। जहाँ एक ही अक्षर से अन्त होने वाले शब्दों की संख्या अधिक रही है, वहाँ पहले दो अक्षरी, समान स्वरी शब्दों को पूर्व में रखकर, उस श्रृंखला के अन्य शब्दों को रखा गया है। उदाहरण के लिए'ख' अक्षर से अन्त होने वाले शब्दों को ही लें तो पहले दो अक्षरों वाले अकारान्त शब्दझख, नख, भख आदि आते हैं, तदुपरान्त अनख, अलख, परख आदि शब्द हैं, जिनमें अन्तिम तीन अक्षरों तक किसी अक्षर पर कोई मात्रा नहीं। फिर पारख आया जिसमें अन्तिम से पूर्व के तीसरे अक्षर में 'आ' की मात्रा है। इसके बाद वे शब्द हैं, जिनमें रख से पूर्व के अक्षर में 'ई' की मात्रा आती हैं, यह शब्द है, 'सीरख'।

'रख' के अन्तिम दो अक्षरों के बाद 'सख' से अन्त होने वाले शब्द हैं'वात सख', प्रियसख तथा वायुसख। अन्तिम से पूर्व का तृतीय अक्षर वर्णमाला के क्रमानुसार 'त'

के आगे 'य' अक्षर वाला 'प्रियसख' मिला जिसमें 'य' अकारान्त है, तदुपरान्त उकारान्त 'य' का शब्द 'वायुसख' है। अतः क्रमानुसार अकारान्त के बाद उकारान्त शब्द 'वायुसख' को प्रतिष्ठापित किया गया है।

इस प्रकार से शब्दों की इस जमावट का कार्य काफी श्रम साध्य तथा एकाग्रता पूर्ण है। सम्भवतः उस समय तक हिन्दी ही क्या अन्य किसी भाषा में भी ऐसा शब्द-कोश नहीं रचा गया था, अपितु अभी भी न हो। उपरोक्त कार्य का निर्वाह मैंने यथासम्भव रखने का प्रयत्न किया है फिर भी सन् 1964 से वर्षों अन्तराल के उपरान्त एक-एक कर किए गए मेरे इस प्रयत्न में यदि एकरूपता न रह सकी हो तो विद्वजन इसे हिन्दी-साहित्य के एक अनछुए पहलू पर मेरे द्वारा प्रथम पग रखने का प्रयास मानकर मुझे क्षमा करेंगे।

हो सकता है, मेरे इस प्रयास में बहुत से शब्द भी छूट गए हों, क्योंकि शब्दों की टकसाल तो निरन्तर नए शब्दों की रचना में संलग्न है और इस अपार शब्दों के संसार को संजोना, आकाश के तारों को चित्रित करने जैसा है। जो तारा आज दृष्टिगत नहीं है, हो सकता है अबसे दस, बीस या पचास वर्ष उपरान्त वह दृष्टिगोचर होने लगे।

—परमानन्द चतुर्वेदी

आभार

मैं अपने बड़े पुत्र चि. पीयूष कुमार का विशेष आभारी हूँ जिन्होंने मूलरूप में संकलित मेरी कृति **'तुकान्तक शब्दकोश'** को टाइप करवाकर, अनेक विसंगतियों को दूर कर, पुस्तक रूप प्रदान किया अन्यथा यह कृति किसी कबाड़ी के हाथ, रद्दी में जाती। मैं चि. पीयूष की पत्नी सौ. तनूजा तथा अपने छोटे पुत्र डॉ. मीनाक्ष की 12 वर्षीया पुत्री कु. आयुषी का भी आभारी हूँ जिन्होंने कई-कई बार फोटो कापियाँ करवाईं, पृष्ठानुसार चैक किया तथा मेरे प्रयोग हेतु जिस किसी सामग्री की आवश्यकता पड़ी उसे लाकर मुझे प्रदान किया। मैं अपनी बड़ी पुत्री नीता का भी आभारी हूँ, जिन्होंने इसका आवरण तैयार किया।

अन्त में मैं अपने छोटे पुत्र डॉ. मीनाक्ष का आभार मानना न भूलूँगा जिन्होंने मेरी इस कृति को प्रकाशित कराने का बीड़ा उठाया है।

—परमानन्द चतुर्वेदी

तुकान्तक शब्दकोश

अ-अन्तक, हिन्दी संस्कृत के स्वर वर्ग का पहिला अक्षर, निषेध अभाव तथा अल्प अर्थ में अव्यय की तरह इसका प्रयोग होता है, यथा अकाल, अपापी। प्रणव का प्रथम अक्षर। (सं.पुं.) ब्रह्मा, सृष्टि।

अ अ

आ अ

इ अ

पिअ *(हि.वि.)* देखो प्रिय।

ईअ

हीअ *(हि.पुं.)* देखो हिय हृदय।

उअ

तुअ *(हि.सर्व.)* तुव, तव, तुम्हारा।

भुअ *(हि.स्त्री.)* भ्रू, भौंह।

आ-अन्तक, हिन्दी वर्णमाला का दूसरा अक्षर, यह अ का दीर्घ रूप है। आ-(सं.अव्य.) यह, ईषत्, (थोड़ा), मर्यादा, अभिव्यक्ति तथा अतिक्रमण अर्थ में प्रयुक्त होता है-यथा, आरक्त थोड़ा लाल, आमरण-जीवन पर्यन्त।

आ आ

राआ *(हि.पुं.)* राजा।

इ आ

दिआ *(हि.पुं.)* देखो दिया।

धिया *(हि.स्त्री.)* धिय, कन्या, बेटी।

बेरिया *(हि.स्त्री.)* समय, बेला।

चिआँ *(हि.पुं.)* इमली का बीज।

रिनिआँ *(हि.पुं.)* ऋणी।

ईआ

दीआ *(हि.पुं.)* देखो दिया।

उ आ (द्वि-अक्षरी)

जुआ *(हि.पुं.)* बाजी लगाकर हारजीत का खेल, लकड़ी का वह ढाँचा जो बैल के कन्धे पर रखा जाता है, जाँते की मठिया।

बुआ *(हि.स्त्री.)* देखो बुआ।

पुआ *(हि.पुं.)* चाशनी में पागी हुई आटे की मोटी रोटी या टिकिया।

रूआ *(हि.पुं.)* देखो रोआँ, रोम।

कुआँ *(हि.पुं.)* देखो कूप, ईदारा।

धुआँ *(हि.पुं.)* धूम।

अ उ आ (बहु अक्षरी)

झउआ *(हि.पुं.)* टोकरा, खाँचा, झावा।

नउआ *(हि.पुं.)* नापित, नाऊ।

टकुआ *(हि.पुं.)* तकली जिस पर सूत काता और लपेटा जाता है।

टकुआ *(हि.पुं.)* कते हुए सूत को लपेटने की तकली।

भकुआ *(हि.वि.)* मूढ़, मूर्ख।

अंगुआ *(हि.पुं.)* आगे जानेवाला।

फगुआ *(हि.पुं.)* होली के उत्सव का दिन।

कछुआ *(हि.पुं.)* देखो कच्छप।

मछुआ, मछुवा *(हि.पुं.)* धीवर, मल्लाह।

बजुआ *(हि.पुं.)* देखो बाजू।

टटुआ *(हि.पुं.)* देखो टट्टू।

बटुआ *(हि.पुं.)* देखो बटुवा।

पटुआ *(हि.पुं.)* देखो पटुवा।

लटुआ *(हि.पुं.)* देखो लट्टू।

हटुआ *(हि.पुं.)* दुकानदार, अन्न तौलनेवाला, बया।

कडुआ *(हि.पुं.)* स्वाद में तीखा, तीक्ष्ण प्रकृति का, क्रोधी, अप्रिय, कठिन, टेढ़ा।

भडुआ *(हि.पुं.)* रंडियों का तबला या सारंगी बजानेवाला।

रतुआ *(हि.पुं.)* देखो रयता।

सतुआ *(हि.पुं.)* सत्तू।

सतुआ *(हि.पुं.)* मेष संक्रान्ति।

खपुआ *(हि.पुं.)* भीरू, डरपोक।

थपुआ *(हि.पुं.)* चौरस, छोटा छाजन।

नपुआ *(हि.पुं.)* नापने की वस्तु।

बबुआ *(हि.पुं.)* पुत्र या दामाद के लिए प्यार का शब्द, रईस, भूमि।

अधमुआ *(हि.वि.)* अधमरा।

करूआ *(हि.वि.)* देखो कड़ुवा।

तरूआ *(हि.पुं.)* एक बड़ी जाति का उल्लू जिसकी बोली बड़ी कर्कश होती है।

वरूआ *(हि.पुं.)* उपनयन संस्कार।

मरूआ *(हि.पुं.)* पत्थर या लकड़ी का छोटा खंभा।

हरूअ, हरूआ *(हि.वि.)* देखो हलका।
धलेआ *(हि.पुं.)* परिमाण से अधिक वस्तु जो ग्राहक को (तौल से अधिक) दी जाए।
टहलुआ *(हि.पुं.)* सेवक, चाकर।
पलुआ *(हि.वि.)* पाला हुआ, पालतू।
बलुआ *(हि.वि.)* रेतीला।
टसुआ *(हि.पुं.)* अश्रु, आँसू।
गहुआ *(हि.पुं.)* छोटे मुँख की सँड़सी।
महुआ *(हि.पुं.)* एक प्रकार का प्रसिद्ध वृक्ष जिसके छोटे मीठे फूलों से एक प्रकार की मदिरा बनती है।
अंखुआ *(हि.पुं.)* बीज में से निकला हुआ, महीन अंकुर।
अखुआना *(हि.कि.)* अंकुर फूटना, बीज जमना।
अँकुआ *(हि.पुं.)* हाथी के पिछले पैर में फँसाने की काँटेदार अँकुसी।
अँटुआ *(हि.पुं.)* बिना बधिया किया हुआ पशु।
मँडुआ *(हि.पुं.)* एक प्रकार का क्षुद्र अन्न।
रँडुआ, रंडवा *(हि.पुं.)* वह पुरुष जिसकी पत्नी मर गई हो।
अँसुआ, अँसुवा *(हि.पुं.)* अश्रु, आँसू।
हँसुआ, हँसुवा *(हि.पुं.)* देखो हँसिया।
आँ *(हि.पुं.)* आश्चर्यसूचक अव्यय।
जुआँ *(हि.स्त्री.)* देखो जूँ।
धुआँ *(हि.पुं.)* धूम्र, बड़ा समूह, उमड़ती हुई वस्तु।
मनुआँ *(हि.वि.)* फीका, जिसमें मिठास कम हो।
मनुआँ *(हि.पुं.)* मनु, मनुष्य, नरमा।

इउआ

बिछुआ *(हि.पुं.)* पैर में पहिनने का एक प्रकार का गहना, एक प्रकार की छोटी छुरी।
टिसुआ *(हि.पुं.)* अश्रु, आँसू।

ईउआ

डीबुआ *(हि.पुं.)* डबल, पैसा।

एउआ

चेटुआ *(हि.पुं.)* चिड़िया का बच्चा।
नेनुआ, नेनुवा *(हि.पुं.)* एक प्रकार की तरकारी, घिया, तरोई।
गेरूआ *(हि.वि.)* गेरू के रंग का।
रेरूआ *(हि.पुं.)* बड़ा उल्लू पक्षी।
रेहुआ *(हि.वि.)* जिसमें रेह बहुत हो।
गेहुँआ *(हि.वि.)* गेंहूँ के रंग का, बादामी।
सेहूँआ *(हि.पुं.)* एक प्रकार का चर्म रोग जिसमें शरीर पर भूरे चिह्न पड़ जाते हैं।

ऊआ

जूआ *(हि.पुं.)* हार जीत का खेल, चक्की में लगी हुई वह लकड़ी जिसको पकड़कर यह चलाई जाती है।
धूआँ *(हि.पुं.)* रूई के समान हलकी तथा कोमल वस्तु का छोटा टुकड़ा।
पुआँ *(हि.पुं.)* मालपुआ।
मालपुआ, मालपुवा *(हि.पुं.)* एक प्रकार का मीठा पकवान जो पूरी की तरह होता है।
बुआ *(हि.स्त्री.)* पिता की बहन।
सूआ *(हि.पुं.)* बड़ी सूई, सूजा।
धूआँ *(हि.पुं.)* देखो धूआँ, धूम्र।

एआ

ऐआ

ओआ

ओआ *(हि.पुं.)* हाथी फँसाने का गड्ढा।
कोआ *(हि.पुं.)* कोष, रेशम के कीड़े का घर, टसर का कीड़ा, महुवे का पका हुआ फल, कटहल के पके हुए फल का बीज कोष, आँख का डेला।
खोआ *(हि.पुं.)* देखो खोया।
चोआ *(हि.पुं.)* तौलने में किसी बाँट की कमी पूरी करने के लिए जो कंकड़ पत्थर का टुकड़ा प्रयोग किया जाता है।
नोआ *(हि.पुं.)* दूध दुहते समय गाय के पैर बाँधने की रस्सी।
पोआ *(हि.पुं.)* साँप का छोटा बच्चा।

औआ

कौआ *(हि.पुं.)* कोवा, काका।
चौआ *(हि.पुं.)* चौपाया, *(पुं.)* चार अँगुल की नाप, ताश का वह पत्ता जिसमें चार बूटियाँ होती हो।
डौआ *(हि.पुं.)* काठ का बना हुआ बड़ा चम्मच।

औआ

पतौआ *(हि.पुं.)* पत्र, पत्ता।
पनौआ *(हि.पुं.)* पान के पत्तों की पकोड़ी।
पौआ *(हि.पुं.)* देखो पौवा।
लौआ *(हि.पुं.)* कद्दू, घीआ।
तितलौआ *(हि.पुं.)* कड़वा, कद्दू, लौकी।
हँसौआ *(हि.वि.)* थोड़ा हँसता हुआ, हँसी से भरा हुआ।

इ-अप्तक शब्द, हिन्दी वर्णमाला का तीसरा स्वर वर्ण, इसका स्थान तालु है। इसका दीर्घ रूप ई होता है। इन्द्र।

अइ

भावइ *(हि.अव्य.)* जो इच्छा हो, जो जी चाहे।
सइ *(हि.अव्य.)* से, साथ, विभक्ति का एक चिह्न जो करण और अपादान कारक में प्रयुक्त होता है।

आइ

आइ *(हि.)* देखो आयु।
जाइ *(हि.स्त्री.)* देखो जाए।
ताइ *(हि.स्त्री.)* ताप, जाड़ा, चाची।
पाइ *(हि.पुं.)* देखो पाद, पाँव।

उपाइ, उपाय *(हि.पुं.)* देखो उपाय।
बाइ *(हि.पुं.)* देखो बाई।
भाइ *(हि.पुं.)* प्रीति, प्रेम, स्वभाव।
परभाइ *(हि.पुं.)* देखो प्रभाव।
बनाइ *(हि.कि.वि.)* अत्यन्त, बहुत।
राइ *(हि.पुं.)* छोटा राजा, राय।
धर्मराइ *(हि.पुं.)* देखो धर्मराज।
लाइ *(हि.पुं.)* लक, अग्नि।
हाइ *(हि.अव्य.)* हाय।
पाँ, पाइ *(हि.पुं.)* पैर, पाँव, पद।

उइ

दुइ *(हि.वि.)* दो संख्या, दो।
भुइ *(हि.स्त्री.)* भूमि, पृथ्वी।

ओइ

कोइ *(हि.पुं.)* लोग, जन।
जोइ *(हि.स्त्री.)* जाया, पत्नी, स्त्री, *(सर्व.)* जो।
दोइ *(हि.वि.)* दो संख्या का, दो।
तोइ *(हि.पुं.)* तीय, जल, पानी।

ई-अन्तक, हिन्दी वर्णमाला का चौथा स्वर वर्ण, यह इकार का दीर्घ रूप है।

अई (द्वि अक्षरी)

रूई *(हि.वि.)* कतिपय, अनेक, कितने ही।
खई *(हि.स्त्री.)* क्षय, नाश।
घई *(हि.स्त्री.)* चक्कर, *(वि.)* अथाह।
छई *(हि.स्त्री.)* देखो क्षयी।
जई *(हि.पुं.)* जव की जाति का एक अन्न।
ठई *(हि.वि.)* स्थिर की हुई, ठहराई हुई।
टई *(हि.स्त्री.)* युक्ति।
तई *(हि.अव्य.)* से, प्रति, को, *(अव्य.)* लिए, वास्ते।
दई *(हि.पुं.)* दैवयोग, प्रारब्ध।
नई *(हि.वि.)* नया शब्द का स्त्रीलिंग का रूप।
रई *(हि.स्त्री.)* गेहूँ का मोटा दरदरा, आटा, सूजी।
हई *(हि.स्त्री.)* आश्चर्य, अचरज।
सई *(हि.स्त्री.)* वृद्धि, बढ़ती।
चकई *(हि.स्त्री.)* घिरनी के आकार का एक खिलौना।
मकई *(हि.स्त्री.)* ज्वार नामक अन्न।
ठगई *(हि.स्त्री.)* ठगों का कार्य, छल, धूर्तता।
मघई *(हि.पुं.)* देखो मगही।
नटई *(हि.स्त्री.)* गला, गरदन।
ठठई *(हि.स्त्री.)* उपहास।
बढ़ई *(हि.पुं.)* काठ को छील और गढ़कर अनेक प्रकार की सामग्री बनानेवाला।
शणई *(हि.स्त्री.)* देखो सनई।
कटकई *(हि.स्त्री.)* सेना।
लड़कई *(हि.स्त्री.)* बाल्यावस्था।
हलकई *(हि.स्त्री.)* हलकापन, तुच्छता।
ठट्ठई *(हि.स्त्री.)* हँसी, उपहास।
पतई *(हि.स्त्री.)* पत्र, पत्ती।
भवई *(हि.वि.)* भादों महीने का, *(स्त्री.)* भादों के महीने में तैयार होनेवाली उपज।
सवई *(हि.अव्य.)* सर्वदा।
कनई *(हि.स्त्री.)* कनखा, कोपल, कीचड़, गीली मिट्टी।
मनई *(हि.पुं.)* मनुष्य।
सनई *(हि.स्त्री.)* सन का पौधा या बीज।
चरई *(हि.स्त्री.)* चौपायों का चारापानी देने का गड्ढा।
तरई *(हि.स्त्री.)* तारा, नक्षत्र।
परई *(हि.स्त्री.)* मिट्टी का एक पात्र जो दीए से बड़ा होता है।
बरई *(हि.पुं.)* तमोली।
सरई *(हि.स्त्री.)* सरहरी।
डलई *(हि.स्त्री.)* देखो डलिया।
सलई *(हि.स्त्री.)* चीड़ का पेड़।
गँवई *(हि.पुं.)* छोटा गाँव।
जस्तई *(हि.वि.)* जस्ते के रंग का।
कत्थई *(हि.वि.)* खैर के रंग का।
अधपई *(हि.स्त्री.)* दो छटाँक या आधे पाव का बाट।
असभई *(हि.वि.)* अशिष्टता।
कदरई *(हि.स्त्री.)* भीरूता, कायरता।
सतसई *(हि.स्त्री.)* सात सौ पद्यों का समूह।
सरसई *(हि.स्त्री.)* हरापन, सरसता।
सुघड़ई *(हि.स्त्री.)* निपुणता।
सुघड़ता *(हि.स्त्री.)* सुन्दरपन।
कुटनई *(हि.स्त्री.)* कुटनपन।
कुटनपन *(हि.पुं.)* दूती कर्म, झगड़ा लगाने के कर्म।
तुरपई *(हि.स्त्री.)* एक प्रकार की कपड़ा मोड़कर सीने की विधि।
बुधलई *(हि.स्त्री.)* बुधलापन।
कुसलई *(हि.स्त्री.)* क्षेम, निपुणता।
निर्वई *(हि.वि.)* देखो निर्दय।
निरवई *(हि.वि.)* देखो निर्दयी।
किसनई *(हि.स्त्री.)* कृषि, खेती का काम।
किरमई *(हि.स्त्री.)* एक प्रकार की लाह।
गुंडई *(हि.स्त्री.)* गुंडापन, नीचता।
केवडई *(हि.वि.)* हलके पीले हरे रंग का।
ताताथई *(हि.स्त्री.)* नाचने में पादविक्षेप का शब्द।
सालई *(हि.स्त्री.)* देखो सलई।
लरिकई *(हि.स्त्री.)* लड़कपन।
विलई *(हि.पुं.)* देखो विजयी।

पिढ़ई *(हि.स्त्री.)* छोटा पीढ़ा या पाटा।
निवई *(हि.वि.)* देखो निर्दयी।
बिनई *(हि.वि.)* देखो विनयी।
सिमई *(हि.स्त्री.)* देखो सिवंई।
चिरई *(हि.स्त्री.)* चिड़िया, पक्षी।
पिरई *(हि.स्त्री.)* चारपाई में सिरहाने की पाटी।
मचिलाई *(हि.स्त्री.)* मचलाहट।
पिलई *(हि.स्त्री.)* बरवट, तापतिल्की।
सिवई *(हि.स्त्री.)* गूँथे हुए मैदे के सूत।
कुचई *(हि.स्त्री.)* मैदे की बनी पतली रोटी।
पहुनई *(हि.स्त्री.)* देखो पहुनई।
निपुनई *(हि.स्त्री.)* निपुणता, दक्षता।
बुरई *(हि.स्त्री.)* देखो मूली।
तुरई *(हि.स्त्री.)* रूई से भरा हुआ गद्दा।
चतुरई *(हि.स्त्री.)* चतुरता।
मधुरई *(हि.स्त्री.)* सुकुमारता, मधुरता, कोमलता, मीठापन।
बेढई *(हि.स्त्री.)* पीठी आदि भरी हुई कचौरी।
सेवई *(हि.स्त्री.)* गूँथे हुए मैदे के सूत के समान लच्छे जो घी में भूनकर तथा दूध में खीर की तरह पकाकर खाए जाते हैं।
कौकई *(हि.वि.)* गुलाबी, नीला रंग, कौडियाला।
गोजई *(हि.स्त्री.)* गेहूँ जव मिश्रित अन्न।
कोवई *(हि.वि.)* देखो कोद्रव।
झोरई *(हि.वि.)* झोलदार (रसदार) तरकारी।
बौराई *(हि.स्त्री.)* पागलपन, सनक।
ठंडई *(हि.स्त्री.)* शरीर में टंडक पहुँचाने वाली।
संसई *(हि.पुं.)* देखो संशय।
चपई *(हि.वि.)* चंपा के रंग का पीला।

आई (द्वि अक्षरी)

आयों, आई *(हि.कि.)* उपस्थित हुई, आ पहुँची।
आई *(हि.स्त्री.)* मृत्यु, आयुष्य।
छाई *(हि.स्त्री.)* राख, खाद।
काई *(हि.स्त्री.)* जल तथा तरी में होने वाली एक घास, मल।
खाई *(हि.स्त्री.)* किसी स्थान की रक्षा के लिए चारों ओर खोदा हुआ गड्ढा।
गाई *(हि.स्त्री.)* गाय।
घाई *(हि.स्त्री.)* चोट, छल, धोखा, आघात।
जाई *(हि.स्त्री.)* जाया, पुत्री, बेटी।
झाई *(हि.स्त्री.)* प्रतिबिम्ब, परछाई, छल, अन्धकार, प्रतिबिम्ब।
ढाई *(हि.वि.)* दो से आधा अधिक।
थाई *(हि.वि.)* स्थायी, स्थिर रहने वाला, *(पुं.)* बैठने का स्थान, बैठक।
धाई *(हि.स्त्री.)* धाय, धात्री।
धाई *(हि.स्त्री.)* देखो धाय, धातु।
नाई *(हि.पुं.)* नापिद, नाऊ।
पाई *(हि.स्त्री.)* एक पैसा, एक छोटी मुद्रा जो एक पैसे में तीन होती है, छोटी सीधी लकीर जो किसी संख्या के आगे लिखने से चतुर्थांश प्रकट करती है, पूर्ण विराम के लिए खींची हुई छोटी रेखा, घुन की तरह का एक कीड़ा।
दाई *(हि.स्त्री.)* स्त्रियों का आदरसूचक शब्द।
भाई *(हि.वि.)* भ्राता, सहोदर, सेवा सम्बोधन का एक शब्द, किसी वंश या परिवार की किसी एक पीढ़ी के व्यक्ति के लिए उसी पीढ़ी का दूसरा मनुष्य।
माई *(हि.स्त्री.)* माता, माँ, बड़ी बूढ़ी स्त्री के लिए सम्बोधन का शब्द।
राई *(हि.स्त्री.)* एक प्रकार की बहुत छोटी सरसों, बहुत थोड़ी मात्रा।
लाई *(हि.स्त्री.)* धान का लारा, चुगली।

अ आ ई

तकाई *(हि.स्त्री.)* देखने की क्रिया या भाव।
पकाई *(हि.स्त्री.)* पकाने की क्रिया या शुल्क।
उबकाई *(हि.स्त्री.)* ओकाई, मचली।
हलकाई *(हि.स्त्री.)* हल्कापन, ओछापन।
पुलकाई *(हि.स्त्री.)* पुलकित होने का भाव।
सेवकाई *(हि.स्त्री.)* सेवा, टहल।
परखाई *(हि.स्त्री.)* परखने का काम या शुल्क।
मुरखाई *(हि.स्त्री.)* देखो मूर्खता।
सिलाई *(हि.स्त्री.)* सिलाई का काम।
पिछलगाई *(हि.स्त्री.)* जादूगरनी, चुड़ैल।
सगाई *(हि.स्त्री.)* विवाह से सम्बन्ध का निश्चय।
महँगाई *(हि.स्त्री.)* महँगी।
कचाई *(हि.स्त्री.)* कच्चापन, अनुभवहीनता।
अघाई *(हि.स्त्री.)* तृप्ति, सन्तोष, पेटभर खाने की व्यवस्था।
सच्चाई *(हि.स्त्री.)* सत्यता, सच्चापन।
मिरचाई *(हि.स्त्री.)* देखो मिरिच।
सचाई *(हि.स्त्री.)* सत्यता, सच्चापन।
अच्छाई, अच्छापन *(हि.)* उत्तमता।
परछाई *(हि.स्त्री.)* छायाकृति, प्रतिबिम्ब।
तिरछाई *(हि.स्त्री.)* तिरछापन।
रजाई *(हि.स्त्री.)* जाड़े में ओढ़ने का दोहरा कपड़ा जिसमें रूई भरी होती है।
कटाई *(हि.स्त्री.)* आरि, काटने का काम, अन्न का काटा जाना, काटने का शुल्क।
खटाई *(हि.स्त्री.)* अम्लता, खारापन।
चटाई *(हि.स्त्री.)* बाँस की पट्टी ताड़ के पत्ते आदि का बना हुआ बिछावन, चाटने की क्रिया।
छँटाई *(हि.स्त्री.)* छाँटने या अलग करने का काम, चुनने का काम।
छँटान *(हि.पुं.)* छाँटने का काम।

डटाई *(हि.स्त्री.)* डटाने का काम।
पटाई *(हि.स्त्री.)* सिंचाई, पाटने की क्रिया।
बटाई *(हि.स्त्री.)* बाटने या ऐंठन डालने का काम, बटने का शुल्क।
बटाई *(हि.स्त्री.)* वितरण, बाँटने का काम या शुल्क।
रामबँटाई *(हि.स्त्री.)* आध आध का विभाग।
ठठाई *(हि.स्त्री.)* मारपीट, ठोकाई।
अँगड़ाई *(हि.स्त्री.)* आलस्य में जँभाई लेते हुए देह टूटना।
अँगड़ाना *(हि.स्त्री.)* अँगड़ाई लेना।
जड़ाई *(हि.स्त्री.)* जड़ने का काम।
झड़ाई *(हि.स्त्री.)* झड़ने की क्रिया।
बड़ाई *(हि.स्त्री.)* महिमा, प्रशंसा, बड़प्पन, श्रेष्ठता।
लड़ाई *(हि.पुं.)* एक दूसरे पर चोट पहुँचाने की क्रिया या भाव, विवाद, कलह, झगड़ा, विरोध।
अढाई *(हि.स्त्री.)* पाँच का आधा।
कढ़ाई *(हि.स्त्री.)* निकालने का काम, सूई का काम, कसीदा, कढ़ाही।
गढ़ाई *(हि.स्त्री.)* गढ़ने का काम, गढ़ने का वेतन।
चढ़ाई *(हि.स्त्री.)* चढ़ने की क्रिया, ऊपर का चढ़ाव, आक्रमण।
पढ़ाई *(हि.स्त्री.)* विद्याभ्यास, पठन।
मढ़ाई *(हि.स्त्री.)* मढ़ने का काम या शुल्क।
दृढ़ाई *(हि.स्त्री.)* दृढ़ता।
कताई *(हि.स्त्री.)* कातने का काम, कतौनी।
तताई *(हि.स्त्री.)* उष्णता, गरमी।
पताई *(हि.स्त्री.)* सूखकर झड़ी हुई पौधे की पत्तियाँ।
इकताई *(हि.स्त्री.)* अकेलापन।
रजताई *(हि.स्त्री.)* सफेदी।
जनताई *(हि.स्त्री.)* जंगल का घनापन।
रवताई *(हि.स्त्री.)* राजा होने का भाव।
परसताई *(हि.स्त्री.)* पराधीनता।
बालकताई *(हि.स्त्री.)* बाल्यावस्था, लड़कपन।
साँवलाताई *(हि.स्त्री.)* श्यामता, साँवलापन।
थिरताई, थिरता *(हि.स्त्री.)* स्थिरता।
दीनताई *(हि.स्त्री.)* दीनता, विनीत भाव।
शीतलताई *(हि.स्त्री.)* ठंडापन।
मूरखताई *(हि.स्त्री.)* मूर्खता।
नूनताई *(हि.स्त्री.)* न्यूनता, कमी।
सूरताई, सूरता *(हि.स्त्री.)* देखो सूरत।
शूरताई *(हि.स्त्री.)* वीरता।
स्थाई *(हि.स्त्री.)* देखो स्थाई।
दुखाई *(हि.पुं.)* दुःख की कथा, विपत्ति का वर्णन।
दुखदाई *(हि.वि.)* कष्ट देनेवाला।
बधाई *(हि.स्त्री.)* बढ़ती, शुभ अवसर पर दिया जानेवाला उपहार, चहल पहल।
बिरघाई *(हि.स्त्री.)* वृद्धावस्था, बुढ़ापा।

कनाई *(हि.स्त्री.)* कोपल, शाखा, पतली डाल, टहनी।
बनाई *(हि.स्त्री.)* पैदा कराई।
तनाई *(हि.स्त्री.)* देखो तनाव।
अंगनाई *(हि.स्त्री.)* अंगण, अँगना।
कृपनाई *(हि.स्त्री.)* कृपणता।
पहनाई *(हि.स्त्री.)* पहनने की क्रिया या भाव, पहिनाने का शुल्क।
चिकनाई *(हि.स्त्री.)* स्निग्धता, चिकनापन।
छपाई *(हि.स्त्री.)* छापने का काम या ढंग, मुद्रण, छापने की मजदूरी।
नपाई *(हि.स्त्री.)* नापने का काम या शुल्क।
तरपाई *(हि.कि.वि.)* भली भाँति, पूर्ण रूप से, *(स्त्री.)* जो कुछ बाकी हो वह पूरा पूरा पा जाना।
चारपाई *(हि.स्त्री.)* छोटा पलंग, खटिया, खाट।
तिरपाई *(हि.स्त्री.)* तीन पाये की छोटी ऊँची चौकी।
दबाई *(हि.वि.)* दबाने का काम।
जंभाई *(हि.स्त्री.)* उबासी।
कमाई *(हि.स्त्री.)* कमाया हुआ धन, कमाने का काम, उद्यम, व्यवसाय।
जमाई *(हि.पुं.)* जामाता, दामाद, *(स्त्री.)* जमने की क्रिया।
समाई *(हि.स्त्री.)* शक्ति।
क्षमाई *(हि.स्त्री.)* क्षमा करने की क्रिया।
नरमाई *(हि.स्त्री.)* कोमलता।
बयाई *(हि.स्त्री.)* अन्न आदि तौलने की तौलाई।
पुण्याई *(हि.स्त्री.)* पुण्य का फल, पुण्य का प्रभाव।
कराई *(हि.स्त्री.)* दाल का छिलका, श्यामता, कालापन।
खराई *(हि.स्त्री.)* खरापन, प्रात-काल देर तक कुछ भोजन करने से अस्वस्थ होना, (पित्त बिगड़ना।)
चराई *(हि.स्त्री.)* चराने का काम।
तराई *(हि.स्त्री.)* पहाड़ के नीचे की घाटी।
पराइ, पराई *(हि.वि.)* दूसरे की।
बराई *(हि.स्त्री.)* देखो बड़ाई।
भराई *(हि.स्त्री.)* भरने की क्रिया या भाव, भरन शुल्क।
लराई *(हि.स्त्री.)* लड़ाई।
सराई *(हि.स्त्री.)* शलाका, सलाई।
हराई *(हि.स्त्री.)* हार की स्थिति, हार।
अँगराई *(हि.स्त्री.)* देखो अँगड़ाई।
नगराई *(हि.स्त्री.)* नागरिकता, चतुराई।
कजराई *(हि.स्त्री.)* श्यामता, कालापन।
कतराई *(हि.स्त्री.)* कतरने का काम।
पतराई *(हि.पुं.)* पतलापन।
अदराई *(हि.स्त्री.)* बदली।
गहराई *(हि.स्त्री.)* गम्भीरपन, गहरापन।
गहराई *(वि.)* दुर्गम, गहरा, घना, अथाह, *(हि.पुं.)* ग्रहण, दोष, कलंक, कष्ट, विपत्ति।
ठहराई *(हि.पुं.)* स्थिरता, दृढ़ विचार।

ठहराई *(हि.कि.)* ठहरने की किया या मजदूरी।
महराई *(हि.स्त्री.)* श्रेष्ठता, प्रधानता।
नामधराई *(हि.स्त्री.)* अपकीर्ति।
मुजराई *(हि.स्त्री.)* काटने या घटाने की क्रिया।
युवराई *(हि.स्त्री.)* युवराज का पद।
सुवराई *(हि.स्त्री.)* सुधरने की क्रिया।
सुधराई *(हि.स्त्री.)* सुघड़ाई।
सियराई *(हि.स्त्री.)* ठंडापन।
निसराई *(हि.स्त्री.)* निकटता।
पिअराई *(हि.स्त्री.)* पीलापन।
पितराई, पितराइ *(हि.स्त्री.)* खाद्य वस्तु में पीतल का कसाव।
चौधराई *(हि.स्त्री.)* चौधरी का काम।
कलाई *(हि.स्त्री.)* हथेली का ऊपरी जोड़, मणिबन्ध, गट्टा, पूला।
ढलाई *(हि.स्त्री.)* ढालने का काम, ढालने का शुल्क।
भलाई *(हि.स्त्री.)* अच्छापन, उपकार।
मलाई *(हि.स्त्री.)* दूध की साढी, सार, तत्व, रस मलने की क्रिया या भाव, मलने का भाव।
ललाई *(हि.स्त्री.)* लालिमा, लाली।
सलाई *(हि.स्त्री.)* धातु की बनी हुई पतली छोटी छड़ी, दियासलाई, सलाने की क्रिया या भाव।
इकलाई *(हि.स्त्री.)* एक पाट की बची हुई महीन वस्त्र की चादर।
मचलाई *(हि.स्त्री.)* हठ।
तरलाई *(हि.स्त्री.)* द्रवत्व, चंचलता।
धवलाई *(हि.स्त्री.)* उजालापन, सफेदी।
नहलाई *(हि.स्त्री.)* नहलाने की क्रिया या भाव, नहलाने के बदले में दिया जाने वाला धन।
चंचलताई, चंचलाई *(हि.स्त्री.)* चपलता, चंचलता।
बिकलाई *(हि.स्त्री.)* व्याकुलता।
निबलाई *(स्त्री.)* दुर्बलता।
पूनसलाई *(हि.स्त्री.)* पूनी बनाने की सलाई।
दियासलाई *(हि.स्त्री.)* देखो दियासलाई।
दियासलाई *(हि.स्त्री.)* वह लकड़ी जो रगड़ने से जल जाती है।
दीयासलाई *(हि.स्त्री.)* लकड़ी की छोटी सींक जिसके छोर पर मसाला लगा होता है, जो रगड़ने से जल उठता है।
अवाई *(हि.स्त्री.)* आगमन।
खवाई *(हि.स्त्री.)* खाने पीने का काम।
जवाई *(हि.स्त्री.)* जाने की क्रिया।
छवाई *(हि.स्त्री.)* छाने का काम या पारिश्रमिक।
नवाई *(हि.स्त्री.)* विनीत होने का भाव।
लंबाई *(हि.स्त्री.)* खेत की उपज की कटाई, लवन का शुल्क।
पवाई *(हि.स्त्री.)* एक पैर का जूता, चक्की का एक पाट।
अगवाई *(हि.स्त्री.)* स्वागत करने के लिए आगे जाना, अगवानी।
रखवाई *(हि.स्त्री.)* खेतों में रखवाली, चौकीदारी।
रँगवाई *(हि.स्त्री.)* रँगने का काम।
बजवाई *(हि.स्त्री.)* बाजा बजाने का पारिश्रमिक।
सजवाई *(हि.स्त्री.)* सजने या सजाने की क्रिया, सजाने का शुल्क।
घटवाई *(हि.स्त्री.)* कम करवाई।
बँटवाई *(हि.स्त्री.)* बाँटने का शुल्क।
हटवाई *(हि.स्त्री.)* क्रय विक्रय।
घड़वाई *(हि.स्त्री.)* किसी वस्तु को तौलने वाला।
चरवाई *(हि.स्त्री.)* चराने का कार्य।
भरवाई *(हि.स्त्री.)* भरवाने की क्रिया या भाव, भरवाने का वेतन।
हलवाई *(हि.पुं.)* मिठाई बनाने और बेचनेवाला।
रूसवाई *(हि.स्त्री.)* अपमान और दुर्गति।
लिखवाई *(हि.स्त्री.)* देखो लिखाई।
पिछवाई *(हि.स्त्री.)* पीछे की ओर लटकाने का परदा।
चिरावई *(हि.स्त्री.)* चिरवाने का कार्य या पारिश्रमिक।
मिलवाई *(हि.स्त्री.)* मिलवाने की क्रिया या भाव।
दिखलवाई *(हि.स्त्री.)* दिखलवाने के बदले में दिया जानेवाला धन।
झुकवाई *(हि.स्त्री.)* झुकवाने की क्रिया।
खुदवाई *(हि.स्त्री.)* खोदवाने का काम, खोदवाने का वेतन।
सुनवाई *(हि.स्त्री.)* सुनने की क्रिया या भाव।
ढुलवाई *(हि.स्त्री.)* ढोने का शुल्क, ढोने का काम।
तुलवाई *(हि.स्त्री.)* तौलने का पारिश्रमिक, पहिये को आँगने का शुल्क।
पुरवाई *(हि.स्त्री.)* पूर्व दिशा से चलनेवाली हवा।
फलवाई *(हि.स्त्री.)* देखो फुलवारी।
मेघवाई *(हि.स्त्री.)* मेघों की घटा।
जोड़वाई *(हि.पुं.)* जोड़ने की क्रिया।
झोंकवाई *(हि.स्त्री.)* झोंकने की क्रिया या वेतन।
कसाई *(हि.पुं.)* बधिक, घातक, *(वि.)* निष्ठुर, निर्दय, क्रूर हृदय।
हँसाई *(हि.स्त्री.)* उपहास, लोकनिन्दा।
सरसाई *(हि.स्त्री.)* सरसता, अधिकता।
उकसाई *(हि.कि.)* निकसवाई, हटवाई।
बहाई *(हि.वि.)* मथने का भाव, मथने का शुल्क।
पहाई *(हि.स्त्री.)* पकड़ने का काम।
रहाई *(हि.स्त्री.)* रहने की क्रिया या भाव।
कन्हाई *(हि.पुं.)* श्रीकृष्ण, कन्हैया, बड़ा सुन्दर लड़का।
जम्हाई *(हि.स्त्री.)* देखो जम्भा।
हरहाई *(हि.स्त्री.)* वह नटखट गाय जो इधर-उधर भागती फिरती है।
जुन्हाई *(हि.स्त्री.)* चन्द्रिका, चाँदनी।
टीनहाई *(हि.स्त्री.)* जादू टोना करनेवाली स्त्री।

आ आ ई

टोहाटाई *(हि.स्त्री.)* अन्वेषण, छानबीन।
ऊताताई *(हि.वि.)* उजड्ड, अव्यय, स्थित।
दूधाभाई *(हि.पुं.)* देखो दूधाभाई।
महामाई *(हि.स्त्री.)* दुर्गा, काली।

इ आ ई

इकाई *(हि.स्त्री.)* एकांग।
टिकाई *(हि.स्त्री.)* टिकने का भाव।
निकाई *(हि.पुं.)* देखो निकाय।
अधिकाई *(हि.स्त्री.)* अधिकता, महिमा।
लरिकाई *(हि.स्त्री.)* लड़कपन।
तिखाई *(हि.स्त्री.)* तीक्ष्णता, तीखापन।
दिखाई *(हि.स्त्री.)* देखने का काम, दिखाने का भाव।
लिखाई *(हि.स्त्री.)* लिखने का काम, लिखने का ढंग, लिखावट, लिखने का शुल्क।
धिंगाई *(हि.स्त्री.)* ऊधम, उपद्रव।
निचाई *(हि.स्त्री.)* नीचापन, नीचा।
सिंचाई *(हि.स्त्री.)* भूमि को जल से तर करने की क्रिया।
गिजाई *(हि.स्त्री.)* गिज जाने की क्रिया।
पिटाई *(हि.स्त्री.)* प्रहार, आघात, पीटने या मारने का वेतन।
पिटापीट *(हि.स्त्री.)* मारपीट।
ढिठाई *(हि.स्त्री.)* धृष्टता, चपलता।
मिठाई *(हि.स्त्री.)* मिठास, कोई मीठी खाने की वस्तु।
सिठाई *(हि.स्त्री.)* फीकापन, नीरसता।
भिड़ाई *(हि.स्त्री.)* देखो भिड़ा।
मिड़ाई *(हि.स्त्री.)* मीड़ने या मींचने की क्रिया या भाव, मीड़ने का शुल्क।
मिताई *(हि.स्त्री.)* मित्रता।
हिताई *(हि.स्त्री.)* सम्बन्ध, नाता।
दुचिताई *(हि.स्त्री.)* चिन्ता, द्विविधा, शंका।
सुचिताई *(हि.स्त्री.)* निश्चिन्तता, एकाग्रता, स्थिरता।
सुचिति *(हि.वि.)* निश्चिन्त।
पंडिताई *(हि.स्त्री.)* विद्वत्ता, पाण्डित्य।
पुरोहिताई *(हि.स्त्री.)* पुरोहित का काम।
बिदाई *(हि.स्त्री.)* विदा होने का भाव या क्रिया, विदा होने की आज्ञा।
सिद्धाई *(हि.स्त्री.)* सिद्ध होने की अवस्था।
सिंधाई *(हि.स्त्री.)* सरलता, साधापन।
दिनाई *(हि.पुं.)* दद्रु, दाद का रोग।
बिनाई *(हि.स्त्री.)* बीनने चुनने की क्रिया या भाव, इस कार्य का शुल्क।
कठिनाई *(हि.स्त्री.)* दृढ़ता, कड़ापन, असुविधा।
मलिनाई *(हि.स्त्री.)* मलिनता, मैलापन।
तिपाई *(हि.स्त्री.)* तीन पाये की छोटी ऊँची चौकी, तीन पल्ले की कोई वस्तु।
लिपाई *(हि.स्त्री.)* लीपने पोतने की क्रिया या भाव।
नियाई *(हि.वि.)* देखो न्यायी।
करियाई *(हि.स्त्री.)* मलीनता, कालापन।
गरियाई *(हि.क्रि.वि.)* हठपूर्वक।
हरियाई *(हि.स्त्री.)* हरियाली।
घिराई *(हि.स्त्री.)* घरने की क्रिया।
चिराई *(हि.स्त्री.)* चीरने का कार्य।
निराई *(हि.स्त्री.)* निराने का काम।
रूधिराई *(हि.स्त्री.)* मनोहरता, सुन्दरता।
खिलाई *(हि.स्त्री.)* भोजन की क्रिया।
ढिलाई *(हि.स्त्री.)* आलस्य, शिथिलता।
बिलाई *(हि.स्त्री.)* बिल्ली, लोहे या लकड़ी की सिटकनी जो किवाड़ों को बन्द करने के लिए लगाई जाती है।
मिलाई *(हि.स्त्री.)* मिलने की क्रिया या भाव।
सिलाई *(हि.स्त्री.)* सीने का काम या ढंग, टाँका, सीवन।
शिथिलाई *(हि.स्त्री.)* शिथिलता।
कच्ची सिलाई *(हि.स्त्री.)* दूर-दूर पर टाँका लगाई हुई सिलाई।
निवाई *(हि.वि.)* नया अनोखा।
उरवाई, सिवाई *(हि.स्त्री.)* ऊँची नीची भूमि।
घिसाई *(हि.स्त्री.)* घिसने की क्रिया।
पिसाई *(हि.स्त्री.)* पीसने की क्रिया या भाव, पीसने का शुल्क।
तिहाई *(हि.पुं.)* तृतीयांश।
निहाई *(हि.स्त्री.)* पक्के लोहे का चौकोर टुकड़ा जिस पर लोहार या सोनार हथोड़े से धातु पीटते हैं।
मित्राई *(हि.स्त्री.)* देखो मित्रता।

उआई

अगुआई *(हि.स्त्री.)* पथप्रदर्शन का कार्य।
गुरुआई *(हि.स्त्री.)* गुरुता, भारीपन।
मुँहछुआई *(हि.स्त्री.)* केवल ऊपरी मन से कुछ कहना।
चुकाई *(हि.स्त्री.)* चुकता होने का भाव।
झुकाई *(हि.स्त्री.)* झुकाने का काम या पारिश्रमिक।
थकाई *(हि.स्त्री.)* थकने का काम।
रुखाई *(हि.स्त्री.)* रूखा होने का भाव।
कलूखाई *(हि.स्त्री.)* देखो कलुषता।
लुगाई *(हि.स्त्री.)* स्त्री।
उगाई *(हि.स्त्री.)* कर का संग्रह।
ऊँघाई *(हि.स्त्री.)* निद्रा, झपकी।
सकुचाई *(हि.स्त्री.)* संकोच, लज्जा।
पुजाई *(हि.स्त्री.)* पूजा करने का शुल्क या भाव या क्रिया।
बुझाई *(हि.स्त्री.)* बुझाने की क्रिया, भाव।
कुटाई *(हि.स्त्री.)* कूटने का काम, कूटने का वेतन।
घुटाई *(हि.स्त्री.)* घोटने या रगड़ने का काम।
छुटाई *(हि.स्त्री.)* देखो छोटाई।

मुटाई *(हि.स्त्री.)* स्थूलता, मोटापन, अभिमान।
झुटाई *(हि.स्त्री.)* असत्यता, झूटापन।
छुड़ाई *(हि.स्त्री.)* छोड़ने की क्रिया।
तुड़ाई *(हि.स्त्री.)* तोड़ने की क्रिया या भाव।
मुँडाई *(हि.स्त्री.)* मुँडाने या मूँडने की क्रिया या भाव, मूँडने या मुँडाने का शुल्क।
बुढ़ाई *(हि.स्त्री.)* बुढ़ापा।
निपुणाई *(हि.स्त्री.)* दक्षता।
तरुणाई *(हि.पुं.)* युवावस्था, जवानी।
जुताई *(हि.स्त्री.)* जोतने का काम।
धुताई *(हि.स्त्री.)* धूर्तता।
पुताई *(हि.स्त्री.)* पोतने की क्रिया या भाव, पोतने का शुल्क।
रउताई *(हि.स्त्री.)* स्वामित्व।
प्रभूता, प्रभूताई *(सं.स्त्री.)* महत्त्व, बड़ाई, वैभव।
बहुताई *(हि.स्त्री.)* अधिकता।
शत्रुताई *(हि.स्त्री.)* शत्रुता।
शत्रुबाधक *(हि.स्त्री.)* शत्रु को पीड़ा पहुँचाने वाला।
शिशुता *(सं.स्त्री.)* बचपन।
शिशुताई *(हि.स्त्री.)* शिशुता।
भीरुताई *(हि.स्त्री.)* भीरूता।
खुदाई *(हि.स्त्री.)* खोदने का काम या वेतन।
गुँथाई *(हि.स्त्री.)* गूँथने का काम या शुल्क।
सुथाई *(हि.स्त्री.)* सीधा।
बिरुधाई *(हि.स्त्री.)* बुढ़ापा।
बुनाई *(हि.स्त्री.)* बुरादा, बुकनी।
बुनाई *(हि.स्त्री.)* बुनने की क्रिया।
नुनाई *(हि.स्त्री.)* सुन्दरता, लावण्य।
लुनाई *(हि.स्त्री.)* लालिमा।
तरुनाई *(हि.स्त्री.)* युवावस्था, जवानी।
सुनाई *(हि.स्त्री.)* देखो सुनवाई।
अरुनाई *(हि.स्त्री.)* अरुणाई, लालिमा।
पहुनाई *(हि.स्त्री.)* अतिथि सत्कार।
उबाई *(हि.स्त्री.)* व्यग्रता।
गुरुभाई *(हि.स्त्री.)* एक ही गुरु के चेले।
चुराई *(हि.स्त्री.)* चुराने की क्रिया या भाव, पकने का काम चुराना, *(हि.कि.)* चोरी करना, लोगों की दृष्टि से छिपाना।
बुराई *(हि.स्त्री.)* बुरापन, नीचता, खोटापन।
भुराई *(हि.स्त्री.)* भोलापन, भूरापन।
सुराई *(हि.स्त्री.)* शूरता, वीरता।
ठकुराई *(हि.स्त्री.)* आधिपत्य, महत्त्व, श्रेष्टता।
रघुराई *(हि.पुं.)* श्रीरामचन्द्र।
अतुराई *(हि.स्त्री.)* चंचलता।
चतुराई *(हि.स्त्री.)* निपुणता, धूर्तता।
जदुराई *(हि.पुं.)* यदुपति, श्रीकृष्ण।
असुराई *(हि.स्त्री.)* नीचता, दुष्टता।
निहुराई *(हि.स्त्री.)* निष्ठुरता।
तुलाई *(हि.स्त्री.)* तौलने का भाव या काम, रूई भरा हुआ दोहरा कपड़ा, दुलाई।
दुलाई *(हि.स्त्री.)* रूई भरा हुआ ओढ़ने का दोहरा कपड़ा।
फुलाई *(हि.स्त्री.)* फूलने का भाव।
रूलाई *(हि.स्त्री.)* रोने की क्रिया या भाव।
विपुलाई *(हि.स्त्री.)* विपुलता, अधिकता।
रुवाई *(हि.स्त्री.)* देखो रुलाई।
गुसाई *(हि.पुं.)* गोसाई, गोस्वामी।
चुसाई *(हि.स्त्री.)* चूसने का काम करना, चूसने देना।
भड़ुसाई *(हि.स्त्री.)* भड़भूँजे की भाड़।
मनुसाई *(हि.स्त्री.)* पुरुषार्थ, पराक्रम।
भरसाई *(हि.पुं.)* देखो भाड़।
गुहाई *(हि.स्त्री.)* गुथने की क्रिया या वेतन।
दुहाई *(हि.स्त्री.)* सहायता के लिए पुकार, गाय भैंस आदि को दुहने का काम, दुहने की मजदूरी।
धनुहाई *(हि.स्त्री.)* धनुष की लड़ाई खेलने का कमान।

ऊआई

ऊँचाई *(हि.स्त्री.)* उच्चता, गौरव, बड़ाई।

एआई

एकाई *(हि.स्त्री.)* एकत्व, एक का मान, नियमित मान, गणना में प्रथम स्थान या अंक।
टेढ़ाई *(हि.स्त्री.)* टेढ़ापन।
सेपाई *(हि.वि.)* हक्का, बक्का, भौंचक्का।
ठेराई *(हि.स्त्री.)* देखो ठहराई।
खेलाई *(हि.स्त्री.)* क्रीड़ा, खेलकूद।
बेवाई *(हि.स्त्री.)* देखो बेवाई, पैर के तलवे फटने का रोग।

ऐआई

तैराई *(हि.स्त्री.)* तैरने की क्रिया।
पैराई *(हि.स्त्री.)* पैरने की क्रिया।

ओ आ ई

बोराई *(हि.स्त्री.)* बोने का काम, बोने का वेतन।
ओकाई *(हि.स्त्री.)* वमन की इच्छा।
झोंकाई *(हि.स्त्री.)* झोंकने की क्रिया या पारिश्रमिक।
सोखाई *(हि.स्त्री.)* सोखने की क्रिया या भाव।
लोगाई *(हि.स्त्री.)* देखो लुगाई, स्त्री।
ओछाई *(हि.स्त्री.)* ओछापन, *(हि.पुं.)* क्षुद्रता, नीचता, हलकापन।
बोझाई *(हि.स्त्री.)* बोझाने या लादने का काम, इस काम का शुल्क।
ओझाई *(हि.स्त्री.)* ओझा की वृत्ति, झाड़-फूँक।
खोटाई *(हि.स्त्री.)* दुष्टता, छल, कपट।

घोटाई *(हि.स्त्री.)* घोंटने की क्रिया या शुल्क।
छोटाई *(हि.स्त्री.)* लघुता, छोटापन, नीचता।
जोड़ाई *(हि.स्त्री.)* दो या अधिक वस्तुओं को जोड़ने का शुल्क, दीवार बनाने में ईंटों या पत्थरों के टुकड़ों को जोड़ने की क्रिया।
गोड़ाई *(हि.स्त्री.)* देखो तुड़ाई।
जोताई *(हि.स्त्री.)* जोतने का काम, जोतने का पारिश्रमिक।
लोनाई *(हि.स्त्री.)* लावण्य, सुन्दरता।
छोपाई *(हि.स्त्री.)* छोपने की क्रिया या पारिश्रमिक।
चोबाई *(हि.स्त्री.)* चारों ओर बहने वाली हवा, किंवदन्ती।
गोराई *(हि.स्त्री.)* गोरापन, सुन्दरता।
भोराई *(हि.स्त्री.)* भोलापन।
बोवाई *(हि.स्त्री.)* बोने की क्रिया।
ओसाई *(हि.स्त्री.)* ओसाने का काम।
गोसाई *(हि.स्त्री.)* गोस्वामी, जिसने इन्द्रियों को अपने वश में कर लिया हो, साधु, मालिक, प्रभु।
जोहाई *(हि.स्त्री.)* चन्द्रिका।
दोहाई *(हि.स्त्री.)* देखो दुहाई।
सोहाई *(हि.स्त्री.)* निराने का वेतन।

औ आ ई

औंघाई *(हि.स्त्री.)* ऊँघ, झपकी।
भौजाई, भौजी *(हि.स्त्री.)* भाई की स्त्री, भावज।
बौराई *(हि.स्त्री.)* सनक, पागलपन।
धौलाई *(हि.स्त्री.)* उजलापन।
तौलाई *(हि.स्त्री.)* तौलने का कार्य, तौलने का शुल्क।

अं आ ई

बंकाई *(हि.स्त्री.)* टेढ़ापन, तिरछापन।
चंटाई *(हि.स्त्री.)* शीघ्रता, अत्याचार।
चंडाई *(हि.स्त्री.)* उतावलापन।
ठंडाई *(हि.स्त्री.)* देखो ठंडई।
लंबाई *(हि.स्त्री.)* लंबापन, लंबा होने का भाव।
अँकाई *(हि.स्त्री.)* कूत, अटकल, कृषिफल के बँटवारे का ठहराव।
टँकाई *(हि.स्त्री.)* टाँकने का काम, रँगने की क्रिया या वेतन।
हँकाई *(हि.स्त्री.)* हाँकने की क्रिया या भाव।
रँगाई *(हि.स्त्री.)* रँगने का काम, रँगने की क्रिया या वेतन।
ठाँई *(हि.पुं.)* स्थान, *(कि.वि.)* निकट, पास, प्रति, तई।
काँई *(हि.अव्य.)* क्यों, किसलिए, *(सर्व.)* किसका।
घाँई *(हि.अव्य.)* पर्यन्त, समीप, निकट, पास।
धाँई *(हि.स्त्री.)* ओर, सन्धि, बार।
दाँई *(हि.वि.)* दाहिनी, *(स्त्री.)* बार।
नाँई *(हि.स्त्री.)* समान, दशा या स्थिति, *(वि.)* तुल्य, सदृश, समान।
साँई *(हि.पुं.)* ईश्वर, मालिक, पति।

अ उ ई

कुँई *(हि.स्त्री.)* कुमुदनी, कोई।
टटुई *(हि.स्त्री.)* छोटी जाति की घोड़ी।
कडुई *(हि.वि.)* कटु, चरपरी।
गडुई *(हि.स्त्री.)* टोंटी लगा हुआ पानी पीने का छोटा पात्र, झारी।
तुई *(हि.स्त्री.)* कपड़े पर बनी हुई एक प्रकार की बेल।
धनुई *(हि.स्त्री.)* छोटा धनुष।
धनुक *(हि.पुं.)* इन्द्रधनुष।
बबुई *(हि.स्त्री.)* कन्या, किसी सरदार या बाबू की बेटी, छोटी ननद।
भुई *(हि.स्त्री.)* भूमि, पृथ्वी।
छुईमुई *(हि.स्त्री.)* लजाधुर नामक पौधा।
रूई *(हि.स्त्री.)* कपास के कोष या ढोंढ़ के भीतर का धुआँ जिसको कातकर सूत बनता है, जिससे कपड़े बुने जाते हैं।
अरूई *(हि.स्त्री.)* देखो अरबी।
कुरूई *(हि.स्त्री.)* मूज की डलिया।
गेरूई *(हि.स्त्री.)* कृषिफल का एक रोग।
टहलुई *(हि.स्त्री.)* दासी, लौंडी।
सुई *(हि.स्त्री.)* देखो सूई।

ऊई

कूँई *(हि.स्त्री.)* कुमुदनी, कोई।
सूई *(हि.स्त्री.)* महीन काँटा, कपास अनाज आदि का अँखुआ, सूई के आकार की कोई वस्तु।

ऐई

थेइ, थेई *(हि.वि.)* ताल, सूचक आघात और मुद्रा।
ततृताथेई *(हि.स्त्री.)* नाचने के लिए शब्द या बोल।
देई *(हि.स्त्री.)* स्त्रियों के लिए एक आदरसूचक शब्द, देवी।
येई *(हि.सर्व.)* देखो यही।
(येऊ) *(हि.सर्व.)* यह भी।
लेई *(हि.स्त्री.)* अवलेह, गाढ़ा करके बनाया हुआ लसीला पदार्थ, लपसी।

ओई

कोई *(हि.सर्व.)* वस्तु विशेष, अविशेष, एक भी।
कोई *(हि.स्त्री.)* देखो कुँई।
खोई *(हि.स्त्री.)* रस निकालते हुए ऊख के छोटे-छोटे टुकड़े, धान का लावा।
जोई *(हि.स्त्री.)* देखो जो।
टोई *(हि.स्त्री.)* अँगुली का पोर।
डोई *(हि.स्त्री.)* कटोरे में बेंट जड़ी हुई करछी।
धोई *(हि.स्त्री.)* उड़द या मूँग का छिलका निकाली हुई दाल।
नोई *(हि.स्त्री.)* देखो नोआ।
पोई *(हि.स्त्री.)* अंकुर, गेहूँ आदि का छोटा पौधा।

मोई *(हि.स्त्री.)* घी में सना हुआ आटा।
लोई *(हि.स्त्री.)* गूँथे हुए आटे की गोली जिसको बेलकर रोटी बनाई जाती है, एक प्रकार का कम्बल।
सोई *(हि.स्त्री.)* वह गड्ढा जहाँ पर बरसात या बाढ़ का पानी रुक जाता है, डावर, *(सर्व.)* वही, *(अव्य.)* देखो सो।
बिछोई *(हि.पुं.)* वियोगी।
बटोई *(हि.पुं.)* देखो बटोही।
बदोई *(हि.पुं.)* पति का बहनोई।
बहनोई *(हि.पुं.)* बहन का पति।
रामतरोई *(हि.स्त्री.)* भिंडी नाम की एक तरकारी।
बटलोई, बटली *(हि.स्त्री.)* देगची।
रसोई, रसोइ *(हि.पुं.)* पकाया हुआ खाद्य पदार्थ, पाकशाला।

उ-हिन्दी वर्णमाला का पाँचवाँ स्वर वर्ण, इसका उच्चारण स्थान ओष्ठ है, (अव्य.) हाँ, ठीक भी, (पुं.) शिव, ब्रह्मा, मनुष्य।

अ उ अन्तक

चउ *(हि.)* उपसर्ग जो चौ के बदले अनेक शब्दों में प्रयुक्त होता है।
तउ *(हि.अव्य.)* तब, त्यों, उस तरह।
नउ *(हि.वि.)* नव, नौ, नवा।
उँ *(हि.अव्य.)* एक अव्यक्त उच्चारण लो मुख बन्द रहते ही किया जाता है, क्या, नहीं, अरे।
सउँ *(हि.अव्य.)* सौ।
उदउ *(हि.पुं.)* देखो उदय।
धरउ *(हि.वि.)* निज का, अपना।
परलउ *(हि.पुं.)* देखो प्रलय।
तितउ *(सं.पुं.)* छलनी, चलनी, छात्रा।

आउ

आउ *(हि.पुं.)* आयुष्य, जीवन।
भाउ *(हि.पुं.)* भाव, चित्रवृत्ति।
राउ *(हि.पुं.)* राजा, नृप।
वाउ *(हि.पुं.)* वायु, हवा, पवन।
ठाउँ *(हि.पुं.)* ठिकाना, ठाँव, *(कि.वि.)* समीप, पास, निकट।
नाउँ *(हि.पुं.)* देखो नाम।
भाउँ *(हि.पुं.)* भाव, अभिप्राय, आशय।
पाउँ *(हि.पुं.)* देखो पाँव।
पाँउँ *(हि.पुं.)* पद, पाँव, पैर।
बनाउ *(हि.पुं.)* देखो बनाव।
प्रभाउ *(हि.पुं.)* देखो प्रभाव।
स्वभाउ *(हि.पुं.)* देखो स्वभाव।
न्याउ *(हि.पुं.)* देखो न्याय।
पसाउ *(हि.पुं.)* प्रसाद, प्रसन्नता।
निआउ *(हि.पुं.)* देखो न्याय।
अनियाउ *(हि.पुं.)* देखो अन्याय।
निहाउ *(हि.पुं.)* देखो निहाई।
सुआउ *(हि.पुं.)* दीर्घायु, दीर्घजीवी।
सुभाउ, सुभाई *(हि.पुं.)* देखो स्वभाव, *(हि.वि.)* स्वभावतः, सहज भाव से।

इउ

जिउ *(हि.पुं.)* देखो जीव।
(जिउका) *(हि.पुं.)* देखो जीविका।
पुनिउँ *(हि.स्त्री.)* देखो पूना, पूर्णिमा।
दारिउँ *(हि.पुं.)* दाडिम, अनार।

ईउ

जीअ, जीउ *(हि.पुं.)* देखो जीव।

एउ

केउ *(हि.सर्व.)* कोई।
भेउ *(हि.पुं.)* भेद, रहस्य।
असलउ *(हि.वि.)* असह्य।
पसेउ *(हि.पुं.)* देखो पसेव।

ऊ-संस्कृत तथा हिन्दी स्वर वर्ण का छठा अक्षर। यह उ का दीर्घ रूप है, इसका उच्चारण स्थान ओष्ठ है, (पुं.) महादेव इन्द्र रक्षक, (अव्य.) ए, अरे, भी, (सर्व.) वह।

अ ऊ

गऊ *(हि.स्त्री.)* गाय, गौ, गइया।
तऊ *(हि.अव्य.)* तथपि, तो भी, तित पर भी।
यऊ *(हि.कि.वि.)* यद्यपि।
हऊँ *(हि.सर्व.)* देखो हाँ।
अथऊ *(हि.स्त्री.)* वह भोजन जो सन्ध्या होने से पहले किया जाता है।
बिनऊ *(हि.स्त्री.)* देखो विनय।
विसमऊ *(हि.पुं.)* देखो विस्मय।

आऊ

खाऊ *(हि.वि.)* मरभुख, पेटू।
दाऊ *(हि.पुं.)* बड़ा भाई।
ताऊ *(हि.पुं.)* बड़ा चाचा।
नाऊ *(हि.पुं.)* नाई, नापित।
वाऊ *(हि.पुं.)* वायु, पवन।
बाऊ *(हि.कि.वि.)* बाईं ओर।
भाऊ *(हि.पुं.)* भावना, चिरावृत्ति, प्रेम, स्नेह, महिमा, अवस्था।
हाऊ *(हि.पुं.)* बच्चों को डराने के शब्द।
भकाऊँ *(हि.पुं.)* बच्चों को डराने के शब्द, हौवा।
अगाऊ *(हि.वि.)* अग्रिम, *(कि.वि.)* पहिले से।

कटाऊ *(हि.वि.)* काट छाँट किया हुआ।
बटाऊ *(हि.पुं.)* बटोही, पथिक।
उड़ाऊ *(हि.वि.)* उड़नेवाला, अधिक व्यय करनेवाला।
जड़ाऊ *(हि.वि.)* जिस पर रत्न जड़े हो।
खड़ाऊँ *(हि.वि.)* पादुका।
लदाऊ *(हि.वि.)* देखो लदाव।
दबाऊ *(हि.वि.)* दबानेवाला।
अभाऊ *(हि.वि.)* न भानेवाला, जो सुहावना न हो।
कमाऊ *(हि.वि.)* कमानेवाला।
प्याऊ *(हि.पुं.)* पौसरा।
उराऊ *(हि.पुं.)* उत्साह।
घराऊ *(हि.वि.)* गृहसंबंधी, निजी।
धराऊ *(हि.वि.)* बहुत दिनों का रखा हुआ, पुराना।
गलाऊ *(हि.वि.)* गलानेवाला।
चलाऊ *(हि.वि.)* बहुत दिनों तक टिकने वाला, पुष्ट, टिकाऊ।
उपजाऊ *(हि.वि.)* जिसमें अधिक उपज हो, उर्वरा।
बलवाऊ *(हि.पुं.)* बलदेव, बलराम।
अगराऊ *(हि.वि.)* झगड़ालू।
उबराऊ *(हि.पुं.)* तल।
ठहराऊ *(हि.वि.)* टिकाऊ।
बरसाऊ *(हि.स्त्री.)* वर्षाऋतु, वर्षाकाल।
टिकाऊ *(हि.वि.)* टिकनेवाला।
बिकाऊ *(हि.वि.)* बिकने योग्य, बिकनेवाला।
दिखाऊ *(हि.वि.)* दर्शनीय, देखने योग्य, दिखावा, बनावटी।
पंडिताऊ *(हि.वि.)* पंडितों के ढंग का।
जुझाऊ *(हि.वि.)* युद्ध संबंधी।
झुमाऊ *(हि.वि.)* झूमनेवाला।
देखाऊ *(हि.वि.)* झूठी तड़क भड़क वाला, दिखौवा।

उ ऊ

दुऊ *(हि.वि.)* दोनों।

ए ऊ

जेउ, जेऊ *(हि.सर्व.)* जो।
सेऊ *(हि.पुं.)* देखो सेव।
जनेऊ *(हि.पुं.)* यज्ञोपवीत।
कलेऊ *(हि.पुं.)* कलेवा।

ओ ऊ

कोउ, कोऊ *(हि.सर्व.)* कोई, एक, कुछ।
दोउ, दोऊ *(हि.वि.)* दोनों।

ए-*अन्तक, स्वर वर्ण का ग्यारहवाँ अक्षर, इसका उच्चारण-स्थान कण्ठ और तालू है, (पुं.) विष्णु, (हि. सं. अव्य.) यह संबोधन या बुलाने में प्रयुक्त होता है।*

हरए *(हि.अव्य.)* धीरे-धीरे।
बाए *(हि.अव्य.)* ओर।
भाए *(हि.कि.वि.)* बुद्धि के अनुसार।

ऐ-*अन्तक, संस्कृत और हिन्दी की वर्णमाला का बारहवाँ अक्षर है, इसका उच्चारण कण्ठ और तालू से होता है, (अव्य.) पुष्कर, (पुं.) महादेव।*

ए *(हि.अव्य.)* किसी बात को भली भाँति समझने के लिए प्रयुक्त होता है, एक आश्चर्य सूचक अव्यय।
लिए *(हि.)* हिन्दी के कारक का एक चिह्न जो सम्प्रदान में प्रयोग किया जाता है, जिस शब्द के साथ यह लगाया जाता है उसके अर्थ या निमित्त किसी क्रिया का होना सूचित होता है, यथा–मैं तुम्हारे लिए पुस्तकें लाया हूँ।
चाहिऐ *(हि.अव्य.)* उचित है, ठीक है।

ओ–*संस्कृत तथा हिन्दी वर्णमाला का तेरहवाँ अक्षर, इसका उच्चारण स्थान कण्ठ तथा ओष्ठ है, (सं.पुं.) ब्रह्मा, (अव्य.) विस्मय तथा आश्चर्यसूचक शब्द।*

औं (सं.अव्य.) ओंकार, प्रणव, तथास्तु, अहुत अच्छा।

औ-*संस्कृत स्वर वर्ण का चौदहवाँ अक्षर, इसका उच्चारण स्थान ओष्ठ और कण्ठ है, अन्त, पृथ्वी। (हि.अव्य.) और।*

ऋ-*स्वर वर्ण का सातवाँ अक्षर, मूर्धा स्थान में इसका उच्चारण होता है, (सं.स्त्री.) देवमाता, अदिति।*

ॠ-*हिन्दी तथा संस्कृत का आठवाँ अक्षर जिसका मूर्घा से उच्चारण होता है, (पुं.) वृक्षस्थल, छाती, (स्त्री.) देवमाता, स्मृति, (पुं.) भैरव, महादेव।*

ऌ-*हिन्दी तथा संस्कृत स्वर का नवाँ अक्षर, इसका उच्चारण स्थान, दन्त है, (स्त्री.) देवमाता, भूमि।*

ॡ-*स्वर वर्ण का दसवाँ अक्षर, इसका उच्चारण स्थान दन्त है, पाणिनि के अनुसार लृकार का दीर्घ मही होता है, (स्त्री.) देवनारी, माता, कामधेनु, (पुं.) शंकर, महादेव।*

क-*हिन्दी वर्णमाला का प्रथम व्यंजन वर्ण, इसका उच्चारण स्थान कण्ठ है, (सं.पुं.) ब्रह्मा, विष्णु, सूर्य, किरण, मन, शरीर, काल, धन, प्रकाश, शब्द, अग्नि, वायु, मोर।*

चक *(हि.पुं.)* चकई नाम का लड़कों का खिलौना, चकवा पक्षी, भूमि का बड़ा टुकड़ा, पट्टी, गाँव, अधिकार, *(वि.)* अधिक व्यग्र।

छक *(हि.स्त्री.)* तृप्ति।
जक *(हि.पुं.)* भूत, प्रेत, कंजूस, *(स्त्री.)* हठ।
झक *(हि.स्त्री.)* धुन, सनक।
टक *(सं.पुं.)* नारियल का वृक्ष, *(पुं.)* वामन, चतुर्थांश।
टक *(हि.स्त्री.)* स्थिर, दृष्टि।
टक *(हि.पुं.)* आखेट करने वाला।
ठक *(हि.स्त्री.)* दो वस्तुओं के परस्पर टकराने का शब्द, *(वि.)* स्तम्भ।
तक *(हि.अव्य.)* किसी वस्तु या व्यापार की सीमा अथवा अवधि सूचित करनेवाला एक विभक्ति, पर्यन्त।
थक *(हि.पुं.)* देखो थाक।
धक *(हि.स्त्री.)* हृदय धड़कन का भाव या शब्द, उमंग, उद्वेग, *(कि.वि.)* अचानक।
फक *(हि.वि.)* स्वच्छ, सफेद।
भक *(हि.वि.)* आग के एकाएक जलने या धुएँ के निकलने से उत्पन्न शब्द।
वक *(सं.पुं.)* बगुला नामक पक्षी।
हँक *(हि.स्त्री.)* देखो हाँक, पुकार।
झक्क *(हि.वि.)* चमकीला, जगमगाता।
धक्क पक्क *(हि.अव्य.)* देखो धकपक।
वृक्क *(सं.पुं.)* गुर्दा।
वृक्क *(सं.पुं.)* हृदय।
दिक्क *(हि.वि.)* देखो दिक।
एकक *(सं.वि.)* एकाकी, अकेला।
एकक *(सं.वि.)* असहाय, अकेला।
अंकक *(सं.पुं.)* गणित करनेवाला।
टंकक *(सं.पुं.)* चाँदी की मुद्रा, रुपया।
लेखक *(सं.पुं.)* लिखनेवाला, ग्रन्थकार।
सुलेखक *(सं.पुं.)* अच्छा लेख या निबन्ध लिखनेवाला।
पेखक *(हि.वि.)* प्रेक्षक, देखनेवाला।
तमगक, तमंग *(सं.पुं.)* मचान।
भागक *(सं.वि.)* भाजक।
लंगधक *(सं.वि.)* लाँघनेवाला, सीमा के बाहर जानेवाला।
कड़क *(हि.स्त्री.)* कठोर शब्द, तड़प, इन्द्रियों में दाह होने का एक रोग, कड़ापन।
खड़क *(हि.स्त्री.)* खटक, धीमा शब्द, *(हि.पुं.)* देखो खड्ग।
धड़क *(हि.स्त्री.)* हृदय का स्पन्दन, खटका।
निधड़क *(हि.कि.वि.)* बिना संकोच के, निःशुल्क, बिना भय या चिन्ता के।
बेधड़क *(हि.कि.वि.)* बिना किसी प्रकार के संकोच, भय या आशंका के, *(वि.)* निर्भय, निडर।
तड़क *(हि.स्त्री.)* तड़कने की क्रिया, स्वाद लेने की इच्छा, *(पुं.)* चमक दमक।
भड़क *(हि.स्त्री.)* दिखावा, चमक दमक।
सड़क *(हि.स्त्री.)* राजमार्ग।
कच्ची सड़क *(हि.स्त्री.)* कंकड़ पत्थर से न पिटी हुई सड़क।
ताड़क *(सं.वि.)* प्रहार करनेवाला।
पिड़क *(सं.पुं.)* छोटा फोड़ा, फुंसी।
पीड़क *(सं.पुं.)* दुःखदायी, पीड़ा देनेवाला।
परपीड़क *(सं.पुं.)* दूसरे को कष्ट देने वाला।
मींड़क *(हि.पुं.)* मेढक।
क्रीड़क *(सं.वि.)* क्रीड़ा करनेवाला।
खड़क *(हि.स्त्री.)* खटक, खटका।
मुड़क *(हि.स्त्री.)* देखो मुरक।
हुड़क *(हि.पुं.)* एक प्रकार का छोटा ढोल।
चुड, चुडक (यं. पुं.) शिखा, चोटी।
वर्णविलोडक *(सं.पुं.)* वह जो दूसरे के लिखे हुए लेख को अपना बतलाता हो।
कचक *(हि.स्त्री.)* दबने से कुचल जाने से उत्पन्न चोट।
दचक *(हि.स्त्री.)* दबाव।
भचक *(हि.स्त्री.)* लँगड़ापन।
भचमचक *(हि.स्त्री.)* दबाव, बोझ।
अचैक *(सं.वि.)* पूजक, पूजा करनेवाला।
रचक *(सं.पुं.)* रचयिता।
लचक *(हि.स्त्री.)* लचकने की क्रिया या भाव, झुकाव।
चकाचक *(हि.स्त्री.)* निरन्तर, प्रहार का शब्द, *(कि.वि.)* भरपूर, पेट भर।
जाचक *(हि.पुं.)* याचक, भिक्षुक।
पाचक *(सं.पुं.)* पकाने या पचाने वाला, *(पुं.)* पाचन शक्ति को बढ़ाने वाला।
प्रपाचक अच्छा भोजन बनाने वाला।
मिष्टपाचक मिष्टान्न, मुरब्बा।
याचक *(सं.वि.)* माँगनेवाला, भिक्षुक।
अयाचक *(सं.वि.)* न माँगनेवाला।
गुणवाचक *(हि.स्त्री.)* गुण को प्रकट करनेवाला।
कर्तवाचक *(सं.वि.)* व्याकरण में।
प्रवाचक *(सं.वि.)* अच्छा बोलनेवाला।
निर्वाचक *(सं.वि.)* जो चुनता हो, चुननेवाला।
भाववाचक *(सं.पुं.)* व्याकरण में वह संज्ञा जिसमें किसी पदार्थ का भाव हो।
पिचक *(हि.स्त्री.)* देखो पिचकारी।
सूचक *(सं.वि.)* सूचना देनेवाला।
हूचक *(हि.पुं.)* युद्ध, लड़ाई।
पेचक *(सं.पुं.)* उलूक, पक्षी, उल्लू।
पेचक *(वि.)* श्यामल, श्यामता, कालापन।
विरेचक *(सं.वि.)* शौच लानेवाला।
परिषेचक *(सं.वि.)* छिड़कनेवाला।
सेचक *(सं.वि.)* सींचनेवाला, *(पुं.)* मेघ, बादल।
भैचक *(हि.वि.)* विस्मित, चकित।

मोचक *(सं.वि.)* मुक्तिकारक, छुड़ानेवाला।
समालोचक *(सं.वि.)* किसी वस्तु के गुण दोष को देखकर बतलानेवाला।
औचक *(हि.कि.वि.)* अचानक, धोखे से, *(हि.स्त्री.)* कठिनता, संकट, संकुचित स्थान, फैलाव।
भौचक *(हि.वि.)* स्तम्भित, घबड़ाया हुआ।
पच्चक *(सं.पुं.)* पाँच का समूह, धनिष्ठा आदि पाँच नक्षत्र, वह जिसमें पाँच अवयव हो।
बंचक *(हि.पुं.)* धूर्त, पाखंडी।
वञ्चक *(सं.पुं.)* चोर, ठग, धूर्त।
तच्छक *(हि.पुं.)* देखो तक्षक।
प्रच्छक *(सं.वि.)* पूछनेवाला।
पृच्छक *(सं.वि.)* प्रश्न करनेवाला।
परिपृच्छक *(सं.पुं.)* पूछनेवाला।
पिच्छक *(सं.पुं.)* पशु की पूँछ, मोर की पूँछ।
सिच्छक देखो शिक्षक।
गुच्छक, गुच्छ *(सं.पुं.)* एक में बँधे हुए फूल या पत्तों का समुदाय, गुच्छा।
छकाछक *(हि.वि.)* परिपूर्ण भरा हुआ।
रजक *(सं.पुं.)* धावक, धोबी।
परिवर्जक *(सं.वि.)* त्याग करनेवाला।
सृजक *(हि.पुं.)* सृष्टि करनेवाला।
नार्जक *(सं.वि.)* निर्मल करनेवाला, *(पुं.)* रजक, धोबी।
परिमार्जक *(सं.पुं.)* धोने या माँजनेवाला।
भाजक *(सं.वि.)* विभाग करनेवाला, *(पुं.)* गणित में वह अंक जिससे किसी संख्या में भाग किया जाता है।
विभाजक *(सं.पुं.)* विभाग करनेवाला, गणित में वह संख्या जिससे किसी दूसरी संख्या में भाग दिया जाता है।
परिव्राजक *(सं.पुं.)* संन्यासी, परमहंस, यति, श्रमणक।
राजक *(सं.पुं.)* राजा, *(वि.)* धमकानेवाला।
अराजक *(सं.वि.)* बिना राजा का, राजशून्य।
बीजक *(सं.पुं.)* वह सूची जिसमें माल का ब्यौरा, मूल्य आदि लिखा हो।
पूजक *(हि.वि.)* पूजा करनेवाला।
उत्तेजक *(सं.वि.)* प्रोत्साहक, उकसानेवाला।
योजक *(सं.वि.)* संयोगकारक, मिलाने वाला, *(पुं.)* भूडमरूमध्य।
प्रयोजक *(सं.वि.)* प्रबन्ध करनेवाला।
नियोजक *(सं.पुं.)* कार्य में नियुक्त करनेवाला।
संयोजक *(सं.वि.)* जोड़नेवाला, *(पुं.)* व्याकरण में वह शब्द जो दो शब्दों या वाक्यों को जोड़ता है।
भंजक *(हि.वि.)* तोड़नेवाला।
व्यन्जक *(सं.वि.)* प्रकाशक।
रंजक *(हि.वि.)* प्रसन्न करनेवाला।
अनुरंजक *(सं.वि.)* प्रेम उत्पन्न करनेवाला।
मनोरंजक *(सं.वि.)* चित्त को प्रसन्न करनेवाला।
झकझक *(हि.स्त्री.)* बकवाद।
बकबक *(सं.स्त्री.)* बकवाद।
झझक *(हिं.पुं.)* भय की झुंझलाहट, दुर्गन्ध, सनक।
झकाझक *(हि.वि.)* चमकता हुआ।
अटक, अटल *(हि.स्त्री.)* प्रतिबिम्ब, अवरोध, सनक।
खटक *(हि.स्त्री.)* खटके का शब्द।
बेखटक *(हि.वि.)* बिना संकोच या असमंजस का, *(कि.वि.)* बिना आगा पीछा किए हुए।
घटक *(सं.पुं.)* मध्यस्थ, बिचवई।
चटक *(हि.पुं.)* स्फटिक, *(हि.अव्य.)* तत्क्षण, झटपट।
झटक *(हि.पुं.)* देखो झटका।
पट्टक *(सं.पुं.)* लिखने की पटिया, चित्रपट।
भटक *(हि.स्त्री.)* भटकने की क्रिया या भाव, चाल।
चटकमटक *(हि.स्त्री.)* आडम्बर, ठसक।
करटक *(सं.पुं.)* कौवा।
लटक *(हि.स्त्री.)* झुकाव, लचक।
बटक *(सं.पुं.)* बड़ा, पकौड़ा, बड़ी टिकिया या गोला।
षट्क छः वस्तुओं का समूह।
अष्टक *(सं.पुं.)* आठ पदार्थों का समूह, आठ श्लोक का स्त्रोत या काव्य।
शताष्टक *(सं.पुं.)* एक सौ आठ।
टंकाटक *(हि.वि.)* जो तौलने में ठीक ठीक हो।
श्रृंगाटक *(सं.पुं.)* चौराहा, चौमुहना, सिंघाड़ा, स्त्रियों का आभूषण, वस्त्र आदि से शरीर को सुशोभित करना, सजावट, शोभा देनेवाली वस्तु।
शंगारना *(हि.कि.)* शृंगार करना, सलाना।
नाटक *(सं.वि.)* नर्तक, नट, नाट्य, अभिनय करनेवाला, *(पुं.)* रंगशाला में नटों के हाव भाव, वेश, वचन आदि द्वारा घटनाओं का प्रदर्शन।
उटनाटक *(सं.वि.)* अद्भुत, अनोखा।
ऊटनाटक *(हि.पुं.)* वृथा का कार्य।
फाटक *(हि.पुं.)* बड़ा द्वार, तोरण।
हाटक *(हि.पुं.)* सुवर्ण, सोना।
इष्टक *(सं.पुं.)* ईंट।
(इष्टका) *(सं.स्त्री.)* छोटी ईंट।
पिष्टक *(सं.पुं.)* पिष्ट, पिठी, रोट, कचौड़ी, पूवा।
तिलपिष्टक *(सं.पुं.)* तिल की पीठी।
पिटक *(सं.पुं.)* पेटारा, फोड़ा-फुंसी, किसी ग्रंथ का विभाग या खंड।
खुटक *(हि.स्त्री.)* खटका, चिन्ता, आशंका।
त्रिपुटक *(सं.पुं.)* त्रिभुज।
वेष्टक *(सं.वि.)* घेरनेवाला।
वेटक, पेट *(सं.पुं.)* सेवक, दास, पति, विदूषक, भाँड, दूत।
पेटक *(सं.पुं.)* मंजूषा, पेटारा, समूह, ढेर।

मेटक *(हि.वि.)* नाश करनेवाला, मिटानेवाला।
विस्फोटक *(सं.पुं.)* शीतला रोग, चेचक।
विजयकंटक *(सं.पुं.)* विजय में विघ्न डालनेवाला।
करकंटक *(सं.पुं.)* नख।
जलकंटक *(सं.पुं.)* सिंघाड़ा, जलकुंभी।
नीलकंटक *(सं.पुं.)* चातक पक्षी पपीहा।
निष्कंटक *(सं.वि.)* कंटकहीन, उपद्रव रहित, निर्विघ्न।
लोककंटक *(सं.पुं.)* दुष्ट मनुष्य।
निकंटक *(हि.वि.)* देखो निष्कंटक।
त्रिकंटक *(सं.पुं.)* गोखर, त्रिशूल।
लुंटक *(सं.पुं.)* एक प्रकार का साग।
ठकठक *(हि.स्त्री.)* प्रपंच, झंझट, झगड़ा।
ठठक *(हि.स्त्री.)* अवरोध, रुकावट।
षष्टक *(सं.वि.)* छठाँ।
पाठक *(सं.पुं.)* चारण, भाट।
ठिठक *(हि.पुं.)* घबड़ाहट।
मज्जुपाठक *(सं.वि.)* अच्छी तरह पढ़नेवाला।
पाठक *(सं.पुं.)* उपाध्याय, पढ़ानेवाला, धर्मोपदेशक, अध्यापक।
लुंटक *(सं.पुं.)* लुटेरा।
बैठक *(हि.स्त्री.)* बैठने का स्थान, आसन, बैठने का ढंग, मेल।
कोष्टक *(सं.पुं.)* घिरा हुआ स्थान, एक चिह्न जो लिखने में प्रयुक्त होता है, जिसके भीतर अंक या वाक्य लिखे जाते हैं।
ठंडक, ठंड *(हि.स्त्री.)* देखो ठंड, ठंडक।
दंडक *(हि.पुं.)* देखो दण्डक।
दण्डक *(सं.पुं.)* एक छन्द जिसके प्रत्येक चरण में सत्ताइस अक्षर होते है, ठंडा।
भाण्डक छोटा पात्र।
मढक *(हि.स्त्री.)* गुप्त बात, रहस्य।
मेंढक *(हि.पुं.)* मण्डूक, दर्दुर, मेघा।
ठंढक *(हि.स्त्री.)* जाड़ा, तृप्ति, सन्तोष, प्रसन्नता।
गणक *(सं.पुं.)* ज्योतिषी।
गणक *(सं.वि.)* गणना करने वाला।
वाचक *(सं.पुं.)* गायक, गानेवाला।
सुगणक *(सं.पुं.)* अच्छी गणना करनेवाला।
कर्णक *(सं.पुं.)* वृक्ष को फोड़कर निकलनेवाला पत्ता, सन्निपात रोग का एक भेद, कर्णकार, माँझी।
प्रकीर्णक *(सं.पुं.)* अध्याय, प्रकरण, विस्तार।
लग्णक *(सं.वि.)* धान का लावा।
गुणक *(सं.पुं.)* वह अंक जिससे किसी अंक में गुणा किया जाए।
लक्तक *(सं.पुं.)* अलता।
सप्तक *(सं.वि.)* सातवाँ, जिसमें सात की संख्या हो।
दत्तक *(सं.पुं.)* गोद लिया हुआ बेटा।
बत्तक *(हि.स्त्री.)* देखो बत्तख।
बतक *(हि.स्त्री.)* हंस की जाति की पानी में तैरनेवाली एक सफेद चिड़िया।
नर्तक, नर्त *(सं.पुं.)* नट, नाचनेवाला, बन्दीजन।
अपवर्तक *(सं.पुं.)* गणित में वह संख्या जिससे अन्य दो या अधिक संख्याओं को भाग देने पर कुछ शेष न रहे।
प्रवर्तक *(सं.वि.)* किसी काम को चलानेवाला, अविष्कार करनेवाला, उकसानेवाला।
अप्रवर्तक *(सं.वि.)* काम में न लगनेवाला।
परिवर्तक *(सं.वि.)* चक्कर देनेवाला, बदलनेवाला।
नृतक *(हि.वि.)* नर्तक, नाचनेवाला।
मृतक *(सं.पुं.)* शव।
शतक *(सं.पुं.)* एक ही प्रकार की दो वस्तुओं का संग्रह, सौ वर्षों का समूह, शताब्दी।
मस्तक *(सं.पुं.)* मुण्ड, शिर, सिर।
हस्तक *(सं.पुं.)* संगीत का एक ताल, ताली बजाना।
दैवोपहतक *(सं.वि.)* हतभाग्य, अभागा।
व्यावंतक *(सं.वि.)* पीछे की ओर छाँटनेवाला।
शुभचिन्तक *(सं.वि.)* हितैषी, या कल्याण करनेवाला।
हितचिन्तक *(सं.पुं.)* भला चाहनेवाला।
निवर्तक *(सं.वि.)* प्रतिबन्धक।
घातक *(सं.वि.)* हत्यारा, शत्रु।
विघातक *(सं.वि.)* नाश करनेवाला।
स्त्रीघातक *(सं.कि.)* स्त्री की हत्या करनेवाला।
चातक *(सं.पुं.)* पपीहा।
दिनान्तक *(सं.पुं.)* अन्धकार, अँधेरा।
समान्तक *(सं.पुं.)* दो सरल रेखा जो बहुत दूर तक जाकर भी एक दूसरे से न मिले।
निरांतक *(सं.वि.)* भयशून्य, रोगरहित।
कालान्तक *(सं.पुं.)* यम।
वासान्तक *(सं.वि.)* बसन्तऋतु संबंधी।
महान्तक *(सं.पुं.)* मृत्यु।
पातक *(सं.पुं.)* पाप, दुष्कृत।
महापातक *(सं.पुं.)* पाँच सबसे बड़े पातक।
विनिपातक *(सं.वि.)* संहार या अपमान करने वाला।
ज्ञातक *(सं.वि.)* विदित, जाना हुआ।
कितक *(सं.कि.वि.)* किसका।
याचितक *(सं.पुं.)* माँगी हुई वस्तु।
कीर्तक *(सं.पुं.)* कीत पुत्र।
पुस्तक *(सं.पुं.)* पोथी।
बहुतक *(हि.वि.)* बहुत से, बहुतेरे।
सूतक *(सं.पुं.)* वह अशौच जो सन्तान होने पर घरवालों को होता है, मरना शौच जो परिवार में किसी के मरने पर होता है।
केतक *(हि.वि.)* कितना।

केतक *(सं.पुं.)* केवड़ा, *(हि.वि.)* कितने, बहुत, बहुत कुछ।
द्योतक *(सं.वि.)* प्रकाश करनेवाला।
श्रोतक *(सं.वि.)* सुनने योग्य, व्याकरण में य, र, ल, व, ये चार वर्ण अन्तस्थ कहलाते हैं।
अन्तक *(हि.पुं.)* मृत्यु, अन्त, यम, *(वि.)* अन्त या नाश करनेवाला।
दन्तक *(सं.पुं.)* पहाड़ की चोटी।
जगदन्तक *(सं.पुं.)* मृत्यु, यम।
नागदन्तक, नागदन्त *(सं.पुं.)* हाथी दाँत, भीत में लगाने की खूँटी।
सीमन्तक *(सं.पुं.)* सिन्दूर।
पृथक *(सं.अव्य.)* भिन्न, अलग।
अथक *(हिं.वि.)* न थकनेवाला, परिश्रमी।
कत्थक *(हि.पुं.)* एक जाति के लोग नाचते गाते हैं।
व्यथक *(सं.वि.)* पीड़ा देनेवाला।
अनर्थक *(सं.पुं.)* निरर्थक, व्यर्थ, निष्प्रयोजन।
समर्थक *(सं.पुं.)* समर्थन करनेवाले।
निरर्थक *(सं.वि.)* निष्फल, निष्प्रयोजन, व्यर्थ।
एकार्थक, एकार्थ *(सं.वि.)* समानर्थक, एक ही अर्थ का।
प्रेरणार्थक क्रिया *(सं.स्त्री.)* किसी क्रिया का वह रूप जिसमें क्रिया के व्यापार के संबंध में यह सूचित होता है कि वह कर्ता से किसी प्रेरणा द्वारा हुआ है, यथा पढ़ना, क्रिया का प्रेरणार्थक रूप पढ़वाना है।
भिन्नार्थक *(सं.वि.)* दूसरे अर्थ का।
प्रार्थक *(सं.वि.)* प्रार्थना करनेवाला।
सार्थक *(सं.वि.)* अर्थयुक्त, सफल।
पदक *(हि.स्त्री.)* सोने चाँदी का बना हुआ गोल या चौकोर टुकड़ा जो कोई विशिष्ट या अद्‌भुत कार्य करने के उपलक्ष्य में किसी व्यक्ति को दिया जाता है।
मदक *(हि.स्त्री.)* एक प्रकार का मादक पदार्थ जो अफीम के सत्व से बनाया जाता है।
खादक *(सं.वि.)* खानेवाला।
सम्पादक *(सं.पुं.)* किसी काम को पूरा करनेवाला, किसी समाचार पत्र या पुस्तक को क्रम से लिखनेवाला।
सम्पादकीय *(सं.वि.)* सम्पादक संबंधी।
(सम्पादन) *(सं.पुं.)* ठीक करना, पुस्तक आदि को प्रकाशित करना।
सम्पादनीय *(सं.वि.)* सम्पादन करने योग्य।
व्युत्पादक *(सं.वि.)* उत्पन्न करनेवाला।
प्रतिपादक *(सं.वि.)* निर्वाह करनेवाला, उत्पन्न करनेवाला।
मादक *(सं.वि.)* नशा उत्पन्न करनेवाला।
मर्यादक *(सं.वि.)* माननीय।
प्रहादक *(सं.वि.)* आनन्दकर।
वादक *(सं.पुं.)* बाजा बजानेवाला, वक्ता, शास्त्रार्थ करनेवाला।
प्रवादक *(सं.पुं.)* बाजा बजानेवाला।
स्वादक *(सं.पुं.)* विवेकी, वह जो भोजन पदार्थों के तैयार होने पर चखता है।
स्तुतिवादक *(सं.वि.)* प्रशंसा करनेवाला, प्रशंसक।
अभिवादक प्रणाम करनेवाला।
परिवादक *(सं.वि.)* निन्दा करनेवाला।
संवादक *(सं.कि.)* संभाषण करने वाला।
निन्दक *(सं.वि.)* दूसरों का दोष या बुराई करनेवाला।
वेदनिन्दक *(सं.पुं.)* वेदों की निन्दा करनेवाला, नास्तिक।
निसूदक *(सं.वि.)* हिंसक।
निसूदक *(सं.पुं.)* हिंसा, वध, *(वि.)* मारनेवाला।
छेदक *(सं.वि.)* छेद करनेवाला, विभाजक।
व्यवच्छेदक *(सं.वि.)* अलगानेवाला।
भेदक *(सं.वि.)* बिदारक, छेदनेवाला।
प्रभेदक *(सं.वि.)* विभाग करनेवाला।
वेदक *(सं.वि.)* परिचय करानेवाला।
निवेदक *(सं.वि.)* प्रार्थना करनेवाला।
वैदक *(हि.पुं.)* देखो वैद्यक।
गंगोदक *(सं.पुं.)* गंगाजी का पानी।
पुटोदक *(सं.पुं.)* नारिकेल, नारियल।
पादोदक *(सं.पुं.)* वह जल जिसमें किसी का पैर धोया गया हो।
समानोदक *(सं.पुं.)* जिसकी ग्यारहवीं से चौदहवीं पीढ़ी तक के पूर्वज एक हो।
स्नानोदक *(सं.पुं.)* स्नान करने का जल।
मोदक *(सं.पुं.)* लड्डू।
मनमोदक *(हि.पुं.)* वह कल्पित या असंभव बात जो अपनी प्रसन्नता के लिए मन में बनाई गई हो।
तिलमोदक *(हि.पुं.)* तिल का बना हुआ लड्डू।
मुक्तामोदक *(सं.पुं.)* मोतीचूर का लड्डू।
हिमोदक *(सं.पुं.)* ठंडा पानी।
अनुमोदक *(सं.वि.)* स्वीकार करनेवाला।
अनुमोदन *(सं.पुं.)* स्वीकृति, समर्थन।
अनुमोदित *(सं.वि.)* सम्मति दिया हुआ, स्वीकार करने योग्य।
दिव्योदक *(सं.पुं.)* वर्षा का पानी।
तिलोदक *(सं.पुं.)* तिल मिला हुआ जल, देखो तिलांजलि।
नवोदक *(सं.पुं.)* नया पानी।
चंदक *(हि.पुं.)* चन्द्रमा, चाँद, अर्धचन्द्राकार गहना जो माथे पर पहिना जाता है।
वन्दक *(सं.वि.)* स्तुति करनेवाला।
अकधक *(हि.पुं.)* आगा पीछा, शंका।
धधक *(हि.स्त्री.)* आग की लपट का ऊपर उठना।
वधक *(हि.वि.)* वध करनेवाला।
लुब्धक *(सं.पुं.)* व्याघ, बहेलिया, लम्पत।
वर्धक *(सं.वि.)* पूरक, बढ़ानेवाला।
प्रबंधक *(सं.वि.)* वृद्धि करनेवाला।

संवर्धक *(सं.वि.)* बढ़ानेवाला।
अग्निवर्धक *(सं.वि.)* भूख बढ़ानेवाला, (दवा)।
बाधक *(सं.वि.)* प्रतिबन्धक, दुःखदायी।
आराधक *(सं.वि.)* उपासना करनेवाला।
साधक *(सं.पुं.)* साधना करनेवाला, सहायक।
प्रसावक *(सं.वि.)* सम्पादन करनेवाला।
सिद्धक *(सं.वि.)* काम पूरा करनेवाला।
वेधक *(सं.वि.)* वेध करनेवाला।
बधिक *(सं.पुं.)* ज्ञापक।
प्रबोधक *(सं.वि.)* जगानेवाला, समझानेवाला।
भावबोधक *(सं.वि.)* वह जिसके द्वारा भाव का बोध हो।
प्रतिबोधक *(सं.पुं.)* शिक्षक।
रोधक *(सं.वि.)* रोकनेवाला।
बलरोधक *(सं.वि.)* मल में रुकावट करनेवाला।
प्रतिरोधक *(सं.पुं.)* बाधा डालनेवाला।
निरोधक *(सं.वि.)* रोकनेवाला।
विरोधक *(सं.वि.)* विरोध करनेवाला।
शोधक *(सं.वि.)* खोजने या ढूँढ़नेवाला, सुधारक, *(पुं.)* वह संख्या जिसके घटाने से वर्गमूल ठीक-ठीक निकले।
संशोधक *(सं.वि.)* शोधन करनेवाला।
भीष्मगन्धक *(सं.पुं.)* माधवी, लता।
धंधक, धंध *(सं.पुं.)* जंजाल, बखेड़ा।
बन्धक *(सं.पुं.)* ऋण के बदले महाजन के पास रखने की वस्तु, गिरवी।
पटबन्धक *(हि.पुं.)* एक प्रकार का बंधक जिसमें महाजन बंधक की हुई सम्पत्ति के आय से सूद लेने के बाद जो बढ़ती होती है उसको मूल ऋण में काटता जाता है और संपूर्ण ऋण चुक जाने पर वह सम्पत्ति उसके मालिक को लौटा देता है।
पाशबन्धक *(सं.पुं.)* व्याघ, बहेलिया।
प्रतिबन्धक *(सं.वि.)* बाधा डालनेवाला।
कनक *(सं.पुं.)* सुवर्ण, सोना।
खनक *(हि.पुं.)* रुपए का शब्द।
चनक *(हि.पुं.)* चणक, चना।
कनक *(हि.स्त्री.)* झनझनाहट, झनकार, भड़क, *(पुं.)* एक क्षण।
जनक *(सं.पुं.)* जन्मदाता, पिता।
सुखजनक *(सं.वि.)* आनन्ददायक।
मोहजनक *(सं.वि.)* मोह उत्पन्न करनेवाला।
झनक *(हि.स्त्री.)* धातु आदि के परस्पर टकराने का शब्द।
ठनक *(हि.स्त्री.)* ढोल, मृदंग आदि की ध्वनि ठहर-ठहर कर पीड़ा, टीस।
धनक *(हि.पुं.)* धनुष, कमान, टोपी में लगाने का गोटा।
वनक *(हि.स्त्री.)* वन को उपज, *(स्त्री.)* सजधज।
भनक *(हि.स्त्री.)* धीमा शब्द, ध्वनि, जनश्रुति।
झनकमनक *(हि.स्त्री.)* आभूषण, आदि का शब्द।
सनक *(हि.स्त्री.)* किसी बात की धुन, तन्माद।
आनक दुन्दुभि बड़ा नगाड़ा।
वितानक *(सं.पुं.)* बड़ा चँदना, समूह, जमघट।
स्थानक *(सं.पुं.)* नगर, पेड़ का थैला।
पिधानक *(सं.पुं.)* खड्ग, कोष।
विधानक *(सं.वि.)* विधि या रीति जाननेवाला।
बानक *(हि.स्त्री.)* वेष, भेस।
भयानक *(सं.वि.)* भयंकर, डरावना।
आख्यानक *(सं.पुं.)* कथा, छोटा किस्सा।
छिनक *(हि.कि.वि.)* क्षण भर, दमभर।
सिनक *(हि.स्त्री.)* नाक की मैल, नेटा।
थीनक *(हि.स्त्री.)* अफीम के नशे में ऊँघना, आगे को झुक पड़ना।
झुनक *(हि.पुं.)* पैंजनी का शब्द।
ठुमक *(हि.स्त्री.)* सुसकी।
धकपक *(हि.स्त्री.)* कलेजे की धड़कन, *(कि.वि.)* डरते हुए।
झपक *(हि.स्त्री.)* बहुत थोड़ा समय।
टपक *(हि.स्त्री.)* बूँद-बूँद करके गिरने का शब्द, रह रहकर होनेवाली पीड़ा।
समर्पक *(सं.वि.)* समर्पण करनेवाला।
कत्थक *(सं.पुं.)* ग्रन्थकर्ता, *(वि.)* बननेवाला, लगानेवाला।
अल्पक *(सं.पुं.)* बकवादी।
स्थापक *(सं.वि.)* रखने या खड़ा करनेवाला, संस्थापक।
व्यवस्थापक *(सं.वि.)* नियमपूर्वक किसी कार्य को चलानेवाला।
दुर्व्यवस्थापक *(सं.पुं.)* कुप्रबन्ध करनेवाला।
संस्थापक *(सं.वि.)* प्रवर्तक, स्थापित करनेवाला, किसी समाज सभा आदि का खोलनेवाला।
मापक *(सं.पुं.)* वह जो मापता हो, वह जिससे कोई पदार्थ मापा जा सके।
विद्युत मापक *(सं.पुं.)* वह यन्त्र जिसके द्वारा बिजली के बल, प्रवाह आदि के बारे में जाना जाता है।
समापक *(सं.पुं.)* समाप्त करनेवाला।
पापक *(सं.पुं.)* पानेवाला।
अध्यापक *(सं.पुं.)* शिक्षक, गुरु, आचार्य, पढ़ानेवाला।
व्यापक *(सं.वि.)* चारों ओर फैला हुआ।
विज्ञापक *(सं.पुं.)* समझाने या बतलानेवाला।
क्षिपक *(सं.वि.)* फेंकनेवाला, क्षेपक।
दीपक *(सं.पुं.)* दीया, *(वि.)* प्रकाश फैलानेवाला, पाचन शक्ति को तीव्र करनेवाला, उत्तेजक।
प्रदीपक *(सं.पुं.)* प्रकाशक।
उद्दीपक *(सं.वि.)* उत्तेजक।
तुपक *(हि.स्त्री.)* छोटी तोप या बन्दूक, कड़ाबीन।
लघुतुपक *(सं.स्त्री.)* तमंचा, पिस्तौल।

पुष्पक *(सं.पुं.)* कुबेर का विमान।
रूपक *(सं.पुं.)* मूर्ति, प्रतिकृति, वह अलंकार जिसमें प्रकृत विषय को न छिपाकर उपमेय में उपमान का आरोप होता है।
अरूपक *(सं.वि.)* अलंकाररहित।
उपरूपक *(सं.पुं.)* एक छोटा नाटक।
निरूपक *(सं.वि.)* किसी विषय का निरूपण करनेवाला।
सूपक *(हि.पुं.)* रसोइयादार।
क्षेपक *(सं.वि.)* फेंकनेवाला, मिश्रित, निन्दनीय, *(पुं.)* किसी ग्रन्थ में ऊपर से मिलाया हुआ अंश, गुच्छा।
निक्षेपक *(सं.पुं.)* फेंकनेवाला।
रोपक *(सं.वि.)* वृक्ष लगानेवाला, उठानेवाला।
लोपक *(सं.वि.)* विघ्न या बाधा डालनेवाला।
विलोपक *(सं.वि.)* नाश करनेवाला।
चकबक *(हि.वि.)* चकित।
झकबक *(हि.पुं.)* बकझक, *(वि.)* भौंचक्का।
बकबक *(हि.स्त्री.)* प्रलाप, बकवाद।
स्तबक *(सं.पुं.)* गुच्छा।
दबक *(हि.स्त्री.)* छिपाने का भाव, दबने की क्रिया, सिकुड़न।
बिडम्बक *(सं.पुं.)* ठीक-ठीक अनुकरण करनेवाला, चिढ़ानेवाला।
त्र्यम्बक *(सं.पुं.)* शिव, महादेव।
त्रियम्बक *(सं.पुं.)* त्रिनेत्र, महादेव।
प्रतिबिम्बक *(सं.वि.)* परछाही के समान पीछे-पीछे चलनेवाला।
चुम्बक *(सं.पुं.)* पत्थर या धातु का वह टुकड़ा जो लोहे को खींचकर पकड़ लेता है।
चभक *(हि.पुं.)* किसी वस्तु का पानी में गिरने का शब्द।
भभक *(हि.स्त्री.)* उबलना, उबाल।
दम्भक *(सं.पुं.)* पाखंडी।
लम्भक *(सं.वि.)* लाभ करनेवाला।
अभक *(सं.पुं.)* बालक, बच्चा।
नरभंक *(हि.पुं.)* देखो अभंक।
करभक, करभ *(सं.पुं.)* करपृष्ठ, हथेली के पीछे का भाग, हाथी का बच्चा।
विप्रलम्भक *(सं.वि.)* छली, धूर्त।
आवभक *(हि.स्त्री.)* झक, पागलपन।
डाभक *(हि.वि.)* टटका।
प्रलोभक *(सं.वि.)* ललचानेवाला।
गमक *(हि.स्त्री.)* सुगन्ध।
(गमकना) *(हि.कि.)* सुगंध निकलना, *(हि.वि.)* सुगन्धित।
चमक *(हि.स्त्री.)* प्रकाश, ज्योति, आभा, दीप्ति, क्रान्ति, झलक, लचक, शरीर के किसी अंग की पेशियों का एकाएक तनना।
छमक *(हि.स्त्री.)* ठसक, ठाटबाट।
जमक (हि.पुं.) देखो यमक।
झमक *(हि.स्त्री.)* चमक, प्रकाश, उजाला।
ठमक *(हि.स्त्री.)* रुकावट, ठहराव, लचक की चाल।
तमक *(सं.पुं.)* उद्वेग, तीव्रता, क्रोध।
चमक *(हि.स्त्री.)* द्युति, चमक।
धमक *(हि.स्त्री.)* किसी भारी वस्तु के गिरने का शब्द, आघात।
नमक *(हि.पुं.)* नोन ।
नमक, सोंचर *(हि.पुं.)* काला नमक।
सकमक *(सं.पुं.)* जिस धातु के कर्म हो, कर्म युक्त धातु, *(वि.)* कर्मयुक्त।
रमक *(हि.स्त्री.)* झूले की पेंग, झकोरा।
घनात्मक *(सं.वि.)* जिसकी लंबाई चौड़ाई तथा मोटाई, ऊँचाई या गहराई समान हो।
भ्रमरात्मक *(सं.वि.)* संदिग्ध।
निश्चयात्मक, (पिश्चयस्प) *(सं.वि.)* बिना सन्देह का।
गद्यात्मक *(सं.वि.)* गद्य में रचा हुआ।
पद्यात्मक *(सं.वि.)* जो पद्यमय या छंदबद्ध हो।
विषयात्मक *(सं.वि.)* विषय स्वरूप।
भावात्मक *(सं.वि.)* किसी विषय की प्राकृत अवस्था का सूचक।
संशयात्मक *(सं.वि.)* सन्देहजनक।
सात्मक *(सं.वि.)* आत्मा के सहित।
आमक *(सं.पुं.)* कूष्माण्ड, कुम्हड़ा।
झामक *(सं.पुं.)* जली हुई ईंट, झाँवा।
टामक *(हि.पुं.)* नगाड़े, ढोल आदि का शब्द।
नामक *(सं.वि.)* नाम से प्रसिद्ध, नाम धारण करनेवाला।
मामक *(सं.वि.)* ममतायुक्त, मरा।
श्यामक *(सं.वि.)* काले रंग का।
नियामक *(सं.वि.)* नियम या व्यवस्था करनेवाला, मारनेवाला।
संक्रामक *(सं.वि.)* संसर्ग या छूत से फैलनेवाला (रोग)।
भ्रामक *(सं.पुं.)* भ्रम में डालनेवाला।
भामक *(सं.पुं.)* भविनीपति, बहनोई।
निमक *(हि.पुं.)* देखो नमक।
ठुमक *(सं.वि.)* बच्चे की उछल कूद की गति, ठसक।
चुम्मक *(हि.पुं.)* देखो चुम्बक।
झूमक *(हि.पुं.)* होली में गाया जानेवाला एक गीत जिसको स्त्रियाँ झूम झूम के गाती है, गुच्छा।
बहुसंख्यक *(सं.पुं.)* गिनती में बहुत।
विजयक *(सं.वि.)* सर्वदा जीतनेवाला।
प्रत्यक *(हि.कि.वि.)* पीछे, पश्चिम।
वाद्यक *(सं.पुं.)* बाजा बजानेवाला।
वैद्यक *(सं.पुं.)* चिकित्साशास्त्र।
विक्रमक *(सं.पुं.)* विक्रेता, बेचनेवाला।
आवश्यक *(सं.वि.)* नियत, जरूरी।
अनावश्यक *(सं.वि.)* बिना प्रयोजन का।

विषयक *(सं.वि.)* विषय संबंधी।
व्रहक *(सं.वि.)* वाहक, ढोनेवाला।
गायक *(सं.वि.)* गवैया, गानेवाला।
चायक *(हि.वि.)* चाहनेवाला, प्रेमी।
निश्चायक *(सं.वि.)* निश्चय करनेवाला।
दुःखदायक, दुःखदायी *(सं.वि.)* क्लेश देनेवाला।
प्रदायक *(सं.वि.)* दान देनेवाला।
नशायक *(हि.वि.)* नाश करनेवाला।
तिरोधायक *(सं.पुं.)* छिपानेवाला।
व्यवधायक *(सं.वि.)* छिपानेवाला।
विधायक *(सं.पुं.)* बनाने या रचने वाला।
नायक *(सं.पुं.)* नेता, अगुवा, श्रेष्ठ पुरुष, सुमिरनी, सेनापति, बहुप्रधान पुरुष जिसका चरित्र किसी नाटक में काम करता है।
दण्डनायक *(सं.पुं.)* सेनापति।
पोतनायक *(सं.पुं.)* जहाज का अधिकारी।
दिननायक *(सं.पुं.)* सूर्य, दिनकर।
सेनानायक *(सं.पुं.)* सेनापति।
कुमुदिनोनायक *(सं.पुं.)* चन्द्रमा।
सेन्यनायक *(सं.पुं.)* सेनापति।
व्याघ्रनायक *(सं.पुं.)* श्रृंगाल, सियार।
नरनायक, नरनाथ *(सं.पुं.)* नृपति, राजा।
पायक *(सं.वि.)* पानेवाला, *(हि.पुं.)* दूत।
महार्थक *(सं.वि.)* अधिक मूल्य का।
बाह्यक *(सं.पुं.)* वाहक, गाड़ी, छकड़ी।
वायक *(हि.पुं.)* दूत, बतलानेवाला।
मायक *(सं.पुं.)* मायावी।
पलायक *(सं.वि.)* भागनेवाला।
शायक *(सं.पुं.)* बाण, तीर, खड्ग।
सायक *(सं.पुं.)* बाण, तीर।
सहायक *(सं.वि.)* सहायता करनेवाला।
तिर्यक *(सं.वि.)* वक्र, तिरछा, टेढ़ा।
तृतीयक *(सं.पुं.)* तीसरे दिन आनेवाला, तिजरिया।
पाथेयक *(सं.वि.)* वह जिसके पास मार्ग व्यय हो।
प्रवेयक *(सं.पुं.)* हार, माला, हँगुली।
अर्क *(सं.पुं.)* सूर्य, क्वाथ, काढ़ा, रविवार, *(हि.)* अरक, रस।
तर्क *(सं.पुं.)* आकांक्षा, परीक्षा, विचार, मीमांसा शास्त्र, तर्कशास्त्र, व्यंग, ताना।
अतर्क *(सं.वि.)* अहतुक, बिना तर्क का।
प्रतर्क *(सं.पुं.)* सन्देह, वादविवाद।
सतर्क *(सं.वि.)* तर्कयुक्त, सावधान।
वितर्क *(सं.पुं.)* एक तर्क के बाद दूसरा तर्क।
तर्क वितर्क *(सं.पुं.)* विवेचना, वाद-विवाद।
नर्क *(हि.पुं.)* देखो नरक।
सम्पर्क *(सं.पुं.)* मिश्रण, संयोग, मिलाप, संसर्ग।
मधुपर्क *(सं.पुं.)* पूजन का।
करक *(सं.पुं.)* कमण्डल, करवा, *(हि.स्त्री.)* देखो कड़क।
पौण्डक, पौण्ड *(सं.पुं.)* मोटा गन्ना, पौंढा।
तरक *(हि.स्त्री.)* देखो तड़क, *(पुं.)* सोच-विचार, तर्क, वह अक्षर या शब्द जो पृष्ठ के समाप्त होने पर उसके नीचे किनारे की ओर लिखा जाता है।
वितरक *(हि.वि.)* बाँटनेवाला।
चन्द्रक *(पुं.)* चन्द्रमा का मण्डल, चाँदनी।
अदरक *(हि.पुं.)* आर्द्रक, अदरख।
नरक *(सं.पुं.)* हिन्दू धर्मशास्त्र तथा पुराणों के अनुसार वह स्थान जहाँ जाकर मनुष्य की आत्मा को अपने किए हुए पाप का फल भोगना पड़ता है।
फरक *(हि.स्त्री.)* फरकने का भाव या क्रिया।
अवरक *(हि.पुं.)* एक धातु जिसमें तहें होती हैं।
शबरक *(सं.वि.)* रंग बिरंगा, चितकबरा।
अभ्रक अबरख धातु।
भरक *(हि.पुं.)* भड़क।
वुक *(सं.पुं.)* भेड़िया, हँडार।
स्त्रक (सं. पुं. स्त्री.) फूलों की माला।
सरक *(हि.पुं.)* सरकने की क्रिया, *(वि.)* गतियुक्त।
सावंतरक, साँवत्स *(सं.पुं.)* गणक, ज्योतिषी।
हरक *(सं.वि.)* रिण करनेवाला।
ऋक *(सं.स्त्री.)* ऋग्वेद, स्तुति, पूजा।
कर्तक *(सं.वि.)* करनेवाला, प्रतिनिधि।
अकर्तक *(सं.पुं.)* बिना कर्ता का।
सकर्तक *(सं.वि.)* जिसमें कर्ता हो।
हक *(सं.पुं.)* नेत्र, आँख।
कारक *(सं.वि.)* करनेवाला, यथा आनन्दकारक, हितकारक इत्यादि, व्याकरण में क्रिया के साथ संबंध प्रकट करनेवाले को कारक कहते हैं।
शोककारक *(सं.वि.)* शोकजनक।
रोगकारक *(सं.वि.)* रोग उत्पन्न करनेवाला।
रुचिकारक *(सं.वि.)* स्वादिष्ट।
पुष्टिकारक *(सं.वि.)* देखो पुष्टिकर।
द्युतकारक *(सं.वि.)* जुआ खेलनेवाला।
हितकारक *(सं.वि.)* लाभ पहुँचानेवाला, स्वास्थ्यकर।
अतिकारक *(सं.वि.)* निर्दयी।
प्रीतिकारक, प्रीतिकर *(सं.वि.)* प्रसन्नता उत्पन्न करनेवाला।
हारिकारक, हारिकारी *(सं.वि.)* बुरा परिणाम उपस्थित करनेवाला।
परोपकारक *(सं.पुं.)* वह जो दूसरे की भलाई करता हो।
लाभकारक *(सं.वि.)* लाभदायक।
प्रथमकारक व्याकरण में कर्ता कारक प्रथमज।
जालकारक *(सं.पुं.)* जाल बनाने वाला।
विश्वासकारक *(सं.वि.)* मन में विश्वास उत्पन्न करनेवाला।

चारक *(सं.पुं.)* चरवाहा, सहचर, भेदिया।
प्रचारक *(सं.वि.)* प्रचार करनेवाला, फैलानेवाला।
संच्चारक *(सं.पुं.)* चलानेवाला।
परिचारक *(सं.पुं.)* भृत्य, दास, नौकर।
विचारक *(सं.पुं.)* विचार करनेवाला, न्यायधीश।
उचारक *(हि.कि.)* उच्चारण करनेवाला।
पाचक *(सं.वि.)* पाचन करनेवाला।
परम भारक *(सं.पुं.)* महाराजाधिराज।
तारक *(सं.पुं.)* आँख की पुतली, *(पुं.)* नक्षत्र, तारा।
हारक *(सं.वि.)* वचक, ठग, धूर्त।
विप्रतारक *(सं.वि.)* धोखा देनेवाला।
विस्तारक *(सं.वि.)* मोक्ष देनेवाला।
मातृक *(सं.वि.)* माता सम्बन्धी।
दारक *(सं.पुं.)* पुत्र, बेटा, लड़का, *(वि.)* विदारक, फाड़नेवाला।
निदारक *(सं.वि.)* फाड़ डालनेवाला।
हदय विदारक अत्यन्त करुण, शोक अथवा दवा उत्पन्न करनेवाला।
धातक *(सं.वि.)* धारण करनेवाला, रोकनेवाला।
सुधारक *(हि.वि.)* त्रुटियों का संशोधन करनेवाला।
मारक *(सं.वि.)* संहारक, हत्या करनेवाला।
स्मारक *(सं.वि.)* स्मरण करानेवाला, *(पुं.)* वह पदार्थ या वस्तु जो किसी की स्मृति बनाए रखने के लिए बनाया जाए।
विस्मारक *(सं.वि.)* भुलानेवाला।
वारक *(सं.वि.)* निषेध करनेवाला।
हारक *(सं.पुं.)* चोर, गणित में भाजक, हार, माल हरण करनेवाला।
प्रहारक *(सं.पुं.)* मारनेवाला।
बलहारक *(सं.वि.)* पाप हरनेवाला।
परिहारक *(सं.वि.)* परिहार करनेवाला।
संहारक *(सं.वि.)* नाश करनेवाला।
पितृक *(सं.वि.)* पैतृक, पिता का, *(सं.पुं.)* जो श्राद्ध तर्पण आदि पितरों के उद्देश्य से किए जाते हैं।
बांनारक *(सं.पुं.)* मूँज।
शारीरिक *(सं.वि.)* शरीर से उत्पन्न।
कुलीरक *(सं.पुं.)* छोटा कंकड़।
खुरक *(हि.स्त्री.)* खटका, सोच-विचार।
मुद्रक *(सं.पुं.)* छापनेवाला।
मुरक *(हि.स्त्री.)* मुड़ने की क्रिया या भाव।
मुरकना *(हि.कि.)* लचकाना एक ओर मुड़ना या झुकना।
पूरक *(सं.पुं.)* वह अंक जिसमें किसी संख्या का गुणा किया जाए, प्राणायाम का वह अंग जिसमें नाक के एक छिद्र को बन्द करके दूसरे छिद्र द्वारा साँस ऊपर की ओर खींची जाती है।
वंशपूरक *(सं.पुं.)* ईख की आँख।
प्रेरक *(सं.वि.)* प्रेरणा करनेवाला।
पैतृक *(सं.वि.)* पितृ संबंधी।
कल्क *(सं.पुं.)* चूर्ण, बुकनी, पीठी।
शल्क *(सं.पुं.)* वल्कल, छिलका।
ललक *(सं.पुं.)* मस्तक के लटकते हुए बाल, लट।
पद्मकिल्लक *(सं.पुं.)* कमल का केसर।
छलक *(हि.स्त्री.)* छलकने का भाव या क्रिया।
झलक *(हि.स्त्री.)* आभा, द्युति, चमक, प्रतिबिम्ब।
तलक *(हि.अव्य.)* पर्यन्त, तक।
पुत्तलक *(सं.पुं.)* पुतला।
पुत्तलिका *(सं.स्त्री.)* गुड़िया।
दलक *(हि.स्त्री.)* थरथराहट, शरीर की वह पीड़ा जो रह रहकर उठती है।
पलक *(सं.पुं.)* आँख के ऊपर का चमड़े का परदा जिसके गिरने से आँख बन्द होती है, और उठने से खुलती है, क्षण, पल।
फलक *(सं.पुं.)* लकड़ी आदि का पटरा, चौकी, हथेली।
गुल्लक *(हि.पुं.)* प्रतिदिन की आय रखने की थैली।
बहल्लक *(सं.पुं.)* अन्तःपुर का रक्षक।
ललक *(हि.स्त्री.)* प्रबल इच्छा।
शलक *(सं.पुं.)* साही का काँटा।
तिलकालक *(सं.पुं.)* शरीर पर के तिल के आकार का काला चिह्न।
चालक *(हि.वि.)* संचालक, धूर्त, चतुर।
संचालक *(सं.पुं.)* गति देने या चलानेवाला।
जालक *(सं.पुं.)* गवाक्ष, झरोखा।
पालक *(सं.पुं.)* रक्षा करनेवाला मनुष्य।
राष्ट्रान्तपालक *(सं.वि.)* राष्ट्र की सीमा का रक्षक।
पशुपालक *(सं.वि.)* पशुओं का रक्षक।
परिपालक *(सं.वि.)* रक्षा करनेवाला।
बालक *(सं.पुं.)* पुत्र, शिशु, लड़का, थोड़ी वय का बच्चा, अबोध या अनजान मनुष्य, हाथी या घोड़े का बच्चा, केश, बाल।
जातिबालक *(सं.पुं.)* छोटा सा बच्चा।
श्यालक *(सं.पुं.)* पत्नी का भाई, साला, भगिनीपति, बहनोई।
सालक *(हि.वि.)* सालनेवाला, दुःख देनेवाला।
तिलक *(सं.पुं.)* ललाट आदि स्थान में वन्दनादि द्वारा धारण करने का चिह्न, राज्याभिषेक, स्त्रियों के मस्तक पर धारण करने का एक आभूषण, विवाह-संबंध स्थिर करने की एक रीति, किसी ग्रन्थ की अर्थबोधक व्याख्या, *(वि.)* श्रेष्ठ, शिरोमणि।
राजतिलक *(हि.पुं.)* किसी नये राजा के राजसिंहासन पर बैठने का संस्कार।
कुलतिलक *(सं.पुं.)* वंश में सबसे श्रेष्ठ व्यक्ति।

रघुवंश तिलक *(सं.पुं.)* श्रीरामचन्द्र जी का तिलक।
छीलक *(सं.पुं.)* छिलका।
शुल्क *(सं.पुं.)* राजकर, दहुज, हौड़, किसी कार्य के बदले में दिया जानेवाला धन।
पुलक *(सं.पुं.)* रोमांच, एक प्रकार का रत्न।
प्रेमपुलक *(सं.स्त्री.)* प्रेम के कारण होने वाला रोमांच।
रोमपुलक *(सं.पुं.)* रोमांच।
मूलक *(सं.पुं.)* मूली, मूरई।
शीतमूलक *(सं.पुं.)* खस, उधीर।
निर्मूलक, निर्मूल *(सं.वि.)* बिना जड़ का, बिना आधार का।
भूलक *(हि.पुं.)* भूलनेवाला।
बेलक *(हि.पुं.)* फरसा, फावड़ा।
गोलक *(सं.पुं.)* गोल, पिण्ड, आँख का ढला, प्रतिदिन की आय का धन रखने की थैली, गुल्लक।
गोलगप्पा *(हि.पुं.)* एक तरह का खाने का पदार्थ जो खटाई के रस में डूबा के खाया जाता है।
ढोलक *(हि.स्त्री.)* छोटा ढोल।
लोलक *(सं.पुं.)* बाली में पहनाने की लटकन, घंटी में का लटकन।
आन्दोलक *(सं.पुं.)* झुलानेवाला।
माणवक *(सं.पुं.)* बालक, बटु, विद्यार्थी।
त्वक *(सं.पुं.)* छिलका, छाल, खाल, चमड़ा, स्पर्श करने की इन्द्रिय।
स्तवक *(सं.पुं.)* फूलों का गुच्छा, स्त्रोत, ढेर, समूह, पुस्तक का अध्याय, परिच्छेद।
स्वक *(सं.वि.)* निजी।
प्रस्तावक *(सं.पुं.)* प्रस्ताव करनेवाला।
धावक *(सं.पुं.)* हरकारा, धोबी।
अभिधावक *(सं.वि.)* आक्रमण करनेवाला।
नावक *(हि.पुं.)* मल्लाह, माँझी, केवट।
पावक *(सं.वि.)* शुद्ध या पवित्र करनेवाला।
भावक *(वि.)* भावपूर्ण।
द्रावक *(सं.वि.)* हृदयग्राही।
श्रावक *(सं.पुं.)* बौद्ध या जैन संन्यासी।
स्त्रावक *(सं.पुं.)* चूने या टपकनेवाला।
विप्लावक *(सं.पुं.)* राज्यद्रोही।
शावक, शाव *(सं.पुं.)* शिशु, पशु आदि का बच्चा।
सावक *(हि.पुं.)* शावक, शिशु, बच्चा।
उपजीवक *(सं.वि.)* जीविका चलाने वाला, आश्रय देनेवाला।
वृद्धिजीवक *(सं.वि.)* सूदखोर।
युवक *(सं.पुं.)* सोलह वर्ष से पैंतीस वर्ष के वय का मनुष्य।
नवयुवक, नवयुवा *(सं.पुं.)* तरुण युवक।
पूर्वक *(सं.अव्य.)* साथ, सहित, अर्थ में प्रायः संयुक्त संज्ञा के अन्त में प्रयोग होता है, यथा ध्यानपूर्वक।
विधिपूर्वक *(सं.पुं.)* नियम के अनुसार।
सेवक *(सं.पुं.)* भृत्य, भक्त, उपासक।
राजसेवक *(सं.पुं.)* राजा की सेवा करनेवाला भृत्य।
स्वेच्छासेवक *(सं.पुं.)* बिना किसी पुरस्कार या वेतन के अपनी इच्छा से कोई काम करनेवाला।
स्वयंसेवक *(सं.पुं.)* वह जो बिना किसी पुरस्कार या वेतन के कोई कार्य करता हो।
मशक *(सं.पुं.)* मच्छड़।
दर्शक *(सं.पुं.)* द्वारपाल, *(वि.)* देखनेवाला, दिखानेवाला।
पथप्रदर्शक *(सं.पुं.)* मार्गदर्शक।
सूक्ष्मदर्शक यन्त्र *(सं.पुं.)* अणुवीक्षण यन्त्र, वह जिससे सूक्ष्म पदार्थ बड़े दिखाई पड़ते हैं।
प्रदर्शक *(सं.पुं.)* देखो पथप्रदर्शक।
पारदर्शक *(सं.वि.)* आरपार दिखलाई देनेवाला।
दिदर्शक *(सं.वि.)* दिखलानेवाला।
शशक *(सं.पुं.)* खरगोश।
दूरदर्शक *(सं.वि.)* देखो दूरदर्शी।
प्रकाशक *(सं.वि.)* प्रकट करनेवाला।
नाशक *(सं.वि.)* ध्वंसक, नाश करनेवाला, वध करनेवाला।
प्राणनाशक *(सं.वि.)* मार डालनेवाला।
विनाशक *(सं.वि.)* नाश करनेवाला।
निरांशक *(सं.वि.)* आशंका रहित।
देशक *(सं.वि.)* उपदेश करनेवाला।
उपदेशक *(सं.पुं.)* उपदेश देनेवाला, शिक्षक।
धर्मोपदेशक *(सं.वि.)* धर्म का उपदेश देनेवाला।
दंशक *(सं.वि.)* दाँत से काटनेवाला।
कर्षक *(सं.वि.)* हल जोतनेवाला।
प्रकर्षक *(सं.वि.)* आक्रमण करनेवाला।
कृषक *(सं.पुं.)* किसान, खेतिहर।
भाषक *(सं.वि.)* वक्ता, बोलनेवाला।
ज्योतिषक *(सं.पुं.)* ज्योतिष शास्त्र जाननेवाला।
भिषक *(सं.पुं.)* चिकित्सक, वैद्य।
विभीषक *(सं.वि.)* डरानेवाला।
शीर्षक *(सं.पुं.)* चोटी, वह वाक्य जो विषय परिचय के लिए किसी लेख के ऊपर लिखा जाता है।
चतुष्क *(सं.पुं.)* चौपहल, *(पुं.)* एक प्रकार का गृह, चौक।
मुष्क *(सं.पुं.)* अंडकोष, तस्कर, चोर।
मूषक *(सं.पुं.)* मूसा, चूहा।
शुष्क *(सं.वि.)* सूखा, नीरस, स्नेह रहित, निर्मोही, निरर्थक, व्यर्थ।
सशुष्क *(सं.वि.)* जो सूखा न हो।
दूषक *(सं.वि.)* दोष लगाने वाला, वह पदार्थ जो दोष उत्पन्न करता हो।
विदूषक *(सं.पुं.)* बातचीत करके दूसरों को हँसाने वाला, भाँड़।
मूषक *(सं.पुं.)* इन्दुर, चूहा।

शुश्रुषक *(सं.वि.)* सेवा शुश्रुषा करनेवाला।
पेषक *(सं.वि.)* पीसनेवाला।
प्रेषक *(सं.पुं.)* भेजनेवाला।
विशेषक *(सं.वि.)* विशेषता उत्पन्न करनेवाला।
चोषक *(सं.वि.)* चूसनेवाला।
पोषक *(हि.वि.)* पालक, पालनेवाला, सहायता देनेवाला।
पृष्ठपोषक *(सं.पुं.)* पीठ ठोंकनेवाला, सहायक।
तौषक *(सं.वि.)* तृष्टिकारक।
मोषक *(सं.पुं.)* तस्कर, चोर।
शोषक *(सं.वि.)* सोखनेवाला।
मोषक *(हि.पुं.)* शोधनेवाला।
वर्चस्क *(सं.पुं.)* दीप्ति, तेज।
मनस्क *(सं.पुं.)* मन शब्द का शल्पार्थ रूप जिसका प्रयोग समस्त पदों में होता है, यथा तन्मनस्क।
तन्मनस्क *(सं.वि.)* तन्मय।
विमनस्क, विमन *(सं.वि.)* खिन्न।
सुमनस्क *(सं.वि.)* प्रसन्न, सुखी।
वयस्क *(सं.वि.)* पूरी अवस्था को पहुँचा हुआ।
शिरस्क *(सं.वि.)* मस्तक संबंधी।
कसक *(हि.स्त्री.)* पीड़ा जो आघात पड़ने पर हल्की सी उठती है, पुराना बैर।
चसक *(हि.पुं.)* प्रवाद, निन्दा की चर्चा, पीठ पीछे की निन्दा।
ठसक *(हि.स्त्री.)* ठहर ठहर कर होने वाली पीड़ा टीस, चमक, पीड़ा।
ठसक *(हि.स्त्री.)* गर्व, अहंकार, ऐंठन।
धसक *(हि.स्त्री.)* सूखी खाँसी, ईर्ष्या, डाह।
मसक *(सं.पुं.)* मसा, मच्छर।
भरसक *(हि.कि.वि.)* यथाशक्ति।
ससक *(हि.पुं.)* शशक, खरहा।
उपासक *(सं.वि.)* सेवक, भक्त।
द्विजोपासक *(सं.पुं.)* द्विज सेवक, शूद्र।
लासक *(सं.पुं.)* नाचनेवाला मोर।
निर्वासक *(सं.पुं.)* निर्वास करनेवाला।
आश्वासक *(सं.वि.)* सांत्वना देनेवाला।
शासक *(सं.पुं.)* शासन करनेवाला, अधिकारी।
महीशासक *(सं.पुं.)* भूपाल, राजा।
अनुशासक *(सं.पुं.)* नियोजक, शिक्षक, राज्य का प्रबन्धकर्ता।
अनुशासन *(सं.पुं.)* आदेश, शिक्षा, आज्ञा, कर्तव्यविधान।
हासक *(सं.पुं.)* हँसनेवाला।
विंधासक *(सं.पुं.)* हिंसक, हत्यारा।
मीमांसक *(सं.पुं.)* मीमांसा शास्त्र को जाननेवाला।
चिकित्सक *(सं.पुं.)* रोग हटाने का उपाय करनेवाला, वैद्य, हकीम, डॉक्टर।
अश्वचिकित्सक *(सं.पुं.)* अश्ववैद्य।
निसक *(हि.वि.)* अशक्त, दुर्बल।
हिंसक *(सं.वि.)* घातक, हत्यारा।
विहिंसक *(सं.वि.)* नाश करनेवाला।
नौसक *(हि.वि.)* बलहीन।
जुगुप्सक *(सं.वि.)* दूसरे की व्यर्थ निन्दा करनेवाला।
नपुंसक *(सं.पुं.)* क्लीब, हिजड़ा, *(वि.)* कायर, डरपोक।
तोसक *(हि.वि.)* रूईदार गधा।
असक *(हि.वि.)* अशंक, निडर।
ध्वंसक *(सं.वि.)* नाश करनेवाला।
विध्वंसक *(सं.वि.)* नाश करनेवाला।
प्रशंसक *(सं.वि.)* प्रशंसाकारी।
चहक *(हि.स्त्री.)* अभिलाषा, इच्छा।
चहक *(हि.स्त्री.)* पक्षियों का मधुर कलरव।
ठहक *(हि.स्त्री.)* नगाड़े की ध्वनि।
दहक *(हि.स्त्री.)* धधक, ज्वाला, लपट।
महक *(हि.स्त्री.)* गन्ध, वास।
लहक *(हि.स्त्री.)* चमक, आग की लपट, छवि, शोभा, *(हि.कि.)* आग का दहकना, उत्कंठित होना।
ग्राहक *(हि.पुं.)* मोल लेनेवाला, आदर करनेवाला।
चाहक *(हि.वि.)* चाहनेवाला।
डाहक, डाही *(हि.पुं.)* कष्ट देनेवाला।
दाहक *(से. वि.)* जलानेवाला।
निबाहक *(हि.वि.)* निर्वाह करनेवाला।
ग्राहक *(सं.वि.)* ग्रहण करनेवाला, मोल लेनेवाला, चाहनेवाला।
वलाहक *(सं.पुं.)* मेघ, बादल।
वाहक *(सं.पुं.)* बोझ ढोने या ले जाने वाला, सारथी।
रथवाहक रथ चलाने वाला।
शासनवाहक *(सं.पुं.)* आज्ञावाहक, राजदूत।
प्रवाहक *(सं.वि.)* अच्छी तरह ले जाने वाला।
सीरवाहक, सीरवाह *(सं.पुं.)* हरवाहा।
सीरषक *(हि.पुं.)* देखो शीर्ष।
जलवाहक *(सं.पुं.)* पानी ढोनेवाला।
निर्वाहक *(सं.वि.)* किसी काम का निर्वाह करनेवाला।
पत्रवाहक *(सं.पुं.)* बाण, तीर, चिड़िया, चिट्ठीरसा, हरकारा, *(वि.)* चिट्ठी, लिखनेवाला।
प्रोत्साहक *(सं.पुं.)* ढाढ़स बढ़ानेवाला।
कुहक *(सं.वि.)* प्रतारक, ऐन्द्रजालिक।
मोहक *(सं.वि.)* मोह उत्पन्न करनेवाला।
सम्मोहक *(सं.पुं.)* लुभाने वाला।
विमोहक *(सं.पुं.)* चित्त को लुभानेवाला।
भक्षक *(सं.वि.)* खानेवाला।
शाकभक्षक *(सं.वि.)* शाकाहारी।
रक्षक *(सं.पुं.)* रक्षा करनेवाला।
मार्गरक्षक *(सं.पुं.)* पथरक्षक, पहरेदार।
दुर्गरक्षक *(सं.पुं.)* गढ़पति।

परिरक्षक *(सं.वि.)* सब तरह से रक्षा करनेवाला।
संरक्षक *(सं.वि.)* रक्षा करनेवाला, सहायक, आश्रय देनेवाला।
शिक्षक *(सं.पुं.)* शिक्षा देनेवाला गुरु।
ईक्षक *(सं.पुं.)* देखनेवाला मनुष्य।
दीक्षक *(सं.पुं.)* दीक्षा देनेवाला, उपदेश देनेवाला, शिक्षक।
प्रतीक्षक *(सं.वि.)* आसरा देखनेवाला, पूजा करनेवाला।
परीक्षक *(सं.पुं.)* परखने या जाँचने वाला।
रत्नपरीक्षक *(सं.पुं.)* जौहरी।
निरीक्षक *(सं.वि.)* देखरेख करनेवाला।
उपेक्षक *(सं.वि.)* उपेक्षा करनेवाला।
मोक्षक *(सं.वि.)* मोक्ष देनेवाला।
छत्रक *(सं.पुं.)* कुकुरमुत्ता।
चित्रक, चित्रकार *(सं.पुं.)* चित्रकार।
पुत्रक *(सं.पुं.)* पुत्र, बेटा।
वेत्रक, वेत्रकार *(सं.पुं.)* सरपत, बेंत के पात्र आदि बनानेवाला।
निमंत्रक *(सं.पुं.)* निमंत्रण देनेवाला।
वाक् *(सं.पुं.)* वाणी, वाक्य, बोलने की इन्द्रियाँ।
काक *(सं.पुं.)* वायस, कौवा।
चाक *(हि.पुं.)* कुम्हार का गोल पत्थर जिसको घुमाकर तथा मिट्टी का लोदा रखकर वह पात्र आदि बनाता है, गाड़ी या रथ का पहिया।
ताक *(हि.स्त्री.)* अवलोकन, टकटकी, प्रतीक्षा।
थाक *(हि.पुं.)* गाँव की सीमा या सरहद, राशि, ढेर, समूह।
दाक *(सं.पुं.)* दाता, यजमान।
धाक *(हि.पुं.)* दबदबा, प्रसिद्धि।
नाक *(सं.पुं.)* स्वर्ग, आकाश, किसी अस्त्र का एक आघात, *(हि.पुं.)* नास, नासिका, नाक से निकलनेवाला मल, शोभा की वस्तु, मान, प्रतिष्ठा, मगर की जाति का एक जन्तु।
पाक *(हि.पुं.)* पकाने की क्रिया, रींधन, रसोई, खाए हुए पदार्थ की पचने की क्रिया।
वाक् *(हि.स्त्री.)* वचन, फैली हुई वर्षा, उपदेश, सीख, रहस्य, प्रतिज्ञा, मान मर्यादा, इच्छा, रीति, व्यवहार, संबंध, अभिप्राय, विशेषता, बहाना, सन्देश, वार्तालाप।
शाक *(सं.पुं.)* भाजी, तरकारी।
साक *(हि.पुं.)* शाक, तरकारी, भाजी।
झड़ाक *(हि.कि.वि.)* तुरंत।
तड़ाक *(सं.पुं.)* तड़ाग, *(कि.वि.)* तड़ाक शब्द के साथ, चटपट।
सड़ाक *(हि.पुं.)* कोड़े आदि के फटकार का शब्द, शीघ्रता।
टोकटाक पूछताछ करके बाधा डालना।
तटाक *(सं.पुं.)* सरोबर, तालाब।
पटाक *(हि.पुं.)* किसी छोटी वस्तु के गिरने का शब्द।
वटाक *(हि.वि.)* गड़ा ऊँचा।
पैटाक *(सं.पुं.)* पेटक, पिटारा।
अनाक *(हि.वि.)* अल्प, थोड़ा।
पिनाक *(सं.पुं.)* शिवजी का धनुष जिसको श्रीरामचन्द्र जी ने जनकपुर में तोड़ा था।
पुटपाक *(सं.पुं.)* किसी को मिट्टी आदि के पात्र में औषधि रखकर तथा उसका मुख अच्छी तरह से बन्द करके गड्ढे के भीतर गोहरा रखकर पकाने की विधि।
परिपाक *(सं.पुं.)* कर्म का फल, परिणाम, प्रौढ़ता, पूर्णता।
विपाक *(सं.पुं.)* भोजन का पेट में पचना।
उविपाक *(सं.पुं.)* बुरा फल, दुर्घटना।
दैवदुविपाक *(सं.पुं.)* देव की प्रतिकूलता, अभाग्य।
भानुपाक *(सं.पुं.)* औषधि आदि को सूर्य की गर्मी से पकाने की विधि।
बिबाक *(हि.वि.)* चुकता।
कराक *(हि.वि.)* युद्ध, लड़ाई, *(वि.)* अधर्म, पापी, बेचारा।
विराक *(हि.पुं.)* एक प्रकार का चीनी का ढालकर बना हुआ बड़ा अर्धचन्द्राकार पकवान।
तैराक *(हि.वि.)* तैरनेवाला।
पैराक *(हि.पुं.)* तैरनेवाला।
शलाक *(सं.पुं.)* देखो शलाका।
बुलाक *(हि.पुं.)* एक लंबा सुराहीदार मोती जिसको स्त्रियाँ नथ में पहनती हैं।
अवाक *(सं.वि.)* मौन, चुप, चकित।
चकवाक *(सं.पुं.)* चकवा पक्षी।
सरवाक *(हि.पुं.)* दीया, कलोरा।
दोहाक, दोहाग *(हि.पुं.)* दुर्भाग्य, अभाग्य।
आँक *(हि.पुं.)* अंक, चिह्न, पर्ण, अक्षर।
झाँक *(हि.स्त्री.)* ताकने की क्रिया या भाव।
डाँक *(हि.स्त्री.)* वमन।
टाँक *(हि.स्त्री.)* चार माशे की तौल, लिखावट, लेखनी की नोक, जाँच।
दाँक *(हि.पुं.)* डंका, नगाड़ा।
पाँक *(सं.पुं.)* पंक, कदम, कीचड़।
फाँक *(हि.स्त्री.)* किसी फल आदि का एक सिरे से दूसरे सिरे तक काटकर अलगाया हुआ टुकड़ा।
बाँक *(हि.पुं.)* बाँह पर पहिनने का एक आभूषण, लोहे का शिकंजा, *(वि.)* टेढ़ा, घुमावदार, तिरछा, बाँका।
लाँक *(हि.पुं.)* कटि, कमर।
हाँक *(हि.स्त्री.)* चिल्लाकर पुकारने का शब्द, चिल्लाहट, ललकार।
उडाँक *(हि.)* देखो उडाकू।
ताक झाँक *(हि.स्त्री.)* देखभाल, छिपकर देखने की क्रिया।
छटाँक *(हि.स्त्री.)* एक सेर का सोलहवाँ भाग।
चरबाँक *(हि.वि.)* चतुर, निर्भय, ढीठ।
चलबाँक *(हि.वि.)* शीघ्रगामी।

चलाँक *(हि.स्त्री.)* दक्ष, पटु।
मृगांक *(सं.पुं.)* चन्द्रमा, वैधक का एक रस।
गुणांक *(पुं.)* वह अंक जिसको गुणा किया जाता है।
गुण्यांक *(सं.पुं.)* वह अंक जो गुणा किया जाए।
शशांक *(सं.पुं.)* चन्द्रमा।
धिक् *(सं.अव्य.)* घृणासूचक शब्द, भर्त्सना, तिरस्कार, निन्दा।
इक *(हि.पुं.)* एक संख्या, एक।
तार्किक *(सं.वि.)* तर्कशास्त्र को जानने वाला।
लौकिक *(सं.वि.)* व्यावहारिक, सांसारिक, लोक संबंधी।
अलौकिक *(सं.वि.)* विलक्षण।
पारलौकिक *(सं.पुं.)* परलोक संबंधी।
सार्वलौकिक *(सं.वि.)* सब लोगों से संबंध रखने वाला।
मौखिक *(सं.वि.)* मुख संबंधी, मुख का।
औपसर्गिक *(सं.वि.)* उपसर्ग संबंधी।
मार्गिक *(सं.पुं.)* पथिक, यात्री, यात्रा करनेवाला।
प्रायोगिक *(सं.वि.)* जिसका प्रयोग नित्य होता हो।
औद्योगिक *(सं.वि.)* उद्योग से संबंध रखने वाला।
यौगिक *(सं.वि.)* मिश्रित, मिला हुआ, प्रकृति, से बना हुआ शब्द, वह शब्द जो शब्दों से मिलकर बना हो।
प्रासंगिक *(सं.वि.)* प्रसंग संबंधी।
आनुषंगिक *(सं.वि.)* अनुरूप, बराबर का, प्रासंगिक।
वाचित *(सं.वि.)* वाणी संबंधी, संकेत द्वारा सूचित।
पैशाचिक *(सं.वि.)* पिशाच संबंधी।
सौविक *(सं.पुं.)* दरजी।
ऐच्छिक *(सं.वि.)* इच्छा के अनुसार।
सामाजिक *(सं.वि.)* समाज से संबंध रखनेवाला, सभा से संबंध रखनेवाला।
शकटिक *(सं.वि.)* शकट संबंधी।
शाकटिक *(सं.पुं.)* गाड़ीवान।
टिकटिक *(हि.स्त्री.)* घोड़ा हाँकते समय मुख से किया हुआ शब्द, घड़ी के चलने से उत्पन्न शब्द।
खटिक *(हि.पुं.)* एक अनुसूचित हिन्दू जाति जो प्रायः फल और तरकारी बेचते है। *(स्त्री.)* खटकिन।
फटिक *(हि.पुं.)* स्फटिक, बिल्लौर।
कोटिक *(हि.वि.)* करोड़ों, अनगिनत।
पौष्टिक *(सं.वि.)* पुष्टि करनेवाला।
दण्डिक *(सं.स्त्री.)* डोरी, रस्सी।
दाण्डिक *(सं.पुं.)* दण्ड देने के लिए नियुक्त पुरुष।
शुण्डिक *(सं.पुं.)* कलवरिया, *(सं.स्त्री.)* गले के भीतर की घंटी।
आणक *(सं.पुं.)* एक रुपए का सोलहवाँ अंश।
वणिक *(सं.पुं.)* माल बेचने वाला।
क्षणिक *(सं.वि.)* क्षणमात्र ठहरने वाला, अनन्य, क्षणभंगुर।
लाक्षणिक *(सं.पुं.)* वह जो लक्षणों का जानता हो, *(वि.)* लक्षण संबंधी।
प्रामाणिक *(सं.पुं.)* जो प्रमाणों द्वारा सिद्ध हो, माननीय, *(पुं.)* व्यापारियों का मुखिया।
अप्रामाणिक *(सं.वि.)* प्रमाण रहित, विश्वास न करने योग्य।
पौराणिक *(सं.पुं.)* पुराणपाठी।
त्रिगुणिक *(सं.वि.)* तीन बार गुणा किया हुआ।
मोक्तिक *(सं.पुं.)* मुक्ता, मोती।
यौक्तिक *(सं.वि.)* जो युक्ति के अनुसार ठीक हो।
कर्तिक *(हि.वि.)* किस परिणाम का, कितना, बहुत सा, अनेक।
भौतिक *(सं.वि.)* पंच तत्त्वों से बना हुआ।
सार्वभौतिक *(सं.वि.)* सब भूतों से संबंध रखनेवाला।
अभौतिक *(सं.वि.)* पंचभूत से संबंध न रखनेवाला।
पथिक *(सं.पुं.)* मार्ग चलनेवाला, यात्री।
तावर्णिक *(सं.वि.)* उसी अर्थ का, उसी तरह का।
पारमार्थिक *(सं.वि.)* परमार्थ संबंधी, प्रेम रहित।
सार्थिक *(सं.पुं.)* सफल।
रथिक *(सं.पुं.)* रथ पर सवार होनेवाली।
पथिक *(हि.पुं.)* पथिक, बटोही।
दसोंदिक *(सं.स्त्री.)* दसों दशा।
शाब्दिक *(सं.पुं.)* शब्द शास्त्रवक्ता।
इत्यादिक *(सं.पुं.)* इसी प्रकार से दूसरा।
तादिक *(सं.पुं.)* तार्किक।
सवादिक *(हि.वि.)* चारों दिशाएँ।
दिग्विदिक *(सं.पुं.)* सब दिशाएँ।
वैदिक *(सं.पुं.)* वह ब्राह्मण जो वेद जानता हो, *(वि.)* वेद संबंधी।
अधिक *(सं.वि.)* अतिरिक्त, प्रधान, विशेष, अनेक।
तदधिक *(सं.वि.)* उसके अतिरिक्त।
अधिकाधिक *(सं.वि.)* अधिक से अधिक।
प्राणाधिक *(सं.वि.)* प्राणों से अधिक प्रिय, प्यारा।
दाधिक *(सं.वि.)* दही में बना हुआ।
औपाधिक *(सं.वि.)* उपाधि संबंधी।
रसाधिक *(सं.पुं.)* अधिक रस।
सार्वजनिक *(सं.वि.)* सर्दसाधारण संबंधी।
तनिक, तनि *(हि.वि.)* अल्पमात्र, थोड़ा, कम, *(कि.वि.)* थोड़ा।
वैतनिक *(सं.पुं.)* वेतन लेकर काम करनेवाला।
अवैतनिक *(सं.वि.)* बिना वेतन का।
आह्निक *(सं.वि.)* दैनिक, प्रतिदिन का।
धनिक *(सं.वि.)* जिसके पास धन हो।
काल्पनिक *(सं.वि.)* कल्पना से उत्पन्न, कल्पित, माना हुआ।
बनिक *(हि.पुं.)* वणिक, बनिया।
पैशनिक *(सं.वि.)* पीठ पीछे निन्दा करनेवाला।
रासायनिक *(सं.वि.)* रसायन शास्त्र संबंधी, रसायन शास्त्र का जानकार।

प्राश्निक *(सं.वि.)* प्रश्नकर्ता, पूछनेवाला।
दार्शनिक *(सं.पुं.)* दर्शनशास्त्र जाननेवाला, तत्वज्ञानी, *(वि.)* दर्शन शास्त्र संबंधी।
पानिक *(सं.पुं.)* मदिरा बेचनेवाला।
वानिक *(हि.स्त्री.)* वेश, शृंगार।
मानिक *(हि.पुं.)* माणिक्य, पद्यराग।
वैज्ञानिक *(सं.वि.)* विज्ञान संबंधी, निपुण, दक्ष, *(पुं.)* वह जो विज्ञान अच्छा जानता हो।
आधुनिक *(सं.वि.)* वर्तमान समय का।
पुनिक *(सं.पुं.)* गणित में दशमलव के अंक जो बार-बार आते हैं।
दैनिक *(सं.वि.)* प्रतिदिन होने वाला, प्रतिदिन का, *(पुं.)* एक दिन का वेतन।
सैनिक *(सं.पुं.)* सेना का सिपाही, *(वि.)* सेना संबंधी।
शौनिक *(सं.पुं.)* आखेट, मृगया।
सौनिक *(सं.पुं.)* मांस बेचनेवाला, बहेलिया।
वैकल्पिक *(सं.वि.)* जिसमें किसी प्रकार का संदेह न हो।
शिल्पिक, शिल्पी *(सं.पुं.)* शिल्पकार।
दम्भिक *(सं.वि.)* दम्भयुक्त, पाखंडी।
क्रमिक *(सं.वि.)* क्रमयुक्त, परंपराप्राप्त।
आकस्मिक *(सं.वि.)* अचानक होने वाला।
प्राथमिक *(सं.वि.)* प्रारम्भिक, जो पहले उत्पन्न हुआ हो।
माध्यमिक *(सं.वि.)* बीच का।
श्रमिक *(हि.पुं.)* श्रम करनेवाला।
आध्यात्मिक *(सं.वि.)* आत्मा या परमात्मा संबंधी।
माहात्मिक *(सं.वि.)* माहात्म्य संबंधी।
छाद्मिक *(सं.स्त्री.)* पाखंडी, बहुरूपिया।
कार्मिक *(सं.वि.)* कर्म में नियुक्त, काम में लगा हुआ, निर्मित, बनाया हुआ।
धार्मिक *(सं.वि.)* धर्माचरण करनेवाला, पुण्यात्मा, धर्मशील, धर्मात्मा।
मार्मिक *(सं.वि.)* मर्मस्थान पर प्रभाव डालनेवाला।
श्लेषमिक *(सं.वि.)* छत से उत्पन्न होनेवाला।
नामक *(सं.वि.)* नाम संबंधी।
पामिक *(सं.पुं.)* पहरा देनेवाला, चौकीदार।
भूमिक *(सं.वि.)* भूमि संबंधी।
वासन्तिक *(सं.पुं.)* भाँड, विदूषक।
प्रान्तिक *(सं.वि.)* प्रान्त संबंधी, प्रान्तीय।
प्राकृतिक *(सं.वि.)* प्रकृति संबंधी, स्वाभाविक, साधारण, सांसारिक, लौकिक।
साम्प्रतिक *(सं.वि.)* वर्तमान काल का।
कार्तिक *(सं.पुं.)* आश्विन और अगहन के बीच का महीना।
वार्तिक *(सं.पुं.)* दूत, चर, किसी ग्रन्थ के अर्थों को स्पष्ट करनेवाले वाक्य।
आस्तिक *(सं.वि.)* ईश्वर और परलोक का अस्तित्व मानने वाला, धार्मिक।
नास्तिक *(सं.पुं.)* वह जो ईश्वर का अस्तित्व नहीं मानता हो।
पैत्तिक *(सं.वि.)* पित्त संबंधी।
कार्तिक *(हि.पुं.)* कार्तिक का महीना।
घातिक *(हि.पुं.)* घातक, हत्यारा।
सांघातिक *(सं.वि.)* मारक।
पदातिक *(सं.पुं.)* पैदल, सिपाही, प्यादा, *(वि.)* पैदल चलनेवाला।
केतिक *(हि.वि.)* कितना।
सांकेतिक *(सं.वि.)* संकेत, संबंधी।
जेतिक *(हि.वि.)* जितना, जेते, जितने।
तेतिक *(हि.वि.)* उसका, उस प्रमाण का।
राजनैतिक *(सं.वि.)* राजनीति संबंधी।
ज्योतिक *(हि.पुं.)* देखो ज्योतिषी।
अलोक *(सं.पुं.)* मिथ्या, झूठ।
मंढलीक *(हि.पुं.)* बारह राज्यों का अधिपति।
बलीक *(सं.पुं.)* ओलती, ओरी।
व्यलीक *(सं.पुं.)* विलक्षणता, दुःख, कष्ट, *(वि.)* कष्टकारक, अप्रिय।
अक्ष्यलीक *(सं.वि.)* प्रिय, सत्य, सच्चा।
झिल्लीक *(सं.पुं.)* झिल्ली, झींगुर।
विलीक *(सं.वि.)* अनुचित, अयोग्य।
सस्त्रीक *(सं.वि.)* सपत्नीक।
टुक *(हि.वि.)* किंचित, तनिक, थोड़ा।
डुक *(हि.पुं.)* घूसा, मुक्का।
तुक *(हि.स्त्री.)* मैत्री, अन्त्यानुपास, पद्य के दोनों चरणों के अन्तिम अक्षर का परस्पर मेल।
बुक *(हि.पुं.)* एक प्रकार का कलफ किया हुआ महीन कपड़ा।
भुक *(हि.पुं.)* भोजन, आहार।
लुक *(हि.पुं.)* आग की लपट, लौ।
शुक *(सं.पुं.)* सुग्गा, तोता।
कञ्चुक *(सं.पुं.)* साँप की केंचुली, चोली, अंगिया, कवच।
कंचुक *(हि.पुं.)* कवच, चोली।
चुचुक *(सं.वि.)* स्तन का अग्रभाग या चुंडी।
कछुक *(हि.वि.)* कुछ, थोड़ा सा।
इच्छुक *(सं.वि.)* अभिलाषी।
चटुक *(हि.वि.)* चनल, चंचल।
कन्दुक *(सं.पुं.)* गेंद।
बटुक *(सं.पुं.)* लड़का, बच्चा।
वटुक, वटु *(सं.पुं.)* बालक, ब्रह्मचारी।
वाटुक *(सं.पुं.)* भूना हुआ।
अदुक *(हि.पुं.)* चोट, ठोकर।

आगन्तुक, आगन्तु *(सं.पुं.)* अतिथि, पाहनु।
सहेतुक, सहेतु *(सं.पुं.)* हेतुयुक्त।
कौतुक *(सं.पुं.)* आश्चर्य, अचंभा, आनन्द, विनोद।
क्रीडाकौतुक खेल तमाशा।
जौतुक *(हि.पुं.)* यौतुक, दहेज।
सौतुक *(हि.पुं.)* सन्मुख, सामने।
कंदुक *(सं.पुं.)* गेंद।
यनुक झुनुक *(हि.स्त्री.)* नुपुर का शब्द, रूनझुन।
आफुक *(सं.पुं.)* अहिफेन, अफीम।
कम्बुक *(सं.पुं.)* नीच पुरुष।
जम्बुक *(सं.पुं.)* जामुन, सियार।
शम्बुक *(सं.पुं.)* हाथी के सूँड़ का अगला भाग, शंख।
चिबुक *(सं.पुं.)* ठुड्डी, ठोड़ी।
छबुक *(हि.पुं.)* चिबुक, ठुड्डी।
चितमुक *(सं.वि.)* थोड़ा खानेवाला।
अमुक *(सं.पुं.)* जब किसी व्यक्ति या पदार्थ का नाम नहीं लिया जाता तब उसके स्थान पर अमुक शब्द का प्रयोग किया जाता है, कोई।
लुकमुक *(हि.पुं.)* ऐसा अन्धकार जब कोई वस्तु स्पष्ट न देख पड़े।
आर्मुक *(सं.पुं.)* धनुष, चाप।
कामुक *(सं.वि.)* कामी, इच्छुक, विषयी।
मलुक *(हि.स्त्री.)* उदर, पेट।
अंशुक *(सं.पुं.)* ओढ़ने का वस्त्र।
बेसुक *(हि.वि.)* अल्प, थोड़ा, तनिक।
उत्सुक *(सं.वि.)* उत्कंठित।
चहुँक *(हि.स्त्री.)* देखो चिहुँक।
टिहुक *(हि.स्त्री.)* चमक।
कुहुक *(हि.पुं.)* पक्षियों का मधुर कूजन।
मोहुक *(सं.वि.)* मोह करनेवाला।
बूक *(हि.पुं.)* उल्लू, पक्षी, रूरूवा।
धूक *(हि.स्त्री.)* भूल, दरार, फअन, धोखा।
टूक *(हि.पुं.)* टुकड़ा, खंड।
दूक *(हि.वि.)* दो एक, एकाध।
थूक *(हि.पुं.)* निष्ठीवन, खखार।
मूक *(सं.वि.)* वाक्य रहित, गूँगा।
सूक *(सं.पुं.)* माला।
हूक *(हि.स्त्री.)* हदय की पीड़ा।
फूँक *(हि.स्त्री.)* साँस, मुँह की हवा।
झाड़फूँक *(हि.स्त्री.)* मन्त्र पढ़कर भूत प्रेत दूर करने की क्रिया।
अचूक *(हि.वि.)* न चूकनेवाला, *(कि.वि.)* बिना भूल किए हुए।
दुटुक, दुटूक *(हि.वि.)* दो टुकड़ों में किया हुआ।
मण्डूक *(सं.पुं.)* मेंढक।
मंडूक *(हि.पुं.)* मेंढक, मण्डूक।
जम्बूक *(सं.पुं.)* शृंगाल, सियार।
शंबूक *(सं.पुं.)* घोंघा।
जागरूक *(हि.वि.)* जो जागृत अवस्था में हो।
भल्लूक *(सं.पुं.)* भालू।
सलूक *(हि.पुं.)* एक प्रकार की जनानी साड़ी।
उलूक *(सं.पुं.)* उल्लू चिड़िया।
असूक *(सं.पुं.)* रक्त, लोहू।
निरूत्सूक *(सं.वि.)* औत्सुक्यहीन।
कुहूक *(सं.पुं.)* कोकिल, कोयल।
एक *(सं.वि.)* प्रधान, अद्वितीय, समान, अकेला, अन्य, थोड़ा, कोई, अनुपम।
क्रेक *(हि.पुं.)* छिद्र, कटाव।
टेक *(हि.स्त्री.)* खंभा, आश्रय, सहारा, हठ, अभ्यास, ऊँचा, टीला।
ठेक *(हि.स्त्री.)* सहारा, टेक, चाँड।
मेक *(सं.पुं.)* मेढक।
भेख *(हि.पुं.)* देखो वेष।
सेक *(सं.पुं.)* जलसिच्चन, सिंचाव।
फेंक *(हि.स्त्री.)* फेंकने की क्रिया या भाव।
सेंक *(हि.स्त्री.)* भूनने या सेंकने की क्रिया या भाव।
एकाएक, एकाएकी *(हि.कि.वि.)* अकस्मात, अचानक।
अंटक *(हि.वि.)* उद्देश्य रहित, बिना सहारे का।
कुटेक *(हि.स्त्री.)* बुरा हठ।
कतेक *(हि.वि.)* कितने, केतिक।
जतेक *(हि.वि.)* जितना।
इतेक *(हि.वि.)* इतना ही।
कितिक, कितेक *(हि.विं.)* बहुत, असंख्य।
तितेक *(हि.वि.)* उतना।
तितेक *(हि.कि.वि.)* उधर, वहाँ।
आधेक *(हि.वि.)* आधे के बराबर, आधे से अधिक नहीं।
अनेक *(सं.वि.)* एक से अधिक, बहुसंख्यक।
प्रत्येक *(सं.वि.)* बहुतों में से हर एक, अलग-अलग।
वितरेक *(हि.कि.वि.)* व्यतरिक्त, छोड़कर, सिवाय।
व्यतिरेक *(सं.पुं.)* अभाव, भिन्नता।
विवेक *(सं.पुं.)* भली बुरी वस्तु का ज्ञान।
अविवेक *(सं.पुं.)* अविचार, अज्ञान, मूर्खता, अन्याय।
निविवेक *(सं.पुं.)* अविवेकी।
अभिषेक *(सं.पुं.)* विधिपूर्वक सिंचन, मन्त्र से मांजन।
परिषेक *(सं.पुं.)* छिड़काव, स्नान।
राज्याभिषेक *(सं.पुं.)* किसी नए राजा का राजसिंहासन पर बैठाया जाना, राजगद्दी।
प्रसेक *(सं.पुं.)* सेंकना।
उम्सेक *(सं.पुं.)* अहंकार, बुद्धि।
कोक *(सं.पुं.)* चक्रवाक, चकवा, भेंड़ा।

टोक *(हि.स्त्री.)* प्रश्न करके किसी बात में बाधा डालना, बुरी दृष्टि का प्रभाव।

थोक *(हि.पुं.)* राशि, ढेर, समूह, एकत्रित वस्तु, इकट्ठा बेचने की वस्तु, भूमि का टुकड़ा।

रोक *(हि.स्त्री.)* बाधा, अटकाव, निषेध, मनाही।

छोक *(सं.पुं.)* भुवन, प्राणी, जन, मनुष्य, प्रदेश, दिशा, यश, कीर्ति।

शोक *(सं.पुं.)* सोच, खेद।

सोक *(हि.पुं.)* देखो शोक।

सोखनस *(हि.कि.)* देखो सोखना, शोक करना।

अटोक *(हि.वि.)* बिना रुकावट के।

स्तोक *(सं.वि.)* थोड़ा, कम।

डरपोक *(हि.वि.)* भीरू, कायर।

निर्मोक *(सं.पुं.)* साँप की केंचुली।

विनिर्गोक *(सं.वि.)* वस्त्ररहित।

अविनिर्गोक *(सं.वि.)* बिना छूट का।

मध्यमलोक *(सं.पुं.)* पृथ्वी।

मृत्युलोक *(सं.पुं.)* मनुष्य लोक, पृथ्वी।

भूलोक *(सं.पुं.)* मनुष्य, पृथ्वी।

परलोक *(सं.पुं.)* लोकांतर, दूसरा लोक, स्वर्गादि।

अपरलोक *(सं.पुं.)* स्वर्ग।

अमरलोक *(सं.पुं.)* दैवलोक, स्वर्ग।

अर्ध्वलोक *(सं.पुं.)* स्वर्ग, वैकुण्ठ, आकाश।

स्वलोक *(सं.पुं.)* स्वर्ग।

शिवलोक *(सं.पुं.)* कैलास।

दैवलोक *(सं.पुं.)* स्वर्ग।

श्लोक *(सं.पुं.)* पद्य, कविता, अनुष्टव, छन्द, यश, प्रसिद्धि, कीर्ति।

अस्लोक *(हि.)* देखो श्लोक।

नागलोक *(सं.पुं.)* पाताल।

पापलोक *(सं.पुं.)* नरक।

पितृलोक *(सं.पुं.)* वह स्थान जहाँ पितर लोग रहते हैं।

इहलोक *(सं.पुं.)* यह संसार।

जीवलोक *(सं.पुं.)* मर्त्य लोक।

मनुषलोक *(सं.पुं.)* मृत्युलोक।

पुरलोक *(सं.पुं.)* स्वर्ग।

आलोक *(सं.पुं.)* प्रकाश, चमक।

चन्द्रालोक *(सं.पुं.)* चन्द्रमा का प्रकाश।

छायालोक *(सं.पुं.)* अदृश्य जगत।

तिलोक *(हि.पुं.)* देखो त्रैलोक।

अधिलोक *(सं.पुं.)* संसार।

विधिलोक *(सं.पुं.)* ब्रह्मलोक।

हरिलोक *(सं.पुं.)* विष्णुलोक, वैकुंठ।

विलोक *(सं.पुं.)* दृष्टि।

त्रिलोक *(सं.पुं.)* त्रिभुवन, स्वर्ग, मर्त्य और पाताल ये तीनों लोक।

भूमिलोक *(सं.पुं.)* पृथ्वी लोक।

पृथ्वीलोक भूलोक।

जुलोक *(हि.पुं.)* द्युलोक, वैकुंठ।

शम्भुलोक *(सं.पुं.)* कैलास।

मृत्युलोक *(सं.पुं.)* मर्त्यलोक।

सुलोक *(सं.पुं.)* स्वर्ग।

भूलोक *(सं.पुं.)* पृथ्वीलोक, संसार।

त्रिलोक *(सं.पुं.)* तीनों लोक–स्वर्ग, मर्त्य और पाताल।

गोलोक *(सं.पुं.)* परमघात।

प्योलोक *(सं.पुं.)* पाताल।

अशोक *(सं.पुं.)* एक प्रसिद्ध वृक्ष, *(वि.)* शोक रहित।

विगतशोक *(सं.वि.)* शोक रहित।

विशोक *(सं.वि.)* शोकरहित।

चौंक *(हि.स्त्री.)* पीड़ा या भय के कारण शरीर का झटके से हिल उठना तथा जी घबड़ाना, भड़क, झिझक।

छौंक *(हि.स्त्री.)* तड़का, बघार।

जोंक *(हि.स्त्री.)* एक पानी का कीड़ा, जो जीवों के शरीर में चिपककर उनका रक्त चूसता है।

झोंक *(हि.स्त्री.)* प्रवृत्ति, झुकाव, प्रचंड गति, बोझ, भार, किसी कार्य में सजावट, ठाटबाट, पानी का हलरा।

ठोंक *(हि.स्त्री.)* आघात, प्रहार, चोट।

चौंक *(हि.स्त्री.)* आघात, ताप, हवा का वेग।

बोंक *(हि.पुं.)* लोहे का मुड़ा हुआ कीला जो पल्ले के नीचे की कील में लगाया जाता है।

फोंक *(हि.पुं.)* वस्त्र की फटन।

नोंकझोंक *(हि.स्त्री.)* कहासुनी।

चौक *(हि.पुं.)* चौकोर भूमि, घर के बीच का चौखटा स्थान, नगर का चौड़ा मैदान जहाँ बड़ी-बड़ी दुकानें हों।

अंक *(सं.पुं.)* चिह्न, नाटक का परिच्छेद, अक्षर, गोद, 1 से 9 तक की संख्या।

कंक *(सं.पुं.)* बकुला, यमराज, पाखंडी, ब्राह्मण, चन्दन, क्षत्रिय, एक प्रकार का बड़ा आम, अज्ञातवास में युधिष्ठिर ने अपना नाम कंक रखा था।

टंक *(सं.पुं.)* क्रोध, तलवार, टाँकी, जंघा, एक तोले चार माशे का एरिया, माथ, पत्थर का टुकड़ा।

डंक *(हि.पुं.)* वह विषैला काँटा जो बिच्छू, मधुमक्खी आदि कीड़ों के पीछे की ओर रहता है, लेखनी की जीभ।

पंक *(हि.पुं.)* देखो पंक।

पंक *(सं.पुं.)* कीचड़, कीच, लेप, मगर।

फंक *(हि.स्त्री.)* देखो फाँक।

बंक *(हि.वि.)* टेढ़ा, तिरछा, दुर्गम।

रंक *(सं.पुं.)* कृपण, कंजूस, धनहीन, गरीब।

रंक *(हि.वि.)* धनहीन।

कंक *(सं.स्त्री.)* कटि, कमर।

वंक, वंकट *(हि.वि.)* वक्र, टेढ़ा।

शंक *(सं.पुं.)* आशंका, भय, डर।
संक *(हि.स्त्री.)* देखो शंका।
परजंक *(हि.पुं.)* देखो पर्यंक।
परिजंक *(हि.पुं.)* देखो पर्यंक।
तंटअंक *(हि.पुं.)* कर्णफूल।
अतंक *(सं.पुं.)* आतंक, भय, डर।
अदंक *(हि.पुं.)* आतंक, कष्ट।
मंदक *(हि.पुं.)* देखो मंगाक, चन्द्रमा।
पर्यंक *(सं.पुं.)* पलंग।
प्रयंक *(हि.पुं.)* देखो पर्यंक।
कलंक *(सं.पुं.)* चिह्न, धब्बा, दोष, लांछन।
अकलंक *(सं.वि.)* दोष रहित, पाप रहित।
निकंलक *(हि.वि.)* निर्दोष।
निष्कलंक *(सं.वि.)* जिसमें किसी प्रकार का कलंक न हो।
अशंक *(सं.वि.)* निर्भय, निडर।
सशंक *(सं.वि.)* शंकायुक्त, भयभीत।
नसंक *(हि.वि.)* निःशंक, निर्भय।
तांटक *(सं.पुं.)* तरकी, करनफूल।
आतंक *(सं.पुं.)* रोग, सन्ताप, कष्ट, भय, ज्वर, वेग, उपद्रव।
आशंक *(हि.वि.)* आशंकायुक्त।
निविशंक *(सं.वि.)* निर्भय, निडर।
निसंक *(हि.वि.)* देखो निश्शंक।
निरसंक *(हि.वि.)* देखो निःशंक।
का *(हि.अव्य.)* षष्ठी का चिह्न।
चका *(हि.पुं.)* चाक, पहिया, चक्का।
धका *(हि.पुं.)* देखो धक्का।
हँका *(हि.स्त्री.)* ललकार, डपट।
धड़क्का *(हि.पुं.)* देखो धड़ाका।
धूम धड़ाका *(हि.पुं.)* समारोह, भारी आयोजन।
चक्का *(हि.पुं.)* पहिए के आकार की कोई वस्तु, ईंट या पत्थर का बड़ा, चिपटा टुकड़ा।
उचक्का *(हि.पुं.)* धूर्त, वंचक, ठग।
इक्का *(हि.पुं.)* अकेला, घोड़ा गाड़ी, ताश का एक पत्ता।
छक्का *(हि.पुं.)* छह का समूह, वह ताश जिसमें छह बूटियाँ हो।
निछक्का *(हि.पुं.)* एकान्त।
ढक्का *(हि.पुं.)* बड़ा ढोल, नगाड़ा।
दण्डढक्का *(सं.स्त्री.)* दुन्दुभि, नगाड़ा।
कुदक्का *(हि.पुं.)* उछलकूद, कूदफाँद।
धक्का *(हि.पुं.)* आघात, टक्कर, झोंका, हानि, टोटा।
धक्कमधक्का *(हि.पुं.)* बहुत से मनुष्यों में आपस में धक्का देने का कार्य।
नक्का *(हि.पुं.)* सुई का छेद, नाका, ताश के पत्ते में की एक्की, कोड़ी।
पक्का *(हि.पुं.)* जमा हुआ कतरा, किसी गाढ़ी वस्तु की मोटी तह।
हक्काबक्का *(हि.कि.)* घबड़ाया हुआ।
मक्का *(हि.पुं.)* ज्वार, मकई।
टिक्का *(हि.पुं.)* देखो टीका।
निक्का *(हि.वि.)* छोटा, नन्हा।
तिक्का *(हि.स्त्री.)* वह ताश का पत्ता जिसमें तीन बूटियाँ रहती हैं।
सिक्का (अ. पुं.) मुद्रा, छाप, मुहर।
खड़का *(हि.पुं.)* देखो खटका।
झड़का *(हि.पुं.)* मुठभेड़, झटपट।
तड़का *(हि.पुं.)* प्रातःकाल, बघार।
लड़का *(हि.पुं.)* बालक, पुत्र, बेटा।
हुड़का *(हि.पुं.)* किसी प्रिय व्यक्ति के अचानक वियोग से होनेवाली मानसिक व्यथा।
दचका *(हि.पुं.)* धक्का।
धचका *(हि.पुं.)* आघात, धक्का, ढोंका।
हचका *(हि.पुं.)* धक्का, झोंका।
पिचका *(हि.पुं.)* बड़ी पिचकारी।
बजका *(हि.पुं.)* बेसन की पकौड़ी जो पानी में भिगोकर दही मे डाली जाती है।
पच्चिका *(सं.स्त्री.)* रूई की प्योनी।
झकझका *(हि.स्त्री.)* चमकीला।
अटका *(हि.पुं.)* जगन्नाथपुरी में नैवेद्य बनाया हुआ भोग जो सुखाकर अन्य देशों में भेजा जाता है।
टकटकी *(हि.पुं.)* स्थिर दृष्टि, टकटकी।
खटका *(हि.पुं.)* आशंका, चिन्ता, सिब्कनी, कोई पेंच जिसके दबाने से खट शब्द होता है।
चटका *(हि.पुं.)* शीघ्रता, स्वाद।
चर्मचटका *(सं.स्त्री.)* चमगादड़।
झटका *(हि.पुं.)* झोंका, झटकने की क्रिया।
झटका *(हि.वि.)* देखो झड़ाका।
टटका *(हि.वि.)* नया, कोरा, तुरंत का तैयार किया हुआ।
तटका *(हि.वि.)* देखो टटका, ताजा।
पटका *(हि.पुं.)* पेट में बाँधने का दुपट्टा।
फटका *(हि.पुं.)* धुनिए की धुनकी।
मटका *(हि.पुं.)* मिट्टी का बड़ा घड़ा जिसका मुख चौड़ा होता है।
लटका *(हि.पुं.)* गति, चाल, किसी शब्द या वाक्य का बारंबार प्रयोग, बनावटी चेष्टा, हाव-भाव।
झिटका *(हि.पुं.)* देखो झटका।
पिटका *(सं.स्त्री.)* पिटारी, फुंसी।
मिटका *(हि.पुं.)* देखो मटका।
कुटका *(हि.स्त्री.)* छोटा टुकड़ा।
खुटका *(हि.पुं.)* देखो खटका।
गुटका *(हि.पुं.)* छोटे आकार की पुस्तक।
टुटका *(हि.पुं.)* देखो टोटका।

फुटका *(हि.पुं.)* फफोला।
मुटका *(हि.पुं.)* एक प्रकार की रेशमी धोती, देखो मुकटा।
दग्धेष्टका *(हि.पुं.)* झाँवाँ।
छोटका *(हि.वि.)* देखो छोटा।
टोटका *(हि.पुं.)* तान्त्रिक प्रयोग, मन्त्र, टोना, लटका।
तोटका *(हि.पुं.)* देखो टोटका।
रोटका *(हि.पुं.)* बाजरा।
बैठका *(हि.पुं.)* वह चौपाल या दालान, जहाँ पर बैठकर लोग बातचीत करते हैं।
गतका *(हि.पुं.)* लकड़ी, खेलने का डंडा।
शैक्तिका *(सं.स्त्री.)* सीप।
गटका *(हि.पुं.)* देखो गतका।
फरका *(हि.पुं.)* गुड़ का पाग जो बहुत गाढ़ा न हुआ हो।
धुधंका *(हि.पुं.)* धुआँ निकलने का छिद्र।
ठनका *(हि.पुं.)* धातु के टुकड़े पर चोट पड़ने का शब्द, आघात।
मनका *(हि.पुं.)* छेदा हुआ गोल दाना जिसकी सुमिरनी बनाई जाती है, गरिया।
किनका *(हि.पुं.)* कण, अनाज का टुकड़ा।
तिनका *(हि.पुं.)* तृण, सूखी घास का टुकड़ा।
उनका उन की षष्ठी का रूप।
उनका *(हि.पुं.)* अपरिचित व्यक्ति।
छपका *(हि.पुं.)* सिर में पहनने का एक आभूषण, पानी में हाथ पैर मारने का काम।
टपका *(हि.पुं.)* बूँद-बूँद कर गिरने का भाव, पीड़ा, पककर आप से आप गिरा हुआ फल, टपकी हुई वस्तु, रसाव।
झपका *(हि.पुं.)* हवा का झोंका।
थपका *(हि.पुं.)* थक्का।
टिपका *(हि.पुं.)* पानी की बूँद।
भवका *(हि.पुं.)* अर्क उबालने या मद्य चुआने का यन्त्र।
भभका *(हि.पुं.)* देखो भवका।
अमका *(हि.पुं.)* अमुक, ऐसा।
ढिमका *(हि.स्त्री.)* अमुक ठिकाना।
झुमका *(हि.पुं.)* एक प्रकार का कान में पहनने का गहना, एक पौधा।
ठुमका *(हि.वि.)* नाटा, ठिगना, *(हि.पुं.)* पतंग (गुड्डी) की डोर में झटका देना।
झूमका *(हि.पुं.)* देखो झुमका।
उपत्यका *(सं.स्त्री.)* पहाड़ के नीचे की भूमि, घाटी।
ऊर्धित्यका *(सं.स्त्री.)* पर्वत के ऊपर की समतल भूमि।
कन्यका *(सं.स्त्री.)* कुमारी कन्या।
नायका *(हि.स्त्री.)* वेश्या की माँ, कुटनी, दूती।
मायका *(हि.पुं.)* नैहर, पीहर।
जलायका *(सं.स्त्री.)* जलोका, जोंक।
खरका *(हि.पुं.)* सींक या लकड़ी का पतला छोटा टुकड़ा।
ढरका *(हि.पुं.)* चौपायों को दवा पिलाने की बाँस की नुकीली नली।
कर्तका *(सं.स्त्री.)* छोटी तलवार, कटारी।
सभर्तका *(हि.पुं.)* सधवा।
मातृका *(सं.स्त्री.)* दूध पिलाने वाली धाय, जननी, माता, उपमाता।
दरका *(हि.पुं.)* दरार।
मार्का *(हि.पुं.)* संकेत, कोई अंक या चिह्न जो किसी विशेष बात का सूचक हो।
तारका *(सं.स्त्री.)* तारा, नक्षत्र, आँख की पुतली।
किरका *(हि.पुं.)* कंकड़, किरकिरी।
भुरका *(हि.पुं.)* बुकनी, अबीर, मिट्टी का बड़ा कसोरा।
बोरका *(हि.पुं.)* मिट्टी की दावत जिसमें लड़के खड़िया मिट्टी घोलकर रखते हैं।
गलका *(हि.पुं.)* एक प्रकार का फोड़ा जो हाथ की अँगुलियों के आभास से होता है।
झलका *(हि.पुं.)* शरीर पर पड़ा हुआ छाला, फफोला।
पलका *(हि.पुं.)* पलंग, चारपाई।
हल्का *(हि.पुं.)* देखो हलका।
हलका *(हि.वि.)* जो तौल में भारी न हो, गहरा न हो, सहज, ओछा, थोड़ा, जो चटकीला न हो, प्रफुल्ल, महीन, छूंछा, घटिया, मन्द।
उल्का *(सं.स्त्री.)* ज्वाला, मशाल, आकाश से गिरी हुई अग्नि, टूटता तारा।
फुलका *(हि.पुं.)* पतली हल्की रोटी।
किलका *(हि.स्त्री.)* हर्षध्वनि।
चिलका *(हि.पुं.)* चमकता हुआ चाँदी का रुपया।
तिलका *(सं.स्त्री.)* कण्ठ में पहनने का एक प्रकार का आभूषण।
नवका *(हि.स्त्री.)* देखो नौका।
चसका *(हि.पुं.)* दुर्व्यसन, लत, चाट।
ठसका *(हि.पुं.)* सूखी खाँसी, धक्का, ठोकर।
हिसका *(हि.पुं.)* ईर्ष्या, डाह।
ओहका *(हि.सर्व.)* उसका।
आका *(हि.पुं.)* आकाय, भट्टी, पैजावा, आवाँ।
काका *(हि.पुं.)* पिता का भाई, चाचा।
चाका *(हि.पुं.)* चीनी का बड़ा बताशा।
डाका *(हि.पुं.)* किसी का धन छीनने के लिए आक्रमण या धावा।
नाका *(हि.पुं.)* प्रदेश, नगर अथवा गढ़ का फाटक, एक अस्त्र, सूई का छेद, वह प्रधान स्थान जहाँ निरीक्षण करने के लिए अथवा कर लेने के लिए सिपाही नियुक्त रहते हैं।
राका *(सं.स्त्री.)* पूर्णिमा की रात।
साका *(हि.पुं.)* संवत्, शाखा, प्रसिद्धि, धाक, अवसर।

कड़ाका *(हि.पुं.)* किसी कड़े पदार्थ के टूटने का शब्द, उपवास, लंघन।
खड़ाका *(हि.पुं.)* खटका।
तड़ाका *(सं.स्त्री.)* आघात, चोट, *(क्रि.वि.)* तुरंत।
धड़ाका *(हि.पुं.)* धड़धड़ शब्द करना।
पड़ाका *(हि.पुं.)* देखो पटाका।
लड़ाका, (लड़ाकू) *(हि.वि.)* लड़नेवाला, योद्धा, झगड़ालू।
उड़ाका, (उड़ाकू), *(हि.वि.)* उड़नेवाला, *(पुं.)* वायुयान चलानेवाला।
गचाका *(हि.पुं.)* गिरने का शब्द।
तपाका *(हि.पुं.)* शीघ्रता, जल्दी, *(क्रि.वि.)* शीघ्रता से।
खटाका *(हि.पुं.)* वेग का शब्द, *(क्रि.वि.)* खटके से।
चटाका *(हि.पुं.)* लकड़ी या किसी कड़ी वस्तु के टूटने का शब्द।
पटाका *(हि.पुं.)* एक प्रकार की अग्नि क्रीड़ा जिसके छूटने पर पटाक शब्द निकलता है, थप्पड़, तमाचा।
पताका *(सं.स्त्री.)* ध्वजा, झंडा।
विजयपताका *(सं.स्त्री.)* वह झंडा जो सेना के विजय करने पर फहराया जाता है।
छनाका *(हि.पुं.)* झनकार, ठनाका।
टनाका *(हि.पुं.)* घंटा बजने का शब्द, *(वि.)* कड़ी धूप।
ठनाका *(हि.पुं.)* ठनकार।
छपाका *(हि.पुं.)* पानी में किसी वस्तु के गिरने का शब्द।
भभांका *(हि.स्त्री.)* कोई बड़ा छिद्र।
झमाका *(हि.पुं.)* पानी बरसने अथवा आभूषणों के बजने का शब्द।
धमाका *(हि.पुं.)* किसी भारी वस्तु के गिरने का शब्द, बन्दूक का शब्द, आघात।
शलाका *(सं.स्त्री.)* लोहे, लकड़ी आदि की लंबी सलाई, सींक, सलाई, मैना पक्षी, छाते की कमानी, शर, बाण, चित्रकार की कूंची, सुरमा लगाने की सलाई।
ठहाका *(हि.पुं.)* अट्टहास, जोर की हँसी।
टाँका *(हि.पुं.)* जोड़ मिलाने का काँटा या कील, सिलाई का अलग-अलग भाग, डोभ, वह मसाला जिससे धातु जोड़ा जाता है, पानी रखने का खुले मुँह का बड़ा पात्र।
पाँका *(हि.पुं.)* देखो पाँक।
फाँका *(हि.पुं.)* उतनी वस्तु जो एक बार फाँकी जाए।
बाँका *(हि.वि.)* वीर, बहादुर, बना-ठना, सुन्दर, छेला, टेढा, तिरछा।
मइका *(हि.पुं.)* नैहर।
माइका *(हि.पुं.)* स्त्री के माता पिता का घर।
झरोका *(सं.स्त्री.)* खिड़की।
जलोका, जलोकिका *(सं.स्त्री.)* जोंक।
टंकिका *(सं.स्त्री.)* टाँकी, छेनी।
लेखिका *(सं.स्त्री.)* पुस्तक लिखनेवाली।
विहंगिका *(सं.स्त्री.)* बहंगी।
सुरदीर्घिका *(सं.स्त्री.)* आकाशगंगा।
खड़िका *(सं.स्त्री.)* खड़िया मिट्टी।
मरीचिका *(सं.स्त्री.)* मृगतृष्णा, सिरीह, किरण।
कूंचिका *(सं.स्त्री.)* चित्रकार की कूंची।
सूचिका *(सं.स्त्री.)* सूई।
विसूचिका *(सं.स्त्री.)* हैजा नामक रोग।
विसमर्य *(सं.वि.)* सूर्यरहित।
पेचिका *(सं.स्त्री.)* मादा उल्लू पक्षी।
पच्चिका *(सं.स्त्री.)* पाँच खण्ड या अध्यायों का समूह।
पिच्छिका *(सं.स्त्री.)* चँवर, मोरछल।
पदभंजिका *(सं.स्त्री.)* पंजिका, टिप्पणी।
शालभज्जिका, शालभज्जी *(सं.स्त्री.)* कठपुतली।
सालमज्जिका *(सं.स्त्री.)* गुड़िया, पुतली।
पिज्जिका *(सं.स्त्री.)* रूई की पोली बत्ती, पूनी।
शकटिका *(सं.स्त्री.)* बच्चों के खेलने का खिलौना।
खटिका *(सं.स्त्री.)* खड़िया मिट्टी।
वटिका, वटी *(सं.स्त्री.)* वटी, गोली, टिकिया।
वष्टिका *(सं.स्त्री.)* हाथ में रखने की छड़ी या लाठी।
षष्टिका *(सं.स्त्री.)* साठी धान।
वाटिका *(सं.स्त्री.)* उपवन, उद्यान, बगीचा, फुलवारी।
शाटिका, शाटी *(सं.स्त्री.)* धोती, साड़ी।
गुटिका *(सं.स्त्री.)* वटिका, गोली।
पेटिका *(हि.स्त्री.)* छोटी पिटारी।
कठिका *(सं.स्त्री.)* खटिका, खटिया।
पाठिका *(सं.स्त्री.)* पाठ पढ़नेवाला।
कनिष्ठिका *(सं.स्त्री.)* कानी अँगुली।
पीठिका *(सं.स्त्री.)* भाग, अध्याय।
कुण्डिका *(सं.स्त्री.)* कमंडल, स्थाली, हाँड़ी।
तुण्डिका *(सं.स्त्री.)* नाभि, ढोढ़ी।
कणिका *(सं.स्त्री.)* अत्यन्त सूक्ष्म वस्तु, कण,
गणिका *(सं.स्त्री.)* वेश्या, रंडी।
उपक्रमणिका *(सं.स्त्री.)* किसी पुस्तक की भूमिका।
अनुक्रमणिका *(सं.स्त्री.)* सूचीपत्र।
संक्रमणिका *(सं.स्त्री.)* सीढ़ियों की पंक्ति।
कर्णिका *(सं.स्त्री.)* कान का एक आभूषण, हाथ के बीच की अँगुली।
क्षणिका *(सं.स्त्री.)* विद्युत, बिजली।
रक्तिका *(सं.स्त्री.)* गुंजा, घूमची, रत्ती।
मृत्तिका *(सं.स्त्री.)* मिट्टी।
वैजयन्तिका *(सं.स्त्री.)* झंडा, पताका।
पुस्तिका *(सं.स्त्री.)* छोटे आकार की पोथी।
दूतिका, दूति *(सं.स्त्री.)* दूती, कुटनी।
सूतिका *(सं.स्त्री.)* वह स्त्री जिसने हाल में बच्चा जना हो।
प्रसूतिका *(सं.स्त्री.)* प्रसूता।

कपर्दिका, कपर्दा, कपर्दि *(सं.स्त्री.)* कौड़ी।
तिपादिका *(सं.स्त्री.)* तिपाई।
नुन्दिका *(सं.स्त्री.)* नाभि, ढोढ़ी।
गनिका *(हि.स्त्री.)* गणिका, वेश्या।
अनिका *(हि.स्त्री.)* पहेली, बुझोवल।
ज्ञनित *(सं.वि.)* उत्पन्न, जन्मा हुआ।
स्पन्दनिका *(सं.स्त्री.)* छोटी नदी, नहर।
जमनिका *(हि.स्त्री.)* जवनिका, परदा।
यमनिका *(सं.स्त्री.)* यवनिका, नाटक का परदा।
यवनिका *(हि.स्त्री.)* देखो यवनिका।
पवनिका *(सं.स्त्री.)* नाटक का परदा।
कनीनिका *(सं.स्त्री.)* आँख की पुतली, कन्या, गुड़िया, कठपुतली, कानी अँगुली।
फेनिका *(सं.स्त्री.)* फेनी नाम की मिठाई।
समापिका *(सं.स्त्री.)* व्याकरण में वह क्रिया जिससे किसी कार्य का समाप्त होना सूचित होता है।
अध्यापिका *(सं.स्त्री.)* पढ़ाने लिखाने वाली स्त्री।
पहेलिका *(सं.स्त्री.)* पहेली।
अन्सर्लापिका *(सं.स्त्री.)* वह पहेली जिसका उत्तर उसी में वर्तमान हो।
वापिका *(सं.स्त्री.)* वापी, बावड़ी।
प्रदीपिका *(सं.स्त्री.)* छोटी लालटेन।
स्तम्भिका *(सं.स्त्री.)* छोटा खंभा, खंभिया।
अनामिका *(सं.स्त्री.)* बिचली और कानी अँगुली के बीचवाली अँगुली।
भूमिका *(सं.स्त्री.)* रचना, वक्तव्य, बुखबन्ध, दीवाचा।
आस्थायिका *(सं.स्त्री.)* सभा।
नायिका *(सं.स्त्री.)* वह स्त्री जिसके चरित्र का वर्णन किसी काव्य या नाटक में किया गया हो।
नगरनायिका *(हि.स्त्री.)* वेश्या, रंडी।
आख्यायिका *(सं.स्त्री.)* गल्प, सच्ची कहानी।
तरिका *(हि.पुं.)* कान में पहिनने का एक गहना, तरकी।
चन्द्रिका *(सं.स्त्री.)* कौमुदी, चन्द्रमा का प्रकाश, माथे का एक आभूषण।
मुद्रिका *(सं.स्त्री.)* अँगूठी।
लरिका *(हि.पुं.)* देखो लड़का।
कारिका *(सं.स्त्री.)* अभिनेत्री, विवरण विशिष्ट कविता, सीमा, किसी सूत्र की श्लोकबद्ध व्याख्या।
भाण्डागारिका भंडारी।
परिचारिका *(सं.स्त्री.)* दासी।
शरिका *(सं.स्त्री.)* कन्या, बेटी, बालिका।
कुमारिका *(सं.स्त्री.)* अविवाहिता, कन्या, कुमारी, लड़की।
राजकुमारीका *(सं.स्त्री.)* राजा की पुत्री।
शारिका *(सं.स्त्री.)* मैना नामक पक्षी।
सारिका *(सं.स्त्री.)* मैना, पक्षी।
मधुरिका *(सं.स्त्री.)* सौंफ।
क्षुरिका *(सं.स्त्री.)* पालकी, छुरी।
मसूरिका *(सं.स्त्री.)* शीतला रोग, चेचक।
कलिका *(सं.स्त्री.)* बिना खिला हुआ फूल, कली।
पोलिका *(सं.स्त्री.)* पोटरी, छोटी गठरी।
कुण्डलिका *(सं.स्त्री.)* मात्रिका, छन्द विशेष, हिन्दी की कुण्डलिया।
नालिका *(सं.स्त्री.)* जल बहने की नाली, नली के आकार की कोई वस्तु, चोंगा, तीर रखने का तरकस।
तूलनाकी *(सं.स्त्री.)* पिजिका, प्यूनी।
पलिका *(हि.पुं.)* खाट, चारपाई।
तल्लिका *(सं.स्त्री.)* कुल्लिका, कुँजी।
मल्लिका *(सं.स्त्री.)* एक प्रकार का बेला, जिसको मोतिया भी कहते हैं।
नवमल्लिका *(सं.स्त्री.)* चमेली या नेवारी का फूल।
नागवल्लिका, नागवल्लरी *(सं.स्त्री.)* पान की लता।
कालिका *(सं.स्त्री.)* काली चण्डिका।
पञ्चालिका *(सं.स्त्री.)* पुतली, गुड़िया।
पंचालिका *(हि.स्त्री.)* कपड़े की बनी हुई पुतली, गुड़िया।
जालिका *(सं.स्त्री.)* कवच।
प्रणालिका *(सं.स्त्री.)* परनाली।
आलिका *(सं.स्त्री.)* अटारी, राजगृह।
तालिका *(सं.स्त्री.)* तालपत्र अथवा कागज का पुलिन्दा, सूची, ताली कुंजी।
नगरपालिका नगर की सड़कों, नालियों की सफाई आदि की व्यवस्था करने वाली संस्था।
बालिका *(सं.स्त्री.)* कन्या, पुत्री।
तालिका *(सं.स्त्री.)* पंक्ति, माला, चमेली, मालिन।
दीपमालिका *(सं.स्त्री.)* जलते हुए दीपकों की पंक्ति, दीवाली।
स्यालिका *(सं.स्त्री.)* पत्नी की बहन, साली।
शालिका *(सं.स्त्री.)* देखो शरिका, मैना।
पिपीलिका *(सं.स्त्री.)* चींटी, च्यूँटी।
गुलिका *(सं.स्त्री.)* गुटिका, गोली।
तुलिका *(सं.स्त्री.)* कूँची।
तूलिका, तूली *(सं.स्त्री.)* चित्रकार की रंग भरने की कूँची।
व्रतूलिका *(सं.स्त्री.)* गद्दी।
जुलिका *(सं.स्त्री.)* औषधियों की जड़, बूटी।
खूलिका *(सं.स्त्री.)* सीक में गोदकर भूना हुआ मांस।
महेलिका *(सं.स्त्री.)* महिला, नारी।
पहेलिका *(सं.स्त्री.)* कूटाएँ, पहेली।
टोलिका *(सं.स्त्री.)* झूला, हिंडोला, डोली।
शिविका *(सं.स्त्री.)* पालकी, डोली।
जीविका *(सं.स्त्री.)* जीवन का व्यापार।
श्वजीविका *(सं.स्त्री.)* दासत्ववृत्ति।
आजीविका रोजी रोटी।

पच्चशिका *(सं.स्त्री.)* वह जिसमें पचास श्लोक या कविता हो।

प्रवेशिका *(सं.स्त्री.)* वह पत्र, चिह्न आदि जिसको दिखलाकर कोई कहीं प्रवेश पा सकता है।

वंशिका *(सं.स्त्री.)* बाँसुरी।

इषिका *(सं.स्त्री.)* रंगसाज की बाल की बनी हुई कूँची।

दूषिका *(सं.स्त्री.)* चित्रकार की कूँची, *(वि.)* दोष लगाने वाली।

नासिका *(सं.स्त्री.)* प्राणेन्द्रिय, नाक, नासा।

पासिका *(हि.स्त्री.)* पाश, फन्दा, जाल।

सुरलासिका *(सं.स्त्री.)* बंसी की ध्वनि।

प्रवाहिका *(सं.स्त्री.)* ग्रहणी रोग।

मक्षिका *(सं.स्त्री.)* मक्खी, शहद की मक्खी।

मधुमक्षिका *(सं.स्त्री.)* मधुमक्खी।

पत्रिका *(सं.स्त्री.)* चिट्ठी पत्री, छोटा लेख समाचार पत्र।

लेखपत्रिका *(सं.स्त्री.)* लिखे हुए आवश्यक पत्र।

शुपत्रिका *(सं.स्त्री.)* मंगलपत्रिका।

पुत्रिका *(सं.स्त्री.)* कन्या, बेटी।

छीका *(हि.पुं.)* रस्सियों का बना हुआ गोल जाल जो वस्तुओं को रखने के लिए छत में लटका लिया जाता है, सिकहर।

झोंका *(हि.पुं.)* अन्न का वह परिमाण जो पीसने के लिए चक्की में एक बार डाला जाता है।

टीका *(हि.पुं.)* तिलक, अधिपत्य का चिह्न, वह भेंट जो आसामी राजा को देता है, धब्बा, चिह्न, किसी रोग से बचने के लिए उसी रोग का रस लेकर शरीर में सूई से प्रवेश कराना, विवाह संबंध स्थिर करने के लिए वर के मस्तक पर तिलक लगाने तथा कुछ धन आदि देने की प्रथा, *(सं.स्त्री.)* व्याख्या, ग्रन्थ।

ठीका *(हि.पुं.)* किसी व्यक्ति को किसी निर्धारित समय में कोई काम पूरा करने के लिए उत्तरदायी बनाना।

नीक, नीका *(हि.पुं.)* स्वच्छ, सुन्दर।

फीका *(हि.वि.)* नीरस, स्वादहीन, व्यर्थ, कान्तिहीन, धूमिल, निष्फल।

वीका *(हि.वि.)* वक्र, टेढ़ा।

पादटीका *(सं.स्त्री.)* वह टिप्पणी जो किसी पुस्तक के पृष्ठ के नीचे लिखी गई हो।

इसीका *(हि.सर्व.)* यह का संबंधकारक।

मसीका *(हि.पुं.)* एक माश का मान।

विचुक्का *(हि.पुं.)* गोलगप्पा, पिचकारी।

ढुक्का *(हि.पुं.)* देखो ढुका।

दुक्का *(हि.पुं.)* जो अकेला न हो, जोड़ा।

नुक्का *(हि.पुं.)* नोक, नुकीला भाग।

बुक्का *(हि.पुं.)* कटे हुए अभ्रक का चूर्ण।

मुक्का *(हि.पुं.)* बँधी हुई मुट्ठी जो मारने के लिए उठाई जाए।

मटुका *(हि.पुं.)* देखो मटका।

रेणुका *(सं.स्त्री.)* पृथ्वी, रज, धूल, बालू।

चर्मपादुका *(सं.स्त्री.)* चमड़े का जूता।

बिंदुका *(हि.पुं.)* बिन्दी, गोल टीका।

वधुका *(सं.स्त्री.)* पुत्र की स्त्री, पतोहू।

नक्का *(हि.पुं.)* देखो नौका, नाव।

मूका *(हि.पुं.)* चार आने के मूल्य की मुद्रा, चवन्नी।

बालूका *(सं.स्त्री.)* रेती, बालू।

पार्शूका *(सं.स्त्री.)* पर्शुका, पसली।

बिसूका *(हि.पुं.)* दरिद्र, गरीब।

छिऊँका *(हि.पुं.)* एक प्रकार का छोटा टोकरा।

टूका *(हि.स्त्री.)* खण्ड, टुकड़ा, भूल।

धमूका *(हि.पुं.)* आघात, प्रहार।

टहूका *(हि.पुं.)* पहेली, चुटकुला।

बिंजूका *(हि.पुं.)* पक्षियों को डराने के लिए नकली मनुष्य।

मूका *(हि.पुं.)* छोटा गोल झरोखा, मोखा।

लूका *(हि.पुं.)* अग्नि की ज्वाला या लपेट, लुआठी।

यूका (सं. पुं. स्त्री.) जूवाँ, ढील।

तिनुका *(हि.पुं.)* तृण, तिनका।

भभूका *(हि.पुं.)* ज्वाला, लपट।

फूँका *(हि.पुं.)* भाथी या नसीले से आग पर फूँक मारने की क्रिया, बाँस की नली में जलन उत्पन्न करने वाली औषधियों को भरकर गाय के वप में लगाकर फूँकना जिससे उसका सब दूध बाहर निकल आवे।

इक्का *(हि.वि.)* अकेला, एक से संबंध रखने वाला, *(पु.)* दुपहिया गाड़ी जिसको एक बैल या घोड़ा खींचता है, ताश का पत्ता जिसमें एक बूँटी होती है।

एका *(हि.पुं.)* एक्य, मेलजोल।

केका *(सं.स्त्री.)* मोर की बोली।

ठेका *(हि.पुं.)* देखो ठीका, अड्डा, ठेक, बैठक, तबले का बायाँ पा।

टका *(हि.पुं.)* पैसा।

डोका *(हि.पुं.)* तेल, घी आदि रखने का काठ का छोटा पात्र, डोकिया।

ढोका *(हि.पुं.)* देखो ढोंका।

धोका *(हि.पुं.)* देखो धोखा।

पचोका *(हि.पुं.)* पिचकारी।

तृणोका *(सं.स्त्री.)* घास, फूस की मसाल।

टहोका *(हि.पुं.)* धक्का, झटका।

झोंका *(हि.पुं.)* आघात, हवा का झकोरा, पानी का हिलोरा।

टोंका *(हि.पुं.)* किनारा, नोंक।

ढोंका *(हि.पुं.)* पत्थर आदि का अनगढ़ा टुकड़ा।

धोका *(हि.पुं.)* झोंका, लू, तीव्र वायु।

पोंका *(हि.पुं.)* वह पतिंगा जो पौधो पर उड़ता रहता है।

फोंका *(हि.पुं.)* लंबा और पोंगा चोगा।

चौका *(हि.पुं.)* पत्थर का चौकोर टुकड़ा, रोटी बेलने का काठ या पत्थर का गोल टुकड़ा, चकला, हिन्दुओं के रसोई बनाने का स्थान, स्वच्छता के लिए मिट्टी, गोबर का लेप।

नौका *(सं.स्त्री.)* तरणि, नाव, पोत।

मौका अवसर।

जलौंका *(सं.पुं.)* जोंक।

डंका *(हि.पुं.)* एक प्रकार का नगाड़ा।

धंका *(हि.पुं.)* धक्का।

बंका *(हि.वि.)* टेढ़ा, तिरछा।

धमका *(हि.पुं.)* घूँसा, मुक्का।

फंका *(हि.पुं.)* सूखे दाने या टुकड़ों की उतनी मात्रा जितनी एक बार में मुँह में फाँकी जा सके, खंड, टुकड़ा।

लंका *(सं.स्त्री.)* रावण का राज्य।

शंका *(सं.स्त्री.)* संशय, आशंका।

आशंका *(सं.स्त्री.)* भ्रम, सन्देह, त्रास।

अभिशंका *(सं.स्त्री.)* भ्रम, संशय।

विशंका *(सं.स्त्री.)* अविश्वास।

लघुशंका *(सं.स्त्री.)* मूत्रोसर्ग।

कि *(हि.कि.वि.)* कैसे, किस प्रकार, क्या, एक संयोजक शब्द जो क्रियाओं के बाद प्रयुक्त होता है, अथवा, या, तत्क्षण।

कि *(सं.अव्य.)* क्या।

अठकि *(हि.कि.वि.)* आश्रय लेता हुआ।

छनिकि *(हि.वि.)* क्षणिक, अल्प काल का *(पुं.)* एक क्षण।

क्योंकि *(हि.अव्य.)* इसलिए कि।

की (हि. प्रत्य.) का, की स्त्रीलिंग का रूप, (कि.) क्रिया का स्त्रीलिंग का रूप, *(अव्य.)* क्या, अथवा।

चक्की *(हि.पुं.)* दाल दरने या आटा पीसने का यन्त्र, जाँता, पैर के घुटने की गोल हड्डी।

पनचक्की *(हि.स्त्री.)* पानी के वेग से चलाई जाने वाली चक्की या कल।

पवनचक्की *(हि.स्त्री.)* वायु के वेग से चलने वाली चक्की या कल

हवाचक्की *(हि.स्त्री.)* आटा पीसने की हवा की शक्ति से चलने वाली चक्की।

कच्ची पक्की दुर्वचन, गाली।

बक्की *(हि.वि.)* बकवाद करनेवाला, *(पुं.)* एक प्रकार का भदहिया धान।

एक्की *(हि.स्त्री.)* एक बैल से खींची जाने वाली गाड़ी, ताश का वह पत्ता जिसमें एक ही बूँटी हो।

लड़की *(हि.स्त्री.)* बालिका, बेटी।

खिड़की *(हि.स्त्री.)* छोटा गुप्त द्वार, झरोखा।

झिड़की *(हि.स्त्री.)* डाँट-फटकार।

घुड़की *(हि.स्त्री.)* डाँट-डपट।

डुबकी *(हि.स्त्री.)* डुबकी, गोता।

पिचकी *(हि.स्त्री.)* पिचकारी।

मिचकी *(हि.स्त्री.)* छलाँव।

टकटकी *(हि.स्त्री.)* स्थिर, दृष्टि।

एकटकी *(हि.स्त्री.)* निश्चल दृष्टि, टकटकी।

चटकी *(हि.स्त्री.)* चौड़े मुँह की नगरी।

फटकी *(सं.स्त्री.)* फिटकरी, *(हि.स्त्री.)* बहेलियों की चिपटी टोकरी जिसमें वे चिड़ियों को बन्द करते हैं।

मटकी *(हि.स्त्री.)* छोटा मटका, कमोरी, मटक।

फाटकी *(हि.स्त्री.)* फिटकरी।

फिटकी *(हि.स्त्री.)* छींटा।

घुटकी *(हि.स्त्री.)* गले की वह नली जिसके द्वारा पेट में खाना पानी जाता है।

चुटकी *(हि.स्त्री.)* अँगूठे और बीच की अँगुली के मिलने की स्थिति।

फूटकी *(हि.स्त्री.)* किसी वस्तु के छोटे लच्छे या कण जो अलग-अलग दिखाई पड़ते हैं।

बैठकी *(हि.स्त्री.)* आसन, आधार।

दण्डकी *(सं.स्त्री.)* ढोलक।

हरीतकी *(सं.स्त्री.)* हड़, हर्र।

पातकी *(हि.वि.)* पाप करनेवाला।

सूतकी *(सं.स्त्री.)* जिसके सूतक लगा हो।

केतकी *(सं.स्त्री.)* केवड़ा।

मदकी *(हि.वि.)* मदक पीनेवाला।

बुंदकी *(हि.स्त्री.)* गोल छोटी बिन्दी गोल चिह्न या धब्बा।

मोदकी *(सं.स्त्री.)* चमेली के फूल का पौधा, *(वि.)* आनन्द देने वाली।

धकधकी *(हि.स्त्री.)* हृदय की धड़कन।

गन्धकी *(हि.वि.)* गन्धक के रंग का।

बन्धकी *(सं.स्त्री.)* वेश्या, रंडी।

कनकी *(हि.स्त्री.)* चावल का महीन टुकड़ा।

पिनकी *(हि.पुं.)* पिनक लेनेवाला, अफीमची।

धुनकी *(हि.स्त्री.)* धनुष के आकार का रूई धुनने का साधन।

थपकी *(हि.स्त्री.)* आघात, जो प्रेमवश हथेली से धीरे-धीरे पहुँचाया जाता है।

अध्यापकी *(हि.स्त्री.)* अध्यापक का कार्य, पढ़ाने-लिखाने का काम।

भमकी *(हि.स्त्री.)* झूठी धमकी, घुड़की।

चुभकी *(हि.स्त्री.)* डुबकी, गोता।

धमकी *(हि.स्त्री.)* डाँट, डपट, घुड़की।

ठूमकी *(हि.स्त्री.)* थपका, झटका।

नृत्यकी *(सं.स्त्री.)* नर्तकी, नाचनेवाली।

ढरकी *(हि.स्त्री.)* बाने का सूत फेंकने का जुलाहे का एक साधन।

तरकी *(हि.स्त्री.)* कान में पहिनने का एक प्रकार का गहना।

तारचर्की *(हि.पुं.)* वह तार जिसके द्वारा बिजली की सहायता से समाचार पहुँचाया जाता है।

नारकी *(हि.स्त्री.)* नरकभोगी, पातकी।

पिरकी *(हि.स्त्री.)* फुँसी, फोड़िया।

फिरकी *(हि.स्त्री.)* लड़कों के नचाने का एक खिलौना, तागा बटने की तकली के नीचे का लगा हुआ धातु आदि का गोल टुकड़ा।

सिरकी *(हि.स्त्री.)* सरकंडा, सरई।

चुरकी *(हि.स्त्री.)* चोटी, चुटिया, शिखा।

भुरखी *(हि.स्त्री.)* अन्न रखने का छोटा कोठिला।

झुमकी *(हि.स्त्री.)* कान में पहिनने की छोटी बाली।

लुटकी, लुरकी *(हि.स्त्री.)* कान में पहिनने की छोटी बाली, मुरकी।

झलकी *(हि.स्त्री.)* देखो झलक।

वल्लकी *(सं.स्त्री.)* वीणा, बीन।

सल्लकी *(सं.स्त्री.)* सलई का वृक्ष।

शल्लकी *(सं.स्त्री.)* साही नामक पशु।

पालकी *(हि.स्त्री.)* एक प्रकार की सवारी, जिसको कहार लेकर चलते हैं, पीनस, खड़खड़िया।

पालकी *(हि.स्त्री.)* धन्वाकार छाजन की दोनों ओर से खुली हुई पालकी।

तिलकी *(सं.वि.)* तिलक लगाए हुए।

बेलकी *(हि.पुं.)* चरवाहा।

सिसकी *(हि.स्त्री.)* सिसकारी।

कुहकी *(हि.वि.)* मायावी।

चाकी *(हि.स्त्री.)* आटा पीसने की चक्की।

पिनाकी *(सं.पुं.)* पिनाकीधारी शिव।

एकाकी *(सं.वि.)* असहाय, अकेला।

झाँकी *(हि.स्त्री.)* झाँकने की क्रिया, दर्शन, दृश्य।

टाँकी *(हि.स्त्री.)* पत्थर गढ़ने की छेनी।

नैसर्गिकी *(हि.वि.)* स्वाभाविक।

चेटिकी *(हि.स्त्री.)* दासी।

सुकी *(हि.स्त्री.)* सुग्गी, सारिका।

धुकधुकी *(हि.स्त्री.)* छाती के बीच का गहरा स्थान, हृदय की धड़कन।

मटुकी *(हि.स्त्री.)* देखो मटकी।

छिउकीं *(हि.स्त्री.)* एक प्रकार कीं छोटी चींटी।

पेंडुकी *(हि.स्त्री.)* पुडुक पक्षी, गुझिया नामक पकवान।

केंचुकी *(हि.स्त्री.)* खोली, कचुली।

कच्चुकी *(सं.पुं.)* राजा के अन्तःपुर का रक्षक, सर्प, *(स्त्री.)* चोली, अँगिया।

लूकी *(हि.स्त्री.)* चिनगारी।

केकी *(सं.पुं.)* मयूर, मोर।

टेकी *(हि.पुं.)* अपनी प्रतिज्ञा पर दृढ़ रहने वाला मनुष्य, हठी।

नेकी *(हि.स्त्री.)* भलाई।

विवेकी *(हि.पुं.)* बुद्धिमान, ज्ञानी, त्यागी।

अविवेकी *(हि.पुं.)* अज्ञानी, मूर्ख।

डोकी *(हि.स्त्री.)* तेल आदि रखने का काठ का बर्तन।

तिलोकी *(हि.पुं.)* देखो त्रिलोकी।

त्रिलोकी *(हि.पुं.)* तीनों लोक का।

नोंका झोंकी *(हि.स्त्री.)* वाद-विवाद, छेड़-छाड़ की बातें।

दोंकी *(हि.स्त्री.)* छौंकनी।

भैंकी *(हि.स्त्री.)* झोंकने का बेलचा।

चौकी *(हि.स्त्री.)* काठ या पत्थर का चार पाए लगा आसन, पुलिस का छोटा थाना।

लौकी *(हि.स्त्री.)* कद्दू, घीया।

टंकी *(हि.स्त्री.)* पानी रखने का कुंड, टाँका।

फंकी *(हि.स्त्री.)* फाँकने का चूर्ण।

निशंकी *(सं.वि.)* जिसको किसी का भय न हो।

कु *(सं.अव्य.)* एक अव्यय जो संज्ञा के पहले जोड़ने से निन्दकीय नीच आदि का बोध कराता है।

काकु *(सं.स्त्री.)* विरुद्ध अर्थ बोधक, स्वर, व्यंग, ताना।

तनाकू *(हि.कि.वि.)* तनिक, थोड़ा।

शंकु *(सं.पुं.)* कोई नुकीली वस्तु, बरछा, भाला, खूँटा, कील।

चक्कू *(हि.पुं.)* साग आदि काटने का लोहे का छोटा औजार।

नक्कू *(हि.वि.)* बड़ी नाक वाला, सबसे भिन्न आचरण करनेवाला।

डाकू *(हि.पुं.)* लुटेरा।

तंबाकू *(हि.पुं.)* तम्बाकू।

आँकू *(हि.पुं.)* आँकने वाला, कूतने वाला।

कें *(हि.वि.)* कितने, कितना, *(अव्य.)* अथवा, (अ. स्त्री.) वमन।

के कें *(हि.स्त्री.)* चिड़ियों का दुःख सूचक शब्द, झगड़े की बोली।

को *(हि.सर्व.)* कौन, कर्म तथा सं. प्रदान कारक का चिह्न।

मको *(हि.स्त्री.)* मकोय।

रइको *(हि.कि.वि.)* कुछ भी, थोड़ा भी।

कों कों *(हि.स्त्री.)* मादा कौवा, *(पुं.)* कौवे का शब्द।

***ख**–व्यंजन खंड का दूसरा अक्षर इसका उच्चारण स्थान कंठ है, सूर्य, आकाश, शून्य, बिन्दू, कर्म, कुवाँ, गड्ढा, स्वर्ग।*

अख

झख *(हि.स्त्री.)* झाखने का भाव व क्रिया।

नख (यं. पुं.) अँगुली के अगले भाग की कोमलास्थि, कररूह।

भख *(हि.पुं.)* आहार, भोजन।
मख *(सं.पुं.)* याग, यज्ञ।
सख *(हि.पुं.)* सखा, मित्र, साथी।
अनख *(हि.पुं.)* क्रोध, ईर्ष्या।
अलख *(हि.वि.)* अलक्ष्य, अदृश्य, अगोचर।
परख *(हि.स्त्री.)* जाँच, परीक्षा।
बरख *(हि.पुं.)* वर्ष, साल।
हरख *(हि.पुं.)* देखो हर्ष।
चखचख *(हि.पुं.)* झगड़ा, कहासुनी।
दमचख *(हि.स्त्री.)* लड़ाई झगड़ा।
क्षमरपख *(हि.पुं.)* पितृपक्ष।
शतमख *(सं.पुं.)* शतकतू, इन्द्र।
कलमख *(हि.पुं.)* देखो कल्मष।
कमरख *(हि.पुं.)* एक वृक्ष जिसके फाँकवाले लम्बे फल होते हैं।
क्षमरख *(हि.पुं.)* क्रोध, रोष, अमर्ग।
आमरख *(हि.पुं.)* देखो आमर्ष।
पारख *(हि.स्त्री.)* देखो पारिख, पारखी।
सीरख *(हि.पुं.)* देखो शीर्ष।
वातसख *(हि.पुं.)* अग्नि।
प्रियसख *(सं.पुं.)* प्रिय बन्धु।
वायुसख *(सं.पुं.)* अग्नि।
देवसुख *(सं.पुं.)* देवताओं का मित्र।
तिक्ख *(हि.वि.)* तीक्ष्ण, तीखा, चीखा।
द्वीपिनख *(सं.पुं.)* व्याघ्र नख।
रूक्ख *(हि.पुं.)* देखो वृक्ष, पेड़।
खुक्ख *(हि.वि.)* खाली, छूछा।
सुक्ख *(हि.वि.)* देखो सुख।
मूर्ख *(सं.वि.)* मूढ़, अज्ञ।

आँख

दाख *(हि.स्त्री.)* द्राक्षा, मनक्का, अंगूर।
पाख *(हि.पुं.)* महीने का आधा भाग, मकान की चौड़ाई के भीतों के भाग।
भाख *(हि.पुं.)* देखो भाषण।
भाषण *(हि.कि.)* बोलना, कहना।
राख *(हि.स्त्री.)* भस्म।
लाख *(हि.वि.)* सौ हजार, बहुत अधिक, *(पुं.)* सौ हजार की संख्या।
साख *(हि.पुं.)* गवाही, मर्यादा, धाक लेन देन का खरापन।
आँख *(हि.स्त्री.)* चक्षु, नेत्र, दृष्टि, ध्यान, विवेक, कृपा, सूई का छिद्र, ईख, आलू, इत्यादि में वह स्थान जहाँ से अंखुआ निकलता है।
काँख *(हि.स्त्री.)* बाहुमल के नीचे का गड्ढा, बगल।
पाँख *(हि.पुं.)* पंख पर।
अभिलाख *(हि.स्त्री.)* अभिलाषा, वांछा।
त्रिशाख *(सं.वि.)* तीन शाखायुक्त।
वैसाख *(हि.पुं.)* चैत के बाद महीने का नाम।
वैशाख *(सं.पुं.)* चैत्र के बाद का महीना जो जेठ के पहले होता है, वैसाख।
पच्चशाख *(सं.वि.)* पनशाखा, जिसमें पाँच बत्तियाँ हो।

इख

विख *(हि.पुं.)* विप, गरल।
विख *(हि.पुं.)* देखो विष।
सिख *(हि.स्त्री.)* शिक्षा, उपदेश, सीख।
महिख *(हि.पुं.)* देखो महिष।
अनमिख *(हि.पुं.)* बिना पलक गिराए, टकटकी बाँधे हुए।
अतरिख *(हि.पुं.)* अन्तरिक्ष, वायुमण्डल।
नखसिख *(हि.पुं.)* नख से लेकर शिखा तक सब अंग।
टिखटिख *(हि.स्त्री.)* देखो टिकटिक।
आमिख *(हि.पुं.)* देखो आमिष।
कारिख *(हि.स्त्री.)* कालिमा, कालापन, काजल, कलंक, धब्बा।
कालिख *(हि.स्त्री.)* देखो निमिष।
अनिमिख *(हि.वि.)* टकटकी लगाया हुआ, *(कि.वि.)* बिना पलक गिराए।
बिसिख *(हि.पुं.)* देखो विशिख।
विशिख *(सं.पुं.)* त्रिशूल, किरीट।
नौसिख *(हि.वि.)* नवशिक्षित।
अन्तरिक्ष, अन्तरिछ *(हि.पुं.)* देखो अन्तरिछ।

ईख

ईख *(हि.स्त्री.)* इक्षू, गन्ना, ऊख।
चीख चीत्कार, चिल्लाने का शब्द।
भीख *(हि.स्त्री.)* भिक्षा में दी हुई वस्तु।
तीख *(हि.वि.)* देखो तीक्ष्ण, तीखा।
लीख *(हि.स्त्री.)* जूँ का अण्डा।
सीख *(हि.स्त्री.)* शिक्षा, परामर्श।

उख

तुख *(हि.पुं.)* छिलका, भूसा।
दुःख *(सं.पुं.)* संकट, व्यथा, कष्ट, पीड़ा।
दुःखकर *(सं.वि.)* कष्ट पहुँचानेवाला।
पुख *(हि.पुं.)* देखो पुष्य।
मुख *(सं.पुं.)* मुँह, आनन, किसी पदार्थ का अगला या ऊपरी भाग, *(वि.)* मुख्य, प्रधान।
रूख *(हि.पुं.)* वृक्ष, पेड़, *(वि.)* रूखा।
सुख *(सं.पुं.)* आत्मा या मनोवृत्ति का वह गुण जिसकी सबको अभिलाषा रहती है।
सम्मुख *(हि.अव्य.)* देखो सम्मुख।
सम्मुख *(सं.वि.)* आगे, सामने।
प्रमुख *(सं.वि.)* मुख्य, प्रधान, पहला, प्रतिष्ठित।
परूख *(हि.वि.)* कठोर, तीक्ष्ण।

परअसुख *(सं.पुं.)* दुःख, कष्ट।
खटमुख *(हि.पुं.)* देखो षटमुख।
गणमुख *(सं.पुं.)* गाँव के मुखिया।
रणमुख *(सं.पुं.)* सेना के अग्रभाग।
अधमुख *(हि.वि.)* अधोमुख, औंधा।
सनमुख *(हि.कि.वि.)* देखो सन्मुख।
बह्मुख *(सं.पुं.)* प्रातः काल, सबेरा।
परमुख *(हि.वि.)* परांडमुख, विमुख।
शरमुख *(सं.पुं.)* बाण का अग्र भाग।
अक्षरमुख *(सं.पुं.)* शिष्य, छात्र।
हलमुख *(सं.पुं.)* हल का फार।
दशमुख *(सं.पुं.)* रावण।
पच्वमुख *(सं.पुं.)* सिह।
प्रसन्नमुख *(सं.वि.)* जिसकी आकृति से प्रसन्नता टपकती हो।
परांगमुख *(सं.वि.)* प्रतिकूल, विरुद्ध, उदासीन।
व्याघ्रमुख *(सं.पुं.)* बिल्ली।
मातमुख *(हि.वि.)* मूर्ख।
शुष्कमुख *(सं.वि.)* कृपण, गैडा।
तुंगमुख *(सं.पुं.)* गण्डक, गेंडा।
दुधमुख *(हि.वि.)* दूध पीता हुआ।
चतुर्मुख *(हि.वि.)* चार मुखवाला, *(कि.वि.)* चारों ओर।
चतुरमुख *(हि.वि.)* देखो चतुर्मुख।
सुररूख *(हि.पुं.)* कल्पवृक्ष।
दूधमुख *(हि.वि.)* छोटा बच्चा, शिशु।
दिनमुख *(सं.पुं.)* प्रभात, सबेरा।
मलिनमुख *(सं.वि.)* क्रूर, जिसका मुख उदास हो।
चेनसुख *(हि.पुं.)* एक प्रकार का सूती चिकना कपड़ा।
कंडमुख *(सं.पुं.)* सँडसी।
शंकमुख *(सं.पुं.)* घड़ियाल।
मानुख *(हि.पुं.)* देखें मनुष्य।
आमुख *(सं.पुं.)* आरम्भ, प्रस्तावना।
प्रतिभामुख *(सं.वि.)* प्रभावशाली।
शालामुख *(सं.पुं.)* घर का अगला भाग।
निशामुख *(सं.पुं.)* गोधूलि बेला।
गुहामुख *(सं.पुं.)* कन्दरा का द्वार।
दिव्यमुख *(सं.पुं.)* प्रभात, सबेरा।
महासुख *(सं.पुं.)* अति आनन्द।
कणिमुख *(सं.पुं.)* चोर की सेंध लगाने की सबरी।
स्वस्तिमुख *(सं.पुं.)* स्तुति पाठक।
श्रुतिमुख *(सं.पुं.)* ब्रह्मा।
अग्निमुख *(सं.पुं.)* देवता, ब्राह्मण, भिलावाँ।
बहिमुख *(सं.पुं.)* देवता।
बहिर्मुख *(सं.वि.)* परांगमुख, विरुद्ध।
बहिर्मुख *(सं.वि.)* शहरी, विमुख।
द्विमुख *(सं.वि.)* जिसके दो मुख हो।
विमुख *(सं.वि.)* मुखरहित, निवृत्त, विरुद्ध, निराश।
विमुखता *(सं.स्त्री.)* विरोध, अप्रसन्नता।
मसिमुख *(सं.वि.)* पापी, कुकर्मी।
शशिमुख *(सं.वि.)* अति मनोहर।
पूर्वाभिमुख *(सं.वि.)* पूरब की ओर मुख किया हुआ।
रजनी मुख सन्ध्या।
लक्ष्मीसुख *(सं.पुं.)* राजा या धनवान पुरुष।
श्रीमुख *(सं.पुं.)* सुन्दर मुख।
बलीमुख *(सं.पुं.)* बन्दर।
सिलीमुख *(हि.पुं.)* देखो शिलीमुख।
बरहीमुख *(हि.पुं.)* देखो बहिमुख।
गुरमुख *(सं.पुं.)* गुरु से मंत्र की शिक्षा लिया हुआ।
सुमुख *(सं.पुं.)* सुन्दर मुख, *(वि.)* सुन्दर, मनोहर।
कुरूख *(हि.वि.)* क्रुद्ध, कुपित।
पुरूख *(हि.पुं.)* देखो पुरुष।
मुरूख *(हि.वि.)* देखो मूर्ख।
सुरूख *(हि.वि.)* सदय, अनुकूल।
कलुख *(हि.पुं.)* देखो कलुष।
अभितोमुख *(सं.वि.)* जिसका मुख चारों ओर रहें।
सर्वतोमुख *(सं.पुं.)* जल, आकाश, *(वि.)* जिसका मुख चारों ओर व्यापक हो।
विश्वतोमुख *(सं.पुं.)* परमेश्वर।
पयोमुख *(सं.वि.)* दुग्धपीता, दुधमुँहा।
चौमुख *(हि.कि.वि.)* चारों ओर।
मौतुख *(हि.पुं.)* प्रत्यक्ष, सन्मुख, *(कि.वि.)* आँख के सामने।

ऊख

ऊख *(हि.स्त्री.)* इक्षु, ईख, गन्ना, *(पुं.)* गरमी, गुमस, *(वि.)* गरमी से व्याकुल।
तूख *(हि.पुं.)* तिनके या सींक का टुकड़ा।
संदूख *(हि.पुं.)* देखो सन्दूक।
भूख *(हि.स्त्री.)* क्षुधा, अभिलाषा, कामना।
सुधामयूख *(सं.पुं.)* चन्द्रमा।
पीयूख *(हि.पुं.)* देखो पीयूष।

एख

मेख *(हि.स्त्री.)* खूँटा, कील, काँटा, लकड़ी का पच्चड़।
रेख *(हि.स्त्री.)* रेखा, लकीर, चिह, नई निकलती हुई मूँछें।
लेख *(सं.पुं.)* लिपि, लिखी हुई बात, लिखाई, लिखावट, *(हि.स्त्री.)* पक्की बात, लकीर।
अदेख *(हि.वि.)* न देखा हुआ, छिपा हुआ।
घमेख *(हि.स्त्री.)* बुद्ध के काल का।
सुरेख *(हि.वि.)* बुद्धिमान, श्रेष्ठ।
अनलेख *(हि.वि.)* जिसका वर्णन लिखा न जा सके।
उनमेख *(हि.पुं.)* उन्मेष, आँख खुलना, फूल का खिलना।

ब्रह्मलेख *(सं.पुं.)* भाग्य या अभाग्य का खेल।
उल्लेख *(सं.पुं.)* लिखना, कथन, लेख वर्णन।
जयलेख *(सं.पुं.)* वह पत्र जो हारा हुआ पुरुष अपने जीतने वाले को लिख देता है।
देखरेख *(हि.स्त्री.)* निरीक्षण, देखभाल।
आलेख *(सं.पुं.)* लिखावट, लेख।
शिलालेख *(सं.पुं.)* पत्थर पर लिखा या खुदा हुआ कोई प्राचीन लेख।
निमेख *(हि.पुं.)* देखो निमेष।
परिलेख *(सं.पुं.)* चित्र का स्थूल रूप जिसमें केवल रेखा हो, रंग न भरा हो।
सुलेख *(सं.पुं.)* सुन्दर लिखावट।

ओख

कोख *(हि.स्त्री.)* पेट, उदर, पेट के दोनों ओर का स्थान, गर्भाशय।
जोख *(हि.पुं.)* सेना, झुण्ड, जत्था।
पोख *(हि.पुं.)* पालने पोसने का संबंध।
मोख *(हि.पुं.)* देखो मोक्ष।
रोख *(हि.पुं.)* देखो रोष।
अदोख *(हि.पुं.)* अदोष, निरपराध।
नापजोख *(हि.स्त्री.)* नापने या तौलने की क्रिया, परिमाण या तौल जो नापकर तौलकर स्थिर की जाए।
दोख *(हि.पुं.)* देखो दोष।
विदोख *(हि.पुं.)* वैमनस्य, वैर, शत्रुता।
गौख *(हि.स्त्री.)* खिड़की, झरोखा।
पंख *(हि.पुं.)* पक्ष, पर, डैना।
संख *(हि.पुं.)* देखो शंख।
शंख *(सं.पुं.)* एक प्रकार का बड़ा घोंघा जो समुद्र में पाया जाता है।
खंख, खंक *(हि.वि.)* खानी, पोला।
महाशंख *(सं.पुं.)* एक बहुत बड़ी संख्या जो दस शंख की होती है।
लघुशंख *(सं.पुं.)* घोंघा।
मोरपंख *(हि.पुं.)* मोर का पर।
डपोरसंख *(हि.पुं.)* अपनी झूठी बड़ाई करनेवाला।
सखा *(हि.पुं.)* साथी, संगी, सहचर।
अक्खा *(हि.पुं.)* खूरजा, पाखंडी।
खक्खा *(हि.पुं.)* अट्टहास।
मक्खा *(हि.पुं.)* बड़ी जाति की मक्खी, पर मक्खी।
कड़खा *(हि.पुं.)* युद्ध संगीत।
तरखा *(हि.स्त्री.)* जल का तीव्र प्रवाह।
अँगरखा *(हि.पुं.)* घुटने तक का लंबा चोगा।
वनरखा *(हि.पुं.)* वन का रक्षक।
सूपनखा *(हि.स्त्री.)* देखो शूपर्नखा।
बरखा *(हि.स्त्री.)* वर्षा, दृष्टि।
सारखा *(हि.वि.)* समान, सदृश।
तिरखा *(हि.स्त्री.)* तृषा, प्यास।
मरभूक्खा *(हि.वि.)* भुक्खड़, दरिद्र।
पुरखा *(हि.पुं.)* पूर्वज, पूर्व पुरुष, कुल का वृद्ध पुरुष, बड़ा बूढ़ा।
नौलक्खा, नौलखा *(हि.पुं.)* जिसका मूल्य नौ लाख हो, बहुमूल्य अनमोल।

आखा

पाखा *(हि.पुं.)* कोना, छोर, देखो पाखा।
भाखा *(हि.स्त्री.)* देखो भाषा।
शाखा *(हि.स्त्री.)* देखो शाखा।
शाखा *(सं.स्त्री.)* डाल, टहनी, शरीर का अवयव, अँगुली, किसी मूल वस्तु से निकले हुए भेद, किसी शास्त्र या विद्या के अन्तर्गत उसका कोई भेद।
पटाखा *(हि.पुं.)* देखो पटाका।
पनसाखा *(हि.पुं.)* एक प्रकार की मशाल जिसमें तीन या पाँच बत्तिया जलती हैं।
प्रशाखा *(सं.स्त्री.)* शाखा में से निकली हुई शाखा।
दुसाखा *(हि.पुं.)* एक प्रकार का प्रदापक जिसमें दो शाख निकली होती है।

इखा

सिखा *(हि.स्त्री.)* देखो सिखा, चुटिया, चुंदी।
शिखा (यं. स्त्री.) आग की लपट, चोटी, शाखा, डाली, पक्षियों के सिर पर की कलँगी, दीये की टेम, नोंक, उभरा हुआ भाग।
त्रिखा *(हि.स्त्री.)* देखो तृषा, प्यास।
करिखा *(हि.पुं.)* कालिख, कलंक।
परिखा *(सं.स्त्री.)* किले को घेरने की खाई।
नवसिखा *(हि.पुं.)* नव शिक्षित।
अरूणशिखा *(हि.पुं.)* कुक्कुट, मुर्गा।
चमरशिखा *(हि.स्त्री.)* घोड़े की कलँगी।
सारिखा *(हि.वि.)* सरीखा, तुल्य।
अग्निशिखा *(सं.स्त्री.)* अग्नि की ज्वाला।

ईखा

तीखा *(हि.वि.)* जिसकी नोंक या धार पैनी हो, प्रचंड, उग्र स्वभाव का।
सीखा *(हि.स्त्री.)* शिखा, चोटी।
सरीखा *(हि.वि.)* तुल्य, सदृश, समान।

उखा

पुरुखा *(हि.पुं.)* देखो पुरुषा।
सुश्रुखा *(हि.स्त्री.)* देखो शुश्रुषा।
चौमुखा *(हि.वि.)* चारों ओर मुखवाला।

ऊखा

भूखा *(हि.वि.)* जिसको भोजन की प्रबल इच्छा हो, इच्छुक।
रूखा *(हि.वि.)* पुरुष, कठोर, विरत, उदासीन।

सूखा *(हि.वि.)* जिसमें जल का अंश न रह गया, तेज रहित, कठोर, केवल, *(पुं.)* पानी का न बरसना, दुर्बलता, जलहीन स्थान।

एखा

रेखा *(सं.स्त्री.)* लकीर, गणना, गिनती, आकृति, आकार।

लेखा *(सं.स्त्री.)* लिखावट, रेखा, *(हि.पुं.)* हिसाब, किताब, गिनती कृत, अनुमान, आय व्यय आदि का विवरण।

अपदेखा *(हि.वि.)* स्वार्थी, घमण्डी।

विषुवत् रेखा *(सं.स्त्री.)* वह कल्पित रेखा जो पृथ्वीतल पर उसके ठीक मध्य भाग में पूर्व से पश्चिम में चारों ओर जाती हुई मानी जाती है।

कर्मरेखा *(सं.स्त्री.)* भाग्य का लिखना।

परेखा *(हि.स्त्री.)* परीक्षा।

मानपरेखा *(हि.पुं.)* आशा।

मध्यरेखा *(सं.स्त्री.)* पृथ्वी के मध्य भाग की कल्पित रेखा जो उत्तर दक्षिण मानी जाती है।

कर्करेखा *(सं.स्त्री.)* टेढ़ी रेखा।

याम्योत्तर रेखा *(सं.स्त्री.)* वह कल्पित रेखा जो सुमेरू और मेरू से होती हुई भूगोल के चारों ओर जाती है।

ध्रुवरेखा *(सं.स्त्री.)* विषुवत् रेखा।

स्पर्शरेखा *(सं.स्त्री.)* गणित में वह सीधी रेखा जो किसी वृत्त की परिधि के किसी एक बिन्दु को स्पर्श करती हुई खींची जाए।

निरक्षरेखा *(सं.स्त्री.)* क्रान्तिवृत्त।

ओखा

ओखा *(हि.पुं.)* बहाना, मिस, *(वि.)* सूखा, टेढ़ा, दूषित, खोटा, विरल।

जोखा *(हि.पुं.)* हुण्डी लिखा हुआ कागज, बालक।

पोखा *(हि.पुं.)* मोखा, झरोखा।

चोखा *(हि.पुं.)* शुद्ध, बिना मिलावट का, पैनी धार का, चतुर, बैंगन, अरूई आदि का भुरता।

जोखा *(हि.पुं.)* लेखा, हिसाब किताब।

तोखा *(हि.पुं.)* झरोखा, अरवा, आला।

धोखा *(हि.पुं.)* छल, भुलावा, भ्रम, भ्रान्ति उत्पन्न करनेवाली वस्तु।

मोखा *(हि.पुं.)* भीत आदि में का छिद्र, झरोखा।

अनजोखा *(हि.वि.)* बिना तौल हुआ।

पतोखा *(हि.पुं.)* पत्ते का बना हुआ पात्र, दोना।

अनोखा *(हि.वि.)* अपूर्व, नया, विचित्र, सुन्दर।

झरोखा *(हि.पुं.)* भीत में बनी हुई झरीदार छोटी खिड़की या मोखा, गवाक्ष।

औखा

बौखा *(हि.स्त्री.)* हवा का तीव्र झोंका।

अंखा

पंखा *(हि.पुं.)* व्यंजन, बिजना।

अखी

झखी *(हि.स्त्री.)* मत्स्य, मछली।

रखी *(हि.पुं.)* देखो ऋषि, मुनि।

सखी *(सं.स्त्री.)* सहचरी, सहेली।

मक्खी *(हि.स्त्री.)* एक प्रसिद्ध उड़नेवाला छोटा कीड़ा जिसके छह पैर होते हैं, मक्षिका, मधुमक्खी।

लक्खी *(हि.वि.)* लाख के रंग का।

अनखी *(हि.वि.)* कोपान्वित, क्रोधी।

कनखी *(हि.स्त्री.)* कटाक्ष।

चरखी *(हि.स्त्री.)* छोटा चरखा, सूत लपेटने की फिरकी, एक प्रकार की घूमनेवाली अग्निक्रीड़ा।

पारखी *(हि.पुं.)* परीक्षक, परखनेवाला रत्न।

रत्नपारखी *(सं.पुं.)* जौहरी।

मधुमक्खी *(हि.स्त्री.)* एक प्रकार की मक्खी जो फूलों का रस चूसकर मधु इकट्ठा करती है।

आखी

माखी *(हि.स्त्री.)* मक्खी।

राखी *(हि.स्त्री.)* हाथ की कलाई पर रक्षा-बंधन पर बहनें भाई को बाँधती हैं।

साखी *(हि.पुं.)* साक्षी, गवाह, *(स्त्री.)* गवाही, ज्ञान संबंधी कविता या पद, *(पुं.)* वृक्ष, पेड़।

आँखी *(हि.स्त्री.)* देखो आँख।

बैराखी *(हि.स्त्री.)* भुजा पर पहनने का एक गहना, बैरखी।

बैसाखी *(हि.वि.)* वैशाख महीने की, *(हि.पुं.)* वह लाठी जिसे बगल में रखकर लंगड़े लोग चलते हैं।

इखी

लालसिखी *(हि.पुं.)* मुरगा।

शिखी *(सं.पुं.)* मोर, अग्नि।

उखी

दुखी *(हि.वि.)* जिसको कोई कष्ट हो, क्लेशतः, पीड़ित।

सुखी *(हि.वि.)* आनन्दित।

कलुखी *(हि.)* देखो कलुषी।

असुखी *(सं.वि.)* सुखरहित, दुःखी।

सूरजमुखी *(हि.पुं.)* एक पौधा जिसमें पीले रंग के बड़े फूल लगते हैं, सूर्यास्त के समय यह फूल नीचे को झूकता है, और सूर्योदय होने पर फिर से उगने लगता है।

मनमुखी *(हि.वि.)* स्वेच्छाचारी।

सूरजमुखी *(हि.पुं.)* सूर्यमुखी।

वारमुखी *(सं.स्त्री.)* वेश्या, रंडी।

सुमुखी *(सं.स्त्री.)* सुन्दर स्त्री।

गोमुखी *(सं.स्त्री.)* माला रखकर जप करने की थैली।

एखी

बरेखी *(हि.स्त्री.)* एक प्रकार का गहना जिसको स्त्रियाँ भुजा पर पहनती हैं, *(हि.स्त्री.)* विवाह-संबंध के निमित्त कन्या को देखना, ठहरोनी।

देखा देखी *(हि.स्त्री.)* साक्षात्कार, दर्शन।

ओखी

दोखी *(हि.वि.)* देखो दोषी।

पतोखी *(हि.स्त्री.)* घोघी, एक पत्ते की बनी हुई दोनियाँ।

अंखी

पंखी, पंखिया *(हि.पुं.)* पक्षी, चिड़िया, पंखड़ी, *(स्त्री.)* छोटा पंखा, पहिए की कीचड़ रोकने की धातु की कीप।

अखु

चक्षु *(हि.पुं.)* आँख, नेत्र।

आखु

आखु *(सं.पुं.)* मूषक, चूहा, चोर।

इखु

इखु *(हि.पुं.)* देखो इक्षु।

ईखु *(सं.पुं.)* ईख, गन्ना।

आखू

तमाखू *(हि.स्त्री.)* एक प्रकार की पत्ती जिसे बीड़ी में भरकर प्रयोग किया जाता है अथवा हुक्के में रखकर धूम्रपान करते हैं।

ग-अन्तक, कवर्ग का तीसरा व्यंजन, इसका उचारण स्थान कण्ठ है ग-(सं.पुं.) गीत गणेश, गंधर्व, गुरु।

अग

अग *(सं.वि.)* न चलनेवाला, स्थावर, *(पुं.)* सर्प, वृक्ष, पर्वत, सूर्य।

खग *(सं.पुं.)* सूर्य, ग्रह, चन्द्रमा, देवता, बाण, पक्षी, वायु, *(वि.)* आकाश में चलनेवाला।

जग *(हि.पुं.)* जगत, संसार, संसार के लोग, देखो यज्ञ।

ठग *(हि.पुं.)* डाकू, छली, चंचल।

नग *(सं.पुं.)* पर्वत, पहाड़, पेड़, *(वि.)* स्थिर, अचल।

पग *(हि.पुं.)* पैर, पाँव, डग, फाल।

भग *(सं.पुं.)* स्त्री की योनि, मोक्ष, सौभाग्य, कान्ति।

मग *(हि.पुं.)* मार्ग।

रग कमलोरी, जंघा तथा पेट के जोड़ का स्थान।

खग्ग *(हि.पुं.)* खड्ग, तलवार।

सजग *(हि.वि.)* सतर्क, सावधान।

खरग *(हि.पुं.)* देखो खड्ग।

अडग *(हि.वि.)* दृढ़, पुष्ट, अचल।

खड्ग *(सं.पुं.)* एक प्रकार की तलवार।

पन्नग *(सं.पुं.)* सर्प, साँप।

सगबग *(हि.वि.)* तराबोर, लथपथ।

परिपूर्ण *(कि.वि.)* झटपट।

लगभग *(हि.कि.वि.)* प्रायः।

जगमग *(हि.वि.)* प्रकाशित, चमकीला।

उद्दग *(हि.वि.)* उदग्र, उद्धत।

वर्ग *(सं.पुं.)* एक तरह के अनेक पदार्थों का समूह, समान धर्मवाले पदार्थों का समूह, व्याकरण में एक ही स्थान से उच्चारण होनेवाले व्यंजन वर्णों का समूह।

सर्ग *(सं.पुं.)* आज्ञा, प्रकृति, स्वभाव, परिच्छेद, उत्साह, मूर्छा, परित्याग।

कवर्ग *(सं.पुं.)* ककारादि पाँच वर्णों का समूह।

चवर्ग *(सं.पुं.)* च से ञ तक के पाँच अक्षरों का समूह।

टवर्ग *(सं.पुं.)* ट, ठ, ड, ढ, ण इन पाँच वर्णो का समूह।

तवर्ग *(सं.पुं.)* त, थ, द, ध, न ये पाँच अक्षर।

पवर्ग *(सं.पुं.)* वर्णमाला का पाँचवाँ वर्ग जिसमें प, फ, ब, भ, म ये पाँच अक्षर आते है।

स्वर्ग *(सं.पुं.)* देवलोक, सुरलोक

अपवर्ग *(सं.पुं.)* मोक्ष, मुक्ति, निर्वाण, त्याग।

प्लवग *(सं.वि.)* तैरनेवाला।

असर्ग *(हि.वि.)* असह्य, न सहने योग्य ।

उध्वर्ग *(सं.वि.)* स्वर्गवासी, ऊँचा जानेवाला।

चतुर्वर्ग *(सं.पुं.)* धर्म, अर्थ, काम, और मोक्ष।

पार्श्वग *(सं.पुं.)* अनुचर, सेवक। *(वि.)* पास में चलनेवाला।

चित्रमृग *(सं.पुं.)* चित्तकबरा मृग।

निष्पसर्ग *(सं.वि.)* उत्पाद रहित।

वृषोत्सर्ग *(सं.पुं.)* शास्त्रोक्त विधिपूर्वक साँड़ को दागकर छोड़ना।

अभिषगडुड्ग *(सं.पुं.)* शपथ, अभिशाप, पराजय, आसक्ति, आलिंगन।

दुर्लभग *(सं.वि.)* अभागा।

तरूमृग *(सं.पुं.)* शाखामृग, बन्दर।

नागनग *(हि.)* गजमुक्त, *(सं.पुं.)* नागों।

पारंग *(सं.वि.)* पार जानेवाला, समर्थ, अभिज्ञ।

मारग *(हि.पुं.)* देखो मार्ग।

अमारग *(हि.पुं.)* देखो अमार्ग।

कुमारग *(हि.पुं.)* देखो कुमार्ग।

शाखामृग *(सं.पुं.)* बन्दर, गिलहरी।

शालामृग *(सं.पुं.)* सियार, कुत्ता।

द्रग *(हि.पुं.)* दृग, नेत्र।

दृग *(हि.पुं.)* दृष्टि, देखने की शक्ति।

मृग *(हि.पुं.)* कोई पशु विशेषकर जंगली पशु, अन्वेषण, खोज, हरिन।

तृजग *(हि.वि.)* देखो तिर्यक, टेढ़ा।

त्रिवर्ग *(सं.पुं.)* धर्म, अर्थ और काम, त्रिफला, त्रिकूट, वृद्धि, स्थिति और भय, सत्व, रज और तम ये तीनों गुण, ब्राह्मण, क्षत्रिय और वैश्य की प्रधान जातियाँ।

संसर्ग *(सं.पुं.)* संबंध, संपर्क, लगाव।
अतिसर्ग *(सं.पुं.)* उत्सर्ग, स्वभाव, स्वरूप, सृष्टि।
विसर्ग *(सं.पुं.)* त्याग, दान, वियोग, व्याकरण में वह वर्ण, जिसका उच्चारण आधे ह के समान होता है, प्रलय।
त्रिसर्ग *(सं.पुं.)* सत्व, रज, और तम ये तीनों गुण, सृष्टि।
मिरग *(हि.पुं.)* देखें मृग।
अलग *(सं.वि.)* पृथक, अलग, *(पुं.)* अलग होने का भाव, भेद।
हिलग *(हि.स्त्री.)* संबंध, लगाव।
बिहग *(हि.पुं.)* देखो बिहंग।
विहग *(सं.पुं.)* देखो विहग।
निम्नग *(सं.वि.)* नीचे नीचे जानेवाला।
स्वर्ग *(सं.वि.)* इच्छानुसार चलनेवाला।
पीखग *(हि.पुं.)* पपीहा।
नीचग *(सं.पुं.)* नीचे की ओर बहनेवाला पानी, *(वि.)* पामर, ओछा।
दुर्ग *(सं.पुं.)* कोट, गढ़।
उरग *(सं.पुं.)* सर्प, साँप।
तुरग *(हि.पुं.)* घोड़ा, *(वि.)* शीघ्रगामी।
अदुर्ग *(सं.वि.)* जहाँ पहुँचना कठिन हो।
सुभग *(सं.वि.)* सुन्दर, मनोहर, भाग्यवान।
सुरग *(हि.पुं.)* स्वर्ग।
एकग *(हि.वि.)* एकाकी, अकेला।
चौपग *(हि.पुं.)* चार पैर का प्राणी।
मार्ग *(सं.पुं.)* पथ।
अमार्ग *(सं.पुं.)* मार्ग का अभाव।
कुमार्ग *(विं.)* मार्ग रहित।
अपमार्ग *(सं.पुं.)* कुपथ, कुमार्ग।
जलमार्ग *(सं.पुं.)* जलपथ, पानी बहने की नाली।
राजमार्ग *(सं.पुं.)* राजपथ, चौड़ी सड़क।
वाममार्ग *(सं.पुं.)* एक तांत्रिक मत।
दुर्गमार्ग *(सं.पुं.)* नगर का मार्ग।
लोकमार्ग *(सं.पुं.)* प्रचलित रीति, साधारण पन्थ।
कुमार्ग *(सं.पुं.)* नीतिविरुद्ध कार्य, कुपथ, अधर्म, बुरी चाल।
सुमार्ग *(सं.पुं.)* उत्तम मार्ग।
सिद्धिमार्ग *(सं.पुं.)* मोक्षपथ।
त्रिमार्ग *(सं.पुं.)* तिरमहानी।
अदग *(हि.वि.)* निरपराध, स्वच्छ।
वनपन्नग *(सं.पुं.)* जंगली सर्प।
अलग *(हि.वि.)* पृथक।
परग *(हि.पुं.)* पग, कदम, डग।
सरग *(सं.पुं.)* देखो स्वर्ग।
समीपग *(सं.वि.)* जो समीप हो गया हो।

अ आ ग

आग *(हि.कि.वि.)* अग्रभाग में, बढ़कर, सम्मुख, भविष्य में, पीछे, जीवित अवस्था में।
आग *(हि.स्त्री.)* अग्नि, दाह, जलन।
काग *(हि.पुं.)* देखो काक, (कार्क) बोतल में लगाने का डट्टा।
छाग *(हि.पुं.)* बकरा।
जाग *(हि.पुं.)* यज्ञ, *(हि.स्त्री.)* जागने की क्रिया, जागरण।
झाग *(हि.पुं.)* नल आदि का फेन, गाज।
ताग *(हि.पुं.)* देखो तागा।
दाग *(हि.पुं.)* दग्ध, मृतक का दाह कर्म।
नाग *(सं.पुं.)* सीसा, सर्प, हाथी।
पाग *(हि.पुं.)* पगड़ी, *(पुं.)* चाशनी में पागी हुई औषधि, फल आदि।
फाग *(हि.पुं.)* फाल्गुन महीने में होने वाला उत्सव, फाग में गाया जाने वाला गीत।
बाग बगीचा
भाग *(सं.पुं.)* अंश, भाग्य, प्रारम्भ, गणित में किसी राशि का अनेक अंशों या भागों में बाँटने की क्रिया, वैभव, ऐश्वर्य।
याग *(सं.पुं.)* यज्ञ।
राग *(सं.पुं.)* अनुराग, मोह, प्रीति, प्रेम, ईर्ष्या, द्वेष, सुगन्धित लेप जो शरीर में लगाया जाता है।
लाग *(हि.वि.)* लगन या प्रयोग में आने योग्य।
लाग *(हि.स्त्री.)* सम्पर्क, युक्ति, विशेष कौशल का स्वांग जिसको रचना जल्दी समझ में न आए, पर्यन्त, तक।
साग *(हि.पुं.)* शाक, भाजी, तरकारी।
साग *(सं.वि.)* अंगयुक्त, सम्पूर्ण।
टाँग *(हि.स्त्री.)* जाँघ से लेकर एड़ी तक का अंग।
थाँग *(हि.स्त्री.)* अनुसन्धान, खोज, पता, गुप्त रूप से किसी बात का पता लगाना, भेद।
भाँग *(हि.स्त्री.)* सन की जाति का एक पौधा जिसकी पत्तियाँ मादक होती हैं, विजया, बूटी।
माँग *(हि.स्त्री.)* माँगने की क्रिया या भाव, आवश्यकता, सिर के बालों के बीच में की रेखा जो बालों को विभक्त करने के लिए बनाई जाती है, किसी वस्तु का ऊपरी भाग, सिरा।
लाँग *(हि.स्त्री.)* धोती का वह भाग जो कमर में पीछे की ओर खोंसा जाता है, काछ।
बाँग *(हि.स्त्री.)* तीतर आदि के पैर काटने के सामान, नख।
साँग *(हि.वि.)* सम्पूर्ण, पूरा।
तड़ाग *(सं.पुं.)* सरोवर, पुष्कर, ताल।
पराग *(सं.पुं.)* पुष्प धूलि, वह रज जो फूलों के बीच में केशरों पर जमी रहती है।
अभाग *(सं.पुं.)* अंश का अभाव, भागरहित, समूचा, *(हि. पुं.)* अभाग्य।

त्याग *(सं.पुं.)* उत्सर्ग, छोड़ने का काम, सम्बन्ध न रखने की क्रिया।
स्वांग *(हि.पुं.)* स्वाँग।
दुखःभाग *(सं.पुं.)* दुःख भोगनेवाला।
पृष्ठभाग *(सं.पुं.)* पिछला भाग, पीठ।
सम भाग *(सं.पुं.)* समान भाग।
विषमभाग *(सं.पुं.)* असमान अंश।
दायभाग *(सं.पुं.)* पैतृक धन का पुत्र पौत्र तथा सम्बन्धित में विभाग।
चन्द्रभाग *(सं.पुं.)* चन्द्रमा की कला।
परभाग *(सं.पुं.)* बचा हुआ अंश, दूसरी ओर का भाग, पश्चिम भाग।
दूरभाग *(सं.पुं.)* अमृत।
शेषभाग *(सं.पुं.)* बचा हुआ भाग।
कालनाग *(सं.पुं.)* काला सर्प जिसके काटने से अवश्य मृत्यु हो।
मत्तनाग *(सं.पुं.)* मतवाला हाथी।
सेसनाग *(हि.पुं.)* देखो शेषनाग।
स्वार्थत्याग *(सं.पुं.)* किसी अच्छे काम के लिए अपने हित या लाभ का विचार छोड़ देना।
पदत्याग *(सं.पुं.)* अपने पद को छोड़ने की क्रिया।
तनुत्याग *(सं.पुं.)* देहत्याग।
आत्मत्याग *(सं.पुं.)* स्वार्थत्याग।
परित्याग *(सं.पुं.)* त्यागने का भाव, अलग कर देना।
देहत्याग *(सं.पुं.)* प्राणनाश, मृत्यु।
अंगराग *(हि.पुं.)* उबटन।
प्राणत्याग *(सं.पुं.)* प्राण का परित्याग करना।
वीतराग *(सं.वि.)* निस्पृह।
तनराग *(हि.पुं.)* देखो तनुराग।
पुष्पराग *(सं.पुं.)* पुखराज।
पूर्वराग *(सं.पुं.)* पूर्वानुराग, प्रथम।
पंचांग *(सं.पुं.)* किसी वृक्ष की छाल, पत्ता, फूल जड़, होम, तर्पण, अभिषेक और ब्राह्मण भोजन, ज्योतिष के अनुसार वह पत्रिका जिसमें वार, तिथि, नक्षत्र, योग और करण लिखे हों।
ऊटपटाँग *(हि.वि.)* बेढंगा, व्यर्थ, निरर्थक।
सीटपटाँग *(हि.स्त्री.)* घमंड भरी हुई बात।
अष्टांग *(सं.पुं.)* योग्य की क्रिया के आठ भेद, *(वि.)* आठ भाग का, अटपहल।
साष्टांग *(सं.वि.)* आठों अंग सहित।
दृढ़ांग *(सं.वि.)* जिसके अंग पुष्ट हो, हट्टा-कट्टा।
दीप्तांग *(सं.वि.)* जिसका अंग चमकता हो, मोर।
वेदांग *(सं.पुं.)* वेद के अंग या शास्त्र।
न्यूनांग *(सं.वि.)* अंगहीन, खंज, लंगड़ा।
उपांग *(सं.पुं.)* तिलक, टीका।
कटाक्षांग *(वि.)* अंगहीन।
पांग *(सं.पुं.)* नेत्र का कोना।
उत्तमांग *(सं.पुं.)* पुस्तक, सिर।
श्यामांग *(सं.पुं.)* साँवले रंग का।
गौरांग *(सं.वि.)* गोरे शरीर वाला।
धारांग *(सं.पुं.)* खडग, तलवार।
परांग *(सं.पुं.)* शरीर का पिछला भाग।
सर्वांग *(सं.पुं.)* सम्पूर्ण शरीर, सब अवयव।
विकलांग *(सं.वि.)* जिसका कोई अंग टूटा-फूटा हो।
छलाँग *(हि.स्त्री.)* फलाँग, कुदाव, चौकड़ी।
फलाँग *(हि.स्त्री.)* एक स्थान से उछलकर दूसरे स्थान पर जाने की क्रिया या उसका भाव।
ऊर्ध्वांग *(सं.पुं.)* मस्तक, सिर।
स्वाँग *(सं.पुं.)* अनुकरण, लीला।
सवाँग *(हि.पुं.)* देखो स्वाँग।
महाभाग *(सं.वि.)* बड़ा भाग्यवान, सौभाग्यशाली, महात्मा।
विजाग *(हि.पुं.)* विमोह।
विजागी *(हि.पुं.)* वियोगी।
विभाग *(सं.पुं.)* बाँटने की क्रिया या भाव, बँटवारा।
दिग्दिभाग *(सं.पुं.)* दिशा, ओर।
दुर्विभाग *(सं.पुं.)* वह जिसका विभाग जल्दी न हो सके।
प्रतिभाग *(सं.पुं.)* प्रत्येक भाग।
द्विभाग *(सं.पुं.)* दो भाग, दो अंश।
संविभाग *(सं.पुं.)* बाँट, बँटाई, भाग।
शिक्षाविभाग *(सं.पुं.)* वह राजकीय विभाग जिसके द्वारा सार्वजनिक शिक्षा का प्रबन्ध होता है।
त्रिभाग *(सं.पुं.)* तृतीय भाग।
विराग *(हि.पुं.)* विरक्ति।
श्रमविभाग *(सं.पुं.)* परिश्रम या कार्य का विभाग।
विराग *(सं.पुं.)* उदासीनभाव, वैराग्य।
अधिकांग *(हि.वि.)* किसी अंग का अधिक होना।
सुभाग *(हि.पुं.)* सौभाग्य, भाग्यवान।
अनुराग *(सं.पुं.)* आसक्ति, प्रेम, प्रीति।
लोकानुराग *(सं.पुं.)* संसार का प्रेम।
महानुराग *(सं.वि.)* एकान्तिक प्रेम।
सुराग *(हि.पुं.)* सुन्दर राग, अत्यंत प्रेम।
सुहाग *(हि.पुं.)* स्त्री की सधवा रहने की अवस्था, सौभाग्य।
वैराग *(हि.पुं.)* देखो वैराग्य।
वेलाग *(हि.पुं.)* जिसमें किसी प्रकार की लगावट न हो।
शिरोभाग *(सं.पुं.)* अग्रभाग।
सोहाग *(हि.पुं.)* सुहाग, सौभाग्य।

इग

दिग *(हि.अव्य.)* देखो धिक।
दिग् *(हि.स्त्री.)* दिशा।
पिग *(हि.वि.)* भूरे रंग का, पीला।
बिग *(हि.पुं.)* भेड़िया।

बिग *(हि.पुं.)* देखो व्यंग।
द्विंग *(सं.पुं.)* बैरी, शव, *(वि.)* विरोध या द्वेष करनेवाला।
कौतिग *(हि.पुं.)* देखो कौतुक।
दुरधिग, दुरविगम्य *(सं.वि.)* कठिनता से मिलने योग्य।
मिरिग देखो मृग।
धिग *(हि.स्त्री.)* ऊधम, उपद्रव।
पिंडलिंग *(सं.पुं.)* चूहा, लक्षण, हेतु व्याकरण में वह भेद, जिससे स्त्री पुरुष का पता लगता है।
फनिंग *(हि.पुं.)* देखो फणीन्द्र।
भिरिंग *(हि.पुं.)* देखो भृंग।
कुलिग *(हि.पुं.)* फुलिंग, चिनगारी।
पुर्लिंग *(सं.पुं.)* पुरुष का चिह्न, पुरुषवाचक शब्द।
काव्यलिंग *(सं.पुं.)* एक अर्थालंकार ।
स्फुलिंग *(सं.पुं.)* आग की चिनगारी।
सोटिंग *(हि.वि.)* जिसके माथे पर बड़े-बड़े बाल हो।

ईग

डींग *(हि.स्त्री.)* अपनी बड़ाई की झूठी बात।
धींग *(हि.पुं.)* हृष्टपुष्ट मनुष्य, *(वि.)* पापी, उपद्रवी।
सींग *(हि.पुं.)* श्रृंग।
हींग *(हि.स्त्री.)* एक छोटे पौधे का जमाया हुआ गोंद जो मसालों में प्रयोग किया जाता है।

उग

जुग *(हि.पुं.)* देखो युग, जोड़ा, दल, पीढ़ी।
युग *(सं.पुं.)* युग्म, जोड़ा, जुआ, समय, काल।
सतजुग *(हि.पुं.)* देखो सतयुग।
सतयुग *(हि.पुं.)* देखो सत्ययुग।
धर्मयुग *(सं.पुं.)* सत्ययुग।
सत्ययुग *(सं.पुं.)* चार युगों में से पहिले युग का नाम।
युगयुग *(सं.अव्य.)* अनन्त काल तक।
देवयुग *(सं.पुं.)* सत्ययुग।
वचनानुग *(सं.वि.)* वचन के अनुसार चलनेवाला।
कलियुग *(सं.पुं.)* चौथा युग, वर्तमान युग।
त्रियुग *(सं.पुं.)* बसन्त आदि तीन युग, सत्ययुग, त्रेता और द्वापर ये तीनों युग।
मुंग *(सं.पुं.)* मूँग नामक अन्न।
डुंग *(हि.पुं.)* ढेर, राशि, भीटा।
तुंग *(सं.वि.)* उन्नत, ऊँचा, उग्र, प्रचंड, प्रधान।
अतुंग *(सं.वि.)* जो ऊँचा न हो, बौना।
झुटुंग *(हि.वि.)* जटावाला, झोंटेवाला।

ऊग

मूँग *(हि.पुं.)* एक अन्न जिसकी दाल बनाई जाती है।

एग

नेग *(हि.पुं.)* पुरस्कार जो विवाह आदि शुभ अवसरों पर संबंधियों आश्रितों तथा इन कृत्यों में सहायता देनेवालों को दिया जाता है।
बेग *(हि.पुं.)* देखो वेग, चमड़े, कपड़े आदि का बना हुआ थैला।
वेग *(सं.पुं.)* प्रवाह, धारा, शीघ्रता, वृद्धि।
परेग *(हि.स्त्री.)* लोहे की कील, छोटा काँटा।
संवेग *(सं.पुं.)* आवेग, घबड़ाहट, भय।
मानसवेग *(सं.पुं.)* मन का वेग, चिन्ता।
आवेग *(सं.पुं.)* उत्कण्ठा सहित मन का वेग, घबड़ाहट।
उद्वेग *(हि.पुं.)* देखो उद्वेग।
नियद्वेग *(सं.वि.)* उद्वेग रहित।
पेंग *(हि.स्त्री.)* हिंडोले या झूले का झूलते समय एक ओर से दूसरी ओर जाना।
पेंग *(हि.स्त्री.)* धनुष की डोरी।
बेंग *(हि.पुं.)* भेंक, मेढक।

ओंग

ओंग *(हि.पुं.)* कर, चंदा लगाना।
जोग *(हि.पुं.)* देखो जोग, *(हि.अव्य.)* के वास्ते, के समीप।
योग *(सं.पुं.)* संयोग, मेल, उपाय, युक्ति, संगति, ध्यान, गणित में दो या अधिक राशियों का जोड़, युक्ति या मोक्ष का उपाय, चित्त की चंचलता को रोकना।
रोग *(सं.पुं.)* व्याधि।
लोग *(हि.पुं.)* जन, मनुष्य।
टोंग *(हि.स्त्री.)* चोंच की मार, अँगुलियों के पीछे की हड्डी की मार।
ढोंग *(हि.पुं.)* पाखंड, ढकोसला।
रोंग *(हि.पुं.)* लोम, रोवाँ।
हरबोंग *(हि.वि.)* गँवार, अक्खड़, मूर्ख।
अजोग *(हि.वि.)* अयोग्य।
प्रजोग *(हि.पुं.)* देखो प्रयोग।
नेगजोग, नेगचार *(हि.पुं.)* विवाह आदि शुभ अवसरों पर दिया हुआ पुरस्कार।
खटबोग *(हि.पुं.)* झगड़ा, झंझट।
सम्भोग *(हि.पुं.)* किसी वस्तु का भलीभाँति उपयोग।
उपभोग *(सं.पुं.)* व्यवहार, सुख की सामग्री, किसी पदार्थ के व्यवहार का सुख।
मोहनभोग *(सं.पुं.)* एक प्रकार का हलवा।
अभोग *(हि.पुं.)* स्वीकार करने की क्रिया।
प्रयोग *(सं.पुं.)* अनुष्ठान, साधन।
सहयोग *(सं.पुं.)* साथ मिलकर काम करने का भाव, आधुनिक भारतीय राजनैतिक क्षेत्र में सरकार से मिलकर काम करने का सिद्धान्त।
असहयोग *(सं.पुं.)* मिलकर काम करने का सिद्धान्त।
वैद्ययोग *(सं.पुं.)* आकस्मिक फल, संयोग।
विप्रयोग *(सं.पुं.)* वियोग।
उपयोग *(सं.पुं.)* व्यवहार, काम, योग्यता, आवश्यकता, प्रयोजन।
दुरुपयोग *(सं.पुं.)* अनुपयुक्त व्यवहार।

दुर्योग *(सं.पुं.)* दुर्भाग्य सूचक योग।
राजयोग *(हि.पुं.)* राजयक्ष्मा, क्षयरोग।
बसन्तरोग *(सं.पुं.)* मसूरिका, चेचक।
हृद्रोग *(सं.पुं.)* हृदय का रोग।
सरोग *(सं.पुं.)* रोगयुक्त, रोगी।
संजोग *(हि.पुं.)* देखो संयोग।
संयोग *(सं.पुं.)* मिलान, मिलाप, संबंध, विवाह संबंध, मत का एक होना, दो या अधिक व्यंजन वर्णों का मेल, जोड़।
आरोग *(हि.)* देखो आरोग्य।
विओग *(हि.पुं.)* वियोग।
नियोग *(सं.पुं.)* प्रेरणा में नियुक्ति, आज्ञा, निश्चय।
दृष्टिरोग *(सं.पुं.)* नेत्ररोग।
प्रतिरोग *(सं.पुं.)* शत्रुता, विरुद्ध पदार्थों का संयोग।
विनियोग *(सं.पुं.)* किसी फल की आकांक्षा से किसी वस्तु का उपयोग।
प्रत्यभियोग *(सं.पुं.)* वह अभियोग जो अभियुक्त अपने अभियोग लगाने वाले पर चलावे।
मिथ्याभियोग *(सं.पुं.)* किसी पर झूठा दोष लगाना।
नीरोग *(हि.वि.)* रोगहीन, आरोग्य।
सुयोग *(हि.पुं.)* सुअवसर, अच्छा अवसर।
पाण्डुरोग *(सं.पुं.)* कामला रोग।
अनुयोग *(सं.पुं.)* जिज्ञासा, पूछताछ।
पुरोग *(सं.वि.)* अग्रगामी, आगे जानेवाला।
उद्योग *(सं.पुं.)* प्रयत्न, चेष्टा, परिश्रम, उद्यम।
निरूद्योग *(सं.पुं.)* जिसके पास कोई उद्योग न हो।
सुयोग *(सं.पुं.)* अच्छा अवसर।
महोद्योग *(सं.पुं.)* बड़ा उद्योग या यत्न।

औग

लौंग *(हि.पुं.)* एक वृक्ष की कली जो खिलने के पहले ही तोड़ ली जाती है, लौंग के आकार का एक गहना जिसको स्त्रियाँ नाक में पहनती हैं।

अंग

अंग *(सं.पुं.)* शरीर अवयव।
खंग *(हि.पुं.)* तलवार, खड्ग।
चंग (फा. स्त्री.) एक छोटा बाजा जो ठफ के आकार का होता है।
छंग *(हि.पुं.)* उत्संग, गोद, अंक।
जंग लोहे पर पानी के प्रभाव से पर्त लगना।
ढंग *(हि.पुं.)* प्रणाली, पद्धति, शैली, बनावट, उपाय, मुक्ति, अवस्था, व्यवहार।
तंग *(सं.पुं.)* प्रिय के विरह से उत्पन्न सन्ताप, भय।
दंग हैरत में आना।
नंग *(हि.पुं.)* नयापन, *(वि.)* नंगा।
पंग *(हि.वि.)* पंगु, लंगड़ा।
फंग *(हि.पुं.)* बन्धन, फन्दा, अनुराग।
रंग *(सं.पुं.)* राँगा नामक धातु।
भंग *(हि.पुं.)* खण्ड, टुकड़ा, भाँग।
भंग *(सं.पुं.)* पराजय, हार।
मंग *(हि.स्त्री.)* देखो माँग।
रंग *(हि.पुं.)* देखो रंग, राँगा, नृत्य, दृश्य पदार्थ का वह गुण जो केवल आँखों से जाना जाता है, यथा लाल, काला, पीला, रँगने के लिए व्यवहार में आनेवाला पदार्थ, वर्ण, मुख की आकृति, आनन्द, चाल ढाल, प्रेम।
रंग *(सं.पुं.)* राँगा, नृत्य, नाच, रँगने की वस्तु, नाटकघर, मन की तरंगें, प्रभाव, शोभा, सौन्दर्य, दशा, स्थिति।
संग *(सं.पुं.)* संसर्ग, संबंध, बन्धुत्व।
एकंग *(हि.वि.)* एक ओर का।
उठंग *(हि.वि.)* बुरी तरह से काटा छाँटा हुआ।
धड़ंग *(हि.वि.)* वस्त्रहीन, नंगा।
पतंग *(सं.पुं.)* कनकैया, गुड्डी।
षडंग *(सं.पुं.)* शरीर के अवयव।
पतंग *(सं.पुं.)* पक्षी, चिड़िया, सूर्य, फतिगा, टिड्डी, चिनगारी।
मतंग *(हि.पुं.)* हाथी, मेघ, बादल।
मृदंग *(सं.पुं.)* ढोलक के आकार का उससे कुछ बड़ा एक प्रकार का बाजा।
अनंग (सं. वि. पुं.) बिना शरीर का, कामदेव, मन।
दबंग *(हि.वि.)* प्रभावशाली।
उमंग *(हि.स्त्री.)* आह्लाद, इच्छा, लहर, मौज, पूर्णता, अधिकता।
व्यंग *(सं.पुं.)* ताना।
व्यंगित *(सं.वि.)* विकल, घबड़ाया हुआ।
भृंग *(सं.पुं.)* भ्रमर, भौंरा।
सृंग *(हि.पुं.)* देखो श्रृंग।
श्रृंग *(सं.स्त्री.)* पर्वत का शिखर, चोटी, गौ, भैंस आदि पशुओं का सींग।
अश्रृंग *(सं.वि.)* बिना सींग का।
तरंग *(सं.पुं.)* लहर, हिलोरा, मन की मौज।
अलंग *(हि.पुं.)* पार्श्व, ओर, बगल में।
पलंग *(हि.पुं.)* पर्यक, सुन्दर चारपाई।
भवन *(हि.वि.)* आपका, आप लोगों का।
लवंग *(सं.पुं.)* एक वृक्ष जिसकी कली लौंग कहलाती है।
असर्ग *(सं.पुं.)* संबंधशून्यता, *(वि.)* न्यारा।
प्रसंग *(सं.पुं.)* घनिष्ठ संबंध, मेल।
लम्बतड़ंग *(हि.वि.)* ताड़ के समान लंबा।
लमतड़ंग *(हि.वि.)* बहुत लंबा तथा ऊँचा।
नंगधड़ंग *(हि.वि.)* जिसके शरीर पर एक भी कपड़ा न हो।
दलतंग *(हि.वि.)* अचुत, बेसुध।
अरधंग *(हि.पुं.)* देखो अर्धांग।
अंडबंड *(हि.वि.)* टेढ़ा, ऊँचा नीचा।

अंगभंग (सं. पु.) शरीर के किसी अवयव का टूटना।
अंगभंगी *(सं.पुं.)* स्त्रियों का हावभाव।
अंगअभूत *(सं.वि.)* अन्तर्गत।
स्वरभंग *(सं.पुं.)* गला बैठने का रोग।
पत्रभंग *(सं.पुं.)* वह चित्र और रेखाएँ जो स्त्रियाँ सुन्दरता बढ़ाने के लिए स्तन, कपोल आदि पर बनाती हैं।
अभ्युग *(सं.पुं.)* शरीर में तेल का मर्दन, लीपना पोतना।
बजरंग *(हि.वि.)* वज्र के समान पुष्ट शरीर वाला।
अन्तरंग *(सं.वि.)* आत्मीय, बलिष्ठ, रहस्य जाननेवाला।
जलतरंग *(हि.पुं.)* धातु की छोटी-छोटी कटोरियों में जल भरकर लकड़ी के डंडे से बजाने का एक बाजा।
नवरंग *(हि.वि.)* रूपवान, सुन्दर, नए ढंग का।
शशश्रृंग *(सं.पुं.)* कोई अनहोनी या असम्भव बात।
परसंग *(हि.पुं.)* देखो प्रसंग।
सत्संग *(सं.पुं.)* साधु सज्जन के साथ उठना बैठना।
सतसंग *(हि.पुं.)* देखो सत्संग।
मिरदंग *(हि.पुं.)* देखो मृदंग।
चितभंग *(हि.पुं.)* ध्यान न लगना, चित्त ठिकाने न रहना।
पोतभंग *(सं.पुं.)* जहाज का टक्कर खाकर नष्ट होना।
मानभंग *(सं.पुं.)* मानहानि।
यानभंग *(सं.पुं.)* जहाज का नष्ट होना।
नियमभंग *(सं.पुं.)* प्रतिज्ञा भंग, नियम का उल्लंघन।
राष्ट्रभंग *(सं.पुं.)* राज्य का नाश।
नउरंग *(सं.पुं.)* नारंगी।
एकरंग *(हि.वि.)* तुल्य, बराबर।
नाचरंग *(हि.पुं.)* आमोद, प्रमोद।
शैलश्रृंग *(सं.पुं.)* पर्वत का शिखर।
परिष्णंग *(सं.पुं.)* आलिंगन।
उत्संग *(सं.पुं.)* अंक, गोद, पहाड़ की चोटी, ऊपरी भाग, संगम, आलिंगन।
मातंग *(सं.पुं.)* हस्ती, हाथी।
निद्रभंग *(सं.पुं.)* नींद।
सारंग *(सं.पुं.)* हरिण, हाथी, कोयल, शिव, दीपक, बाण, मेघ, ज्योति, पृथ्वी, फूल, आभरण, केश, मोर, चितकबरा, मृग, बिजली, हल, मेढक, आकाश, नक्षत्र, कौवा, छप्पय, शोभा, भूमि, सारंगी नामक वाद्य यंत्र, *(वि.)* सुन्दर, सुहावना, रँगा हुआ।
शारंग *(सं.वि.)* चितकबरा।
प्रासंग *(सं.पुं.)* तराजू की डंडी।
मितिंग *(हि.पुं.)* हस्ती, हाथी।
सन्धिभंग *(सं.पुं.)* शरीर के किसी जोड़ का टूटना।
विभंग *(सं.पुं.)* विभाग, भ्रूभंग।
निरंग *(सं.वि.)* अंगहीन।
निरंग *(हि.वि.)* बिना रंग का, उदास, फीका।
फिरंग *(सं.पुं.)* यूरोप का एक देश।
बिरंग *(हि.वि.)* कई रंगों का।
बहिरंग *(सं.पुं.)* शरीर का बाहरी रंग, वह मनुष्य जो अपने मण्डल का न हो।
निवंग *(सं.पुं.)* तुणीर, तरकस।
निहंग *(हि.वि.)* अकेला, नंगा, निर्लज्ज।
बिहंग *(हि.पुं.)* पक्षी।
विहंग *(सं.पुं.)* पक्षी, चिड़िया, बाण, तीर।
स्थलविहंग *(सं.पुं.)* भूमि पर विचरने वाला पक्षी।
सुधंग *(हि.पुं.)* अच्छा, ढंग।
भुजंग *(हि.पुं.)* भुजंग, सर्प।
कुढंग *(हि.पुं.)* बुरा आचरण, कुचाल, *(वि.)* बेढंगा, भद्दा।
सुढंग *(हि.पुं.)* अच्छी रीति या ढंग।
फुनंग *(हि.स्त्री.)* वृक्ष की शाखा या अगला भाग, अंकुर।
कुरंग *(सं.पुं.)* हरिण, मृग, बरवै, छन्द, *(हि.पुं.)* अशुभ लक्षण, *(वि.)* बुरे रंग का।
तुरंग *(सं.पुं.)* घोड़ा, *(वि.)* शीघ्र चलने वाला।
चतुरंग *(सं.वि.)* चार अंग वाला *(वि.)* शतरंज का खेल।
सुरंग *(हि.स्त्री.)* भूमि या पहाड़ खोदकर बनाया हुआ मार्ग, सेंध।
भुवंग *(हि.पुं.)* देखो भुजंग, सर्प, साँप।
अनुवंग *(सं.पुं.)* संबंध, दया, पहिले वाक्य में से आगे के वाक्य में कुछ शब्द जोड़ा जाना।
कुसंग *(सं.पुं.)* कुत्सित संग।
दुःसंग *(सं.पुं.)* कुसंग।
सुसंग *(सं.पुं.)* उत्तम संगति।
कालाभुजंग *(हि.वि.)* अत्युत काले रंग का।
भ्रूमंग *(वि.)* भौंह चढ़ाना।
वैहंग *(सं.वि.)* पक्षी संबंधी।
छंदोभंग *(सं.पुं.)* छन्द रचना का एक दोष।

अगा

झगा, झगला *(हि.पुं.)* छोटे बच्चों के पहिनने का ढीला वस्त्र।
पगा *(हि.पुं.)* पटका, दुपट्टा।
बगा *(हि.पुं.)* जामा, बागा, *(पुं.)* बगला।
सगा *(हि.वि.)* एक ही माता से उत्पन्न, सहोदर, निकट के संबंध का।
लग्गा *(हि.पुं.)* लंबा बाँस।
जगजगा *(हि.वि.)* जगमगाता हुआ, चमकीला।
रतजगा *(हि.पुं.)* रात भर होने वाला, आनन्दोत्सव।
फतगा *(हि.पुं.)* देखो फतिगा।
पछलगा *(हि.पुं.)* अनुयायी।
त्रिवर्त्सगा *(सं.स्त्री.)* त्रिपथगा, गंगा।
पिछलगा *(हि.पुं.)* सेवक, आश्रित, अनुगामी, चेला।
महँगा *(हि.वि.)* अधिक मूल्य पर बिकनेवाला।

लहँगा *(हि.पुं.)* स्त्रियों का कमर के नीचे का भाग ढाँपने का घेरेदार पहनावा।
आमगा *(सं.स्त्री.)* नदी।
स्वरापगा *(सं.स्त्री.)* मन्दाकिनी, गंगा।
सुरापगा *(सं.स्त्री.)* गंगा नदी।
निम्नगा, निम्नदेश *(सं.स्त्री.)* सरिता, नदी।
नीचगा *(सं.स्त्री.)* निम्नबा, नदी।
टुनगा *(हि.पुं.)* डाल के आगे का भाग।
भुनगा *(हि.पुं.)* फतिगा, अति दुर्बल मनुष्य।
सुभगा *(सं.स्त्री.)* वह स्त्री जो पति की प्यारी हो।
दुर्गा *(सं.स्त्री.)* आदि शक्ति।
पुरगा *(हि.पुं.)* अनुचर, भेदिया, जासूस।

आगा

आगा *(हि.पुं.)* अग्रभाग सेना का अगला भाग।
तागा *(हि.पुं.)* सूत, डोर, धागा।
धागा *(हि.पुं.)* बटा हुआ सूत, तागा, डोरा।
नागा *(हि.पुं.)* शैव सम्प्रदाय के वे साधू जो वस्त्र नहीं पहनते, एकदम नंगे रहते हैं।
कच्चा तागा बिना बटा हुआ धागा।
निभागा *(हि.वि.)* अभाग, हतभाग्य।
बेनागा *(हि.कि.वि.)* निरन्तर।
दोहागा *(हि.वि.)* अभागा।
सोहागा *(हि.पुं.)* टंकण क्षार।
झाँगा *(हि.पुं.)* देखो झगा।
टाँगा *(हि.पुं.)* बड़ी कुल्हाड़ी, बैल या घोड़े से खींची जानेवाली एक प्रकार की दो पहियावाली गाड़ी।
ताँगा *(हि.पुं.)* देखो टाँगा।
नाँगा *(हि.वि.)* देखो नंगा।
राँगा *(हि.पुं.)* एक प्रसिद्ध धातु जो बहुत नरम होती है, इसका रंग सफेद होता है।
बाँगा *(हि.पुं.)* बिना ओटी हुई रूई, कपास।

इंगा

धिंगा *(हि.वि.)* उपद्रवी, निर्लज्ज।
फिंगा *(हि.पुं.)* एक प्रकार की चिड़िया।
सिंगा *(हि.पुं.)* तुरही।
पतिंगा *(हि.पुं.)* फतिंगा।
फतिंगा *(हि.पुं.)* एक प्रकार का उड़ने वाला कीड़ा।
फतिंगा *(सं.स्त्री.)* झींगुर, फतिंगा।
नरसिंगा *(हि.पुं.)* देखो परसिंघा।

उगा

बुग्गा *(हि.पुं.)* देखो लूगा, वस्त्र।
सुग्गा *(हि.पुं.)* शुक, तोता।

ऊगा

गूंगा *(हि.पुं.)* जो बोल न सके, मूक।
डूंगा *(हि.पुं.)* चम्मच, चमचा।
बूगा *(हि.पुं.)* भूसा।
मूँगा *(हि.पुं.)* विद्रूम, प्रवाल।
लूँगा *(हि.पुं.)* वस्त्र, कपड़ा।

ऐगा

ठेंगा *(हि.पुं.)* अँगूठा।
भेंगा *(हि.वि.)* जिसकी आँख की पुतली टेढ़ी रहती हो।
हेंगा *(हि.पुं.)* वह चौड़ा पाटा जिससे जुते हुए खेत की मिट्टी बराबर की जाती है।
दोगा *(हि.पुं.)* छपे हुए मोटे देसी कपड़े का ओढ़ना, पोतने के लिए पानी में घोला हुआ चूना।
जोगा *(हि.पुं.)* छोटा काँटा या मेल।
ओंगा *(हि.वि.)* मौन, गूँगा, चुपचाप।
खोंगा *(हि.पुं.)* अवरोध, रुकावट।
चोंगा *(हि.पुं.)* बाँस, कागज आदि की एक ओर बन्द तथा दूसरी ओर खुली हुई पोली नली।
टोंगा *(हि.पुं.)* देखो टाँगा।
ढोंगा *(हि.पुं.)* बड़ी नाव।
मोंगा *(हि.पुं.)* निर्बुद्धि, हिजड़ा।
पोंगा कम अक्ल।

अंगा

अंगा *(हि.पुं.)* अंगरखा, चपकन।
गंगा *(सं.स्त्री.)* भारतवर्ष की प्रसिद्ध नदी, भागीरथी, जाह्नवी, सुरनदी।
चंगा *(हि.वि.)* आरोग्य, स्वस्थ।
छंगा *(हि.वि.)* छह अँगुलियों वाला।
झंगा *(हि.पुं.)* देखो झगा।
दंगा *(हि.पुं.)* उपद्रव, झगड़ा।
नंगा *(हि.वि.)* नग्न, वस्त्रहीन, बिना ढपने का, दुष्ट, निर्लज्ज, पर्वत।
पंगा पैरों से लाचार, पंगु।
बंगा छोटी लकड़ी।
भंगा *(सं.स्त्री.)* भाँग।
रंगा *(सं.स्त्री.)* रँगा हुआ।
खगंगा *(सं.स्त्री.)* आकाशगंगा, मन्दाकिनी।
पंच्चगंगा *(सं.स्त्री.)* गंगा, यमुना, सरस्वती, कृष्णा और धूतपापा–इन पाँच नदियों का समूह।
आकाशगंगा *(सं.स्त्री.)* मन्दाकिनी, अनेक छोटे-छोटे तारों का मंडल जो आकाश में उत्तर से दक्षिण की ओर जाता हुआ सा है।
एकठंगा *(हि.वि.)* एक पैर का, लंगड़ा।
अड़ंगा *(हि.पुं.)* अवरोध, रुकावट।
पतंगा *(हि.पुं.)* फतिंगा, चिनगारी।
हुड़दंगा *(हि.पुं.)* उपद्रवी।
भिखमंगा *(हि.पुं.)* भिक्षुक, भिखारी।
पँचरंगा *(हि.वि.)* पाँच रंग का, रंग बिरंगा।

तरंगा *(हि.पुं.)* लहर।
सतरंगा *(हि.वि.)* जिसमें सात रंग हो।
अरँगा *(हि.पुं.)* छत पाटने की पत्थर या लकड़ी की पटिया।
पसंगा *(हि.पुं.)* वह भार जो तराजू के पल्लों का समभार करने के लिए उस पल्ले की ओर जोती में बाँध दिया जाता है जो पल्ला हल्का होता है, *(वि.)* बहुत कम या थोड़े परिमाण का।
सारंगा *(हि.स्त्री.)* एक प्रकार की छोटी नाव जो एक लकड़ी की बनी होती है।
इकंगा *(हि.वि.)* अकेला, निर्जन।
टेढ़ बिड़ंगा *(हि.वि.)* टेढ़ा मेढ़ा।
रंगबिरंगा *(हि.वि.)* कई रंगों का, तरह-तरह का।
झिलँगा *(हि.पुं.)* टूटी हुई खटिया का बाघ।
तिलंगा *(हि.पुं.)* अंग्रेजी सेना का देशी सिपाही, एक प्रकार की बड़ी कनकैया या पतंग।
पतंगा *(हि.पुं.)* काले रंग का मधुर स्वर बोलनेवाला एक प्रसिद्ध पक्षी।
धुड़ंगा *(हि.वि.)* वस्त्रहीन।
दुरंगा *(हि.वि.)* दो रंग का, दो तरह का।
बहुरंगा *(हि.वि.)* चित्र विचित्र, अनेक रंग का।
बेढंग *(हि.वि.)* कुरूप, भधा।
दोरंगा *(हि.वि.)* जिसमें दो रंग हो, दो रंग वाला दोनों ओर चलनेवाला।
चौरंगा *(हि.वि.)* चार रंग का।

आगि

बजागि *(हि.पुं.)* वज्र की आग, बिजली।
पेटागि *(हि.स्त्री.)* पेट की आग, भूख।
बजरागि *(हि.स्त्री.)* देखो बिजली।
लागि *(हि.अव्य.)* निमित्त, लिए, हेतु से, *(कि.वि.)* पर्यन्त, तक।
तेगि *(हि.कि.वि.)* शीघ्रता से, तुरंत।

अगी

ठगी *(हि.स्त्री.)* ठग का काम, धूर्तता।
नगी *(हि.स्त्री.)* रत्न, मणि, नगीना।
लग्गी *(हि.स्त्री.)* लंबा बांस।
रग्गी *(हि.स्त्री.)* अधिक वर्षों के बाद होनेवाली धूप।
खडगी *(हि.वि.)* तलवार लिये हुए।
दगदगी *(हि.स्त्री.)* भय, सन्देह।
मृगी *(सं.स्त्री.)* हिरनी, अपस्मार रोग।
स्वर्गी *(सं.वि.)* स्वर्गगामी।
संसर्गी *(सं.वि.)* सहचर, मित्र।
कलगी *(हि.स्त्री.)* मुकुट में लगाने का पर।
पिछलगी *(हि.स्त्री.)* अनुसरण।
बहँगी *(हि.स्त्री.)* तराजू के आकार का एक ढाँचा जिसके दोनों ओर के पलरों पर बोझ ले जाते हैं, काँवर।
महँगी *(हि.स्त्री.)* महँगी होने की अवस्था, अकाल, दुर्भिक्ष।
बानगी *(हि.स्त्री.)* किसी माल का वह अंश जो ग्राहक को दिखलाने के लिए दिया जाता है।
सामगी *(हि.पुं.)* तोप या बन्दूक का पलीता।
लभालगी *(हि.स्त्री.)* जाग, सम्बन्ध, मेल।
मिरगी *(हि.स्त्री.)* अपस्मार रोग जिसमें रोगी मूर्च्छित होकर गिर पड़ता है।
टुनगी *(हि.स्त्री.)* टहनी का अगला भाग जिसकी पत्तियाँ छोटी होती हैं।
फुनगी *(हि.स्त्री.)* वृक्ष या वृक्ष की शाखाओं का अग्रभाग।
सुरगी *(हि.पुं.)* देखो स्वर्गीय, देवता।
पैलगी *(हि.स्त्री.)* पालागन, प्रणाम।
वैदगी *(हि.स्त्री.)* वैद्य की विद्या या व्यवसाय।
एकअंगी *(हि.वि.)* एक अंगवाला।
नवरंगी *(हि.वि.)* प्रतिदिन नया आनन्द लेने वाला।
सारंगी *(सं.स्त्री.)* सारंगी नामक बाजा।

आगी

आगी *(हि.स्त्री.)* अग्नि, आग।
भागी *(हि.पुं.)* अधिकारी, अंशधारी।
रागी *(हि.स्त्री.)* अनुरक्त, अनुरागी, प्रेमी।
आँगी *(हि.स्त्री.)* अंगिका, अँगिया।
जाँगी *(हि.पुं.)* नगाड़ा।
टाँगी *(हि.स्त्री.)* छोटा गँडासा, कुल्हाड़ी।
बागी *(हि.पुं.)* चोरों का भेदिया, जासूस, चोरों का सरदार।
साँगी *(हि.स्त्री.)* बरछी।
अभागी (हि. वि. स्त्री.) जिसका भाग्य बुरा हो, भाग्यहीन।
बड़भागी *(हि.वि.)* भाग्यवान।
मन्छभागी *(सं.वि.)* हतभाग्य, अभाग्य।
फलभागी *(हि.पुं.)* फल का भोग करनेवाला।
त्यागी *(सं.वि.)* सांसारिक सुख को छोड़नेवाला, रिक्त, शूर।
स्वार्थत्यागी *(सं.वि.)* दूसरे के भले के लिए अपने हित को निछावर कर देनेवाला।
स्थायी *(सं.पुं.)* अनुकरण करनेवाला, बहुरूपिया।
महाभागी *(हि.वि.)* बड़ा भाग्यवान।
विभागी *(हि.पुं.)* विभाग करनेवाला।
विरागी *(हि.वि.)* विरक्त, संसार त्यागी।
दुर्भागी *(सं.वि.)* मन्दभाग्य, अभागा।
सुभागी *(हि.वि.)* भाग्यवान, भाग्यशाली।
बैरागी *(हि.पुं.)* विरक्त, उदासीन।
वैरागी *(हि.पुं.)* वैष्णव मत के साधुओं का एक भेद।
सोहागी *(हि.स्त्री.)* वह छड़ी जिसके किनारे पर लोहा लगा रहता है।

इगी

इगी *(सं.स्त्री.)* वाणी, बोलने की शक्ति।
डिग्गी *(हि.स्त्री.)* तालाब, पोखरी।
मिगी *(हि.स्त्री.)* देखो मींगी।
सिंगी *(हि.पुं.)* सींग का बना हुआ, फूँककर बजाने का बाजा।
धिंगाधिंगी *(हि.स्त्री.)* उपद्रव।

ईगी

मींगी *(हि.स्त्री.)* गूदा, गिरी।
सींगी *(हि.स्त्री.)* हरिन के सींग का बना हुआ बाजा, वह पाली सींग जिसके द्वारा दूषित रक्त को चूसकर निकाला जाता है।

उगी

चुंगी *(हि.स्त्री.)* नगर के भीतर आने वाली सामग्री पर का कर।
लुंगी *(हि.स्त्री.)* कमर में लपेटने का छोटा टुकड़ा।
पुगी *(सं.पुं.)* सुपारी।
डुग्गी *(हि.स्त्री.)* देखो डुगडुगी।
डुगडुगी *(हि.स्त्री.)* डुग्गी, डम्पल।
दुगदुगी *(हि.स्त्री.)* धुकधुकी, गले में पहिनने का एक गहना।
धुगधुगी *(हि.स्त्री.)* देखो धुकधुकी।
सत्ययुगी *(हि.वि.)* सच्चरित्र, अति प्राचीन।
चौजुगी *(हि.स्त्री.)* चार युगों वाला।

ऐगी

थेंगी *(हि.स्त्री.)* चमड़े की गोल छेद की हुई चकती जो गाड़ी के घूरे पर पहनाई जाती है।
नेगी *(हि.पुं.)* नेग पाने वाला।
हेंगी *(हि.स्त्री.)* छोटा हेंगा।

ओगी

जोगी *(हि.पुं.)* योग करनेवाला, योगी।
भोगी *(सं.पुं.)* सर्प, *(वि.)* इन्द्रियों का सुख चाहनेवाला।
योगी *(सं.पुं.)* आत्मज्ञानी।
योगीन्द्र *(सं.पुं.)* योगीश्वर।
सोगी *(हि.पुं.)* चिन्ता, दुःख, पश्चाताप।
डोगी *(हि.स्त्री.)* छोटी नाव।
पोंगी *(हि.स्त्री.)* छोटी पोली नली।
वेतनभोगी *(सं.वि.)* वेतन पर काम करनेवाला।
सर्वभोगी *(हि.वि.)* सबका आनन्द लेनेवाला, सब कुछ खानेवाला।
दीर्घरोगी *(सं.वि.)* बहुत दिनों का रोगी।
प्रयोगी *(सं.वि.)* प्रयोग करनेवाला।
उपयोगी *(सं.वि.)* योग्य, अनुकूल, उपकारी, लाभकारी।
निरुपयोगी *(सं.वि.)* निरर्थक, व्यर्थ।
सहयोगी *(सं.वि.)* सहायक, साथ में काम करनेवाला।
बियोगी *(हि.वि.)* देखो वियोग, वियोगी।
नियोगी *(सं.वि.)* जो नियुक्त किया गया हो।
वियोगी (हि. पुं. वि.) बिरही पुरुष
निरोग, निरोगी *(हि.वि.)* रोग रहित।
अभियोगी *(सं.पुं.)* अभियोगकर्ता, आक्रमण करनेवाला, आग्रही।
प्रतियोगी *(हि.वि.)* विरोधी, बैरी।
अप्रतियोगी *(सं.वि.)* अनुपम, अनोखा, जिसका कोई शत्रु न हो।
नेंगीजोगी *(हि.पुं.)* नेग पानेवाला।
निस्योगी *(सं.वि.)* जो कोई उद्योग नहीं करता हो।
संयोगी *(हि.वि.)* संयोग करनेवाला, मिलानेवाला।

अंगी

अंगी *(सं.वि.)* शरीरधारी।
भंगी *(हि.वि.)* नष्ट होनवाला, *(पुं.)* एक अस्पृश्य जाति जिसका काम मलमूत्र आदि उठाना है।
भंगी *(सं.पुं.)* नष्ट करनेवाला।
रंगी *(हि.वि.)* आनन्दी।
षडंगी *(हि.वि.)* छह अंगवाला।
अनांगी *(हि.वि.)* बिना शरीर का।
भृंगी *(सं.स्त्री.)* भौंरी, भाँग।
तरंगी *(सं.वि.)* तरंगयुक्त, मनमौजी।
स्वरभंगी *(हि.पुं.)* जिसका गला बैठ गया हो।
नारंगी *(हि.स्त्री.)* नीबू की जाति का एक वृक्ष जिसमें मीठे रसदार सुगंधित फल लगते हैं, नारंगी के छिलके के समान पीलापन लिए हुए लाल रंग *(वि.)* ऐसे रंग का।
सारंगी *(हि.स्त्री.)* एक प्रकार का प्रसिद्ध बाजा।
फिरंगी *(हि.वि.)* फिरंग देश का रहनेवाला, गोरा।
बिलंगी *(हि.स्त्री.)* अलगनी, अरगनी।
पिशंगी *(हि.वि.)* पीला।
कुढंगी *(हि.वि.)* कुमार्गी।
कुरंगी *(सं.स्त्री.)* हिरनी।
बहुरंगी *(हि.वि.)* अनेक प्रकार के रूप धारण करनेवाला, बहुरूपिया।
नौरंगी *(हि.स्त्री.)* देखो नारंगी।
स्थगु *(सं.पुं.)* पीठ पर का कूबड़।
द्विगु *(हि.पुं.)* जिसके पास दो गाय हो, वह कर्मधारय समास जिसका पूर्वपद हो।
पंगु *(सं.वि.)* खंज, लँगड़ा।
क्षणभंगु *(हि.वि.)* क्षणभर में नष्ट होनेवाला।
गू *(हि.स्त्री.)* विष्ठा, मल।
भग्गू, भग्गूल *(हि.वि.)* जो विपत्ति देखकर भागता हो, युद्ध क्षेत्र से भागा हुआ, कायर।
पिछलग्गू *(हि.वि.)* देखा पिछलगा।
तवलगू *(हि.स्त्री.)* तैलंग देश की भाषा।
गुटरंगू *(हि.स्त्री.)* कबूतर की बोली।
आगू *(हि.कि.वि.)* आगे, आगे की ओर।
जोगू *(सं.वि.)* स्तुति करनेवाला।

अयोगू *(सं.वि.)* लोहे का काम करने वाला, लोहार।
लागे *(हि.अव्य.)* वास्ते, लिए।
गो *(सं.पुं.)* गाय, पृथ्वी, जल, स्वर्ग, सूर्य, आँख, बाण, दिशा, किरण, इन्द्रिय, घोड़ा, आकाश, बिजली, जीभ, बैल, वज्र।
वन गो *(सं.स्त्री.)* नील गाय।
गै *(सं.स्त्री.)* गाय, गैया।

घ-हिन्दी वर्णमाला में से क वर्ग का चतुर्थ वर्ण, इसका उच्चारण स्थान कण्ठ है।

घ *(सं.पुं.)* घण्टा, घघर शब्द, वर्ष, साल।
अघ *(सं.पुं.)* अधर्म, पाप, दुःख।
पंकघ *(सं.पुं.)* दल, सभा, समास।
अनघ *(सं.वि.)* पापशून्य, निर्मल, शुद्ध।
पुरुष मघ *(सं.पुं.)* नर बलि।
अर्घ *(सं.पुं.)* जलदान, भेंट, हाथ धोने के लिए जल देना।
अनर्घ *(सं.वि.)* बहुमूल्य, *(पुं.)* कम मूल्य का।
समर्घ *(सं.वि.)* कम मूल्य का, सस्ता।
अरघ *(हि.पुं.)* देखो अर्घ।
दीरघ *(हि.वि.)* देखो दीर्घ।
अघोरघ *(हि.कि.वि.)* ऊपर नीचे।
घाघ *(हि.पुं.)* अति चतुर मनुष्य।
दाघ *(सं.पुं.)* दाह, जलन, उष्णता।
माघ *(सं.पुं.)* पौष के बाद तथा फाल्गुन के पहिले का चन्द्रमास।
बाघ *(हि.पुं.)* सिंह, शेर।
जाँघ *(हि.स्त्री.)* ऊरू, जंघा।
निदाघ *(सं.पुं.)* ग्रीष्म काल, घाम, धूप।
नेदाघ *(सं.वि.)* ग्रीष्म, संबंधी।
इघ (हि. कि वि.) इस ओर।
ढ़िघ *(हि.कि.वि.)* समीप, निकट, *(स्त्री.)* तट, किनारा।
अतिघ *(सं.पुं.)* शस्त्र, अस्त्र, क्रोध।
निष्प्रतिघ *(सं.वि.)* जिसमें कोई रुकावट न हो।
पलिघ *(हि.पुं.)* गोशाला, फाटक, अर्गला, अगरी।
सिंघ *(हि.पुं.)* सिंह।
नरसिंघ *(हि.पुं.)* देखो नरसिंह।
दीर्घ *(सं.वि.)* आयत, लंबा, बड़ा।
नातिदीर्घ *(सं.वि.)* जो अधिक लंबा न हो।
सुदीर्घ *(सं.वि.)* बहुत लंबा।
मेघ *(सं.पुं.)* पर्जन्य, बादल।
अमेघ *(सं.वि.)* मेघ, रहित।
निर्मेघ *(सं.वि.)* बिना बादल का।
महामेघ *(सं.पुं.)* काली घटा।
बोघ *(सं.वि.)* निरर्थक, निष्फल, हीन।
मोघ *(हि.वि.)* मूर्ख, हतबुद्धि।
अमोघ *(सं.वि.)* अव्यर्थ, सफल।
औंघ *(हि.स्त्री.)* औंघाई, झपकी।
बिजंघ *(हि.वि.)* बिना जाँघ का।
प्रसंघ *(सं.पुं.)* भारी, संग।
लकड़बग्घा *(हि.पुं.)* एक जंगली मांसाहारी पशु जो भेड़िये से कुछ बड़ा होता है, लग्घड़।
अर्घा *(हि.पुं.)* अर्घ देने का पात्र, जलधरी।
अरघा *(हि.पुं.)* अर्घ देने का पात्र।
करघा *(हि.पुं.)* देखो कर्घा।
श्लाघा *(सं.स्त्री.)* प्रशंसा, स्तुति, बड़ाई।
रणसिंघा *(हि.पुं.)* नरसिंघा, तुरही।
नरसिंघा *(हि.पुं.)* मुख से फूँककर बजाया जानेवाला एक बाजा।
बारहसिंघा *(हि.पुं.)* हरिन की जाति का एक चौपाया जिसकी सींग में कई एक शाखा निकली रहती है।
बीघा *(हि.पुं.)* खेत नापने का वह वर्गमान जो बीस बिस्वे का होता है।
मेघा *(हि.पुं.)* मण्डूक, मेढक।
घोंघा *(हि.पुं.)* शंख के आकार का एक कीड़ा जो जलाशयों में पाया जाता है।
धोंघा *(हि.पुं.)* पिण्ड, लोंदा, भधा।
कंघा *(हि.पुं.)* बाल झारने की बड़ी कंघी।
जंघा *(सं.स्त्री.)* ऊरू, जाँघ पिंडकी।
संघा *(हि.पुं.)* भेदिया।
घी *(हि.पुं.)* धृत, तपाया हुआ मक्खन।
अघी *(हि.वि.)* कुकर्मी, पापी।
बग्घी *(हि.स्त्री.)* पालकी के आकार की चौपहिया गाड़ी।
लग्घी, लग्घा *(हि.)* देखो लग्घा, लग्घी।
माघी *(सं.स्त्री.)* माघ, मास की पूर्णिमा।
घिग्घी *(हि.स्त्री.)* रोते-रोते साँस लेने में रुकावट होना, हिचकी।
घुग्घी *(हि.स्त्री.)* तिकोना, लपेटा हुआ कम्बल जिसको किसान लोग जाड़े से बचने के लिए सिर से ओढ़ते हैं, घोंघी।
कंघी *(हि.स्त्री.)* छोटा कंघा, जुलाहे का एक यन्त्र।
विलंघी *(सं.वि.)* नियम का उल्लंघन करनेवाला।
रघु *(सं.पुं.)* सूर्यवंशीय राजा दिलीप के पुत्र जो श्री राम के प्रपितामह थे।
लघु *(सं.पुं.)* व्याकरण में वह स्वर जो एक ही मात्रा का होता है यथा–अ, इ, उ, ण, ओ आदि *(वि.)* हलका, छोटा।
जुग्घु, घुघुआ *(हि.पुं.)* उल्लू, घुग्घु।
घूंघूं *(हि.पुं.)* देखो घुग्घु।

ङ–व्यंजन का पाँचवाँ तथा कवर्ग का अन्तिम वर्ण, इसका उच्चारण कण्ठ और नासिका से होता है।

अड़ *(हि.स्त्री.)* हठ, टेक।
खड़ *(सं.पुं.)* तृण, खर, कतवार।
छड़ *(हि.स्त्री.)* धातु या लकड़ी का लंबा पतला टुकड़ा या गज।
जड़ *(सं.वि.)* अचेतन, चेष्टाहीन, मन्दबुद्धि, गहरा, सरदी से ठिठुरा हुआ, *(हि.पुं.)* कारण, हेतु, आधार, वृक्ष का वह भाग जो भूमि के भीतर रहता है, नीच।
तड़ *(हि.पुं.)* स्थल थप्पड़ आदि मारने या किसी वस्तु के पटकने से उत्पन्न शब्द।
धड़ *(हि.पुं.)* शरीर का निचला मोटा भाग, कमर के ऊपर का भाग, वृक्ष का जड़ से ऊपर का भाग, तना, *(स्त्री.)* किसी वस्तु के वेग से भूमि पर गिरने का शब्द।
फड़ *(हि.स्त्री.)* पक्ष, दल, जुए का अड्डा, वह स्थान जहाँ दुकानदार बैठकर माल लेता या बेचता है, लकड़ी का मोटा चिरा हुआ बल्ला।
बड़ *(हि.स्त्री.)* प्रलाप, बकवाद, *(पुं.)* बरगद का वृक्ष, *(वि.)* बड़ा, *(क्रि.वि.)* बढ़कर।
लड़ *(हि.स्त्री.)* पंक्ति, माला, रस्सी का एक तार।
अकड़ *(हि.स्त्री.)* ऐंठन, मरोड़।
पकड़ *(हि.स्त्री.)* पकड़ने का ढंग, भिड़ंत, लड़ाई, दोष या भूल, ढूँढ़कर निकालने की क्रिया।
जकड़ *(हि.स्त्री.)* जकड़ने का भाव।
जखड़ *(हि.वि.)* अशिष्ट, असभ्य।
दगड़ *(हि.पुं.)* बड़ा ढोल, जो लड़ाई के मैदान में बजाया जाता है।
भगड़ *(हि.वि.)* वह जो काम पड़ने पर भाग जाता हो, कायर।
रगड़ *(हि.स्त्री.)* घर्षण, रगड़ने से।
अजड़ *(सं.वि.)* सजीव वस्तु, चेतन व्यक्ति।
चपड़ *(हि.वि.)* धूर्त, चतुर।
अधड़ *(हि.पुं.)* तीव्र वायु, अंधड़, *(वि.)* झक्की।
अक्खड़ *(हि.वि.)* हठी, उद्धत, मूर्ख, स्पष्ट वक्ता।
धग्गड़ *(हि.पुं.)* देखो धगड़।
लग्घड़ *(हि.पुं.)* श्यन पक्षी, बाज, लकड़बग्घा।
धड़धड़ *(हि.पुं.)* घड़घराहट, बादल गरजने या गाड़ी चलने का शब्द।
लक्कड़ *(हि.पुं.)* काठ का बड़ा कुन्दा।
कथक्कड़ *(हि.पुं.)* किस्से, कहानी कहनेवाला।
कड़कड़ *(हि.पुं.)* दो वस्तुओं के परस्पर टकराने का शब्द, कठोर शब्द।
कचकड़ *(हि.पुं.)* कछुवे की खोपड़ी।
धरपकड़ अपराधियों को पकड़ने का काम।
लमझड़ *(हि.वि.)* लंबा और पतला।
धड़धड़ *(हि.स्त्री.)* किसी भारी वस्तु के चलने से उत्पन्न तीव्र शब्द, *(क्रि.वि.)* बेधड़क, बिना रुकावट के।
लद्धड़ *(हि.वि.)* आलसी।
चप्पड़ *(हि.पुं.)* देखो चिप्पड़।
झप्पड़ *(हि.पुं.)* झापड़, थप्पड़।
चपड़चपड़ *(हि.स्त्री.)* जीभ से चट-चट करने का शब्द।
लड़बड़ *(हि.स्त्री.)* खटपट, उत्तेजना।
गड़बड़ *(हि.स्त्री.)* बादल गरजने या गाड़ी के चलने का शब्द।
गड़बड़ *(हि.स्त्री.)* ऊँचा, नीचा, आपत्ति, उपद्रव, दंगा, *(पुं.)* अव्यवस्था।
बड़बड़ *(हि.स्त्री.)* बकवाद।
बड़हड़बड़ *(हि.स्त्री.)* उतावलापन, आतुरता।
भड़भड़ *(हि.स्त्री.)* आघात से उत्पन्न शब्द, भीड़भाड़, व्यर्थ की अधिक वार्ता।
खब्भड़ *(हि.वि.)* रूखा, जीर्ण।
भम्भड़ *(हि.स्त्री.)* जनसमुदाय।
खल्लड़ *(हि.पुं.)* वह पुरुष जिसकी खाल लटक गई हो।
चुक्कड़ *(हि.पुं.)* मिट्टी का छोटा पात्र।
नुक्कड़ *(हि.पुं.)* नोक, अन्त, छोर।
भुलक्कड़ *(हि.वि.)* भूलने के स्वभाव वाला।
भुक्खड़ *(हि.वि.)* भूखा, कंगाल, दरिद्र।
भुच्चड़ *(हि.वि.)* मूर्ख।
कुल्हड़ *(हि.पुं.)* पुरवा, चुक्कड़।
टिक्कड़ *(हि.पुं.)* मोटी रोटी।
खिच्चड़ *(हि.पुं.)* देखो खिचड़ी।
चींचपड़ *(हि.स्त्री.)* किसी बड़े के विरोध में कुछ करना या कहना।
पेवक्कड़ *(हि.पुं.)* देखो पियक्कड़।
दोहत्थड़ *(हि.स्त्री.)* वह थप्पड़ जो दोनों हाथों से मारा जाए।
पाकड़ *(हि.पुं.)* देखो पाकर।
झागड़ *(हि.पुं.)* झगड़ा।
भागड़ *(हि.स्त्री.)* भगदड़।
कादड़ *(हि.वि.)* डरपोक, *(पुं.)* गीदड़, सियार।
कापड़ *(हि.पुं.)* देखो कपड़ा।
चापड़ *(हि.वि.)* समतल, बराबर।
झापड़ *(हि.पुं.)* थप्पड़, तमाचा।
टापड़ *(हि.स्त्री.)* ऊपर मैदान।
पापड़ *(हि.पुं.)* उर्द अथवा मूँग की धुली हुई बिना छिलके की दाल के आटे से बनाई हुई मसालेदार महीन पापड़ी, *(वि.)* पतला, सूखा।
झमड़ *(हि.पुं.)* निरर्थक, प्रपंच।
थावड़ *(हि.वि.)* मूर्ख, आलसी।
राँकड़ *(हि.स्त्री.)* कंकरीली भूमि जिसमें बहुत कम अन्न उत्पन्न होता है।
साँकड़ *(हि.पुं.)* शृंखला, सीकर।

बागड़ *(हि.वि.)* मूर्ख।
झड़ाझड़ *(हि.क्रि.वि.)* अविरल, लगातार।
तड़ातड़ *(हि.क्रि.वि.)* तड़ तड़ शब्द करते हुए।
धड़ाधड़ *(हि.क्रि.वि.)* धड़धड़ शब्द के साथ, बिना रुकावट के।
घड़ाबन्दा *(हि.स्त्री.)* घड़ा बाँधने का काम।
पड़ापड़ *(हि.क्रि.वि.)* देखो पटापट।
ऊबड़खाबड़ *(हि.वि.)* ऊँचा नीचा, असमतल।
चमगादड़ *(हि.पुं.)* एक उड़नेवाला जन्तु जिसकी बनावट चूहे के समान होती है, इसको कान होते हैं और यह बच्चा देता है, इसका पर झिल्ली का बना होता है।
बिजड़ *(हि.स्त्री.)* खड्ग, तलवार।
निगड़ *(सं.पुं.)* हाथी के पैर में बाँधने की लोहे की सिंकड़ी।
सिक्कड़ *(हि.पुं.)* देखो सिकड़।
ढटिंगड़ *(हि.वि.)* बड़े डील-डोल का।
चिप्पड़ *(हि.पुं.)* किसी पदार्थ का छोटा चिपटा टुकड़ा, पपड़ी।
चिल्लड़ *(हि.पुं.)* जूँ की तरह का, एक सफेद कीड़ा।
ढिल्लड़ *(हि.क्रि.)* मट्ठर, आलसी।
कीचड़ *(हि.पुं.)* कर्दम, पंक, आँख की मल।
लीचड़ *(हि.वि.)* जल्दी से न छोड़ने वाला।
गीदड़ *(हि.पुं.)* शृंगाल, सियार, *(वि.)* भीरू, डरपोक।
चीमड़ *(हि.वि.)* चिमड़ा, लचीला।
बीहड़ *(हि.वि.)* विषम, ऊँचा नीचा, विकट।
धतींगड़ *(हि.पुं.)* मोटा मनुष्य।
सुघड़ *(हि.वि.)* प्रवीण, निपुण, कुशल।
सुभड़ *(हि.पुं.)* शूर, वीर।
उमड़ *(हि.स्त्री.)* चढ़ाव, उठान, उभाड़, धावा, बढ़ाव, बाढ़, घिराव।
घुमड़ *(हि.स्त्री.)* बरसने वाली बदली का घेरना।
मुरड़ *(हि.पुं.)* अभिमान, अहंकार।
सुहड़ *(हि.पुं.)* सुभट, शूर, वीर।
तुक्कड़ *(हि.पुं.)* वह जो भद्दी कविता बनाता हो।
दुक्कड़ *(हि.पुं.)* एक प्रकार का बाजा जो तबले की तरह का होता है, दो नावों का बेड़ा जो एक में एक जुड़ी होती है।
धुकड़पुकड़ *(हि.पुं.)* व्यग्रता, घबराहट।
हुल्लड़ *(हि.पुं.)* उपद्रव, ऊधम।
ऊजड़ *(हि.वि.)* जनशून्य, न बसा हुआ।
चूतड़, चूतर *(हि.पुं.)* कमर के बीच तथा जाँघ के ऊपर का माँसल भाग, नितम्ब।
गूदड़ *(हि.स्त्री.)* पुरानी रूई जो एक बार कपड़े आदि में भरी जा चुकी हो।
कूबड़ *(हि.पुं.)* पीठ का टेड़ापन।
झूमड़ *(हि.पुं.)* देखो झूमर।
चूहड़, चूहड़ा *(हि.पुं.)* श्वपच, भंगी, मेहतर।
फूहड़, फूहर *(हि.वि.)* कुरूप और भद्दा
हेकड़ *(हि.वि.)* उजड्ड, अक्खड़।
बहड़ *(हि.वि.)* देखो बीहड़।
चौकड़ *(हि.वि.)* उत्तम, बढ़िया, अच्छा।
धोकड़ *(हि.वि.)* हट्टा-कट्टा।
रोकड़ *(हि.स्त्री.)* नगद, रुपया पैसा।
कच्ची रोकड़ *(हि.स्त्री.)* प्रतिदिन के आय व्यय लिखने की बही जिसमें ऐसा हिसाब लिखा जाता है जो पूर्ण रूप से स्थिर न हो।
औघड़ *(हि.वि.)* फूहड़, अनाड़ी, उलटा-पुलटा।
चौंझाड़ *(हि.पुं.)* दाढ़ का चौड़ा दाँत जो चिपटा होता है।
चौधड़ *(हि.स्त्री.)* प्रहार, धक्का, (हि. वि) झटके के साथ, उछलकर।
चौपड़ *(हि.स्त्री.)* चौसर का खेल।
नौहड़ *(हि.पुं.)* मिट्टी की नई हाँड़ी, कोरी हँड़िया।
कंकड़ *(हि.पुं.)* मिट्टी चूने के योग से बने हुए रोड़े जिनको फूँककर चूना बनता है, किसी वस्तु का पिसने योग्य छोटा टुकड़ा, पीने की सूखी तमाखू।
कंगड़ *(हि.पुं.)* लोहे का चक्र जिसको अकाली सिर पर बाँधते हैं, कंकण।
खंगड़ *(हि.वि.)* झगड़ालू, गँवार, *(पुं.)* कूड़ा करकट।
भंगड़ *(हि.वि.)* बहुत भाँग पीने वाला।
खंगड़ *(हि.पुं.)* टूटा-फूटा गिरा-पड़ा हुआ अंश।
मुसंगड़ *(हि.वि.)* मोटा और भद्दा।
पच्चड़, पच्चर *(हि.स्त्री.)* लकड़ी या बाँस की पट्टी।
कंजड़, कंजड़ा *(हि.पुं.)* एक घूमने वाली जाति, डरपोक मनुष्य, भड़वा।
उज्जड़ *(हि.वि.)* नितान्त मूढ़।
अन्धड़ *(हि.पुं.)* धूलिपूर्ण तीव्र वायु, आँधी।
आड़ *(हि.स्त्री.)* परदा, रोक, रक्षा, अडान, थूनी।
गाड़ *(हि.स्त्री.)* गड्ढा।
चाड़ *(हि.स्त्री.)* तीव्र अभिलाषा, प्रेम, चाहत।
झाड़ *(हि.पुं.)* छोटा वृक्ष जिसकी डालियाँ भूमि के बहुत पास से निकलकर चारों ओर फैली रहती हैं, प्रकाश करने का काँच का झाड़ जो छत में से लटकाया जाता है, गुच्छा, लच्छा, झाड़ने की क्रिया, डाट डपट, फटकार।
ढाड़ *(हि.स्त्री.)* चिल्लाहट, गरज, चिंग्घाड़।
ताड़ *(हि.पुं.)* ताड़न, प्रहार, आघात।
नाड़ *(हि.स्त्री.)* ग्रीवा, गरदन।
पाड़ *(हि.पुं.)* धोती, साड़ी आदि का किनारा।
बाड़ *(हि.स्त्री.)* बाढ, धार।
भाड़ *(हि.पुं.)* भड़भुँजों की भट्टी।
लाड़ *(हि.पुं.)* बच्चों का प्यार या दुलार।
हाड़ *(हि.पुं.)* अस्थि, हड्डी।
खाँड़ *(हि.स्त्री.)* कच्ची शक्कर।

चाँड़ *(हि.स्त्री.)* भार सभाँलने की थूनी, टेक, व्याकुलता, संकट, दबाव, प्रबल, इच्छा, अधिकता।

टाँड़ *(हि.स्त्री.)* सामग्री रखने की पाटन, स्त्रियों का बाँह में पहनने का एक आभूषण, ढेर, राशि।

डाँड़ *(हि.पुं.)* डंडा, भीटा, टीला, सीमा, अर्थदंड, बाँस, नाव खेने का पटरा लगा हुआ डंडा।

फाँड़, फाँड़ा *(हि.पुं.)* धोती या दुपट्टे का वह भाग जो कमर में बँधा रहता है।

बाँड़ *(हि.पुं.)* दो नदियों के संगम के बीच की भूमि।

भाँड़ *(हि.पुं.)* मसखरा, ठिठोलिया, विदूषक।

माँड़ *(हि.पुं.)* पकाए हुए चावल से निकला हुआ पानी।

राँड़ (हि. वि. स्त्री.) विधवा स्त्री।

साँड़ *(हि.पुं.)* वह घोड़ा या बैल जो बधिया नहीं किया जाता है, वृषभ, *(वि.)* बलिष्ठ।

अगाड़ *(हि.पुं.)* आगे का भाग।

अड़ाड़ *(हि.पुं.)* पशुओं को बाँधने का बाड़ा, ढेर, राशि।

मड़ाड़ *(हि.पुं.)* कच्चा तालाब, कुएँ आदि का गड्ढा जो भीति के गिरने से बन गया हो।

पछाड़ *(हि.स्त्री.)* मूर्च्छित होकर गिरना।

लथाड़ *(हि.वि.)* भूमि पर पटककर घसीटने की क्रिया, चपेट, हानि।

कबाड़ *(हि.पुं.)* कूड़ा करकट।

दहाड़ *(हि.स्त्री.)* चिल्लाहट।

दहाड़ना *(हि.वि.)* गुर्राना, गरजना।

पहाड़ *(हि.पुं.)* पर्वत, गिरि, किसी वस्तु का भारी ढेर, दुःसाध्य अथवा अति क्लिष्ट कार्य, बहुत बड़े भार की वस्तु।

बिगाड़ *(हि.पुं.)* वैमनस्य, लड़ाई झगड़ा, बुराई।

किवाड़ *(हि.पुं.)* कपाट, द्वार का पल्ला।

लिक्खाड़ *(हि.पुं.)* बहुत लिखनेवाला, बड़ा भारी लेखक।

खिलवाड़ *(हि.पुं.)* हँसी खेल, ठट्ठा।

उखाड़ *(हि.पुं.)* उखाड़ने का काम, छिन्न भिन्न करना, अलग करना, भगाना, हटाना, नष्ट करना, भड़काना, असन्तुष्ट करना।

उजाड़ *(हि.वि.)* निर्जन, जंगली, *(पुं.)* उजड़ा हुआ स्थान।

उभाड़ *(हि.कि.)* उठान, ऊँचाई, वृद्धि।

उभाड़ना *(हि.पुं.)* उत्तेजित करना, उकसाना, बहकाना।

केवाड़ *(हि.पुं.)* किवाड़, कपाट।

खेलवाड़ *(हि.पुं.)* हँसी, खेलकूद।

बौछाड़ *(हि.स्त्री.)* वायु के झोंके से तिरछी आती हुई पानी की बूँदों का समूह, पास, ताना।

झंझाड़ *(हि.पुं.)* बहुत निकृष्ट वस्तुओं का ढेर।

झाड़झंखाड़ *(हि.पुं.)* व्यर्थ की वस्तुओं का समूह।

भिड़ *(सं.स्त्री.)* बर्रे, ततैया।

सिड़ *(हि.स्त्री.)* उन्माद, पागलपन।

निबिड़ *(हि.वि.)* बँधा हुआ।

निविड़ *(सं.वि.)* गहरा, घना।

गोंइड़ *(हि.पुं.)* गाँव की बस्ती के आसपास की भूमि, गाँव की सीमा।

नीड़ *(सं.पुं.)* पक्षियों के रहने का स्थान।

बीड़ *(हि.स्त्री.)* एक के ऊपर एक रखे हुए रुपयों की गड्डी।

भीड़ *(हि.स्त्री.)* जमघट, जनसमूह, संकट।

सीड़ *(हि.स्त्री.)* सील, तरी, नमी।

उड़ *(हि.पुं.)* तारा।

गुड़ *(हि.पुं.)* कड़ाहे में उबालकर गाढ़ा किया हुआ तथा जमाया हुआ गन्ने का रस।

लगुड़ *(सं.पुं.)* दंड, डंडा, लाठी।

गुड़गुड़ *(हि.पुं.)* जल में नली आदि द्वारा वायु प्रवेश होने का शब्द।

गारूड़ *(सं.पुं.)* सर्प का विष उतारने का मंत्र।

सेंहुड़ *(हि.पुं.)* थूहर।

कुँड़ *(हि.पुं.)* हल चलाने से पड़ने वाली खेत की गहरी लकीर।

कुड़कुड़ *(हि.पुं.)* अव्यक्त शब्द।

कनऊड़ *(हि.वि.)* कनौड़ा, काना, कृतज्ञ,।

अरूनचूड़ *(हि.पुं.)* कुक्कुट, मुर्गा।

मूड़ *(हि.स्त्री.)* बालू मिली हुई मिट्टी।

हूड़ *(हि.वि.)* असावधान, उज्ड्ड।

कूंड *(हि.पुं.)* युद्ध में पहिनने की टोपी, पानी भरने का लोहे या मिट्टी का गगरा, पात्र, कठौता, मोमबत्ती जलाने की घड़े के आकार की काँच की बड़ी हाँड़ी।

टूँड़ *(हि.पुं.)* नुकीला अवयव, सींग।

मूँड़ *(हि.पुं.)* कपाल, सिर।

सूँड़ *(हि.पुं.)* हाथी की नाक जो बहुत ही लंबी होती है, और भूमि तक लटकती रहती है, शुंडादंड, शुंड।

भसूँड़ *(हि.पुं.)* हाथी की सूँड़।

छेड़ *(हि.स्त्री.)* चिड़ाने वाली बात, विरोध, आपस का झगड़ा।

टेड़ *(हि.पुं.)* वक्रता, टेढ़ापन, ऐंठन।

पेड़ *(हि.पुं.)* पादप, वृक्ष।

बेड़ *(हि.पुं.)* मेड़, थाला, नगद रुपया।

भेड़ *(हि.स्त्री.)* बकरी की जाति का एक चौपाया जिसके रोवे के कम्बल आदि बनते हैं।

मेड़ *(हि.पुं.)* मण्डूक, मेंढक।

अधेड़ *(हि.वि.)* उतरती युवावस्था।

मुठभेड़ *(हि.स्त्री.)* लड़ाई, टक्कर।

ऐंड़ *(हि.स्त्री.)* अभिमान, तनाव, पानी का भँवर, *(वि.)* घूमा हुआ।

गेंड़ *(हि.पुं.)* ऊख के ऊपर का पत्ता।

पेड़ *(हि.पुं.)* मार्ग, पगडंडी, पथ, डर।
बेंड़ *(हि.स्त्री.)* चाँड़, थोक।
रेंड़ *(हि.पुं.)* एक पौधा जिसके बीज का तेल गाढ़ा और रेचक होता है।
ऐंड़बेंड़ *(हि.वि.)* तिरछा, बाँका, बलखाया हुआ।
गोड़ *(हि.पुं.)* पैर, पाँव।
जोड़ *(हि.पुं.)* बन्धन, युग्म, तुल्य, समधर्मी, गणित में कई संख्याओं का योग, जोड़ने की क्रिया, योगफल, जोड़ने का टुकड़ा, शरीर का सन्धिस्थान, समानता, जोड़ा।
मोड़ *(हि.स्त्री.)* घुमाव या मुड़ने की स्थिति।
होड़ *(हि.स्त्री.)* स्पर्धा, बराबरी हठ।
क्रोड़ *(सं.पुं.)* दोनों बाहु के बीच भाग, अंकवार, गोद।
करोड़ *(हि.वि.)* एक कोटि, सौ लाख की संख्या।
मरोड़ *(हि.पुं.)* मरोड़ने की क्रिया या भाव, ऐंठन, घुमाव।
हँसोड़ *(हि.वि.)* ठिठोलिया।
ठुकड़तोड़ *(हि.पुं.)* पराश्रित मनुष्य।
ताबड़तोड़ *(हि.कि.वि.)* लगातार क्रम से, बराबर।
भंडाफोड़ *(हि.पुं.)* भेद खोलने का काम।
निचोड़ *(हि.पुं.)* सार, वस्तु, सत्व, तात्पर्य, सारांश।
नीतोड़ *(हि.वि.)* नया तोड़ा हुआ, जो पहिले पहिल तोड़ा गया हो।
दौड़ *(हि.स्त्री.)* द्रुतगमन, धावा, चढ़ाई, गति की पहुँच, विस्तार, लंबाई, सिपाहियों का वह दल जो अपराधियों को पकड़ने के लिए एक साथ जाता है, बुद्धि की गति, अधिक से अधिक जो उपाय किया जा सके।
पच्चगौड़ *(सं.पुं.)* ब्राह्मणों का वह विभाग जिसके अन्तर्गत सारस्वत, कान्यकुब्ज, गौड़, मैथिल और उत्कल है।
घोड़चढ़ा, घोड़दौड़ *(सं.पुं.)* घुड़चढ़ा, घुड़दौड़।
पिछौड़ *(हि.वि.)* किसी के मुख की ओर पीठ किया हुआ।
कड़ा *(हि.पुं.)* हाथ या पैर में पहिनने का कंगन, *(वि.)* रूखा, उग्र, दृढ़, तीक्ष्ण, दुष्कर, दुःसाध्य, प्रचण्ड, तीव्र असह्य, कर्कश।
कड़ा *(हि.स्त्री.)* छोटा छल्ला, अड़चन, संकट, दुःख, गीत का एक भाग, *(वि.)* कठोर।
खड़ा *(हि.वि.)* सीधा उठा हुआ, टिका हुआ, तैयार रखा हुआ, उपस्थित, समूचा, अचल, जो टूटा न हो, उद्यत।
गड़ा *(हि.पुं.)* ढेर, राशि, समुदाय।
घड़ा *(हि.पुं.)* मिट्टी का गगरा, गगरी।
छड़ा *(हि.पुं.)* स्त्रियों के पैर में पहनने की चूड़ी।
ठड़ा *(हि.वि.)* खड़ा हुआ।
थड़ा *(हि.पुं.)* बैठने का स्थान, बैठक।
धड़ा *(हि.पुं.)* तराजू के पलड़े पर किसी पात्र आदि के भार को बराबर करने का तौल, बाँट, बटखरा, तुला, तराजू, चार सेर की तौल।
बड़ा *(सं.स्त्री.)* बटक, बड़ा।
वड़ा *(हि.वि.)* अधिक विस्तृत, लंबा-चौड़ा, श्रेष्ठ, उत्तम, *(पुं.)* मसाला मिली हुई उर्द की पीठी को घी या तेल में तलकर बनाया हुआ एक पकवान।
सड़ा *(हि.वि.)* सड़ी हुई वस्तु संबंधी।
छकड़ा *(हि.पुं.)* बोझ लादने की दुपहिया गाड़ी।
मकड़ा *(हि.पुं.)* बड़ी मकड़ी।
लकड़ा *(हि.पुं.)* लकड़ी का मोटा कुन्दा अथवा बाजरे आदि का सूखा डंठल।
कसकड़ा *(हि.पुं.)* पलची।
झगड़ा *(हि.पुं.)* लड़ाई बखेडा, टंटा।
रगड़ा *(हि.पुं.)* रगड़, अत्यन्त परिश्रम, वह झगड़ा जो शीघ्र समाप्त न हो।
तगड़ा *(हि.वि.)* बलवान, सबल, पुष्ट।
पचड़ा *(हि.पुं.)* प्रपंच, बखेड़ा, झंझट।
बछ, बछड़ा *(हि.पुं.)* गाय का बच्चा।
कपड़ा *(हि.पुं.)* रूई, ऊन या रेशम का बना हुआ वस्त्र।
खपड़ा *(हि.पुं.)* मिट्टी का पका हुआ टुकड़ा जो मकान छाने के काम में आता है, खप्पर, ठिकड़ा।
चपड़ा *(हि.पुं.)* शोधी हुई लाह का पत्थर।
पपड़ा *(हि.पुं.)* लकड़ी का पतला कुड़कीला छिलका, चिप्पड़, रोटी के ऊपर का छिलका।
छबड़ा *(हि.पुं.)* छितना, खींचा।
जबड़ा *(हि.पुं.)* गले के भीतर का भाग।
अभड़ा *(हि.पुं.)* एक वृक्ष जिसमें बेर के बराबर फल लगते हैं जो खट्टे होते हैं।
चमड़ा *(हि.पुं.)* चर्म, त्वचा, खाल, छिलका।
हलड़ा *(हि.पुं.)* देखो हलरा।
पलड़ा *(हि.पुं.)* तराजू का पल्ला।
गड़गड़ा *(हि.पुं.)* एक प्रकार का हुक्का।
पनकपड़ा *(हि.पुं.)* पानी में भिगोया हुआ लत्ता जो शरीर में कहीं कट जाने पर बाँधा जाता है।
गलफड़ा *(हि.पुं.)* जलजन्तुओं में पानी के भीतर साँस लेने का अवयव, गालों के दोनों जबड़ों के बीच का मांस।
पँचलड़ा *(हि.वि.)* पाँच लड़ों का।
सतलड़ा *(हि.वि.)* सात लड़ियों का हार।
निमछड़ा *(हि.पुं.)* अवकाश।
इकलड़ा *(हि.वि.)* एक ही डोरी में बँधा हुआ, *(पुं.)* एक लड़ का हार।
मुँहपड़ा *(हि.वि.)* प्रसिद्ध, आख्यात।
कुम्हड़ा *(हि.पुं.)* एक फैलने वाली लता जिसका फल बड़ा होता है और तरकारी के काम में आता है।
आकड़ा *(हि.)* देखो आक।
नाकड़ा *(हि.पुं.)* नाक का एक रोग जिसमें नाक के छिद्र के भीतर फोड़ा हो जाता है।

बाछड़ा *(हि.पुं.)* देखो बछड़ा।
बछड़ा *(हि.पुं.)* गाय का बच्चा।
बाजड़ा *(हि.पुं.)* देखो बाजरा।
काठड़ा *(हि.पुं.)* काठ की बनी हुई बड़ी परात, कठौता।
आमड़ा *(हि.पुं.)* आम्रातक एक बड़ा आम के बराबर का वृक्ष जिसके खट्टे फल होते हैं।
तामड़ा *(हि.वि.)* ताँबे के समान रंग का, *(पुं.)* एक प्रकार का पत्थर।
जमावड़ा *(हि.पुं.)* मनुष्यों की भीड़।
फावड़ा *(हि.पुं.)* फरसा।
आँकड़ा *(हि.पुं.)* अंक, संख्या।
बाँकड़ा *(हि.वि.)* शूरवीर, साहसी।
साँकड़ा *(हि.पुं.)* पैर में पहनने का चाँदी का एक प्रकार का आभूषण।
आँखड़ा *(हि.स्त्री.)* आँख, नेत्र।
खँगड़ा *(हि.वि.)* खाँग रखने वाला।
जाँगड़ा *(हि.पुं.)* बन्दी, भाट।
छाँवड़ा *(हि.पुं.)* पशु का छोटा बच्चा।
पाँवड़ा *(हि.पुं.)* पैर रखने के लिए फैलाया हुआ कपड़ा।
टिकड़ा *(हि.पुं.)* किसी वस्तु का गोल चिपटा टुकड़ा, आँच पर सेंकी हुई मोटी रोटी, बाटी।
छिकड़ा *(हि.पुं.)* ठीकरा।
छिछड़ा *(हि.पुं.)* देखो छिछड़ा।
पिंजड़ा *(हि.पुं.)* देखो पिंजरा।
चिलड़ा *(हि.पुं.)* एक प्रकार का पकवान, उलटा।
तिलड़ा *(हि.वि.)* तीन लड़वाला।
चिवड़ा *(हि.पुं.)* हरे धान को कूटकर चिपटा किया हुआ दाना।
चीथड़ा *(हि.पुं.)* फटे पुराने वस्त्र का छोटा टुकड़ा।
टुकड़ा *(हि.पुं.)* काटा हुआ अंश, खण्ड, भाग, ग्रास।
दुकड़ा *(हि.पुं.)* एक में जगी हुई दो वस्तु, एक पैसे का चौथा अंश।
मुखड़ा *(हि.पुं.)* मुख, चेहरा।
कुँजड़ा *(हि.पुं.)* एक जाति जो फल और सब्जियाँ बेचती है।
कुचड़ा *(हि.पुं.)* वह सूत या रेशा जो कपड़े, चटाई बुनी हुई वस्तु के बाहर निकला रहता है।
टुचड़ा *(हि.वि.)* नष्ट, आश्रम।
दुलड़ा *(हि.वि.)* दो लड़ों का।
फुसड़ा *(हि.पुं.)* देखो फुचड़ा।
पूतड़ा *(हि.पुं.)* छोटे बच्चों के नीचे मलमूत्र त्याग करने के लिए बिछाने का छोटा बिछोना।
केकड़ा *(हि.पुं.)* कर्कट, पानी में रहनेवाला आठ टाँग और दो पंजेवाला एक कीड़ा।
फेफड़ा *(हि.पुं.)* शरीर के भीतर छाती की हड्डियों के नीचे का वह अवयव जिसकी क्रिया से जीव साँस लेते हैं, फुफ्फुस।
केवड़ा *(हि.पुं.)* श्वेत केतकी का पौधा, इस पौधे का फूल।
सेवड़ा *(हि.पुं.)* एक प्रकार का मोटा सेव।
पैंकड़ा *(हि.पुं.)* पैर का कड़ा, ऊँट की नकेल।
चचड़ा *(हि.पुं.)* छोटा बालक, बच्चा।
केंकड़ा, बेंड़ा *(हि.पुं.)* वह लकड़ी जो बन्द द्वार के पीछे लगाई जाती है, अरगल।
लेंहड़ा *(हि.पुं.)* भेड़ आदि का झुंड।
सेंकड़ा *(हि.पुं.)* सौ का समूह।
सेंकड़े *(हि.कि.वि.)* प्रतिशत।
छोकड़ा *(हि.पुं.)* बालक, लड़का।
जोगड़ा *(हि.पुं.)* पाखंडी, बनावटी।
पोतड़ा *(हि.पुं.)* बच्चों के चूतड़ के नीचे रखने का वस्त्र, गंतरा।
लोथड़ा *(हि.पुं.)* मांस का बिना हड्डी का पिण्ड।
खोपड़ा *(हि.पुं.)* कपाल, सिर।
थोबड़ा *(हि.पुं.)* पशुओं का थूथन।
डोमड़ा *(हि.पुं.)* देखो डोम।
दोलड़ा *(हि.वि.)* जिसमें दो लड़े हो।
कोहँड़ा *(हि.पुं.)* लोहे की छोटी कड़ाही, तसली।
मोहड़ा *(हि.पुं.)* किसी पात्र का मख या खुला भाग।
झोंपड़ा *(हि.पुं.)* पर्णशाला, कुटी।
कोहड़ा *(हि.पुं.)* देखो कुम्हड़ा।
चौघड़ा *(हि.पुं.)* एक प्रकार का चार खाने का डिब्बा।
चौलड़ा *(हि.वि.)* जिस माला में चार लड़ी हो।
नौहड़ा *(हि.पुं.)* पितृपक्ष, कनागत।
अँकड़ा *(हि.पुं.)* पत्थर का टुकड़ा, कंकड़।
लंगड़, लंगड़ा *(हि.वि.)* जिसका पैर टूटा या बेकाम हो, (पं.) एक प्रकार का बहुत बढ़िया कलमी आम।
मखड़ा *(हि.स्त्री.)* बाँस की फट्टी का घेरा।
आड़ा *(हि.पुं.)* धारीदार वस्त्र, *(वि.)* तिरछा।
जाड़, जाड़ा *(हि.पुं.)* शीतकाल।
झाड़ा *(हि.पुं.)* विष्टा, मेला, पूरोण।
ठाड़ा *(हि.वि.)* खड़ा, सीधा, खड़े बल का।
नाड़ा *(हि.पुं.)* सूत की मोटी डोरी जिसमें स्त्रियाँ घाघरा या धोती बाँधती हैं, नीवी, बिना बटा हुआ (कच्चा) सूत।
बाड़ा *(हि.पुं.)* पशुशाला।
भाड़ा *(हि.पुं.)* किराया।
बाड़ा *(हि.पुं.)* नगर का मुहल्ला, टोला।
खाँड़ा *(हि.पुं.)* खड्ग, तलवार, छुरा।
गाँड़ा *(हि.पुं.)* ऊख की कटी हुई गंडेरी जो कोल्हू में पेरने के लिए भरी जाती है।
डाँड़ा *(हि.पुं.)* नाव खेने का पटरा लगा हुआ बाँस का डंडा, सीमा, कर।

बाँड़ा *(हि.पुं.)* वह पशु जिसकी पूँछ कट गई हो, *(वि.)* बिना पूँछ का।

भाँड़ा *(हि.पुं.)* पात्र, बड़ा पात्र।

माँड़ा *(हि.पुं.)* आँख का एक दोष जिसमें आँख के भीतर एक पतली झिल्ली पड़ जाती है।

अगवाड़ा *(हि.पुं.)* घर के सामने का स्थान।

रजवाड़ा *(हि.पुं.)* देशी राज्य।

अखाड़ा *(हि.पुं.)* मल्लयुद्ध करने का स्थान, साधुओं की मण्डली।

अगाड़ा *(हि.पुं.)* यात्री की पहिले से भेजी हुई सामग्री, कछार।

तगाड़ा *(हि.पुं.)* वह कुंड जिसमें मसाला, चूना आदि चुनाई करने के लिए साना जाता है।

नगाड़ा *(हि.पुं.)* डंका, धौंसा।

कबाड़ा *(हि.पुं.)* निरर्थक व्यापार, झगड़ा, झंझट।

पवाड़ा *(हि.पुं.)* मनगढ़ी कहानी, वृथा के विस्तार सहित कही हुई बात।

पहाड़ा *(हि.पुं.)* किसी अंक के एक से लेकर दस तक के गुणनफलों की क्रमागत सूची।

सिंघाड़ा *(हि.पुं.)* पानी में फैलनेवाली एक लता जिसका तिकोना फल मीठा होता है।

दिहाड़ा *(हि.पुं.)* दुर्गति, बुरी अवस्था।

लिहाड़ा *(हि.वि.)* नीच, निकम्मा।

पिछवाड़ा *(हि.पुं.)* घर के पीछे का स्थान।

श्रींगाड़ा *(हि.वि.)* दुष्ट, हृष्ट-पुष्ट, हट्टा-कट्टा।

लुगड़ा *(हि.पुं.)* नीच, लुच्चा।

कुल्हाड़ा *(हि.पुं.)* लकड़ी चीरने फाड़ने का एक अस्त्र, कुठार।

मुराड़ा *(हि.पुं.)* जलती हुई लकड़ी।

इड़ा *(सं.स्त्री.)* पृथ्वी, गाय, स्तुति, सन्ताप।

चिड़चिड़ा *(हि.पुं.)* चिचिड़ा, अपामार्ग, जल्दी चिढ़नेवाला।

सड़चिड़ा *(हि.वि.)* ऊँचा-नीचा, जो समतल न हो।

ईड़ा *(सं.स्त्री.)* स्तुति, प्रशंसा।

क्रीड़ा *(हि.पुं.)* उड़ने या रेंगनेवाला कीट, कृमि, मकोड़ा।

पीड़ा *(सं.स्त्री.)* वेदना, व्यथा, व्याग्रि रोग।

बीड़ा *(हि.पुं.)* मेडरा, घास आदि की बनी हुई गेंडुरी।

बीड़ा *(हि.पुं.)* पान की गिलोरी।

खटकीड़ा *(हि.स्त्री.)* खटमल।

क्रीड़ा *(सं.स्त्री.)* आमोद, प्रमोद, खेल कूद।

जलक्रीड़ा *(सं.स्त्री.)* जल विहार।

मल्लक्रीड़ा (सें स्त्री.) मल्ल युद्ध।

अक्षक्रीड़ा *(सं.स्त्री.)* पासे का खेल।

पाशक्रीड़ा *(सं.स्त्री.)* पासा खेलना।

पुड़ा *(हि.पुं.)* बड़ी पुड़िया।

अँकुड़ा *(हि.पुं.)* मोड़कर गोल किया हुआ काँटा।

चिउड़ा, चिउरा *(हि.पुं.)* हरे धान को कूटकर बनाया हुआ चिपटा चावल।

ऊड़ा *(हि.पुं.)* न्यूनता, कमी, घाटा, अकाल, विनाश।

कूड़ा *(हि.पुं.)* झाड़न, मल, कतवार।

चूड़ा *(सं.स्त्री.)* शिखा, चोटी, चुरकी।

जूड़ा *(हि.पुं.)* सिर के बालों की ग्रन्थि, चोटी, कलँगी।

रूड़, रूड़ा *(हि.वि.)* श्रेष्ट, उत्तम।

कूँड़ा *(हि.पुं.)* गहरा तथा चौड़े मुँह का मिट्टी का पात्र।

केड़ा *(हि.पुं.)* कोंपल, कल्ला, नया पौधा।

खेड़ा *(हि.स्त्री.)* छोटा गाँव।

छेड़ा *(हि.पुं.)* रस्सी की साँट।

पेड़ा *(हि.पुं.)* खोवे की बनी हुई गोल चिपटी मिठाई।

बेड़ा *(हि.पुं.)* लट्ठ, बाँस आदि को एक में बाँधकर बनाया हुआ ढाँचा जिस पर बैठकर नदी पर चलते हैं, तिराना, नाव, बहुत सी नाव या जहाजों का समूह।

भेड़ा *(हि.पुं.)* भेड़ जाति का नर, मेढ़ा।

हेड़ा *(हि.पुं.)* मांस।

ऐंड़ा *(हि.वि.)* ऐंठा हुआ, घुमावा।

केड़ा *(हि.पुं.)* ढंग, बनावट, चतुराई।

गेंड़ा *(हि.पुं.)* भैंसे के आकार का एक पशु जिसकी नाक पर सींग होता है।

पेंड़ा *(हि.पुं.)* प्रणाली, रीति, मार्ग।

बेड़ा *(सं.स्त्री.)* नौका, नाव, देखो बेड़ा।

बखेड़ा *(हि.पुं.)* समूह, जमाव, आडम्बर, व्यर्थ का विस्तार, विवाद, झगड़ा, झंझट।।

बछेड़ा *(हि.पुं.)* गाय का बच्चा।

थपेड़ा *(हि.पुं.)* थप्पड़, ठोकर, टक्कर।

नबेड़ा *(हि.पुं.)* न्याय, निपटारा।

ऐंड़ाबेंड़ा *(हि.वि.)* उलट-पुलट, अंडबंड, ऊँचा नीचा।

निबेड़ा *(हि.पुं.)* देखो निबेरा।

ओड़ा *(हि.पुं.)* टोकरा, खाँचा।

कोड़ा *(हि.पुं.)* साटा, चाबुक।

गोड़ा *(हि.पुं.)* पलंग आदि का पाया।

घोड़ा *(हि.पुं.)* घोटक, अश्व, बंदूक में गोली चलाने का खटका, शतरंज का एक मोहरा।

जोड़ा *(हि.पुं.)* एक तरह के दो पदार्थ, दोनों पैरों के जूते, एक साथ पहिने जाने वाले दो कपड़े, एक आकार की वस्तु, स्त्री-पुरुष।

तोड़, तोड़ा *(हि.पुं.)* सोने या चाँदी की चौड़ी लच्छेदार सिकंड़ी जो हाथों में पहिनी जाती है, रुपया रखने की टाट की थैली, किनारा, तट, घाटा, टोटा, कमी।

थोड़ा *(हि.वि.)* न्यून, अल्प, कम परिणाम का, *(कि. वि.)* तनिक, थोड़ा बहुत, बिलकुल नहीं।

फोड़ा *(हि.पुं.)* एक प्रकार का शोध।

रोड़ा *(हि.पुं.)* बड़ा संकट, ईंट या पत्थर का ढेला।

गोंड़ा *(हि.पुं.)* घेरा हुआ स्थान, बाटा।
पौंड़ा *(हि.पुं.)* एक प्रकार की कड़ी और मोटी जाति की ऊख।
भोंड़ा *(हि.वि.)* कुरूप, भद्दा।
मकोड़ा *(हि.पुं.)* कोई छोटा कीड़ा।
भगोड़ा *(हि.वि.)* भागनेवाला, कायर।
पजोड़ा *(हि.वि.)* दुष्ट, पाजी।
गपोड़ा *(हि.पुं.)* झूठी बात।
उमोड़ा *(हि.पुं.)* मूल्य।
मरोड़ा *(हि.पुं.)* पेट की पीड़ा जिसमें ऐंठन जान पड़ती है।
हथकोड़ा *(हि.पुं.)* मुक्ति।
अड़गोड़ा *(हि.पुं.)* लकड़ी का टुकड़ा जो नटखट पशु के गले में बाँध दिया जाता है, प्रतिबंध।
अकोंड़ा *(हि.पुं.)* बड़ा काँटा।
निखोड़ा *(हि.वि.)* कठोर हृदय, निर्दय।
बिछोड़ा *(हि.पुं.)* बिछोह।
कौंड़ा *(हि.पुं.)* बड़ी कौंडी, जाड़े के दिनों में गड्ढे में जलाई हुई आग, अलाव।
चौड़ा *(हि.वि.)* लंबाई से भिन्न दिशा में विस्तृत।
एकौड़ा *(हि.पुं.)* घी या तेल में पकी हुई बेसन या पीठी की तरी।
हथौड़ा *(हि.पुं.)* ठोंकने या गढ़ने का लोहे का एक औजार।
हथौड़ी *(हि.स्त्री.)* छोटा हथौड़ा।
कनौड़ा *(हि.वि.)* काना, कलंकित, निन्दित, लज्जित।
पिछौंड़ा *(हि.वि.)* पीछे की ओर का।
मौंड़ा *(हि.पुं.)* देखो मौंड़ा।
नाड़ि *(सं.स्त्री.)* देखो नाड़ी।
अड़ी *(हि.स्त्री.)* रोक, हठ, *(वि.)* ठहरी हुई, रुकी हुई।
कड़ी *(हि.स्त्री.)* ईंटों का ढेर।
खड़ी *(हि.स्त्री.)* खड़िया, खरी, मिट्टी।
घड़ी *(हि.स्त्री.)* समय बतानेवाला यन्त्र, समय, काल, अवसर, चौबीस मिनट का समय।
छड़ी *(हि.स्त्री.)* पतली लकड़ी का।
जड़ी *(हि.स्त्री.)* औषधि की लड़ जो औषधियों में प्रयोग की जाति है।
जड़ीबूटी वनौषधि।
झड़ी *(हि.स्त्री.)* महीन-महीन बूँदों की वर्षा, ताले के भीतर का अश जो चाभी से हटाता बढ़ाता है, निरन्तर बहुत सी बातें कहते जाना।
तड़ी *(हि.स्त्री.)* चपत, धोल।
बड़ी *(हि.स्त्री.)* उड़द, मूँग आदि की पीठी की बनाई हुई छोटी-छोटी टिकिया।
भड़ी *(हि.स्त्री.)* झूठा बढ़ावा।
लड़ी *(हि.स्त्री.)* देखो लड़, पंक्ति।
ककड़ी *(हि.स्त्री.)* भूमि पर फैलने वाली एक लता जिसका लंबा फल खाया जाता है।
छकड़ी *(हि.स्त्री.)* छह का समूह।
मकड़ी *(हि.स्त्री.)* आठ पर वाला एक प्रसिद्ध कीड़ा, लता।
लकड़ी *(हि.स्त्री.)* काठ, ईंधन, छड़ी, काठी।
सकड़ी *(हि.स्त्री.)* देखो सिकड़ी।
पखड़ी *(हि.स्त्री.)* दल, फूलों का रंगीन पटल।
पगड़ी *(हि.स्त्री.)* सिर पर लपेटकर बाँधने का कपड़ा, चीरा, उष्णीश, मूरेठा।
पटड़ी *(हि.स्त्री.)* देखो पटरी।
लतड़ी *(हि.स्त्री.)* केसारी नामक अन्न।
खपड़ी *(हि.स्त्री.)* खोपड़ी।
पपड़ी *(हि.स्त्री.)* पटिया।
पपड़ी *(हि.स्त्री.)* किसी वस्तु के ऊपर की परत जो सूखकर कड़ी हो गई हो, एक प्रकार की मिठाई।
रबड़ी *(हि.स्त्री.)* औटाकर गाढ़ा और लच्छेदार किसा हुआ दूध जिसमें चीनी मिलाई रहती है, बंसौंधी।
चमड़ी *(हि.कि.)* त्वचा, चमड़ी, खाल।
दमड़ी *(हि.स्त्री.)* एक पैसे का आठवाँ भाग।
खलड़ी *(हि.स्त्री.)* त्वचा, छाल, चमड़ा।
अकड़ी *(हि.स्त्री.)* काँटी।
अँखड़ी *(हि.स्त्री.)* चक्षु, नेत्र, आँख।
टँगड़ी *(हि.स्त्री.)* घुटने से लेकर एड़ी तक का भाग, टाँग।
लंगड़ी *(हि.वि.)* वह स्त्री जिसके पैर टूट गए हो।
अँतड़ी *(हि.स्त्री.)* आंत्र, आँत।
हथकड़ी *(हि.स्त्री.)* कैदियों के हाथों में पहनाने का लोहे का कड़ा।
लड़खड़ी *(हि.स्त्री.)* डगमगाहट।
पलंगड़ी *(हि.स्त्री.)* छोटा पलंग।
धरमघड़ी *(हि.स्त्री.)* लंगर पर चलनेवाली भीत पर लगी हुई बड़ी घड़ी।
जलघड़ी *(सं.स्त्री.)* समय जानने का एक प्राचीन यन्त्र जिसमें नाँद में भरे जल में एक महीन छिद्र की कटोरी डाल दी जाती है जो एक घंटे में जल से भरकर डूब जाती है।
धूपघड़ी *(हि.स्त्री.)* एक प्रकार का यन्त्र जिसमें सूर्य के प्रकाश से समय का ज्ञान होता है।
पलड़ी *(हि.स्त्री.)* छोटा तराजू का पलड़ा।
गड़बड़ी *(हि.स्त्री.)* अव्यवस्था, गोलमाल।
हड़बड़ी *(हि.स्त्री.)* उतावलापन।
पचलड़ी *(हि.स्त्री.)* पाँच लड़ियों का हार।
सेलखड़ी *(हि.स्त्री.)* खड़िया, मिट्टी।
बारहखड़ी *(हि.स्त्री.)* वर्णमाला का वह अंश जिसमें प्रत्येक व्यंजन में अ, आ, इ, ई, उ, ऊ, ए ओ, औ, अं, अः, इन बारह स्वरों को मात्रा के रूप में लगातार बोलते या चिल्लाते हैं।

फुलझड़ी *(हि.स्त्री.)* एक प्रकार की अग्निक्रीड़ा जिसमें से फूलों के समान चिनगारियाँ निकलती हैं, विवाद या कलह करने वाली बात।

तिलपपड़ी, तिलपी *(हि.स्त्री.)* खाँड या गुड़ में पगे हुए तिलों की पपड़ी।

लाकड़ी *(हि.स्त्री.)* देखो लकड़ी।

तागड़ी *(हि.स्त्री.)* कटिसूत्र, करधनी।

तातड़ी *(हि.स्त्री.)* ताँत, तन्तु।

पावड़ी *(हि.स्त्री.)* पड़ाव।

फावड़ी *(हि.स्त्री.)* छोटा फावड़ा, फरूही।

बावड़ी *(हि.स्त्री.)* छोटा तालाब।

राबड़ी *(हि.स्त्री.)* औटाकर तथा चीनी मिलाकर गाढ़ा किया हुआ दूध, बसौंधी।

बाँकड़ी *(हि.स्त्री.)* एक प्रकार का सुनहला या रूपहला फीता जो धागा और कलाबत्तू से बनाया जाता है।

माँकड़ी *(हि.स्त्री.)* देखो मकड़ी।

पाँवड़ी *(हि.स्त्री.)* खड़ाऊँ, जूता।

अंगाकड़ी *(हि.स्त्री.)* लिट्टी, बाटी।

टिकड़ी *(हि.स्त्री.)* छोटा गोल टुकड़ा।

तिकड़ी *(हि.स्त्री.)* वह जिसमें तीन कड़ियाँ हो।

सिकड़ी *(हि.स्त्री.)* साँकल, शृंखला के आकार का गले में पहनने का गहना, करधनी, तगड़ी।

खिचड़ी *(हि.स्त्री.)* दाल और चावल मिलाकर पकाया हुआ भोजन।

चिपड़ी *(हि.स्त्री.)* गाहरी।

तिलड़ी *(हि.स्त्री.)* तीन लड़ियों की बनी हुई माला।

विनतड़ी *(हि.स्त्री.)* देखो विनति।

सीवड़ी *(हि.पुं.)* गाँव की सीमा।

कच्ची घड़ी *(हि.स्त्री.)* चौबीस मिनट का काल।

कुकड़ी *(हि.स्त्री.)* अंटी, मुट्ठी, खुखड़ी।

दुकड़ी *(हि.वि.)* जिसमें किसी वस्तु का जोड़ा हो, *(स्त्री.)* वह ताश का पत्ता जिसमें दो बूटियाँ हो।

धुकड़ी *(हि.स्त्री.)* छोटी थैली या बटुआ।

भुकड़ा *(हि.स्त्री.)* सड़े पदार्थों पर पड़नेवाली पपड़ी।

खुखड़ी *(हि.स्त्री.)* कुकड़ी, नेपाली कटार।

सुजड़ी *(हि.स्त्री.)* कटारी।

कुबड़ी *(हि.स्त्री.)* कुब्जा, टेढ़ी पीठवाली स्त्री, झुकी हुई मेठ की छड़ी, टेढ़िया।

तुमड़ी *(हि.स्त्री.)* देखो तुम्बी।

दुलड़ी *(हि.स्त्री.)* दो लड़ों की माला।

पूँछड़ी *(हि.स्त्री.)* लांगूल, पुच्छ, पूँछ।

गुदड़ी *(हि.पुं.)* फटे पुराने वस्त्र का बना हुआ औढ़ना या बिछौना।

तूमड़ी *(हि.स्त्री.)* सूखे कद्दू का बना हुआ बाजा जिसको सँपेरे बजाते हैं, महूवर।

हेकड़ी *(हि.स्त्री.)* प्रचंडता, उग्रता।

फेंफड़ी *(हि.स्त्री.)* पपड़ी।

बेलड़ी *(हि.स्त्री.)* छोटी बेल या लता।

जेवड़ी *(हि.स्त्री.)* देखो जेवरी।

पेवड़ी *(हि.स्त्री.)* रामरज, पीले रंग की बुकनी।

हरफारवेड़ी *(हि.स्त्री.)* एक प्रकार का छोटा फल।

लोमड़ी *(हि.स्त्री.)* कुत्ते या गीदड़ की जाति का एक वन्य पशु।

खोपड़ी *(हि.स्त्री.)* कपाल, सिर, मस्तक की हड्डी।

चेपड़ी *(हि.स्त्री.)* थप्पड़, चपत, घोल।

झोपड़ा, झोपड़ी *(हि. पुं स्त्री.)* देखो झोपड़ी।

कंकड़ी *(हि.स्त्री.)* छोटा कंकड़, छोटा टुकड़ा।

पंखड़ी *(हि.स्त्री.)* देखो पंखड़ी।

चौकड़ी *(हि.स्त्री.)* हरिन की वह गति जिसमें वह चारों पैर एक साथ फेंकता हुआ दौड़ता है, चार मनुष्यों का गुट, पलथी, चार युगों का समूह, चार घोड़े की गाड़ी।

धमाचौकड़ी *(हि.स्त्री.)* उपद्रव, उछलकूद, ऊधम।

खाड़ी *(हि.स्त्री.)* तीन ओर से भूमि से घिरा हुआ समुद्र का भाग।

गाड़ी *(हि.स्त्री.)* यान, सकट।

झाड़ी *(हि.स्त्री.)* छोटा झाड़, अनेक छोटे पेड़ों का समुदाय।

ताड़ी *(हि.स्त्री.)* वह मादक रस जो ताड़ के फूलते हुए डंठलों में से निकाला जाता है।

नाड़ी *(सं.स्त्री.)* देहस्थित शिरा, रक्तवाहिनी नालियाँ।

बाड़ी *(हि.स्त्री.)* वाटिका, बारी।

साड़ी *(हि.स्त्री.)* स्त्रियों के पहनने की किनारेदार धोती।

काँड़ी *(हि.स्त्री.)* ओखली का गड्ढा।

डाँड़ी *(हि.स्त्री.)* लंबा, पतला काठ, अस्त्र की मुठिया, तराजू की डंडी, पतली शाखा, एक प्रकार की पहाड़ी सवारी।

बाँड़ी *(हि.स्त्री.)* बिना पूँछ की गाय।

माँड़ी *(हि.स्त्री.)* भात का पसेव, माँग, आटा, मैदे के पसेव आदि से तैयार की हुई लेई जिससे कपड़ों में कलफ दी जाती है।

हाँड़ी *(हि.स्त्री.)* बटलोही के आकार का मिट्टी का पात्र।

अगाड़ी, अगाड़ *(हि.कि.वि.)* भविष्य में, सामने, पहिले, *(स्त्री.)* पदार्थ का अग्रभाग, घोड़े की गर्दन में बाँधने की रस्सी।

पछाड़ी *(हि.स्त्री.)* देखो पिछाड़ी।

अनाड़ी *(हि.वि.)* अज्ञानी, असभ्य, मूर्ख।

गराड़ी *(हि.स्त्री.)* घिरनी, चरखी।

पहाड़ी *(हि.वि.)* पहाड़ पर रहनेवाला, पहाड़ संबंधी, *(स्त्री.)* छोटा पहाड़।

पनवाड़ी *(हि.स्त्री.)* पान का खेत।

डाकगाड़ी *(हि.स्त्री.)* वह रेलगाड़ी जो डाक को ले जाती है।

मालगाड़ी *(हि.पुं.)* रेल की वह गाड़ी जिसमें केवल माल भर कर एक स्थान से दूसरे स्थान पर पहुँचाया जाता है।
बाँसवाड़ी *(हि.स्त्री.)* बाँस का बगीचा।
ठाकुरबाड़ी *(हि.स्त्री.)* देवालय, मन्दिर।
खेलवाड़ी *(हि.स्त्री.)* बहुत खेलकूद करनेवाला।
पिछाड़ी *(हि.स्त्री.)* घोड़े के पिछले पैर में बाँधने की रस्सी।
खिलाड़ी *(हि.पुं.)* खेल करनेवाला।
लिहाड़ी *(हि.स्त्री.)* उपहास, निन्दा।
दुधाँड़ी *(हि.स्त्री.)* देखो दुधहँड़ी।
कुल्हाड़ी *(हि.स्त्री.)* छोटा कुल्हाड़ा, टाँगी।
दिखाड़ी *(हि.वि.)* प्रकट, प्रकाशित।
खिलाड़ी *(हि.वि.)* खेलनेवाला, जुआरी।
केहाड़ी *(हि.स्त्री.)* अप्रतिष्ठा, अपमान।
चिड़ी *(हि.स्त्री.)* चिड़िया, ताश का एक रंग।
तिड़ी *(हि.स्त्री.)* ताश का वह पत्ता जिसमें तीन बूटियाँ हों।
तिड़ी करना *(हि.कि.)* हटा देना।
बीड़ी *(हि.स्त्री.)* बीड़ा, गड्डी, बीड़।
टुड़ी *(हि.स्त्री.)* नाभि, ढोंढ़ी।
थूड़ी *(हि.स्त्री.)* तिरस्कार और घृणासूचक शब्द, धिक्कार।
अंकुड़ी *(हि.स्त्री.)* मुड़ी हुई काँटी, हल की लकड़ी का वह भाग जिसमें फार अड़ा होता है।
गुड़गुड़ी *(हि.स्त्री.)* एक प्रकार का हुक्का।
गारूड़ी, गारूड़िक *(सं.पुं.)* सर्प का विष उतारनेवाला।
चूड़ी *(हि.स्त्री.)* कोई वृत्ताकार पदार्थ, हाथ में पहनने का एक गहना।
जूड़ी *(हि.स्त्री.)* जाड़ा देकर आनेवाला ज्वर।
पूड़ी *(हि.स्त्री.)* देखो पूरी।
कूँड़ी *(हि.स्त्री.)* पथरी, छोटी
टूँड़ी *(हि.स्त्री.)* नाभि, ढोंढ़ी, नोक।
मूँड़ी *(हि.स्त्री.)* मस्तक, सिर।
कनऊड़ी *(हि.स्त्री.)* दासी।
दिहड़ी *(हि.स्त्री.)* देखो ड्योढ़ी।
ऐड़ी *(हि.स्त्री.)* पाष्णि, पैर के पंजे के पीछे का उभरा हुआ भाग।
खेड़ी *(हि.स्त्री.)* मांस का टुकड़ा जो जरायुज शिशुओं की नाल में दूसरी ओर लगा रहता है।
पेड़ी *(हि.स्त्री.)* वृक्ष का थड़, पुराने पौधे में का पान।
बेड़ी *(हि.स्त्री.)* लोहे की कड़ी जो अपराधियों के पैर में डाल दी जाती है।
भेड़ी *(सं.स्त्री.)* मादा भेड़।
भंगेड़ी *(हि.पुं.)* अधिक भाँग पीने वाला।
गँजेड़ी *(हि.वि.)* गाँजा पीने वाला।
पेड़ी *(हि.स्त्री.)* सीढ़ी, पोदर।
रेंड़ी *(हि.स्त्री.)* अरंडी या रेंड के बीज।
लेंड़ी *(हि.स्त्री.)* बकरी, ऊँट आदि की बेंगना।
दहेड़ी *(हि.स्त्री.)* दही रखने का मिट्टी का पात्र।
कोड़ी *(हि.स्त्री.)* जीव-जन्तुओं का समूह।
गीड़ी *(हि.स्त्री.)* लाभ।
घोड़ी *(हि.स्त्री.)* मादा घोड़ा।
जोड़ी *(हि.स्त्री.)* एक ही तरह के दो पदार्थ, स्त्री-पुरुष, दो घोड़ों से खींची जाने वाली गाड़ी।
टोड़ी *(हि.स्त्री.)* मटर सेम, आदि की कच्ची फली।
बोड़ी *(हि.स्त्री.)* लता या पौधों के कच्चे फल, फली, लीची।
पौड़ी *(हि.स्त्री.)* देखो पौरी।
मौड़ी *(हि.स्त्री.)* घसीट लिखने की एक प्रकार की लिपि जिसमें प्राय मराठी भाषा लिखी जाती है।
तपोड़ी *(हि.स्त्री.)* काठ का बना हुआ पात्र।
मरोड़ी *(हि.स्त्री.)* ऐंठन, घुमाव।
डोंड़ी *(हि.स्त्री.)* ढिंढोरा, घोषणा।
डोड़ी *(हि.स्त्री.)* पोस्त का फल जिसके छिलने को चीरकर अफीम निकाली जाती है।
लौंड़ी *(हि.स्त्री.)* दासी।
चौंघोड़ी *(हि.स्त्री.)* चार घोड़े की गाड़ी या रथ।
कौड़ी *(हि.स्त्री.)* कपर्दिका, द्रव्य, रुपया, पैसा, कर, आँख का ढेला, गिलटी जो काँख या जाँघ में होती है, छोटी हड्डी जो छाती के नीचे बीच में होती है, कटार की नोंक।
पकौड़ी *(हि.स्त्री.)* छोटे आकार का पकौड़ा।
निमकौड़ी *(हि.स्त्री.)* नीम की फली।
कचौड़ी, कचौरी, *(हि.स्त्री.)* उड़द की पीठी आदि में मसाला मिलाकर आटे की लोई के भीतर भरकर घी या तेल में पकाई हुई पूरी।
दौड़ादौड़ी *(हि.स्त्री.)* व्यग्रता, आतुरता।
कंड़ु *(हि.पुं.)* खुजली।
कड़ू *(हि.वि.)* देखो कटु।
उकड़ू *(हि.पुं.)* बैठने की एक मुद्रा।
झाड़ू *(हि.पुं.)* कूँचा, बोहारी।
लाड़ू *(हि.पुं.)* लड्डू, मोदक।
आड़ू *(हि.पुं.)* सतालू।
मनलाड़ू *(हि.पुं.)* देखो मनमोदक।
जोड़ू *(हि.स्त्री.)* देखो जोख, पत्नी।
नड़े *(हि.स्त्री.)* समीप, निकट, पास।
निड़े *(हि.कि.वि.)* निकट, समीप, पास।
सैकड़ों *(हि.वि.)* कई सौ, गिनती में बहुत।

च–*अन्तक शब्द : हिन्दी वर्णमाला मे च वर्ग का पहला व्यंजन*

अ च

कच *(सं.पु.)* केश, बाल, बन्धन, झुंड, शोभा *(हि.दि.)* कच्चा।
सच (हि. पि.) यथार्थ, वास्तविकता, सत्य।

अकच *(सं.पुं.)* खल्वाट, केतु यह।
अड़च *(हि.स्त्री.)* शत्रुता।
उच्च *(सं.वि.)* उन्नत, ऊँचा, श्रेष्ठ।
अथच *(स.अव्य.)* फिर, और भी।
पनच *(हि.स्त्री.)* धनुष की डोरी, चिल्ला।
अपच *(सं.पुं.)* अजीर्ण।
खर्च *(हि.पुं.)* व्यय, खपत, किसी काम मे होनेवाला व्यय।
खरच *(हि.पुं.)* व्यय।
कवच *(सं.पुं.)* उरच्छद, आवरण।
कचकच *(हि.पुं.)* बकझक, कचकचाना *(हि.कि.)* दाँत पीसना।
ककच *(से. पु.)* आरा, केवड़ा।
टचटच *(हि.कि.वि.)* धाँय-धाँय, धक-धक।
कचपच *(हि.पुं.)* भीड़-भाड़।
अनपच *(हि.पुं.)* अपच, अजीर्ण।
श्वपच *(सं.पुं.)* चाण्डाल, डोम।
विकवच *(सं.वि.)* कवच रहित।
खचाखच *(हि. कि. वि)* ठसाठस, बिलकुल भरा हुआ, वेग के साथ।
लालच *(हि.पुं.)* तीव्र लालसा, लोभ।
उच्चावच *(सं.वि.)* ऊँच-नीच, भला-बुरा।
विकच *(हि.वि.)* केशरहित।
किर्च *(हि.पुं.)* देखो किरच।
मिर्च *(हि.स्त्री.)* कुछ तीते फलों और फलियों का वर्ग जिसके अंतर्गत लाल तथा काली मिर्च है।
किरच *(हि.स्त्री.)* एक प्रकार की पतली तलवार।
निरच *(हि.वि.)* निश्चिन्त।
निश्च *(हि.पुं.)* देखो निश्चय।
अविकच *(हि.पुं.)* बिना खिला हुआ।
लाल मिर्च *(हि.स्त्री.)* मिरचा, मरचा।
कूर्च *(सं.पुं.)* दोनों भौंहों के बीच का स्थान, दाढ़ी मूँछ।
रोमान्च *(सं.पुं.)* आनन्द या भय से रोंगटे खड़े होना, पुलक।

आं च

कांच *(सं.पुं.)* काला नमक, शीशा।
गाच *(हि.पुं.)* महीन जालीदार कपड़ा।
भाच *(हि.पुं.)* अंगों की वह गति जो चित्त की उमंग के कारण उत्पन्न हो, नाट्य, खेल, क्रीड़ा, काम-धंधा।
माच *(हि.पुं.)* मचान।
तथाच *(सं.अव्य.)* तथापि, तो भी।
नराच *(हि.पुं.)* नाराच, तीर बाण।
खरांच *(हि.पुं.)* अमितव्ययी।
आँच *(हि.स्त्री.)* अग्नि, ताप, तेज, संकट, विपत्ति, प्रेम।
काँच (हि. स्त्री) गुदा का भीतरी भाग जो कभी-कभी काँखने पर बाहर निकल आता है।
जाँच *(हि.स्त्री.)* परीक्षा, परख, खोज।
टाँच *(हि.स्त्री.)* दूसरे का काम बिगाड़ने की बात।
पाँच *(हि.वि.)* जो गिनती में चार और एक हो *(पुं.)* चार और एक की संख्या।
लाँच *(हि.स्त्री.)* उत्कोच, घूस।
साँच *(हि.वि.)* सत्य, यथार्थ, ठीक ।
असाँच *(हि.वि.)* असत्य, झूठा।
कल्लांच *(हि.वि.)* दुष्ट, दरिद्र, कंगाल।
पिशाच *(सं.पुं.)* भूत प्रेत।
पिसाच *(हि.पुं.)* देखो पिशाच।
अर्थ पिशाच (सं. पूं.) बहुत बड़ा कृपण।
उदर पिशाच *(सं.पुं.)* सविन्न भक्षक ।
नर पिशाच *(सं.पुं.)* अति दुष्ट, नीच मनुष्य।
कुलांच *(हि.स्त्री.)* उछाल, छलाँग।
पेशाच *(सं.वि.)* पिशाच संबंधी।

इ च

बिच *(हि.वि.)* देखो बीच।
अपिच *(सं.वि.)* और भी, तो भी, परंच।
मरिच *(सं.पुं.)* गोल मिर्च, मिरच।
किचकिच *(हि.स्त्री.)* झूठा झगड़ा।
किचपिच *(हि.वि.)* क्रम रहित अस्पष्ट।
धिचपिच *(हि.कि.)* स्थान की संकीर्णता *(वि.)* अस्पष्ट।
किरमिच *(हि.पुं.)* एक प्रकार का महीन टाट या मोटा कपड़ा।
जिच जिच्च *(हि.स्त्री.)* विवशता, शतरंज के खेल में वह स्थिति जब एक पक्ष के खिलाड़ी को कोई मोहरा चलने की जगह नहीं रहती।
किरिच *(हि.स्त्री.)* नोकदार टुकड़ा।
मिरिच *(हि.स्त्री.)* देखो मरिच।
कीच *(हि.स्त्री.)* कर्दम, कीचड़।
पीच *(सं.पुं.)* नीचे का जबड़ा। *(हि.स्त्री.)* माँड़।
बीच *(हि.पुं.)* किसी पदार्थ का मध्य भाग, अन्तर, अवसर, भेद *(स्त्री.)* तरंग लहर।
नगीच *(हि.कि.वि.)* पास।
अपीच *(हि.वि.)* सुन्दर, सुहावना।
खींच *(हि.स्त्री.)* आकर्षण, खिंचाव।
घींच *(हि.स्त्री.)* घींचने का कार्य।
सींच *(हि.स्त्री.)* सींचने की क्रिया, सिंचाई।
विरिच *(हि.पुं.)* ब्रह्मा, शिव, विष्णु।

उं च

कुच (सं. पुं.) स्तन, स्त्री की छाती।
रूच *(हि.स्त्री.)* देखो रुचि।
सुच *(हि.वि.)* देखो शुचि, शुद्धता।
सकुंच *(हि.पुं.स्त्री.)* संकोच लज्जा।
सचमुच *(हि.अव्य.)* यथार्थ में, वास्तव में।
जलमुच (सं पुं.) मेघ, बादल, कपूर।

पहुँच *(हि.स्त्री.)* किसी स्थान तक की गति प्राप्ति।
अऊँच *(हि.वि.)* क्षुद्र, नीच, तुच्छ।
ऊँच *(हि.क्रि.वि.)* ऊपर की, ऊँची ओर। ऊँचे नीचे पड़ना, बुरे काम में प्रवृत्त होना।

ऐ च

ऐच *(हि.स्त्री.)* न्यूनता, विलम्ब।
पेच *(हि.पुं.)* देखो पेच।
रेच *(हि.पुं.)* ऐंठन, दोष।
वारपेच *(हि.पुं.)* किसी को धोखे में रखकर उसकी हानि करने की युक्ति।
शिरपेच *(हि.पुं.)* देखो सिरपेच।

ओ च

सोच *(हि.स्त्री.)* असमंजस, दुविधा।
पोच *(हि.वि.)* क्षीण, हीन, तुच्छ, नीच, क्षुद्र।
लोच *(हि. पुं.)* लचक, कोमलता, अभिलाषा।
सोच *(हि. पुं.)* चिन्ता, दुःख।
असोच *(से. पु.)* शोक का न होना।
असौच *(हि.पुं.)* देखो अशोच।
खरोंच *(हि. स्त्रीं.)* छिल जाने या रगड़ जाने का चिह्न।
चोंच *(हि.स्त्री.)* पक्षी के मुख का नोकीला अगला भाग, चंचु।
नोंच नोंचने की क्रिया का भाव, चारों ओर की मांग।
मोच *(हि.स्त्री.)* अंग के किसी जोड़ पर की नस का अपने स्थान से हट जाना।
निसोच *(हि.वि.)* जिसको किसी प्रकार की चिन्ता न हो।
सोंच *(हि. पुं.)* देखो सोच।
संकोच *(सं.पुं.)* खिंचाव, लज्जा, हिचकिचाहट ।
निःसंकोच (से. कि. वि.) बिना संकोच के, बेधड़क।
निस्संकोच *(हि.वि.)* संकोच रहित।

औच

चौ *(हि.वि.)* चार *(पुं.)* जौहरियों का मोती तौलने का एक परिमाप।
शौच *(सं.पुं.)* शुचिता, पवित्रता, वे कृत्य जो प्रातःकाल उठकर सबसे पहले किए जाते हैं।
सौच *(हि.पुं.)* देखो शौच।

अंच

पंच *(हि.पुं.)* पाँच की संख्या या अंक, पाँच या अधिक मनुष्यों का समुदाय, समाज, न्याय-सभा।
पच्च *(सं.पुं.)* पाँच, पाँच संख्या युक्त।
मच्च *(सं.पुं.)* पीड़ा, मचिया।
रंच *(हि.वि.)* अल्प, थोड़ा।
परंच *(सं.अव्य.)* और भी, परन्तु, तो भी।
परंच *(हि.अव्य.)* परन्तु।
अपरंच *(सं.अव्य.)* फिर भी, तो भीं।
प्रपंच *(सं.पुं.)* विस्तार, भवजाल, संसारी जंजाल, झमेला, बखेड़ा, आडम्बर, ढोंग।
परपंच *(हि.पुं.)* देखो प्रपंच।
निष्प्रपंच *(सं.वि.)* प्रपंचरहित।
रूमंच (हि.पुं.) देखो रोमांच।

अचा

बकचा *(हि.पुं.)* देखो बकुचा।
कच्चा *(हि.पुं.)* अपक्व, हरा, बिना रस का, अप्रस्तुत, अस्थायी, अयुक्त, न्यून, अपूर्ण, नियम-रहित, अनभ्यस्त, अदृढ़, *(पुं.)* दूर-दूर की सियन, ढाँचा, दाढ़, ताँबे का छोटा सिक्का, सच्चा वृत्तांत जिसको कच्चा चिट्ठा कहते हैं।
सच्चा *(हि.वि.)* सत्यवादी, सच बोलनेवाला, यथार्थ, वास्तविक, ठीक।
कमचा *(हि.पुं.)* छोटी कमान, सारंगी, लचीली डाल।
पर्चा *(हि.पुं.)* देखो परचा।
अरचा *(हि.स्त्री.)* पूजा।
फरचा *(हि.वि.)* जो जूठा न हो, शुद्ध पवित्र।
त्वचा *(सं.स्त्री.)* चमड़ा, छाल, वल्कल, केंचुली।
त्वचा *(स्त्री.)* कंचुली *(वि.)* दुबला पतला, अल्प, सुन्दर, कोमल।
चहबच्चा *(हि.पुं.)* मैले पानी का गड्ढा।
पचपचा *(हि.वि.)* वह अधपका भोजन जिसका पानी अच्छी तरह से सूखा या जला न हो।
जनचर्चा *(सं.स्त्री.)* लोकपवाद।
लचलचा *(हि.वि.)* लचीला।
जचाँ *(हि.वि.)* सुपरीक्षित।
मिरचा *(हि.पुं.)* लाल मिर्च।
बुकचा *(हि.पुं.)* वह गठरी जिसमें कपड़े बँधे हों।
बुगचा *(हि.पुं.)* देखो बुकचा।
टुच्चा *(हि.वि.)* तुच्छ, नीच, ओछा।
तुच्चा *(हि.वि.)* दुराचारी, कुचाली।
नंगा-लुच्चा, नंगा बच्चा *(हि.वि.)* अति दरिद्र, कंगाल।
मुरचा *(हि.पुं.)* देखो मोरचा।
मूरचा *(हि.पुं.)* देखो मोरचा।
खोनचा *(हि.पुं.)* थाल या परात जिसमें फेरीवाले मिठाई आदि रखकर बेचते हैं।
नोनचा *(हि.पुं.)* नमकीन अचार।
मोरचा (फा. पु.) लोहे के ऊपरी तल पर चढ़ जाने वाली लाल तह जो वायु और तरी से उत्पन्न होती है, वह गड्ढा जो गढ़ के चारों ओर रक्षा के लिए खोदकर बनाया जाता है।
काचा *(हि.वि.)* कच्चा, भीड़, मृदु।
चाचा (हि. पू) पितृव्य, पिता का भाई।
बाचा *(हि.स्त्री.)* बोलने की शक्ति वार्तालाप, बातचीत।
माचा *(हि.वि.)* मचिया।

वाचा *(सं.स्त्री.)* वाणी, वचन, शब्द।
काँचा *(हि.वि.)* देखो कच्चा।
ढाँचा *(हि.पुं.)* ढोल, ठाट, ठठरी।
माँचा *(हि.पुं.)* मचान, खाट, पलंग।
साँचा *(हि.पुं.)* वह उपकरण जिसमें कोई तरल पदार्थ या गीला पदार्थ रखकर कोई विशेष आकार की कोई वस्तु बनाई जाती है, ठप्पा, छप्पा।
खाँचा *(हि.पुं.)* झाबा, बड़ा टोकरा।
तमाचा *(हि.पुं.)* देखो तमाचा।

इचा

ऋचा (सं स्त्री.) वेदमंत्र, स्तुति, पूजा।
रिचा *(हि.स्त्री.)* देखो ऋचा।
प्रतिंचा *(हि.स्त्री.)* प्रत्यंचा, चिल्हा।
मरिचा *(हि.पुं.)* लाल बड़ा मिरचा।

ईचा

नीचा *(हि.वि.)* जिसके आसपास का तल ऊँचा न हो, छोटा, ओछा, बीमा, झुका, अधिक लटका।
बगीचा *(हि.पुं.)* उपवन।

उचा

तुच तुचा *(हि.स्त्री.)* देखो त्वचा।
खचा (से स्त्री.) दीप्ति, प्रकाश, शोभा।
बंकुचा *(हि.पुं.)* छोटी गैलरी।
पहुँचा *(हि. पुं.)* अग्र बाहु और हथेली के बीच का भाग, मणिबन्ध, कलाई मट्ठा।
ऊँचा *(हि.वि.)* उच्च, श्रेष्ठ, उन्नत, हानि-लाभ।
ऊँच, ऊँचा *(हि.वि.)* उच्च, ऊँचा।
कूँचा *(हि.पुं.)* झाड़, बुहारी।
कूँची *(हि. पुं.)* छोटा कूंचा, छोटी झाड़ू, चित्रकार की रंग पोतने की कलम।
बूचा *(हि.पुं.)* कनकटा, भद्दा और कुरूप।
ऐचा *(पुं.)* टेढ़ी आँख वाला।
कैंचा *(हि.पुं.)* बड़ी कैंची।
खेंचा *(हि.पुं.)* किवाड़ के छेद में पहनाया हुआ लोहे का कड़ा, पायना।
पेंचा *(हि.पुं.)* पलटा, हेरफेर।
बगैचा *(हि. पुं.)* देखो बगीचा।

ओचा

कोचा *(हि.पुं.)* तलवार इत्यादि का गड़ाव, चुभाव।
खोंचा *(हि.स्त्री.)* खरोंच।
घोंचा *(हि.पुं.)* स्तवक, गुच्छा।
ढोंचा *(हि.पुं.)* वह पहाड़ा जिसमें प्रत्येक अंक की साढ़े चार गुनी संख्या दोहराई जाती है।
पौंचा *(हि.पुं.)* साढ़े पाँच का पहाड़ा।
मोर्चा *(हि.पुं.)* देखो मोरचा।
कौचा *(हि.पुं.)* किस संख्या का, किस स्थान का।

अंचा

चंचा *(हि.स्त्री.)* पक्षियों को डराने के लिए खेतों में रखा हुआ पुतला।
प्रतंचा *(हि.पुं.)* देखो प्रत्यंचा।
कमंचा *(हि.स्त्री.)* बढ़ई का बरमा चलाने का डंडा।
प्रत्यंचा *(हि.स्त्री.)* धनुष की डोरी, चिल्ला।
चिंच्चा *(सं.स्त्री.)* इमली, इतलर का चिआ।
अचि (से. स्त्री.) अग्नि की लपट, चमक ।
रचपचि *(हि.कि.वि.)* परिश्रम सेवा।
बीचि (से. स्त्री.) तरंग, लहर।
नरिचि (से. स्त्री.) किरण, ज्योति।
रुचि *(सं.स्त्री.)* अनुराग, प्रेम, आसक्ति, प्रवृत्ति, भूख स्वाद।
शुचि *(सं.वि.)* स्वच्छ, निर्दोष, पाप रहित।
सुचि *(हि.वि.)* शुचि *(स्त्री.)* सूई।
नमुचि (सं. पुं.) कन्दर्प।
अरुचि *(सं.स्त्री.)* भोजन की अनिच्छा, घृणा।
अशुचि *(सं.वि.)* अपवित्र, मैला-कुचैला।
अनरुचि *(हि.स्त्री.)* अरुचि, अग्नि-मान्य।
मलरुचि *(से. वि.)* पापमय चित्त।
स्वरुचि *(सं.पुं.)* स्वेच्छा, अपनी इच्छा।
यथारुचि *(सं.अव्य.)* रुचि के अनुसार।
अभिरुचि *(सं.स्त्री.)* अत्यन्त रुचि।
यथाभिरुचि (से. अव्य.) इच्छानुसार।
सुरुचि *(सं.पुं.)* उत्तम रुचि, प्रसन्नता।
सूचि *(हि.वि.)* पवित्र, शुद्ध।
सूचि *(सं.पुं.)* दरजी।
रोचि (से. स्त्री.) प्रभा, दीप्ति, किरण।
सुरोचि *(हि.वि.)* सुन्दर, मनोहर।
बिरंचि *(हि.पुं.)* ब्रह्मा।
बिरंचि *(सं.पुं.)* सृष्टिकर्ता, ब्रह्मा।
चची *(हि.स्त्री.)* चाचा की स्त्री।
शचि, शची *(सं.स्त्री.)* इन्द्र की पत्नी।
सची *(हि.स्त्री.)* देखो शची।
शची *(सं.स्त्री.)* शची, ब्रह्माणी।
कच्ची *(हि.स्त्री.)* न पकी हुई, घी या दूध में पकी हुई रसोई।
पच्ची *(हि.स्त्री.)* धातु के बने पदार्थ पर किसी अन्य वस्तु के पचर का जड़ाव।
बच्ची *(हि.स्त्री.)* छोटी कन्या, बालिका।
कमची *(हि.स्त्री.)* बाँस की पतली डाल जिसकी टोकरियाँ बनती हैं।
चमची *(हि.स्त्री.)* छोटा चम्मच, आचमनी।
खपची *(हि.स्त्री.)* बाँस की पतली तीली।
लायची *(हि.स्त्री.)* देखो इलायची।
लालची *(हि.वि.)* अति लोभी।

कचाकची *(हि.स्त्री.)* विवाद, झगड़ा।
किरची *(हि.स्त्री.)* रेशम का लच्छा।
बुकची *(हि.स्त्री.)* छोटी गठरी।
घुंघची *(हि.स्त्री.)* गुज्जा, गुंजिका।
लुच्ची (हि. वि. स्त्री.) खोटी, नीच।
घुमची *(हि.स्त्री.)* गुज्जा, घुँघचा।
मुरची *(हि.स्त्री.)* सिकुड़न, बल, बटन।
डोलची *(हि.स्त्री.)* छोटी डाली।
चाची *(हि.स्त्री.)* चाचा की स्त्री।
याची *(सं.पुं.)* भिक्षुक, भिखमंगा।
लाची *(हि.स्त्री.)* इलायची।
वाची *(हि.वि.)* बोध कराने वाला, सूचक, वह शब्द समस्त पद के अन्त में प्रयुक्त होता है।
अजाची *(हि.पुं.)* जो मनुष्य किसी से कुछ न माँगे।
कमाची *(हि.स्त्री.)* कमान की तरह झुकी हुई तीली।
अयाची *(सं.वि.)* न माँगनेवाला, संतुष्ट।
प्राची *(सं.स्त्री.)* पूर्व दिशा, पूरब।
खपाची (हि. सत्री.) देखो खपचा।
साँची *(हि.पुं.)* एक प्रकार का पान, पुस्तकों की छपाई का वह प्रकार जिसमें पंक्तियाँ बेड़े में होती हैं तथा पन्ने अलग-अलग रहते हैं।
इलाची *(हि.स्त्री.)* देखो इलायची।
किरांची *(हि.स्त्री.)* अनाज, लदने की गाड़ी, रेलगाड़ी का माल लादने का पूरा डिब्बा।
पैशाची *(सं.स्त्री.)* प्राकृत भाषा का एक भेद।
कांची (से. स्त्री.) मेखला, करदानी।
लीची *(हि.स्त्री.)* एक सदाबहार वृक्ष जिसका फल खाने में मीठा होता है।
पीची *(सं.स्त्री.)* तरंग, लहर।
चीचीं *(हि.स्त्री.)* पक्षियों के बच्चों का धीमा शब्द।
पतीची *(सं.स्त्री.)* पश्चिम दिशा।
मरीची *(हि.वि.)* विषयुक्त।
उदीची *(सं.स्त्री.)* उत्तर दिशा।
रूची *(हि.स्त्री.)* देखो रुचि।
बकुची *(हि.स्त्री.)* छोटी गठरी।
पहुँची *(हि.स्त्री.)* हाथ की कलाई पर पहिनने का एक गहना।
शूची *(सं.स्त्री.)* सूई।
सूची (से. स्त्री.) सूई, तालिका, दृष्टि, भेदिया।
सूची कर्म *(सं.पुं.)* सिलाई का काम।
कूंची *(सं.स्त्री.)* चित्र बनाने की लेखनी। *(हि.स्त्री.)* छोटी झाड़ू।
पोची *(हि.स्त्री.)* निचाई, बुराई।
मोची *(हि.पुं.)* चर्मकार श्रेणी की एक जाति, ये लोग जूता बनाने और इनकी मरम्मत करते हैं।
अग्रशोची *(से. पूं.)* दूरदर्शी।
समालोची *(से. वि.)* समालोचना करने वाला।
संकोची *(हि.पुं.)* संकोच या लज्जा करने वाला।
खोंची *(हि.पुं.)* खुरचन, फटन।
घरोंची *(हि.स्त्री.)* भरा हुआ जल का घड़ा रखने की तिपाई।
घिरौंची *(हि.स्त्री.)* देखो घिड़िया।
परपंची *(हि.वि.)* धूर्त बखेड़िया।
चिच्ची (से. स्त्री.) गुंजा, घुमची।
बीचु *(हि.पुं.)* अन्तर, अवसर।
मीचु *(हि.स्त्री.)* मृत्यु।
चच्चु *(सं.पुं.)* पक्षी की चोंच।
बृहद्चंचु *(सं.पुं.)* लंबी चोंच वाला।
रक्तचच्चु *(सं.पुं.)* शुक, तोता।
चूँ *(हि.पुं.)* छोटी चिड़िया के बोलने का शब्द।
नोचूँ *(हि.पुं.)* नोंचने वाला।
कच्चे बच्चे *(हि.पुं.)* छोटे बच्चे।
बालबच्चे *(हि.पुं.)* संतान।
चै *(हि.पुं.)* जन समूह, ढेर।
निश्चै *(हि.पुं.)* देखो निश्चय।
नीचे *(हि.कि.वि.)* नीचे की ओर अधीनता में, न्यून, घटकर।

छ–अन्तक शब्द : *हिन्दी वर्णमाला में चवर्ग का दूसरा व्यंजन जिसका उच्चारण तालु से होता है, (सं.पुं.) आच्छादन, घर, खण्ड, टुकड़ा, (वि.) स्वच्छ, तरल, निर्मल, (हि.वि.) पाँच से एक अधिक संख्या का, गिनती में पाँच से एक अधिक।*

अछ

अच्छ (सं.) स्वच्छ, निर्मल *(पुं.)* भाल।
कच्छ *(सं.पुं.)* जल के पास की भूमि, कछार, अनुपदेश, वस्त्र का अच्चल।
कच्छ (हि. पं.) कच्छप, कछुवा, खुजली।
अकच्छ *(से. वि.)* नंगा, व्यभिचारी।
जच्छ *(हि.पुं.)* देखो यक्ष।
प्रतच्छ (हि. पुं.) देखो प्रत्यक्ष।
परतच्छ *(हि.वि.)* देखो प्रत्यक्ष।
परितच्छ *(हि.पुं.)* देखो प्रत्यक्ष।
दच्छ *(हि.पुं.)* देखो दक्ष।
अनच्छ *(सं.वि.)* जो स्वच्छ न हो।
पच्छ *(हि.पुं.)* देखो पक्ष।
प्रतिपच्छ *(हि.पुं.)* देखो प्रतिपक्ष।
विपच्छ *(हि.पुं.)* विपक्ष, शत्रु, *(वि.)* विपरीत, प्रतिकूल, विरुद्ध।
बच्छ *(हि.पुं.)* बच्चा, बेटा, बछड़ा।
भच्छ *(हि.पुं.)* देखो भक्ष्य।

मच्छ *(हि.पुं.)* बड़ी मछली।
मगरमच्छ *(हि.पुं.)* बड़ी मछली।
अकृच्छ *(सं.पुं.)* संकोच रहित, सुगम।
मूत्रकच्छ *(सं.पुं.)* मूत्र का वह रोग जिसमें बड़े कष्ट से रुक-रुककर मूत्र निकलता है।
वृच्छ *(हि.पुं.)* देखो वृक्ष।
सुरवृच्छ *(हि.पुं.)* देखो सुरवृक्ष।
निरच्छ *(हि.पुं.)* चक्षुहीन, अन्धा।
लच्छ *(हि.पुं.)* लक्ष्य, बहाना, सौ हजार की संख्या, लाख।
दुलच्छ *(हि.वि.)* सुन्दर।
वच्छ *(हि.पुं.)* देखो वृक्ष, छाती।
अस्वच्छ *(सं.वि.)* कलुष, धुँधला।
स्वच्छ *(सं.वि.)* उज्ज्वल, निर्मल, पवित्र।
छिच्छ *(हि.स्त्री.)* छोटा बूँद।
रिच्छ *(हि.पुं.)* भाल।
दुर्भिच्छ *(हि.पुं.)* दुर्भिक्ष, अकाल।
कृछ *(सं.पुं.)* दुःख, कष्ट, पाप।
विरछ *(हि.पुं.)* देखो वृक्ष।

आछ

गाछ *(हि.पुं.)* छोटा वृक्ष, पौधा।
छाछ *(हि.स्त्री.)* मक्खन निकाला हुआ दूध या दही।
पाछ *(हि.स्त्री.)* रस निकालने के लिए वृक्ष की डाल या तने पर बनाया हुआ चीरा *(पुं.)* पिछला भाग *(कि.वि.)* पीछे की ओर।
पाछी, पाछु, पाछ *(हि.कि.वि.)* पीछे की ओर।
माछ *(हि.पुं.)* बड़ी मछली।
कांछ धोती की लांग।
छाँछ *(हि.स्त्री.)* देखो छाछ।
माँछ *(हि.पुं.)* मछली।
पूछताछ *(हि.स्त्री.)* जिज्ञासा, जाँच-पड़ताल।
पूछपाछ *(हि.स्त्री.)* देखो पूछताछ।
रूदराछ *(हि.पुं.)* देखो रूद्राक्ष।

ईछ

तीछ *(हि.वि.)* देखो तीक्ष्ण।
रीछ *(हि.पुं.)* भालू।

उछ

कुछ *(हि.वि.)* किंचित, थोड़ा, *(सर्व.)* किंचित, कोई, *(कि.वि.)* थोड़े परिमाण में, थोड़ा-सा।
उछ *(हि.स्त्री.)* कृषिफल काट लेने पर गिरे हुए दानों को बीनकर इकट्ठा करना।

उच्छ

तुच्छ *(से. वि.)* क्षुद्र, निःसार, खोखला, अन्य, थोड़ा।
पुच्छ *(सं.पुं.)* लाँगुल, पूँछ, किसी वस्तु का पिछला भाग।
वक्रपुच्छ *(सं.पुं.)* कुत्ता।
रूच्छ *(हि.वि.)* देखो रूक्ष।

ऊछ

पूछ *(हि.स्त्री.)* जिज्ञासा, खोज।
पूँछ *(हि.स्त्री.)* पशु, पक्षी, कीड़े, आदि के शरीर का सबसे पिछला भाग, लांगूल, पोंछ।
मूँछ *(हि.स्त्री.)* ऊपर के ओंठ पर कड़े बाल जो केवल मनुष्यों के होते हैं।

ओछ

बोछ *(हि.स्त्री.)* देखो मूँछ।
पोंछ *(हि.स्त्री.)* देखो पूँछ।
मोंछ *(हि.स्त्री.)* देखो मूँछ।

औछ

तलौछ *(हि.स्त्री.)* तलछट।
कारोंछ *(हि.स्त्री.)* कालिमा, धुएँ की कालिख।
कालोंछ *(हि.स्त्री.)* कृष्ण वर्ण, कालापन, धुएँ की कालिख, काला जाला।
इच्छा (से. स्त्री.) वांछा, लालसा, अभिलाषा।
यदिच्छा *(सं.स्त्री.)* जैसी इच्छा।
अनिच्छा *(सं.स्त्री.)* अनभिलाषा, अरुचि।
भिच्छा *(हि.स्त्री.)* देखो भिक्षा।
छमिच्छा *(हि.स्त्री.)* समस्या, संकेत।
परिच्छा *(हि.स्त्री.)* देखो परीक्षा।
सिच्छा *(हि.स्त्री.)* देखो शिक्षा।
पाछा *(हि.पुं.)* देखो पीछा।
काँछा *(हि.पुं.)* कमर के पीछे खोंसने का धोती का भाग, लँगोट,*(स्त्री.)* आकांक्षा।
बाँछा *(हि.स्त्री.)* वाच्छा, इच्छा।
वाच्छा *(सं.स्त्री.)* इच्छा, अभिलाषा।
मनोवांछा *(सं.स्त्री.)* इच्छा, अभिलाषा।

एच्छ

अच्छा *(हि.वि.)* उत्तम, भला।
कच्छा *(हि.स्त्री.)* कई नावों को मिलाकर बना हुआ बेड़ा।
बच्छा *(हि.पुं.)* किसी पशु का बच्चा।
रच्छा *(हि.स्त्री.)* देखो रक्षा।
लच्छा *(हि.पुं.)* झुप्पा, गुच्छा।
यवृच्छा (से. स्त्री.) आकस्मिक संयोग।
बर्छा *(हि.पुं.)* देखो बरछा।
बरछा *(हि.पुं.)* भोंककर मारने का एक अस्त्र, भाला।
कलछा *(हि.पुं.)* बड़ा चम्मच, बड़ी डंडी की कछुल।
मुरछा *(हि.स्त्री.)* देखो मुर्छा।
मूरछा *(हि.स्त्री.)* देखो मुर्छा।
तिरछा *(हि.वि.)* तिर्यक, तिरश्चीन, जो ठीक सामने न जाकर इधर-उधर फिर गया हो।
पीछा *(हि.पुं.)* पिछला भाग, किसी घटना के बाद का काल।

आगापीछा *(हि.पुं.)* सोच-विचार, दुविधा।
परीछा *(हि.स्त्री.)* देखो परीक्षा
तिरिछा *(हि.वि.)* देखो तिरछा।
दीच्छा *(हि.स्त्री.)* देखो दीक्षा।
हींछा *(हि.स्त्री.)* इच्छा।
गलगुच्छा *(हि.पुं.)* देखो गलमुच्छा।
छुच्छा *(हि.वि.)* देखो छूछा।
बलमुच्छा *(हि.पुं.)* दोनों गालों पर बढ़ाए हुए बाल।
महुर्छा *(हि.पुं.)* महोत्सव, बड़ा उत्सव।
छूँछा *(हि.वि.)* रिक्त, पोला, निःसार।
हितेच्छा *(सं.स्त्री.)* उपकार का बयान।
प्रयेच्छा (से. स्त्री.) इच्छानुसार, मनमाना।
अपेच्छा *(हि.स्त्री.)* अपेक्षा, आकांक्षा।
स्वेच्छा *(सं.स्त्री.)* अपनी इच्छा।
ओछा *(हि.वि.)* क्षुद्र, तुच्छ, छोटा, हलका, छिछला, शक्तिहीन।
अंगीछा *(हि.पुं.)* अंग पोंछने का वस्त्र।
तिरोछा *(हि.वि.)* तिरछा, तिर्यक।
उपरोछा *(हि.कि.वि.)* ऊपर की ओर।
तिलोछा *(हि.वि.)* जिसमें तेल लगा हो, जिसमें तेल का स्वाद हो।
वोंछा *(हि.वि.)* देखो ओछा।
ईछा *(हि.स्त्री.)* देखो इच्छा।
पंछा *(हि.पुं.)* छाला, फफोला, एक प्रकार का स्राव जो मनुष्य के शरीर से अथवा पौधों में से निकलता है।
छिः *(हि.अव्य.)* घृणा, तिरस्कार, अथवा अरुचि रोचक शब्द।
लच्छि *(हि.पुं.)* एक लाख की संख्या। *(स्त्री.)* लक्ष्मी।
बिरिछि *(हि.पुं.)* देखो वृक्ष।
छीः *(हि.अव्य.)* घृणासूचक शब्द।
कच्छी *(हि.वि.)* कच्छ, देशीश।
पच्छी *(हि.स्त्री.)* पक्षी, चिड़िया।
बिपच्छी *(हि.पुं.)* शत्रु, विरोधी।
मच्छी *(हि.स्त्री.)* देखो मछली।
लच्छी *(हि.स्त्री.)* कलाबत्तू, सूत, रेशम आदि की लपेटी हुई अंटी।
स्वच्छी *(हि.वि.)* स्वच्छ।
सच्छी *(हि.पुं.)* साक्षी।
तिरछी *(हि.स्त्री.)* अरहर के तिरछे दाने।
बरौंछी *(हि.स्त्री.)* सुअर के बालों की वनी हुई कूँची।
अंगीछी *(हि.स्त्री.)* छोटा अंगीछा।
पंछी *(हि.पुं.)* पक्षी, चिड़िया।
कलछी *(हि.स्त्री.)* बड़ी डंडी का चम्मच।
पूछाताछी, पूछापाछी *(हि.स्त्री.)* पूछने की क्रिया या भाव।
माछी *(हि.स्त्री.)* मक्खी, मछली।
मांछी *(हि.स्त्री.)* देखो मछली।
वांछी *(हि.वि.)* अभिलाषा या इच्छा करनेवाला।
बीछी, बीछ *(हि.पुं.)* देखो बिच्छु, बिछुआ।
छुच्छी *(हि.पुं.)* पोली पतली नली।
कछु *(हि.वि.)* देखो कुछ।
इच्छु *(हि.पुं.)* इक्षु, ईख।
भिच्छु *(हि.पुं.)* देखो भिक्षु।
किछु *(हि.वि.)* कुछ।
छु *(हि.पुं.)* मंत्र पढ़कर मुख से हवा फेंकने का शब्द, मंत्र की फूँक।
कछु *(हि.वि.)* देखो कुछ।
उड़न छू (हि. पि.) दिखाई न पड़ने वाला।
छूछू *(हि.वि.)* मूर्ख।
बिच्छी, बिच्छू *(हि.पुं.)* एक छोटा विषैला कीड़ा जिसकी पूँछ में डंक होता है जिसमें विष रहता है, एक प्रकार की घास जिसके छू जाने से बिच्छू के काटने के समान जलन और पीड़ा उत्पन्न होती है।
हितेच्छू *(सं.वि.)* कल्याण मनाने वाला।
पीछे *(हि.अव्य.)* पीछे की ओर, कुछ दूर पर, अन्त में, पीठ की ओर, कारण से, वास्ते, लिखे उपरान्त, अनन्तर।
छै *(हि.वि.)* देखो छ, *(वि.)* देखो क्षय।
छो *(हि.पुं.)* छोह, प्रीति, दया, क्षोभ।

ज-अन्तक : *ज हिन्दी भाषा का एक व्यंजन वर्ण, जो चवर्ग का तीसरा अक्षर है, इसका उच्चारण स्थान तालु है। (सं पुं.) पिता, जन्म, वेग, मुक्ति, (वि.) वेग युक्त, जीतनेवाला, उत्पन्न करने वाला।*

अज *(सं. पुं)* जिसका जन्म न हो, ईश्वर।
अज देखो अजय।
गज *(सं पुं.)* हस्ति, हाथी।
धज *(सं.स्त्री.)* सुन्दर रचना, आकृति, शोभा।
रज *(सं.पुं.)* पराग, धूल, *(हि.पुं.)* ज्योति, प्रकाश।
व्रज *(सं.पुं.)* व्रजन, गमन, समुद्र झुंड।
वृज *(हि.पुं.)* देखो व्रज।
लज *(हि.स्त्री.)* देखो लाज, लज्जा।
सज *(हि.स्त्री.)* सजने की क्रिया या भाव, शोभा, सौंदर्य।
गरगज *(हि.पुं.)* गढ़ की भीत, तोप रखने का शिखर, जो गढ़ की भीत पर बना रहता है, टीला, फाँसी की टिकली।
वर्णज *(सं.वि.)* वर्णोदुभव जाति।
सतनज *(हि.पुं.)* सात प्रकार के अन्नों का मेल।
वनज *(हि.पुं.)* वाणिज्य, व्यवसाय।
वनुज *(सं.वि.)* जो वन में उत्पन्न हो।

अब्ज *(सं.पुं.)* जल में उत्पन्न वस्तु, कमल, *(पुं.)* शंख, कपूर, चन्द्रमा।
रक्ताब्ज *(सं.पुं.)* लाल कमल।
सजबज *(हि.स्त्री.)* देखो सजधज।
डिम्बज *(सं.पुं.)* जिसकी उत्पत्ति अंडे से हो।
यमज *(हि.वि.)* देखो यमज, जुड़वाँ।
रज्ज *(सं.स्त्री.)* रस्सी, बागडोर।
सलज्ज *(सं.वि.)* जिसको लज्जा हो।
सज्ज *(सं.वि.)* सज्जित, सजा हुआ।
निर्लज्ज *(हि.वि.)* देखो निर्लज्जा।
निर्लज्ज *(सं.वि.)* लज्जाहीन।
विलज्ज *(सं.वि.)* लज्जारहित।
मुक्तलज्ज *(सं.वि.)* निर्लज्ज।
सजधज *(सं.स्त्री.)* शृंगार, सजावट।
अन्त्यज *(सं.पुं.)* शूद्र, चण्डाल।
मलयज *(सं.पुं.)* चन्दन, राह।
अग्रज *(सं.पुं.)* बड़ा, (जेठा) भाई
घमगरज *(हि.पुं.)* उत्पात, उपद्रव।
अचरज *(सं.पुं.)* आश्चर्य, विस्मय।
दरज *(हि.पुं.)* देखो दर्ज।
कदरज *(हि.पुं.)* कदर्य, कंजूस व्यक्ति।
अधरज *(हि.स्त्री.)* ओंठों पर चढ़ी हुई पान की लाली।
पद्मरज (सं. पु.) कमल केशर।
रामरज *(सं.स्त्री.)* एक प्रकार की पीली मिट्टी जिसका तिलक वैष्णव लोग लगाते हैं।
अवरज *(सं.पुं.)* छोटा भाई, शूद्र।
उखमज *(हि.वि.)* उष्मज, गरमी से उत्पन्न, *(पुं.)* उपद्रव।
युग्मज *(सं.पुं.)* जुड़वाँ लड़के।
यमज *(सं.वि.)* एक गर्भ से एक साथ उत्पन्न होनेवाली दो सन्तान, जुड़वाँ।
सुरज *(हि.पुं.)* देखो सूर्य।
स्त्रज *(हि.स्त्री.)* माला।
अस्त्रज *(सं.पुं.)* मांस।
तलज *(हि.वि.)* समूचा, पूरा।
जलज *(सं.वि.)* जो पानी में उत्पन्न हो।
ध्वज *(सं.पुं.)* ध्वजा, चिह, गर्व।

अआज/अन्तक

आज *(हि.कि.वि.)* इस समय।
काज *(हि.पुं.)* कार्य, काम, व्यवसाय।
खाज *(हि.स्त्री.)* खुजली।
गाज *(हि.स्त्री.)* गरज, बिजली।
छाज *(हि.स्त्री.)* छप्पर।
नाज *(हि.पुं.)* अनाज।
बाज *(हि.पुं.)* घोड़ा।
राज *(हि.वि.)* प्रजापालन की व्यवस्था, शासन, पूर्ण अधिकार, देश, जनपद, राजा, घर आदि बनाने वाला।
लाज *(हि.स्त्री.)* लज्जा।
अकाज *(हि.वि.)* दुष्कर्म, कार्य की हानि, विघ्न।
बरकाज *(हि.पुं.)* विवाह।
सरताज *(हि.पुं.)* श्रेष्ठ व्यक्ति।
सिरताज *(हि.पुं.)* सर्वश्रेष्ठ व्यक्ति, शिरोमणि।
अनाज *(हि.पुं.)* अन्न, धान्य।
साजबाज *(हि.पुं.)* घनिष्ठता, मेलजोल।
बट्टबाज *(हि.वि.)* जादूगर, धूर्त।
लट्ठबाज *(हि.वि.)* बड़ी लाठी बाँधने वाला, लाठी लड़ने वाला।
देहभाज *(सं.वि.)* जीवधारी।
समाज (सं. पु.) संघ, सभा, समुदाय।
राजसमाज *(सं.पुं.)* राजमण्डली।
शिष्ट समाज *(सं.पुं.)* शिष्ट जनों का समाज।
ब्याज *(हि.पुं.)* वृद्धि, सूद।
ब्याज *(सं.पुं.)* कष्ट, छल, विघ्न, बाधा, विलम्ब, देर।
अब्याज *(सं.पुं.)* छल या कपट का अभाव।
निर्ब्याज *(सं.वि.)* छल रहित।
पुखराज *(हि.पुं.)* पीले रंग का एक रत्न।
पोखराज *(हि.पुं.)* देखो पुखराज।
मृगराज *(सं.पुं.)* सिंह, व्याघ्र।
नागराज *(सं.पुं.)* ऐरावत, शेषनाग।
गजराज *(हि.पुं.)* बड़ा हाथी।
विजराज *(हि.पुं.)* देखो विजराज।
द्विजराज *(सं.पुं.)* देखो द्विजपति।
तृणराज *(सं.पुं.)* नारियल या ताड़ का वृक्ष, बाँस।
पण्डितराज *(सं.पुं.)* पण्डितों में श्रेष्ठ।
तीर्थराज *(सं.पुं.)* प्रयाग, तीर्थ।
नवराज *(सं.पुं.)* समुद्र, सागर।
गन्धराज *(सं.पुं.)* मोगरा, बेला, चन्दन।
दिनराज *(सं.पुं.)* सूर्य, हदनेर।
वनराज *(सं.पुं.)* सिंह।
यमराज *(हि.वि.)* देखो यमराज।
धर्मराज *(सं.पुं.)* नृपति, राजा, राजा युधिष्ठिर, न्यायाधीश, यम धर्म का पालन करने वाला, न्यायकर्ता।
शैलराज *(सं.पुं.)* हिमालय पर्वत।
जुवराज *(हि.पुं.)* देखो युवराज।
युवराज *(सं.पुं.)* राजा का वह राजकुमार जो राज्य का उत्तराधिकारी होता है।
वंशराज (सं. पं.) सबसे बड़ा।
पुरुषराज *(सं.पुं.)* पुरुष श्रेष्ठ।
रसराज *(सं.पुं.)* पारद, पारा, रसौत।
महराज *(हि.पुं.)* देखो महाराज।

पुहराज *(हि.पुं.)* पुखराज।
नक्षत्रराज *(सं.पुं.)* नक्षत्रों का अधिपति, चन्द्रमा।
पिसवाज *(हि.पुं.)* रंडियों के पहनने का घाघरा।

आआज

कलाबाज *(हि.वि.)* नट क्रिया करने वाला।
महाराज *(सं.पुं.)* बहुत बड़ा राजा, ब्राह्मण, गुरु, आचार्य या किसी पूज्य के लिए संबोधन।

इआज

पिआज *(हि.पुं.)* देखो प्याज।
निकाज *(हि.वि.)* निकम्मा, बेकाम।
अधिराज *(सं.पुं.)* सम्राट।
कविराज *(सं.पुं.)* श्रेष्ठ कवि, बंदेशीय देश की उपाधि।
बियाज *(हि.पुं.)* देखो ब्याज।
योगिराज *(सं.पुं.)* बहुत बड़ा योगी।
वनराज *(सं.पुं.)* सिंह, शेर।
महाराजधिराज *(सं.पुं.)* अनेक राजाओं में श्रेष्ठ।
निवाज *(हि.वि.)* कृपा करने वाला।
दुराज *(हि.पुं.)* दुष्ट शासन।
मधुराज *(सं.पुं.)* भौंरा।
सुराज *(हि.पुं.)* देखो स्वराज्य।
दुहाज *(हि.वि.)* वह मनुष्य जो दूसरा विवाह करें।
पटेबाज *(हि.पुं.)* वह जो पटा खेलता हो, पटे से लड़नेवाला।
मनोराज *(हि.पुं.)* मन की कल्पना।

इज अन्तक

निज *(सं.वि.)* स्वकीय, अपना, मुख्य, *(अव्य.)* ठीक ठीक, विशेष।
विज *(हि.पुं.)* देखो विजय।
अद्विज *(सं.वि.)* जो ब्राह्मण न हो।
दुइज *(हि.स्त्री.)* क़िसी पक्ष की दूसरी तिथि, दूज।
प्राकृतिज *(सं.वि.)* प्रकृति या स्वभाव से उत्पन्न।
क्षितिज *(सं.पुं.)* वह स्थान जहाँ पर पृथ्वी और आकाश मिले हुए दीख पड़ते हैं।
दधिज *(सं.पुं.)* नवनीत, मक्खन।
योनिज *(सं.पुं.)* जरायुज।
उदभिज, उदभिज्ज *(सं.वि.)* भूमि को भेदकर जन्म लेने वाली, वनस्पति, वृक्ष, लता इत्यादि।
भूमिज *(सं.पुं.)* जो भूमि से उत्पन्न हो।
वारिज *(सं.पुं.)* कमल, मछली, शंख कोड़ी।
कुलिज *(सं.पुं.)* नख, नहँ।
अनसिज, मनसिशय *(सं.पुं.)* कन्दर्प, कामदेव।
उरसिज *(सं.पुं.)* स्तन, छाती।
उरसिज *(सं.पुं.)* कमल।
अपाहिज *(हि.वि.)* अंगहीन, आलसी, काम न करने के योग्य।
रात्रिज *(सं.पुं.)* नक्षत्र तारे आदि।

ईज

खीज *(हि.स्त्री.)* चिढ़, झुंझलाहट।
छीज *(हि.स्त्री.)* कमी, घाटा, टोटा।
तीज *(हि.स्त्री.)* प्रत्येक पक्ष की तीसरी तिथि।
बीज *(सं.पुं.)* प्रधान कारण, अंकुर, वृक्ष आदि के अंकुर का आधार।
हीज *(हि.वि.)* आलसी, मुटठर।
खनिज *(हि.पुं.)* वस्तुओं का क्रय विक्रय, व्यवसाय, व्यापार की वस्तु।
पृथ्वीज *(सं.वि.)* भूमि से उत्पन्न।
हरबीज *(सं.पुं.)* पारद, पारा।
निर्बीज *(सं.वि.)* बीज शून्य।
शिवबीज *(सं.पुं.)* पारद, पारा।
मधुबीज *(सं.पुं.)* दाडिम, अनार।
शम्भुबीज *(सं.पुं.)* पारद, पारा।

उज

दुज *(हि.पुं.)* देखो द्विज।
भुज *(सं.स्त्री.)* भुजा, बाहु, बाँह, समकोणों का पूरक कोण, किसी क्षेत्र की बाहरी रेखा।
नीलाम्बुज *(सं.पुं.)* नील कमल।
हविर्भुज *(सं.वि.)* अग्नि देवता।
चतुरभुज *(हि.पुं.)* देखो चतुरभुज।
अनुज *(सं.पुं.)* छोटा भाई।
तनुज *(सं.पुं.)* पुत्र, लछका, बेटा।
मनुज *(सं.पुं.)* मनुष्य, आदमी।
हृद्रुज *(सं.स्त्री.)* हृदय की पीड़ा।
साउज *(हि.पुं.)* आखेट के पशु।
महाभुज *(सं.वि.)* जिसकी बाँह लम्बी हों।
जरायुज *(सं.पुं.)* वह प्राणी जो खेडी में लिपटा हुआ गर्भ से पैदा होता है।
महावज *(सं.स्त्री.)* बड़ी पीड़ा या दुःख।
द्विभुज *(सं.वि.)* दो हाथवाला।
सम द्विभुज *(सं.वि.)* दो समान भुजवाला त्रिभुज।
त्रिभुज *(सं.पुं.)* तीन भुजाओं का क्षेत्र, वह समतल जो तीन रेखाओं से घिरा हो, *(वि.)* तीन पद या भुजयुक्त।
सम त्रिभुज *(सं.पुं.)* वह त्रिभुज जिसके तीनों त्रिभुज बराबर हों।
अतरूज *(सं.वि.)* रोगरहित, नीरोग।
ब्रह्मभुज *(सं.पुं.)* राजा, महीभूत।
कुब्ज *(सं.वि.)* टेढ़ी पीठवाला, कुबड़ा।
चतुर्भुज *(सं.वि.)* चार भुजाओंवाला, *(पुं.)* वह क्षेत्र या आकृति जिसमें चार भुजाएँ और चार कोण हों।
सुभुज *(सं.वि.)* सुन्दर भुजाओं वाला।
अरूज *(सं.वि.)* रोगशून्य, स्वस्थ।
मरूज *(सं.वि.)* मरूभूमि में होनेवाला।

तरूज *(सं.वि.)* रोगयुक्त, रोगी।
तरूज *(सं.वि.)* वृक्ष से उत्पन्न।
भूभुज *(सं.पुं.)* नृप, राजा।
कुज्ज *(सं.पुं.)* पेड़-पौधों से ढँपा हुआ पहाड़ी स्थान, हाथी का दाँत।
कुंज *(हि.पुं.)* पौधों या लताओं से ढँपा हुआ स्थान।
गुंज *(हि.स्त्री.)* भौंरों की भनभनाहट।
लुंज *(हि.वि.)* बिना हाथ पैर का, लँगड़ा, लूला।
लताकुज्ज *(सं.पुं.)* लताओं से छाया हुआ स्थान।
पुंज *(सं.पुं.)* समूह, ढेर।
प्रभापुंज *(सं.पुं.)* आभा का समूह।
निकुज्ज (स. पुं.) लतागृह, वृक्षों अथवा लताओं से घिरा हुआ मण्डप।

ऊज

ऊज *(हि.पुं.)* उत्पात, उपद्रव, बखेड़ा।
कूज *(हि.स्त्री.)* ध्वनि, बोली।
दूज *(हि.स्त्री.)* किसी पक्ष की दूसरी तिथि।
पूज *(हि.पुं.)* देवता *(वि.)* पूजने योग्य।
भाईदूज *(हि.स्त्री.)* कार्तिक शुक्ला द्वितीया।
गूंज *(हि.स्त्री.)* भौरों के गूँजने का शब्द, प्रतिध्वनि, ललाट को काले रंजन पर वह घूमता है, बाली का पतला भाग जो इसमें लोटा रहता है।
मूंज *(हि.स्त्री.)* एक प्रकार का तृण।

ऐज

ऐज *(हि.स्त्री.)* प्रतिज्ञा, प्रण, ठेक।
तेज, तेजस *(सं.पुं.)* दीप्ति, चमक, प्रभाव, बल, पराक्रम, प्रताप, साहस, सामर्थ्य।
सेज *(सं.स्त्री.)* शैया, पलंग, बिठौना।
नतेज *(सं.वि.)* बिना चमक का, धुँधला।
निस्तेज *(सं.वि.)* प्रभा रहित, मलिन।
सतेज *(हि.वि.)* तेजस्वी, बलवान।
रंगरेज *(हि.पुं.)* कपड़ा रँगने का काम करनेवाला।
पहलेज *(हि.पुं.)* एक प्रकार का खरबूजा जो लंबोतरा होता है।
अवेज *(हि.पुं.)* प्रतिकार, बदला।
बहेज *(हि.पुं.)* देखो दहेज।
बंधेज *(हि.पुं.)* किसी वस्तु को रोकने या बाँधने की क्रिया या युक्ति, प्रतिबंध, रुकावट।
नैज *(सं.वि.)* निज संबंधी, अपना।

ओज

ओज *(सं.पुं.)* बल, प्रताप, तेज।
खोज *(हि.स्त्री.)* अनुसंधान, पता।
चोज *(हि.पुं.)* हंसी ठट्ठा, व्यंगपूर्ण उपहास।
भोज *(हि.पुं.)* बहुत से लोगों को एक साथ बैठाकर भोजन कराना, जेवनार।
तनोज *(हि.पुं.)* रोवां, पुत्र।
अम्भोज *(सं.पुं.)* पद्म, कमल, चंद्रमा।
ब्रह्मभोज *(सं.पुं.)* ब्राह्मणों को भोजन कराना।
सहभोज, सहभोजन *(हि.पुं.)* एक साथ बैठकर भोजन करना।
सरोज *(सं.पुं.)* पद्म, कमल।
वक्षोज, वक्षोरूह *(सं.पुं.)* स्तन, कुल।
प्रीतिभोज *(सं.पुं.)* वह भोजन या खानपान जिसमें मित्र और बंधु बांधव प्रेमपूर्वक सम्मिलित हों।
शिरोज *(सं.पुं.)* केश, बाल।
दौज *(हि.स्त्री.)* किसी पक्ष से दूसरी तिथि, द्वितीया।
मौज (हि.अव्य.) ईश्वर करे, ऐसा न हो कि, न सही, न हो।
सौज *(हि.स्त्री.)* उपकरण, सामग्री *(वि.)* बलवान।

अंज

अंज *(सं.पुं.)* लंगड़ा *(वि.)* खण्डित, टूटा हुआ।
बंज *(हि.पुं.)* देखो बनिज।
दलेजंज *(हि.पुं.)* बुड्ढा मनुष्य।

अजा

जा *(हि.सर्व.)* ओ *(वि.)* यह।
जा *(सं.स्त्री.)* माता, माँ, देवर की स्त्री, देवरानी; *(वि.)* उत्पन्न, जायमान, संभत।
गजा *(हि.पुं.)* नगाड़ा बजाने का डंडा।
धजा *(हि.स्त्री.)* ध्वजा, पताका।
छज्जा *(हि.पुं.)* ओलती, भीत के बाहर निकला हुआ भाग।
मज्जा (सं. स्त्री.) हड्डी के भीतर का गूदा।
लज्जा (से. स्त्री.) अन्तःकरण की वह स्थिति जिसके कारण दूसरे के सामने वृत्तियाँ संकुचित हो जाती हैं, लाज।
सज्जा *(सं.स्त्री.)* वेशभूषा, सजावट, *(हि.स्त्री.)* चारपाई, शैया।
आत्मजा *(सं.स्त्री.)* कन्या, बेटी, पुत्री।
प्रजा *(सं.स्त्री.)* सन्तति, सन्तान, वह जनसमूह जो किसी एक राजा के अधीन या एक राज्य के अन्तर्गत रहता हो।
परजा *(हि.स्त्री.)* प्रजा, आश्रितजन।
ध्वजा *(सं.स्त्री.)* पताका, झंडा।
पुवजा *(सं.स्त्री.)* बड़ी बहन।
भानजा *(हि.पुं.)* बहिन का लड़का।
दायजा *(हि.पुं.)* पौतक, दहेज।
बारजा *(हि.पुं.)* कोठा, अटारी, घर के आगे की दलान।
गिरजा (घर) ईसाइयों का प्रार्थनागृह।
कुबजा *(हि.वि.)* देखो कुब्जा।
सुप्रजा *(सं.स्त्री.)* अच्छी संजान उत्तम प्रजा।

अंजा

मृगांगजा *(सं.स्त्री.)* कस्तूरी।
खड़ंजा *(हि.पुं.)* खड़ी ईंटों की जोड़ाई, जो भूमि पर की जाती है।
कोरंजा *(हि.पुं.)* वेतन में दिया जाने वाला अन्न।

आजा

आजा *(हि.पुं.)* पितामह, दादा।
खाजा *(हि.पुं.)* एक प्रकार की मिठाई।
बाजा *(हि.पुं.)* वाद्य, बजाने का कोई यंत्र।
राजा *(सं.पुं.)* नरपति, अधिपति, स्वामी, प्रिय व्यक्ति।
बाजा-गाजा अनेक प्रकार के बाजों का समुदाय।
परपाजा *(हि.पुं.)* दादा का पिता।
भांजा *(हि.पुं.)* देखो भानजा।
गाँजा *(हि.पुं.)* एक पौधा जिसकी कली चिलम में भरकर पी जाती है।

इजा, ईजा

दाइज, दाइजा *(हि.पुं.)* दहेज।
किमिजा *(सं.स्त्री.)* लाख, लाक्षा।
जीजा *(हि.पुं.)* बड़ी बहन का पति।
दोजा *(हि.वि.)* दूसरा।
भतीजा *(हि.पुं.)* भाई का पुत्र।

ऊजा, उजा

अनुजा *(सं.स्त्री.)* बहिन।
तनुजा *(सं.स्त्री.)* पुत्री, बेटी, लड़की।
भुजा *(सं.स्त्री.)* बाँह, हाथ।
रूजा *(सं.स्त्री.)* रोग, पीड़ा।
शिरोरूजा *(सं.स्त्री.)* सिर की वेदना।
कुम्जा *(हि.पुं.)* मिट्टी का पुरवा, जमी हुई मिश्री की गोल डली।
पुंजा *(हि.पुं.)* समूह, गुच्छा, फल।
गुज्जा *(सं.स्त्री.)* घुमची, एक रत्ती का परिमाण।
दूजा *(हि.वि.)* दूसरा।
पूजा *(सं.स्त्री.)* पूजन, अर्चन, आराधना, आदर-सत्कार।
पूजा *(सं.वि.)* मान्य, पूजा योग्य।
देवपूजा *(सं.स्त्री.)* देवताओं का पूजन।
खरबूजा *(हि.पुं.)* ककड़ी की जाति की एक लता जिसमें गोल मीठे फल गरमी के दिनों में फलते हैं, इसके फल का नाम।
सूजा *(हि.पुं.)* मोटी बड़ी सूई।
भुंजा *(हि.पुं.)* भूना हुआ अन्न, चबेना, भड़भूँजा।
भरभुंजा *(हि.पुं.)* देखो भड़भूँजा।
भेजा *(हि.पुं.)* खोपड़ी के भीतर का गूदा।
मेजा *(हि.पुं.)* मण्डूक, मेंढक।
करेजा *(हि.पुं.)* वकृत, कलेजा।
काकरेजा *(हि.पुं.)* लाल काला मिले रंग का वस्त्र।
कलेजा *(हि.पुं.)* छाती के भीतर का भाग, वृक्षस्थल, छाती।
दुसेजा *(हि.पुं.)* पलंग, दो आदमियों के सोने की खाट।

ओजा

बिडौजा *(सं.पुं.)* इन्द्र का एक नाम।
फिरोजा *(फा.पुं.)* हरापन लिए हुए एक प्रकार का पत्थर।

अं जा

कंजा *(हि.वि.)* कंजई, *(पुं.)* कंजी आँखवाला मनुष्य।
सिकंजा *(हि.पुं.)* देखो शिकंजा।
भड़भंजा *(हि.पुं.)* हिन्दुओं की एक छोटी जाति जो भाड़ में अन्न भूनने का काम करती है।
करंजा *(हि.पुं.)* कंजा *(वि.)* भूरी आँखवाला।

आजि

पम्जि *(सं.स्त्री.)* पंजिका, पंचांग।
बाजि *(हि.पुं.)* घोड़ा, पक्षी।
राजि (यं. स्त्री.) श्रेणी, पंक्ति, लकीर।

अजी

जी *(हि.पुं.)* चित्त, मन, दम, जीवट, इच्छा, संकल्प, *(अव्य.)* एक सम्मान-सूचक शब्द जो किसी व्यक्ति के नाम के पीछे लगाया जाता है, यह शब्द हामी दिखलाने में प्रयुक्त होता है।
मगजी *(हि.स्त्री.)* पतली गोट की पट्टी जो कपड़े के किनारे पर लगाई जाती है।
धज्जी *(हि.स्त्री.)* कपड़ा या कागज का लम्बा पतला टुकड़ा, लोहे की चादर या लकड़ी की पतली चीर या पट्टी।
निपजी *(हि.स्त्री.)* लाभ, उपज, *(हि.अव्य.)* निरा, नितान्त।
दरजी *(हि.पुं.)* कपड़ा सीने का काम करने वाला।
खुरजी *(हि.स्त्री.)* घोड़े, बैल आदि की पीठ पर सामग्री लादने का थैला।
ध्वजी *(हि.वि.)* ध्वजायुक्त, ध्वजावाला।
पखावजी *(हि.पुं.)* पखावज बजानेवाला।

आजी

अपकाजी *(हि.वि.)* आस्वार्थी।
परकाजी *(हि.वि.)* परोपकारी।
अनाजी *(हि.वि.)* अन्न का, अन्न निर्मित।
पाजी *(हि.वि.)* दुष्ट, नीच।
बाजी *(हि.पुं.)* घोड़ा, बजनिया।
लट्ठबाजी *(हि.स्त्री.)* लाठियों की लड़ाई।
पैंतरेबाजी *(हि.स्त्री.)* धूर्तता।
भाजी *(हि.स्त्री.)* साग तरकारी, मिठाई, पकवान आदि जो त्योहारों पर इष्ट-मित्र या सम्बन्धियों के घर भेजा जाता है।
व्याजी *(सं.पुं.)* जंगली पशुओं को मारकर निर्वाह करने वाला।
युवराजी *(हि.स्त्री.)* युवराज का पद।
वाजी *(हि.स्त्री.)* घोड़ा।
कांजी *(हि.स्त्री.)* एक प्रकार का खट्टा किया हुआ जल, मट्ठा।
भाँजी *(हि.स्त्री.)* बहिन की पुत्री, किसी होते हुए काम में बाधा डालने वाला।

इ जी

निजी *(हि.वि.)* स्वयं, अपना।

ईजी

जीजी *(हि.स्त्री.)* बड़ी बहन।

बीजी *(हि.स्त्री.)* गरी, मींगी, गुठली।

मौज्जी *(हि.वि.)* मूँज की बनी हुई मेखला।

रूजी *(हि.वि.)* अस्वस्थ, रोगी।

ताला-कुज्जी *(हि.स्त्री.)* वह यन्त्र जिससे किवाड़ सन्दूक आदि बन्द किया जाता है, लड़कों का एक खेल।

पूँजी *(हि.स्त्री.)* मूल धन, किसी कार्यालय की अचल सम्पत्ति, रुपया-पैसा, धन।

सूजी *(हि.स्त्री.)* गेहूँ का दरदरा आटा, जिससे हलुआ आदि बनाए जाते हैं।

ओजी

खोजी *(हि.वि.)* अनुसंधान करनेवाला।

भोजी *(हि.वि.)* भोजन करने वाला, भोजन करना।

सहभोजी *(हि.वि.)* साथ बैठकर भोजन करनेवाला।

औजी

मौजी *(हि.वि.)* मनमाना काम करने वाला।

मनमौजी *(हि.वि.)* मनमाना काम करने वाला।

कलौंजी *(हि.स्त्री.)* एक प्रकार की तरकारी जो परवल, करैला इत्यादि के फल को फाड़कर इसमें मसाला भरकर तैयार की जाती है।

अजु

बिज्जु *(हि.स्त्री.)* बिजली, विद्युत।

ऋजु *(सं.वि.)* सीधा, सरल, अनुकूल, सुगम।

आजु *(हि.)* देखो आज।

रिजु *(हि.वि.)* देखो ऋजु।

बीजु *(हि.स्त्री.)* बिजली, विद्युत।

मंजु *(सं.वि.)* मनोहर, सुन्दर।

जू, जे, जो, जौ

जूँ *(हि.अव्य.)* एक आदरसूचक शब्द।

निजू *(हि.वि.)* निज का अपना।

जूं *(हि.स्त्री.)* बालों में पड़ने वाला एक छोटा स्वेदज कीड़ा।

बीजू *(हि.स्त्री.)* जो (वृक्ष) बीज से उत्पन्न हो।

जे *(हि.सर्व.)* जो का बहुवचन।

जै *(हि.स्त्री.)* देखो जय *(वि.)* जितना, जिस संख्या का।

अजों *(हि.कि.वि.)* आज तक, अभी तक।

जो *(हि.सर्व.)* एक संबंधवाचक सर्वनाम जिसके द्वारा निर्दिष्ट संज्ञा या सर्वनाम के वर्णन में कुछ अधिक वर्णन की योजना की जाती है, *(अव्य.)* यदि।

जों *(हि.कि.वि.)* देखो ज्यों।

जौ *(हि.अव्य.)* यदि, जो, *(हि.कि.वि.)* ज्यों।

जौ *(हि.पुं.)* गेहूँ की तरह का एक अन्न, यव, *(कि. वि.)* जब, *(अव्य.)* यदि।

अज

पूर्वज *(सं.वि.)* फिर से उत्पन्न होने वाला।

स्वज *(सं.पुं.)* पुत्र, बेटा, पसीना, *(वि.)* आप से आप उत्पन्न।

सरहज *(हि.स्त्री.)* साले की स्त्री।

सहज *(सं.पुं.)* सगा भाई, सवभाव, *(वि.)* स्वाभाविक, साधारण, सरल, सुगम, साथ उत्पन्न होनेवाला।

विमातज *(सं.पुं.)* सौतेला भाई।

वातज *(सं.वि.)* वायु से उत्पन्न।

बारज *(सं.पुं.)* शूद्र, *(वि.)* जो गैर से उत्पन्न हो।

लीलाब्ज *(सं.पुं.)* नीला कमल।

आत्मज *(सं.पुं.)* पुत्र, बेटा।

तृतात्मज *(सं.पुं.)* नाती, पोता।

कारज *(हि.पुं.)* कार्य, काम।

आरज *(हि.पुं.)* देखो आर्य।

अकारज *(हि.पुं.)* कार्य की हानि।

आचारज *(हि.पुं.)* देखो आचार्य।

जारज *(सं.पुं.)* किसी स्त्री की उसके उपपति से जन्मी हुई सन्तान।

पखावज *(हि.स्त्री.)* मृदंग से छोटा एक प्रकार का बाजा।

भावज *(सं.पुं.)* भाव से उत्पन्न, *(हि.स्त्री.)* बड़े भाई की स्त्री, भौजाई।

प्रभावज *(सं.वि.)* प्रभाव से उत्पन्न।

दिग्गज *(सं.पुं.)* आठों दिशा के आठ हाथी जो पृथ्वी को दबाएँ रखते हैं।

पिण्डज *(सं.पुं.)* वह जन्तु जो गर्भ से अण्डे के रूप में न निकले, परन्तु बने हुए शरीर के रूप में निकलें।

शुक्तिज *(सं.पुं.)* मोती।

शुक्तिबीज *(सं.पुं.)* मुक्ता, मोती।

निरज *(हि.वि.)* निर्दोष।

तिलज *(सं.पुं.)* तिल का तेल।

पंकज *(सं.पुं.)* पदम, कमल।

शंगज *(सं.पुं.)* मोती।

अंगज *(सं.पुं.)* पुत्र, रोग, मद।

मतंगज *(सं.पुं.)* हस्ती, हाथी।

वंशज *(सं.पुं.)* जिसका जन्म कुल में हुआ हो।

भिषज *(हि.पुं.)* चिकित्सक, वैद्य।

भिसज *(हि.पुं.)* वैद्य।

नंबरी गज *(हि.पुं.)* तीन फिट का गज।

छिरज *(हि.पुं.)* क्षीरज, दहि, दधि।

धीरज *(हि.पुं.)* देखो धैर्य।

नीरज *(सं.पुं.)* पदम, कमल, मोती, उशीर।

जीवज *(हि.स्त्री.)* साहस, जिगरा।

मुखज *(सं.पुं.)* ब्राह्मण, *(वि.)* मुख से उत्पन्न।

उटज *(सं.पुं.)* पर्णशाला, झोपड़ी।

कुटज *(सं.पुं.)* कमल।
कुटजगति *(सं.स्त्री.)* तेरह अक्षर का एक छन्द।
उपज *(हि.स्त्री.)* उत्पत्ति, नई उक्ति।
बहुप्रज *(सं.वि.)* जिसके बहुत सी संतान हो।
उष्मज *(सं.वि.)* गरमी में उत्पन्न होने वाला।
पूरज *(सं.पुं.)* मृदंग, पखावज।
कूपज *(सं.पुं.)* लोम, केश, बाल।
सूरज *(हि.पुं.)* देखो सूर्य।
पूर्वज *(सं.पुं.)* पूर्व पुरुष, पुरखा, *(वि.)* पूर्वकाल में उत्पन्न।
एकज *(सं.वि.)* अकेला उत्पन्न होने वाला, निराला।
भेसज *(हि.पुं.)* देखो भेषज।
स्वेदज *(सं.वि.)* पसीने से उत्पन्न होने वाला जीव।
भेषज *(सं.वि.)* औषधि।
देहज *(सं.पुं.)* तनुज, पुत्र, बेटा, *(वि.)* जो शरीर से उत्पन्न हो।

झ-अन्तक : *झ संस्कृत और हिन्दी व्यंजन वर्ण का नवाँ तथा च वर्ग का चौथा अक्षर, इसका उच्चारण स्थान तालू है।*

झ *(सं.पुं.)* वर्षा मिली हुई तीव्र आँधी, जल का गिरना, तीव्र वायु।
मझ *(हि.कि.वि.)* बीच में।
समझ *(हि.पुं.)* ज्ञान, बुद्धि।
झांझ *(हि.पुं.)* झंझट, बखेड़ा।
झाँझ *(हि.स्त्री.)* काँसे के ढले हुए दो गोलाकार टुकड़ों का जोड़ा जो मजीरे से बड़ा होता है।
बाँझ (हि. सत्री.) वन्ध्या स्त्री, वृक्ष।
माँझ *(हि.अव्य.)* में, बीच में।
साँझ *(हि.स्त्री.)* सन्ध्या, शाम।
खीझ *(हि.स्त्री.)* देखो खीज।
रीझ *(हि.स्त्री.)* रीझने की क्रिया या भाव, प्रसन्न होना, मोहित होने का भाव।
सीझ *(हि.स्त्री.)* सीझने की क्रिया या भाव।
जुज्झ *(हि.स्त्री.)* देखो युद्ध।
तुझ *(हि.सर्व.)* तू शब्द का वह स्वरूप जो प्रथमा और षष्ठी विभक्ति के सिवाय अन्य विभक्तियों के पहिले लगाया जाता है।
मुझ *(हि.सर्व.)* में का वह रूप जो उसको कर्ता और संबंध कारक को छोड़कर अन्य कारकों में विभक्ति लगाने से पहले प्राप्त होता है यथा, मुझको, मुझसे, मुझ पर।
समझ *(हि.स्त्री.)* बुद्धि।
जुझ *(हि.स्त्री.)* युद्ध, झगड़ा, लड़ाई।
अबूझ *(हि.वि.)* अबोध।
सूझ *(सं.स्त्री.)* दृष्टि, उदभावना।
कोझ (हि.पुं.) उदर, पेट, आँत।
बोझ *(हि.पुं.)* भार, गुरुत्व, भारीपन, कठिन कार्य।
झंझ *(हि.पुं.)* झांझ।
झा *(हि.पुं.)* मैथिल ब्राह्मणों की एक उपाधि।
अनसमझा *(हि.वि.)* न समझा हुआ।
साँझा *(हि.पुं.)* नदी के बीच का टापू।
गूज्झा *(हि.पुं.)* बाँस की कील, रेशेदार गूदा।
खूंझा *(हि.पुं.)* फल के भीतर का रेशेदार भाग।
ओझा *(हि.पुं.)* भूत-प्रेत उतारनेवाला।
बोझा *(हि.पुं.)* देखो बोझ।
एकौझा *(हि.वि.)* अकेला।
घोंझ *(हि.पुं.)* घोंसला, खोता, पक्षियों के गले की लटकती हुई मांस की थैली।
झंझा *(सं.स्त्री.)* अधेड़
संझा *(हि.पुं.)* वर्षा सहित तीव्र आँधी।
झंझा *(हि.स्त्री.)* फूटी कौड़ी।
बंझा *(हि.वि.)* जिसको संतान न हो, बाँझ।
मंझा *(हि.पुं.)* वह पदार्थ जिससे पतंग की डोरी माँजी जाती है।
बंझा *(हि.कि.)* अनध्याय, नागा।
संझा *(हि.स्त्री.)* संध्या, सूर्यास्त का समय।
सामझि *(हि.स्त्री.)* देखो समझ।
झंझी *(हि.स्त्री.)* फूटी कौड़ी।
सांझी *(हि.पुं.)* हिस्सा, बाँट।
माँझी *(हि.पुं.)* नाव खेनेवाला मल्लाह, केवट।
तुझे *(हि.सर्व.)* तू का कर्म और सम्प्रदाय का रूप।
मुझे *(हि.सर्व.)* एक पुरुष-वाचक सर्वनाम, वह उत्तम पुरुष एकवचन का रूप है जो पुल्लिंग और स्त्रीलिंग दोनों में व्यवहार किया जाता है।

ट-अन्तक : *ट-संस्कृत और हिन्दी वर्णमाला का ग्यारहवाँ व्यंजन तथा टवर्ग का पहिला अक्षर, इसका उच्चारण स्थान मूर्धा है।*

अट

कट *(सं.पुं.)* नरकट की चटाई, घासफूस, टट्टी, अरथी, श्मशान।
खट *(हि.पुं.)* दो पदार्थों के टकराने का शब्द *(हि.वि.)* अम्ल, खट्टा।
घट *(सं.पुं.)* मिट्टी का पात्र, घड़ा।
ठट *(हि.पुं.)* भीड़, झुंड, समूह, पंक्ति।
चट *(हि.कि.वि.)* शीघ्र, झटपट, तुरंत, *(पुं.)* धब्बा, कलंक, चटचट का शब्द, *(वि.)* चाट-पोंछकर कुल खाया हुआ।
झट *(हि.कि.वि.)* तत्क्षण, तुरंत।
तट *(सं.पुं.)* नदी आदि का किनारा, तीर, कूल।
नट *(सं.पुं.)* नर्तक, नाट्य करनेवाला।

पट *(सं.पुं.)* वस्त्र, कपड़ा, चित्र बनाने का कागज या कपड़ा, छान, छप्पर, झाड़।

भट *(सं.पुं.)* योद्धा, वीर, सैनिक।

मट *(हि.पुं.)* मिट्टी का बड़ा पात्र।

रट *(हि.स्त्री.)* बारंबार किसी शब्द को उच्चारण करने की क्रिया।

लट *(हि.स्त्री.)* सिर के बालों का समूह जो नीचे तक लटका रहता है, बालों का गुच्छा।

बट *(हि.पुं.)* देखो वट, बड़ा नामक पकवान, बाट, लोढ़िया, बाँट-बखरा रस्सी की ऐंठन या बल।

वट *(सं.पुं.)* बरगद का पेड़।

षट *(सं.वि.)* गिनती में छः, *(पुं.)* 6 की संख्या।

कटकट *(हि.स्त्री.)* दाँतों के कड़कड़ाने का शब्द।

उत्कट *(सं.वि.)* तीव्र, व्यग्र, अधिक, विकट।

वनकट *(हि.स्त्री.)* तमाचा, थप्पड़।

प्रकट *(सं.वि.)* स्पष्ट, जो प्रत्यक्ष हुआ हो, आविर्भूत, उत्पन्न।

अप्रकट, अप्रकटित *(सं.वि.)* अप्रकाशित, गुप्त।

कर्कट *(सं.पुं.)* केकड़ा, कमल की जड़ तुम्बी, लोकी।

नर्कट *(हि.पुं.)* देखो नरकट।

मर्कट *(सं.पुं.)* बन्दर, मकड़ा।

करकट *(हि.पुं.)* आसार वस्तु, कूड़ा कतवार।

नरकट *(हि.पुं.)* बेंत की तरह का एक पौधा।

मरकट *(हि.पुं.)* देखो मर्कट।

बरकट *(हि.वि.)* अग्रिम।

शकट *(सं.पुं.)* बैलगाड़ी, छकड़ा।

संकट *(हि.पुं.)* शंकट, गाड़ी, सग्गड़।

चोरकट *(हि.पुं.)* चोर, उचक्का।

साकट *(हि.पुं.)* देखो शक्ति।

चिक्कट *(हि.वि.)* मैला-कुचैला।

चिकट *(हि.वि.)* चिपचिपा, लसलसा।

निकट *(सं.वि.)* समीप का, पास का, *(क्रि.वि.)* पास, सन्निकट।

सन्निकट *(सं.अव्य.)* समीप, पास।

विकट *(हि.वि.)* देखो विकट।

विकट *(सं.वि.)* विकराल, भयंकर, विशाल, दुर्गम, दुःसाध्य, वक्र।

अविकट *(सं.वि.)* जो भयंकर न हो, अविस्तृत।

दीअट *(हि.स्त्री.)* देखो दीयट।

चाकट *(हि.कि.)* तेल का मैल, तलछट।

मुकट *(हि.पुं.)* देखो मुकुट।

लुकट *(हि.पुं.)* लुआठी।

मदोत्कट *(सं.वि.)* मदोन्मत्त।

फोंकट *(हि.वि.)* निःसार, पोला, व्यर्थ।

बंकट *(हि.वि.)* वक्र, टेढ़ा।

संकट *(सं.पुं.)* विपत्ति, दुःख, कष्ट।

धर्मसंकट *(हि.पुं.)* ऐसी स्थिति का आ पड़ना, जब किसी काम को करने या न करने पर धर्म को आघात पड़ता हो।

खटपट *(हि.स्त्री.)* ठोंकने पीटने से उत्पन्न शब्द, झंझट, उलझन, बखेड़ा, झगड़ा।

नटखट *(हि.वि.)* उपद्रवी, चंचल।

खटाखट *(हि.स्त्री.)* ठोंकने या पीटने का निरन्तर शब्द, *(हि.कि.)* खटखट करके, झटपट।

चौखट *(हि.स्त्री.)* चार लकड़ियों से बना हुआ ढाँचा जिसमें किवाड़ के पल्ले लगे होते हैं, देहली।

प्रगट *(हि.वि.)* देखो प्रकट।

अरगट *(हि.वि.)* पृथक, भिन्न, अलय।

परगट *(हि.वि.)* देखो प्रगट।

झींगट *(हि.पुं.)* कर्णधार, मल्लाह, केवट, एक प्रकार के धान का नाम।

अघट *(हि.वि.)* अयोग्य, अनुपयुक्त।

पनघट *(हि.पुं.)* पानी भरने का घाट, वह घाट जहाँ पर लोग पानी भरते हैं।

जमघट *(हि.पुं.)* मनुष्यों की भीड़भाड़।

दुर्घट *(सं.वि.)* कठिनता से होने योग्य।

प्रघट *(हि.वि.)* देखो प्रकट।

निघरघट *(हि.वि.)* जिसको कहीं रहने का ठिकाना न हो, निर्लज्ज।

परघट *(हि.वि.)* देखो प्रगट।

मरघट *(हि.पुं.)* श्मशान।

अवघट *(सं.पुं.)* पीसने का यन्त्र, जाँता, *(वि.)* विकट।

सुघट *(सं.वि.)* जो सहज में न बन सकता हो, सुडोल, सुन्दर।

घूँघट *(हि.पुं.)* वस्त्र का वह भाग जिससे स्त्रियाँ अपना मुख ढाँप लेती हैं।

औघट *(हि.वि.)* दुस्तर, कठिन, ढालूव।

कचट *(हि.पुं.)* टक्कर, ठेस।

चटचट *(हि.पुं.)* चटकने या टूटने का शब्द, *(क्रि.वि.)* जल्दी से।

अवचट *(हि.पुं.)* अंडस, कठिनाई, *(क्रि.वि.)* अकस्मात्।

चटाचट *(हि.स्त्री.)* किसी वस्तु के टूटने का शब्द।

सफाचट *(हि.वि.)* एकदम स्वच्छ, उखाड़कर अलग किया हुआ, जो बिलकुल चिकना हो।

मोंचट *(हि.वि.)* दृढ़, पक्का।

गलछट *(हि.स्त्री.)* गलछड़ा।

तलछट (हि.स्त्री.) किसी द्रव पदार्थ के नीचे बैठी हुई मैल, तलौंछ, गाद।

पिज्जट *(सं.पुं.)* आँख का कीचड़।

झंझट *(हि.स्त्री.)* प्रपंच, टंटा, बखेड़ा।

झांझट *(हि.पुं.)* देखो झंझट।

अट्टट *(सं.पुं.)* अट्टालिका, हाट, *(वि.)* बहुत ऊँचा।
चट्टट *(हि.वि.)* समाप्त, लुप्त।
ठट्टट *(हि.पुं.)* समुदाय, समूह, झुंड।
पट्टट *(सं.पुं.)* नगर, *(पुं.)* पाव पर बाँधने की पट्टि, दुपा, पीढा, पाटा।
बट्टट *(हि.पुं.)* बाँट, बटखरा।
भट्टट *(सं.पुं.)* महाराष्ट्र के ब्राह्मणों की एक उपाधि, पण्डित, बोद्धा, गाँठ।
हट्टट *(सं.पुं.)* हाट, दुकान।
अपड़गट्टट *(हि.वि.)* आपद्ग्रस्त।
अरघट्टट *(सं.पुं.)* पानी खींचने का यंत्र, रहट।
हरट्टट *(हि.वि.)* हृष्ट-पुष्ट।
अघवट *(हि.वि.)* जो (दूध) खौलाकर आधा गाढ़ा हो जावें।
अटाट्टट, अटाटट *(हि.वि.)* दृढ़, पुष्ट, बहुत भारी।
तिलकिट्टट *(सं.पुं.)* तिल की खली।
तैलकिट्टट *(सं.पुं.)* तेल का मैल, खली।
पिट्टट *(हि.वि.)* जिसको मार खाने का अभ्यास हो।
अतट *(सं.पुं.)* टीला, ऊँचा स्थान।
अनट *(हि.पुं.)* उपद्रव, अत्याचार।
महानट *(सं.पुं.)* शिव।
कपट *(सं.पुं.)* मिथ्या व्यवहार, धोखा।
झपट *(हि.स्त्री.)* झपटने की क्रिया या भाव।
डपट *(हि.स्त्री.)* डाँट, झिड़की, घुड़की।
रपट *(हि.स्त्री.)* अभ्यास, रपटने की क्रिया या भाव, दौड़, सूचना।
लपट *(हि.स्त्री.)* अग्नि की ज्वाला, वायु में फैली हुई गरमी, गन्ध।
निःकपट *(हि.वि.)* देखो निष्कपट।
निष्कपट *(सं.वि.)* निश्छल।
निष्करट *(सं.वि.)* दयारहित।
निझपट *(सं.स्त्री.)* सरलता।
मुखपट *(सं.पुं.)* घूँघट।
अटपट *(हि.वि.)* टेढ़ामेढ़ा, विकट।
खटपट *(हि.स्त्री.)* लड़ाई, झगड़ा, वाद-विवाद।
झटपट *(हि.अव्य.)* अति शीघ्र, जल्दी।
गटपट *(हि.स्त्री.)* मेल, मिलावट, संयोग।
चटपट *(हि.कि.वि.)* शीघ्र, झटपट, तुरंत।
छटपट *(हि.पुं.)* पीड़ा के कारण पैर पटकना।
पटपट *(हि.स्त्री.)* किसी हलकी वस्तु के गिरने से उत्पन्न शब्द।
लटपट *(हि.स्त्री.)* सकपकाहट, असमंजस, संकट, दुविधा।
अन्तपट *(सं.पुं.)* वस्तु विशेष जो विवाह के समय वर तथा कन्या के बीच में रखी जाती है।
रदपट *(सं.पुं.)* ओष्ट, ओंठ।
कनपट *(हि.स्त्री.)* कान और आँख के बीच का स्थान।
नयनपट *(सं.पुं.)* आँख की पलक।
लम्पट *(सं.पुं.)* व्यभिचारी, कामुक।
कर्पट *(सं.पुं.)* पुराना कपड़ा, गूदड़।
अन्तरपट *(सं.पुं.)* परदा, ओट।
परपट *(हि.पुं.)* समतल भूमि।
सरपट *(हि.वि.)* घोड़े की बहुत वेग से चलने की चाल या दौड़।
ढलपट *(हि.वि.)* नष्ट, चौपट।
स्थूलपट *(सं.पुं.)* मोटा कपड़ा।
सिलपट *(हि.वि.)* चौरस, बराबर, नष्ट, चौपट।
पहपट *(हि.पुं.)* कोलाहल, अपमान की चर्चा।
उकपट *(सं.पुं.)* लूता, मकड़ी।
खापट *(हि.स्त्री.)* वह भूमि जिसमें रेह का भाग अधिक रहता है।
चापट *(हि.स्त्री.)* देखो चापड़, चौकर।
पटापट *(हि.कि.वि.)* निरन्तर पटापट शब्द करते हुए, *(स्त्री.)* निरन्तर पटपट शब्द होना।
कार्पट *(सं.पुं.)* पुराने वस्त्र का टुकड़ा, चिथड़ा।
निपट *(हि.वि.)* निरा।
सुपट *(सं.पुं.)* सुन्दर वस्त्र।
चौपट *(सं.पुं.)* चारों ओर से खुला हुआ, नष्ट, भ्रष्ट।
चौपट *(पुं.)* उजाड़, *(हि.स्त्री.)* चोकर, भूसी।
फटफट *(हि.स्त्री.)* वृथा की बकवास, जूते आदि के पटकने का शब्द।
मुँहफट *(हि.वि.)* जिसकी वाणी संयत न हो।
उबट *(हि.पुं.)* कुमार्ग, ऊँची-नीची भूमि।
कबट *(हि.पुं.)* कठिन मार्ग, *(वि.)* ऊँचा नीचा।
राजभट्टट *(सं.पुं.)* राजसैनिक।
महाभट्टट *(सं.पुं.)* बहुत बड़ा योद्धा।
सुभट्टट *(सं.पुं.)* बड़ा योद्धा, अच्छा सैनिक।
प्रतिभट्टट *(सं.पुं.)* शत्रु, बैरी, बराबर का योद्धा।
उद्भट *(हि.वि.)* प्रबल, श्रेष्ठ।
सिमट *(हि.स्त्री.)* सिमटने की क्रिया या भाव।
दोमट *(हि.स्त्री.)* बालू मिली हुई मिट्टी।
दियट *(हि.स्त्री.)* देखो दीयट।
करट *(सं.पुं.)* कौवा, दुष्ट मनुष्य।
वरट *(सं.पुं.)* भिड़, बर्रे।
प्रावट *(सं.पुं.)* वर्षा ऋतु।
पालट *(हि.पुं.)* पाला पोसा हुआ, दत्तक पुत्र।
कायापलट *(हि.स्त्री.)* बहुत बड़ा हेरफेर।
गिलट *(हि.स्त्री.)* किसी धातु पर
उलट *(हि.पुं.)* परिवर्तन।
उलटना *(हि.कि.)* ऊपर का नीचे होना, पलटना, फेर देना, चित्त करना, बदल जाना, दुर्दिन आना, लौट जाना, रात काटना, आज्ञा भंग करना, विपरीत करना, टूट पड़ना।

पुलट *(हि.स्त्री.)* देखो पलट।
बझवट *(हि.स्त्री.)* बाँझ स्त्री।
अनवट *(हि.पुं.)* चाँदी का छल्ला।
जमवट *(हि.स्त्री.)* लकड़ी का गोल चक्कर जो कुवें की पेंदी में रखकर इस पर ईटों की जोड़ाई की जाती है, जमोट।
करवट *(हि.स्त्री.)* दाहिने या बाएँ बल लेटने की स्थिति।
पुरवट *(हि.पुं.)* मोट।
फेरवट *(हि.स्त्री.)* फेरने का भाव, पेंच, अन्तर, घुमाव, फिराव।
तिलवट *(हि.पुं.)* तिलपी, तिल पपड़ी।
सिलवट *(हि.स्त्री.)* लकीर।
थकावट *(हि.स्त्री.)* शिथिलता, थकान का भाव, *(हि.वि.)* श्रान्त, शिथिल, थका हुआ।
बहकावट *(हि.स्त्री.)* बहकाने की क्रिया या भाव।
देखावट *(हि.स्त्री.)* तड़क-भड़क।
लिखावट *(हि.स्त्री.)* लिखने का ढंग।
रंगावट *(हि.स्त्री.)* रँगाई।
खिंचावट *(हि.स्त्री.)* खींचने की क्रिया।
सजावट *(हि.स्त्री.)* शोभा, तैयारी।
बझाव, बझावट *(हि.पुं.)* अटकाव, उलझन।
सुंघावट *(हि.स्त्री.)* सोंधापन, सोंधी महक।
बनावट *(हि.स्त्री.)* बढ़न, ऊपरी दिखावा, आडंबर।
बिनावट *(हि.स्त्री.)* देखो बुनावट।
बुनावट *(हि.स्त्री.)* बुनने में सूतों का संयोग।
अमावट *(हि.स्त्री.)* आम का सूखा हुआ रस जो अनेक तहों में जमाया रहता है, अमरस।
वार्वट *(सं.पुं.)* नौका, नाव का बेड़ा।
गलावट (हि. सत्री.) गलने का भाव या क्रिया।
फुलावट *(हि.स्त्री.)* उभाड़ या सूजन।
सिलावट *(हि.पुं.)* पत्थर गढ़नेवाला।
रावट *(हि.पुं.)* राजभवन।
दीवट *(हि.स्त्री.)* दीया रखने का धातु या लकड़ी से बना हुआ आधार।
केवट *(हि.पुं.)* मल्लाह।
खेवट पटवारी का एक कागज जिसमें हर एक पट्टेदार की भूमि का हिसाब लिखा रहता है।
अष्ट *(सं.वि.)* आठ की संख्या।
कष्ट *(सं.पुं.)* पीड़ा, व्यथा, क्लेश।
दष्ट *(सं.वि.)* दाँत से काटा हुआ।
नष्ट *(सं.वि.)* जो देख न पड़े, अधम, नीच, पामर, निष्फल, व्यर्थ, जिसका नाश हो गया हो।
कृष्ट *(सं.वि.)* कर्षित, जोता हुआ।
दृष्ट *(सं.वि.)* देखा हुआ, गोचर, प्रकट, प्रत्यक्ष।
धृष्ट *(सं.वि.)* निर्लज्ज, उद्धत, निर्दय।
भ्रष्ट *(सं.वि.)* हतित।
हष्ट-पुष्ट *(सं.वि.)* मोटा ताजा।
प्राणकष्ट *(सं.पुं.)* बहुत बड़ा कष्ट या दुःख।
संकष्ट *(हि.पुं.)* संकट।
स्पष्ट *(सं.वि.)* जिसके समझने या देखने में कोई कठिनता न हो।
प्रकष्ट *(सं.वि.)* मुख्य, प्रधान, *(वि.)* आकृष्ट, खिंचा हुआ।
विप्रकृष्ट *(सं.वि.)* खींचकर दूर किया हुआ।
निकृष्ट *(सं.वि.)* अधम, नीच, तुच्छ।
विकृष्ट *(सं.वि.)* आकृष्ट, खिंचा हुआ।
उत्कृष्ट *(सं.वि.)* श्रेष्ठ, उत्तम।
आकृष्ट *(सं.वि.)* खींचा हुआ।
आवृष्ट *(सं.वि.)* निवारित, रोका हुआ।
अदृष्ट *(सं.वि.)* अवीक्षित, लुप्त, *(पुं.)* भाग्य।
दूरदृष्ट *(सं.पुं.)* अदृष्ट, दुर्भाग्य।
विधिहष्ट *(सं.वि.)* शास्त्र विहित।
सुदृष्ट *(सं.वि.)* अच्छी तरह देखा हुआ।
प्रनष्ट *(सं.वि.)* अच्छी तरह से नष्ट।
विनष्ट *(सं.वि.)* जो नष्ट हो गया हो।
स्पृष्ट *(सं.वि.)* स्पर्श किया हुआ।
ईषत्स्पृष्ट *(सं.वि.)* थोड़ा छुआ हुआ, अर्धस्वर य, र, ल, व के लिए प्रयुक्त होता है।
नष्ट-भ्रष्ट *(सं.वि.)* जो बिलकुल नष्ट हो गया हो अथवा टूट-फूट गया हो।
प्रभ्रष्ट *(सं.वि.)* टूटा-फूटा हुआ।
परिभ्रष्ट *(सं.वि.)* पतित, गिरा हुआ।
प्रमृष्ट *(सं.वि.)* मार्जित, धोया हुआ।
परामृष्ट *(सं.वि.)* निर्णय किया हुआ, विचारा हुआ।
उत्सृष्ट *(सं.वि.)* छोड़ा हुआ, त्यागा हुआ।
संसृष्ट *(सं.वि.)* परस्पर मिला हुआ, अंतर्गत।
विसृष्ट *(सं.वि.)* अत्यन्त प्रसिद्ध।
इष्ट *(सं.वि.)* अभिलषित, वांछित, *(पुं.)* इष्ट देवता, कुल देवता, पति।
दिष्ट *(सं.पुं.)* भाग्य, काल, *(वि.)* दिखलाया हुआ, उपदेश किया हुआ, दिया हुआ।
पिष्ट *(सं.पुं.)* पिट्ठी, पीठी, *(वि.)* चूर्ण किया हुआ।
मिष्ट *(सं.वि.)* मधुर, मीठा।
शिष्ट *(सं.वि.)* शान्त, सुशील, विनीत, सज्जन, *(पुं.)* मंत्री, सभासद।
निकिष्ट *(हि.वि.)* देखो निकृष्ट।
उच्छिष्ट *(सं.वि.)* जूठा, दूसरे के व्यवहार में लाया हुआ, *(पुं.)* जूठा पदार्थ।
अपदिष्ट *(सं.वि.)* प्रयुक्त, कहा हुआ।
यथाप्रदिष्ट *(सं.वि.)* जैसी आज्ञा दी गई हो।
आदिष्ट *(सं.वि.)* उपदेय किया हुआ।

यथादिष्ट *(सं.वि.)* जैसा कहा गया हो।
प्रत्यादिष्ट *(सं.वि.)* जताया हुआ।
निर्दिष्ट *(सं.वि.)* निश्चित, ठहराया हुआ।
उर्दिष्ट *(सं.वि.)* लक्ष्य किया हुआ।
एकोदिष्ट *(सं.पुं.)* किसी एक मृत व्यक्ति के उद्देश्य से किया जाने वाला श्राद।
यथेदिष्ट *(सं.वि.)* जैसा कहा गया हो।
यथोपदिष्ट *(सं.वि.)* जैसा उपदेश दिया गया हो।
अनिष्ट *(सं.पुं.)* अहित, अपकार, हानि, अमंगल।
अरिष्ट *(सं.पुं.)* अशुभ, अविनाशी।
सारिष्ट *(हि.वि.)* सबसे सुन्दर, सबसे श्रेष्ठ।
क्लिष्ट *(सं.वि.)* क्लेशयुक्त, दुखी, कठिन, कड़ा, कठिनाई से समझ में आनेवाला।
अक्लिष्ट *(सं.वि.)* सरल, सुगम।
विक्लिष्ट *(सं.वि.)* बहुत थका हुआ।
श्लिष्ट *(सं.वि.)* मिला हुआ, जुड़ा हुआ।
विश्लिष्ट *(सं.वि.)* अलग किया हुआ, प्रकाशित, विकसित, शिथिल।
सुश्लिष्ट *(सं.वि.)* अति दृढ़।
निविष्ट *(सं.वि.)* प्रविष्ट, घुसा हुआ।
अन्निविष्ट *(सं.वि.)* उपस्थित, पास का लगा हुआ, रखा हुआ, आया हुआ।
उपनिविष्ट *(सं.वि.)* नई आबादी में आकर बसा हुआ।
ठपविष्ट *(सं.वि.)* बैठा हुआ।
अभिनिविष्ट *(सं.वि.)* गड़ा हुआ, चित्त लगाए हुए, चिन्ता से व्याकुल।
प्रविष्ट *(सं.वि.)* पैठा हुआ, घुसा हुआ।
परिविष्ट *(सं.वि.)* घिरा हुआ।
संविष्ट *(सं.वि.)* निविष्ट, बैठा हुआ।
अशिष्ट *(सं.वि.)* अविनीत।
अवशिष्ट *(सं.वि.)* अतिरिक्त, परिशिष्ट।
परिशिष्ट *(सं.पुं.)* पुस्तक की उपयोगिता बढ़ाने के लिए अवशिष्ट, छूटा हुआ।
विशिष्ट *(सं.वि.)* विलक्षण, अद्भुत, यशस्वी, कीर्तिमान।
अभीष्ट *(हि.वि.)* वांछित, ईप्सित, *(पुं.)* मनोरथ।
अनभीष्ट *(सं.वि.)* अनिष्टकर, बुराई करने वाला।
तुष्ट (यं. वि.) सन्तुष्ट, तृप्त, प्रसन्न।
दुष्ट *(सं.वि.)* दोषयुक्त, दुराचारी, दुर्जन।
पुष्ट *(सं.वि.)* बलवर्धक, बलिष्ठ, मोटा, दृढ़, पक्का।
भ्रुष्ट *(सं.वि.)* भुना हुआ।
सन्तुष्ट (यं. वि.) जिसकी तृप्ति हो गई हो।
अपुष्ट *(सं.वि.)* बिना पूछा हुआ।
रूष्ट-पुष्ट *(हि.वि.)* देखो हृष्ट-पुष्ट।
रूष्ट *(सं.वि.)* रोषयुक्त!
परिपुष्ट *(सं.वि.)* अच्छी तरह से पुष्ट।
विपुष्ट *(सं.वि.)* बड़ा पुष्ट या दृढ़।
विसृष्ट *(सं.वि.)* प्रेरित, भेजा हुआ।
प्रवेष्ट *(सं.वि.)* ज्ञानशून्य।
नष्टचेष्ट *(सं.वि.)* जिसमें हिलने डोलने की शक्ति न रह गई हो।
कुचेष्ट *(सं.वि.)* निन्दित कार्य करनेवाला।
निश्चेष्ट *(सं.वि.)* निश्चल, स्थिर, अचेत।
यथेष्ट *(सं.अव्य.)* जितना चाहिए उतना।
नेष्ट *(सं.वि.)* शास्त्र से अलग।
आवेष्ट *(सं.पुं.)* घेरा।
आवेष्टन *(सं.पुं.)* आवरण, लपेटने या ढापने की वस्तु।
लोष्ट *(सं.वि.)* ईंट या पत्थर का टुकड़ा, ढेला।
चउहट *(हि.पुं.)* चौहट्टा, चौराहा।
मढ़हट *(हि.पुं.)* मरघट।
घरहट *(हि.पुं.)* देखो रहट।
मरहट *(हि.पुं.)* मरघट, श्मशान।
आहट *(हि.स्त्री.)* पैर की खटक, खटका, टोह, पता।
धकधकाइट *(हि. स्त्री.)* आशंका, धड़कन, खटका।
रूखाहट, रूखावट *(हि.स्त्री.)* रूखापन, रूखाई।
जगमगाहट *(हि.वि.)* चमक।
पिचपिचाहट *(हि.स्त्री.)* गीले या आर्द्र रहने का भाव।
कड़कड़ाहट *(हि.स्त्री.)* कर्कश शब्द, गरज।
पड़पड़ाहट *(हि.स्त्री.)* चरपराहट।
घबराहट *(हि.स्त्री.)* अशान्ति, उद्विग्नता।
गिड़गिड़ाहट *(हि.स्त्री.)* प्रार्थना, विनती।
गुदगुदाहट गुदगुदी।
घनघनाहट *(हि.स्त्री.)* घनघन जैसा शब्द।
झन्नाहट *(हि.स्त्री.)* झनकार।
पिनपिनाहट *(हि.स्त्री.)* पिनपिन करके रोने का शब्द।
भनभनाहट *(हि.स्त्री.)* गुंजार।
सनसनाहट *(हि. पुंत्र)* वायु का शब्द।
लपलपाहट *(हि.स्त्री.)* प्रकाश की चमक, झलक।
गरमाहट *(हि.कि.)* उष्णता, गरमी।
मुसकराहट *(हि.स्त्री.)* मुसकराने की क्रिया या भाव।
घरघराहट घरघर का शब्द।
परपराहट *(हि.स्त्री.)* स्वाद की तीक्ष्णता।
मुसकिराहट *(हि.स्त्री.)* देखो मुसकराहट।
छरछराहट *(हि.स्त्री.)* शरीर के कटे भाग पर क्षार लगकर पीड़ा होना।
थरथराहट *(हि.स्त्री.)* भय से उत्पन्न कँपकँपी।
परपराहट *(हि.स्त्री.)* चुनचुनाहट।
फुरफुराहट *(हि.स्त्री.)* पंख फड़फड़ाने का भाव।
घरभराहट *(हि.स्त्री.)* घबराहट।
सरसराहट *(हि.स्त्री.)* साँप आदि के रेंगने से उत्पन्न शब्द, वायु के बहने का शब्द, खुजली।

सुरसुराहट, सुरसुरी *(हि.स्त्री.)* खुजली, गुदगुदी।

कसमसाहट, कसमसी *(हि.स्त्री.)* व्यग्रता।

झलझलाहट *(हि.स्त्री.)* चिड़चिड़ाहट।

नीलाहट *(हि.स्त्री.)* नीलापन।

पिलपिलाहट *(हि.स्त्री.)* वह नरमी या मृदुता जो धुलने या रस के ढीले होने के कारण आ गई हो।

पुलपुलाहट *(हि.स्त्री.)* पुलपुला होने का भाव।

बलमलाहट *(हि.स्त्री.)* व्याकुलता।

चिल्लाहट *(हि.स्त्री.)* कोलाहल।

सलसलाहट *(हि.स्त्री.)* खुजली, गुदगुदी।

चौहट *(हि.पुं.)* वह स्थान जहाँ चारों ओर दुकान हो, चौक, चौरास्ता, चौमुहानी।

आट

काट तोड़, काटने का कार्य।

खाट *(सं.पुं.)* चारपाई, खटिया।

घाट *(हि.पुं.)* नदी आदि का वह स्थान जहाँ लोग नहाते धोते या नाव पर चढ़ते हैं, पहाड़ी स्थान, दिशा, रीति, तलवार की धार, बुराई, छल कपट, *(वि.)* कम, थोड़ा, *(हि.स्त्री.)* हीनता, अप्रतिष्ठता।

जाट एक विशिष्ट राजपूत जाति।

टाट *(हि.पुं.)* सन या पटवे का बना हुआ मोटा कपड़ा, बिरादरी, साहूकार के बैठने की गद्दी।

ठाट *(सं.पुं.)* मीठी बात, प्रिय वार्ता, झूठी प्रशंसा।

डाट *(हि.स्त्री.)* टेक, चाँद, भाग, देखो डाँट।

ढाट (हि.पुं.) ढाँचा, ठठरी, शृंगार, देश, आडंबर, दिखावट, ढंग, सामग्री, उपाय, समूह, झुंड।

नाट *(सं.पुं.)* नृत्य, नाच।

पाट *(हि.पुं.)* जूट का पौधा, वस्त्र, कपड़ा, चक्की का एक पल्ला, धोबी का कपड़ा पटककर धोने का पत्थर, पल्ला, पीढ़ा, विस्तार, फैलाव, चौड़ाई, रेशम, राज्यशासन, कीड़ा।

बाट *(हि.पुं.)* मार्ग, बटखरा, पत्थर का वह टुकड़ा जिस पर कोई वस्तु पीसी जाती है *(स्त्री.)* बटन, बल।

भाट *(हि.पुं.)* स्तुतिपाठक, बन्दी, चारण।

बाट *(सं.पुं.)* मार्ग, मण्डप।

हाट *(हि.स्त्री.)* दुकान, बाजार, बाजार लगाने का दिन।

लाट *(हि.स्त्री.)* मोटा ऊँचा खंभा।

आँट *(हि.स्त्री.)* हथेली में तर्जनी और अंगूठे के मध्य का स्थान, दाँव, गाँठ।

छाँट *(हि.स्त्री.)* काटने छाँटने की क्रिया, छाँटने का ढंग, कतरन, अन्न की भूसी।

डाँट *(हि.पुं.)* देखो डंठल।

डाँट *(हि.स्त्री.)* घुड़की, डपट।

फाँट *(हि.स्त्री.)* कई भागों में बाँटना।

बाँट *(हि.पुं.)* बाँटे की क्रिया या भाव, भाग।

भाँट *(हि.पुं.)* देखो भाट।

माँट *(हि.पुं.)* मटका, घर।

भाँट *(हि.स्त्री.)* शरीर पर चाबुक कोड़े आदि की मार का चिह्न।

छपरखाट *(हि.पुं.)* मसहरीदार पलंग।

उद्घाट *(सं.पुं.)* पहरा, चौकी, चुंगीघर।

तारघाट *(हि.पुं.)* कार्यसिद्धि का योग, व्यवस्था।

नावघाट *(हि.पुं.)* नावों के ठहरने का घाट।

उचाट *(हि.वि.)* विरक्त, श्रान्त, खिन्न, हताश।

उच्चाट *(सं.वि.)* देखो उच्चाटन।

कपाट *(सं.पुं.)* किवाड़, द्वार।

सपाट *(हि.वि.)* समतल, चिकना।

राजपाट *(हि.पुं.)* शासन-व्यवस्था।

रोमपाट *(सं.पुं.)* ऊनी वस्त्र, दुशाला।

सरकाट *(हि.स्त्री.)* युद्ध, लड़ाई।

कवाट *(सं.पुं.)* कपाट, किवाड़।

सहवाट *(हि.पुं.)* शोभा, सजावट, शृंगार, तड़क-भड़क, आडम्बर।

ककराट *(सं.पुं.)* भरद्वाज पक्षी।

नराट *(हि.पुं.)* नृपति, राजा।

बराट *(हि.स्त्री.)* कौड़ी।

सम्राट *(सं.पुं.)* राजाधिराज।

निराट *(हि.वि.)* निपट, निरा।

ललाट *(सं.पुं.)* मस्तक, माथा, भाग्य का लेखा।

बलाट *(हि.पुं.)* एक प्रकार का भूरे रंग का घटिया मोटा कागज जो बाँधने के काम आता है।

बड़े लाट *(हि.पुं.)* ब्रिटिश भारत में साम्राज्य के प्रधान शासक।

खल्वाट *(हि.पुं.)* गंजा।

रस्सीवाट *(हि.पुं.)* रस्सी बनानेवाला।

अगहाट *(हि.पुं.)* वह भूमि जो बहुत दिनों से किसी के अधिकार में रही हो।

शृंगारहाट *(हि.स्त्री.)* वेश्याओं के रहने का स्थान।

इट

बिट (सं. पुं.) लम्पट, कामुक, धूर्त।

फिट *(हि.अव्य.)* धिक्कार का शब्द, धिक, छिः।

किटकिट *(हि.स्त्री.)* वाद विवाद, झंझट।

गिरगिट *(हि.पुं.)* छिपकली के आकार का एक बित्ता लम्बा एक जन्तु जो अपना रंग अनेक बार बदलता है।

पिटपिट *(हि.स्त्री.)* हलके आघात से उत्पन्न शब्द।

किट *(सं.पुं.)* मण्डूर।

किट *(सं.पुं.)* धातु की मेल, शोरबा, तेल की काइट, कान का खूंट।

लिट *(हि.पुं.)* रोटी जो बिना ठरें की आग पर ही सेंकी जाए, बाटी।

चिपिट, (चिपिटकू) *(हि.वि.)* चिपटा (चिवड़ा)
अमिट *(हि.वि.)* न मिटने वाला, अटल।

ईट

कीट *(सं.पुं.)* कीड़ा, मकरेड़ा, लोहे की मैल, *(वि.)* निष्ठुर, *(हि.पुं.)* तेल, घी इत्यादि के नीचे बैठा हुआ तेलछट।
बीट *(हि.स्त्री.)* पक्षियों की विष्ठा।
ईंट *(हि.स्त्री.)* साँचे में गीली मिट्टी को दबाकर बनाया हुआ टुकड़ा जो भीत इत्यादि बनाने के काम आता है, ताश का एक रंग।
छींट *(हि.स्त्री.)* रंग-बिरंगे बूटे का छपा हुआ वस्त्र।
पुष्पकीट *(सं.पुं.)* भौंरा, फूल का कीड़ा।
जालकीट *(सं.पुं.)* मकड़ा, मकड़ी के जाल में फँसा हुआ कीड़ा।
प्रभाकीट *(सं.पुं.)* खद्योत, जुगनू।
तन्तुकीट *(सं.पुं.)* रेशम का कीड़ा।
तंतु कीट *(हि.पुं.)* रेशम का कीड़ा।
क्रीट *(हि.पुं.)* किरीट, मुकुट।
किरीट *(सं.पुं.)* एक प्रकार का सिर का आभूषण, मुकुट।
घसीट *(हि.स्त्री.)* जल्दी लिखने का कार्य।

उट

कुट *(हि.पुं.)* कलश, गगरा, कोट।
जुट *(हि.स्त्री.)* जोड़ा, मंडली, जत्था, दल।
तुट *(हि.वि.)* अल्प मात्रा में, थोड़ा सा।
पुट *(सं.पुं.)* कटोरा, औषधि पकाने का पात्र, अन्तःपट, ढाँपने की वस्तु, *(हि.पुं.)* हलका छिड़काव, बहुत हलका मेल देने के लिए घुले हुए रंग में या पतली वस्तु में डुबाना।
फुट *(हि.वि.)* अयुग्म, जिसका परस्पर संबंध अलग हो।
धनुषकुट *(सं.पुं.)* जंगली मुर्गा।
मक्कुट *(हि.पुं.)* हि. पुं. देखो मुकुट।
तिमुकुट *(सं.पुं.)* जिस पहाड़ में तीन शिखर हो।
तर्कुट *(सं.पुं.)* कर्तन, कातना।
मुकुट *(सं.पुं.)* किरीट, अवंतस।
चिरकुट *(हि.पुं.)* गूदड़, चिथड़ा।
झुरमुट *(हि.वि.)* कुम्हलाया हुआ।
तिलकुट *(हि.पुं.)* तिल को कूटकर चीनीः मिलाकर बनाई हुई एक प्रकार की मिठाई।
लकुट *(हि.पुं.)* लंगुड़, लाठी, *(हि.पुं.)* एक प्रकार का वृक्ष जिसका जामुन 'के आकार का फल वर्षा में फलता है।
कुरकुट *(हि.पुं.)* छोटा टुकड़ा।
हथछुट *(हि.वि.)* जिसको तुरंत किसी को मार देने का अभ्यास हो।
परितुष्ट *(सं.वि.)* अच्छी तरह से सन्तुष्ट।
गजपुट *(सं.पुं.)* एक हाथ लंबा, एक हाथ चौड़ा तथा एक हाथ गहरा।
नयनपुट *(सं.पुं.)* आँख की पलक।
सम्पुट *(सं.पुं.)* दोना, डिब्बा, अंजलि।
चर्मपुट, चर्मपुटक *(सं.पुं.)* चमड़े का गड़ा कुप्पा।
करपुट *(सं.पुं.)* श्रद्धांजली, अंजली।
त्रिपुट *(सं.पुं.)* तीन किनारा।
स्फुट *(सं.वि.)* प्रकाशित, स्पष्ट।
अस्फुट *(सं.वि.)* अव्यक्त।
प्रस्फुट *(सं.वि.)* प्रकट, खिला हुआ।
परिस्फुट *(सं.वि.)* व्यक्त, प्रकाशित।
झुरमुट *(हि.पुं.)* घनी झाड़ी, मनुष्यों का समूह।
लखलुट *(हि.वि.)* धन लुटाने वाला, अपव्ययी।

ऊट

कूट *(सं.पुं.)* पहाड़ का शिखर, मुकुट, अग्रभाग, समूह, मिथ्या, झूठ, छल, गूढ़ार्थ व्यंग, *(वि.)* कुटिर, बनावटी।
कूट *(हि.पुं.)* एक वृक्ष जिसके फल के बीजों का आटा पीसकर फलाहार में व्रत के दिन खाया जाता है।
छूट *(हि.अव्य.)* अतिरिक्त, सिवाय।
छूट *(सं.पुं.)* मुक्ति, छुटकारा।
जूट *(सं.पुं.)* जूड़ा, लट।
झूट *(हि.पुं.)* देखो झूठ, असत्य।
टूट *(हि.पुं.)* घाटा, टोटा।
टूटना *(हि.कि.)* टुकड़े-टुकड़े होना, आक्रमण करना, अलग होना, टोटा होना।
फूट *(हि.स्त्री.)* विरोध, बैर, बिगाड़, एक प्रकार की बड़ी ककड़ी जो पकने पर फूट जाती है।
बूट *(हि.पुं.)* चने का हरा दाना, होरहा।
लूट *(हि.स्त्री.)* डकैती, लूटने से मिला हुआ माल।
खूँट *(हि.पुं.)* प्रान्तभाग, कान की मैल, *(स्त्री.)* रोक-टोक।
घूँट *(हि.पुं.)* पानी, दूध इत्यादि द्रव पदार्थ का उतना अंश जो एक बार गले से नीचे उतारा जाए।
चउखूँट *(हि.पुं.)* चारों दिशा, भूखण्ड।
कचरकूट *(हि.स्त्री.)* मारपीट, पेट भरकर भोजन करना।
परिकूट *(सं.पुं.)* नगर या गढ़ के फाटक पर की खाई।
तुलाकूट *(सं.स्त्री.)* तौलने में कसर करने वाला, ढाँडी मारने वाला।
त्रिकूट *(सं.पुं.)* तीन शिखरवाला पर्वत।
अखूट *(हि.वि.)* अखण्ड, अक्षय।
जटाजूट *(सं.पुं.)* जटा का समूह।
अटूट *(हि.वि.)* न टूटने वाला, दृढ़।
रंगरूट *(हि.वि.)* वह सिपाही जो पुलिस या सेना में नया भरती हुआ हो, वह मनुष्य जो किसी काम को सीखने में लगा हो।

एट

पेट *(हि.पुं.)* शरीर के भीतर का वह भाग जहाँ पहुँचकर भोजन पचता है, उदर, अन्तःकरण, मन, गर्भ, चक्की का भीतरी भाग, जीविका।

लेट *(हि.स्त्री.)* चूना और कंकड़ से पीटी हुई छत।
टेट *(हि.स्त्री.)* कमर पर लपेटी हुई धोती की ऐंठन, कपास की ढोढ़ी।
फेंट *(हि.स्त्री.)* कमर में बाँधा हुआ कपड़ा, फेंटा, लपेटा।
भेंट *(हि.स्त्री.)* मिलना, उपहार।
नेट *(हि.पुं.)* नाक का मैल, नकती।
आखेट *(हि.पुं.)* आखेट, मृगया।
झपेट *(हि.स्त्री.)* देखो झपट।
चपेट *(हि.स्त्री.)* रगड़, आघात।
दपेट *(हि.स्त्री.)* देखो दपट, झिड़की।
लपेट *(हि.स्त्री.)* ऐंठन, मरोड़, उलझन, फँसाव, पकड़, बन्धन, चक्कर।
निमेट *(हि.वि.)* न मिलने वाला।
मटियामेट *(हि.वि.)* नष्ट-भ्रष्ट।
मलिया मेट (हि.पुं.) सत्यानाश।
परेट *(हि.पुं.)* सैनिक शिक्षा।
अंगलेट *(हि.पुं.)* अंगेठ, शरीर की गठन।
तमलेट *(हि.पुं.)* एक प्रकार का टीन या लोहे का छोटा पात्र।
फ्लेट *(हि.स्त्री.)* लंबी पट्‌टी, गोंट।
सिलेट *(हि.स्त्री.)* काले पत्थर की पतली पट्‌टी जिस पर लड़के लिखते हैं, सिलौट।
मक्खीलेट *(हि.स्त्री.)* एक प्रकार की जाली जिस पर छोटी बूटियाँ बनी रहती हैं।
निर्विश्रेष्ठ *(सं.वि.)* अज्ञान, मूर्ख।
अलसेट *(हि.स्त्री.)* विलम्ब, धोखा-धड़ी।

ओट

ओट *(हि.स्त्री.)* अवरोध, रोक, आड़, घूँघट।
कोट *(सं. पुं)* दुर्ग, गढ़, *(हि.पुं.)* कोटि, अनेक।
खोट *(हि.स्त्री.)* दूषण, बुराई।
चोट *(हि.स्त्री.)* टक्कर, मार, घाव, आक्रमण, सन्ताप, दुःख।
भोट *(हि.वि.)* निःसत्व, नीरस, मूर्ख।
पोट *(सं.पुं.)* स्पर्श, मेल, मिलाव, *(हि.स्त्री.)* मोटरी, पोटली।
फोट *(हि.पुं.)* स्फोट, धड़ाका।
मोट *(हि.स्त्री.)* चमड़े का बड़ा थैला जिसके द्वारा खेत सींचने के लिए कुएँ से पानी निकाला जाता है, चरसा, *(वि.)* मोटा, साधारण, कम मूल्य का।
रोट *(हि.पुं.)* गेहूँ के आटे की बहुत मोटी रोटी।
लोट *(हि.स्त्री.)* लोटने की क्रिया या भाव।
अंकोट *(हि.पुं.)* मुड़ी हुई कड़ी जिसमें रस्सी फँसाकर पानी में नाव खींची जाती है।
अंगोट *(हि.स्त्री.)* रोक, भीत, नींव।
लंगोट *(हि.पुं.)* एक प्रकार का सिला हुआ वस्त्र जो कमर में लपेटा जाता है, जिससे केवल उपस्थ ढँक जाता है।
परओट *(हि.पुं.)* वह वार्षिक कर जो घर बनाने के लिए ली हुई भूमि पर लगे।
चकोट *(हि.स्त्री.)* पकोटने या नोचने की क्रिया या भाव, उतनी मात्रा जो एक बार चंगुल में पकड़ी जा सकें।
कपड़कोट *(हि.पुं.)* शिविर।
प्रकोट *(सं.पुं.)* परकोटा, परिखा।
कमरकोट, कमरकोठा *(हि.पुं.)* गढ़ के चारों ओर बनी हुई कँगूरेदार भीत जिसमें लक्ष्य लगाने के लिए छेद होते हैं, प्रकार।
खतखोट *(हि.स्त्री.)* घाव के ऊपर की पपड़ी।
निखोट *(हि.वि.)* निर्दोष, स्पष्ट, स्वच्छ, *(हि.कि.वि.)* बिना संकोच के।
लटापोट *(हि.वि.)* मुग्ध, मोहित।
निफोट *(हि.वि.)* स्पष्ट, स्वच्छ।
स्फोट *(सं.पुं.)* फोड़ा, फुन्सी, किसी वस्तु का फूटना।
विस्फोट *(सं.पुं.)* किसी पदार्थ का वेग के साथ फूट पड़ना।
दालमोट *(हि.स्त्री.)* घी, तेल आदि में तली हुई तथा नमक, मिर्च मिलाई हुई दाल।
परोट *(सं.पुं.)* घी में पकाई हुई पूरी।
लहालोट *(हि.वि.)* हँसी में मग्न, मोहित।
ललोट *(हि.स्त्री.)* लौटने की क्रिया या भाव।
खसोट, खसोटी *(हि.स्त्री.)* झटके से तोड़ना।
कफनखसोट *(हि.वि.)* कृपण, दरिद्र का धन हरने वाला।
खोंट *(हि.स्त्री.)* खरोंच।
घोंट *(हि.पुं.)* घोंटने का काम।
करोंट *(हि.पुं.)* करवट।
कौट *(सं.पुं.)* कपट-साक्षी।
घट *(हि.पुं.)* घड़ा, घटा, मृतक क्रिया के संबंध में जो घड़ा पीपल के वृक्ष में बाँधा जाता है।

अंट

घट *(हि.पुं.)* ग्रीवा, गरदन।
इंटघट *(हि.पुं.)* मिथ्या आडम्बर, झूठा प्रपंच काठ-कवार।
निघन्ट *(सं.पुं.)* निघन्टु, सूचीपत्र।
चंट *(हि.वि.)* धूर्त, चतुर।
रंट *(हि.कि.वि.)* विरुद्ध।
रहट *(हि.पुं.)* कुएँ से पानी निकालने का यंत्र।

अटा

अटा *(सं.स्त्री.)* पर्यटन।
कटा *(हि.वि.)* टूटा-फूटा, कटा हुआ।
घटा *(सं.स्त्री.)* समूह, झुंड, उमड़ते हुए मेघों का समूह।
छटा *(सं.स्त्री.)* प्रकाश, शोभा, सौन्दर्य, छाव बिजली।
जटा *(सं.स्त्री.)* एक में एक उलझे हुए सिर के बाल, जछ के पतले सूत्र।
पटा *(हि.पुं.)* चटाई, लंबी धारी।

फटा *(सं.स्त्री.)* सर्प का फन, घमंड, छल, *(हि.पुं.)* छेद।
बटा *(हि.पुं.)* गोल वस्तु, गोला, गणित में अपूर्ण संख्या में अंक भाग, यथा तीन बटा चार।
भटा *(हि.पुं.)* भंटा, बैंगन।
चटा *(हि.पुं.)* एक प्रकार का लाल चींटा।
सटा *(सं.स्त्री.)* जटा, शिखा, केश।
सुअटा *(हि.पुं.)* शुक, सुग्गा का बच्चा।
ढकटा *(हि.वि.)* बारम्बार उपकार को याद दिलाने वाला।
नकटा *(हि.पुं.)* वह जिसकी नाक कट गई हो।
सकटा *(हि.स्त्री.)* छोटा सग्गड़ या गाड़ी।
नककटा *(हि.वि.)* जिसकी नाक कटी हो, निर्लज्ज।
गंठकटा *(हि.पुं.)* गिरहकट।
कनकटा *(हि.वि.)* जिसका कान कटा हो, बूचा, कान काटने वाला।
चरकटा *(हि.पुं.)* तुच्छ मनुष्य।
परकटा *(हि.वि.)* जिसके पर कटे हो।
नसकटा *(हि.पुं.)* नपुंसक, हिजड़ा।
सिरकटा *(हि.वि.)* जिसका सिर कट गया हो।
सिकटा *(हि.पुं.)* खपड़े या मिट्टी के टूटे हुए पात्रों का छोटा टुकड़ा।
मुकटा *(हि.पुं.)* एक प्रकार की रेशमी धोती जो पूजन, भोजन आदि के समय पहनी जाती है।
बंटा *(हि.पुं.)* गदहे का बच्चा।
रोंगटा *(हि.पुं.)* संपूर्ण शरीर पर के रोंवे।
घनघोर घटा काली काली घटा।
प्रघटा *(हि.वि.)* उद्घाटन करने वाला, उपकार को बारम्बार कहने वाला।
धोबी घटा *(हि.पुं.)* वह घाट जहाँ धोबी कपड़े धोते हैं।
रहचटा *(हि.पुं.)* लालसा, लालच।
रहाँचटा *(हि.पुं.)* अभिलाषा, चसका।
अजटा *(सं.स्त्री.)* बिना जटा का।
त्रिजटा एक राक्षसी।
अट्टा *(हि.पुं.)* अट्टालिका, अटारी।
कट्टा *(हि.वि.)* स्थूल, मोटा, पुष्ट।
खट्टा *(हि.वि.)* अम्ल, जिसमें खटाई हो।
गट्टा *(हि.पुं.)* कलाई, गाँठ, ग्रन्थि, एक प्रकार की मिठाई।
टट्टा *(हि.पुं.)* देखो टट्टर।
ठट्टा *(हि.पुं.)* उपहास।
ठट्टा *(हि.पुं.)* काग, ठप्पा, साँचा।
बट्टा *(हि.पुं.)* दलाली, हानि, पत्थर आदि का गोल टुकड़ा, कूटने या पीसने का पत्थर, वह कमी जो लेन देन में किसी वस्तु के मूल्य में दी जाती है।
सट्टा *(हि.पुं.)* किसी काम को निश्चित करने के लिए लिखा हुआ प्रतिज्ञापत्र।
पट्टा *(सं.पुं.)* स्थावर सम्पत्ति के उपयोग का अधिकारपत्र जो स्वामी की ओर से असामी, ठेकेदार या किरायेदार को लिखा जाता है, एक आभूषण जिसको स्त्रियाँ चूड़ियों के बीच पहनती हैं, पीढ़ा, चपरास, पुरुष के सिर पर के बाल जो पीछे की ओर गिरे रहते हैं।
कंवलगट्टा *(हि.पुं.)* कमल का बीज।
धड़ट्टा *(हि.वि.)* जिसकी कमर झुक गई हो, कुबड़ा।
झपट्टा *(हि.पुं.)* देखो झपट्टा।
चीलझपट्टा किसी वस्तु को झपटकर ले जाना।
रपट्टा *(हि.पुं.)* फिसलाव, झपट्टा, दौड़-धूप।
अमलपट्टा *(हि.पुं.)* वह अधिकार पत्र जो किसी कार्य में नियुक्त करने के लिए दिया जाता है।
हट्टा *(हि.वि.)* हृष्ट-पुष्ट, मोटा ताजा।
चट्टा-बट्टा *(हि.पुं.)* लड़कों के खेलने के खिलौने का समूह।
दुपट्टा *(हि.पुं.)* देखो दुपट्टा।
दुपटा *(हि.पुं.)* दो पाट की चादर, वह लम्बा वस्त्र जो कन्धे या गले पर से ओढ़ा जाता है।
बुट्टा *(हि.पुं.)* जुआर की बाल, मक्के की हरी बाल।
चोट्टा *(हि.पुं.)* तस्कर, चोरी करने वाला।
दोपट्टा *(हि.पुं.)* देखो दुपट्टा।
खपटा *(हि.वि.)* वृद्ध, बुड्ढा, कुरूप।
चपटा *(हि.वि.)* देखो चिपटा।
लपटा *(हि.पुं.)* कोई गीली वस्तु, लड़ी, लेई, लपसी।
अटपटा (हित्र स्त्री.) तिरछी, बेढंगी।
चटपटा *(हि.वि.)* तीक्ष्ण स्वाद का।
लटपटा *(हि.वि.)* लड़खड़ाता हुआ, टूटा-फूटा, अशक्त, अव्यवस्थित।
तिरपट, तिरपटा *(हि.वि.)* तिरछा, टेढ़ा, ऐंचा।
उपटा *(हि.वि.)* नष्ट भ्रष्ट, *(पुं.)* ठोकर, धक्का।
चिपटा *(हि.कि.)* जिसका तल दबा हुआ तथा बराबर फैला हो।
चिमटा *(हि.पुं.)* धातु की दो पट्टी।
घुमटा *(हि.पुं.)* सिर में चक्कर आना।
करटा *(सं.स्त्री.)* दूध दुहाने में छटकने वाली गाय।
पल्टा *(हि.पुं.)* देखो पलटा।
पलटा *(हि.पुं.)* प्रतिफल, बदला।
फेरपलटा *(हि.पुं.)* द्विरागमन, गौना।
उलटा *(हि.वि.)* विपरीत, नीचे का ऊपर किया हुआ।
कुलटा *(सं.स्त्री.)* व्यभिचारिणी स्त्री, पुंश्चली।
द्रष्टा *(सं.वि.)* दर्शन, देखनेवाला।
प्रष्टा *(सं.पुं.)* प्रश्नकर्ता, पूछनेवाला।
स्रष्टा *(सं.पुं.)* सृष्टि करने वाला।
श्रष्टा *(सं.पुं.)* तष्टा, तश्तरी।
स्वष्टा *(सं.पुं.)* विश्वकर्मा, बढ़ई।

भिष्टा *(हि.पुं.)* देखो विष्ठा, मल।
चेष्टा *(सं.स्त्री.)* इच्छा, कामना, प्रयत्न, उद्योग।
विचेष्टा *(सं.स्त्री.)* मुँह बनाना।
पहटा *(हि.पुं.)* पंक, कीचड़, चहला।
सुहटा *(हि.वि.)* सुन्दर, सुहावना।

आटा

आटा *(हि.पुं.)* अन्न का चूर्ण, पिसान।
काटा (हि. पुं.) कण्टक, लोहे की कील,
घाटा *(हि.पुं.)* हानि, घटी।
नाटा *(सं.वि.)* छोटे डील डौल का, *(पुं.)* छोटा बैल।
पाटा *(हि.पुं.)* पीढ़ा, बल्ली, पटिया।
भाटा *(हि.पुं.)* पानी का चढ़ाव की ओर से उतार की ओर जाना।
माटा *(हि.पुं.)* लाल रंग की चींटी जिसके झुंड के झुंड आम के पेड़ पर रहते हैं।
चाँटा *(हि.पुं.)* थप्पड़, तमाचा।
फाँटा *(हि.पुं.)* दो वस्तुओं को परस्पर जोड़ने की क्रिया।
भाँटा *(हि.पुं.)* बैंगन।
बाँटा *(हि.पुं.)* बाँटने की क्रिया या भाव, विभाग।
साँटा *(हि.पुं.)* कोड़ा।
झन्नाटा *(हि.पुं.)* चक्कर आना, झन्न का शब्द होना।
सन्नाटा *(हि.पुं.)* निःशब्दता, एकान्तता।
झपाटा *(हि.पुं.)* आक्रमण, धावा।
सपाटा *(हि.पुं.)* दौड़ने या चलने का वेग, झोंक, झपट।
कर्राटा *(हि.पुं.)* वेग, देखो खर्राटा।
खर्राटा *(हि.पुं.)* निंद्रा की अवस्था में नाक से निकलने वाला शब्द।
घर्राटा *(हि.पुं.)* गहरी नींद में साँस लेने का शब्द।
ज्वार भाटा *(हि.पुं.)* समुद्र के जल का चढ़ाव-उतार।

इटा, ईटा

चिट्टा *(हि.पुं.)* झूठा बढ़ावा।
फिट्टा *(हि.वि.)* अपमानित।
ईटा *(हि.पुं.)* देखो ईंट।
चींटा *(हि.पुं.)* देखो चिउँटा।
छींटा *(हि.पुं.)* बूँद, जलकण, बूँद का चिह्न।
भीटा *(हि.पुं.)* टीलेदार ऊँची भूमि या छाजन।

उटा, ऊटा

चिउँटा *(हि.पुं.)* एक काले रंग का कीड़ा जो मीठे के पास बहुत जाता है और उसको जल्दी नहीं छोड़ता।
कुट्टा *(हि.स्त्री.)* परकटा, कबूतर।
छुट्टा *(हि.वि.)* जो लंबा न हो, अकेला।
टुंटा *(हि.वि.)* बिना हाथ वाला, लूला।
छुटपुटा *(हि.पुं.)* ऐसा समय जब थोड़ा अन्धकार और कुछ प्रकाश हो।
कूटा *(हि.वि.)* भग्न, टूटा हुआ।
टूटा *(हि.वि.)* खण्डित, भग्न, निर्धन।
बूटा *(हि.पुं.)* वृक्ष, फल, पत्ते आदि के चित्र जो कपड़े भीत आदि पर रंग बिरंगे बनाए जाते हैं।
कमर पट्टा *(हि.वि.)* ढीली कमरवाला।
कलूटा *(हि.वि.)* बहुत काले रंग का।
काला कलूटा *(हि.वि.)* बहुत काले रंग का।
खूँटा *(हि.पुं.)* पशु बाँधने के लिए भूमि में गड़ा हुआ लकड़ी या बाँस का टुकड़ा।
तिरखूँटा *(हि.वि.)* तिकोना।
तिखूँटा *(हि.वि.)* त्रिकोण, जिसके तीन कोने हो, तिकोना।
चौखूँटा *(हि.वि.)* चौकोर।
बहुँटा *(सं.पुं.)* बाँह पर पहनने का एक आभूषण।

एटा

छेटा *(हि.स्त्री.)* बाधा, अवरोध, रुकावट।
नेटा (हि पुं.) नाक से निकलने वाला कफ।
पेटा *(हि.पुं.)* सीमा, पूरा विवरण, वृत्त, घेरा, किसी पदार्थ का मध्य भाग, नदी बहने का मार्ग, नदी का पाट।
बेटा *(हि.पुं.)* पुत्र, लड़का।
झपटा *(हि.पुं.)* झपट।
खतरेटा *(हि.पुं.)* खत्री जाति का युवा पुरुष।
दुश्चेष्टा *(सं.स्त्री.)* कुचेष्टा।
निश्चेष्टा *(सं.स्त्री.)* निश्चलता।
घेटा *(हि.पुं.)* सुअर का छोटा बच्चा।
फेंटा *(हि.पुं.)* कमर का घेरा, पटुका, सिर पर लपेटने की छोटी पगड़ी।
सिरफेंटा, सिरबन्द *(हि.पुं.)* पगड़ी, मुरेठा।

ओटा, औटा

कोटा *(हि.पुं.)* बुंद, तिलक, बुन्दा।
बोटा *(हि.पुं.)* लकड़ी का छोटा, मोटा कटा हुआ टुकड़ा।
पोटा *(हि.पुं.)* बादलों की बनी हुई सुनहरी या रूपहली पट्टी, सूखा हुआ मल।
छोटा *(हि.वि.)* विस्तार या आकार में न्यून, अल्प वय का, पद या प्रतिष्टा में कम, जिसमें गम्भीरता तथा शिष्टता का अभाव हो। छोटा-मोटा छोटा-सा, सामान्य।
टोटा *(हि.पुं.)* बाँस का खण्ड, घाटा, हानि।
ढोंटा *(हि.पुं.)* पुत्र, लड़का, बेटा।
थोटा *(हि.पुं.)* राग का पसेव।
षोटा *(हि.पुं.)* देखो ढोटा।
पोटा *(हि.पुं.)* पेट की थैली, सामर्थ्य, चिड़िया का बच्चा, नाक का मल, अँगुली का छोर।
मोटा *(हि.वि.)* दरदरा, बेडौल, भद्दा, स्थूल शरीर का मनुष्य।
सोटा *(हि.पुं.)* लाठी।
ओटा *(हि.वि.)* खौलाया हुआ, उबाला हुआ।
खोटा *(हि.वि.)* दूषित।

चोटा *(हि.वि.)* दरदरा, बेडौल, भद्दा, अहंकारी, घटिया, स्थूल शरीर का मनुष्य।
लोटा *(हि.पुं.)* पानी आदि रखने का धातु से बना हुआ छोटा पात्र।
परकोटा *(हि.पुं.)* गढ़ की रक्षा के लिए इसके चारों ओर बनाई हुई भीत।
पपोटा (हि.पुं.) आँख के ऊपर का परदा, पलक।
चमोटा *(हि.पुं.)* मोटे चमड़े का छोटा टुकड़ा जिस पर नाई छुरे की धार तेज करता है।
चोंटा *(हि.पुं.)* नाक से निकला हुआ मल।
सोंटा *(हि.पुं.)* मोटा डंडा, लाठी।
पखोटा *(हि.पुं.)* डेना, पर।
कछौंटा, कछोटा *(हि.पुं.)* काछ, कछनी, लाँग।
हरनौटा *(हि.पुं.)* हरिण का बच्चा।
कजरौटा *(हि.पुं.)* काजल रखने की डंडी लगी हुई डिबिया।
उपरौटा *(हि.पुं.)* ऊपरी भाग, ऊपरी पल्ला।
कजलौटा *(हि.पुं.)* देखो कजरौटा।
सिलौटा (हि.पुं.) पत्थर का चिकना टुकड़ा।

अंटा

घंटा (हि. पुं.) बड़ी घड़ी का समय, बड़ी घंटी।
टंटा *(हि.पुं.)* प्रपंच, उपद्रव, लड़ाई, झगड़ा।
पंटा *(हि.पुं.)* सूत लपेटने की गडारी।
बंटा *(हि.पुं.)* चौकोर या गोल छोटा डब्बा।
भंटा *(हि.पुं.)* बैंगन।
किरंटा *(हि.पुं.)* किरानी।
चिरहँटा *(हि.पुं.)* चिड़ीमार, व्याध।

अइटी

कटि *(सं.स्त्री.)* कमर।
शकटि *(सं.स्त्री.)* छोटी गाड़ी।
बीलटि *(हि.स्त्री.)* दुहिता, लड़की।
दृष्टि *(सं.स्त्री.)* अवलोकन, चक्षु।
वृष्टि *(सं.स्त्री.)* मेघों से जल का टपकना, वर्णन, वर्षा।
यष्टि *(सं.पुं.)* लाठी, छड़ी,*(स्त्री.)* शाखा, टहनी, हार, मुलेठी, बाहु, बाँह।
षष्ठि *(सं.वि.)* साठ संख्या का, *(सं.स्त्री.)* साठ की संख्या।
सृष्टि *(सं.स्त्री.)* निर्माण, रचना, जगत की उत्पत्ति।
हष्टि *(सं.स्त्री.)* यज्ञ, अभिलाषा, इच्छा, संग्रह।
इष्टिका *(सं.स्त्री.)* ईंट।
नागयष्टि *(सं.स्त्री.)* तालाब के बीचोबीच खड़ा हुआ खम्बा।
धमष्टि *(सं.स्त्री.)* सबका समूह।
भारयष्टि *(सं.स्त्री.)* बँहगी।
दीर्घदृष्टि *(सं.पुं.)* वह जो दूर तक की बात सोचता हो, पण्डित।
तीक्ष्ण दृष्टि *(सं.स्त्री.)* सूक्ष्म दृष्टि, जिसकी दृष्टि सूक्ष्म से सूक्ष्म बात पर पड़ती हो।
सूक्ष्मदृष्टि *(सं.स्त्री.)* वह जो सूक्ष्मता समझता हो।
विकृत दृष्टि *(सं.पुं.)* ऐंचा।
वक्र दृष्टि *(सं.स्त्री.)* क्रोध की दृष्टि।
दूरदृष्टि *(सं.स्त्री.)* भविष्य का विचार।
पापदृष्टि *(सं.वि.)* अशुभ या अमंगल दृष्टिवाला।
दिव्य दृष्टि *(सं.स्त्री.)* अलौकिक दृष्टि।
हिमवृष्टि *(सं.स्त्री.)* पाला गिरना।
शरदृष्टि *(सं.स्त्री.)* बाणों की वर्षा।
संसृष्टि *(सं.स्त्री.)* एक साथ उत्पत्ति, परस्पर संबंध, लगाव, घनिष्ठ।
नक्षत्रवृष्टि *(सं.पुं.)*. उल्कापात, तारा टूटना।
अनावृष्टि *(सं.स्त्री.)* वृष्टि का अभाव।
शिलावृष्टि *(सं.स्त्री.)* आकाश से ओले या पत्थर गिरना।
संतुष्टि *(सं.स्त्री.)* अधिक संतोष।
मुष्टि *(सं. पुं)* मुट्ठी, मुक्का, घूँसा, चोट।
पुत्रकायष्टि *(सं.स्त्री.)* पुत्र प्राप्त करने के निमित्त किया जानेवाला यज्ञ।
अन्त्येष्टि *(सं.स्त्री.)* मृत्यु के बाद दाह-कर्म हो जाने पर के संस्कारों की क्रिया।
पुत्रेष्टि *(सं.स्त्री.)* वह यज्ञ जो पुत्र की कामना से किया जाता है।
शराटि *(सं.पुं.)* टिटिहिरा नामक पक्षी।
सिहिटि देखो सृष्टि
भृकुटि *(सं.स्त्री.)* भकुटि, भौंह।
त्रुटि *(सं.स्त्री.)* न्यूनता, अभाव, संशय।
मूटि *(हि.स्त्री.)* जोड़ी।
कोटि *(सं.स्त्री.)* तलवार की धार, धनुष का अगला भाग, सौ लाख की संख्या, श्रेणी, समूह, जत्था।
तुलाकोटि *(सं.स्त्री.)* तराजू की डंडी जिसके दोनों ओर रस्सी में पलड़े बँधे होते हैं।

अटी

घटी *(सं.स्त्री.)* घड़ी, चौबीस मिनट का काल, समय सूचक यन्त्र, छोटा घड़ा, गगरी, *(हि.स्त्री.)* न्यूनता, कमी घाटा, हानि।
तटी *(सं.स्त्री.)* तीर, किनारा, नदी, परीक्षा।
घटी *(सं.स्त्री.)* कपड़े की चीर।
नटी *(सं.स्त्री.)* नट जाति की स्त्री, नाचने वाली स्त्री, अभिनय करने वाली स्त्री।
लटी *(हि.स्त्री.)* असत्य वार्ता।
बटी *(हि.स्त्री.)* बड़ी नाम का पकवान।
अँकटी *(हि.स्त्री.)* छोटी कंकड़ी।
नककटी (हि. स्त्री.) नाक कटने की क्रिया, दुर्दशा।
मर्कटी *(सं.स्त्री.)* मकड़ी, बँदरिया।
पर्कटी *(सं.स्त्री.)* पाकड़ का वृक्ष।
शकटी *(सं.स्त्री.)* छोटी गाड़ी।

टिकटी *(हि.स्त्री.)* लकड़ी का बना हुआ ढाँचा जिसमें बाँधकर अपराधी को बेंत लगाई जाती है, अथवा गले में फाँसी का फंदा बाँधा जाता है।
झुँकटी *(हि.स्त्री.)* छोटी झाड़ी।
नटकटी *(हि.स्त्री.)* उपद्रव।
टिखटी *(हि.स्त्री.)* देखो टिकटी।
पट्टी *(हि.स्त्री.)* किसी भूमि का वह भाग जो एक पट्टेदार के अधिकार में हो, कपड़े का किनारा, तिल या चने।
बट्टी *(हि.स्त्री.)* छोटी वट्टी लोढ़िया।
मट्टी *(हि.स्त्री.)* देखो मिट्टी।
सट्टी *(हि.स्त्री.)* वह हाट जिसमें फल तरकारी आदि बिकती हो।
हट्टी *(हि.स्त्री.)* दुकान।
कपटी (से वि.) वच्चक, धूर्त, छली।
चपटी *(हि.वि.)* चिपटी, *(स्त्री.)* ताला।
चटपटी *(हि.स्त्री.)* आतुरता, शीघ्रता, व्यग्रता, बेचैनी।
छटपटी *(हि.स्त्री.)* व्याकुलता।
कर्पटी *(सं.वि.)* फटा पुराना वस्त्र पहिनने वाला भिक्षुक।
परपटी *(हि.स्त्री.)* देखो पर्पटी।
धौंसपट्टी *(हि.स्त्री.)* धोखा, भुलावा।
खटापट, खटापटी *(हि.स्त्री.)* खटपटा।
पटापटी *(हि.स्त्री.)* जल्दी, शीघ्रता।
लटापटी *(हि.स्त्री.)* लड़ाई, झगड़ा।
औपटी *(हि.वि.)* विकट।
स्फटी *(सं.स्त्री.)* फिटकरी।
चिमटी *(हि.स्त्री.)* छोटा चिमटा।
गुमटी *(हि.स्त्री.)* घर की सबसे ऊपर की छत या सीढ़ी।
बाल्टी *(हि.स्त्री.)* देखो बालटी।
बालटी *(हि.स्त्री.)* एक प्रकार की डोलची जिसका नीचे का घेरा सँकरा तथा ऊपर का चौड़ा होता है।
गिलटी *(हि.स्त्री.)* शरार में सन्धि स्थान की ग्रन्थि।
डलटी *(हि.स्त्री.)* वमन, कलया।
राबटी *(हि.स्त्री.)* छोलदार, ओसारी।
माववटी *(सं.स्त्री.)* उड़द की बड़ी।
बनावटी *(हि.वि.)* कृत्रिम, दिखावा।
लोकष्टी *(हि.स्त्री.)* लोमड़ी।
दृस्टि *(हि.स्त्री.)* देखो दृष्टि।
भुसटी *(हि.स्त्री.)* चूहिया।
तलहटी *(हि.स्त्री.)* पहाड़ की तराई।
चुहँटी *(हि.स्त्री.)* चुटकी।
रहँटी *(हि.स्त्री.)* कपास ओटने की चरखी।

आटी

आटी *(हि.स्त्री.)* रोक, अटक, पच्चड़।
घाटी *(हि.स्त्री.)* पर्वतों के बीच की भूमि, पहाड़ का ढालुआ स्थान, दर्रा।
टाटिक, टाटी *(हि.स्त्री.)* देखो टट्टी।
नाटी छोटे कद की।
पाटी *(हि.पुं.)* वह लकड़ी की पट्टी जिस पर बालकों को विद्याभ्यास कराया जाता है, पटिया की पाट, खाट की लम्बाई, बल की लकड़ी।
बाटी *(हि.स्त्री.)* अंगारों या उपलों पर सेंकी गई गोली या पेड़ के आकार की रोटी, लिट्टी।
माटी *(हि.स्त्री.)* श्सरार, मिट्टी, धूल, रज।
आँटी *(हि.स्त्री.)* लंबी घास इत्यादि का छोटा गट्ठा, सूत का लच्छा, धोती की ऐंठन, टेंट।
काँटी *(हि.स्त्री.)* छोटा महीन काँटा।
घाटी *(हि.स्त्री.)* गले के भीतर की घंटी। (कौआ)
साँटी *(हि.स्त्री.)* बाँस की खमाची, शाखा, बदला।
खटपाटी *(हि.स्त्री.)* खटिया की पाली।
सीतलपाटी *(हि.स्त्री.)* एक प्रकार की चिकनी चटाई।
परिपाटी *(सं.स्त्री.)* प्रणाली, ढंग, रीति, पद्धति, अंक गणित।
कठमाटी *(हि.स्त्री.)* कीचड़ की मिट्टी जो सूखने पर बहुत कड़ी हो जाती है।

इटी

गिट्टी *(हि.स्त्री.)* पत्थर या ईंट के छोटे टुकड़े जो छत पर फैलाकर पीटे जाते हैं।
छिट्टी *(हि.स्त्री.)* सूक्ष्म जलकण, महीन, छोटा।
मिट्टी *(हि.स्त्री.)* पृथ्वी, भूमि, धूल, शरीर।
सिट्टी *(हि.स्त्री.)* बहुत बढ़-बढ़कर बोलना।
दुरसिटि *(सं.स्त्री.)* छोटा हाट।
कपड़मिट्टी *(हि.स्त्री.)* कपड़ौटी।

ईटी

टीटी टिकट चेकर।
पीटी पीटने की क्रिया
लीटी लकीर
सीटी *(हि.स्त्री.)* वह महीन शब्द जो ओंठों को गोल सिकोड़कर नीचे को वेग से वायु निकालने पर उत्पन्न होता है, वह बाजा जिसको फूँकने से इसी प्रकार का शब्द निकलता है।
चीटी *(हि.स्त्री.)* पिपोलिका, चिउँटी।
कुटी *(हि.स्त्री.)* घास फूस की बनी हुई झोपड़ी, पर्णशाला।
पुटी *(सं.स्त्री.)* छोटा कटोरा, छोटा दोना, पुड़िया।
तृणकुटी *(सं.स्त्री.)* तृण से छुपी हुई मड़ई।
पर्णकुटी *(सं.पुं.)* झोपड़ी, केवल पत्तों से बनी हुई कुटी।
अटकुटी *(सं.स्त्री.)* पर्णशाला, झोपड़ी।
पटकुटी *(सं.स्त्री.)* कपड़े का घर, तंबू।
नकुटी (स. पुं.) नासिका, नाक।
लकुटी (हि. स्त्री.) छोटी लाठी, छड़ी।
तर्कुटी *(सं.स्त्री.)* वकला, टेंटुआ।
भृकुटी *(सं.स्त्री.)* भृकुटी, भौंह।
भ्रुकुटि *(सं.स्त्री.)* क्रोध आदि द्वारा भौंह चढ़ाना।
चिउँटी *(हि.स्त्री.)* चींटी, पिपीलिका।

चिकुटी *(हि.स्त्री.)* देखो चुटकी।
त्रिकुटी *(सं.स्त्री.)* दोनों भौंहो के बीच के ऊपर का स्थान।
कुट्टी *(हि.स्त्री.)* कटाई, कागद जिसके अनेक पदार्थ बनते हैं, मैत्री भंग (बालक इस अर्थ में प्रयोग करते हैं।)
खुट्टी *(हि.स्त्री.)* रेचड़ी नामक मिठाई।
घुट्टी *(हि.स्त्री.)* छोटे बच्चों को पाचन के लिए पिलाई जाने वाली औषधि।
छुट्टी *(हि.स्त्री.)* मुक्ति, छुटकारा, अवकाश, कार्यालय के बन्द रहने का दिन।
जुट्टी *(हि.स्त्री.)* घास, पुआल आदि का मुट्ठा, अँटिया।
परकुट्टी *(हि.स्त्री.)* पान कूटने का छोटा खरल।
छोड़छुट्टी *(हि.स्त्री.)* नाता या संबंध का त्याग।
पधुटी (स. स्त्री.) अविवाहित कन्या।
चिहुँटी *(हि.स्त्री.)* चुटकी, चिकोटी।
ववूटी *(सं.स्त्री.)* पुत्र वधू, पतोहु।
बूटी *(हि.स्त्री.)* वनस्पति, जड़ी, वनौषधि, भाँग, ताश में बनी हुई टिक्की, फल-फूल के छोटे चिह्न जो वस्त्रादि पर बनाए जाते हैं।
संजीवन, संजीवन बूटी *(हि.स्त्री.)* संजीवनी नामक बूटी।
बारवधू, बारवघूटी *(हि.स्त्री.)* वेश्या, रंडी।

ऐटी

बेटी लड़की
छेटी दूर
बेटी *(सं.स्त्री.)* दासी, लौंडी।
तलेटी *(हि.स्त्री.)* तराई, घाटी।
स्लेटी स्लेटी रंग के।

ओटी

गोटी *(हि.स्त्री.)* लड़कों के खेलने का गोल टुकड़ा या कंकड़, चौपड़ का मोहरा, उपाय।
चोटी *(हि.स्त्री.)* शिखा, चुन्दी, स्त्रियों के एक में एक गुथे बाल।
आकाश चोटी *(हि.स्त्री.)* शीर्ष बिन्दु, सिर के ठीक ऊपर पड़नेवाला कल्पित बिन्दु।
ढोटी *(हि.स्त्री.)* पुत्री, बेटी, लड़की।
बोटी *(हि.स्त्री.)* मांस का छोटा टुकड़ा।
रोटी *(हि.स्त्री.)* गुँथे हुए आटे की टिकिया जिसे आँच पर सेंकी गई हो।
लोटी *(हि.स्त्री.)* छोटा लोटा।
चिकोटी *(हि.स्त्री.)* देखो चुटकी।
लंगोटी *(हि.स्त्री.)* कौपीन, कच्छी।
चोटी पोटी *(स्त्री.)* झूठी बात।
चमोटी *(हि.स्त्री.)* कोड़ा, चाबुक।
हथुई रोटी *(हि.स्त्री.)* गीले आटे की लोई को हथेलियों से दबाकर बनाई हुई रोटी।

ढोंटी *(हि.स्त्री.)* झाड़ी में लगी हुई नली, पशुओं का थूथन।
अछरोटी *(हि.स्त्री.)* वर्णमाला।
हथौटी *(हि.स्त्री.)* हस्त-कौशल।
पनौटी *(हि.स्त्री.)* पान रखने की पिटारी, पानदान।
टट्टु *(हि.पुं.)* छोटे आकार का घोड़ा, टाँगम।
पट्टु *(हि.पुं.)* एक प्रकार का घोड़ा, ऊनी वस्त्र जो पट्टी के रूप में बनाया जाता है।
बट्टु *(हि.पुं.)* धारीदार चारखाना।
सुभौटी *(हि.स्त्री.)* शोभा।
ईयुरोटी *(हि.स्त्री.)* ईगुर रखने की डिबिया।
सिलौटी *(हि.स्त्री.)* छोटी सिल।
कसौटी *(हि.स्त्री.)* काला पत्थर जिस पर सोना रगड़कर इसके रंग में सोने की परीक्षा की जाती है, परीक्षा, जाँच, परख।

अंटी

अंटी *(हि.स्त्री.)* लच्छी, गाँठ, अँगुली के बीच का स्थान।
घंटी *(हि.स्त्री.)* छोटा घंटा, लोटिया, जीभ की जड़ के पास लटकती हुई मांस की छोटी ग्रन्थि, कौवा।
बंटी *(हि.स्त्री.)* छोटा बेटा
टंटी टंटा या झगड़ा करने वाला।
फंटी राज की लकड़ी की सीधी पट्टी।
संटी कमची, पतली वृक्ष की डाली जो पीटने में प्रयुक्त होती हो।

अटु, अंट

कटु *(सं.वि.)* कड़ुवा, अप्रिय, तीक्ष्ण, कुत्सित।
ठटु *(हि.पुं.)* ठाटबाट, सजावट, शृंगार।
पटु *(सं.वि.)* दक्ष, चतुर, स्वस्थ, तीक्ष्ण।
वाक्पटु *(सं.वि.)* बोलचाल में चतुर।
कर्णकटु *(सं.वि.)* अप्रिय, कान में कर्कश लगने वाला।
अपटु *(सं.वि.)* जो कार्यकुशल न हो।
श्रुतिकटु (सं. पु.) कठार या कर्कश शब्द।
त्रिकटु *(सं.पुं.)* सोंठ, मिर्च, पीपल।
निघष्टु *(सं.पुं.)* वैदिक शब्दों की सूची।
निखट्टु *(हि.वि.)* जो कोई काम-काज न करता हो, आलसी, निकम्मा।
अपरगट्टू *(हि.वि.)* दुर्भाग्य, अभागा।
लट्टू *(हि.पुं.)* गोल बट्टे के आकार का एक खिलौना जिसमें सूत लपेटकर तथा फेंककर उसे पृथ्वी पर नचाते हैं, लट्टू के आकार की कोई वस्तु।
पेटू *(हि.स्त्री.)* जो ज्यादा खाता हो, भुक्खड़।
घोटू *(हि.वि.)* घोटने वाला।
टेंटें *(हि.स्त्री.)* सुग्गे की बोली, टेंटें करना, वृथा की बकवाद करना।
उलटे *(हि.कि.वि.)* विरुद्ध क्रम से।
सुलटे सीधे, सही।

ठ-अन्तक : संस्कृत और हिन्दी वर्णमाला का तेरहवाँ अक्षर, ट वर्ग का द्वितीय वर्ग, इसका उच्चारण स्थान मूर्धा है।

अठ

अठ *(हि.कि.वि.)* यहाँ, इस स्थान पर।

अठ *(हि.वि.)* आठ की संख्या 8।

कठ *(हि.पुं.)* एक प्रकार का प्राचीन बाजा, समासादि में आने से इस शब्द का अर्थ काठ का बना हुआ होता है जैसे कठपुतली।

ठंठ *(हि.पुं.)* झुंड, जमावड़ा, समूह।

मठ *(सं.पुं.)* निवास-स्थान, छात्रावास, देवगृह, मन्दिर।

रठ *(हि.वि.)* शुष्क, सूखा।

शठ *(सं.वि.)* धूर्त, दुष्ट, वंचक।

सठ *(हि.पुं.)* देखो शठ, दुष्ट, पाजी।

अरसठ *(हि.)* देखो अड़सठ।

सरसठ *(हि.पुं.)* देखां सड़सठ।

इकसठ *(हि.वि.)* साठ और एक।

तिरसठ *(हि.वि.)* साठ और तीन की संख्या का, *(पुं.)* साठ और तीन की संख्या 63।

पाकठ *(हि.वि.)* पका हुआ, अनुभवी।

छाछठ *(हि.वि.)* गिनती में साठ और छह की सख्या 66।

बिजायठ *(हि.पुं.)* बाजूबन्द।

महाशठ *(सं.वि.)* बड़ा दुष्ट, बड़ा धूर्त।

हठ *(सं.पुं.)* दुराग्रह, टेक, दृढ़ प्रतिज्ञा।

लट्ठ *(हि.पुं.)* बड़ी लाठी, सोंटा।

षष्ठ *(सं.वि.)* जिसका स्थान पाँच के उपरान्त हो, छठा।

शकठ *(सं.पुं.)* मचान।

अपठ *(हि.वि.)* निरक्षर, अनपढ़।

कमठ *(हि.वि.)* कछुआ, बाँस, तुम्बी या नारियल का पात्र।

अशठ *(सं.वि.)* जो दुष्ट न हो, सज्जन।

कर्मठ *(सं.वि.)* काम करने में निपुण।

करमठ *(हि.वि.)* कर्मनिष्ठ।

षृष्ठ *(सं.पुं.)* शरीर के पीछे का भाग, पीठ, पीछा, पुस्तक का पत्र या पन्ना, पुस्तक के पत्र के एक ओर का।

षृष्ठ *(सं.पुं.)* आकाश, स्वर्ग।

अड़सठ, अरसठ *(हि.वि.)* साठ और आठ से बनी हुई संख्या 68।

सड़सठ *(हि.वि.)* साठ और सात की संख्या का, *(पुं.)* जो गिनती में साठ और सात हों 67।

बासठ *(हि.वि.)* साठ और दो की संख्या का, *(पुं.)* साठ और दो की संख्या 62।

निसठ *(हि.वि.)* निर्धन, दरिद्र।

पैंसठ *(हि.वि.)* साठ और पाँच की संख्या का, *(पुं.)* साठ और पाँच की संख्या 65।

चौंसठ *(हि.वि.)* साठ और चार की संख्या 64।

आठ

आठ *(हि.वि.)* अष्ट, चार की दूजी संख्या। आठी पहर-दिन रात।

काठ *(हि.पुं.)* काष्ट, लकड़ी, ईंधन।

काष्ठ *(सं.पुं.)* लकड़ी, काठ, ईधन।

जाठ *(हि.पुं.)* तालाब आदि के बीच में गड़ा हुआ लकड़ी का मोटा लट्ठा, कोल्हू की कूंड़ी के बीच में लगाने का लट्ठा।

नाठ *(हि.पुं.)* नाश, ध्वंस, हानि।

पाठ *(सं.पुं.)* शिष्य का अध्यापन, पढ़ना, पढ़ने की क्रिया, किसी धर्म पुस्तक को नियमपूर्वक पढ़ने की क्रिया, किसी पुस्तक का वह अंश जो एक बार पढ़ाया जाए।

भाठ *(हि.स्त्री.)* वह मिट्टी जिसको नदी बाढ़ में लाती है और उतार के समय कछार में जमाती है, *(हि.पुं.)* गड्ढा।

माठ *(हि.पुं.)* एक प्रकार की मिठाई।

राठ *(हि.पुं.)* राज्य, राजा।

लाठ *(हि.पुं.)* देखो लाट।

साठ *(हि.वि.)* पचास और दस की संख्या।

गाँठ *(हि.स्त्री.)* ग्रन्थि, गिरह, गठरी, शरीर के अंग का जोड़, पर्व, गट्टा।

ठाँठ *(हि.वि.)* शुष्क, रसहीन, नीरस, दूध न देनेवाली गाय, भैंस आदि।

माँठ *(हि.पुं.)* मटका, कूंड़ा।

माठ *(हि.स्त्री.)* मठिया।

साँठ *(हि.पुं.)* देखो साँकड़ा, सरकंडा।

वर्षगाँठ *(हि.पुं.)* जन्मदिन का उत्सव।

बरसगाँठ *(हि.स्त्री.)* सालगिरह।

सहपाठ *(सं.स्त्री.)* एक साथ पढ़ना।

इठ

मिठ *(हि.वि.)* मीठा शब्द का संक्षिप्त रूप, इसका व्यवहार प्रायः यौगिक शब्द बनाने के लिए होता है, और यह किसी शब्द के पहले जोड़ा जाता है।

कर्णकिट्ठ *(सं.पुं.)* कान का खूँट।

नियतिठ *(सं.वि.)* भाषित, कहा हुआ।

स्वादिष्ट *(सं.वि.)* जो खाने में अच्छा जान पड़े।

क्रिया मिष्ठ *(सं.वि.)* संध्या, तर्पण आदि नित्यकर्म करने वाला।

एकनिष्ठ *(सं.वि.)* एकासक्त, एक ही में लीन।

धनिष्ठ *(सं.वि.)* बहुत बड़ा धनी।

स्वनिष्ठा *(सं.वि.)* अपना काम स्वयं करने वाला।

पापिष्ठ *(सं.वि.)* बहुत बड़ा पापी, पातकी।

कर्मिष्ठ *(सं.वि.)* काम में लगा रहने वाला, काम करने में चतुर।

धर्मिष्ठ *(सं.पुं.)* पुण्यात्मा, अत्यंत धार्मिक आचरण, पावक।

अधर्मिष्ठ *(सं.वि.)* महापापी, अधर्मशील।

भूमिष्ठ *(सं.पुं.)* भूमि पर गिरा हुआ।
भूयिष्ठ *(सं.वि.)* बहुतर, प्रचमर।
बारिष्ठ *(सं.वि.)* बहुत भारी, बहुत बड़ा, प्रतिनिष्ठत।
वरिष्ठ *(सं.वि.)* श्रेष्ठ, उत्तम।
बलिष्ठ *(सं.वि.)* अधिक बलवान।
गर्विष्ठ *(सं.वि.)* गर्वयुक्त, अहंकारी।

ईठ

ईठ *(हि.पुं.)* इष्ट मित्र।
ईठना *(हि.कि.)* इच्छा करना।
ढीठ *(हि.वि.)* धृष्ट, उद्दंड।
ढीठता *(हि.वि.)* धृष्टता, ढिठाई।
दीठ *(हि.स्त्री.)* दृष्टि, देखने की क्रिया।
मीठ *(हि.कि.वि.)* कठिनाई से।
पीठ *(सं.पुं.)* चौकी, आसन, किसी मूर्ति के नीचे का आधार, पिंड।
अनडीठ *(हि.वि.)* अदृष्ट, बिना देखा हुआ।
अबीठ *(हि.वि.)* अदृष्ट, गुप्त।
अनीठ *(हि.वि.)* अनिष्ट, अधर्म, बुरा।
सिद्धपीठ *(सं.पुं.)* वह स्थान जहाँ पर प्रयाण करने से शीघ्र सिद्धि प्राप्त होती है।
नसीठ *(हि.पुं.)* अनशकुन, असगुन।

उठ

कुष्ठ *(सं.पुं.)* कोढ़ रोग।
अंगुष्ठ *(सं.पुं.)* अँगूठा
कुष्ठ *(सं.पुं.)* अकर्मण्य, मूर्ख।
विकुण्ठ *(हि.पुं.)* देखो वैकुण्ठ, स्वर्ग।
वैकुण्ठ (सं. पु.) स्वर्ग।
ठुंठ *(हि.पुं.)* वृक्षस्तंभ।

ऊठ

झूठ *(हि.पुं.)* जो बात यथार्थ न हो, असत्य बात।
मूठ *(हि.स्त्री.)* मुष्टि, मुट्ठी, उतनी वस्तु जितनी मुट्ठी में आ सकें, किसी हथियार की मूठ।
झूठमूठ *(हि.कि.वि.)* असत्य रूप में, व्यर्थ।
ठूँठ *(हि.पुं.)* शाखा तथा पत्रहीन वृक्ष, कटा हुआ हाथ।
पूँठ *(हि.स्त्री.)* देखो पीठ।

ऐठ

जेठ *(हि.पुं.)* वैशाख और आषाढ़ के बीच का चन्द्रमास, पति का बड़ा भाई।
ठेठ *(हि.वि.)* बिना मेल का, स्वाभाविक, *(स्त्री.)* सीधी-सादी बोली जिसमें साहित्यिक शब्दों का प्रयोग न हो।
पैठ *(हि.स्त्री.)* प्रवेश, पहुँच, त्रुटि।
सेठ *(हि.पुं.)* महाजन, साहूकार।
हेठ *(हि.पुं.)* बाधा, पीड़ा।
अंगेठ *(हि.पुं.)* आकृति, शरीर रचना।
अपेठ *(हि.वि.)* पहुँच के बाहर, जहाँ पहुँच न सकें।
मरेठ *(हि.पुं.)* द्वार के ऊपर लगाई हुई लकड़ी जिस पर भीत उठाई जाती है।
जेष्ठ *(सं.वि.)* जेठ का महीना, अग्रज, बड़ा।
ज्येष्ठ *(सं.वि.)* अति वृद्ध, बड़ा बूढ़ा।
श्रेष्ठ *(सं.वि.)* प्रशस्त, उत्तम, ज्येष्ठ, बड़ा, मुख्य।
अश्येष्ठ *(सं.वि.)* जो बड़ा या जेठा न हो।
वृगश्रेष्ठ *(सं.पुं.)* व्याघ्र, बाघ।
वर्णश्रेष्ठ *(सं.पुं.)* चारों वर्णों में श्रेष्ठ ब्राह्मण।
सर्वश्रेष्ठ *(सं.वि.)* सबसे उत्तम।
संश्लेष्ठ *(सं.वि.)* सम्मिलित, मिश्रित।
जगतसेठ *(हि.पुं.)* बहुत बड़ा धनवान।
धन्नासेठ *(हि.पुं.)* बड़ा धनाढ्य मनुष्य।
ऐंठ *(हि.स्त्री.)* लपेट, मरोड़, अभिमान, अकड़।
पेंठ *(हि.स्त्री.)* हटि, दुकान, हाट लगने का दिन।
ओठ *(हि.पुं.)* ओष्ठ, मुख के ऊपर कपाट।
गोठ *(हि.स्त्री.)* गोष्ठ, गोशाला।
मोठ *(हि.स्त्री.)* मूँग की तरह का एक प्रकार का मोटा अन्न।
सोठ *(हि.स्त्री.)* सुखाया हुआ अदरख।
ओष्ठ *(सं.पुं.)* दन्तच्छद, होंठ।
अकोष्ठ *(सं.पुं.)* केहुनी के नीचे का भाग, घर के प्रधान द्वार के पास की कोठरी, बड़ा आँगन जिसके चारों ओर कोठरियाँ हो।
गोष्ठ *(सं.पुं.)* गोशाला, गोष्ठी, परामर्श, मण्डली।
अधरोष्ठ *(सं.पुं.)* नीचे का होंठ।
गोंठ *(हि.स्त्री.)* गोष्ठ, कमर पर की धोती की लपेट।

अंठ

कंठ *(हि.पुं.)* नरेटी, टेटुआ, ध्वनि शब्द।
कण्ठ *(सं.पुं.)* गरदन के सामने का भाग, नरेटी।
ठंठ *(हि.वि.)* ठूँठा, मूर्ख, परिवार-शून्य।
संठ *(हि.पुं.)* शठ, धूर्त, नीच।
शुष्ककण्ठ *(सं.वि.)* प्यास।
दीर्घकण्ठ *(सं.पुं.)* बकुला, *(वि.)* जिसकी गर्दन लंबी हो।
रुद्धकण्ठ *(सं.वि.)* जिसका गला भर आया हो, जो बोल न सकता हो।
मुक्तकण्ठ *(सं.वि.)* चिल्लाकर बोलने वाला, बेधड़क बोलने वाला।
उपकण्ठ *(सं.वि.)* निकट, पास।
श्यामकण्ठ *(सं.पुं.)* नीलकण्ठ पक्षी।
क्षीरकण्ठ दूध पीने वाला बच्चा।
कलकण्ठ *(सं.पुं.)* कोकिल, कोयल, *(वि.)* मीठा शब्द निकालने वाला।
झल्लकण्ठ *(सं.पुं.)* परावत, परेवा पक्षी।
वश कण्ठ *(सं.पुं.)* रावण।
नीलकण्ठ *(सं.वि.)* जिसका कंठ नीला हो, एक प्रकार की चिड़िया जिसके पंख और कंठ नीले रंग के होते हैं।

चित्रकण्ठ *(सं.पुं.)* कपोत, कबूतर।
सितिकण्ठ *(सं.पुं.)* नीलकण्ठ।
शितिकण्ठ *(सं.पुं.)* महादेव, मोर, पपीहा।
श्रीकण्ठ *(सं.पुं.)* शिव, महादेव।
सुकण्ठ *(सं.पुं.)* सुरीला।

अठा

छठा *(हि.वि.)* क्रम में पाँच वस्तु के बाद का, कभी कभी।
अट्ठा *(हि.पुं.)* ताश का वह पत्ता जिसमें किसी रंग की आठ बूटियाँ हों।
कट्ठा *(हि.पुं.)* शरीर पर का उभरा हुआ चिह्न जो रगड़ लगने से पड़ जाता है।
पट्ठा चेला।
मट्ठा *(हि.पुं.)* मथा हुआ दही ।
लट्ठा *(हि.पुं.)* लकड़ी का मोटा लंबा टुकड़ा।
पट्ठा *(हि.पुं.)* तरुण, नवयुवक, स्नायु, दलदार मोटा पत्ता, एक प्रकार का चौड़ा गोटा, नाव के जोड़ का स्थान।
इकट्ठा *(हि.वि.)* एकत्र, मिला हुआ, *(कि.वि.)* एक साथ मिलकर।
एकट्ठा *(हि.वि.)* एकत्र, जमा किया हुआ।
उत्कण्ठा *(सं.स्त्री.)* उत्सुकता, तीव्र अभिलाषा।
कमठा *(हि.पुं.)* चाप, कमान।
रहठा *(हि.पुं.)* अरहर के पौधे का सूखा डंठल।
मिट्ठा *(हि.वि.)* देखो मीठा।
मुट्ठा *(हि.पुं.)* घास, फूस तथा आदि का उतना पूला जितना हाथ की मुट्ठी में आ सकें।
सोरठा *(हि.पुं.)* अड़तालीस मात्राओं का एक छन्द।
चौकठ, चौकठा *(हि.पुं.)* देखो चौखटा।

आठा

नाठा *(हि.पुं.)* वह जिसका कोई उत्तराधिकारी न हो।
माठा *(हि.पुं.)* देखो मठा, मट्ठा।
साठा *(हि.वि.)* साठ वर्ष के वय का।
लुआठा *(हि.पुं.)* वह लकड़ी जिसका एक छोर जलता हो।
पराठा *(हि.पुं.)* तवे पर घी लगाकर सेंकी हुई चपाती, परौंठा।
काष्ठा *(सं.स्त्री.)* स्थिति, अवधि, सीमा, उत्कर्ष, बड़ाई।
पराकाष्ठा *(सं.स्त्री.)* चरम सीमा, हद।
टाँठ, टाँठा *(हि.वि.)* हृष्ट-पुष्ट।
उपराँठा *(हि.पुं.)* परांठा, घी लगाकर तवे पर सेंकी हुई रोटी।

इठा

चिट्ठा *(हि.पुं.)* हिसाब का बही खाता, ब्यौरा।
कच्चा चिट्ठा *(हि.पुं.)* रहस्य, गुप्त भेद, सच्ची वार्ता।
खटमिट्ठा *(हि.वि.)* मधुराम्ल, खटाई और मिठाई दोनों का स्वाद रखने वाला।
प्रतिष्ठा *(सं.स्त्री.)* मान मर्यादा, गौरव, आदर, देवता की प्रतिमा का स्थापन।
अप्रतिष्ठा *(सं.स्त्री.)* अनादर, अपयश।
अप्रतिष्ठित *(सं.वि.)* अपमानित।
प्राणप्रतिष्ठा (प्राण प्रतिष्ठा) *(सं.स्त्री.)* किसी नई बनी हुई मूर्ति को मन्दिर में स्थापित करते समय मंत्रों को पढ़कर उसमें प्राण आरोपण करना।
सुप्रतिष्ठा *(सं.स्त्री.)* प्रसिद्धि, सुनाम, *(सं.वि.)* बहुत प्रसिद्ध।
निष्ठा *(सं.स्त्री.)* निश्चय, धर्मादि में श्रद्धा।
कनिष्ठा *(सं.वि.)* अत्यन्त लघु वय का, कनिष्ठा।
धर्मनिष्ठा *(सं.स्त्री.)* धर्म में विश्वास।
विष्ठा *(सं.स्त्री.)* मल।

ईठा

मीठा *(हि.वि.)* हलका, धीमा, सुस्त, बहुत सीधा, प्रिय, रुचिकर, स्वादिष्ठ, *(पुं)* मीठा खाद्य, मिठाई, गुड़।
पीठा *(हि.पुं.)* आटे की लोई में पीठी भरकर बनाया हुआ एक पकवान, पीढ़ा।
सीठा *(हि.वि.)* नीरस, फीका।
रीठा काला स्याह, एक फल जिसके छिलके से कपड़ा धोया जाता है।
गोईठा *(हि. पुं.)* उपला, गोहरा।
अँगीठा *(हि.पुं.)* बड़ी अँगीठी, भट्ठा।
बमीठा *(हि.पुं.)* वल्मीक, बाँबी।
दोपीठा *(हि.वि.)* जिस वस्त्र के दोनों छोर समान रंग रूप के हों, *(पुं.)* कागज के भाव को एक ओर छापने के बाद दूसरी ओर छापना।
बिसीठा *(हि.वि.)* नीरस, फीका।

उठा, ऊठा

पुट्ठा *(हि.पुं.)* चूतड़ का ऊपरी कड़ा भाग, पुस्तक की जिल्द का पिछला भाग।
झूठा *(हि.वि.)* असत्य, मिथ्या, झूठ बोलने वाला, कृत्रिम, बनावटी, *(वि.)* देखो जूठा।
पूठा *(हि.पुं.)* देखो पट्ठा।
मूठा *(हि.पुं.)* मुट्ठा।
हूठा *(हि.पुं.)* भद्दा या गँवारू चेष्टा, ठेंगा।
अँगूठा *(हि.वि.)* हाथ या पैर की छोटी अँगुली।
अनूठा *(हि.वि.)* अपूर्व, विलक्षण।
विनूठा *(हि.वि.)* अपूर्व, अनूठा।
अपूठा *(हि.वि.)* अपुष्ट, कच्चा, अनभिज्ञ।
परपूठा *(हि.वि.)* पक्व, पक्का।
ठूँठा *(हि.वि.)* बिना शाखा और पत्तियों का वृक्ष, लूला।
हुँठा *(हि.पुं.)* साढ़े तीन का पहाड़ा।

ऐठा

जेठा *(हि.वि.)* अग्रज, बड़ा।
पेठा *(हि.पुं.)* कूष्माण्ड, सफेद, कुम्हाड़ा।

हेठा *(हि.वि.)* तुच्छ, नीचा।
धरेठा *(हि.पुं.)* धोबी।
मूरठा *(हि.पुं.)* पगड़ा।
चौरेठा *(हि.पुं.)* पानी के साथ पीसा हुआ चावल।

ओठा

कोठा *(हि.पुं.)* लंबी-चौड़ी कोठरी, भण्डारघर, अटारी।
बरोठा *(हि.पुं.)* ड्योढ़ी, पौरी, बैठक।
उपरोठा *(हि.वि.)* ऊपर का, ऊपरी।
पहलौठा, पहलीठा *(हि.वि.)* पहली बार के गर्भ से उत्पन्न।

अंठा

कंठा *(हि.पुं.)* गले का चिह्न जो तोते के कंठ के चारों ओर पड़ जाता है, गले का एक आभूषण।
गंठा *(हि.स्त्री.)* गाठ, बाज, गुठली।

अठि

इठि *(हि.स्त्री.)* देखो इष्टि, प्रीति, चेष्टा, यत्न।
पीठ, पीठि *(हि.स्त्री.)* नेत्र की ज्योति, देखने की शक्ति, खुली हुई आँख, किसी अच्छी वस्तु पर ऐसी दृष्टि डालना जिसका बुरा प्रभाव पड़े, देखभाल।
पीठि *(हि.स्त्री.)* देखो पीठ।
पुठि *(हि.स्त्री.)* देखो पीठ, पृष्ठ।
डीठिमूठि *(हि.स्त्री.)* जादू टोना।

अठी

छठी *(हि.स्त्री.)* जन्म से छठे दिन अथवा छठे मास का पूजन।
मठी *(हि.स्त्री.)* मठ का अधिकारी या महन्त।
हठी *(हि.वि.)* हठ करने वाला।
फट्ठा, फट्ठी *(हि.स्त्री.)* बाँस की चिरी हुई पतली छड़।
मट्ठी *(हि.स्त्री.)* एक प्रकार का पकवान।
कनठी *(हि.स्त्री.)* कान उमेठने का दंड।
षष्ठी *(सं.स्त्री.)* किसी मास की शुक्ल या कृष्ण पक्ष की छठी तिथि।
लुकठी *(हि.स्त्री.)* देखो लुआठी।
चिट्ठी *(हि.स्त्री.)* कागज की वह पत्री जो किसी को भेजते हैं।
पिट्ठी *(हि.स्त्री.)* देखो पीठी।
मिट्ठी *(हि.स्त्री.)* चुम्बन, चूमा।
खुट्ठी *(हि.स्त्री.)* घाव पर जमी हुई पपड़ी।
पुट्ठी *(हि.स्त्री.)* गाड़ी के पहिए के घेरे का वह भाग जिसमें आरे जड़े रहते हैं।

आठी

काठी *(हि.स्त्री.)* घोड़े या ऊँट की पीठ पर रखने की खेगीर (गधी)।
भाठी *(हि.स्त्री.)* पानी का उतार, देखो भट्टी।
सहपाठी *(सं.वि.)* जो साथ में पढ़ते हों।
लुआठी *(हि.स्त्री.)* सुलगती हुई लकड़ी।
पाठी *(हि.पुं.)* पढ़ने वाला।
लाठी *(वि.)* अकेली। छड़ी सवारी, अकेला, बिना सामग्री के यात्रा।
लाठी *(हि.स्त्री.)* लकड़ी, डंडा।
गाँठी *(हि.स्त्री.)* देखो गाँठ।
दिठादिठी *(हि.स्त्री.)* देखो देखा देखी।
ठीठी *(हि.स्त्री.)* हँसी का शब्द।
नीठी *(कि.वि.)* जो सुहावना न हो।
पीठी *(हि.स्त्री.)* उड़द, मूँग आदि का छिलका उतारकर पीसी हुई दाल।
सीठी *(हि.स्त्री.)* खूंद, निःसार पदार्थ।
अँगीठी *(हि.स्त्री.)* अग्नि रखने का छोटा पात्र।
दसीठी *(हि.स्त्री.)* दौत्य, दूत का काम।
हाहाठीठी *(हि.स्त्री.)* हँसी ठट्ठा।
कंठी *(हि.स्त्री.)* छोटे दाने का कंठा, तुलसी आदि की माला।
मुट्ठी *(हि.स्त्री.)* बँधी हुई हथेली।
मृकुटी *(सं.स्त्री.)* अंगुली मटकाना।
अँगूठी *(हि.स्त्री.)* मुद्रिका, मुँदरी।
ठूँठी *(हि.स्त्री.)* अरहर, बाजरा आदि को जड़ से काटने पर बची हुई खूँडी।
मूठी *(हि.स्त्री.)* देखो मुट्ठी।
पट्ठी *(हि.पुं.)* बड़ी भट्ठी, ईंट, खपड़ा आदि के पकाने का पजावा, हलवाई का बड़ा चूल्हा, देसी मद्य बनाने का कार्यालय।
कमठी *(सं.स्त्री.)* कछुई, *(हि.स्त्री.)* बाँस या लकड़ी की लम्बी पतली पट्टी, फट्टी।
सुष्ठी *(सं.स्त्री.)* सौंठ।
ठंठी *(हि.स्त्री.)* कान की मैल।
पैठी *(हि.स्त्री.)* बदला।
हेठी *(हि.स्त्री.)* मानहानि, अप्रतिष्ठा।
बनेठी *(हि.स्त्री.)* वह लंबी लाठी जिसके दोनों सिरों पर लट्टू लगे होते हैं जिसका व्यवहार पटेबाजी के खेल और अभ्यासों में किया जाता है।
कोठी *(हि.पुं.)* पक्का बड़ा घर, बंगला, कारबरा का स्थान, थोक बिक्री की दुकान, कुचें की दीवार, या पुल के खंभे।
गोष्ठी *(सं.स्त्री.)* सभा, वार्तालाप, परामर्श मंडली।
खरोष्ट, खरोष्टी *(सं.स्त्री.)* फारसी की तरह लिखी जाने वाली एक लिपि जो प्राचीन काल में पश्चिमोत्तर प्रदेश में चलती थी।
हलौठी *(सं.स्त्री.)* प्रथम प्रसव।
ठंठी *(हि.स्त्री.)* पीटने के बाद बालों में लगा हुआ अनाज।
कुमंठी *(हि.स्त्री.)* पतली लचने वाली टहनी।

मिट्ठू *(हि.वि.)* मीठा बोलने वाला।
झूठों *(हि.कि.वि.)* नाममात्र के लिए, वृथा।

ड–संस्कृत तथा देवनागरी वर्णमाला का तेरहवाँ व्यंजन तथा ट वर्ग का तीसरा अक्षर, इसका उच्चारण मूर्धा से होता है (सं.पुं.) शिव, शब्द, त्रास।

अड़ *(हि.पुं.)* हट, रोक।
उजड़ *(हि.वि.)* देखो उजड्ड।
बरखड़ *(हि.स्त्री.)* व्यर्थ की बात।
गड़ *(हि.पुं.)* खात, गड्डा।
जड़ *(हि.वि.)* असभ्य, अशिष्ट, पेड़ का भूमिगत भाग।
गहगड़ *(हि.वि.)* गहरा, भारी, घोर।
छड़ *(हि.पुं.)* सरिया, राड़।
जोहड़ *(हि.पुं.)* कच्चा तालाब।
काण्ड *(सं.पुं.)* टुकड़ा, बाण, तीर, परिच्छेद, प्रस्ताव, विभाग।
भाण्ड *(सं.पुं.)* पात्र, बनिये का मूलधन।
अकांड (सं. अकाण्ड) बिना शाखा या डाली का, *(कि.वि.)* अकस्मात्, हठात।
अकाण्ड *(सं.वि.)* अवयव रहित, बिना डाल और शाखा का, अनवसद, *(कि.वि.)* सहसा, हठात।
अकाण्ड ताण्डव *(सं.पुं.)* वृथा की उछल कूद।
कर्मकाण्ड *(सं.पुं.)* धर्म संबंधी कर्म।
प्रकाण्ड *(सं.पुं.)* वृक्ष का तना, शाखा, *(वि.)* बहुत फैला हुआ।
अयस्काण्ड *(सं.पुं.)* लोहे का तीर।
यूकाण्ड *(सं.पुं.)* चीलर, लीख।
कुष्माण्ड (सुं. पुं.) कुम्हाड़ा।
कृपाल कुष्माण्ड *(सं.पुं.)* कुम्हड़े की लता।
ब्रह्माण्ड *(सं.पुं.)* चौदहों भुवनों का समूह।
मीनाण्ड *(सं.पुं.)* मछली का अण्डा।
पिण्ड *(सं.पुं.)* पित्रादि के उद्देश्य से दिया जाने वाला अन्न।
एकपिण्ड *(सं.वि.)* सपिण्ड, नातेदार।
सपिण्ड *(सं.पुं.)* सात पुरुष तक की ज्ञाति।
पीड *(हि.पुं.)* किसी गली वस्तु का गीला, पिंडी, पिंडखजूर, शरीर, देह।
ब्रीड *(सं.पुं.)* ब्रीडन, लज्जा।
सीड *(हि.पुं.)* शीत, ठंडक।
भसीड *(हि.स्त्री.)* कमल नाल, मुरार।
कुण्ड *(सं.पुं.)* जलाशय, जलपात्र, होम करने के लिए बनाया हुआ गड्ढा।
झुंड *(हि.पुं.)* समुदाय, यूथ।
डुंड *(हि.पुं.)* ठुंठ।
ड्डुंड *(हि.पुं.)* वह वृक्ष जिसकी शाखा कट गई हो, ठूँठ, लूला।
तुण्ड *(सं.पुं.)* मुख, मुँह, चोंच, थुथन।
पुण्ड *(सं.पुं.)* माथे पर लगाने का तिलक।
मुण्ड *(सं.पुं.)* वृक्ष का ठूँठ, मस्तक, सिर, कटा हुआ सिर, *(वि.)* अधर्म, नीच।
रूण्ड *(सं.पुं.)* कमन्ध जिसका हाथ पैर छिन्न हो।
लुण्ड *(सं.वि.)* बिना हाथ पैर का, लँगड़ा।
शुण्ड *(सं.पुं.)* हाथी का सूँड़।
नरककुण्ड *(सं.पुं.)* पापियों के कष्ट भोगने का एक स्थान।
पयःकुण्ड *(सं.पुं.)* दूध या जल रखने का घड़ा।
यज्ञकुण्ड *(सं.पुं.)* वह कुण्ड या वेदी जिसमें हवन किया जाता है।
वक्रतुण्ड *(सं.पुं.)* गणेश, जिसके ओंठ टेढ़े हों।
लुंडमुंड *(हि.पुं.)* बिना सिर का धड़, कबंध।
भसुंड *(हि.पुं.)* हाथी, गज।
वितुंड *(हि.पुं.)* गज, हाथी।
त्रिपुण्ड *(सं.पुं.)* भस्म की तीन आड़ी रेखाओं का तिलक जो शैव लोग ललाट पर लगाते हैं।
मेंड *(हि.पुं.)* खेत या भूमि का मिट्टी डालकर बनाया हुआ घेरा।
शौण्ड *(सं.वि.)* मद्य पीकर मतवाला, प्रगल्भ।
मण्ड *(सं.पुं.)* अन्न आहद का रस, माँड।
खण्ड *(सं.पुं.)* खाँड, अंश, टुकड़ा।
मण्ड *(सं.पुं.)* कपोल, गाल, हाथी की कनपटी, गैंडा।
चण्ड *(सं.वि.)* तीक्ष्ण, प्रबल, (पू.) ताप, गरमी।
जंड *(हि.पुं.)* विवाह के अन्त सें समधियों का भोज।
डंड *(हि.पुं.)* लाठी, सोंटा, दल, एक प्रकार का व्यायाम जो हाथ-पैर के पंजों के बल झुककर किया जाता है।
वण्ड *(सं.पुं.)* यष्टि, लाठी, डंडा, दमन, शासन, 24 मिनट का समय, घड़ी।
दंड *(हि.पुं.)* डंडा, सोंटा।
भण्ड *(सं.पुं.)* भाँड।
भंड *(हि.पुं.)* भाँड।
शण्ड *(सं.पुं.)* नपुंसक, हिजड़ा।
षण्ड *(सं.पुं.)* साँड़, क्लीब, नपुंसक, हिजड़ा।
संड *(हि.पुं.)* साँड़।
सडमुसंड *(हि.वि.)* हट्टा-कट्टा।
सण्ड *(हि.पुं.)* षण्ड, साँड़।
अखण्ड *(सं.वि.)* बिना खण्ड या टुकड़े का, पूर्ण, पूरा।
वृत्तखण्ड *(सं.पुं.)* वृत्त का कोई खण्ड, कमान।
भरतखण्ड *(सं.पुं.)* भारत वर्ष।
पखंड *(हि.पुं.)* देखो पाखण्ड।
वनखंड *(हि.पुं.)* जंगल का कोई भाग।
पाखंड *(हि.पुं.)* ढोंग, आडंबर।

पाखण्ड *(सं.पुं.)* कपट, छल, ढकोसला, आडंबर, *(सं.वि.)* कपटाचारी, ढोंगी, धूर्त।
उच्चण्ड *(सं.वि.)* तीव्र।
प्रचण्ड *(सं.वि.)* प्रबल, कठोर, भयंकर, असह्य, उग्र, बलवान।
परचण्ड *(हि.वि.)* देखो प्रचंड।
अडण्ड *(हि.वि.)* जिसको दंड न दिया गया हो, निर्भय।
वधदण्ड *(सं.पुं.)* प्राणदण्ड।
अदंड *(हि.वि.)* जो दण्ड के योग्य न हो।
वृजदण्ड *(सं.पुं.)* बाहुदण्ड।
शिरःखण्ड *(सं.पुं.)* माथे की हड्डी।
भूमिखण्ड *(सं.पुं.)* भूमि का भाग।
शिखण्ड *(सं.पुं.)* मोर की पूँछ, शिखा, चोटी।
शिखंड *(हि.पुं.)* देखो शिखण्ड।
प्रगण्ड *(सं.पुं.)* कन्धे से लेकर कुहनी तक का भाग।
रगंड *(हि.पुं.)* हाथी का कपोल।
पोगण्ड *(सं.पुं.)* पाँच वर्ष से लेकर दस वर्ष तक की अवस्था का बालक।
शतखण्ड *(सं.पुं.)* सुवर्ण, सोना।
धनदण्ड *(सं.पुं.)* धन रूप में दण्ड, जुर्माना।
ब्रह्मदण्ड *(सं.पुं.)* ब्राह्मण का शाप रूपी दण्ड, ब्रह्मशाप।
सरदण्ड *(सं.पुं.)* सरकंडा, चाबुक।
हलदण्ड *(सं.पुं.)* हल का लंबा डंडा, हरिस।
वाग्दण्ड *(सं.पुं.)* फटकार, डाँट-डपट।
राजदण्ड *(सं.पुं.)* वह दंड जो राजा की आज्ञा के अनुसार दिया जाए।
मानदण्ड *(सं.पुं.)* वह डंडा या लकड़ी जिससे कोई वस्तु नापी जाए।
दोरदण्ड *(हि.वि.)* देखो दुर्दण्ड।
कालदण्ड *(सं.पुं.)* मृत्युदण्ड।
शण्डादण्ड *(सं.पुं.)* हाथी की सूँड़।
तुलादण्ड *(सं.पुं.)* मानदण्ड, नापने की डंडी।
कोदण्ड *(सं.पुं.)* धनुष, कमान, भौंह।
उद्दण्ड *(सं.वि.)* प्रचण्ड, बखेड़िया, उद्धत।
धनकोदण्ड *(सं.पुं.)* इन्द्रधनुष।
दोर्दण्ड *(सं.पुं.)* भुजदण्ड।
नौदण्ड *(सं.पुं.)* नाव का डाँडा।
घमंड *(हि.पुं.)* हठ, अहंकार।
ब्रह्मांड *(हि.पुं.)* देखो ब्रह्माण्ड।
लाजमण्ड *(सं.पुं.)* लावा पकाकर उसमें से निकाला हुआ माँड।
धान्यमण्ड *(सं.पुं.)* धान की बनाई हुई मदिरा।
दहिमण्ड *(सं.पुं.)* दहि का पानी।
अरंड *(हि.पुं.)* एरंड, रेंड, रेडी।
अरण्ड *(सं.पुं.)* स्वामी, मालिक।
करंड *(हि.पुं.)* पिटारा, कोष।
मेरूदण्ड *(सं.पुं.)* पीठ के बीच की हड्डी, रीढ़, वह कल्पित रेखा जो पृथ्वी के दोनों ध्रुवों के बीच में गई है।
एरण्ड *(सं.पुं.)* रेंड, रेंडी।
बलवंड *(हि.वि.)* बलवान।
चड्डा *(हि.वि.)* मूर्ख, *(पुं.)* जाँघ का ऊपरी भाग, बाल सरदार को चिड़ाने का नाम।
अड्डा *(हि.पुं.)* डेरा, दुष्टों के इकट्ठा होने का स्थान, पक्षियों के बैठने का स्थान।
हड्डा *(हि.पुं.)* भिड, बर्रे।
बरांडा *(हि.पुं.)* देखो बरामदा।
पिंडा *(हि.पुं.)* गीली या ठोस वस्तु का टुकड़ा, पितरों को अर्पित करने का मधु, तिल आदि मिला हुआ लोंदा।
व्रीडा *(सं.स्त्री.)* लज्जा।
गुड्डा *(हि.पुं.)* बड़ा पतंग।
कुंडा *(हि.पुं.)* चौड़े मुँह का जल इत्यादि रखने का मिट्टी का बड़ा पात्र, द्वार में लगाने का कोल्हड़ा।
गुंडा *(हि.वि.)* कुमार्गी, पापी, छैला।
टुंडा *(हि.वि.)* ठूँठा, लूला, लंजा।
मुण्डा *(सं.स्त्री.)* वह स्त्री जिसके सिर पर के बाल मुंड दिए गए हो।
मुंडा *(हि.पुं.)* वह जिनके सिर पर के बाल न हो या मुंडे हुए हो, वह पशु जिसके सिर पर सींग न हो, बिना मात्रा की एक लिपि, बिना नोंक का जूता।
भुंडा *(हि.वि.)* बिना सींग का।
लुंडा *(हि.वि.)* जिसकी पूँछ पर बाल न हों।
सूँडा *(हि.पुं.)* हाथी की सूँड़।
पिलूंडा *(हि.पुं.)* देखो पुलिया।
बेंडा *(हि.वि.)* देखो बेंडा।
लौंडा *(हि.पुं.)* छोकरा, बालक, *(वि.)* अबोध, छिछोरा ।
अंडा *(हि.पुं.)* अण्ड, कोई गोलाकार पदार्थ।
कंडा *(हि.पुं.)* गोबर का पाथा हुआ लंबा टुकड़ा।
चण्डा *(सं.वि.)* कर्कशा।
झंडा *(हि.पुं.)* ध्वजा, पताका, फरहरा।
ठंडा *(हि.वि.)* देखो ठंडा।
डंडा *(हि.पुं.)* सोटा, लाठी, मोटी छड़ी।
पंडा *(हि.पुं.)* किसी तीर्थ या मन्दिर का पुजारी, घाटिया, *(सं.स्त्री.)* ज्ञान, बुद्धि, विवेक।
भंडा *(हि.पुं.)* पात्र, भाडा, भंडार, रहस्य, भेद।
रण्डा *(सं.स्त्री.)* विधवा, राँड।
संडा *(हि.वि.)* हृष्ट-पुष्ट।
शण्डा *(सं.पुं.)* फटा हुआ दूध।
हण्डा *(हि.स्त्री.)* जल आदि रखने का बड़ा पात्र।
हथकंडा *(हि.पुं.)* देखो हथकंडा।
वनकंडा *(हि.पुं.)* जंगल का सूखा गोबर।
सरकंडा *(हि.पुं.)* सरपत का डंठल।

दुखंडा *(हि.वि.)* जिस (घर) में दो खण्ड हो।
मुस्टंडा *(हि.वि.)* हष्ट-पुष्ट।
वितण्डा *(सं.स्त्री.)* दूसरे के पक्ष को दबाकर अपने पक्ष का स्थापन।
मुरण्डा *(हि.पुं.)* गुडधानी, *(वि.)* शुष्क, सूखा हुआ।
तेलहंडा *(हि.पुं.)* तेल रखने का बड़ा पात्र।
लुण्डा *(सं.स्त्री.)* लपेटे हुए सूत की गोली।
दण्डादण्डि *(सं.अव्य.)* डंडों की मारपीट।
तुण्डि *(सं.वि.)* चोंच वाला, मुखवाला, थूथन वाला, *(स्त्री.)* नाभि ढोंढी।
डगडी *(हि.कि.)* देखो डाँवाँडोल।
गड्डी *(हि.स्त्री.)* ढेर, पुंज, राशि।
कबड्डी *(हि.स्त्री.)* बालकों का एक खेल जिसमें वे दो दल बनाकर खेलते हैं, काँपा, कम्पा।
फिसड्डी *(हि.वि.)* काम में पीछे रह जाने वाला।
हड्डी *(हि.स्त्री.)* अस्थि, वंश।
करंडी *(हि.स्त्री.)* कच्चे रेशम की चादर, अंडी।
दुधहँडी, दुधहाँडी। *(हि.स्त्री.)* दूध रखने या गरम करने का पात्र।
पिंडी *(हि.स्त्री.)* गीली वस्तु का लौंदा।
पिण्डी *(सं.स्त्री.)* कद्दू, लौकी, ठोस टुकड़ा, लुगदी, सूत, रस्सी आदि का लपेटा हुआ लच्छा।
भिंडी *(हि.स्त्री.)* एक पौधे की फली जिसकी तरकारी बनती है।
टिड्डी *(हि.स्त्री.)* एक प्रकार का उड़ने वाला कीड़ा जो दल बाँधकर चलता है, पेड़ की पत्ती को खाता और कृषि को हानि पहुँचाता है।
पींडी *(हि.स्त्री.)* देखो पिडी।
गुड्डी *(हि.स्त्री.)* पतंग, कनकैया।
हुंडी *(हि.स्त्री.)* रुपया उधार लेने की वह रीति जिसमें लिखने वाले को (16) का दो साल में (20) और (20) का (24) देना पड़ता है।
हुंडी *(हि.स्त्री.)* देखो हुंडीया।
रसमुंडी *(हि.स्त्री.)* एक प्रकार की बंगला मिठाई।
अंडी *(हि.स्त्री.)* रेंडी, रेशमी वस्त्र।
कंडी *(हि.स्त्री.)* छोटा कड़ा, गोहरी, टोकरी, एक प्रकार की टोकरी जिसमें पहाड़ी लोग बोझ ले जाते हैं।
चण्डी *(सं.स्त्री.)* दुर्गा, कर्कशा, स्त्री।
डंडी *(हि.स्त्री.)* छोटी पतली लंबी लकड़ी, किसी अस्त्र की मुठिया, तराजू की वह लकड़ी जिसमें रस्सियाँ लटकाकर पल्ले बँधे रहते हैं, डंठल, माल, लंबा भाग, वह संन्यासी जो दण्ड धारण करता हो, *(वि.)* झगड़ा करने वाला, चुगलखोर।
दण्डी *(सं.पुं.)* हिन्दुओं का एक उपासक सम्प्रदाय, ये लोग दंड कमण्डलु लिये रहते हैं।

बंडी *(हि.स्त्री.)* मिरजई, बगलबन्दी।
मंडी *(हि.स्त्री.)* थोक बिक्री का स्थान, हाट।
हण्डी *(सं.स्त्री.)* हाँडी।
शतचण्डी *(सं.स्त्री.)* सौ बार चण्डी पाठ।
पगडंडी *(हि.स्त्री.)* मैदान या जंगल का वह पतला मार्ग जो मनुष्यों के चलने से बन गया हो।
घमंडी (हि. वि. स्त्री. घमोडन) अहंकारी, अभिमानी।
दुदहँडी *(हि.स्त्री.)* दूध रखने का मिट्टी का पात्र।
तेलहंडी *(हि.स्त्री.)* तेल रखने का छोटा पात्र।
पाखंडी *(हि.वि.)* ढोंगी, धूर्त, कपटी, बनावटी, धर्म दिखाने वाला।
शिखण्डी (हि.पुं.) मोर, मुर्गा, तीर।
सुखंडी *(हि.स्त्री.)* बच्चों का एक रोग जिसमें उनका संपूर्ण शरीर सूख जाता है।
कुंडी *(हि.स्त्री.)* पत्थर या लकड़ी का छोटा पात्र, जंजीर की कड़ी।
घुंडी *(हि.स्त्री.)* कपड़े का बना हुआ मटर के समान गोल बटन, बाजू।
चुंडी *(हि.स्त्री.)* चुटिया।
टुंडी *(हि.स्त्री.)* बाहुदण्ड, भुजा।
मुँडी *(हि.स्त्री.)* वह स्त्री जिसका सिर मूँडा हो, विधवा, राँड।
पाण्डु *(सं.पुं.)* हलका पीला रंग, कामला रोग।
बलाण्डु *(सं.पुं.)* प्याज।
लड्डू *(हि.पुं.)* मोदक।
मोतिलाडू *(ड़ि.पुं.)* मोती चूर के लड्डू।
पेटू *(हि.पुं.)* गर्भावन, उपरण।
चंडू *(हि.पुं.)* एक मादक पदार्थ जो तमाखू की तरह चिलम पर रखकर पिया जाता है।

ढ–*संस्कृत तथा हिन्दी वर्णमाला का चौदहवाँ व्यंजन वर्ण तथा ट वर्ग का चौथा अक्षर, इसका उच्चारण स्थान मूर्धा है। (सं.पुं.) बड़ा ढोल, नगाड़ा, ध्वनि।*

गढ़ *(हि.पुं.)* खाई, कोट।
बढ़ *(हि.वि.)* अधिक।
मढ़ *(हि.पुं.)* दाँत के ऊपर की मैल, *(वि.)* अड़कर बैठने वाला।
जगढ़ *(हि.पुं.)* रक्षक, पालक।
अनगढ़ *(हि.वि.)* रक्षक, पालक।
औगढ़ *(हि.वि.)* बेढंगी रीति से बनाया हुआ।
गड्ढ़ा *(हि.पुं.)* वस्तुओं का ढेर जो एक हो गया हो।
अपढ़ *(हि.वि.)* अशिक्षित।
अनपढ़ *(हि.वि.)* अशिक्षित, बेपढ़ा।
दृढ *(सं.वि.)* स्थूल, मोटा, बलवान, स्थायी, पक्का, कठिन, निडर, ढीठ।

अदृढ़ *(सं.वि.)* अस्थिर, ढीला।
सुदृढ़ *(सं.वि.)* बहुत दृढ़।
डेवढ़ *(हि.वि.)* डेढ़ गुना, डेवढ़ा, *(स्त्री.)* क्रम।
अनसढ़ *(हि.वि.)* नीच, अधम।
आढ़ *(हि.पुं.)* आढ़क, चार, सेर की तौल।
गाढ़ *(सं.पुं.)* अतिशय, दृढरूप, *(वि.)* घना, गाढ़ा, गहरा।
दाढ़ *(हि.स्त्री.)* चबाने के चौड़े दाँत, दाढ़, वट आदि वृक्षों की जटा, बरोह।
ढाढ़ *(सं.स्त्री.)* भयंकर शब्द, चौघड़।
पाढ़ *(हि.पुं.)* वह पीढ़ा जिस पर बैठकर सुनार, लोहार या बढ़ई काम करते हैं, वस्त्र, पाटा, लकड़ी की सीढ़ी।
बाढ़ *(सं.स्त्री.)* वृद्धि, अधिकता।
राढ़ *(हि.स्त्री.)* झगड़ा, *(वि.)* चीज।
प्रगाढ़ *(सं.वि.)* अतिशय, अधिक गाढ़ा, घना।
असाढ़ *(हि.पुं.)* आषाढ़ मास।
आषाढ़ *(सं.पुं.)* आषाढ़ का महीना।
चिढ़ *(हि.स्त्री.)* क्रोध सहित अप्रसन्नता, कुढ़न।
दिढ़ *(हि.वि.)* देखो दृढ़, पुष्ट।
ईढ़ *(हि.वि.)* सदृश, बराबर।
रीढ़ *(हि.स्त्री.)* पीठ के बीचोबीच की लंबी हड्डी जो गरदन से कमर तक जाती है, मेरुदण्ड, पृष्ठवंश।
कूढ़ *(हि.वि.)* अज्ञान, मूर्ख।
गूढ़ *(सं.वि.)* गुप्त, छिपा हुआ, जटिल, कठिन।
डुढ़ *(हि.स्त्री.)* अन्वेषण, खोज।
मूढ़ *(सं.वि.)* मूर्ख, निश्चेष्ट, स्तब्ध।
रूढ़ *(सं.वि.)* उत्पन्न, प्रचलित, प्रसिद्ध, आरूढ़, जिसका विभाग न किया गया हो, कठोर, *(पुं.)* वह शब्द जो प्रकृति और प्रत्यय की किसी प्रकार की अपेक्षा न करके अर्थ का बोध करता हो।
अगूढ़ *(सं.वि.)* अगुप्त, प्रकट, सरल।
अनूढ़ *(सं.वि.)* बिना ब्याहा हुआ।
अमूढ़ *(सं.वि.)* बुद्धिमान।
अरूढ़ *(हि.वि.)* देखो आरूढ।
अवरूढ़ *(सं.वि.)* उखाड़ा हुआ।
विडमूढ़ *(सं.वि.)* जिसको दिशा का भ्रम हुआ हो, मूर्ख।
निर्गूढ़ *(सं.वि.)* जो बहुत गूढ या गुप्त हो।
बह्ममूढ़ *(सं.वि.)* बड़ा मूर्ख।
आरूढ़ *(सं.वि.)* चढ़ने वाला, चढ़ा हुआ, स्थिर, तत्पर।
अध्यारूढ़ *(सं.वि.)* समारूढ, चढ़ा हुआ।
अश्वारूढ़ *(सं.पुं.)* घोड़े पर चढ़ा हुआ, घुड़सवार।
चिमूढ़ *(सं.वि.)* कर्तव्य निश्चय करने में असमर्थ, व्यग्र, घबराया हुआ।
विमूढ़ *(सं.वि.)* मोह-प्राप्त, भ्रम में पड़ा हुआ, बेसुध।
अधिरूढ़ *(सं.वि.)* चढ़ा हुआ।
निरूढ़ *(सं.वि.)* प्रसिद्ध, प्रख्यात, व्युत्पन्न कुँवारा।
सुमूढ़ *(सं.वि.)* अच्छी तरह से गुप्त।
डेढ़ *(हि.वि.)* एक पूरा और आधा।
बेढ *(हि.पुं.)* नाश।
मओढ *(हि.वि.)* देखो नवोढा।
कोंढ *(हि.पुं.)* कुष्ठ।
ढोंढ *(हि.पुं.)* कपास, पोस्ते आदि की डोंकली, डोडा।
अगाँढ *(हि.पुं.)* अग्रिम, (पहिले) दिया जाने वाला द्रव।
प्रौढ *(सं.वि.)* अच्छी तरह बढ़ा हुआ, निपुण, युवा।
ठंड *(हि.स्त्री.)* शांत, जाड़ा, ठंडक।
ठढ़ा *(हि.वि.)* लंबमान, खड़ा हुआ।
नकचढ़ा *(हि.वि.)* चिड़चिड़ा।
घुड़चढ़ा *(हि.पुं.)* अश्वारोही।
घुड़दौड़ *(हि.स्त्री.)* घोड़ों की दौड़, घोड़ा दौड़ने का स्थान।
खड्ढा *(हि.पुं.)* खात, गड्ढा, शरीर में अधिक रगड़ से बना हुआ चिह्न।
गड्ढा *(हि.पुं.)* गर्त, गड्हा।
ढड्ढा *(हि.वि.)* आवश्यकता से अधिक, बहुत बड़ा, *(पुं.)* ढाँचा, आडम्बर।
काढ़ा *(हि.पुं.)* उबाली हुई औषधि।
गाढ़ा *(हि.पुं.)* गहरा, विकट, कठिन, *(पुं.)* खधर।
आढा, ठाढी *(हि.वि.)* दंडायमान, खड़ा, समूचा।
डाढा *(हि.स्त्री.)* दावानल, जलन, दाह।
दाढा *(सं.स्त्री.)* दंष्टा, चौघड़, प्रार्थना, *(हि.स्त्री.)* दावानल।
असाढा *(हि.पुं.)* बटे हुए रेशम का तागा।
ईढ, ईढा *(हि.पुं.)* हठ।
पीढ़ा *(हि.पुं.)* लकड़ी की छोटी नीची पावे की चौकी।
रीढा *(सं.स्त्री.)* अवज्ञा, अपमान।
बुड्ढ़ा *(हि.वि.)* जिसका वय अधिक हो गया हो।
बूढ़, बूढ़ा *(हि.वि.)* देखो बुड्ढा।
कुँवारूढा *(सं.स्त्री.)* अविवहित स्त्री।
मसूढ़ा *(हि.पुं.)* मुख के भीतर का वह मांस जिसमें से दाँत निकलते हैं।
टेढ़ा *(हि.कि.वि.)* पेचीले तरह से।
टेढ़ा *(हि.वि.)* वक्र, कुटिल, तिरछा, पेचीला, कठिन।
डेढ़ा *(हि.वि.)* डेढ़ गुना, एक प्रकार का पहाड़ा जिसमें प्रत्येक संख्या की डेढ गुना संख्या बतलाई जाती है।
मेढ़ा *(हि.पुं.)* सींग वाला एक चौपाया जिसके शरीर पर घने रोवें होते हैं।
डेवढ़ा *(हि.वि.)* एक और आधा, डेढ़ गुना।
पीढ़ा *(हि.वि.)* दृढ, पुष्ट, कठोर।
लोढ़ा *(हि.पुं.)* सिल पर किसी वस्तु को पीसने का पत्थर, गोल लंबोतरा टुकड़ा, बट्टा।
मोंढ़ा *(हि.पुं.)* एक प्रकार का गोल ऊँचा आसन, कन्धा।
डयोढ़ा *(हि.पुं.)* पूरा और आधा डेवढ़ा, *(पुं.)* डेढ़ गुना संख्या का पहाड़ा।

नवोढा *(सं.स्त्री.)* नव विवाहित स्त्री।
प्रौढ़ा *(सं.स्त्री.)* अधिक दयवाली स्त्री।
ठंढा *(हि.वि.)* शीतल, उत्साहहीन, नपुंसक, मन्द, उदासीन, धीमा, निश्चय, जड़, मरा हुआ।
रूढ़ि *(सं.स्त्री.)* जन्म, उत्पत्ति, वृद्धि, प्रसिद्धि, प्रादुर्भाव, रूढ शब्द की वह शक्ति जो योगिक न होने पर भी अपने अर्थ को बतलाती है।
योगरूढ़ि *(सं.स्त्री.)* दो शब्दों के योग से बना हुआ वह शब्द जिसका विशेष अर्थ होता है, यथा मण्डप शब्द का माँड पीने वाला नहीं होता, परन्तु गृह बोधक है।
कढ़ी *(हि.स्त्री.)* एक प्रकार का सालन।
गढ़ी *(हि.स्त्री.)* छोटा गढ़।
मढ़ी *(हि.स्त्री.)* छोटा देवालय, छोटा मण्डप, झोपड़ी।
ढड्ढी *(हि.स्त्री.)* बुड्ढी स्त्री।
चढ़ाचढ़ी *(हि.स्त्री.)* चढ़ा-ऊपरी।
लिखापढ़ी *(हि.स्त्री.)* पत्र-व्यवहार।
डेवढ़ी *(हि.स्त्री.)* देखो ड्योढ़ी।
ठुड्ढी *(हि.पुं.)* चिबुक, निचले ओंठ की जड़, दाढ़ी, ठोरी।
दाढ़ी *(हि.स्त्री.)* दाढ़ी ठुड्डी और मुँह पर के बाल।
साढ़ी *(हि.स्त्री.)* दूध के ऊपर जमने वाली मलाई।
आषाढ़ी *(सं.स्त्री.)* आषाढ़ मास की पूर्णिमा, गुरु-पूर्णिमा।
ईढ़ी *(हि.वि.)* हठी।
सीढ़ी *(हि.स्त्री.)* निसेनी।
ढूँढ़ी *(हि.स्त्री.)* बाहु, बाँह।
टेंढ़ी *(हि.स्त्री.)* कपाल, पोस्ते आदि की फली।
कोढ़ी *(हि.वि.)* कुष्ट रोगग्रस्त।
ठोढ़ी *(हि.स्त्री.)* चिबुक, ठुड्डी।
ढोंढ़ी *(हि.स्त्री.)* नाभि।
ड्योढ़ी *(हि.स्त्री.)* फाटक, चौखट, पोरी।
ठंढी *(हि.वि.)* शीतल, (स्त्री) शीतला रोग, चेचक।
साढ़ू *(हि.पुं.)* साली का पति।
असाढ़ू *(हि.पुं.)* मोटी चट्टान, मोटा पत्थर।
मेढ़ू *(सं.पुं.)* शिश्न, लिंग

ण– *संस्कृत तथा हिन्दी के व्यंजन वर्णों का पन्द्रहवाँ अक्षर तथा ट वर्ग का पाँचवाँ वर्ण, इसका उच्चारण स्थान मूर्धा है।*

ण *(सं.पुं.)* आभूषण, निर्णय, शिव का एक नाम, ज्ञान, दान, पानी का घर, *(हि.)* गुणरहित, गुणशून्य।
कण *(सं.पुं.)* किनका, लेश, रबा, छोटा टुकड़ा, जलबिन्दु, चिनगारी, चावल का महीन टुकड़ा, परमाणु।
छण *(हि.पुं.)* देखो क्षण।
पण *(सं.पुं.)* जुआ, मूल्य, दाम, धन सम्पत्ति, प्रतिज्ञा, वह वस्तु जिसका देना स्वीकार हो, क्रय विक्रय की वस्तु।
फण *(सं.पुं.)* साँप का फन, रस्सी का फन्दा।
रण *(सं.पुं.)* युद्ध, लड़ाई।
शण *(सं.पुं.)* सन नाम का पौधा।
क्षण *(सं.पुं.)* बहुत छोटा समय, अवसर, प्रशस्त मुहूर्त।
चिक्कण *(सं.वि.)* चिकना।
श्रमकण *(सं.वि.)* पसीने की बूँद।
हिमकण *(सं.पुं.)* पाले का महीन टुकड़ा।
अग्निकण *(सं.पुं.)* चिनगारी।
कंकण *(सं.पुं.)* हाथ में पहिनने की चूड़ी या कंगन।
टंकण *(सं.पुं.)* सोहागा।
मुद्रांकण *(सं.पुं.)* मुद्रा की सहायता से छापने का काम।
यगण *(सं.पुं.)* छंद-शास्त्र के आठ वर्णों में से एक जिसमें पहिला वर्ण लघु तथा बाद के दो वर्ण गुरु होते हैं।
वर्गण *(सं.स्त्री.)* गुणन।
देवगण *(सं.पुं.)* देवताओं का समूह, किसी देवता का अनुचर।
मार्गण *(हि.पुं.)* अन्वेषण, ढूँढ़ना।
परिमार्गण *(सं.पुं.)* खोजना, ढूँढ़ना।
समरांगण *(सं.पुं.)* युद्धस्थल, समरभूमि।
त्रिगण *(सं.पुं.)* धर्म, अर्थ और काम, त्रिवर्ग।
लच्छण *(हि.पुं.)* स्वभाव, लच्छन।
तिच्छण *(हि.वि.)* तीक्ष्ण।
सुनिषण *(सं.वि.)* अच्छी तरह से बैठा हुआ।
विषण्ण *(सं.वि.)* चिन्तित, दुःखी।
अर्पण *(सं.पुं.)* दान, भेंट, स्थापन, त्याग।
तर्पण *(सं.पुं.)* संतोष होने की क्रिया, देवधि, पितर आदि को संतुष्ट करने के लिए।
दर्पण (यं. पुं.) उत्तेजना, आइना, आरसी।
पितृतर्पण पितरों के उद्देश्य से किया गया समर्पण।
समर्पण *(सं.पुं.)* किसी को कोई वस्तु देना।
विस्तरण *(सं.पुं.)* फैलाव।
विसर्पण *(सं.पुं.)* फैलना, फेंकना।
कृपण *(सं.वि.)* कंजूस, सूम, अदाता।
अकृपण *(सं.वि.)* मुक्तहस्त, उदार।
आपण *(सं.पुं.)* हाट।
प्रापण *(सं.पुं.)* ले आना, मिलना।
पदार्पण *(सं.पुं.)* किसी स्थान में पैर रखने या जाने की क्रिया (इस शब्द का प्रयोग केवल माननीय व्यक्ति के लिए किया जाता है।)
सुपण *(सं.पुं.)* पक्षी, चिड़िया।
रूपण *(सं.पुं.)* आरोग्य, परीक्षा, प्रमाण।
निरूपण *(सं.पुं.)* अलोक, विचार।
क्षेपण *(सं.पुं.)* लंघन, अपवाद, विक्षेप, फेंकान, मारण, रस्सी का बना हुआ सिकहर, परित्याग, फन्दा।

प्रक्षेपण *(सं.पुं.)* निक्षेपण, फेंकना।
विक्षेपण *(सं.पुं.)* इधर-उधर फेंकने का काम।
आरोपण *(सं.पुं.)* पौधे को एक स्थान से उखाड़कर दूसरे स्थान में बैठाना, स्थापित करना।
ध्वजारोपण *(सं.पुं.)* देवालय तथा अट्टालिकाओं पर पताका फहराना।
अधिरोपण *(सं.पुं.)* ऊपर को चढ़ाना या उठाना।
नभण *(सं.पुं.)* पक्षी, पवन, मेघ, *(वि.)* आकाश में विचरने वाला, अभागा।
जैपण आलस्य।
जुम्भण *(सं.पुं.)* जँभाई।
विजुम्भण *(सं.पुं.)* जँभाई लेना, भौंह सिकोड़ना।
प्रकमण *(सं.पुं.)* टहलना।
संक्रमण संक्रमण-अतिक्रमण, घूमना, फिरना, सूर्य का एक राशि से निकलकर दूसरी में प्रवेश करना।
निष्क्रमण *(सं.पुं.)* घर से बाहर निकलना।
आक्रमण *(सं.पुं.)* चढ़ाई, धावा।
परिक्रमण *(सं.पुं.)* प्रदक्षिणा, परिक्रमा।
अनुक्रमण *(सं.पुं.)* पीछे को चलना।
व्यतिक्रमण *(सं.पुं.)* क्रम में उलट-फेर होना।
भ्रमण *(सं.पुं.)* घूमना-फिरना, यात्रा।
परिभ्रमण *(सं.पुं.)* पर्यटन, इधर-उधर घूमना।
रमण *(सं.पुं.)* क्रीड़ा, विलास, घूमना, *(वि.)* सुन्दर, मनोहर आनन्द देने वाला।
श्रमण *(सं.पुं.)* बौद्ध, संन्यासी।
तरपण *(सं.पुं.)* बढ़ई, मूर्ति बनाने का काम।
ब्राह्मण *(सं.पुं.)* अग्रजन्मा, भूदेव, ब्राह्मण जाति।
महाब्राह्मण *(सं.पुं.)* देखो महापात्र।
प्रश्रयण *(सं.पुं.)* विषण।
उत्तरायण *(सं.पुं.)* सूर्य का उत्तर दिशा में गमन।
परायण *(सं.वि.)* प्रवृत्त, तत्पर।
धर्मपरायण *(सं.वि.)* सर्वदा, धर्मकार्य का यथाशक्ति अनुष्ठान करने वाला।
उदर परायण *(सं.वि.)* पेटू, भुक्कड़।
रामायण *(सं.पुं.)* वाल्मीकि ऋषि का संस्कृत में रचा हुआ भारतवर्ष का आदि काव्य।
चान्द्रायण *(सं.पुं.)* महीने भर में समाप्त होने वाला एक व्रत।
नारायण *(सं.पुं.)* परमात्मा, विष्णु।
सत्यनारायण *(सं.पुं.)* सत्यदेव, विष्णु।
नर नारायण *(सं.पुं.)* नर और नारायण नाम के दो ऋषि।
पारायण *(सं.पुं.)* सम्पूर्णता, समाप्ति।
दाक्षायण *(सं.वि.)* दक्ष से उत्पन्न।
कर्ण *(सं.पुं.)* श्रवणेन्द्रिय, कान, समकोण त्रिभुज में सामने की रेखा, नाव का डाँडा।
पर्ण *(सं.पुं.)* पत्र, पत्ता, डैना।
वर्ण *(सं.पुं.)* जाति यथा ब्राह्मण, क्षत्रिय, वैश्य और शूद्र, पदार्थों के लाल, काले, पीले आदि का भेद, रूप, अक्षर, व्याकरण के अनुसार आकारादि, शब्दों के चिह्न या संकेत।
वृक्कर्ण *(सं.पुं.)* सर्प, साँप।
स्तब्धकर्ण (सं. किं.) बहरा।
विषमकर्ण *(सं.पुं.)* समकोण चतुर्भुज में किसी दो बराबर के कोणों के सामने की रेखा।
विप्रकर्ण *(सं.पुं.)* दूर से खींच लेना।
दुष्करपर्ण *(सं.पुं.)* कमल का पत्ता।
उत्तमर्ण *(सं.पुं.)* ऋणदाता, महाजन।
अधमर्ण *(सं.वि.)* ऋणी।
स्मर्ण *(हि.पुं.)* देखो स्मरण।
अवर्ण *(सं.वि.)* वर्णरहित, बिना रंग का, कुरूप, वर्णधर्म से रहित।
रक्त वर्ण *(सं.पुं.)* प्रवाल, मूँगा, *(वि.)* लाल रंग का।
ऊष्ण वर्ण *(सं.पुं.)* श, स, श्र, और ह, ये चार अक्षर व्याकरण में ऊष्ण कहलाते हैं।
सवर्ण *(सं.वि.)* सदृश, समान, समान वर्ण या जाति का।
असवर्ण *(सं.वि.)* विभिन्न वर्ण का।
गोंकर्ण *(सं.पुं.)* सर्प, खच्चर।
त्रिवर्ण *(सं.पुं.)* तीन प्रधान रंग, काला, लाल, और पीला रंग का।
चतुवर्ण *(सं.पुं.)* ब्राह्मण, क्षत्रिय, वैश्य और शूद्र।
सुवर्ण *(सं.पुं.)* सोना, कांचन।
बहुवर्ण *(सं.पुं.)* अनेक वर्ण, अनेक जाति।
करण *(सं.पुं.)* व्याकरण में वह कारक जिसके द्वारा कर्ता क्रिया को सिद्ध करता है, तृतीया विभक्ति, इन्द्रिय, शरीर, कार्य, क्रिया, गणित में वह संख्या जिसका वर्गमूल पूरा पूरा न निकल सके, *(सं.स्त्री.)* गणित में जिस संख्या का अति सूक्ष्म रूप से वर्गमूल नहीं निकाला जा सकता ।
करण *(सं.पुं.)* मुण्डन, सिर का बाल मुँड़वाना।
चरण *(सं.पुं.)* पग, पाँव, किसी पदार्थ का चौथा भाग, क्रम, गौत्र, यमन, आचार।
तरण *(सं.पुं.)* पानी पर तैरने वाला, पटरा, बड़ा, *(पुं.)* बेड़े पर बैठकर दूर देश को जाना, नदी पार करने की क्रिया, निस्तार, उद्धार।
धरण *(सं.पुं.)* धारण करने की क्रिया।
प्रण *(सं.पुं.)* प्रतिज्ञा।
भरण *(सं.पुं.)* पालन-पोषण।
मरण *(सं.पुं.)* मृत्यु, पंचतत्त्व।
व्रण *(सं.पुं.)* क्षत, फोड़ा।
शरण *(सं.स्त्री.)* आश्रय, रक्षा, घर।
सरण *(सं.पुं.)* गमन, आगे बढ़ना।

हरण *(सं.पुं.)* लूटना, छीनना, भाग देना, विभाग करना, ले जाना।

क्षरण *(सं.पुं.)* टपकाव, चुआव, नाश।

अकरण *(सं.पुं.)* कर्म का अभाव।

पृथकरण *(सं.पुं.)* अलग करने का भाव, अलगाव।

उपकरण *(सं.पुं.)* सामग्री, सामान।

प्रकरण *(सं.पुं.)* प्रसंग का विषय, किसी ग्रन्थ का एक छोटा विभाग।

अंतःकरण *(सं.पुं.)* मन, विचार, बुद्धि की सामग्री।

युद्धोपकरण *(सं.पुं.)* युद्ध की सामग्री।

हिष्करण *(सं.पुं.)* बाहर करना।

संस्करण *(सं.पुं.)* सुधारना, पुस्तकों की एक बार की छपाई, आवृत्ति।

उच्चरण *(सं.पुं.)* बाहर आने का कार्य, कथन।

पुरश्चरण *(सं.पुं.)* किसी कार्य की सिद्धि के लिए अनुष्ठान करना।

षट्चरण *(सं.पुं.)* भ्रमर, भौंरा, खटमल, *(वि.)* छः पैर वाला।

तपश्चरण, तपश्चर्या *(सं.स्त्री.)* तप, तपस्या।

स्तरण *(सं.पुं.)* फैलाने की क्रिया, बिछौना।

विस्तरण *(सं.पुं.)* निस्तार, छुटकारा।

स्मरण *(सं.पुं.)* स्मृति, किसी बात की याद।

संस्मरण *(सं.पुं.)* पूर्ण स्मरण।

अनुस्मरण *(सं.पुं.)* पुनःस्मरण।

विस्मरण *(सं.पुं.)* स्मरण न रखना, भूल जाना।

निस्सरण *(सं.पुं.)* निकास।

संसरण *(सं.पुं.)* गमन।

सहमरण *(सं.पुं.)* सती होना।

सवरण *(सं.पुं.)* छिपाना, ढपना।

संहरण *(सं.पुं.)* बलपूर्वक छीन लेना।

धड़ाकरण *(सं.पुं.)* बालक का पहिली बार सिर मुण्डन करने का संस्कार।

नामकरण *(सं.पुं.)* एक संस्कार जिसमें बालक का नाम रखा जाता है, नाम रखने का काम।

व्याकरण *(सं.पुं.)* वह शास्त्र जिसमें किसी भाषा के शब्दों के शब्दरूप तथा वाक्यों में इनके शुद्ध व्यवहार आदि के नियमों का वर्णन रहता है।

वैयाकरण *(सं.पुं.)* वह जो व्याकरण शास्त्र अच्छी तरह जानता हो।

जागरण *(सं.पुं.)* निद्रा का अभाव, जागना, किसी पर्व के उपलक्ष्य में रात भर जागते रहना।

प्रजागरण *(सं.पुं.)* नींद न आना।

रात्रिजागरण *(सं.पुं.)* रतजगा।

आचरण *(सं.पुं.)* आचार, व्यवहार, लक्षण, आचार के नियम।

नवाचरण *(सं.पुं.)* अच्छा चाल चलन।

विरोषाचरण *(सं.पुं.)* शत्रुता का व्यवहार।

दुराचरण *(सं.पुं.)* बुरा व्यवहार।

मंगलाचरण *(सं.पुं.)* शुभ कार्य के पहले मंगलजनक कार्य का आचरण।

वातावरण *(हि.पुं.)* सामान्य परिस्थिति।

आभरण *(सं.पुं.)* अलंकार, आभूषण, पालन-पोषण।

शिखाभरण *(सं.पुं.)* सिर का आभूषण।

आमरण *(सं.वि.)* मृत्युपर्यन्त।

आवरण *(सं.पुं.)* वेष्टन, आवृत्त।

उदाहरण *(सं.पुं.)* दृष्टान्त।

प्रत्युदाहरण *(सं.पुं.)* उदाहरण के विपरीत उदाहरण।

मध्यमाहरण *(सं.पुं.)* बीज गणित की वह क्रिया जिसके अनुसार कोई अव्यक्त मान निकाल लिया जाता है।

व्याहरण *(सं.पुं.)* कथन, उक्ति।

अधिकरण *(सं.पुं.)* आधार, सहारा, व्याकरण में कर्म और क्रिया का आधार जो अधिकरण कहलाता है।

समानाधिकरण *(सं.पुं.)* व्याकरण में वह शब्द या वाक्यांश जो वाक्य में किसी समानार्थी शब्द का अर्थ स्पष्ट करने के लिए आता है।

विवरण *(सं.पुं.)* सविस्तार वर्णन करना, व्याख्या, टीका।

निभरण *(सं.पुं.)* भोजन, भक्षण।

परिचरण *(सं.पुं.)* सेवा, टहल।

विचरण *(सं.पुं.)* घूमना, फिरना।

वितरण *(सं.पुं.)* बाँटना।

एकीकरण *(सं.पुं.)* इकट्ठा करने का काम।

इवीकरण *(सं.पुं.)* अंगीकार।

स्फुटीकरण *(सं.पुं.)* प्रकाशन।

स्पष्टीकरण *(सं.पुं.)* स्पष्ट करने की क्रिया।

समीकरण *(सं.पुं.)* तुल्य या बराबर करने की क्रिया, गणित में वह क्रिया जिससे किसी ज्ञात राशि की सहायता से किसी अज्ञात राशि का पता लगाया जाता है।

चलन समीकरण *(सं.पुं.)* गणित की एक विशेष क्रिया।

द्रवीकरण *(सं.पुं.)* गलने की क्रिया।

वशीकरण *(सं.पुं.)* किसी को अपने वश में करने का प्रयोग।

वसीकरण *(हि.पुं.)* देखो वशीकरण।

प्रत्यक्षीकरण *(सं.पुं.)* इन्द्रियों द्वारा ज्ञान करा देना।

अनुकरण *(सं.पुं.)* सदृश करना।

लघुकरण *(सं.पुं.)* काटना, छाँटना।

दुर्मरण *(सं.पुं.)* बुरी तरह से (बड़े कष्ट से) होने वाली मृत्यु।

विदरण *(सं.पुं.)* विदारण करना, फाड़ना।

विधरण *(सं.पुं.)* विस्तार, फैलाव।

अनुसरण *(सं.पुं.)* अनुकरण।

कारण *(सं.पुं.)* हेतु, निमित्त, जड़, आदि कर्म, काम।

अकारण *(सं.वि.)* कारणहीन, व्यर्थ।
सकारण *(सं.वि.)* हेतुसहित।
अवमवायकारण *(सं.पुं.)* आकस्मिक हेतु।
चारण *(सं.पुं.)* भाट, बन्दी।
उच्चारण *(सं.पुं.)* कथन, शब्द प्रयोग।
सच्चारण *(सं.पुं.)* प्रसारण, फैलाव।
दीर्घोच्चारण *(सं.पुं.)* गुरु उच्चारण।
प्रचारण *(सं.पुं.)* प्रचार, चलन, रीति।
परिचारण *(सं.पुं.)* सेवा, टहल।
जारण *(सं.पुं.)* धातु इत्यादि का भस्म बनाना, जलाना।
तारण *(सं.पुं.)* तेली, विष्णु, *(वि.)* उद्धार करने वाला, *(पुं.)* पार उतरने की क्रिया, उद्धरण।
नखतारण *(सं.पुं.)* नहरनी।
प्रतारण *(सं.पुं.)* वचन, धूर्तता, ठगी।
दारण *(सं.पुं.)* चीरने-फाड़ने का काम।
विवारण *(सं.पुं.)* हत्या, समर, युद्ध।
धारण *(सं.पुं.)* ग्रहण, थामना, अपने ऊपर लेना, पहिनना, सेवा, रक्षा, स्थापन, ऋण।
प्राणधारण *(सं.पुं.)* जीव धारण।
अवधारण *(सं.पुं.)* निरूपण, निश्चय।
साधारण *(सं.वि.)* सामान्य, विशेष।
सर्वसाधारण *(सं.वि.)* सामान्य जो सब में पाया जाए, *(पुं.)* साधारण लोग, जनता।
निर्धारण *(सं.पुं.)* निर्णय, निश्चय।
पारण *(सं.पुं.)* वह भोजन जो किसी व्रत या उपवास के दूसरे दिन प्रथम बार किया जाए।
वारण *(सं.पुं.)* वध, हत्या।
वारण *(सं.पुं.)* निषेध, बाधा, हाथी, अंकुश।
अवारण *(सं.वि.)* बिना निषेध का।
वरवारण *(सं.पुं.)* सुन्दर हाथी।
शरवारण *(सं.पुं.)* ढाल।
निवारण *(सं.पुं.)* निवृत्ति, छुटकारा।
प्रसारण *(सं.पुं.)* फैलाव, बढ़ाना।
महारण *(सं.पुं.)* महायुद्ध।
किरण *(सं.पुं.)* सूर्य की रश्मि।
सुमिरण *(हि.पुं.)* देखो स्मरण।
मिश्रण *(सं.पुं.)* जोड़ करने की क्रिया, मिलावट, संयोजन।
सम्मिश्रण *(सं.पुं.)* मिलावट।
परिहरण *(सं.पुं.)* परिवर्जन, त्याग, निवारण।
विहरण *(सं.पुं.)* घूमना, फिरना, फैलाव।
हिरण *(हि.पुं.)* हरिण, भूत।
जीरण *(हि.वि.)* देखो जीर्ण।
समीरण *(सं.पुं.)* वायु, हवा, पथिक।
उतृण *(हि.वि.)* ऋणमुक्त।
मुद्रण *(सं.पुं.)* छपाई का काम।
मधुतृण *(सं.पुं.)* इक्षु, ईख।
पूरण *(हि.वि.)* देखो पूर्ण।
स्फुरण *(सं.पुं.)* अंग का फड़कना।
चूरण, चूरन *(हि.पुं.)* चूर्ण, महीन पीसी हुई औषधि।
तूरण, तूरन *(हि.कि.वि.)* देखो तूर्ण।
सूरण *(सं.पुं.)* जमीकन्द, ओल।
तोरण *(सं.पुं.)* किसी घर या नगर का बाहरी फाटक, वन्दनवार।
पस्सवर्ण *(सं.पुं.)* उत्तरवर्ती वर्ण के समान वर्ण।
हीनवर्ण *(सं.पुं.)* नीच जाति या वर्ण।
नानावर्ण *(सं.वि.)* जिसमें कई एक रंग हो।
जिवर्ण *(सं.वि.)* नीच, कान्तिहीन।
क्वण *(सं.पुं.)* वीणा का शब्द, कलकल शब्द।
चवण *(सं.पुं.)* भोजन, वध करना, क्षय, नाश।
भर्वण *(सं.पुं.)* दाँतों से चबाने का कार्य, भूना हुआ अन्न, बहुरी।
चर्वितचर्वण *(सं.पुं.)* किए हुए काम को दुबारा करना।
द्रवण *(सं.वि.)* बहाव, गरमी, पिघलने की क्रिया, हृदय पर करूणापूर्ण प्रभाव पड़ने का भाव।
स्रवण *(सं.पुं.)* पसीना, गर्भपात।
लवण *(सं.पुं.)* नमक, नोन।
प्रसवण *(सं.पुं.)* स्वेद, पसीना, सोता, झरना।
श्रवण *(सं.पुं.)* श्रवणेन्द्रिय, कान।
विद्रावण *(सं.पुं.)* पिघलना, भीगना।
श्रावण *(सं.पुं.)* वर्ष का चौथा महीना।
द्रोक्षण *(सं.पुं.)* सेघन, पानी का छींटा, परिछन।
कृष्ण *(सं.वि.)* काला, नीले रंग का, *(पुं.)* भगवान का एक अवतार।
तृष्ण *(सं.वि.)* बिना तृष्णा या लालसा का।
सुतृष्ण *(सं.वि.)* पिपासिट, प्यासा।
वितृष्ण *(सं.वि.)* तृष्णा से रहित।
भषण *(सं.पुं.)* कुत्ते का भूँकना।
प्रकर्षण *(सं.पुं.)* आधिक्य, अधिकता।
विप्रकर्षण *(सं.पुं.)* दूर से खींचने की क्रिया।
विकर्षण *(सं.पुं.)* आकर्षण, खिंचना।
घर्षण *(सं.पुं.)* रगड़, घिस्सा।
षर्षण *(सं.पुं.)* अनादर, अपमान।
प्रवर्षण *(सं.पुं.)* आक्रमण।
मर्षण *(सं.पुं.)* क्षमा।
दुर्मर्षण *(सं.पुं.)* वह जो कठिनाई से सहन किया जाए।
दर्षण *(सं.पुं.)* दृष्टि।
प्रवर्षण *(सं.पुं.)* अति वृष्टि।
वृषण *(सं.पुं.)* अण्डकोष।
संहर्षण *(सं.पुं.)* रोंवे का खड़ा होना।
आकर्षण *(सं.पुं.)* खिंचाव।

योगाकर्षण *(सं.पुं.)* वह आकर्षण शक्ति जिसके कारण परमाणु आपस में मिले रहते हैं, अलग नहीं होते।
माध्याकर्षण *(सं.पुं.)* पृथ्वी के मध्य भाग का वह आकर्षण जो सर्वदा सब पदार्थों को खींचता रहता है।
गुरुत्वाकर्षण *(सं.पुं.)* पृथ्वी की आकर्षण शक्ति।
भाषण *(सं.पुं.)* वक्तृता, व्याख्यान, कथन, बातचीत।
सम्भाषण *(सं.पुं.)* बातचीत।
प्रभाषण *(सं.पुं.)* अच्छी तरह कहना।
सत्यभाषण *(सं.पुं.)* सच बात कहना।
मधुभाषण *(सं.पुं.)* मधुर वचन बोलना।
अभिभाषण *(सं.पुं.)* सम्मुख बोलना।
सुभाषण *(सं.पुं.)* सुन्दर भाषण।
इषण *(हि.स्त्री.)* प्रबल इच्छा।
भीषण *(वि.)* भयानक, डरावना
विभीषण *(सं.वि.)* बड़ा भयंकर या डरावना।
चूसण *(सं.पुं.)* चूसने की क्रिया।
दूषण *(सं.पुं.)* दोष लगाने की क्रिया या भाव, अवगुण।
विदूषण *(सं.पुं.)* दोष लगाने का कार्य।
कुलदूषण *(सं.वि)* वंश में दोष लगानेवाला।
भूषण *(सं.पुं.)* अलंकार, आभरण।
मुखभूषण *(सं.पुं.)* मूल्यवान अलंकार।
विभूषण *(सं.पुं.)* अलंकार, गहना।
शशिभूषण *(सं.पुं.)* महादेव।
सुभूषण *(सं.पुं.)* उत्तम अलंकार।
शिरोभूषण *(सं.पुं.)* मुकुट, चूड़ामणि।
पेषण *(सं.पुं.)* पीसना, चूर्ण करना।
पिष्टप्रेषण *(सं.पुं.)* पीसे हुए को पीसना, एक बार कही हुई बात को बार-बार दोहराना।
प्रेषण *(सं.पुं.)* भेजने का काम।
श्लेषण *(सं.पुं.)* संयुक्त करना, मिलाना, आलिंगन।
संश्लेषण *(सं.पुं.)* जुटाना, मिलाना।
प्रद्वेषण *(सं.पुं.)* घृणा, द्वेष।
विश्लेषण *(सं.पुं.)* किसी पदार्थ के संयोजक द्रव्यों को पृथक करना।
छिद्रान्वेषण *(सं.पुं.)* दोष ढूँढ़ना, खूचर निकालना।
विशेषण *(सं.पुं.)* वह जो किसी प्रकार की विशेषता दिखलाता हो, व्याकरण में वह शब्द जो किसी संज्ञा या क्रिया की विशेषता सूचित करता हो।
शब्द विशेषण *(सं.पुं.)* विशेषण शब्द।
क्रियाविशेषण *(सं.पुं.)* क्रिया का विशेषण, क्रिया का भाव प्रकाशित करने वाला शब्द।
चोषण *(सं.पुं.)* चूसने की क्रिया।
तोषण *(सं.पुं.)* संतुष्ट करने की क्रिया।
पोषण *(सं.पुं.)* पुष्टि, पालन।
उपोष, उपोषण *(सं.पुं.)* उपवास।
मोषण *(सं.पुं.)* लूटना, चोरी करना, वध करना।
शोषण *(सं.पुं.)* सोखना, सुखाना, क्षीण करना।
विशोषण *(सं.पुं.)* अच्छी तरह सोखना।
निषण्ण *(सं.पुं.)* बैठा हुआ।
सासण *(हि.पुं.)* देखो शासन।
अर्हण *(सं.पुं.)* पूजा।
गर्हण *(सं.पुं.)* निन्दा।
परिगर्हण *(सं.पुं.)* बड़ी निन्दा।
वर्हण *(सं.पुं.)* पत्ता।
वृहण *(सं.वि.)* पुष्टिकारक।
ग्रहण *(सं.पुं.)* स्वीकार, मंजूरी, ज्ञान, समझ, आदर, राहु द्वारा सूर्य या चन्द्र का आच्छादन।
दण्डग्रहण *(सं.पुं.)* संन्यास आश्रम ग्रहण करना।
पावग्रहण *(सं.पुं.)* पैर छूकर प्रणाम करना।
पाणिग्रहण *(सं.पुं.)* विवाह।
पानिग्रहण *(सं.पुं.)* देखो पारिग्रहण, विवाह।
रोहण *(सं.पुं.)* चढ़ना, चढ़ाई।
अरोहण *(सं.पुं.)* उत्पत्ति, आरोही, चढ़ाव।
विरोहण *(सं.पुं.)* एक स्थान से उखाड़ कर दूसरे स्थान में लगाना।
मृगक्षण *(सं.वि.)* मृग के समान आँख वाला।
चक्षण *(सं.पुं.)* कृपादृष्टि, अनुग्रह।
सुविचक्षण *(सं.वि.)* बहुत बुद्धिमान।
विचक्षण *(हि.वि.)* निपुण, चतुर, बुद्धिमान, पंडित।
भक्षण *(सं.पुं.)* भक्षण, भोजन।
शुभक्षण *(सं.पुं.)* शुभ मुहूर्त।
रक्षण *(सं.पुं.)* रक्षा, पालन-पोषण।
संरक्षण *(सं.पुं.)* देखरेख, प्रतिबन्ध।
शीर्षरक्षण *(सं.पुं.)* पगड़ी।
लक्षण *(सं.पुं.)* चिह्न, नाम, शरीर में देख पड़ने वाले रोग के चिह्न।
सलक्षण *(सं.वि.)* लक्षणयुक्त।
शशलक्षण, शशलांछन *(सं.पुं.)* चन्द्रमा।
विलक्षण *(सं.पुं.)* अपूर्व, अद्‌भुत।
दुर्लक्षण *(सं.पुं.)* अशुभ लक्षण।
कुलक्षण *(सं.पुं.)* बुरा लक्षण, कुरीति।
सुलक्षण *(सं.वि.)* शुभ लक्षणों से युक्त, भाग्यवान।
देहलक्षण *(सं.पुं.)* सामुद्रिक शास्त्र, शरीर के ऊपर का चिह्न।
प्रतिक्षण *(सं.अव्य.)* बार-बार।
शिक्षण *(सं.पुं.)* शिक्षा।
ईक्षण *(सं.पुं.)* दर्शन, देखना, आँख, जाँच, विचार।
सुतीक्षण *(सं.वि.)* अति तीक्ष्ण।
प्रतीक्षण *(सं.पुं.)* आसरा देखना।
दीक्षण *(सं.पुं.)* दीक्षा देने की क्रिया।

समीक्षण *(सं.पुं.)* अच्छी तरह देखने की क्रिया, अन्वेषण।
निरीक्षण *(सं.पुं.)* दर्शन, देख-रेख।
अन्वीक्षण *(सं.पुं.)* खोज, विचार।
दूरवीक्षण *(सं.पुं.)* वह यन्त्र जिससे दूर की वस्तु बहुत पास और बड़ी दिखाई पड़ती है।
अणुवीक्षण *(सं.पुं.)* सूक्ष्म-दर्शक।
प्रेक्षण *(सं.पुं.)* चक्षु, आँख, दर्शन।
वेक्षण *(सं.पुं.)* अच्छी तरह से खोजना या ढूँढ़ना।
समवेक्षण *(सं.पुं.)* भलीभाँति देखना।
प्रत्यवेक्षण *(सं.पुं.)* अनुसन्धान, खोज।
मन्त्रण *(सं.पुं.)* मन्त्रणा, परामर्श।
आमन्त्रण *(सं.पुं.)* निमन्त्रण।
निमन्त्रण *(सं.पुं.)* भोजन का बुलावा, न्योता।
यन्त्रण *(सं.पुं.)* रक्षण, नियम।
घ्राण *(सं.स्त्री.)* सूँघने की शक्ति, सुगन्ध, नाक।
कृपाण *(सं.पुं.)* खड्ग, तलवार।
बाण *(सं.पुं.)* तीर, सायक, अग्नि।
पच्चबाण *(सं.पुं.)* कामदेव के पाँच बाण।
चन्द्रबाण *(सं.पुं.)* अर्धचन्द्र के आकार का बाण।
पुराण *(सं.वि.)* प्राचीन, पुराना, *(सं.पुं.)* पुरानी कथा, हिन्दुओं के धर्म संबंधी आख्यान ग्रन्थ जिनमें संसार की सृष्टि, लय, प्राचीन ऋषि-मुनियों और राजाओं की कथा रहती है।
पौराण *(सं.वि)* पुराण संबंधी।
पषाण *(हि.पुं.)* देखो पाषाण।
पाषाण *(सं.पुं.)* प्रस्तर, पत्थर।
तुषारपाषाण ओला
विषाण *(सं.पुं.)* हाथी का दाँत, पशु का सींग, सुअर का दाँत।
वाण *(सं.पुं.)* धनुष पर छोड़ने का तीर।
निर्वाण *(सं.पुं.)* निवृत्ति, शान्ति।
परिनिर्वाण *(सं.पुं.)* पूर्ण मोक्ष।
षाण *(सं.पुं.)* सन के रेशे का बना हुआ कपड़ा, हथियार पैना करने कर पत्थर।
अंगत्राण *(सं.पुं.)* शरीर ढाँपने का वस्त्र, कवच।
पटवाण *(सं.पुं.)* जूता।
पादत्राण *(सं.पुं.)* पादरक्षक, पादुका, खड़ाऊँ, जूता।
हस्तबाण *(सं.पुं.)* हाथ में पहिनने का कवच।
रामबाण *(हि.वि.)* तुरंत प्रभाव दिखलाने वाली औषधि।
प्रमाण *(सं.पुं.)* सत्यता, सचाई, निश्चय, *(वि.)* सच बोलने वाला, मान्य, प्रमाणित, *(अव्य.)* पर्यन्त, तक।
अप्रमाण *(सं.पुं.)* बिना प्रमाण का तथा असम्भव कथन।
शब्दप्रमाण वह प्रमाण जो केवल किसी के कथन के आधार पर हो।
सप्रमाण *(सं.वि.)* प्रामाणिक।
स्वप्रमाण *(सं.वि.)* जिसके लिए दूसरे प्रमाण की आवश्यकता न हो।
वादप्रमाण *(सं.पुं.)* साष्टांग दण्डवत।
निर्माण *(सं.पुं.)* रचना, बनावट।
वक्ष्यमाण *(सं.वि.)* वक्तव्य, कहने योग्य।
म्रियमाण *(सं.वि.)* मृतकल्प, मृतप्रायः।
करिष्यमाण *(सं.वि.)* करने के लिए उद्यत।
निरोक्ष्यमाण *(सं.वि.)* जो देखा जाता हो।
विचार्यमाण *(सं.वि.)* विचार करने योग्य।
त्राहिमाण *(सं.वि.)* रक्ष्यमाण, बचानेवाला।
परिमाण *(सं.पुं.)* माप, वह मान जो तौल या नापने से जानी जाए।
प्रयाण *(सं.पुं.)* गमन, चढ़ाई, भलाई।
अकल्याण *(हि.पुं.)* अशुभ, अमंगल।
क्रियामाण *(सं.वि.)* प्रस्तुत किया जाने वाला।
प्राण *(सं.पुं.)* वायु, श्वास, शक्ति, परम प्रिय व्यक्ति।
अप्राण *(सं.वि.)* प्राणहीन, मृत।
पच्चप्राण *(सं.पुं.)* शरीर-स्थित पाँच प्राण वायु जिनके नाम प्राण, अपान, समान, उदान, और व्यान हैं।
अल्पप्राण *(सं.पुं.)* व्याकरण में व्यंजन वर्ण के प्रत्येक वर्ग का पहिला, तीसरा तथा पाँचवाँ अक्षर और य, र, ल, व तथा स्वर।
नभःप्राण *(सं.पुं.)* पवन।
महाप्राण *(सं.पुं.)* व्याकरण में ख, घ, छ, झ, ठ, ढ, थ, ध, फ, श।
सिरत्राण *(हि.पुं.)* देखो शिरस्त्राण।
शिरस्त्र, शिरस्त्राण *(सं.पुं.)* युद्ध के समय सिर पर पहनने की लोहे की टोपी।
परित्राण *(सं.पुं.)* रक्षा, बचाव।
तनुत्राण *(सं.पुं.)* वह वस्तु जिससे शरीर की रक्षा होती हो।
बाहुत्राण *(सं.पुं.)* चमड़े, लोहे आदि का बना हुआ हस्तत्राण जो युद्ध में हाथों की रक्षा के लिए पहना जाता है।
छिण *(हि.पुं.)* देखो क्षीण।
तृण *(सं.पुं.)* नरकट, सरपत, घास।
ऋण *(सं.वि.)* उधार, गणित में क्षय राशि।
मसृधण *(सं.कि.)* चिकना और कोमल।
उऋण *(हि.वि.)* ऋण-निर्मुक्त।
वितृण *(सं.वि.)* तृणहीन।
हरिण *(सं.पुं.)* मृग, कुरंग, हरना।
यजिष्ण *(सं.वि.)* यज्ञ करने वाला।
वर्हिण *(सं.पुं.)* मयूर, मोर।
दक्षिण *(सं.वि.)* उत्तर के सामने की दिशा, अपसव्य, दाहिना, अनुकूल, निपुण, चतुर, दक्ष, समर्थ।
अदक्षिण *(सं.वि.)* प्रतिकूल, विरुद्ध, बायाँ, अचतुर, गँवार।

दीक्षण *(सं.पुं.)* देखने की क्रिया।
दाक्षिण *(सं.वि.)* दक्षिण संबंधी।
कीर्ण *(सं.वि.)* ढँका हुआ, फैला हुआ, छिपा हुआ, भरा हुआ।
प्रकीर्ण *(सं.वि.)* छितराया हुआ, फैलाया हुआ।
विप्रकीर्ण *(सं.वि.)* छितराया हुआ, बिखरा हुआ।
संकीर्ण *(सं.पुं.)* भीड़भाड़, *(वि.)* अपवित्र, संकुचित, सँकरा, तुच्छ, नीच, क्षुद्र।
उत्कीर्ण *(सं.वि.)* लिखा हुआ, खोजा हुआ।
समृत्कीर्ण *(सं.वि.)* विदीर्ण, टूटा हुआ।
व्यवकीर्ण *(सं.वि.)* मिलाया हुआ।
आकीर्ण *(सं.वि.)* व्याप्त, फैला हुआ।
व्याकीर्ण *(सं.वि.)* चारों ओर फैलाया हुआ।
परिकीर्ण *(सं.वि.)* विस्तृत, फैला हुआ।
विकीर्ण *(सं.वि.)* प्रसिद्ध, चारों ओर फैला हुआ।
चीर्ण *(सं.वि.)* फटा या चीरा हुआ।
जीर्ण *(सं.वि.)* पुराना, फटा पुराना।
अजीर्ण *(हि.पुं.)* अपाक, अपच, बहुतायत।
अतिजीर्ण *(सं.वि.)* बहुत पुराना।
तीर्ण *(सं.वि.)* जो पार गया हो।
उत्तीर्ण *(सं.वि.)* पार गया हुआ, लाँघा हुआ, निकला हुआ, परीक्षा में सफल।
स्तीर्ण *(सं.वि.)* विस्तीर्ण, फैलाया हुआ।
संस्तीर्ण *(सं.वि.)* छितराया या फैलाया हुआ।
अस्तीर्ण *(सं.वि.)* विस्तीर्ण, फैला हुआ।
विस्तीर्ण *(सं.वि.)* विस्तृत, विशाल।
बहुविस्तीर्ण *(सं.वि.)* बहुत लंबा चौड़ा।
विदीर्ण *(सं.वि.)* बीच से फाड़ा हुआ।
शीर्ण *(सं.वि.)* दुबला पतला, टूटा हुआ।
गामीण *(हि.वि.)* देहाती, गँवार।
पारम्परीण *(सं.वि.)* परम्परा के अधीन।
पारीण *(सं.वि.)* पारगामी।
पुरीण *(सं.वि.)* बोझ ले जाने वाला, मुख्य।
प्रवीण *(सं.पुं.)* निपुण, शिक्षित, कुशल, चतुर।
अप्रयोग *(सं.वि.)* अज्ञान, मूर्ख।
तीक्ष्ण *(सं.वि.)* उग्र, प्रचण्ड, तीव्र, प्रखर, तीखा, तेज धारवाला।
अतीक्ष्ण *(सं.वि.)* जो तीक्ष्ण न हो।
क्षीण *(सं.वि.)* निर्बल, क्षयप्राप्त, घटा हुआ, दुबला-पतला।
गुण *(सं.पुं.)* धनुष की प्रत्यंचा, रस्सी, धर्म, प्रकृति के सत्व, प्रवीणता, सद्वृत्ति, शील, बढ़ई, विशेषण, कला विशेषता, गुना अर्थ का प्रत्यय यथा त्रिगुण इत्यादि।
बुण *(सं.पुं.)* बुन।
मत्कुण *(सं.पुं.)* खटमल।
अगुण *(सं. पुं., वि)* गुणरहित।
षड्गुण *(सं.पुं.)* छह गुणों का समूह।
शतगुण *(सं.वि.)* सौ गुना।
सद्गुण *(सं.पुं.)* उत्तम गुण।
अवगुण *(सं.पुं.)* दोष, अपराध, बुराई।
यथागुण *(सं.अव्य.)* गुण के अनुरूप।
मालागुण *(सं.पुं.)* माला गूँथने का सूत।
विगुण *(सं.पुं.)* विकृत, गुणहीन।
त्रिगुण *(सं.पुं.)* सत्व, रज तथा सम इन तीनों गुणों का समूह।
धीगुण *(सं.पुं.)* बुद्धि का गुण।
चतुर्गुण *(सं.वि.)* चौगुना, चार गुण का।
दुर्गुण *(सं.पुं.)* बुरा गुण, दोष, बुराई।
दुर्गुण *(हि.वि.)* देखो द्विगुण, दूना।
धनुगुण *(सं.पुं.)* धनुष की डोरी,, चिल्ला।
बहुगुण *(सं.वि.)* अनेक गुणों से युक्त।
कदुष्ण *(सं.वि.)* थोड़ा गरम।
निपुण *(सं.वि.)* कार्य कुशल, दक्ष, विद्वान।
अरुण *(सं.पुं.)* लाल रंग, प्रातः काल, तड़का।
अकरूण *(सं.वि.)* करूणाहीन, कठोर।
सकरूण *(सं.वि.)* दयायुक्त।
तरुण *(सं.वि.)* युवा, नूतन, नया।
वरुण *(सं.पुं.)* जल, पानी, जलदेवता।
तारूण *(सं.वि.)* तरूण, छोटी अवस्था का।
दारूण *(सं.वि.)* प्रचण्ड, भयंकर, विकट, कठिन।
ईवतुष्ण *(सं.वि.)* थोड़ा गरम, मन्दोषण।
नात्युष्ण *(सं.वि.)* गुनगुना।
सगुण *(सं.वि.)* गुणयुक्त, गुणवान।
प्राहुण *(सं.पुं.)* पाहुन, अतिथि।
रजोगुण *(सं.पुं.)* जीवधारियों की प्रकृति का वह स्वभाव जिससे उनमें भोग विलास तथा दिखावटी बातों में रुचि उत्पन्न होती है।
सतोगुण *(हि.पुं.)* देखो सत्वगुण।
क्षुष्ण *(सं.वि.)* दलित, चोट खाया हुआ, टुकड़ा किया हुआ।
चूर्ण *(सं.वि.)* बहुत महीन।
सूक्ष्मकोण *(हि.पुं.)* समकोण में छोटा।
तृण *(सं. पु.)* तृणीर, तरकश।
वाणतुण *(सं. पु.)* तरकश।
ऊर्ण *(सं.स्त्री.)* भेड़ या बकरी का बाल, ऊन।
प्रघूर्ण *(सं. पु.)* अतिथि, पाहुन।
चूर्ण *(सं. पु.)* महीन पीसा हुआ पदार्थ।
सटचूर्ण *(वि.)* निमग्न, लीन, उन्मत।
तिरूचूर्ण *(सं. पु.)* तिलकुट।
लोहचूर्ण *(सं. पु.)* लोहे का बुरादा।
भ्रूण *(सं. पु.)* स्त्री का गर्भ।

पूर्ण *(सं. पु.)* परिपूर्ण, भरा हुआ, समूचा, परितृप्त, समाप्त, सफल, सिद्ध।

अपूर्ण *(सं.वि.)* असमाप्त, अधूरा, न्यून, कम।

सम्पूर्ण *(सं.वि.)* पूर्ण रूप से युक्त।

असम्पूर्ण *(सं.वि.)* अधूरा।

स्वपूर्ण *(सं.वि.)* जो आप ही पूर्ण हो।

बुद्धिपूर्ण *(सं.वि.)* जो जान-बूझकर किया गया हो।

परिपूर्ण *(सं.वि.)* सम्पूर्ण, पूरा किया हुआ, तृप्त, अघाया हुआ।

तरण *(हि.पुं.)* ध्वंस, नाश, पीसने की क्रिया।

स्त्रण *(सं.वि.)* स्त्री संबंधी।

कोण *(सं.पुं.)* नोक, कोना, दिशाओं के मध्य की दिशा, दो सीधी रेखाओं के परस्पर मिलने का स्थान।

पच्चकोण *(सं.पुं.)* पाँच कोने का क्षेत्र।

अष्ठकोण *(सं.पुं.)* आठ कोने का यन्त्र।

षटकोण *(सं.पुं.)* छः कोने की आकृति। *(वि.)* छः पहल का।

विषमकोण *(सं.पुं.)* समकोण से भिन्न कोण।

समकोण *(सं.वि.)* रेखागणित की वह आकृति जिसके आमने सामने के कोण बराबर हो।

सूक्ष्मकोण *(हि.वि.)* समकोण से छोटा।

स्पर्शकोण *(सं.पुं.)* रेखागणित में वह कोण जो किसी वृत्त पर खींची हुई स्पर्श रेखा के कारण उस वृत्त और स्पर्श रेखा के बीच में बनता है।

चतुष्कोण *(सं.वि.)* चार कोण वाला।

विषम चतुष्कोण *(सं.पुं.)* विषम कोणवाला चतुष्कोण क्षेत्र।

समचतुष्कोण *(सं.पुं.)* वह क्षेत्र जिसके चारों कोण समान हो।

त्रिकोण *(सं.पुं.)* त्रिभुज क्षेत्र, तीन कोने वाला क्षेत्र।

वायुकोण *(सं.पुं.)* पश्चिमोत्तर दिशा।

तोण *(हि.पुं.)* तूण, तरकश।

लोहितोर्ण *(सं.वि.)* जिसके ऊन लाल रंग के हो।

द्रोण *(सं.पुं.)* कठवत, लकड़ी का रथ, डोम, कौवा, बिच्छू, नाव, डोंगा।

शोण *(सं.पुं.)* रुधिर, अग्नि, लाल रंग, ललाई।

कचोष्ण *(सं.वि.)* थोड़ा मगर गुनगुना।

शीतोष्ण *(सं.वि.)* गुनगुना।

मन्दोष्ण *(सं.वि.)* थोड़ा गरम, गुनगुना।

प्रोष्ण *(सं.पं.)* अति उष्ण, बहुत गरम।

आरोष्ण *(सं.पुं.)* थन से निकला हुआ ताजा दूध जो कुछ गरम होता है।

फण *(सं.स्त्री.)* सर्प का फन।

त्रोण *(हि.पुं.)* तरकश।

कौण *(हि.स्त्री.)* कौन सी तिथि, यह शब्द प्रश्नवाचक सर्वनाम की तरह प्रयुक्त होता है।

मृगणा *(सं.स्त्री.)* खोई हुई वस्तु की खोज।

न्यूणा *(सं.स्त्री.)* खंभा, थूनी, निहाई।

धर्षणा *(सं.स्त्री.)* अवज्ञा, अपमान।

माषपर्णा *(सं.स्त्री.)* जंगली उड़द।

धारणा *(सं.स्त्री.)* स्मरण शक्ति, पक्का विचार, स्मृति।

प्रेरणा *(सं.स्त्री.)* उत्तेजना, प्रवृत्ति, दशव।

तृष्णा *(सं.स्त्री.)* प्यास, लोभ, लालच।

अतृष्णा *(सं.स्त्री.)* लालसा का अभाव।

मृगतृष्णा *(सं.स्त्री.)* मृगजल, मरीचिका।

अतितृष्णा *(सं.स्त्री.)* बड़ी प्यास।

वितृष्णा *(सं.स्त्री.)* तृष्णा का अभाव।

धिषणा *(सं.स्त्री.)* बुद्धि, प्रशंसा।

ईर्षणा *(सं.स्त्री.)* त्वरा, शीघ्रता।

विभूषणा *(सं.स्त्री.)* शोभा।

एषणा *(हि.स्त्री.)* इच्छा।

गवेषणा *(सं.स्त्री.)* अन्वेषण, खोज।

घोषणा *(सं.स्त्री.)* ऊँचे स्वर से सूचना, मुनादि, डुग्गी, ध्वनि, आवाज।

विगर्हणा *(सं.पुं.)* डाँट-डपट, धिक्कार।

लक्षणा *(सं.स्त्री.)* शब्द की वह शक्ति जिसके द्वारा उसके अभिप्राय का बोध होता हो।

मंत्रणा परामर्श।

दुर्मन्त्रणा *(सं.पुं.)* बुरा परामर्श।

राणा *(हि.पुं.)* राजा, इस शब्द का प्रयोग राजपूताना के कुछ राज्यों तथा नेपाल के सरदारों के लिए होता है।

प्रदक्षिणा *(सं.स्त्री.)* परिक्रमा।

गुरुदक्षिणा *(सं.स्त्री.)* वह भेंट जो अध्ययन समाप्त होने पर गुरु को संतुष्ट करने के लिए चेला देता है।

वीणा *(सं.स्त्री.)* प्राचीन काल का एक प्रसिद्ध बाजा, बीन।

करुणा *(सं.स्त्री.)* दूसरे के दुःख हटाने की इच्छा।

अणि (सं. पुं. स्त्री.) पहिये की धुरी की कील, आरा, अग्रभाग, सीमा, किनारा।

असकणि *(सं.पुं.)* विशुद्ध, बेमेल।

प्रणि *(सं.पुं.)* बहुमूल्य पत्थर, रत्न।

मणि *(सं.स्त्री.)* गजमुक्ता, गजमोती।

राजमणि *(सं.पुं.)* बहुमूल्य रत्न।

मीणमणि *(सं.स्त्री.)* पद्मराग मणि, मानिक।

हरिन्मणि *(सं.पुं.)* मरकतमणि, पन्ना।

सितमणि *(सं.पुं.)* स्फोटक, बिल्लोर।

तपनमणि *(सं.पुं.)* सूर्यकान्त मणि।

सुरमणि *(सं.पुं.)* चिन्तामणि।

नीलमणि *(सं.पुं.)* इन्द्रनील, नीलम।

पावकमणि *(सं.पुं.)* सूर्यकान्त मणि।

स्पर्शमणि *(सं.पुं.)* पारस पत्थर।

शिखामणि *(सं.पुं.)* श्रेष्ठ मणि।

चूड़ामणि *(सं.पुं.)* सिर में पहनने का एक आभूषण, शीशफूल, अग्रगण्य।
लतामणि *(सं.पुं.)* प्रवाल, मूँगा।
मालामणि *(सं.पुं.)* रुद्राक्ष।
रक्षामणि *(सं.पुं.)* वह रत्न जो किसी ग्रह के प्रकोप से बचने के लिए पहना जाए।
विधुमणि *(हि.स्त्री.)* चन्द्रकान्त मणि।
नभोमणि *(सं.पुं.)* सूर्य।
शिरोमणि (सं. पुं., स्त्री.) चूड़ामणि, शिरोरत्न, श्रेष्ठ व्यक्ति।
कणि *(सं.पुं.)* विष।
फणिक *(हि.पुं.)* नाग, सर्प।
तरणि *(सं.पुं.)* बड़ा, किरण, नाव।
धरणि *(सं.स्त्री.)* पृथ्वी, धमनी।
तारणि *(सं.स्त्री.)* नौका, नाव।
गीवाणि *(हि.पुं.)* देवता।
वृष्णि *(सं.पुं.)* मेघ, यादव, यदुवंश।
पाणि *(सं.पुं.)* हस्त, हाथ, कर
शंखपाणि *(सं.पुं.)* विष्णु
खडगपाणि *(सं.वि.)* हाथ में तलवार लिये हुए।
रिक्तपाणि *(सं.वि.)* खाली हाथ।
वज्रपाणि *(सं.पुं.)* इन्द्रनील, नीलम।
शलपाणि *(सं.पुं.)* शिव महादेव।
पृथुपाणि *(सं.वि.)* जिसके हाथ बहुत लंबे हो।
निरूपाणि *(सं.वि.)* जिसमें किसी प्रकार की उपाधि न हो।
पाष्णि *(सं.पुं.)* पालक, पालन करने वाला, *(हि.पुं.)* पत्ता बिछाकर फलों को पकाने की विधि, तंबू चदवा, गाड़ी आदि ढाँपने का वस्त्र।
श्रेणि *(सं.स्त्री.)* पंक्ति, परंपरा, शृंखला, मंडली, समूह, तेल, सेना।
वेणि *(सं.स्त्री.)* स्त्रियों के बालों की गुँथी हुई चोटी।
द्रोणि *(सं.स्त्री.)* कठवत, डोगी, दो पर्वतों के बीच की भूमि, एक सौ अट्ठाइस सेर का प्राचीन परिमाण।
श्रोणि *(सं.स्त्री.)* कटिदेश, कमर।
क्षोणि *(सं.स्त्री.)* पृथ्वी, भूमि।
अणी *(हि.अव्य.)* ए, जी, अरी, ओजी।
धरणी *(सं.स्त्री.)* पृथ्वी, नाड़ी, मेदा।
फणी *(सं.पुं.)* सर्प, साँप।
वणी *(सं.पुं.)* लेखक, ब्रह्मचारी, ब्राह्मण।
रमणी *(सं.स्त्री.)* नारी, सुन्दर स्त्री।
तरणी *(सं.स्त्री.)* नौका, नाव।
दुर्गतरणी *(सं.स्त्री.)* एक देवी का नाम।
वैतरणी *(सं.स्त्री.)* यमद्वार पर की एक नदी का नाम।
सरणि, सरणी *(सं.स्त्री.)* पंक्ति, पगडंडी, लकीर।
नखहरणी *(सं.पुं.)* नहरनी।
पर्वणी *(सं.स्त्री.)* पूर्णिमा, पूर्णमासी।
ग्रहणी *(सं.स्त्री.)* एक प्रकार का रोग जिसमें खाया हुआ अन्न नहीं पचता, ज्यों का त्यों निकल जाता है।
संग्रहणी *(सं.स्त्री.)* ग्रहणी रोग।
लक्षणी *(सं.वि.)* लक्षण जानने वाला।
नारायणी *(सं.स्त्री.)* दुर्गा, लक्ष्मी, गंगा, सतावर।
सारणी *(सं.स्त्री.)* प्रसारणी, नदी।
श्रावणी *(सं.स्त्री.)* श्रावण मास की पूर्णिमा, इस दिन ब्राह्मणों का रक्षाबन्धन नामक त्योहार होता है।
अऋणी, अऋण *(हि.वि.)* जिसने ऋण न लिया हो, जो ऋणमुक्त हो।
किरणी *(सं.स्त्री.)* छोटा घूँघट।
पूरणी *(सं.स्त्री.)* पूरा करने वाली।
पेषणी *(सं.स्त्री.)* वह सिल जिस पर कोई वस्तु पीसी जाए।
क्षेपणी *(सं.स्त्री.)* बन्दूक की गोली
द्रोखणी *(सं.स्त्री.)* कुश की बनी हुई मुद्रिका।
सधर्मचारिणी *(सं.स्त्री.)* भार्या।
सधर्मी *(सं.वि.)* समान, तुल्य।
ब्रह्मचारिणी *(सं.स्त्री.)* ब्रह्मचर्य का पालन करने वाली स्त्री।
धरिणी *(सं.स्त्री.)* धरणी, पृथ्वी, भूमि।
तारिणी *(सं.वि.)* उद्धार करने वाली।
निर्घुरिणी *(सं.स्त्री.)* पानी का सोता।
अक्षोहिणी *(सं.स्त्री.)* चतुरंगिणी सेना।
दक्षिणी *(हिं.स्त्री.)* दक्षिण देश की भाषा, मराठी, *(वि.)* दक्षिण दिशा संबंधी।
यक्षिणी *(सं.स्त्री.)* यक्ष की पत्नि।
गुणी *(सं.वि.)* गुणवान, निपुण।
अगुणी *(हि.वि.)* गुणहीन।
ताणी *(सं.स्त्री.)* युवती।
दारूणी *(सं.स्त्री.)* मदिरा।
तूणी, तूणीक *(सं.पुं.)* देखो तूणी।
तूणी *(सं.स्त्री.)* तरकश।
श्रेणी *(सं.स्त्री.)* देखो श्रेणी।
निश्रेणी *(सं.स्त्री.)* सोपान, सीढ़ी।
निःश्रेणी *(सं.स्त्री.)* काठ की सीढ़ी, खजूर का वृक्ष।
वेणी *(सं.स्त्री.)* बालों की गुँथी हुई चोटी, कवरी।
त्रिवेणी *(सं.स्त्री.)* तीन नदियों का संगम, प्रयाग में वह स्थान जहाँ गंगा, यमुना और सरस्वती नदियों का संगम है।
द्रोणी *(सं.स्त्री.)* काठ का बना हुआ पात्र, कठवत।
प्राणी *(हि.पुं.)* जीव जन्तु, मनुष्य, व्यक्ति, पुरुष या स्त्री, *(वि.)* जिसमें प्राण हो।
अप्राणी *(सं.वि.)* जिसमें प्राण न हो।
ब्रह्माणी *(सं.स्त्री.)* ब्रह्मा की स्त्री, शक्ति, सावित्री, गायत्री, दुर्गा।
क्षत्रियाणी *(सं.स्त्री.)* क्षत्रिय की स्त्री।
रूद्राणी *(सं.स्त्री.)* रूद्र की पत्नी, पार्वती।
वाणी *(सं.स्त्री.)* वचन, सरस्वती, जीभ, स्वर, वाकृशक्ति।

स्वर्गवाणी *(सं.स्त्री.)* आकाशवाणी।

भविष्यवाणी *(सं.स्त्री.)* भविष्य की बात जो पहले ही से कही गई हो।

देववाणी *(सं.स्त्री.)* संस्कृत भाषा।

देववाणी *(सं.स्त्री.)* आकाशवाणी, संस्कृत वाक्य।

किंगिणी *(सं.स्त्री.)* कमर का आभूषण, करधनी।

तरंगिनी *(सं.स्त्री.)* सरिता, नदी।

चतुरंगिणी *(सं.वि.)* जिस सेना में हाथी, घोड़े, रथ और पैदल सवार हो।

सर्पिणी *(सं.स्त्री.)* साँपिनी।

गर्भिणी *(हि.वि.)* गर्भवती, गाभिन।

धर्मिणी *(सं.स्त्री.)* पत्नी, स्त्री।

करिणी *(सं.स्त्री.)* हस्तिनी, हथिनी।

शिखरिणी *(सं.स्त्री.)* दही का पानी।

निर्झरिणी *(सं.स्त्री.)* नदी।

हरिणी *(सं.स्त्री.)* मृगी, मादा हरिण।

भिखरिन, भिखारिणी *(हि.स्त्री.)* भीख माँगने वाली स्त्री।

शृंगारिणी *(सं.स्त्री.)* शृंगार करने वाली स्त्री।

शृंगारित *(सं.वि.)* शृंगार किया हुआ। सँवारा हुआ।

अणु *(सं.वि.)* सूक्ष्म, छोटा, थोड़ा।

धृष्णु *(सं.वि.)* प्रगल्भ, उद्धत, ढीठ।

असहिष्णु *(सं.वि.)* असहनशील।

कीटाणु *(सं.पुं.)* अति सूक्ष्म कीड़ा, जो आँख से दिखाई नहीं पड़ता।

परमाणु *(सं.पुं.)* पृथ्वी, जल, तेज, वायु, तथा आकाश का सबसे छोटा भाग जिसके फिर विभाग नहीं हो सकते, अत्यंत सूक्ष्म अणु।

याचिष्णु *(सं.वि.)* माँगनेवाला।

रोचिष्णु *(सं.वि.)* रोचक, चमकदार।

पराजिष्णु *(सं.वि.)* विजयी, जीतनेवाला।

कारष्णु *(सं.पुं.)* करने वाला, करणशील।

विष्णु *(सं.पुं.)* प्रधान देवता जो सृष्टि के पालन-पोषण करने वाले माने जाते हैं।

प्रभविष्णु *(सं.वि.)* प्रभावशाली।

सहिष्णु *(सं.वि.)* सहनशील।

रेणु *(सं.पुं.)* धूल, बालू, कणिका।

पुष्परेणु *(सं.पुं.)* फूल की धूल, पराग।

कुसुम-रेणु *(सं.पुं.)* फूल का पराग।

वेणु *(सं.पुं.)* वंश, बाँस, बाँस की बाँसुरी।

वेणुकार *(सं.पुं.)* वंशी बनानेवाला।

पूणु *(हि.स्त्री.)* पूर्णिमा, पुनवासी।

त–संस्कृत और हिन्दी वर्णमाला का सोलहवाँ अक्षर तथा त वर्ग का पहिला वर्ण, इसका उच्चारण स्थान दन्त है।

धत् *(हि.अव्य.)* तिरस्कार के साथ हटाने का शब्द।

वत *(सं.पुं.)* समान, तुल्य।

सत *(सं.पुं.)* चोर, अमृत, पूँछ, नाव, झूठ, पुण्य।

कत *(हि.अव्य.)* किस कारण से, किस लिए।

गत *(सं.वि.)* गया हुआ, बीता हुआ, समाप्त, पाया हुआ, मरा हुआ; *(स्त्री.)* अवस्था, दशा।

छत *(सं.स्त्री.)* चूना, कंकड़ आदि डालकर बनाई हुई घर की भूमि पाटन।

जत *(हि.वि.)* जिस मात्रा का, जितना।

धत *(हि.स्त्री.)* बुरा अभ्यास, बुरी लत।

पत *(हि.स्त्री.)* लज्जा, प्रतिष्ठा। *(पुं.)* पति, स्वामी।

बत *(हि.स्त्री.)* बात, यौगिक शब्दों में इसका प्रयोग होता है।

मत *(सं.पुं.)* सम्मति, आशय, धर्म, पन्थ, ज्ञान, सम्प्रदाय; *(हि.क्रि.वि.)* निषेधवाचक शब्द नहीं।

रत *(सं.वि.)* अनुरक्त, कार्य में लगा हुआ, लिप्त।

लत *(हिं.स्त्री.)* दुर्व्यसन।

सत *(हिं.पुं.)* सत्व, किसी पदार्थ का मूल भाग, सार, तत्व, सार भाग।

सतशक्ति *(वि.)* सात का संक्षिप्त रूप।

शत *(सं.वि.)* दस का दस गुना, सौ।

हत *(सं.वि.)* वध किया हुआ, मारा हुआ, पीड़ित, ग्रस्त, लगा हुआ, गुणा किया हुआ, बिगाड़ा हुआ, आशाहीन।

रइअत *(हिं.स्त्री.)* देखो रैयत।

रैयत *(हिं.पुं.)* प्रजा।

अक्त *(सं.वि.)* संयुक्त, सफल, रँगा हुआ, भरा हुआ।

नक्त *(सं.पुं.)* रात्रि।

भक्त *(सं.पुं.)* भात; *(वि.)* तत्पर, भक्तियुक्त।

अभक्त *(सं.वि.)* श्रद्धाहीन, विभाग रहित, समूचा।

राजभक्त *(सं.वि.)* राजा का भक्त।

भगवद्भक्त *(सं.पुं.)* ईश्वर का भक्त।

लावभात *(सं.पुं.)* लाव का भात।

विभक्त *(सं.वि.)* अलग किया हुआ, बाँटा हुआ।

अभुभक्त *(सं.वि.)* स्वामिभक्त।

त्यक्त *(सं.वि.)* त्यागा हुआ, छोड़ा हुआ।

परित्यक्त *(सं.वि.)* त्यागा हुआ, छोड़ा हुआ।

व्यक्त *(सं.वि.)* स्पष्ट, प्रकट, प्रकाशित, देखा हुआ, अनुमान किया हुआ।

अव्यक्त *(सं.वि.)* अज्ञात, अस्पष्ट।

अभिव्यक्त *(सं.वि.)* प्रकाशित, बतलाया हुआ।

परिव्यक्त *(सं.वि.)* अत्यन्त स्पष्ट।

सुव्यक्त *(सं.वि.)* बहुत स्पष्ट।

रक्त *(सं.पुं.)* लाल कमल, रुधिर; *(वि.)* लाल रंग का, अनुरक्त, रँगा हुआ।

आरक्त *(सं.वि.)* कुछ लाल रंग का।

अतिरिक्त *(सं.वि.)* तीव्र लाल रंग का।
विरक्त *(सं.वि.)* विमुख, अप्रसन्न, उदासीन।
अनुरक्त *(सं.वि.)* प्रेमयुक्त, आसक्त।
संरक्त *(सं.वि.)* अनुरक्त, आसक्त।
शक्त *(सं.वि.)* समर्थ।
अशक्त *(सं.वि.)* अयोग्य, असमर्थ।
विषक्त *(सं.वि.)* संलग्न, आसक्त।
प्रसक्त *(सं.वि.)* संबद्ध, आसक्त, संश्लिष्ट।
आसक्त *(सं.वि.)* लिप्त, लीन।
संसक्त *(सं.वि.)* संबद्ध, लगा हुआ।
भाक्त *(सं.वि.)* भक्त संबंधी।
रुधिराक्त *(सं.वि.)* रुधिर से भीगा हुआ।
तैलाक्त *(सं.वि.)* जिसमें तेल पोता हुआ हो।
शाक्त *(सं.पुं.)* शक्ति का उपासक।
तिक्त *(सं.वि.)* तीते रसवाला, तीता, कड़वा।
रिक्त *(सं.वि.)* शून्य, खाली, निर्धन।
वितरिक्त *(हि.अव्य.)* अतिरिक्त, सिवाय।
षद्वव्यतिरिक्त *(सं.वि.)* उसके सिवाय।
अतिरिक्त *(सं.वि.)* अधिक, श्रेष्ठ, भिन्न।
व्यतिरिक्त *(सं.वि.)* विभिन्न, अलग; (क्रि. वि.) अतिरिक्त।
विक्षिप्त *(सं.वि.)* बिखरा हुआ।
अभिषिक्त *(सं.वि.)* अभिषेक किया हुआ।
परिषिक्त *(सं.वि.)* सींचा हुआ।
सिक्त *(सं.वि.)* सिंचित, सींचा हुआ।
आसिक्त *(सं.वि.)* भिगोया हुआ, सींचा हुआ।
उक्त *(सं.वि.)* कथित, कहा हुआ।
अनुक्त *(सं.वि.)* न कहा हुआ।
भुक्त *(सं.वि.)* भक्षित, खाया हुआ, भोगा हुआ।
असुक्त *(हि.वि.)* अभक्षित, व्यवहार में न लाया हुआ।
उपभुक्त *(सं.वि.)* व्यवहार में लाया हुआ, जूठा, उच्छिष्ट।
परभुक्त *(सं.वि.)* दूसरे से भोगा हुआ।
सुभुक्त *(सं.वि.)* अच्छी तरह खाया हुआ।
मुक्त *(सं.वि.)* जिसको मोक्ष प्राप्त हो गया हो, बंधन से छूटा हुआ।
अमुक्त *(सं.वि.)* सम्बद्ध, बँधा हुआ।
जीवन्मुक्त जो आत्मज्ञान से माया के बन्धन से छूट गया हो।
शापमुक्त *(सं.वि.)* जिसके ऊपर से शाप का प्रभाव हट गया हो।
निर्मुक्त *(सं.वि.)* जो मुक्त हो गया हो।
विनिर्मुक्त *(सं.वि.)* छुटकारा पाया हुआ।
आमुक्त *(सं.वि.)* आबद्ध, विमुक्त।
अतिमुक्त *(सं.वि.)* मुक्ति प्राप्त किया हुआ।
प्रतिमुक्त *(सं.वि.)* परित्यक्त, छोड़ा हुआ।
परिमुक्त *(सं.वि.)* पूर्ण रूप से मुक्त।
विमुक्त *(सं.वि.)* भली भाँति मुक्त, स्वतंत्र, छोड़ा हुआ, अलग किया हुआ।
युक्त *(सं.वि.)* न्याय, उचित, ठीक, मिला हुआ, जुटा हुआ।
अयुक्त *(सं.वि.)* अनुचित, अयोग्य।
अत्युक्त *(सं.वि.)* बहुत बढ़कर कहा हुआ।
इत्युक्त *(सं.वि.)* ऐसा कहा हुआ।
प्रत्युक्त *(सं.वि.)* उत्तर दिया हुआ।
युक्तियुक्त *(सं.अव्य.)* उपयुर्क्त, तर्क के अनुसार।
उपयुक्त *(सं.वि.)* योग्य, उचित।
उपर्युक्त *(हिं.वि.)* ऊपर कहा हुआ।
प्रयुक्त *(सं.वि.)* प्रेरित, लगाया हुआ।
अप्रयुक्त *(सं.वि.)* व्यवहार में न लाया हुआ, अनियुक्त।
विप्रयुक्त *(सं.वि.)* बिछुड़ा हुआ।
न्याययुक्त *(सं.वि.)* न्याय पर चलनेवाला।
नियुक्त *(सं.वि.)* अधिकार दिया हुआ, लगाया हुआ, प्रेरित।
विनियुक्त *(सं.वि.)* नियोजित।
अभियुक्त *(सं.वि.)* आक्रमण किया हुआ, जिस पर अभियोग चलाया गया हो, प्रतिवादी।
वियुक्त *(सं.वि.)* बिछड़ा हुआ, रहित।
श्रीयुक्त *(सं.वि.)* श्रीमान् शोभासम्पन्न एक आदरसूचक विशेषण जो बड़े आदमियों के नाम के पहले लगाया जाता है।
संयुक्त *(सं.वि.)* संयुक्त, जुड़ा हुआ।
उपरुक्त *(हिं.वि.)* पहले कहा हुआ।
बौनरुक्त *(सं.वि.)* बारंबार कहा हुआ।
विरुक्त *(सं.पुं.)* वेद का चौथा अंग; *(वि.)* व्याख्या किया हुआ।
द्विरुक्त *(सं.वि.)* दो बार कहा हुआ।
दूरुक्त *(सं.पुं.)* कटुवचन, अपशब्द।
सूक्त *(सं.वि.)* अच्छी तरह कहा हुआ *(पुं.)* उत्तम कथन, उत्तम भाषण।
वेदोक्त *(सं.वि.)* वेद में कहा हुआ।
ओक्त *(सं.वि.)* कथित, कहा हुआ।
पूर्वोक्त *(सं.वि.)* पूर्वकथित, पहले कहा हुआ।
शेषोक्त *(सं.वि.)* अन्त में कहा हुआ।
समासोक्त *(सं.वि.)* संक्षेप रूप से कहा हुआ।
शास्त्रोक्त *(सं.वि.)* शास्त्रों में कहा हुआ।
टकत *(सं.वि.)* जिसके पास धन हो।
मर्कत *(सं.पुं.)* देखो मरकत।
रकत *(हिं.पुं.)* देखो रक्त, रूधिर; *(वि.)* लाल रंग का।
बरकत *(सं.पुं.)* पन्ना नाम का रत्न।
विरकत देखो विरक्त।
सकत *(हि.स्त्री.)* शक्ति, बल, सामर्थ्य।

आसकत *(हिं.पुं.)* आलस्य।
संकत *(हिं.पुं.)* देखो संकेत।
एकत (हिं. क्रि. वि.) देखो एकत्र।
एकत *(हि.वि.)* देखो एकान्त।
नखत, नखतर *(हिं.पुं.)* देखो नक्षत्र।
आखत *(हिं.पुं.)* विवाहादि शुभ कार्य के समय परिजनों को दिया जानेवाला अन्न।
पाताखत *(हिं.पुं.)* पत्र और अक्षत।
लिखत *(हिं.स्त्री.)* लिखी हुई बात।
जगत् *(सं.पुं.)* संसार, भुवन।
जगत *(हिं.स्त्री.)* कुएँ के ऊपर का चारों ओर का चबूतरा।
बहिर्जगत् *(हिं.पुं.)* दृश्यमान जगत्।
कण्ठगत *(सं.वि.)* गले तक पहुँचा हुआ।
हस्तगत *(सं.वि.)* हाथ में आया हुआ, प्राप्त।
उद्गत *(सं.वि.)* उससे संबंध रखने वाला, उसके अन्तर्गत।
उद्गत *(सं.वि.)* उत्पन्न, उदित, निकला हुआ।
निम्नगत *(सं.वि.)* जो नीचे की ओर गया हो।
अपगत *(सं.वि.)* भागा हुआ, भूत।
भक्त *(हिं.पुं.)* भक्त, सेवक, उपासक।
आत्मगत *(सं.पुं.)* स्वगत, आप ही आप।
मध्यगत *(सं.वि.)* मध्य, स्थित, बीच का।
अन्तर्गत *(सं.वि.)* बीचवाला, गुप्त, सम्मिलित।
निर्गत *(सं.वि.)* निकला हुआ।
विनिर्गत *(सं.वि.)* निकाला हुआ, बीता हुआ।
बहिर्गत *(सं.वि.)* जो बाहर गया हो, अलग।
बहिर्गत *(सं.वि.)* बाहर किया हुआ।
दुर्गत *(सं.वि.)* दुर्दशाग्रस्त, दरिद्र। *(स्त्री.)* देखो दुर्गति।
रगत *(हिं.पुं.)* देखो रक्त, रूधिर।
पारंगत *(सं.वि.)* समर्थ, पूरा जानकार।
हिलगत *(हिं.स्त्री.)* टेव।
ऊर्ध्वगत *(सं.वि.)* ऊपर गया हुआ।
सर्वगत *(सं.वि.)* सर्वव्यापी।
स्वगत *(सं.पुं.)* आप ही आप, अपने आपसे।
आगत *(सं.वि.)* उपस्थित, आया हुआ।
समागत *(सं.वि.)* उपस्थित, मिलित।
मूर्छागत *(वि.)* अचेत।
निकटागत *(सं.वि.)* जो पास में आ गया हो।
शरणागत, शरणापन्न *(सं.वि.)* शरण में आया हुआ।
यथागत (सं. क्रि. वि.) जैसा आया है वैसा।
कनागत *(हिं.पुं.)* पितृपक्ष।
अनागत *(सं.वि.)* न आया हुआ, अविदित, अप्राप्त।
उपागत *(सं.वि.)* उपस्थित, स्वीकृत।
क्रमागत *(सं.वि.)* क्रम से प्राप्त, वंश परंपरा क्रम से प्राप्त।
प्रत्यागत *(सं.वि.)* लौटा हुआ।
शय्यागत *(सं.वि.)* बिछौने पर सोने वाला।
दायागत *(सं.वि.)* बाँट में आया हुआ पैतृक अंश।
पुनरागत *(सं.वि.)* दुबारा आया हुआ।
परम्परागत *(सं.वि.)* वंशानुक्रम से प्रचलित।
परंपरागत *(हिं.वि.)* परंपरा से आता हुआ।
लागत *(हिं.स्त्री.)* वह व्यय जो किसी वस्तु के तैयार करने में लगे।
बगुलाभगत *(हिं.वि.)* पाखण्डी मनुष्य।
नवागत *(सं.वि.)* नया आया हुआ।
स्वागत *(सं.पुं.)* अभिनन्दन।
स्वागत *(सं.पुं.)* अगवानी।
वैद्यागत *(सं.वि.)* सहसा होनेवाला, आकस्मिक।
वंशागत *(सं.वि.)* वंश-परंपरा से आया हुआ।
दृष्टिगत *(सं.पुं.)* *(वि.)* जो देख पड़े।
अभिगत *(सं.वि.)* विदित, स्वीकृत।
अनधिगत *(सं.वि.)* अज्ञात, बिना समझा-बूझा हुआ।
स्वयमधिगत *(सं.वि.)* स्वयं प्राप्त।
परिगत *(सं.वि.)* ज्ञात, जागा हुआ, प्राप्त, भला हुआ, बीता हुआ, घिरा हुआ, मरा हुआ।
विगत *(सं.वि.)* जो बीत गया हो।
अविगत *(सं.वि.)* अज्ञात, अनिर्वचनीय, नित्य, जिसका नाश न हो।
जुगत *(हिं.स्त्री.)* युक्ति, उपाय, व्यवहार।
अनुगत *(सं.वि.)* आश्रित, अधीन।
भुगत *(हिं.स्त्री.)* देखो भुक्ति
गत *(हिं.स्त्री.)* दुर्गति, दुर्दशा।
अधोगत *(सं.वि.)* नीचे की ओर पहुँचा हुआ; अधोगति-दुर्दशा।
मनोगत *(सं.वि.)* जो मन में हो।
अमनोगत *(सं.वि.)* ध्यान में लाया हुआ।
वयोगत *(सं.पुं.)* बुढ़ापा।
तिरोगत *(सं.वि.)* अदृश्य।
पुरोगत *(सं.वि.)* जो पहले गया हो।
रंगत *(हिं.स्त्री.)* आनन्द, दशा।
पंगत *(हिं.स्त्री.)* पाँती, भोजन के समय भोजन करनेवालों की पंक्ति, सभा, समाज।
असंगत *(सं.वि.)* असम्बद्ध, अनुचित।
पारंगत, पारंपर देखो पारंगत, पारम्पय।
बचत *(हिं.स्त्री.)* शेष, बचाव, लाभ।
अच्छत *(हिं.पुं.)* देखो अक्षत।
आछत *(हिं. क्रि. वि.)* रहते, सामने, अतिरिक्त, सिवाय।
परीछत *(हिं.पुं.)* देखो परीक्षित।
रजत *(सं.पुं.)* चाँदी; *(वि.)* सफेद रंग का।
चढ़त *(हिं.स्त्री.)* किसी देवता को भेंट।
चढ़त *(हिं.पुं.)* चढ़नेवाला, सवार होनेवाला।

आढ़त *(हिं.स्त्री.)* किसी व्यापारी का माल बिक्री कराने का व्यापार; जो धन किसी के माल की बिक्री करा देने पर मिलता है।
पाढ़त *(हिं.स्त्री.)* पढ़ने की क्रिया या भाव।
प्रणत *(सं.वि.)* प्रणाम करता हुआ।
परिणत *(सं.वि.)* रूप बदला हुआ, प्रौढ़, तुष्ट।
वाग्दत्त *(सं.वि.)* किसी वस्तु को देने के लिए वचन दिया हुआ या कहा हुआ।
प्रदत्त *(सं.वि.)* दिया हुआ।
प्रतिदत्त *(सं.वि.)* लौटाया हुआ।
वृत्त *(सं.पुं.)* चरित्र, वार्ता; *(पुं.)* समाचार, वृत्तान्त, गोल परिधि का क्षेत्र, मण्डल; *(वि.)* बीता हुआ, गोल वर्तुल।
अवृत्त *(सं.वि.)* नियुक्त, लीन।
वर्णवृत्त *(सं.पुं.)* वह पद्य जिसके चरणों में वर्णों की संख्या हो।
समवृत्त *(सं.वि.)* समान गोल, समान गोलाई का।
अप्रवृत्त *(सं.वि.)* काम में न लगा हुआ।
दुर्वृत्त *(सं.पुं.)* निन्दित आचरण। *(वि.)* दुर्जन।
दुर्वृत्ति *(सं.स्त्री.)* निन्दित आचरण।
पूर्ववृत्त *(सं.पुं.)* प्राचीन घटना, इतिहास।
व्यावृत्त *(सं.वि.)* निषिद्ध, खण्डित।
पुनरावृत्त *(सं.वि.)* फिर से कहा हुआ, फिर से घूमकर आया हुआ।
पुरावृत्त *(सं.पुं.)* इतिहास, पुराना चरित्र।
क्रान्तिवृत्त *(सं.पुं.)* सूर्य का मार्ग।
इतिवृत्त *(सं.वि.)* कथा, कहानी।
प्रतिवृत्त *(सं.वि.)* प्रत्यागत, लौटा हुआ।
निवृत्त *(सं.वि.)* घिरा हुआ।
विवृत्त *(सं.वि.)* घूमा हुआ।
मत्त *(सं.वि.)* मतवाला, उन्मत्त, पागल।
मदमत्त *(सं.वि.)* मद में चूर।
मदोन्मत्त *(सं.वि.)* उन्मत्त।
युद्धोन्मत्त *(सं.वि.)* युद्ध करने के लिए उतावला।
प्रमत्त *(सं.वि.)* उन्मत्त, मतवाला।
अप्रमत्त *(सं.वि.)* सावधान।
विप्रमत्त *(सं.वि.)* अति प्रमत्त।
मयमत्त *(हिं.वि.)* मदोन्मत्त।
परायत्त *(सं.वि.)* पराधीन, परवश।
स्वायत्त *(सं.वि.)* जिस पर अपना अधिकार हो।
रक्त *(हिं.वि.)* खून, रूधिर।
आप्त *(सं.वि.)* गृहीत, स्वीकृत।
चित्त *(सं.पुं.)* अन्तःकरण की एक वृत्ति, जी, मन।
अचित्त *(सं.वि.)* चेतनाहीन, बेसुध।
नष्टचित्त *(सं.वि.)* उन्मत्त, मतवाला।
स्वस्थचित्त *(सं.वि.)* शान्तचित्त।
स्थिरचित्त *(सं.वि.)* जिसका मन स्थिर या दृढ़ हो।
प्रायश्चित्त *(सं.पुं.)* शास्त्रानुसार किया हुआ वह कृत्य जिससे शुद्ध होकर मनुष्य पापों से निर्मुक्त हो जाता है।
पित्त *(सं.पुं.)* शरीर के भीतर यकृत में बननेवाला एक तरल पदार्थ जो खाए हुए अन्न को पचाने में सहायता देता है।
मांसपित्त *(सं.पुं.)* अस्थि, हड्डी।
वित्त *(हिं.पुं.)* वित्त, धन।
निमित्त *(सं.पुं.)* चिह्न, लक्षण, हेतु, कारण, शकुन, उद्देश्य।
किन्निमित्त *(सं.वि.)* किस कारण से, किसलिए।
वित्त *(सं.पुं.)* सम्पत्ति, धन; *(वि.)* जाना हुआ, प्रसिद्ध।
कवित्त *(हिं.पुं.)* दण्डक के अन्तर्गत चार पद का काव्य जिसके प्रत्येक चरण में इकतीस-इकतीस अक्षर होते हैं।
पुत्त *(हिं.पुं.)* देखो पुत्र, बेटा।
पैत्त *(सं.वि.)* पित्त से उत्पन्न, पित्त संबंधी।
तत् *(सं.पुं.)* हेतु, के लिए; *(सर्व.)* उस, वह।
सतत *(सं.अव्य.)* सर्वदा, निरन्तर।
सहतत *(हिं.पुं.)* देखो शहतूत।
अतितत *(सं.वि.)* बहुत फैला हुआ।
वितत *(सं.वि.)* विस्तृत, फैला हुआ।
सुवितत *(सं.वि.)* अच्छी तरह फैला हुआ।
समुद्धत *(हिं.वि.)* चंचल।
मदोद्धत *(सं.वि.)* मत्त, अभिमानी, घमंडी।
अनत *(हिं. क्रि. वि.)* अन्यत्र।
अनत *(सं.वि.)* सीधा, खड़ा, अभिमानी।
उन्नत *(सं.वि.)* ऊँचा, उठा हुआ, बड़ा, उठाया हुआ।
समुन्नत *(सं.वि.)* अति उन्नत, बहुत ऊँचा।
बहोन्नत *(सं.वि.)* जिसकी बड़ी उन्नति हुई हो; *(पुं.)* ताल वृक्ष।
उपनत *(सं.वि.)* नम्र, झुका हुआ।
बनत *(हिं.स्त्री.)* रचना, बनावट।
सिरनत *(हि.पुं.)* पगड़ी, पटका, चीरा।
अवनत *(सं.वि.)* नीचा, झुका हुआ, नमस्कार किया हुआ।
आनत *(सं.वि.)* अधोमुख, मुख नीचा किए हुए।
क्षमानत *(हिं.पुं.)* क्षमा करने का अभ्यास।
अनगिनत *(हिं.वि.)* असंख्य।
अभिनत *(सं.वि.)* झुका हुआ।
विनत *(सं.वि.)* विनीत, नम्र, शिष्ट, झुका हुआ।
मोनत *(हिं.पुं.)* देखो सुनार।
स्रोनत *(हिं.पुं.)* देखो शोणित।
औनत *(हिं.वि.)* देखो अवनत।
युगपत् *(सं.अव्य.)* एक ही समय में आपत्-देखो आपद्।
अतप्त *(सं.वि.)* बिना तपाया हुआ, ठंडा।
उतप्त *(सं.वि.)* तपा हुआ, गरम।
प्रतप्त *(सं.वि.)* तपा हुआ।

सन्तप्त *(सं.वि.)* जला हुआ, दुःखी, पीड़ित।
परितप्त *(सं.वि.)* अत्यन्त गरम, तपा हुआ, जलता हुआ।
सुतप्त *(सं.वि.)* अत्यंत गरम।
तप्त *(सं.वि.)* तृप्तियुक्त, अघाया हुआ।
अतृप्त *(सं.वि.)* असन्तुष्ट।
परितृप्त *(सं.वि.)* अच्छी तरह से सन्तुष्ट, अघाया हुआ।
वितृप्त *(सं.वि.)* जो तृप्त न हो।
दृप्त *(सं.वि.)* प्रबल, प्रचण्ड, घमण्डी।
शप्त *(सं.पुं.)* वह मनुष्य जिसको शाप दिया गया हो।
अभिशप्त *(सं.वि.)* शाप दिया हुआ, निन्दित, अभियोग लगाया हुआ।
सप्त *(सं.वि.)* वह जो गिनती में सात हो।
नवसप्त *(सं.पुं.)* नव और सात अर्थात सोलह शृंगार।
विज्ञप्त *(सं.वि.)* सूचित किया हुआ।
आप्त *(सं.वि.)* प्राप्त, विश्वस्त, सामान्य रूप से प्रयोग में आनेवाला।
प्राप्त *(सं.वि.)* लब्ध, पाया हुआ, मिला हुआ।
अप्राप्त *(सं.वि.)* अनुपस्थित, अलब्ध, परोक्ष।
सम्प्राप्त *(सं.वि.)* पाया हुआ, उपस्थित, पहुँचा हुआ।
करप्राप्त *(सं.वि.)* हाथ में आया हुआ।
समाप्त *(सं.वि.)* जिसका अन्त हो गया हो।
परिसमाप्त *(सं.वि.)* पूर्ण रूप से समाप्त, निःशेष।
पर्याप्त *(सं.वि.)* यथेष्ट, पूरा।
अपर्याप्त *(सं.वि.)* अपूर्व, असमर्थ।
व्याप्त *(सं.वि.)* सम्पूर्ण, परिपूरित।
अतिव्याप्त *(सं.वि.)* सब स्थानों में व्याप्त।
बिछिप्त *(हिं.वि.)* देखो विक्षिप्त।
लिप्त *(सं.वि.)* पोता हुआ, मिला हुआ, अनुरक्त, तत्पर, संलग्न।
विलिप्त *(सं.वि.)* लिपा-पुता हुआ।
क्षिप्त *(सं.वि.)* व्यक्त, छोड़ा हुआ, अपमानित, उगला हुआ, पतित।
उक्षिप्त *(सं.वि.)* उछाला हुआ।
अक्षिप्त *(सं.वि.)* फेंका हुआ।
आक्षिप्त *(सं.वि.)* फेंका या उछाला हुआ।
प्रतिक्षिप्त *(सं.वि.)* तिरस्कार किया हुआ।
निक्षिप्त *(सं.वि.)* व्यक्त, छोड़ा हुआ, रखा हुआ (धरोहर)
विनिक्षिप्त *(सं.वि.)* परित्यक्त।
विक्षिप्त *(सं.वि.)* फेंका हुआ, व्याकुल, पागल।
सद्वक्षिप्त *(सं.वि.)* संचित किया हुआ, छोड़ा हुआ, जो संक्षेप में कहा गया हो।
संक्षिप्त *(सं.वि.)* अल्प, थोड़ा।
विपत *(हिं.स्त्री.)* देखो विपत्ति।
दीप्त *(सं.वि.)* प्रज्वलित, जलता हुआ।
प्रदीप्त *(सं.वि.)* चमकता हुआ।
गुप्त *(सं.वि.)* गूढ़, रचित, छिपा हुआ।
सुगुप्त *(सं.वि.)* अच्छी तरह से रखा हुआ।
लुप्त *(सं.वि.)* छिपा हुआ, अदृश्य।
विलुप्त *(हिं.वि.)* जो देख न पड़ता हो।
सुषुप्त *(सं.वि.)* गहरी नींद में सोता हुआ।
प्रसुप्त *(सं.वि.)* निद्रित, सोया हुआ।
अपत *(हिं.वि.)* पत्रहीन, अभद्र, नीच, निर्लज्ज।
चपत *(हिं.पुं.)* थप्पड़, तमाचा, धक्का।
लतपत *(हिं.वि.)* देखो लथपथ।
सरपत *(हिं.पुं.)* कुश की तरह की एक घास।
छत्रपत *(सं.पुं.)* भोजपत्र, वृक्ष।
पाशुपत *(सं.पुं.)* पशुपति देवता के भक्त।
चंपत *(हिं.वि.)* अन्तर्धान।
परबत *(हिं.पुं.)* पर्वत, पहाड़।
अमलबत *(हिं.पुं.)* चूक, पालक।
किमत् (सं. क्रि. वि.) कितना।
धृतिमत् *(सं.वि.)* धैर्ययुक्त।
श्रीमत् *(सं.वि.)* बुद्धियुक्त।
श्रीमत् *(सं.वि.)* ऐश्वर्यशाली, धनवान, सुन्दर।
एकमत *(सं.वि.)* समान मत का।
किम्मत *(हि.स्त्री.)* चातुरी।
सम्मत *(सं.वि.)* अभिमत, जिसकी राय मिली हो।
असम्मत *(सं.वि.)* अस्वीकृत, विरुद्ध।
वेदसम्मत *(सं.वि.)* वेदोक्त मत के अनुसार।
महासम्मत *(सं.वि.)* अति आदरणीय।
स्मृतिसम्मत *(सं.वि.)* धर्मशास्त्र के अनुमोदित।
महमत *(हिं.वि.)* मदोन्मत्त, मस्त।
सहमत *(सं.वि.)* जिसका मत दूसरे से मिलता हो।
मुखामत *(सं.पुं.)* मुख की शोभा।
अभिमत *(सं.वि.)* सम्मत, अभीष्ट, अभिलाषा, सम्मति।
विमत *(सं.पुं.)* विरुद्ध मत या सिद्धांत।
अनुमत *(सं.वि.)* प्रशंसा किया हुआ, प्रिय।
अनुमति *(सं.स्त्री.)* सम्मति, आज्ञा।
भानुमत *(सं.वि.)* दीप्तिमान, प्रकाशमान।
बहुमत *(सं.पुं.)* बहुत से मनुष्यों का अलग-अलग मत, बहुत से लोगों का मिलकर एक मत।
नेमत *(हिं.स्त्री.)* वैभव।
उद्यत *(सं.वि.)* प्रवृत्त, तत्पर, लगा हुआ।
अनुद्यत *(सं.वि.)* उद्यमहीन, आलसी।
समुद्यत *(हिं.वि.)* प्रस्तुत।
भविष्यत् *(सं.वि.)* वर्तमान काल के उपरान्त का काल, आगामी काल।
संयत *(सं.वि.)* बँधा हुआ, व्यवस्थित, उद्यत।
आयत *(सं.वि.)* विस्तृत, दीर्घ, विशाल; *(पुं.)* ज्यामिति का दीर्घ चतुरस्त्र आकार।

पंचायत *(हिं.पुं.)* भारतवर्ष की ग्राम्य विचारसभा, जो आपस के झगड़े निपटाती है।
बहुतायत *(हिं.स्त्री.)* अधिकता।
अपनायत *(हिं.स्त्री.)* आत्मीयता।
मौसियाउत, मौसियायत *(हिं.वि.)* मौसेरा।
तिसरायत *(हिं.स्त्री.)* तीसरा होने का भाव।
तिहायत *(हिं.पुं.)* तिसरैत, मध्यस्थ।
नियत *(सं.वि.)* संयत, स्थिर, ठहराया हुआ, नियोजित, स्थापित, परिमित।
अनियत *(सं.वि.)* अनित्य, असीम।
बियत *(हिं.पुं.)* बियत्, आकाश।
बियत् *(सं.पुं.)* आकाश, वायुमण्डल।
पर्यन्त *(सं.पुं.)* समीप, पास; *(अव्य.)* तक, लौ।
गर्त *(सं.पुं.)* भूमिका, छिद्र, दरार, गड्ढा।
भूमिगर्त *(सं.पुं.)* भूमि में का विवरण, छिद्र, छेद।
पर्त *(हिं.स्त्री.)* देखो परत।
अवर्त *(सं.पुं.)* पानी का भँवर, चक्कर।
आवर्त *(सं.पुं.)* जल का भँवर, चक्कर, संशय; *(वि.)* घूमा हुआ, जुड़ा हुआ।
सदावर्त *(सं.पुं.)* वह भोजन जो दीन दुखियों को प्रतिदिन बाँटा जाए।
आर्यावर्त *(सं.पुं.)* भारतवर्ष का उत्तरी भाग।
परावर्त *(सं.पुं.)* अदल-बदल, पलटाव।
जलावर्त *(सं.पुं.)* पानी का भँवर।
कैवर्त *(सं.पुं.)* केवट जाति, मल्लाह।
घेवर्त *(सं.पुं.)* किसी पदार्थ का चक्कर खाते हुए घूमना।
आर्त *(सं.वि.)* पीड़ित, दुःखित, अस्वस्थ।
दुःखार्त *(सं.वि.)* दुःख, पीड़ित।
यार्त *(सं.वि.)* स्मृति संबंधी।
धूर्त *(सं.वि.)* मायावी, वंचक, धोखा देनेवाला।
मृगधूर्त *(सं.पुं.)* शृंगाल, सियार।
अक्षधूर्त *(सं.पुं.)* पासे के खेल में चतुर।
मूर्त *(सं.वि.)* साकार।
अमूर्त *(सं.वि.)* आकार-रहित; *(पुं.)* परमेश्वर, आत्मा, आकाश, काल, वायु, दिशा।
मुहूर्त *(सं.पुं.)* दिन-रात का तीसवाँ भाग, कला का दसवाँ भाग, निर्दिष्ट क्षण या काल।
ब्रह्ममुहूर्त *(सं.पुं.)* सूर्योदय के तीन-चार घड़ी पहले का समय, प्रभात।
ब्राह्ममुहूर्त *(सं.पुं.)* अरुणोदय काल के प्रथम दो दण्ड।
दुमुहूर्त *(सं.पुं.)* बुरा समय।
सुमुहूर्त *(सं.पुं.)* शुभ समय।
कृत *(सं.वि.)* सम्पादित किया हुआ, प्रस्तुत, प्राप्त, अभ्यस्त, पर्याप्त।
अकृत *(सं.वि.)* बिना किया हुआ, बिगाड़ा हुआ।
झंकृत *(हिं.वि.)* ध्वनित।
सत्कृत *(सं.वि.)* जिसका सत्कार किया गया हो।
शर्मकृत *(सं.वि.)* मंगलकारी।
यकृत् *(सं.स्त्री.)* पेट की दाहिनी ओर की एक थैली जिसमें पाचन रस रहता है।
अप्रकृत *(सं.वि.)* अस्वाभाविक, कृत्रिम।
त्वकृत *(सं.वि.)* तुमसे किया हुआ।
अकृत *(सं.पुं.)* विष्ठा, गोबर।
दुष्कृत *(सं.पुं.)* नीच कार्य।
परिष्कृत *(सं.वि.)* विभूषित, सजाया हुआ।
अपरिष्कृत *(सं.वि.)* स्वच्छ न किया हुआ, मैला कुचैला।
बहिष्कृत *(सं.वि.)* अलग किया हुआ।
बहिष्कृत *(सं.वि.)* बाहर किया हुआ, त्यागा हुआ, निकाला हुआ।
असंस्कृत *(सं.वि.)* संस्कार न किया हुआ, परिष्कार न किया हुआ।
तिरस्कृत *(सं.वि.)* अपमान किया हुआ।
पुरस्कृत *(सं.वि.)* पूजित, स्वीकृत।
संस्कृत *(सं.पुं.)* भारतवर्ष की प्राचीन पवित्र भाषा, देववाणी; *(विं.)* संस्कार किया हुआ।
यशस्कृत, यशस्य *(सं.वि.)* यश चाहने वाला।
सकृत *(सं.अव्य.)* एक बार, साथ, सदा।
असकृत *(सं.अव्य.)* अनेक बार, बारंबार।
निरहंकृत *(सं.वि.)* अहंकार रहित।
प्राकृत *(सं.वि.)* स्वाभाविक, लौकिक, संसारी, साधारण; *(स्त्री.)* बोलचाल की वह भाषा जिसका प्रचार किसी समय किसी प्रान्त में हो, एक प्राचीन भाषा जिसका प्रचार प्राचीन समय में भारतवर्ष में था।
अप्राकृत *(सं.वि.)* अस्वाभाविक, असाधारण।
निराकृत (सं.विं.) नष्ट किया हुआ, हटाया हुआ।
अतिकृत *(सं.वि.)* मर्यादा को उल्लंघन करके किया हुआ।
प्रतिकृत *(सं.वि.)* जिसका बदला हो।
अधिकृत *(सं.पुं.)* अध्यक्ष; *(विं.)* नियुक्त, अधिकार दिया हुआ।
अनधिकृत *(सं.वि.)* अधिकार न किया हुआ।
विकृत *(सं.वि.)* बिगड़ा हुआ, कुरूप, भद्दा, अपूर्ण, अधूरा, विचित्र, रोगी, विद्रोही।
पुंजीकृत (हिं. विं.) इकट्ठा किया हुआ।
प्रमाणीकृत *(सं.वि.)* प्रमाण रूप से जो स्वीकार किया गया हो।
आधीकृत *(सं.वि.)* बन्धक रखा हुआ।
वचनीकृत *(सं.वि.)* तिरस्कार किया हुआ।
समीकृत *(सं.वि.)* बराबर किया हुआ।
दूरीकृत *(सं.वि.)* जो दूर निकाल दिया गया हो।
द्रवीकृत *(सं.वि.)* गलाया हुआ।
स्वीकृत *(सं.वि.)* अंगीकृत।

वशीकृत *(सं.वि.)* मोहित, मुग्ध।
वाशीकृत *(सं.वि.)* इकट्ठा किया हुआ।
सुकृत *(सं.पुं.)* सत्कार्य, पुण्य।
अरत *(सं.वि.)* मन्द, धीमा।
जागृत *(सं.वि.)* जागरण अवस्था का, ऐसी अवस्था जिसमें सब बातों का ज्ञान हो।
जंगरत *(हिं. विं.)* परिश्रमी।
घृत *(हिं पुं.)* घी, घीव।
विस्तुत *(सं.वि.)* विशाल, विस्तारवाला।
अविस्तृत *(सं.वि.)* संलग्न, मिला हुआ।
दृत *(सं.वि.)* आदर किया हुआ।
अनायत *(सं.वि.)* तिरस्कृत, अपमानित।
धृत *(सं.वि.)* धारण किया हुआ, निश्चित।
नवोद्धृत *(सं.वि.)* तुरत निकाला हुआ, नवनीत, मक्खन।
करधृत *(सं.वि.)* हाथ से पकड़ा हुआ।
सुधृत *(सं.वि.)* दृढ़ता से पकड़ा हुआ।
अनृत *(सं.पुं.)* असत्य, मिथ्या, झूठ *(विं.)* झूठ, अन्यथा।
सुनृत *(सं.वि.)* सत्य और प्रिय, दयाल।
साम्प्रत *(सं.अव्य.)* इस समय, अभी।
व्यापृत *(सं.वि.)* किसी कार्य में लीन।
परत *(हिं.स्त्री.)* स्तर, तह, कपड़े कागज आदि के अलग-अलग भाग जो तोड़ने से नीचे ऊपर हो गए हों।
भृत *(सं.वि.)* पुष्ट, पाला हुआ।
भूमिभुत *(सं.पुं.)* राजा, पर्वत, पहाड़।
भूभृत *(सं.पुं.)* पर्वत, राजा।
भूत *(सं.वि.)* गतप्राण, मरा हुआ।
अमृत *(सं.वि.)* मरणशून्य, जो मरता न हो, प्रिय; *(पुं.)* इन्द्र, जल, सुवर्ण, घी, दूध, अन्न, अति स्वादिष्ठ पदार्थ, रोगनाशक औषधि।
पञ्चामृत *(सं.पुं.)* एक स्वादिष्ठ द्रव्य जो घी, दूध, दही, मधु और चीनी मिलाकर बनाया जाता है।
चरणामृत *(सं.पुं.)* वह जल जिसमें किसी महात्मा के चरण धोए गए हों, पादोदक, एक में मिला हुआ दूध, दही, घृत, मधु और शक्कर जिसमें देवमूर्ति स्नान कराई जाती है।
विस्मृत *(सं.वि.)* भूला हुआ।
मरत *(सं.पुं.)* मरण, मृत्यु।
जलभृत *(सं.पुं.)* मेघ, बादल।
व्रत *(सं.पुं.)* किसी पुण्य तिथि में पुण्य प्राप्त करने के निमित्त उपवास करना, संकल्प।
वकव्रत *(सं.पुं.)* कपटी मनुष्य।
लोकवृत *(सं.पुं.)* लौकिक आचार।
कपोतवृत *(सं.वि.)* दूसरे के अत्याचारों को चुपचाप सहन करनेवाला। *(पुं.)* मौन व्रत।
वीरव्रत *(सं.वि.)* दृढ़ संकल्प।
सव्रत *(सं.वि.)* नियमयुक्त।
आवृत *(सं.वि.)* गुप्त, छिपा हुआ, घिरा हुआ, फैला हुआ, व्याप्त।
परावृत फेरा हुआ, बदला हुआ।
आदृत *(सं.वि.)* सम्मानित, पूजित।
अनाधृत *(सं.वि.)* तिरस्कृत, अपमानित।
धृत *(सं.वि.)* धारण किया हुआ, निश्चित।
नवोद्धृत *(सं.वि.)* तुरंत निकाला हुआ; *(पुं.)* नवनीत, मक्खन।
करधृत *(सं.वि.)* हाथ से पकड़ा हुआ।
सुश्रुत *(सं.वि.)* दृढ़ता से पकड़ा हुआ।
नृत *(हिं.विं.)* नूतन, नया, अनोखा।
अनृत *(सं.पुं.)* असत्य, मिथ्या, झूठ; *(विं.)* झूठ, अन्यथा।
सुनृत *(सं.वि.)* सत्य और प्रिय, दयालु।
निरावृत *(सं.वि.)* जो ढका न हो।
महाव्रत *(सं.पुं.)* बारह वर्ष एक चलनेवाला व्रत। महाव्रीही-*(सं.पुं.)* साठी धान।
पतिव्रत *(सं.स्त्री.)* पति में निष्ठापुर्वक अनुराग।
पतिव्रत, पातिव्रत्व *(सं.पुं.)* स्त्री का पतिव्रता होने का धर्म।
पत्नीव्रत *(सं.पुं.)* अपनी विवाहिता स्त्री के अतिरिक्त दूसरी स्त्री के साथ गमन न करने का नियम।
स्त्रीव्रत अपनी पत्नी के अतिरिक्त दूसरी स्त्री की कामना न करना।
संवृत *(सं.वि.)* आच्छादित, ढँपा हुआ।
करवत *(हिं.पुं.)* करपत्र, आज्ञा।
अनवरत *(सं.वि.)* निरन्तर; *(अव्य.)* सर्वदा।
प्रतिव्रत *(सं.वि.)* स्वीकार किया।
शरत् *(सं.स्त्री.)* शरद ऋतु जो कुवार और कार्तिक महीने में मानी जाती है।
वसूत *(सं.वि.)* बढ़ा हुआ, फैला हुआ।
विस्तृत *(सं.वि.)* विस्तृत, चौड़ा।
हृत् *(सं.वि.)* हरण किया हुआ।
अपहृत *(सं.वि.)* चुराया हुआ, छीना हुआ।
प्रहृत *(सं.वि.)* फेंका हुआ।
व्यवहृत *(सं.वि.)* जो काम में लाया गया हो।
आहृत *(सं.वि.)* लाया हुआ
समाहृत *(सं.वि.)* संग्रह किया हुआ।
व्याहृत *(सं.वि.)* कथित, कहा हुआ।
सुव्याहृत *(सं.वि.)* अच्छी तरह से कहा हुआ।
निह्नुत *(सं.वि.)* छिपाया हुआ।
संहृत *(सं.वि.)* जुटाया हुआ, संक्षिप्त।
आरत (सं.वि.) शान्त, सीधा; *(हि.)* देखो आर्त।
भारत *(सं.पुं.)* महाभारत का पूर्व रूप जिसका मूल चौबीस हजार श्लोकों का है, इसको वेदव्यास ने बनाया था, लम्बा-चौड़ा विवरण, बड़ा संग्राम।
महाभारत *(सं.पुं.)* व्यास प्रणीत अठारह पर्वों का एक प्राचीन ऐतिहासिक महाकाव्य जिसमें पाण्डव तथा कौरवों के युद्ध का वर्णन है।

घिरत *(हिं.पुं.)* देखो घृत, घी।
निरत *(सं.वि.)* नियुक्त, तत्पर, लीन, तन्मय।
विरत *(सं.वि.)* विमुख, विरक्त।
पहिरत *(हिं.अव्य.)* बाहर।
तुरत *(हिं.अव्य.)* तत्क्षण, शीघ्र।
धुरत *(हिं.वि.)* देखो धूर्त।
मूरत *(हिं.स्त्री.)* देखो मूर्ति।
महुरत *(हिं.स्त्री.)* देखो मुहूर्त।
भगवत् *(सं.पुं.)* परमेश्वर, पूजनीय, गुरु; *(विं.)* पूजनीय।
भागवत *(सं.पुं.)* अठारह पुराणों के अन्तर्गत एक महापुराण; *(सं.वि.)* भगवद्भक्त।
कठवत *(हिं.पुं.)* देखो कठौता।
दण्डवत् *(सं.वि.)* दण्ड के समान; *(स्त्री.)* पृथ्वी पर लेटकर प्रणाम करना।
भूतवत् *(सं.वि.)* पूर्ववत्।
उद्वत *(सं.अव्य.)* ज्यों का त्यों, उसकी नाई।
नवत (हिं. विं.) नवीन, नया।
पर्वत *(सं.पुं.)* शैल, गिरि, पहाड़, किसी वस्तु का ऊँचा ढेर।
ज्वालामुखी पर्वत *(सं.पुं.)* वह पर्वत जिसकी चोटी में से धुआँ, राख तथा जले हुए और पिघले हुए पदार्थ समय- समय पर अथवा निरन्तर निकलते रहते हैं।
आत्मवत् *(सं.अव्य.)* अपनी तरह।
मातृवत् *(सं.वि.)* माता के समान।
पितवत् *(सं.अव्य.)* पिता के सदृश।
शरवत् *(सं.वि.)* बाण के तुल्य।
पूर्ववत् *(सं. अव्यं.)* पूर्वतुल्य, पहले की तरह।
शश्वत् *(सं.वि.)* बहुत अधिक; *(अव्य.)* बारंबार।
पुरुषवत् *(सं.वि.)* मनुष्य के समान।
वर्षावत् *(सं.वि.)* वर्षा के समान।
यशस्वत *(सं.वि.)* यशस्वी।
सवत *(हिं.स्त्री.)* देखो सौत।
जावत *(हिं.अव्य.)* देखो यावत।
यावत् *(सं.अव्य.)* उतने परिमाण का, उतना, उतनी देर तक, वहाँ तक।
यथावत् *(सं.अव्य.)* पूर्ववत्, जैसा चाहिए वैसा, अच्छी तरह से।
यावत *(हिं.पुं.)* देखो महावत।
यावत् *(सं.अव्य.)* जब तक, अवधि या मर्यादा तक।
राजत *(हिं.पुं.)* छोटा राजा, सरदार।
अम्लाक्त *(सं.वि.)* खट्टा किया हुआ।
पारावत *(सं.पुं.)* पण्डुक, कबूतर।
कहावत *(हिं.स्त्री.)* लोकोक्ति।
महावत *(हिं.पुं.)* हाथी हाँकनेवाला।
विधिवत् *(सं.अव्य.)* विधिपूर्वक।
पुवत् *(सं.अव्य.)* पुरुष की तरह, पुरुषवाची शब्द की तरह।
शत्रुवत् *(सं.अव्य.)* शत्रु के समान।
धोवत *(हिं.पुं.)* धोबी।
संवत् *(सं.पुं.)* संवत्सर, वर्ष।
वर्षशत *(सं.पुं.)* सौ वर्ष।
त्रिशत *(सं.पुं.)* तीन सौ।
ईषत् *(सं.अव्य.)* अल्प, किंचित्, थोड़ा।
अस्त *(सं.वि.)* नष्ट, अदृश्य, डूबा हुआ, छिपा हुआ।
जस्त *(हिं.पुं.)* देखो जस्ता।
समस्त *(सं.वि.)* समग्र, कुल।
म्यस्त (सं.विं.) फेंका हुआ, त्यक्त, छोड़ा हुआ।
सन्यस्त *(सं.वि.)* समर्पित।
विन्यस्त *(सं.वि.)* स्थापित, रखा हुआ।
अभ्यसित, अभ्यस्त *(सं.वि.)* अभ्यास किया हुआ, निपुण, शिक्षित।
पर्यस्त *(सं.वि.)* पतित, प्रसारित।
विपर्यस्त *(सं.वि.)* उलटा-पुलटा हुआ।
व्यस्त *(सं.वि.)* फैला हुआ, व्याकुल।
अस्तव्यस्त *(सं.वि.)* अव्यवस्थित।
ग्रस्त *(सं.वि.)* भक्षित, पीड़ित, पकड़ा हुआ।
वरूणग्रस्त *(सं.वि.)* जल में डूबा हुआ।
आपद्ग्रस्त *(सं.वि.)* विपत्ति से पीड़ित।
शापग्रस्त *(सं.वि.)* जिसको शाप दिया गया हो।
कठमस्त *(हिं.पुं.)* हृष्टपुष्ट, हट्टा-कट्टा।
निद्राग्रस्त *(सं.वि.)* निद्राकुल, निद्रा।
निरस्त *(सं.वि.)* थका हुआ, उगला हुआ, भेजा हुआ; *(पुं.)* थूक फेंकने की क्रिया।
लस्त (हिं. विं.) अशक्त, थका हुआ, साहसहीन।
वस्त *(हिं.पुं.)* वस्तु।
ध्वस्त *(सं.वि.)* नष्ट-भ्रष्ट।
प्रध्वस्त *(सं.वि.)* जो नष्ट हो गया हो।
विनिध्वस्त *(सं.वि.)* ध्वंस-प्राप्त।
विध्वस्त *(सं.वि.)* नाश किया हुआ।
विश्वस्त *(सं.वि.)* विश्वसनीय।
शस्त *(सं.पुं.)* कल्याण, भलाई; *(वि.)* प्रशस्त, उत्तम।
प्रशस्त *(सं.वि.)* अति श्रेष्ठ, उत्तम; *(पुं.)* क्षेम, कुशल।
हस्त *(सं.पुं.)* हाथ, हाथी का सूँड़, चौबीस अँगुली की नाप, हाथ की लिखावट, गुच्छा, समूह, एक नक्षत्र।
मुक्तहस्त *(सं.वि.)* वह जो बड़ा दानी हो।
रिक्तहस्त *(सं.वि.)* जिसके पास एक पैसा भी न हो।
सिद्धहस्त *(सं.वि.)* जिसका हाथ कोई काम करने में मँजा हो।
क्षिप्रहस्त शीघ्र हाथ चलानेवाला।
परित्रस्त *(सं.वि.)* भयभीत, डरा हुआ।

वित्रस्त *(सं.वि.)* बहुत डरा हुआ।
ग्रस्तास्त *(सं.पुं.)* ग्रहण लगने पर सूर्य या चन्द्रमा का बिना मोक्ष हुए अस्त होना।
परास्त *(सं.वि.)* पराजित, हारा हुआ।
सूर्यास्त *(सं.पुं.)* सूर्य के डूबने का समय।
सदास्त *(सं.वि.)* सच और झूठ।
भलमनसत, भलमनसाहत, भलमनसी *(हिं.स्त्री.)* सज्जनता।
साँसत *(हिं.स्त्री.)* अधिक कष्ट या पीड़ा, झंझट।
निसत् *(हिं.वि.)* असत्य।
बसंत देखो बसन्त।
वृहत् (सं.विं.) विशाल, बहुत बड़ा, ऊँचा, दृढ़।
महत् *(सं.वि.)* वृहत्, विपुल, विस्तीर्ण।
महत *(हिं.पुं.)* देखो महत्त्व।
प्रहत *(सं.वि.)* प्रताड़ित, पीटा हुआ। *(पुं.)* प्रहार।
वृहत् *(सं.वि.)* विपुल, बड़ा, महान्, भारी।
सहत *(हिं.पुं.)* देखो शहद।
पुरहत *(हिं.पुं.)* वह अन्न, द्रव्य आदि जो मंगल कार्य में पुरोहित या प्रजा को पहले दिया जाता है,. आखत।
आहत *(सं.वि.)* चोट खाया हुआ।
हताहत *(सं.वि.)* मारे गए और चौटिल।
अनाहत *(सं.वि.)* चोट न लगा हुआ।
माहत *(सं.पुं.)* महत्त्व, बड़ाई।
समाहत *(सं.वि.)* आहत।
व्याहत *(सं.वि.)* विशेष रूप से आहत।
प्रतिहत (सं.विं.) हटाया हुआ, चोट खाया हुआ।
विनिहत *(सं.वि.)* आहत, चोट खाया हुआ।
अभिहत *(हिं.वि.)* मारा पीटा हुआ, गणित में गुणन किया हुआ।
परिहत *(सं.वि.)* मृत, मरा हुआ; *(हिं.स्त्री.)* हल की अन्तिम और मुख्य भाग की वह सीधी खड़ी लकड़ी जिसके ऊपर की ओर मुठिया लगी होती है तथा नीचे की ओर हरिस तथा तरेली ठोंकी रहती है।
विहत *(सं.वि.)* विफल, टूटा हुआ।
श्रीहत *(सं.वि.)* निस्तेज, शोभा रहित।
औहत *(हिं.स्त्री.)* दुर्दशा, बुरा हाल।
संहत *(सं.वि.)* घना, गठा हुआ, दृढ़, एकत्र।
अक्षत *(सं.वि.)* अखण्डित, घाव न लगा हों; *(पुं.)* ग पूर्णांक, बिना टूटे हुए चावल।
नखक्षत *(सं.पुं.)* नख गड़ाने से बना हुआ चिह्न।
उरक्षत *(सं.पुं.)* छाती का घाव, क्षयरोग।
साक्षत *(सं.वि.)* अक्षत सहित।
विक्षत *(सं.वि.)* बुरी तरह से घायल।
अतः *(सं. अव्यं.)* इस कारण से, इस लिए।
श्रेष्ठतः *(सं. अव्यं.)* विशेष करके।
साधारणतः *(सं. अव्यं.)* सामान्य रूप से, बहुधा, प्रायः।
समानतः *(सं. अव्यं.)* समान भाव में।
संक्षेपतः *(सं. अव्यं.)* संक्षेप में, थोड़े में।
प्रथमतः *(सं. अव्यं.)* पहले से, सबसे पहले।
धर्मतः *(सं. अव्यं.)* धर्म का ध्यान करते हुए, धर्म को साक्षी रखकर।
मुख्यतः (सं.अव्यं.) श्रेष्ठ रूप से, अच्छी तरह से।
सत्यतः (सं.अव्यं.) वास्तव में, यथार्थ में, सचमुच।
मध्यतः *(सं. अव्यं.)* मध्य में, बीच में।
सामान्यतः *(सं. अव्यं.)* साधारण राशि से।
उभयतः *(सं. अव्यं.)* दोनों ओर, दोनों तरफ। उभयतोमुख- *(सं.वि.)* दो मुखवाला।
न्यायतः *(सं. अव्यं.)* धर्माधर्म और नीति के अनुसार ठीक समय।
फलतः *(सं. अव्यं.)* फलस्वरूप, इसलिए।
मन्यतः (सं. क्रि. वि.) किसी दूसरे स्थान में।
तत्वतः *(सं. अव्यं.)* वस्तुतः।
सम्भवतः *(सं. अव्यं.)* हो सकता है।
पूर्वतः *(सं. अव्यं.)* पहले से।
स्वभावतः *(सं. अव्यं.)* स्वभाव से।
स्वतः *(सं. अव्यं.)* अपने आप
शीर्षतः *(सं. अव्यं.)* मस्तक पर।
विनिःसत *(सं.वि.)* बाहर निकाला हुआ।
खात *(सं.पुं.)* खोदाई, तालाब, कुआँ।
गात शरीर, देह
घात *(हिं.पुं.)* धक्का, प्रहार, चोट।
जात *(सं.वि.)* उत्पन्न, जन्मा हुआ, प्रकट, प्रशस्त, देखो जाति।
तात *(सं.पुं.)* पिता, बाप, प्यार का शब्द जो भाई-बन्धु विशेषकर अपने से छोटे के लिए व्यवहार किया जाता है। *(हिं.वि.)* गरम, उष्ण।
दात *(सं.वि.)* काटा हुआ, छिन्न।
धात *(हिं.स्त्री.)* देखो धातु।
नात *(हिं.पुं.)* नातेदार, संबंधी, संबंध, नाता।
पात *(सं.पुं.)* पतन, खगोल का वह स्थान जहाँ नक्षत्रों की कक्षाएँ कान्तिवृत्त को काटकर ऊपर चढ़ती या नीचे उतरती हैं, नाश, मृत्यु; *(विं.)* गिरानेवाला; *(हिं.पुं.)* पत्ता, कान में पहिनने का एक गहना।
बात बातचीत
भात *(हिं.पुं.)* पानी में उबाला हुआ चावल।
मात *(हिं.स्त्री.)* माता। हराना, हार।
यात *(सं.वि.)* पाया हुआ, ज्ञात, जाना हुआ।
रात *(हिं.स्त्री.)* रात्रि, रजनी।
लात *(हिं.स्त्री.)* पैर, पाँव, पैर का आघात।
वात *(सं.पुं.)* वायु, हवा, वैद्यक के अनुसार शरीर के भीतर पक्वाशय में रहनेवाली वह वायु जो शरीर की सब धातुओं को गतियुक्त करती है।

सात *(हिं.वि.)* पाँच और दो की संख्या का; *(पुं.)* पाँच और दो की संख्या का योग।

ज्ञात *(सं.वि.)* विदित, जाना हुआ।

आँत *(हिं.स्त्री.)* अन्त्र, अंतड़ी।

ताँत *(हिं.स्त्री.)* चमड़े या पशुओं की नसों से बनी हुई डोरी।

दाँत *(हिं.पुं.)* मुख में की नुकीली हड्डी जो आहार को काटने तथा चबाने के काम में आती है।

जाँता *(हिं.पुं.)* आटा पीसने की चक्की।

पाँत पंक्ति।

माँत *(हिं.वि.)* उन्मत्त, बेसुध।

बरिआत *(हिं.स्त्री.)* देखो बरात।

महाखात *(सं.पुं.)* लंबा-चौड़ा गड्ढा।

जगात *(हिं.पुं.)* दान, कर।

सौगात *(सं.स्त्री.)* इष्ट मित्रों को देने के लिए परदेश से लाई हुई वस्तु।

पच्छघात *(हिं.पुं.)* देखो पक्षघात।

प्राणघात *(सं.पुं.)* हत्या।

उपाद्घात *(सं.पुं.)* उपक्रम, भूमिका।

पितृघात *(सं.पुं.)* पिता की हत्या।

अघात (सं.विं.) गया हुआ, मरा हुआ, सोया हुआ।

अपघात *(सं.पुं.)* धोखा, अपमृत्यु।

आत्मघात *(सं.पुं.)* आत्महत्या।

विश्वासघात *(सं.पुं.)* जिस पर भरोसा न किया जाए।

पक्षघात *(सं.पुं.)* वह वात रोग जिसमें शरीर के एक ओर के अंग सुन्न हो जाते हैं, लकवा।

आघात *(सं.पुं.)* ठोकर, धक्का, क्षत, प्रहार, चोट, मार-पीट, आक्रमण।

दन्ताघात *(सं.पुं.)* दाँत का आघात या चोट।

पादाघात *(सं.पुं.)* पैरों का प्रहार।

समाघात *(हिं.पुं.)* युद्ध, लड़ाई।

प्रत्याघात *(सं.पुं.)* चोट के बदले चोट, टक्कर।

वज्राघात *(सं.पुं.)* आकस्मिक दुर्घटना।

शराघात *(सं.पुं.)* बाण का आघात।

पक्षाघात *(सं.पुं.)* एक प्रकार का वायु रोग जिसमें शरीर का आधा भाग निश्चेष्ट और क्रियाहीन हो जाता है, लकवा।

प्रतिघात *(सं.पुं.)* प्रतिबन्ध, बाधा।

विघात *(सं.पुं.)* आघात, प्रहार, चोट।

कुघात *(हिं.स्त्री.)* अशुभ अवसर, छल, कपट।

पश्चात् *(सं. अव्यं.)* पीछे से, फिर, अनन्तर; *(पुं.)* पश्चिम दिशा।

अजात *(सं.वि.)* जिसका जन्म हुआ हो।

परूजात *(विं.)* कीचड़ में उत्पन्न होनेवाला, कमल।

एकजात *(सं.वि.)* सहोदर, एक ही माँ-बाप से उत्पन्न।

सुखजात *(सं.वि.)* प्रसन्न; *(विं.)* सुख देनेवाला।

दन्तजात *(सं.वि.)* दाँत निकलने योग्य।

प्रथमजात *(सं.वि.)* अग्रज, जो पहले उत्पन्न हुआ हो।

भयजात *(सं.वि.)* भय से उत्पन्न।

अन्तर्जात *(सं.वि.)* शरीर के भीतर उत्पन्न।

पुनर्जात *(सं.वि.)* फिर से उत्पन्न।

परजात *(सं.वि.)* दूसरे से उत्पन्न।

नीरजात *(सं.वि.)* जल से उत्पन्न; *(पुं.)* कमल।

अलेबा *(हिं.पुं.)* बड़ी जलेबी।

स्वजात *(सं.वि.)* पुत्र, बेटा।

सहजात *(सं.वि.)* सहोदर, यमज।

सत्जात *(सं.वि.)* प्राप्त, उत्पन्न।

वयाजात *(सं.वि.)* मूर्ख, नीच।

पारिजात *(सं.पुं.)* एक मझोले आकार का वृक्ष

वारिजात *(सं.वि.)* जल में उत्पन्न।

विजात *(सं.वि.)* वर्णसंकर, दोगला।

मनुजात *(सं.वि.)* मनु या मनुष्य से उत्पन्न।

सुजात *(सं.वि.)* उत्तम कुल में उत्पन्न।

हठात् *(सं.अव्य.)* हठपूर्वक, दुराग्रह से, अवश्य।

उदात्त *(सं.वि.)* उँचे स्वर से उच्चारण किया हुआ, दाता; *(पुं.)* मुख के अर्धभाग से उच्चारण किया हुआ स्वर।

कथोद्वात *(सं.पुं.)* नाटक की प्रस्तावना।

प्रात *(हिं.अव्य.)* सबर, तड़क।

प्रातः *(सं.पुं.)* प्रभात, तड़का।

ज्येष्ठतात *(सं.पुं.)* पिता के बड़े भाई।

नरतात *(सं.पुं.)* नृपति, राजा।

कनात तम्बू के बाहर लगाई जाने वाली कपड़े की चार दिवारी।

बनात *(हिं.स्त्री.)* एक प्रकार की ऊनी बुनाई, बनावट।

स्नात *(सं.वि.)* नहाया हुआ।

स्नातक *(सं.पुं.)* वह जिसने ब्रह्मचर्य व्रत के समाप्त होने पर स्नान करके गृहस्थाश्रम में प्रवेश किया हो।

बानात *(हिं.स्त्री.)* देखो बनात्।

तड़नात *(हिं.पुं.)* देखो तैनात।

उत्पात *(सं.पुं.)* अशुभसूचक दुर्घटना, उपद्रव।

विरूत्पात *(सं.वि.)* उत्पात रहित।

रक्तपात *(सं.पुं.)* रक्तस्राव, रुधिर का बहना।

अनपात *(हिं.पुं.)* देखो तनुपात।

हिमपात *(सं.पुं.)* पाला पड़ना।

प्रपात *(सं.पुं.)* पहाड़ या चट्टान का किनारा, पानी का झरना।

जलप्रपात *(सं.पुं.)* किसी नदी के स्त्रोत का ऊँचे स्थान से नीचे का गिरना।

सम्पात *(सं.पुं.)* प्रवेश, संगम।

देहपात *(सं.पुं.)* मृत्यु।

पक्षपात *(सं.पुं.)* उचित और अनुचित का विचार न करते हुए किसी के अनुकूल प्रवृत्ति।
जातपाँत *(हिं.स्त्री.)* जाति।
दृष्टिपात *(सं.पुं.)* अवलोकन, ताकना।
अतिपात *(सं.पुं.)* बड़ा उपद्रव, अपमान।
निपात *(सं.पुं.)* पतन, गिराव, नाश, मृत्यु, अधःपतन, विनाश, वह शब्द जो व्याकरण में दिए हुए नियम के अनुसार न बना हो; *(विं.)* बिना पत्ते का।
सन्निपात *(सं.पुं.)* समूह, संयोग, युद्ध, नाश, वात, पित्त, कफ का एक साथ बिगड़ना।
क्रान्तिपात *(सं.पुं.)* विषुवत् रेखा तथा अयन मण्डल के मिलाप का स्थान जहाँ पर पृथ्वी के आने से दिन-रात बराबर होते हैं।
व्यतिपात *(सं.पुं.)* कोई अमंगलसूचक उत्पात, अपमान।
बिज्जुपात *(हिं.पुं.)* बिजली का गिरना।
वीजुपात *(हिं.पुं.)* देखो वज्रपात।
अनुपात *(सं.पुं.)* गणित की अनेक राशियों में संबंध दिखलाने की क्रिया, त्रैराशिक की वह क्रिया जिससे यह ज्ञात होता है कि एक राशि दूसरी से कितनी गुनी या कितने अंश की है।
उर्वात *(हिं.स्त्री.)* वमन, कय, उलटी।
दुटप्पी बात *(हिं.पुं.)* संक्षिप्त, वार्ता।
प्रभात *(सं.पुं.)* प्रातः काल।
परभात *(हिं.पुं.)* देखो प्रभात।
विभात *(सं.पुं.)* प्रभात, सबेरा।
लगमात *(हिं.स्त्री.)* स्वरों के चिह्न जो उच्चारण के लिए व्यंजनों में जोड़े जाते हैं।
अकस्मात् (सं. क्रि. विं.) अचानक, अनायास।
तस्मात् *(सं.अव्य.)* इस कारण से, इसलिए।
विमात *(हिं.वि.)* दो मात्रावाला।
ख्यात *(सं.वि.)* प्रसिद्ध।
व्याख्यात *(सं.वि.)* जिसकी व्याख्या की गई।
प्रख्यात *(सं.वि.)* विख्यात, प्रसिद्ध।
स्वाख्यात *(सं.वि.)* अच्छी तरह कहा हुआ।
महाख्यात *(सं.वि.)* अति प्रसिद्ध।
परिख्यात *(सं.वि.)* विख्यात, प्रसिद्ध।
विख्यात *(सं.वि.)* प्रसिद्ध। विख्याति-*(सं.स्त्री.)* प्रसिद्धि।
सुविख्यात *(सं.वि.)* बहुत प्रसिद्ध।
समसंख्यात *(सं.वि.)* समान अंकवाला।
आख्यात *(सं.वि.)* प्रसिद्ध, प्रकाशित।
कुख्यात *(सं.वि.)* निन्दित।
अर्थात् *(सं.अव्य.)* यह आशय है, वस्तुतः।
ध्यात *(सं.वि.)* ध्यान किया हुआ, विचार किया हुआ।
निर्यात *(सं.पुं.)* निर्गत, देश के बाहर भेजी हुई सामग्री; *(वि.)* निकला हुआ।
स्यात् *(सं.अव्य.)* कदाचित्।
आयात *(सं.वि.)* आगत, आया हुआ।
यातायात *(सं.पुं.)* आना जाना।
संयात *(सं.वि.)* प्राप्त, पहुँचा हुआ।
करात *(हिं.पुं.)* चार जव की तौल जो सोना-चाँदी तथा दवा तौलने में प्रयुक्त होती है।
बरात *(हिं.स्त्री.)* वर पक्ष के लोग जो विवाह के समय वर को लेकर कन्यावाले के घर पर जाते हैं, अनेक मनुष्यों का समुदाय।
बारात *(हिं.स्त्री.)* वरयात्रा, वह समाज जो वर के साथ उसको ब्याहने के लिए वधू के घर जाता है।
करात *(सं.पुं.)* एक प्राचीन जंगली व्याघ्र।
बलात् *(सं.अव्य.)* बलपूर्वक, हठ से।
चक्रवात *(सं.पुं.)* चक्कर खानेवाली वेग की हवा, बवंडर।
झंझावात *(हि.पुं.)* देखो झंझा।
अहवात *(हिं.पुं.)* सौभाग्य, सोहाग।
अनहिवात *(हिं.पुं.)* वैधव्य।
दैवात् *(सं.अव्य.)* अचानक।
दैववशात् *(हिं.क्रि.विं.)* अकस्मात्।
बर्सात *(हिं.स्त्री.)* देखो बरसात।
आत्मसात् *(सं.अव्य.)* सब प्रकार से अपने अधीन।
देवसात् *(सं.अव्य.)* देवता के निमित्त अर्पण किया हुआ।
दिहात *(हिं.स्त्री.)* देखो देहात।
साक्षात् *(सं.अव्य.)* प्रत्यक्ष, स्वयं, तुल्य; *(पुं.)* भेंट।
परित्रात *(सं.वि.)* रक्षा किया हुआ।
अज्ञात *(सं.वि.)* अपरिचित, अविदित।
प्रतिज्ञात *(सं.वि.)* अंगीकृत।
विज्ञात *(सं.वि.)* प्रसिद्ध।
अनुज्ञात *(सं.वि.)* अनुमति प्राप्त।
अननुज्ञात *(सं.वि.)* असम्मत, बिना आज्ञा का।
मरणान्त *(सं.वि.)* मरण पर्यन्त।
कल्पान्त *(सं.पुं.)* प्रलय, उत्पत्ति।
उपान्त *(सं.पुं.)* प्रान्त, भाग, तीर, किनारा, कौना, अन्तिम अक्षर से पहले का अक्षर।
आक्रान्त *(सं.वि.)* विह्वल, व्याप्त।
रोगाक्रान्त *(सं.वि.)* व्याधिग्रस्त।
संक्रान्त *(सं.वि.)* युक्त, प्रविष्ट, व्याप्त, प्रतिबिम्बित।
प्रकारान्त *(सं.पुं.)* अन्य प्रकार।
ओकारान्त *(सं.वि.)* जिस शब्द के अन्त में 'ओ' रहे।
क्लान्त *(सं.वि.)* थका हुआ, मुरझाया हुआ।
कान्त *(सं.पुं.)* स्वामी, पति।
सोमकान्त *(सं.पुं.)* चन्द्रकांत मणि।
चन्द्रकान्त *(पुं.)* एक रत्न।
सूर्यकान्त *(सं.पुं.)* सूर्यमणि।
अयस्कान्त *(सं.पुं.)* चुम्बक लोहा।

लोहकान्त *(सं.पुं.)* चुंबक।
कमलाकान्त *(सं.पुं.)* लक्ष्मीपति, विष्णु।
महाकान्त *(सं.वि.)* बहुत सुन्दर।
इकान्त *(हि.)* देखो एकान्त।
अतिकान्त *(सं.वि.)* अति प्रिय।
श्रीकान्त *(सं.पुं.)* लक्ष्मीपति, विष्णु।
तुकान्त *(हिं.स्त्री.)* पद्य के दोनों चरणों के अन्तिम अक्षरों का परस्पर मेल।
सुकान्त *(हिं.क्रि.)* अचंभे में आ जाना।
एकान्त *(सं.पुं.)* छिपा हुआ स्थान, अकेलापन; *(वि.)* अकेला, अत्यन्त।
दुखान्त *(सं.पुं.)* क्लेश की समाप्ति; *(वि.)* जिस नाटक आदि के अन्त में दुःख का वर्णन हो।
सुखान्त *(सं.पुं.)* वह जिसका अन्त सुखमय हो।
युगान्त *(सं.पुं.)* युग का अन्तिम समय, प्रलय।
दृष्टान्त *(सं.पुं.)* उदाहरण।
चूड़ान्त *(सं.वि.)* पराकाष्ठा, अन्तिम सीमा तक का।
प्राणान्त *(सं.पुं.)* प्राणनाश, मरण।
वृतान्त *(सं.पुं.)* समाचार।
लोकवृत्तान्त *(सं.पुं.)* मनुष्य-चरित्र, इतिहास।
नितान्त *(सं.वि.)* अधिक, सर्वथा।
शान्त *(सं.वि.)* जिसने अपनी इन्द्रियों को वश में कर लिया हो।
अदान्त *(सं.वि.)* जिसकी इन्द्रियाँ वश में न हों, लम्पट।
पदान्त *(सं.पुं.)* पद का शेष, पद का अन्त।
दुर्दान्त *(सं.वि.)* प्रचण्ड, प्रबल।
पादान्त *(सं.पुं.)* पाद का अन्त या अन्तिम भाग; *(वि.)* पैर का अन्त।
वेदान्त *(सं.पुं.)* वेद का अवशिष्ट अंश अर्थात उपनिषद और अरण्यक।
सिद्धान्त *(सं.पुं.)* तत्त्व, निर्णीत विषय, किसी शास्त्र पर लिखी हुई कोई विशेष पुस्तक।
शद्धान्त *(सं.पुं.)* अन्तःपुर।
शुद्धान्त *(हिं.वि.)* पवित्र स्वभाव का।
दिनान्त *(सं.पुं.)* सन्ध्याकाल।
तपान्त *(सं.पुं.)* ग्रीष्म ऋतु का अन्त।
आद्योपान्त *(सं.अव्य.)* प्रथम से शेष तक।
क्रान्त *(सं.वि.)* आक्रान्त, दबा हुआ।
उत्क्रान्त *(सं.वि.)* उभड़ा हुआ, लाँघा हुआ।
निष्कांत *(सं.वि.)* निकला या निकाला हुआ।
पादाक्रान्त *(सं.वि.)* पैरों से कुचला हुआ।
समाक्रान्त *(सं.वि.)* व्याप्त, फैला हुआ।
निद्राक्रान्त *(सं.वि.)* निद्राकुल।
अतिक्रान्त *(सं.वि.)* लाँघा हुआ।
वैक्रान्त *(सं.पुं.)* मणि विशेष, चुन्नी।
स्थिति *(हिं.स्त्री.)* अेवस्था, दशा।
दुर्घात *(सं.वि.)* जिसका जन्म बुरी तरह से हुआ हो, नीच, अभागा।
पकारान्त *(सं.वि.)* जिसके अंत में 'प' अक्षर हो।
सकारान्त *(सं.वि.)* जिस शब्द के अन्त में उकार हो।
प्रान्त *(सं.पुं.)* अन्त, किनारा, दिशा, प्रदेश।
नगरप्रान्त *(सं.पुं.)* नगर के समीप का स्थान।
उपरान्त *(सं.अव्य.)* अनन्तर, बाद, पीछे।
तदुपरान्त *(सं.अव्य.)* उसके पीछे।
भ्रान्त *(सं.वि.)* व्याकुल, घबड़ाया हुआ।
पद्भ्रान्त *(सं.वि.)* व्याकुल, भौचक्का, हतबुद्धि।
सम्भ्रान्त *(सं.वि.)* उद्विग्न, घबड़ाया हुआ, चक्कर दिया हुआ।
विभ्रान्त *(सं.वि.)* भ्रम रहित।
निशान्त *(सं.पुं.)* पिछली रात, प्रभात, तड़का।
शान्त *(सं.वि.)* सौम्य, गंभीर, मौन, चुप, उत्साहरहित, स्थिर, श्रान्त, विघ्न या बाधा रहित।
पशान्त *(सं.पुं.)* बत्ती का पिछला भाग।
प्रशान्त *(सं.वि.)* स्थिर, शान्त, निश्चल वृत्ति का।
शरीरान्त *(सं.पुं.)* मृत्यु। शरीरी-*(हिं.पुं.)* प्राणी, जन्तु, जीवधारी।
स्वरान्त *(सं.वि.)* दुःखी, थका हुआ।
श्रान्त *(सं.वि.)* दुःखी, थका हुआ।
परिश्रान्त *(सं.वि.)* बहुत थका हुआ।
विश्रान्त *(सं.वि.)* जिसकी थकावट दूर हो गई हो।
अक्लान्त *(सं.वि.)* ग्लानिरहित।
फलान्त *(सं.पुं.)* फल का अन्त या शेष।
ध्वान्त *(सं.पुं.)* अन्धकार, अँधेरा।
मासान्त *(सं.पुं.)* एक महीने का अन्त।
क्षान्त *(सं.वि.)* क्षमाशील, सहिष्णु।
इत *(हिं. क्रि. वि.)* इस ओर, इधर, यहाँ।
कित *(हिं. क्रि. वि.)* कहाँ, किस ओर, किधर।
चित् *(सं.स्त्री.)* चेतना, ज्ञान चित्त, वृत्ति।
चित *(हिं.पुं.)* निमित, बनाया हुआ।
चित *(हिं.पुं.)* चित्त, चितवन। *(हिं.वि.)* पीठ के बल पड़ा हुआ।
जित *(सं.वि.)* पराजित, जीता हुआ।
तित *(हिं. क्रि. वि.)* तहाँ, वहाँ, इधर की ओर, उस ओर।
यित *(हिं.वि.)* स्थित, ठहरा हुआ, रखा हुआ।
नित *(हिं.अव्य.)* सर्वदा, नित्य, प्रतिदिन।
वित *(हिं.अव्य.)* धन, द्रव्य।
ऋत *(सं.पुं.)* सत्य, सच्चाई, *(वि.)* सत्य, पूजित।
शित *(सं.वि.)* दुर्बल, नुकीला।
सित *(सं.वि.)* श्वेत, उजला।
(सितपक्ष) *(सं.पुं.)* शुक्ल पक्ष।

हित *(सं.वि.)* उपकारी, लाभदायक, अनुकूल, प्रिय, अच्छा व्यवहार करने वाला, पथ्य; *(पुं.)* लाभ, कल्याण, मित्र संबंधी, अनुकूलता; *(अव्य.)* निमित्त, वास्ते, लिए।

कइत *(हिं.स्त्री.)* किनारा, कपित्य।

बानइत *(हिं.वि.)* बाण चलानेवाला, योद्धा, वीर।

गोड़इत *(हिं.पुं.)* गाँव का पहरेदार।

करइत *(हिं.पुं.)* एक प्रकर का कीड़ा, एक प्रकार का सर्प।

बहुताइत *(सं.स्त्री.)* देखो बहुतायत।

पहराइत *(हिं.पुं.)* पहरा देनेवाला।

साइत *(हिं.स्त्री.)* शुभ, लग्न, मुहूर्त।

कुसाइत *(हिं.स्त्री.)* कुसमय, कुमूहर्त।

वकित *(हिं.वि.)* विस्मित, चकित, व्यग्र।

चकित *(सं.वि.)* विस्मित, आश्चर्ययुक्त।

भयकित *(सं.वि.)* भयहीन, अतृप्त।

विचकित *(सं.वि.)* घबड़ाया हुआ।

तकित *(सं.वि.)* आलोचित, विचारा हुआ, अनुमान किया हुआ।

तर्की *(हिं.वि.)* तर्क करनेवाला।

परकित *(सं.स्त्री.)* देखो प्रकृति।

तिलकित *(सं.वि.)* अंकित, छापा हुआ।

पुलकित *(सं.वि.)* रोमांचित, गद्गद।

अवलोकित *(सं.वि.)* देखा हुआ।

विलोकित *(सं.वि.)* देखा हुआ।

अंकित *(सं.वि.)* चिह्न लगाया हुआ।

टंकित *(सं.वि.)* सिला हुआ।

पंकित *(सं.पुं.)* पद्य, कमल।

शंकित *(सं.वि.)* अनिश्चित, सन्देहयुक्त।

मुद्रांकित *(सं.वि.)* मोहर किया हुआ।

तिरखित *(सं.वि.)* देखो तृषित।

लिखित *(सं.वि.)* लिखा हुआ; *(पुं.)* लिपि, लेख, प्रमाणपत्र।

अलखित *(हिं.वि.)* देखो अलक्षित।

हस्तलिखित *(सं.वि.)* हाथ का लिखा हुआ।

उल्लिखित *(सं.वि.)* खोदा हुआ, छीला हुआ, चित्र बनाया हुआ, रँगा हुआ।

यथाभिलिखित *(सं.अव्य.)* लिखित के अनुसार।

परिलिखित *(सं.वि.)* रेखा से घिरा हुआ।

विलिखित *(सं.वि.)* लिखा हुआ।

सुलिखित *(सं.वि.)* अच्छी तरह लिखा हुआ।

दुखित *(हिं.वि.)* दुःखित, पीड़ित।

दुःखित *(सं.वि.)* जिसको दुख हो।

सुखित *(हिं.वि.)* सुखी।

लेखित *(सं.वि.)* लिखा या लिखवाया हुआ।

पुंखित *(सं.वि.)* पक्षयुक्त।

स्थगित *(सं.वि.)* गुप्त, रोका हुआ।

अभित *(सं.वि.)* शिथिल, थका हुआ।

लगित *(सं.वि.)* संयुक्त, मिला हुआ।

भूगित *(सं.वि.)* अन्वेषित, खोजा हुआ।

मार्गित *(सं.वि.)* खोजा हुआ।

संयोगित *(सं.वि.)* मेल किया हुआ।

इंगित *(सं.पुं.)* अन्वेषण, खोज; *(वि.)* संकेत किया हुआ।

तरंगित *(सं.वि.)* लहराता हुआ, चंचल, चपल, नीचे-ऊपर उठता हुआ।

इलाघित *(सं.वि.)* प्रशंसित।

लंघित *(सं.वि.)* जो लाँघा गया हो।

अचित् *(सं.पुं.)* निर्जीव पदार्थ।

कुत्रचित *(सं.अव्य.)* किसी स्थान में।

एकचित *(सं.वि.)* अनन्यचता, एक ही ओर ध्यान लगानेवाला।

गणित *(सं.वि.)* खींचा हुआ, चित्रित।

सच्चित *(सं.पुं.)* सत् और चित् से युक्त ब्रह्म।

तमचित *(हिं.वि.)* दुखित।

समचित *(सं.पुं.)* वह जिसका चित्त सब अवस्था में समान रहता हो।

सम्यचित *(सं.पुं.)* जिसका चित्त दूसरी ओर लगा हो।

एकाग्रचित्त *(सं.वि.)* स्थिरचित्त।

अर्चित *(सं.वि.)* पूजित, आदर किया हुआ।

चर्चित *(सं.वि.)* लगाया या पोता हुआ, जिसकी चर्चा की जाती है।

क्वचित् *(सं.अव्य.)* कोई भी।

कश्चित् *(सं.अव्य.)* कोई, एक न एक।

विपश्चित् *(सं.पुं.)* विद्वान् पण्डित।

अविपश्चित् *(सं.वि.)* अविवेकी, मूर्ख।

सुनिश्चित *(सं.वि.)* अच्छी तरह निश्चित किया हुआ।

दुश्चित *(सं.पुं.)* व्यग्रता, घबड़ाहट।

कथचित् *(सं.अव्य.)* किसी प्रकार से।

प्रपंचित *(सं.वि.)* छली, कपटी, ढोंगी।

वंचित *(सं.वि.)* देखो वंचित।

संचित *(सं.वि.)* संचय किया हुआ।

पटाचित *(हिं.वि.)* पीठ के बल पड़ा हुआ।

कदाचित *(सं.अव्य.)* एक बार, कभी।

याचित *(सं.वि.)* माँगी हुई वस्तु।

निर्वाचित *(सं.वि.)* चुना हुआ।

पराचित *(सं.वि.)* दूसरे से पाला-पोसा हुआ।

रोमांचित *(सं.वि.)* जिसके रोंगटे खड़े हो।

अपरिचित *(सं.वि.)* अज्ञात, बिना जान-पहिचान का।

कहिचित् *(सं.अव्य.)* कभी न कभी।

किंचित् *(सं.अव्य.)* अल्प, कम, थोड़ा।

यतकिंचित् *(सं.वि.)* थोड़ा सा।

सिंचित *(सं.वि.)* सींचा हुआ।

उचित *(सं.वि.)* योग्य, कर्तव्य, व्यवस्थित।

संकुचित *(सं.वि.)* सिकुड़ा या सिमटा हुआ।
दुचित *(हिं.वि.)* अस्थिर चित्त।
अनुचित *(सं.वि.)* अयुक्त, अकर्तव्य।
समुचित *(सं.वि.)* उचित, योग्य, ठीक।
रूचित *(सं.वि.)* अभिलाषित।
सुचित *(सं.वि.)* स्थिरचित्त, शान्त, जो किसी काम से निवृत्त हो गया हो।
कुचित *(सं.वि.)* सिकुड़ा हुआ, टेढ़ा।
आकुंचित *(सं.वि.)* सिकोड़ा हुआ, वक्र, टेढ़ा।
सूचित *(सं.वि.)* ज्ञापित, बतलाया हुआ।
केचित् *(सं.अव्य.)* कोई कोई।
रेचित *(सं.वि.)* परित्यक्त, छोड़ा हुआ।
विवेचित *(सं.वि.)* निश्चित।
यथोचित *(सं.अव्य.)* जैसा चाहिए वैसा, ठीक।
विमोचित *(सं.वि.)* मुक्त किया हुआ खुला हुआ।
रोचित *(सं.वि.)* सुशोभित।
अचिन्त *(हिं.वि.)* बिना चिन्ता का, निश्चिन्त।
सचिन्त *(सं.वि.)* चिन्तायुक्त, चिन्तित।
लच्छित लक्ष्य किया हुआ, देखा हुआ।
मुरछित *(हिं.वि.)* देखो मूर्छित।
बंछनीय, बंछित *(हिं.वि.)* देखो वांछित।
बांछित *(हिं.वि.)* इच्छा किया हुआ।
वांछित *(सं.वि.)* अभिलाषित।
मनवांछित *(हिं.वि.)* देखो मनोवांछित।
अभिवांछित *(सं.वि.)* अभिलाषा किया हुआ।
मनोवांछित *(सं.वि.)* इच्छित, चाहा हुआ।
इच्छित *(सं.वि.)* वांछित।
विच्छित *(हिं.पुं.)* देखो दीक्षित।
परीछित *(हिं.वि.)* देखो परीक्षित।
कुच्छित *(हिं.वि.)* देखो कुत्सित।
मूर्छित *(सं.वि.)* मूर्छायुक्त।
अजित *(सं.वि.)* अपराजित; *(पुं.)* शिव, विष्णु।
लज्जित *(सं.वि.)* लजाया हुआ।
सज्जित *(सं.वि.)* विभूषित, सजा हुआ।
सुसज्जित *(सं.वि.)* अच्छी तरह से सजाया हुआ।
विनिर्जित *(सं.वि.)* पराभूत, पराजित।
वर्जित *(सं.वि.)* त्यागा हुआ, छोड़ा हुआ।
मानवर्जित *(सं.वि.)* मानरहित।
आवर्जित *(सं.वि.)* त्यक्त, छोड़ा हुआ।
परिवर्जित *(सं.वि.)* परित्यक्त, छोड़ा हुआ।
बिवर्जित *(सं.वि.)* निषिद्ध, उपेक्षित।
समरजित *(सं.पुं.)* युद्ध में जीतनेवाला।
सिरजित *(हिं.वि.)* निमित, रचा हुआ।
दुरचित् *(सं.पुं.)* त्रिपुरारि, शिव।
सर्वजित् *(सं.पुं.)* काल, मृत्यु।
स्वोपार्जित *(सं.वि.)* अपना कमाया हुआ।
मार्जित *(सं.वि.)* स्वच्छ किया हुआ।
परिमार्जित *(सं.वि.)* धोया हुआ, माँजा हुआ।
परजित *(सं.वि.)* शत्रु से पराजित।
भाजित *(सं.वि.)* पृथक् किया हुआ।
विभाजित *(सं.वि.)* भाग किया हुआ, बाँटा हुआ।
राजित *(सं.वि.)* विराजमान।
पराजित *(सं.वि.)* पराभूत, हारा हुआ।
विराजित *(सं.वि.)* बैठा हुआ, उपस्थित, चमकता हुआ।
निर्जित *(सं.वि.)* पराजित, बीता हुआ।
पूर्वाजित *(सं.वि.)* पहले का उपार्जित या कमाया हुआ।
अभिजित *(सं.वि.)* सामने होकर शत्रु को जीतनेवाला।
विजित *(सं.वि.)* जीता हुआ।
अविजित *(सं.वि.)* अजेय।
सिजित *(हिं.स्त्री.)* ध्वनि, झनकार।
कूजित *(सं.वि.)* शब्द किया हुआ।
पूजित *(सं.वि.)* जिसकी पूजा की गई हो।
उत्तेजित *(सं.पुं.)* प्रेरित, उभाड़ा हुआ।
सुतेजित *(सं.वि.)* सुतीक्ष्ण।
योजित *(सं.वि.)* रचा हुआ, बनाया हुआ।
नियोजित *(सं.वि.)* नियुक्त किया हुआ।
विनियोजित *(सं.वि.)* प्रेरित, नियुक्त।
वियोजित *(सं वि.)* अलगाया हुआ।
संयोजित *(सं.वि.)* मिलाया हुआ।
रंजित *(सं.वि.)* आनन्दित, प्रसन्न।
गुंजित *(सं.वि.)* कलकल शब्द युक्त।
छुंचित *(सं.वि.)* नोचा हुआ।
प्रकटित *(सं.वि.)* प्रकाशित।
घटित *(सं.वि.)* रचित, निर्मित।
अघटित *(हिं.वि.)* न होनेवाला।
उद्घटित *(सं.वि.)* उन्मुक्त, खुला हुआ।
विघटित *(सं.वि.)* तोड़ा फोड़ा हुआ।
सुघटित *(सं.वि.)* अच्छी तरह से बना हुआ।
सदघटित *(सं.वि.)* एकत्र किया हुआ।
जटित *(सं.वि.)* जड़ा हुआ, खचित।
रटित *(सं.वि.)* कथित, कहा हुआ।
दुश्चेष्टित *(सं.पुं.)* पाप, दुष्कर्म।
विचेष्टित *(सं.वि.)* विशेष चेष्टा युक्त।
वेष्टित *(सं.वि.)* लपेटा हुआ।
वस्त्रवेष्टित *(सं.वि.)* कपड़ा लपेटा हुआ।
परिवेष्टित *(सं.वि.)* चारों ओर से घिरा हुआ।
उद्घाटित *(सं.वि.)* प्रकाशित, खोला हुआ।
नाटित *(सं.वि.)* जिसका अभिनय हुआ हो।
समत्पाटित *(सं.वि.)* जड़ से उखाड़ा हुआ।
विपाटित *(सं.वि.)* उखाड़ा हुआ।

कुट्टित *(सं.वि.)* चूर्ण किया हुआ।
स्फुटित *(सं.वि.)* विकसित, खिला हुआ।
टुटित *(सं.वि.)* टूटा-फूटा हुआ।
संगठित *(हि.वि.)* भली भाँति व्यवस्था करके मिलाया हुआ।
पठित *(सं.वि.)* शिक्षित, पढ़ा हुआ, पढ़ा-लिखा।
अधिष्ठित *(सं.वि.)* नियुक्त, स्थापित, निर्वाचित।
प्रतिष्ठित *(सं.वि.)* आदर-प्राप्त, प्रशंसित।
सुप्रतिष्ठित *(सं.वि.)* उत्तम रूप से प्रतिष्ठित।
स्वनिष्ठित *(सं.वि.)* उत्तम रूप में किया हुआ।
पाठित *(सं.वि.)* पढ़ाया हुआ।
कुण्ठित *(सं.वि.)* लज्जित, अयोग्य।
गुण्ठित *(सं.पुं.)* छिपा हुआ, घेरा हुआ।
वंचित *(सं.वि.)* धोखे में आया हुआ।
जड़ित *(हि.वि.)* जिसमें रत्न जड़े हो।
निगड़ित *(सं.वि.)* सिकड़ी से बँधा हुआ।
तड़ित *(सं.स्त्री.)* विद्युत, बिजली।
पीड़ित *(सं.वि.)* क्लेशयुक्त, दुःखित, रोगी।
प्रपीड़ित *(सं.वि.)* अधिक कष्ट दिया हुआ।
खण्डित *(सं.वि.)* छिन्न, कटा हुआ।
दण्डित *(सं.वि.)* वह जिसको दण्ड मिला हो।
पण्डित *(सं.पुं.)* विद्वान्, विदग्ध; *(वि.)* चतुर, संस्कृत भाषा का विद्वान।
अपण्डित *(सं.वि.)* जो पण्डित न हो, मूर्ख
विमण्डित *(सं.वि.)* सुशोभित, सजा हुआ।
मुण्डित *(सं.वि.)* मूँडा हुआ।
गणित *(सं.पुं.)* गणन, गणना, अंकशास्त्र।
अगणित *(सं.वि.)* असंख्य, अनगिनती।
अंकगणित *(सं.पुं.)* गणित जिसमें संख्याओं का प्रयोग होता है।
रेखागणित *(सं.पुं.)* गणित का वह विभाग जिसमें रेखाओं द्वारा कुछ सिद्धान्त निर्धारित किए गए हैं।
दृग्गणित *(सं.पुं.)* ग्रहों का वेध करने का गणित।
बीजगणित *(सं.पुं.)* वह गणित जिसमें अज्ञात राशियों के लिए अक्षरों का प्रयोग होता है।
व्यक्तगणित *(सं.पुं.)* अंकविद्या।
अव्यक्तगणित बीजगणित।
विशुद्धगणित *(सं.पुं.)* वह गणित जिसमें पदार्थ का कोई संबंध रखते हुए केवल राशि का विचार किया जाता है।
भद्रगणित *(सं.पुं.)* बीजगणित के अन्तर्गत एक गणित जो चक्रविन्यास की सहायता से की जाती है।
क्षेत्रगणित *(सं.पुं.)* वह गणित जिसके द्वारा क्षेत्रों की नाप इत्यादि की जाती है, क्षेत्रमिति।
परिगणित *(सं.वि.)* गिना हुआ।
पाटीगणित *(सं.पुं.)* अंक विद्या।
स्थगित *(हि.वि.)* ठहरा हुआ।
भणना (हि. क्रि.) कहना।

भणित *(सं.वि.)* कहा हुआ; *(स्त्री.)* कही हुई बात।
वर्णित *(सं.वि.)* वर्णन किया हुआ, कहा हुआ।
चूर्णित *(सं.वि.)* चूर्ण किया हुआ।
प्रथित *(सं.वि.)* प्रसिद्ध।
प्रमाणित *(सं.वि.)* सच्चा ठहराया हुआ।
शाणित *(सं.वि.)* सान पर रखा हुआ।
गुणित *(सं.वि.)* गुणन किया हुआ।
सहस्त्रगुणित *(सं.वि.)* हजार से गुणा किया हुआ।
त्रिगुणित *(सं.वि.)* त्रिरावृत, तिगुना किया हुआ।
रूणित *(सं.वि.)* शब्द करता हुआ।
शोणित *(सं.वि.)* लाल रंग का, लाल।
सोणित *(हिं.पुं.)* रूधिर।
पतित *(सं.वि.)* गिरा हुआ, नीतिभ्रष्ट, अति नीच, महापातकी, अधम।
निपतित *(सं.वि.)* पतित, गिरा हुआ।
कर्तित *(सं.वि.)* काटा छाँटा हुआ।
कीर्तित *(सं.वि.)* कहा हुआ, प्रसिद्ध।
वर्तित *(सं.वि.)* सम्पादित, प्रस्तुत।
प्रवर्तित *(सं.वि.)* चलाया हुआ, आरंभ किया हुआ।
आवर्तित *(सं.वि.)* अभ्यस्त, गुणा किया हुआ।
परावर्तित *(सं.वि.)* पलटाया हुआ।
विनिवर्तित *(सं.वि.)* लौटा हुआ।
परिवर्तित *(सं.वि.)* बदला हुआ।
विवर्तित *(सं.वि.)* बदला हुआ।
परिकीर्तित *(सं.वि.)* प्रशंसा किया हुआ, कहा हुआ।
प्रकीर्तित *(सं.वि.)* कहा हुआ।
पातित *(सं.वि.)* गिराया हुआ।
निपातित *(सं.वि.)* जो नीचे फेंक दिया गया हो।
विनिपातित *(सं.वि.)* फेंका हुआ।
चिन्तित *(सं.वि.)* चिन्तायुक्त।
अचिन्तित *(सं.वि.)* बिना चिन्ता किया हुआ।
विचिन्तित *(सं.वि.)* सोचा विचारा हुआ।
सुचिन्तित *(सं.वि.)* भली भाँति सोचा विचारा हुआ।
ज्योतित *(हिं.वि.)* प्रकाशित।
कथित *(सं.वि.)* उच्चारित, कहा हुआ।
मथित *(सं.वि.)* मथा हुआ।
उत्थित *(सं.वि.)* निकला हुआ, फैला हुआ।
समुत्थित *(सं.वि.)* अच्छी तरह उठा हुआ।
व्यथित *(सं.वि.)* दुःखित, पीड़ित।
समथित *(सं.वि.)* स्थिर किया हुआ।
प्रार्थित *(सं.वि.)* याचित, माँगा हुआ।
क्वथित *(सं.वि.)* पकाया हुआ।
स्थित *(सं.वि.)* ठहरा हुआ, टिका हुआ, विद्यमान, बसा हुआ, स्थित।
अधःस्थित नीचे खड़ा हुआ।

उपस्थित *(सं.वि.)* समीप का, पास आया हुआ, प्राप्त, वर्तमान, याद किया हुआ।
अनुपस्थित *(सं.वि.)* अविद्यमान, दूरस्थ।
नभस्थित *(हिं.वि.)* नभःस्थित।
मध्यस्थित *(सं.वि.)* मध्यवर्ती।
प्रस्थित *(सं.वि.)* स्थिर, ठहरा हुआ, दृढ़।
अनवस्थित *(सं.वि.)* अस्थिर, चंचल, अशान्त।
व्यवस्थित *(सं.वि.)* व्यवस्था या नियम के अनुसार।
अव्यस्थित *(वि.)* अस्थिर, चंचल।
सुव्यवस्थित *(सं.वि.)* जिसकी व्यवस्था अच्छी तरह से की गई हो।
पार्श्वस्थित *(सं.वि.)* पास में रहने वाला।
यथावस्थित *(सं.अव्य.)* सत्य, ठीक, स्थिर।
दूरावस्थित *(सं.वि.)* दूरवर्ती।
आस्थित *(सं.वि.)* प्राप्त, आश्रित।
दुःस्थित *(सं.वि.)* दुःख में अवस्थित।
सुस्थित *(सं.वि.)* अविचल, दृढ़, स्वस्थ, नीरोग।
शिथित *(हिं.वि.)* व्यथित, पीड़ायुक्त, नीरोग।
विथित *(हिं.वि.)* व्यथित, दुःखित।
परिगदित *(सं.वि.)* कहा हुआ।
अदित *(सं.वि.)* चूर्ण किया हुआ।
विमर्दित *(सं.वि.)* कुचला हुआ, नष्ट किया हुआ।
स्कन्दित *(सं.वि.)* पतित, गिरा हुआ।
नन्दित *(सं.वि.)* आनन्दित, प्रसन्न।
आनन्दित *(सं.वि.)* हर्षयुक्त, प्रसन्न।
आदित *(हिं.पुं.)* देखो आदित्य।
खादित *(सं.वि.)* भक्षित, खाया हुआ।
छादित *(सं.वि.)* आच्छादित, ढँपा हुआ।
आच्छादित *(सं.वि.)* आवृत, ढँपा हुआ।
प्रच्छादित *(सं.वि.)* आच्छादित, ढँपा हुआ।
नादित *(सं.वि.)* बजता हुआ।
भ्युत्पादित *(सं.वि.)* उत्पन्न किया हुआ।
सम्पादित *(सं.वि.)* प्रस्तुत, क्रम, पाठ आदि लगाकर ठीक किया हुआ।
व्यापादित *(सं.वि.)* मारा हुआ।
निष्पादित *(सं.वि.)* सम्पादित, उत्पादित।
प्रतिपादित *(सं.वि.)* स्थिर या निश्चय किया हुआ, सुधारा हुआ।
विपादित *(सं.वि.)* नष्ट किया।
मर्यादित *(सं.वि.)* मर्यादापूर्ण।
आह्लादित *(सं.वि.)* आनन्दयुक्त।
वादित *(सं.वि.)* बजाया हुआ।
सादित *(सं.वि.)* छिन्न-भिन्न।
समासादित *(सं.वि.)* प्राप्त, पाया हुआ, लाया हुआ, उद्धृत, लिखा हुआ।
संसादित *(सं.वि.)* एकत्र किया हुआ, सजाया हुआ।
विनिन्दित *(सं.वि.)* बहुत निन्दा किया हुआ।
विदित *(सं.वि.)* ज्ञात, जाना हुआ।
सुविदित *(सं.वि.)* अच्छी तरह जाना हुआ।
निन्दित *(सं.वि.)* निन्दा किया हुआ।
अनिन्दित *(सं.वि.)* निन्दा न किया हुआ।
उदित *(सं.वि.)* उन्नत, उठा हुआ।
मुद्रित *(सं.वि.)* आनन्दित, प्रसन्न।
प्रमुदित *(सं.स्त्री.)* अत्यन्त, आनन्दयुक्त; *(सं.वि.)* आनन्दित, प्रसन्न।
समुदित *(सं.वि.)* उठा हुआ, उन्नत।
रूदित *(सं.वि.)* रोता हुआ।
भेदित *(सं.वि.)* विदारित।
वेदित *(सं.वि.)* ज्ञापित, जाना हुआ।
निवेदित *(सं.वि.)* निवेदन किया हुआ, कहा हुआ, अर्पण किया हुआ।
अनिवेदित *(सं.वि.)* अवर्णित, अकथित।
प्रचोदित *(सं.वि.)* उत्तेजित किया हुआ।
व्यक्तोदित *(सं.वि.)* स्पष्ट किया हुआ।
विनोदित *(सं.वि.)* हर्षित, प्रसन्न।
मोदित *(सं.वि.)* आनन्दित, हर्षयुक्त।
प्रमोदित *(सं.वि.)* हर्षित, आनन्दित।
प्रियोदित *(सं.पुं.)* मीठे वचन।
खोदित *(सं.वि.)* खोदा हुआ, चूर्णित।
वद्धित *(सं.पुं.)* व्याकरण में एक प्रकार का प्रत्यय जिसको शब्दों में जोड़कर नया शब्द बनाया जाता है-जैसे भिन्न से भिन्नता।
परिवर्धित *(सं.वि.)* बढ़ा हुआ, बढ़ाया हुआ।
संदर्धित *(सं.वि.)* बढ़ाया हुआ, पाला-पोसा हुआ।
अतिसन्धित *(सं.वि.)* ठगा हुआ।
बाधित *(सं.वि.)* ग्रस्त, असंगक जिसको सिद्ध करने में रुकावट हो।
व्याधित *(सं.वि.)* रोगी।
शषित *(सं.वि.)* साधा हुआ, शोधित।
छुषित *(हिं.वि.)* क्षुधित, भूखा।
छेधित *(सं.वि.)* छिद्रित, छेदा हुआ।
बोधित *(सं.वि.)* ज्ञापित, जताया हुआ।
प्रबोधित *(सं.वि.)* जगाया हुआ, ज्ञात।
विबोधित *(सं.वि.)* बतलाया हुआ।
रोधित *(हिं.वि.)* रोका हुआ।
क्रोधित *(सं.वि.)* क्रुद्ध।
प्रतिरोधित *(सं.वि.)* निवारित, रोका हुआ।
विरोधित *(सं.वि.)* जिसका विरोध किया हुआ हो।
शोधित *(सं.वि.)* परिष्कृत, स्वच्छ किया हुआ।
संशोधित *(सं.वि.)* परिष्कृत, सुधारा हुआ।

अनित *(हिं.वि.)* अनित्य, शून्य।
अगनित *(हिं.वि.)* अगणित, अनगिनती। नित नित-प्रतिदिन।
वनित *(हिं.स्त्री.)* वेषभूषा, बानक।
भनित *(हिं.वि.)* देखो भणित।
ध्वनित *(सं.वि.)* शब्द किया हुआ, प्रकट किया हुआ।
प्रतिध्वनित *(वि.)* गूँजता हुआ।
स्वनित *(हिं.पुं.)* शब्द।
रनित *(हिं.वि.)* झनू-झनू शब्द करता हुआ।
सनित *(हिं.वि.)* सना हुआ।
मानित *(सं.वि.)* सम्मानित, पूजित।
सम्मानित *(सं.वि.)* आदर किया हुआ।
रुनित *(हिं.वि.)* बजता हुआ।
अगिनित *(हिं.वि.)* अनगिनती।
श्रोनित *(हिं.वि.)* देखो शोणित।
शोनित *(हिं.वि.)* देखो शोणित, रुधिर।
झपित *(हिं.वि.)* मूँदा हुआ, लज्जित, नींद में भरा हुआ।
नपित *(सं.वि.)* नहाया हुआ।
तपित *(सं.वि.)* तप्त, ऊष्ण, गरम।
अर्पित *(सं.वि.)* दिया हुआ, स्थापित।
दर्पित *(सं.वि.)* घमंड किया हुआ।
समर्पित *(सं.वि.)* समर्पण किया हुआ।
तर्पित *(सं.वि.)* सन्तुष्ट किया हुआ।
तृपित *(हिं.वि.)* देखो तृप्त, संतुष्ट।
प्रकम्पित *(सं.वि.)* कम्पनयुक्त।
अकल्पित *(सं.वि.)* अकृत्रिम, सहज।
प्रकल्पित *(सं.वि.)* निश्चित किया हुआ।
कपोलकल्पित *(सं.वि.)* असत्य, झूठ।
परिकल्पित *(सं.वि.)* स्थिर किया हुआ।
विकल्पित *(सं.वि.)* अनियमित, संदिग्ध।
प्रजल्पित *(सं.वि.)* कहा हुआ।
प्रलपित *(सं.वि.)* कथित, कहा हुआ।
ग्लपित *(सं.वि.)* लज्जित, दग्ध।
पुष्पित *(सं.वि.)* कुसुमित, फूला हुआ।
ज्ञापित *(सं.वि.)* जाना हुआ।
झंपित *(हिं.वि.)* छिपा हुआ।
तापित *(सं.वि.)* जो तपाया गया हो, दुःखित, पीड़ित।
स्थापित *(सं.वि.)* निर्दिष्ट, व्यवस्थित।
व्यवस्थापित *(सं.वि.)* निर्धारित, नियमित।
दापित *(सं.पुं.)* दंडित।
नापित *(सं.पुं.)* नाई, नाऊ।
समापित *(सं.वि.)* समाप्त किया हुआ।
अध्यापित *(सं.वि.)* पढ़ाया लिखाया हुआ।
बापित *(सं.वि.)* बोया हुआ।
शापित *(सं.वि.)* जिसको शाप दिया गया हो।
श्रापित *(हिं.वि.)* देखो शापित।
ज्ञापित *(सं.वि.)* सूचित, बतलाया हुआ।
तिपति *(हिं.स्त्री.)* देखो तृप्ति।
दीपित *(सं.वि.)* प्रकाशित मठ *(हिं.वि.)* कर्मनिष्ठ।
अदीपित *(सं.वि.)* न जलाया हुआ।
सन्दीपित *(सं.वि.)* प्रज्वलित, जलाया हुआ।
प्रकुपित *(सं.वि.)* अति क्रुद्ध।
धूपित *(सं.वि.)* धूप दिया हुआ।
परिधूपित *(सं.वि.)* धूप द्वारा सुवासित।
निरूपित *(सं.वि.)* विचारा हुआ, निर्णय किया हुआ।
सुनिरूपित *(सं.वि.)* अच्छी तरह निर्णय किया हुआ।
कोपित *(हिं.वि.)* कोप करनेवाला, क्रोधी।
कोपित *(सं.वि.)* कुपित, क्रुद्ध।
प्रकोपित *(सं.वि.)* उत्तेजित किया हुआ।
संगोपित *(सं.वि.)* छिपाया हुआ।
रोपित *(सं.वि.)* जमाया हुआ, लगाया हुआ, रखा हुआ।
सुषोपित *(सं.वि.)* गहरी नींदयुक्त।
गुम्फित *(सं.वि.)* ग्रन्थित, गुँथा हुआ।
विडम्बित *(सं.वि.)* उपहास किया हुआ, ठगा हुआ।
पलम्यित *(सं.वि.)* नीचे तक लटका हुआ।
विलम्बित *(सं.वि.)* लटकता हुआ, जिसको देर हुई हो।
द्रुतविलम्बित *(सं.पुं.)* एक छन्द का नाम।
विम्बित *(सं.वि.)* प्रतिबिम्बित।
प्रतिबिम्बित *(सं.वि.)* जिसकी परछाँही पड़ती हो, जो परछाँही पड़ने के कारण देख पड़ता हो।
खबित *(सं.वि.)* ह्रस्व, कटा हुआ।
गरवित *(हिं.वि.)* देखो गर्वित।
गर्भित *(सं.वि.)* पूर्ण, पूरित, भरा हुआ।
दुरभित *(सं.वि.)* सुगंधित।
छूभित *(हिं.वि.)* घबड़ाया हुआ।
लुभित *(सं.वि.)* लुभाया हुआ।
क्षुभित *(सं.वि.)* देखो क्षुब्ध।
अमोभित् *(सं.पुं.)* खद्योत, जुगनू; *(वि.)* अँधेरा दूर करनेवाला।
लोभित *(सं.वि.)* लुब्ध।
प्रलोभित *(सं.वि.)* ललचाया हुआ।
शोभित *(सं.वि.)* शोभायुक्त।
सुशोभित *(सं.वि.)* अत्यन्त शोभायमान।
झोभित *(सं.वि.)* व्याकुल।
थम्भित *(हिं.वि.)* स्थिर, व्याकुल।
स्तम्भित *(सं.वि.)* जड़ीभूत, निश्चल, स्थिर।
रम्भित *(सं.वि.)* शब्द किया हुआ।
अमित *(सं.वि.)* असीम, अपरिमित।
दमित *(सं.वि.)* वश में किया हुआ।
नमित *(हिं.क्रि.)* झुका हुआ।
नामित *(सं.वि.)* झुकाया हुआ।
उपमित *(सं.वि.)* जिसकी उपमा दी गई हो।

संयमित *(सं.वि.)* वश में लाया हुआ, इन्द्रियनिग्रह।
विनिर्मित *(सं.वि.)* अच्छी तरह से बना हुआ।
सुनिर्मित *(सं.वि.)* अच्छी तरह बना हुआ।
घुर्मित *(हिं.वि.)* घूमता या चक्कर खाता हुआ।
संक्रमित *(सं.वि.)* स्थापित, प्रतिबिम्बित।
भ्रमित *(सं.वि.)* शंकित, घूमता हुआ।
रमित *(हिं.वि.)* मुग्ध, लुभाया हुआ।
विस्मित *(सं.वि.)* चकित।
स्मित *(सं.पुं.)* मन्दहास, धीमी हँसी *(वि.)* विकसित, खिला हुआ।
भस्मित *(सं.वि.)* जलाया हुआ।
शमित *(सं.वि.)* शान्त किया हुआ।
यत्रिमित *(सं.अव्य.)* जिस कारण से।
निमित्त *(सं.वि.)* के लिए, वास्ते।
दुनिमित *(सं.वि.)* जो बुरे विचार से फेंक दिया गया हो।
परिमित *(सं.वि.)* अल्प, थोड़ा, कम।
अपरिमित *(सं.वि.)* अगणित, असीम।
वलयित *(सं.वि.)* घिरा हुआ।
संशयित *(सं.वि.)* संदिग्ध, अनिश्चित।
क्षयित *(सं.वि.)* बिगाड़ा या नाश किया हुआ।
पायित *(सं.वि.)* सान किया हुआ।
पलायित *(सं.वि.)* भागा हुआ।
लालायित *(सं.वि.)* ललचाया हुआ।
वक्रित *(सं.वि.)* जो टेढ़ा हो गया हो।
सुक्रित *(हिं.वि.)* देखो सुकृत।
चरित *(हिं.पुं.)* आचरण, कृत्य, करतूत, चरित्र, किसी मनुष्य की जीवनी की विशेष घटनाओं का वर्णन।
जीवनचरित *(सं.पुं.)* जीवनवृत्तान्त ग्रंथ।
हीनचरित *(सं.वि.)* जिसका आचरण बुरा हो।
अपचरित *(सं.पुं.)* बुरा आचरण।
प्रचरित *(सं.वि.)* चलता हुआ।
बालचरित *(सं.पुं.)* लड़कों का खिलवाड़।
दुश्चरित *(सं.पुं.)* बुरा आचरण, पाप, कुचाल; *(वि.)* बुरे आचरण का।
सुचरित *(सं.पुं.)* सच्चरित्र।
जर्जरित *(सं.वि.)* खंडित, टूटा-फूटा।
झरित *(सं.वि.)* गलित, गला हुआ।
तरित *(सं.वि.)* पार किया हुआ।
वितरित *(सं.वि.)* बाँटा हुआ।
छिद्रित *(सं.वि.)* दूषित, छेदा हुआ।
निद्रित *(सं.वि.)* निद्रागत, सोया हुआ।
भरित *(हिं.वि.)* भरा हुआ, पालित जिसका पालन पोषण किया गया हो।
वसुभरित *(सं.वि.)* धनपूर्ण।
संस्मरित *(सं.वि.)* याद दिलाया हुआ।
दरित *(सं.वि.)* भयभीत, डरपोक।
त्वरित *(सं.पुं.)* शीघ्र, जल्दी; (क्रि. वि.) जल्दी से।
स्वरित *(सं.पुं.)* स्वर का वह उच्चारण जो न बहुत तीव्र हो और न बहुत धीमा।
हरित *(सं.वि.)* कपिश, भूरे या बादामी रंग का।
अश्रित *(सं.वि.)* सेवित, आश्रित।
अधिश्रित *(सं.वि.)* आग पर चढ़ाया हुआ।
(दिव्यवाक्य) देववाणी।
दिव्यसरित *(सं.स्त्री.)* आकाश गंगा।
प्रसरित *(सं.वि.)* विस्तृत, फैला हुआ।
अमरसरित *(सं.स्त्री.)* जाह्नवी, गंगा।
देवसरित *(सं.स्त्री.)* गंगा नदी।
द्युसरित्, द्युसिन्धु *(सं.स्त्री.)* मन्दाकिनी।
सुसरित मन्दाकिनी, गंगा।
क्षरित *(सं.वि.)* चुआया हुआ, टपकाया हुआ।
स्वाक्षरित *(सं.वि.)* अपना हस्ताक्षर किया हुआ।
कारित *(सं.वि.)* दूसरे के द्वारा कराया हुआ।
चारित *(सं.वि.)* चलाया हुआ।
प्रचारित *(सं.वि.)* विस्तृत, प्रचार किया हुआ।
विचारित *(सं.वि.)* सोचा विचारा हुआ।
जारित *(सं.वि.)* शुद्ध किया हुआ।
वतारित *(सं.वि.)* जो ठगा गया हो।
विस्तारित *(सं.वि.)* फैलाया हुआ।
दारित *(सं.वि.)* फाड़ा हुआ।
विदारित *(सं.वि.)* विदीर्ण, फाड़ा हुआ।
निर्धारित *(सं.वि.)* निश्चित, ठहराया हुआ।
अनिर्धारित *(सं.वि.)* स्थिर न किया हुआ, अनिश्चित।
शरित *(सं.वि.)* जो मार डाला गया हो।
वारित *(सं.वि.)* रोका हुआ।
अनिवारित *(सं.वि.)* बिना रोका, न हटाया हुआ।
आश्रित *(सं.वि.)* आश्रय प्राप्त, शरणागत, सेवक, आधीन, अवलंबित।
पराश्रित *(सं.वि.)* शरण में आया हुआ।
धर्माश्रित *(सं.वि.)* धर्मशील, धार्मिक *(सं.वि.)* अपना ध्यान किसी एक विषय में स्थिर करनेवाला।
अनन्याश्रित जो दूसरे के आश्रित न हो, स्वतंत्र।
विसारित *(सं.वि.)* फैलाया हुआ।
प्रसारित *(सं.वि.)* विस्तारित, फैलाया हुआ।
निःसारित *(सं.वि.)* बाहर निकाला हुआ।
निस्सारित *(सं.वि.)* निकाला हुआ।
क्षारित *(सं.वि.)* दूषित, दुर्नाम।
मिश्रित *(सं.वि.)* मिलाया हुआ।
अमिश्रित *(सं.वि.)* बिना मिलावट का।
दीरित *(सं.वि.)* प्रेरित, कहा हुआ।
समुदीरित *(सं.वि.)* उच्चारण किया हुआ।

अंकुरित *(सं.वि.)* खिला हुआ।
दुरित *(सं.पुं.)* पातक, पाप।
मुद्रित *(सं.वि.)* मुद्रण किया हुआ, छापा हुआ।
प्रफुरित *(सं.वि.)* हिलने या पकड़ने वाला।
विस्फुरित *(सं.वि.)* अस्थिर, चंचल।
पूरित *(सं.वि.)* परिपूर्ण, भरा हुआ।
प्रपूरित, प्रपूर्ण *(सं.वि.)* परिपूर्ण किया हुआ।
परिपूरित *(सं.वि.)* परिपूर्ण, भरा हुआ।
प्रेरित *(सं.वि.)* उत्तेजित, उभाड़ा।
नैऋत तन्मय, मग्न।
कलित *(सं.वि.)* गिना हुआ, समझा।
व्यवकलित *(सं.वि.)* घटाया हुआ।
विकलित *(सं.वि.)* व्यग्र, व्याकुल।
खलित *(सं.वि.)* चंचल, चलायमान।
स्खलित *(सं.वि.)* गिरा हुआ, विचलित, फिसला हुआ।
अथलित *(सं.वि.)* स्थायी, टिकाऊ।
गलित *(सं.वि.)* भ्रष्ट, पतित, द्रवित, जीर्ण, खंडित।
वगलित देखो विगलित।
विगलित *(सं.वि.)* बिगड़ा हुआ।
चलित *(सं.वि.)* चलायमान, अस्थिर।
उच्चलित *(सं.वि.)* ऊपर पहुँचा हुआ।
प्रचलित *(सं.वि.)* चलता हुआ।
अप्रचलित *(सं.वि.)* जो व्यवहार में न आए, अप्रयुक्त।
विचलित *(सं.वि.)* अस्थिर, चंचल।
छलित *(सं.वि.)* वंचित, धोखा दिया हुआ।
प्रज्वलित *(सं.वि.)* जलता हुआ।
मण्डलित *(सं.वि.)* मोल किया हुआ।
दलित *(सं.वि.)* विदीर्ण, कुचला हुआ।
पददलित *(सं.वि.)* पैरों से कुचला हुआ।
पाददलित *(सं.वि.)* पैर से कुचला हुआ।
विदलित *(सं.वि.)* फाड़ा हुआ, टुकड़े किया हुआ, रौंदा हुआ।
पलित *(सं.वि.)* वृद्ध, बूढ़ा।
बलित *(हिं.वि.)* बलिदान दिया हुआ।
शबलित *(सं.वि.)* चितकबरा।
सम्मिलित *(सं.वि.)* युक्त, मिला हुआ।
सरलित *(सं.वि.)* सीधा किया हुआ।
परफुल्लित *(हिं.वि.)* देखो प्रफुल्लित।
ललित *(सं.वि.)* मनोहर, सुन्दर।
दुर्ललित *(सं.पुं.)* दुष्कर्म, पाप; *(वि.)* चंचल, चपल।
सुरलित *(सं.वि.)* अत्यन्त, सुन्दर।
फलित *(सं.वि.)* फलवान, फला हुआ, पूर्ण, संपूर्ण।
बलित *(सं.वि.)* बल खाया हुआ, लचका हुआ, झुकाया हुआ या मोड़ा हुआ।
धवलित *(सं.वि.)* सफेद किया हुआ।
शवलित *(सं.वि.)* मिश्रित, मिलाया हुआ।
वगलित *(सं.वि.)* गलाया हुआ।
प्रचालित *(सं.वि.)* प्रचार किया हुआ।
परिचालित *(सं.वि.)* चलाया हुआ, परिचित, जाना समझा, अभिज्ञ, संचित, इकट्ठा किया हुआ।
पालित *(सं.वि.)* रक्षित, पाला हुआ।
प्रतिपालित *(सं.वि.)* पालन किया हुआ।
प्रक्षालित *(सं.वि.)* धोया हुआ, स्वच्छ किया हुआ।
कीलित *(सं.वि.)* मन्त्र से बँधा हुआ।
पीलित *(सं.वि.)* बन्द किया हुआ, सिकोड़ा हुआ।
निमीलित *(सं.वि.)* बन्द किया हुआ, ढँपा हुआ।
पुकुलित *(सं.वि.)* जिसमें कलियाँ आ गई हो।
तुलित *(सं.वि.)* तुला हुआ।
लुलित *(सं.वि.)* झूलता हुआ।
विलुलित *(हिं.वि.)* लहराता हुआ।
दोलित *(हिं.वि.)* चंचल, दोलायमान।
लोलित *(सं.वि.)* शिथिल, ढीला।
तरलित *(सं.वि.)* थरथराता हुआ।
अनन्वित *(सं.वि.)* असम्बद्ध, पृथक।
समन्वित *(सं.वि.)* संयुक्त, मिला हुआ।
पवित *(सं.वि.)* पूत, पवित्र, शुद्ध।
ववित *(सं.वि.)* दाँतों से चबाया हुआ।
परिचित *(सं.वि.)* पूज्य, आदरणीय।
पल्लवित *(सं.वि.)* जिसमें नये नये पत्ते निकले।
सर्ववित् *(सं.पुं.)* परब्रह्म, परमेश्वर, ओंकार।
भावित *(सं.वि.)* सोचा हुआ, मिलाया हुआ, शुद्ध किया हुआ।
सम्भावित *(सं.वि.)* मन में लाया या उपस्थित किया हुआ।
विभावित *(सं.वि.)* चिन्तित, सोचा हुआ।
द्रावित *(सं.वि.)* द्रवित, गलाया हुआ।
विद्रावित *(सं.वि.)* भीगा हुआ।
स्रावित *(सं.वि.)* टपककर निकाला हुआ।
प्लावित *(सं.वि.)* जल में डूबा हुआ।
निन्दान्वित *(सं.वि.)* निन्दित।
क्रोधान्वित *(सं.वि.)* क्रोधयुक्त।
शोभान्वित *(सं.वि.)* शोभायुक्त।
जीवित *(सं.वि.)* जीता हुआ।
सेवित *(सं.वि.)* परिचर्या या सेवा किया हुआ, आराधित।
आसेवित *(सं.वि.)* बारंबार सेवा किया हुआ।
अशित *(सं.वि.)* भक्षित, खाया हुआ।
दर्शित *(सं.वि.)* दिखलाया हुआ।
प्रदर्शित *(सं.वि.)* दिखलाया हुआ।
क्लिशित *(सं.वि.)* क्लेशयुक्त।
विभ्रंशित *(सं.वि.)* पतित, विलुप्त।

प्रकाशित *(सं.वि.)* जिस पर प्रकाश पड़ रहा हो, चमकता हुआ, जो प्रकाश में आ चुका हो, शोभित, प्रकट।
नाशित *(सं वि.)* नाश किया हुआ।
विनाशित *(सं.वि.)* नाश किया हुआ।
प्राशित *(सं.वि.)* भक्षित, खाया हुआ।
निशित *(सं.वि.)* चोखा किया हुआ।
पिशित *(सं.पुं.)* मांस।
देशित *(सं.वि.)* जिससे उपदेश लिया गया हो।
घर्षित *(सं.वि.)* अपमानित किया हुआ।
दुमर्षित *(सं.वि.)* बैर का बदला लेने के उद्योग में हो।
वर्षित *(सं.वि.)* वृद्धिप्राप्त, बढ़ा हुआ।
रोमहर्षित *(सं.वि.)* पुलकित।
तृर्षित *(सं.वि.)* प्यासा, लोभी, लालची।
हर्षित *(सं.वि.)* विस्मृत, पुलकित, प्रणत।
हरषित *(हिं.वि.)* हर्षित, प्रसन्न।
अभिलषित *(सं.वि.)* इच्छित, वांछित।
यथाभिलषित *(सं.वि.)* इच्छानुसार।
भाषित *(सं.वि.)* कथित, कहा हुआ।
दुर्भाषित *(सं.पुं.)* बुरा कहा हुआ।
अभिभाषित *(सं.वि.)* निवेदित, कहा हुआ।
परिभाषित *(सं.वि.)* जिसकी परिभाषा की गई हो।
सुभाषित *(सं.वि.)* अच्छी तरह कहा हुआ।
त्रिषित *(हिं.वि.)* देखो तृषित।
अनीषित *(सं.वि.)* अभिलषित, वांछित।
सुषित *(सं.वि.)* दोषयुक्त, जिसमें दोष हो।
पुषित *(सं.वि.)* पोषण किया हुआ।
मुषित *(सं.वि.)* चुराया हुआ, ठगा हुआ।
मलदूषित *(सं.वि.)* मलिन, मैला।
पूष्पभूषित *(सं.वि.)* फूलों से सुशोभित।
भूषित *(सं.वि.)* अलंकृत, सज्जित।
विभूषित *(सं.वि.)* सुशोभित, गुणों से युक्त।
परिभूषित *(सं.वि.)* सजाया हुआ।
प्रेषित *(सं.वि.)* प्रेरणा किया हुआ, भेजा हुआ।
विप्रेषित *(सं.वि.)* बाहर भेजा हुआ।
संश्लेषित *(सं.वि.)* सटाया हुआ।
अन्वेषित *(सं.वि.)* अनुसन्धान किया हुआ, खोजा हुआ।
विशेषित *(सं.वि.)* जो विशेष रूप से अलग किया हो।
सोषित *(सं.वि.)* तृप्त, सन्तुष्ट।
पोषित *(सं.वि.)* पाला हुआ।
प्रोषित *(सं.वि.)* प्रवासी।
परोषित *(सं.वि.)* दूसरे से पाला-पोसा हुआ; *(पुं.)* कोकिल, कोयल।
सोषित *(सं.वि.)* सुखाया हुआ।
कुत्सित *(सं.वि.)* निन्दित, गर्हित, अधम, नीच।
ईप्सित *(सं.वि.)* वांछित।
अभीप्सित *(हिं.वि.)* वांछित, इच्छा किया हुआ।
जगप्सित *(सं.वि.)* घृणित, निन्दित।
यथेप्सित *(सं.अव्य.)* जैसी इच्छा हो वैसा।
लसित *(हिं.वि.)* शोभित। *(स्त्री.)* लसदार होने का भाव।
उल्लसित *(सं.वि.)* फड़कनेवाला, उठा हुआ, आनन्दित।
समुल्लसित *(सं.वि.)* आनन्दित।
इच्छुवसित *(सं.वि.)* विकसित, कम्पित, हाँफता हुआ।
व्यवसित *(सं.वि.)* उद्यत, तत्पर।
विश्वसित *(सं.वि.)* विश्वास करने योग्य।
हसित *(सं.पुं.)* उपहास, हँसी, ठट्ठा; *(वि.)* विकसित, खिला हुआ।
त्रासित *(सं.वि.)* भयभीत, डरा हुआ।
ध्वंसित *(सं.वि.)* नाश किया हुआ।
शंसित *(सं.वि.)* निश्चित, वांछित।
प्रशंसित *(सं.वि.)* प्रशंसायुक्त।
निष्कासित *(सं.वि.)* बाहर निकाला हुआ।
पिपासित *(सं.वि.)*
भ्रासित *(सं.वि.)* दिखाई पड़नेवाला।
वासित *(सं.वि.)* सुगन्धित किया हुआ, वस्त्र से ढँपा हुआ।
प्रवासित *(सं.वि.)* देश से निकाला हुआ।
सुवासित *(सं.वि.)* सुगन्धयुक्त।
शासित *(सं.वि.)* शासन किया हुआ, दण्ड दिया हुआ।
सुशासित *(सं.वि.)* अच्छी तरह से शासित।
जिज्ञासित *(सं.वि.)* जिससे पूछा गया हो।
निसित *(हिं वि.)* तीव्र।
वसित *(हिं वि.)* रुष्ट, अप्रसन्न।
अहित *(सं.पुं.)* शत्रु, वैरी; *(वि.)* हानिकारक, प्रतिकूल।
लोकहित *(सं.पुं.)* संसार।
अनहित *(सं.वि.)* बिना संबंध का।
अनहित *(हिं.पुं.)* बुराई, अपकार।
लोचन-हित *(सं.वि.)* नेत्रों के लिए लाभदायक।
अहित *(सं.वि.)* पूजित।
अगहित *(सं.वि.)* निंदा न किया हुआ।
विगर्हित *(सं.वि.)* निन्दनीय।
सहित *(सं.वि.)* संयुक्त, साथ, समेत।
अन्तहित *(सं.वि.)* गुप्त, छिपा हुआ।
सर्वभूतहित *(सं.पुं.)* सब प्राणियों के हित वाला
रहित *(सं.वि.)* वर्जित, बिना।
परहित *(सं.पुं.)* दूसरे का कल्याण।
विरहित *(सं.वि.)* रहित, शून्य, बिना।
प्रहित *(सं.वि.)* प्रसिद्ध, प्रख्यात।
वृहित *(सं.पुं.)* हाथी की चिंग्घाड़।
वाहित *(सं.स्त्री.)* चलाया हुआ।
निर्वाहित *(सं.वि.)* निबाहा हुआ।
विवाहित *(सं.वि.)* जिसका विवाह हो चुका हो।

प्रोत्साहित *(सं.वि.)* उत्तेजित, उत्साह बढ़ाया हुआ।
चिन्हित *(हिं.वि.)* देखो चिह्नित।
निहित *(सं.वि.)* नष्ट, फेंका हुआ, मार डाला हुआ।
सन्निहित *(सं.वि.)* समीप का, निकट का।
विहित *(सं.वि.)* आच्छादित, छिपा हुआ।
अभिहित *(हिं.वि.)* भाषित, कहा हुआ।
लिहित *(हिं.वि.)* चाटता हुआ।
विहित *(सं.वि.)* किया हुआ।
अविहित *(सं.वि.)* निषिद्ध, न किया हुआ।
न्यायविहित *(सं.वि.)* न्याय के अनुसार अथवा न्यायपूर्वक किया हुआ।
ईहित *(सं.वि.)* अपेक्षित।
ऊहित *(सं.वि.)* अनुमान किया हुआ।
दोहित *(सं.वि.)* दूहा हुआ।
मोहित *(सं.वि.)* भ्रम में पड़ा हुआ।
विमोहित *(सं.वि.)* मुग्ध, लुभाया हुआ, मूर्छित।
प्रोहित *(हिं.पुं.)* देखो पुरोहित।
पुरोहित *(सं.वि.)* यजमान के यहाँ यज्ञादि श्रौत कर्म, गृह कर्म, संस्कार शान्ति आदि कर्म करानेवाला, ब्राह्मण।
तिरोहित *(सं.वि.)* अन्तर्हित, अदृष्ट।
पौरोहित *(सं.पुं.)* पुरोहित का धर्म या कार्य।
लोहित *(सं.वि.)* लाल रंग का।
धूम्रलोहित *(सं.पुं.)* शिव, महादेव, कालापन लिए हुए लाल रंग।
भक्षित *(सं.वि.)* खाया हुआ।
रक्षित *(सं.वि.)* रक्षा किया हुआ, पाला-पोसा हुआ।
संरक्षित *(सं.वि.)* भली भाँति रक्षा किया हुआ।
अलक्षित *(सं.वि.)* अप्रकट, अदृश्य।
विवक्षित *(सं.वि.)* इच्छा किया हुआ।
अविवक्षित *(सं.वि.)* असंबद्ध विषय का।
शिक्षित *(सं.वि.)* जिसने शिक्षा पाई हो, पढ़ा लिखा।
अशिक्षित *(सं.वि.)* बिना पढ़ा लिखा, अनाड़ी, गँवार, मूर्ख।
नवशिक्षित *(सं.वि.)* नवसिखुआ, आधुनिक रीति की शिक्षा प्राप्त किया हुआ।
सुशिक्षित *(सं.वि.)* उत्तम रूप से शिक्षित।
दीक्षित *(सं.वि.)* जिसने आचार्य से विधिपूर्वक दीक्षा ली हो; *(पुं.)* ब्राह्मणों की एक उपाधि।
अभीक्षित *(सं.वि.)* जिसको दीक्षा न मिली हो।
परीक्षित *(सं.वि.)* जिसकी परीक्षा की गई हो।
निरीक्षित *(सं.वि.)* अच्छी तरह देखा हुआ।
ऊवीक्षित *(सं.वि.)* अदृश्य, न देखा हुआ।
प्रेक्षित *(सं.वि.)* दृष्टि।
प्रोक्षित *(सं.वि.)* सींचा हुआ।
एकत्रित *(सं.वि.)* इकट्ठा किया हुआ।
अनियन्त्रित *(सं.वि.)* प्रतिबन्धहीन।
आमन्त्रित *(सं.वि.)* न्योता पाया हुआ।
पवित्रित *(सं.वि.)* शुद्ध या निर्मल किया हुआ।
मंत्रित *(हिं.वि.)* बंद किया हुआ।
निमंत्रित *(सं.वि.)* जिसको न्योता दिया गया हो।
दुमन्त्रित *(सं.वि.)* जिसने बुरी मन्त्रणा दी हो।
सुमन्त्रित *(सं.वि.)* अच्छी तरह से मन्त्रणा किया हुआ।
गीत *(सं.पुं.)* गान, गाना, प्रशंसा।
जीत *(हिं.स्त्री.)* जय, विजय, लाभ।
नीत *(सं.वि.)* गृहीत, लाया हुआ।
पीत *(सं.वि.)* पीले रंग का, पिया हुआ।
बीत *(सं.वि.)* छोड़ा हुआ, मुक्त, समाप्त, निवृत्त।
भीत (हिं.स्त्री.) भित्तिका, विभाग करने का परदा, खण्ड, टुकड़ा; *(हिं.वि.)* डरा हुआ।
मीत *(हिं.पुं.)* मित्र।
रीत *(हिं.स्त्री.)* देखो रीति।
सीत *(हि.पुं.)* देखो शीत, ठंडक।
शीत *(सं.पुं.)* जाड़ा, तुषार, ओस, जाड़े की ऋतु *(वि.)* शीतल, ठंडा।
अधीत *(सं.वि.)* अध्ययन किया हुआ।
बातचीत *(हिं.स्त्री.)* वार्तालाप।
अगीत-पछोल *(हिं. क्रि. वि.)* आगे-पीछे, इधर-उधर।
प्रणीत *(सं.वि.)* बनाया हुआ, सुधारा हुआ, भेजा हुआ।
अतीत *(सं.वि.)* अतिक्रान्त, बीता हुआ। अतीतना-*(हिं. क्रि.)* बीतना।
प्रतीत *(सं.वि.)* विदित, जाना हुआ।
परतीत *(हिं.स्त्री.)* देखो प्रतीति।
व्यतीत *(सं.वि.)* बीता हुआ।
दुरधीत *(सं.वि.)* बुरी तरह से अध्ययन किया हुआ।
स्वधीत *(सं.वि.)* अच्छी तरह पढ़ा हुआ।
व्यपनीत *(सं.वि.)* दूर किया हुआ।
उपनीत *(सं.वि.)* पास लाया हुआ, प्राप्त, उपस्थित, पहुँचा हुआ।
नवनी, नवनीत *(सं. स्त्री. पुं.)* मक्खन।
अभीत *(हिं.वि.)* निर्भर, भय-रहित।
नभीत *(सं.वि.)* भयरहित, निडर।
विभीत *(सं.वि.)* भय-रहित, निडर।
भयभीत *(सं.वि.)* डरा हुआ।
अमीत *(हिं.पुं.)* जो मित्र न हो, शत्रु।
भ्रमी, भ्रमीत *(हिं.वि.)* चकित, भौंचक।
अरीत *(हिं.स्त्री.)* कुरीति, बुरी चाल।
क्रीत *(सं.वि.)* मोल लिया हुआ।
अल्पक्रीत सस्ता।
दुंष्क्रीत *(सं.वि.)* महँगा, महँगे दाम का।
विक्रीत *(सं.वि.)* बेचा हुआ।
विपरीत *(हिं.वि.)* प्रतिकूल।

विपरीत *(सं.वि.)* विरुद्ध।
पलीत *(हि.पुं.)* भूत, प्रेत, पिशाच। *(वि.)* दुष्ट, धूर्त।
उपवीत *(सं.पुं.)* बाएँ कन्धे पर रखा हुआ यज्ञ-सूत्र, जनेऊ।
यज्ञोपवीत *(सं.पुं.)* ब्रह्मसूत्र, उपनयन, व्रतबन्ध, जनेऊ।
गृहीत *(सं.वि.)* प्राप्त किया हुआ।
प्रगृहीत *(सं.वि.)* अच्छी तरह से पकड़ा हुआ।
प्रतिग्रहीत *(हिं.वि.)* प्रतिग्रह या दान लेनेवाला।
प्रतिगृहीत *(सं.वि.)* ग्रहण किया हुआ, लिया हुआ।
परिगृहीत *(सं.वि.)* स्वीकृत, ग्रहण किया हुआ।
संग्रहीत *(सं.वि.)* इकट्ठा किया हुआ।
सदगृहीत *(सं.वि.)* संग्रह किया हुआ।
सुसंगृहीत *(सं.वि.)* अच्छी तरह से संग्रह किया हुआ।
अनुगृहीत *(सं.वि.)* अनुग्रह किया हुआ, कृतज्ञ।
कालातीत *(सं.पुं.)* कालातिक्रम, समय का टल जाना।
देहातीत *(सं.पुं.)* वह ज्ञानी जिसको शरीर की ममता न हो। देहान्त-*(सं.पुं.)* मृत्यु।
आनीत *(सं.वि.)* गृहीत, लाया हुआ।
समानीत *(सं.वि.)* आदर या यत्नपूर्वक लाया हुआ।
प्रत्यानीत *(सं.वि.)* फिर से लाया हुआ।
विवाभीत *(सं.पुं.)* उल्लू।
महाभीत *(सं.वि.)* बड़ा डरपोक।
वितीत *(हिं.वि.)* व्यतीत, बीता हुआ।
अभिनीत *(सं.वि.)* समीप लाया हुआ, अलंकृत, उचित।
विनीत *(सं.वि.)* सुशील, शिष्ट, नम्र।
अविनीत *(सं.वि.)* दुष्ट, उद्धत।
सुविनीत *(सं.वि.)* अत्यन्त, नम्र।
विभीत *(सं.वि.)* डरा हुआ।
दुर्नीत *(सं.पुं.)* बुरी नीति, कुचाल।
पुनीत *(हिं.वि.)* पवित्र, शुद्ध।
अपुनीत *(सं.वि.)* अपवित्र।
सुसीत *(हिं.वि.)* शीतल, ठंडा।
गोतीत *(सं.वि.)* जो इन्द्रियों से जाना जा सके।
मनोनीत *(सं.वि.)* जो मन के अनुकुल हो।
संगीत *(सं.पुं.)* वह कार्य जिसमें नाचना, गाना, बजाना तीनों हो।
सुसंगीत *(सं.वि.)* सत्संग, अच्छी संगत।
संवीत *(सं.वि.)* आवृत, ढँपा हुआ।
उत *(हिं. क्रि. वि.)* उधर, वहाँ पर।
जत *(हिं.वि.)* देखो युक्ति।
छुत् *(हिं.स्त्री.)* क्षुधा, भूख।
दुत् *(हिं.अव्य.)* तिरस्कार-सूचक शब्द जो हटाने के लिए प्रयुक्त होता है।
युत *(सं.वि.)* युक्त, सहित।
रुत् *(सं.पुं.)* पक्षियों का कलरव शब्द, ध्वनि।
सुत *(सं.पुं.)* आत्मज, पुत्र, बेटा।
हुत *(सं.वि.)* हवन किया हुआ।
क्षुत् *(सं.स्त्री.)* क्षुधा, भूख।
इत-उत *(हिं. क्रि. वि.)* इधर-उधर।
नउत *(हिं.वि.)* वह जो नीचे की ओर झुका हो।
अजगुत *(हिं.पुं.)* अद्‌भुत घटना।
स्तुत *(सं.वि.)* प्रशंसित।
प्रस्तुत *(सं.वि.)* उपयुक्त, योग्य, प्राप्त, उद्यत, तैयार।
वस्तुतः *(सं.अव्य.)* यथार्थ में, सचमुच।
असस्तुत *(सं.वि.)* स्तुति न किया हुआ।
संस्तुत *(सं.वि.)* प्रशंसा किया हुआ।
अद्‌भुत *(सं.वि.)* विचित्र, विलक्षण, अनूठा।
अत्यद्‌भुत *(सं.वि.)* बड़ा अनोखा।
अद्यत् *(सं.पुं.)* वायु, हवा।
अयुत *(सं.वि.)* असम्बद्ध, मिला हुआ; *(पुं.)* दस हजार की संख्या।
वद्युत *(सं.वि.)* विद्युत, संबंधी।
प्रत्युत *(सं.अव्य.)* इसके विरुद्ध, वरन्।
प्रयुत *(सं.पुं.)* दस लाख की संख्या।
संयुत *(सं.वि.)* लगा हुआ, मिला हुआ।
श्रीयुत *(सं.वि.)* श्रीयुक्त।
पदच्युत *(सं.वि.)* अपने पद या स्थान से हटाया या गिराया हुआ।
स्थानच्युत *(सं.वि.)* अपने स्थान से गिरा हुआ, अपने पद से हटाया हुआ।
राज्यच्युत *(सं.वि.)* राजसिंहासन से उतारा हुआ।
धैर्यच्युत *(सं.वि.)* अस्थिर, भयहीन।
पंक्तिच्युत *(सं.वि.)* जाति से निकाला हुआ।
जातिच्युत *(वि.)* जो जाति से अलग कर दिया गया हो।
द्रुत *(सं.वि.)* शीघ्रगामी, भागा हुआ।
श्रुत *(सं.वि.)* सुना हुआ, ज्ञात।
जनश्रुत *(सं.वि.)* विख्यात, प्रसिद्ध।
दीर्घश्मश्रुत *(सं.वि.)* बड़ी दाढ़ीवाला।
सुश्रुत *(सं.वि.)* प्रसिद्ध।
बहुश्रुत *(सं.वि.)* जिसने अनेक विद्वानों से भिन्न-भिन्न शास्त्रों की बातें सुनी हो।
श्रुत *(हिं.वि.)* देखो श्रुत, बहता हुआ।
प्लुत *(सं.पुं.)* स्वर का एक मेल जो दीर्घ से भी बड़ा और तीन मात्रा का होता है।
विप्लुत *(सं.वि.)* आकुल, घबड़ाया हुआ।
दीपकसुत *(सं.पुं.)* कज्जल, काजल।
राजसुत *(सं.पुं.)* राजा का लड़का, राजपुत्र।
सुरसुत *(सं.पुं.)* देवपुत्र।
जलसुत *(हि.पुं.)* कमल, मोती।
बिचहुत सन्देह, दुविधा, अन्तर।

बहुत *(हिं.वि.)* आवश्यकता से अधिक, अनेक।
राउत *(हिं.पुं.)* राजवंश का कोई पुरुष।
महाउत *(हिं.पुं.)* देखो महावत।
आयुत *(सं.वि.)* आद्रीभूत, पिघला हुआ।
कहायुत *(सं.पुं.)* सौ अयुत की एक संख्या का नाम।
वायुत *(सं.पुं.)* वायु, हवा।
कमासुत *(हिं.वि.)* धन कमानेवाला, उद्यमी।
आहुत *(सं.पुं.)* आतिथ्य सत्कार।
निर्धुत *(सं.वि.)* धुला हुआ, स्वच्छ किया हुआ।
किमुत *(सं.अव्य.)* क्यों, अथवा या बहुत।
विद्युत *(सं.वि.)* बिजली। विद्युत्पात–*(सं.पुं.)* बिजली का गिरना।
वियुत *(सं.वि.)* रहित, अलग, हीन।
विद्रुत *(सं.वि.)* गला हुआ, भीगा हुआ।
शिवारूत *(सं.पुं.)* सियार के बोलने का शब्द।
परिश्रुत *(सं.वि.)* प्रसिद्ध।
विश्रुत *(सं.वि.)* विख्यात, प्रसिद्ध।
विश्वविश्रुत *(सं.वि.)* संसार भर में प्रसिद्ध।
विरूत *(सं.वि.)* कूजित, गूँजता हुआ।
बहुसुत *(सं.वि.)* जिसके बहुत सन्तान हों।
भूसुत *(सं.पुं.)* मंगल ग्रह, वृक्ष, पेड़।
शकुन्त *(सं.पुं.)* पक्षी, चिड़िया।
हुंत (हिं. प्रत्य.) प्राचीन हिन्दी की तृतीया और पंचमी विभक्ति, द्वारा, वास्ते, लिए।
कूत *(हिं.स्त्री.)* अनुमान, अटकल।
गूत चोट का चिह्न।
छूत *(हिं.स्त्री.)* स्पर्श, संसर्ग, अस्पृश्य का संसर्ग।
दूत *(सं.पुं.)* संवाद पहुँचानेवाला।
धूत *(हिं.वि.)* कम्पित, काँपता हुआ, देखो धूर्त।
पूत *(सं.पुं.)* पवित्र, सत्य, सच्चा।
पूत *(हिं.पुं.)* पुत्र, बेटा।
भूत *(सं.पुं.)* मृत शरीर, पिशाच आदि, व्याकरण में क्रिया का वह रूप जो यह सूचित करता है कि क्रिया का व्यापार समाप्त हो चुका, अतीत।
सूत *(हिं.पुं.)* कपड़ा बुनने का धागा, तार, तन्तु, तागा।
सूत *(सं.पुं.)* सारथि, बढ़ई, सूत्रकार।
अऊत *(हिं.वि.)* निःसन्तान, अपुत्र।
अकूत *(हिं.वि.)* जो कता न जा सके।
अधूत *(सं.वि.)* बिना हिलाया हुआ।
अछूत *(हिं.वि.)* अस्पृश्य; *(पुं.)* कहतुत–*(हिं स्त्री.)* प्रसिद्ध वार्ता।
राजदूत *(सं.पुं.)* वह पुरुष जो एक राज्य की ओर से अन्य राज्य में किसी प्रकार का संदेह लेकर भेजा जाता है।
यमदूत *(सं.पुं.)* यम के दूत।
रामदूत *(सं.पुं.)* हनुमानजी।
देवदूत *(सं.पुं.)* देवताओं का दूत।
अधूत (देखो अधुत) निडर, धृष्ट, ढीठ।
अवधूत *(सं.वि.)* कम्पित, हिलाया हुआ।
विधूत *(सं.वि.)* काँपता हुआ, हटाया हुआ, दूर किया हुआ।
कहनूत *(हिं.स्त्री.)* कहावत, दृष्टान्त।
अपूत *(सं.वि.)* अपवित्र, अशुद्ध; *(हिं.वि.)* पुत्रहीन; *(हि. पुं.)* अयोग्य पुत्र, कपूत।
दूध पूत *(हिं.पुं.)* धन और सन्तति।
सपूत *(हिं.पुं.)* अच्छा पुत्र।
परिपूत *(सं.वि.)* विशुद्ध, अपवित्र।
सुपूत *(हि.पुं.)* अच्छा पुत्र। सुपूती-*(हि.स्त्री.)* सुपूत होने का भाव।
कलबूत *(हि.पुं.)* साँचा, ढाँचा।
कालबूत *(हि.पुं.)* काठ का साँचा, जूता सीने का मोची का फर्मा।
अभूत *(सं.वि.)* अविद्यमान, विलक्षण, अपूर्व, वर्तमान, प्राणहीन।
अपूर्णभूत *(सं.पुं.)* व्याकरण में क्रिया का वह भूतकाल जिसमें क्रिया की समाप्ति नहीं दिखलाई जाती।
प्राणभूत *(सं.वि.)* प्राण धारण करने वाला।
उद्भूत *(सं.वि.)* ऊँचा देख पड़नेवाला।
भभूत *(हिं.स्त्री.)* वह भस्म जिसको लोग माथे तथा भुजा पर लगाते हैं।
अन्यभूत *(सं.स्त्री.)* जिसका पालन-पोषण दूसरा कोई करे, कोकिल।
सामान्यभूत *(सं.पुं.)* भूत क्रिया का वह रूप जिसमें क्रिया की पूर्णता होती है और भूतकाल की विशेषता नहीं पाई जाती; जैसे–गया, उठा आदि।
अन्तर्भूत *(सं.वि.)* मध्यस्थित।
आविर्भूत *(सं.वि.)* प्रकाशित, उत्पन्न।
बहिर्भूत *(सं.वि.)* बर्हिगत, बाहर किया हुआ।
प्रादुर्भूत *(सं.वि.)* प्रकटित, विकसित; उत्पन्न।
प्रभूत *(सं.वि.)* प्रचुर, अधिक, बहुत।
भभूत *(हिं.स्त्री.)* देखो भभूत, विभूति।
परभूत, परभूत् *(सं.वि.)* दूसरे को पालनेवाला; *(पुं.)* कोयल।
सारभूत *(सं.वि.)* सर्वोत्तम, श्रेष्ठ।
पूर्वभूत *(सं.वि.)* जो पहिले बीत गया हो।
पंचभूत *(सं.पुं.)* पृथ्वी, जल, तेज, वायु और आकाश।
सम्भूत *(सं.वि.)* उत्पन्न।
सम्भूत *(सं.वि.)* हृष्ट-पुष्ट, पाया हुआ।
तथाभूत *(सं.वि.)* उसी प्रकार से होता हुआ।
व्याभूत *(सं.वि.)* कम्पित, काँपा हुआ।
पराभूत *(सं.वि.)* पराजित, हारा हुआ।
निभूत *(सं.वि.)* धरा हुआ, रखा हुआ, भरा हुआ, निश्चित।

जीमूत *(सं.पुं.)* पर्वत, पहाड़, मेघ।
तृष्णीभूत *(सं.वि.)* मौन, चुपचाप।
व्यक्तीभूत *(सं.वि.)* प्रकाशित, प्रकट किया हुआ।
भस्मीभूत *(सं.वि.)* जो जलकर राख हो गया हो।
अधरीभूत *(सं.वि.)* हराया हुआ।
दूरीभूत *(सं.वि.)* बाहर निकाला हुआ।
फलीभूत *(सं.वि.)* फलदायक, लाभदायक।
सफलीभूत *(सं.वि.)* जो सिद्ध या पूरा हुआ हो।
ववलीभूत *(सं.वि.)* जो सफेद किया हुआ हो।
द्रवीभूत *(सं.वि.)* कृपालु, दयालु।
वशीभूत *(सं.वि.)* वश में लाया हुआ।
अनुभूत *(सं.वि.)* अनुभव द्वारा ज्ञात, उपलब्ध।
अननुभूत *(सं.वि.)* अनुभवहीन, अज्ञात।
वयोभूत *(सं.वि.)* अँधेरा किया हुआ, अज्ञानी, मूर्ख।
तिरोभूत *(सं.वि.)* गुप्त, छिपा हुआ।
द्यूत *(सं.पुं.)* दाँव बदलकर खेला हुआ खेल, जुआ।
प्राणिद्यूत *(सं.पुं.)* मेढ़ा, जीवों की लड़ाई या दौड़ का जुआ।
प्रसूत *(सं.वि.)* संजात, उत्पन्न।
आहूत *(सं.वि.)* बुलाया हुआ, पुकारा हुआ।
पुरुहूत *(सं.पुं.)* इन्द्र।
केत *(सं.पुं.)* घर, स्थान, बस्ती, ध्वजा।
खेत *(हिं.स्त्री.)* क्षेत्र, जोतने-बोने की भूमि, स्थान, कृषिफल।
चेत *(हिं.पुं.)* चित्तवृत्ति, चेतना, ज्ञान।
नेत *(हिं.पुं.)* निर्धारण, निश्चय।
रेत *(हिं.पुं.)* लोहा रेतने का एक अस्त्र, *(स्त्री.)* बालू, मरूस्थल।
सेत *(हिं.पुं.)* देखो सेतु, श्वेत।
शेत *(सं.पुं.)* काढ़ा।
हेत *(हिं.पुं.)* देखो हेतु, कारण।
बेत *(हिं.पुं.)* एक प्रकार की लचीली, नरकट, आकाश, वियत।
सेंत *(हिं.स्त्री.)* कुछ व्यय न होना।
धकेंत *(हिं.वि.)* धक्का देनेवाला।
सकेत *(हिं.पुं.)* संकेत, निर्दिष्ट, विपत्ति कष्ट, दुःख।
संकेत *(सं.पुं.)* इंगित, चेष्टा, चिह्न।
कुखेत *(हिं.पुं.)* बुरा स्थान, कुठाँव।
अचेत *(सं.वि.)* चेतनशून्य, मूर्छित, निर्बुद्धि *(पु.)* निर्जीव पदार्थ।
नचेत् *(सं.अव्य.)* नहीं तो, ऐसा न हो कि।
यदिचेत *(सं.अव्य.)* यद्यपि।
बिचेत *(हिं.वि.)* अचेत, मूर्छित।
नतेत *(हिं.पुं.)* संबंधी, नातेदार।
कमनेत *(हिं.पुं.)* धनुर्धारी।
धरनेत *(हिं.पुं.)* धरना देनेवाला मनुष्य।
शिरनेत *(हिं.पुं.)* गढ़वाल के आसपास का एक प्रदेश।
थानेत *(हिं.पुं.)* देखो।
समेत *(सं.वि.)* संयुक्त, मिला हुआ; *(अव्य.)* सहित, साथ।
अखरेत *(हिं.पुं.)* हिस्सेदार, साझीदार।
प्रेत *(सं.पुं.)* मरा हुआ प्राणी, भूत मनुष्य, नरक में रहनेवाला प्राणी।
अभिप्रेत *(सं.वि.)* अभिलाषित, इच्छा करने योग्य।
परेत *(हिं.पुं.)* देखो प्रेत; *(वि.)* मृत, मरा हुआ।
तरिहेत *(हिं. क्रि. वि.)* तल में, नीचे।
पेंत *(हिं.स्त्री.)* दाव।
सेत *(हिं.स्त्री.)* तत्व, सार, शक्ति, लाभ, *(पुं.)* शत, सौ।
पट्टैत *(हिं.पुं.)* पटेत, मूर्ख।
लठेत *(हिं.पुं.)* लाठी लड़नेवाला।
अकड़ैत *(हिं.पुं.)* घमंडी, गर्वी।
अखड़ैत *(हिं.पुं.)* बलवान् मनुष्य।
लड़ैत *(हिं.स्त्री.)* लड़ाई, सामना।
बिरदैत *(हिं.वि.)* प्रसिद्ध, नामी।
विरदैत *(हिं.वि.)* यशस्वी।
थनैत *(हिं.पुं.)* गाँव का प्रधान पुरुष।
बानैत *(हिं.पुं.)* बाण चलानेवाला योद्धा, सैनिक।
कुम्मैत, कुम्मैद *(हिं.पुं.)* कालापन।
करैत *(हिं.पुं.)* एक काली जाति का बहुत विषैला सर्प।
कुरैत *(हिं.पुं.)* साझी, हिस्सेदार।
सुरैत (हिं. स्त्रीं.) रखेली, उपपत्नी।
द्वैत *(सं.पुं.)* भेद, भ्रम, अज्ञान, दुविधा।
अद्वैत *(सं.पुं.)* अतुल्य, अद्वितीय।
ओत *(सं.वि.)* भरा हुआ, बुना हुआ; *(हि.स्त्री.)* सुख, विश्राम।
गोत *(हिं.पुं.)* गोत्र, कुल।
जोत *(हिं.स्त्री.)* ऊँट, घोड़े आदि जोते जाने वाले।
तोत *(हिं.पुं.)* राशि, ढेर।
पोत *(सं.पुं.)* नाव, जहाज, पशु आदि का छोटा बच्चा; *(हिं.स्त्री.)* माला।
सोत *(हिं.पुं.)* देखो स्त्रोत, सोता।
उँकोत *(हिं.वि.)* वर्षाकाल में पैर के सड़ने का रोग।
सामरिक पोत *(सं.पुं.)* जंगी जहाज।
धूमपोत *(सं.पुं.)* अग्निबोट, धुआँकस।
कपोत *(सं.पुं.)* पक्षी, चिड़िया, कबूतर।
समरपोत *(सं.पुं.)* लड़ाई का जहाज।
द्योत *(सं.पुं.)* प्रकाश, आतप।
सद्योत *(सं.पुं.)* जुगनू नामक कीड़ा, सूर्य।
श्रोत *(हिं.पुं.)* श्रवणेन्द्रिय, कान।
स्त्रोत *(सं.पुं.)* पानी का झरना या सोता।
ब्योंत बिवर, युक्ति, उपाय, साधन या सामग्री, पहनावा बनाने के लिए कपड़े की काट-छाँट, प्रबंध, आयोजन *(स्त्री.)* बाल, कपड़े आदि काटने की कैंची।

कतरब्योंत *(हिं.पुं.)* काट-छाँट, उलट-पलट, युक्ति।
धौत *(सं.वि.)* धुला हुआ, स्वच्छ किया हुआ, नहाया हुआ।
सौत *(हिं.स्त्री.)* किसी स्त्री के पति या प्रेमी की दूसरी स्त्री या प्रेमिका।
गठैत, गठौत *(हिं.स्त्री.)* मित्रता, घनिष्ठता, मेलजोल।
जेठौत-जेठौता *(हिं.पुं.)* पति के बड़े भाई (जेठ) का पुत्र।
शतधौत *(सं.वि.)* सौ बार धोया हुआ।
कलधौत *(सं.पुं.)* सोना, चाँदी, मीठी बोली।
परनौत *(हिं.स्त्री.)* नमस्कार, प्रणाम।
श्रौत *(सं.पुं.)* श्रुति संबंधी।
अंत *(सं.पुं.)* नाश, मृत्यु, सीमा, समाप्ति, प्रलय।
कंत *(हिं.पुं.)* पति, स्वामी, मालिक।
कंत, कंथ *(हिं.पुं.)* कान्त, प्रभु, मालिक, पति।
दंत *(सं.पुं.)* देखो दाँत।
मंत *(हिं.पुं.)* मंत्र, सलाह।
रंत *(हिं.वि.)* रत, अनुरक्त।
संत *(सं.पुं.)* साधु, संन्यासी, महात्मा।
हंत *(सं.अव्य.)* संभ्रम, विषाद, हर्ष आदि सूचक शब्द।
बेअंत *(हिं.वि.)* जिसका अंत न हो।
दिनकंत *(हिं.पुं.)* दिनकर, सूर्य।
नरकंत *(हिं.पुं.)* राजा, नृप।
प्रसगंत *(हिं.स्त्री.)* भाग जाने का कार्य।
लगंत *(हिं.स्त्री.)* लगन होने की क्रिया।
विगंत *(सं.पुं.)* दिशाओं का छोर, अन्त, क्षितिज; *(हिं.पुं.)* आँख का कोना।
निश्चिंत *(सं.वि.)* चिन्तारहित।
प्रयंत *(हिं.अव्य.)* देखो पर्यन्त।
रटंत *(हिं.स्त्री.)* रटने की क्रिया या भाव।
पिटंत *(हिं.स्त्री.)* पीटने की क्रिया या भाव।
लुटंत *(हिं.स्त्री.)* लूट।
गढ़ंत *(हिं.स्त्री.)* कल्पित वार्ता।
मनगढ़ंत *(हिं.वि.)* कपोलकल्पित, जिसकी वास्तव में सत्ता न हो।
पढ़ंत *(हिं.क्रि.)* पढ़ने की क्रिया या भाव।
अतंत देखो अत्यन्त।
रजतंत *(हिं.स्त्री.)* शूरता, वीरता।
विरतंत *(हिं.पुं.)* देखो वृत्तान्त।
नितंत *(हिं. क्रि. वि.)* देखो नितान्त।
अधिकदंत *(सं.पुं.)* एक के ऊपर दूसरा चढ़ा हुआ दाँत।
राजदंत *(सं.पुं.)* दाँतों की पंक्ति के बीच का वह दाँत जो औरों से चौड़ा होता है।
तदंत *(सं.वि.)* उसी प्रकार समाप्त होना।
कृदंत *(सं.पुं.)* धातु में 'कृत' प्रत्यय लगाकर बना हुआ शब्द।
महादंत *(हिं.वि.)* हाथी का दाँत।

उदंत *(हिं.पुं.)* वृत्तान्त।
अनंत *(सं.पुं.)* नारायण; *(वि.)* असीम।
तंतमंत *(हिं.पुं.)* देखो तन्त्र-मन्त्र।
मनमंत *(हिं.वि.)* देखो मैमंत।
समंत *(सं.पुं.)* सीमा, प्रान्त, किनारा।
सामंत *(सं.पुं.)* श्रेष्ठ, राजा।
सुचिमंत *(हिं.पुं.)* सदाचारी।
अतिमत, मतिसंत *(सं.वि.)* बुद्धिमान, विचारवान।
सिमंत *(हिं.पुं.)* देखो सीमान्त।
हिमंत *(हिं.पुं.)* देखो हेमन्त।
सीमंत *(सं.पुं.)* स्त्रियों की माँग।
हेमंत *(सं.पुं.)* अगहन और पूस के महीने।
वैजयंत *(सं.पुं.)* इन्द्रपुरी।
अत्यंत *(सं.पुं.)* बहुतायत; *(वि.)* अधिक, बहुत।
दयंत *(हिं.पुं.)* देखो दैत्य।
आद्यंत आदि से अन्त तक।
प्रयंत *(हिं.अव्य.)* देखो पर्यन्त।
परियंत *(हिं.अव्य.)* देखो पर्यन्त।
भरंत *(हिं.स्त्री.)* भ्रान्ति, सन्देह।
तुरंत *(हिं. क्रि. वि.)* झटपट, जल्दी से।
दुरंत *(सं.वि.)* जो पहिले अच्छा जान पड़े परन्तु जिसका अन्त बुरा हो।
ज्वलंत *(सं.वि.)* प्रकाशमान, जला हुआ।
हलंत *(सं.पुं.)* वह शुद्ध व्यंजन जिसके उच्चारण में स्वर न मिला हो।
भागवंत *(हिं.वि.)* भाग्यवान्, भाग्यशील।
लाजवंत *(हिं.वि.)* जिसको लज्जा हो।
तेजवंत, तेजवान (हिं.वि.) तेजस्वी, वीर्यवान्, बली, चमकीला।
छतवंत *(हिं.वि.)* क्षतयुक्त।
गुनवंत *(हिं.वि.)* जिसमें कोई गुण हो।
धनवंत *(सं.वि.)* देखो धनवान्।
भवंत *(हिं.पुं.)* भुजंग, सर्प।
बलवंत *(हिं.वि.)* बलवान्, बली।
कुलवंत *(सं.पुं.)* कुलीन।
जसवंत *(हिं.पुं.)* एक प्रकार का फल।
रसवंत *(हिं.वि.)* रसीला।
मूरछावंत *(हिं.वि.)* देखो मूर्छित।
मागंत *(सं.पुं.)* भिक्षुक, भिखमंगा।
दयावंत *(हिं.वि.)* दयालु।
पूसावंत *(हिं.वि.)* प्यासा।
सावंत *(हिं.पुं.)* देखो सामन्त, योद्धा।
दृष्टिवंत *(हिं.स्त्री.)* देखने की क्रिया या भाव।
मरतिवंत *(हिं.वि.)* मूर्तिमान्, शरीरधारी।
दुतिवंत *(हिं.वि.)* द्युतिमान, चमकीला।
बुद्धिवंत *(हिं.वि.)* बुद्धिमान।

श्रीवंत *(सं.वि.)* सम्पत्तिशाली, धनाढ्य।
हेवंत *(हिं.पुं.)* देखो हेमन्त।
बसंत *(हिं.पुं.)* देखो वसन्त।
बसंत *(सं.पुं.)* चैत्र और वैशाख का महीना।
अहंत *(सं.वि.)* पूजनीय, प्रसिद्ध, जिनदेव, जैनियों के देवता।
महंत *(हिं.पुं.)* किसी मठ का अधिष्ठाता, साधुओं का मुखिया; *(वि.)* श्रेष्ठ, प्रधान।
हाहंत *(सं.अव्य.)* अत्यन्त, शोकसूचक शब्द।
ता *(सं.पुं.)* विशेषण तथा संज्ञा शब्दों में लगाने का एक भाववाचक प्रत्यय; *(सर्व.)* उस; *(वि.)* उसका।
धता *(हिं.वि.)* दूर किया हुआ।
पता *(हिं.पुं.)* किसी वस्तु या व्यक्ति के स्थान का ज्ञान करा देनेवाली वस्तु, अनुसन्धान, रहस्य, चिट्ठी की पीठ पर लिखे हुए पत्ते का शब्द।
धता *(हिं.पुं.)* देखो मत; *(स्त्री.)* देखो मति।
मता *(हिं.स्त्री.)* देखो विषमता।
लता *(सं.स्त्री.)* बल्ली, बल, कोमल शाखा।
वक्ता *(सं.वि.)* बोलनेवाला, बोलने में निपुण, वाग्मी; *(पुं.)* कथा कहने वाला व्यास।
स्पष्टवक्ता *(सं.पुं.)* ठीक ठीक बात कहनेवाला।
भविष्यवक्ता *(सं.पुं.)* वह जो होनेवाली बात को पहले से ही कह दे।
प्रियवक्ता *(सं.वि.)* प्रिय वचन बोलने वाला।
दुर्वक्ता *(सं.पुं.)* कटु भाषण करनेवाला।
प्रवक्ता *(सं.वि.)* उपदेश देनेवाला।
विवक्ता *(हिं.पुं.)* कहनेवाला, संशोधक।
सिक्ता *(सं.स्त्री.)* सिकता, बालुका।
मुक्ता *(सं.स्त्री.)* मौक्तिक, मोती।
गजमुक्ता *(सं.स्त्री.)* एक प्रकार का मोती जो हाथी के मस्तक में पाया जाता है।
भोक्ता *(सं.वि.)* भोजन करनेवाला, उपभोग करनेवाला।
परिभोक्ता *(सं.पुं.)* दूसरे के धन का उपभोग करनेवाला।
प्रयोक्ता *(सं.पुं.)* प्रयोग या व्यवहार करनेवाला, सूत्रधार।
नियोक्ता *(सं.पुं.)* नियोजित करनेवाला, किसी काम में लगानेवाला।
अभियोक्ता, अभियोगकर्ता *(सं.पुं.)* वादी।
बंचकता, बंचकताई *(हिं.स्त्री.)* धूर्त।
अराजकता *(सं.स्त्री.)* शासन का अभाव, विप्लव, अशान्ति।
सार्थकता *(सं.स्त्री.)* सफलता।
बाधकता *(सं.स्त्री.)* वाचक का भाव या धर्म, बाधा।
वक्रता *(सं.स्त्री.)* क्रूरता।
बालकता *(सं.स्त्री.)* लड़कपन।
नपुंसकता *(सं.स्त्री.)* नपुंसक होने का भाव।
इकता *(हिं.स्त्री.)* देखो एकता।
सामाजिकता *(सं.स्त्री.)* लौकिकता।
धार्मिकता *(सं.स्त्री.)* धर्मशीलता।
नागरिकता *(सं.स्त्री.)* नगर के अधिकारों से युक्त होने की अवस्था।
सिकता *(सं.स्त्री.)* भूमि, बालू।
रसिकता *(सं.स्त्री.)* रसिक होने का भाव या धर्म।
सुसिकता *(सं.स्त्री.)* उत्तम बालू।
चुकता *(हिं.वि.)* ऋण मुक्त किया हुआ।
मुकता *(हिं.पुं.)* देखो मुक्ता, मोती; *(वि.)* यथेष्ट, पर्याप्त, बहुत अधिक।
कामुकता *(सं.स्त्री.)* विषय-वासना।
मूकता *(सं.स्त्री.)* गूंगापन।
एकता *(सं.स्त्री.)* मेलजोल।
पुखता *(हिं.वि.)* दृढ़।
दुःखता *(सं.स्त्री.)* दुःख का भाव।
मूर्खता *(सं.स्त्री.)* मूढ़ता।
जागता *(हिं.वि.)* प्रकाशित, प्रत्यक्ष।
जोगता *(हिं.स्त्री.)* योग्यता।
मंगता, मंगन *(हिं.पुं.)* भिक्षुक, भिखमंगा।
तुंगता *(सं.स्त्री.)* उच्चता, ऊँचाई।
लजता *(सं.स्त्री.)* लज्जाहीनता।
महर्घता *(सं.स्त्री.)* महँगा होने का भाव, महँगी।
दीर्घता *(सं.स्त्री.)* लंबाई।
दीर्घदर्शिता *(सं.स्त्री.)* दूरदर्शी।
मोघता *(सं.स्त्री.)* निष्फलता।
स्वच्छता *(रा.त्री.)* निर्मलता।
तुच्छता *(सं.स्त्री.)* नीचता, अल्पता, ओछापन।
निलज्जता *(सं.स्त्री.)* निर्लज्जता।
विजता (हिं पुं.) विजेय करनेवाला।
निकटता *(सं.स्त्री.)* समीपता।
नटता *(सं.स्त्री.)* नटत्व, नट का भाव, नट का काम।
स्पष्टता *(सं.स्त्री.)* स्पष्ट होने का भाव।
प्रकृष्टता *(सं.स्त्री.)* उत्तमता, श्रेष्ठता।
निकृष्टता *(सं.स्त्री.)* उधमता, नीचता।
धृष्टता *(सं.स्त्री.)* ढिठाई, निर्लज्जता।
क्लिष्टता *(सं.स्त्री.)* कठिनाई।
शिष्टता *(सं.स्त्री.)* सज्जनता।
विशिष्टता *(सं.स्त्री.)* विशेषता।
दुष्टता *(सं.स्त्री.)* दुर्जनता।
पुष्टता *(सं.स्त्री.)* दृढ़ता, पोढ़ापन।
रुष्टता *(सं.स्त्री.)* रुष्ट होने का भाव, अप्रसन्नता।
कूटता *(सं.स्त्री.)* छल, कपट, झूठापन।
शठता *(सं.स्त्री.)* धूर्तता।
सठता *(हिं.स्त्री.)* शठता, दुष्टता।

श्रेष्ठता *(सं.स्त्री.)* प्रधानता, बड़ाई।
जड़ता *(सं.स्त्री.)* मूर्खता, स्तब्धता।
पड़त, पड़ता (हिं पुं.) सामान्य दर, लागत।
लड़ता *(हिं वि.)* लाडला, दुलारा।
निविड़ता *(सं.स्त्री.)* गहरापन, घनापन।
घण्डता *(स्त्री.)* प्रबलता, प्रताप।
शौण्डता *(सं.स्त्री.)* मत्तता।
चढ़ता *(हिं वि.)* आगे को बढ़ता हुआ।
दृढ़ता *(सं.स्त्री.)* पुष्टता।
मूढ़ता *(सं.स्त्री.)* मूढ़त्व।
प्रौढ़ता *(सं.स्त्री.)* प्रौढ़ होने का भाव।
विषण्णता *(सं.स्त्री.)* मूर्खता।
जीर्णता *(सं.स्त्री.)* बुढ़ापा।
सम्पूर्णता *(सं.स्त्री.)* समाप्ति।
परिपूर्णता *(सं.स्त्री.)* सम्पूर्णता।
भीषणता *(हिं.स्त्री.)* डरावनापन।
प्रत्यक्षणता *(सं.स्त्री.)* यथार्थ ज्ञान।
निपुणता *(सं.स्त्री.)* कुशलता।
वारूणता *(सं.स्त्री.)* कठोरता।
शोणता *(सं.स्त्री.)* रक्तता, ललाई।
खत्ता (हिं पुं.) गर्त, गड्ढा।
गत्ता (हिं पुं.) कागज की कई परदों को साटकर बनी हुई दस्ती, कुट।
छत्ता (हिं पुं.) छाता, छतर, पड़ाव जिसके नीचे से मनुष्य के चलने का मार्ग हो, मधुमक्खियों के रहने का मोम का बना हुआ घर।
तत्ता (हिं पुं.) उष्ण, गरम।
पत्ता (हिं पुं.) पर्ण, पत्र; *(वि.)* बहुत हलका।
भत्ता (हिं पुं.) किसी कर्मचारी को यात्रा के समय दिया जानेवाला दैनिक व्यय।
लत्ता (हिं पुं.) फटा-पुराना वस्त्र, चिथड़ा।
चकत्ता (हिं पुं.) चमड़े के ऊपर पड़ी हुई चिपटी सूजन।
मत्तता, मत्तताई (हिं स्त्री.) मतवालापन।
विक्षिप्त, प्रमत्तता *(सं.स्त्री.)* पागलपन।
शक्तिमत्ता *(सं.स्त्री.)* शक्तिमान् होने का भाव या धर्म।
बुद्धिमत्ता *(सं.स्त्री.)* बुद्धिमानी।
मध्यवृत्ता *(सं.पुं.)* नाभि।
विद्वत्ता *(सं.स्त्री.)* पाण्डित्य, पंडिताई।
सत्ता *(सं.स्त्री.)* विद्यमानता, अस्तित्व।
राजसत्ता *(सं.स्त्री.)* राजशक्ति, राज्य की सत्ता।
प्रजासत्ता *(सं.स्त्री.)* देखो प्रजातन्त्र।
इत्ता *(हिं वि.)* देखो इतना।
कित्ता *(हिं वि.)* कितना।
पित्ता (हिं पुं.) पित्ताशय, जिगर में की वह थैली जिसमें पित्त रहता है।
बित्ता (हिं पुं.) हाथ की अंगुलियों को फैलाकर अँगूठे के सिरे तक की पूरी नाप।
उत्ता *(हिं वि.)* देखो उतना।
कुत्ता (हिं पुं.) कुक्कुर, श्वान, यन्त्र में किसी घूमनेवाले भाग को रोकने का लगाया हुआ अवरोध, बंदूक का घोड़ा, तुच्छ, नीच मनुष्य।
बुत्ता (हिं पुं.) बहाना, धोखा।
कुक्कुरमुत्ता (हिं पुं.) छत्रक, एक प्रकार का तीव्र गन्ध का पौधा।
वेत्ता *(हिं वि.)* ज्ञाता, जाननेवाला।
विभेत्ता *(सं.वि.)* डरानेवाला।
रक्तता *(सं.स्त्री.)* लालिमा, ललाई।
तिक्तता *(सं.स्त्री.)* तीतापन, कड़वापन।
रिक्तता *(सं.स्त्री.)* शून्यता।
धूर्तता *(सं.स्त्री.)* शठता, ठगपन।
प्रसतता *(सं.स्त्री.)* प्रस्तार, फैलाव।
राक्षसता *(सं.स्त्री.)* राक्षस का भाव या धर्म।
विनीतता *(सं.स्त्री.)* नम्रता।
पीतता *(सं.स्त्री.)* पीलापन।
शीलता *(सं.पुं.)* ठंडक।
श्वेतता *(सं.स्त्री.)* सफेदा।
श्वेतद्युति *(सं.पुं.)* चन्द्रमा।
श्वेतधातु *(सं.पुं.)* खड़िया।
व्यर्थता *(सं.स्त्री.)* निष्फलता।
मध्यस्थता *(सं.स्त्री.)* मध्यस्थ होने का भाव या धर्म।
सुस्थता *(सं.स्त्री.)* आरोग्य, आनन्द।
स्वच्छन्दता *(सं.स्त्री.)* स्वतन्त्रता।
अगड़धत्ता *(हिं.वि.)* लंबा-चौड़ा, विशालकाय।
विदग्धता *(सं.स्त्री.)* पाण्डित्य, चतुराई।
स्निग्धता *(सं.स्त्री.)* चिकनापन।
मुग्धता *(सं.स्त्री.)* मूढ़ता, सुन्दरता।
सिद्धता *(सं.स्त्री.)* सिद्धि, पूर्णता।
विरुद्धता *(सं.स्त्री.)* प्रतिकूलता, उलटापन।
शुद्धता *(सं.स्त्री.)* निर्दोषता।
विशुद्धता *(सं.स्त्री.)* पवित्रता।
स्तब्धता *(सं.स्त्री.)* स्थिरता, दृढ़ता, बहरापन।
परबोधता *(हिं.क्रि.)* ज्ञान का उपदेश करना, समझाना।
रूग्णता *(हिं.स्त्री.)* रोगी होने का भाव।
बचनता *(हिं.स्त्री.)* ठगी, छल।
जनता (हिं पुं.) पिता, बाप।
जनता *(सं.स्त्री.)* जनसमूह, सर्वसाधारण लोग।
सज्जनता, सज्जनताई *(हिं.स्त्री.)* भलमनसी।
स्वजनता *(सं.स्त्री.)* जाति संबंध।
दुर्जनता *(सं.स्त्री.)* खोटापन, दुष्टता।
भाजनता *(सं.स्त्री.)* योग्यता।

सुजनता *(सं.स्त्री.)* सौजन्य, भलमनसी।
बदनता *(हिं.स्त्री.)* आदर या बन्दना किए जाने की योग्यता।
विधनता *(सं.स्त्री.)* निर्धनता।
निर्धनता *(सं.स्त्री.)* दरिद्रता, कंगाली।
निरन्नता *(सं.स्त्री.)* उपवास।
भिन्नता *(सं.स्त्री.)* भिन्न होने का भाव, भेद।
विभिन्नता *(सं.स्त्री.)* भेद।
प्रसन्नता *(सं.स्त्री.)* हर्ष, आनन्द।
लावनता *(हिं.स्त्री.)* देखो लावण्य।
सुजानता *(सं.स्त्री.)* सुजान होने का भाव या धर्म।
प्रधानता *(सं.स्त्री.)* प्रधान होने का भाव या धर्म, कार्य या पद।
मानता *(हिं.स्त्री.)* मनौती।
विद्यमानता उपस्थित।
वर्तमानता *(सं.स्त्री.)* उपस्थिति।
मनमानता *(हिं.वि.)* मनोवांछित।
विद्यमानता *(सं.स्त्री.)* उपस्थिति।
समानता *(सं.स्त्री.)* तुल्यत्व।
कठिनता, कठिनताई *(सं.स्त्री.)* कठोरता, तीक्षणता, कड़ापन, निर्दयता।
मलिनता *(सं.स्त्री.)* मैलापन।
प्राचीनता *(सं.स्त्री.)* पुरानापन।
छीनता *(सं.स्त्री.)* देखो क्षीणता।
पीनता *(सं.स्त्री.)* स्थूलता, मोटाई।
पराधीनता *(सं.स्त्री.)* परतन्त्रता।
स्वाधीनता *(सं.स्त्री.)* स्वतन्त्रता।
लीनता *(सं.स्त्री.)* तत्परता।
नवीनता *(हिं.स्त्री.)* नयापन।
हीनता *(सं.स्त्री.)* क्षुद्रता, नीचता।
विहीनता *(सं.स्त्री.)* विहीन होने का भाव।
भूनता *(सं.पुं.)* भूपति, राजा।
न्यूनता *(सं.स्त्री.)* अल्पता, कमी।
नप्ता *(हिं.स्त्री.)* लड़की या लड़के का लड़का, नाती या पोता।
वप्ता *(सं.वि.)* बीज बोनेवाला।
शप्ता *(हि.वि.)* शाप देनेवाला।
शिल्पता *(सं.स्त्री.)* शिल्प-कौशल।
लतापता *(हिं.पुं.)* जड़ी-बूटी।
समीपता *(सं.स्त्री.)* निकटता।
लोलुपता *(सं.स्त्री.)* लालच।
सरूपता *(सं.स्त्री.)* समानता; *(हिं.पुं.)* देखो स्वरूप।
विरूपता *(सं.स्त्री.)* कुरूपता, भद्दापन।
सुरूपता *(सं.स्त्री.)* सुन्दरता।
स्तम्भता *(सं.स्त्री.)* जड़ता।
प्रगल्भता *(सं.स्त्री.)* धृष्टता, निर्लज्जता, अभिमान।
सुलभता *(सं.स्त्री.)* सुगमता।
तिग्मता *(सं.स्त्री.)* तीक्षणता।
सुगमता *(सं.स्त्री.)* सरलता।
तमता *(सं.स्त्री.)* अंधकार, अँधेरा।
ममता *(सं.स्त्री.)* ममत्व, अपनापन, लोभ, मोह।
निर्ममता *(सं.स्त्री.)* ममता का अभाव।
रमता *(हिं.वि.)* घूमता-फिरता।
शमता *(सं.स्त्री.)* शान्ति, उपशमन।
विषमता *(सं.स्त्री.)* असमानता, द्रोह।
समता *(सं.स्त्री.)* बराबरी।
हमता *(हिं.स्त्री.)* अहंकार।
श्यामता *(सं.स्त्री.)* कृष्णता, कालापन।
स्यामता *(हिं.स्त्री.)* देखो श्यामता।
भीमता *(सं.स्त्री.)* भयंकरता।
सख्यता *(सं.स्त्री.)* मैत्री।
असंख्यता *(सं.स्त्री.)* अगणनीयता।
मुख्यता *(सं.स्त्री.)* श्रेष्ठता।
योग्यता *(सं.स्त्री.)* सामर्थ्य, अनुकूलता।
वाच्यता *(सं.स्त्री.)* वाच्य का भाव या धर्म।
पुण्यता *(सं.स्त्री.)* पुण्य कर्म का भाव।
निर्दयता *(सं.स्त्री.)* निष्ठुरता।
भृत्यता *(सं.स्त्री.)* भृत्य का भाव या कर्म।
सत्यता *(सं.स्त्री.)* सचाई।
मध्यता *(सं.स्त्री.)* मध्य का भाव या धर्म।
सौजन्यता *(हिं.पुं.)* देखो सौजन्य।
शून्यता *(सं.स्त्री.)* शून्य भाव।
सभ्यता *(सं.स्त्री.)* भलमनसी, सज्जनता।
निर्भयता *(सं.स्त्री.)* निडर होने की अवस्था।
रम्यता *(सं.स्त्री.)* सौन्दर्य।
साम्यता *(सं.स्त्री.)* तुल्यता।
आर्यता *(सं.स्त्री.)* मानवीय आचरण।
लौल्यता *(सं.स्त्री.)* चंचलता, उत्कट इच्छा।
वक्तव्यता *(सं.स्त्री.)* कथन, योग्यता।
किर्तव्यता *(सं.स्त्री.)* यह चिन्ता कि क्या करना होगा।
भवितव्यता *(सं.स्त्री.)* भाग्य, अदृष्ट।
दिव्यता *(सं.स्त्री.)* उत्तमता, सुन्दरता।
भव्यता *(सं.स्त्री.)* भव्य होने का भाव या धर्म।
वश्यता *(सं.स्त्री.)* वश में होने की अवस्था।
परवश्यता *(सं.स्त्री.)* पराधीनता।
विषयता *(सं.स्त्री.)* विषय का भाव या धर्म।
मनुष्यता *(सं.स्त्री.)* मानवता, शिष्टता।
नियन्ता *(सं.वि.)* विधायक, कार्य चलानेवाला, नियम बाँधनेवाला।
सर्वनियन्ता *(सं.वि.)* सबको वश में करनेवाला।
पाँयता *(हिं.पुं.)* खाट या पलंग का उस ओर का भाग जिस ओर पैर किया जाता है।

पायँता *(हिं.पुं.)* चारपाई का वह भाग जिस पर पैर रहता है।
रायता *(हिं.पुं.)* दही में मिलाया हुआ साग, कुम्हड़ा, लौवा, बुंदिया आदि जिसमें नमक, मिर्च आदि मिलाया रहता है।
न्यायता *(सं.स्त्री.)* उपयुक्तता।
सहायता *(सं.स्त्री.)* आर्थिक अथवा शारीरिक साहाय्य।
प्रयता *(सं.स्त्री.)* प्रिय होने का भाव।
रमणीयता *(सं.स्त्री.)* सुन्दरता।
अरमणीयता *(सं.स्त्री.)* अप्रियता।
वचनीयता *(सं.स्त्री.)* लोकापवाद।
कर्ता *(सं.पुं.)* ब्रह्मा, काम करनेवाला, बनानेवाला, ईश्वर, व्याकरण में वह कारक जो क्रिया को करता है।
कर्ता *(सं.वि.)* भयानक, भय उत्पन्न करनेवाला।
अकर्ता *(सं.वि.)* कार्य न करनेवाला।
राजकर्ता *(सं.पुं.)* वह पुरुष जो दूसरे को राजसिंहासन पर बैठाता है।
हितकर्ता *(सं.पुं.)* भलाई करनेवाला।
दिनकर्ता *(सं.पुं.)* सूर्य।
प्रेमकर्ता *(सं.पुं.)* प्रेम करनेवाला, प्रेमी।
हेमकर्ता *(सं.पुं.)* सुनार।
राज्यकर्ता *(सं.पुं.)* राज्य के शासन विभाग का कर्मचारी।
कार्यकर्ता *(सं.पुं.)* कार्यकारक, काभ करनेवाला, कर्मचारी। कार्यकारण–*(सं.पुं.)* मिला हुआ कार्य और कारण।
न्यायकर्ता *(सं.पुं.)* न्याय करनेवाला, दो पक्षों के विवाद का निर्णय करने वाला।
कुलकर्ता *(सं.पुं.)* वंश संस्थापक।
विश्वकर्ता *(सं.पुं.)* परमेश्वर।
प्राविष्कर्ता *(सं.वि.)* प्रकाशक।
संस्कर्ता *(सं.वि.)* संस्कार करनेवाला।
प्रकर्ता *(सं.वि.)* अच्छी तरह से काम करनेवाला।
सृष्टिकर्ता *(सं.पुं.)* संसार की रचना करने वाले ब्रह्मा, ईश्वर।
धर्ता *(सं.पुं.)* धारण करनेवाला, अपने ऊपर किसी का भार लेनेवाला।
भर्ता *(हिं.पुं.)* स्वामी, पति।
अपहर्ता *(सं.पुं.)* चोर, लुटेरा, छिपाने वाला।
प्रहर्ता *(सं.वि.)* प्रहार करनेवाला, योद्धा।
व्यवहर्ता *(सं.पुं.)* न्यायकर्ता।
करता *(हिं.पुं.)* कर्ता, करनेवाला।
भयंकरता *(हिं.स्त्री.)* भीषणता।
संकरता *(सं.स्त्री.)* मिलावट।
व्यग्रता *(सं.स्त्री.)* व्याकुलता, घबड़ाहट।
नागरता *(सं.स्त्री.)* नगर की रीति और व्यवहार।
मच्छरता *(हिं.स्त्री.)* द्वेष, ईर्ष्या, डाह।
जर्जरता *(हिं.स्त्री.)* जीर्णता।
पित्जरता *(सं.स्त्री.)* भूरापन।
लवणता *(सं.स्त्री.)* नमकपन।
वक्तृता *(सं.स्त्री.)* व्याख्यान, कथन।
कातरता *(सं.स्त्री.)* व्याकुलता, भीरूता।
तन्द्रता *(सं.स्त्री.)* ऊँचाई, ऊँघ, आलस्य।
भद्रता *(सं.स्त्री.)* सभ्यता, शिष्टता।
दरिद्रता *(सं.स्त्री.)* निर्धनता।
शूद्रता *(सं.स्त्री.)* शूद्र का भाव।
रौद्रता *(सं.स्त्री.)* प्रचण्डता, डरावनापन।
धरता *(हिं.पुं.)* ऋणी, देनदार।
सुनृता *(सं.स्त्री.)* सत्य और प्रिय।
नरता *(सं.स्त्री.)* मनुष्यत्व।
उस्मता *(सं.स्त्री.)* रसयुक्तता।
परता *(हिं.पुं.)* देखो पड़ता।
तत्परता *(सं.स्त्री.)* निपुणता, दक्षता।
स्वार्थपरता *(सं.स्त्री.)* स्वार्थपन।
न्यायपरता *(सं.स्त्री.)* न्यायी होने का भाव।
बर्बरता *(हिं.स्त्री.)* असभ्यता, अत्याचार।
शुभ्रता *(हिं.पुं.)* एक प्रकार का सालन जो भंटा, आलू आदि को भून कर बनाया जाता है।
नम्रता *(सं.स्त्री.)* विनय।
कायरता *(हिं.स्त्री.)* भीरूता।
मृदुलता *(सं.स्त्री.)* सुकुमारता।
पतिव्रता *(सं.स्त्री.)* अपने स्वामी के प्रति अनन्य अनुराग करनेवाली तथा पति की सेवा करनेवाली स्त्री, सती, साध्वी।
तीव्रता *(सं.स्त्री.)* उष्णता, तीक्षणता।
नश्वरता *(सं.स्त्री.)* नाश।
विनश्वरता *(सं.स्त्री.)* अनित्यता।
मत्सरता *(सं.स्त्री.)* डाह, जलन।
हरता *(हिं.वि.)* देखो हर्ता।
मनोहरता *(सं.स्त्री.)* सुन्दरता।
वार्ता *(सं.स्त्री.)* वृत्तान्त, समाचार, प्रसंग, विषय, बात।
सुकुमारता *(सं.स्त्री.)* कोमलता।
स्थिरता *(सं.स्त्री.)* दृढ़ता, धैर्य।
बधिरता *(सं.पुं.)* बहरापन।
फिरता *(वि.)* लौटाया हुआ।
धीरता *(सं.स्त्री.)* चित्त की दृढ़ता, संतोष।
वीरता *(सं.स्त्री.)* शूरता।
वीरमाता *(सं.स्त्री.)* वह स्त्री जो वीर पुत्र जनमाती है।
वंकुरता *(हिं.स्त्री.)* वक्रता, टेढ़ापन।
भङ्गुरता *(सं.स्त्री.)* कुटिलता, टेढ़ापन।
निठुरता *(हिं.स्त्री.)* निर्दयता, क्रूरता।
निष्ठुरता *(सं.वि.)* निर्दयता, क्रूरता।

मधुरता *(सं.स्त्री.)* मधुर होने का भाव, सौन्दर्य, सुन्दरता, मिठास।

माधुरता *(हिं.स्त्री.)* मधुरता, मिठास।

भुरता *(हिं.वि.)* चोखा या भरता नाम का सालन।

सुरता *(हिं.स्त्री.)* चिन्ता, ध्यान, चेत, सुध।

दूरता *(हिं.स्त्री.)* दूरत्व।

दूरत्व *(सं.पुं.)* दूर होने का भाव, अन्तर।

क्रूरता *(सं.स्त्री.)* निर्दयता।

शूरता *(सं.स्त्री.)* वीरता।

वैरता *(हिं.स्त्री.)* शत्रुता।

स्वैरता *(सं.स्त्री.)* स्वच्छन्दता।

धरता *(हिं.वि.)* पकड़नेवाला।

बिछुरन्ता *(हिं.पुं.)* बिछुड़नेवाला।

ललता *(हिं.पुं.)* लाल रंग जिसको स्त्रियाँ पैर में लगाती हैं।

खलता *(सं.स्त्री.)* दुष्टता, दुर्जनता।

श्रृंखलता *(सं.स्त्री.)* क्रमबद्ध होने का भाव।

विकलता *(सं.वि.)* व्याकुलता।

लवगलता *(सं.स्त्री.)* समोसे के आकार की एक बँगला मिठाई।

चलता *(हिं.वि.)* गतिमान, चलता हुआ, काम करने योग्य, व्यवहार में निपुण; *(स्त्री.)* चंचलता।

विचलता *(सं.स्त्री.)* चंचलता।

निश्चलता *(सं.स्त्री.)* दृढ़ता, स्थिरता।

चंचलता *(स्त्री.)* चपलता।

शीतलता *(सं.स्त्री.)* ठंडापन, सरदी।

चपलता *(सं.स्त्री.)* चंचलता, उतावलापन।

सफलता *(सं.स्त्री.)* पूर्णता, सिद्धि।

शबलता *(सं.स्त्री.)* चितकबरापन।

निर्बलता *(सं.स्त्री.)* दुबलापन।

दुर्बलता *(हिं.स्त्री.)* दुबलापन।

श्यामलता *(सं.स्त्री.)* साँवलापन।

विमलता *(सं.स्त्री.)* पवित्रता, मनोहरता।

विरलता *(हिं.स्त्री.)* पतलापन।

विद्युल्लता *(सं.स्त्री.)* विद्युत्, बिजली।

धवलता *(हिं.स्त्री.)* सफेदी, उजलापन।

नवलता *(हिं.स्त्री.)* नयापन।

विह्वलता *(सं.स्त्री.)* व्याकुलता।

मांसलता *(सं.स्त्री.)* स्थूलता।

चलता *(हिं.वि.)* चलता हुआ, चलनेवाला।

वाचालता *(सं.स्त्री.)* बात करने में निपुणता।

विकरालता *(सं.स्त्री.)* भयंकरता।

शिथिलता *(सं.स्त्री.)* ढिलाई, थकावट, आलस्य।

शीलता *(सं.स्त्री.)* शीलत्व, साधूता।

सहनशीलता *(सं.स्त्री.)* सन्तोष।

दानशीलता *(सं.स्त्री.)* उदारता।

दुःशीलता *(सं.स्त्री.)* दुष्टता, अविनय।

सुशीलता *(सं.स्त्री.)* नम्रता।

बिज्जुलता *(हिं.स्त्री.)* विद्युल्लता, बिजली।

विपुलता *(सं.स्त्री.)* अधिकता।

बहुलता *(सं.स्त्री.)* अधिकता।

प्रतिकूलता *(सं.स्त्री.)* प्रतिकूल आचरण।

तूलता *(हिं.स्त्री.)* समता, बराबरी।

बोलता *(हिं.पुं.)* आत्मा, बोलने वाला प्राणी, मनुष्य, हुक्का, प्राण; *(वि.)* वाचाल, बकवादी।

नवता *(हिं.पुं.)* ढालुआँ भूमि, नयापन; *(सं.स्त्री.)* चित्रकार की रंग भरने की कूँची।

मनभावता *(हिं.वि.)* प्रिय, प्यारा।

महानुभावता *(सं.स्त्री.)* बड़प्पन।

भावता *(हिं.पुं.)* भावी, होनेवाला।

ध्रुवता *(सं.स्त्री.)* दृढ़ता, स्थिरता, निश्चय।

देवता *(सं.स्त्री.)* स्वर्ग में रहनेवाला देव, सुर, निर्जर।

दिग्देवता *(सं.स्त्री.)* दिक्पाल।

नृदेवता *(सं.पुं.)* राजा, ब्राह्मण।

परदेवता *(सं.स्त्री.)* श्रेष्ठ या इष्ट देवता।

नेवता *(हिं.पुं.)* देखो न्यौता।

वशता *(सं.स्त्री.)* वश का भाव या धर्म।

विवशता *(सं.स्त्री.)* पराधीनता।

प्रकाशता *(सं.स्त्री.)* प्रकाशत्व।

वशिता *(सं.स्त्री.)* मोहने की क्रिया या भाव।

मानवता *(सं.स्त्री.)* मनुष्य का भाव।

पुरूषता *(सं.स्त्री.)* पुरुषत्व।

कलुषता *(सं.स्त्री.)* मलिनता।

परूषता निष्ठुरता।

विशेषता *(सं.स्त्री.)* विशेष का भाव या धर्म।

दोषता *(सं.स्त्री.)* दोष का भाव।

निर्दोषता *(सं.स्त्री.)* दोषहीनता, शुद्धता।

जस्ता *(हिं.पुं.)* एक भारी धूसर वर्ण का धातु।

रस्ता *(हिं.पुं.)* मार्ग।

चौरस्ता *(हिं.पुं.)* चौराहा, चौमुहानी।

सस्ता *(हिं.वि.)* कम मूल्य का जो महँगा न हो, साधारण घटिया।

शास्ता *(सं.पुं.)* शासन करनेवाला, राजा।

दिस्ता *(हिं.पुं.)* देखो दस्ता।

रसता *(सं.स्त्री.)* रस का भाव या धर्म।

सरिसता *(हिं.स्त्री.)* भाग।

कहता *(हिं.वि.)* कहनेवाला।

महता *(हिं.पुं.)* सरदार; *(स्त्री.)* गर्व, अभिमान।

ब्याहता *(हिं.वि.)* जिसके साथ विवाह हुआ हो।

दुहता *(हिं.पुं.)* दोहिता, नाती।

दोहता *(हिं.पुं.)* कन्या का पुत्र, नाती।

हन्ता *(हिं.पुं.)* मारनेवाला, हत्यारा।

महन्ता *(सं.वि.)* मारनेवाला।

अहंता *(हिं.स्त्री.)* अभिमान, गर्व।

यमहन्ता *(सं.पुं.)* काल का नाश करने वाला।

निहन्ता *(हिं.वि.)* प्राणघातक।

विहन्ता *(सं.वि.)* नाश करनेवाला।

शत्रुहन्ता *(सं.वि.)* शत्रु का नाश करनेवाला।

दक्षता *(सं.स्त्री.)* निपुणता, योग्यता।

सपक्षता *(सं.स्त्री.)* अनुकूलता।

विपक्षता *(सं.स्त्री.)* विपक्ष होने की क्रिया या भाव।

प्रत्यक्षता *(सं.स्त्री.)* प्रत्यक्ष होने का भाव।

झलक्षता *(हिं.स्त्री.)* उद्देश्यहीनता।

तिक्षता *(हिं.स्त्री.)* तीक्षणता, चोखावन, तेजी।

रक्षता *(सं.स्त्री.)* रूखाई, रूखापन।

क्षन्ता *(सं.वि.)* क्षमा करनेवाला।

पात्रता *(सं.स्त्री.)* योग्यता।

विचित्रता *(सं.स्त्री.)* विलक्षणता।

मित्रता *(सं.स्त्री.)* मित्र होने का भाव, सौहार्द।

पवित्रता *(सं.स्त्री.)* स्वच्छता, शुद्धि।

पुत्रता *(सं.स्त्री.)* पुत्र का धर्म।

दीर्घसूत्रता *(सं.स्त्री.)* प्रत्येक कर्म में विलंब करने का अभ्यास।

स्वतन्त्रता *(सं.स्त्री.)* स्वाधीनता।

अज्ञता, अज्ञत्व (सं.) मूर्खता।

कृतज्ञता *(सं.स्त्री.)* उपकार मानना।

विज्ञता *(सं.स्त्री.)* पाण्डित्य।

मनोज्ञता *(सं.स्त्री.)* सुन्दरता।

खाता *(हिं.पुं.)* हिसाब-किताब की बही, अन्न रखने का गड्ढा, पद, विभाग।

गाता *(हिं.पुं.)* गानेवाला, गवैया।

छाता *(हिं.पुं.)* छड़ी, छतरी, छत्ता।

ताता *(हिं.वि.)* तपा हुआ, गरम, उष्ण।

दाता *(सं.पुं.)* दानशील, दान देनेवाला।

धाता *(सं.पुं.)* विधाता, ब्रह्मा।

नाता *(हिं.पुं.)* ज्ञाति, संबंध, कुटुम्ब।

पाता *(हिं.पुं.)* पत्ता; *(वि.)* रक्षक।

माता *(हिं.स्त्री.)* जननी, किसी आदरणीय स्त्री के लिए सम्बोधन का शब्द।

राता *(हिं.वि.)* रँगा हुआ, लाल रंग का।

ज्ञाता *(हिं.पुं.)* जानकार, जाननेवाला।

ताँता *(हिं.पुं.)* पंक्ति।

दाता *(हिं.पुं.)* एक प्रकार का नुकीला फेंगुरा।

दाँताकिटकिटता *(हिं.स्त्री.)* कहासुनी।

कान्ता *(हिं.वि.)* पत्नी, सुन्दर स्त्री, मोथा, रेणुका, बालू।

चन्द्रकान्ता *(सं.स्त्री.)* चन्द्रमा की स्त्री, रात्रि।

गत्तालखाता *(हिं.पुं.)* अप्राप्य ऋण, बट्टाखाता।

बही, बहीखाता *(हिं.स्त्री.)* हिसाब-किताब लिखने की पुस्तिका।

अधिष्ठाता *(सं.वि.)* अध्यक्ष, मुखिया, रक्षक, राजा।

दुःखदाता *(सं.वि.)* क्लेश पहुँचाने वाला।

प्राणदाता *(सं.वि.)* जीवन देने वाला।

जीवनदाता *(सं.वि.)* जीवनदायी, जीवन देनेवाला।

प्रदाता *(सं.वि.)* अधिक दान देने वाला।

जीवदाता *(सं.पुं.)* जीवनदायी।

सिद्ध-सिद्धदाता *(सं.वि.)* सिद्धि देनेवाला।

जगद्धाता *(सं.पुं.)* ब्रह्मा, विष्णु, महेश।

विधाता *(हिं.पुं.)* व्यवस्था करनेवाला, प्रबन्ध करनेवाला, जगत् की रचना करनेवाला।

विश्वविधाता *(सं.पुं.)* सृष्टिकर्ता।

बेलपाता *(हिं.पुं.)* देखो बेलपत्र।

राजमाता *(सं.स्त्री.)* राजा की माता।

उपमाता *(सं.स्त्री.)* धाय, बच्चे को दूध पिलानेवाली स्त्री।

निर्माता *(हिं.पुं.)* निर्माण करने वाला।

प्रमाता *(सं.स्त्री.)* पिता की माता, दादी।

जामाता *(हिं.पुं.)* दामाद, कन्या का पति।

विमाता *(सं.स्त्री.)* सौतेली माँ।

बड़ी माता *(हिं.स्त्री.)* शीतला रोग, चेचक।

दुमाता *(हिं.वि.)* सौतेली माता।

व्याख्याता *(सं.वि.)* व्याख्या करनेवाला, व्याख्यान देनेवाला।

ध्याता *(हिं.वि.)* ध्यान करनेवाला।

अराता *(हिं.वि.)* बिना किसी रंग में रँगा हुआ।

भ्रात, भ्राता *(हिं.पुं.)* सगा भाई, सहोदर भ्राता।

धर्मभ्राता *(सं.पुं.)* भाई के समान एक ही आश्रम में रहनेवाला।

त्राता, त्रातार *(सं.पुं.)* रक्षक, बचाने वाला।

चुहचुहाता *(हिं.वि.)* चटकीला, रसीला।

सोहाता *(हिं.वि.)* सुहावना, अच्छा।

परित्राता *(सं.वि.)* रक्षा करनेवाला।

विज्ञाता *(हिं.पुं.)* जाननेवाला।

बिता *(हिं.पुं.)* देखो बित्ता।

चिता *(सं.स्त्री.)* लकड़ी का ढेर जिस पर शव जलाया जाता है।

पिता *(हिं.पुं.)* जनक, बापू।

राइता *(हिं.पुं.)* देखो रायता।

पाँइता *(हिं.पुं.)* देखो पाँयता।

जोखिता *(हिं.स्त्री.)* पत्नी, स्त्री।

प्रतियोगिता *(सं.स्त्री.)* प्रतिद्वन्द्विता।

अपराजिता *(सं.स्त्री.)* दुर्गा, कोयल, कौवाठोठी का फूल एक प्रकार का।

शुचिता *(सं.स्त्री.)* पवित्रता।

दुश्चिन्ता *(सं.स्त्री.)* आशंका।
विचिन्ता *(सं.स्त्री.)* सोच-विचार।
पण्डिता *(सं.स्त्री.)* विदुषी, विद्वान् महिला।
दुचित्ता *(हिं.वि.)* अस्थिर चित्त, चिन्तित।
दोचिता *(हिं.वि.)* उद्विग्न चित्त का।
शक्तिता *(सं.अव्य.)* शक्ति के अनुसार।
विरोधिता *(सं.स्त्री.)* शत्रुता, बैर।
जनिता *(हिं.पुं.)* उत्पन्न करनेवाली।
बनिता *(हिं.स्त्री.)* स्त्री, भार्या, पत्नी।
वनिता *(सं.स्त्री.)* प्रियतमा, अनुरक्त स्त्री, औरत।
तृपिता *(हिं.स्त्री.)* तृप्ति।
प्रजल्पिता *(सं.स्त्री.)* बकवादी स्त्री।
समिता *(सं.वि.)* प्रदीप्त, जला हुआ।
भोजपिता *(हिं.वि.)* भोजन करानेवाला।
रचयिता *(सं.वि.)* निर्माता, रचने वाला।
प्रार्थयिता *(सं.वि.)* प्रार्थना करनेवाला।
दयिता *(सं.स्त्री.)* पत्नी, भार्या।
बन्धयिता *(हिं.वि.)* बाँधनेवाला।
साधयिता *(सं.पुं.)* साधनेवाला।
जनयिता *(सं.पुं.)* पिता, बाप।
पारयिता *(सं.वि.)* उद्धार करनेवाला।
प्रेरयिता *(सं.पुं.)* प्रेरणा करनेवाला।
पालयिता *(हिं.वि.)* पालन करनेवाला।
दर्शयिता *(सं.वि.)* दर्शक, दिखलानेवाला।
प्रेषयिता *(सं.वि.)* भेजनेवाला।
मोहयिता *(सं.वि.)* मोहकारक।
भक्षयिता *(सं.वि.)* खाने वाला।
तन्द्रिता *(सं.स्त्री.)* निद्रालता, आलस्य।
सरिता *(सं.स्त्री.)* जल की धारा, नदी।
सहकारिता *(सं.स्त्री.)* सहायता।
भूरिता *(सं.स्त्री.)* अधिकता।
बैरिता *(सं.स्त्री.)* शत्रुता।
ललिता *(सं.स्त्री.)* कस्तूरी।
कविता *(सं.स्त्री.)* पद्यमय वर्णन, कवित्व।
स्तविता *(सं.वि.)* स्तुति करनेवाला।
तेजस्विता *(सं.वि.)* तेज की वृद्धि, *(सं.स्त्री.)* प्रभावशालिता।
ओजस्विता *(सं.स्त्री.)* प्रकाश, चमक।
सविता *(सं.पुं.)* दिवाकर, सूर्य।
श्राविता *(सं.वि.)* श्रोता, सुननेवाला।
सूक्ष्मदर्शिता *(सं.स्त्री.)* सूक्ष्म बातों को सोचने-समझने का गुण।
दूरदर्शिता *(सं.स्त्री.)* दूर की बात सोचने का गुण।
बहुदर्शिता *(सं.स्त्री.)* बहुत सी बात का ज्ञान।
धनीषिता *(सं.स्त्री.)* बुद्धिमत्ता, बुद्धिमानी।
हितेषिता *(सं.स्त्री.)* कल्याण चाहने की वृत्ति।
विद्वेषिता *(सं.स्त्री.)* शत्रुता करनेवाला, बैरी।
पोषिता *(सं.स्त्री.)* नारी, स्त्री।
महिता *(सं.स्त्री.)* महत्त्व, महिमा।
विवाहिता *(सं. वि. स्त्री.)* ब्याही हुई स्त्री।
दुहिता *(हिं.स्त्री.)* दुहित, कन्या, लड़की, पुत्री।
राजदुहिता *(सं.स्त्री.)* राजा की कन्या।
संहिता *(सं.स्त्री.)* वह ग्रन्थ जिसमें पद पाठ आदि का क्रम नियमानुसार चला आता हो, व्याकरण के अनुसार दो अक्षरों का परस्पर मिलकर एक होना, सन्धि।
गीता *(सं.स्त्री.)* गुरु तथा शिष्य की कल्पना करके कहा हुआ उपदेशात्मक ज्ञान, भगवद्‌गीता, वृत्तान्त।
चीता *(हिं.पुं.)* एक प्रकार का बाघ।
जीता *(हिं.क्रि.)* विजय प्राप्त करना।
जीता *(हिं.पुं.)* जीवित तौल या नाप में कुछ अधिक। जीता लोहा-चुम्बक।
तीता *(हिं.वि.)* तिक्त, तीखे चटपटे स्वाद का, कट, कड़वा।
थीता *(हिं.पुं.)* स्थिरता, शान्ति।
बीता *(हिं.पुं.)* देखो बित्ता।
रीता (हिं.वि.) जिसके भीतर कुछ न हो, खाली।
भगवद्‌गीता *(सं.स्त्री.)* महाभारत के भीष्म पर्व के अन्तर्गत अठारह अध्याय का वह ग्रंथ जिसमें कर्मयोग, ज्ञानयोग और भक्तियोग का उपदेश है।
अचीता *(हिं.वि.)* आकस्मिक।
पपीता *(हिं.पुं.)* रेंड़ की तरह का एक पौधा जिसका फल पकाकर खाया जाता है।
सुबिस्ता, सुबीता *(हिं.पुं.)* देखो सुभीता।
खलीता *(हिं.पुं.)* खरीता, जेब।
सलीता *(हिं.पुं.)* गज्जी की तरह का मोटा कपड़ा।
सुभीता *(हिं.पुं.)* सुगमता, सुयोग्य।
पिरीता *(हिं.वि.)* प्रिय, प्यारा।
शुता *(सं.स्त्री.)* कन्या, पुत्री, लड़की।
हुता *(हिं.क्रि.)* प्राचीन अवधी हिन्दी में 'होना' क्रिया का भूतकाल का रूप।
पङ्गुता *(सं.स्त्री.)* पंगुत्व, लँगड़ापन।
दक्षता *(सं.स्त्री.)* दक्षता, चतुराई।
लघुता *(सं.स्त्री.)* तुच्छता, हलकापन।
वाकपटुता *(सं.स्त्री.)* बात करने में चातुरी।
सुष्ठुता *(सं.स्त्री.)* सौभाग्य, कल्याण, सुन्दरता।
पाण्डुता *(सं.स्त्री.)* पाण्डुत्व, पीलापन।
सहिष्णुता *(सं.स्त्री.)* सहनशीलता।
पृथुता *(सं.स्त्री.)* विस्तार, फैलाव।
बन्धुता *(सं.स्त्री.)* भाईचारा।
साधुता *(सं.स्त्री.)* सज्जनता, भलाई, सीधापन।
असाधुता, असाधुत्व *(सं.)* दुष्टता।
तनुता *(सं.स्त्री.)* कुशता, दुर्बलता।

सुतनुता *(सं.स्त्री.)* शरीर की सुन्दरता।
रिपुता *(सं.स्त्री.)* शत्रुता।
विद्युता *(सं.स्त्री.)* विद्युत्, बिजली।
दस्युता *(सं.स्त्री.)* लुटेरापन, डकैती, भय।
भीरूता *(सं.स्त्री.)* कायरता, भय, डर।
दयालुता *(सं.स्त्री.)* दया करने का भाव।
पशुता *(सं.स्त्री.)* पशु का भाव, मूर्खता।
राजसुता *(हिं.स्त्री.)* राजकन्या, राजा की लड़की।
सारसुता *(हिं.स्त्री.)* यमुना।
बिअहुता *(हिं.वि.)* विवाह संबंधी, जिसका विवाह हो गया हो।
बहुता *(सं.स्त्री.)* अधिकता, बहुत्व।
शत्रुता *(सं.स्त्री.)* वैरभाव।
जूता *(हिं.पुं.)* पदत्राण, उपानह, पनही, जोड़ा। जूताखोर-*(हिं.वि.)* जो जूता खाया करे, निर्लज्ज।
पूता *(सं.वि.)* पवित्र, शुद्ध।
बूता *(हिं.पुं.)* बल, पराक्रम।
सूता *(हिं.पुं.)* तन्तु, सूत; *(स्त्री.)* वह स्त्री जिसने बच्चा जना हो।
अछूता *(हिं.वि.)* बिना छुआ हुआ, नया।
निपूता *(हिं.वि.)* अपुत्र, जिसके सन्तान न हो।
विभूता *(सं.पुं.)* ऐश्वर्य, प्रभूता, शक्ति।
पसूता *(हिं.स्त्री.)* प्रसूता।
प्रसूता *(सं.स्त्री.)* बच्चा जनने वाली स्त्री।
एता *(हिं.वि.)* इस परिमाण का, इतना।
जेता *(हिं.वि.)* जयशील, विजयी।
तेता *(हिं.वि.)* उस प्रमाण का, उतना।
नेता *(हिं.पुं.)* नायक, सरदार, अगुआ।
रेता *(हिं.स्त्री.)* बालू।
गेंता *(हिं.स्त्री.)* भूमि खोदने का एक अस्त्र, कुदाल।
विचेता *(सं.वि.)* व्यग्र, घबड़ाया हुआ।
पूजेता *(हिं.पुं.)* पुजारी।
प्रणेता *(सं.वि.)* रचयिता, बनानेवाला।
निर्णेता *(सं.वि.)* झगड़े को निबटाने वाला।
अभिनेता *(सं.पुं.)* अभिनय करने वाला पुरुष। अभिनेत्री-*(सं.स्त्री.)* अभिनय दिखलानेवाली स्त्री।
क्रेता *(सं.वि.)* खरीदनेवाला।
विक्रेता *(सं.पुं.)* बेचने या बिक्री करनेवाला।
परेता *(हिं.पुं.)* वह बेलन या चरखी जिस पर पतंग (गुड्डी) की डोरी, (नख) लपेटी जाती है।
ओता *(हिं.वि.)* उस परिमाण का, उतना।
गोता *(हिं.पुं.)* जल आदि में डूबने की क्रिया, डुब्बी।
पोता *(हिं.पुं.)* पौत्र, बेटे का बेटा।
सोता *(हिं.पुं.)* जल की निरन्तर बहने वाली छोटी धारा, झरना, शाखा, सोती।
खोंता *(हिं.पुं.)* नीड़, चिड़िया का घोंसला।
चकोता *(हिं.पुं.)* देखो चकत्ता।
सगोता *(हिं.पुं.)* एक वंश का भाई, बन्धू।
स्तोता *(सं.वि.)* स्तुति करनेवाला।
पड़पोता *(हिं.पुं.)* प्रपौत्र, पौत्र का पुत्र।
परपोता *(हिं.पुं.)* देखो प्रपौत्र।
श्रोता *(हिं.पुं.)* कथा आदि सुननेवाला।
नित्रोता *(सं.स्त्री.)* गंगा नदी।
अनहोता *(हिं.वि.)* न होनेवाला।
नौता *(हिं.पुं.)* देखो न्यौता, निमंत्रण; *(वि.)* नया।
इकौता *(हिं.पुं.)* अँगुलियों में होने वाला फोड़ा।
कठौता *(हिं.पुं.)* लकड़ी का बड़ा पात्र।
पिछौंता *(हिं. क्रि. वि.)* पिछली ओर।
बहनौता *(हिं.पुं.)* बहिन का पुत्र।
सरौता *(हिं.पुं.)* सँड़सी के आकार का सुपारी काटने का एक यंत्र।
ओरौता *(हिं.वि.)* अन्त का, चुकौता।
इकलौता *(हिं.वि.)* अपने माँ-बाप का एक ही (पुत्र), अकेला।
एकलौता *(हिं.वि.)* अपने माता-पिता का एक (पुत्र)।
अति *(सं.अव्य.)* अतिशय, अधिक, प्रकर्षता, असम्भावना अर्थ में यह शब्द प्रयुक्त होता है।
जुअति *(हिं.स्त्री.)* देखो युवती।
कति *(सं.वि.)* कौन सी संख्या का, कितना, बहुत से, अनगिनत।
खति *(हिं.स्त्री.)* देखो क्षति।
गति *(सं.स्त्री.)* गमन, चाल, परिणाम, ज्ञान, मुक्ति, मोक्ष, दशा, स्थान।
वति *(सं.स्त्री.)* श्रेणी, पंक्ति।
थति *(हिं.स्त्री.)* देखो थाती।
नति *(सं.पुं.)* एक संस्कृत वाक्य जिसका अर्थ है "इति नहीं" अर्थात अन्त नहीं है।
नति *(सं.स्त्री.)* झुकाने, नमन, नमस्कार, विनती।
पति *(सं.पुं.)* दूल्हा, भर्ता, अधिपति, स्वामी, प्रभु, ईश्वर, मर्यादा, लज्जा।
मति *(सं.स्त्री.)* बुद्धि, इच्छा, सम्मति, (हिं. क्रि. वि.) देखो मत; *(हिं.अव्य.)* सदृश, समान।
यति *(सं.पुं.)* संन्यासी, योगी, ब्रह्मचारी, *(स्त्री.)* पढ़ते-पढ़ते जहाँ पर विश्राम किया जाता है।
रति *(सं.स्त्री.)* प्रेम, संभोग, सौभाग्य, शोभा।
पति *(सं.पुं.)* सेनानायक।
क्षति *(सं.स्त्री.)* हानि, घाटा, नाश।
हति *(सं.स्त्री.)* व्याघात, हत्या।
पदपंक्ति *(सं.स्त्री.)* पदश्रेणी, पैर का चिह्न।
भक्ति *(सं.स्त्री.)* सेवा, शुश्रूषा, श्रद्धा, विश्वास, पूजा, अर्चन, स्नेह, अनुराग।

अभक्ति *(सं.स्त्री.)* भक्ति का अभाव, अविश्वास।
राजभक्ति *(सं.स्त्री.)* राजा या राज्य के प्रति भक्ति।
प्रेमभक्ति *(सं.स्त्री.)* श्रीकृष्ण की वह भक्ति जो प्रेम से की जाए।
भावभक्ति *(हिं.स्त्री.)* आदर-सत्कार।
नवषाभक्ति *(सं.स्त्री.)* नव प्रकार की भक्ति, यथा श्रवण, कीर्तन, स्मरण, पादसेवन, अर्चन, वन्दन, सख्य, दास्य और आत्मनिवेदन।
विभक्ति *(सं.स्त्री.)* विभाग, बाँट, व्याकरण में शब्द में लगाया हुआ वह प्रत्यय जिससे उस पद का क्रियापद से संबंध सूचित होता है।
व्यक्ति *(सं.स्त्री.)* किसी शरीरवादी का सम्पूर्ण शरीर जिसकी सत्ता अलग मानी जाती है और जो किसी समाज का अंग समझा जाता है, मनुष्य, जीव, शरीर, वस्तु, पदार्थ। व्यक्तिगत-निजी।
शक्ति *(सं.स्त्री.)* सामर्थ्य, बल, शौर्य, पराक्रम।
स्मरणशक्ति *(सं.स्त्री.)* स्मरण करने की शक्ति।
आकर्षणशक्ति *(सं.स्त्री.)* भौतिक पदार्थों की वह शक्ति जिसके द्वारा वे अन्य पदार्थों को अपनी ओर खींच लेते हैं।
विचारशक्ति *(सं.स्त्री.)* भला बुरा पहिचानने की शक्ति, विचारशास्त्र।
यथाशक्ति *(सं.अव्य.)* सामर्थ्य के अनुसार, जितना हो सके।
आदिशक्ति *(सं.स्त्री.)* परमेश्वर की माया रूप शक्ति।
केन्द्राभिकषिणी शक्ति वह शक्ति जिसके प्रभाव से द्रव्य केन्द्र की ओर आकर्षित होता है।
श्रीशक्ति *(हिं.स्त्री.)* बुद्धि का गुण।
कित्ति *(हिं.स्त्री.)* कीर्ति, बड़ाई, गुण।
उक्ति *(सं.स्त्री.)* कथन, वचन, निर्देश।
अमुक्ति *(सं.वि.)* बिना कही हुई बात।
भुक्ति *(सं.स्त्री.)* भोजन, आहार।
मुक्ति *(सं.स्त्री.)* मोक्ष, कैवल्य, निर्वाण।
विवमुक्ति *(सं.स्त्री.)* मुक्ति, मोक्ष, छुटकारा।
युक्ति *(सं.स्त्री.)* नीति, उपाय, तर्क, अनुमान, रीति, कारण, हेतु।
अत्युक्ति *(सं.स्त्री.)* बहुत बढ़कर वर्णन करने की रीति।
प्रयुक्ति *(सं.स्त्री.)* प्रयोजन, प्रयोग।
पुनरुक्ति *(सं.स्त्री.)* कहे हुए वचन को दोहराना।
विरक्ति *(सं.स्त्री.)* व्युत्पत्ति आदि को बतलाते हुए किसी पद या वाक्य की व्याख्या।
दुरुक्ति *(सं.स्त्री.)* कटुवाक्य, कठोर वचन।
शुक्ति *(सं.स्त्री.)* सीप, सुतुही, शंख।
महाशुक्ति *(सं.स्त्री.)* बड़ी सीप जिसमें से मोती निकलता है।
सुक्ति *(सं.स्त्री.)* शुक्ति, सिप्पी।
लघूक्ति *(सं.स्त्री.)* कम बोलना।
कटूक्ति *(सं.स्त्री.)* अप्रिय वार्ता।
वक्रोक्ति *(सं.स्त्री.)* व्यंग, वचन।
लोकोक्ति *(सं.स्त्री.)* कहावत।
प्रौढ़ोक्ति *(सं.स्त्री.)* गूढ़ रचना किसी बात को बढ़ाकर कहना।
हितोक्ति *(सं.स्त्री.)* भलाई का उपदेश।
निषेधोक्ति *(सं.स्त्री.)* निषेध-वाक्य।
विरोधोक्ति *(सं.स्त्री.)* परस्पर विरोधी वचन।
सम्धोक्ति *(सं.स्त्री.)* वह बात जिसका अर्थ साधर्म्य के विचार से दूसरे से बाँटा जाए।
अतिशयोक्ति *(सं.स्त्री.)* बहुत बढ़ाकर कही हुई बात।
पुरुषोक्ति *(सं.स्त्री.)* निष्ठुर वचन।
पंक्ति *(सं.स्त्री.)* श्रेणी, पांती, भोज में एक साथ बैठकर खानेवालों की श्रेणी।
सकति *(हिं. क्रि. वि.)* यथासंभव, भरसक।
सकति *(हिं.स्त्री.)* देखो शक्ति।
उकति *(हिं.स्त्री.)* देखो उक्ति।
अगति *(सं.स्त्री.)* अव्यवस्था, दुर्दशा, अकालमृत्यु।
लोकगति *(सं.स्त्री.)* जीवन यात्रा।
तिर्यग्गति *(सं.स्त्री.)* वक्रगति, तिरछी चाल।
दीर्घगति *(सं.पुं.)* ऊँट; *(वि.)* लंबी डग मारनेवाला।
द्रुतगति *(सं.स्त्री.)* तीव्र गति; *(वि.)* शीघ्र चलनेवाला।
सद्गति *(सं.स्त्री.)* उत्तम गति, मुक्ति, अच्छा व्यवहार।
गगनगति हवा में उड़नेवाला देवता।
सर्पगति *(सं.स्त्री.)* कुटिल गति।
प्रतीपगति *(सं.स्त्री.)* प्रतिकूल गति।
भगति *(हिं.स्त्री.)* देखो भक्ति।
परमगति *(सं.स्त्री.)* मुक्ति, मोक्ष।
ब्रह्मगति *(सं.स्त्री.)* निर्वाण, मोक्ष।
जिह्मगति *(सं.पुं.)* सर्प; *(वि.)* टेढ़ी चाल चलनेवाला, मन्दगति।
दुर्गति *(सं.स्त्री.)* बुरी स्थिति, दुर्दशा।
वक्रगति *(सं.स्त्री.)* टेढ़ी चाल।
प्रगति *(हिं.स्त्री.)* ढंग, चाल।
वीरगति *(सं.स्त्री.)* वह उत्तम गति जो वीरों को रणक्षेत्र में मरने पर प्राप्त होती है।
स्वैरगति *(सं.स्त्री.)* स्वाधीनगति।
ऊर्ध्वगति *(सं.स्त्री.)* चढ़ाई, स्वर्गारोहण, मुक्ति।
भावगति *(हिं.स्त्री.)* विचार, इच्छा।
देवगति *(सं.स्त्री.)* स्वर्ग लाभ।
असंगति *(सं.स्त्री.)* अनुपयुक्तता।
हंसगति *(सं.स्त्री.)* हंस के समान सुन्दर धीमी चाल।
विगति *(सं.पुं.)* दुर्गति, दुर्दशा।
कुगति *(सं.स्त्री.)* दुर्दशा, बुरी अवस्था।
अनुगति *(सं.स्त्री.)* अनुसरण।
युगति *(हिं.पुं.)* प्रलय।

सुगति *(सं.स्त्री.)* उत्तम गति, मोक्ष।
मनोगति *(सं.स्त्री.)* चित्तवृत्ति, अभीष्ट, इच्छा।
संगति *(हिं.स्त्री.)* देखो सङ्गति।
सङ्गति *(सं.स्त्री.)* संगम, मेल, संबंध।
ईजति *(हिं.स्त्री.)* मर्यादा, मान।
प्रणति *(सं.स्त्री.)* विनती, नम्रता।
वितति *(सं.स्त्री.)* विस्तार, फैलाव।
सन्तति *(सं.स्त्री.)* सन्तान, बाल बच्चे, विस्तार, फैलाव।
दन्तादन्ति *(सं.स्त्री.)* एक दूसरे को दाँत काटने का युद्ध।
पद्धति *(सं.स्त्री.)* पदवी, प्रणाली, रीति, ढंग, विधि, विधान।
राजपद्धति *(सं.स्त्री.)* राजनीति।
पादपद्धति *(सं.स्त्री.)* पगडंडी।
उपनति *(सं.स्त्री.)* झुकाव, उपस्थिति।
प्रनति *(हिं.स्त्री.)* देखो प्रणति।
विनति *(सं.स्त्री.)* नम्रता, शिष्टता, सुशीलता, प्रार्थना।
उन्नति *(सं.स्त्री.)* वृद्धि, बढ़ती, ऊँचाई, उभाड़, प्रतिष्ठा, सौभाग्य।
प्रहोन्नति *(सं.स्त्री.)* बड़ी उन्नति।
तृप्ति *(सं.स्त्री.)* सन्तोष।
ज्ञप्ति *(सं.स्त्री.)* बुद्धि, स्तुति, विज्ञापन।
आज्ञप्ति *(सं.स्त्री.)* आज्ञा।
विज्ञप्ति *(सं.स्त्री.)* विज्ञापन।
प्राप्ति *(सं.स्त्री.)* लाभ, पहुँच, आय, भाग्य, प्रवेश।
समाप्ति *(सं.स्त्री.)* अवमान, अन्त।
व्याप्ति *(सं.स्त्री.)* सर्वत्र, फैला होना।
दीप्ति *(सं.पुं.)* द्युति, प्रकाश, उजाला।
प्रदीप्ति *(सं.स्त्री.)* प्रकाश, चमक।
सुदीप्ति *(सं.स्त्री.)* अधिक प्रकाश।
गुप्ति *(सं.स्त्री.)* रक्षण, आच्छादन, कन्दरा, गड्ढा।
सुषुप्ति *(सं.स्त्री.)* गहरी नींद।
सुप्ति *(सं.स्त्री.)* निद्रा, नींद, उँघाई।
प्रसुप्ति *(सं.स्त्री.)* गहरी नींद।
लोकपति *(सं.पुं.)* विष्णु, लोकपाल।
तिलोकपति *(हिं.पुं.)* त्रैलोक्यपति, विष्णु।
टंकपति *(सं.पुं.)* टकसाल का अधिकारी।
लाखपति *(हिं.पुं.)* देखो लखपती।
नगपति *(सं.पुं.)* हिमालय पर्वत, शिव, मेरू पर्वत।
मृगपति, भृगप्रभु *(सं.पुं.)* सिंह।
दुर्गपति *(सं.पुं.)* दुर्गरक्षक। दुर्गपाल-*(सं.पुं.)* दुर्ग का रक्षक।
राजपति *(सं.पुं.)* राजाधिराज, सम्राट्।
दुजपति *(हिं.पुं.)* देखो द्विजपति।
मनूजपति *(सं.पुं.)* राजा।
भाण्डपति बनिया, व्यवसायी। भाण्डशाला-भंडारघर।
गढ़पति, गढ़वे *(हिं.पुं.)* कोटाध्यक्ष, राजा।
गणपति *(सं.पुं.)* गणेश, शिव।
प्राणपति *(सं.पुं.)* आत्मा, स्वामी, पति, प्रिय व्यक्ति।
सरित्पति *(सं.पुं.)* समुद्र।
उत्पत्ति *(सं.स्त्री.)* आय, उपज, आरम्भ।
व्युत्पत्ति *(सं.स्त्री.)* किसी पदार्थ की विशिष्ट उत्पत्ति, ज्ञान विशेष, किसी शब्द का वह मूल रूप जिससे वह निकला हो।
पुनरुत्पत्ति *(सं.स्त्री.)* पुनर्जन्म।
मरूत्पत्ति *(सं.पुं.)* इन्द्र।
अर्थपति *(सं.पुं.)* अधीश्वर, कुबेर।
सारति *(सं.पुं.)* भवन-निर्माण कला में निपुण, रथ हाँकनेवाला।
यूथपति *(सं.पुं.)* सेनानायक।
बनपति *(हिं.पुं.)* सिंह, शेर।
भवनपति घर का स्वामी।
दानपति *(सं.पुं.)* सर्वदा दान देने वाला।
दिनपति *(सं.पुं.)* सूर्य, अर्क, वृक्ष।
सैनपति *(हिं.पुं.)* सेनापति।
उपपति *(सं.पुं.)* दूसरे की स्त्री से प्रेम करने वाला पुरुष, जार, यार।
उपपत्ति *(सं.स्त्री.)* युक्ति, संगति, उपाय, सिद्धि, प्राप्ति, गणित शास्त्र के अनुसार प्रमाण, कारण।
अनुपपत्ति *(सं.स्त्री.)* असंगति, सिद्धि, अयुक्ति।
दम्पति *(सं.पुं.)* पति और पत्नी।
सम्पत्ति *(सं.स्त्री.)* ऐश्वर्य, धन।
विशस्पति, विशाम्पति *(सं.पुं.)* राजा।
राष्ट्रपति *(सं.पुं.)* किसी राष्ट्र का स्वामी, आधुनिक प्रजातन्त्र शासन प्रणाली में बहुमत से चुना हुआ शासक।
तृपति *(हिं.स्त्री.)* देखो तृप्ति।
रूद्रपति *(सं.पुं.)* शिव, महादेव।
नगरपति *(सं.पुं.)* नगर का अध्यक्ष।
नरपति *(सं.पुं.)* नृपति, राजा।
विचारपति *(सं.पुं.)* न्यायाधीश।
जलपति *(सं.पुं.)* समुद्र।
जलपथ *(सं.पुं.)* जल बहने का मार्ग।
चलपति *(हिं.पुं.)* भूपति, राजा।
दलपति *(सं.पुं.)* सरदार, सेनापति।
कुलपति *(सं.पुं.)* वंश का स्वामी, विद्यार्थियों का भरण-पोषण करने वाला तथा उनको शिक्षा देनेवाला गुरु।
शैलपति *(सं.पुं.)* हिमालय।
देवपति *(सं.पुं.)* देवताओं के स्वामी इन्द्र।
निष्पति *(सं.स्त्री.)* समाप्ति, सिद्धि।
वनस्पति *(सं.पुं.)* वह वृक्ष जिसमें फूल न हों केवल फल ही हों।
छत्रपति *(सं.पुं.)* छत्र का अधिपति, राजा।
नक्षत्रपति *(सं.पुं.)* चन्द्रमा।

आपत्ति *(सं.स्त्री.)* विपत्ति, क्लेश, दुःख, कष्ट, दुर्घटना, संकट।
प्रजापति *(सं.पुं.)* सृष्टिकर्ता, ब्रह्मा, महीपाल, राजा।
श्रुतापति *(सं.पुं.)* दामाद, जामाता।
सभापति *(सं.पुं.)* सभा या समाज का नेता।
रमानाथ, रमापति *(सं.पुं.)* विष्णु, श्रीकृष्ण।
प्रापति *(हिं.स्त्री.)* देखो प्राप्ति।
शालापति *(सं.पुं.)* घर का मालिक।
निशापति *(सं.पुं.)* देखो निशाकर, चन्द्रमा।
रक्षापति नगरवासियों की रक्षा करनेवाला।
प्रतिपति *(सं.स्त्री.)* प्राप्ति, ज्ञान, अनुमान, निरूपण, विचार, गौरव, स्वीकृति।
विप्रतिपति *(सं.पुं.)* विरोध।
क्रियातिपति *(सं.स्त्री.)* काव्यालंकार में अतिशयोक्ति का एक भेद।
विपति *(हिं.स्त्री.)* देखो दीप्ति।
अधिपति *(सं.पुं.)* प्रभु, स्वामीपति, नायक। अधिभौतिक, आधिभौतिक-*(सं.वि.)* प्राकृतिक।
एकाधिपति *(सं.पुं.)* सम्राट, बड़ा राजा।
लोकाधिपति, लोकाधिपति *(सं.पुं.)* लोकपाल, देवता।
धनाधिपति, धनाध्यक्ष *(सं.पुं.)* धनरक्षक, कुबेर।
फनिपति *(हिं.पुं.)* सर्प, साँप।
मदिनीपति *(सं.पुं.)* पृथिवीपति।
वाहिनीपति *(सं.पुं.)* सेनापति।
बिपत्ति *(हिं.स्त्री.)* देखो विपत्ति।
विपत्ति *(सं.पुं.)* आपत्ति, क्लेश, संकट की अवस्था, कठिनाई।
शचीपति *(सं.पुं.)* इन्द्र।
चण्डीपति *(सं.पुं.)* शिव, महादेव।
नदीपति *(सं.पुं.)* समुद्र।
प्रदीपति *(हिं.स्त्री.)* देखो प्रदीप्ति।
सुदीपति *(हिं.स्त्री.)* सदीप्ति।
रजनीपति *(सं.पुं.)* चन्द्रमा।
भगिनीपति *(सं.पुं.)* बहनोई।
यामिनीपति *(सं.पुं.)* चन्द्रमा।
पृथिवीपति राजा।
श्रीपति *(सं.पुं.)* विष्णु, राजा।
सीपति *(हिं.पुं.)* देखो श्रीपति, विष्णु।
महीपति, महीपाल *(सं.पुं.)* पृथ्वीपति, राजा।
जदुपति, जदुपाल *(हिं.पुं.)* यदुपति।
द्युपति *(सं.पुं.)* सूर्य, इन्द्र।
पशुपति *(सं.पुं.)* शिव, महादेव।
भूमिपति *(सं.पुं.)* राजा।
सुषोपति *(हिं.स्त्री.)* देखो सुषुप्त।
मूढ़मति *(सं.स्त्री.)* मन्दबुद्धि, मूर्ख।
रिक्तमति *(सं.वि.)* शून्यचित्त।
छितमति *(सं.वि.)* अल्पमति।
छत्रमति *(हिं.वि.)* मूर्ख, अज्ञान। प्रत्युत्पन्मति-ठीक समय पर काम करनेवाली बुद्धि।
मनमति *(हिं.वि.)* स्वेच्छाचारी।
हीनमति *(सं.वि.)* बुद्धिशून्य।
सम्मति *(सं.स्त्री.)* इच्छा, अनुमति, आज्ञा, आदेश।
धर्ममति *(सं.वि.)* धार्मिक, पुण्यात्मा।
अहम्मति *(सं.स्त्री.)* अहंकार, गर्व।
दुर्मति *(सं.स्त्री.)* दुर्बुद्धि।
स्थिरमति *(सं.स्त्री.)* स्थिरबुद्धि।
सूक्ष्ममति *(सं.वि.)* तीक्ष्णबुद्धि।
विपुलमति *(सं.पुं.)* बहुत बुद्धिमान।
विस्मति *(सं.पुं.)* विस्मरण, भूल जाना।
मिथ्यामति *(सं.स्त्री.)* भ्रान्ति, भूल।
महामति *(हिं.वि.)* बड़ा, बुद्धिमान्।
विमुति *(सं.पुं.)* कुमति।
कुमति *(सं.स्त्री.)* मूर्खता; *(वि.)* बुद्धिहीन।
लघुमति *(सं.वि.)* छोटी बुद्धिवाला, मूर्ख।
सुमति *(सं.पुं.)* सुबुद्धि, अच्छी मति; *(वि.)* अत्यन्त बुद्धिमान।
वसुमति *(सं.स्त्री.)* पृथ्वी।
कुसुमति *(सं.वि.)* पुष्पित, फूला हुआ।
नियति *(सं.स्त्री.)* नियम, बन्धेज, स्थिरता।
संयति *(सं.स्त्री.)* निरोध।
अरति *(सं.स्त्री.)* चिन्ता, अनिच्छा।
कृति *(सं.स्त्री.)* क्रिया, करनी, कार्य।
सत्कृति *(सं.स्त्री.)* सत्कार।
सत्त *(हिं.पुं.)* किसी पदार्थ का सार भाग, तत्व।
प्रकृति *(सं.स्त्री.)* स्वभाव, किसी पदार्थ का गुण जो सर्वदा बना रहता हो।
निष्कृति *(सं.स्त्री.)* निस्तार, छुटकारा।
दुष्प्रकृति *(सं.वि.)* बुरे स्वभाव का; *(स्त्री.)* खोटा स्वभाव।
बहिष्कृति *(सं.स्त्री.)* बाहर करने की क्रिया।
दुष्कृति *(सं.पुं.)* कुकर्म, बुरा काम।
संस्कृति *(सं.स्त्री.)* संस्कार, सुधार, परिष्कार, शुद्धि, सजावट, सभ्यता।
आकृति *(सं.स्त्री.)* आकार, लक्षण, मूर्ति, रूप, चेष्टा, व्यवहार।
तुल्याकृति (सं.वि.) जो देखने में समान आकृति हो।
व्याकृति *(सं.स्त्री.)* प्रकाशन, व्याख्यान।
दुराकृति *(सं.स्त्री.)* बुरा स्वरूप।
प्रतिकृति *(सं.स्त्री.)* प्रतिमूर्ति, प्रतिमा, प्रतिबिम्ब।
निकृति *(सं.स्त्री.)* तिरस्कार, अपकार, शठता, नीचता।
विकृति *(सं.पुं.)* विकार, बिगाड़, मन का क्षोभ, शत्रुता।
स्वीकृति *(सं.स्त्री.)* सम्मति।
अनुकृति *(सं.स्त्री.)* अनुकरण।
सुकृति *(सं.स्त्री.)* शुभ कार्य।

विस्तृति *(सं.वि.)* विस्तार, फैलाव।
धृति *(सं.स्त्री.)* धारण करने या पकड़ने की क्रिया, सन्तोष, तृप्ति।
नति *(सं.स्त्री.)* स्तुति, वन्दना, पूजा।
अति *(सं.अव्य.)* एक उपसर्ग जो शब्दों के आरंभ में–''प्रतिनिधि, प्रतिकूल, विपरीत, प्रत्येक, दुबारा, ऊपर, समीप, विरोध, अल्प मात्रा, निश्चय, अंश, निश्चय, अंश, निन्दा, स्वभाव, प्रतिदिन तथा व्याप्ति''–अर्थों को बोधित करने के लिए जोड़ा जाता है।
प्रति *(हिं.अव्य.)* सामने, ओर; *(स्त्री.)* एक ही प्रकार की अनेक वस्तुओं में से एक वस्तु।
सम्प्रति *(सं.अव्य.)* इस समय, अभी।
उपरति *(सं.स्त्री.)* विरति, त्याग, संन्यास, मृत्यु।
भृति *(सं.स्त्री.)* वेतन मूल्य।
प्रभृति *(सं.अव्य.)* इत्यादि, आदि।
सुभुति *(हिं.स्त्री.)* उन्नति।
मृति *(सं.स्त्री.)* मरण, मृत्यु।
स्मृति *(सं.स्त्री.)* संस्कारजन्य ज्ञान, निन्तित ध्यान, धर्मशास्त्र।
सुमति *(हिं.स्त्री.)* देखो स्मृति।
वर्ति *(सं.स्त्री.)* दीपशिखा।
वृत्ति *(सं.स्त्री.)* जीविका, व्यवहार, व्यापार।
बकवृत्ति *(सं.पुं.)* अपना काम निकालने के लिए घात में रहना।
चित्तवृत्ति *(सं.स्त्री.)* चित्त की अवस्था।
जीवनवृत्ति *(सं.पुं.)* जीवनचरित्र, जीवनी।
अनुवृत्ति *(सं.स्त्री.)* पीछे की गति, व्याकरण में किसी पूर्वसूत्र के पद का आगे के सत्र में नियोग।
निर्वृत्ति *(सं.वि.)* निष्पन्न।
अर्धसमवृत्ति *(सं.वि.)* सोरठा।
प्रवृत्ति *(सं.स्त्री.)* चित्त का किसी ओर झुकाव, उत्पत्ति।
शरीरवृत्ति *(सं.स्त्री.)* जीविका।
जीववृत्ति *(सं.स्त्री.)* पशु पालने का व्यवसाय।
आकाशवृत्ति *(सं.स्त्री.)* सन्दिग्ध जीविका।
छात्रवृत्ति *(सं.स्त्री.)* विद्यार्थियों को विद्याभ्यास की दशा में आर्थिक सहायता।
आवृत्ति *(सं.स्त्री.)* बारंबार, अभ्यास करना, दुहराना।
व्यावृत्ति *(सं.स्त्री.)* खण्डन, निषेध, निवृत्ति।
परावृत्ति *(सं.स्त्री.)* पलटने या पलटाने की क्रिया या भाव।
पुनरावृत्ति *(सं.स्त्री.)* पुनर्जन्म।
सेवावृत्ति *(सं.स्त्री.)* दासत्व।
भिक्षावृत्ति *(सं.वि.)* भीख माँगकर जीविका निर्वाह करनेवाला।
निवृत्ति *(सं.स्त्री.)* मुक्ति, छुटकारा।
विवृत्ति *(सं.स्त्री.)* परिभ्रमण, भाष्य, टीका।
परिवृत्ति *(सं.स्त्री.)* घुमाव, चक्कर, वेष्टन, घेरा।
मनोवृत्ति *(सं.स्त्री.)* मन का व्यापार।
प्रसूति *(सं.स्त्री.)* विस्तार, फैलाव।
व्याहति *(सं.स्त्री.)* कथन, उक्ति।
आर्ति *(सं.स्त्री.)* पीड़ा, मनोव्यथा।
आरति *(सं.स्त्री.)* निवृति, ठहराव, देवता की प्रतिमा के चारों ओर दीपक घुमाना, आरती उतारने का पात्र, आरती के समय पढ़ने का स्तोत्र।
निरति *(सं.स्त्री.)* अत्यन्त प्रीति।
विरति *(सं.पुं.)* उदासीनता, वैराग्य।
अविरति *(सं.स्त्री.)* लीनता, विषयासक्ति; *(वि.)* विरामशून्य।
कीर्ति *(सं.स्त्री.)* पुण्य, ख्याति, यश।
अकीरति, अकीर्ति *(हि. सं. स्त्री.)* अपयश, दुर्नाम।
सत्कीर्ति *(सं.स्त्री.)* उत्तम कीर्ति।
लब्धकीर्ति *(सं.वि.)* विख्यात, प्रसिद्ध।
प्रकीर्ति *(सं.स्त्री.)* प्रशंसा, प्रसिद्धि, घोषणा।
दुष्कीर्ति *(सं.स्त्री.)* अपयश।
वंशकीर्ति *(सं.स्त्री.)* वंश का गौरव।
कुकीर्ति *(सं.स्त्री.)* अपमान, निन्दा।
सुकीर्ति *(सं.स्त्री.)* अच्छी कीर्ति।
कीरति *(सं.स्त्री.)* देखो कीर्ति।
अपकीरति *(हिं.स्त्री.)* अपकीर्ति।
फुरति *(हिं.स्त्री.)* देखो स्फूर्ति।
सुरति *(हिं.स्त्री.)* स्मरण, सुध, चेत।
पूर्ति *(सं.स्त्री.)* पूरा करने का काम, गुणा करने का काम।
स्फूर्ति *(सं.स्त्री.)* स्फुरण, हिलना।
मूर्ति *(सं.स्त्री.)* प्रतिमा, आकृति, स्वरूप।
अमूर्ति *(सं.वि.)* मूर्तिरहित, निराकार।
देवमूर्ति *(सं.पुं.)* सूर्य नारायण।
महामूर्ति *(सं.पुं.)* विष्णु।
प्रतिमूर्ति *(सं.स्त्री.)* देवतादि की मूर्ति।
त्रिमूर्ति *(सं.पुं.)* ब्रह्मा, विष्णु और शिव ये तीन देवता।
श्रीमूर्ति *(सं.स्त्री.)* विष्णु की प्रतिमा।
सूरति *(हिं.स्त्री.)* स्मरण, सूरत।
सेवति *(हिं.स्त्री.)* देखो स्वाती।
बिसति *(सं.स्त्री.)* बीस की संख्या।
गभस्ति *(सं.पुं.)* किरण, प्रकाश।
वस्ति *(सं.स्त्री.)* पेट की नाभि के नीचे का भाग।
स्वस्ति *(सं.अव्य.)* एक आशीर्वाद का शब्द कल्याण हो; *(स्त्री.)* कल्याण, मंगल, सुख।
प्रशस्ति *(सं.स्त्री.)* प्रशंसा, स्तुति, सिरनामा, राजा के वे आज्ञापत्र जो प्राचीन समय में पत्थरों, चट्टानों या ताम्रपत्रों पर खोदे जाते थे, प्राचीन हस्तलिखित पुस्तकों के आदि और अन्त की कुछ पंक्तियाँ जिनमें पुस्तक के कर्त्ता, विषय काल आदि का कुछ पता चलता है।

शस्ति *(सं.स्त्री.)* स्तुति, प्रशंसा।
प्रसस्ति *(सं.स्त्री.)* प्रशंसा, स्तुति।
हस्ति *(सं.पुं.)* गज, हाथी।
राजवसति *(सं.स्त्री.)* राजभवन।
मिवसति *(सं.स्त्री.)* घर, मकान।
सासति देखो शासन।
अपह्नति *(सं.स्त्री.)* छिपाव, बहाना, वह अर्थालंकार जिसमें प्रकृत पदार्थ का निषेध करके उस स्थान में वैसा ही दूसरा कोई पदार्थ स्थापित किया जाता है।
विहति *(सं.स्त्री.)* नाश, ध्वंस।
सहति *(सं.स्त्री.)* समूह, झुण्ड, ढेर, राशि, घनत्व।
मानक्षति *(सं.स्त्री.)* मानहानि।
जाति *(सं.स्त्री.)* जन्म, गोत्र, एक प्रकार का छन्द, मालती, चमेली।
याति *(हिं.स्त्री.)* स्थिरता, टिकाव।
पाति *(हिं.स्त्री.)* पत्ती, दल, पत्र, चिट्‌ठी।
ज्ञाति *(सं.पुं.)* एक ही गोत्र या वंश का मनुष्य, बान्धव, गोती।
ताँति *(हिं.स्त्री.)* देखो ताँत, तन्तु।
पाँति *(हिं.स्त्री.)* पंगत, पंक्ति, पाँति।
ख्याति *(सं.स्त्री.)* प्रसिद्धि।
आख्याति *(सं.स्त्री.)* कीर्ति, यश, कथन।
अजाति, अजाती *(सं.स्त्री.)* जाति-शून्य, पतित, त्याज्य।
तिर्यग्जाति *(सं.स्त्री.)* पशु-पक्षियों की जाति।
हीनजाति-हीनज *(सं.वि.)* नीच जाति से उत्पन्न। *(सं.वि.)* नीच जाति या वर्ण।
नृजाति *(सं.स्त्री.)* मनुष्य जाति।
मिश्रजाति *(सं.स्त्री.)* वर्णसंकर, दोगल।
स्वजाति *(सं.स्त्री.)* अपनी जाति का।
सजाति *(सं.पुं.)* एक जाति का।
वनिजाति *(हिं.स्त्री.)* व्यापार की सामग्री।
विजाति *(सं.वि.)* भिन्न जाति का।
कुजाति *(सं.स्त्री.)* नीच जाति।
दुजाति *(हिं.पुं.)* द्विज।
सुजाति *(सं.स्त्री.)* उत्तम जाति का। *(वि.)* अच्छे कुल का।
विभाति *(हिं.पुं.)* शोभा, सुन्दरता।
भाँति *(हिं.स्त्री.)* तरह, प्रकार।
अख्याति *(सं.स्त्री.)* अपकीर्ति, अयश।
प्रख्याति *(सं.स्त्री.)* विख्याति, प्रसिद्धि।
सुख्याति *(सं.स्त्री.)* प्रशंसा, यश, प्रसिद्धि।
न्याति *(हिं.स्त्री.)* ज्ञाति, जाति।
अजाति *(सं.पुं.)* असंबंधी पुरुष।
कांत, कांता, कांति *(हि.)* देखो कान्त, कान्ता, कान्ति।
कान्ति *(सं.स्त्री.)* दीप्ति, चमक, शोभा, कला।
सुकान्ति *(सं.वि.)* सुन्दर कान्तिवाला।
क्रान्ति *(सं.स्त्री.)* पाद-विक्षेप, नक्षत्र की गति, राशिचक्र की मध्यरेखा, विषुक्त रेखा से उत्तर कर्कट क्रान्ति तक सूर्य की दूरी, परिवर्तन, उलट-फेर।
आक्रान्ति विवशता।
विक्रान्ति *(सं.पुं.)* शेरता, वीरता।
संक्रान्ति *(सं.स्त्री.)* संचार, गमन, सूर्य का एक राशि में से दूसरी में जाना, व्याप्ति।
सन्क्रान्ति *(सं.स्त्री.)* सूर्य का एक राशि से दूसरी राशि में आना।
भ्रान्ति *(सं.स्त्री.)* भ्रम, धोखा, संशय।
सम्भ्रान्ति *(सं.स्त्री.)* उद्वेग, घबराहट।
विभ्रान्ति *(सं.स्त्री.)* व्यग्रता, घबड़ाहट।
भराँति *(हिं.स्त्री.)* देखो भ्रांति।
क्षान्ति *(सं.स्त्री.)* क्षेम, खेद, दुःख।
परिश्रान्ति *(सं.स्त्री.)* थकावट।
विश्रान्ति *(सं.पुं.)* विश्राम, आराम।
क्लान्ति *(सं.स्त्री.)* परिश्रम, थकावट।
वान्ति *(सं.स्त्री.)* वमन, उल्टी।
शान्ति *(सं.स्त्री.)* शमन, स्तब्धता, स्वस्थता, गम्भीरता, अमंगल दूर करने का उपचार।
क्षान्ति *(सं.स्त्री.)* तितिक्षा, सहनशीलता, क्षमा।
इति *(सं.अव्य.)* समाप्ति-सूचक।
इति अव्यय; *(स्त्री.)* पूर्णता, समाप्ति।
चिति *(स्त्री.)* एकत्र करने का कार्य।
षिति *(सं.स्त्री.)* ख्याति, वृद्धि।
छिति *(सं.स्त्री.)* भूमि, पृथ्वी।
निति *(हिं.अव्य.)* नित, प्रतिदिन।
शिति *(सं.वि.)* शुक्ल, सफेद।
सिति *(सं.वि.)* कृष्ण, काला।
क्षिति *(सं.स्त्री.)* पृथ्वी, रहने का टौर।
विच्छित्ति *(सं.स्त्री.)* त्रुटि, कमी, अलगाव।
स्थिति *(सं.स्त्री.)* अस्तित्व, स्थिरता, अवस्था, नियम, निवास, अवस्था, दशा।
अस्थिति *(सं.स्त्री.)* अस्थिरता।
लोकस्थिति *(सं.स्त्री.)* अचलित नियम।
उपस्थिति *(सं.स्त्री.)* उपस्थान, उपासना, स्मृति, पहुँच, वर्तमानता, याददाश्त।
प्रस्थिति *(सं.स्त्री.)* प्रस्थान, यात्रा।
दुःस्थिति *(सं.स्त्री.)* दुर्दशा।
सुस्थिति *(सं.स्त्री.)* आनन्द।
स्तमिति *(सं.वि.)* निश्चल, स्थिर।
समिति *(सं.स्त्री.)* सभा, समाज।
स्थायी समिति *(हिं.पुं.)* किसी सभा का संचालन करने वाली दो अधिवेशनों के बीच में होनेवाली कार्यकारिणी सभा।

वंशस्थिति *(हिं.स्त्री.)* वंश की समीक्षा।
ऋति *(सं.स्त्री.)* कल्याण, भलाई।
नैऋति *(सं.स्त्री.)* दक्षिण और पश्चिम दिशा के बीच की दिशा।
भवक्षिति *(सं.स्त्री.)* जन्मभूमि।
ज्यामिति *(सं.स्त्री.)* गणित शास्त्र का वह विभाग जिसके द्वारा भूमि के परिमाण तथा रेखा, कोण, समतल, धन परिमाण आदि विषयों का निरूपण होता है।
विचिति *(सं.स्त्री.)* अनुसन्धान।
विचित्ति *(स.पुं.)* चित्त ठिकाने न रहने की अवस्था।
परिमिति *(सं.स्त्री.)* भूमि मापन शास्त्र; *(हिं.स्त्री.)* मर्यादा, प्रतिष्ठा।
स्वर्णदीधिति (सं. सं.) अग्नि।
शीतदीधिति *(सं.पुं.)* चन्द्रमा।
दीधिति *(सं.स्त्री.)* सूर्य, चन्द्रमा आदि की किरण।
सुधिति *(सं.स्त्री.)* कुठार, कुल्हाड़ी।
ईति *(सं.स्त्री.)* झगड़ा, छूत का रोग, खेती को हानि पहुँचानेवाली, आपत्ति, पीड़ा, कष्ट, दुःख।
गीति *(सं.स्त्री.)* गान, गीत।
छीति *(हिं.स्त्री.)* क्षति, हानि, बुराई।
जीति *(सं.स्त्री.)* जय, जीत।
दीति *(सं.स्त्री.)* दीप्ति, प्रकाश।
धीति *(सं.स्त्री.)* प्यास, अनादर, आराधना।
नीति *(सं.स्त्री.)* आचार, पद्धति, समाज का कल्याण करनेवाली व्यवहार की रीति, युक्ति, उपाय, चाल, राजा और प्रजा दोनों के लिए निर्धारण की हुई व्यवस्था, राजनीति।
भीति *(सं.स्त्री.)* भय, डर; *(हिं.स्त्री.)* दीवार।
रीति *(सं.स्त्री.)* ढंग, परिपाटी, नियम, प्रकार, तरह, प्रकृति, स्तुति।
अनीत, अनीति *(हिं.स्त्री.)* अनीति, अन्याय।
राजनीति *(सं.स्त्री.)* वह नीति जिसके अनुसार राजा अपने राज्य का शासन तथा प्रजा की रक्षा करता है।
कूटनीति *(सं.स्त्री.)* कपटनीति, धोखे की चाल।
दण्डनीति *(सं.स्त्री.)* वह शास्त्र जिसमें राज्य-शासन के संबंध के नियम और उपदेश हों।
स्फीति *(सं.स्त्री.)* वृद्धि, बढ़ती।
अनरीति *(हिं.स्त्री.)* बुरी चाल, कुरीति।
राहरीति *(हिं.स्त्री.)* परिचय।
विनीति *(सं.स्त्री.)* सुशीलता, सम्मान।
विभीति *(सं.स्त्री.)* भय, डर, शंका।
परीति देखो प्रीति।
सुगीति *(सं.स्त्री.)* सुन्दर गान।
सुनीति *(सं.स्त्री.)* अच्छी नीति।
कुरीति *(सं.स्त्री.)* कुप्रथा, कुचाल।
दुति *(हिं.स्त्री.)* द्युति, आभा, चमक।
स्तुति *(सं.स्त्री.)* गुण-कीर्तन, प्रशंसा।
अस्तुति *(सं.स्त्री.)* अपकीर्ति, निन्दा। *(हिं.स्त्री.)* स्तुति, प्रशंसा।
प्रस्तुति *(सं.स्त्री.)* प्रस्तावना, प्रशंसा।
द्युति *(सं.स्त्री.)* क्रान्ति, चमक, शोभा, किरण।
द्रुति *(सं.स्त्री.)* द्रव, गति।
श्रुति *(सं.स्त्री.)* वेद, कर्ण, कान, सुनी हुई बात, वार्ता, ध्वनि, शब्द, त्रिभुज के समकोण के सामने की भुजा, नाम, विद्या।
लोकश्रुति *(सं.स्त्री.)* जनश्रुति।
स्त्रुति *(सं.स्त्री.)* देखो श्रुति।
विप्लुति *(सं.स्त्री.)* उपद्रव, विप्लव।
आहुति *(सं.स्त्री.)* मन्त्र द्वारा अग्नि में घृतादि छोड़ना।
पूर्णाहुति *(सं.स्त्री.)* होम-समाप्ति में अन्तिम आहुति।
उकुति *(हिं.स्त्री.)* देखो उक्ति।
सुकुति *(हिं.स्त्री.)* शक्ति, सीप।
भुगुति *(हिं.स्त्री.)* देखो भुक्ति।
पूति *(स्त्री.)* पवित्रता, दुर्गन्ध; *(वि.)* दुर्गन्धयुक्त।
भूति *(सं.स्त्री.)* वैभव, ऐश्वर्य, सम्पत्ति, उत्पत्ति, बुद्धि।
सम्भूति *(सं.स्त्री.)* क्षमता, शक्ति।
प्रभूति *(सं.स्त्री.)* उत्पत्ति, अधिकता।
करतूत, करतूति *(हिं.स्त्री.)* कर्तव्य, करनी, करतब।
प्रसूति *(सं.स्त्री.)* प्रसव, जनन।
आकूति *(हिं.स्त्री.)* अभिप्राय, आशय।
आहूति *(सं.स्त्री.)* पुकार, बुलाहट, घृत, तिल इत्यादि से हवन।
विभूति *(सं.स्त्री.)* वृद्धि, ऐश्वर्य, बड़ाई।
सहानुभूति *(सं.स्त्री.)* किसी के कष्ट को देखकर स्वयं दुःखी होना।
जोति *(हिं.स्त्री.)* देखो ज्योति।
ज्योति *(सं.स्त्री.)* प्रकाश, ज्वाला।
द्योति *(हिं.स्त्री.)* कान्ति। द्योतित-*(सं.वि.)* प्रकाशित।
खद्योति *(सं.पुं.)* खद्योत, जुगनू।
जति, जती *(हिं.पुं.)* यति, संन्यासी।
मती *(हिं.स्त्री.)* देखो मति; (किं. वि.) मत।
यती *(सं.स्त्री.)* देखो यति, जितेन्द्रिय।
शती *(हिं.वि.)* सौ की संख्या का।
सती *(सं.स्त्री.)* पतिव्रता स्त्री, वह स्त्री जो अपने पति के शव के साथ चिता में जले।
यकती *(हिं.स्त्री.)* पट्टी, धज्जी।
सकती *(हिं.स्त्री.)* शक्ति।
जगती *(सं.स्त्री.)* संसार, पृथ्वी।
भगती *(हिं.स्त्री.)* देखो भक्ति।
पठछती *(हिं.स्त्री.)* लकड़ी की पाटन।
कटती *(हिं.स्त्री.)* बिक्री, माँग।
घटती *(हिं.स्त्री.)* न्यूनता, कमी।

उठती *(हिं.वि.)* चढ़ती, बढ़ती, जोतने बोने योग्य।

पड़ती *(हिं.स्त्री.)* वह भूमि जो कुछ दिनों से जोती बोई न गई हो।

जोड़ती *(हिं.स्त्री.)* अनेक संख्याओं का योग, जोड़।

बढ़ती *(हिं.स्त्री.)* मात्रा, मन या संख्या में वृद्धि, धन-धान्य की वृद्धि।

बढ़ती *(हिं.पुं.)* लाभ।

बत्ती *(हिं.स्त्री.)* सूत, रूई, कपड़े आदि की पतली छड़ या मोटा फीता जो दीपक जलाने के लिए उपयोग में आता है, प्रकाश, बत्ती के आकार की कोई वस्तु, पलीता।

थत्ती *(हिं.स्त्री.)* राशि, ढेर, पुंज।

पत्ती *(हिं.स्त्री.)* छोटा पत्ता, भाग, हिस्सा।

धरपत्ती *(हिं.स्त्री.)* बेहरी, अंशदान।

ऊदबत्ती *(हिं.स्त्री.)* धूपबत्ती। मसाला लपेटी धूपबत्ती जिसके जलाने से सुगन्धित धुआँ उठकर फैलता है।

मोमबत्ती *(हिं.स्त्री.)* मोम या चरबी को साँचे में ढालकर बनाई हुई बत्ती जो प्रकाश के लिए जलाई जाती है।

अगरबत्ती *(हिं.स्त्री.)* धूपबत्ती।

चिरबत्ती *(हिं.वि.)* टुकड़ा-टुकड़ा।

दियाबत्ती *(हिं.स्त्री.)* दिया जलाने का काम।

पत्ती *(सं.स्त्री.)* काली स्याही।

रत्ती *(हिं.स्त्री.)* आठ चावल का मान। रत्तो-देखो रती; *(वि.)* थोड़ा कम

लत्ती *(हिं.स्त्री.)* पशुओं की लात मारने की क्रिया, कपड़े की लंबी धज्जी।

दोलत्ती *(हिं.स्त्री.)* देखो दुलत्ती।

प्रायश्चित्ती *(सं.वि.)* प्रायश्चित्त।

चित्ती *(हिं.स्त्री.)* छोटा धब्बा या चिह्न, बुंदकी।

दोचिती *(हिं.स्त्री.)* उद्विग्नता।

पित्ती *(हिं.स्त्री.)* गरमी के दिनों में पसीना भरने से शरीर में निकलने वाले महीन दाने।

दन्ती *(सं.स्त्री.)* हाथी, गज।

किवदन्ती *(हिं.स्त्री.)* जनप्रवाद।

गोदन्ती *(हिं.स्त्री.)* एक रत्न।

गनती *(हिं.स्त्री.)* देखो गिनती।

गिनती *(हिं.स्त्री.)* गणना, संख्या।

विनती *(हिं.स्त्री.)* निवेदन, प्रार्थना।

मिनती *(हिं.स्त्री.)* देखो विनती।

हिनती *(हिं.स्त्री.)* देखो हीनता।

खपत, खपती *(हिं.स्त्री.)* समाई, विक्रय।

लखपती *(हिं.पुं.)* जिसके पास लाखों रुपए की सम्पत्ति हो।

वनस्पती *(हिं.पुं.)* देखो वनस्पति।

बनसपती *(हिं.स्त्री.)* देखो वनस्पति।

गुप्ती *(हिं.स्त्री.)* एक तरह की किरिच या तलवार जो छड़ी के भीतर बैठाई रहती है।

फबती *(हिं.स्त्री.)* हँसी की बात जो किसी पर घटती हो, चुटकी, व्यंग।

शरबती *(हिं.पुं.)* एक प्रकार का पीला रंग, मीठा नींबू या फालसा।

कमती *(हिं.स्त्री.)* कम, अल्प, घटी, *(वि.)* अल्प, थोड़ा।

नागमती *(सं.स्त्री.)* काली तुलसी।

मानमती *(हिं.स्त्री.)* जादूगरनी।

श्रीमती *(सं.स्त्री.)* स्त्रियों के लिए आदरसूचक शब्द।

वसूमती *(सं.स्त्री.)* पृथ्वी।

यशोमति *(सं.स्त्री.)* यशस्विनी।

पंचायती *(हिं.वि.)* पंचायत संबंधी, साझे का, मिला जुला, सर्व साधारण का।

पायंती *(हिं.स्त्री.)* पायताना, पयताना।

वैजयन्ती *(सं.स्त्री.)* पताका, झंडा।

आयन्ती, पायन्ती *(हिं.स्त्री.)* सिरहाना, पैताना; *(क्रि. वि.)* ऊपर-नीचे।

वर्ती *(हिं.वि.)* बरतने योग्य।

निकटवर्ती *(सं.वि.)* निकट का, समीप का।

वृत्तानुवर्ती *(सं.पुं.)* सदाचारी।

समीपवर्ती *(सं.वि.)* निकटगामी, पास का।

मध्यवर्ती *(सं.वि.)* मध्य का, बिचला।

चक्रवर्ती *(सं.वि.)* सार्वभौम राजा।

तीरवर्ती *(सं.वि.)* तट पर रहनेवाला।

दूरवर्ती *(सं.वि.)* जो दूर का हो।

पार्श्ववर्ती *(सं.पुं.)* पास रहनेवाला मनुष्य।

पार्श्ववर्ती समीपस्थ।

वशवर्ती *(सं.वि.)* वशीभूत।

पासवर्ती *(हिं.पुं.)* देखो पार्श्ववर्ती।

अकृति, अकृती *(सं.स्त्री.)* निकम्मा, पापी, अयोग्य।

फुर्ती *(हिं.स्त्री.)* देखो फुरती।

सुकृती *(सं.वि.)* धार्मिक पुण्यवान्।

करती *(हिं.स्त्री.)* मरे बछड़े का चमड़ा जिसमें भूसा भरकर गाय को दिखाकर दूध दूहा जाता है।

वरती *(हिं.पुं.)* वह जो व्रत के दिन उपवास न करता हो।

धरती *(हिं.स्त्री.)* धरित्री, पृथ्वी, संसार।

परती *(हिं.स्त्री.)* बिना जोती हुई भूमि।

भरती *(हिं.स्त्री.)* भरे जाने का भाव।

ईमरती *(हिं.स्त्री.)* उड़द की पीठी की बनी हुई एक प्रकार की मिठाई।

व्रती *(हिं.पुं.)* जिसने किसी प्रकार का व्रत किया हो, ब्रह्मचारी।

करती *(हिं.स्त्री.)* बत्ती; *(वि.)* जिसने व्रत या उपवास किया हो।

कसरती *(हिं.वि.)* व्यायाम करनेवाला।

धनवंती *(सं.स्त्री.)* पृथ्वी, वसुन्धरा।

आरती *(हिं.स्त्री.)* देखो आरति।
भारती *(सं.स्त्री.)* वचन, वाक्य।
अमिरती *(हिं.स्त्री.)* देखो इमरती।
कुरती *(हिं.स्त्री.)* पहिनने का एक वस्त्र।
फुरती *(हिं.स्त्री.)* शीघ्रता।
सुरती *(हिं.स्त्री.)* तमाखू के पत्तों का चूरा जो पान के साथ खाया जाता है।
तरन्ती *(सं.स्त्री.)* नौका, नाव।
मालती *(सं.स्त्री.)* वृक्षों पर फलनेवाली एक लता जिसमें सुगंधित सफेद फूल होते हैं।
घोलती *(हिं.स्त्री.)* छप्पर से बरसाती पानी गिरने का स्थान, ओरी।
बोलती *(हिं.स्त्री.)* वाक्, वाणी।
भगवती *(सं.स्त्री.)* देवी, सरस्वती, दुर्गा।
द्वीपवती *(सं.स्त्री.)* भूमि।
रूपवती *(सं.स्त्री.)* सुन्दर स्त्री।
गर्भवती *(स्त्री.)* वह स्त्री जिसके पेट में बच्चा हो।
सौभाग्यवती *(सं.वि.)* वह स्त्री जिसका पति जीवित हो, अच्छे भाग्यशाली।
पर्वती *(हिं.वि.)* पर्वत संबंधी, पहाड़ी; *(पुं.)* पहाड़ पर रहनेवाला।
पारवती *(हिं.स्त्री.)* देखो पार्वती।
शाश्वती *(सं.स्त्री.)* पृथ्वी।
प्रभावती *(सं.स्त्री.)* बड़े प्रभाव वाली स्त्री।
कलावती *(सं.स्त्री.)* गंगा; *(वि.)* शोभायुक्त।
लीलावती *(सं.स्त्री.)* प्रसिद्ध ज्योतिर्विद भास्कराचार्य की पत्नी का नाम जिन्होंने गणित की एक पुस्तक लिखी थी।
पतिवती *(हिं.वि.)* सौभाग्यवती, सधवा।
युवति, युवती *(सं.स्त्री.)* जवान स्त्री।
बारयुवती *(सं.स्त्री.)* वेश्या।
सेवती *(सं.स्त्री.)* गुलाब का एक भेद जो सफेद होता है।
सतवती *(हिं.स्त्री.)* सती, पतिव्रता स्त्री।
सप्तशती *(सं.स्त्री.)* सात सौ श्लोकों का देवी-माहात्म्य।
बस्ती *(हिं.स्त्री.)* जनपद, निवास, बहुत से घरों का समूह जिसमें लोग बसते हैं।
कठमस्ती *(हिं.स्त्री.)* गुण्डई।
परवस्ती *(हिं.स्त्री.)* पालन-पोषण।
सस्ती *(हिं.स्त्री.)* सस्ता होने का भाव, सस्तापन।
नास्ति *(सं.अव्य.)* अवद्यमानता, नहीं।
सुरसती *(हिं.स्त्री.)* देखो सरस्वती।
वसती *(सं.स्त्री.)* वासस्थान।
बसंती *(हिं.पुं.)* सरसों के फूल के समान रंग, पीला कपड़ा; *(वि.)* वसन्त ऋतु संबंधी, पीले रंग का।
वासन्ती *(सं.स्त्री.)* माधवी लता, जूही।
महती *(हिं.पुं.)* सरदार, चौधरी।
वृहती *(सं.स्त्री.)* उतरीय वस्त्र, दुपट्टा।
महन्ती *(हिं.स्त्री.)* महन्त का भाव या पद।
घावी *(सं.पुं.)* मारनेवाला, घातक, हत्यारा, संहारक।
छाती *(हिं.स्त्री.)* वक्षःस्थल, कलेजा, हृदय, मन, तन, कुच, साहस, दृढ़ता।
थाती (हिं.स्त्री.) धरोहर, संचित धन, अमानत।
नाती *(हिं.पुं.)* बेटी का बेटा।
पाती *(हिं.स्त्री.)* मान, प्रतिष्ठा, पत्र, चिट्ठी, पत्री।
बाती *(हिं.स्त्री.)* देखो बत्ती।
ताँती *(हिं.स्त्री.)* पंक्ति, क्रम।
संगाती *(हिं.पुं.)* साथी, संगी, मित्र।
ब्रह्मघाती *(सं.वि.)* ब्राह्मण की हत्या करनेवाला।
मातृघाती *(हिं.वि.)* माता की हत्या करनेवाला।
प्रतिघाती *(सं.वि.)* टक्कर लगाने वाला, विरोध करनेवाला; *(पुं.)* शत्रु, बैरी।
विघाती *(हिं.वि.)* हत्या करनेवाला।
संघाती (हिं.पुं.) साथी, मित्र; *(वि.)* प्राण-नाशक।
विजाती *(हिं.वि.)* दूसरी जाति का, दूसरी तरह का।
पनाती *(हिं.पुं.)* नाती का लड़का।
बनाती *(हिं.वि.)* बनात का बना हुआ।
दिनाती *(हिं.स्त्री.)* कर्मकारों का एक दिन का वेतन।
बिनाती *(हिं.स्त्री.)* देखो बिनती।
तैनाती *(हिं.स्त्री.)* नियुक्ति।
चपाती *(हिं.स्त्री.)* हाथ से बढ़ाकर बनाई हुई रोटी।
नाशपाती *(सं.स्त्री.)* एक मझोले आकार का वृक्ष जिसकी पत्तियाँ अमरूद के पत्तों के समान होती हैं, इसका गोल फल कुरकुरा और खटमीठा होता है।
पक्षपाती *(सं.वि.)* उचित-अनुचित विचार न करके किसी के अनुकूल प्रवृत्त होना।
वितीपाती *(हिं.वि.)* उपद्रवी।
परभाती *(हिं.स्त्री.)* देखो प्रभाती।
दूधाभाती *(हिं.स्त्री.)* विवाह की एक रीति जिसमें वर कन्या को तथा कन्या वर को दूध-भात खिलाते हैं।
घराती *(हिं.पुं.)* विवाह में कन्या के पक्ष के मनुष्य।
बराती *(हिं.पुं.)* वर के साथ कन्या के घर बारात को ले जानेवाला मनुष्य।
सँझवाती *(हिं.स्त्री.)* संध्या के समय जलाने का दीपक।
सेवाती *(हिं.स्त्री.)* देखो स्वाती।
बरसाती *(हिं.वि.)* वर्षा संबंधी।
साढ़ेसाती *(हिं.स्त्री.)* शनि ग्रह के साढ़े सात वर्ष, साढ़े सात महीने या साढ़े सात दिन की दशा जो अशुभ मानी जाती है।
दिहाती *(हिं.वि.)* ग्रामीण।
ठकुरसुहाती *(हिं.स्त्री.)* चाटुक्ति।

वेदान्ती *(सं.पुं.)* वेदान्त शास्त्र को अच्छी तरह जाननेवाला, ब्रह्मवादी।
सिद्धान्ती (हिं.पुं.) शास्त्र के तत्त्व को जाननेवाला।
मिती *(हिं.स्त्री.)* महीने की तिथि जब तक का ब्याज देना हो।
हिती, हीतू *(हिं.वि.)* भलाई चाहने वाला, मित्र, संबंधी, स्नेही।
सिमृती *(हिं.स्त्री.)* देखो स्मृति।
सारसुती *(हिं.स्त्री.)* देखो सरस्वती।
जूती *(हिं.स्त्री.)* स्त्रियों के पहिनने का जूता।
दूती *(सं.स्त्री.)* संचारिका, कुटनी।
पूती *(हिं.स्त्री.)* लहसुन की गाँठ।
लूती *(सं.स्त्री.)* लुआठी।
सूती *(हिं.वि.)* सूत का बना हुआ।
प्रश्नबूती *(सं.पुं.)* बुझौवल।
सपूती *(हिं.स्त्री.)* योग्य पुत्र उत्पन्न करनेवाली माता।
दुसूती *(हिं.स्त्री.)* एक प्रकार की मोटी चादर जिसमें दो तागों का ताना और बाना रहता है।
केती *(हिं.वि.)* कितना।
खेती *(हिं.स्त्री.)* कृषि, किसानी।
जेती (हिं. क्रि. वि.) जितना।
नेती *(हिं.स्त्री.)* मथानी में लपेटकर खींचने की रस्सी।
येती *(हिं.वि.)* देखो एतो। येह-*(हिं.अव्य.)* यह भी।
रेती *(हिं.स्त्री.)* लोहा, लकड़ी आदि रेतने का लोहे का एक अस्त्र, नदी या समुद्र के किनारे का बलुई भूमि।
प्रेती *(हिं.पुं.)* प्रेतपूजक, प्रेत की उपासना करनेवाला।
दरेंती *(हिं.स्त्री.)* अनाज दलने की छोटी चक्की।
चैती *(हिं.स्त्री.)* चैत में कटनेवाला अन्न; *(वि.)* चैत्र संबंधी।
डकैती *(हिं.स्त्री.)* लूटमार।
गीतिया, गोती *(हिं.वि.)* अपने गोत्र का भाई-बन्धु।
जोती *(हिं.स्त्री.)* ज्योति, घोड़े की लगाम, तराजू के पल्ले की रस्सी।
तोती *(हिं.स्त्री.)* सुग्गी।
धोती *(हिं.स्त्री.)* वस्त्र जिससे भारतवासी हिन्दू लोग कमर से लेकर पैर तक का शरीर का भाग ढाँपते हैं तथा स्त्रियाँ सर्वांग ढाँपने के लिए कमर से बाँध लेती हैं।
पोती *(हिं.स्त्री.)* पौत्री, पुत्र की बेटी, रेशमी कपड़े पर माड़ी चढ़ाने की क्रिया।
मोती *(हिं.पुं.)* मुक्ता, वह बाली जिसमें बड़े-बड़े मोती पड़े रहते हैं।
नेतीधोती *(हिं.स्त्री.)* हठयोग की वह क्रिया जिसमें कपड़े की धज्जी पेट में डालकर आँत साफ की जाती है।
कपोती *(सं.स्त्री.)* कबूतरी, पेडुकी।
गजमोती *(हिं.पुं.)* देखो गजमुक्ता।
विद्योती *(सं.वि.)* प्रभावशाली।
ब्रहोती *(हिं.स्त्री.)* महुवे का फल।
कनौती *(हिं.स्त्री.)* पशुओं के दोनों कानों का छोर, इनका घूमना-फिरना।
भगौती *(हिं.स्त्री.)* देखो भगवती।
कटौती *(हिं.स्त्री.)* काटकर निकाली जानेवाली वस्तु।
छुड़ौती *(हिं.स्त्री.)* बंधन से मुक्त करने के लिए दिया हुआ धन, ऋणशेष जो छोड़ दिया जाए।
बुढ़ौती *(हिं.स्त्री.)* बुढ़ापा।
मनौती *(हिं.स्त्री.)* किसी देवी-देवता की विशिष्ट रूप से पूजा करने का संकल्प।
बपौती *(हिं.स्त्री.)* पिता से मिली हुई सम्पत्ति।
भरौती *(हिं.स्त्री.)* वह रसीद जिसमें भरपाई की गई हो।
ओरौती *(हिं.स्त्री.)* ओलती, छप्पर से बरसाती पानी गिरने का स्थान।
पसंती *(हिं.स्त्री.)* देखो पश्यन्ती।
तु *(सं.अव्य.)* निरर्थक पादपूरक शब्द, तो।
नतु *(सं.अव्य.)* अन्यथा, नहीं तो।
जतु *(सं.पुं.)* गोंद, लाह, शिलाजीत।
लंगशक्तु *(सं.पुं.)* लावे का सत्तू।
यवशक्तु *(सं.पुं.)* जव का सत्तू।
सक्तु *(सं.पुं.)* सत्तू।
किन्तु *(सं.अव्य.)* परन्तु, वरन्।
जन्तु *(सं.पुं.)* जन्म लेनेवाला, जीव।
तंतु *(हिं.पुं.)* सूत, डोरा, तागा, तात।
तन्तु *(सं.पुं.)* सूत, तागा, सन्तान, ताँत, विस्तार, फैलाव।
दीर्घतन्तु *(सं.पुं.)* लंबा तागा।
पद्मतन्तु *(सं.पुं.)* मृणाली, कमल की डंडी।
लूतातन्तु *(हिं.पुं.)* मकड़ी का जाला।
परन्तु *(हिं.अव्य.)* लेकिन, देखो परंतु।
अस्तु *(सं.अव्य.)* ऐसा ही हो, अच्छा, भला।
एवमस्तु ऐसा ही हो; *(अव्य.)* ऐसे ही, और।
वस्तु *(सं.पुं.)* वह जिसकी सत्ता या अस्तित्व हो, गोचर पदार्थ, वृत्तान्त, कथावस्तु, नाटक का आख्यान।
सारवस्तु *(सं.पुं.)* श्रेष्ठ वस्तु।
तथास्तु *(सं.अव्य.)* वैसा ही हो।
वास्तु *(सं.पुं.)* वह स्थान जिस पर घर बनाया जाता है।
महतु *(हिं.पुं.)* देखो महत्त्व।
दातु *(सं.पुं.)* दान।
धातु *(सं.पुं.)* परमात्मा, शरीर को धारण करनेवाला, द्रव्य, शब्द का वह रूप जिससे क्रिया बनती है, वे खान से निकलनेवाले द्रव्य जो भारी हों, जो गलाये जा सकें, जिनमें गुरुत्व हो, जिनको पीटकर बढ़ाया जा सके तथा जिसका तार खींचा जा सके, यथा-सोना, चाँदी आदि।
पातु *(सं.पुं.)* मार्ग चलनेवाला; *(पुं.)* राक्षस।
मातु *(हिं.स्त्री.)* माता, माँ।

अष्टधातु *(सं.पुं.)* आठ धातु यथा–सोना, चाँदी, ताँबा, राँगा, जस्ता, सीसा, लोहा, पारा।
रक्तधातु *(सं.पुं.)* गेरिक, गेरू।
उपधातु *(सं.पुं.)* आठ प्रधान धातुओं के समान अन्य धातु।
शिलाधातु *(सं.पुं.)* गेरू, खड़िया मिट्टी।
त्रिधातु *(सं.पुं.)* सोना, चाँदी और ताँबा या तीनों धातु।
सुधातु *(सं.पुं.)* स्वर्ण, सोना।
तेजोधातु *(सं.पुं.)* पित्त।
क्रतु *(सं.पुं.)* यज्ञ।
पितु *(हिं.पुं.)* पिता। पितुःस्वसा-*(सं.स्त्री.)* पिता की बहिन, फुवा, मौसी।
ऋतु *(सं.पुं.)* कालविशेष, गरमी, बरसात या जाड़े का दिन। ऋतुचर्या-*(सं.स्त्री.)* ऋतुओं के अनुसार आहार- विहार का आचरण।
रित, रितु *(हिं.स्त्री.)* देखो ऋतु।
बितु *(हिं.पुं.)* देखो बित्त।
वितु *(हिं.पुं.)* वित्त, धन, सम्पत्ति।
शतक्रतु *(सं.पुं.)* इन्द्र।
महाक्रतु *(सं.पुं.)* अश्वमेध बड़ा यज्ञ।
सेतु *(सं.पुं.)* बाँध, मेंड़, पुल, सीमा, मर्यादा, व्यवस्था, टीका।
हेतु *(सं.पुं.)* प्रयोजन, कारण।
धूमकेतु *(सं.पुं.)* पुच्छल तारा।
रश्मिकेतु *(सं.पुं.)* एक प्रकार का पुच्छल तारा।
रामसेतु *(सं.पुं.)* दक्षिण भारत को अंतिम सीमा पर रामेश्वर तीर्थ के पास समुद्र में पड़ी हुई चट्टानों का समूह।
निर्हेतु *(सं.वि.)* कारणहीन।
निरहेतु *(हिं.वि.)* देखो निर्हेतु।
तू *(हिं. सर्व.)* यह शब्द उस पुरुष के साथ प्रयुक्त होता है जिसको सम्बोधन करके कुछ कहा जाता है; *(स्त्री.)* कुत्ते को पुकारने का शब्द।
तूँ *(हिं. सर्व.)* देखो तू।
कलावतू *(हिं.पुं.)* रेशम पर लपेटा हुआ सोने-चाँदी का तार जो धागे के समान पतला होता है।
सत्तू *(हिं.वि.)* सतुआ।
पालतू *(हिं.वि.)* पाला पोसा हुआ।
अनहितू *(हिं.वि.)* हित न चाहनेवाला।
उत्तू *(हिं.पुं.)* चुत्रन।
धूतू *(हिं.पुं.)* तुरही बाजा।
बहेतू *(हिं.वि.)* इधर-उधर मारा फिरनेवाला, व्यर्थ घूमनेवाला।
ते *(हिं.अव्य.)* वे; *(सर्व.)* वे लोग।
ते *(हिं. क्रि. वि.)* से, तें; *(सर्व.)* तू।
तें *(हिं.अव्य.)* से, द्वारा।
नमस्ते (सं.) एक वाक्य जिसका अर्थ है–आपको नमस्कार।
हस्ते *(हिं.अव्य.)* हाथ से।
नाते *(हिं. क्रि. वि.)* संबंध से, वास्ते, लिए।
जिते *(हिं.वि.)* जिस संख्या में।
हुते *(हिं.अव्य.)* ओर से, द्वारा।
तिते *(हिं.वि.)* उतने, उतनी संख्या का।
तै *(हिं.वि.)* जिसका निर्णय हो चुका हो, समाप्त, जो पूरा हो चुका हो।
कितै *(हिं. क्रि. वि.)* कहाँ।
जितै *(हिं. क्रि. वि.)* जिधर, जिस ओर।
तो *(हिं. सर्व.)* तेरा; *(अव्य.)* उस स्थिति में, तब; *(अव्य.)* जोर देने के लिए भी इस शब्द का प्रयोग होता है।
तों *(हिं. क्रि. वि.)* देखो त्यों।
लल्लों चप्पो, लल्लोपत्ती *(हिं.स्त्री.)* खुशामद, व्यर्थ की बड़ाई।
तौ *(हिं. क्रि. वि.)* तो।
इतो *(हिं.वि.)* इतना, इस मात्रा में।
कितो *(हिं.वि.)* देखो कितना।
जितो *(हिं.वि.)* जितना; *(क्रिं. वि.)* जिस मात्रा में।
तितो *(हिं. क्रि. वि.)* उतना।
हुतो *(हिं.क्रि.)* "होना" क्रिया का भूतकाल का रूप, था।
तेतो *(हिं.वि.)* देखो तेता।

***थ**–हिंदी तथा संस्कृत वर्णमाला का सत्रहवाँ व्यंजन तथा त वर्ग का दूसरा अक्षर, इसका उच्चारण-स्थान दन्तमूल है।*

थ *(सं.पुं.)* पर्वत, भय, आहार; *(वि.)* भयरक्षक।
अथ *(सं.अव्य.)* अब, इस समय, आरम्भ में।
कथ *(सं.अव्य.)* किस रीति से, किस प्रकार से।
नथ बाली की तरह का एक आभूषण जिसको स्त्रियाँ नाक में पहनती हैं।
पथ *(सं.पुं.)* पन्थ, मार्ग, व्यवहार, विधान; *(हिं.पुं.)* पथ्य।
रथ *(सं.पुं.)* प्राचीन काल का एक प्रकार का यान जिसमें दो या अधिक पहिये होते थे, गाड़ी।
स्थ (सं. प्रत्य.) उपस्थित, स्थित, निवास तथा लीन अर्थ में शब्दों के अन्त में जोड़ा जाता है।
हथ *(हिं.पुं.)* "हाथ" शब्द का संक्षिप्त रूप, समस्त पदों में इसका व्यवहार होता है।
अकथ *(हिं.वि.)* अवर्णनीय। अकथनीय–*(सं.वि.)* न कहने योग्य।
सहत्कथ *(सं.वि.)* चापलूस।
रिक्थ *(सं.पुं.)* वंश-परंपरा में मिला हुआ धन या सम्पत्ति।
ओष्ठथ *(सं.वि.)* ओष्ठ संबंधी, होंठ से उच्चारण किया जानेवाला।
कत्थ *(हिं.पुं.)* देखो कत्था।
नत्थ *(हिं.स्त्री.)* देखो नथ, नथिया।
पत्थ *(हिं.पुं.)* देखो पथ्य।

हत्थ *(हिं. क्रि. वि.)* हाथ में।
अश्वत्थ *(सं.पुं.)* पीपल का वृक्ष।
यथातथ *(सं.अव्य.)* यथार्थ, उचित।
वितथ *(सं.वि.)* मिथ्या, झूठ, निरर्थक।
जुत्थ *(हिं.पुं.)* देखो यूथ।
तुत्थ *(सं.पुं.)* तूतिया नामक उपधातु, नीलाथोथा।
निर्नाथ *(सं.वि.)* नाथशून्य, अनाथ।
लोकपथ *(सं.पुं.)* साधारण पथ या उपाय।
अपथ *(सं.पुं.)* कुमार्ग, कुपथ।
शपथ *(सं.पुं.)* सौगन्ध।
सपथ *(हिं.स्त्री.)* सौगन्ध।
श्रवणपथ *(सं.पुं.)* कान।
रथपथ *(सं.पुं.)* जिस मार्ग पर रथ चल सके।
लथपथ *(हिं.वि.)* जो भीगकर भारी हो गया हो।
सत्पथ *(सं.पुं.)* उत्तम मार्ग।
सतपथ *(सं.वि.)* सैकड़ों मार्ग वाला।
स्कन्धपथ *(हिं.पुं.)* पगडंडी।
सिद्धपथ *(सं.पुं.)* आकाश, प्रसिद्ध मार्ग।
लोचन-पथ *(सं.पुं.)* दृष्टि-मार्ग।
वनपथ *(हिं.पुं.)* वह मार्ग जिसमें बहुत से जंगल पड़ते हों।
दर्शनपथ *(सं.पुं.)* दृष्टिपथ।
नयनपथ *(सं.पुं.)* जितनी दूरी तक दृष्टि जा सके।
राजपथ *(सं.पुं.)* वह चौड़ा मार्ग जिस पर हाथी घोड़े रथ आदि सुगमता से चल सकते हों।
न्यायपथ *(सं.पुं.)* उचित रीति।
बणिकपथ हाट।
वणिकपथ *(सं.पुं.)* वाणिज्य, व्यवसाय।
ज्योतिषपथ *(सं.पुं.)* आकाश।
मरूत्पथ *(सं.पुं.)* आकाश।
दुरपथ *(सं.पुं.)* आकाश।
चतुष्पथ *(सं.पुं.)* चौराहा, चौमुहानी।
देवपथ *(सं.पुं.)* देवताओं का मार्ग, आकाश।
योगपथ *(सं.पुं.)* योगमार्ग।
कापथ *(सं.पुं.)* विपथ, कुपथ, कुमार्ग।
तारापथ *(सं.पुं.)* आकाश।
महापथ *(सं.पुं.)* प्रधान पथ, राजपथ, परलोक-मार्ग।
दृष्टिपथ *(सं.पुं.)* दृष्टि की पहुँच।
श्रुतिपथ *(सं.पुं.)* श्रवणेन्द्रिय।
विपथ *(सं.पुं.)* कुमार्ग, बुरा मार्ग।
द्विपथ *(सं.पुं.)* दो मार्ग।
त्रिपथ *(सं.पुं.)* त्रिरमुहानी। त्रिपथगामिनी
कुपथ *(सं.पुं.)* बुरा मार्ग, बुरा आचरण।
व्युपथ *(सं.पुं.)* स्वर्ग का मार्ग।
सुपथ *(सं.पुं.)* सन्मार्ग, अच्छा मार्ग।
चौपथ *(हिं.पुं.)* चौरा, चौमुहानी।
मनमथ *(हिं.पुं.)* देखो मन्मथ, कामदेव।
रोमन्थ *(सं.पुं.)* पागुर करना।
यथायथ *(सं.अव्य.)* तुल्य, समान।
अथ *(सं.पुं.)* अभिप्राय, प्रयोजन, धन, निमित्त, फल, अभिलाषा, वस्तु। अर्थदण्ड *(सं.पुं.)* वह धन जो अपराधी से दण्ड के रूप में लिया जाए।
कदर्थ *(सं.पुं.)* कूड़ा-करकट; *(वि.)* निरर्थक।
तदर्थ (सं. क्रि. वि.) उसके लिए, उस प्रयोजन से।
एतदर्थ *(सं.अव्य.)* इस निमित्त।
अनर्थ *(सं.पुं.)* प्रतिकूलता, आपत्ति।
समर्थ *(सं.वि.)* बलवान्, योग्य, अनुकूल।
असमर्थ *(सं.वि.)* अशक्त, दुर्बल, अयोग्य, सामर्थ्यहीन।
व्यर्थ *(सं.वि.)* निरर्थक, बिना आशय का; (क्रिं. वि.) निष्फल।
प्रत्यर्थ *(सं.पुं.)* अतिशय, बहुतायत; *(अव्य.)* बहुतायत से।
अव्यर्थ *(सं.पुं.)* सार्थक, सफल; *(वि.)* अवश्य प्रभाव डालनेवाला।
निरर्थ *(सं.वि.)* अर्थ-शून्य, निष्फल, व्यर्थ।
प्रीत्यर्थ *(सं.अव्य.)* प्रीति के कारण, प्रसन्न करने के लिए, वास्ते, लिए।
धात्वर्थ *(सं.पुं.)* किसी शब्द का धातु से निकलनेवाला अर्थ।
अरथ *(सं.वि.)* रथरहित, बिना रथ का; *(हि.)* अर्थ, अभिप्राय।
अनरथ *(हिं.वि.)* देखो अनर्थ।
यमरथ *(सं.पुं.)* यम का वाहन, भैंसा।
समरथ *(हिं.वि.)* देखो समर्थ।
भरथ *(सं.पुं.)* लोकपाल; *(हिं.पुं.)* देखो भरत।
मनुष्यरथ *(सं.पुं.)* वह रथ जिसको मनुष्य खींचते हैं।
दशरथ *(सं.पुं.)* रामचन्द्र के पिता।
पत्ररथ *(सं.पुं.)* पक्षी, चिड़िया।
समरथ *(हिं.स्त्री.)* समर्थ
अकारथ *(हिं.वि.)* वृथा, निष्प्रयोजन।
पदारथ *(हिं.पुं.)* देखो पदार्थ।
पारथ, पारथिव *(हिं.पुं.)* देखो पार्थ।
भारथ *(हिं.पुं.)* युद्ध, संग्राम।
परमारथ *(हिं.पुं.)* देखो परमार्थ।
पुरुषारथ *(हिं.पुं.)* देखो पुरुषार्थ।
अतिरथ *(सं.पुं.)* बड़ा योद्धा।
अधिरथ *(सं.पुं.)* रथ पर चढ़ा हुआ योद्धा, सारथि।
विरथ *(सं.वि.)* बिना रथ का, पैदल, रथ से गिरा हुआ।
तीरथ *(हिं.पुं.)* देखो तीर्थ।
मनोरथ *(सं.पुं.)* अभिलाषा, वांछा, इच्छा।
प्राप्तमनोरथ *(सं.वि.)* जिसकी वांछा पूरी हुई हो।
पृष्ठार्थ *(सं.वि.)* जिसका अर्थ स्पष्ट हो।
कृतार्थ *(सं.वि.)* जिसका कार्य सिद्ध हो चुका हो, सन्तुष्ट।
अकृतार्थ *(सं.वि.)* असफल।

शतार्थ *(सं.पुं.)* पचास की संख्या।

यथार्थ *(सं.अव्य.)* ठीक जैसा होना चाहिये वैसा, सत्य, ठीक, स्थिर।

पदार्थ *(सं.पुं.)* धर्म, सत्य, वस्तु।

शब्दार्थ *(सं.पुं.)* किसी शब्द का अर्थ।

सन्दिग्धार्थ *(सं.पुं.)* वह अर्थ जिसमें सन्देह हो।

पार्थ *(सं.पुं.)* पृथ्वीपति, अर्जुन।

धर्मार्थ (सं. क्रि. वि.) धर्म के निमित्त, परोपकार के लिए।

परमार्थ *(सं.पुं.)* उत्कृष्ट पदार्थ, मोक्ष।

स्वार्थ *(सं.पुं.)* अपना उद्देश्य, अपना लाभ।

निस्स्वार्थ *(हिं.वि.)* स्वार्थ से रहित।

निःस्वार्थ *(सं.वि.)* वह जो अपना अर्थ न साधता हो।

सार्थ *(सं.वि.)* अर्थसहित।

कार्यार्थ *(सं.वि.)* कार्य के लिए, काम के लिए।

नानार्थ *(सं.वि.)* वह शब्द जिसके एक से अधिक अर्थ हों।

समानार्थ *(सं.वि.)* तुल्य अर्थवाला।

वाच्यार्थ *(सं.पुं.)* वह तात्पर्य जो शब्दों के स्थिर या नियत अर्थ से सूचित हो।

पादार्थ *(सं.पुं.)* पाद का अर्ध भाग, आठवाँ हिस्सा।

भावार्थ *(सं.पुं.)* वह अर्थ या टीका जिसमें मूल का केवल भाव आ जाए अक्षरशः अनुवाद न हो, तात्पर्य।

व्यासार्ध *(सं.पुं.)* किसी वृत्त के व्यास का आधा भाग।

अधिकार्थ *(सं.वि.)* एक से अधिक अर्थ वाला।

सिद्धार्थ *(सं.वि.)* जिसकी सब कामनाएँ पूर्ण हो गई हो।

गुप्तार्थ *(वि.)* छिपाया हुआ, गुप्त।

पुरुषार्थ *(सं.पुं.)* पौरुष, पराक्रम, उद्यम।

अनेकार्थ *(सं.वि.)* एक से अधिक अर्थवाला।

नष्टार्थ *(सं.वि.)* निर्धन, दरिद्र।

चरितार्थ *(सं.वि.)* कृतार्थ, कृतकृत्य।

परार्थ *(सं.वि.)* दूसरे के निमित्त का; *(पुं.)* दूसरे का उपकार।

चतुर्थ *(सं.वि.)* चौथा, चौथी संख्या का।

तीर्थ *(सं.पुं.)* पुण्य स्थान, गुरु, पात्र, शास्त्र, यज्ञ, क्षेत्र, राम की अठारह सम्पत्तियाँ, तारक, मोक्ष देनेवाला, संन्यासियों की एक उपाधि, अवसर।

पितृतीर्थ *(सं.पुं.)* गया तीर्थ, दाहिने हाथ की तर्जनी और अँगूठे के बीच का स्थान।

देवतीर्थ *(सं.पुं.)* अँगूठे को छोड़ अन्य अँगुलियों का अग्रभाग।

तीर्थ *(सं.वि.)* तीर्थ संबंधी।

मन्मथ *(सं.पुं.)* कामदेव।

श्लथ *(सं.वि.)* शिथिल, ढीला, दुर्बल।

उकवथ *(हिं.पुं.)* उँकौत, एक प्रकार का चर्म रोग।

औषध *(सं.पुं.)* रोगनाशक द्रव्य।

निकटस्थ *(सं.वि.)* पास का, समीप का।

तटस्थ *(सं.वि.)* निरपेक्ष, उदासीन प्रकृति का।

कण्ठस्थ *(सं.वि.)* याद किया हुआ।

अन्तस्थ *(सं.वि.)* अन्त का; संस्कृत।

अन्तस्थ *(सं.वि.)* अन्त का; *(पुं.)* य, र, ल, व, ये चार वर्ण अन्तस्थ कहलाते हैं।

वृत्तस्थ *(सं.वि.)* सदाचारी।

उपस्थ *(सं.पुं.)* नीचे का भाग, मेढ़, योनि, मलद्वार, अंक, गोद, पेड़ू, स्थिति।

समीपस्थ *(सं.वि.)* पास का।

मध्यमस्थ *(सं.वि.)* मध्यस्थित, बीच का।

तरस्थ *(सं.पुं.)* बीच में रहनेवाला।

वानप्रस्थ *(सं.पुं.)* प्राचीन पद्धति के अनुसार मनुष्य के जीवन का तीसरा आश्रम।

मध्यस्थ *(सं.पुं.)* पंच, वह व्यक्ति जो बीच में पड़कर दो मनुष्यों के झगड़े को निबटाता है।

(माध्यस्थ) *(सं.पुं.)* झगड़ा निबटाने वाला पंच, दलाल।

तीरस्थ (सं.वि.) तीरस्थित, छोर पर रहनेवाला।

पार्श्वस्थ *(सं.पुं.)* पार्श्वस्थित, *(वि.)* पास में खड़ा रहनेवाला।

द्वारस्थ *(सं.पुं.)* द्वारपाल, दरबान।

द्वि *(सं.वि.)* द्वित्व, दो संख्या का, दो।

द्विक *(सं.वि.)* द्वय, दो, दूसरा, दो बार।

द्विकस्थ (सं.) दो भुजा, दो हाथ।

दुरवस्थ *(सं.वि.)* जो दुर्दशा में हो, जिसकी दशा अच्छी न हो।

स्वस्थ *(सं.वि.)* रोग-विमुक्त, सावधान।

अस्वस्थ *(सं.वि.)* रुग्ण, रोगी।

गृहस्थ *(सं. पुं.)* गृही, खेतिहर, किसान।

कायस्थ *(सं. पुं.)* शरीर में रहनेवाला, एक जाति विशेष।

देशस्थ *(सं.वि.)* देश में रहनेवाला।

उपवस्थ *(सं. पुं.)* ग्राम, गाँव।

प्रतिवस्थ *(सं. पुं.)* ग्राम, गाँव।

निवस्थ *(सं. पुं.)* गाँव, सीमा, हद।

परिवस्थ *(सं. पुं.)* ग्राम, गाँव।

सुस्थ *(हिं.वि.)* नीरोग, स्वस्थ।

साथ *(हिं. पुं.)* मिलकर या संग रहने का भाव, सहचार, घनिष्ठता, मेलमिलाप; *(अव्य.)* सहित, प्रति, से।

नाथ *(सं. पुं.)* अधिपति, प्रभु, स्वामी, पति, भैंसे आदि की नाक छेदकर उसमें बँधी हुई रस्सी; *(स्त्री.)* लड़ी के रूप में जोड़ने की क्रिया, नत्थी।

पाथ *(हिं. पुं.)* मार्ग।

माथ *(हिं. पुं.)* माथा।

हाथ *(हिं. पुं.)* किसी पदार्थ को पकड़ने या छूने का अवयव, हस्त, चौबीस अँगुल की नाप, ताश, जुए आदि के खेल में एक आदमी के खेलने की बारी।

अकाथ *(हिं. क्रि. वि.)* व्यर्थ, अकारण।

अनाथ *(सं.वि.)* प्रभुहीन, अशरण।

सनाथ *(सं.वि.)* जिसकी रक्षा करने वाला कोई स्वामी हो।
लंकनाथ *(सं.पुं.)* रावण।
मेघनाथ *(सं.पुं.)* इन्द्र।
प्राणनाथ *(सं.पुं.)* पति, स्वामी, प्रिय।
जगन्नाथ *(सं.पुं.)* संसार का स्वामी, विष्णु की प्रसिद्ध मूर्ति।
जगरनाथ *(हिं.पुं.)* देखो जगन्नाथ।
विश्वनाथ *(सं.पुं.)* शिव, महादेव।
रसनाथ *(सं.पुं.)* पारद, पारा।
प्रजानाथ *(सं.पुं.)* लोकनाथ, राजा।
दीनानाथ *(सं.पुं.)* दुखियों का रक्षक, परमेश्वर।
छपानाथ *(हिं.पुं.)* देखो क्षपानाथ।
भोरानाथ *(हिं.पुं.)* भोलानाथ, शिव, महादेव।
भोलानाथ *(सं.पुं.)* शिव, महादेव।
दिवानाथ *(हिं.पुं.)* सूर्य।
निशानाथ *(सं.पुं.)* चन्द्रमा।
लच्छिनाथ *(हिं.पुं.)* लक्ष्मीपति, विष्णु।
अधिनाथ, (अधिनायक) *(सं.पुं.)* प्रभु, मुखिया।
आधाधिनाथ *(सं.पुं.)* पति, स्वामी।
विनाथ *(सं.वि.)* बिना रक्षक का।
त्रिलोकीनाथ *(सं.पुं.)* परमेश्वर, ईश्वर।
पृथ्वीनाथ *(सं.पुं.)* राजा।
दसमाथ *(हिं.पुं.)* दशशिर, रावण।
पाँथ *(हिं.वि.)* पथिक, बटोही।
पान्थ *(सं.पुं.)* पथिक; *(वि.)* वियोगी, विरही।
क्वाथ *(सं.पुं.)* कषाय, काढ़ा।
विविध *(हिं. पुं.)* पण्डित।
अतीथ *(हिं. पुं.)* पाहुन, अतिथि।
विथीथ *(सं. पुं.)* रात्रि, रात, आधी रात।
निसीथ *(हिं. पुं.)* आधी रात।
जूथ *(हिं. पुं.)* देखो यूथ।
यूथ (सं. पुं.) झुण्ड, दल, सेना।
झतूथ *(हिं.वि.)* बहुत ऊँचा, अपूर्व।
कैथ, कैथा *(हिं. पुं.)* एक प्रकार का वृक्ष जिसके गोल फल खट्टे होते हैं, कपित्थ।
थोथ *(हिं.स्त्री.)* पोलापन, तोंद, पेटी।
लोथ *(हिं.स्त्री.)* शव।
शोध *(सं. पुं.)* किसी अंग में सूजन।
कोंथ *(हिं. पुं.)* पुरानी भीत के छंदों में मिट्टी इत्यादि का भराव।
चोंथ *(हिं. पुं.)* गाय, भैंस आदि का उतना गोबर जितना एक बार गिरे।
चौथ *(हिं.स्त्री.)* महीने के प्रत्येक पक्ष का चौथा दिन, मराठों का लगाया हुआ एक कर जिसमें आय का चौथाई अंश राजा को मिलता था।
पंथ *(हिं. पुं.)* रीति, चाल, व्यवस्था, संप्रदाय, धर्ममार्ग, मत।
मन्थ *(सं. पुं.)* मन्थदण्डक, मथानी।
ग्रन्थ (सं. पुं.) शास्त्र, पुस्तक, सिक्खों का धर्मशास्त्र।
नभःपन्थ (नभःकेतन), *(सं. पुं.)* आकाश मार्ग ।
अधग्रन्थ (सं. पुं.) अच्छा ग्रन्थ।
सूत्रग्रन्थ (सं. पुं.) मूल सूत्र में रचित ग्रन्थ।
था *(हिं.क्रि.)* "है" शब्द का भूतकाल का रूप, रहा।
कथा *(सं.स्त्री.)* किस्सा, कहानी, वार्ता, प्रसंग, चर्चा, उपन्यास।
अथा *(हिं. क्रि. वि.)* यथा, जिस प्रकार से।
तथा *(सं.अव्य.)* इसी तरह, ऐसे ही।
लोककथा *(सं.स्त्री.)* जनश्रुति।
राजकथा *(सं.स्त्री.)* राजाओं का इतिहास।
उपकथा *(सं.स्त्री.)* आख्यायिका, कहानी।
विश्वकथा *(सं.स्त्री.)* संसार संबंधी।
अतिकथा *(सं.स्त्री.)* व्यर्थ का प्रलाप।
विकथा *(सं.स्त्री.)* बुरी कथा।
सुकथा *(सं.स्त्री.)* उत्तम कथा, सुवाक्य।
कत्था *(हिं. पुं.)* खैर की लकड़ियों को उबालकर निकाला हुआ सत्व।
जत्था *(हिं. पुं.)* समूह, वर्ग।
मत्था, हत्था *(हिं. पुं.)* किसी यन्त्र का वह भाग जो हाथ से पकड़ा जाता हो, मूठ।
विकत्था *(सं.स्त्री.)* आत्म-प्रशंसा।
एकहत्था *(हिं.वि.)* एक ही हाथ से काम करनेवाला।
निहत्था (हिं.वि.) जिसके हाथ में कोई शस्त्र न हो।
दुहत्था *(हिं.वि.)* दोनों हाथों से किया हुआ।
खुत्था *(हिं.पुं.)* ठूँठ, बोटा, पेड़ को काट डालने पर इसका भूमि के ऊपर का भाग।
गुत्थम, गुत्था *(हिं.पुं.)* उलझाव, फँसाव।
अन्यथा (सं.अव्य.) अन्य प्रकार, विपरीत, उल्टा।
व्यथा *(सं.स्त्री.)* दुःख, पीड़ा, भय, क्लेश।
मृथा *(हिं. क्रि. वि.)* मृषा, वृथा।
मृथा *(सं.अव्य.)* मृषा, झूठमूठ।
प्रथा *(सं.स्त्री.)* ख्याति, रीति, चाल।
वृथा *(सं.अव्य.)* व्यर्थ, निरर्थक।
बिरथा *(हिं.वि.)* वृथा, व्यर्थ, निरर्थक।
उल्था *(हिं.पुं.)* भाषान्तर, अनुवाद।
अलथा *(हिं.पुं.)* अनुवाद।
सर्वदा *(सं.अव्य.)* सब प्रकार से।
अवस्था *(सं.स्त्री.)* दशा, स्थिति, आयु, आकार।
अनवस्था *(सं.स्त्री.)* चंचलता, आतुरता।
व्यवस्था *(सं.स्त्री.)* नियम, स्थिति, शास्त्र-निरूपित विधि।
अव्यवस्था *(सं.स्त्री.)* शास्त्रादि के विरुद्ध व्यवस्था, मर्यादा न होना।

दुर्व्यवस्था *(सं.स्त्री.)* कुप्रबन्ध।
कायस्था *(सं.स्त्री.)* बड़ी इलायची, तुलसी, आमला, हर।
बाल्यावस्था *(सं.स्त्री.)* लड़कपन।
साम्यावस्था *(सं.स्त्री.)* समान अवस्था।
बेवस्था *(हिं.स्त्री.)* देखो व्यवस्था।
वयोवस्था *(सं.स्त्री.)* जीवन-काल।
आस्था *(सं.स्त्री.)* अवलम्बन, सहारा, श्रद्धा।
आसथा *(हिं.पुं.)* देखो आस्था।
अनास्था *(सं.स्त्री.)* अपमान, अनादर, अश्रद्धा।
संस्था *(सं.स्त्री.)* व्यवस्था, नियम।
थुरहथा *(हिं.वि.)* मितव्ययी।
गाथा *(सं.स्त्री.)* स्तुति, गीत, प्राकृतगाथा।
माथा *(हिं.पुं.)* तरकश, तूणीर, बड़ी माथी।
माथा *(हिं.पुं.)* किसी पदार्थ का ऊपरी भाग।
हाथा *(हिं.पुं.)* किसी अस्त्र की मूँठ।
लोकगाथा *(सं.स्त्री.)* जन श्रुति।
माँथा *(हिं.पुं.)* मस्तक, सिर।
बिथा *(हिं.स्त्री.)* देखो व्यथा, पीड़ा।
विथा *(हिं.स्त्री.)* व्यथा, पीड़ा, रोग।
पूथ, पूथा *(हिं.पुं.)* बालू का ऊँचा टीला।
पुरेथा *(हिं.पुं.)* हल की मठ, परिहथा।
भोथा, थोथा *(हिं.वि.)* निःसार।
पोथा *(हिं.पुं.)* कागजों की गड्डी, बड़े आकार की पोथी।
नीलाथोथा *(हिं.पुं.)* ताँबे का क्षार, तूतिया।
सोंथा *(सं.वि.)* सुगन्धित।
कन्था *(हिं.स्त्री.)* कथरी, गुदड़ी।
अस्थि (सं. पुं.) हाड़, हड्डी।
ऊर्वस्थि (सं. पुं.) जाँघ की हड्डी।
शाखास्थि (सं. पुं.) हाथ की हड्डी।
पृष्ठास्थि (सं. पुं.) देखो पृष्ठवंश।
दाशरथ, दाशरथि *(सं.स्त्री.)* दशरथ के पुत्र श्री रामचन्द्र।
रथारथि *(सं.अव्य.)* परस्पर रथ द्वारा युद्ध करना।
सारथि (सं. पुं.) रथ हाँकनेवाला।
शिलास्थि *(सं.स्त्री.)* गरदन में की वह हड्डी जिस पर कपाल स्थिर रहता है।
आथि *(हिं.स्त्री.)* पंजी।
पाथि *(हिं.पुं.)* घाव पर की पपड़ी।
तिथि *(सं.स्त्री.)* चान्द्रमास के अलग-अलग दिन।
अतिथि *(सं.पुं.)* अभ्यागत, पाहुन, अतिथि परिचर्या, अतिथि पूजा-अतिथि सत्कार, अतिथि का आदर।
पितृतिथि *(सं.स्त्री.)* अमावस्या।
विविथि *(हिं.वि.)* दो, दूसरा।
ग्रन्थि *(सं.स्त्री.)* गाँठ।
पृष्ठग्रन्थि *(सं.पुं.)* पाण्डु रोग, कूबड़।
ब्रह्मग्रन्थि *(सं.पुं.)* यज्ञोपवीत की मुख्य गाँठ।
थी *(हिं.क्रि.)* "था" का स्त्रीलिंग का रूप।
कथी *(हिं. क्रि. वि.)* कभी, किसी समय।
पथी *(हिं.पुं.)* पथिक, यात्री।
नत्थी *(हिं.स्त्री.)* कागज, कपड़े आदि के टुकड़ों की एक साथ सिली हुई गड्डी, इस प्रकार नथे हुए पत्र।
दत्थी *(हिं.स्त्री.)* लकड़ी या बाँस का ढाँचा अथवा संदूक जिसमें शव को रखकर अन्तिम संस्कार के लिए ले जाते हैं, टिकठी।
खुत्थी *(हिं.स्त्री.)* ज्वार अरहर इत्यादि के पौधे का वह अंश जो पौधा कट जाने पर खेत में रह जाता है, खूँटी, रुपया रखने की थैली, सम्पत्ति, धन।
गुत्थी *(हिं.स्त्री.)* गिरह, उलझन।
अर्थी *(सं.वि.)* याचक, माँगनेवाला, शव को ले जाने का ढाँचा।
पेटार्थी, पेटार्थ *(हिं.वि.)* भुक्खड़।
शरणार्थी *(सं.वि.)* आश्रय चाहनेवाला।
हितार्थी *(सं.वि.)* हित या भलाई चाहनेवाला।
धनार्थी *(सं.स्त्री.)* धन का लोभी, धन चाहनेवाला।
प्रार्थी *(सं.वि.)* प्रार्थना करनेवाला।
फलार्थी *(सं.वि.)* फल की कामना करनेवाला।
स्वार्थी *(सं.वि.)* अपना ही अर्थ देखने वाला।
अपस्वार्थी *(हिं.वि.)* अपना स्वार्थ साधनेवाला।
सार्थी *(हिं.पुं.)* देखो सारथी।
पाठार्थी *(सं.वि.)* पढ़नेवाला।
विद्वान, विद्यार्थी *(हिं.पुं.)* विद्या पढ़नेवाला छात्र, शिष्य।
भिक्षार्थी *(सं.वि.)* भिक्षुक, भिखमंगा।
शिक्षार्थी *(सं.पुं.)* विद्यार्थी।
सुखार्थी *(हिं.वि.)* सुख चाहनेवाला।
पुरुषार्थी *(सं.वि.)* पराक्रमी, परिश्रमी, उद्योगी।
रथी *(सं.वि.)* रथ पर चढ़कर लड़ने वाला योद्धा; *(हिं.स्त्री.)* अरथी, शव को ले जाने का ढाँचा।
अरथी *(हिं.स्त्री.)* शव को ले जाने की टिकठी।
पदरथी *(सं.पुं.)* जूता, खड़ाऊँ।
भारथी *(हिं.पुं.)* योद्धा, सिपाही।
महारथ, महारथी *(सं.पुं.)* बड़ा योद्धा।
पिरथी *(हिं.स्त्री.)* देखो पृथ्वी।
भागीरथी *(सं.स्त्री.)* जाह्नवी, गंगा।
पलथी *(हिं.स्त्री.)* बैठने का एक ढंग जिसमें दाहिने पैर का पंजा बाएँ और बाएँ पैर का पंजा दाहिने पट्ठे के नीचे दबा कर रखा जाता है और दोनों टाँग ऊपर नीचे होकर दोनों जाँघों से त्रिकोण बनाती हैं।
पालथी *(हिं.स्त्री.)* देखो पलथी।
कुलथी *(हिं.स्त्री.)* उड़द के प्रकार का एक मोटा अन्न।
गृहस्थी *(हिं.स्त्री.)* गृहस्थ का कर्तव्य, घरबार, कुटुम्ब, परिवार, खेती-बारी।

हथाहथी *(हिं.अव्य.)* हाथों हाथ, झटपट।
सैहथी *(हिं.स्त्री.)* शक्ति, बरछी।
भाथी *(हिं.स्त्री.)* चमड़े की बनी हुई पौंकनी जिसमें से हवा फेंककर भट्ठी की आग सुलगाई जाती है।
साथी *(हिं.पुं.)* साथ रहनेवाला, मित्र।
हाथी *(हिं.पुं.)* हस्ती।
बीथी *(हिं.स्त्री.)* देखो वीथी।
राजवीथी *(सं.स्त्री.)* चौड़ी सड़क।
चतुर्थी *(सं.स्त्री.)* महीने के किसी पक्ष की चौथी तिथि।
सेंथी *(हिं.पुं.)* बरछी, भाला।
कैथी *(हिं.स्त्री.)* एक प्राचीन लिपि जो नागरी से बहुत मिलती-जुलती है, इसमें अक्षरों पर माथा नहीं बाँधा जाता, बिहार प्रान्त में इसका व्यवहार होता है।
पोथी *(हिं.स्त्री.)* पुस्तिका, किताब।
पंथी *(हिं.पुं.)* किसी संप्रदाय का अनुयायी।
अघोरपन्थी *(हिं.पुं.)* अघोर मत को मानने वाले, अघोरी।
पथु *(हिं.पुं.)* पथ, मार्ग।
वेपथु *(सं.पुं.)* कम्प, कँपकँपी।
थू *(हिं.अव्य.)* तिरस्कारसूचक शब्द, छिः, थूकने का शब्द।
माथे *(हिं. क्रि. वि.)* सिर पर, सहारे, भरोसे।

द–*संस्कृत तथा हिन्दी वर्णमाला का अठारहवाँ व्यंजन, त वर्ग का तीसरा अक्षर, इसका उच्चारण-स्थान दन्तमूल है।*

द *(सं.पुं.)* अचल, पर्वत, दाँत; *(वि.)* दाता, देनेवाला।
कद *(हिं.पुं.)* लम्बाई, ऊँचाई।
पद *(सं.अव्य.)* वह शब्द "ऊपर, अभाव, दोष, उत्कर्ष, आश्चर्य, प्रकाश, शक्ति, प्राधान्यादि" अर्थ में उपसर्ग की तरह संज्ञा या क्रिया के पहले लगता है।
लद *(हिं.पुं.)* आवरण, छाल।
छद *(हिं.पुं.)* युक्ति, चाल, अभिप्राय, ढकना, स्त्रियों का हाथ में पहिनने का एक आभूषण।
जद *(सं.वि.)* जीतनेवाला।
जद *(हिं. क्रि. वि.)* जब, जब कभी।
पद *(सं.पुं.)* पैर, शब्द, प्रदेश, व्यवसाय, स्थान, चिह्न, श्लोक या किसी छन्द का चौथा भाग, मोक्ष, गीत, भजन।
मद *(सं.पुं.)* एक गन्धयुक्त द्रव जो मतवाले हाथियों की कनपटियों में से बहता है, आनन्द, हर्ष, उन्मत्तता, पागलपन, गर्व, अहंकार; *(वि.)* मत्त, मतवाला।
रद *(सं.पुं.)* दन्त, दाँत।
नद *(सं. क्रि.)* स्तुति करना, पूजा करना; *(पुं.)* बड़ी नदी।
पारखद *(हिं.पुं.)* देखो पार्षद।
दुःखद *(सं.वि.)* दुःखदायी, क्लेश पहुँचानेवाला।
सुखद *(हिं.वि.)* आनन्द देनेवाला, सुखदायी।
ओखद *(हिं.स्त्री.)* औषधि, दवा।
औखद *(हिं.पुं.)* देखो औषध।
अगद *(सं.पुं.)* औषधि।
मदगद *(सं.पुं.)* अस्पष्ट शब्द।
गदगद *(हिं.पुं.)* दुलकित वचन।
मगद *(हिं.पुं.)* एक प्रकार की मिठाई जो मूँग के आटे और घी से बनाई जाती है।
स्वर्गद *(सं.वि.)* स्वर्ग देनेवाला।
बरगद *(हिं.पुं.)* वटवृक्ष, वट का पेड़।
कागद *(हिं.पुं.)* पत्र, कागज।
निगद *(सं.पुं.)* भाषण, कथन।
अंगधद *(सं.पुं.)* बाजूबन्द।
उड़द *(हिं.पुं.)* माष, एक अन्न जिसकी दाल खाई जाती है।
शतच्छद *(सं.पुं.)* सौ पंखुड़ियों का कमल।
अन्तच्छद *(सं.पुं.)* ओष्ठ, ओठ।
नरच्छद *(सं.पुं.)* कवच।
परिच्छद *(सं.पुं.)* परिवार, कुटुम्ब, वेश, पहिनावा।
पिण्डद *(सं.पुं.)* पिण्डदान करनेवाला।
पपद्द *(हिं.पुं.)* पीड़ा।
जद्दबद्द *(हिं.पुं.)* दुर्वचन।
सद्द *(हिं.पुं.)* देखो शब्द।
कोकनद *(सं.पुं.)* लाल पद्म।
पंचनद *(सं.पुं.)* पंजाब प्रदेश।
धनद *(सं.पुं.)* कुबेर; *(वि.)* धन देनेवाला।
बनद *(हिं.पुं.)* मेघ, बादल।
वनद *(सं.पुं.)* मेघ, बादल।
मानद *(सं.वि.)* बड़ाई करनेवाला।
काकपद *(सं.पुं.)* एक चिह्न विशेष जो छूटे हुए शब्द का स्थान सूचित करने के लिए पंक्ति के नीचे लगाया जाता है।
वर्ग्यपद *(सं.पुं.)* वर्गमूल।
(वर्गफल) *(सं.पुं.)* वह अंक जो किसी अंक के साथ गुणा करने से प्राप्त हो।
छपद *(हिं.पुं.)* भ्रमर, भौंरा।
षट्पद *(सं.वि.)* छः पैरोंवाला।
शतपद *(सं.पुं.)* कनखजूरा, गोजर।
जानपद *(सं.पुं.)* जनपद संबंधी वस्तु, देशस्थ।
जनपद *(सं.पुं.)* देश, देशवासी, प्रजा।
उपपद *(सं.पुं.)* लेश, समीप में उच्चारण किया हुआ पद, उपाधि।
सम्पद् *(सं.स्त्री.)* सम्पत्ति, ऐश्वर्य, विभव।
उत्तमपद *(सं.पुं.)* ऊँचा स्थान या पद।
ब्रह्मपद *(सं.पुं.)* ब्रह्मत्व, मोक्ष, मुक्ति, ब्राह्मणत्व।
परमपद *(सं.पुं.)* मोक्ष, मुक्ति।
नरपद *(सं.पुं.)* नगर, देश।

क्षमरपद *(सं.पुं.)* स्वर्ग, मोक्ष, मुक्ति।
तत्वपद *(सं.पुं.)* परमपद, निर्वाण।
पूर्वपद *(सं.पुं.)* पूर्ववर्ती स्थान।
आस्पद *(सं.पुं.)* स्थान, पद, काम, प्रतिष्ठा, अवलम्बन।
विवादास्पद *(सं.वि.)* जिस पर विवाद या झगड़ा हो।
श्रद्धास्पद *(सं.वि.)* पूजनीय।
महास्पद *(सं.वि.)* बड़ा प्रभावशाली।
निरापद *(सं.स्त्री.)* जिसको कोई आपत्ति या डर न हो, सुरक्षित।
शिलापद *(सं.पुं.)* पत्थर की चट्टान।
हरिपद *(सं.पुं.)* विष्णुलोक, बैकुण्ठ।
विपद् *(हिं.स्त्री.)* विपत्ति, संकट, दुःख।
विपद *(सं.स्त्री.)* आपत्ति, संकट।
द्विपद *(सं.पुं.)* मनुष्य, पक्षी, दो पैर।
श्लीपद *(सं.पुं.)* फीलपाँव नामक रोग।
सुपद *(सं.वि.)* सुन्दर पैरोंवाला।
पुष्पद *(सं.वि.)* फूल देनेवाला।
दुपद *(हिं.पुं.)* देखो द्विपद।
चौपद *(हिं.पुं.)* चौपाया, पशु।
अब्द *(सं.पुं.)* मेघ, बादल, आकाश, वर्षा।
शब्द *(सं.पुं.)* ध्वनि, नाद, वह सार्थक ध्वनि जिससे किसी पदार्थ या भाव का बोध होता है।
अपशब्द *(सं.पुं.)* अपभ्रंश शब्द, अर्थहीन शब्द, कुवाच्य, अपान, वायु।
खरशब्द *(सं.पुं.)* कर्कश शब्द।
सशब्द *(सं.वि.)* शब्दयुक्त।
नासिका-शब्द *(सं.पुं.)* नाक से निकलने वाला शब्द।
महाशब्द *(सं.पुं.)* भयानक शब्द।
प्रतिशब्द *(सं.पुं.)* प्रतिध्वनि, गूँज।
बद *(हिं.पुं.)* पानी की बूँद, देखो बिन्दी।
सबद *(हिं.पुं.)* देखो शब्द।
शुभद *(सं.वि.)* शुभदायक।
उनमद *(हिं.वि.)* देखो उन्मत्त।
बहोन्मद *(सं.वि.)* अति उन्मत्त।
द्विपमद *(सं.पुं.)* हाथी के मद का जल।
नर्मद *(सं.वि.)* आनन्द लेनेवाला; *(पुं.)* ठिठोलिया, भाँड़।
प्रभद *(सं.पुं.)* हर्ष, आनन्द, उन्मत्तता।
निर्पद *(सं.वि.)* निरभिमान।
शर्मद *(सं.वि.)* आनन्द देनेवाला।
विभवमद *(सं.पुं.)* धन का अहंकार।
समद *(सं.वि.)* अभिमानी।
महामद *(सं.वि.)* बहुत प्रसन्न।
विमद *(सं.वि.)* मदरहित।
पयद *(हिं.पुं.)* मेघ।
भयद *(सं.वि.)* भय उत्पन्न करनेवाला।

प्रद *(सं.वि.)* दाता, देनेवाला, यौगिक शब्द के अन्त में यह शब्द प्रयुक्त होता है जैसे-सुखप्रद, कष्टप्रद इत्यादि।
दुःखप्रद *(सं.वि.)* कष्ट देनेवाला।
बलप्रद *(सं.वि.)* बलदायक।
शुभप्रद *(सं.वि.)* मंगल करनेवाला।
सर्वप्रद *(सं.वि.)* सब कुछ देनेवाला।
बहुप्रद *(सं.वि.)* बहुत देनेवाला।
शान्तिप्रद *(सं.वि.)* शान्ति देनेवाला।
करप्रद *(सं.पुं.)* कर देनेवाला।
सुखप्रद *(सं.वि.)* सुख देने वाला।
प्राणप्रद *(सं.वि.)* शरीर का स्वास्थ्य तथा बल आदि बढ़ानेवाला।
भयप्रद *(सं.वि.)* फल देनेवाला।
कर्द *(सं.पुं.)* कर्दम, कीचड़।
कपर्द, कपर्दक *(सं.पुं.)* कौड़ी।
बर्द *(हिं.पुं.)* वृष, बैल।
आमर्द *(सं.पुं.)* संकोचन, दबाव।
विमर्द *(सं.पुं.)* पीसना, झगड़ा, विनाश, युद्ध।
बलिवर्द *(सं.पुं.)* वृष, साँड़।
बलीवर्द *(सं.पुं.)* वृषभ, बैल।
दुहृद *(सं.पुं.)* शत्रु, बैरी।
सुहृत्, सुहृद् *(सं.पुं.)* मित्र, बन्धुराखा। *(वि.)* अच्छे हृदयवाला।
मेघसुहृद *(सं.पुं.)* मयूर, मोर।
सौहृद *(सं.पुं.)* मित्रता; *(वि.)* मित्र संबंधी।
अरद *(सं.वि.)* दन्तहीन, पोपला।
दीर्घरद *(सं.पुं.)* शूकर, सूअर; *(वि.)* जिसके बाल लम्बे हों।
मरद *(हिं.पुं.)* देखो मकरंद।
वरद *(हिं.वि.)* वर देनेवाला, अभीष्ट देनेवाला।
शरद *(सं.स्त्री.)* शरत् ऋतु।
नारद नारद मुनि, आपस में भिड़ाने वाला।
पारद *(सं.पुं.)* पारा।
वारद *(हिं.पुं.)* मेघ, बादल।
शारद *(सं.वि.)* शरत्काल का।
विशारद *(सं.पुं.)* किसी विषय का अच्छा विद्वान्, दक्ष, कुशल; *(वि.)* श्रेष्ठ, उत्तम, प्रसिद्ध।
सारद *(हिं.स्त्री.)* शारदा, सरस्वती।
बिसारद *(हिं.पुं.)* देखो विशारद।
सोहारद *(हिं.पुं.)* देखो सौहार्द।
दिरद *(हिं.पुं.)* देखो द्विरद।
बिरद *(हिं.वि.)* बड़ाई, यश।
विरद *(हिं.पुं.)* प्रसिद्धि, यश, कीर्ति, *(वि.)* बिना दाँत का।
उरद *(हिं.पुं.)* एक पौधा जिसकी फलियाँ दाल बनाने के काम में आती हैं।

तुरद *(हिं.पुं.)* देखो द्विरद।
जलद *(सं.वि.)* जल देनेवाला; *(पुं.)* मेघ, बादल।
उलद *(हिं.स्त्री.)* वर्षा की झड़ी, उँडेल, गिराव।
फलद *(सं.वि.)* फल देनेवाला।
बलद *(सं.वि.)* बल देनेवाला।
जीवद *(सं.पुं.)* वैद्य; *(वि.)* जीवन दाता।
यशद *(सं.पुं.)* एक धातु विशेष, जस्ता।
पर्षद *(सं.स्त्री.)* सभा, समाज।
परिषत्, परिषद् *(सं.स्त्री.)* समूह, समाज, सभा।
विषद् *(सं.वि.)* निर्मल, स्वच्छ।
जसद *(सं.पुं.)* जस्ता नामक धातु।
नभःसद *(सं.पुं.)* देवता, पक्षी।
रसद *(सं.वि.)* स्वादिष्ट, सुखद।
सभासद *(सं.पुं.)* वह जो किसी सभा में सम्मिलित हो।
दुरासद *(सं.वि.)* दुष्प्राप्य, जिसका मिलना कठिन हो।
बिसद *(हिं.वि.)* देखो विशद।
मोक्षद *(सं.वि.)* मोक्षदाता, मोक्ष देने वाला।
अन्त्रद *(सं.वि.)* मन्त्र देनेवाला गुरु।
खाद *(हिं.स्त्री.)* खेतों में उपज बढ़ाने के लिए डाली हुई वस्तु, पाँसे।
गाद *(हिं.पुं.)* तलछट।
दाद *(हिं.स्त्री.)* एक प्रकार का चर्मरोग।
पाद *(सं.पुं.)* चरण, पैर, पाँव, चतुर्थांश, श्लोक का चौथा भाग, मयूख, किरण।
माद *(सं.पुं.)* हर्ष, प्रसन्नता।
लाद *(हिं.स्त्री.)* लादने की क्रिया, आँत, अँतड़ी।
ताद *(सं.पुं.)* तर्क, शास्त्रार्थ।
छाँद *(हिं.स्त्री.)* पशुओं के पैर बाँधने की छोटी रस्सी।
चाँद *(हिं.पुं.)* चन्द्रमा, कमरखी, घोड़े के सिर पर की भेंवरी; *(स्त्री.)* मस्तक के बीच का भाग।
नाँद *(हिं.स्त्री.)* चौड़े मुँह का मिट्टी का बड़ा पात्र।
फाँद *(हिं.स्त्री.)* उछाल। फाँदना–*(हिं.क्रि.)* कूदकर लाँघना, फंदे में डालना।
माँद *(हिं.स्त्री.)* हिंसक पशुओं के रहने का विवर, खोह।
बिखाद *(हिं.पुं.)* देखो विषाद।
सुचाद *(हिं.पुं.)* संशोधन।
धननाद *(हिं.पुं.)* गरज।
भीमनाद *(सं.पुं.)* सिंह, भयंकर शब्द।
दुर्नाद *(सं.पुं.)* अप्रिय ध्वनि।
प्रणिनाद *(सं.पुं.)* वज्र के समान गरजना।
प्रतिनाद *(सं.पुं.)* प्रतिशब्द, प्रतिध्वनि।
निनाद *(सं.पुं.)* शब्द मात्र।
अष्टपाद *(सं.पुं.)* शरभ, टिड्डी, मकड़ी।
पूज्यपाद *(सं.वि.)* जिसके पैर पूजनीय हों।
सूर्यपाद *(सं.पुं.)* सूर्य की किरण।
चक्रपाद *(सं.पुं.)* गाड़ी, रथ।
स्थूलपाद *(सं.पुं.)* फीलपाव रोगवाला।
करपाद *(सं.पुं.)* मांस खानेवाला जीव, राक्षस, सिंह, अग्नि।
द्विपाद *(सं.पुं.)* मनुष्य, पक्षी; *(वि.)* जिसके दो पैर हो।
शकाब्द *(सं.पुं.)* शालिवाहन का चलाया हुआ संवत्।
विक्रमाब्द *(सं.पुं.)* विक्रमादित्य का चलाया हुआ संवत्।
शाब्द *(सं.वि.)* शब्द संबंधी।
दमाद *(हिं.पुं.)* जामाता।
उन्माद *(सं.पुं.)* उन्मत्तता, पागलपन।
प्रेतोन्माद *(सं.पुं.)* एक प्रकार का उन्माद जिसको लोग समझते हैं कि प्रेतों के कोप से होता है।
प्रमाद *(सं.पुं.)* भ्रान्ति, असावधानी।
प्रभाद *(सं.पुं.)* भ्रान्ति, असावधानी।
मर्याद *(हिं.स्त्री.)* रीति, प्रथा, चाल।
अक्रव्याद *(सं.स्त्री.)* मांस न खाने वाला।
दायाद *(सं.पुं.)* कुटुम्बी। *(पुं.)* अंशभागी पत्र।
करियाद *(सं.पुं.)* दरयाई घोड़ा।
सहार्द *(सं.वि.)* प्रेमयुक्त, स्नेहसहित।
सौहार्द *(सं.पुं.)* मित्रता, मैत्री।
खराद *(हिं.पुं.)* एक गोलाई में घूमने वाला यन्त्र जिस पर चढ़ाकर काठ या धातु की वस्तु सुडौल और चिकनी बनाई जाती है, खरीदने का काम, गढ़न, बनावट।
जलाद *(हिं.पुं.)* घातक।
पलाद *(सं.पुं.)* मांसभक्षक, राक्षस।
आह्लाद *(सं.पुं.)* आनन्द, प्रसन्नता।
मेघस्वनद *(सं.पुं.)* मेघ की गर्जना।
मनोह्लाद *(सं.पुं.)* चित्त की प्रसन्नता।
बकवाद *(हिं.स्त्री.)* व्यर्थ की वार्ता, बकबक।
समाजवाद साम्यवाद।
अनवाद *(हिं.पुं.)* कटुवचन।
भंवाद *(हिं.पुं.)* भाईचारा।
ब्रह्मवाद *(सं.पुं.)* वेदपाठ।
अपवाद *(सं.पुं.)* जिन्दा, विरोध, अपकीर्ति, मिथ्या वार्ता।
प्रवाद *(सं.पुं.)* जनश्रुति।
धन्यवाद *(सं.पुं.)* साधुवाद, कृतज्ञतासूचक शब्द।
भयवाद *(हिं.पुं.)* भाईबंद, सजातीय।
स्याद्वाद *(सं.पुं.)* जन दर्शन।
साम्यवाद *(सं.पुं.)* एक पाश्चात्य साभाजिक सिद्धान्त जिसके प्रचारक यह चाहते हैं कि सब लोगों के पास समान अधिकार हो।
निरपवाद *(सं.वि.)* अपवाद-रहित।
लोकोपवाद *(सं.पुं.)* लोक-निन्दा, जनापवाद।
सामवाद *(सं.पुं.)* प्रिय वचन।
आस्वाद *(सं.पुं.)* रस, स्वाद, रस का अनुभव।
बेस्वाद *(हिं.वि.)* जो स्वादरहित हो।

लोकवाद *(सं.पुं.)* जनश्रुति।
मिथ्यावाद *(सं.पुं.)* झूठी बात।
पार्णिवाद *(सं.वि.)* ताली बजाना।
आशीर्वाद *(सं.पुं.)* मंगल कामना *(सं.पुं.)* सूचक वाक्य।
प्रतिवाद *(सं.पुं.)* किसी के वाक्य या सिद्धान्त का खण्डन करने के लिए कहा हुआ वाक्य, विवाद, विरोध।
स्तुतिवाद *(सं.पुं.)* गुणगान।
अभिवाद *(सं.पुं.)* प्रणाम, नमस्कार।
परिवाद *(सं.पुं.)* अपवाद, निन्दा।
निर्विवाद *(सं.वि.)* कलहशून्य।
बकुनिवाद *(सं.पुं.)* प्रातःकाल के समय पक्षियों का शब्द करना।
कुवाद *(सं.पुं.)* परिवाद, बुरी बात।
प्रेतवाद *(सं.पुं.)* तर्क, विद्या, नास्तिकता।
साधुवाद *(सं.पुं.)* प्रशंसावाद।
अनुवाद *(सं.पुं.)* निन्दा, भाषान्तर।
गुणानुवाद *(पुं.)* प्रशंसा, बड़ाई।
अर्थानुवाद *(सं.पुं.)* अर्थ का अनुवाद।
वादानुवाद *(सं.पुं.)* तर्क, वितर्क, शास्त्रार्थ।
विषाद *(सं.पुं.)* दुःख, खेद, मूर्खता।
प्रसाद *(सं.पुं.)* प्रसन्नता, स्वच्छता, कृपा, अनुग्रह, वह पदार्थ जिसको देवता या बड़े लोग प्रसन्न होकर अपने भक्तों या सेवकों को दे।
परसाद *(हिं.पुं.)* देखो प्रसाद।
अवसाद *(सं.पुं.)* विषाद, क्षय, नाश, समाप्ति, थकावट।
महाप्रसाद *(सं.पुं.)* जगन्नाथजी को चढ़ाया हुआ भात।
प्रासाद *(सं.पुं.)* देवता और राजाओं का पद, हर्म्य।
पूँजीवाद *(हिं.पुं.)* समाज में धनपति द्वारा उत्पादन के साधनों पर अधिकार करने की व्यवस्था।
दुर्वाद *(सं.पुं.)* अपकीर्ति, निन्दा।
लोकप्रवाद *(सं.पुं.)* जनप्रवाद, जनश्रुति।
जनप्रवाद *(सं.पुं.)* लोकप्रवाद, किवदन्ती।
परवाद *(सं.पुं.)* प्रवाद, अपवाद।
विवाद *(सं.पुं.)* वाक्युद्ध, झगड़ा, कलह, मतभेद।
स्वाद *(सं.पुं.)* रसानुभूति, इच्छा।
सवाद *(हिं.पुं.)* देखो स्वाद।
विसवाद *(सं.पुं.)* विरोध, डाँट-डपट।
संवाद *(सं.पुं.)* बातचीत, वृत्तान्त, संग, चर्चा।
अहंवाद *(सं.पुं.)* धृष्टता।
निंद *(हिं.वि.)* देखो निन्द्य।
फनिंद *(हिं.पुं.)* देखो फणीन्द्र।
मोतियाबिन्द *(हिं.पुं.)* आँख का एक रोग जिसमें उसके परदे में गोल झिल्ली सी पड़ जाती है जिसके कारण आँख से दिखाई नहीं पड़ता।
आलिन्द *(सं.पुं.)* घर के सामने का मंच।
कालिन्द *(सं.पुं.)* कालिंग, तरबूज।
रविन्द *(सं.पुं.)* पद्य, कमल।
अरविन्द *(सं.पुं.)* पद्य, कमल।
पदारविन्द *(सं.पुं.)* पद्यरूपी पैर।
गोविन्द *(सं.पुं.)* श्रीकृष्ण।
दुर्भिद *(सं.वि.)* जो जल्दी से भेदा न जा सके।
दारिद *(हिं.पुं.)* दरिद्रता।
बारिद *(सं.पुं.)* मेघ, बादल।
मर्मविद *(सं.वि.)* मर्मज्ञ।
तत्वविद् *(सं.पुं.)* तत्ववक्ता।
पूर्वविद् *(सं.वि.)* पुरानी बातों को जाननेवाला।
विश्वविद् *(सं.वि.)* बहुत बड़ा पंडित।
ज्योतिर्विद *(सं.वि.)* ज्योतिष जानने वाला, ज्योतिषी।
कोविद *(सं.पुं.)* पण्डित, विद्वान्।
अकोविद *(सं.वि.)* मूर्ख, अज्ञानी।
लीद *(हिं.स्त्री.)* घोड़े, गधे, ऊँट, हाथी आदि पशुओं का मल।
सीद *(सं.पुं.)* ब्याज पर रुपया देना।
रसीद पावती, प्राप्ति पत्र।
नींद *(हिं.स्त्री.)* निद्रा, स्वप्न।
ककुद *(सं.पुं.)* बैल के कंधे पर का कूबड़, शिखर।
अरून्तुद *(सं.वि.)* दुःखकर, मर्मवेधी।
विधुन्तुद *(हिं.पुं.)* राहु।
दानुद *(सं.वि.)* दान देनेवाला।
बुदबुद *(सं.पुं.)* बुलबुला, बुल्ला।
अम्बुद *(सं.पुं.)* मेघ, बादल।
अर्बुद *(सं.पुं.)* दस करोड़ या दस अर्बुद की संख्या।
महार्बुद *(सं.स्त्री.)* सौ करोड़ या दस अर्बुद की संख्या।
मुद *(सं.स्त्री.)* हर्ष, आनन्द।
प्रमुद *(सं.स्त्री.)* अत्यन्त आनन्द।
कुमुद *(सं.पुं.)* पद्य, कमल।
बिरूद *(हिं.पुं.)* प्रशंसा।
विरूद *(सं.पुं.)* यश, कीर्ति, गुण।
कुंद एक प्रकार का पुष्प।
बुंद *(हिं.स्त्री.)* देखो धुंध।
दुंद *(हिं.पुं.)* युग्म, जोड़ा, दुन्दुभि, नगाड़ा।
अर्दुद *(हिं.वि.)* बिना बाधा का, शान्त।
तुन्द *(सं.पुं.)* उदर, पेट।
बुंद *(हिं.स्त्री.)* बुँद, टोप; *(वि.)* थोड़ा सा।
मकुंद *(हिं.पुं.)* देखो मुकुन्द।
कूद *(हिं.स्त्री.)* कूदने की क्रिया, कुदाई।
नाचकूद *(हिं.स्त्री.)* प्रयत्न, आयोजन।
अमरूद *(हिं.पुं.)* एक वृक्ष जिसका गोल-गोल फल मीठा होता है।
सूद ब्याज।

ढूँढ *(हिं.पुं.)* ऊधम।
बूंद *(हिं.स्त्री.)* जल आदि का थोड़ा अंश जो गिरते समय छोटी सी गोली या दाने का रूप धारण करता है।
निमूँद *(हिं.वि.)* बन्द किया हुआ।
खेद *(सं.पुं.)* अप्रसन्नता, शोक।
छेद *(सं.पुं.)* ध्वंस, नाश, गणित में भाजक, खण्ड, टुकड़ा, छिद्र, दोष, बिल।
भेद *(सं.पुं.)* शत्रु को बहकाकर अपनी ओर मिलाना, अन्तर, प्रकार, छिपी हुई बात।
मेद *(सं.पुं.)* वसा, चरबी।
वेद *(सं.पुं.)* श्रुति, निगम।
सेद *(हिं.पुं.)* देखो स्वेद, पसीना।
नखेद *(हिं.पुं.)* निषेध।
रगेद *(हिं.स्त्री.)* दौड़ने या भागने की क्रिया।
अवच्छेद *(सं.पुं.)* अलगाव, व्याप्ति, अन्वेषण, विभाग।
व्यवच्छेद *(सं.पुं.)* पृथकत्व, अलगाव।
विच्छेद *(सं.पुं.)* सन्धि और समास युक्त किसी वाक्य के प्रत्येक पदों को व्याकरण के नियमों के अनुसार अलग-अलग करना।
शीर्षच्छेद *(सं.पुं.)* सिर काटना।
परिच्छेद *(सं.पुं.)* ग्रन्थ या पुस्तक का अध्याय, प्रकरण।
विच्छेद *(सं.पुं.)* विरह, वियोग, नाश, काटने या अलगाने की क्रिया।
पदविच्छेद *(सं.पुं.)* पदों को अलग-अलग करने का काम।
मूलोच्छेद *(सं.पुं.)* जड़ से नाश।
निश्छेद *(सं.वि.)* गणित में अविभाज्य राशि।
विछेद *(हिं.पुं.)* वियोग, बिछोह।
सपेद *(हिं.वि.)* श्वेत।
सुपेद *(हिं.वि.)* श्वेत।
सुफेद *(हिं.पुं.)* देखो सफेद।
लबेद *(हिं.पुं.)* दन्तकथा, लोकाचार।
पुटभेद *(सं.पुं.)* पानी का भँवर।
पाठभेद *(सं.पुं.)* वह भेद जो एक ही ग्रन्थ की दो प्रतियों के पाठ में पाया जाता है।
प्रभेद *(सं.पुं.)* विभिन्नता, भेद, अन्तर।
मित्रभेद *(सं.पुं.)* वह जो मित्रों में वैमनस्य उत्पन्न कराता हो।
मतिभेद *(सं.पुं.)* वृद्धि की भिन्नता।
विभेद *(सं.पुं.)* विभिन्नता।
वस्तुभेद *(सं.पुं.)* वस्तु का प्रकार।
दुर्मेद *(सं.वि.)* मद में चूर, अभिमान में भरा हुआ।
प्रक्लेद *(सं.पुं.)* आर्द्रता, नमी, तरी।
विक्लेद *(सं.पुं.)* आर्द्रता, गीलापन।
क्लेद *(सं.पुं.)* पसीना, गीलापन, कफ, मैल, सड़ाव।
ऋग्वेद *(सं.पुं.)* चारों वेदों में से पहला वेद।
नवेद *(हिं.स्त्री.)* निमन्त्रण, न्यौता।
अथर्ववेद *(सं.पुं.)* चतुर्थ वेद जो ब्रह्मा के उत्तर मुख से निकला था।
स्वेद *(सं.पुं.)* धर्म, पसीना।
प्रस्वेद *(सं.पुं.)* धर्म, पसीना।
निवेद *(हिं.पुं.)* देखो नैवेद्य।
त्रिवेद *(सं.पुं.)* ऋज, यजु और साम ये तीनों वेद।
यजुर्वेद *(सं.पुं.)* चार प्रसिद्ध वेदों में से एक जिसमें विशेष करके यज्ञ कर्म का विस्तृत वर्णन है। यजुर्वेदी-*(हिं.वि.)* यजुर्वेद के अनुसार सब कृत्य करनेवाला।
दुर्वेद *(सं.वि.)* दुष्प्राप्य, दुर्लभ।
धनुर्वेद *(सं.पुं.)* धनुर्विद्या बोधक शास्त्र।
वृक्षायुर्वेद *(सं.पुं.)* वृक्षों का चिकित्साशास्त्र।
प्रसेद *(हिं.पुं.)* पसीना।
परसेद *(हिं.पुं.)* देखो प्रस्वेद।
गेंद *(हिं.पुं.)* कपड़े, रबर आदि का बना हुआ खेलने का गोला।
वैद *(हिं.पुं.)* देखो वैद्य, चिकित्सक।
बरछैद *(हिं.पुं.)* बरछा चलानेवाला।
ओद *(हिं.पुं.)* तरी, गीलापन, *(वि.)* गीला, तर।
कोद *(हिं.स्त्री.)* दिशा, ओर, कोना।
गोद *(हिं.स्त्री.)* उत्संग, वक्षस्थल।
तोद *(सं.पुं.)* व्यथा, पीड़ा; *(वि.)* कष्ट पहुँचानेवाला।
मोद *(सं.पुं.)* हर्ष, आनन्द, सुगन्ध।
वरूणोद *(सं.पुं.)* सागर, समुद्र।
अम्भोद *(सं.पुं.)* बादल, मेघ।
विनोद *(सं.पुं.)* कौतूहल, खेल-कूद, क्रीड़ा, प्रसन्नता, आनन्द।
भोदविनोद *(हिं.स्त्री.)* छानबीन।
श्रमविनोद *(हिं.स्त्री.)* परिश्रम से होनेवाला सुख।
अमोद (हिं.) देखो आमोद।
प्रमोद *(सं.पुं.)* हर्ष, आनन्द, सुख।
परमोद *(हिं.पुं.)* देखो प्रमोद।
आमोद *(सं.पुं.)* प्रसन्नता, भोग-विलास, राग-रंग।
पयोद *(सं.पुं.)* मेघ, बादल।
क्षीरोद *(सं.पुं.)* दुग्धसमुद्र।
गोंद *(हिं.पुं.)* वृक्षों से निकलने वाला लसदार पसेव।
तोंद *(हिं.स्त्री.)* पेट के आगे का बढ़ा हुआ भाग, पेट का फुलाव। तोंदल-*(हिं.वि.)* तोंदवाला।
रौंद *(हिं.स्त्री.)* रौंदने की क्रिया या भाव, चक्कर।
योंद *(हिं.स्त्री.)* छोटा पौधा।
कंद *(हिं.पुं.)* गूदेदार जड़।
कन्द *(सं.पुं.)* लाल मूली, गाजर, अनाज की जड़, फल न देनेवाले पौधे की जड़।
दंद *(हिं.स्त्री.)* किसी पदार्थ से निकलती हुई गरमी।
छन्द *(सं.पुं.)* वेद, वह वाक्य जिसमें वर्ण या मात्रा की गणना के अनुसार विराम आदि के नियम हो।

फंद *(हिं.पुं.)* बंधन, फंदा, दुःख, कष्ट।
मन्द *(सं.वि.)* धीमा, आलसी।
संद *(हिं.पुं.)* दरार, छेद।
पद्मकन्द *(सं.पुं.)* कमल की जड़, भिस्सा, भसीड़।
शकरकन्द *(हिं.पुं.)* एक प्रकार का कन्द।
सूरकन्द *(सं.पुं.)* जिमीकन्द।
अवस्कन्द *(सं.पुं.)* सेना का लड़ने का स्थान, शिविर।
पर्यवस्कन्द *(सं.पुं.)* रथ से उतारना।
भुकन्द *(सं.पुं.)* सूरण, ओल।
सौगन्द *(हिं.स्त्री.)* शपथ।
मुसरचंद *(हिं.पुं.)* अनपढ़, गँवार, हट्टा-कट्टा परन्तु निकम्मा।
सिरवन्द *(हिं.पुं.)* एक प्रकार का अर्धचन्द्राकार गहना जो हाथी के मस्तक पर पहिनाया जाता है।
चौचन्द *(हिं.पुं.)* अपवाद।
स्वच्छन्द *(सं.वि.)* स्वाधीन, स्वतन्त्र।
आनन्द *(सं.पुं.)* सुख, प्रसन्नता।
पूर्णानन्द *(सं.पुं.)* परमेश्वर, परब्रह्म।
वर्षानन्द *(सं.वि.)* जिसको सभी विषय में आनन्द हो।
सदानन्द *(सं.वि.)* सर्वदा प्रसन्न रहने वाला।
सच्चिदानन्द *(सं.पुं.)* नित्य ज्ञान और सुख स्वरूप ब्रह्म।
भजनानन्द *(सं.पुं.)* वह आनन्द जो परमेश्वर का नाम लेने पर प्राप्त होता है।
परमानन्द *(सं.पुं.)* परम आनन्द।
निरानन्द *(सं.वि.)* आनन्द रहित।
महानन्द *(सं.पुं.)* मुक्ति, मोक्ष।
निष्पन्द *(सं.वि.)* जिसमें किसी प्रकार का कम्प न हो।
स्पन्द *(सं.पुं.)* किसी वस्तु का धीरे-धीरे हिलना या काँपना, शरीर का फड़कना।
निस्पन्द *(सं.वि.)* जिसमें कम्प न हो।
निःस्पन्द *(सं.वि.)* निश्चल।
फरफंद *(हिं.पुं.)* चोचला, छल, कपट।
भुजाबन्द *(हिं.पुं.)* बाँह में पहिनने का एक आभूषण।
दीठबंद *(हिं.पुं.)* इन्द्रजाल, जादू।
तालबन्द *(हिं.पुं.)* वह हिसाब जिसमें आय का प्रत्येक मद अलग-अलग दिखलाया जाता है।
भाईबन्द *(हिं.पुं.)* अपनी जाति के लोग।
अमन्द *(सं.वि.)* तीव्र, उत्तम, अधिक।
गयन्द *(हिं.स्त्री.)* हाथी, गज।
अभिव्यन्दी, अभिष्यन्द *(सं.पुं.)* अतिवृद्धि, बहाव।
वृन्द *(सं.पुं.)* समूह; *(पुं.)* सौ करोड़ की संख्या।
क्रन्द *(सं.पुं.)* घोड़े की हिनहिनाहट, चीख।
मकरन्द *(सं.पुं.)* फूलों का रस जिसको मधुमक्खियाँ और भौरें आदि चूसते हैं, पुष्प केसर।
दुरंद *(हिं.वि.)* दुर्गम, कठिन, भारी, दुष्ट।
क्लन्द *(सं.पुं.)* रोदन, रूलाई।
द्वन्द, द्वन्द्व *(सं.पुं.)* मिथुन, जोड़ा, युग्म, दो मनुष्यों का परस्पर लड़ना, जोड़, कलह, झगड़ा।
कदा *(सं.अव्य.)* किस समय, किस वक्त पर।
गदा *(सं.स्त्री.)* एक प्राचीन अस्त्र जिसमें लोहे के डंडे के छोर पर एक लट्टू लगा होता है।
तदा *(सं.अव्य.)* उस समय, तब।
ददा *(हिं.पुं.)* देखो दादा।
यदा *(सं.अव्य.)* जिस समय, जब, जहाँ।
बदा *(हिं.वि.)* प्रारब्ध में लिखा हुआ।
सदा *(सं.अव्य.)* सर्वदा, निरन्तर।
यदाकदा *(सं.अव्य.)* कभी।
एकदा *(सं.अव्य.)* एक बार, किसी दिन।
सुखदा *(सं.स्त्री.)* सुख देनेवाली।
टूकड़गदा *(सं.पुं.)* भिखारी। *(वि.)* निर्धन, कंगाल।
मगदा *(हिं.पुं.)* मार्ग दिखलानेवाला।
लुगदा *(हिं.पुं.)* किसी गीली वस्तु का लोंदा।
गद्दा *(हिं.पुं.)* रूई आदि भरा हुआ, बिछौना।
स्त्रद्धा *(हिं.स्त्री.)* देखो श्रद्धा। स्त्रमित-*(सं.वि.)* देखो श्रमित।
रद्दा *(हिं.पुं.)* भीत की पूरी लंबाई में एक बार रक्खी हुई ईटों की जोड़ाई, मिट्टी की भीत उठाने में उतना अंक जितना एक बार में उठाया जाता है, वस्तुओं की एक के ऊपर एक रक्खी हुई तह।
दुग्धदा *(सं.वि.)* दूध देनेवाली।
षट्पदा *(सं.स्त्री.)* भ्रमरी, भौंरी, खटमल।
सम्पदा *(हिं.स्त्री.)* धन, ऐश्वर्य।
आपदा *(हिं.स्त्री.)* क्लेश, कष्ट का समय।
लदाफदा *(हिं.वि.)* बोझ से भरा हुआ।
रबदा *(हिं.पुं.)* थकावट, कीचड़।
सरबदा देखो सर्वदा।
लबदा *(हिं.पुं.)* मोटा बेडोल डंडा।
प्रमदा *(सं.स्त्री.)* सुन्दर स्त्री।
प्रतिपदा *(सं.स्त्री.)* किसी पक्ष की पहली तिथि।
पर्दा *(हिं.पुं.)* देखो परदा।
सर्वदा *(सं.अव्य.)* सब काल में।
आयुर्दा *(हिं.स्त्री.)* आयुष्य।
करदा *(हिं.पुं.)* गर्दा, कूड़ा, करकट, अन्न में मिली हुई मिट्टी इत्यादि।
परदा *(हिं.पुं.)* किवाड़ा सिंहासन, चिपड़ी चौरस।
शारदा *(सं.स्त्री.)* सरस्वती, दुर्गा।
सारदा *(हिं.स्त्री.)* देखो शारदा।
तिरदा *(हिं.पुं.)* समुद्र में तैरता हुआ।
गादा *(हिं.पुं.)* खेत का कच्चा या अधपका अन्न।
मरजाद, मरजादा *(हिं.स्त्री.)* मर्यादा, रीति, परिपाटी।

दादा *(हिं.पुं.)* पिता का पिता, बड़ा भाई, एक आदर-सूचक शब्द।

बापदादा पूर्व पुरुष, पुरखा। बाप माँ-पालन या रक्षा करनेवाला।

परदादा *(हिं.पुं.)* दादा का बाप।

मर्यादा *(सं.स्त्री.)* मान, गौरव।

बांदा *(हिं.पुं.)* किसी वृक्ष के ऊपर उगी हुई दूसरी वनस्पति।

फाँदा *(हिं.स्त्री.)* गट्ठर बाँधने की रस्सी।

विदा *(हिं.पुं.)* प्रस्थान, कहीं जाने की आज्ञा।

निन्दा *(सं.स्त्री.)* अपवाद, दुष्कृति, आक्षेप, जुगुप्सा।

बिंदा *(हिं.स्त्री.)* माथे पर का गोल बड़ा टीका।

पुलिंदा *(हिं.पुं.)* लपेटे हुए कपड़े, कागज आदि का छोटा मुट्ठा, गट्ठा।

छीदा *(हिं.वि.)* झँझरा, अनेक छिद्र वाला।

धीदा (प्रा. स्त्री.) कन्या, कुमारी, बेटी। *(सं.वि.)* बुद्धिदायक।

उनींदा *(हिं.वि.)* उन्निद्र, ऊँघता हुआ।

छरीदा *(हिं.वि.)* बिना संग साथ का, अकेला।

उदा देखो उदय।

गूदा *(हिं.वि.)* गुद्देदार, कोमल।

बनफुँदा *(हिं.पुं.)* देखो फतिंगा।

बुदबुदा *(हिं.पुं.)* बुलबुला, बुल्ला।

गुद्दा *(हिं.पुं.)* फल आदि के भीतर का गूदा।

वसुदा *(सं.स्त्री.)* पृथ्वी।

कुंदा *(हिं.पुं.)* लकड़ी का मोटा टुकड़ा, बन्दूक का पिछला भाग, मूठ, बड़ी मुँगरी; *(पुं.)* रद्दा, घस्सा।

बुंदा *(हिं.पुं.)* माथे पर लगाने की बड़ी टिकुली।

घसिबुन्दा *(हिं.पुं.)* रोशनाई की बूँद।

ऊदा *(हिं.वि.)* लाली मिला हुआ काले रंग का, बैंगनी।

गूदा *(हिं.पुं.)* किसी फल के छिलके के नीचे का सार भाग, गरी, मींगी।

फूँदा *(हिं.स्त्री.)* फुँदना, झब्बा।

मूँदा *(हिं.पुं.)* बड़ी टिकली, सुराहीदार लंबोतरा मोती जो कान या नाक में पहना जाता है।

गेदा *(हिं.पुं.)* चिड़िया का छोटा बच्चा जिसके पर न निकले हों।

लबेदा *(हिं.पुं.)* मोटा बड़ा डंडा।

तरेंदा *(सं.पुं.)* जल के तल पर तैरता हुआ काठ, बेड़ा।

गेंदा *(हिं.पुं.)* एक प्रकार का पीले रंग के फूल का पौधा।

पेंदा *(हिं.पुं.)* किसी वस्तु का निचला भाग या आधार।

बेंदा *(हिं.पुं.)* माथे पर लगाने का तिलक, टीका, स्त्रियों के माथे पर पहनने का एक प्रकार का आभूषण।

फलेंबा *(हिं.पुं.)* एक प्रकार का बड़ा गूदेदार मीठा जामुन।

ओदा *(हिं.वि.)* तर, गीला।

गोदा *(हिं.पुं.)* पेड़, पीपल का पका फल।

बोदा *(हिं.वि.)* मूर्ख, मट्ठर।

रोदा *(हिं.पुं.)* कमान की डोरी।

लोंदा *(हिं.पुं.)* गारा मिट्टी का खपसा।

तोंदा *(हिं.पुं.)* तालाब का पानी निकालने का मार्ग, लक्ष्य का अभ्यास करने के लिए मिट्टी की भीत या टीला, राशि, ढेर।

करौंदा *(हिं.पुं.)* करमर्द वृक्ष, एक कंटीला पौधा जिसके छोटे खट्ठे फल अचार, चटनी आदि में प्रयुक्त होते हैं।

घरौंदा-घरौंधा *(हिं.पुं.)* छोटे बच्चों के खेलने का कागज, मिट्‌टी, लकड़ी आदि का बना हुआ छोटा घर।

कंदा *(हिं.पुं.)* शकरकन्द, घुइयाँ, अरई।

खंदा *(हिं.पुं.)* देखो खंदक।

फंदा *(हिं.पुं.)* फँसाने के लिए लगाया हुआ रस्से आदि का घेरा, कष्ट, दुःख, पाश, फाँस।

मन्दा *(सं.वि.)* मन्द, धीमा, शिथिल, सस्ता।

रंदा *(हिं.पुं.)* बढ़ई का वह औजार जिससे वह लकड़ी के तल को छीलकर चिकनी करता है।

हलंदा *(हिं.पुं.)* मोटा ताजा मनुष्य।

पदि *(सं.पुं.)* स्तुति, प्रशंसा।

यदि *(हिं.स्त्री.)* बदला, पलटा। *(अव्य.)* वास्ते, बदले में।

यदि *(सं.अव्य.)* यद्यपि, संशय या अपेक्षा सूचित करने के लिए वाक्य के आरंभ में प्रयुक्त होता है।

पदि *(हिं.पुं.)* कृष्ण पक्ष।

उपदि *(सं.अव्य.)* तुरंत, शीघ्र।

आदि *(सं.पुं.)* आरम्भ, प्रथम, मूल कारण; *(वि.)* पहल का, आरंभ का *(अव्य.)* आदिक।

बादि *(हिं.अव्य.)* व्यर्थ।

अनादि *(सं.पुं.)* जिसका आदि न हो, ब्रह्म, परमेश्वर।

इत्यादि *(सं.अव्य.)* इसी प्रकार, यही, सब, अन्य।

पकारादि *(सं.वि.)* जिसके आदि में 'प' अक्षर हो।

सुदि *(सं.स्त्री.)* देखो सुदी।

संदि *(हिं.स्त्री.)* सन्धि, मेल।

नदी *(सं.स्त्री.)* किसी पर्वत या जलाशय से निकलकर बहनेवाला जल का बड़ा प्राकृतिक प्रवाह जो वर्ष भर होता रहता है।

पदी *(हिं.पुं.)* पैदल, प्यादा।

बदी *(हिं.स्त्री.)* कृष्णपक्ष, अँधेरा पार।

चौहद्दी *(हिं.स्त्री.)* चारों ओर की सीमा।

लुगदी *(हिं.स्त्री.)* गीली वस्तु का छोटा गोला।

सुरगी नदी *(हिं.स्त्री.)* गंगा।

गद्दी *(हिं.स्त्री.)* छोटा गद्दा, हाथ या पैर की हथेली, व्यवसायी आदि के बैठने का स्थान, किसी बड़े अधिकारी का पद, किसी राजवंश की पीढ़ी या आचार्य की शिष्य परम्परा।

राजगद्दी *(हिं.स्त्री.)* राजसिंहासन, राज्याभिषेक।

रद्दी *(हिं.वि.)* वह पदार्थ जो काम में न आए।

लबदी *(हिं.स्त्री.)* मोटा छोटा डंडा।
एकपदी *(सं.स्त्री.)* पगडंडी।
षट्पदी *(सं.वि.)* छह पैरवाली। *(स्त्री.)* भ्रमरी, भौंरी।
खटपदी *(हिं.पुं.)* देखो षट्पद।
अष्टपदी *(सं.स्त्री.)* आठ पदवाला गीत।
नवपदी *(सं.स्त्री.)* चौपाई या जनकरी छन्द।
चतुष्पदी *(सं.स्त्री.)* चौपाई छन्द, चार पद का एक गीत।
गबदी *(हिं.वि.)* सुस्त, मूर्ख, बुद्धिहीन।
लबदी *(हिं.स्त्री.)* छोटी पतली छड़ी।
बदाबदी *(हिं.स्त्री.)* लाग-डाँट।
दुपर्दी *(हिं.स्त्री.)* मिरजई।
हरदी *(हिं.स्त्री.)* हरिद्रा, हल्दी।
शारदी *(हिं.स्त्री.)* शरत्काल का।
उरदी *(हिं.स्त्री.)* छोटी।
जल्दी *(हिं.स्त्री.)* शीघ्रता।
हल्दी *(हिं.स्त्री.)* देखो हलदी।
हलदी *(हिं.स्त्री.)* एक छोटा पौधा जिसकी ग्रन्थिमय जड़ मसालों में व्यवहार की जाती है।
गावदी *(हिं.वि.)* अबोच।
मेहँदी *(हिं.स्त्री.)* एक पौधा जिसकी पत्तियों को पीसकर स्त्रियाँ हाथ पैर में लगाती हैं।
आदी *(हिं.स्त्री.)* अदरख।
खादी *(सं.वि.)* भक्षक, खानेवाला, शत्रुओं की हिंसा करनेवाला; *(हिं.स्त्री.)* एक प्रकार का देशी मोटा वस्त्र।
गादी *(हिं.स्त्री.)* एक प्रकार का पक्वान्न, देखो गद्दी।
दादी *(हिं.स्त्री.)* पिता की माता।
लादी *(हिं.स्त्री.)* कपड़ों की गठरी जो पशु की पीठ पर लादी जाती है।
वादी *(सं.पुं.)* वक्ता, बोलनेवाला।
चाँदी *(हिं.स्त्री.)* रजत, रौप्य, आर्थिक लाभ, खोपड़ी का मध्य भाग।
शादी *(हिं.स्त्री.)* विवाह।
शताब्दी *(सं.स्त्री.)* सौ वर्ष का समय।
निनादी *(सं.वि.)* शब्द करनेवाले।
मादी *(सं.वि.)* असावधानी करनेवाला; *(पुं.)* पागल।
खरादी *(हिं.वि.)* खरीदनेवाले।
बकवादी *(हिं.वि.)* बकबक करनेवाला।
स्पष्टवादी *(सं.पुं.)* बिना संकोच के बोलनेवाला।
रनवादी *(हिं.वि.)* शूर, योद्धा।
अपवादी *(सं.पुं.)* विरोधी, बुराई करनेवाला।
ब्रह्मवादी *(सं.पुं.)* वेदान्ती, वेदों को पढ़ाने वाला।
सत्यवादी *(सं.वि.)* यथार्थ वक्ता।
दैववादी *(सं.वि.)* निरुद्योगी, आलसी।
हितवादी *(सं.वि.)* उपकार या लाभ की बात कहनेवाला।
भूतवादी *(सं.वि.)* ठीक-ठीक बोलनेवाला।
रसवादी *(सं.वि.)* स्वाद चखनेवाला, रसिक।
मिथ्यावादी *(हिं.वि.)* झूठ बोलनेवाला।
प्रतिवादी *(सं.पुं.)* प्रतिवाद या खण्डन करनेवाला, वादी का उत्तर देनेवाला।
सत्यवादी *(सं.वि.)* सच बोलनेवाला।
सुवादी *(सं.वि.)* बहुत बोलनेवाला।
प्रसादी *(हिं.स्त्री.)* नैवेद्य, देवताओं को चढ़ाया हुआ पदार्थ।
बिंदी *(हिं.स्त्री.)* शून्य, सुन्ना, माथे पर लगाने का गोल छोटा टीका, इस आकार का कोई चिह्न।
कालिन्दी *(सं.स्त्री.)* यमुना नदी।
हिंदी *(स्त्री.)* भारतवर्ष की बोली, हिंदुस्तान की भाषा।
दीदी *(हिं.स्त्री.)* बड़ी बहिन को पुकारने का शब्द।
फुँदी *(हिं.स्त्री.)* बिंदी, गाँठ, टीका।
फुफुँदी *(हिं.स्त्री.)* वह डोरी जो लहँगे या स्त्रियों की साड़ी में कसी जाती है, नीवी।
कौमुदी *(सं.स्त्री.)* ज्योत्स्ना, चाँदनी।
कुंदी *(हिं.स्त्री.)* कपड़े की कुटाई जो इसके फूलने, सिकुड़ने तथा रूखाई दूर करने के लिए की जाती है, कड़ी मार।
चूंदी *(हिं.स्त्री.)* शिखा।
तुन्दी *(सं.स्त्री.)* नाभि, ढोंढी।
फफूँदी *(हिं.स्त्री.)* स्त्रियों की साड़ी का बन्धन, नीवी।
सुदी *(हिं.वि.)* ब्याज पर लिया हुआ।
यहूदी *(हिं.पुं.)* पश्चिम एशियावासी एक प्राचीन जाति।
बूँदी *(हिं.स्त्री.)* वर्षा की बूँद, एक प्रकार की मिठाई, बुँदिया।
बूँदाबूँदी *(हिं.स्त्री.)* अल्प दृष्टि, हलकी वर्षा।
विच्छंदी *(सं.वि.)* काटने वाला।
सुपेदी *(हिं.स्त्री.)* सपेदी।
भेदी, भेदू *(हिं.पुं.)* गुप्त वार्ता को जाननेवाला; *(वि.)* भेद करनेवाला।
शब्दभेदी *(सं.पुं.)* शब्दवेधी बाण।
मर्मभेदी *(हिं.वि.)* हृदय पर आवाज पहुँचानेवाला, हार्दिक कष्ट देनेवाला।
विभेदी *(हिं.वि.)* छेदकर घुसनेवाला।
बरेदी *(हिं.पुं.)* चरवाहा।
वेदी *(सं.स्त्री.)* किसी शुभ कार्य के लिए तैयार की हुई भूमि।
ऋग्वेदी *(सं.वि.)* ऋग्वेद का पढ़नेवाला या जाननेवाला।
निवेदी *(सं.वि.)* निवेदन करनेवाला, प्रकाशक।
पेंदी *(हिं.स्त्री.)* किसी वस्तु का निचला भाग।
बेपेंदी *(हिं.वि.)* इधर-उधर लुढ़कने वाला।
गोदी *(हिं.स्त्री.)* देखो गोद।
मोदी *(हिं.पुं.)* आटा, चावल, दाल बेचनेवाला बनिया।
विनोदी *(हिं.वि.)* क्रीड़ा करनेवाला, हँसी करनेवाला।
प्रमोदी *(सं.वि.)* अति प्रसन्न।

दंदी *(हिं.पुं.)* उपद्रवी, झगड़ालू।
बंदी *(हिं.पुं.)* चारणों की एक जाति। *(स्त्री.)* एक प्रकार का आभूषण जिसको स्त्रियाँ सिर पर पहनती हैं।
मंदी *(हिं.स्त्री.)* किसी वस्तु के भाव का कम होना।
स्कन्दी *(सं.वि.)* उछलने-कूदने वाला।
अनन्दी *(हिं.वि.)* आनन्दी।
निस्पन्दी *(सं.वि.)* काँपता हुआ।
दलबंदी *(हिं.स्त्री.)* जाति अथवा समाज में पृथक-पृथक पक्षों का बनना।
छलछंदी *(हिं.वि.)* धूर्त, कपटी।
दीठबंदी *(हिं.स्त्री.)* जादू।
पातबंदी *(हिं.स्त्री.)* वह मानचित्र जिसमें भूसम्पत्ति की आय और उस पर का देन लिखा होता है।
सिरबंदी *(हिं.स्त्री.)* मस्तक पर पहिनने का स्त्रियों का एक आभूषण।
आनन्दी *(सं.वि.)* प्रसन्न रहनेवाला।
बगलबंदी *(हिं.स्त्री.)* एक प्रकार की मिरजई जिसमें बगल के नीचे बंद लगे रहते हैं।
नाकाबन्दी *(हिं.स्त्री.)* जाने-आने के मार्ग का छेंका जाना, चौकीदार, पहरेदार।
चौबन्दी *(हिं.स्त्री.)* एक प्रकार की मिरजई।
दु *(हिं.वि.)* 'दो' शब्द का छोटा रूप जो समस्त पद के पहिले जोड़ा जाता है।
पदु *(हिं.पुं.)* पद, अधिकार।
मृदु *(सं.वि.)* कमल, सुकुमार, धीमा।
दादु *(हिं.स्त्री.)* दद्रु, दाद नामक चर्मरोग।
स्वादु *(सं.वि.)* मीठा, मधुर, सुन्दर।
इन्दु *(सं.पुं.)* चन्द्रमा, कपूर।
बिन्दु *(हिं.पुं.)* देखो बिन्दु, बूँद।
श्रमबिन्दु *(सं.पुं.)* पसीने की बूँद।
चन्द्रबिन्दु *(सं.पुं.)* अर्ध अनुस्वार का बिन्दु जो अक्षर के ऊपर लगाया जाता है।
शरदिन्दु *(सं.पुं.)* शरत् ऋतु का चन्द्रमा।
शीर्षबिन्दु *(सं.पुं.)* सिर को ऊपर ऊँचाई में सबसे ऊपर का स्थान।
मसिबिन्दु *(हिं.पुं.)* काजल का बुन्दा जो कुदृष्टि से बचने के लिए बच्चों के माथे पर लगाया जाता है, डिठौना।
बिन्दु *(सं.पुं.)* बूँद, बुँदकी, अनुस्वार।
अधोबिन्दु *(सं.पुं.)* आकाश में का वह स्थान जो हमारे पैर के ठीक नीचे है।
पूर्णेन्दु *(सं.पुं.)* पूर्णिमा का चन्द्रमा।
अकलेन्दु *(सं.पुं.)* अपूर्ण चन्द्रमा।
सकलेन्दु *(सं.पुं.)* पूर्णिमा का चन्द्रमा।
बालेन्दु *(सं.पुं.)* नया उदित चन्द्र।
अबालेन्दु *(सं.पुं.)* पूर्ण चन्द्र, पूरा चन्द्रमा।
कद्दू *(हिं.पुं.)* कुम्हड़ा।
दद्दू *(हिं.पुं.)* दादा, बाबा।
बद्दू *(हिं.वि.)* अपमानित।
लद्दू *(हिं.वि.)* बोझ ढोने वाला, जिस पर भार रखा जाए।
दादू *(हिं.पुं.)* दादा के प्रति प्यार का शब्द, एक साधारण संबोधन।
नाँदू *(हिं.पुं.)* बँधुआ।
आदू *(हिं.पुं.)* बेड़ी, सिकड़ी।
कान्दू *(सं.पुं.)* एक हिन्दू जाति, भूँजा।
हिन्दू *(सं.पुं.)* हिन्दुस्तानी, वर्णाश्रम धर्मी।
भोंदू *(हिं.वि.)* मूर्ख, भोला, सीधा।
वूदे *(हिं.अव्य.)* वास्ते, लिए।
दो *(हिं.वि.)* एक और एक, तीन में एक कम।
काँदो *(हिं.पुं.)* कर्दम, कीचड़।
भादों *(हिं.पुं.)* सावन के बाद का महीना।
दौ *(हिं.स्त्री.)* जंगल की अग्नि, संताप, जलन।
जादौ (हिं.) देखो जादव।
इदं *(सं. सर्व.)* यह।

***ध**–हिन्दी तथा संस्कृत वर्णमाला का उन्नीसवाँ व्यंजन तथा त वर्ग का चौथा अक्षर, इसका उच्चारण स्थान दन्तमूल है।*

ध–(सं. पुं.) धन, ब्रह्मा, कुबेर, षकार वर्ण।
अध (ध- अन्तक)

अध *(सं.अव्य.)* नीचे का।
वध *(हिं.पुं.)* हनन, हत्या।
एकध *(सं.अव्य.)* एक ही स्थान में, एक साथ।
दग्ध *(सं.वि.)* जला हुआ, जलाया हुआ।
अदग्ध *(सं.वि.)* बिना जलाया हुआ।
अग्निदग्ध *(सं.वि.)* आग से जला हुआ।
विदग्ध *(सं.पुं.)* विद्वान्, पण्डित, चतुर; *(वि.)* जला हुआ।
पाग्विदग्ध *(सं.वि.)* बोलचाल में प्रवीण।
सुविदग्ध *(सं.वि.)* बहुत चतुर।
वैदग्ध *(सं.पुं.)* पाण्डित्य, चतुराई।
अस्निग्ध *(सं.वि.)* कर्कश, निर्दय।
दगध *(हिं.पुं.)* दाह-क्रिया, दग्ध।
वागध *(सं.पुं.)* स्तुतिपाठक, वन्दी।
सन्नद्ध *(सं.वि.)* गर्वित, अभिमानी।
अर्द्ध *(हिं.वि.)* आधा-देखो अर्द्ध।
आनद्ध *(सं.वि.)* बद्ध, बँधा हुआ।
बद्ध *(सं.वि.)* क्रमिक, सिकड़ी में बँधा हुआ।
अबद्ध *(सं.वि.)* न बँधा हुआ।
कोष्ठबद्ध *(सं.पुं.)* मल की रुकावट।
सम्बद्ध *(सं.वि.)* बँधा हुआ, जुटा हुआ।

नियमबद्ध *(सं.वि.)* नियमों के अनुकूल।
दुर्बद्ध *(सं.वि.)* बुरी तरह से बाँधा हुआ।
आबद्ध *(सं.वि.)* प्रतिबद्ध, बँधा हुआ।
वाचाबद्ध *(सं.वि.)* वचन देने से विवश।
सीमाबद्ध *(सं.वि.)* रेखा से घिरा हुआ।
कटिबद्ध *(सं.वि.)* उद्यत, तत्पर, तैयार।
विधिबद्ध *(सं.वि.)* नियमबद्ध।
निबद्ध *(सं.वि.)* गुथा हुआ, बैठाया हुआ, जड़ा हुआ।
सन्निबद्ध *(सं.वि.)* एक साथ जकड़ा हुआ।
लिपिबद्ध *(सं.वि.)* लिखित, लिखा हुआ।
श्रेणिबद्ध *(सं.पुं.)* क्रम बाँधे हुए।
समृद्ध *(सं.वि.)* जिसके पास अधिक हो।
वृद्ध *(सं.वि.)* जीर्ण, जर्जर, बुड़ता।
ज्ञानवृद्ध *(सं.वि.)* जिसको अधिक ज्ञान हो।
तपोवृद्ध *(सं.वि.)* जो तपस्या द्वारा श्रेष्ठ हो।
परिवृद्ध *(सं.वि.)* अत्यन्त बढ़ा हुआ।
वयोवृद्ध *(सं.वि.)* जो अवस्था में बड़ा हो।
ऋद्ध *(सं.वि.)* सम्पन्न, समृद्ध।
स्तब्ध *(सं.वि.)* स्तम्भित, स्थिर, दृढ़, धीमा, अभिमानी, हठी।
विस्तब्ध *(सं.वि.)* निश्चेष्ट।
विश्रब्ध *(सं.वि.)* विश्वसनीय, शान्त, निर्भय, निडर।
आरब्ध *(सं.वि.)* आरंभ किया हुआ।
प्रारब्ध *(सं.पुं.)* भाग्य, अदृष्ट; *(वि.)* आरम्भ किया हुआ।
प्रारब्धी *(हिं.वि.)* भाग्यवान।
लब्ध *(सं.वि.)* प्राप्त, उपार्जित, कमाया हुआ, गणित में भाग करने से आया हुआ फल।
उपलब्ध *(सं.वि.)* प्राप्त, मिला हुआ।
प्रालब्ध *(हिं.पुं.)* देखो प्रारब्ध।
नृमध *(सं.पुं.)* नरमेध यज्ञ।
सड़ायंध *(हिं.स्त्री.)* सड़ी हुई वस्तु की गन्ध।
कवायध *(हिं.स्त्री.)* कच्चेपन की गन्ध।
विखायध *(हिं.स्त्री.)* कड़वी गन्ध।
चिरायंध *(हिं.स्त्री.)* चमड़े, बाल आदि के जलने से उत्पन्न दुर्गन्ध।
बिसायंध *(हिं.वि.)* सड़ी मछली की गन्धवाला; *(स्त्री.)* सड़ी मछली के समान गन्ध।
अर्ध *(सं.वि.)* दो समान टुकड़ों में से एक "आधा" अर्ध का उपसर्ग।
तर्ध *(सं.पुं.)* तनुत्राण, कवच।
अरध *(हि.)* देखो अर्ध।
बिरध *(हिं.वि.)* देखो वृद्ध।
ऊरध *(हि.)* देखो ऊर्ध्व।
स्वर्गवध *(सं.स्त्री.)* अप्सरा।
प्राणवध *(सं.पुं.)* जान से मार डालना।
आत्मवध (सं.) देखो आत्मघात, आत्महत्या।
ओषध। *(सं.पुं.)* औषधि, वनस्पति।
सिद्धौपध *(सं.पुं.)* वह औषध जिसके सेवन करने से रोग निवृत होता है।
वनोषध *(सं.स्त्री.)* जंगली जड़ी बूटी।

आध

आध *(हिं.वि.)* दो बराबर भागों में से एक, आधा, यौगिक शब्दों के आदि में प्रयुक्त होता है, यथा-आधा सेर, आध मन।
बाध *(सं.पुं.)* प्रतिबन्ध, रुकावट, उपद्रव, कष्ट, पीड़ा, कठिनता।
साध *(सं.वि.)* अभिलाषा, कामना।
काँध *(हिं.पुं.)* स्कन्ध, कन्धा, कोल्हू।
बाँध जलाशय के किनारे पर पानी रोकने के लिए बनाया जाता है, मिट्टी, ईंट या कंकरीट का बँधा।
एकाध थोड़ा सा। एक आँख से देखना, पक्षपात रखना। एक एक–प्रत्येक, हरएक। एकटक-टकटकी बाँधकर। एकतार-सदृश, समान, तुल्य। एक तो-पहिली बात तो यह है कि एकदम-तुरंत।
अगाध *(सं.वि.)* अथाह, असीम, बहुत गहरा, गंभीर।
श्राद्ध *(सं.पुं.)* वह कर्म जो शास्त्र विधि के अनुसार पितरों के उद्देश्य से किया जाता है।
मदान्ध *(सं.वि.)* मदमत्त, मद में चूर।
मदनान्ध *(सं.वि.)* कामान्ध।
रागान्ध *(सं.वि.)* अति क्रोधी।
स्वार्थान्ध *(सं.वि.)* वह जो अपने हित या लाभ के सामने और किसी की बात पर विचार नहीं करता।
कामान्ध *(सं.वि.)* काम के वेग से हिताहित का ध्यान न रखनेवाला।
दिवान्ध *(सं.पुं.)* उल्लू; *(वि.)* जिसको दिन में न सूझता हो।
निशान्ध *(सं.पुं.)* जिसको रात में सूझ न पड़ता हो।
निर्बाध *(सं.वि.)* निरूपद्रव।
मृगव्याध *(सं.पुं.)* मृगों को खोजनेवाला बहेलिया।
अर्धाध *(सं.पुं.)* चौथाई भाग।
उत्तरार्ध *(सं.पुं.)* पीछे का आधा।
पूर्वार्ध *(सं.वि.)* किसी पुस्तक का पहला आधा भाग।
दशार्थ *(सं.पुं.)* दस का आधा भाग।
बहार्थ *(सं.वि.)* बहुमूल्य।
अपराध *(सं.पुं.)* पाप, भूल, दोष।
निरपराध *(सं.वि.)* अपराध-रहित।
कृतापराध *(सं.वि.)* दोषी, अपराधी।
सराध *(हिं.पुं.)* देखो श्राद्ध।
भकराँध *(हिं.स्त्री.)* अन्न के सड़ने की गन्ध।
असाथ *(हिं.वि.)* असाध्य।

इध

दिग्ध *(हिं.वि.)* दीर्घ, लंबा, बड़ा।
सन्दिग्ध *(सं.वि.)* सन्देहयुक्त।
असन्दिग्ध *(सं.वि.)* सन्देह रहित, प्रकट, स्पष्ट।
निग्ध *(सं.वि.)* चिकना, तैलयुक्त।
इद्ध *(सं.वि.)* दग्ध, जला हुआ।
रिद्ध *(सं.वि.)* पका या राँधा हुआ।
सिद्ध *(सं.वि.)* प्रसिद्ध, सम्पन्न, सफल।
स्वभाव सिद्ध *(सं.वि.)* स्वाभाविक, सहज।
विद्ध *(सं.वि.)* छेदा हुआ, फेंका हुआ।
अविद्ध *(सं.वि.)* न बेधा हुआ, न छेदा हुआ।
आविद्ध *(सं.वि.)* छेदा हुआ, फेंका हुआ।
प्रसिद्ध *(सं.वि.)* विख्यात, विभूषित।
अप्रसिद्ध *(सं.वि.)* जो प्रसिद्ध न हो, अज्ञात।
लोकसिद्ध *(सं.वि.)* प्रचलित, प्रसिद्ध।
स्वयंसिद्ध *(सं.वि.)* जिसकी सिद्धि के लिए दूसरे प्रमाण आदि की आवश्यकता न हो।
सुप्रसिद्ध *(सं.वि.)* अति विख्यात।
परसिद्ध *(हिं.वि.)* देखो प्रसिद्ध।
स्वंसिद्ध *(सं.वि.)* स्वयं सिद्ध।
संसिद्ध *(सं.वि.)* प्रस्तुत, उद्यत, प्राप्त।
प्रकृतिसिद्ध *(सं.वि.)* स्वाभाविक, प्राकृत।
परिध *(हिं.पुं.)* देखो परिधि।
विध *(हिं.पुं.)* विधि, ब्रह्मा।
एकविध *(सं.वि.)* एक ही प्रकार का, साधारण।
अनेकविध *(सं.वि.)* कई प्रकार का।
पृथग्विध *(सं.वि.)* नाना रूप का।
पञ्चविध *(सं.वि.)* पाँच प्रकार का।
षोड़शविध *(सं.वि.)* सोलह प्रकार का।
दशविध *(सं.वि.)* दस प्रकार का।
नानाविध *(सं.वि.)* अनेक प्रकार या तरह से।
विविध *(सं.वि.)* अनेक प्रकार का।
द्विविध *(सं.वि.)* दो प्रकार का।
त्रिविध *(सं.वि.)* तीन प्रकार का।
बहुविध *(सं.वि.)* नाना प्रकार का।
निषिद्ध *(सं.वि.)* जिसका निषेध किया गया हो, दूषित।
प्रतिषिद्ध *(सं.वि.)* निषेध किया हुआ।

ईध

गीध *(हिं.पुं.)* गिद्ध।
सीध *(हिं.स्त्री.)* ठीक सामने की स्थिति।

उध

जुध *(हिं.स्त्री.)* देखो युद्ध, लड़ाई।
तुध *(हिं.वि.)* पीड़ित, दुःखित, फटा हुआ।
बुध *(सं.पुं.)* विद्वान, पण्डित।
सुध *(हिं.स्त्री.)* स्मरण, स्मृति, चेतना।
दुग्ध *(सं.पुं.)* दूध।
मुग्ध *(सं.वि.)* मोह या भ्रम में पड़ा हुआ, मनोहर, मूढ़।
विमुग्ध *(सं.वि.)* मोहित, व्यग्र, घबड़ाया हुआ।
क्रुद्ध *(सं.वि.)* कोपयुक्त, कुपित।
रूद्ध *(हिं.वि.)* अवरुद्ध, रुका हुआ।
जुद्ध *(हिं.स्त्री.)* देखो युद्ध।
बुद्ध *(सं.वि.)* जागा हुआ, ज्ञानी, विद्वान पण्डित।
युद्ध *(सं.पुं.)* रण, समर, संग्राम।
रूद्ध *(हिं.वि.)* आवृत, वेष्टित, फँसा हुआ।
सुद्ध *(हिं.वि.)* देखो शुद्ध।
शुद्ध *(सं.वि.)* दोषरहित, पवित्र, उज्ज्वल, बिना मिलावट का।
सम्बुद्ध *(सं.वि.)* ज्ञान प्राप्त, पूर्ण रूप से जाना हुआ।
प्रबुद्ध *(सं.वि.)* पण्डित, ज्ञानी, जागा हुआ।
सुप्रबुद्ध *(सं.वि.)* जिसको अच्छा बोध या ज्ञान हो।
विबुद्ध *(सं.वि.)* जागृत, जागता हुआ।
रथयुद्ध *(सं.पुं.)* रथ पर चढ़कर युद्ध करना।
धर्मयुद्ध *(सं.पुं.)* वह युद्ध जिसमें किसी प्रकार का अन्याय अथवा नियम भंग न हो।
तलयुद्ध *(सं.पुं.)* मुक्के की लड़ाई।
स्थलयुद्ध *(सं.पुं.)* भूमि पर होनेवाली लड़ाई।
मल्लयुद्ध *(सं.पुं.)* आपस में युद्ध।
द्वन्द्वयुद्ध *(सं.पुं.)* दो पुरुषों का परस्पर युद्ध।
गृहयुद्ध *(सं.पुं.)* देश के भीतर आपस में युद्ध होना।
वादयुद्ध *(सं.पुं.)* शास्त्रीय झगड़ा।
बाहुयुद्ध *(सं.पुं.)* मल्लयुद्ध।
प्रतियुद्ध *(सं.वि.)* अवरुद्ध, रुका हुआ।
विरुद्ध *(सं.वि.)* प्रतिकूल, विपरीत।
वचनविरुद्ध *(सं.वि.)* शास्त्रविरुद्ध।
संरुद्ध *(सं.वि.)* आच्छादित, ढँपा हुआ।
अशुद्ध *(सं.वि.)* दोषयुक्त, अपवित्र।
परिशुद्ध *(सं.वि.)* अच्छी तरह से शुद्ध किया हुआ।
विशुद्ध *(सं.वि.)* अति शुद्ध।
सुधबुध *(हिं.स्त्री.)* चेतना, ज्ञान।
लुब्ध *(सं.वि.)* लोभयुक्त, मोहित।
क्षुब्ध *(सं.वि.)* अधीर, व्याकुल, भयभीत।
विक्षुब्ध *(सं.वि.)* जिसका मन चंचल हो।
भयक्षुब्ध *(सं.वि.)* व्याकुल, घबड़ाया हुआ।
अबुध *(सं.पुं.)* मूर्ख, गंवार।
विवुध *(सं.पुं.)* ज्ञानी, पंडित।
विबुध *(सं.पुं.)* बुद्धिमान्, पण्डित।
दुर्बुध *(सं.वि.)* गूढ़, कठिन, क्लिष्ट।
लुबुध *(हिं.वि.)* देखो लुब्ध।
आयुध *(सं.पुं.)* शस्त्र।
आयुधादष्ट्रायुध *(सं.पुं.)* वराह, सुअर।
शतायुध *(सं.वि.)* जो सौ अस्त्र धारण करता हो।

कुसुमायुध *(सं.पुं.)* कन्दर्प, कामदेव।
निरायुध *(सं.वि.)* अस्त्रहीन।
देवायुध *(सं.पुं.)* इन्द्रधनुष।
शस्त्रायुध *(सं.वि.)* शस्त्रधारी।
बेसुध *(हिं.वि.)* अचेत।
धुंध *(हिं.स्त्री.)* वायु में उड़ती हुई धूल, आँख का वह रोग जिसमें कोई वस्तु स्पष्ट नहीं दीख पड़ती।
अंधाधुंध *(हिं.वि.)* विचारहीनता।

ऊध

दूध *(हिं.पुं.)* दुग्ध, दूध के समान वह तरल द्रव्य जो अनेक पौधों के डंठल तथा पत्तियों में से निकलता है।
मूर्ध *(हिं.पुं.)* मस्तक, सिर।
त्रिमूर्ध *(सं.वि.)* जिसके तीन मस्तक हों।

एध

धुआँऐंध *(हिं.वि.)* धुएँ के समान गन्ध का।
निखेध *(हिं.वि.)* देखो निषेध।
अबेध *(हिं.वि.)* अबिद्ध, न छेदा हुआ।
नरमेध *(सं.पुं.)* देखो नरबलि।
अश्वमेध *(सं.पुं.)* प्राचीन काल का एक प्रधान यज्ञ। अश्वयान-*(सं.पुं.)* घोड़े की सवारी।
गोमेध *(सं.पुं.)* गो-यज्ञ, एक यज्ञ जिसमें गो-मांस का हवन होता था।
वेध *(सं.पुं.)* छेदने की क्रिया, वेधना, यन्त्रादि की सहायता से ग्रह, नक्षत्र तथा तारों को देखना।
निषेध *(सं.पुं.)* वर्जना, बाधा, रुकावट *(सं.वि.)* रोकनेवाला।
प्रतिषेध *(सं.पुं.)* खण्डन, निषेध।
मनसेध *(हिं.पुं.)* मनुष्य, मनई।
आसेध *(सं.पुं.)* रोक रखना।
सेंध *(हिं.स्त्री.)* चोरी करने के लिए भीत तोड़कर बनाया हुआ छेद।

ऐध

अवैध *(सं.वि.)* विधिविहीन, निषिद्ध।
त्रैध *(सं.अव्य.)* तीन प्रकार से।

ओध

दोध *(सं.पुं.)* दुहनेवाला मनुष्य।
बोध *(सं.पुं.)* ज्ञान, सन्तोष, धैर्य, धीरज।
रोध *(सं.पुं.)* किनारा, तट, रुकावट।
शोध *(सं.पुं.)* निर्मलता, परीक्षा, जाँच, अनुसन्धान, खोज, ढूँढ़।
अबोध *(सं.वि.)* अज्ञान, मूर्ख; *(पुं.)* मूर्खता।
शब्दबोध *(सं.पुं.)* वह ज्ञान जो मौखिक साक्षी से प्राप्त हो।
सम्बोध *(सं.पुं.)* ज्ञान, पूरा बोध।
प्रबोध *(सं.पुं.)* ज्ञान, समझ।
पबोध *(सं.पुं.)* यथार्थ ज्ञान, विकास।
परबोध *(हिं.पुं.)* देखो प्रबोध।
निर्बोध *(सं.वि.)* ज्ञानहीन, मूर्ख।
बालबोध *(सं.स्त्री.)* देवनागरी लिपि।
प्रतिबोध *(सं.पुं.)* जागरण, ज्ञान।
विबोध *(सं.पुं.)* जागरण, अच्छा ज्ञान।
सुबोध *(सं.वि.)* उत्तम, ज्ञानयुक्त, अच्छी बुद्धिवाला।
क्रोध *(सं.पुं.)* कोप, रोष। क्रोधवश-*(हिं. क्रि. वि.)* क्रोध के कारण से।
अक्रोध *(सं.पुं.)* दया, क्षमा, सहिष्णुता।
न्यग्रोध *(सं.पुं.)* वट वृक्ष, बरगद।
प्राणरोध *(सं.पुं.)* प्राणायाम।
अवरोध *(सं.पुं.)* रोक, रुकावट, झगड़ा, घेरा।
उपरोध *(सं.पुं.)* आवरण, ढपना, प्रतिबन्ध, रोक, अनुरोध।
तिरोध *(हिं.स्त्री.)* अन्तर्धान।
प्रतिरोध *(सं.पुं.)* विरोध, तिरस्कार।
निरोध *(सं.पुं.)* नाश, रुकावट।
अनुरोध *(सं.पुं.)* अभीष्ट साधन की इच्छा, प्रेरणा, आग्रह।
विरोध *(सं.पुं.)* भाव विपरीत, बैर।
शब्दविरोध *(सं.पुं.)* विरुद्ध शब्द का व्यवहार।
वचनविरोध (सं. क्रि.) शास्त्रवाक्य जो प्रमाण के विरुद्ध हो।
प्रतिशोध *(हिं.पुं.)* बदला चुकाने के लिए किया जानेवाला काम।
परिशोध *(सं.पुं.)* ऋण की चुकती।
विशोध *(सं.वि.)* विशुद्ध करने योग्य।
दुःशोध *(सं.वि.)* जिसका शोधन या सुधार कठिनता से हो।

औध

कौंध *(हिं.स्त्री.)* बिजली की दूर की चमक।
चकौंध *(हिं.स्त्री.)* देखो चकाचौंध।
चौंध *(हिं.स्त्री.)* दृष्टि की अस्थिरता।
चकचौंध *(हिं.स्त्री.)* देखो चकाचौंध।
चकाचौंध *(हिं.स्त्री.)* तीव्र प्रकाश के कारण आँखों का झिंपना, तिलमिलाहट।
नौध *(हिं.पुं.)* नया पौधा, अँखुवा।
पौध रोप, नया पौधा।

अंध

अन्ध *(सं.वि.)* बिना आँख का, नेत्रहीन, असावधान।
कंध *(हिं.पुं.)* स्कन्ध, कन्धा।
गन्ध *(सं.पुं.)* घ्राणेन्द्रिय गुण, बास, सुगन्ध, लेश, कण, संबंध।
बंध *(हिं.पुं.)* देखो बन्ध, बन्धन।
बंध *(हिं.पुं.)* इन्द्रजाल।
स्कन्ध *(सं.पुं.)* कन्धा, वृक्ष का तना।
सारगन्ध *(सं.पुं.)* चन्दन।
शीतगन्ध *(सं.पुं.)* सफेद चन्दन।
निर्गन्ध *(सं.वि.)* गन्ध-रहित।
निगंध *(हिं.वि.)* देखो निर्गन्ध, गन्धहीन।

विगन्ध *(सं.वि.)* दुर्गन्धी, गन्धहीन।
विगन्ध *(सं.वि.)* जिसमें किसी प्रकार की गन्ध न हो।
दुगन्ध *(सं.पुं.)* बुरी गन्ध; *(वि.)* बुरी गन्ध का।
सुगन्ध *(सं.वि.)* सुवासित।
मधुगन्ध *(सं.पुं.)* मीठी महक।
सौगन्ध *(सं.पुं.)* सुगन्ध।
मदंध *(हिं.वि.)* देखो मदान्ध।
फबन्ध *(सं.पुं.)* जल, पानी; *(पुं.)* उदर, पेट, मेघ, बिना मस्तक का धड़।
मुख बंध *(हिं.पुं.)* पान के आकार का किसी धातु का कटा हुआ टुकड़ा। मुखबन्ध–*(सं.पुं.)* अनुक्रमणिका, प्रस्तावना।
डीठबंध *(हिं.पुं.)* इन्द्रजाल।
संबंध *(सं.पुं.)* संसर्ग, संपर्क, लगाव, नाता, संयोग, मेल, योग्यता, व्याकरण में वह कारक जिसके चिह्न 'का की के' हैं।
प्रबन्ध *(सं.पुं.)* योजना, वाक्य-रचना का विस्तार, उपाय, आयोजन, व्यवस्थान।
परबन्ध *(हिं.पुं.)* व्यवस्था।
निर्बन्ध *(सं.पुं.)* आग्रह, हठ।
निरबंध *(हिं.वि.)* बन्धनहीन।
कटिबन्ध *(सं.पुं.)* कमरबन्द, पृथ्वी का वह भाग जो शीतलता और उष्णता के अनुसार निर्धारित होता है।
उष्ण कटिबन्ध *(सं.पुं.)* पृथ्वी का वह भाग जो कर्क और मकर रेखाओं के बीच में पड़ता है।
समशीतोष्ण कटिबन्ध *(सं.पुं.)* पृथ्वी के वे भाग जो उष्ण कटिबन्ध के उत्तर में कर्क रेखा से उत्तर वृत्त तक और दक्षिण मकर रेखा से दक्षिण वृत्त तक पड़ते हैं–इन स्थानों में न तो बहुत सरदी पड़ती है और न बहुत गरमी।
शीत कटिबन्ध *(सं.पुं.)* पृथ्वी के उत्तर तथा दक्षिण के खण्ड के वे कल्पित विभाग जो भूमध्य रेखा से 23½ अंश दक्षिण पर माने जाते हैं, इन भागों में जाड़ा बहुत पड़ता है।
दृष्टिबन्ध *(सं.पुं.)* इन्द्रजाल, जादू।
निबन्ध *(सं.पुं.)* पुस्तक की टीका, बंधन, लेख।
उपनिबन्ध *(सं.पुं.)* रचना, बनावट, गूथन।
जात्यन्ध *(सं.वि.)* जन्म का अन्धा।
रायन्ध *(सं.वि.)* जिसको रात में न दिखता हो।
प्रतिबन्ध *(सं.पुं.)* बाधा, विघ्न, रुकावट।

(धा–अन्तक)

अधा

धा *(सं.वि.)* धारण करनेवाला।
गधा *(हिं.पुं.)* गर्दभ, गदहा।
पधा *(हिं.पुं.)* चौपायों को बाँधने की रस्सी, पगहा।
मधा *(सं.स्त्री.)* मन को स्मरण रखने की शक्ति।
अद्धा *(हिं.वि.)* आधा टुकड़ा, आधे परिमाण का। अद्धी–*(हिं.स्त्री.)* आधी दमड़ी, महीन, तंजेब।
वृद्धा *(सं.स्त्री.)* बुड्ढी स्त्री।
स्पर्धा *(सं.स्त्री.)* ईर्ष्या, साम्य।
प्रतिस्पर्धा *(सं.स्त्री.)* चढ़ा-ऊपरी, विवाद, झगड़ा।
परिस्पर्धा *(सं.स्त्री.)* धन, बल, यश, आदि में किसी के बराबर होने की इच्छा।
परिस्पर्धा *(सं.वि.)* स्पर्धा करनेवाला।
उपधा *(सं.स्त्री.)* छल, धोखा, उपाय, उपाधि, व्याकरण के अनुसार।
मुधा *(सं.अव्य.)* व्यर्थ, वृथा, निष्फल।
नवधा *(सं.अव्य.)* नवगुणा, नव बार।
दशधा *(सं.अव्य.)* दस प्रकार से।

आधा

आधा *(हिं.वि.)* अर्ध, दो बराबर भागों में से एक। आधेआध-दो बराबर भागों में से एक।
पाधा *(हिं.पुं.)* आचार्य, उपाध्याय, पण्डित।
बाधा *(सं.स्त्री.)* कष्ट, पीड़ा, विघ्न, संकट, अड़चन।
अबाधा *(सं.स्त्री.)* रेखागणित में त्रिकोण के आधार का अंश; *(हिं.वि.)* धाधारहित।
व्याधा *(हिं.पुं.)* देखो व्याध, व्याधा।
काँधा *(हिं.पुं.)* स्कन्ध, कन्धा, कृष्ण।
भकराँधा *(हिं.वि.)* सड़ा हुआ।

इधा

अनबिध, अनबिधा *(हिं.वि.)* बिना बेधा या छेद किया हुआ।
अभिधा *(सं.स्त्री.)* कथन, नाम।
समिधा *(हिं.स्त्री.)* अग्नि जलाने का काठ, इन्धन, यज्ञ में जलाने की लकड़ी।
द्विधा *(सं.अव्य.)* दो प्रकार।
दुविधा *(हिं.स्त्री.)* देखो दुबधा।
सुविधा *(हिं.स्त्री.)* देखो सुभीता।
असुविधा *(सं.स्त्री.)* कठिनाई, अड़चन।
त्रिधा (सं. क्रि. वि.) तीन प्रकार से।
सीधा *(हिं.वि.)* जो टेढ़ा न हो, बिना पका हुआ अन्न, शान्त, शिष्ट, सहज, दाहिना; (क्रिं. वि.) सम्मुख, ठीक सामने की ओर।

उधा

छुधा *(हिं.स्त्री.)* क्षुधा, भूख।
क्षुधा *(सं.स्त्री.)* बुभुक्षा, भूख।
सुधा *(सं.स्त्री.)* अमृत, बिजली, दूध, जल, पृथ्वी।
वसुधा *(हिं.स्त्री.)* देखो बसुधा।
बसुधा *(सं.स्त्री.)* पृथ्वी; *(वि.)* धनदाता।
बहुधा *(सं.अव्य.)* प्रायः, अधिकतर।
चहुधा *(हिं. क्रि. वि.)* चारों ओर।
लुबुधा *(हिं.वि.)* लोभी, लालची।

ऊधा

सूधा *(हिं.वि.)* सीधा, सरल।
सूमेधा *(सं.वि.)* बुद्धिमान्।
सेंधा *(हिं.पुं.)* सैन्धव, लाहौरा नमक।

ओधा

योधा *(हिं.पुं.)* देखो योद्धा, लड़ने वाला।
मोधा *(सं.अव्य.)* नवधा, नव प्रकार।
योधा *(हिं.पुं.)* देखो योद्धा।
दोग्धा *(सं.वि.)* ग्वाला, अहीर; *(वि.)* दुहनेवाला, दुहने योग्य।
योद्धा *(हिं.पुं.)* युद्ध करने वाला सिपाही।
प्रतियोद्धा *(हिं.वि.)* शत्रु, वैरी।
अग्रयोधा *(सं.पुं.)* सेना के आगे लड़ने वाला योद्धा।
(अग्रवर्ती) *(सं.पुं.)* आगे रहनेवाला, नेता, अगुआ।
औंधा *(हिं.वि.)* उलटा, मुँह के बल पड़ा हुआ, टेढ़ा; (क्रि. वि.) उलटकर।
अधरोंधा *(हिं.वि.)* आधा खाया हुआ।

अंधा

अंधा *(हिं.वि.)* नेत्रहीन, अँधेरा।
धंधा *(हिं.पुं.)* व्यवसाय, कामकाज, उद्यम।
गोरखधंधा *(हिं.पुं.)* अनेक तारों, कड़ियों या काठ के टुकड़ों का समूह, झगड़े या उलझने का कार्य।
अधि संस्कृत का शब्द जो अधिक तथा प्रधान अर्थ में उपसर्ग की तरह प्रयुक्त होता है।
दधि *(सं.पुं.)* जमाया हुआ दूध, दही।
समृद्धि *(सं.स्त्री.)* ऐश्वर्य, उन्नति, सम्पत्ति।
महद्धि *(सं.पुं.)* वृद्धि, बढ़ती, समृद्धि।
वृद्धि *(सं.स्त्री.)* अधिकता, सूद, समृद्धि।
चक्रवृद्धि *(सं.स्त्री.)* ब्याज को मूल में जोड़कर उस पर सूद लगाना।
वर्षवृद्धि *(सं.स्त्री.)* वय की वृद्धि।
मासवृद्धि *(सं.स्त्री.)* अण्डवृद्धि का रोग, गलगण्ड, घेघा।
घसिवृद्धि *(सं.स्त्री.)* गलगण्ड, घेघा, श्लीपद, अण्डवृद्धि का रोग।
कोशवृद्धि *(सं.स्त्री.)* अण्डकोष की वृद्धि।
शखावृद्धि *(सं.स्त्री.)* सूद दर सूद।
धीवृद्धि *(सं.स्त्री.)* भाग्य की वृद्धि।
शुदधि *(सं.पुं.)* समुद्र, झील।
क्षीरोदधि *(सं.पुं.)* क्षीरसमुद्र।
धहोदधि *(सं.पुं.)* सागर, समुद्र।
क्षब्धि *(सं.पुं.)* सरोवर, तालाब, समुद्र।
लब्धि *(सं.स्त्री.)* लाभ, प्राप्ति, प्राप्त संख्या।
उपलब्धि *(सं.स्त्री.)* ज्ञान, प्राप्ति, अनुमान।
पयधि *(हिं.पुं.)* देखो पयोधि, समुद्र।
तोयधि *(सं.पुं.)* समुद्र, सागर।
धरधि *(हिं.पुं.)* तूण, तरकस।
छीरधि *(हिं.पुं.)* क्षीरसागर।
जलधि *(सं.पुं.)* समुद्र, दस शंख की संख्या।
बालधि *(हिं.स्त्री.)* पूँछ।
अवधि *(सं.पुं.)* सीमा, निर्धारित काल; *(अव्य.)* पर्यन्त, तक।
तदवधि (सं. क्रि. वि.) तब तक।
एतदवधि *(सं.अव्य.)* यहाँ तक।
निरवधि (सं. क्रि. वि.) निरन्तर, बराबर, सर्वदा।
अद्यावधि *(सं.पुं.)* आज से आरंभ होने का काल।
औषधि *(सं.स्त्री.)* दवा।
ओषधि *(सं.स्त्री.)* देखो औषधि।
षहौवधि *(सं.स्त्री.)* श्रेष्ठ औषधि।
आधि *(सं.स्त्री.)* मानसिक व्यथा, चिन्ता, अधिष्ठान।
उपाधि *(सं.पुं.)* विशेषण, जाति, वंश इत्यादि को बतलानेवाले शब्द, उपद्रव, उत्पात।
समाधि *(सं.पुं.)* समर्थन, नियम, योग, ध्यान, एकाग्रता।
व्याधि *(सं.स्त्री.)* रोग, पीड़ा, आपत्ति।
निर्व्याधि *(सं.वि.)* व्याधिमुक्त, आरोग्य।
वातव्याधि *(सं.पुं.)* गठिया रोग।
निराधि *(सं.वि.)* रोग-रहित।
निधि *(सं.पुं.)* समुद्र, आधार।
विधि *(सं.स्त्री.)* काम करने की रीति।
प्रणिधि *(सं.पुं.)* प्रार्थना, विनती, भेदिया।
सिद्धि *(सं.स्त्री.)* निबटारा, भाग्योदय, मुक्ति, सफलता, प्रवीणता, कौशल, भाँग, पूर्णता।
वाक्यसिद्धि *(सं.पुं.)* वाणी की सिद्धि, ऐसी सिद्धि या शक्ति आ जाना कि जो बात मुख से निकले वह सच्ची घट जाए।
सन्निधि *(सं.स्त्री.)* समीपता, निकटता।
बननिधि *(सं.पुं.)* समुद्र।
आपनिधि *(हिं.पुं.)* समुद्र, जलनिधि।
वारनिधि *(सं.पुं.)* समुद्र।
जलनिधि *(सं.पुं.)* समुद्र।
निधान, करूणानिधि *(सं.वि.)* बड़ा दयालु।
सुधानिधि *(सं.पुं.)* चन्द्रमा, समुद्र।
कृपानिधि *(सं.पुं.)* अति दयावान्।
प्रतिनिधि *(सं.पुं.)* किसी दूसरे की ओर से कोई काम करने के लिए नियुक्त पुरुष।
परिधि *(सं.पुं.)* रेखा गणित में वह रेखा जो किसी वृत्त के चारों ओर खींची जाती है, घेरा, कक्षा।
वारिनाथ, वारिधि *(सं.पुं.)* जलनिधि, समुद्र।
नियोगविधि *(सं.पुं.)* किसी को किसी कार्य में नियुक्त करने की विधि।
नवविधि *(सं.वि.)* नव प्रकार की।

निषेधविधि *(सं.पुं.)* वह आज्ञा जिसके द्वारा किसी बात का निषेध किया जाए।
यथाविधि *(सं.अव्य.)* विधिपूर्वक।
प्रसिद्धि *(सं.स्त्री.)* ख्याति, सिंगार।
अष्टसिद्धि *(सं.स्त्री.)* आठ प्रकार की सिद्धि।
बुद्धि *(सं.स्त्री.)* मन की वह शक्ति जिसके अनुसार मनुष्य किसी उपस्थित विषय के संबंध में ठीक-ठाक विचार या निर्णय करता है, ज्ञान।
शुद्धि *(सं.स्त्री.)* स्वच्छता।
सुद्धि *(सं.स्त्री.)* देखो शुद्धि।
अबुद्धि *(सं.स्त्री.)* ज्ञान का अभाव; *(वि.)* बुद्धिहीन।
लड़कबुद्धि *(हिं.स्त्री.)* बालकों के समान बुद्धि।
नष्टबुद्धि *(सं.वि.)* बुद्धिहीन, मूढ़, मूर्ख।
प्राप्तबुद्धि *(सं.वि.)* बुद्धिमान्, चतुर।
मुग्धबुद्धि *(सं.वि.)* भ्रान्तबुद्धि।
मन्दबुद्धि *(सं.वि.)* अल्पबुद्धि।
हीनबुद्धि *(सं.वि.)* जड़, मूर्ख।
धर्मबुद्धि *(सं.स्त्री.)* धर्मवान्, भले-बुरे का विचार।
दुर्बुद्धि *(सं.स्त्री.)* दुर्मति, कुबुद्धि; *(वि.)* मन्द बुद्धिवाला, दुष्ट।
स्थिरबुद्धि *(सं.वि.)* दृढ़चित्त।
बालबुद्धि *(सं.स्त्री.)* बालकों के समान बुद्धि।
महाबुद्धि *(सं.वि.)* तीव्र बुद्धिवाला।
निर्बुद्धि *(सं.वि.)* बुद्धिहीन, मूर्ख।
कुबुद्धि *(सं.वि.)* मन्दबुद्धि, मूर्ख।
सुबुद्धि *(सं.वि.)* बुद्धिमान्; *(स्त्री.)* उत्तम बुद्धि।
अशुद्धि *(सं.स्त्री.)* दोष।
मुखशुद्धि *(सं.स्त्री.)* मंजन या दतुअन आदि की सहायता से मुँह स्वच्छ करना, भोजन के उपरान्त पान सुपारी आदि खाकर मुख को शुद्ध करना।
दन्तशुद्ध *(सं.स्त्री.)* दाँतों की स्वच्छता।
अम्बुधि, अम्बुनिधि *(सं.पुं.)* समुद्र।
औधि *(हिं.स्त्री.)* देखो अदधि।
सुगन्धि *(सं.पुं.)* सुगन्ध, अच्छी महक।
सन्धि *(सं.पुं.)* आपस का मिलना, एक राजा का दूसरे विपक्षी राजा के साथ विशेष नियम से आबद्ध होकर मिलना, शरीर की हड्डियों का जोड़, संयोग, व्याकरण में दो वर्णों के स्वरों का मिला हुआ रूप।
पंचसन्धि *(सं.स्त्री.)* व्याकरण में सन्धि के पाँच भेद।
पर्वसन्धि *(सं.पुं.)* घुटने पर का जोड़।
अभिसन्धि *(सं.पुं.)* देखो अभिसन्धान।
अभिसंधि *(सं.स्त्री.)* वचना, षड्यन्त्र।
धी *(सं.स्त्री.)* बुद्धि, ज्ञान, मन, कर्म; *(हिं.स्त्री.)* लड़की, बेटी।
मागधी *(सं.स्त्री.)* मगध देश की प्राचीन भाषा।
अर्धमागधी *(सं.स्त्री.)* प्राकृत भाषा जो प्राचीन समय में मथुरा और पटना के बीच में बोली जाती थी।
मृदधी *(सं.वि.)* मन्दबुद्धि, जड़।
स्थितधी *(सं.वि.)* जिसका चित्त सर्वदा स्थिर रहे।
बधी (हिं स्त्री.) डोरी, रस्सी।
पापधी *(सं.वि.)* पापमति, मन्दबुद्धि।
पधी *(सं.वि.)* स्पर्धा करनेवाला।
प्रतिस्पर्धी *(सं.वि.)* विद्रोही।
लमधी *(हिं.पुं.)* समधी का पिता।
समधी *(हिं.पुं.)* पुत्र या कन्या का ससुर।
प्रधी *(सं.स्त्री.)* तीव्र बुद्धि।
सहस्त्रधी *(सं.वि.)* बड़ा चतुर।
पारधी *(हिं.पुं.)* बहेलिया, व्याघ्र।
आधी *(हिं.स्त्री.)* देखो आधा।
उपाधी *(सं.वि.)* उत्पाती, ऊधम मचानेवाला।
सिन्धी *(हिं.स्त्री.)* सिन्ध देश की भाषा।
दीधी *(हिं.स्त्री.)* तालाब, पोखरी।
मुद्धी *(हिं.स्त्री.)* सरकनेवाली गाँठ।
कुधी *(सं.वि.)* निर्बोध, निर्लज्ज।
सुधी *(सं.पुं.)* पण्डित, विद्वान।
बेसुधी *(हिं.स्त्री.)* अचेत अवस्था।
वेधी *(हिं.वि.)* वेधनेवाला, छेदनेवाला।
शब्दवेधी *(सं.पुं.)* वह मनुष्य जो आँखों से बिना देखे हुए केवल शब्द से दिशा का ज्ञान करके किसी व्यक्ति या वस्तु को बाण से मारता है।
शीघ्रवेधी *(सं.पुं.)* शीघ्रता से बाण चलानेवाला।
दूरवेधी *(सं.पुं.)* वह जो दूर से लक्ष्य लगाता हो।
निषेधी *(सं.वि.)* निषेध करनेवाला।
रोधी *(सं.वि.)* रोकनेवाला।
क्रोधी *(सं.वि.)* थोड़े में क्रुद्ध होनेवाला।
निरोधी *(सं.वि.)* रोकनेवाला।
विरोधी (हिं.वि.) विरोध करनेवाला, विपक्षी, शत्रु।
विशोधी *(सं.वि.)* अच्छी तरह से शुद्ध करनेवाला।
रतौंधी *(हिं.स्त्री.)* आँख का वह रोग जिसमें रोगी को रात के समय कुछ दिखाई नहीं पड़ता।
दिनौंधी *(हिं.स्त्री.)* आँख का वह रोग जिसमें सूर्य के तीव्र प्रकाश में अच्छी तरह नहीं दिखाई पड़ता।
रसौंधी *(हिं.स्त्री.)* एक प्रकार की रबड़ी जो सुगन्धित और लच्छेदार होती है।
गंधी *(हिं.पुं.)* इत्र और सुगन्धित तेल बेचनेवाला।
दुर्गन्धी *(सं.वि.)* जिसकी गन्ध बुरी हो।
रिनबंधी *(हिं.पुं.)* ऋणी।
संबंधी *(सं.पुं.)* नातेदार।
सरबंधी *(हिं.पुं.)* देखो संबंधी।
हितानुबन्धी *(हिं.वि.)* भलाई चाहने वाला।

धु *(हिं.स्त्री.)* कँपकँपी।
मधु *(सं.पुं.)* मद्य, जल, दूध, मकरन्द, मीठा रस; *(वि.)* मीठा, स्वादिष्ट।
बिआधु *(हिं.पुं.)* देखो व्याध।
साधु *(सं.पुं.)* सज्जन, धार्मिक; *(वि.)* योग्य, निपुण, उचित, उत्तम।
असाधु *(सं.वि.)* दुर्जन, अशिष्ट।
विधु *(सं.पुं.)* चन्द्रमा, विधुमिया-*(सं.स्त्री.)* कुमुदिनी।
बालविधु *(सं.पुं.)* अमावस्या के बाद के दिन का नवीन चन्द्रमा।
बन्धु *(सं.पुं.)* बान्धव, भाई।
दीनबन्धु *(सं.पुं.)* वह जो दुखियों की सहायता करता है, ईश्वर का एक नाम।
दायबन्धु *(सं.पुं.)* भ्राता, भाई।
सुबन्धु *(सं.पुं.)* अच्छा मित्र।
निर्बन्धु *(सं.वि.)* बन्धुरहित, बन्धुहीन।
सिन्धु *(सं.पुं.)* समुद्र, सागर, सिन्ध प्रदेश।
गुरसिन्धु *(सं.पुं.)* गंगा।
कृपासिन्धु *(सं.पुं.)* दयासागर।
पंचासिन्धु *(सं.पुं.)* अमृत-समुद्र।

(न–अन्तक शब्द)

न–*(सं.अव्य.)* निषेधसूचक शब्द, मत, नहीं, था नहीं, कि नहीं।
अन *(सं.अव्य.)* निषेधसूचक शब्द।
कन *(हि. क्रि. वि.)* निकट, पास, ओर।
कन *(हि.पुं.)* कम, बहुत छोटा टुकड़ा, अन्न के दाने का टुकड़ा, बंद, चावल की धूल, कन्ना, यौगिक शब्दों में 'कन' है 'कर्ण' शब्द का बोध होता है, यथा कनटीप इत्यादि।
खन *(हि.पुं.)* क्षण, खण्ड (घर का), रुपए का शब्द।
गन *(हि.पुं.)* देखो गण।
घन *(सं.पुं.)* मेघ, समूह, विस्तार, लुहार का गरम लोहा पीटने का बड़ा हथौड़ा, काँसे का बाजा, पिण्ड, शरीर, तीन अंकों का गुणनफल, लम्बाई, चौड़ाई और मोटाई का विस्तार, *(वि.)* ठोस, घना, गझिन, अधिक।
छन *(हि.पुं.)* देखो क्षण।
जन *(सं.पुं.)* लोग, समूह, समुदाय, प्रजा, अनुयायी।
झन *(हि.स्त्री.)* किसी धातु खण्ड के आघात से उत्पन्न शब्द।
झन *(हि.स्त्री.)* झनकार, टनकार।
टन *(हि.स्त्री.)* धातु के किसी पदार्थ पर आघात का शब्द
तन शरीर।
थन *(हि.पुं.)* चौपायों का स्तन।
दन तुरन्त, एकदम।
धन *(सं.पुं.)* द्रव्य, सम्पत्ति, अति प्रिय वस्तु, पूंजी, गणित में जोड़ का चिह्न (+); *(हि.वि.)* देखो धन्य।
पन *(हि.पुं.)* संकल्प, प्रतिज्ञा।
फन *(हि.पुं.)* साँप का फैलाया हुआ सिर, फण।
वन *(हि.पुं.)* जंगल, अरण्य।
भन भनक, रनबर।
मन *(सं.पुं.)* अन्तःकरण, इच्छा; *(हि.पुं.)* चालीस सेर की तौल।
रन *(हि.पुं.)* रण, युद्ध, लड़ाई, वन।
वन *(सं.पुं.)* जंगल, राशि, किरण, फूलों का गुच्छा।
शन् *(हि.अव्य.)* थोड़ा-थोड़ा, धीरे-धीरे।
सन *(हि.पुं.)* एक प्रसिद्ध पौधे की छाल जिससे दृढ़ रस्सियाँ बनाई जाती हैं।
क्षन *(हि.पुं.)* धातुखण्ड के परस्पर टकराने से उत्पन्न शब्द।
व्रन *(सं.वि.)* पीड़ित, घाव लगा हुआ; *(पुं.)* दुःख, पीड़ा, घाव, व्रण, फोड़ा।
दतुअन, दतुवन *(हि.स्त्री.)* बबूल, नीम आदि की पतली टहनी, दाँत स्वच्छ करने की क्रिया।
दतौंन *(हि.स्त्री.)* देखो दतुवन।
भुअन *(हि.पुं.)* देखो भुवन।
सुअन *(हि.पुं.)* पुत्र, बेटा, देखो सुमन।
गलसुअन *(हिह.पुं.)* गाल के नीचे का भाग, सूजने का एक रोग।
गेहुअन *(हि.पुं.)* एक बड़ा विषैला भूरे रंग का सर्प, कृष्ण सर्प।
चिक्कन *(हि.वि.)* चिक्कण, चिकना।
षड़कन *(हि.स्त्री.)* हृदय का स्पन्दन।
फड़क, फड़कन *(हि.स्त्री.)* फड़फड़ाहट, फड़कन, उत्सुकता, लालसा।
उचकन *(हि.पुं.)* आड़, टेक, उठगन।
चटकन *(हि.पुं.)* टूटने-फूटने का शब्द।
पटकन *(हि.स्त्री.)* पटकने की क्रिया या भाव, चपत, तमाचा, छोटा डंडा या छड़ी।
फटकन *(हि.स्त्री.)* अन्न की भूसी आदि जो फटककर निकाली जाए।
लटकन *(हि.पुं.)* नीचे की ओर लटकाने की क्रिया या भाव, लगे हुए रत्नों का गुच्छा, नाक में पहनने का झुमका, एक वृक्ष जिसके फूलों से लाल रंग निकलता है।
हटकन *(हि.स्त्री.)* चौपायों के हाँकने की छड़ी।
तकन *(हि.स्त्री.)* ताकने की क्रिया, दृष्टि।
चपकन *(हि.स्त्री.)* अंगा, अंगरखा, किवाड़ या संदूक में ताला बन्द करने की कड़ी।
थपकन *(हि.पुं.)* वह आघात जो प्रेम से किसी के शरीर पर किया जाए।
फरकन *(हि.पुं)* फड़कने का भाव या क्रिया।

छलकन *(हि.स्त्री.)* छलकने की क्रिया।
दलकन *(हि.पुं)* दलकन की क्रिया।
उसकन *(हि.पुं)* उबसन, पात्र माँजने का घास-पात का मुट्ठा, उभाड़।
दहकन *(हि.स्त्री)* दाह।
टीकन *(हि.पुं)* टाँड़, खंभा।
टेकन *(हि.क्रि.)* अटक, रोक, चाँड़।
ढोंकन *(सं.पुं.)* उत्कोच, घूस।
सिंहावलोकन *(सं.पुं.)* आगे बढ़ने के पहिले पिछली बातों को संक्षेप में कहना।
टंकन *(हि.पुं.)* देखो ढक्कन।
मक्खन *(हि.पुं.)* गाय या भैंस के दूध का वह सार भाग जो दूध या दही को मथने से प्राप्त होता है जिसको तपाने से घी बनता है।
मखन *(हि.पुं.)* देखो मक्खन।
लखन *(हि.पुं.)* लक्ष्मण; *(हि.स्त्री.)* लखन या देखने की क्रिया या भाव।
आखन *(हि.क्रि.वि.)* क्षणक्षण, बारबार।
माखन *(हि.पुं.)* मक्खन, नवनीत।
परिखन *(हि.वि.)* रक्षक, रखवाली करनेवाला।
लिखन *(सं.पुं.)* लिपि, लिखावट।
तीखन *(हि.वि.)* देखो तीक्ष्ण।
भीखन *(हि.वि.)* विकराल, भीषण।
सीखन *(हि.स्त्री.)* शिक्षा।
डूखन *(हि.पुं.)* दोष।
पूखन *(सं.पुं.)* सुपारी का वृक्ष या फल।
भूखन *(हि.पुं.)* देखो भूषण।
अभूखन *(हि.पुं.)* आभूषण।
लेखन *(स.पुं.)* लिखने का कार्य, चित्र।
अमूल्लेखन *(सं.पुं.)* खनना, खोदना, छीलना।
परिलेखन *(सं.पुं.)* किसी वस्तु के चारों ओर रेखा खींचना।
फरकन *(हि.पुं)* फड़कने का भाव या क्रिया।
प्राणघ्न *(सं.वि.)* प्राण लेनेवाला।
कृतघ्न *(सं.वि.)* पहिले किए हुए उपकार को भूल जानेवाला।
पापघ्न *(सं.वि.)* पापनाशक।
मलघ्न *(सं.वि.)* मलनाशक।
मर्मघ्न *(सं.वि.)* मर्मघातक।
ब्रह्मघ्न *(सं.विं.)* ब्राह्मण को मारने वाला।
लोमघ्न *(सं.वि.)* लोमनाशक।
ज्वरघ्न *(सं.वि.)* ज्वरनाशक।
कुलघ्न *(सं.वि.)* वंशनाशक।
विषघ्न *(सं.वि.)* विष नाश करनेवाला।
दोषघ्न *(हिं.वि.)* कुपित दोषों को शान्त करनेवाली।
दाहघ्न *(सं. पु.)* शरीर की जलन मिटानेवाली औषधि।
मित्रघ्न विश्वासघातक।
निघ्न *(सं.वि.)* घायल, निर्भर, (गणित) गुणा किया हुआ।
विनिघ्न *(सं.वि.)* गुणा किया हुआ।
विघ्न *(सं. पु.)* बाधा, अड़चन।
अमोघ्न *(सं.वि.)* अन्धकार का नाश करनेवाला; *(पुं.)* सूर्य, चन्द्रमा।
अघन *(हि.वि.)* जो गाढ़ा न हो।
वर्गघन *(सं. पु.)* किसी वर्ग राशि का घनफल।
जघन *(सं. पु.)* नितंब, चूतड़।
प्रधन *(सं. पु.)* युद्ध, लड़ाई।
सघन *(सं.वि.)* अविरल, घना, ठोस।
विघन *(हिं. पु.)* देखो विघ्न।
लंघन *(सं. पु.)* अनाहार, उपवास।
परिलंघन *(सं. पु.)* फलाँग मारना।
उल्लंघन *(सं. पु.)* अतिक्रमण, लाँघना, डाकना।
निगड़न *(सं.पुं.)* सिकड़ी से बाँधने का काम।
झड़न *(हि.स्त्री.)* झड़ने की क्रिया या भाव, झड़ी हुई वस्तु।
झड़ना *(सं.क्रि.)* कण या बिन्दु रूप से गिरना।
सड़न (हिं.स्त्री.) सड़ने का भाव या क्रिया।
ताड़न *(सं.पुं.)* आघात, प्रहार, शासन, दण्ड, डाँट-डपट, घुड़की।
फाड़न *(सं. पु.)* कागज या कपड़े का फाड़कर निकाला हुआ भाग, दही के ताजे मक्खन की छाछ।
झाड़न (हिं.स्त्री.) धूल इत्यादि हटाने का कपड़ा, झाड़ू देने पर निकली हुई वस्तु।
पीड़न *(सं. पु.)* दुःख देना, दबाने की क्रिया, नाश, लोप।
उत्पीड़न कष्ट देना।
प्रपीड़न *(सं. पु.)* अधिक कष्ट देना।
पाणिपीड़न *(सं. पु.)* पाणिग्रहण, विवाह।
क्रीड़न *(सं. पु.)* क्रीड़ा।
उड़न (हिं.स्त्री.) उड़ान, उड़ने का कार्य।
(उड़नखटोला) *(हि.पुं.)* वायुयान।
(उड़नगोला) *(हि.पुं.)* उड़ने वाला गोला, धूरगोला।
सिकुड़न *(हिं.स्त्री.)* किसी वस्तु का सिकुड़कर थोड़े स्थान में होना।
बिछुड़न *(हिं.स्त्री.)* बिछुड़ने या अलग होने का भाव, वियोग।
ओड़न *(हिं.स्त्री.)* अवरोध, रुकाव।
जोड़न *(हिं. पु.)* जामन जो दही जमाने के लिए दूध में डाला जाता है।
तोड़न *(सं. पु.)* चीरने का काम, मारने का काम।
मुंडन *(हिं. पु.)* मुण्डन, चूड़ाकरण।
अड़चन *(हिं.स्त्री.)* विघ्न, बाधा।
ओनचन *(हिं.स्त्री.)* खटिया के पायताने में कसने की रस्सी, अदवायन।

पचन *(सं. पु.)* पकने या पकाने की क्रिया; *(वि.)* पकानेवाला।
अर्चन *(सं. पु.)* पूजन, पूजा, सत्कार।
रचन *(सं. पु.)* निर्माण।
अरचन *(हिं. पु.)* देखो अर्चन।
परचन *(हि.स्त्री.)* जान-पहचान।
विरचन *(सं. पु.)* निर्माण।
खुरचन *(हि.पुं.)* खुरचकर निकाली हुई वस्तु।
लचन *(हि.स्त्री.)* देखो लचक।
वचन *(सं. पु.)* मुख से निकला हुआ सार्थक शब्द, वाक्य, वाणी, मात्रा उक्ति, व्याकरण में शब्द का वह विधान जिससे एक या अनेक अर्थ का बोध होता है।
एकवचन *(सं. पु.)* एक व्यक्ति का बोध करने वाला व्याकरण का वचन।
लोकवचन *(सं. पु.)* जनप्रवाद।
प्रतिवचन *(सं. पु.)* उत्तर, विरुद्ध वाक्य।
प्रतीपवचन *(सं. पु.)* प्रतिकूल वाक्य, खण्डन।
मर्मवचन *(सं. पु.)* मर्मभेदी बात।
प्रियवचन *(सं. पु.)* प्रिय वाक्य, मधुर वचन।
प्रवचन *(सं. पु.)* किसी वाक्य की व्याख्या।
निर्वचन *(सं.वि.)* मौन।
दुर्वच, दुर्वचन *(सं. पु.)* कटु वचन, गाली गलौज।
द्विवचन *(सं. पु.)* संस्कृत व्याकरण में किसी विभक्ति का वह रूप जो दो व्यक्ति के लिए प्रयोग किया जाता है।
बहुवचन *(सं. पु.)* व्याकरण की एक परिभाषा जिसमें एक से अधिक वस्तुओं के होने का बोध होता है।
गणन *(हिं. पु.)* अंकित करने, जोड़ने या बाँधने की क्रिया।
कदाचन *(हि.अव्य.)* कदाचित्, कभी।
पाचन *(सं. पु.)* दोष को पचानेवाली औषधि।
याचन *(सं. पु.)* याचा, प्रार्थना।
वाचन *(सं. पु.)* उच्चारण करना, पड़ना, बाँचना।
निर्वाचन *(सं. पु.)* किसी मुख्य कार्य के लिए अनेक व्यक्तियों में से एक या अधिक को चुन लेना।
पुण्याहवाचन *(सं. पु.)* देवादि कर्म से मंगल के निमित्त 'पुण्याह' इस शब्द का तीन बार उच्चारण।
स्वस्तिवाचन *(सं. पु.)* मांगलिक कार्यों के आरंभ में किया जानेवाला एक प्रकार का धार्मिक कृत्य।
अधिवाचन *(सं. पु.)* निर्वाचन, चुनाव।
टिचन *(हि.वि.)* प्रस्तुत, उद्यत।
बगुचन *(हि.स्त्री.)* असमंजस, कठिनता।
रेचन *(सं. पु.)* कोष्ठ-शुद्धि।
विरेचन *(सं. पु.)* शौच लानेवाली औषधी।
विवेचन *(सं. पु.)* परीक्षा, जाँच, निर्णय, अनुसंधान।
निषेचन *(सं. पु.)* सींचना, भिगाना।
सेचन *(सं. पु.)* सिंचाई, छिड़काव।
अवसेचन *(सं. पु.)* सब दिशाओं में सिंचाई, पसीजना, पसीना निकलना।
दोचन *(हि.स्त्री.)* दुविधा, असमंजस।
मोचन *(सं. पु.)* मोक्ष।
प्रतिमोचन *(सं. पु.)* बन्धन से मुक्त करना।
विमोचन *(सं. पु.)* बन्धन खोलना।
मरोचन *(सं. पु.)* रूचि दिलाना, उत्तेजित करना, मोहित करना।
गोरोचन *(सं. पु.)* एक प्रकार का पीला द्रव्य जो गौ के पित्त में से निकलता है।
लोचन *(सं. पु.)* आँख, नेत्र।
लोकलोचन *(सं. पु.)* सूर्य।
दीर्घलोचन *(सं.वि.)* बड़ी-बड़ी आँखोंवाला
राजीवलोचन *(सं.वि.)* कमल के समान आँखोंवाला
वंशलोचन *(सं. पु.)* बंसलोचन।
आलोचन *(सं. पु.)* दर्शन, विवेक।
समालोचन *(सं. पु.)* गुण-दोष की अच्छी तरह से आलोचना।
समालोचना *(सं.स्त्री.)* गुण-दोष की विवेचना, आलोचना।
पर्यालोचन *(सं. पु.)* अनुशीलन।
विलोचन *(हि.पुं.)* नयन, नेत्र, आँख।
त्रिलोचन *(सं. पु.)* शिव, महादेव।
सुलोचन *(सं.वि.)* सुन्दर आँखोंवाला।
गोलोचन *(हि.पुं.)* देखो गोरोचन।
बंचन *(हि.पुं.)* छल, धूर्तता।
कांचन *(सं. पु.)* सुवर्ण, सोना, केशर, धन, चमक।
किंचन *(सं.अव्य.)* अल्प, थोड़ा।
अकिंचन *(सं.वि.)* जिसके पास कुछ भी न हो, अति दरिद्र, कंगाल।
सिंचन *(सं. पु.)* सींचना।
उंचन *(हि.पुं.)* उदंचन, खाट की बिनावट कसने की डोरी, अदवाइन।
आकुंचन *(सं. पु.)* संकोचना, संचय।
लूंचन *(सं. पु.)* उखाड़ना, नोचना।
अवच्छन *(हि.वि.)* देखो विचक्षण।
लच्छन *(हि.पुं.)* देखो लक्षण।
विलच्छन *(हि.वि.)* देखो विलक्षण।
कुलच्छन *(हि.स्त्री.)* देखो कुलक्षण।
मूर्छन *(सं.स्त्री.)* अचेत स्थिति।
अपरछन *(हि.वि.)* जो ढका या छिपा न हो।
लछन *(हि.पुं.)* देखो लक्षण।
परिछन *(हि.पुं.)* देखो परछन।
पोंछन *(हि.पुं.)* किसी वस्तु को पोंछकर निकाला हुआ अंश।
लांछन *(हि.पुं.)* देखो लान्छन।

लान्छन *(सं. पु.)* चिह्न, दोष, कलंक।
भृगलांछन *(सं. पु.)* चन्द्रमा।
हरिणलांछन *(सं. पु.)* चन्द्रमा।
अजन *(हि.वि.)* अज्ञात, अपरिचित, *(पु.)* अज्ञानता।
वणिकजन *(सं. पु.)* बनिया।
दुष्टजन *(सं. पु.)* नीच, पापी पुरुष।
मज्जन *(सं. पु.)* स्नान, नहाना।
निभज्जन *(सं. पु.)* छावगाहत।
सज्जन *(सं. पु.)* सत्पुरुष, भला आदमी, अच्छे कुल का मनुष्य।
असज्जन *(सं.वि.)* दुर्जन, दुष्ट, खल।
इष्टजन *(सं. पु.)* प्रिय व्यक्ति।
तजन *(हि.पुं.)* त्याग, परित्याग की क्रिया।
उदजन अंग्रेजी हाइड्रोजन के लिए पर्याय।
सिद्धजन *(सं. पु.)* सिद्ध मनुष्य।
भजन *(सं. पु.)* सेवा, पूजा।
यजन *(सं. पु.)* यज्ञ करना।
त्यजन *(सं. पु.)* त्याग, छोड़ने का काम।
प्रियजन *(सं. पु.)* प्रिय व्यक्ति।
व्यजन *(सं. पु.)* हवा करने का पंखा, वन।
अर्जन *(सं. पु.)* उपार्जन, धरोहर।
गर्जन *(सं. पु.)* गरज, क्रोध, रोष।
प्रगर्जन *(सं. पु.)* अति भयंकर शब्द।
तर्जन *(सं. पु.)* तिरस्कार, फटकार।
दर्जन *(हिं. पु.)* बारह वस्तु का समूह।
भर्जन *(सं. पु.)* भुना हुआ अन्न।
तर्जन *(सं. पु.)* त्याग।
परिवर्जन *(सं. पु.)* परित्याग, मारण।
सर्वजन *(सं. पु.)* सब लोग।
(सर्वजनता) *(सं.स्त्री.)* सामान्य लोग।
बिवर्जन *(सं. पु.)* परित्याग, उपेक्षा।
सर्जन *(सं. पु.)* विसर्जन त्याग।
बिसर्जन *(सं. पु.)* परित्याग, बिदाई, अन्तिम उपचार, समाप्ति।
उपार्जन *(सं. पु.)* कमाई, लाभ, वाणिज्यादि से लाभ।
मार्जन *(सं. पु.)* स्वच्छ करने का काम।
परिमार्जन *(सं. पु.)* परिशोधन, मार्जन।
निमर्जन *(सं.वि.)* जन शून्य (स्थान), सुनसान।
दुर्जन *(सं. पु.)* दुष्ट मनुष्य।
विस्फूर्जन *(सं. पु.)* किसी पदार्थ का फैलना या बढ़ना।
पूरजन *(हिं. पु.)* बारह का समूह।
विप्रजन *(सं. पु.)* ब्राह्मण, पुरोहित।
परजन *(हिं. पु.)* देखो परिजन।
बरजन *(हिं.क्रि.)* मना करना, रोकना।
वजन *(सं. पु.)* गमन, चलना, जाना।
प्रब्रअन *(सं. पु.)* संन्यास।
सृजन *(हि.पुं.)* सृष्टि करने की क्रिया।
दुरजन *(हि.वि.)* दुर्जन, दुष्ट।
पुरचन *(हि.पुं.)* नागरिक।
सुरजन *(सं.पुं.)* देवताओं का समूह, सज्जन, चतुर।
बारजन *(हि.पुं.)* देखो मार्जन।
पौरजन *(सं. पु.)* नगर में रहनेवाला।
स्वजन *(सं. पु.)* संबंधी, आत्मीय जन।
देवजन *(सं. पु.)* देवताओं के सदृश मनुष्य, गन्धर्व।
वाजन *(हि.स्त्री.)* जलन।
वाजना (हि. क्रि.) दाह करना, जलाना।
आजन *(हि.पुं.)* देखो अंजन।
बाजन *(हि.पुं.)* देखो बाजा।
बाजना (हि. क्रि.) बाज आदि का बजना, लड़ना, भिड़ना।
भाजन *(सं. पु.)* आधार, पात्र, बरतन, योग्य।
जलभाजन *(सं. पु.)* पानी रखने का पात्र।
विभाजन *(सं. पु.)* भाग करने या बाँटने की क्रिया।
याजन *(सं. पु.)* यज्ञ की क्रिया।
नीरांजन *(सं. पु.)* दीपदान, आरती।
सेवाजन भृत्य।
(सेवाटहल) *(हि.पुं.)* परिचर्चा, शुश्रूषा।
साजन *(हि.पुं.)* स्वामी, पति, प्रेमी।
महाजन *(सं. पु.)* साधु, श्रेष्ठ पुरुष, धनी, कोठीवाला।
अतिजन *(सं.वि.)* निर्जन, जनशून्य।
निजन *(हि.वि.)* देखो निर्जन।
बिजन *(हि.पुं.)* देखो व्यंजन।
परिजन *(सं. पु.)* परिवार, आश्रित वर्ग।
हरिजन *(सं. पु.)* ईश्वर का भक्त, अछूत।
विजन *(सं.वि.)* जनशून्य, एकान्त।
विजनता *(सं.स्त्री.)* एकान्तता।
पीजन *(हि.पुं.)* ऊन धुनने की धुनका।
चीजन *(सं. पु.)* व्यंजन, पंखा।
कुजन *(हि.स्त्री.)* बुरा काल, अति काल।
बन्धुजन *(सं. पु.)* आत्मीय, कुटुम्ब। गुरुजन *(पु.)* आदरणीय मनुष्य।
सुजन *(सं. पु.)* सज्जन, भद्रपुरुष।
कूजन *(सं. पु.)* चिड़ियों की बोली।
विकूजन *(सं. पु.)* वेग से शब्द करना।
बधूजन नारी, स्त्री।
पूजन *(हि.वि.)* पूजा, अर्चना, देवता की वन्दना।
मातृपूजन *(सं. पु.)* माता की पूजा।
सुजन *(हि.स्त्री.)* शोथ, फुलाव।
भोजन *(सं. पु.)* भक्षण, भोजन की सामग्री।
सम्भोजन *(सं. पु.)* एक साथ बैटकर भोजन।
लघुभोजन *(सं. पु.)* हलका भोजन।

योजन *(सं. पु.)* एक में मिलाने की क्रिया या भाव, संयोग, मिलान, लीलावती के अनुसार बत्तीस हजार हाथ की दूरी।
आयोजन *(सं. पु.)* वियोग।
प्रयोजन *(सं. पु.)* हेतु, कार्य कारण, व्यवहार, उपयोग।
निष्प्रयोजन *(सं.वि.)* निरर्थक, व्यर्थ।
आयोजन *(सं. पु.)* प्रबंध, नियुक्ति, उद्योग।
नियोजन *(सं. पु.)* नियोग, प्रेरणा।
वियोजन *(सं. पु.)* बाकी निकालना।
संयोजन *(सं. पु.)* जोड़ने या मिलाने की क्रिया।
परोजन *(हि.पुं.)* देखो प्रयोजन।
पिरोजन *(हि.पुं.)* देखो प्रयोजन।
अधीरंजन *(हि.स्त्री.)* व्यग्रता, घबड़ाहट।
खन्जन *(सं. पु.)* खंजन पक्षी, चिड़रिच।
मंजन *(सं. पु.)* निन्दा, तिरस्कार।
भंजन *(हिं. पु.)* तोड़ने का काम।
भंजन *(सं. पु.)* नाश, ध्वंस।
प्रभंजन *(सं. पु.)* तोड़-फोड़, विनाश।
भवभंजन *(सं. पु.)* संसार का नाश करनेवाला, काल, परमेश्वर।
अभ्यंजन *(सं. पु.)* तेल का मर्दन, आँखों में सुरमा या काजल लगाना, आभूषण।
व्यंजन *(सं. पु.)* तरकारी, शाक आदि जो रोटी दाल चावल के साथ खाया जाता है, पकाया हुआ भोजन, वर्णमाला के वे अक्षर जो बिना स्वर की सहायता के उच्चारण नहीं किए जा सकते।
व्यक्ति, व्यंजन *(हिं. पु.)* देखो व्यक्ति, व्यंजन।
लोकरंजन *(सं. पु.)* जनता को प्रसन्न करनेवाला।
मनरंज, मनरंजन *(हिं.वि.)* चित्त को प्रसन्न करनेवाला।
नेत्ररंजन *(सं. पु.)* कज्जल, काजल।
नयनांजन *(सं. पु.)* काजल, सुरमा।
निरंजन *(सं.वि.)* काजल-रहित।
अनुरंजन *(सं. पु.)* राग, प्रेम, प्यार।
मनोरंजन *(सं. पु.)* चित्त को प्रसन्न करने की क्रिया।
नीरांजन *(सं. पु.)* दीपदान, आरती।
पिंजन *(सं. पु.)* धुनिये की कमान।
पिंजन *(हि.पुं.)* रूई धुनना।
झनझंन *(हि.स्त्री.)* झनकार, झनक शब्द।
सुरझन *(हि.स्त्री.)* देखो सुलझन।
सुलझन *(हि.स्त्री.)* सुलझाने की क्रिया या भाव।
झाँझड़ी, झाँझन *(हि.स्त्री.)* घुँघरूदार पैजनी, पायल।
बाझन *(हि.स्त्री.)* उलझन, बखेड़ा, झंझट।
बूझ, बूझन *(हि.स्त्री.)* बुद्धि, समझ, ज्ञान, पहेली।
झंझंन *(सं. पु.)* झनकार।
प्रकटन *(सं. पु.)* प्रकट होने की क्रिया।
परिजटन *(हि.पुं.)* देखो पर्यटन।
घटन *(सं. पु.)* योजना, सम्मेलन।
सद्घटन *(सं. पु.)* निर्माण।
उद्घटन *(सं. पु.)* आघात, रगड़।
विघटन *(सं. पु.)* तोड़ना, फोड़ना।
नटन *(सं. पु.)* नृत्य, नाच।
टनटन *(हि.स्त्री.)* घंटा बजने का शब्द।
भ्रमन *(सं. पु.)* भ्रमण, घूमना फिरना।
अपटन *(हिं. पु.)* उबटन।
उपटन *(हिं. पु.)* चिह्न, साट; देखो उबटन।
बटन *(हि.स्त्री.)* रस्सी आदि बटने या ऐंठने की क्रिया या भाव।
अबटन *(हिं. पु.)* देखो उबटन।
उबटन *(हिं. पु.)* अभ्यंग, अंगराग।
पर्यटन *(सं. पु.)* भ्रमण, घूमना, फिरना।
रटन *(सं. पु.)* कथन, कहना; *(हि.स्त्री.)* रटने की क्रिया या भाव।
उद्घाटन *(सं. पु.)* प्रकाशन, खोलाई।
पलटन *(हि.स्त्री.)* सेना का एक विभाग इसमें प्रायः दो सौ सैनिक रहते हैं, समूह, समुदाय, दल।
विचेष्टन *(सं. पु.)* इधन-उधर लोटना।
वेष्टन *(सं. पु.)* घेरने या लपेटने की क्रिया।
परिवेष्टन *(सं. पु.)* आच्छादन।
शिरोवेष्टन *(सं. पु.)* पगड़ी, मुरेठा।
उच्चाटन *(सं. पु.)* उखाड़, नोच-खसोट।
उचाटन *(हिं. पु.)* देखो उच्चाटन।
छाँटन *(हि.स्त्री.)* अलग की हुई बेकार वस्तु, कतरन।
तीर्थाटन *(सं. पु.)* तीर्थयात्रा, तीर्थसेवा।
टनाटन *(हि.स्त्री.)* निरन्तर घंटा बजने का शब्द।
वनाटन *(सं. पु.)* जंगल में घूमना।
पाटन *(हि.स्त्री.)* पाटने की क्रिया या भाव, पटाव।
मूलोत्पाटन *(सं. पु.)* जड़ से उखाड़ना।
निशाटन *(सं. पु.)* रात के समय में भ्रमण।
देशाटन *(सं.पुं.)* देश भ्रमण, अनेक देशों में यात्रा।
साटन *(हि.पुं.)* एक प्रकार का बढ़िया एक रूखा रेशमी कपड़ा।
पीटन *(हि.पुं.)* देखो पिटना।
फूटन *(हि.स्त्री.)* किसी वस्तु का वह टुकड़ा जो फटकर अलग हो गया हो, शरीर के जोड़ों की पीड़ा।
हड़फूटन *(हि.स्त्री.)* शरीर की भीतरी व्यथा, हड्डियों में पीड़ा।
विभेटन *(हि.पुं.)* गले लगाना।
ओटन *(हि.स्त्री.)* कपास के बिनौले अलग करने की चर्खी।
औटनं *(हि.स्त्री.)* गरम करने की स्थिति, उबाल। औटना-*(हि. क्रि.)* उबालना, गरम करके गाढ़ा करना।
स्फोटन *(सं. पु.)* विदारण, फाड़ना।

प्रस्फोटन *(सं. पु.)* सूप, किसी पदार्थ का एकाएक फूटना या खुलना, जिसमें भीतर का पदार्थ वेग से बाहर निकल आए।
विस्फोटन *(सं. पु.)* धड़ाके का शब्द।
लोटन *(हि.स्त्री.)* लपेट, ऐंठ, मरोड़, फँसाव।
भूलोटन *(हि.वि.)* पृथ्वी पर लोटने वाला।
गठन *(हि.स्त्री.)* बनावट।
अंगठन *(हि.पुं.)* अलग-अलग शक्तियों, लोगों या अंगों आदि को इस प्रकार एक में मिलाना कि उसमें नई शक्ति आ जाए, संख्या या संघ।
ठनठन *(हि.पुं.)* धातु-खण्ड के बजने का शब्द।
पठन *(सं. पु.)* अध्ययन, पड़ना।
ठनाठन *(हि.क्रि.वि.)* ठनठन शब्द करते हुए।
जूठन *(हि.स्त्री.)* उच्छिष्ट भोजन।
जूठ, जूंठन देखो जूठ, जूठा।
झूठन *(हि.स्त्री.)* देखो जूठन।
रूठ, रूठन *(हि.स्त्री.)* रूठने की क्रिया या भाव।
ऐंठन *(हि.स्त्री.)* पेंच, घुमाव, लपेट, खिंचाव, तनाव।
बेठन *(हि.पुं.)* कपड़े का टुकड़ा जो किसी वस्तु के लपेटने के काम में आता है, बँधना।
उमेठन *(हि.स्त्री.)* ऐंठन, बल, मरोड़।
बैठन *(हि.स्त्री.)* बैठने का ढंग, बैठक, आसन।
आकुण्ठन *(सं. पु.)* लज्जा।
विकुण्ठन *(सं. पु.)* दुर्बलता।
गुण्ठन *(सं. पु.)* आवरण, परदा, घेरा।
लुण्ठन *(सं. पु.)* लूटना, चुराना।
अड्डन *(सं. पु.)* ढाल।
खण्डन *(सं. पु.)* काट-छाँट, किसी सिद्धान्त को अप्रमाणित करने का काम, छेदन, चीर-फाड़ करना।
गंडन *(हि.स्त्री.)* गाड़ने का काम।
दण्डन *(सं. पु.)* दण्ड देने की क्रिया, शासन।
मंडन *(सं. पु.)* आभूषण, गहना, प्रमाण आदि द्वारा किसी मत को सिद्ध या पुष्ट करना।
विमण्डन *(सं. पु.)* आभूषण।
मण्डन *(सं. पु.)* क्षति, हानि।
मुण्डन *(सं. पु.)* सिर को उस्तरे से मुंडने की क्रिया।
मुंडन *(हि.पुं.)* सिर के बालों का मूंडा जाना।
गढ़न *(हि.स्त्री.)* आकृति, गठन, बनावट।
चढ़न *(हि.स्त्री.)* चढ़ने की क्रिया।
बढ़न *(हि.स्त्री.)* वृद्धि, बढ़ती।
अढ़न *(हि.स्त्री.)* शिक्षा, उपदेश, वार्ता।
कुढ़न *(हि.स्त्री.)* मन ही मन रहने वाला क्रोध या दुःख, जिद।
ओढ़न *(हि.स्त्री.)* ओढ़ने का वस्त्र।
विगणन *(सं.वि.)* हिसाब करना, लेखा करना।
भणन *(सं. पु.)* कथन, उक्ति।
वर्णन *(सं.स्त्री.)* गुणकथन, स्तुति, प्रशंसा।
रणन *(सं. पु.)* कोलाहल, शब्द।
गुणन *(पु.)* मन्त्रणा, अभ्यास, एक अंक को दूसरे से गुणा करना, गुणा, सोचना।
यत्न *(सं. पु.)* उद्योग, उपाय, उपचार।
प्रयत्न *(सं. पु.)* चेष्टा, प्रयास।
निष्प्रयत्न *(सं.वि.)* यत्नहीन।
सयत्न *(सं.वि.)* यत्न सहित।
रत्न *(सं. पु.)* खनिज पदार्थ या पत्थर, मणि, नगीना, वह जो अपने वर्ग या जाति में श्रेष्ठ हो।
पंचरत्न *(सं. पु.)* पाँच प्रकार के रत्न।
उपरत्न *(सं. पु.)* कम मूल्य के रत्न।
नवरत्न *(सं. पु.)* नौ प्रकार के रत्न।
पीतरत्न *(सं.वि.)* पीतमणि, पुखराज।
रविरत्न *(सं. पु.)* सूर्यकान्त मणि।
जतन *(हि.पुं.)* देखो यत्न।
पतन *(सं. पु.)* गिरने या नीचे आने का भाव, गिरना, अवनति, अधोगति, नाश।
सदातन *(सं.वि.)* नित्य।
आपतन *(सं. पु.)* अवतरण, उतार, संकट।
निपतन *(सं.वि.)* अशिक्षित।
निपतन *(सं. पु.)* अधःपतन, गिराव।
महीपतन *(सं. पु.)* साष्टांग प्रणाम करना।
अनुपतन *(सं. पु.)* गिराव, टुकड़ा।
यतन *(हि.पुं.)* देखो यत्न। यतनीय
अनद्यतन *(सं.वि.)* जो आज का न हो।
आयतन *(सं. पु.)* आश्रय, विश्रामस्थान।
कृपायतन *(सं. पु.)* कृपानिधि।
देवायतन *(सं. पु.)* देवमन्दिर, ठाकुरद्वारा।
कर्तन *(सं. पु.)* छेदन, काट-छाँट, सूत कातने का काम।
उद्वर्तन *(सं. पु.)* विलेपन, उबटन।
नर्तन *(सं. पु.)* नृत्य, नाच।
बर्तन *(हि.पुं.)* पात्र।
वर्तन *(सं. पु.)* व्यवसाय, जीवनवृद्धि, उलटफेर, व्यवहार, पात्र।
प्रवर्तन *(सं. पु.)* ठानना, प्रचार करना।
आवर्तन *(सं. पु.)* चक्कर, घुमाव, वेष्टन, गुणन।
समावर्तन *(सं. पु.)* वेदाध्ययन के बाद गृहस्थाश्रम में प्रवेश करने का कार्य।
परावर्तन *(सं. पु.)* पलटना, लौटना।
निवर्तन *(सं. पु.)* साघन।
परिवर्तन *(सं. पु.)* दो वस्तुओं का परस्पर अदल-बदल, घुमाव, फेरा, बदलने की क्रिया, युग की समाप्ति।
विवर्तन *(सं. पु.)* परिभ्रमण।

कीर्तन *(सं. पु.)* प्रकाशन, गुण-कथन, भजन।
नामकीर्तन *(सं. पु.)* भगवत् का भजन।
प्रकीर्तन *(सं. पु.)* उच्च स्वर से चिल्लाकर कीर्तन करना।
परिकीर्तन *(सं. पु.)* अधिक प्रशंसा।
रतन *(सं. पु.)* देखो रत्न।
बरतन *(हिं. पु.)* कोई वस्तु रखने का मिट्टी या धातु का पात्र।
पूर्वतन *(सं.वि.)* पुराने समय का।
स्तन *(सं. पु.)* स्त्रियों या मादा पशुओं की छाती जिसमें दूध रहता है, कुच।
अस्तन *(हिं. पु.)* देखो स्तन।
निकुन्तन *(सं.वि.)* काटनेवाला; *(पु.)* छेदन, खण्डन।
चिरंतन *(सं.वि.)* पुरातन, बहुत पुराना।
शन्तन *(सं.वि.)* सुन्दर शरीरवाला।
प्रतिघातन *(सं. पु.)* हत्या, बाधा।
सनातन *(सं. पु.)* प्राचीन काल से आता हुआ क्रम; *(वि.)* परम्परागत।
विघातन *(सं. पु.)* हत्या।
पुरातन *(सं.वि.)* प्राचीन, पुराना।
उसन *(हि.क्रि.वि.)* उस ओर, उधर।
कूतन *(हि. क्रि.)* अटकल से किसी वस्तु की कुल संख्या, परिमाण इत्यादि बतलाना।
निकेतन *(सं. पु.)* गृह, घर।
श्रीनिकेतन *(सं. पु.)* वैकुण्ठ।
चेतन *(सं. पु.)* जीव, आत्मा।
अचेतन *(सं.वि.)* चेतनारहित।
मूढ़चेतन *(सं.वि.)* निर्बोध।
लब्धचेतन *(सं.वि.)* जिसने पुनः ज्ञान प्राप्त किया हो।
निश्चेतन *(सं.वि.)* चैतन्यशून्य।
विचेतन *(सं.वि.)* अचेत।
वेतन *(सं. पु.)* वह धन जो किसी को काम करने के लिए दिया जाता है।
द्योतन *(सं.स्त्री.)* प्रकाशन।
विद्योतन *(सं.वि.)* दीप्तियुक्त।
नौतन *(हि.वि.)* देखो नूतन, नया।
हितचिन्तन *(सं. पु.)* उपकार की इच्छा।
प्रतिचिन्तन *(सं. पु.)* पुनर्विचार।
विचिन्तन *(सं. पु.)* चिन्ता करना, सोचना।
कथन *(सं. पु.)* कथा, वाक्य।
अनुकथन *(सं. पु.)* वार्तालाप।
कथोपकथन *(सं. पु.)* कथा पर कथा, विविध वार्ता, बातचीत।
विकत्थन *(सं. पु.)* झूठी प्रशंसा।
मथन *(सं. पु.)* मथने की क्रिया या भाव।
व्यथन *(सं. पु.)* व्यथा, पीड़ा।
समर्थन *(सं. पु.)* किसी मत का पोषण, विवेचन।
परथन *(हिं. पु.)* देखो पलेथन।
थूथन *(हिं. पु.)* मुख का अग्रभाग जो आगे से निकला हुआ हो।
पलेथन *(हिं. पु.)* वह सूखा आटा जो रोटी बेलते समय लोई में लगाया जाता है।
पलोथन *(हिं. पु.)* देखो पलेथन।
अदन *(सं. पु.)* भोजन, भक्षणीय पदार्थ।
कदन *(सं. पु.)* पाप, युद्ध, लड़ाई।
खदन *(सं. पु.)* भोजन, खाना।
मदन *(सं. पु.)* कामदेव, वसन्त, मत्तता।
गर्दन *(हि.स्त्री.)* गरदन, ग्रीवा।
अच्छर्दन *(सं. पु.)* वमन, उल्टी।
मर्दन *(सं. पु.)* शरीर में तेल उबटन आदि मलना, कुचलना, रौंदना।
लतमर्दन *(हि.स्त्री.)* पैरों से रौंदने की क्रिया।
अमर्दन *(सं.वि.)* अच्छी तरह से रगड़नेवाला।
अरिमर्दन *(सं.वि.)* शत्रु का दमन करनेवाला।
विमर्दन *(सं. पु.)* नष्ट करना, मार डालना।
शत्रुमर्दन *(सं. पु.)* शत्रुओं का नाश करनेवाला।
रदन *(सं. पु.)* दन्त, दाँत।
रदनच्छेद *(सं. पु.)* ओंठ।
मरदन (हि. क्रि.) मर्दन करना, मसलना।
लदन *(हि.स्त्री.)* लदाव। लदना
वदन *(सं. पु.)* मुख, अगला भाग।
प्रवदन *(सं. पु.)* घोषणा।
स्वदन *(सं. पु.)* चखना।
सुवदन *(सं.वि.)* सुन्दर मुखवाला।
यशसदन *(सं. पु.)* यज्ञस्थान।
अच्छादन *(सं. पु.)* ओढ़ने का वस्त्र।
आच्छादन *(सं. पु.)* वस्त्र, ओहार।
दनादन *(हि.क्रि.वि.)* दनदन शब्द के साथ, तुरंत।
उत्पादन *(सं. पु.)* उत्पन्न करना।
उपपादन *(सं. पु.)* सिद्ध करना, ठहरना, सम्पादन।
अतिपादन *(सं. पु.)* दान, उत्पत्ति, पुरस्कार, निरूपण।
व्युत्पादन *(सं. पु.)* व्युत्पत्ति।
प्रह्लादन *(सं. पु.)* प्रसन्न करना।
प्रसादन *(सं. पु.)* घोषणा।
सादन *(सं. पु.)* उच्छेदन, विनाश।
आसादन *(सं. पु.)* प्राप्ति, स्थापन।
सिदन *(हि.पुं.)* देखो स्यन्दन।
रूदन *(सं. पु.)* क्रन्दन, रोने की क्रिया, वध, नाश।
वलसूदन *(सं. पु.)* इन्द्र।
छेदन *(सं. पु.)* काटने या चुभाने की क्रिया, नाश।
नाभिच्छेदन *(सं. पु.)* नवजात शिशु की नाल काटने की क्रिया।
उच्छेद, उच्छेदन *(सं. पु.)* उत्पाटन, उखाड़।

विच्छेदन *(सं. पु.)* अलग करने की क्रिया, नाश।
निवेदन *(सं. पु.)* प्रार्थना, विनती।
संवेदन *(सं. पु.)* अनुभव।
ओदन *(सं. पु.)* पका हुआ चावल, भात।
प्रचोदन *(सं. पु.)* उत्तेजना, प्रेरणा, आज्ञा, नियम।
लोदन *(सं. पु.)* चमोटी, चाबुक।
नोदन *(सं. पु.)* खंडन, प्रेरणा।
मोदन *(सं. पु.)* हर्ष, आनन्द, सुगन्ध।
दध्योदन *(सं. पु.)* दही मिला हुआ भात।
पयोवन *(हि.पुं.)* दूध-भात।
रोदन *(सं. पु.)* क्रन्दन, रोना।
अरण्यरोदन *(सं. पु.)* निरर्थक रूलाई, निष्फल बात।
मिश्रोदन *(सं. पु.)* खचरिका, खिचड़ी।
रौंदन *(हि.पुं.)* रौंदने की क्रिया, मर्दन।
कंदन *(हि.पुं.)* नाश, विध्वंस करना।
निकन्दन *(सं. पु.)* ध्वंस, नाश।
चन्दन *(सं. पु.)* एक वृक्ष जिसकी लकड़ी अति सुगंधित होती है।
रक्तचन्दन *(सं. पु.)* लाल चन्दन।
गोपीचन्दन *(हि.पुं.)* एक प्रकार की पीली मिट्टी।
नन्दन *(सं. पु.)* इन्द्र का बगीचा जो स्वर्ग में है *(पु.)* बेटा, लड़का; *(वि.)* आनन्द देनेवाला।
अभिनन्दन *(सं. पु.)* आनन्द, संतोष, संतुष्ट करने के लिए प्रशंसा।
स्पन्द, स्पन्दन *(सं. पु.)* टपकना, चूना, पसीजना, निकलना।
क्रन्दन *(सं. पु.)* रूलाई।
आक्रन्द-आक्रन्दन (सं.) चिल्लाहट सहित रूलाई, पुकार, ललकार।
वंदन *(हि.पुं.)* देखो वन्दन; *(हि.स्त्री.)* रोली, इंगुर, सिन्दूर।
वन्दन *(सं. पु.)* प्रणाम, स्तुति।
अभिवन्दन *(सं. पु.)* प्रणाम, नमस्कार।
कुंदन *(हि.पुं.)* परिष्कृत किए हुए सोने का महीन पत्र जो नगीना जड़ने के उपयोग में आता है।
प्राणधन *(सं.वि.)* अत्यन्त प्रिय।
स्तम्भन *(सं. पु.)* अवरोध, रुकावट।
मानधन *(सं.वि.)* बड़ा प्रतिष्ठित।
वर्धन *(सं.वि.)* बढ़ानेवाला।
वशवर्धन *(सं.वि.)* कुल का गौरव बढ़ानेवाला।
परिवर्धन *(सं.वि.)* अच्छी तरह वृद्धि होना।
विवर्धन *(सं. पु.)* वृद्धि, बढ़ती।
संवर्धन *(सं. पु.)* बढ़ाना, पालना।
निर्धन *(सं.वि.)* धन-रहित, दरिद्र, कंगाल।
निरधन देखो निर्धन।
निरिम्भन *(सं.वि.)* बिना ईंधन का।
बाधन *(सं. पु.)* कष्ट, पीड़ा, बाधा।
अराधन *(हि.)* देखो आराधन।
आराधन *(सं. पु.)* उपासना, सेवा, पूजा।
साधन *(सं. पु.)* हेतु, कारण, विधान, गति, उपासना।
शब्दसाधन *(सं. पु.)* व्याकरण का वह अंग जिसमें शब्दों की व्युत्पत्ति, भेद, रूपान्तर आदि का विवेचन होता है।
स्वार्थसाधन *(सं. पु.)* अपना अर्थ साधना।
प्रसाधन *(सं. पु.)* अलंकार, शृंगार।
संसाधन *(सं. पु.)* आयोजन।
महाधन *(सं.वि.)* बहुत धनी।
निधन *(सं. पु.)* मरण, नाश; *(वि.)* धनहीन, दरिद्र।
सर्वनिधन *(सं. पु.)* सबका नाश या वध।
ईंधन *(हि.पुं.)* इन्धन, जलाने की लकड़ी।
स्त्रीधन *(सं. पु.)* वह सम्पत्ति या धन जिस पर स्त्री का पूर्ण अधिकार हो।
भूधन *(सं. पु.)* राजा।
सुजोधन *(हि.पुं.)* देखो सुयोधन।
बोधन *(हि.पुं.)* ज्ञापन, जताना, विज्ञापन, चेतन्य, संपादन।
सम्बोधन *(सं. पु.)* नींद से उठाना, कारक जो किसी को पुकारने के लिए प्रयोग किया जाता है। व्याकरण में वह कारक जिससे युक्त शब्द का किसी को पुकारने के लिए प्रयोग किया जाता है।
छविन *(हि.स्त्री.)* शोभा, सुन्दरता। यथार्थ ज्ञान, जागरण, आश्वासन (हि. क्रि.) ढाढ़स देना।
विर्बोधन *(सं. पु.)* समझाना, बुझाना।
आयोधन *(सं. पु.)* रणक्षेत्र।
प्रतिरोधन *(सं. पु.)* प्रतिरोध करने की क्रिया या भाव।
शोधन *(सं. पु.)* शोच, शुद्धता, आचरण सुधारने के लिए दण्ड देना।
यशोधन *(सं.वि.)* यश ही जिसका एकमात्र धन है।
परिशोधन *(सं. पु.)* पूर्ण रीति से शुद्ध करना।
संशोधन *(सं. पु.)* शुद्ध करना, त्रुटि या दोष दूर करना।
शोधन *(हिं. पु.)* ढूँढ़।
इन्धन *(सं. पु.)* आग जलाने की लकड़ी, तृण इत्यादि।
इंधन *(हि.पुं.)* रसोई बनाना।
बन्धन *(सं. पु.)* बाँधने की क्रिया, वह जिससे कोई वस्तु बाँधी जाए, रस्सी, बंधन स्थान, बंदीगृह; *(वि.)* बाँधनेवाला।
गठबन्धन *(हि.पुं.)* विवाह में दूल्हा-दुल्हन के वस्त्र के सिरे को मिला कर बाँध देना।
गँठबन्धन *(हि.पुं.)* ग्रन्थिबन्धन, विवाह की एक रीति।
माँथबन्धन *(हि.पुं.)* परान्दा।
भवबन्धन *(सं. पु.)* संसार की झंझट।
वाचाबन्धन *(सं. पु.)* प्रतिज्ञाबद्ध होना।
रक्षाबन्धन *(सं. पु.)* श्रावण शुक्ल पूर्णिमा को होनेवाला हिन्दुओं का एक त्योहार।

रन्धन *(सं. पु.)* रसोई बनाने की क्रिया।
अन्न *(सं. पु.)* अनाज, धान्य, खाद्य पदार्थ। अन्नकाल–भोजन का समय।
खन्न *(हि.पुं.)* खन-खन का शब्द।
छन्न *(सं.वि.)* छुपा हुआ, लुप्त।
प्रच्छन्न *(सं.वि.)* आच्छादित, ढँपा हुआ।
अप्रच्छन्न *(सं.वि.)* न छिपा हुआ, स्पष्ट।
आच्छन्न *(सं.वि.)* ढँपा, छिपा हुआ।
मेघाच्छन्न, (मेघाच्छादित) *(सं.वि.)* बादलों से ढँपा हुआ।
परिच्छन्न *(सं.वि.)* स्वच्छ किया हुआ, वस्त्रयुक्त, ढँपा हुआ।
उच्छन्न *(सं.वि.)* नष्ट, उजाड़ा हुआ।
दन्न *(हि.पुं.)* तोप आदि के छूटने का 'दन' शब्द।
कदन्न *(सं. पु.)* कुत्सित अन्न, थोड़ा अनाज।
निअन्न *(सं.वि.)* अन्नहीन; *(हि.वि.)* निराहार।
उत्पन्न *(सं.वि.)* जन्मा हुआ, प्राप्त।
समुत्पन्न *(सं.वि.)* घटित, उत्पन्न।
प्रत्युत्पन्न *(सं.वि.)* जो फिर से अथवा ठीक समय पर उत्पन्न हुआ हो।
व्युत्पन्न *(सं.वि.)* किसी शास्त्र आदि का अच्छा ज्ञाता।
अव्युत्पन्न *(सं.वि.)* अनुभवशून्य, व्याकरण न जाननेवाला।
पूर्वोत्पन्न *(सं.वि.)* पूर्वकाल में उत्पन्न।
सम्पन्न *(सं.वि.)* साधित, पूरा किया हुआ।
प्रतिभासम्पन्न *(सं.वि.)* प्रतिभाशाली।
वितपन्न *(हि.वि.)* व्युत्पन्न, दक्ष, प्रवीण।
उतपन्न *(हि.वि.)* देखो उत्पन्न।
अतिपन्न *(सं.वि.)* जाना हुआ, परिपूर्ण, निश्चित।
स्थानापन्न *(सं.वि.)* दूसरे के स्थान पर स्थायी रूप से काम करनेवाला।
ज्ञानापन्न *(सं.वि.)* ज्ञानप्राप्त, ज्ञानी, बुद्धिमान।
उपपन्न *(सं.वि.)* संस्कार-युक्त, सम्पन्न, उत्पन्न, प्राप्त।
अनुपपन्न *(सं.वि.)* अप्रबाधित, असम्भव।
प्रपन्न *(सं.वि.)* प्राप्त, पाया हुआ।
दधयन्न *(सं. पु.)* दही मिला हुआ अन्न।
विलन्न *(सं.वि.)* आर्द्र, तर, भीगा हुआ।
सन्न *(सं.वि.)* स्तम्भित, भौंचक।
प्रसन्न *(सं.वि.)* सन्तुष्ट, अनुकूल।
परसन्न *(हि.वि.)* देखो प्रसन्न।
सुप्रसन्न *(सं.वि.)* अत्यन्त निर्मल, बहुत प्रसन्न।
आसन्न *(सं.स्त्री.)* निकटस्थ, समीप लगा हुआ।
प्रत्यासन्न *(सं.वि.)* निकटवर्ती, समीप का।
निखनन *(सं.पुं.)* खनना, खोदना।
विखनन *(सं.पुं.)* खोदने का काम।
वनन *(हि.पुं.)* देखो चन्दन।
जनन *(सं.पुं.)* उत्पत्ति, जन्म, आदिर्भाव।
अविजनन *(सं.पुं.)* उत्पत्ति।
विजनन *(सं.पुं.)* प्रसव।
मनन *(सं.पुं.)* सोचना, अच्छी तरह।
ध्वनन *(सं.पुं.)* अव्यक्त शब्द।
हनन *(सं.पुं.)* वध, मारण, आघात, गुणा करने की क्रिया।
निहनन *(सं.पुं.)* मारण, वध।
विहनन *(सं.पुं.)* हिंसा, त्याग।
आनन *(सं.पुं.)* मुँह, मुख, मुखड़ा।
कानन *(सं.पुं.)* वन, जंगल।
पितृकानन *(सं.पुं.)* श्मशान।
क्रीड़ाकानन उपवन, बगीचा।
षडानन *(सं.वि.)* छह मुखवाला।
शतानन *(सं.पुं.)* बिल्व, बेल।
दशानन *(सं.पुं.)* रावण।
बिनन *(हि.स्त्री.)* बुनने की क्रिया, बुनावट, चुनकर निकाला हुआ कूड़ा करकट।
छुनमुन, छुननमुनन *(हि.पुं.)* बच्चों के पैर के आभूषण का शब्द।
धूनन *(सं.पुं.)* कम्प, थरथराहट।
अपन *(हि.सर्व.)* अपना, हम।
लड़कपन *(हि.पुं.)* बाल्यावस्था।
बाँकपन *(हि.पुं.)* तिरछापन, टेढ़ापन, छवि, शोभा।
सगपन *(हि.पुं.)* देखो सगापन।
बेढंगपन *(हि.पुं.)* भद्दापन।
सिड़पन *(हि.पुं.)* पागलपन।
पचपन *(हि.वि.)* पचास और पाँच की संख्या का; *(वि.)* पचास और पाँच की संख्या 55।
बचपन *(हि.पुं.)* बाल्यावस्था, लड़कपन।
छपन *(हि.वि.)* गुप्त; *(पु.)* विनाश, संहार।
पाजीपन *(हि.पुं.)* दुष्टता, नीचता।
छुटपन *(हि.पुं.)* लघुता, छोटाई।
छोटपन *(हि.पुं.)* देखो छोटापन।
तपन *(सं.पुं.)* सूर्य, ग्रीष्मकाल, जलन, दाह, ताप, आँच, धूप।
थपन *(हि.पुं.)* स्थापन, ठहरने का काम।
स्यानपन *(हि.पुं.)* चतुरता।
सयानपन *(हि.पुं.)* चतुराई, दक्षता।
बड़प्पन *(हि.पुं.)* महत्त्व, श्रेष्ठता, बड़ाई।
छप्पन *(हि.वि.)* पचास और छः की संख्या 56।
बेहंगमपन *(हि.पुं.)* बेढंगापन, भद्दापन।
दवादर्मन *(हि.पुं.)* औषधि।
अरपन *(हि.पुं.)* देखो अर्पण।
तरपन *(हि.पुं.)* देखो तर्पण।
दरपन *(हि.पुं.)* दर्पण।
स्यारपन *(हि.पुं.)* भीरूता।

भठियारपन *(हि.पुं.)* भठियारों की तरह लड़ना और गाली बकना।

क्वारपन *(हि.पुं.)* क्वारापन।

तिरपन *(हि.वि.)* पचास और तीन की संख्या का; *(पु.)* यह संख्या 53।

तुरपन *(हि.स्त्री.)* एक प्रकार की सिलाई।

परिकल्पन *(सं.पुं.)* चिन्तन, मनन।

प्रल्पन *(सं.पुं.)* वाचालता, प्रलाप।

प्रजल्प, प्रजल्पन *(सं.पुं.)* व्यर्थ की इधर-उधर की बातचीत।

धाँधलपन उपद्रव, पाजीपन।

बालपन *(हि.पुं.)* बाल्यावस्था, लड़कपन।

विलपन *(सं.पुं.)* विलाप, वार्तालाप।

विधवपन *(हि.पुं.)* वैधव्य, रेंड़ापा।

स्वप्न *(सं.पुं.)* निद्रा, निद्रावस्था में वस्तु दर्शन, नींद।

अतिस्वप्न *(सं.पुं.)* अधिक नींद आना।

सुस्वप्न *(सं.पुं.)* शुभ स्वप्न।

गदहपन *(हि.स्त्री.)* मूर्खता।

हलकापन *(हि.पुं.)* तुच्छ बुद्धि, ओछापन।

सिखापन *(हि.पुं.)* उपदेश, शिक्षा।

रूखापन *(हि.पुं.)* रूखाई, कठोरता, नीरसता।

सच्चापन *(हि.पुं.)* सत्यता, सच्चाई।

छोटापन *(हि.पुं.)* ओछापन।

छोटापन *(हि.पुं.)* लड़कपन

प्रतिष्ठापन *(सं.पुं.)* किसी देव मूर्ति की स्थापना।

सीठापन *(हि.स्त्री.)* फीकापन।

हेठापन *(हि.पुं.)* नीचता।

दातापन *(हि.पुं.)* दानशीलता।

थापन *(हि.पुं.)* स्थापित करने की क्रिया।

स्थापन *(सं.पुं.)* प्रतिपादन, निरूपण, नया काम आरंभ करना, खड़ा करना, बैठाना।

(स्थापना) *(हि.स्त्री.)* प्रतिष्ठित करना, बैठाना।

व्यवस्थापन *(सं.पुं.)* निर्धारण।

संस्थापन *(सं.पुं.)* जमाना, बैठाना, कोई नई बात चलाना।

भद्दापन (प.) कुरूपता, बेढंगापन।

बोदापन *(हि.पुं.)* मूर्खता।

वर्धापन *(सं.पुं.)* कर्णवेध, कनछेदन।

बिरधापन *(हि.पुं.)* वृद्धावस्था।

सीधापन *(हि.पुं.)* भोलापन।

स्यानापन *(हि.पुं.)* चतुराई, धूर्तता।

सूनापन *(हि.पुं.)* एकान्त।

टिप्पन *(सं.पुं.)* टीका, व्याख्या।

मापन *(सं.पुं.)* परिमाण, तौलना, नाप।

अध्यापन *(सं.पुं.)* पढ़ाने-लिखाने का कार्य।

उद्यापन *(सं.पुं.)* आरंभ, किसी व्रत के समाप्त होने पर किया जाने वाला धार्मिक कृत्य।

बंध्यापन *(हिं.पुं.)* बाँझपन।

नयापन *(हिं.पुं.)* नया होने का भाव, नवीनता।

कालयापन *(सं.पुं.)* कालशेष, निर्वाह।

व्यापन (हि. क्रि.) किसी वस्तु के भीतर फलना।

भंडेरियापन *(हिं.पुं.)* पाखंड, ढोंग।

खरापन *(हिं.पुं.)* सच्चाई, सत्यता।

हरापन *(हिं.पुं.)* हरे होने का भाव।

बुरापन *(हिं.पुं.)* देखो बुराई।

छिछोरपन, छिछोरापन *(हिं.पुं.)* क्षुद्रता, ओछापन, नीचता।

धुंधलापन *(हिं.पुं.)* अस्पष्ट होने का भाव।

दुबलापन *(हिं.पुं.)* दुर्बलता।

भलापन *(हिं.पुं.)* देखो भलाई।

बकापन *(सं.पुं.)* बकवाद, बकबक।

बावलापन *(हिं.पुं.)* झक, पागलपन।

साँवलापन *(हिं.पुं.)* साँवला होने का भाव।

बालपन *(हिं.पुं.)* बचपन, लड़कपन।

चटकीलापन *(हिं.पुं.)* चमकीलापन, (स्त्री.) शीघ्रता, तीव्रता।

भड़कीलापन *(हिं.पुं.)* भड़कीला होने का भाव।

ढीलापन *(हिं.पुं.)* शिथिलता।

पीलापन *(हिं.पुं.)* पीला होने का भाव।

मैलापन *(हिं.पुं.)* मैला होने का भाव।

भोलापन *(हिं.पुं.)* सरलता, सिधाई।

विधवापन *(हिं.पुं.)* वैधव्य, विधवा।

सेवापन *(हिं.पुं.)* दासत्व, टहल।

ज्ञापन *(सं.पुं.)* जताने या बतलाने का कार्य।

विज्ञापन *(सं.पुं.)* किसी बात को जताने की क्रिया, सूचना देना, वह पत्र जिसके द्वारा कोई बात बतलाई जाती है।

अनुज्ञापन *(सं.पुं.)* आज्ञा, आदेश।

संज्ञापन *(सं.पुं.)* विज्ञापन, कथन।

भाईपन *(हि.पुं.)* भ्रातृत्व, परम मित्र या बन्धु होने का भाव।

टोपन *(हि.पुं.)* टोकरा, खाँचा।

दिहातीपन *(हि.पुं.)* ग्रामीणता।

दीपन *(सं.पुं.)* क्षुधा को तीव्र करना, उत्तेजन; *(वि.)* भूख को बढ़ानेवाला।

उद्दीपन *(सं.पुं.)* उत्तेजन, बढ़ावा।

प्रदीपन *(सं.पुं.)* उद्दीपन, उजाला।

सन्दीपन *(सं.पुं.)* उद्दीप्त करने की क्रिया।

भारीपन *(हिं.पुं.)* भारी होने का भाव।

सुपन *(हिं.पुं.)* स्वप्न, सपना।

ऐपन *(हिं.पुं.)* हल्दी के साथ चावल को पीसकर बनाया हुआ लेप।

विलेपन *(सं.पुं.)* लेप करने की क्रिया।

वेपन *(सं.पुं.)* कम्पन, काँपना।

प्रकोपन *(सं.पुं.)* क्रोध, क्षोभ।

कम्पन *(सं.पुं.)* कँपकँपी, हिलना।
आकम्प, आकम्पन *(सं.पुं.)* थोड़ा कम्प, कँपकँपी।
विकम्पन *(सं.पुं.)* बड़ी कँपकँपी।
निफन *(हि.वि.)* निष्पन्न, पूर्ण, पूरा; *(क्रि. वि.)* अच्छी तरह से, पूर्णरूप से।
फबन *(हि.स्त्री.)* सुन्दरता, शोभा, छवि।
बरबन *(हिं.पुं.)* भूना हुआ अन्न, चबैना।
लम्बन *(सं.पुं.)* आश्रय, झूलने की क्रिया।
अनवलम्बन *(सं.पुं.)* आश्रय का अभाव।
दिलम्बन *(सं.पुं.)* विलंब करना, सहारा लेना।
चुम्बन *(सं.पुं.)* प्रेम में किसी के होंठों से गाल इत्यादि को स्पर्श करने या दबाने की क्रिया।
(चुम्बित) *(सं.वि.)* प्रेम किया हुआ, चूमा हुआ, स्पर्श किया हुआ।
लभन *(सं.पुं.)* प्राप्ति।
बाभन *(हि.पुं.)* ब्राह्मण।
प्रलोभन *(सं.पुं.)* लालच।
विलोभन *(सं.पुं.)* मोहित करने का व्यापार।
शोभन *(सं.पुं.)* शुभ, कल्याण, सौंदर्य, आभूषण, रमणीय, सुहावना।
अतिशोभन *(सं.वि.)* बहुत सुन्दर।
सुशोभन *(सं.वि.)* अत्यन्त शोभायमान।
सोभन *(हि.पुं.)* देखो शोभन।
लंभन *(हि.पुं.)* स्तम्भन, रुकावट।
लम्भन *(सं.पुं.)* प्रतिलम्भ, लाभ।
विष्टम्भन *(सं.पुं.)* रोकने या संकुचित करने की क्रिया।
प्रलम्भन *(सं.पुं.)* छल, धोखा।
निम्न *(सं.वि.)* नीच, नीचा।
गमन *(सं.पुं.)* प्रस्थान, प्रयाण, यात्रा।
गजगमन *(सं.पुं.)* हाथी की तरह मन्द गति।
प्रतीपगमन *(सं.पुं.)* प्रतिकूल गमन।
समागमन *(सं.पुं.)* आना, पहुँचना।
पुनर्गमन *(सं.पुं.)* दुबारा गमन।
निर्गमन *(सं.पुं.)* द्वार, द्वारपाल।
बहिर्गमन *(सं.पुं.)* किसी काम से घर के बाहर जाना।
प्रगमन *(सं.पुं.)* उन्नति।
सहगमन *(सं.पुं.)* सती होना।
आगमन *(सं.पुं.)* अवाई, प्राप्ति।
प्रत्यागमन *(सं.पुं.)* लौट आना।
पुनरागमन *(सं.पुं.)* द्वितीय बार आगमन।
द्विरागमन *(सं.पुं.)* विवाह के बाद वधू का पति के घर पर दुबारा आना।
आवागमन *(सं.पुं.)* आना जाना, बार-बार जन्म लेना और मरना।
अचमन *(हि.पुं.)* देखो आचमन।
आचमन *(सं.पुं.)* भोजन के बाद मुँह धोना, पूजा के पूर्व दाहिने हाथ में जल लेकर मन्त्र पढ़कर पीना।
पछमन *(हि.क्रि.वि.)* पीछे।
लछमन *(हि.पुं.)* देखो लक्ष्मण।
यमन *(सं.पुं.)* भोजन, खाद्य पदार्थ; *(हि.पुं.)* देखो यवन।
प्रणमन *(सं.पुं.)* दण्डवत् या प्रणाम।
दमन *(सं.पुं.)* दबाने की क्रिया, दण्ड।
इन्द्रदमन *(सं.पुं.)* नदी में बाढ़ आने पर इसका किसी निर्धारित स्थान पर पहुँचना।
नमन *(सं.पुं.)* प्रणाम, नमस्कार, झुकाव।
तनमन *(हि.पुं.)* तन्त्र-मन्त्र।
उन्नमन *(सं.पुं.)* उन्नति, उठाव।
आनमन *(सं.पुं.)* विनय, झुकाव।
विनमन *(सं.पुं.)* झुकाना, नवाना।
यमन *(सं.पुं.)* रोकना, बन्द करना, बाँधना।
नियमन *(सं.पुं.)* नियमबद्ध करने का कार्य।
शर्मन *(सं.पुं.)* सुख, आनन्द *(पुं.)* ब्राह्मणों की एक उपाधि।
रमन *(हि.पुं.)* देखो रमण।
रमनक *(हि.पुं.)* देखो रमणक।
लालमन *(हि.पुं.)* एक प्रकार का लाल तोता जिसका शरीर लाल, चोंच गुलाबी और दुम काली होती है।
वमन *(हि.पुं.)* उल्टी।
शमन *(सं.पुं.)* चित्त की स्थिरता, शान्ति, हिंसा, तिरस्कार।
वामन *(हि.पुं.)* दूध को जमाने के लिए प्रयोग में आनेवाला थोड़ा सा दही या अन्य खट्टा पदार्थ।
हीरामन *(हि.पुं.)* सुग्गे की एक कल्पित जाति जो सोने के रंग का माना जाता है।
वामन *(सं.वि.)* छोटे डील-डोल का, बौना।
जिज्ञानन *(सं.पुं.)* पूछताछ।
बिमन *(हि.वि.)* अति दुखी, चिन्तित, उदास।
नीमन *(हि.वि.)* अच्छा, भला, नीरोग।
दुमन अप्रसन्न, खिन्न।
सुमन *(सं.वि.)* सुन्दर, मनोहर।
जेमन *(सं.पुं.)* भक्षण, भोजन।
जेयन *(सं.वि.)* जीतने योग्य।
बेमन *(हि.क्रि.वि.)* बिना मन लगाए; *(वि.)* जिसका मन न लगता हो।
हृष्टरोमन *(सं.वि.)* रोमांचित, पुलकित।
अयन *(सं.पुं.)* गमन, गति, सूर्य तथा चन्द्रमा का दक्षिण से उत्तर तथा उत्तर से दक्षिण की ओर गमन।
चयन *(सं.पुं.)* संग्रह, संचय।
नयन *(सं.पुं.)* चक्षु, नेत्र, आँख।
रक्तनयन *(सं.पुं.)* कबूतर, चकोर।
त्रिनयन (नेत्र) *(सं.पुं.)* शिव, महादेव।
समुन्नयन *(सं.पुं.)* लाभ, प्राप्ति।

सुनयन *(सं.वि.)* सुन्दर आँखोंवाला।
बयन *(सं.पुं.)* बनने की क्रिया या भाव।
वयन *(हि.पुं.)* वाणी, बात।
मयन *(हि.पुं.)* देखो मदन, कामदेव।
अध्ययन *(सं.पुं.)* पठन।
सहाध्ययन *(सं.पुं.)* एक साथ पढ़ना।
रयन *(हि.स्त्री.)* रात्रि, रात।
लयन *(सं.पुं.)* विश्राम, शान्ति।
विक्रयन *(सं.पुं.)* बिक्री।
शयन *(सं.पुं.)* निद्रा, शैया।
प्रतिशयन *(सं.पुं.)* धरना देना।
गायन *(सं.वि.)* गाने का व्यवसाय।
कचायन *(हि.स्त्री.)* बकझक, कहा-सुनी।
डायन *(हि.स्त्री.)* डाकिनी, पिशाचिनी।
दक्षिणायन *(सं.पुं.)* सूर्य की दक्षिण की ओर की गति, सूर्य की कर्क रेखा से दक्षिण मकर रेखा की ओर गति।
वतायन *(सं.पुं.)* वातायन, झरोखा।
वार्तायन *(सं.पुं.)* दूत।
वातायन *(सं.पुं.)* गवाक्ष, झरोखा, छोटी खिड़की।
उदायन *(हि.पुं.)* उद्यान, बगीचा।
नायन *(हि.स्त्री.)* नापित की स्त्री।
बायन *(हि.पुं.)* भेंट, उपहार।
रामायन *(हि.पुं.)* देखो रामायण।
परावन *(हि.पुं.)* पलायन, भगदड़।
पलायन *(सं.पुं.)* भागने की क्रिया या भाव।
सायन *(सं.स्त्री.)* सूर्य की एक गति जिसमें अयन (ग्रह आदि) हों।
मनसायन *(हि.वि.)* मनोरम स्थान।
रसायन *(सं.पुं.)* वह औषध जिसके सेवन से सब रोग हट जाते हैं और बुढ़ापा दूर होता है तथा शरीर पुष्ट होता है, पदार्थों के तत्वों का ज्ञान, धातु विद्या।
जियन *(हि.पुं.)* जीवन।
नीयन *(हि.पुं.)* नयन, नेत्र।
सीयन *(हि.स्त्री.)* देखो सीवन।
मोयन *(हि.पुं.)* माँड़े हुए आटे में घी मिलाना।
अरन *(हि.पुं.)* देखो अरण्य।
वर्न *(हि.पुं.)* देखो वर्ण।
करन *(हि.पुं.)* देखो कर्ण।
करनधार *(हि.पुं.)* देखो कर्णधार।
शिखरन *(हि.पुं.)* दही और चीनी से बनाया हुआ एक पेय जिसमें केशर, इलायची, मेवे आदि डाले जाते हैं।
सिखरन *(हि.स्त्री.)* दही में चीनी मिलाकर बनाया हुआ शर्बत।
चरन *(हि.पुं.)* देखो चरण।
आचरन *(हि.पुं.)* देखो आचरण।
जरन *(हि.स्त्री.)* देखो जलन।
ठरन *(हि.स्त्री.)* ठिठुरन, अधिक जाड़ा।
तरन *(हि.पुं.)* देखो तरण।
कतरन *(हि.स्त्री.)* कपड़े-कागज इत्यादि का कटा हुआ रद्दी टुकड़ा।
वितरन *(हि.पुं.)* वितरण।
उतरन *(हि.स्त्री.)* वस्त्र जो पहिनते-पहिनते जीर्ण हो गया हो।
कुतरन *(हि.पुं.)* देखो कतरन।
दरन *(हि.वि.)* नाश।
विदरन *(हि.स्त्री.)* दरार, फटन *(वि.)* फाड़ने या चीरनेवाला।
घरन *(हि.स्त्री.)* घरने की क्रिया या भाव, टक, हठ, कड़ी, घरनी।
प्रन *(हि.पुं.)* देखो प्रण, संकल्प, दृढ़ निश्चय।
परन *(हि.पुं.)* प्रतिज्ञा, टंक, अभ्यास।
वरन *(हि.पुं.)* देखो वर्ण।
अबरन *(हि.वि.)* न वर्णन करने योग्य।
बिबरन *(हि.वि.)* जिसका रंग बिगड़ गया हो, देखो विवरण।
अभरन *(हि.पुं.)* आभरण; *(वि.)* तिरस्कृत, अपमानित।
आभरन *(हि.पुं.)* आभरण।
मरन *(हि.पुं.)* देखो मरण।
सुमरन *(हि.पुं.)* देखो सुमरनी।
तरन् *(हि.अव्य.)* ऐसा न हो कि।
स्ववरन *(हि.पुं.)* देखो सुवर्ण।
सरन *(हि.स्त्री.)* देखो शरण।
असरन *(हि.पुं.)* देखो अशरण।
अहरन *(हि.स्त्री.)* निहाई।
आहरन *(हि.स्त्री.)* स्थूणी, लोहार या सोनार की निहाई।
अकारन *(हि.वि.)* बिना कारण के।
चारन *(हि.पुं.)* देखो चारण।
उचारन *(हि.पुं.)* देखो उच्चारण।
झारन *(हि.पुं.)* देखो झाड़न।
तारन *(हि.पुं.)* देखो तारण।
तरनतारन *(हि.पुं.)* मोक्ष, निस्तार, उद्धार।
कुलतारन *(हि.वि.)* वंश को पवित्र करनेवाला।
उतारन *(हि.पुं.)* पहिना हुआ वस्त्र जो पुराना हो गया हो।
संस्करण *(सं. पु.)* पुस्तिका की एक बार की छपाई, आवृत्ति।
बारन *(हि.पुं.)* देखो वारण, बालना, (हि. क्रि.) मना करना, जलाना, जोंधरी, बाजरे आदि के दाने अलगाना।
वारन *(हि.स्त्री.)* निछावर, बिल। *(पु.)* बन्दनवार, तोरण।
निवारन *(हि.पुं.)* देखो निवारण।
किरन *(हि.स्त्री.)* किरण, प्रकाश की रेखा, ज्योति।
हिरन *(हि.पुं.)* हरिण, मृग।
अजीरन *(हि.पुं.)* अपच, बहुतायत।

बीरन *(हि.पुं.)* भ्राता, भाई।
ठिठुरन *(हि.स्त्री.)* अधिक ठंड के कारण अकड़ या सिकुड़न।
शूरन *(हि.पुं.)* देखो सूरन।
सूरन *(हि.पुं.)* जमीकन्द।
अटेरन *(हि.पुं.)* ओयना।
बटोरन *(हि.स्त्री.)* कूड़े-करकट का ढेर।
तोरन *(हि.पुं.)* देखो तोरण।
मोरन *(हि.स्त्री.)* मोड़ने की क्रिया या भाव, श्रीखण्ड।
कुलमोरन *(हि.वि.)* कुलकलंक।
कलन *(सं. पु.)* चिह्न, दोष, ग्रहण, ग्रास, कवर, ज्ञान, संबंध, गणित की एक क्रिया।
चलन-कलन *(सं. पु.)* ज्योतिष का वह गणित जिसके द्वारा पृथ्वी की गति के अनुसार दिन के बढ़ने-घटने का हिसाब किया जाता है।
व्यवकलन *(सं. पु.)* गणित में किसी संख्या में दूसरी संख्या को घटाने का कार्य।
आकलन *(सं. पु.)* आशंका, सन्देह, संचय, गणना, अनुसन्धान, खोज।
संकलन *(हिं. पु.)* संग्रह।
गलन *(सं. पु.)* गलकर गिरना, पतन।
विगलन *(हि.पुं.)* नाश।
चलन *(हि.पुं.)* गति, चाल, व्यवहार, रीति, गति, भ्रमण, कम्पन।
प्रचलन *(सं. पु.)* प्रवर्तन, चालना।
कुश्चलन (हिं. व.) बुरा आचरण।
चालचलन *(हि.पुं.)* शील, चरित्र।
संचलन *(सं. पु.)* हिलना डोलना, चलना-फिरना।
उच्छलन *(सं. पु.)* उछाल।
अवकलन *(सं. पु.)* ज्ञान, समझ, दृष्टि।
छलन *(हि.पुं.)* छल करने का कार्य।
बिछलन *(सं. पु.)* फिसलन।
जलन *(हि.स्त्री.)* बहुत अधिक ईर्ष्या, जलने का कष्ट या पीड़ा।
प्रज्वलन *(सं. पु.)* अच्छी तरह से जलने की क्रिया।
दलन *(सं. पु.)* विनाश, संहार, नाश।
विमलन *(सं. पु.)* नाश, ध्वंस।
बुल्लन *(हि.पुं.)* मुख, चेहरा, बुल्ला।
ललन *(सं. पु.)* केलि, क्रीड़ा *(पु.)* दुलारा लड़का।
फिसलन *(हि.स्त्री.)* फिसलने की क्रिया या भाव, सरकन।
आलन *(हि.पुं.)* पुआल, बिचाली।
गालन *(सं. पु.)* कपड़े में छानने का काम।
चालन *(हि.पुं.)* चलने या चलाने की क्रिया।
परिचालन *(सं. पु.)* कार्यक्रम चलाना।
विचालन *(सं. पु.)* अच्छी तरह हटाना!, चलाना।
संचालन *(सं. पु.)* प्रतिपादन।
पालन *(सं. पु.)* रक्षक, भरण-पोषण, अनुकूल व्यवहार से किसी बात का निर्वाह।
परिपालन *(सं. पु.)* रक्षा, बचाव।
निफालन *(सं. पु.)* दर्शन, दृष्टि।
लालन *(सं. पु.)* प्रेमपूर्वक बालकों का आदर, लाड़-प्यार; *(हि.पुं.)* प्रिय बालक।
प्रज्वालन (हि. क्रि.) जलाना, दहकाना।
शालन *(सं. पु.)* साग।
सालन *(हि.पुं.)* मांस मछली या शाक भाजी की मसालेदार तरकारी।
क्षालन *(सं. पु.)* शुद्ध करने या धोने का कार्य।
प्रक्षालन *(सं. पु.)* मांजन, जल से धोने की क्रिया।
दन्तप्रक्षालन *(सं. पु.)* दाँत स्वच्छ करने का काम।
पावप्रक्षालन *(सं. पु.)* पैरों का धोना।
मिलन *(सं. पु.)* समागम, भेंट, मिश्रण, मिलावट।
सम्मिलन *(सं. पु.)* मिलन, मिलाप।
विलन *(सं.वि.)* अलग किया हुआ।
कीलन *(सं. पु.)* बन्धन, रुकावट।
अमीलन *(सं. पु.)* आँख बन्द करना।
सम्मीलन *(सं. पु.)* विकसित होना, मिलना।
आमीलन *(सं. पु.)* नेत्रों का बन्द करना।
निमीलन *(सं. पु.)* निमण, पलक, मारना, मरण।
शीलन *(सं. पु.)* अभ्यास।
अशीलन *(सं. पु.)* शीलता का परित्याग।
परिशीलन *(सं. पु.)* सब बातों या विषयों को सोच-समझकर पढ़ना।
अनुशीलन *(सं. पु.)* मनन, विचार, चिन्तन।
फूलन *(हि.पुं.)* देखो दोलन।
उन्मूलन *(सं. पु.)* जड़ से उखाड़ना।
समुन्मूलन *(सं. पु.)* पूर्ण रूप से नाश।
बेलन *(हि.पुं.)* कोई लंबा गोल लुढ़कनेवाला पदार्थ।
मेलन *(सं. पु.)* मिलने की क्रिया या भाव।
सम्मेलन *(सं. पु.)* मनुष्यों का एकत्रित समाज, जमघट, मेल।
तोलन *(सं. पु.)* तौलने की क्रिया।
उत्तोलन *(सं. पु.)* उठाव, चढ़ाव, तौलना।
अन्दोलन *(सं.स्त्री.)* लहर का उठना और उतारना।
आन्दोलन *(सं. पु.)* झाका, कम्प, अनुसन्धान, विप्लव, उपद्रव।
कवन *(हि.सर्व.)* देखो कौन।
सुखवन *(हि.पुं.)* न्यूनता।
गमन *(हिं. पु.)* प्रस्थान, चलना, जाना।
मृमवन *(सं. पु.)* आखेट का जंगल।
आगवन *(हि.पुं.)* आगमन, आना।

अचवन *(हि.पुं.)* आचमन, भोजन के बाद हाथ-मुँह धोना।
अँचवन *(हि.पुं.)* आचमन।
(अँचवना) (हि. क्रि.) आचमन करना।
यवन *(हि.पुं.)* अरब देश, देखो यवन।
विठवन *(हि.स्त्री.)* देखो देवोत्थान।
आश्त्वन *(सं. पु.)* आश्वासन, ढाढ़स।
दतवन *(हि.स्त्री.)* देखो दतुवन।
चितवन *(हि.स्त्री.)* दृष्टि, कटाक्ष, भौंह चढ़ाना।
ध्वन *(सं. पु.)* शब्द।
अध्वन्, अध्य *(सं.स्त्री.)* पथ, भूमि, स्थान।
नवन *(हि.पुं.)* देखो नमन।
पवन *(सं. पु.)* वायु; *(वि.)* पावन, पवित्र।
उपवन *(सं. पु.)* छोटा जंगल, उद्यान, बगीचा।
बवन *(हि.पुं.)* देखो वमन।
भवन *(सं. पु.)* प्रासाद, हर्म्य, गृह; *(हि.पुं.)* जगत, संसार।
राजभवन *(सं. पु.)* राजा का प्रासाद।
कोपभवन *(सं. पु.)* वह कोठरी जिसमें क्रोध में आकर कोई मनुष्य बैठता है।
ब्रह्मभवन *(सं. पु.)* ब्रह्मलोक।
बहिर्भवन *(सं. पु.)* बाहर का घर।
सुरभवन *(सं. पु.)* सुरपुरी, अमरावती।
देवभवन *(सं. पु.)* स्वर्ग, देवालय।
वासभवन *(सं. पु.)* वासगृह।
वस्त्रभवन *(सं. पु.)* रावटी।
लताभवन *(सं. पु.)* लताओं का झुंड।
यवन *(सं. पु.)* यूनान देश का निवासी, मुसलमान।
च्यवन *(सं. पु.)* टपकना, चूना, रसना।
श्रवन *(हि.पुं.)* देखो श्रवण।
करवन *(हि.पुं.)* करनफूल।
झूरवन *(हि.स्त्री.)* किसी सूखे पदार्थ से निकला हुआ अंध।
लवन *(सं. पु.)* छेदन, खेत की उपज की कटाई, लुनाई; *(हि. क्रि.)* पके हुए अन्न के पौधों को खेत में से काटकर इकट्ठा करना; *(हि.स्त्री.)* लुनाई अन्न काटने का शुल्क।
प्लवन *(सं. पु.)* उछलना, कूदना।
क्वन् *(सं. पु.)* कुक्कुर, कुत्ता।
स्वन (रां. पु.) ध्वनि, शब्द।
रथस्वन *(सं. पु.)* रथ का शब्द।
करस्वन *(सं. पु.)* हस्तध्वनि।
महास्वन *(सं. पु.)* लड़ाई का डंका।
निस्वन *(सं. पु.)* शब्द।
सुस्वन *(सं.वि.)* उत्तम शब्द या ध्वनि।
संवन *(सं. पु.)* यज्ञस्थान, प्रसव।
पुंसवन *(सं. पु.)* द्विजों के सोलह संस्कारों में से एक संस्कार।
हवन *(सं. पु.)* होम, किसी देवता के निमित्त अग्नि में घृत, तिल, जव आदि डालने की क्रिया, अग्नि, अग्निकुण्ड।
इक्कावन *(हि.वि.)* देखो इक्यावन।
पकावन *(हि.पुं.)* देखो पकवान।
सिखावन *(हि.पुं.)* उपदेश, शिक्षा।
लगावन (हि. क्रि.) देखो लगाना।
बिछावन, बिछायत *(हि.पुं.)* बिछौना।
लजावन *(हि. क्रि.)* लजाना।
सजावन *(हि.पुं.)* सजाने का भाव या क्रिया।
आँवन *(हि.पुं.)* पहिये के मध्य भाग में जड़ी हुई सामी जिसमें धुरे का डंडा घूमता है।
बटावन *(हि.पुं.)* अन्नप्राशन।
बँटावन *(हि.वि.)* बाँटने या भाग करनेवाला।
अट्ठावन *(हि.वि.)* पचास और आठ से बनी हुई संख्या 58।
पठावन *(हि.पुं.)* सन्देश ले जाने वाला दूत।
सत्तावन *(हि.वि.)* पचास और सात की संख्या का; *(पु.)* पचास और सात की संख्या 57।
दावन *(हि.पुं.)* दमन, नाश, खुखड़ा हँसिया।
धावन *(सं. पु.)* शीघ्रगमन, वेग से दौड़कर जाना, धोने या स्वच्छ करने का काम।
मुखधावन *(सं. पु.)* दतुवन करना।
पावधावन *(सं. पु.)* पैर धोने की क्रिया।
दन्तधावन *(सं.पुं.)* दाँत धोने या स्वच्छ करने की क्रिया।
वधावन *(सं. पु.)* वेग से दौड़ना।
बनावन *(हि.पुं.)* कंकड़ी, मिट्टी, छिलके आदि जो अन्न को स्वच्छ करने पर निकलें, बिनन।
गुनावन *(हि.पुं.)* विचार।
पावन *(सं.वि.)* शुद्ध, पवित्र; *(सं.स्त्री.)* पवित्रता, शुद्धता।
पतितपावन *(सं.वि.)* पापों को पवित्र करनेवाला, ईश्वर।
बावन *(हि.वि.)* पचास और दो की संख्या का; *(पु.)* पचास और दो की संख्या 52।
भावन *(हि.वि.)* जो प्रिय या अच्छा जान पड़े।
मनभावन *(हि.वि.)* मन को अच्छा लगनेवाला।
परिभावन *(सं. पु.)* संयोग, मिलाप।
विभावन *(सं. पु.)* विशेष रूप से चिन्तन।
यावन *(सं.वि.)* यवन संबंधी।
इक्यावन *(हि.वि.)* पचास और एक।
एक्यावन *(हि.वि.)* पचास और एक; *(पु.)* पचास और एक की संख्या 51।
भयावन *(हि.वि.)* डरावना।
झुरावन *(हि.स्त्री.)* किसी वस्तु को सुखाने के कारण उसमें से निकला हुआ अंश।
जलावन *(हि.पुं.)* इन्धन, जलाने की लकड़ी।
नशावन *(हि.वि.)* नष्ट करनेवाला।
श्रावन *(हि.पुं.)* श्रावण मास।

पसावन *(हि.पुं.)* पानी, माड़, पीच।
महावन *(सं. पु.)* घोर जंगल।
रहावन *(हि.स्त्री.)* वह स्थान जहाँ पर रहना हो।
तरिवन *(हि.पुं.)* तरकी, करनफूल।
खीवन *(हि.पुं.)* उन्मत्तता, पागलपन।
जीवन *(हि.स्त्री.)* वृत्ति, जीविका, प्राणप्यारा, परमप्रिय।
मृगजीवन *(सं. पु.)* व्याघ्र।
प्राणजीवन *(सं. पु.)* परम प्रिय व्यक्ति।
मेघजीवन चकवा पक्षी।
आजीवन *(सं. पु.)* वृत्ति का उपाय। *(अव्य.)* जीवन पर्यन्त।
सरजीवन *(हि.वि.)* जिलानेवाला।
वृष्टिजीवन *(सं. पु.)* चातक पक्षी।
तरूजीवन *(सं. पु.)* पेड़ की जड़।
ठीवन *(हि.पुं.)* थूक, खखार।
ष्ठीवन *(सं. पु.)* थूकना।
सीवन *(सं. पु.)* सीने का काम, सिलाई, सन्धि, दरार।
धुवन *(हि.पुं.)* दुर्जन, बुरा मनुष्य।
भुवन *(सं. पु.)* जगत्, संसार, जल।
वीहुवन *(हिं. पु.)* एक प्रकार का विषधर सर्प, कृष्णसर्प।
त्रिभुवन *(सं. पु.)* त्रिलोक।
त्रिभवन स्वर्ग, मत्य, पाताल।
जेवन (हि. क्रि.) देखो जीमना।
सेवन *(सं. पु.)* सीना, आराधना, पूजन, उपभोग, प्रयोग, सेवा, परिचर्या।
तपोवन *(सं. पु.)* मुनियों का आश्रय स्थान।
निरोधन *(सं. पु.)* गति का अवरोध, रुकावट।
जीवन *(हि.वि.)* पचास और चार की संख्या का 54।
यौवन जवानी, युवा अवस्था।
प्राप्त यौवन *(सं. पु.)* जिसकी युवावस्था आ गई हो।
नवयौवन *(सं. पु.)* तरुण अवस्था, जवानी।
प्रश्न *(सं. पु.)* जिज्ञासा, पूछने की बात।
शिश्न *(सं. पु.)* उपस्थ, मेढ़।
अशन *(सं. पु.)* भोजन, आहार।
नशन *(सं. पु.)* दाँत, शिखर।
अनशन *(सं. पु.)* उपवास, लंघन।
विनशन *(सं. पु.)* नाश।
दर्शन *(सं. पु.)* नयन, दर्पण, भेंट, साक्षात्कार, ज्ञान, वह शस्त्र जिसके द्वारा यथार्थ तत्व का ज्ञान होता है।
अदर्शन *(सं. पु.)* लोप, असावधानी, *(वि.)* अगोचर।
दिग्दर्शन *(सं. पु.)* अभिज्ञता, जो कुछ उदाहरण के रूप में दिखाया जाए।
षड्दर्शन *(सं. पु.)* हिन्दुओं के छः दर्शन शास्त्र यथा–न्याय, वैशविक, सांख्य, वेदान्त, मीमांसा और योग।
शुभदर्शन *(सं.वि.)* सुन्दर।
पुण्यदर्शन *(सं.वि.)* जिसके दर्शन का शुभ फल हो।
प्रियदर्शन *(सं.वि.)* जो देखने में सुन्दर हो।
प्रदर्शन *(सं. पु.)* उल्लेख।
पारदर्शन *(सं.वि.)* सर्वज्ञ, पारगामी।
निदर्शन *(सं. पु.)* प्रकाशित करने या दिखलाने का काम, उदाहरण, दृष्टान्त।
स्पर्शन *(सं. पु.)* छूने की क्रिया।
परामर्शन *(सं. पु.)* स्मरण, चिन्तन।
निरशन *(सं. पु.)* अनशन, उपवास।
प्रकाशन *(सं. पु.)* प्रकाशित करने का काम, किसी ग्रन्थ को छापकर सर्वसाधारण के प्रचलित करने का काम।
मृताश्न *(सं.वि.)* शव खानेवाला।
अमृताशन *(सं. पु.)* देवता।
मिताशन *(सं.वि.)* कम भोजन करने वाला।
पिशिताशन *(सं.वि.)* मांस खानेवाला।
हुताश, हुताशन *(सं. पु.)* अग्नि, आग।
पापनाशन *(सं.वि.)* पापनाशक *(पु.)* विष्णु, शिव।
प्रनाशन *(हि.पुं.)* देखो प्रणाशन।
विनाशन *(सं. पु.)* संहार, नाश।
मत्स्याशन *(सं. पु.)* मछली खानेवाला।
अग्राशन *(सं. पु.)* अग्राहार।
प्राशन *(सं.स्त्री.)* भोजन, खाना।
मांसाशन *(सं. पु.)* मांस-भक्षण।
यज्ञाशन *(सं. पु.)* देवता।
अधिवेशन *(सं. पु.)* संघटन।
निवेशन *(सं. पु.)* स्थापन, स्थिति।
दर्शन *(सं. पु.)* दाँत काटना, डंसना।
कर्षन *(सं. पु.)* खिंचान, आकर्षण।
आकर्षन *(हि.पुं.)* देखो आकर्षण।
भीषन *(हि.वि.)* देखो भीषण, भयंकर।
भूषन *(हि.पुं.)* देखो भूषण।
दोषन *(हि.पुं.)* दूषण, दोष, अपराध।
कृत्स्न *(सं.वि.)* सम्पूर्ण, सब।
कसन *(हि.स्त्री.)* कसने की रस्सी, कसने की विधि।
विकसन *(सं. पु.)* फूटना, खिलना।
पटसन *(हि.पुं.)* पाट, जूट।
पाटसन *(हि.पुं.)* पटसन, पटुआ।
डसन *(हि.स्त्री.)* डसने की क्रिया या ढंग।
घँसन *(हि.स्त्री.)* घँसने की क्रिया।
अनसन *(हि.वि.)* उपवास, अनशन।
वसन *(हि.पुं.)* देखो वसन।
अभ्यसन *(सं. पु.)* अभ्यास, व्यायाम।
व्यसन *(सं. पु.)* आपत्ति, दुःख, कष्ट, निष्फल, प्रयत्न, लत, काम और क्रोध जनित दोष, किसी बात का प्रेम।
ग्रसन *(सं. पु.)* भक्षण, पकड़।

छवि, वरसन *(हि.पुं.)* दर्शन।
श्रुवरसन *(हि.पुं.)* देखो सुदर्शन।
परसन *(हि.पुं.)* स्पर्श; *(वि.)* प्रसन्न।
भरसन *(हि.स्त्री.)* भर्त्सना, डाँट फटकार।
सारसन *(सं. पु.)* कटिबन्ध।
निरसन *(सं. पु.)* निराकरण, परिहार, वध।
बिरसन *(हि.पुं.)* विष, गरल।
द्विरसन *(सं. पु.)* सर्प।
विलसन *(सं. पु.)* आमोद-प्रमोद, क्रीड़ा।
वसन *(सं. पु.)* वस्त्र, आवरण, ढाँपने की वस्तु, निवास।
मुक्तवसन *(सं.वि.)* नग्न, नंगा।
बनवसन *(हि.पुं.)* वृक्ष की छाल का बना हुआ कपड़ा।
श्वसन *(सं. पु.)* साँस लेना, हाँफना।
निवसन *(सं. पु.)* घर, वस्त्र, कपड़ा।
सुवसन *(सं. पु.)* उत्तम वस्त्र।
हसन *(सं. पु.)* परिहास, विनोद।
हँसन *(हि.स्त्री.)* हँसने की क्रिया या भाव।
प्रहसन *(सं. पु.)* अट्टहास, परिहास, व्यंगोक्ति, चहल, खिल्ली।
त्रसन *(सं. पु.)* उद्वेग, भय।
क्षासन *(सं. पु.)* स्थिति, बैठने का ढंग, बैठक, बैठने की वस्तु।
सुआसन *(सं. पु.)* बैठने का सुन्दर आसन।
निष्कासन *(सं. पु.)* बाहर करना।
विकासन *(सं. पु.)* विकास, वृद्धि।
सुखासन *(सं. पु.)* वह आसन जिस पर बैठने से सुख मिलता हो, पालकी, डोली।
सिंगासन *(हि.पुं.)* देखो सिंहासन।
सिंघासन *(हि.पुं.)* देखो सिंहासन।
राजासन *(सं. पु.)* राजाओं के बैठने का आसन।
पर्युपासन *(सं. पु.)* सेवा सत्कार।
कर्षासन *(सं. पु.)* कुशासन।
धर्मासन *(सं. पु.)* न्यायाधीश के उठने का आसन।
मयूरासन *(सं. पु.)* शाहजहाँ का बनवाया हुआ मयूर के आकार का प्रसिद्ध सिंहासन।
वरासन *(सं. पु.)* श्रेष्ठ आसन, सिंहासन।
धरासन *(सं. पु.)* धनुष, कमान, धृतराष्ट के एक पुत्र का नाम।
शक्रशरासन *(सं. पु.)* इन्द्रधनुष।
कमलासन *(सं. पु.)* ब्रह्मा, हठयोग का पटमासन।
बासन *(हि.पुं.)* पात्र, भांड।
निर्वासन *(सं. पु.)* मारण, नगर, देश, गाँव आदि से दण्ड रूप में बाहर निकाला जाना।
प्रवासन *(सं. पु.)* देश या नगर में प्रवास करना।
समाश्वासन *(सं. पु.)* आश्वासन, धीरज।
विश्वासन *(सं. पु.)* आज्ञा, आदेश, लिखित प्रतिज्ञा, इन्द्रियों का निग्रह।
पाकशासन *(सं. पु.)* इन्द्र।
कूटशासन *(सं. पु.)* मिथ्या शासन, धोखे का राज्य।
स्वायत्त शासन *(सं. पु.)* स्थानिक स्वराज्य।
शब्दशासन *(सं. पु.)* व्याकरण के नियम।
कुशासन *(सं.वि.)* जिस पर शासन करना कठिन हो।
लिंगानुशासन *(सं. पु.)* व्याकरण में शब्दों के लिंगनिरूपण करने के नियम।
दुसासन *(हि.पुं.)* देखो दुशासन।
सिंहासन *(हि.पुं.)* राजाओं का श्रेष्ठ आसन, देवता को बैठाने की चौकी आदि।
राजसिंहासन *(सं. पु.)* राजा के बैठने का सिंहासन।
वेत्रासन *(सं. पु.)* बेंत का बना हुआ आसन।
घिसन *(हि.स्त्री.)* रगड़।
बिसन *(हि.पुं.)* देखो व्यसन।
ईसन *(हि.)* ईशान कोण।
भूसन *(हि.पुं.)* देखो भूषण।
बेसन *(हि.पुं.)* चने का महीन आटा।
बेसन *(सं. पु.)* देखो बेसन।
पीसन *(हि.पुं.)* रक्षा, पालन।
औसन *(हि.स्त्री.)* उष्णता, गरमी।
ध्वंसन *(सं. पु.)* नाश करने की क्रिया।
प्रध्वंसन *(सं. पु.)* नाश।
शंसन *(सं. पु.)* कथन, प्रार्थना, हिंसन।
प्रशंसन *(सं. पु.)* गुणकीर्तन।
कहन *(हि.पुं.)* कथन, भाषण।
गहन *(सं. पु.)* वन, जंगल।
अगहन *(हि.पुं.)* अग्रहायण, मार्गशीर्ष।
मृगहन *(सं.स्त्री.)* व्याध, बहेलिया।
कड़हन *(हि.पुं.)* जंगली धान।
खड़हन *(हि.पुं.)* एक प्रकार का धान।
विघहन *(सं. पु.)* रगड़ान।
वहन *(सं. पु.)* अग्नि।
अवहन *(हि.पुं.)* पानी जो चावल या दाल उबालने के लिए आँच पर रखा जाता है।
प्रदहन *(सं. पु.)* अच्छी तरह से जलना।
दवदहन *(सं. पु.)* जंगल की आग।
वहन *(हि.पुं.)* पुरवट खींचने की मोटी रस्सी, नार।
बहन *(हि.स्त्री.)* देखो बहिन *(स्त्री.)* बहन की क्रिया या भाव।
उबहन *(हि.स्त्री.)* पानी खींचने का रस्सा।
अरहन *(हि.पुं.)* बेसन या आटा जो तरकारी इत्यादि में डाला जाता है।
गरहन *(हि.पुं.)* ग्रहण।

नृहन *(सं. पु.)* नरघातक।
रहन *(हि.स्त्री.)* रहने की क्रिया या भाव, रहने का ढंग, व्यवहार।
शिरहन *(हि.पुं.)* सिरहाना, तकिया।
अलहन *(हि.पुं.)* बुरा समय।
जोहन *(हि.स्त्री.)* प्रतीक्षा, खोज।
टकटोहन *(हि.पुं.)* छूकर या टटोलकर देखने की क्रिया।
मोहन *(सं. पु.)* जिसको देखकर मन लुभाए।
श्रीकृष्ण *(हि.वि.)* मोह उत्पन्न करनेवाला।
मनमोहन *(हि.वि.)* प्रिय, प्यारा *(पु.)* श्रीकृष्ण।
सम्मोहन *(सं. पु.)* मोहित करने की क्रिया।
सोहन *(हि.वि.)* शोभन, अच्छा करने वाला।
निरक्षन *(हि.पुं.)* देखो निरीक्षण।
तीक्ष्ण, तीक्ष्न *(हि.वि.)* तीक्ष्ण।
दलहन *(हि.पुं.)* वह अन्न जिसकी दाल बनाई जाए।
तिलहन *(हि.पुं.)* वे पौधे जिनके बीजों से तेल निकाला जाता है।
दुलहन *(हि.स्त्री.)* नवविवाहिता वधू।
तेलहन *(हि.पुं.)* वे बीज जिनमें से तेल निकाला जाता है।
वहन *(सं.पुं.)* भार ले जाने का कार्य अपने ऊपर लेना।
वहनीय *(सं.वि.)* ले जाने योग्य।
वहाँ *(हि.अव्य.)* उस स्थान पर।
प्रवहन *(सं. पु.)* यान, सवारी, पोत, नाव।
सहन *(सं. पु.)* क्षान्ति, क्षमा।
आहन *(हि.पुं.)* भीत उठाने के लिए मिट्टी और तृण का मिश्रण।
गाहन *(सं. पु.)* स्नान।
अवगाहन *(सं. पु.)* पानी में घुसकर स्नान, प्रवेश।
पाहन *(हिं. पु.)* पाषाण, पत्थर।
मध्यान्ह *(सं.पुं.)* दिन का मध्य भाग, ठीक दोपहर का समय।
परान्ह *(सं.वि.)* अपरान्ह, तीसरा पहर।
अपरान्ह *(सं. पु.)* तीसरा पहर।
पूर्वान्ह *(सं. पु.)* दिनमान का प्रथम भाग, प्रातःकाल से दोपहर तक का समय।
पदचिह्न *(सं. पु.)* वह चिह्न जो चलते समय भूमि पर बन जाता है।
पादचिह्न *(सं. पु.)* दोनो पैरों के चिह्न।
वाहन *(सं. पु.)* यान।
शक्रवाहन *(सं. पु.)* मेघ, बादल।
मेघवाहन *(सं. पु.)* इन्द्र।
नृवाहन *(सं. पु.)* नरवाहन, कुबेर।
हरवाहन *(सं. पु.)* शिव की सवारी, बैल।
शिववाहन *(सं. पु.)* वृषभ, बैल।
आवाहन *(सं. पु.)* मन्त्र द्वारा देवता को बुलाना, निमंत्रण।
प्रोत्साहन *(सं. पु.)* अधिक उत्साह।

बेहन *(हि.पुं.)* अन्न आदि का बीज जो खेत में बोया जाता है, बीज।
मेहन *(सं. पु.)* शिश्न, लिंग।
आन *(हि.स्त्री.)* सीमा, शपथ, भय।
कान *(हि.पुं.)* सुनने की इन्द्रिया, कर्ण।
खान *(हि.स्त्री.)* जिस स्थान को खोदकर पत्थर, धातु इत्यादि निकाले जाते हैं।
गान *(सं.स्त्री.)* गाने की क्रिया, संगीत।
घान *(हि.पुं.)* जितनी वस्तु एक बार में चक्की में डाली जाती है, अथवा पकाई जाती है।
छान *(हि.स्त्री.)* घास-फूस की छाजन, खपरैल।
जान *(हि.स्त्री.)* ज्ञान, अनुमान।
तान *(हि.स्त्री.)* फैलाव, तनाव।
तान *(सं.स्त्री.)* विस्तार, फैलाव, खींच, लय का विस्तार, आलाप।
थान *(हि.पुं.)* स्थान, ठिकाना, घोड़े या चौपायों के बाँधने का स्थान; मन्दिर, देवालय, संख्या, कपड़े बोझ आदि का पूरा टुकड़ा।
दान *(सं. पु.)* हाथी का मद, राजनीति के चार उपायों में से एक कार्य, त्याग, धमार्थ कार्य।
धान *(हि.पुं.)* तृण जाति का एक पौधा जिसके बीजों का छिलका हटाने पर चावल होता है।
पान *(सं. पु.)* पीना, मदिरा पीना, पीने का पदार्थ, मद्य; *(वि.)* रक्षा करनेवाला।
पान *(हि.पुं.)* टाम्बूल, पान के आकार की कोई वस्तु, ताश के पन्ने के चार भेदों में से एक।
बान *(हि.पुं.)* बाण, तीर, एक प्रकार की अग्निक्रीड़ा, जो तीर के आकार की होती है, अभ्यास, बनावट; *(पु.)* कान्ति, रंग।
भान *(सं. पु.)* प्रकाश, दीप्ति, चमक।
मान *(सं. पु.)* परिमाण, सामर्थ्य, शक्ति, प्रतिष्ठा।
यान *(सं. पु.)* घोड़ा, हाथी रथ आदि सवारी, विमान, वाहन।
पानयान *(हि.स्त्री.)* जल के ऊपर तैरने वाली लोहे या लकड़ी आदि की बनी हुई सवारी, जलयान।
लान (हि.अव्य.) वास्ते, लिए।
बान *(हि.पुं.)* देखो बाण।
सान *(हि.पुं.)* अस्त्रादि की धार पैनी करने का पत्थर का चाक, शाण।
ज्ञान *(सं. पु.)* बोध, प्रतीति, जानकारी।
सुक्कान *(हि.पुं.)* तलवार।
ठठकान *(हि.स्त्री.)* रुकावट।
तथकान *(हि.स्त्री.)* देखो थकान, थकावट।
थकान *(हि.स्त्री.)* शिथिलता, थकावट।
मटकान *(हि.स्त्री.)* नृत्य, मटक, चोचला।
मुसकान *(हि.पुं.)* देखो मुसकराहट।

महकान *(हि.स्त्री.)* देखो महक।

टिकान *(हि.पुं.)* टिकने का स्थान, चट्टी, पड़ाव।

ठिकान *(हि.पुं.)* ठिकाना, पता।

धिआन *(हि.पुं.)* देखो ध्यान।

टेकान *(हि.पुं.)* टेक, चाँड़, खंभा।

पखान *(हि.पुं.)* देखो पाषाण, पत्थर।

कखान *(हि.पुं.)* वर्णन, कथन, गुण-कीर्तन, प्रशंसा।

रखान *(हि.स्त्री.)* चराई की भूमि।

पाखान *(हि.पुं.)* देखो पाषाण, पत्थर।

बिखान *(हि.पुं.)* देखो विषाण।

परिखान *(सं. पु.)* परिखा, खाई।

विखान *(हि.पुं.)* देखो विषाण।

लगान *(हि.पुं.)* लगने या लगाने की क्रिया, भूमिकर जो किसान भूस्वामी को देता है।

धिंगान (हि. क्रि.) ऊधम मचाना, उपद्रव करना।

अड़ान *(हि.स्त्री.)* विश्राम स्थान, पड़ाव।

रगड़ान *(हि.स्त्री.)* रगड़ने की क्रिया या भाव।

जड़ान *(हि.स्त्री.)* जड़ाई।

(जड़ाना) (हि. क्रि.) जड़ने का काम दूसरे से कराना, शीत लगना।

सड़ान *(हि.स्त्री.)* सड़ने की क्रिया।

उड़ान *(हि.पुं.)* उड़ने का कार्य, छलाँग।

दौड़ान *(हि.स्त्री.)* दौड़ने की क्रिया या भाव, वेग।

मचान *(हि.स्त्री.)* चार खंभों पर बाँस या टट्टर बाँधकर बनाया हुआ स्थान जिस पर बैठकर लोग शेर आदि का शिकार करते हैं या किसान खेत की रखवाली करते हैं।

पहचान *(हि.स्त्री.)* पहचानने की सामग्री, परिचय, लक्षण।

कपड़छान *(हि.पुं.)* किसी चूर्ण को कपड़े में छानने का काम।

निछान *(हि.वि.)* विशुद्ध, बिना मिलावट का; (क्रि. वि.) एकदम।

पिछान *(हि.स्त्री.)* देखो पहचान।

अनजान *(हि.वि.)* अनभिज्ञ, अज्ञान।

बिजान *(हि.वि.)* अज्ञान।

दुजानू *(हि. क्रि. वि.)* दोनों जाँघ के बल।

सुजान *(हि.वि.)* चतुर, निपुण; सज्जनः *(पु.)* पति या प्रेमी।

बझान *(हि.स्त्री.)* बझाव।

(बझाना) (हि. क्रि.) उलझाना, फँसाना।

कटान *(हि.स्त्री.)* काटने का कार्य।

चट्टान *(हि.स्त्री.)* पत्थर का लंबा चौड़ा टुकड़ा, शिला-खण्ड।

लटपटान *(हि.स्त्री.)* लड़खड़ाहट।

खृष्टान *(हि.वि.)* क्रिस्तान, ईसाई।

सटान *(हि.स्त्री.)* मिलान।

(सटाना) (हि. क्रि.) मिलाना, जोड़ना।

गिरगिटान *(हि.पुं.)* देखो गिरगिट।

लाटान *(हि.स्त्री.)* लौटने की क्रिया या भाव।

झठान *(हि.पुं.)* अनुचित कार्य, द्रोह।

देवठान *(हि.पुं.)* कार्तिक सुदी, एकादशी।

अधिष्ठान *(सं. पु.)* रहने का स्थान, नगर, आश्रय, आधार, अधिकार।

राजाधिष्ठान *(सं. पु.)* किसी राजा की राजधानी।

अनुष्ठान *(सं. पु.)* कार्यारम्भ, शास्त्रविहित कर्म का आचरण, वांछित फल की आकांक्षा से देवता की आराधना।

उठान *(हि.पुं.)* वृद्धि, यौवन की अवस्था, बनावट, आरंभ।

इकतान *(हि.वि.)* सदृश, अभिन्न।

एकतान *(हि.वि.)* एकाग्रचित्त।

भुगतान *(हि.पुं.)* निबटारा।

खींचतान *(हि.स्त्री.)* उलट-पलट।

उत्तान *(सं.वि.)* मुँह ऊपर किया हुआ।

सुरतान *(हि.स्त्री.)* स्वर का अलाप।

दलतान *(हि.वि.)* जर्जर, फटा पुराना।

क्रिस्तान ईसाई धर्मानुयायी।

हिन्दुस्तान *(हि.पुं.)* भारतवर्ष।

वितान *(सं. पु.)* विस्तार, फैलाव, समूह।

उतान *(सं.वि.)* औंधा।

सन्तान *(सं. पु.)* बाल बच्चे, वंश, कुल।

निःसन्तान *(सं.वि.)* जिसके संतान न हो।

निस्संतान *(हि.वि.)* संतति रहित।

उत्थान *(सं. पु.)* उन्नति, उठाव, निकास।

समुत्थान *(सं. पु.)* आरंभ, उदय, उत्पत्ति।

प्रत्युत्थान *(सं. पु.)* किसी बड़े या पूज्य के आने पर उसके स्वागत के लिए आसन छोड़कर खड़े हो जाना।

अभ्युत्थान *(सं. पु.)* किसी का आदर करने के लिए उठकर खड़े हो जाना, उठना, उद्भव, उच्च पद की प्राप्ति।

देवोत्थान *(सं. पु.)* कार्तिक शुक्ल एकादशी, डिठवन एकादशी।

सुरथान *(हि.पुं.)* स्वर्ग।

स्थान *(सं. पु.)* भूमिभाग, मैदान, ठौर, वेदी, डेरा, पद, राज्य, देश, अवसर, अवस्था।

अस्थान *(सं. पु.)* बुरा स्थान; *(हि.पुं.)* स्थान।

योगस्थान *(सं. पु.)* भोगभूमि।

दण्डस्थान *(सं. पु.)* शरीर का वह अंग जहाँ पर दण्ड दिया जा सकता है।

वर्णस्थान *(सं. पु.)* वर्ण का उच्चारण स्थान।

उपस्थान *(सं. पु.)* उपस्थिति, उपासन, पूजा के निमित्त निकट आना।

पाकस्थान *(सं. पु.)* पाकशाला

श्रमस्थान *(सं. पु.)* कार्यालय, परिश्रम करने का स्थान।

लेख्यस्थान *(सं. पु.)* वह स्थान जहाँ पर लिखने-पढ़ने का काम होता है।

पुण्यस्थान *(सं. पु.)* तीर्थ स्थान।
प्रस्थान *(सं. पु.)* गमन।
(प्रस्थानी) *(हि.वि.)* प्रस्थान करनेवाला, जानेवाला।
घरस्थान *(सं.पुं.)* नाव से उतरने-चढ़ने का स्थान, घाट।
जलस्थान *(सं. पु.)* जलाशय।
मूल-स्थान *(सं. पु.)* प्रधान स्थान।
श्रवस्थान *(सं. पु.)* स्थान, स्थिति, ठिकाना।
पर्यचस्थान *(सं. पु.)* विरोध।
देवस्थान *(सं. पु.)* देवालय, देवमन्दिर, ठाकुरद्वारा।
निवासस्थान *(सं. पु.)* रहने का स्थान, घर।
यथास्थान *(सं.अव्य.)* ठीक स्थान पर।
हिंदुस्थान *(हिं. पु.)* देखो भारतवर्ष।
मधुस्थान *(सं. पु.)* मधुमक्खी का छत्ता, मण्डल, समाज, सभा, समुदाय।
संस्थान *(सं. पु.)* स्थिति, ठहराव, आयोजन।
पंथान *(हिं. पु.)* पथ, मार्ग।
पीकदान *(हि.पुं.)* उगलदान।
खदान *(हि.स्त्री.)* किसी वस्तु की खान, खोदने का कार्य।
वाग्दान *(सं. पु.)* कन्या के पिता का किसी से यह कहना कि मैं तुम्हें अपनी कन्या ब्याह दूँगा।
गजदान *(सं. पु.)* हाथी का मद।
पिण्डदान *(सं. पु.)* पिण्ड देने का काम।
प्राणदान *(सं. पु.)* जीवनदान।
अन्नदान *(हि.पुं.)* भोजन देना।
जीवनदान *(सं. पु.)* प्राण रक्षा।
पानदान *(हि.पुं.)* वह डब्बा जिस में पान, सुपारी आदि डाला जाता है।
दीपदान *(सं. पु.)* किसी देवता के सामने दीपक जलाने का कार्य।
जीयदान *(हि.पुं.)* प्राणदान, जीवनदान।
बदान *(हि.स्त्री.)* किसी बात का प्रतिज्ञापूर्वक पहले से स्थिर किया जाना।
हविदान *(सं. पु.)* यज्ञ में घृत आदि की आहुति।
पितृदान *(सं. पु.)* पितरों के उद्देश्य से दिया हुआ अन्न आदि का दान।
नरदान *(हि.स्त्री.)* नाद करना, गरजना।
प्रदान *(सं. पु.)* दान देने की क्रिया।
आदान-प्रदान *(सं. पु.)* लेन-देन।
सम्प्रदान *(सं. पु.)* देने की क्रिया या भाव, भेंट, व्याकरण में चतुर्थी विभक्ति जिसका हिन्दी में चिह्न 'को' 'के लिए' होता है।
जलप्रदान *(सं. पु.)* पितर आदि को तर्पण।
वरदान *(सं.पुं.)* किसी देवता आदि का प्रसन्न होकर माँगी हुई वस्तु का देना, फलप्राप्ति।
सिंगारदान *(हि.पुं.)* वह छोटी पेटी जिसमें शृंगार की सामग्री रखी जाती है।
सिंदूरदान *(हि.पुं.)* सिन्दूर रखने की डिबिया।
फूलदान *(हि.पुं.)* गिलास के आकार का फूलों को रखने का पात्र।
पावदान *(हि.पुं.)* पैर रखने की वस्तु या स्थान।
नासदान *(हि.पुं.)* सुँघनी रखने की डिबिया।
आदान *(सं. पु.)* ग्रहण, पकड़।
धुआँदान *(हि.पुं.)* छत में धुआँ निकलने का छिद्र।
अपादान *(सं.पुं.)* विभाग, अलगाव, व्याकरण में वह कारक जिसमें विभागादि सूचित होता है, इस कारक में पंचमी विभक्ति लगती है।
उपादान *(सं. पु.)* प्राप्ति, वर्णन, इन्द्रियों का निग्रह, अभिप्राय, बोध।
विद्यादान *(सं. पु.)* विद्या पढ़ाना, शिक्षा देना।
शय्यादान *(सं. पु.)* मृतक के उद्देश्य से चारपाई, बिछावन आदि का दान।
छायादान *(सं.पुं.)* घी या तेल में अपने मुख की छाया देखकर इसमें कुछ दक्षिणा डालकर दान करने की विधि।
तुलादान *(सं. पु.)* एक महादान जिसमें किसी मनुष्य के तौल के बराबर द्रव्य का दान होता है।
महादान *(सं. पु.)* वे बड़े दान जिनके करने में अनन्त स्वर्ग की प्राप्ति होती है।
प्रतिदान *(सं. पु.)* विनिमय, बदला।
निदान *(सं. पु.)* रोग की पहिचान, अन्त, कारण; *(अव्य.)* अन्त में।
बलिदान *(सं. पु.)* किसी देवता के उद्देश्य से नैवेद्य आदि पूजा की सामग्री चढ़ाना, दुर्गा आदि देवता को चढ़ाने के लिए बकरा आदि पशु को मारना।
कुदान *(सं. पु.)* अयोग्य पुरुष को दिया जानेवाला दान; *(हि.स्त्री.)* उछलकूद, कुदाई, छलाँग।
वसुदान *(सं. पु.)* धनदान।
उपधान *(सं. पु.)* शिरोधान, तकिया।
प्रधान *(सं. पु.)* सेनाध्यक्ष, सचिव, मन्त्री, सरदार, नेता; *(वि.)* मुख्य, सर्वश्रेष्ठ, उत्तम, प्रमुख।
अप्रधान *(सं.वि.)* गौण, सामान्य।
कचरघान *(हि.पुं.)* भीड़भाड़, मारपीट।
परधान *(हि.वि.)* देखो प्रधान।
अनवधान *(सं. पु.)* असावधानी।
व्यवधान *(सं. पु.)* विभाग, आच्छादन।
शतावधान *(सं. पु.)* वह मनुष्य जो एक साथ बहुत सी बातों को सुनकर उनको क्रम से याद रखता हो।
सावधान *(सं.वि.)* सचेत, सतर्क।
समाधान *(सं. पु.)* चित्त को एकाग्र करके ब्रह्म की ओर लगाना, किसी प्रश्न का सन्तोषकारक उत्तर, निष्पत्ति, निबटारा, समर्थन।

प्रणिधान *(सं. पु.)* मन की एकाग्रता।
निधान *(सं. पु.)* आश्रय, आधार, निधि।
सन्निधान *(सं.वि.)* निकटता, समीपता।
दयानिधान, (दयानिधि) *(सं. पु.)* अति दयालु।
पिधान *(सं. पु.)* आवरण, आच्छादन, परदा, ढपना, किवाड़।
विधान *(सं.पुं.)* किसी कार्य का आयोजन, अनुष्ठान, प्रबन्ध, विधि पद्धति, प्रणाली, ढंग, उपाय, पूजा, व्यवस्था, रचना।
अभिधान *(सं. पु.)* कथन, बातचीत, नाम, शब्दार्थ प्रकाशक ग्रन्थ।
शरीर विधान *(सं. पु.)* वह शास्त्र जिसमें जीव के शरीर का ज्ञान उत्पन्न हो।
सुविधान *(सं. पु.)* अच्छा नियम।
संविधान *(सं. पु.)* व्यवस्था, रीति।
जातुधान *(हि.पुं.)* राक्षस।
पातुधान *(सं. पु.)* राक्षस।
विबुधान *(सं. पु.)* आचार्य, देवता।
युयुधान *(सं. पु.)* क्षत्रिय, योद्धा।
तिरोधान *(सं. पु.)* अन्तर्धान अदर्शन।
बंधान *(हि.पुं.)* लेन-देन के विषय में निश्चित क्रम या नियम, पानी रोकने का बाँध।
सन्धान *(सं. पु.)* संघटन अन्वेषण, खोज, सन्धि, मेल, धनुष पर बाण रखना।
अतिसन्धान *(सं. पु.)* विश्वासघात।
अन्निसन्धान *(सं. पु.)* अन्तिम आशय।
अनुसन्धान *(सं. पु.)* चिन्ता, अन्वेषण, प्रयत्न।
मिष्ठान *(सं. पु.)* मिष्ट द्रव्य, मिठाई।
तृणान्न *(सं. पु.)* तिन्नी का चावल।
परान्न *(सं. पु.)* दूसरे का दिया हुआ भोजन।
पक्वान्न *(सं. पु.)* पका हुआ अन्न, खाने की वस्तु जो घी, पानी आदि के साथ आग पर पकाई गई हो।
नवान्न *(सं. पु.)* नया अन्न।
सिद्धान्न *(सं. पु.)* पका हुआ अन्न, भात।
तिलान्न *(सं. पु.)* तिल की खिचड़ी।
हविष्यान्न *(सं. पु.)* वह अन्न जो यज्ञ के समय प्रयोग किया जाए।
विषान्न *(सं. पु.)* विष मिला हुआ भोजन।
दुष्टान्न *(सं. पु.)* कुत्सित अन्न, बासी अन्न, पाप की कमाई का अन्न।
देवान्न *(सं. पु.)* चरू, हवि।
स्नान *(सं. पु.)* शरीर को जल से धोना अथवा जल की बहती हुई धारा में प्रवेश करना।
अस्नान *(हि.)* देखो स्नान।
मृतस्नान *(सं. पु.)* सजाति या बन्धु के मरने पर उसके उद्देश्य से किया जाने वाला स्नान।
असनान *(हि.पुं.)* स्नान, नहाना।
निनान *(हि.वि.)* निकृष्ट, बुरा। (क्रि. वि.) अन्त में।
अपान *(सं. पु.)* गुदस्थ वायु, अधोवायु।
पगपान *(सं. पु.)* पैर में पहिनने का एक गहना।
पखपान *(हि.पुं.)* पैर में पहिनने का एक गहना।
स्तनपान *(सं. पु.)* स्तन का दूध पीना।
खानपान *(सं. पु.)* खाना-पीना, खाने-पीने की रीति।
धानपान *(हि.पुं.)* विवाह के पहिले की एक रीति जिसमें वर पक्ष की ओर से कन्या के घर धान और हल्दी भेजी जाती है; *(वि.)* पतला।
झप्पान *(हि.पुं.)* चार आदमियों से उठाने की एक प्रकार की पहाड़ी सवारी।
धूमपान *(सं.पुं.)* औषधियों का धुआँ जो नली द्वारा पान कराया जाता है, तंबाकू, बीड़ी आदि पीने का काम।
पयःपान *(सं. पु.)* दुग्ध पान, दूध पीना।
प्रपान *(सं. पु.)* पौसरा, प्याऊ।
किरपान *(हि.स्त्री.)* देखो कृपाण।
जलपान *(हि.पुं.)* प्रातराश, कलेवा।
सहपान *(सं. पु.)* एक साथ मदिरा पीना।
आपान *(सं. पु.)* मद्य पीने का स्थान या दुकान।
शुण्डापान *(सं. पु.)* कलवरिया।
सुरापान *(सं. पु.)* मद्य पीना।
अनुपान *(सं.पुं.)* औषध के साथ मिलाकर अथवा पीछे से जो वस्तु खाई या पी जाए।
सोपान *(सं. पु.)* सीढ़ी।
झंपान *(हिं. पु.)* एक प्रकार की खटोली जो पहाड़ पर सवारी के काम में आती है।
उफान *(हि.पुं.)* फन, उबाल, झाय।
कच्ची जबान अश्लील वार्ता।
अतबान *(हि.वि.)* अत्यधिक, अत्यन्त।
बर्तबान *(हि.पुं.)* रंग चढ़ाया हुआ मिट्टी का पात्र जिसमें अचार, मुरब्बा आदि रखा जाता है, अमृतबान।
भरतबान *(हि.पुं.)* देखो अमृतबान।
आनबान *(हि.स्त्री.)* चमक-दमक, सज-धज।
रामबान *(हि.पुं.)* तुरंत प्रभाव दिखाने वाला।
निरबान देखो निर्वाण।
सूरभान *(हि.पुं.)* इन्द्र, सूर्य।
याचमान *(सं.वि.)* माँगनेवाला।
यजमान *(हि.पुं.)* देखो यजमान।
धजमान *(सं. पु.)* ब्राह्मणों को दान देनेवाला।
विराजमान *(हि.वि.)* सुशोभित, बैठा हुआ।
पूजमान *(हि.वि.)* पूजनीय, पूज्य।
तृणमान *(सं.वि.)* तृणयुक्त।
वर्तमान *(सं. पु.)* व्याकरण में क्रिया का वह रूप जिससे यह सूचित होता है कि क्रिया अभी चली जाती है, समाप्त नहीं हुई है, वृत्तान्त।

यतमान *(सं.वि.)* यत्न करता हुआ।
सामान्य वर्तमान *(सं. पु.)* वर्तमान क्रिया का वह रूप जिसमें कर्ता का उसी समय कोई कार्य करते रहना वर्णन किया जाता है।
सर्वशक्तिमान जिसमें सब कुछ करने का सामर्थ्य हो।
अतिमान *(सं. पु.)* वृथा का अभिमान। *(वि.)* आवश्यकता से अधिक।
क्षान्तिमान *(सं. पु.)* सहनशील पुरुष।
दीप्तिमान सूर्य, प्रभा, चमक।
दीप्तिमान *(सं.वि.)* दीप्तियुक्त, चमकता हुआ।
अतिमान *(सं.वि.)* बुद्धिमान, विचारवान।
नीतिमान *(हि.वि.)* नीति-कुशल, सदाचारी।
दुतिमान *(हि.वि.)* देखो द्युतिमान।
विभूतिमान *(सं. पु.)* ऐश्वर्यशाली।
हेतुमान *(हि.वि.)* जिसका कोई हेतु या कारण हो।
निधिमान *(सं.वि.)* धनाढ्य।
वर्धमान *(सं.वि.)* बढ़नेवाला, बढ़ता हुआ।
मान *(सं. पु.)* परिमाण, मूल्य।
सन्मान *(हि.पुं.)* देखो सम्मान।
उनमान *(हि.वि.)* अटकल।
उदनमान *(सं. पु.)* सूर्योदय से लेकर सूर्यास्त तक के समय का मान।
सनमान *(हि.पुं.)* सम्मान, प्रतिष्ठा।
सम्मान *(सं. पु.)* प्रतिष्ठा, मान।
मिमान *(हि.पुं.)* मूल्य, दाम; *(हि.वि.)* नीचा।
अनुमान *(सं. पु.)* न्याय में प्रत्यक्ष ज्ञान द्वारा अप्रत्यक्ष विषय का निश्चय।
अपमान *(सं. पु.)* अनादर, तिरस्कार, अवज्ञा।
प्रकम्पमान *(सं.वि.)* वेग से थरथराता हुआ।
उपमान *(सं. पु.)* सादृश्य, बराबरी।
रूपमान *(हि.वि.)* देखो रूपवान।
वेपमान *(सं.वि.)* काँपता हुआ।
वपुमान *(हि.वि.)* शरीरधारी।
पौंमान *(हि.पुं.)* जलाशय, पोखरा।
लम्बमान *(सं.वि.)* लंबायमान (पदार्थ)।
विमान देखो विमान।
अभिमान *(सं. पु.)* अहंकार, गर्व।
निरभिमान *(सं.वि.)* अभिमानरहित।
महाभिमान *(सं. पु.)* बहुत बड़ा घमंड।
त्यज्यमान *(सं.वि.)* जो छोड़ दिया जाए।
पूज्यमान *(सं.वि.)* जो पूजा जाता हो।
पठ्यमान *(सं.वि.)* जो पढ़ा जाता हो।
विचिन्त्यमान *(सं.वि.)* विचार किया हुआ।
विद्यमान *(सं.वि.)* वर्तमान, उपस्थित।
अविद्यमान *(सं. पु.)* अनुपस्थित, असत्य, मिथ्या।
दीप्यमान *(सं.वि.)* चमकता हुआ।
वेदीप्यमान *(सं.वि.)* चमकता हुआ, अत्यन्त प्रकाशयुक्त।
जाज्वल्यमान *(सं.वि.)* दीप्तिमान्, तेजस्वी।
दृश्यमान *(सं.वि.)* जो देख पड़ता हो।
दास्यमान *(सं.वि.)* दान दिया जाने वाला पदार्थ।
दाह्यमान *(सं.वि.)* जो जल रहा हो।
दुह्यमान *(सं.वि.)* जो दूहा जाए।
दण्डायमान *(सं.वि.)* जो डंडे की तरह सीधा खड़ा हो।
शब्दायमान *(सं.वि.)* शब्द करता हुआ।
चलायमान *(सं.वि.)* चंचल, विचलित।
शोभायमान *(सं.वि.)* सुन्दर, सोहाता हुआ।
पलायमान *(सं.वि.)* भागता हुआ।
हीलायमान *(सं.वि.)* झूलता हुआ, हिलता हुआ।
दीयमान *(सं.वि.)* जो देने योग्य हो।
प्रमान *(हि.पुं.)* देखो प्रमाण।
पिर्मान *(हि.वि.)* अपार, असीम।
विचारमान *(हि.वि.)* विचार करने वाला, विचारने योग्य।
परमान *(हि.पुं.)* देखो प्रमाण, सत्य वार्ता, अवधि, सीमा।
निरमान *(हि.पुं.)* देखो निर्माण।
परिमान *(हि.पुं.)* देखो परिमाण।
फरमान *(हि.पुं.)* राजा की आज्ञा।
श्रीमान *(हि.वि.)* देखो श्रीयुत, धनवान।
तुलामान *(सं. पु.)* तुलादण्ड, बाँट।
विमान *(सं. पु.)* वायुयान।
पुमान *(सं. पु.)* पुरुष, नर।
प्रकाशमान *(सं.वि.)* प्रकाशयुक्त, चमकीला, प्रसिद्ध, विख्यात।
ज्योतिष्मान् *(सं.वि.)* प्रकाशयुक्त; *(पुं.)* सूर्य।
आयुष्मान् *(सं.वि.)* दीर्घजीवी, चिरंजीवी।
समान *(सं.वि.)* सम, तुल्य, बराबर, गर्वसहित, शरीरस्थ, वायु विशेष।
पासमान *(हि.पुं.)* पार्श्ववर्ती।
जिज्ञासमान *(सं.वि.)* पूछताछ करनेवाला।
सहमान *(सं.वि.)* मर्यादा या मान के साथ।
बहुमान *(सं.वि.)* अधिक माननीय।
मुस्क्यान *(हि.स्त्री.)* देखो मुसकराहट।
मुसक्यान *(हि.स्त्री.)* देखो मुसकान।
आख्यान *(सं. पु.)* कथन, वर्णन, बोली, कथा।
प्रत्याख्यान *(सं. पु.)* निराकरण, खण्डन।
व्याख्यान *(सं. पु.)* किसी विषय की व्याख्या।
उपाख्यान *(सं. पु.)* पुरानी कथा। पूर्व वृत्तान्त, वर्णन, उपन्यास।
ग्यान *(हि.पुं.)* देखो ज्ञान।
वकभ्यान *(हि.पुं.)* पाखंडपूर्ण मुद्रा।
उद्यान *(सं. पु.)* बगीचा, उपवन।
पुष्पोद्यान *(सं. पु.)* पुष्पवाटिका, फुलवारी।
पुरोद्यान *(सं. पु.)* नगर का बगीचा।

ध्यान *(सं. पु.)* चित्त की एकाग्रता, सोच, विचार, धारणा, स्मृति, बुद्धि, भावना, विचार, एक विषय में चित्त एकाग्र करना।
पयान *(हि.पुं.)* गमन, यात्रा, जाना।
म्यान *(हि.पुं.)* तलवार कटार आदि के फल को सुरक्षित रखने की खोली।
व्योमयान हवाई जहाज।
नरयान *(सं. पु.)* मनुष्य से खींची जाने वाली सवारी या गाड़ी।
देवयान *(सं. पु.)* देवताओं का रथ।
कल्यान *(हि.स्त्री.)* देखो कल्याण।
जलयान *(सं. पु.)* पोत, नाव आदि।
व्यान *(सं. पु.)* शरीर में रहनेवाली पाँच वायु में से एक जो सम्पूर्ण शरीर में संचार करनेवाली मानी जाती है।
अनुव्यान *(सं. पु.)* पिछली चिन्ता।
शवयान *(सं. पु.)* शव ले जाने की अरथी।
देवयान *(सं. पु.)* देवताओं का विमान।
शयान *(सं. पु.)* निद्रित, जो सोया हो।
स्यान *(हि.वि.)* देखो स्याना।
अयान *(सं. पु.)* प्रकृति, स्वभाव।
संशयान *(हि.वि.)* संशययुक्त।
आयान *(सं. पु.)* आगमन, स्वभाव।
गियान *(हि.पुं.)* ज्ञान।
नियान *(हि.पुं.)* निदान, परिणाम, अन्त में।
बियान *(हि.पुं.)* प्रसव।
खलियान *(हि.पुं.)* अन्न काटकर रखने का स्थान, राशि, ढेर।
नारीयान *(सं. पु.)* स्त्रियों की सवारी।
बतयान *(हि.स्त्री.)* बातचीत।
प्रान *(हि.पुं.)* देखो प्राण।
परान *(हि.पुं.)* देखो प्राण।
फहरान *(हि.स्त्री.)* फहराने का भाव या क्रिया।
पुरान *(हि.पुं.)* देखो पुराण; *(वि.)* पुराना।
अलान *(हि.पुं.)* हाथी बाँधने का खूँटा या सिक्कड़।
चलान *(हि.स्त्री.)* अपराधी को पकड़ा जाकर न्यायालय में न्याय के लिए भेजा जाना, सामग्री का एक स्थान से दूसरे स्थान को भेजा जाना, एक स्थान से दूसरे स्थान को भेजी हुई सामग्री।
दलान *(हि.पुं.)* ओसारा।
पलान *(हि.पुं.)* पशुओं की पीठ पर चढ़ने या बोझ रखने का गद्दा।
म्लान *(सं.वि.)* कुम्हलाया हुआ। *(पु.)* ग्लानि, शोक। ग्लानता-मलिनता।
अम्लान *(सं.वि.)* जो कुम्हलाया न हो, प्रफुल्ल।
परिम्लान *(सं.वि.)* कुम्हलाया हुआ।
आलान *(सं.पुं.)* हाथी को बाँधने का खूँटा, गाँठ, बन्धन।
चालान *(हि.पुं.)* भेजे हुए माल की सूची, बीजक, अपराधी का विचार के लिए न्यायालय में भेजा जाना।
पालान *(हि.पुं.)* देखो पलान।
गिलान *(हि.स्त्री.)* ग्लानि, घृणा।
मिलान *(हि.पुं.)* मिलने की क्रिया या भाव, तुलना।
अगवान *(हि.पुं.)* अगवानी करने वाला।
भगवान *(हि.पुं.)* परमेश्वर, विष्णु, कोई आदरणीय व्यक्ति।
त्यागवान *(सं.वि.)* त्यागी, जिसने त्याग किया हो।
वेगवान *(सं.वि.)* वेग से चलनेवाला।
(वेगी) *(हि.वि.)* वेगवान।
कोचवान *(हि.पुं.)* बग्घी हाँकने वाला।
ज्वान *(हि.पुं.)* युवा पुरुष।
गुणवान *(वि.)* गुणी।
(गुणा) *(हि.पुं.)* गणित की एक क्रिया।
चरितवान *(वि.)* अच्छे चरित्र का, सदाचारी।
बौतवान *(हि.पुं.)* हाथी की दोनों आँखों के बीच का स्थान।
विद्वान *(सं.पुं.)* वह जिसने बहुत विद्या पढ़ी हो, पण्डित, सर्वज्ञ।
बंदवान *(हि.स्त्री.)* बंदीगृह का रक्षक।
वृंदवान *(हि.पुं.)* छोटी-छोटी बूँदों की वर्षा।
ध्वान *(सं.पुं.)* शब्द।
यत्नवान *(सं.वि.)* यत्न करनेवाला।
धनवान *(सं.वि.)* जिसके पास धन हो।
ज्ञानवान *(सं.वि.)* ज्ञानी, जिसको ज्ञान हो।
प्रतापवान *(हि.पुं.)* प्रतापयुक्त।
रूपवान, रूपवन्त *(सं.वि.)* रूपवान, सुन्दर।
तत्रभवान *(सं.वि.)* पूज्य, मान्य, प्रशंसनीय, श्रेष्ठ।
कर्मवान *(सं.वि.)* कर्मनिष्ठ।
सौभाग्यवान *(सं.वि.)* अच्छे भाग्यवाला।
विनयवान *(सं.वि.)* नम्र, शिष्ट।
ऐश्वर्यवान सम्पन्न, वैभवयुक्त।
द्रव्यवान *(सं.वि.)* धनवान, धनी।
जिज्ञास्यवान *(सं.वि.)* जो विषय पूछा जाता हो।
विचारवान *(स. पु.)* वह जिसमें विचारने की अच्छी शक्ति हो।
गिरवान *(हि.पुं.)* देवता, देव, सुर।
शीलवान *(हि.वि.)* कोमल स्वभाव का।
कुलवान *(सं.वि.)* कुलीन, अच्छे कुल का।
श्वान *(सं.पुं.)* कुक्कुर, कुत्ता।
नाशवान *(सं.वि.)* नश्वर, अनित्य।
देहवान *(सं.वि.)* शरीरधारी; *(पु.)* सजीव प्राणी।
चरित्रवान *(सं.वि.)* अच्छे चरित्र का, सदाचारी।
प्रतिष्ठावान *(हि.वि.)* प्रतिष्ठा योग्य।
कृपावान *(सं.वि.)* दया करनेवाला।

क्षमावान *(हि.वि.)* देखो क्षमावान।
क्षमावान *(सं.वि.)* क्षमायुक्त, सहिष्णु।
दयावान *(हि.वि.)* कृपालु।
दयाशील *(सं.वि.)* दयालु, कृपालु।
त्वरावान *(सं.पुं.)* शीघ्रता करनेवाला।
तोरावान *(हि.वि.)* तीव्र, तेज, वेगवान।
दिवान *(हि.पुं.)* दीवान, मन्त्री।
गाड़ीवान *(पुं.)* गाड़ी हाँकनेवाला।
सेवान *(हि.पुं.)* चिन्ता।
गिरेवान *(हि.पुं.)* गले में लपेटने का वस्त्र।
पकवान *(हि.पुं.)* घी या तेल में पकाकर बनाया हुआ खाद्य पदार्थ।
भागवान *(हि.वि.)* देखो भाग्यवान।
चित्तवान *(सं.वि.)* उदार चित्त का।
भतवान *(हि.पुं.)* विवाह की एक रीति जिसमें कन्या पक्ष के लोग वर पक्ष के लोगों को कच्ची रसोई खिलाते हैं।
अविद्वान *(हि.पुं.)* मूर्ख, अपण्डित।
स्वरूपवान *(सं.वि.)* सुन्दर।
पुण्यवान *(हि.वि.)* धर्मात्मा, पुण्य करनेवाला।
परवान *(हि.पुं.)* अवधि, प्रमाण।
आचारवान *(सं.वि.)* शुद्ध आचरण का।
बलवान *(सं.वि.)* शक्तिमान।
पीलवान *(हि.पुं.)* हाथीवान, महावत।
विभववान *(सं.वि.)* शक्तिशाली।
स्वान *(सं.पुं.)* शब्द, घड़घड़ाहट।
कोशवान *(सं.वि.)* कोशयुक्त।
पुंसवान *(हि.वि.)* पुत्रवाला।
क्रियावान *(सं.वि.)* क्रियायुक्त, कामकाजी।
विद्यावान *(सं.पुं.)* विद्वान, पण्डित।
मालिवान *(हि.पुं.)* देखो माल्यवान।
सिवान *(हि.पुं.)* गाँव के छोर पर की भूमि।
डयोढ़ीवान *(हि.पुं.)* दरबान, चौकीदार।
वेवान *(हि.पुं.)* देखो विमान।
श्मशान *(सं.पुं.)* शव जलाने का स्थान, मरघट।
ईशान *(सं.पुं.)* प्रभु, पूरब और उत्तर के बीच की दिशा।
विषान *(हि.पुं.)* देखो विषाण।
धँसान *(हि.स्त्री.)* धँसने की क्रिया या ढंग, उतार।
सुन्नसान *(हि.वि.)* देखो सुनसान।
सुनसान *(हि.वि.)* निर्जन, उजाड़।
सूनसान *(हि.वि.)* निर्जन।
भसान (बंगला पुं.) काली या सरस्वती आदि की मूर्ति की पूजा के उपरान्त नदी में प्रवाह करना।
मसान *(हि.पुं.)* मरघट।
मसानिया *(हि.पुं.)* मसान का डोम।
करसान *(हि.पुं.)* कृषाण, किसान।
परसान *(हि.पुं.)* प्रकाश, चमक।
अलसान *(हि.स्त्री.)* आलस्य, शिथिलता।
अवसान *(सं.पुं.)* विराम, समाप्ति।
वृद्धावसान *(सं.पुं.)* युद्ध का शेष।
दियावसान *(सं.पुं.)* सन्ध्या, शाम।
वर्षावसान *(सं.पुं.)* शरद ऋतु।
निशावसान *(सं.पुं.)* रात का अन्तिम पहर।
घमासान *(हिं.पुं.)* गहरी लड़ाई, भयंकर युद्ध; *(वि.)* प्रचण्ड, भयंकर।
निसान *(हि.पुं.)* नगाड़ा, घौंसा, सन्ध्या, चन्द्रमा।
पिसान *(हि.पुं.)* अन्न का महीन पिसा हुआ चूर्ण, आटा।
नहान *(हि.पुं.)* नहाने की क्रिया, स्नान का पर्व।
महान *(सं.वि.)* विशाल, बहुत बड़ा।
वहान *(हि.पुं.)* आह्वान, पुकार।
जिहान *(सं.वि.)* जानेवाला।
बिहान *(हि.पुं.)* प्रातःकाल, सबेरा। *(क्रि. वि.)* कल्ह, कल।
पिहान *(हि.पुं.)* पिधान, ढापना।
अरिहान *(हि.पुं.)* कटे हुए अनाज का ढेर।
पदत्रान *(हि.पुं.)* देखो पदत्राण।
सीसत्रान *(हि.पुं.)* शिरस्त्राण, टोप।
सम्यक्ज्ञान *(सं.पुं.)* पूरा ज्ञान।
विवेकज्ञान *(सं.पुं.)* तत्वज्ञान, सच्चा ज्ञान।
दिग्ज्ञान *(सं.पुं.)* वह ज्ञान साधन जिससे सभी दिशाओं का ज्ञान हो।
सुप्तज्ञान *(सं.पुं.)* स्वप्न, सपना।
हतज्ञान *(सं.वि.)* ज्ञानशून्य, अचेत।
आत्मज्ञान *(सं.पुं.)* आत्मा का यथार्थ रूप से ज्ञान।
ब्रह्मज्ञान *(सं.पुं.)* ब्रह्म-विषयक ज्ञान, अपनी आत्मा का यथार्थ अनुभव।
तत्वज्ञान *(सं.पुं.)* ब्रह्मज्ञान, आत्मज्ञान।
पूर्वज्ञान पहिले का ज्ञान, पूर्व जन्म का ज्ञान।
सज्ञान *(सं.वि.)* ज्ञानयुक्त।
यथाज्ञान *(सं.अव्य.)* ज्ञान के अनुसार।
विज्ञान *(सं.पुं.)* ज्ञान, किसी विषय के सिद्धान्तों का विशेष रूप से प्राप्त किया हुआ ज्ञान जो ठीक क्रम से संग्रह किया गया हो, निश्चयात्मक बुद्धि।
पदार्थ विज्ञान *(सं.पुं.)* वह विद्या जिसके द्वारा भौतिक पदार्थों और व्यापारों का ज्ञान प्राप्त होता है।
शब्दविज्ञान *(सं.पुं.)* वह वैज्ञानिक प्रक्रिया जिसके द्वारा शब्द-विषयक तत्त्वज्ञान जाना जाता है।
रसायनविज्ञान *(सं.पुं.)* वैज्ञानिक उपाय से तत्त्वों का ज्ञान।
मनोविज्ञान *(सं.पुं.)* वह शास्त्र जिसमें मन की वृत्तियों का अनुशीलन होता है।
आत्मविज्ञान *(सं.पुं.)* योगाभ्यास द्वारा परमात्मा के स्वरूप का ज्ञान।

सृष्टिविज्ञान *(सं.पुं.)* वह शास्त्र जिसमें सृष्टि रचना आदि का विचार हो।
प्रत्यविज्ञान *(सं.पुं.)* सदृश वस्तु।
परिज्ञान *(सं.पुं.)* किसी वस्तु का भली भाँति ज्ञान, सूक्ष्म ज्ञान।
परिसंज्ञान *(सं.पुं.)* संकेत।
इन *(हि.सर्व.)* 'इस' का बहुवचन।
किन *(हि.सर्व.)* 'किस' शब्द का बहुवचन; (क्रि. वि.) क्या नहीं, अवश्य।
घिन *(हि.स्त्री.)* घृणा, अरुचि।
छिन *(हि.स्त्री.)* देखो क्षण।
जिन *(हि.अव्य.)* मत, नहीं।
तिन *(हि.सर्व.)* 'तिस' का बहुवचन; *(पुं.)* तृण, तिनका।
दिन *(सं.पुं.)* सूर्योदय से लेकर सूर्यास्त तक का समय, साठ दण्ड, परिमित काल, समय, काल, नियुक्त काल, निश्चित समय।
बिन *(हि.अव्य.)* बिना।
बिन *(हि.स्त्री.)* देखो विनय।
रिन *(हि.पुं.)* देखो ऋण।
विन *(हि.सर्व.)* उसः *(अव्य.)* बिना।
गुरुआइन *(हि.स्त्री.)* गुरु की स्त्री, शिक्षा देनेवाली स्त्री।
पड़ाइन *(हि.स्त्री.)* देखो पाँडाइन।
डाइन *(हि.स्त्री.)* कुरूपा स्त्री।
डाँइन *(हि.स्त्री.)* राक्षसी, चुड़ैल।
पण्डिताइन *(हि.स्त्री.)* पण्डितानी।
नाइन *(हि.स्त्री.)* नाई की स्त्री।
दुबाइन *(हि.स्त्री.)* दुबे की स्त्री।
चौबाइन *(हि.स्त्री.)* चौबे की स्त्री।
बनियाइन *(हि.स्त्री.)* बनिये की स्त्री, बंडी या कुरती जो शरीर में चिपकी रहती है।
ठकुराइन *(हि.स्त्री.)* ठाकुर की स्त्री, स्वामिनी, मालकिन।
अदवाइन, अदवान *(हि.स्त्री.)* खाट की ओनचन।
हलवाइन *(हि.स्त्री.)* हलवाई की स्त्री।
रसाइन *(हि.पुं.)* देखो रसायन।
सोहाइन *(हि.वि.)* सुहावना, सुन्दर।
लोइन *(हि.पुं.)* लावण्य।
दक्खिन *(हि.पुं.)* सूर्य की ओर मुख करके खड़े होने पर दाहिने हाथ की ओर पड़नेवाली दिशा; भारत के दक्षिण की ओर का भाग।
दक्षिन *(हि.पुं.)* देखो दक्षिण।
अगिन *(हि.स्त्री.)* अग्नि, आग।
नागिन *(हि.स्त्री.)* मादा सर्प।
दवागिन *(हि.स्त्री.)* देखो दावाग्नि।
वृहागिन *(हि.स्त्री.)* विधवा स्त्री।
सुहागिन *(हि.स्त्री.)* सधवा स्त्री।
सोहागिन, सोहागिनी *(हि.स्त्री.)* देखो सुहागिन।
जोगिन *(हि.स्त्री.)* साधनी, विरक्त स्त्री।
स्विन्न *(हि.वि.)* सीझा हुआ, उबाला हुआ।
तच्छिन *(हि.क्रि.वि.)* तत्क्षण, तत्काल।
दच्छिन (हि. क्रि.) देखो दक्षिण।
अजिन *(सं.पुं.)* मृगचर्म, मृगछाला।
दरजिन *(हि.स्त्री.)* दरजी की स्त्री।
निरजिन *(सं.पुं.)* जिसको चमड़ा न हो।
दशवाजिन् *(सं.पुं.)* चन्द्र, चन्द्रमा।
गझिन *(हि.वि.)* सघन, घना।
नटिन *(हि.स्त्री.)* नट की स्त्री।
कठिन *(सं.वि.)* दृढ़, कड़ा, कठोर, निष्ठुर, तीक्ष्ण, दुःसह।
नातिन *(हि.स्त्री.)* लड़की की लड़की।
शदिन *(हि.पुं.)* कुसमय, बुरा दिन।
दैनन्दिन *(सं.वि.)* प्रतिदिन का, प्रति।
मध्यदिन *(सं. पु.)* मध्याह्न, दोपहर।
माध्यन्दिन *(सं.स्त्री.)* दिन का मध्यभाग, दोपहर।
दुर्दिन *(सं. पु.)* ऐसा दिन जब बादल छाये हों, बुरा दिन, कष्ट का समय।
पितृदिन *(सं. पु.)* अमावस्या।
पूर्वदिन *(सं. पु.)* आज से पहिले का दिन।
बड़ादिन *(हिं. पु.)* 25 दिसम्बर का दिन जो ईसा मसीह का जन्मदिवस माना जाता है।
प्रतिदिन *(सं. पु.)* प्रत्यह, हर दिन।
हरिदिन *(सं.स्त्री.)* एकादशी।
रविदिन *(सं. पु.)* इतवार।
निशिदिन *(हि. क्रि. वि.)* रात-दिन।
निसिदिन *(हि. क्रि. वि.)* रात-दिन।
कुदिन *(सं. पु.)* बुरा दिन, आपत्ति।
भानुदिन *(सं. पु.)* रविवार।
शुदिन *(सं. पु.)* शुभ दिन, अच्छा दिन।
खिन्न *(सं.वि.)* उदासीन, खेदयुक्त, अप्रसन्न, चिन्तित, असहाय।
छिन्न *(सं.वि.)* खण्डित, काटकर, अलग किया हुआ।
परिच्छिन्न *(सं.वि.)* मर्यादित, सीमायुक्त।
अवच्छिन्न *(सं.पुं.)* पृथक् किया हुआ, विशिष्ट अर्थ का।
अनवच्छिन्न *(सं.वि.)* संयुक्त, जुटा हुआ।
व्यवच्छिन्न *(सं.वि.)* विभक्त, अलगाया हुआ।
निरवच्छिन्न *(सं.वि.)* जिसका क्रम न टूटे, निरन्तर।
विच्छिन्न *(सं.वि.)* काट कर अलगाया हुआ।
अविच्छिन्न *(सं.वि.)* निरन्तर, सतत।
उच्छिन्न *(सं.वि.)* जड़ सहित उखाड़ा हुआ।
भिन्न *(सं.वि.)* कटा हुआ, अन्य, दूसरा, पृथक; *(पु.)* गणित में वह संख्या जो इकाई से कम हो।

अभिन्न *(सं.वि.)* जो भिन्न न हो, सम्बद्ध, मिला हुआ, गणित में पूर्णांक।
छिन्न-भिन्न *(सं.वि.)* टूटा-फूटा, नष्ट-भ्रष्ट।
विभिन्न *(सं.वि.)* अलग-अलग, अनेक प्रकार का, उलटा।
पिनपिन *(हि.स्त्री.)* रोगी या दुर्बल बच्चे का अनुनासिक स्वर में रोना।
साँपिन *(हि.स्त्री.)* साँप की मादा।
विपिन *(सं. पु.)* उपवन, वाटिका, जंगल।
धोबिन *(हि.स्त्री.)* धोबी की स्त्री।
मिनमिन *(हि.स्त्री.)* मक्खी के भनभनाने के समान मन्द शब्द।
डोमिन *(हि.स्त्री.)* डोम जाति की स्त्री।
उतरिन *(हि.वि.)* उतृण, ऋणमुक्त।
हरिन *(हि.पुं.)* हरिण, मृग।
ठीकेदारिन *(हि.स्त्री.)* ठीकेदार की स्त्री।
चमारनी, चमारिन *(हि.स्त्री.)* चमार की स्त्री।
गौनहारिन, गौनहारी *(हि.स्त्री.)* वह स्त्री जिसका गाने का व्यवसाय हो।
लुहारिन *(हि.स्त्री.)* लुहार की स्त्री।
किरिन *(हि.स्त्री.)* देखो किरण।
ठठिरिन *(हि.स्त्री.)* देखो ठठेरिन।
तिरिन *(हि.पुं.)* तृण, घास।
ठठेरिन *(हि.स्त्री.)* ठठेरे की स्त्री।
कलिन *(सं.वि.)* जिसमें फल लगे हो।
मलिन *(सं. पु.)* दोष, पाप; *(वि.)* फीका।
नलिन *(सं. पु.)* पद्म, कमल, पानी, नील।
तलिन *(सं. पु.)* शय्या, पलंग।
अमलिन *(सं.वि.)* निष्कलंक, निर्मल, स्वच्छ।
बंगालिन *(हि.स्त्री.)* बंगाली की स्त्री।
पुलिन *(सं. पु.)* तट, किनारा, नदी के बीच में पड़ी हुई रेती।
तेलिन *(हि.स्त्री.)* तेली की स्त्री।
हेलिन *(हि.स्त्री.)* डोमिन।
तैलिन *(सं.वि.)* तैलयुक्त।
तंबोलिन *(हि.स्त्री.)* पान बेचनेवाली स्त्री, तमोलिन।
आश्विन *(सं. पु.)* क्वार का महीना।
अनस्विन *(सं. पु.)* उच्च विचारवाला।
अनस्विन् *(हिं.वि.)* देखो मनस्विन्।
माविन *(हि.स्त्री.)* मन की बात, जो चित्त में आए।
दोषिन *(हि.स्त्री.)* पाप करनेवाली स्त्री।
बहिन *(हि.स्त्री.)* भगिनी।
दुलहिन *(हि.स्त्री.)* देखो दुलहन।
नाहिंन *(हि.अव्य.)* नहीं।
तुहिन *(सं. पु.)* हिम, पाला, कुहिरा।
क्षीन *(हिं.वि.)* देखो क्षीण।
छीन *(हि.पुं.)* क्षीण, कृश, दुबला-पतला।
जीन *(सं.वि.)* जीर्ण, पुराना।
दीन *(सं.वि.)* दुःखित, दरिद्र, विनीत।
कीन *(सं.वि.)* पृष्ठ, स्थूल, सम्पन्न, मोटा।
बीन *(हि.स्त्री.)* वीणा।
मीन *(सं. पु.)* मत्स्य, मछली।
लीन *(सं.वि.)* तन्मय, मग्न।
हीन *(सं.वि.)* अल्प, तुच्छ, कम, दीन, वंचित, ओछा।
मानकीन *(हि.पुं.)* एक प्रकार का मटमैले रंग का सूती कपड़ा।
मामकीन *(सं.वि.)* मेरा।
बारकीन *(हि.स्त्री.)* एक प्रकार का मोटा कोरा कपड़ा।
तावकीन *(सं.वि.)* त्वदीय, तुम्हारा।
तिरश्चीन *(सं.वि.)* तिरछा, टेढ़ा।
प्राचीन *(सं.वि.)* पहिले का, पुराना।
अप्राचीन *(सं.वि.)* जो पुराना न हो, नया, नवीन।
पुराचीन *(हिं.वि.)* देखो प्राचीन।
अर्वातीन *(सं.वि.)* आधुनिक, नूतन, नया।
समीचीन *(सं.वि.)* यथार्थ, ठीक, उचित।
असमीचीन *(सं.वि.)* अनुचित, अयुक्त।
अदीन *(सं.वि.)* धनी, उदार, अनम्र, दीनता-रहित, निडर।
अधीन *(सं.वि.)* वशीभूत, आश्रित
पयिताधीन स्त्री के वशीभूत।
पराधीन *(सं.वि.)* परवश।
वाराधीन *(सं.वि.)* जो स्त्री के अधीन हो।
स्वाधीन *(सं.वि.)* स्वतन्त्र, किसी का बन्धन न माननेवाला।
सर्वजनीन *(सं.वि.)* सर्वजन संबंधी।
सार्वजनीन *(सं.वि.)* सब लोगों से संबंध रखनेवाला।
तारपीन *(हि.पुं.)* एक प्रकार का तेल जो चीड़ के पेड़ से निकलता है।
आलपीन *(हि.स्त्री.)* कागज आदि में लगाने की घुंडीदार सूई।
कोपीन *(हि.स्त्री.)* देखो कौपीन।
कौपीन *(सं. पु.)* काछा, कफनी।
छानबीन *(हि.स्त्री.)* अनुसन्धान, जाँच-पड़ताल, पूर्ण विवेचना।
परवीन *(हिं.वि.)* देखो प्रवीण।
कड़ाबीन *(हि.स्त्री.)* छोटी बन्दूक।
मलीन *(हिं.वि.)* मैला, कुचैला।
सम्तर्लीन *(सं.वि.)* निमग्न, डूबा हुआ।
विप्रलीन *(सं.वि.)* चारों ओर बिखरा हुआ।
लवलीन *(हि.वि.)* तन्मय, निमग्न।
आलीन *(सं.वि.)* गला हुआ, पिघला हुआ।
कालीन *(सं.वि.)* काल संबंधी।
एककालीन *(सं.वि.)* समकालीन, एक ही समय उत्पन्न होनेवाला।

तत्कालीन *(सं.वि.)* उसी काल या समय का।
सायंकालीन *(सं.वि.)* सन्ध्या समय का।
शालीन *(सं.वि.)* विनीत, सदृश, समान, लज्जायुक्त।
महाशालीन *(सं.वि.)* अति विनीत, बड़ा नम्र।
विलीन *(सं.वि.)* लिप्त, छिपा हुआ।
कुलीन *(सं.वि.)* अच्छे वंश का।
अकुलीन *(सं.वि.)* नीच वंश का, क्षुद्र।
लौलीन ध्यान में मग्न।
नवीन *(सं.वि.)* नूतन, नया, विचित्र, तरूण।
प्रवीन *(हिं.वि.)* देखो प्रवीण।
परवीन *(हिं.वि.)* देखो प्रवीण।
आसीन *(सं.वि.)* उपविष्ट, विराजमान।
सुखासीन *(सं.वि.)* सुख से बैठा हुआ।
समासीन *(हि.वि.)* प्रतिष्ठित।
मध्यासीन *(सं.वि.)* बैठा हुआ।
स्वासीन *(सं.वि.)* सुख से बैठा हुआ।
अंगहीन *(सं.वि.)* जिसमें कोई अंग न हो।
वित्तहीन *(सं.स्त्री.)* धनहीन, दरिद्र।
शब्दहीन *(सं.वि.)* शब्दरहित।
पादहीन *(सं.वि.)* जिसके चरण न हो, जिस कविता में तीन ही चरण हों।
वेदहीन *(सं.वि.)* जिसको वेद में अधिकार नहीं है।
धनहीन *(सं.वि.)* निर्धन, कंगाल, दरिद्र।
मानहीन *(सं.वि.)* जिसकी अप्रतिष्टा हुई हो।
पुष्पहीन *(सं.वि.)* बिना फूल का, गूलर का वृक्ष।
महीन *(हि.वि.)* जिसकी मोटाई या घेरा बहुत कम हो, कोमल, पतला, धीमा।
कर्महीन *(सं.वि.)* अभागा।
बलहीन *(सं.वि.)* बलशून्य, बलरहित। अनुभवहीन।
अभिनव यौवन नई जवानी।
दैवहीन *(सं.वि.)* जिसके भाग्य में कोई शुभ लक्षण न हो।
वंशहीन *(सं.वि.)* निःसन्तान।
नीमस्तीन *(हिं.स्त्री.)* आधे बाँह की कुरती।
लज्जाहीन निर्लज्ज।
शिक्षाहीन *(सं.वि.)* अशिक्षित, बेपढ़ा।
संज्ञाहीन *(सं.वि.)* अचेत, बेसुध।
शक्तिहीन *(सं.वि.)* निर्बल, नपुंसक।
बुद्धिहीन *(सं.वि.)* जिसमें बुद्धि न हो।
बिहीन, बिहून *(हिं.वि.)* विहीन, रहित, बिना।
रहीन *(सं.वि.)* त्यागा हुआ, रहित।
उन *(हिं. सर्व.)* 'उस' का बहुवचन।
घुन *(हिं. पु.)* आटा, चूर्ण, बुकनी, पिसान।
घुन अनाज में लगने वाला कीड़ा, गेहूँ आदि में।
धुन *(हिं.स्त्री.)* किसी काम को निरन्तर बिना सोचे-समझे करने की प्रवृत्ति, मन की तरंग।

पुन *(हिं. पु.)* पुण्य, धर्म।
पुनः *(हिं.अव्य.)* दोबारा, दूसरी बार, फिर, अनन्तर, उपरान्त, पीछे।
फुन *(हिं.अव्य.)* पुनः, फिर से।
गुन *(हिं. पु.)* अव्यक्त गुंजार का शब्द।
शुन *(सं. पु.)* कुक्कुर, कुत्ता।
सुन *(हिं.वि.)* देखो सुन्न।
भुरकुन *(हिं. पु.)* चूर्ण, चूरा।
शकुन *(सं. पु.)* शुभाशुभ-सूचक लक्षण; *(पु.)* पक्षी, चिड़िया।
अपशकुन *(सं. पु.)* बुरा सगुन, कुसगुन।
दुःशकुन *(सं. पु.)* बुरा शकुन।
सकुन *(हिं. पु.)* शकुन, पक्षी चिड़िया।
नाउन *(हिं.स्त्री.)* देखो नाइन।
शाकुन *(सं. पु.)* शकुन द्वारा मनुष्य का शुभाशुभ कहनेवाला।
निगुन *(हिं.वि.)* गुणरहित।
सुमगुन *(हिं.स्त्री.)* टोह, कानाफूसी।
तमगुन *(हिं. पु.)* देखो तमोगुण।
निर्गुन *(हिं.वि.)* जिसमें गुण न हो; *(पु.)* परमेश्वर।
निरगुन *(हिं.वि.)* देखो निर्गुण।
सगुन *(हिं. पु.)* देखो शकुन।
अपसगुन *(हिं.वि.)* अपशकुन, असगुन।
असगुन *(हिं. पु.)* देखो अशकुन।
फागुन *(हिं. पु.)* माघ के बाद का महीना, फाल्गुन।
फाल्गुन *(सं. पु.)* फाल्गुन का महीना।
छुगुन *(हिं.वि.)* घुँघरू।
दुगुन *(हिं. पु.)* देखो अवगुण।
औगुन *(हिं. पु.)* देखो अवगुण।
चौगुन *(हिं.वि.)* चौगुना, चतुर्गुण।
झुनझुन *(हिं. पु.)* नूपुर आदि के बजने का शब्द।
रूनझुन *(हिं.स्त्री.)* नूपुर, मंजीर, झनकार।
ठमठुन *(हिं. पु.)* बच्चों के रोने का शब्द।
दातुन *(हिं.स्त्री.)* देखो दतुवन।
मिथुन *(सं. पु.)* स्त्री और पुरुष का युग्म या जोड़ा, द्वन्द्व, युगल।
पुन्न *(हिं. पु.)* देखो पुण्य।
सुन्न *(हिं.वि.)* निर्जीव, निःस्तब्ध। *(पु.)* शून्य।
हुन्न *(हिं. पु.)* देखो हुन।
जामुन *(हिं. पु.)* एक सदाबहार वृक्ष जिसके बेर के समान बैंगनी रंग के मीठे फल होते हैं।
पुनः पुनः *(सं.अव्य.)* बारंबार।
निपुन *(हिं.वि.)* देखो निपुण, दक्ष।
अरून *(हिं.)* देखो अरूण।
पिशुन *(सं.वि.)* क्रूर, दुष्ट।
लसुन *(हिं. पु.)* देखो लशुन।
लहसुन *(हिं. पु.)* एक पौधा जिसकी जड़ में गोल गाँठ होती है।

पिसुन *(हिं. पु.)* देखो पिशुन।
हुन *(हिं. पु.)* सुवर्ण, मुद्रा, सोना।
ऊन *(हिं. पु.)* भेड़-बकरी का कोमल रोआँ, जिसके कम्बल और पहिनने के गरम कपड़े बुने जाते हैं।
खून रक्त, लहू।
चून *(हिं. पु.)* चूर्ण, आटा, पिसान।
जून *(हिं. पु.)* समय, काल।
दून *(हिं.स्त्री.)* दूने का भाव
वून *(सं.वि.)* कम्पित, काँपता हुआ।
नून *(हिं. पु.)* लवण, नमक; *(वि.)* फैला हुआ, विकसित, उत्पन्न।
सून (सं. पु.) प्रसव, फल, पुत्र; *(वि.)* फैला हुआ, विकसित, उत्पन्न।
चकचून *(हिं.वि.)* चूर्ण किया हुआ।
पचून *(हिं. पु.)* देखो परचून।
परचून पसरट्टे का सामान।
लोचून *(हिं. पु.)* लोहे का चूर।
द्यून *(सं.वि.)* क्षीण।
न्यून *(सं.वि.)* क्षुद्र, हीन, अल्प, नीच।
पतलून *(हिं. पु.)* वह पायजामा जिसमें मियानी नहीं लगाई जाती और जो बटन से बंद किया जाता है।
प्रसून *(सं. पु.)* पुष्प, फूल।
देन *(हिं.स्त्री.)* देने की क्रिया या भाव, दान की हुई वस्तु।
धेन *(हिं.स्त्री.)* देखो धेनु, गाय।
ठेन *(सं. पु.)* जल के उपर उठा हुआ बुलबुला।
भेन *(हिं.स्त्री.)* भगिनी, बहिन।
लेन *(हिं. पु.)* लेने की क्रिया या भाव, लहना।
लेन-देन *(हिं. पु.)* लेने और देने का व्यवहार, महाजनी।
श्येन *(सं. पु.)* बाज नामक पक्षी।
पुरेन *(हिं.स्त्री.)* देखो पुरइन।
पुहुरेन *(हिं. पु.)* पुष्परेणु, पराग।
देन-लेन *(हिं. पु.)* महाजनी का व्यवसाय।
पापलेन *(हिं. पु.)* एक प्रकार का सूती कपड़ा।
फैन *(हिं.स्त्री.)* लपेटे हुए सूत के लच्छे के आकार की मिठाई।
गैन *(हिं. पु.)* गैल, मार्ग।
चैन *(हिं. पु.)* आनन्द, सुख।
दैन (सं. पु.) दीन होने का भाव, दीनता; *(वि.)* दीन संबंधी।
नैन *(हिं. पु.)* नयन, नेत्र, मक्खन।
पैन *(हिं. पु.)* छोटा नाला, परनाली।
धैन *(हिं. पु.)* बंसी, मुरली, सँपेरे की तुमड़ी।
भैन *(हिं.स्त्री.)* भगिनी, बहिन।
मैन *(हिं. पु.)* मोम।
रैन, रनि *(हिं.स्त्री.)* रात्रि, रात।
सैन *(हिं.स्त्री.)* संकेत, इंगित, चिह्न।
कोन *(हिं. पु.)* कोण, कोना।
गोन *(हिं.स्त्री.)* बैलों की पीठ पर लादने के लिए अन्न भरने का बोरा।
दोन *(हिं. पु.)* दो नदियों का संगम, दो वस्तुओं का मेल।
मोन *(हिं. पु.)* प्रातःकाल, सबेरा।
लोन *(हिं. पु.)* लवण, नमक।
कचलोन *(हिं. पु.)* काँच की भट्ठियों में जमे हुए क्षार से बना हुआ नमक।
बिलोन *(हिं.वि.)* बिना नमक का, कुरूप, भद्दा।
कौन *(हिं. सर्व.)* प्रश्नवाचक सर्वनाम जिसके द्वारा अभिप्रेत व्यक्ति या वस्तु पूछी जाती है, विभक्ति लगने से 'किस' हो जाता है, कैसा, किस प्रकार का।
गौन *(हिं. पु.)* देखो गमन।
जौन *(हिं. सर्व.)* जो; *(वि.)* जो।
तौन *(हिं. सर्व.)* वह, जो।
दौन *(हिं. पु.)* देखो दमन।
पौन *(हिं.वि.)* किसी संख्या का तीन चौथाई।
पौन *(हिं. पु.)* देखो पवन, वायु, हवा; *(वि.)* तीन चौथाई भाग।
भौन *(हिं. पु.)* देखो भवन, घर।
मौन *(सं. पु.)* न बोलने की क्रिया या भाव, चुप्पी; *(वि.)* चुप जो न बोले।
लौन *(हिं. पु.)* देखो लवन।
हौन कृषि उत्पादन।
आगौन *(हिं. पु.)* देखो आगमन।
दुरागौन *(हिं. पु.)* वधू का दूसरी बार ससुराल को जाना, द्विरागमन।
दातौन देखो दतुवन।
सुरभौन *(हिं. पु.)* देखो सुरभवन।
बकमौन *(हिं. पु.)* अपना उद्देश्य पूर्ण करने के लिए बगुले की तरह सीधा बनकर चुपचाप रहने की क्रिया।
विमौन *(सं.वि.)* मौनरहित।
अपसौन *(हिं. पु.)* अपशकुन, बुरा सगुन।
ना *(सं.अव्य.)* अस्वीकृति या निर्णय-सूचक शब्द, न, नहीं।
कना *(हिं.क्रि.)* चलते समय पैर का टेढ़ा-मेढ़ा पड़ना।
चना *(हिं. पु.)* चणक, बूट, रहिला।
छना *(हिं. पु.)* देखो छनना।
घना *(हिं.वि.)* सघन, घनिष्ठ, अधिक।
धना *(सं.वि.)* जिसके पास धन हो।
पना *(हिं. पु.)* आम, इमली आदि से बनाया हुआ एक प्रकार का पेय।
बना बनावटी।
मना निषेध।
जुअना *(हिं.क्रि.)* उदय होना, निकलना।

चुअना *(हिं.क्रि.)* चूना, रसकर बहना।

सुअना *(हिं.क्रि.)* उत्पन्न होना।

ऊँअना *(हिं.क्रि.)* उदय होना, उगना।

सोअना *(हिं.क्रि.)* निद्रा लेना।

अँकना *(हिं.क्रि.)* आँकना, कूतना।

ओकना *(हिं.क्रि.)* वफा करना।

कीकना *(हिं.क्रि.)* किकियाना।

घोंकना *(हिं.क्रि.)* पाठ को याद करने के लिए उसको बारबार दोहराना।

कड़कना *(हिं.क्रि.)* तड़पना, कड़कड़ाना, कड़ा शब्द बोलना, टूटना, फूटना, डाँटना।

ठड़कना *(हिं.क्रि.)* ठठकना।

तड़कना *(हिं.क्रि.)* चटकना।

कलेजा धड़कना *(हिं.क्रि.)* हृदय का स्पन्दन करना।

फड़कना *(हिं.क्रि.)* फड़फड़ाना, उद्यम होना, तड़फड़ाना, पक्षियों का पर हिलाना।

बोटी फड़कना अति चंचल होना।

भड़कना *(हिं.क्रि.)* प्रज्वलित होना, चौंकना।

हड़कना *(हिं.वि.)* व्याकुल होना।

खिड़कना *(हिं.क्रि.)* खिसकना, सरकना।

छिड़कना *(हिं.क्रि.)* पानी के छीटें फेंकना।

झिड़कना *(हिं.क्रि.)* अवज्ञापूर्वक बिगड़कर कोई बात कहना, वस्तु को दूर फेंक देना।

घुड़कना *(हिं.क्रि.)* डाँटना, डपटना।

घुड़कना *(हिं.क्रि.)* देखो घुड़कना।

मुड़कना *(हिं.क्रि.)* देखो मुरकना।

लुड़कना *(हिं.क्रि.)* देखो लुढ़कना।

हुड़कना *(हिं.क्रि.)* बच्चे का रो-रोकर व्याकुल होना।

कचकना *(हिं.क्रि.)* दबना, कुचलना।

चचकना (हिं.क्रि.) दब जाना, छटका खाना, झटका देना।

बचकना *(हिं.क्रि.)* झटके से किसी पदार्थ को हिलाना।

पचकना *(हिं.क्रि.)* देखो पिचकना।

लचकना *(हिं.क्रि.)* झुकना, लचना।

त्वचकना *(हिं.क्रि.)* पचकना।

हचकना *(हिं.क्रि.)* धक्के से हिलना-डोलना।

चिचकना *(हिं.क्रि.)* देखो चुचुकाना।

पिचकना *(हिं.क्रि.)* किसी उमड़े हुए अथवा फूले हुए तल का दब जाना।

बिचकना *(हिं.क्रि.)* भड़कना।

मिचकना *(हिं.क्रि.)* पलकों का झपकना या बन्द होना।

उचकना *(हिं.क्रि.)* छीनना, भागना, कूदना, उछलना।

कूचकना *(हिं.क्रि.)* झटके से खींचना।

चाकना *(हिं.क्रि.)* सीमाबद्ध करने के लिए चारों ओर रेखा खींचना।

चिफना *(हिं.वि.)* पीड़ा के कारण चिल्लाना।

चुकना *(हिं.क्रि.)* समाप्त होना।

चुचुकना *(सं. पु.)* संकुचित होना।

चूकना *(हिं.क्रि.)* अशुद्धि करना, भूल करना।

चौंकना *(हिं.क्रि.)* आश्चर्य, भय, पीड़ा आदि के कारण शरीर कंप जाना, भड़कना, चकित होना।

छकना *(हिं.क्रि.)* चकराना।

छेकना *(हिं.क्रि.)* घेरना, रोकना, रेखाओं से घेरना, लिखे हुए अक्षर या वाक्य को लकीर खींचकर काटना।

छोंकना *(हिं.क्रि.)* बघार देना।

झकना *(हिं.क्रि.)* व्यर्थ की बात करना।

झझकना *(हिं.वि.)* झुँझलाना, खिजलाना।

झंकना *(हिं.क्रि.)* देखो झीखना।

झाँकना *(हिं.क्रि.)* आड़ में से मुख निकालकर देखना।

झींकना *(हिं.क्रि.)* देखो झींखना।

झुकना *(हिं.क्रि.)* किसी पदार्थ के ऊपरी भाग का नीचे को लटकाना, नवना, निहारना।

झिझुकना *(हिं.क्रि.)* भयभीत होना।

झोंकना *(हिं.क्रि.)* वेग से आग की ओर बढ़ाना, बिना सोचे विचारे अधिक व्यय करना, अधिक कार्यभार किसी पर डालना, किसी को आपत्ति में डालना, ठेलना, ढकेलना।

टांकना *(हिं.क्रि.)* जोड़ा जाना, सिला जाना, लिखा जाना, कुटना, रेता जाना।

अटकना *(हिं.क्रि.)* ठहरना, फँसना, उलझना, झगड़ा करना, प्रेम करना।

गटकना *(हिं.क्रि.)* खाना, निगलना।

छटकना *(हिं.स्त्री.)* वेग के साथ निकल जाना, अलग-अलग रहना, उछलना-कूदना।

चटकना *(हिं.क्रि.)* हलकी चोट से टूट जाना, तड़कना, चिड़चिड़ाना, गरमी से लकड़ी आदि में दरार पड़ना, खटकना। *(पु.)* थप्पड़।

पटकना *(हिं.क्रि.)* किसी वस्तु को वेग के साथ ऊँचे स्थान से नीचे की झोंक से गिराना।

फटकना *(हिं.क्रि.)* सूप पर अन्न आदि को हिलाकर स्वच्छ करना, फेंकना, पटकना, अलग होना, तड़फड़ाना।

भटकना *(हिं.क्रि.)* भ्रम में पड़ना, मार्ग भूल जाना।

मटकना *(हिं.क्रि.)* लचककर या चोंचला दिखाते हुए चलना, लौटना, फिरना।

लटकना *(हिं.क्रि.)* झुलना, टँगना।

सटकना *(हिं.क्रि.)* धीरे से भाग जाना।

निगलना *(हिं.क्रि.)* गले से उतारना, सटकना।

हटकना *(हिं.क्रि.)* निषेध करना, मना करना।

चटकना *(हिं.क्रि.)* उखाड़ना, तोड़ना, ढूँढ़ना, भेद लेना।

चिटकना *(हिं.क्रि.)* रूक्षता या गरमी से फट जाना।

छिटकना *(हिं.स्त्री.)* चारों ओर बिखरना, चारों ओर प्रकाश फैलना।

खुटकना *(हिं.क्रि.)* खटका होना।
गुटकना *(हिं.क्रि.)* कबूतर की तरह शब्द करना, निगल जाना।
चुटकना *(हिं.क्रि.)* कोड़े से मारना, चुटकी से तोड़ना।
वुटकना *(हिं.क्रि.)* निगल जाना।
लुटकना *(हिं.क्रि.)* देखो लटकना।
मुटकना *(हिं.वि.)* जो आकार में छोटा परन्तु सुन्दर हो।
सुटकना *(हिं.क्रि.)* सिकुड़ना, चाबुक लगाना।
टाँकना *(हिं.क्रि.)* सिलाई करके जोड़ना, याद करने के लिए लिख लेना, चट कर जाना, उड़ा जाना।
टिकना *(हिं.क्रि.)* डेरा देना।
टेकना *(हिं.क्रि.)* सहारा लेना।
टोकना *(हिं.क्रि.)* बीच में बोल उटना, बुरी दृष्टि डालना।
ठठकना *(हिं.क्रि.)* सहसा रुकना।
ठिठकना *(हिं.क्रि.)* ठमकना, स्वच्छ होना।
टिकना *(हिं.क्रि.)* रुकना, अड़ना।
झुकना *(हिं.क्रि.)* आघात सहना, पीटा जाना, गड़ना, दबना।
ठेकना *(हिं.क्रि.)* टेकना, सहारा लेना।
ठोकना *(हिं.क्रि.)* देखो ठोंकना।
ठोंकना *(हिं.क्रि.)* मारना, पीटना, थपथपाना।
ताल ठोंकना लड़ने के लिए ललकारना।
डाकना *(हिं.स्त्री.)* लाँघना, फाँदना, वमन करना।
डाँकना *(हिं.क्रि.)* कूद कर पार करना, वमन करना।
डुकना *(हिं.क्रि.)* प्रवेश करना, घुसना।
डंकना *(हिं.क्रि.)* गरजना।
ढकना *(हिं.पुं.)* ढाँपने की वस्तु।
ढक्कन (क्रि.) छिपाना, ढाँकना।
लुढ़कना *(हिं.क्रि.)* चक्कर खाना।
ढेकना *(हिं.क्रि.)* देखो ढकना।
ढाँकना *(हिं.क्रि.)* छिपाना।
अढुकना *(हिं.क्रि.)* ठोकर लगाना, टेकना।
ढोंकना *(हिं.क्रि.)* पीना, पी जाना।
भकना *(हिं.क्रि.)* भौचक्का होना।
तकना *(हिं.क्रि.)* निहारना, देखना।
ताकना *(हिं.क्रि.)* देखना, रखवाली करना, टकटकी लगाना।
ताँकना *(हिं.क्रि.)* कच्चा करना; बखिया करने के लिए सूई से दूर-दूर पर तागा डालना।
थकना *(हिं.क्रि.)* शिथिल होना, अशक्त होना।
बिथकना *(हिं.क्रि.)* शिथिल होना।
बिथकना *(हिं.क्रि.)* चकित होना।
थाकना *(हिं.क्रि.)* ठहराना।
थूकना *(हिं.क्रि.)* तिरस्कार करना, धिक्कारना।
कदकना *(हिं.क्रि.)* खदबदाना, फुदकना।
बिदकना *(हिं.क्रि.)* फटना, चिरना।
उदकना *(हिं.क्रि.)* निकलना, कूदना।
फुदकना *(हिं.क्रि.)* उछल-उछल कर कूदना, उमंग में आना।
दाँकना *(हिं.क्रि.)* गरजना।
दुकना *(हिं.क्रि.)* छिपना।
दोंकना *(हिं.क्रि.)* गुर्राना।
दौकना *(हिं.क्रि.)* दमकना, चमकना।
धधकना *(हिं.वि.)* आग भड़कना, दहकना।
छिकना *(हिं.क्रि.)* गरम होना।
धौंकना *(हिं.क्रि.)* आग सुलगाने के लिए उस पर हवा के आघात पहुँचाना, दण्ड आदि लगाना, भार डालना या पहुँचाना।
नकना *(हिं.क्रि.)* नाक में दम होना।
खनकना *(हिं.क्रि.)* खनखन करना।
चनकना *(हिं.क्रि.)* देखो चटकना।
खनकना *(हिं.वि.)* भंगुर, चुनचुनाहट लानेवाला, असह्य, खाने में बुरा लगनेवाला, असहनशील।
छनकना *(हिं.क्रि.)* भड़कना।
झनकना *(हिं.क्रि.)* झनकार का शब्द करना, चिड़चिड़ाना।
ठनकना *(हिं.क्रि.)* टनटन बजाना, गरमी से मस्तक में पीड़ा होना।
ठनकना *(हिं.क्रि.)* ठन-ठन शब्द होना, टीसना।
मनकना *(हिं.क्रि.)* हिलना-डोलना, तर्क-वितर्क करना।
फनकना *(हिं.क्रि.)* सनसनाते हुए हवा में हिलना, फनफनाना।
भनकना *(हिं.क्रि.)* धीरे से बोलना या कहना।
रनकना *(हिं.क्रि.)* घुँघरू आदि का धीमा शब्द होना।
छिनकना *(हिं.क्रि.)* नाक का मैल बाहर फेंकते हुए निकालना।
ठिनकना *(हिं.स्त्री.)* छोटे बालकों का ठहर-ठहरकर रोना।
तिनकना *(हिं.क्रि.)* चिढ़ना, क्रुद्ध होना।
पिनकना *(हिं.क्रि.)* ऊँघना, नींद में आगे को झुकना।
भिनकना *(हिं.क्रि.)* भिन-भिन शब्द करना, घृणा उत्पन्न होना।
सिनकना *(हिं.क्रि.)* नाक का मैल वेग से निकालकर बाहर फेंकना।
झुनकना *(हिं.क्रि.)* झुनझुन बजना।
ठुनकना *(हिं.क्रि.)* ठुनुकना, अँगुली से ठोंक लगाना।
धुनकना *(हिं.क्रि.)* धुनना।
नाकना *(हिं.क्रि.)* उल्लंघन करना।
पकना *(हिं.क्रि.)* सीझना, रींधना, चुरना, सौदा पटाना, आँच खाकर गलना या तैयार होना।
गपकना *(हिं.क्रि.)* चटपट निगलना।
चपकना *(हिं.क्रि.)* देखो चिपकना।
झपकना *(हिं.क्रि.)* डरना, पलक गिराना, ढकेलना, ऊँघना।
टपकना *(हिं.क्रि.)* रसकर बहना, चुना, टीस मारना, चिलकना, युद्ध।

तपकना *(हिं.क्रि.)* टपकना, उछलना।
थपकना *(हिं.क्रि.)* स्नेहवश किसी के शरीर पर धीरे-धीरे हाथ मारना, पुचकारना, ढाढ़स देना।
लपकना *(हिं.क्रि.)* दौड़ पड़ना, झपटना, किसी वस्तु को लेने के लिए झट से हाथ फैलाना।
चिपकना *(हिं.क्रि.)* दो पदार्थों का परस्पर जुटना या सटना।
टपकना *(हिं.क्रि.)* धीरे से काटना या डंक मारना, चुगली खाना।
पाकना *(हिं.क्रि.)* देखो पकना।
पीकना *(हिं.क्रि.)* पिहिकना।
पोकना *(हिं.क्रि.)* बहुत डरना।
फाँकना *(हिं.क्रि.)* बुकनी के रूप में किसी वस्तु को दूर से मुँह में डालना।
फूकना *(हिं.क्रि.)* भस्म होना, जलना, नष्ट होना।
भूकना *(हिं.क्रि.)* आग लगना।
फूंकना *(हिं.क्रि.)* ओठों को चारों ओर से सिकोड़कर वेग से हवा फेंकना, धातुओं को रसायन की रीति से भस्म करना, फूंककर प्रज्वलित करना या जलाना, कष्ट देना, व्यर्थ व्यय करना।
फेंकना *(हिं.क्रि.)* एक स्थान से उठाकर दूसरे स्थान पर डालना, अपव्यय करना, उछालना, छोड़ना।
फौकना *(हिं.क्रि.)* डींग हाँकना।
बकना *(हिं.क्रि.)* बड़बड़ाना।
खटकना *(हिं.क्रि.)* खटखट शब्द।
दुबकना *(हिं.क्रि.)* छिपना, लुकना।
फुबकना *(हिं.क्रि.)* मोटा होना।
बबकना *(हिं.क्रि.)* आवेग में आकर वेग से बोलना।
बाँकना *(हिं.क्रि.)* टेढ़ा करना या होना।
बिकना *(हिं.क्रि.)* किसी पदार्थ का मूल्य लेकर दिया जाना, बेचा जाना।
उबकना *(हिं.क्रि.)* वमन करना, उगलना।
निबुकना *(हिं.क्रि.)* बंधन से मुक्त होना।
बुबुकना *(हिं.क्रि.)* उच्च स्वर से रोना।
बूकना *(हिं.क्रि.)* किसी पदार्थ को पीसकर महीन चूर्ण करना, अपने से अधिक योग्य प्रमाणित करने के लिए गढ़कर बातें करना।
चभकना *(हिं.क्रि.)* दबाया जाना।
डभकना *(हिं.क्रि.)* पानी में डूबना-उतराना।
भभकना *(हिं.क्रि.)* गरमी पाकर किसी वस्तु का फटना, उबलना, प्रज्वलित होना, भड़कना।
मिभकना *(हिं.क्रि.)* मोहित करना।
चुभकना *(हिं.क्रि.)* पानी में डूबना।
बाकना *(हिं.क्रि.)* बकबक करना।
भूँकना *(हिं.क्रि.)* कुत्ते का भौं-भौं करना, व्यर्थ बक-बक करना।
घोंकना *(हिं.क्रि.)* घँसाना, घुसेड़ना।
भौंकना *(हिं.क्रि.)* भौं-भौं शब्द करना, कुत्तों का बोलना।
घमकना *(हिं.क्रि.)* गंभीर शब्द होना, घूँसा मारना, गरजना।
चमकना *(हिं.क्रि.)* कान्तियुक्त होना, जगमगाना, प्रकाशित होना।
डबकना *(हिं.क्रि.)* धातु की चद्दर को कटोरी के आकार का गहरा बनाना, टीसना, लंगड़ाना।
छमकना *(हिं.क्रि.)* ठसक दिखलाना।
झमकना *(हिं.क्रि.)* चमक उत्पन्न करना।
ठमकना *(हिं.क्रि.)* रुकना, ठहरना, ठिठकना।
तमकना *(हिं.क्रि.)* क्रोध का आवेश दिलाना।
चमकना *(हिं.क्रि.)* चमकना।
धमकना *(हिं.क्रि.)* धमाका करना, रह-रहकर पीड़ा होना।
बमकना *(हिं.क्रि.)* डींग हाँकना।
रमकना *(हिं.क्रि.)* इतराते हुए चलना।
लमकना *(हिं.क्रि.)* उत्कण्ठित होना, लपकना।
ठुमकना *(हिं.क्रि.)* कूदते हुए चलना।
मोकना *(हिं.क्रि.)* त्यागना, छोड़ना।
अरकना *(हिं.क्रि.)* टक्कर खाना।
करकना *(हिं.क्रि.)* चटचटाना, पीड़ा होना।
खरकना *(हिं.क्रि.)* चटचटाना, पीड़ा होना।
खरकना *(हिं.क्रि.)* खुरखुराना, दुखना।
चरकना *(हिं.क्रि.)* टूटना, फूटना।
छरकना *(हिं.क्रि.)* छिटकना, बिखरना।
झरकना *(हिं.क्रि.)* झिड़कना।
टरकना *(हिं.क्रि.)* चले जाना, हट जाना।
ढरकना *(हिं.क्रि.)* छलना, गिरकर बह जाना।
दरकना *(हिं.क्रि.)* तर्क करना, सोच-विचार करना, उछलना, गिरकर बह जाना।
थरकना *(हिं.क्रि.)* भय से काँपना, थर्राना।
परकना *(हिं.क्रि.)* विदीर्ण होना, फटना।
फरकना *(हिं.क्रि.)* उड़ना, उभड़ना।
बरकना *(हिं.क्रि.)* अलग रहना, हटना।
भरकना *(हिं.क्रि.)* देखो भड़कना।
ररकना *(हिं.क्रि.)* कष्ट देना।
लरकना *(हिं.क्रि.)* देखो लटकना।
सरकना *(हिं.क्रि.)* खिसकना, निर्वाह होना, किसी ओर बढ़ना।
हरकना *(हिं.क्रि.)* देखो हटकना।
छिरकना *(हिं.क्रि.)* देखो छिड़कना।
फिरकना *(हिं.क्रि.)* थिरकना, नाचना।
हिरकना *(हिं.क्रि.)* पास में जाना, सटना।
घुरकना *(हिं.क्रि.)* देखो घुड़कना।
चुरकना *(हिं.क्रि.)* बोलना, चहचहाना, टूटना, फूटना।

ढुरकना *(हिं.क्रि.)* ढुलकना, झुकना।
भुरकना *(हिं.क्रि.)* सूखकर भुरभुरा हो जाना, भूलना।
सुरकना *(हिं.क्रि.)* वायु के साथ धीरे-धीरे ऊपर की ओर खींचना।
रुकना *(हिं.क्रि.)* आगे न बढ़ सकना, ठहर जाना।
रेंकना *(हिं.क्रि.)* गदहे का बोलना।
रोकना *(हिं.क्रि.)* बाधा डालना, मना करना।
कलकना *(हिं.क्रि.)* चिल्लाना।
उछाल/उछलना *(हिं.क्रि.)* किसी द्रव पदार्थ का बरतन से उछलकर बाहर गिरना।
झलकना *(हिं.क्रि.)* चमकना।
चलकना *(हिं.क्रि.)* झोल होने के कारण ऊपर से नीचे हिलना।
दलकना *(हिं.क्रि.)* डराना, कँपाना।
फलकना *(हिं.क्रि.)* छलकना, फरकना।
बलकना *(हिं.क्रि.)* उबलना, खौलना।
मलकना *(हिं.क्रि.)* हिलना, इतराना।
ललकना *(हिं.क्रि.)* ललचना, उमंग से भरना।
हलकना *(हिं.क्रि.)* हिलना, डोलना।
किलकना *(हिं.क्रि.)* हर्षध्वनि करना।
झिरकना *(हिं.क्रि.)* डपटना, फेंक देना।
तिलकना *(हिं.क्रि.)* ताल आदि या मिट्टी का सूखकर फट जाना।
पिलकना *(हिं.क्रि.)* ढकेलना, गिराना।
सिलकना *(हिं.क्रि.)* जलना।
कुलकना *(हिं.क्रि.)* प्रसन्न होना।
दुलकना *(हिं.क्रि.)* अस्वीकार करना।
ढुलकना *(हिं.क्रि.)* गिरना, लुढ़कना।
पुलकना *(हिं.क्रि.)* रोमांचित होना, गद्गद होना।
मुलकना *(हिं.क्रि.)* पुलकित होना।
हुलकना *(हिं.क्रि.)* वमन करना।
लुकना *(हिं.क्रि.)* आड़ में छिप जाना।
लोकना *(हिं.क्रि.)* ऊपर से गिरती हुई वस्तु को हाथ से पकड़ लेना।
अलोकना *(हिं.क्रि.)* देखना, ताकना।
बिलोकना *(हिं.क्रि.)* परीक्षा करना, देखना।
लौकना *(हिं.क्रि.)* दूर से देख पड़ना।
रवकना *(हिं.क्रि.)* लपकना, उछलना।
शकना *(हिं.क्रि.)* सन्देह करना।
सकना *(हिं.क्रि.)* कोई काम करने के योग्य होना।
खसकना *(हिं.क्रि.)* सरकना, हटना।
घसकना *(हिं.क्रि.)* देखो खिसकना।
टसकना *(हिं.क्रि.)* हटना, टीस मारना।
ठसकना *(हिं.क्रि.)* टूटना, पटकना।
ढसकना *(हिं.क्रि.)* ढलना, सरकना।
धसकना *(हिं.क्रि.)* नीचे की ओर धसना, दबना, डाह करना।
मसकना *(हिं.क्रि.)* किसी पदार्थ में दरार पड़ जाना, बलपूर्वक दबाना या मलना, चिन्तित होना।
घसकना *(हिं.क्रि.)* मन्द पीड़ा होना, घीसना।
कसकना *(हिं.क्रि.)* बैठना, धँसना।
घिसकना *(हिं.क्रि.)* सरकना, खसकना।
सिसकना *(हिं.क्रि.)* रोक-रोककर लंबी साँस लेते हुए भीतर ही भीतर रोना।
टुसकना *(हिं.क्रि.)* देखो टसकना।
ठुसकना *(हिं.क्रि.)* ठिनककर रोना।
सुसकना *(हिं.क्रि.)* देखो सुसुकना।
सिकना *(हिं.क्रि.)* आँच पर पकना।
सींकना *(हिं. पु.)* छड़।
सुसुकना *(हिं.क्रि.)* देखो सिसकना।
सूकना *(हिं.क्रि.)* सूखना।
सेकना *(हिं.क्रि.)* आँच के समीप अथवा आग पर रखकर भूनना।
लौंकना *(हिं.क्रि.)* चमकना, देख पड़ना।
संकना *(हिं.क्रि.)* सन्देह करना।
हँकना *(हिं.क्रि.)* पशुओं को चिल्ला कर हटाना या एक ओर ले जाना।
अहकना *(हिं.क्रि.)* लालसा करना।
चहकना *(हिं.क्रि.)* उमंग में बकवाद करना।
टहकना *(हिं.क्रि.)* ठहर ठहरकर पीड़ा होना।
डहकना *(हिं.क्रि.)* टगना, छितराना, ललचाना, गरजना।
दहकना *(हिं.क्रि.)* ज्वाला के साथ जलना, शरीर का गरम होना।
दहकाना *(हिं.क्रि.)* सुलगाना।
बहकना *(हिं.क्रि.)* मार्ग का भ्रष्ट होना, भटकना।
महकना *(हिं.क्रि.)* गन्ध निकालना।
पिहकना *(हिं.क्रि.)* मोर, कोयल पपीहे आदि पक्षियों का बोलना।
कुहकना *(हिं.क्रि.)* मीठा बोलना, पिहिकना।
हाँकना *(हिं.क्रि.)* चिल्लाकर पुकारना, घोड़े, बैल, ऊँट आदि से गाड़ी चलवाना, चौपायों को किसी स्थान से हटाना, पंखा झलना।
सिहिकना *(हिं.क्रि.)* सूखना।
हुकना *(हिं.क्रि.)* विस्मृत होना।
टिहुकना *(हिं.क्रि.)* ठिठकना, चौंकना।
निहुकना *(हिं.क्रि.)* झुकना।
हुकना *(हिं.क्रि.)* पीड़ा होना।
झक्खना *(हिं.क्रि.)* देखो झीखना।
चखना *(हिं.क्रि.)* स्वाद लेते हुए खाना।
टखना *(हिं.क्रि.)* ऐड़ी के ऊपर निकली हुई हड्डी, पैर का गट्टा।

कटखना *(हिं.वि.)* दाँत काटनेवाला।
नखना *(हिं.क्रि.)* नष्ट करना।
कनखना *(हिं.स्त्री.)* अप्रसन्न होना।
चनखना *(हिं.क्रि.)* रुष्ट होना, चिढ़ना।
भखना *(हिं.क्रि.)* भोजन करना, खाना।
रखना *(हिं.क्रि.)* ठहराना, निर्वाह करना, सौंपना, नियुक्त करना।
परखना *(हिं.क्रि.)* जाँच करना, परीक्षा करना।
बरखना *(हिं.क्रि.)* वर्षा होना।
निरखना *(हिं.क्रि.)* देखना, ताकना।
लखना *(हिं.क्रि.)* अनुमान कर लेना।
बिलखना *(हिं.क्रि.)* विलाप करना, रोना, दुःखी होना।
विलखना *(हिं.क्रि.)* दुखी होना।
वुलखना *(हिं.क्रि.)* बार-बार बतलाना या कहना।
आखना *(हिं.क्रि.)* वर्णन करना।
काँखना *(हिं.क्रि.)* पीड़ा की अवस्था में दुःखसूचक शब्द उच्चारण करना।
माखना *(हिं.क्रि.)* अप्रसन्न होना, क्रुद्ध होना।
काँखना *(हिं.क्रि.)* क्रुद्ध होना।
नाखना *(हिं.क्रि.)* बिगाड़ना, गिराना।
राखना *(हिं.क्रि.)* रक्षा करना, बचाना, छिपाना, देखो रखना।
लाखना *(हिं.क्रि.)* लाख लगाकर किसी वस्तु का छेद बन्द करना।
दिखना *(हिं.क्रि.)* दिखाई पड़ना।
परिखना *(हिं.क्रि.)* प्रतीक्षा करना, परीक्षा करना।
लिखना *(हिं.क्रि.)* किसी नुकीली वस्तु से रेखा रूप में चिहित करना, अंकित करना, स्याही में डुबाकर लेखनी से आकृति बनाना।
सिखना *(हिं.क्रि.)* देखो सीखना।
ईखना *(हिं.क्रि.)* देखना।
झींखना *(हिं.क्रि.)* दुखी होकर पछताना और चिढ़ना; *(पु.)* दुखड़ा।
चाखना *(हिं.क्रि.)* स्वाद लेने के लिए किसी पदार्थ को थोड़ा सा खाना या पीना।
दीखना *(हिं.क्रि.)* देख पड़ना।
परीखना *(हिं.क्रि.)* देखो परखना।
सीखना *(हिं.क्रि.)* किसी से किसी कार्य करने की विधि जानना।
दुखना *(हिं.क्रि.)* पीड़ा युक्त होना।
रूखना *(हिं.क्रि.)* रूठना।
कूँखना *(हिं.क्रि.)* पीड़ित अवस्था में करुणाजनक शब्द निकालना, काँखना।
दूखना *(हिं.क्रि.)* दोष लगाना, पीड़ा होना।
मूखना *(हिं.क्रि.)* देखो मूसना।
सूखना *(हिं.क्रि.)* गीलापन हट जाना, रसहीन होना, नष्ट होना, दुर्बल होना।
देखना *(हिं.क्रि.)* अवलोकन करना, ढूँढ़ना, परीक्षा करना, अनुभव करना, समझना, ताकते रहना, विचारना।
पेखना *(हिं.क्रि.)* देखना।
उपेखना *(हिं.क्रि.)* उपेक्षा करना।
परेखना *(हिं.क्रि.)* ध्यान से देखना, जाँचना, प्रतीक्षा करना।
अवरेखना *(हिं.क्रि.)* देखना-भालना, अनुमान करना।
सरेखना *(हिं.क्रि.)* देखो सहेजना, बनाना।
लेखना *(हिं.क्रि.)* लिखना, गिनना, चित्र बनाना।
परिलेखना *(हिं.क्रि.)* समझना, विचार करना।
जोखना *(हिं.क्रि.)* तौलना, जाँचना।
तोखना *(हिं.क्रि.)* सन्तुष्ट करना।
दोखना *(हिं.क्रि.)* दोष लगाना।
पोखना *(हिं.क्रि.)* पालना, पोसना, सोखना।
सोखना *(हिं.क्रि.)* रसा खींच लेना, चूस लेना।
अँगना *(हिं.पुं.)* अंगण, आँगन।
खगना *(हिं.क्रि.)* धँसना, चुभना।
खंगना *(हिं.क्रि.)* अड़ना, कम होना।
जगना *(हिं.क्रि.)* नींद से उठना, सचेत होना, जगमगाना।
टंगना *(हिं.क्रि.)* लटकना, चढ़ना या लटकाना।
ठगना *(हिं.क्रि.)* धूर्तता करना, छलना, धोखा देना।
उठंगना *(हिं.क्रि.)* आश्रय लेना, टेकना।
तगना *(हिं.क्रि.)* सिला जाना।
डगना *(हिं.क्रि.)* हिलना, घसकना, भूल-चूक करना।
बगना *(हिं.क्रि.)* बन्दूक या तोप का छूटना, दागा जाना।
फनगना *(हिं.क्रि.)* पौधों में नये-नये अंकुर निकलना।
तिलगना *(हिं.क्रि.)* देखो तिनकना।
पगना *(हिं.स्त्री.)* रस के साथ पक कर मिलना, मग्न होना, प्रेम में डूबना।
बगना *(हिं.क्रि.)* घूमना फिरना।
भगना *(हिं.क्रि.)* लीन या तन्मय होना।
रंगना *(हिं.क्रि.)* किसी वस्तु पर रंग चढ़ाना, किसी को अपने अनुकूल करना
सिलगना *(हिं.क्रि.)* देखो सुलगना।
सुलगना *(हिं.क्रि.)* प्रज्वलित होना, दहकना।
बोठंगना *(हिं.क्रि.)* किसी वस्तु के सहारे बैठना या लेटना।
भंगना *(हिं.क्रि.)* तोड़ना, दबाना।
खागना *(हिं.क्रि.)* खाँगना, चुभना, गड़ना।
भागना *(हिं.क्रि.)* चलना, फिरना, घूमना, टहलना।
जागना *(हिं.क्रि.)* निद्रा त्यागना, उदित होना।
झागना *(हिं.क्रि.)* फन उत्पन्न होना।
टाँगना *(हिं.क्रि.)* लटकाना, फाँसी देना।
तागना *(हिं.क्रि.)* सिलाई करना।

वागना *(हिं.क्रि.)* जलाना, तपे हुए लोहे से शरीर पर चिह्न लगाना, रंजक में आग लगाना, बंदूक, तोप आदि छोड़ना।
पागना *(हिं.क्रि.)* चाशनी में लपेटना।
भागना *(हिं.क्रि.)* पिंड छुड़ाना, टल जाना, हट जाना।
माँगना *(हिं.क्रि.)* कुछ प्राप्त करने के लिए प्रार्थना करना।
त्यागना *(हिं.क्रि.)* त्याग करना, छोड़ना।
रागना *(हिं.क्रि.)* अलापना, गाना, प्रेम करना।
परागना *(हिं.क्रि.)* अनुरक्त होना।
लागना *(हिं.क्रि.)* देखो लगना।
फलाँगना *(हिं.क्रि.)* कूदना, फाँदना।
गगनांगना *(सं.स्त्री.)* देवांगना, अप्सरा।
दिव्यांगना *(सं.स्त्री.)* अप्सरा।
मत्स्यांगना *(सं.स्त्री.)* मत्स्यनारी, वह प्राणी जिसका मुख स्त्री के समान तथा बाकी शरीर का भाग मछली के समान होता है।
झमरांगना *(सं.स्त्री.)* इन्द्रपुरी की अप्सरा।
वारांगना *(सं.स्त्री.)* वेश्या।
सुरांगना *(सं.स्त्री.)* अप्सरा।
देवांगना *(सं.स्त्री.)* अप्सरा।
चिंगना *(हिं.पुं.)* पक्षी का छोटा बच्चा, छोटा बालक।
ठिंगना *(हिं.वि.)* छोटे डील-डौल का, नाटा।
तिगना *(हिं.क्रि.)* दृष्टि डालना, देखना।
रिंगना *(हिं.क्रि.)* रेंगना, घुमाना, फिराना।
भीगना *(हिं.क्रि.)* आर्द्र होना।
उगना *(हिं.क्रि.)* प्रकट होना, देख पड़ना, जमना, उपजना।
चुगना *(हिं.क्रि.)* पक्षी का चोंच से दाना उठाकर खाना।
चुँगना *(हिं.क्रि.)* देखो चुगना।
चुगना *(हिं.क्रि.)* कोमल पत्तियों को दाँत से कुतरकर खाना, कुतरना।
पुगना *(हिं.क्रि.)* देखो पूजना।
सुगना *(हिं.पुं.)* सुग्गा।
ऊगना *(हिं.क्रि.)* जमना।
टूंगना *(हिं.क्रि.)* थोड़ा-थोड़ा करके खाना।
पूगना *(हिं.स्त्री.)* पूरा होना।
ठेगना *(हिं.क्रि.)* सहारा लेना, सहारा लेने की लकड़ी।
ठेंगना *(हिं.वि.)* छोटे डील का, नाटा।
बेगना *(हिं.क्रि.)* शीघ्रता करना।
बोगना *(हिं.क्रि.)* सुख-दुःख का अनुभव करना, सहन करना।
ओंगना *(हिं.क्रि.)* गाड़ी के पहिये के धुरे में तेल देना।
लघना *(हिं.क्रि.)* लाँघना, पार करना।
लाँघना *(हिं.क्रि.)* उछलकर एक पार से दूसरे पार जाना, डाँकना।
सूँघना *(हिं.क्रि.)* महक लेना।
ओंघना *(हिं.क्रि.)* झपकी लेना।

अचना *(हिं.क्रि.)* आचमन करना, कुल्ला करना।
उकचना *(हिं.क्रि.)* निकल जाना, अलग होना, दूर होना।
खचना *(हिं.क्रि.)* जड़ना, अंकित होना।
गचना *(हिं.वि.)* किसी पात्र में कोई वस्तु कसकर भरना।
जचना *(हिं.क्रि.)* देखो जँचना।
तचना *(हिं.क्रि.)* तपना, जलना।
गचना *(हिं.क्रि.)* गिर पड़ना।
नचना *(हिं.क्रि.)* नाचना, इधर-उधर, घूमना।
ओनचना *(हिं.क्रि.)* अदवायन कसना।
पचना *(हिं.क्रि.)* भोजन किए हुए पदार्थ का रसादि में परिणत होकर शरीर में लगने योग्य होना, समाप्त होना, नष्ट होना।
बचना *(हिं.क्रि.)* हटना, अलग होना, छूट जाना।
रचना *(सं.स्त्री.)* यथाक्रम रखना, स्थापित करना, वाक्य विन्यास, चमत्कारयुक्त गद्य या पद्य।
रचना *(हिं.क्रि.)* हाथों से बनाकर प्रस्तुत करना, ग्रन्थ आदि लिखना, सजाना, अनुरक्त होना, उत्पन्न करना, क्रम में रखना।
अरचना *(हिं.क्रि.)* पूजा करना।
परचना *(हिं.क्रि.)* घनिष्ठता प्राप्त करना, अभ्यास पड़ना, हिलना-मिलना।
बिरचना *(हिं.क्रि.)* बनाना।
विरचना *(हिं.क्रि.)* निर्माण करना।
खुरचना *(हिं.क्रि.)* किसी सूखी वस्तु को छुरी इत्यादि से अलगाना।
लचना *(हिं.क्रि.)* लचकना।
ललचना *(हिं.क्रि.)* लालच करना, लालसा करना, अधीर होना।
पिलचना *(हिं.क्रि.)* तत्पर होना, लीन होना।
प्रवंचना *(हिं.स्त्री.)* धूर्तता, छल, कपट।
हचना *(हिं.क्रि.)* देखो हिचकना।
वंचना *(हिं.स्त्री.)* छल, ठगी। (क्रि.) ठगना, धोखा देना।
वञ्चना *(सं.स्त्री.)* धोखा, छल।
खंचना *(हिं.क्रि.)* चिह्न पड़ना, खिंच जाना, बनना।
जँचना *(हिं.क्रि.)* देखा भाला, जाना, प्रतीत होना।
जाचना *(हिं.क्रि.)* याचना, माँगना।
नाचना *(हिं.क्रि.)* कूदना तथा अंगों में तरह-तरह की आकृति बनाना, चक्कर मारना, इधर-उधर घूमना, स्थिर न रहना, काँपना, थर्राना।
पाचना *(हिं.क्रि.)* अच्छी तरह से पकाना।
बाचना *(हिं.क्रि.)* सुरक्षित रखना, बचाना।
माचना *(हिं.क्रि.)* देखो मचना।
याचना *(सं.स्त्री.)* प्रार्थना *(हिं.क्रि.)* माँगना।
राचना *(हिं.क्रि.)* रचना, बनाना, रचा जाना, बनना, रँगा जाना।

आचना *(हिं.क्रि.)* अंकित करना।
जाँचना *(हिं.क्रि.)* सचाई-झुठाई का पता लगाना।
टाँकना *(हिं.क्रि.)* टाँकना, सीना, काटना, छाँटना।
वाचना *(हिं.क्रि.)* टाँका लगाकर जोड़ना, झालना।
बाँचना *(हिं.क्रि.)* पढ़ना।
राँचना *(हिं.स्त्री.)* चाहना, प्रेम करना, रंग चढ़ाना।
खिंचना *(हिं.स्त्री.)* घसीटना, निकलना, तनना, चढ़ना, रुकना, अर्क निकलना, प्रवृत होना।
मिचना *(हिं.क्रि.)* आँखों का बन्द होना।
परिचना *(हिं.क्रि.)* देखो परचभा।
सिंचना *(हिं.क्रि.)* सींचा जाना।
पीचना *(हिं.क्रि.)* पीसना, दबाना।
मीचना *(हिं.क्रि.)* आँख बन्द करना या मूँदना।
उलिचना, उलीचना *(हिं.क्रि.)* हाथ से जल फेंकना।
हीचना *(हिं.क्रि.)* देखो हिचकना।
ईचना *(हिं.क्रि.)* खींचना, ऐंठ लेना।
खींचना *(हिं.क्रि.)* घसीटना, निकालना, खोलना।
भींचना *(हिं.क्रि.)* खींचना, कसना।
सींचना *(हिं.क्रि.)* पानी देना, भिगोना।
कुचना *(हिं.क्रि.)* सिकुड़ना, छिदना।
बकुचना *(हिं.क्रि.)* संकुचित होना, सिकुड़ना।
सकुचना *(हिं.क्रि.)* संकोच करना।
नुचना *(हिं.क्रि.)* किसी वस्तु का खिंचकर अलग होना, उखड़ना, खरोंचा जाना।
पचना *(हिं.क्रि.)* अनुकूल होना।
मुंचना *(हिं.क्रि.)* मुक्त करना।
पहुँचना *(हिं.क्रि.)* प्राप्त होना, मिलना, पठना, घुसना, गूढ़ अर्थ को जान लेना।
ऊँचना *(हिं.क्रि.)* उंचा कसना, अदवाइन कसना।
रूचना *(हिं.क्रि.)* रूचना, अच्छा लगना।
सूचना *(सं.स्त्री.)* विज्ञप्ति, ज्ञापन।
कूंचना *(हिं.क्रि.)* तोड़ना, कुचलना, मारना, पीटना।
खेचना *(हिं.क्रि.)* खाचना।
पेचना *(हिं.क्रि.)* किन्हीं दो वस्तुओं के बीच में तीसरी वस्तु को इस प्रकार से जमा देना कि पता न चले।
बेचना *(हिं.क्रि.)* विक्रय करना।
रेचना *(हिं.क्रि.)* अधोवायु या मल को बाहर निकालना।
ऐंखना *(हिं.क्रि.)* खींचना, तानना।
ऐंचना *(हिं.क्रि.)* लिखना, लकीर खींचना, निकालना, सुखाना।
पेंचना *(हिं.क्रि.)* अनाज फटकना।
कोचना *(हिं.क्रि.)* चुभाना, गड़ाना *(पु.)* चुभाने का कोई साधन।
संकोचना *(हिं.क्रि.)* संकुचि करना।
गोचना *(हिं.क्रि.)* रोकना, छेंकना।
दोचना *(हिं.स्त्री.)* आग्रह करना, दबाव देना।
नोचना *(हिं.क्रि.)* उखाड़ना, खरोचना, पीछे पड़ जाना।
पोचना *(हिं.क्रि.)* देखो पोछना।
दबोचना *(हिं.क्रि.)* किसी को अकस्मात् पकड़कर दबा लेना, छिपाना।
मोचना *(हिं.क्रि.)* छुड़ाना, मुक्त करना।
विमोचना *(हिं.क्रि.)* बन्धन खोलना, मुक्त करना।
अरोचना *(सं.स्त्री.)* उत्तेजना, बढ़ावा।
लोचना *(हिं.क्रि.)* प्रकाशित करना, शोभित होना, ललचाना।
वामलोचना *(सं.स्त्री.)* सुन्दर स्त्री।
यथालोचना *(सं.स्त्री.)* पूरी जाँच पड़ताल।
मृगीलोचना *(सं.स्त्री.)* मृगनयनी।
सोचना *(हिं.क्रि.)* चिन्ता करना, विचार करना, दुःख करना।
व्योंचना *(हिं.क्रि.)* किसी अंग का मुरक जाना।
खरोंचना *(हिं.क्रि.)* छीलना, खुरचना।
सौंचना *(हिं.क्रि.)* मल त्याग करना, हाथ-पैर धोना।
दौंचना *(हिं.क्रि.)* दबाव डालकर लेना।
अछना *(हिं.क्रि.)* रहना।
कछना *(हिं.पुं.)* घुटने तक चढ़ाकर पहिनी हुई धोती।
चछना *(हिं.वि.)* चलना, चलाना।
भच्छना *(हिं.क्रि.)* भक्षण करना, खाना।
प्रच्छना *(सं.स्त्री.)* जिज्ञासा, पूछना।
निरिच्छना *(हिं.क्रि.)* देखना।
लच्छना *(हिं.क्रि.)* देखो लखना।
स्वच्छना *(हिं.क्रि.)* निर्मल करना।
पछना *(हिं.क्रि.)* पाछने का वस्त्र।
मुरछना *(हिं.क्रि.)* शिथिल होना।
लछना *(हिं.क्रि.)* देखो लखना।
तिलछना *(हिं.क्रि.)* व्यग्र होना।
मंछना *(हिं.क्रि.)* इच्छा करना।
काछना *(हिं.क्रि.)* धोती को कमर में खोंसना, तरल पदार्थ को हाथ से किसी पात्र के किनारे पर धरना।
पाछना *(हिं.क्रि.)* जन्तु या पौधे के अंग पर छुरी की धार से मारकर रक्त या रस निकालना।
काँछना *(हिं.क्रि.)* लाँग बाँधना।
घाँछना *(हिं.क्रि.)* घुसना, बेंटना।
वाँछना *(हिं.क्रि.)* अभिलाषा करना, इच्छा करना।
बिछना *(हिं.क्रि.)* फैलाया जाना।
बिछना *(हिं.पुं.)* वह जो विछुड़ गया हो।
ओइंछना *(हिं.क्रि.)* वारना,न्योछावर करना।
बीछना *(हिं.क्रि.)* चुनना, छाँटना।
परीछना *(हिं.क्रि.)* परीक्षा लेना।
हींछना *(हिं.क्रि.)* इच्छा करना।
ईछना *(हिं.क्रि.)* इच्छा करना।
मूरछना *(हिं.क्रि.)* देखो मुरझना।
मूरछना *(हिं.क्रि.)* मूर्छित होना।

पूछना *(हिं.क्रि.)* जिज्ञासा करना, पता लगाना, आदर करना, ध्यान देना, टोकना।
पूच्छना *(सं.स्त्री.)* जिज्ञासा करना, पूछना।
ऊँछना *(हिं.क्रि.)* कंघी करना।
पूँछना *(हिं.क्रि.)* देखो पूछना।
ऐंछना *(हिं.क्रि.)* झाड़ना, बालों में कंघी करना।
कोंछना *(हिं.क्रि.)* साड़ी के अगले भाग को चुनना।
पोंछना *(हिं.क्रि.)* काछना; *(पु.)* पोंछने का कपड़ा।
तिलौछना *(हिं.क्रि.)* तेल पोतकर चिकना करना।
गजना *(हिं.क्रि.)* गरजना।
गजपाल *(हिं.स्त्री.)* एक प्रकार की बड़ी तोप जो प्राचीन काल में हाथी से खींची जाती थी।
छजना *(हिं.क्रि.)* शोभा देना, अच्छा लगना, ठीक जँचना।
मज्जना *(हिं.क्रि.)* नहाना, गोता लगाना।
निमज्जना *(हिं.क्रि.)* गोता लगाना, स्नान करना।
तनजना *(हिं.क्रि.)* त्यागना, छोड़ना।
वनजना *(हिं.क्रि.)* व्यापार करना।
निपजना *(हिं.क्रि.)* उपजना, उगना।
वजना *(हिं.क्रि.)* प्रसिद्ध होना, प्रहार होना, आघात पड़ना, शस्त्रों का चलाना, बोलना; *(पु.)* बजानेवाला, बाजा, रुपया; *(वि.)* बजानेवाला।
भजना *(हिं.क्रि.)* सेवा करना, पहुँचना, देवता का नाम जपना।
रामजना *(हिं.पुं.)* एक संकर जाति जिसकी कन्याएँ वेश्यावृत्ति करती हैं।
बर्जना *(हिं.क्रि.)* देखो बरजना।
रजना *(हिं.क्रि.)* रँगना, रँगा जाना।
चरजना *(हिं.क्रि.)* भुलावा देना।
तरजना *(हिं.क्रि.)* डाँटना, डपटना।
ब्रजना *(हिं.क्रि.)* चलना।
लरजना *(हिं.क्रि.)* हिलना, काँपना।
सृजना *(हिं.क्रि.)* सृष्टि करना।
सरजना *(हिं.क्रि.)* सृष्टि करना, निर्माण करना।
लजना *(हिं.क्रि.)* लजाना
लजवाना *(हिं.क्रि.)* दूसरे को लज्जित करना।
सजना *(हिं.क्रि.)* शृंगार करना, अलंकृत करना, सुशोभित होना।
भंजना *(हिं.क्रि.)* विभक्त होना, किसी बड़ी मुद्रा का छोटी मुद्रा में बदला जाना, भुनना।
मंजना *(हिं.क्रि.)* माँजा जाना, अभ्यस्त होना।
गलगंजना *(हिं.क्रि.)* कोलाहल करना।
व्यंजना *(सं.स्त्री.)* प्रकट करने की क्रिया।
रंजना *(हिं.क्रि.)* प्रसन्न करना, रँगना।
गाजना *(हिं.क्रि.)* गरजना, चिल्लाना।
अलगाजना *(हिं.क्रि.)* आनन्द से गरजना।
ताजन, ताजना *(हिं.पुं.)* चाबुक, कोड़ा।
भाजना *(हिं.क्रि.)* भाग देना।
राजना *(हिं.क्रि.)* शोभित होना, सोहना।
बिराजना *(हिं.क्रि.)* शोभित होना, शोभा देना।
विराजना (हिं.क्रि.) उपस्थित रहना, शोभित होना।
लाजना *(हिं.क्रि.)* लज्जित होना।
नवाजना *(हिं.क्रि.)* दया दिखलाना।
मिवाजना *(हिं.क्रि.)* अनुग्रह करना।
साजना *(हिं.क्रि.)* सजावट करना।
आजना *(हिं.क्रि.)* आँखों में अंजन लगाना।
आँजना *(हिं.क्रि.)* ढेर लगाना।
भाँजना *(हिं.क्रि.)* तह करना, जोड़ना, मुद्गर आदि को घुमाना।
माँजना *(हिं.क्रि.)* मलकर स्वच्छ करना, अभ्यास करना, कण्ठस्थ करना।
गिंजना *(हिं.क्रि.)* हाथ लगने या उलट जाने के कारण किसी वस्तु (कपड़े आदि) का नष्ट हो जाना या करना।
बनिजना *(हिं.क्रि.)* व्यापार करना।
बिजन, बिजना *(हिं.पुं.)* व्यंजन, पंखा; *(वि.)* एकान्त।
बिजना *(हिं.पुं.)* पंखा देना।
खीजना *(हिं.क्रि.)* चिढ़ना, झुंझलाना।
छीजना *(हिं.क्रि.)* घटना।
पतीजना *(हिं.क्रि.)* विश्वास करना, पतिआना।
धीजना *(हिं.क्रि.)* अंगीकार करना।
पटबीजना *(हिं.पुं.)* खद्योत, जुगनू।
भीजना *(हिं.पुं.)* देखो भीगना।
पसीजना *(हिं.क्रि.)* किसी धन पदार्थ में मिले हुए द्रव अंशों का गरमी पाकर रसकर बहना।
गींजना *(हिं.क्रि.)* किसी कोमल पदार्थ को हाथों से इस प्रकार मलना कि वह भ्रष्ट हो जाए।
भींजना *(हिं.क्रि.)* गीला होना।
मींजना *(हिं.क्रि.)* हाथों से मलना।
पूजना *(हिं.क्रि.)* सम्मानित होना, पूजा जाना।
भुंजना *(हिं.क्रि.)* भुन जाना, झुलसना, भुनना।
गुंजना *(हिं.क्रि.)* भनभनाना, गुनगुनाना।
गुंजार *(हिं.वि.)* गूँजता हुआ।
पूजना *(हिं.क्रि.)* गहराई भरना या बराबर होना, समाप्त होना, बीतना, ऋण आदि का चुकता होना, किसी देवता की आराधना करना, आदर करना, घूस देना।
कूजना *(हिं.क्रि.)* चहकना।
बूजना *(हिं.क्रि.)* धोखा देना, छिपाना।
सूजना *(हिं.क्रि.)* शोथ होना।
पूंजना *(हिं.क्रि.)* भनभनाना, प्रतिध्वनित होना।
भूंजना *(हिं.क्रि.)* पकाना, तलना, कष्ट देना।
उत्तेजन, उत्तेजना (सं. पुं. स्त्री.) प्रोत्साहन, भड़काव, बढ़ाव।
परतेजना *(हिं.क्रि.)* त्याग करना।

भेजना *(हिं.क्रि.)* किसी पदार्थ को एक स्थान से दूसरे को रवाना करना।

अमेजना *(हिं.क्रि.)* मिलावट होना, मिला देना।

सहेजना *(हिं.क्रि.)* अच्छी तरह जाँचना।

पैंजना *(हिं.पुं.)* पैर में पहनने का एक गहना।

धोजना *(हिं.क्रि.)* रोकना, भार लेना।

शोधना *(हिं.क्रि.)* पता लगाना।

योजना *(सं.स्त्री.)* किसी काम में लगाने की क्रिया या भाव, जोड़, मिलान, व्यवस्था, आयोजन, व्यवहार।

संयोजना *(सं.स्त्री.)* प्रबन्ध, व्यवस्था।

औंजना *(हिं.क्रि.)* घबड़ाना, अकुलाना।

धौंजना *(हिं.क्रि.)* दौड़-धूप करना।

बझना *(हिं.क्रि.)* बंधन में पड़ना, फँसना, उलझना।

समझना *(हिं.क्रि.)* किसी बात को अच्छी तरह ध्यान में लाना।

अरझना *(हिं.क्रि.)* लिपटना, फँसना।

बिरझना *(हिं.क्रि.)* झगड़ा करना।

उरझना *(हिं.क्रि.)* उलझना, फँसना, गाँठ डालना।

सुरझना *(हिं.क्रि.)* देखो सुलझना।

बाझना *(हिं.क्रि.)* बझना।

खिझना *(हिं.क्रि.)* खीझना, चिढ़ना; *(वि.)* चिढ़नेवाला।

सिझना *(हिं.क्रि.)* आँच पर पकाना, सिझाया जाना।

खीझना *(हिं.क्रि.)* चिढ़ना, खिजलाना।

रीझना *(हिं.क्रि.)* प्रसन्न होना, मोहित या मुग्ध होना।

बूझना *(हिं.क्रि.)* जलने का अंत होना, ठंडा होना।

पूझना *(हिं.क्रि.)* घाव आदि का पूजना।

अरूझना *(हिं.क्रि.)* उलझना, झगड़ना।

बिरूझना *(हिं.क्रि.)* उलझना, झगड़ना।

विरूझना *(हिं.क्रि.)* उलझना।

मूझना *(हिं.क्रि.)* लड़ना।

झूझना *(हिं.क्रि.)* देखो जूझना।

बूझना *(हिं.क्रि.)* जानना, समझना।

रूझना *(हिं.क्रि.)* देखो उलझना।

अरूझना *(हिं.क्रि.)* झगड़ना।

सूझना *(हिं.क्रि.)* देख पड़ना, ध्यान में आना।

बेझना *(हिं.क्रि.)* देखो बेधना।

सेझना *(हिं.क्रि.)* दूर होना, हटना।

बोझना *(हिं.क्रि.)* नाव, गाड़ी आदि पर माल रखना।

अटना *(हिं.क्रि.)* घूमना, भर जाना, पूर्ण होना, समाना।

कटना *(हिं.क्रि.)* दो टुकड़े होना, घुसना, महीन चूर्ण होना, बीतना, समाप्त होना, छीजना, खपना, मिटना।

उगटना *(हिं.क्रि.)* उधेड़ना, उपहास करना।

घटना *(हिं.क्रि.)* उपस्थित होना, ठीक से बैठना, मेल में होना, मेल के मिल जाना, कम होना, पर्याप्त न होना; *(स्त्री.)* अकस्मात् किसी बात का होना।

दुर्घटना *(सं.स्त्री.)* अशुभ घटना, विपत्ति।

प्रघटना *(हिं.क्रि.)* देखो प्रकटना।

बिघटना *(हिं.क्रि.)* बिगाड़ना।

उचटना *(हिं.क्रि.)* उद्घाटन करना, खोलना।

उचटना *(हिं.क्रि.)* अलग होना, गिरना, भड़कना, विरक्त होना।

बटना *(हिं.क्रि.)* ठगना।

तुट्टना *(हिं.क्रि.)* सन्तुष्ट करना, प्रसन्न होना।

छटना *(हिं.क्रि.)* स्थिर करना, ठहराना, सुसज्जित करना।

अटना *(हिं.क्रि.)* स्थिर रहना, अड़ना, भिड़ना।

नटना *(हिं.क्रि.)* अस्वीकार करना, कहकर बदल जाना, नाचना, नष्ट करना; *(हिं. पु.)* रस छानने की छलनी।

पटना *(हिं.क्रि.)* समतल या चौरस होना, पक्की या कच्ची छत बनाना, खेत आदि का सींचा जाना, बेचा-बिक्री आदि में मूल्य आदि का स्थिर होना, गाढ़ी मैत्री होना, ऋण का चुकता हो जाना।

छपटना *(हिं.क्रि.)* चिपकना।

झपटना *(हिं.क्रि.)* आक्रमण करना, ले लेना।

डपटना *(हिं.क्रि.)* डाँटना, वेग से दौड़ना।

रपटना *(हिं.क्रि.)* वेग से चलना, झपटना, किसी काम को झटपट पूरा करना।

लपटना *(हिं.क्रि.)* आलिंगन करना, उलझना, फँसना, घिर जाना।

वहपेटना *(हिं.क्रि.)* व्यस्त करना।

चिपटना *(हिं.क्रि.)* चिपकना, सटना।

लिपटना *(हिं.क्रि.)* चिपटना, तन्मय होना।

उपटना *(हिं.क्रि.)* उभर आना, बनना, हटना, नष्ट होना।

डुपटना *(हिं.क्रि.)* कपड़े को चुनना।

फटना *(हिं.क्रि.)* अधिक पीड़ा होना, किसी द्रव पदार्थ में ऐसा विकार हो जाना कि उसमें का सार भाग और पानी अलग हो जाए।

पौ फटना प्रातःकाल होना।

बटना *(हिं.क्रि.)* कई तन्तुओं, तागों या तारों को एक साथ मिलाकर इस प्रकार ऐंटना कि वे सब मिलकर एक हो जाएँ।

बँटना *(हिं.क्रि.)* विभाग होना।

निबटना *(हिं.क्रि.)* निश्चित होना, छुट्टी पाना, समाप्त होना, अन्त होना।

निबटना *(हिं.क्रि.)* देखो निबटाना।

चिमटना *(हिं.क्रि.)* चिपकना, सटना।

सिमटना *(हिं.क्रि.)* सिकुड़ना, बटुरना, व्यवस्थित होना।

रटना *(हिं.क्रि.)* किसी शब्द को बार-बार कहना, कंठस्थ करने के लिए बारंबार दोहराना।

लटना *(हिं.क्रि.)* ढीला पड़ना, शिथिल होना, व्याकुल होना, दुर्बल होना, लचाना।

पलटना *(हिं.क्रि.)* बदलना, लौटाना, फेरना, लौटन्ना, पीछे फिरना, मुड़ना, एक वस्तु को त्यागकर दूसरा ग्रहण करना।

तुष्टना *(हिं.क्रि.)* सन्तुष्ट होना, तृप्त होना।

अवटना *(हिं.क्रि.)* मथना, किसी द्रव पदार्थ को जलाकर गाढ़ा करना।

घिसटना *(हिं.क्रि.)* घसीटा जाना।

चटना *(हिं.क्रि.)* मिलना, चिपकना।

हटना *(हिं.क्रि.)* एक स्थान को छोड़कर दूसरे स्थान में जाना।

पहटना *(हिं.क्रि.)* खदेड़ना।

आटना *(हिं.क्रि.)* मूँदना, छिपाना।

काटना *(हिं.क्रि.)* तीखे शस्त्र से टुकड़े करना, पीसना, रगड़ना, बनाना, तोड़ना, बिताना, नष्ट करना, गणित में एक संख्या से दूसरी संख्या को ऐसा भाग देना जिसमें शेष न बचे, कारावास में समय बिताना।

चाटना *(हिं.क्रि.)* स्वाद लेने के लिए किसी वस्तु को जीभ से उठाना।

उचाटना *(हिं.क्रि.)* उच्चाटन करना।

डांटना *(हिं.क्रि.)* चाँड़ लगाना, टेकना, टपी लगाना।

बाटना *(हिं.क्रि.)* सिल पर बट्टे से कोई वस्तु पीसना।

पाटना *(हिं.क्रि.)* किसी नीचे स्थान को उसके आसपास के धरातल के बराबर कर देना, ढेर लगा देना।

पाटना *(हिं.क्रि.)* फुसलाना।

उपाटना, उपाड़ना देखो उखाड़ना।

साटना *(हिं.क्रि.)* दो वस्तुओं को सटाना।

छाँटना *(हिं.स्त्री.)* टुकड़ा अलगाना, स्वच्छ करने के लिए अन्न का कूटना, चुन लेना, हटाना, संक्षिप्त करना, बढ़-चढ़कर बातें करना।

डाँटना *(हिं.क्रि.)* डपटना, घुड़कना।

फाँटना *(हिं.क्रि.)* विभाग करना

बाँटना *(हिं.क्रि.)* वितरण करना, पीसना।

पिटना *(हिं.क्रि.)* मार खाना, ठोंका जाना; *(पुं.)* छत पीटने की लकड़ी की मुंगरी।

मिटना *(हिं.क्रि.)* किसी अंकित चिह्न आदि का लुप्त हो जाना, नष्ट होना।

सिमिटना *(हिं.क्रि.)* देखो सिमटना।

घसिटना *(हिं.क्रि.)* रगड़ते हुए खींचना।

पीटना *(हिं.क्रि.)* प्रहार करना, मारना, चिपटी करना, टोंकना।

मीटना *(हिं.क्रि.)* देखो मीचना।

सीटना *(हिं.क्रि.)* डींग मारना।

घसीटना *(हिं.क्रि.)* रगड़ खाते हुए खींचना, जल्दी से लिखकर काम चालू करना।

छींटना *(हिं.क्रि.)* बिखराना, छितराना।

कुटना *(हिं.पुं.)* वंचक; *(पुं.)* कूटने-पीटने का यन्त्र; *(क्रि.)* कूटा जाना, मारा जाना।

निखुटना *(हिं.क्रि.)* घटना, समाप्त होना।

घुटना *(हिं.पुं.)* टाँग और जाँघ के बीच की गाँठ, फँसना, रुकना, कड़ा पड़ना, रगड़कर चिकना करना, मित्रता होना।

जुटना *(हिं.क्रि.)* सटना, चिपटना, लगा रहना, एकत्र होना, प्रवृत होना।

बूटना *(हिं.क्रि.)* माँगना।

लुटना *(हिं.क्रि.)* लुटा जाना।

चिहुँटना *(हिं.क्रि.)* चिमटना।

कूटना *(हिं.क्रि.)* ठोंकना, मारना, पीटना, टाँकी से छोटे-छोटे गड्ढे बनाना।

लूटना *(हिं.क्रि.)* साँस रोकना।

छूटना *(हिं.क्रि.)* अलग होना, दूर होना, छुटकारा होना, प्रस्थान करना, बन्द होना, किसी वस्तु का वेग000 से अलग होना।

तूटना *(हिं.क्रि.)* देखो टूटना।

फूटना *(हिं.क्रि.)* खण्ड होना, नष्ट होना, बिगड़ना, शरीर पर दाने के रूप में प्रकट होना, अँखुआ फूटना, व्याप्त होना, फैलना, कली का खिलना, शरीर के जोड़ों में पीड़ा होना, भेद खुलना।

बूटना *(हिं.क्रि.)* भागना।

लूटना *(हिं.क्रि.)* छीनना, धोखे से या अन्यायपूर्वक किसी का धन हर लेना।

हटना *(हिं.क्रि.)* हटना, टलना।

चहूटना *(हिं.क्रि.)* सटना, मिलना, लगना।

खूँटना *(हिं.क्रि.)* टोकना, छेड़ना।

चपेटना (क्रि.) दबाना, रगड़ देना।

छपेटना *(हिं.क्रि.)* दबोचना, धावा करके ले लेना।

दपेटना *(हिं.क्रि.)* डाटना, घुड़कना।

दपेटना *(हिं.क्रि.)* झिड़कना, चपेटना।

लपटना *(हिं.क्रि.)* घुमाव या फर के साथ चारों ओर फँसाना, फैली हुई वस्तु को गठरी के रूप में करना, फँसाना, लेप करना, पोतना।

मेटना *(हिं.क्रि.)* मिटाना, नष्ट करना।

खुटना *(हिं.क्रि.)* खुलना, अलग रहना, साथ छोड़ना।

धुरेटना *(हिं.क्रि.)* धूल लगाना।

लेटना *(हिं.क्रि.)* हाथ पैर तथा संपूर्ण शरीर भूमि या बिस्तर पर पड़ा रखना।

गोटना *(हिं.स्त्री.)* कपड़े के किनारे शोभा के लिए लगाई जानेवाली पट्टी, किनारी।

सिटना *(हिं.क्रि.)* समझना, बूझना।

नरसिटना *(हिं.क्रि.)* भला-बुरा कहना।

भेंटना *(हिं.क्रि.)* मिलना, गले लगाना।

ओंटना *(हिं.क्रि.)* कपास के बिनोले अलगाना, बीच-बीच में रोकना, अपनी ही बात कहते रहना।

चकोटना *(हिं.क्रि.)* चुटकी से काटना।

नकोटना *(हिं.क्रि.)* नख से नोचना।

अगोटना *(हिं.क्रि.)* रोकना, अटकाना।

घोटना *(हिं.क्रि.)* सिल पर बट्टे से रगड़ देना, चमकाना, अभ्यास करना, रटना, मूड़ना, गला मरोड़ना; *(पुं.)* घोंटने का औजार।

कचोटना *(हिं.क्रि.)* गड़ना, चुभना।

लोटना *(हिं.क्रि.)* लुढ़कना, विश्राम करना, लेटना, चकित होना।

पलोटना *(हिं.क्रि.)* पैर दबाना।

खसोटना *(हिं.क्रि.)* उखाड़ना।

खोंटना *(हिं.क्रि.)* फुनगी तोड़ लेना।

घोंटना *(हिं.क्रि.)* पानी दूध इत्यादि को थोड़ा-थोड़ा करके गले के नीचे उतारना।

बाँटना *(हिं.क्रि.)* तोड़ना, खोंटना।

लौटना *(हिं.क्रि.)* कहीं पर जाकर फिर से वापस जाना, पलटना।

औंटना *(हिं.क्रि.)* उबलना।

छँटना *(हिं.क्रि.)* कटकर अलग होना।

अकठना *(हिं.क्रि.)* शुष्क होना, सूखना।

उकठा *(हिं.वि.)* शुष्क, सूखा हुआ।

गठना *(हिं.क्रि.)* जुड़ना, सटना।

समेटना *(हिं.क्रि.)* बिखरी हुई वस्तु को इकट्ठा करना।

सिमेटना *(हिं.क्रि.)* लपेटना।

नाठना *(हिं.क्रि.)* नष्ट करना या होना।

पाठना *(हिं.क्रि.)* पढ़ाना।

गाँठना *(हिं.क्रि.)* गाँठ देना, मिलाना, जोड़ना, वश में लाना।

नाँठना *(हिं.क्रि.)* नष्ट होना।

पाठना *(हिं.क्रि.)* देखो बैठना।

सिठना *(हिं.पुं.)*, सिठनी-*(हिं.स्त्री.)* विवाह के समय गाई जानेवाली गाली।

डूबना शक्ति, ज्ञान, सूझ।

डीठना *(हिं.क्रि.)* देख पड़ना, दृष्टि लगाना।

सीठना *(हिं.पुं.)* अश्लील गीत जो स्त्रियाँ विवाह के अवसर पर गाती हैं।

हीठना *(हिं.क्रि.)* पास में जाना।

उठना *(हिं.क्रि.)* आरम्भ होना, निकलना, उगना, उभड़ आना, जागना, उबलना, देख पड़ना, फैलना, किराये पर दिया जाना, स्थापित होना, पूर्ण होना, छोड़ना, किसी प्रथा का दूर होना, व्यय होना, बिकना।

रूठना *(हिं.क्रि.)* क्रुद्ध होना।

रूठना *(हिं.क्रि.)* रूठने में प्रवृत्त करना।

लुठना *(हिं.क्रि.)* भूमि पर लोटना, लुढ़कना।

अहुठना *(हिं.क्रि.)* निवृत्त होना, हट जाना, भागना।

टूठना *(हिं.क्रि.)* सन्तुष्ट होना।

अपूठना *(हिं.क्रि.)* नाश करना, तोड़ना, मिटना।

सूठना *(हिं.क्रि.)* नष्ट होना, मर मिटना।

रूठना *(हिं.क्रि.)* अप्रसन्न होना।

नेठना *(हिं.क्रि.)* देखो नाठना।

अमेठना *(हिं.क्रि.)* देखो उमेठना।

बैठना *(हिं.क्रि.)* स्थित होना, आसन जमाना, निरूद्योग रहना, समाना, ठीक होना, धँसना, व्यवसायहीन होना, पिचक जाना, दबना।

घुमड़ना *(हिं.क्रि.)* बादलों का मँड़राना।

गठना *(हिं.क्रि.)* नष्ट करना या होना।

तिष्ठना *(हिं.क्रि.)* ठहरना।

हठना *(हिं.क्रि.)* दुराग्रह करना।

हठकर *(हिं.क्रि.)* दुराग्रह से।

गठना *(हिं.क्रि.)* नष्ट करना या होना।

तिष्ठना *(हिं.क्रि.)* ठहरना।

हठना *(हिं.क्रि.)* दुराग्रह करना।

अड़ना *(हिं.क्रि.)* रुकना, अटकना, हठ करना।

अकड़ना *(हिं.क्रि.)* सूखकर कड़ा हो जाना, हठ करना।

अकड़ना *(हिं.स्त्री.)* शरीर की ऐंठन।

अकड़ना *(हिं.क्रि.)* कसकर बाँधना।

पकड़ना *(हिं.क्रि.)* थामना, वरना, पता लगाना, रोक रखना, ठहराना।

हँकड़ना *(हिं.क्रि.)* ललकारना।

कुकड़ना *(हिं.क्रि.)* संकुचित होना।

सुकड़ना *(हिं.क्रि.)* देखो सिकुड़ना।

उखड़ना *(हिं.क्रि.)* निर्मूल होना, गिरना, रुकना, लड़खड़ाना, लुप्त होना, भागना, बेसुरा हो जाना।

गड़ना *(हिं.क्रि.)* चुभना, धँसना, घुसना।

झगड़ना *(हिं.क्रि.)* झगड़ा करना, लड़ना।

दगड़ना *(हिं.स्त्री.)* सच्ची बात पर विश्वास न करना। उत्पन्न चिह्न, बड़ा परिश्रम, झगड़ा।

रगड़ना *(हिं.क्रि.)* घिसना, पीसना, अभ्यास करने के लिए कोई काम बार-बार करना।

बिगड़ना *(हिं.क्रि.)* असली रूप रंग या गुण का नष्ट हो जाना, क्रुद्ध होना, विरोधी होना।

उघड़ना *(हिं.क्रि.)* खुलना, प्रकाशित होना।

उचड़ना (हिं.क्रि.) सटी हुई वस्तु का अलग होना।

पछड़ना *(हिं.क्रि.)* पिछड़ना।

पिछड़ना *(हिं.क्रि.)* श्रेणी में आगे या बराबर न रहना।

जड़ना *(हिं.क्रि.)* बैठाना, पिच्ची करना।

बजड़ना *(हिं.क्रि.)* पहुँचना, टकराना।

उजड़ना *(हिं.क्रि.)* जड़ से उखड़ना, सूख जाना, नष्ट हो जाना, जनशून्य होना।

उधड़ना *(हिं.क्रि.)* उचड़ना, खुलना, उजड़ना, छँट जाना, नष्ट होना।

पड़ना *(हिं.क्रि.)* गिरना, बिछाया जाना, उत्पन्न होना, उपस्थित होना, ठहरना, रोगी होना, पड़ता खाना, मार्ग में मिलना।

कच्चा पड़ना झूठा ठहरना।

कच्चा धान या माल चुपड़ना *(हिं.क्रि.)* किसी गीली वस्तु को फैलाना, दोष छिपाना।

रबड़ना *(हिं.क्रि.)* घुमाना, चलाना।

लबड़ना *(हिं.क्रि.)* झूठ बोलना।

निबड़ना *(हिं.क्रि.)* देखो निबटना।

उमड़ना (हिं.क्रि.) चढ़ना, बह चलना; उठकर फैल जाना, चक्कर देना; फैलना, घेरना, आवेश में आ जाना।

लड़ना *(हिं.क्रि.)* झगड़ा करना, भिड़ना, मल्लयुद्ध करना, एक दूसरे को कठोर शब्द कहना, टक्कर खाना, वाद-विवाद करना, टकराना।

बवंड़ना *(हिं.क्रि.)* व्यर्थ इधर-उधर घूमना।

सड़ना *(हिं.क्रि.)* किसी पदार्थ में खमीर उठना या दुर्दशा में पड़ना।

हुंडना *(हिं.क्रि.)* घूमना, फिरना।

छड़ना *(हिं.क्रि.)* त्यागना, छोड़ना।

आड़ना *(हिं.क्रि.)* रोकना, छेंकना, बाँधना।

उखाड़ना *(हिं.क्रि.)* उखाड़ना, नाश करना।

गाड़ना *(हिं.क्रि.)* पृथ्वी में ढाँपना, धँसाना, छिपाना।

बिगाड़ना (हिं.क्रि.) बुरी अवस्था में लाना, व्यर्थ व्यय करना।

उघाड़ना *(हिं.क्रि.)* खोलना, कपड़ा उतार देना।

उचाड़ना *(हिं.क्रि.)* उखाड़ना, नोचना।

छाड़ना *(हिं.क्रि.)* वमन करना।

पछाड़ना *(हिं.क्रि.)* लड़ाई या मल्लयुद्ध में पटकना या गिराना, कपड़े को धोने के लिए पटकना।

झाड़ना *(हिं.क्रि.)* धूल इत्यादि हटाना, झटकारना, फटकारना, झटके से किसी वस्तु को गिराना, भूत प्रेत दूर करने के लिए मन्त्र पढ़कर फूँकना, डाँटना, डपटना।

ताड़ना *(सं.स्त्री.)* प्रहार, शासन, कष्ट; *(हिं.क्रि.)* डाँटना, डपटना, मारना, पीटना, छिपी हुई बात का पता लगा लेना।

लताड़ना *(हिं.क्रि.)* लात मारना।

फाड़ना *(हिं.क्रि.)* टुकड़े करना, चीरना, धज्जियाँ उड़ाना, किसी गाढ़े द्रव पदार्थ का जल और सार भाग अलग करना।

माड़ना *(हिं.क्रि.)* विभूषित करना।

काँड़ना *(हिं.क्रि.)* रौंदना, लतियाना।

माँड़ना *(हिं.क्रि.)* त्यागना, छोड़ना।

डाँड़ना *(हिं.क्रि.)* अर्थदण्ड देना।

भाँड़ना *(हिं.क्रि.)* भ्रष्ट करना, बिगाड़ना।

माँड़ना *(हिं.क्रि.)* मसलना, पोतना, गूँधना, बनाना।

हाँड़ना *(हिं.वि.)* व्यर्थ इधर-उधर घूमनेवाला।

छिड़ना *(हिं.स्त्री.)* आरंभ होना।

भिड़ना *(हिं.क्रि.)* लड़ना, झगड़ना।

निपीड़ना *(हिं.क्रि.)* दाँत निकालना।

मींड़ना *(हिं.क्रि.)* हाथों से मलना, मसलना।

हींड़ना *(हिं.क्रि.)* पछताना।

उड़ना *(हिं.क्रि.)* आकाश में पर की सहायता से चलना, हवा में ऊपर की ओर उठना, शीघ्र दौड़ना, समाप्त होना, बहाना करना, व्यय होना।

सिकुड़ना *(हिं.क्रि.)* सिमटना।

सुकुड़ना *(हिं.क्रि.)* देखो सिकुड़ना।

निचुड़ना *(हिं.क्रि.)* टपकना या चूना, रसहीन होना।

बिछुड़ना *(हिं.क्रि.)* दो प्रेमियों का परस्पर वियोग होना।

निपुड़ना *(हिं.क्रि.)* खोलना, उघारना।

बुड़ना *(हिं.क्रि.)* देखो बूड़ना।

मुड़ना *(हिं.क्रि.)* दबाव या आघात से झुक जाना, लौटना, पलटना।

मुँडना *(हिं.क्रि.)* सिर के बालों का मूँडा जाना, ठगा जाना।

मूँडना *(हिं.क्रि.)* सिर के बाल बनाना, हजामत करना, धोखा देकर ठगना, चेला बनाना, भेड़ का ऊन कतरना।

ऐड़ना *(हिं.क्रि.)* अकड़ दिखलाना, नाक-भौंह चढ़ाना, शरीर तोड़ना, इठलाना।

छेड़ना *(हिं.क्रि.)* भड़कना, व्यग्र करना, कुढ़ाना, कोई कार्य आरंभ करना।

लथाड़ना, लथेड़ना *(हिं.क्रि.)* भूमि पर पटककर घसीटना, हराना, शिथिल करना, थकाना, डाँटना।

पेड़ना *(हिं.स्त्री.)* देखो पेरना।

थपेड़ना *(हिं.क्रि.)* थप्पड़ मारना।

बेड़ना (हिं.क्रि.) छोटी भीत खड़ी करना, थाला बाँधना।

नबेड़ना *(हिं.क्रि.)* झगड़ा तय करना, समाप्त करना।

जहड़ना *(हिं.क्रि.)* धोखे में पड़ना।

गेंड़ना *(हिं.क्रि.)* लकीर से घेरना, परिक्रमा करना, चारों ओर घूमना।

गेंड़ना *(हिं.क्रि.)* खावें से खेत घेरना।

बेंड़ना *(हिं.क्रि.)* बन्द करना।

ओड़ना *(हिं.क्रि.)* रोकना, फैलाना।

सिकोड़ना *(हिं.क्रि.)* बटोरना, समेटना।

निखोड़ना *(हिं.क्रि.)* नख से नोचना।

नचौड़ना *(हिं.क्रि.)* दाँतों से दबाकर चूसना।

निचोड़ना *(हिं.क्रि.)* निकालना, गारना, सार भाग अलग करना, सर्वस्व हरण करना।

छोड़ना *(हिं.क्रि.)* पास न रखना, ग्रहण न करना, छूट देना, छुटकारा देना, प्रस्थान करना, दूर तक जाने

वाले अस्त्र को फेंकना, भीतर के वेग सहित बाहर आना, बन्द करना।

पछोड़ना, पछोरना *(हिं.क्रि.)* सूप आदि में रखकर तथा फटककर अन्न आदि को स्वच्छ करना।

जोड़ना *(हिं.क्रि.)* टूटे हुए पदार्थ के टुकड़ों को मिलाकर एक करना, सामग्री को क्रम से रखना, एकत्र करना, संग्रह करना, संबंध स्थापित करना।

झंझोड़ना *(हिं.क्रि.)* झकोरना, झटका देना।

तोड़ना *(हिं.पुं.)* टुकड़े करना, किसी संस्था या संगठन को नष्ट करना, दूर करना, किसी वस्तु के खरीदने के लिए दाम पता कर तय करना।

फोड़ना *(हिं.क्रि.)* खरी वस्तु के टुकड़े-टुकड़े करना, भेद खोल देना, भेद भाव उत्पन्न करना, विदीर्ण करना।

मोड़ना *(हिं.क्रि.)* फेरना, लौटाना, विमुख होना, तह करना।

मरोड़ना *(हिं.क्रि.)* व्यग्र होना।

दौड़ना *(हिं.क्रि.)* द्रुत गति से चलना, उपाय करना, उद्योग फैलाना, छा जाना, चढ़ दौड़ना, धावा करना।

कढ़ना *(हिं.क्रि.)* निकलना, उदय होना, देख पड़ना, बढ़ जाना।

गढ़ना *(हिं.क्रि.)* सुडौल करना, बातें बनाना, ठोंकना, मारना, पीटना, कल्पना करना।

चढ़ना *(हिं.क्रि.)* ऊपर उठना, चढ़ना, उन्नति करना, नदी में बाढ़ आना, दल बाँधकर जाना, देवता या महात्मा को भेंट देना, सवार होना, नव मास आदि का आरम्भ होना, बही खाते में लिखना, बुरा भाव होना, पकाने के लिए आँच पर रखना, लेप होना।

डड्ढ़ना *(हिं.क्रि.)* जलाना।

बढ़ना *(हिं.क्रि.)* जलना।

मढ़ना *(हिं.क्रि.)* बाँधना, पिरोना, गूँथना।

पढ़ना *(हिं.क्रि.)* उच्चारण करना, बाँचना, अध्ययन करना, शिक्षा प्राप्त करना।

बढ़ना *(हिं.क्रि.)* वृद्धि को प्राप्त होना, उन्नति करना, दुकान आदि का बन्द होना, दीपक का बुझना।

मढ़ना *(हिं.क्रि.)* चौफेर से लपेटना, ढोल किसी के गले लगाना।

रढ़ना *(हिं.क्रि.)* देखो रटाना।

दृढ़ना *(हिं.क्रि.)* दृढ़ करना, पक्का करना, पक्का होना।

डेवढ़ना *(हिं.क्रि.)* हिसाब बन्द करना।

काढ़ना *(हिं.क्रि.)* खींचना, निकालना, सुई से बेल-बूटे बनाना, ऋण लेना।

डाढ़ना *(हिं.क्रि.)* जलाना।

वाढ़ना *(हिं.क्रि.)* जलाना, दुःखी करना।

माढ़ना *(हिं.क्रि.)* देखो बढ़ना।

चिढ़ना *(हिं.क्रि.)* अप्रसन्न होना, कुढ़ना।

ढूँढ़ना *(हिं.क्रि.)* अन्वेषण करना।

ओढ़ना *(हिं.क्रि.)* लपेटना, वस्त्र से शरीर को ढाँपना, अपने ऊपर किसी कार्य का भार ले लेना; *(पुं.)* शरीर ढाँपने का वस्त्र, चादर।

कोढ़ना *(हिं.क्रि.)* खेत की मिट्टी को गहरी खोदकर उलटना, गोड़ना।

पीढ़ना *(हिं.क्रि.)* लेटना, सोना, आगे-पीछे हिलना।

गणना *(सं.पुं.)* गणना, गिनती, निश्चय।

गणना *(सं.स्त्री.)* गिनती, हिसाब, संख्या।

परिगणन, परिगणना *(सं.पुं.)* भली-भाँति गणना करना, विचार करना।

वर्णना *(हिं.क्रि.)* वर्णन करना।

वरणना *(हिं.क्रि.)* वर्णन करना।

कतना *(हिं.क्रि.)* काता जाना। *(क्रि. वि.)* कितना।

भुगतना *(हिं.क्रि.)* भोगना, सहना।

छतना *(हिं.पुं.)* पत्तों का बना हुआ छाता।

(छतनार) *(हिं.वि.)* छत्ते की तरह फैला हुआ।

नर्तना *(हिं.क्रि.)* नाचना।

बर्तना *(हिं.क्रि.)* देखो बरतना।

निर्तना *(हिं.क्रि.)* नृत्य करना, नाचना।

वरतना *(हिं.क्रि.)* व्यवहार में लाना।

नेत्रतना *(हिं.क्रि.)* निमंत्रण देना, नेवता, भोजन।

हतना *(हिं.क्रि.)* वध करना, मार डालना।

कातना *(हिं.क्रि.)* रूई को बटकर तागा बनाना, चरखा चलाना।

जातना *(हिं.स्त्री.)* देखो यातना।

निपातना *(हिं.क्रि.)* गिराना, नष्ट करना, वध करना।

अमातना *(हिं.क्रि.)* निमंत्रण देना, बुला भेजना।

यातना *(सं.स्त्री.)* बहुत अधिक कष्ट या वेदना।

यमयातना *(सं.स्त्री.)* मृत्युसमय का कष्ट।

रातना *(हिं.क्रि.)* अनुरक्त होना, रँगा जाना।

माँतना *(हिं.क्रि.)* उन्मत्त होना।

इतना *(हिं.वि.)* एतावत्।

संइतना *(हिं.क्रि.)* लीपना, पोतना, सहेजना।

कितना *(हिं.वि.)* किस मात्रा का, किस-किस परिमाण या संख्या का; (क्रि. वि.) कहाँ तक, बहुत अधिक।

जितना *(हिं.वि.)* जिस परिमाण का।

तितना *(हिं. क्रि. वि.)* उतने परिमाण का।

बितना *(हिं.पुं.)* बित्ता।

चीतना *(हिं.क्रि.)* सोच-विचार करना, चैतन्य होना।

चीतना *(हिं.क्रि.)* चित्रित होना।

बितीतना *(हिं.क्रि.)* व्यतीत होना।

व्यतीतना *(हिं.क्रि.)* बीतना।

बीतना *(हिं.क्रि.)* समय का व्यतीत होना, दूर होना, छूट जाना।

रीतना *(हिं.क्रि.)* रिक्त होना, रिक्त करना।

नेउतना *(हिं.क्रि.)* निमंत्रण देना।

कुतना *(हिं.क्रि.)* कूता जाना, आका जाना।
बुतना *(हिं.क्रि.)* देखो बूझना।
बिगूचना, बिगूतना *(हिं.क्रि.)* संकोच में पड़ना।
घूतना *(हिं.क्रि.)* ठगना, धोखा देना।
पूतना *(सं.स्त्री.)* सेना, संग्राम, लड़ाई।
सूतना *(हिं.क्रि.)* निद्रा लेना, सोना।
एतना *(हिं. क्रि. वि.)* देखो इतना।
सकेतना *(हिं.क्रि.)* सिकुड़ना।
संकेतना *(हिं.क्रि.)* संकट में डालना।
चेतना *(सं.स्त्री.)* मनोवृत्ति, बुद्धि।
तेतना *(हिं.वि.)* तितना, उतना।
बेतना *(हिं.क्रि.)* प्रतीत होना, जान पड़ना।
रेतना *(हिं.क्रि.)* रेती के द्वारा किसी वस्तु को रगड़कर उसमें से महीन कण गिराना।
सेंतना *(हिं.क्रि.)* संचित करना, बटोरना।
पोतना *(हिं.क्रि.)* किसी गीले पदार्थ को दूसरे पदार्थ पर फैलाकर लगाना, चुपड़ना; *(पुं.)* पोतने का कपड़ा।
न्योतना *(हिं.क्रि.)* निमंत्रित करना।
ब्योंतना *(हिं.क्रि.)* कोई पहनावा बनाने के लिए कपड़े को नापकर काटना-छाँटना।
कथना *(हिं.क्रि.)* बोलना, कहना, निन्दा करना।
विकत्थना *(सं.स्त्री.)* आत्मश्लाघा।
नथना *(हिं.पुं.)* नाक का अग्रभाग, नाक का छेद।
मथना *(हिं.क्रि.)* किसी तरल पदार्थ को वेगपूर्वक हिलाना या चलाना, रगड़ना, नष्ट करना, घूम-घूमकर पता लगाना, किसी काम को बारंबार करना।
अर्थना *(सं.स्त्री.)* भिक्षा, भीख।
पर्थना *(हिं.पुं.)* देखो परगना।
अभ्यर्थना *(सं.स्त्री.)* सन्मुख प्रार्थना, अगवानी।
प्रार्थना *(सं.स्त्री.)* याचना, माँगना, विनती।
उलचना *(हिं.क्रि.)* ऊपर-नीचे करना।
थलचना *(हिं.पुं.)* बकरियों की गर्दन के दोनों ओर लटकती हुई थैलियाँ।
सेहथना *(हिं.क्रि.)* झाड़ना।
आथना *(हिं.क्रि.)* होना, रहना।
नाथना *(हिं.क्रि.)* बैल, भैंसे आदि की नाक छेदकर उसमें रस्सी डालना, नकेल लगाना, नत्थी करना।
पाथना *(हिं.क्रि.)* गढ़ना, पीटना, ठोंकना, किसी गीली वस्तु को साँचे में रखना।
माथना *(हिं.क्रि.)* मथन करना।
गाँथना *(हिं.क्रि.)* गूँथना, मिलाना।
चीथना *(हिं.क्रि.)* फाड़ना, टुकड़े-टुकड़े करना।
फीथना *(हिं.क्रि.)* फेंकना, छितराना।
गुंथना *(हिं.क्रि.)* गुथा जाना, टाँका लगाना।
थूथना *(हिं.पुं.)* देखो थूथन।
गुँथना *(हिं.क्रि.)* लड़ी बनाकर बाँधना।
गूँथना *(हिं.क्रि.)* कई वस्तुओं को एक डोरे में पिरोना, गाँथना, भद्दी सिलाई करना।
कूँथना *(हिं.क्रि.)* कराहना।
कोंथना *(हिं.क्रि.)* भीत के छेदों में सनी हुई मिट्टी भरना।
गदना *(हिं.क्रि.)* बोलना, कहना।
बगदना *(हिं.क्रि.)* बिगड़ना, बहकना, भूलना।
उगदना *(हिं.क्रि.)* बोलना, कहना।
छदना *(हिं.क्रि.)* पैरों में रस्सी लगाकर बाँधा जाना।
नदना *(हिं.क्रि.)* रंभाना।
अनदना *(हिं.क्रि.)* आनन्द करना।
बदना *(हिं.क्रि.)* स्थित करना, ठहराना, स्वीकार करना, मान लेना, होड़ लगाना।
फफदना (हिं.क्रि.) किसी गीले पदार्थ का बढ़कर फैलना, बढ़ना।
अरदना *(हिं.क्रि.)* पैर से कुचलना, रौंदना।
मर्दना *(हिं.क्रि.)* मलना, रौंदना, कुचलना।
नरदना *(हिं.पुं.)* मोटी गरदन, झटका या धील जो गरदन पर पड़े।
शशिवदना *(सं.स्त्री.)* चन्द्रमुखी।
विवदना *(हिं.क्रि.)* शास्त्रार्थ करना।
सदना *(हिं.क्रि.)* छेद में से रसना, चूना।
नादना *(हिं.क्रि.)* शब्द करना, बजना, चिल्लाना, गरजना।
लादना (हिं.क्रि.) पीठ पर भार रखना, पीठ पर उठा लेना।
प्रसादना *(सं.स्त्री.)* परिचर्या, सेवा।
काँदना *(हिं.स्त्री.)* चीख मारकर रोना।
छाँदना *(हिं.क्रि.)* रस्सी से बाँधना।
नाँदना *(हिं.क्रि.)* शब्द करना, आनन्दित होना।
छिदना *(हिं.क्रि.)* छिद्रयुक्त होना।
निंदना *(हिं.क्रि.)* निन्दा करना।
भिदना *(हिं.क्रि.)* प्रवेश करना, घुसना।
नीदना *(हिं.क्रि.)* निद्रा लेना, सोना।
सीदना *(हिं.क्रि.)* दुःख पाना, कष्ट देना।
खुदना *(हिं.क्रि.)* खोदा जाना।
तुदना *(सं.पुं.)* पीड़ा देने की क्रिया, व्यथा।
हुदना *(हिं.क्रि.)* स्तब्ध होना, रुकना।
मुंदना *(हिं.क्रि.)* खुली हुई वस्तु का ढँप जाना या बन्द होना।
फुंदना *(हिं.पुं.)* झालर, झब्बा।
कूदना *(हिं.क्रि.)* उछलना, फाँदना।
सूदना *(हिं.क्रि.)* नाश करना।
खूँदना *(हिं.क्रि.)* पैर उठा-उठाकर उसी जगह पटकना।
दूँदना *(हिं.क्रि.)* ऊधम करना।
मूँदना *(हिं.क्रि.)* ऊपर से किसी वस्तु को छिपाना, बन्द करना।

रूँदना *(हिं.क्रि.)* देखो रौंदना।
खेदना *(हिं.क्रि.)* खदेड़ना, भगाना।
लखेदना *(हिं.क्रि.)* भगाना।
वगेदना *(हिं.क्रि.)* विचलित करना।
रगेदना *(हिं.क्रि.)* भगा देना।
छेदना *(हिं.क्रि.)* छिद्र करना, बेधना, भेदना, काटना।
वेघना देखो वेदना।
भेदना *(हिं.क्रि.)* छेदना, काटना, प्रवेश करना।
कुरेदना *(हिं.क्रि.)* खुरचना, खोदना।
लेदना *(हिं.क्रि.)* मिलना, सटना, चिपकाया जाना, जमना, उगना, स्थापित होना, चोट पहुँचाना, संबंध में कोई होना, किनारे पर ठहरना, जान पड़ना, चुभना, किसी कार्य में तत्पर होना, निश्चय होना।
वेदना *(सं.स्त्री.)* व्यथा, पीड़ा।
निवेदना *(हिं.क्रि.)* विनती करना।
खोदना *(हिं.क्रि.)* गड्ढा करना, उकसाना, नक्काशी करना।
गोदना *(हिं.क्रि.)* गड़ाना, चुभाना।
रोदना *(हिं.क्रि.)* कही हुई बात को अस्वीकार करना।
नोदना *(हिं.पुं.)* नाटा या ठिगना आदमी।
मोदना *(हिं.क्रि.)* प्रसन्न होना, प्रसन्न करना।
करोदना *(हिं.क्रि.)* खुरचना, करोना।
रौंदना *(हिं.क्रि.)* पैरों से कुचलना, लातों से मारना, खूब पीटना।
सौंदना *(हिं.स्त्री)* कपड़ों को रेह के पानी में भिगोना।
बकंदना *(हिं.क्रि.)* उछाल मारना।
निकंदना *(हिं.क्रि.)* नाश करना।
नदना *(हिं.स्त्री.)* पुत्री, लड़की, बेटी।
आनन्दना *(हिं.क्रि.)* प्रसन्न होना।
फंदना *(हिं.क्रि.)* फन्दे में पड़ना, फँसना।
वंदना *(हिं.स्त्री.)* देखो वन्दना; (क्रि.) प्रणाम करना।
वन्दना *(सं.स्त्री.)* स्तुति, प्रणाम।
अभिवन्दना *(सं.स्त्री.)* अभिनन्दन।
रंदना *(हिं.क्रि.)* लकड़ी की सतह को रंदे से छीलकर चिकना करना।
दगधना *(हिं.क्रि.)* जलना, जलाना।
बधना *(हिं.क्रि.)* वध करना।
लधना *(हिं.क्रि.)* प्राप्त करना, पाना।
सधना *(हिं.क्रि.)* सिद्धि होना, लक्ष्य ठीक होना।
सघना *(हिं.क्रि.)* इकट्ठा करना।
बँधना *(हिं.क्रि.)* बाँधा जाना।
शधना *(हिं.क्रि.)* जलाना, भस्म करना।
नाधना *(हिं.स्त्री.)* बैल या घोड़े को जोतना, जोड़ना, संबंध करना, गूँथना, आरम्भ करना।
बाधना *(हिं.क्रि.)* बाधा डालना, विघ्न करना।
नौराधना *(हिं.स्त्री.)* देवता को दीपक दिखलाने की विधि।

एकाधना *(हिं.क्रि.)* प्राप्त करना, पाना।
साधना *(हिं.क्रि.)* पूरा करना, पक्का करना, ठहरना, नापना, शुद्ध करना, वश में करना।
काँधना (हिं.क्रि.) कन्धे पर रखना, उठाना, मानना, बोझ उठाना।
बाँधना *(हिं.क्रि.)* गाँठ लगाकर कसना, पकड़कर बन्द करना, ठीक करना, पानी का बहाव रोकने का प्रबंध करना, नियत करना।
राँधना *(हिं.क्रि.)* उबालना, तलना या पकाना।
साँधना *(हिं.क्रि.)* रस्सियों आदि में जोड़ लगाना, मिलाना, साधना।
विधना *(हिं.पुं.)* विधि, विधाता, ब्रह्मा।
बिधना *(हिं.क्रि.)* छेदा जाना, उलझना।
विधना *(हिं.क्रि.)* प्राप्त करना, अपने ऊपर लेना; *(हिं.स्त्री.)* भवितव्यता। *(हिं.पुं.)* विधि, ब्रह्मा।
नीधना *(हिं.वि.)* निर्धन, दरिद्र।
बीधना *(हिं.क्रि.)* फँसना, बींधना।
बींधना *(हिं.क्रि.)* बाँधना, छेदना।
गुंधना *(हिं.स्त्री.)* जल मिलाकर आटा सानना।
रूंधना *(हिं.क्रि.)* उलझना, रुकना, फँस जाना।
रूधना *(हिं.क्रि.)* रूई के गोल के रेशों को अलग-अलग करना।
छेधना *(हिं.क्रि.)* किसी नुकीली वस्तु से छेद करना।
बोधना *(हिं.क्रि.)* ज्ञान देना, समझाना।
रोधना *(हिं.क्रि.)* रुकावट करना, रोकना।
विरोधना *(हिं.पुं.)* विरोध करना।
बिरोधना *(हिं.क्रि.)* विरोध करना, शत्रुता करना।
शोधना *(हिं.क्रि.)* शुद्ध करना।
सोधना *(हिं.क्रि.)* शुद्ध करना, दोष हटाना।
कोंधना *(हिं.क्रि.)* दूर से बिजली चमकना।
चोंधना *(हिं.क्रि.)* नोचना, चोथना।
ओंधना *(हिं.क्रि.)* उलट जाना, मुँह के बल पड़ना, उलटा कर देना।
सौंधना *(हिं.क्रि.)* नाना।
अन्ना *(हिं.स्त्री.)* दूध पिलानेवाली दाय, दाई।
कन्ना *(हिं.पुं.)* पतंग की डोरी का वह भाग जो इसके बीच में बंधा होता है।
चौकन्ना *(हिं.वि.)* सावधान, सजग।
पन्ना *(हिं.पुं.)* ईख, ऊन।
घुटन्ना *(हिं.पुं.)* घुटने तक का पायजामा।
तन्ना *(हिं.पुं.)* बुनाई में लंबे बल का सूत जो ताना जाता है।
धन्ना *(हिं.पुं.)* देखो धरना; *(वि.)* धन्य।
अधन्ना *(हिं.पुं.)* आध आने की मुद्रा।
पन्ना *(हिं.पुं.)* मरकतमणि, हरे रंग का एक रत्न।

रवन्ना *(हिं.पुं.)* चुंगी आदि की वह रसीद जो किसी भेजी जानेवाली वस्तु के साथ रहती है।

अनकन्ना *(हिं.क्रि.)* सुनना, छिपकर सुनना।

खनना *(हिं.क्रि.)* खोदना, गोड़ना।

छनना *(हिं.क्रि.)* महीन छिद्रों में से किसी पदार्थ का नीचे गिरना, छोटे-छोटे छेदों में से होकर आना, छानबीन होना; *(पुं.)* छानने का महीन वस्त्र।

जनना *(हिं.क्रि.)* प्रसव करना।

ठनना *(हिं.क्रि.)* दृढ़ संकल्प से किसी कार्य को आरम्भ करना, पक्का होना, उद्यत होना, लगना, निश्चित होना।

खनना *(हिं.क्रि.)* किसी पदार्थ का फैलाना, वेग से खिंचना, अकड़कर खड़ा होना, लगना, निश्चित होना।

उपजना *(हिं.क्रि.)* उपजना, पैदा होना।

फनना *(हिं.क्रि.)* कार्य का आरंभ होना।

उफनना *(हिं.क्रि.)* फन देना, झगड़ने के लिए उद्यत होना।

बनना *(हिं.क्रि.)* रचा जाना, तैयार होना।

भनना *(हिं.क्रि.)* कहना।

रनना *(हिं.क्रि.)* बजना, झनकार होना।

सनना *(हिं.क्रि.)* जल के योग से किसी वस्तु के चूर्ण कणों का परस्पर मिलना।

उसनना *(हिं.क्रि.)* उबालना, पकाना।

हनना *(हिं.क्रि.)* वध करना, मार डालना।

पहनना *(हिं.क्रि.)* शरीर पर धारण करना।

आनना *(हिं.क्रि.)* लाना, लिवा लाना।

बखानना *(हिं.क्रि.)* वर्णन करना, बुरा-भला कहना, प्रशंसा करना।

पहिचानना *(हिं.क्रि.)* विवेक करना, चीन्ह जानना।

छानना *(हिं.पुं.)* मिली हुई वस्तु को अलगाना, जाँचना, पड़ताल करना, रस्सी से बाँधना।

पिछानना *(हिं.क्रि.)* देखो पहचानना।

जानना *(हिं.क्रि.)* सूचना पाना, परिचित होना, अनुमान करना, पता पाना।

टानना *(हिं.क्रि.)* खींचना, तानना।

तानना *(हिं.क्रि.)* वेग से खींचना, बढ़ाना, प्रहार के लिए अस्त्र उठाना, परदा लगाना।

बितानना *(हिं.क्रि.)* चँदवा आदि तानना।

मुन्ना *(हिं.पुं.)* छोटे बच्चे के लिए प्रेम-सूचक शब्द, प्यारा।

फानना *(हिं.क्रि.)* किसी काम को हाथ में लेना।

मानना *(हिं.क्रि.)* स्वीकार करना, मान लेना, ध्यान में लाना, श्रद्धा या विश्वास करना, आदर करना।

सम्माननना *(हिं.क्रि.)* आदर-सत्कार करना।

प्रमानना *(हिं.क्रि.)* सिद्ध करना, यथार्थ जानना।

तिमानना *(हिं.स्त्री.)* अपमान, तिरस्कार।

ठानना *(हिं.क्रि.)* स्थिर करना, ठहराना, चित्त में कोई विचार स्थिर करना।

व्यानना *(हिं.क्रि.)* विचार करना।

वराननना *(सं.स्त्री.)* सुन्दर स्त्री।

परवानना *(हिं.क्रि.)* उचित समझना।

गिनना *(हिं.क्रि.)* गणना करना, संख्या निश्चित करना।

छिनना *(हिं.क्रि.)* छीन लिया जाना।

बिनना *(हिं.क्रि.)* छोटे-छोटे पदार्थों को एक-एक करके अलग करना, देखो बुनना।

पहिनना *(हिं.क्रि.)* देखो पहनना।

कीनना *(हिं.क्रि.)* मोल लेना।

चीनना *(हिं.क्रि.)* चीन्हना, पहचानना।

छीनना *(हिं.क्रि.)* छिन्न करना, बलपूर्वक किसी की वस्तु हर लेना, पुरवट का पानी गिराना।

पीनना *(हिं.क्रि.)* देखो पीजना।

बीनना *(हिं.क्रि.)* चुनना, छाँटकर अलगाना।

भीनना *(हिं.क्रि.)* समा जाना, भर जाना।

पुनना *(हिं.क्रि.)* मनन करना, सोचना, विचारना।

घुनना *(हिं.क्रि.)* घुन की लकड़ी आदि का खाया जाना, भीतर ही भीतर क्षय होना।

धुनना *(हिं.क्रि.)* धुनकी से रूई स्वच्छ करना।

लुनना *(हिं.क्रि.)* लुनना, कृषि फल काटना।

पुनना *(हिं.क्रि.)* भला-बुरा कहना।

फुनना *(हिं.पुं.)* देखो फँदना।

बुनना *(हिं.क्रि.)* ताने-बाने की सहायता से कपड़ा तैयार करने की क्रिया।

भुनना *(हिं.क्रि.)* भूना जाना, नोट रुपए आदि के बदले में छोटी मुद्रा का मिलना।

सुनना *(हिं.क्रि.)* श्रवण करना। ऊँचा सुनना-कुछ बहिरा।

हुनना *(हिं.कि.)* आहुति देना।

घूनना *(हिं.क्रि.)* रूई के रेशे को अलगाना।

भूनना *(हिं.क्रि.)* आग पर रखकर पकाना।

हूनना *(हिं.क्रि.)* आग में डालना।

अपना *(हिं. सर्व.)* आत्मीय, स्वकीय।

खपना *(हिं.क्रि.)* लगना, व्यय होना।

ठगपन, ठगपना *(हिं.पुं.)* कपट, छल, धूर्तता।

गड़पना *(हिं.क्रि.)* निगलना, खा जाना।

झड़पना *(हिं.क्रि.)* वेग से आक्रमण करना, लड़ना, झगड़ना।

हड़पना *(हिं.क्रि.)* दूसरे की वस्तु को अनुचित रूप से ले लेना।

चपना *(हिं.क्रि.)* लज्जित होना, चौपट होना।

छपना *(हिं.क्रि.)* छापा जाना, अंकित होना।

झपना *(हिं.क्रि.)* पलकों को बन्द करना।

बाँझपन, बाँझपना *(हिं.पुं.)* बाँझ होने का भाव।

टपना *(हिं.क्रि.)* निराहार रहना, व्यर्थ किसी के आसरे बैठे रहना।

खुटपन, खुटपना *(हिं.पुं.)* खोटापन।

दुष्टपना *(हिं.पुं.)* दुष्टता।
दुष्टसाक्षी *(सं.वि.)* कूट साक्षी।
डपना *(हिं.क्रि.)* प्रयुक्त करना, लगाना।
ढपना *(हिं.पुं.)* ढक्कन; (क्रि.) ढँपा होना।
तपना *(हिं.क्रि.)* गरम होना, गरमी फैलाना, तपस्या करना।
थपना *(हिं.क्रि.)* स्थापित होना, ठहरना।
धपना *(हिं.क्रि.)* गन्ध-द्रव्य जलाना, धूप देना।
पनपना *(हिं.क्रि.)* पानी मिलने के कारण फिर से हरा हो जाना, रोग से मुक्त होकर स्वस्थ होना।
जानपना *(हिं.पुं.)* जानकारी, बुद्धिमानी।
डरपना *(हिं.क्रि.)* डरना।
अरपना *(हिं.क्रि.)* अर्पण करना।
निडरपना *(हिं.पुं.)* निर्भयता, साहस।
तरपना (क्रि. वि.) देखो तड़पना।
दरपना *(हिं.क्रि.)* अहंकार करना।
तुरपना *(हिं.क्रि.)* तुरपन की सिलाई करना।
अल्पना *(सं.स्त्री.)* अनुमान, अटकल।
प्रकल्पना *(हिं.क्रि.)* निश्चित करना।
कपोलकल्पना *(सं.स्त्री.)* अमूलक कल्पना, मनगढ़ंत।
संकल्पना *(हिं.क्रि.)* दृढ़ निश्चय करना, धार्मिक उद्देश्य से कुछ दान देना।
ललपना *(हिं.क्रि.)* झुकना, लचना।
कलपना *(हिं.क्रि.)* विलाप करना, दुःख करना।
बिलपना *(हिं.क्रि.)* विलाप करना, रोना।
विलपना *(हिं.क्रि.)* विलाप करना, रोना।
धपना *(हिं.क्रि.)* वेग से चलना, झपटना।
सपना *(हिं.पुं.)* स्वप्न।
कँपना *(हिं.क्रि.)* थरथराना, कंपित होना।
ढँकना *(हिं.क्रि.)* ढँक जाना; *(पुं.)* वह वस्तु जिससे कोई चीज ढाँकी जाती है।
आपन, आपना *(हिं. सर्व.)* अपना, निजी।
चापना *(हिं.क्रि.)* दबाना, ढकेलना।
छापना *(हिं.क्रि.)* चिह्नित करना, मुद्रित करना।
टापना *(हिं.क्रि.)* निराहार पड़े रहना, पछताना।
ढापना *(हिं.क्रि.)* ढपना, बंद करना।
तापना (हिं.क्रि.) अग्नि की गर्मी से अपने शरीर को गरम करना, फूँकना, नष्ट करना।
थापना (हिं.क्रि.) स्थापित करना, बैठाना; *(पुं.)* किसी प्रतिमा का स्थापन या प्रतिष्ठा।
धापना *(हिं.क्रि.)* सन्तुष्ट होना, अघाना, दौड़ना, भागना।
नापना *(हिं.क्रि.)* अनुमान करना, पता लगाना, मापना।
पापना *(हिं.क्रि.)* देखो भाँपना।
मापना *(हिं.क्रि.)* नापना।
यापना *(सं.स्त्री.)* कालक्षेप, व्यवहार।
व्यापना *(हिं.क्रि.)* चारों ओर फैलना, बसना, घेरना।
वियापना *(हिं.क्रि.)* देखो व्यापना।
पापना *(हिं.क्रि.)* प्राप्त होना, मिलना।
शरापना *(हिं.क्रि.)* शाप देना।
सरापना *(हिं.क्रि.)* शाप देना।
बिलापना *(हिं.क्रि.)* विलाप करना।
विलापना *(हिं.क्रि.)* विलाप करना, रोना।
सापना *(हिं.क्रि.)* शाप देना, गाली देना।
काँपना *(हिं.क्रि.)* कम्पित होना।
खाँपना *(हिं.क्रि.)* खोंसना, अटकाना।
झाँपना *(हिं.वि.)* ढाँकना।
ढाँपना *(हिं.क्रि.)* देखो ढाँकना।
भाँपना *(हिं.क्रि.)* अनुमान कर लेना, ताड़ना।
खिपना *(हिं.क्रि.)* लीन होना, खपना।
छिपना *(हिं.क्रि.)* देख न पड़ना, अदृश्य होना, गुप्त रहना।
झिपना *(हिं.क्रि.)* लज्जित होना।
दिपना *(हिं.क्रि.)* चमकना।
दिपाना *(हिं.क्रि.)* चमकाना।
लिपना *(हिं.क्रि.)* किसी रंग या गीली वस्तु से पोता जाना, किसी गीली वस्तु का फैल जाना।
छोपना *(हिं.क्रि.)* मोटी तह चढ़ाना, लेप करना, किसी बात को छिपाना, आक्रमण से रक्षा करना।
टीपना *(हिं.क्रि.)* अंकित करना, ऊँचे स्वर से पाना, प्रहार करना।
दीपना *(हिं.क्रि.)* प्रकाशित होना, चमकना।
लीपना *(हिं.क्रि.)* मिट्टी गोबर आदि की पतली तह चढ़ाना, पोतना।
सँउपना *(हिं.क्रि.)* देखो सौंपना
धुपना *(हिं.क्रि.)* धुलना, धोना।
तुरपना *(हिं.क्रि.)* देखो तुरपना।
सुपना *(हिं.पुं.)* स्वप्न, सपना।
ऊपना *(हिं.क्रि.)* सूद पर (सवाई) अन्न का ऋण देना।
निरूपना *(हिं.क्रि.)* निश्चित करना, स्थिर करना।
लेपना *(हिं.क्रि.)* फैलाकर पोतना।
चेंपना *(हिं.क्रि.)* भार से दबना, लज्जित होना।
झेंपना *(हिं.क्रि.)* लज्जित होना।
ओपना *(हिं.क्रि.)* चमकाना।
कोपना *(हिं.क्रि.)* क्रोध करना, रोष करना।
चोपना *(हिं.क्रि.)* मोहित करना।
तोपना *(हिं.क्रि.)* ढाँपना, बन्द करना।
रोपना *(हिं.क्रि.)* जमाना, लगाना, ठहराना, अड़ाना, किसी वस्तु के लेने के लिए हथेली या कोई पात्र आगे करना।
लोपना *(हिं.क्रि.)* लुप्त होना, छिनना, मिटाना।
विलोपना *(हिं.क्रि.)* लोप करना, बाधा डालना।
धोंपना *(हिं.क्रि.)* गड़ाना, धँसाना।

सोंपना *(हिं.क्रि.)* देखो सौंपना।
सो *(हिं. सर्व.)* वह; *(अव्य.)* अतएव, इसलिए।
सौंपना *(हिं.क्रि.)* सहेजना।
झंपना *(हिं.क्रि.)* ढाँकना, छिपाना।
तलफना *(हिं.क्रि.)* छटपटाना।
हाँपना, हाँफना *(हिं.क्रि.)* दौड़ने, परिश्रम करने या रोग के कारण साँस का वेग से चलना।
तपना *(हिं.क्रि.)* देखो तपना।
फबना *(हिं.क्रि.)* सुन्दर या भला जान पड़ना।
विडम्बना *(सं.स्त्री.)* अनुकरण करना, हँसी उड़ाना।
विलम्बना *(हिं.क्रि.)* देर करना, सहारा लेना।
दाबना *(हिं.क्रि.)* देखो दबाना।
प्रतिबिबना *(हिं.क्रि.)* प्रतिबिम्बित होना।
ऊबना *(हिं.क्रि.)* उद्विग्न होना, अकुलाना।
डूबना *(हिं.क्रि.)* गोता खाना, सूर्य, चन्द्रमा ग्रह आदि का अन्त होना, सत्यानाश होना, लीन होना।
तूंबना *(हिं.क्रि.)* देखो तूमना।
डोबना *(हिं.क्रि.)* डुबाना।
योवना *(हिं.पुं.)* यौवन।
परिरम्भना *(हिं.क्रि.)* आलिंगन करना।
लभिना *(हिं.क्रि.)* लिफाफे में बन्द करना।
निभना *(हिं.क्रि.)* निर्वाह होना।
खुभना *(हिं.क्रि.)* चुभना, धँसना।
तुभना *(हिं.क्रि.)* स्तब्ध रहना।
लोभना *(हिं.क्रि.)* मुग्ध करना।
शोभना *(हिं.क्रि.)* सुशोभित होना।
सोभना *(हिं.क्रि.)* शोभित होना।
यंभना *(हिं.क्रि.)* देखो थमना।
यमना *(हिं.क्रि.)* गाढ़ा होना, एकत्र होना, किसी काम करने में हाथ बैठना, स्थिर होना, उत्पन्न होना, उगना।
निर्गमना *(हिं.क्रि.)* निकलना।
झमना *(हिं.स्त्री.)* झुकना, दबना।
थमना *(हिं.क्रि.)* ठहरना, रुकना।
अथमना *(हिं.क्रि.)* न रुकना, न ठहरना।
दमना *(हिं.क्रि.)* दमन करना।
धमना *(हिं.क्रि.)* धौंकना, फेंकना।
नमना *(हिं.क्रि.)* झुकना, नमस्कार करना।
अनमन, अनमना *(हिं.वि.)* खिन्न, उदास, अस्वस्थ।
टभमना *(हिं.वि.)* स्वस्थ, चंगा।
निर्मना *(हिं.क्रि.)* देखो निर्माना।
रमना *(हिं.क्रि.)* व्याप्त होना, इधर-उधर घूमना, अनुरक्त होना, आनन्द होना, आनन्द करना *(पुं.)* वह सुरक्षित स्थान जहाँ पशु मृगया के लिए छोड़े जाते हैं।
भ्रमना *(हिं.क्रि.)* भटकना, भूलना।
मरमना *(हिं.क्रि.)* भटकना, धोखे में पड़ना; *(स्त्री.)* भ्रम, भ्रान्ति, भूल।
निरमना *(हिं.क्रि.)* निर्माण करना, बनाना।
बिरमना *(हिं.क्रि.)* विराम करना, सुस्ताना, ठहरना।
विरमना *(हिं.क्रि.)* विराम करना, ठहरना।
ओरमना *(हिं.क्रि.)* सहारा लेना, लटकना।
कलमना *(हिं.क्रि.)* टुकड़े करना।
बिलमना *(हिं.क्रि.)* विलम्ब करना।
सहमना *(हिं.क्रि.)* भयभीत होना, डरना।
कामना *(हिं.स्त्री.)* मनोरथ, इच्छा।
मनकामना *(हिं.स्त्री.)* मनोकामना, इच्छा।
मनोकामना *(हिं.स्त्री.)* अभिलाषा, इच्छा।
खामना *(हिं.क्रि.)* लिफाफे में डालकर बन्द करना, गीली मिट्टी या आटे से पिसा पात्र का मुँह बन्द करना।
जामना *(हिं.क्रि.)* देखो जमना।
थामना *(हिं.क्रि.)* लेना, सँभालना, सहारा लेना।
रामना *(हिं.क्रि.)* देखो रमना।
सामना *(हिं.पुं.)* किसी वस्तु का अगला भाग, विरोध।
जीमना *(हिं.क्रि.)* भोजन करना।
गुमना *(हिं.क्रि.)* लुप्त हो जाना।
घुमना *(वि.)* अधिक घूमनेवाला, घुमक्कड़।
टुमना *(हिं.क्रि.)* ताना मारना।
घूमना *(हिं.क्रि.)* इधर-उधर फिरना, चक्कर लगाना।
चूमना *(हिं.क्रि.)* होंठों से शरीर के किसी अंग को या किसी पदार्थ को दबाना या स्पर्श करना।
झूमना *(हिं.क्रि.)* किसी वस्तु का इधर-उधर हिलना या झोंके खाना।
दूमना *(हिं.क्रि.)* हिलना, डोलना।
धूमना *(हिं.क्रि.)* लटकना।
मेमना *(हिं.पुं.)* भेड़ी का बच्चा।
छयना *(हिं.क्रि.)* नष्ट होना।
जयना *(हिं.क्रि.)* जीतना।
सयना *(हिं.क्रि.)* स्थिर करना, ठानना, स्थापित करना, नियुक्त करना, जमना, लगना।
ढयना *(हिं.क्रि.)* घर, मकान आदि का व्यस्त होना या गिर पड़ना।
धयना दौड़ना, धूपना।
नयना *(हिं.क्रि.)* लटकना, झुकना। *(पुं.)* नयन, आँख।
हरिणनयना *(सं.स्त्री.)* हरिण के समान सुन्दर आँखोंवाली स्त्री।
पयना *(हिं.वि.)* नुकीला, चोखा।
वयना *(हिं.क्रि.)* वर्णन करना, कहना।
रयना *(हिं.क्रि.)* बोलना, मिलाना, रँगना।
घिसयना *(हिं.क्रि.)* अस्त होना।
हायना *(हिं.क्रि.)* हत्या करना, वध करना।

तायना तपाना, गरम करना।
धायना *(हिं.स्त्री.)* दौड़ना, धूपना।
पायना *(हिं.क्रि.)* हथियार पर धार देना।
दियना *(हिं.क्रि.)* चमकाना।
भियना *(हिं.क्रि.)* डरना।
बिछोयना *(हिं.क्रि.)* वियोग करना।
करना *(हिं.क्रि.)* समाप्ति पर लाना, निबटाना, बनाना, व्यवसाय चलाना, पति या पत्नी बनाना, भाड़े पर सवारी लेना, इस शब्द को किसी संज्ञा के अन्त में लगा देने से उस संज्ञा के अर्थ की क्रिया बन जाती है।
डकरना *(हिं.क्रि.)* डकार लेना।
पकरना *(हिं.क्रि.)* देखो पकड़ना।
बकरना *(हिं.क्रि.)* आपसे आप बकना, बड़बड़ाना।
सकरना *(हिं.क्रि.)* स्वीकृत होना।
हँकरना *(हिं.क्रि.)* दर्प के साथ बोलना।
चिकरना *(हिं.क्रि.)* चिंघाड़ना।
निकरना *(हिं.क्रि.)* निकलना।
दुरदुर करना तिरस्कारपूर्वक हटाना।
कच्चा करना झूठा साबित करना, डराना।
अनसुनी करना आनाकानी करना।
डोली करना हटाना, दूर करना।
झुकरना *(हिं.क्रि.)* क्रुद्ध होना, खिजलाना, चिढ़ना।
फुँकरना *(हिं.क्रि.)* मुँह से हवा छोड़ना।
मुकरना *(हिं.क्रि.)* कोई बात कहकर उससे फिर जाना; *(पुं.)* वह जो बात कहकर मुकर जाता हो।
हुकरना *(हिं.क्रि.)* देखो हुँकारना।
चूँ करना *(हिं.क्रि.)* कुछ कहना।
फेकरना *(हिं.क्रि.)* आच्छादन रहित होना।
अखरना *(हिं.क्रि.)* बुरा लगना, अनुचित जान पड़ना, कष्ट होना।
पखरना *(हिं.क्रि.)* धोना।
निखरना *(हिं.क्रि.)* स्वच्छ होना, निर्मल होना।
बिखरना *(हिं.क्रि.)* छितराना।
अगरना *(हिं.क्रि.)* झगड़ना।
बगरना *(हिं.क्रि.)* बिखेरना, फेंकना, छितराना।
बगरना *(हिं.क्रि.)* देखो बिगड़ना।
ओगरना *(हिं.क्रि.)* चूना, पसीजना।
टघरना *(हिं.क्रि.)* द्रवित होना, पिघलना।
घरना *(हिं.क्रि.)* पशुओं का घूम-घूम कर चारा खाना, इधर-उधर घूमना।
कचरना *(हिं.क्रि.)* पैर से कुचलना, रौंदना, खूब पेट भर भोजन करना।
पचरना *(हिं.क्रि.)* प्रचलित होना।
प्रचरना *(हिं.क्रि.)* चलना, फैलना।
उचरना *(हिं.क्रि.)* उच्चारण करना, बोलना।
छरना *(हिं.क्रि.)* टपकना, चूना झरना।
छरछरा *(हिं.वि.)* क्षीण अंग का, हलका।
पछरना *(हिं.क्रि.)* लौटना।
जरना *(हिं.क्रि.)* देखो जलना।
परजरना *(हिं.क्रि.)* सुलगना, दहकना।
(झरन) *(हिं.स्त्री.)* झरन की क्रिया।
झरना *(हिं.पुं.)* जल प्रवाह, सोता, बड़ी छलनी, सोते का ऊँचे स्थान से गिरना।
निझरना *(हिं.क्रि.)* झड़ जाना, दोष से मुक्त होना।
टरना *(हिं.क्रि.)* देखो टलना।
बिटरना *(हिं.क्रि.)* घँघोलना।
ठरना *(हिं.क्रि.)* ठिठुरना, अधिक ठंड पड़ना।
ठिठरना (हिं.क्रि.) ठंड के कारण अकड़ना या सिकुड़ना।
डरना *(हिं.क्रि.)* भयभीत होना।
बिडरना *(हिं.क्रि.)* तितर-बितर होना।
बिडरना *(हिं.क्रि.)* इधर-उधर या तितर-बितर होना।
उचरना *(हिं.क्रि.)* ऊँचे स्थान से नीचे।
मंडरना *(हिं.क्रि.)* चारों ओर से घेर लेना।
ढरना *(हिं.क्रि.)* देखो ढलना।
तरना *(हिं.क्रि.)* तरने का काम दूसरे से कराना।
तरना *(हिं.क्रि.)* पार करना, युक्त होना, उद्धार होना।
कतरना (हिं.क्रि.) कैंची से काटना, छाँटना, टुकड़े करना।
अवतरना *(हिं.क्रि.)* उपजना, प्रकट होना, जन्म लेना।
चितरना *(हिं.क्रि.)* चित्र बनाना।
बितरना *(हिं.क्रि.)* बाँटना।
वितरना *(हिं.क्रि.)* वितरण करना।
निस्तरना *(हिं.क्रि.)* छूटना।
विस्तरना *(हिं.क्रि.)* विस्तारपूर्वक वर्णन करना या कहना।
निसतरना *(हिं.क्रि.)* छुटकारा पाना।
विसतरना *(हिं.क्रि.)* बढ़ाना, फैलाना।
वरना *(हिं.क्रि.)* काँटी आदि की नोक को हथौड़ी से पीटकर चौड़ी करना।
पथरना *(हिं.क्रि.)* शस्त्र को पत्थर पर रगड़कर पैना करना।
निथरना *(हिं.क्रि.)* धुली हुई वस्तु को नीचे बैठकर जल आदि का स्वच्छ हो जाना।
बिथरना *(हिं.क्रि.)* छितराना, खिल जाना।
दरना *(हिं.क्रि.)* मोटा पीसना।
अनदरना *(हिं.क्रि.)* निन्दा करना।
निरादरना *(हिं.क्रि.)* अपमान करना।
विदरना *(हिं.क्रि.)* विदीर्ण होना, फटना।
तदरना *(हिं.क्रि.)* ओदरना, टुकड़े-टुकड़े होना।
नुदरना *(हिं.क्रि.)* निवेदन करना।
ओदरना *(हिं.क्रि.)* छिन्न-भिन्न होना, फटना।

घरना (हिं.क्रि.) स्थापित करना, ठहराना, बन्धक रखना, आश्रय लेना, ग्रहण करना, स्वीकार करना, आरोपित करना, धारण करना, पहिनना। *(हिं.पुं.)* अड़े रहना।
उधरना *(हिं.क्रि.)* छूटना, अलग होना।
सुधरना *(हिं.क्रि.)* संशोधन होना, बिगड़े हुए को बनाना।
पेघरना *(हिं.क्रि.)* पिघलना, गलना।
अनरना *(हिं.क्रि.)* अनादर करना।
दुनरना, दुनवना *(हिं.क्रि.)* लचककर दोहरा हो जाना।
परना *(हिं.क्रि.)* देखो पड़ना।
चपरना *(हिं.क्रि.)* चुपड़ना, सानना।
सपरना *(हिं.क्रि.)* निबटना, तैयार होना।
उपरना *(हिं.पुं.)* ऊपरी वस्त्र, दुपट्टा, चादर; (क्रि.) उखड़ना।
फरना *(हिं.क्रि.)* देखो फलना।
अफरना *(हिं.क्रि.)* खूब पेट भरकर खाना, पेट फूलना, ऊब जाना।
निफरना *(हिं.क्रि.)* चुभकर इस पार।
बिफरना *(हिं.क्रि.)* विद्रोही होना।
उबरना *(हिं.क्रि.)* निस्तार पाना।
हुबरना *(हिं.क्रि.)* रस्सी पर लटकाना।
ऊबरना *(हिं.क्रि.)* देखो उबरना।
खभरना *(हिं.क्रि.)* देखो उबरना।
खभरना *(हिं.क्रि.)* क्रम बिगाड़ना।
उभरना *(हिं.क्रि.)* उठना, बढ़ना, चले जाना, प्रकाशित होना, उतरना, खुलना, उत्पन्न होना।
भंभरना *(हिं.क्रि.)* भयभीत होना।
मरना *(हिं.क्रि.)* मृत्यु को प्राप्त होना, बहुत दुःख सहना, कुम्हलाना।
व्यरना *(हिं.क्रि.)* याद करना।
बिसमरना *(हिं.क्रि.)* भूल जाना।
सुमरना *(हिं.क्रि.)* स्मरण करना।
ररना *(हिं.वि.)* रटना।
लरना *(हिं.क्रि.)* देखो लड़ना।
फलरना *(हिं.क्रि.)* फाँदना, कूदना।
ओलरना *(हिं.क्रि.)* लेट जाना।
वरना *(हिं.क्रि.)* वर्णन करना, पति या पत्नी के रूप में अंगीकार करना, देखो बलना।
कबरना *(हिं.क्रि.)* देखो कौरना।
झँवरना *(हिं.क्रि.)* कुछ काला पड़ जाना, फीका पड़ना।
पँवरना *(हिं.क्रि.)* पानी में तैरना, पता लगाना।
बवरना *(हिं.क्रि.)* देखो बौरना।
सँवरना *(हिं.क्रि.)* देखो बौरना।
सँवरना *(हिं.क्रि.)* अलंकृत होना, सजना।
निरवरना *(हिं.क्रि.)* कठिनाई हटाना।
निवरना *(हिं.क्रि.)* निबटाना, दूर करना, हटाना।
निवरना *(हिं.क्रि.)* अलग होना, छूटना, निर्णय होना, समाप्त होना, अवकाश पाना, सुलझना, अन्त होना, दूर होना।
तेवरना *(हिं.क्रि.)* भ्रम में पड़ना।
नवरना *(हिं.क्रि.)* दूर होना, समाप्त होना।
ससरना *(हिं.क्रि.)* सरकना, घिसकना।
निसरना *(हिं.क्रि.)* निकलना।
बिसरना *(हिं.क्रि.)* भूल जाना।
भिसरना *(हिं.क्रि.)* गमन करना, जाना, निर्दिष्ट स्थान में पहुँचना।
बीसरना *(हिं.क्रि.)* भूलना।
उसरना *(हिं.क्रि.)* सरकना, अलग।
हरना *(हिं.क्रि.)* छीनना, लूटना, हटाना, दूर करना, नाश करना। *(हिं.पुं.)* देखो हिरन।
बहरना *(हिं.क्रि.)* लकड़ी को गढ़ना।
कहरना *(हिं.क्रि.)* देखो कराहना।
गहरना *(हिं.क्रि.)* विलंब करना।
छहरना *(हिं.क्रि.)* बिखरना, फैलना।
झहरना *(हिं.क्रि.)* झरझर शब्द करना, शिथिल होना, ढीला पड़ना, झिड़कना।
ठहरना *(हिं.क्रि.)* रुकना, टिकना, डेरा डालना, टिके रहना, प्रतीक्षा करना, थिराना, आसरा देखना।
डहरना *(हिं.क्रि.)* चलना, घूमना, फिरना।
दहरना *(हिं.क्रि.)* दहलन, दहलाना।
पहरना *(हिं.क्रि.)* देखो पहनना।
अपहरना *(हिं.क्रि.)* चुराना, लूटना।
फहरना *(हिं.क्रि.)* हवा में उड़ना।
परहरना *(हिं.क्रि.)* त्यागना, छोड़ना।
फरहरना *(हिं.क्रि.)* फरकना, फहराना।
भरहरना *(हिं.क्रि.)* देखो भरभराना।
लहरना *(हिं.क्रि.)* देखो लहराना।
फुरहरना *(हिं.क्रि.)* स्फुरित होना।
भवहरना *(हिं.क्रि.)* भयभीत होना, डरना।
हहरना *(हिं.क्रि.)* काँपना, थर्राना।
छिहरना *(हिं.वि.)* छितराना, फैलाना।
बिहरना *(हिं.क्रि.)* भ्रमण करना, विदीर्ण होना।
परिहरना *(हिं.क्रि.)* त्यागना, छोड़ना।
सिहरना *(हिं.क्रि.)* रोंगटे खड़े होना।
बेबहरना *(हिं.क्रि.)* व्यवहार करना।
ओहरना *(हिं.क्रि.)* ऊपर से नीचे की ओर आना, घट जाना।
दोहरना *(हिं.क्रि.)* दूसरी आवृति होना, दोबारा होना, दो परत किया जाना।
संहरना *(हिं.क्रि.)* संहार करना।
धिक्कारना *(हिं.क्रि.)* तिरस्कार करना।
चुचकारना *(हिं.क्रि.)* चुमकारना।
पुचकारना *(हिं.क्रि.)* चुमकारना।

छिछकारना *(हिं.क्रि.)* छिड़कना।
छुछकारना *(हिं.क्रि.)* कुत्ते को आखेट के पीछे लगाना, ललकारना।
झझकारना *(हिं.क्रि.)* डाँटना, डपटना।
झिझकारना *(हिं.क्रि.)* झटकना।
झटकारना *(हिं.वि.)* झटकना।
फटकारना *(हिं.क्रि.)* झटका देकर फेंकना, शस्त्र आदि चलाना, दूर करना, छितराना, कपड़े को पटक कर धोना।
सटकारना *(हिं.क्रि.)* किसी लचीली वस्तु से किसी को मारना।
टिटकारना *(हिं.क्रि.)* टिकटिक करके किसी पशु को हाँकना।
डकारना *(हिं.क्रि.)* डकार लेना।
धतकारना *(हिं.क्रि.)* धिक्कारना, दुरदुराना।
दुतकारना *(हिं.क्रि.)* तिरस्कार करना।
धुतकारना *(हिं.क्रि.)* देखो दुतकारना।
नकारना *(हिं.क्रि.)* अस्वीकार करना।
सनकारना, सनकियाना *(हिं.क्रि.)* संकेत करना।
ठमकारना *(हिं.क्रि.)* ठहराना, रोकना।
ठुमकारना *(हिं.क्रि.)* गुड्डी की डोरी में झटका देना।
ललकारना *(हिं.क्रि.)* लड़ने के लिए बढ़ावा देना, उत्साहित करना।
सकारना *(हिं.स्त्री.)* स्वीकार करना।
सिसकारना *(हिं.क्रि.)* मुख से सीटी के समान शब्द निकालना, लहकाना।
फुसकारना *(हिं.क्रि.)* फूँक मारना।
हकारना *(हिं.क्रि.)* पाल तानना, झंडा उठाना।
पहकारना *(हिं.क्रि.)* देखो चहकना।
लहकारना *(हिं.क्रि.)* ताव दिलाना, ललकारना।
उकारना *(हिं.क्रि.)* देखो उकेलना।
तुकारना *(हिं.क्रि.)* तू तू करके पुकारना।
पुकारना *(हिं.क्रि.)* गोहार लगाना, घोषित करना, चिल्लाकर कहना।
हुंकारना *(हिं.क्रि.)* ललकारना, गरजना।
झंकारना *(हिं.क्रि.)* झनझन शब्द उत्पन्न करना या होना।
टंकारना *(हिं.क्रि.)* धनुष की डोरी तानकर ध्वनि उत्पन्न करना।
फेकारना *(हिं.क्रि.)* खोलना।
संकारना *(हिं.क्रि.)* संकेत करना।
हँकारना *(हिं.क्रि.)* पुकारना।
खखारना *(हिं.क्रि.)* वेग से थूकना, या खाँसना।
पखारना *(हिं.क्रि.)* पानी से धोकर मल हटाना।
तिखारना *(हिं.क्रि.)* सहेजना।
पगारना *(हिं.क्रि.)* फैलाना।
बंगारना *(हिं.क्रि.)* पैसाना, फैलाना।
अवगारना *(हिं.क्रि.)* जताना, समझाना, बुझाना।
सिंगारना *(हिं.क्रि.)* सँवारना, सजाना।
शृंगारना *(हिं.क्रि.)* बघारना, छौंकना।
बघारना *(हिं.क्रि.)* उड़का देना, छौंकना।
तघारना *(हिं.क्रि.)* देखो उघाड़ना।
उघारना *(हिं.क्रि.)* कपड़ा धोना।
पचारना *(हिं.क्रि.)* ललकारना।
प्रचारना *(हिं.क्रि.)* प्रचार करना, विस्तार करना।
परचारना *(हिं.क्रि.)* प्रचार करना।
बिचारना *(हिं.क्रि.)* विचार करना, विचार करने योग्य।
विचारना *(हिं.क्रि.)* सोचना, समझना, ढूँढ़ना, पता लगाना।
परिचारना *(हिं.क्रि.)* सेवा, टहल करना।
पुचारना *(हिं.क्रि.)* पोतना, पुचारा देना।
संचारना *(हिं.क्रि.)* फैलाना।
पछारना *(हिं.क्रि.)* कपड़े को पटककर धोना।
फारना *(हिं.क्रि.)* जलाना।
प्रजारना *(हिं.क्रि.)* अच्छी तरह से जलाना।
परजारना *(हिं.क्रि.)* जलाना।
झारना *(हिं.क्रि.)* बालों में कंघी करना, अलग करना।
जुठारना *(हिं.क्रि.)* उच्छिष्ठ करना।
बैठारना, बैठालना *(हिं.क्रि.)* देखो बैठाना।
डारना *(हिं.क्रि.)* देखो डालना।
बिडारना *(हिं.क्रि.)* डराकर भगाना।
ढारना *(हिं.क्रि.)* ढालना, गिराना।
पारना *(हिं.क्रि.)* पार लगाना, उद्धार करना।
उतारना *(हिं.क्रि.)* गरम पानी से धोना।
निस्तारना *(हिं.क्रि.)* मुक्त करना।
बिस्तारना *(हिं.क्रि.)* विस्तार करना, फैलाना।
निसतारना *(हिं.क्रि.)* मुक्त करना।
उतारना *(हिं.क्रि.)* ऊपर से नीचे को लाना, लिखना, अर्क खींचना, नदी पार से जाना।
चित्र उतारना चित्र बनाना।
निथारना, निथालना *(हिं.क्रि.)* धुली हुई वस्तु को नीचे बैठाकर जल को स्वच्छ करना।
वारना *(हिं.क्रि.)* विदीर्ण करना।
विदारना *(हिं.क्रि.)* फाड़ना, नष्ट करना।
विदारना *(हिं.क्रि.)* फाड़ना, टुकड़ा करना।
उदारना *(हिं.क्रि.)* ओदारना, गिराना।
गोदारना *(हिं.क्रि.)* छिन्न-भिन्न करना, फाड़ डालना।
धारन *(हिं.पुं.)* देखो धारण।
धारना *(हिं.क्रि.)* धारण करना, ऋण लेना।
पधारना *(हिं.क्रि.)* किसी प्रतिष्ठित या पूज्य व्यक्ति का आगमन।
आधारना *(हिं.क्रि.)* देखो अवधारना।
निर्धारना *(हिं.क्रि.)* निर्धारित करना, निश्चित करना, ठहरना।

निरधारना *(हिं.क्रि.)* निश्चय करना, स्थिर करना।
सिधाना, सिधारना *(हिं.क्रि.)* प्रस्थान करना, स्वर्गवास होना।
सुधारना *(हिं.क्रि.)* संशोधन करना।
नारना *(हिं.क्रि.)* थाह लेना, पता लगाना।
पारना *(हिं.क्रि.)* डालना, गिराना, मिलाना, भूमि पर लंबा डालना, पछाड़ना।
उपारना *(हिं.क्रि.)* देखो उपाड़ना।
फारना *(हिं.क्रि.)* देखो फाड़ना।
डफारना *(हिं.क्रि.)* जोर से चिल्लाना या रोना।
निफारना *(हिं.क्रि.)* खोलना, स्पष्ट करना।
पबारना *(हिं.क्रि.)* फेंक देना।
भारना *(हिं.क्रि.)* भार लादना।
विभारना *(हिं.क्रि.)* चमकना।
मारना *(हिं.क्रि.)* वध करना, आघात पहुँचाना, धातु आदि को जलाकर भस्म करना, अनुचित रीति से किसी वस्तु को ले लेना, निर्जीव कर देना, काटना, बिना परिश्रम के प्राप्त करना, छिपाना, रोकना, नष्ट करना, पीटना।
ज्यारना *(हिं.क्रि.)* देखो जिलाना।
नियारना *(हिं.क्रि.)* अलगाना।
दुलारना *(हिं.क्रि.)* बच्चे को प्यार करना।
पारना *(हिं.क्रि.)* निचोड़ना, निकालना।
वारना *(हिं.क्रि.)* निछावर करना।
अंकवारना *(हिं.क्रि.)* आलिंगन करना।
पँवारना *(हिं.क्रि.)* गिराना, फेंकना।
निरवारना *(हिं.क्रि.)* युक्त करना, छोड़ना, सुलझाना।
निरवारना *(हिं.क्रि.)* मुक्त करना, निर्णय करना।
सँवारना *(हिं.क्रि.)* अलंकृत करना, सजाना।
निवारना *(हिं.क्रि.)* निषेध करना, मना करना, हटाना, दूर करना।
पसारना *(हिं.क्रि.)* प्रक्षालन, धोना।
सारना (हिं.क्रि.) समाप्त करना, साधना, बनाना, सँभालना, सुशोभित करना, रक्षा करना।
पसारना *(हिं.क्रि.)* फैलाना, आगे की ओर बढ़ाना, हाथ-पैर फैलाकर लेटना।
प्रसाना *(हिं.क्रि.)* फैलाना।
निसारना *(हिं.क्रि.)* बाहर करना, निकालना।
बिसारना *(हिं.क्रि.)* भुलाना, बिसार देना।
उसारना *(हिं.क्रि.)* नाश करना, मिटाना।
हारना *(हिं.क्रि.)* पराभूत होना, थक जाना, निराश होना, लड़ाई जुए आदि को न जीतना, गँवाना, छोड़ देना।
प्रहारना *(हिं.क्रि.)* आघात पहुँचाना, मारना।
कल्हारना *(हिं.क्रि.)* कड़ाही में थोड़ा तेल या घी डालकर भूनना।
सहारना *(हिं.क्रि.)* सहन करना।
निहारना *(हिं.क्रि.)* ध्यानपूर्वक देखना।
बिहारना *(हिं.क्रि.)* विहार करना।
परिहारना *(हिं.क्रि.)* प्रहार करना।
बलिहारना *(हिं.क्रि.)* न्योछावर करना।
सिहारना *(हिं.क्रि.)* अन्वेषण करना।
मनुहारना *(हिं.क्रि.)* आदर-सत्कार करना।
युहारना *(हिं.क्रि.)* झाड़ू से निर्मल करना।
गिरना *(हिं.क्रि.)* नीचे उतरना, पतित होना, स्थिरता न रखना, अवनति पर होना।
घिरना *(हिं.क्रि.)* चारों ओर से घेरा जाना।
चिरना *(हिं.क्रि.)* फटना, एक सीधी लकीर में कटना।
झिरना *(हिं.क्रि.)* देखो झुरना; *(पुं.)* छिद्र, छेद।
ठिरना *(हिं.क्रि.)* ठंड पड़ना, ठिठुरना।
तिरना *(हिं.क्रि.)* पानी के तल के ऊपर रहना, तराना, मुक्त होना।
थिरना *(हिं.क्रि.)* जल का क्षुब्ध न रहना।
फिरना *(हिं.क्रि.)* विचरना, टहलना, चक्कर या फेरा लगाना, विपरीत होना, मुड़ना।
भिरना *(हिं.क्रि.)* देखो भिड़ना।
सुमिरना *(हिं.क्रि.)* नाम जपना।
रिरना *(हिं.क्रि.)* हठ करना।
पहिरना *(हिं.क्रि.)* देखो पहनना।
उकीरना *(हिं.क्रि.)* खोदना, उखाड़ना।
चीरना *(हिं.क्रि.)* विदीर्ण करना, फाड़ना।
जीरना *(हिं.क्रि.)* जीर्ण होना, मुरझाना।
भीरना *(हिं.क्रि.)* भयभीत होना, डरना।
प्रजुरना *(हिं.क्रि.)* प्रकाशित होना, जगमगाना।
बकुरना *(हिं.क्रि.)* देखो बकुरना।
सिकुरना *(हिं.क्रि.)* देखो सिकुड़ना।
सुकुरना *(हिं.क्रि.)* देखो सिकुड़ना।
पगुरना *(हिं.क्रि.)* पागुर करना।
चिगुरना *(हिं.क्रि.)* अंग के किसी भाग का संकुचित होना।
घुरना *(हिं.क्रि.)* किसी वस्तु का पानी में खौलना, परस्पर गुप्त मन्त्रणा करना।
बिछुरना *(हिं.क्रि.)* देखो बिछुड़ना।
जुरना *(हिं.क्रि.)* देखो जुड़ना।
झुरना *(हिं.क्रि.)* सूखना, दुबला होना।
बदुरना *(हिं.क्रि.)* सिमटना, फैला न रहना।
थुरना *(हिं.क्रि.)* मारना, पीटना, कटना।
बिठुरना *(हिं.क्रि.)* मुसकराना।
दुरना *(हिं.क्रि.)* आड़ में होना, छिप जाना।
पूरना *(हिं.क्रि.)* पूर्ति करना, मनोरथ सिद्ध करना, मंगल अवसरों पर भूमि पर अबीर आटे आदि से चौखट क्षेत्र बनाना, बटना, पूर्ण या व्याप्त होना।

फुरना *(हिं.क्रि.)* सच्चा ठहरना, पूरा उतरना, प्रकाशित होना, चमक उठना, मुख से शब्द निकालना, फड़कना।

मुरना *(हिं.क्रि.)* देखो मुड़ना।

मुरेमुरना *(हिं.क्रि.)* देखो मरोड़ना।

मरूरना *(हिं.क्रि.)* ऐंठना, मरोड़ना।

लुरना *(हिं.क्रि.)* लहराना, झूलना।

धुरना *(हिं.क्रि.)* मारना, पीटना।

हुरना *(हिं.क्रि.)* चुभाना, गड़ाना।

बहुरना *(हिं.क्रि.)* लौटना, फिर मिलना।

निहुड़ना, निहुरना *(हिं.क्रि.)* झुकना, नवना।

चुरना *(हिं.क्रि.)* चूर-चूर करना।

थकचूरना *(हिं.क्रि.)* चूर-चूर करना।

घूरना *(हिं.क्रि.)* आँख गड़ाकर बार-बार दृष्टि से देखना।

झूरना *(हिं.क्रि.)* सूचना देना।

थूरना *(हिं.क्रि.)* पीटना, कटना।

बिसूरना *(हिं.क्रि.)* चिन्ता करना; *(स्त्री.)* चिन्ता।

अएरना *(हिं.क्रि.)* स्वीकार करना।

बखेरना *(हिं.क्रि.)* पदार्थों को इधर-उधर फैलाना या फेंकना।

बिखेरना *(हिं.क्रि.)* छितराना।

गेरना *(हिं.क्रि.)* गिराना, डालना।

अंगेरना *(हिं.क्रि.)* देखो अंगेजना।

घेरना *(हिं.क्रि.)* चारों ओर से छेंकना, बाँधना, रोकना, विनय करना।

छेरना *(हिं.क्रि.)* अपच के कारण बारंबार शौच होना।

झेरना *(हिं.क्रि.)* आरंभ करना।

खदेरना *(हिं.क्रि.)* भगाना, हटाना।

कुरेदना *(हिं.क्रि.)* खुरचना, छीलना, खरोदना।

पेरना *(हिं.क्रि.)* किसी काम के करने में देर लगाना, रस निकालने के लिए किसी वस्तु को दबाना, कष्ट देना।

फेरना *(हिं.क्रि.)* पलटना, बदलना, बारंबार दोहराना, लौटाना, ऐंठना, मरोड़ना, पीछे चलाना, पोतना।

अभेरना *(हिं.क्रि.)* भिड़ाना, मिलाना।

अरेरना *(हिं.क्रि.)* रगड़ना, घिसना।

गरेरना *(हिं.क्रि.)* घेरना, रोकना।

तरेरना *(हिं.क्रि.)* दृष्टि कुपित करना।

परेरना *(हिं.क्रि.)* रगड़ते हुए धक्का देना, रगड़ना।

हलेरना *(हिं.क्रि.)* हिलाना, डुलाना, मथना।

पवेरना *(हिं.क्रि.)* छितराकर बोना।

निवेरना *(हिं.क्रि.)* निबटाना, तय करना।

तैरना *(हिं.क्रि.)* पानी के ऊपर उतराना, हाथ-पैर हिलाते हुए पानी में चलना।

पैरना *(हिं.क्रि.)* पानी के ऊपर हाथ-पैर चलाते हुए जाना, तैरना।

अकोरना *(हिं.क्रि.)* भूनना, तलना।

अंकोरना *(हिं.क्रि.)* भंजना, घूस देना।

झकोरना *(हिं.क्रि.)* झोंका मारना।

टकोरना *(हिं.क्रि.)* ठोकर लगाना।

धकोरना *(हिं.क्रि.)* देखो गरोड़ना।

हिलकोरना *(हिं.स्त्री.)* पानी को हिलाकर लहरें उठाना।

सिकोरना *(हिं.क्रि.)* देखो सिकोड़ना।

छंकोरना *(हिं.क्रि.)* धनुष की डोरी खींचकर ध्वनि उत्पन्न करना।

खखोरना *(हिं.क्रि.)* खुरचना, भली-भाँति ढूँढ़ना।

बखोरना *(हिं.क्रि.)* टोकना, छेड़ना।

अगोरना *(हिं.क्रि.)* पहरा देना, रखवाली करना, प्रतीक्षा करना।

अगोरिया *(हिं.पुं.)* खेत की रखवाली करनेवाला मनुष्य।

धंघोरना, धंघोलना *(हिं.क्रि.)* हिलाकर घोलना।

चँचोरना *(हिं.क्रि.)* चूसना।

छोड़ना *(हिं.क्रि.)* बंधन मुक्त करना, हरण करना।

जोरना *(हिं.क्रि.)* जोड़ना, मिलाना।

झोरना *(हिं.क्रि.)* झटका देकर कँपाना या हिलाना।

झकझोरना *(हिं.क्रि.)* किसी वस्तु को पकड़कर झटका देना।

झुकझोरना *(हिं.क्रि.)* देखो झकझोरना।

टोरना *(हिं.क्रि.)* अलगाना, तोड़ना।

आँख टोरना लज्जावश आँख छिपा लेना।

बटोरना *(हिं.क्रि.)* इकट्ठा करके ढेर लगाना, समेटना।

डाँटना *(हिं.क्रि.)* हाथ पकड़कर चलना।

डँडोरना *(हिं.क्रि.)* ढूँढ़ना।

ढोरना *(हिं.पुं.)* ढोलक के आकार का गले में पहनने का यन्त्र, छोटा झूला, पालना; (क्रि.) ढरकाना, ढालना।

ढंढोरना *(हिं.वि.)* इधर-उधर ढूँढ़ना।

ढिढोरना *(हिं.क्रि.)* अनुसन्धान करना, खोजना।

तोरना *(हिं.क्रि.)* देखो तोड़ना।

बिथोरना *(हिं.क्रि.)* देखो बिथरना।

चिदोरना *(हिं.क्रि.)* ओंठ चलाना।

पपोरना *(हिं.क्रि.)* बाँह को ऐंठकर उसको उभाड़ना।

फोरना *(हिं.क्रि.)* देखो फोड़ना।

बोरना *(हिं.क्रि.)* डुबोना, कलंकित करना, योग देना, मिलाना, डुबाकर भिगोना।

दबोरना *(हिं.क्रि.)* देखो दबाना।

चभोकना, चभोरना *(हिं.क्रि.)* गोता देना।

मोरना *(हिं.क्रि.)* देखो मोड़ना।

लोरना *(हिं.क्रि.)* चंचल होना।

हिलोरना *(हिं.क्रि.)* हिलाना, डुलाना, लहराना।

बहोरना *(हिं.क्रि.)* सटाना।

निहोरना *(हिं.क्रि.)* विनती करना।

बिहोरना *(हिं.क्रि.)* देखो बिछुड़ना।

झौरना *(हिं.क्रि.)* छोप लेना, दबा लेना।

कौरना *(हिं.क्रि.)* थोड़ा भूनना।

झौंरना *(हिं.क्रि.)* गूँजना, गुँजारना।

टौरना *(हिं.क्रि.)* पता लगाना।

पौंढ़ना, पौंरना *(हिं.क्रि.)* तैरना।

बोरना *(हिं.क्रि.)* आम के वृक्ष में मंजरी निकलना।

बौरना *(हिं.क्रि.)* वृक्षों पर मंजरी लगना।

निकलना *(हिं.क्रि.)* भीतर से बाहर आना, पार जाना, व्यतीत होना, प्रकाशित होना, हिसाब करने पर कुछ धन बाकी देने को होना, प्राप्त होना, अलग होना, अलग हो जाना, शरीर पर उत्पन्न होना, छूटना, उत्तीर्ण होना, खुलना, उदय होना, निश्चित होना, देख पड़ना, किसी प्रश्न का ठीक उत्तर निकलना।

खलना *(हिं.क्रि.)* चुभना, बुरा लगना।

पलना *(हिं.क्रि.)* जीर्ण होना, शरीर का दुर्बल होना, ठंडक से हाथ-पैर ठिठुरना।

उगलना *(हिं.क्रि.)* गुप्त बात को प्रकट करना, वान्ति करना।

घलना *(हिं.क्रि.)* फेंका जाना, गिर पड़ना।

टिघलना *(हिं.क्रि.)* गलना, पिघलना, लाना।

पिघलना *(हिं.क्रि.)* किसी घन पदार्थ का गरमी से गलकर पानी के समान हो जाना।

चलना *(हिं.क्रि.)* गमन करना, जाना, व्यवहार में आना, प्रयुक्त होना, अच्छी तरह काम देना, तीर, गोला।

मचलना *(हिं.क्रि.)* हठ करना, अड़ना।

पिचलना *(हिं.पुं.)* देखो कुचलना।

विचलना *(हिं.क्रि.)* विचलित होना, कोई बात कहकर मुकर जाना।

विचलना *(हिं.क्रि.)* अपने स्थान से हट जाना, अधीर होना।

कुचलना *(हिं.क्रि.)* पैर से रौंदना, दबाना।

छलना *(हिं.क्रि.)* धोखा देना।

पिछलना *(हिं.क्रि.)* पीछे की ओर जाना या मुड़ना।

विछलना *(हिं.क्रि.)* विचलित होना, फिसलना।

उछलना *(हिं.क्रि.)* फलाँग मारना, फाँदना।

जलना *(हिं.क्रि.)* दग्ध होना, जलना, झुलसना।

झलना *(हिं.क्रि.)* किसी पदार्थ से हवा लगाना, हया करने के लिए किसी वस्तु को हिलाना, किसी वस्तु को राँगे से जोड़ना, देखो झलना।

उझलना *(हिं.क्रि.)* एक पात्र से दूसरे पात्र में ऊपर से गिराना, बढ़ाना, उमड़ उठना।

टलना *(हिं.क्रि.)* हटना, अनुपस्थित होना, दूर होना, समय बढ़ना, सभय बीतना, अन्यथा होना।

डलना *(हिं.क्रि.)* डाला जाना, पड़ना।

ढलना *(हिं.क्रि.)* गिरकर बहना, बीतना, लुढ़कना, साँचे में ढालकर बनाया जाना, प्रसन्न होना, प्रवृत्त होना।

तलना *(हिं.क्रि.)* घी या तेल को खौलाकर इसमें किसी वस्तु को पकाना।

तुतलाना *(हिं.क्रि.)* शब्दों तथा अक्षरों का शुद्ध उच्चारण न करना, अस्पष्ट टूटे-फूटे शब्द बोलना।

दलना *(हिं.क्रि.)* चूर्ण करना, कुचलना।

बदलना *(हिं.क्रि.)* भिन्न होना, एक वस्तु देकर दूसरी वस्तु लेना अथवा एक के स्थान पर दूसरा हो जाना।

बिदलना *(हिं.क्रि.)* दलित करना।

पलना *(हिं.क्रि.)* पाला पोसा जाना।

झलना *(हिं.क्रि.)* झूलना, झूमना।

फलना *(हिं.क्रि.)* फल से युक्त होना, फल लगना।

बलना *(हिं.क्रि.)* जलना, दहकना।

उबलना *(हिं.क्रि.)* उफनना, उमड़ना।

सँभलना *(हिं.क्रि.)* थामा जाना, सचेत होना, चंगा होना।

मलना *(हिं.क्रि.)* रगड़ना, पेंठना, मसलना।

कलमलना *(हिं.क्रि.)* कुलबुलाना।

दलमलना *(हिं.क्रि.)* कुचलना।

रलना *(हिं.क्रि.)* एक में एक मिल जाना।

ललना *(सं.स्त्री.)* कामिनी, स्त्री, जीव।

डललना *(हिं.क्रि.)* गिरना, पड़ना।

धलना *(हिं.क्रि.)* धोया जाना।

सलना *(हिं.क्रि.)* छिदना, साला जाना।

मसलना *(हिं.क्रि.)* रगड़ना, मलना, आटा गूँधना, बलपूर्वक दबाना।

फिसलना *(हिं.क्रि.)* चिकनाहट और गीलेपन के कारण पैर का न जमना।

हलना *(हिं.क्रि.)* हिलना, डोलना, धँसना।

टहलना *(हिं.क्रि.)* धीरे-धीरे चलना।

बहलना *(हिं.क्रि.)* मनोरंजन होना, चित्त प्रसन्न होना।

दहलना घबराना, डरना।

आलना *(हिं.क्रि.)* पक्षी का स्थान, घोंसला।

निकालना *(हिं.क्रि.)* भीतर से बाहर करना, उपस्थित करना, ठहराना, प्रकट करना, खोलना, घटाना, आविष्कार करना, घोड़े बैल आदि को गाड़ी में चलने की शिक्षा देना, पता लगाना, प्रकाशित करना, फैलाना, संकट से छुटकारा देना, बचना, खपाना, नौकरी से छुड़ाना।

गालना *(हिं.क्रि.)* बोलना, बात करना।

खँगालना *(हिं.क्रि.)* केवल जल डालकर किसी पात्र को धोना, खाली करना।

घालना (हिं. पुं.) गिराना, डालना, फेंकना, बिगाड़ना।

चालना *(हिं.क्रि.)* चलाना, चलनी में आटा हिलाकर चौकर अलगना।

छालना *(हिं.क्रि.)* छलनी में रखकर आटा आदि छानना, चालना।

प्रच्छालना, प्रछालना *(हिं.क्रि.)* धोना।

उछालना *(हिं.क्रि.)* ऊपर की ओर फेंकना।

झालना *(हिं.क्रि.)* धातु की वस्तुओं को टाँका लगाकर जोड़ना।

टालना *(हिं.क्रि.)* न मानना, समय व्यतीत करना, तरह देना, बचा जाना, हटाना, सरकाना, दूर करना, मिटाना।

झुठालना *(हिं.क्रि.)* देखो झुठलाना।

डालना *(हिं.क्रि.)* नीचे गिराना, फेंकना, छोड़ना, रखना, मिलाना, भीतर घुसाना, धारण करना, सौंपना, लगाना।

पड़तालना *(हिं.क्रि.)* अनुसन्धान करना, छानबीन करना।

निथालना *(हिं.क्रि.)* गाद नीचे बैठाना।

पालना *(हिं.क्रि.)* पालन-पोषण करना, पक्षी आदि को पोसना, निर्वाह करना; *(पुं.)* बच्चों को सुलाने का खटोला या झूला जो रस्सियों से लटकाया रहता है।

बालना *(हिं.क्रि.)* प्रज्वलित करना, जलाना।

भालना *(हिं.क्रि.)* ध्यानपूर्वक देखना।

सँभालना *(हिं.क्रि.)* गिरने से बचाना, रोकना, थामना, पालन-पोषण करना।

लालना *(हिं.क्रि.)* लाड़ करना।

सालना *(हिं.क्रि.)* गड़ाना, छेद में बैठाना।

उसालना *(हिं.क्रि.)* उखाड़ना, मिटाना।

हालना *(हिं.क्रि.)* हिलाना, डुलाना।

किलना *(हिं.क्रि.)* वश में लाया जाना, गति में रुकावट होना।

सकिलना *(हिं.क्रि.)* सरकना, फिसलना।

खिलना *(हिं.क्रि.)* फूलना, विकसित होना, शोभित होना।

गिलना *(हिं.क्रि.)* निगलना।

उगिलना, उगिलवाना देखो उगलवाना।

छिलना *(हिं.क्रि.)* छिलके या चमड़े का कटकर अलग होना, उघड़ना।

पाछलना *(हिं.क्रि.)* देखो पिछड़ना।

झिलना *(हिं.क्रि.)* बलपूर्वक प्रवेश करना, सन्तुष्ट होना।

ठिलना *(हिं.क्रि.)* ढकेला जाना, धँसना, जमना।

पिलना *(हिं.क्रि.)* लग जाना, टूट पड़ना, भिड़ जाना।

मिलना *(हिं.क्रि.)* सम्मिलित होना, किसी पक्ष में होना, मेल-मिलाप होना, चिपकना, लाभ होना, भेंट होना, प्राप्त होना।

हिलना *(हिं.क्रि.)* डोलना, सरकना, ढीला होना, कँपना, थरथराना, झूमना, लहराना, उद्योग करना।

कीलना *(हिं.क्रि.)* कील लगाना, मेख ठोंकना।

खीलना *(हिं.क्रि.)* खील लगाना, गाँठना।

छीलना *(हिं.क्रि.)* छिलका उतारना।

पटीलना *(हिं.क्रि.)* ठगना, छलना।

ठीलना *(हिं.क्रि.)* ठेलना, ढकेलना।

ढीलना *(हिं.क्रि.)* छोड़ देना, कुएँ में लटकाना।

लीलना *(हिं.क्रि.)* निगलना।

कुलना *(हिं.क्रि.)* पीड़ित होना, टीसना।

खुलना *(हिं.क्रि.)* उद्घाटित होना, उधड़ना, फटना, चिरना, कटना, निकलना, अच्छा लगना, भेद कहना, कार्य आरम्भ होना।

जुलना *(हिं.क्रि.)* भेंट करना।

झुलना *(हिं.पुं.)* स्त्रियों के पहिनने का।

दुलना *(हिं.क्रि.)* देखो दुलना।

डुलना *(हिं.क्रि.)* देखो डोलना।

ढुलना *(हिं.क्रि.)* लुढ़कना, फिसलना, प्रसन्न होना, झुकना, प्रवृत्त होना।

घुलना *(हिं.क्रि.)* तरल पदार्थ का किसी वस्तु से मिल जाना, गलना।

तुलना *(हिं.क्रि.)* तौला जाना, भरना, तुल्य होना, तौल में बराबर होना, गाड़ी के पहिये के धुरे में घी, चर्बी आदि भरना; *(सं.स्त्री.)* सादृश्य, उपमा, समता, बराबरी।

प्रफुलना *(हिं.क्रि.)* फूलना।

भुलना *(हिं.पुं.)* देखो भुलक्कड़।

चलना *(हिं.क्रि.)* व्यर्थ मारे फिरना।

लुलना *(हिं.क्रि.)* देखो लुरना।

झऊलना *(हिं.क्रि.)* उष्ण होना, जलना।

झूलना *(हिं.क्रि.)* इधर-उधर हिलना, झूले पर बैठकर पेंग लगाना, अस्थिर रहना, आसरे में देर तक पड़े रहना; *(वि.)* झूलनेवाला।

तूलना *(हिं.क्रि.)* गाड़ी के पहिये के धुरे में चिकना पोतना, बराबर होना।

फूलना *(हिं.क्रि.)* फूलों से युक्त होना, किसी तल का उठा होना, विकसित होना, खिलना, घमंड करना, मोटा होना, रूठना, प्रफुल्ल होना, आनन्दित होना।

भूलना *(हिं.क्रि.)* विस्मरण होना, याद न रहना, खो जाना; *(वि.)* भूलने वाला।

निरमूलना *(हिं.क्रि.)* निर्मूल करना, नष्ट करना।

शूलना *(हिं.पुं.)* शूल के समान कष्ट देना।

सूलना *(हिं.क्रि.)* चाले से छेदना या छिदना, पीड़ित होना।

हूलना *(हिं.क्रि.)* लाठी भाले आदि की नोक को धँसाना।

धकेलना *(हिं.क्रि.)* ठेलना, धक्का देना।

सकेलना *(हिं.वि.)* इकट्ठा करना।

उकेलना *(हिं.क्रि.)* परत अलगाना, उधेड़ना।

उचेड़ना, उचेलना देखो उचाटना।

झेलना *(हिं.क्रि.)* सहन करना, ऊपर लेना।

पलेटना *(हिं.क्रि.)* देखो पटीलना।

ठेलना *(हिं.क्रि.)* ढकेलना, रेलना।

बेलना *(हिं.पुं.)* काठ का गोल लंबा टुकड़ा जो पूरी रोटी आदि को बेलने के काम में आता है; *(हिं.क्रि.)* चकले पर लोई रखकर बेलन से बढ़ाकर गोल करना तथा पतला करना, नष्ट करना।

मेलना *(हिं.क्रि.)* मिलाना, इकट्ठा होना।

रेलना *(हिं.क्रि.)* आग की ओर झोंकना।
सेलना *(हिं.क्रि.)* मर जाना।
हेलना *(हिं.क्रि.)* क्रीड़ा करना, विनोद करना, हँसी करना, हँसी उड़ाना।
परहेलना *(हिं.क्रि.)* निरादर करना।
अवहेलना, अवहेला *(सं.स्त्री.)* अनादर, अपमान, तिरस्कार करना।
फैलना *(हिं.क्रि.)* लगातार स्थान घेरना, बहुतायत से मिलना, प्रसिद्ध होना, मोटाना, अधिक खुलना, व्यापक होना, बिखरना।
पोलना *(हिं.क्रि.)* छिपाना, आड़ लगाना, सहन करना, ऊपर लेना, मोंकना।
कोलना *(हिं.क्रि.)* छेदना, बीच में खोदकर पीला करना।
खोलना *(हिं.क्रि.)* उघाड़ना, स्थापन करना, मुक्त करना, प्रकाशित करना, गूढ़ बात को प्रकट करना।
घोलना *(हिं.क्रि.)* किसी द्रव पदार्थ में कोई वस्तु हिलाकर मिलाना।
फड़ोलना *(हिं.क्रि.)* किसी वस्तु को इधर-उधर करना।
खोलना *(हिं.क्रि.)* छीलना।
टकटोना, टकटोरना, टकटोलना *(हिं.स्त्री.)* टटोलना, ढूँढ़ना।
डोलना *(हिं.क्रि.)* चलना, घूमना-फिरना, हटना।
डगडोलना *(हिं.क्रि.)* देखो डगमगाना, हिलना-डोलना, कम्प; *(वि.)* डगमगाता हुआ, डोलता हुआ।
तोलना *(हिं.क्रि.)* देखो तौलना।
पपोलना *(हिं.क्रि.)* मुँह चलाना।
बोलना *(हिं.क्रि.)* मुख से शब्द निकालना, कहना, पुकारना।
टें बोलना मर जाना।
किरोलना *(हिं.क्रि.)* कतरना, खुरचना।
होलना *(हिं.क्रि.)* हिलना।
विलोलना *(हिं.क्रि.)* हिलना, डोलना।
झोलना *(हिं.क्रि.)* जलाना, दाह करना।
खोंलना *(हिं.क्रि.)* उबलना।
खौलना *(हिं.क्रि.)* उबालना।
तौलना *(हिं.क्रि.)* जोखना, तारतम्य जानना, साधना।
पौलना *(हिं.क्रि.)* कहना।
झौंलना *(हिं.क्रि.)* जलाना।
अँगवना *(हिं.क्रि.)* स्वीकार करना।
अनगवना *(हिं.क्रि.)* जान-बूझकर देर करना।
बिड़बना *(हिं.पुं.)* निन्दा, उपहास, हँसी-ठट्ठा।
अचवना *(हिं.क्रि.)* याचमन करना।
छवना *(हिं.पुं.)* बच्चा, सूअर का बच्चा।
नटवना *(हिं.क्रि.)* अभिनय करना, नाटक दिखलाना।
पठवना *(हिं.क्रि.)* भेजना।
डवना *(हिं.क्रि.)* गिराना।
बिढ़वना *(हिं.क्रि.)* एकत्रित करना।
प्रणवना *(हिं.क्रि.)* प्रणाम या नमस्कार करना।
नवना *(हिं.क्रि.)* झुकना, नम्र होना।
बनवना *(हिं.क्रि.)* देखो बनना।
अनवना *(हिं.क्रि.)* देखो प्रणमना।
बिनवना *(हिं.क्रि.)* प्रार्थना करना।
तवना *(हिं.क्रि.)* तपना, गरम होना, कुढ़ना।
चितवना *(हिं.क्रि.)* दृष्टि डालना, देखना।
रितवना *(हिं.क्रि.)* खाली करना।
बितवना *(हिं.क्रि.)* बिताना।
अथवना *(हिं.क्रि.)* अस्त होना, डूबना।
दवना *(हिं.क्रि.)* दग्ध करना, जलाना।
बवना *(हिं.क्रि.)* छिटकना, बिखरना।
भवना *(हिं.क्रि.)* घूमना।
पवना *(हिं.क्रि.)* क्रीड़ा करना, शब्द करना; *(हिं.पुं.)* देखो रावण।
द्रवना *(सं.स्त्री.)* पानी की तरह पतला होना या बहना।
श्रवना *(हिं.क्रि.)* गिरना, बहना।
स्त्रवना *(हिं.क्रि.)* बहना, टपकना।
कुरवना *(हिं.क्रि.)* ढेर लगाना।
पुरवना *(हिं.क्रि.)* पूरा करना या होना, भरना, पुजाना।
भुरवना *(हिं.क्रि.)* भुलवाना।
पल्लवना *(हिं.क्रि.)* पत्ते निकलना।
भषना *(हिं.स्त्री.)* भोजन करना, खाना।
प्रसवना *(हिं.क्रि.)* उत्पन्न होना।
देहवना *(हिं.वि.)* शरीरधारी; *(पुं.)* देह धारण करनेवाला मनुष्य।
देखावना (क्रि.) देखो दिखाना।
चावना *(हिं.क्रि.)* दाँतों से कुचलकर खाना, चबाना।
छावना *(हिं.क्रि.)* देखो छाना।
बझावना *(हिं.क्रि.)* देखो बझाना।
रिझावना *(हिं.क्रि.)* देखो रिझाना।
जुझावना *(हिं.क्रि.)* लड़ा देना।
जानना *(हिं.क्रि.)* मिलाना, लपेटना, पूछना।
बढ़ावना *(हिं.क्रि.)* देखो बढ़ाना।
तावना *(हिं.क्रि.)* तपाना, गरम करना।
प्रस्तावना *(सं.स्त्री.)* आरंभ।
चितावना *(हिं.स्त्री.)* स्मारक।
बितावना *(हिं.क्रि.)* देखो बिताना।
दावना *(हिं.क्रि.)* देखो दाँवना, दमन करना, नष्ट करना।
धावना *(हिं.क्रि.)* दौड़ना, भागना।
नावना *(हिं.क्रि.)* झुकना, नवाना, झुकाना, गिराना, डालना।
पावना *(हिं.क्रि.)* प्राप्त करना, पाना, अनुभव करना, भोजन करना; *(पुं.)* लेहना।
याचना *(सं.स्त्री.)* साधारण विचार या कल्पना, ध्यान, इच्छा; *(वि.)* प्रिय, प्यारा।

अर्थभावना धन की चिन्ता।
दुर्भावना *(सं.स्त्री.)* बुरी भावना।
परिभावना *(सं.स्त्री.)* चिन्ता, शोच।
धावना *(हिं.क्रि.)* देखो पिलाना।
ल्यावना *(हिं.क्रि.)* देखो लाना।
रावना *(हिं.क्रि.)* रुलाना।
डरावना *(हिं.वि.)* भयानक, भयंकर।
परावना *(हिं.क्रि.)* पकड़ाना।
पहिरावना *(हिं.क्रि.)* देखो पहनाना।
लावना *(हिं.क्रि.)* लगाना, स्पर्श करना, देखो लाना।
घावना *(हिं.वि.)* देखो बोना।
नसाना, नसावना *(हिं.क्रि.)* नष्ट होना।
बरसावना *(हिं.क्रि.)* देखो बरसाना।
सुहावन, सुहावना *(हिं.क्रि.)* सुन्दर, रमणीक।
दाँवना *(हिं.क्रि.)* सूखे हुए अन्न के डंठलों का भूसा अलगाने के लिए बैलों के पैरों से रौंदवाना।
पीवना *(हिं.क्रि.)* देखो पीना।
सीवना *(हिं.पुं.)* देखो सिवाना, सीना।
उवना *(हिं.क्रि.)* उदित होना, निकल आना।
मूवना *(हिं.क्रि.)* मरना।
सूवना *(हिं.क्रि.)* बहना।
सुवना *(हिं.पुं.)* सुग्गा।
चूवना *(हिं.क्रि.)* चना, रसकर बहना।
छेवना *(हिं.स्त्री.)* ताड़ी; (क्रि.) छिन्न करना, चिह्नित करना, काटना।
जेंवना *(हिं.क्रि.)* भक्षण करना, खाना।
टेवना *(हिं.क्रि.)* देखो टेना।
घेवना *(हिं.पुं.)* जानु, घुटना।
भेवना *(हिं.क्रि.)* भिगोना, तर करना।
सेवना *(हिं.पुं.)* देखो सेना।
टीवना *(हिं.क्रि.)* टीना, टटोलना।
धोवना *(हिं.क्रि.)* धोने या पखारने की क्रिया।
नोथना *(हिं.क्रि.)* दूहते समय गाय का पिछला पैर रस्सी से बाँधना।
मोवना *(हिं.क्रि.)* देखो मोना।
रोवना *(हिं.वि.)* देखो रोना; *(वि.)* हँसी या खेल में बुरा माननेवाला।
सोवना *(हिं.स्त्री.)* निद्रा लेना।
विलंबना *(हिं.क्रि.)* विलंब करना, देर करना।
अशना *(सं.स्त्री.)* भोजन की इच्छा।
नशना *(हिं.क्रि.)* नाश होना।
पशना *(सं.स्त्री.)* करधनी, जीभ।
सतांशना *(हिं.क्रि.)* सन्तुष्ट करना।
करषना *(हिं.क्रि.)* घसीटना, तानना।
निखषना *(हिं.क्रि.)* मना करना।
बरषना *(हिं.क्रि.)* बरसना, वर्षा होना।
लषना *(हिं.क्रि.)* देखो लखना।
हरषना *(हिं.क्रि.)* प्रसन्न होना।
कृषना *(हिं.स्त्री.)* प्रबल इच्छा, एषणा।
तृषना *(हिं.क्रि.)* तृप्त होना, प्रसन्न होना।
दूषना *(हिं.क्रि.)* कलंक लगाना।
विदूषना *(हिं.क्रि.)* कलंक या दोष लगाना।
विदूषना *(हिं.क्रि.)* कष्ट देना, दोषी ठहराना, दुःखी होना।
भूषना *(हिं.पुं.)* अलंकृत करना, सजाना।
विभूषना *(हिं.क्रि.)* अलंकृत, सजाया हुआ।
पेषना *(हिं.क्रि.)* देखो पेखना।
भेषना *(हिं.क्रि.)* भेजना।
लेषना *(हिं.क्रि.)* देखो लेखना, लिखना।
विसंषना *(हिं.क्रि.)* ब्यौरेवार वर्णन।
संकोषना *(हिं.क्रि.)* क्रोध करना।
तोषना *(हिं.क्रि.)* सन्तुष्ट होना या करना, तृप्त होना।
संतोषना *(हिं.क्रि.)* संतोष दिलाना, सन्तुष्ट करना।
दोषना *(हिं.क्रि.)* अपराध लगाना।
पोषना *(हिं.क्रि.)* पालना।
निर्वहना *(हिं.क्रि.)* निभाना, चलाना।
कसना *(हिं.क्रि.)* बाँधते समय रस्सी इत्यादि को कसकर खींचना, जकड़ना, दबाना, बंधन बैठाना, रगड़ना, लचकना, परीक्षा करना, कष्ट देना, भर जाना।
अकसना *(हिं.क्रि.)* द्वेष करना।
परकसना *(हिं.क्रि.)* प्रकाशित होना।
निकसना *(हिं.क्रि.)* देखो निकलना।
उकसना *(हिं.क्रि.)* उछलना, फूलना, निकलना।
बिकसना *(हिं.क्रि.)* खिलना, फूलना, बहुत प्रसन्न होना।
गसना *(हिं.वि.)* जकड़ना, गाँठना।
कँसना *(हिं.क्रि.)* कसकर बाँधना।
प्रगसना *(हिं.क्रि.)* देखो प्रगटना।
परगसना *(हिं.क्रि.)* प्रगट होना।
घसना *(हिं.क्रि.)* रगड़ना, घिसना।
मसना *(हिं.क्रि.)* प्राण त्यागना, मरना।
झसना *(हिं.क्रि.)* देखो झँसना।
डसना *(हिं.क्रि.)* साँप का काटना, डंक मारना।
डँसना *(हिं.क्रि.)* देखो डसना।
भर्त्सना *(सं.स्त्री.)* निन्दा, डाँट-डपट, फटकार।
ज्योत्सना *(सं.स्त्री.)* कौमुदी, चन्द्रमा का प्रकाश, चाँदनी रात।
फसना *(हिं.क्रि.)* फैलना, फैलाना।
धँसना *(हिं.क्रि.)* घुसना, गड़ना, बैठ जाना, पैठना, नष्ट होना।
नसना *(हिं.क्रि.)* नष्ट होना।
मनसना *(हिं.क्रि.)* संकल्प करना, दृढ़ निश्चय करना,

हाथ में जल लेकर संकल्प का मन्त्र पढ़कर कोई वस्तु दान करना।
बिनसना *(हिं.क्रि.)* नष्ट होना या करना।
विनसना *(हिं.क्रि.)* नष्ट होना।
अपसना *(हिं.क्रि.)* भाग जाना, चल देना।
झपसना *(हिं.क्रि.)* वृक्ष या लता की शाखाओं का सघन होकर फैलना।
बसना *(हिं.क्रि.)* निवास करना।
मसना *(हिं.क्रि.)* मसलना, गूँधना।
उदबसना *(हिं.वि.)* उजाड़ देना, भगा देना।
भसना *(हिं.क्रि.)* पानी के तल पर तैरना, पानी में डूबना।
रसना *(हिं.क्रि.)* धीरे-धीरे बहना, स्वाद लेना, प्रेम में अनुरक्त होना, तन्मय होना।
रसना *(सं.स्त्री.)* जिह्वा, जीभ, लगाम, रस्सी।
करसना *(हिं.क्रि.)* खींचना, घसीटना।
ग्रसना *(हिं.क्रि.)* पकड़ना।
धरसना *(हिं.क्रि.)* डर जाना, दब जाना।
नरसना *(हिं.क्रि.)* देखो ग्रसना।
परेसना *(हिं.क्रि.)* स्पर्श करना, छूना, किसी के सामने भोजन के पदार्थ रखना।
बरसना *(हिं.क्रि.)* आकाश से जल की बूँदों का निरन्तर गिरना, अधिक प्रकट होना, चंचल होना, हिलना, डोलना।
परसना *(हिं.क्रि.)* बढ़ना, पनपना।
हरसना *(हिं.क्रि.)* हरखना, प्रसन्न होना।
झुरसना *(हिं.क्रि.)* देखो झुलसना।
लसना *(हिं.क्रि.)* चिपकाना, सटाना, शोभित होना।
बिलसना *(हिं.क्रि.)* अच्छा जान एड़ना, शोभा देना।
विलसना *(हिं.क्रि.)* विलास करना, शोभा प्राप्त करना।
झुलसना *(हिं.क्रि.)* झौंसना, अधिक उष्णता के कारण ऊपरी भाग सूखकर काला पड़ना।
हुलसना *(हिं.क्रि.)* आनन्द से फूलना।
बेलसना *(हिं.क्रि.)* भोग-विलास करना।
निवसना *(हिं.क्रि.)* बसना, रहना।
हँसना *(हिं.क्रि.)* खिलखिलाना, आनन्द मानना, ठिठोली करना।
बहसना *(हिं.क्रि.)* वाद-विवाद करना।
रहसना *(हिं.क्रि.)* आनन्दित होना, प्रसन्न होना।
बिहँसना *(हिं.क्रि.)* मुस्कराना।
विहँसना *(हिं.क्रि.)* मुसकाना।
बेहँसना *(हिं.क्रि.)* ठट्ठा मारकर हँसना।
लास्ना *(सं.स्त्री.)* गौ का गलकम्बल।
प्रकासना *(हिं.क्रि.)* प्रकट करना।
परकासना *(हिं.क्रि.)* प्रकट करना, प्रकाशित करना।
निकालना *(हिं.क्रि.)* देखो निकालना, प्रकाशन।
विकासना *(हिं.क्रि.)* प्रकट करना।
उकासना *(हिं.क्रि.)* उभाड़ना, खोलना।
परगासना *(हिं.क्रि.)* प्रकाशित होना या करना।
वगासना *(हिं.क्रि.)* विकसित करना।
डासना *(हिं.क्रि.)* फैलाना, बिछाना।
ढासना *(हिं.पुं.)* टेक, ओटकण, सहारा।
नासना *(हिं.क्रि.)* नष्ट करना।
पनासना *(हिं.क्रि.)* पालन पोषण करना।
बिनासना *(हिं.क्रि.)* नष्ट करना।
उपासना *(सं.स्त्री.)* परिचर्या।
फाँसना *(हिं.क्रि.)* बंधन में डालना, पकड़ना, धोखे में डालना, जाल में फँसना।
बासना *(हिं.स्त्री.)* इच्छा, चाह। (क्रि.) सुवासित करना, महकाना।
भासना *(हिं.क्रि.)* चमकना, देख पड़ना, फँसना।
प्रभासना *(हिं.क्रि.)* दिखाई पड़ना।
मासना *(हिं.क्रि.)* मिलना, मिलाना।
रासना *(हिं.पुं.)* देखो रास्ना।
पासना *(हिं.क्रि.)* पकड़ना, घेरना, निगलना, कष्ट देना।
करासना *(हिं.क्रि.)* कष्ट देना।
गिरासना *(हिं.क्रि.)* ग्रसना, कष्ट देना।
तिरासना *(हिं.क्रि.)* कष्ट देना।
बिलासना *(हिं.क्रि.)* भोग करना।
वासना *(सं.स्त्री.)* ज्ञान संस्कार, कामना, इच्छा; *(हिं.क्रि.)* देखो वासना।
दुर्वासना *(सं.स्त्री.)* बुरी आकांक्षा।
सुवासना *(हिं.स्त्री.)* सुगन्ध; *(हिं.क्रि.)* सुगन्धित करना, महकना।
सासना *(हिं.स्त्री.)* देखो शासन।
खाँसना *(हिं.क्रि.)* कफ निकालना, खखारना, खोंखना।
गाँसना *(हिं.क्रि.)* गूँथना, ठूसना, भरना।
झाँसना *(हिं.क्रि.)* धोखा देना, ठगना।
ठाँसना *(हिं.क्रि.)* दबा-दबाकर भरना, मना करना, ठनठन शब्द करते हुए खाँसना।
ठासना *(हिं.क्रि.)* सूखी खाँसी, खाँसना।
ताँसना *(हिं.क्रि.)* डाटना, डपटना।
विधाँसना *(हिं.क्रि.)* नष्ट करना, इधर-उधर करना।
हथवाँसना *(हिं.क्रि.)* व्यवहार में लाना।
अनवाँसना *(हिं.क्रि.)* किसी नये पात्र को पहले-पहल काम में लाना।
साँसना *(हिं.क्रि.)* कष्ट देना, दुःख पहुँचाना।
हाँसना *(हिं.क्रि.)* हँसना।
पइसना *(हिं.क्रि.)* पैठना, घुसना।
घिसना *(हिं.क्रि.)* रगड़ना।
दिसना *(हिं.क्रि.)* दिखाई पड़ना।
पिसना *(हिं.क्रि.)* पीसकर तैयार होना, कुचल जाना।

मिसना *(हिं.क्रि.)* मिश्रित होना, मला जाना।
रिसना *(हिं.क्रि.)* छनकर बाहर टपकना।
प्रविसना *(हिं.क्रि.)* प्रवेश करना, घुसना।
टीसना *(हिं.क्रि.)* ठहर-ठहरकर पीड़ा होना।
दीसना *(हिं.क्रि.)* देख पड़ना।
पीसना *(हिं.क्रि.)* कठोर परिश्रम करना।
रीसना *(हिं.क्रि.)* क्रुद्ध होना।
बरीसना *(हिं.क्रि.)* देखो बरसना।
उकुसना *(हिं.क्रि.)* उजाड़ना, उधेड़ना।
घुसना *(हिं.क्रि.)* प्रवेश करना, चुभना, धँसना।
ठुसना *(हिं.क्रि.)* कसकर प्रवेश होना या भरा जाना।
रूसना देखो रूठना।
घुसना *(हिं.क्रि.)* लटा जाना।
चूसना *(हिं.क्रि.)* ओठ और चीभ को मिलाकर किसी पदार्थ का रस खींचना।
ठूँसना *(हिं.क्रि.)* ठूँसना, घुसाना।
तूसना *(हिं.क्रि.)* सन्तुष्ट करना।
मूसना *(हिं.क्रि.)* चुराकर उठा ले जाना।
हूँसना *(हिं.क्रि.)* फटकारना, कोसना।
ठेसना *(हिं.क्रि.)* ठूँसना।
भेसना *(हिं.क्रि.)* वस्त्र आदि पहनाना।
पेसना *(हिं.क्रि.)* जलाना, चिपकाना, पोतना, चुगली खाना, उत्तेजित करना।
पैसना *(हिं.क्रि.)* प्रवेश करना, घुसना।
कोसना *(हिं.क्रि.)* अभिशाप देना, गाली देना।
टकोसना *(हिं.क्रि.)* बड़े-बड़े घूँट पीना।
भकोसना *(हिं.क्रि.)* बिना अच्छी तरह से कुचले खा जाना, निगलना।
पिकोसना *(हिं.क्रि.)* दाँत पीसना।
पोसना *(हिं.क्रि.)* रक्षा करना, पालना।
मसोसना *(हिं.क्रि.)* मन में कष्ट होना।
परोसना *(हिं.क्रि.)* खाने के लिए सामने तरह-तरह के भोजन रखना।
खोंसना *(हिं.क्रि.)* अटकाना, लगाना।
झोंसना *(हिं.क्रि.)* देखो झुलसना।
ढोंसना *(हिं.क्रि.)* आनन्द-ध्वनि करना।
तौंसना *(हिं.क्रि.)* गरमी के कारण सन्तप्त होना।
तौसना *(हिं.क्रि.)* गरमी के कारण व्याकुल होना।
धौंसना *(हिं.क्रि.)* दण्ड देना, धमकी देना, मारना, पीटना, डराना।
झंसना *(हिं.क्रि.)* किसी को बहकाकर उसका धन छीन लेना।
विधंसना *(हिं.क्रि.)* नष्ट करना।
भंसना *(हिं.वि.)* पानी के ऊपर तैरना।
फँसना *(हिं.क्रि.)* उलझना, अटकना।
मंसना *(हिं.क्रि.)* मन में संकल्प करना।
प्रशंसना *(हिं.क्रि.)* प्रशंसा या स्तुति करना।
निसंसना *(हिं.क्रि.)* हाँफना।
बिधुंसना *(हिं.क्रि.)* नष्ट करना।
कहना *(हिं.क्रि.)* वर्णन करना, उच्चारण करना, संवाद सुनाना, सूचना देना।
गहना *(हिं.क्रि.)* लालसा से पूर्ण होना, ललकना।
गहना *(हिं.पुं.)* आभूषण, बंधक।
करगहना *(हिं.पुं.)* पत्थर या लकड़ी का टुकड़ा जिसको द्वार या खिड़की के चौखट पर रखकर जोड़ाई करते हैं।
जहना *(हिं.क्रि.)* छोड़ना, त्यागना।
टहना *(हिं.पुं.)* वृक्ष की शाखा, डाल।
ठहना *(हिं.क्रि.)* सँवारना, बनाना।
डहना *(हिं.क्रि.)* भस्म होना, जलना, द्वेष करना, कुढ़ना।
ढहना *(हिं.क्रि.)* घर आदि का गिरना, नष्ट होना।
थहना *(हिं.क्रि.)* थाह लगाना।
दहना *(हिं.क्रि.)* जलना, जलाना, भस्म होना या भस्म करना, क्रोध।
निर्दहना *(हिं.क्रि.)* जलाना।
विदहना *(हिं.क्रि.)* जलाना।
नहना *(हिं.क्रि.)* काम में लगाना।
बहना *(हिं.क्रि.)* पानी की धारा में पड़कर जाना, व्यर्थ खर्च हो जाना, उठना, चलना, धारण करना, रखना, हवा का चलना, द्रव रूप के पदार्थ का किसी ओर चलना, निर्वाह करना।
निर्बहना *(हिं.क्रि.)* अलग होना, पालन होना।
निबहना *(हिं.क्रि.)* छुटकारा पाना।
उबहना *(हिं.क्रि.)* शस्त्र उठाना, उभड़ना, ऊपर की ओर उठना।
महना *(हिं.क्रि.)* दही दूध आदि को मथना।
रहना *(हिं.क्रि.)* ठहरना, रुकना, बचना, बसना, टिकना, उपस्थित होना, थमना, रहा-सहा-बचा हुआ।
ढरहना *(हिं.क्रि.)* झुकना, गिरना।
उरहना *(हिं.पुं.)* ओलहना।
ओरहना *(हिं.क्रि.)* देखो ओलहना।
कूल्हना *(हिं.क्रि.)* काँखना, कराहना।
मेल्हना *(हिं.क्रि.)* बेचैन होना, छटपटाना।
लहना (हिं.क्रि.) प्राप्त करना; *(पुं.)* उधार दिया हुआ धन, किसी कारण मिलनेवाला धन।
पलहना *(हिं.क्रि.)* पत्तियों से भर जाना, पत्तियाँ फूटना।
उलहना (हिं.क्रि.) अंकुरित होना, निकलना; *(पुं.)* निन्दा।
ओलहना *(हिं.पुं.)* देखो उरहना।
सहना *(हिं.क्रि.)* झेलना, भोगना।
गाहना *(हिं.क्रि.)* डुबकी लगाकर थाह लेना, मथना, हलचल मचाना।

उगाहना *(हिं.क्रि.)* किसानों से अन्न कर इत्यादि अलग-अलग लेकर इकट्ठा करना।

चाहना *(हिं.क्रि.)* अभिलाषा करना, प्यार करना।

दाहना *(हिं.क्रि.)* कष्ट देना, जलाना।

ढाहना *(हिं.क्रि.)* ढाना, ध्वस्त करना।

थाहना *(हिं.क्रि.)* गहराई का पता लगाना, अनुमान करना।

दाहना *(हिं.क्रि.)* भस्म करना, जलाना, फूँकना; *(हिं.वि.)* दाहिना।

बाहना *(हिं.क्रि.)* ढोना, लादना या चढ़ाकर ले जाना, फेंकना, चलाना।

निबाहना *(हिं.क्रि.)* निर्वाह करना, चरितार्थ करना।

बिबाहना *(हिं.क्रि.)* विवाह करना।

उबाहना *(हिं.क्रि.)* देखो उबहना।

ब्याहना *(हिं.क्रि.)* किसी का किसी के साथ विवाह संबंध कर देना।

व्याहुताराहना *(हिं.क्रि.)* मोटी रेती से रगड़ कर चिकना करना।

सराहना *(हिं.क्रि.)* प्रशंसा करना।

निर्वाहना *(हिं.क्रि.)* निर्वाह करना।

विवाहना ब्याह करना।

बिसाहना *(हिं.क्रि.)* मोल लेना, अपने साथ करना।

बेसाहना *(हिं.क्रि.)* मोल लेना।

चीन्हना *(हिं.क्रि.)* पहचानना।

बिपोहना *(हिं.क्रि.)* लीपना-पोतना, नाश करना।

कुहना *(हिं.क्रि.)* मार-मारकर कचूमर निकालना।

गुहना *(हिं.क्रि.)* गूँथना।

चुहना *(हिं.क्रि.)* दाँतों से दबाकर रस चूसना।

छुहना *(हिं.क्रि.)* रँगा जाना, लीपा-पोता जाना।

दुहना *(हिं.क्रि.)* स्तन में से दूध निकालना, निचोड़ना, तत्व निकालना।

लूहना *(हिं.क्रि.)* देखो लुभाना।

दूहना *(हिं.क्रि.)* देखो दुहना।

सरूहना *(हिं.क्रि.)* अच्छा होना।

मेहना *(हिं.पुं.)* उलाहना, दोष-कथन।

लेहना *(हिं.पुं.)* खेत में कटी हुई उपज का वह अंश जो काम करनेवालों को दिया जाता है।

पैन्हना *(हिं.क्रि.)* देखो पहनना।

कोहना *(हिं.क्रि.)* रिसियाना।

छोहना *(हिं.क्रि.)* प्रेम दिखलाना।

जोहना *(हिं.क्रि.)* प्रतीक्षा करना, ढूँढ़ना।

टोहना *(हिं.क्रि.)* खोजना, पता लगाना।

टकटोहना *(हिं.क्रि.)* टटोलना।

ठोहना *(हिं.क्रि.)* पता लगाना।

दोहना *(हिं.क्रि.)* दोष या ऐब निकालना।

पोहना *(हिं.क्रि.)* पिरोना, गूँथना, घुसाना, धँसाना; *(वि.)* घुसनेवाला।

मोहना *(हिं.क्रि.)* किसी पर अनुरक्त होना या रीझना, मूर्छित होना, लुभाना।

विमोहना *(हिं.क्रि.)* मोहित करना।

विमोहना *(हिं.क्रि.)* मोहित होना या करना।

रोहना *(हिं.क्रि.)* चढ़ना, ऊपर करना, सवार कराना।

अरोहना *(हिं.क्रि.)* चढ़ना।

सोहना *(हिं.क्रि.)* शोभित होना, सजना, खेत में उगी हुई घास को काम कर अलग करना, निराना।

बोझना *(हिं.क्रि.)* लिप्त होना, फँसना।

चित्रना *(हिं.क्रि.)* चित्रित करना, चित्र बनाना।

निमंत्रना *(हिं.क्रि.)* नेवता देना।

आना *(हिं.पुं.)* एक रुपए का सोलहवाँ भाग।

काना *(हिं.वि.)* काणा, एक आँख वाला, कन्ना, टेढ़ा, तिरछा।

खाना *(हिं.क्रि.)* भोजन करना, काटना, कुतरना, चबाना, बिगाड़ना, उड़ाना, व्यय करना, घूस लेना।

गाना *(हिं.क्रि.)* ताल सुर में मुख से मधुर ध्वनि निकालना, स्तुति करना; *(पुं.)* गाने की क्रिया, गान।

छाना *(हिं.वि.)* ऊपर से आच्छादित करना।

जाना *(हिं.क्रि.)* प्रस्थान करना, गमन करना, दूर होना, खो जाना, व्यतीत होना, नष्ट होना।

ढाना *(हिं.क्रि.)* ढहवाना, ध्वस्त करना।

ताना *(हिं.पुं.)* कपड़े की बुनावट में वह सूत जो लंबाई के बल में रहता है।

थाना *(हिं.पुं.)* अड्डा, टिकान, पुलिस की चौकी।

नाना *(सं.अव्य.)* अनेक प्रकार के, बहुत तरह के, अनेक, बहुत; *(हिं.पुं.)* माता का पिता, मातामह, माँ का बाप।

पाना *(हिं.क्रि.)* प्राप्त करना, पहुँचना, समर्थ होना, अनुभव करना, अच्छा-बुरा परिणाम भोगना।

बाना *(हिं.पुं.)* वस्त्र, पहिनावा, भाले।

भाना *(हिं.क्रि.)* जान पड़ना, रुचना।

माना *(हिं.पुं.)* अन्न आदि नापने का एक पात्र; (क्रि.) नापना, तौलना; (क्रि. वि.) मान लो कि।

राना *(हिं.पुं.)* देखो राणा।

लाना *(हिं.क्रि.)* साथ लेकर आना, उत्पन्न करना।

घिआना *(हिं.क्रि.)* देखो व्यावना।

अटिआना *(हिं.क्रि.)* अशुद्ध पात्र को मिट्टी आदि लगाकर स्वच्छ करना, मिट्टी से ढाँपना।

पतिआना *(हिं.क्रि.)* विश्वास करना।

दिआना *(हिं.क्रि.)* देखो दिलाना।

पिआना *(हिं.क्रि.)* देखो पिलाना।

बिआना *(हिं.क्रि.)* पशुओं का बच्चा देना, जनना।

सिआना *(हिं.क्रि.)* देखो सिलाना।

उआना *(हिं.क्रि.)* उठाना, जगाना।

भगुआना *(हिं.क्रि.)* व्यग्र होना, घबड़ा जाना।

अगुआना मार्ग दिखलाना, नेता या मुखिया बनना।

गुंगुआना *(हिं.क्रि.)* अस्पष्ट बोलना, गूँ-गूँ करना।
चुआना *(हिं.क्रि.)* टपकाना, बूंद-बूंद करके गिराना।
छुआना *(हिं.क्रि.)* देखो छुलाना, स्पर्श कराना।
छुछुआना *(हिं.क्रि.)* वृथा का वनावटी प्रेम दिखलाना।
कड़ुआना *(हिं.क्रि.)* कड़आ लगना।
धुआँना *(हिं.क्रि.)* अधिक धुएँ में रहने के कारण स्वाद या गन्ध का बिगड़ जाना।
हुंआना *(हिं.क्रि.)* सियार की तरह हुआ हुआँ बोलना।
पोआना *(हिं.क्रि.)* पोने का काम दूसरे से कराना।
कौआना *(हिं.क्रि.)* अंडबंड बकना, भौंचक्का होना।
चौआना *(हिं.क्रि.)* विस्मित होना, चकपकाना।
बौआना *(हिं.क्रि.)* स्वप्न की अवस्था में बोलना।
अँकाना *(हिं.क्रि.)* अँकवाना।
अड़काना *(हिं.क्रि.)* रोकना।
खड़काना *(हिं.क्रि.)* खटकाना, लड़ाना।
तड़काना *(हिं.क्रि.)* तोड़ना, क्रोध दिखलाना।
धड़काना *(हिं.क्रि.)* दहलाना, डराना।
भड़काना *(हिं.क्रि.)* जलाना, उत्तेजित करना।
हुड़काना *(हिं.क्रि.)* ललचाना।
चकाना *(हिं.क्रि.)* चकराना, चकपकाना।
चकचकाना *(हिं.क्रि.)* किसी द्रव पदार्थ का रसकर बाहर निकलना।
चुकचुकाना *(हिं.क्रि.)* पसीजना।
बचकाना *(हिं.वि.)* बच्चों के योग्य बच्चों के समान, थोड़ी अवस्था का।
लचकाना *(हिं.क्रि.)* झुकाना।
हचकाना *(हिं.क्रि.)* झोंका देकर हिलाना।
बिचकाना *(हिं.क्रि.)* मुँह चिढ़ाना।
पिचकाना *(हिं.क्रि.)* फूले या उभरे तल को भीतर की ओर दाबना।
छिचकाना *(हिं.क्रि.)* बार-बार आँखें खोलना या बन्द करना।
उचकाना *(हिं.क्रि.)* पंजों के बल खड़ा करना, भागना, ऊपर की ओर करना।
चुकाना *(हिं.क्रि.)* ऋण निःशेष करना।
चौंकना *(हिं.क्रि.)* भड़काना।
ठकाना *(हिं.क्रि.)* कष्ट देना, परास्त करना।
छकाना *(हिं.वि.)* छका हुआ।
छिकाना *(हिं.क्रि.)* छींक लाना।
निजकाना *(हिं.क्रि.)* समीप आना, निकट पहुँचना।
नजिकाना *(हिं.क्रि.)* समीप पहुँचना।
झझकाना *(हिं.क्रि.)* खिजलाना, भड़काना, रोक देना।
झुकाना *(हिं.क्रि.)* निहुराना।
बिझुकाना *(हिं.क्रि.)* भड़काना, डराना।
टँकाना *(हिं.क्रि.)* टाँकों से सिलाना, खुरखुर करना, मुद्रा की जाँच करना।
अटकाना *(हिं.क्रि.)* ठहराना, लगाना, फँसाना, उलझाना, अटकाव; *(हिं.पुं.)* अवरोध, रुकावट।
चटकाना *(हिं.क्रि.)* तोड़ना, अलय करना, चिढ़ाना।
छटकाना *(हिं.क्रि.)* बलपूर्वक अलग करना।
फटकाना *(हिं.क्रि.)* फटकने का काम दूसरे से कराना, फेंकाना।
भटकाना *(हिं.क्रि.)* भ्रम में डालना।
मटकाना *(हिं.क्रि.)* अंगों को नखरे के साथ हिलाना, डुलाना, चमकाना।
लटकाना *(हिं.क्रि.)* लचकाना, झुकाना या आसरे में रखना।
सटकाना *(हिं.क्रि.)* किसी को कोड़े, छड़ी आदि से मारना।
चिटकाना *(हिं.क्रि.)* किसी सूखे पदार्थ को तड़काना, चिढ़ाना।
छिटकाना *(हिं.स्त्री.)* बिखराना।
छुटकाना *(हिं.क्रि.)* छोड़ना, छुटकारा देना।
टिकाना *(हिं.क्रि.)* रहने के लिए स्थान देना।
टेकाना *(हिं.क्रि.)* सहारा देने के लिए थामना।
ठकठकाना *(हिं.क्रि.)* ठोंकना, पीटना, खटखटाना।
टकटकाना *(हिं.क्रि.)* टकटक शब्द करना।
झुठकाना *(हिं.क्रि.)* झूठी बात द्वारा दूसरे को धोखा देना।
लुढ़काना *(हिं.क्रि.)* भूमि पर इस प्रकार चलाना कि नीचे-ऊपर होता हुआ कुछ दूर तक बढ़ता जाए।
ठिकाना *(हिं.पुं.)* निवास स्थान, आश्रय-स्थान, ठोर, सीमा, निश्चय।
ठेकाना *(हिं.पुं.)* निवास स्थान।
तकाना *(हिं.क्रि.)* दिखाना, बतलाना।
थकाना *(हिं.क्रि.)* शिथिल करना।
थुकाना *(हिं.वि.)* उगलवाना, तिरस्कार या निन्दा करना।
विदकाना *(हिं.क्रि.)* विदीर्ण करना, फाड़ना।
हुदकाना *(हिं.क्रि.)* उकसाना।
धकाना *(हिं.क्रि.)* धधकाना।
धकधकाना *(हिं.क्रि.)* दहकना, भभकना, जलना।
धधकाना *(हिं.क्रि.)* दहकाना।
धुकाना *(हिं.वि.)* झुकाना, पटकना, ढकेलना।
नकाना *(हिं.क्रि.)* छिपाना।
नकाना *(हिं.क्रि.)* नाक में दम होना।
झनकाना *(हिं.क्रि.)* खनखन करना, बजाना।
ठनकाना *(हिं.क्रि.)* शब्द उत्पन्न करना, बजाना, रुपए को बजाकर परख करना।
ठनकाना *(हिं.क्रि.)* अँगुली से धीरे-धीरे चोट पहुँचाना।
पकाना *(हिं.क्रि.)* पलकों का बन्द करना।
चकपकाना *(हिं.क्रि.)* भौंचक्क होना।
धकपकाना *(हिं.क्रि.)* डरना, दहलना।
सकपकाना *(हिं.क्रि.)* चकपकाना, हिचकिचाना।
छपकाना *(हिं.क्रि.)* देखो चिपकाना।
चिपकाना *(हिं.क्रि.)* चिमटाना, लिपटाना, आलिंगन करना।
फिंकवाना *(हिं.क्रि.)* फेंकवाना।

फुँकाना *(हिं.क्रि.)* फूँकने का काम कराना।
बकाना *(हिं.क्रि.)* बकबक करने के लिए उद्यत करना।
हकबकाना *(हिं.क्रि.)* घबड़ाना।
दुबकाना *(हिं.स्त्री.)* ढाँपना, छिपाना।
बिकाना *(हिं.क्रि.)* देखो बिकना।
भकाना *(हिं.क्रि.)* पानी में गोते लगाना।
भकभकाना *(हिं.क्रि.)* प्रदीप्त होना।
धमकाना *(हिं.क्रि.)* भय दिखलाना, डराना।
भुकाना *(हिं.क्रि.)* बकाना।
टरकाना *(हिं.क्रि.)* हटाना।
ढरकाना *(हिं.क्रि.)* नीचे तल में गिराना, बहाना।
दरकाना *(हिं.क्रि.)* फटना, फाड़ना।
चरकाना *(हिं.क्रि.)* दबाकर चूर-चूर करना।
परकाना *(हिं.क्रि.)* परचाना, हिलाना, मिलाना।
फरकाना *(हिं.क्रि.)* हिलाना, फड़फड़ाना।
बरकाना *(हिं.क्रि.)* बचाना, फुसलाना।
तिरकाना *(हिं.क्रि.)* रस्सा ढीला करना।
हिरकाना *(हिं.क्रि.)* पास में ले जाना, सटाना।
फुरकाना *(हिं.क्रि.)* देखो फड़काना।
बुरकाना *(हिं.क्रि.)* भुरभुराने या छिड़कने का काम दूसरे से कराना।
भुरकाना *(हिं.क्रि.)* भुरभुरा करना।
मुरकाना *(हिं.क्रि.)* घुमाना, फेरना, लौटाना।
गरआना *(हिं.क्रि.)* भारी होना।
झलकाना *(हिं.क्रि.)* चमकाना, आभास देना, दिखलाना।
ढलकाना *(हिं.क्रि.)* बहाना, गिराना।
बलकाना *(हिं.क्रि.)* उबालना, खौलाना।
हलकाना *(हिं.क्रि.)* हिलोरा देना।
चिलकाना *(हिं.क्रि.)* चमकाना।
ढुलकाना *(हिं.क्रि.)* लुढ़काना।
लूकाना *(हिं.क्रि.)* आड़े में रखना, छिपाना।
लोकाना *(हिं.क्रि.)* फेंकना, उछालना।
हवकाना *(हिं.क्रि.)* खाने या काटने के लिए झट से मुख खोलना।
सकाना *(हिं.क्रि.)* शंका करना, 'सकना' का प्रेरणार्थक रूप।
सकसकाना *(हिं.क्रि.)* डर के मारे काँपना।
टसकाना *(हिं.क्रि.)* खिसकाना।
घसकाना *(हिं.क्रि.)* घसाना, बैठाना।
खिसकाना *(हिं.क्रि.)* हट जाना।
मुसकाना *(हिं.क्रि.)* देखो मुसकराना।
संकाना *(हिं.क्रि.)* शंका करना, डरना।
ढहकाना *(हिं.क्रि.)* नष्ट करना, गँवाना।
बहकाना *(हिं.क्रि.)* भुलावा देना, भटकाना।
लहकाना *(हिं.क्रि.)* झोंका देना, भड़काना।
डाकखाना *(हिं.पुं.)* डाकघर।
चखाना *(हिं.क्रि.)* स्वाद दिलाना।
खनखाना *(हिं.वि.)* खनखन शब्द करनेवाला।
मखाना *(हिं.पुं.)* देखो ताल मखाना।
रखाना *(हिं.क्रि.)* रखवाली करना।
परखाना *(हिं.क्रि.)* परीक्षा कराना, जँचवाना।
हरखाना *(हिं.क्रि.)* प्रसन्न होना।
चारखाना *(हिं.पुं.)* एक प्रकार का कपड़ा जिसमें ताने और बाने के रंगीन डोरों से चौखूट खाने बने होते हैं।
चोरखाना *(हिं.पुं.)* सन्दूक आदि में लगा हुआ गुप्त स्थान।
लखाना *(हिं.क्रि.)* दिखलाना, समझा देना।
बिलखाना *(हिं.क्रि.)* दुःखी करना।
विलखाना *(हिं.क्रि.)* घबड़ाना।
जेहल, जेहलखाना देखो जेल, जेलखाना।
पागलखाना *(हिं.पुं.)* जहाँ पागल सुधार हेतु रखे जाते हैं।
छापाखाना *(हिं.पुं.)* मुद्रणालय, प्रेस।
छाम *(हिं.पुं.)* क्षाम, दुर्बल, कृश।
चिड़ियाखाना *(हिं.पुं.)* वह स्थान जिसमें नाना प्रकार के पशु-पक्षी देखने के लिए पाले जाते हैं।
लिखाना *(हिं.क्रि.)* अंकित कराना, दूसरे से लिखने का काम कराना।
सिखाना *(हिं.क्रि.)* उपदेश देना, शिक्षा देना, पढ़ाना, बतलाना।
दुखाना *(हिं.क्रि.)* कष्ट पहुँचाना।
भुखाना *(हिं.क्रि.)* भूखे से पीड़ित होना।
रूखाना *(हिं.क्रि.)* रूखा होना, सूखना।
सुखाना *(हिं.क्रि.)* अग्नि या धूप से किसी वस्तु का गीलापन दूर करना।
तेखाना *(हिं.पुं.)* भूमिगृह।
देखाना *(हिं.क्रि.)* देखो दिखाना।
गलाना *(हिं.क्रि.)* द्रवित करना, कोमल करना, धन व्यय करना, धीरे-धीरे लुप्त करना।
जगाना *(हिं.क्रि.)* नींद छोड़ने के लिए किसी को प्रेरित करना, चैतन्य करना।
जगजगाना चमकना।
ठगाना *(हिं.क्रि.)* धोखे में आ जाना, ठगा जाना।
डगाना *(हिं.क्रि.)* देखो डिगाना।
डगडगाना *(हिं.क्रि.)* लड़खड़ाना।
तगाना *(हिं.क्रि.)* सिलने का काम दूसरे से कराना।
दगदगाना *(हिं.क्रि.)* चमकना, दमकना।
पगाना *(हिं.क्रि.)* चाशनी में किसी वस्तु को पागने का काम दूसरे से कराना।
घगाना *(हिं.क्रि.)* घुमाना, फिरना, भयाना।
सगबगाना *(हिं.क्रि.)* लथपथ होना, सराबोर होना, भयभीत होना।

भगाना *(हिं.क्रि.)* किसी को भागने में प्रवृत्त करना।
मँगाना *(हिं.क्रि.)* मँगवाना।
जगमगाना *(हिं.क्रि.)* चमकना, झलकना।
डगमगाना *(हिं.क्रि.)* विचलित होना, स्थिर न रहना।
रगाना *(हिं.क्रि.)* शांत होना या करना।
रँगाना *(हिं.क्रि.)* रँगने का काम दूसरे से कराना।
लगाना *(हिं.क्रि.)* मिलाना, चिपकाना, जोड़ना, नियुक्त करना, प्रवृत्त करना, फैलाना, नाव या जहाज को छिछले किनारे पर चढ़ाना, चिह्नित करना, किसी के प्रति दुर्भाव उत्पन्न करना, छुआना, आँकना, धँसाना, गाय-भैंस को दुहना, क्रम में रखना, चोट पहुँचाना, अभिमान करना, वृक्ष जमाना।
अलगाना *(हिं.क्रि.)* पृथक् करना।
बिलगाना *(हिं.क्रि.)* पृथक् होना, अलगाना, चुनना, छाँटना।
विलगाना *(हिं.क्रि.)* अलग होना या करना।
हिलगाना *(हिं.क्रि.)* अटकना, लगना, परचाना।
सुलगाना *(हिं.क्रि.)* प्रज्वलित करना, जलाना, दुःखी करना।
बिगाना *(हिं.क्रि.)* धसकाना, विचलित करना।
भिगाना *(हिं.क्रि.)* देखो भिगोना।
उगाना *(हिं.क्रि.)* उपजाना, प्रकट कराना।
चुगाना *(हिं.क्रि.)* बूँद-बूँद करके टपकाना।
जुगजुगाना *(हिं.क्रि.)* जगमगाना।
डुगडुगाना *(हिं.क्रि.)* नगाड़ा, ताशा आदि को लकड़ी से बजाना।
पुगाना *(हिं.क्रि.)* पूरा करना, पुजाना।
भुगाना *(हिं.क्रि.)* भोग कराना।
सुगाना *(हिं.क्रि.)* सन्देह करना।
अघाना *(हिं.स्त्री.)* प्रसन्न होना, मन भर खाना, पेट भरना।
नघाना *(हिं.क्रि.)* उल्लंघन करना।
उघाना *(हिं.क्रि.)* कर संग्रह करना।
सुंघाना *(हिं.क्रि.)* सुंघाने की क्रिया कराना।
अड़ाना *(हिं.क्रि.)* रोकना, टिकाना।
कड़कड़ाना *(हिं.क्रि.)* कड़कड़ शब्द होना।
पकड़ाना *(हिं.क्रि.)* ग्रहण कराना, थमाना।
लड़खड़ाना *(हिं.क्रि.)* डगमगाकर गिरना, झोंका खाकर नीचे आ जाना।
गड़ाना *(हिं.क्रि.)* धँसाना, चुभाना।
लँगड़ाना *(हिं.क्रि.)* लँगड़ाते हुए या भचककर चलना।
घड़घड़ाना *(हिं.क्रि.)* धड़-धड़ शब्द करना।
अपड़ाना *(हिं.क्रि.)* राड़ करना, झगड़ना।
पड़पड़ाना *(हिं.क्रि.)* पड़पड़ शब्द होना, चरपराना।
फड़फड़ाना *(हिं.क्रि.)* उत्सुक होना, तड़फड़ाना।
झड़बड़ाना *(हिं.क्रि.)* व्याकुल होना, उलट-पुलट होना, खटकाना।
गड़बड़ाना *(हिं.क्रि.)* भूल या भ्रम में पड़ना, भ्रम में डालना, क्रम भ्रष्ट होना।
लड़बड़ाना *(हिं.क्रि.)* देखो लड़खड़ाना।
हड़बड़ाना *(हिं.क्रि.)* आतुर होना।
धड़ाना *(हिं.क्रि.)* प्रलाप करना।
घबड़ाना, घबराना *(हिं.क्रि.)* व्यग्र होना, उद्विग्न होना।
भड़भड़ाना *(हिं.क्रि.)* भड़-भड़ शब्द करना, व्यर्थ की बकवास करना।
लड़ाना *(हिं.क्रि.)* दूसरे को लड़ने में प्रवृत्त करना, कलह के लिए उद्यत करना।
सड़ाना *(हिं.क्रि.)* किसी वस्तु को सड़ने में प्रवृत्त करना।
हड़हड़ाना *(हिं.क्रि.)* उतावलेपन से दूसरे को व्यग्र करना।
चिड़ाना *(हिं.क्रि.)* चिढ़ना।
छिड़ाना *(हिं.क्रि.)* छीनना।
झिड़झिड़ाना *(हिं.क्रि.)* चिड़चिड़ाना।
उड़ाना *(हिं.क्रि.)* उड़ने में प्रवृत्त करना, हवा में फैलना, भगा ले जाना, व्यय कर देना, हटाना, चुराना।
कुड़कुड़ाना *(हिं.क्रि.)* कुड़ना, कुड़बुड़ाना।
लुड़खुड़ाना *(हिं.क्रि.)* देखो लड़खड़ाना।
छुड़ाना *(हिं.क्रि.)* पकड़ से अलग करना, उलझी हुई वस्तु को पृथक् करना, दूसरे के अधिकार से मुक्त करना, नौकरी से हटाना।
जुड़ाना *(हिं.क्रि.)* ठंडा होना।
तुड़ाना *(हिं.क्रि.)* तोड़ने का काम किसी दूसरे से कराना।
बूड़ाना *(हिं.क्रि.)* डुबाना, गोता देना।
बुड़बुड़ाना *(हिं.क्रि.)* बड़बड़ करना।
मुड़ाना *(हिं.क्रि.)* मुंडन कराना।
गोड़ाना *(हिं.क्रि.)* गोड़ने का काम दूसरे से कराना।
तोड़ाना *(हिं.क्रि.)* देखो तुड़ाना।
दौड़ाना *(हिं.क्रि.)* जल्दी-जल्दी चलाना, बार-बार आने जाने के लिए विवश करना, चलाना, फैलाना।
पौड़ाना *(हिं.क्रि.)* इधर-उधर हिलाना, झुलाना।
कचाना *(हिं.क्रि.)* साहस हारना।
सुकचाना *(हिं.क्रि.)* देखो सकुचाना।
खचाना *(हिं.क्रि.)* खींचना, बनाना, लिखना।
तकचाना *(हिं.क्रि.)* जलाना, दुखी करना।
नचाना *(हिं.क्रि.)* नाचने का काम दूसरे से कराना, किसी वस्तु को इधर-उधर घुमाना।
पचाना *(हिं.क्रि.)* आँच की सहायता से जलाना, खाई हुई वस्तु को जठराग्नि की सहायता से रसादि में परिचित करके शरीर में लगाने योग्य बनाना, जीर्ण करना, नष्ट करना, पराये माल को अपना कर लेना, समाप्त करना।
पचपचाना *(हिं.क्रि.)* कीचड़ होना।
काना *(हिं.पुं.)* देखो बच्चा, लड़का।

बचाना *(हिं.क्रि.)* रक्षा करना, पीछे करना, हटाना, व्यय न होने देना।

मचाना *(हिं.क्रि.)* ऐसा कार्य आरंभ करना जिसमें शब्द हो।

मचमचाना *(हिं.क्रि.)* शब्द-सहित हिलना।

पर्चाना *(हिं.क्रि.)* देखो परचाना।

रचाना *(हिं.क्रि.)* बनाना, रचवाना।

रचित *(सं.वि.)* रचा हुआ, गूँथा हुआ।

परचाना *(हिं.क्रि.)* हिलाना-मिलाना, घनिष्ठता उत्पन्न करना, संकोच हटाना।

फरचाना *(हिं.क्रि.)* शुद्ध करना।

लचाना *(हिं.क्रि.)* लचकाना, झुकाना।

ललचाना *(हिं.क्रि.)* किसी के मन में लालसा उत्पन्न करना।

नगिचाना *(हिं.क्रि.)* समीप आना।

पिचपिचाना *(हिं.क्रि.)* घाव आदि में से थोड़ा-थोड़ा पँछा आदि निकलना।

सिचाना *(हिं.क्रि.)* पानी छिड़काना।

बकुचाना *(हिं.क्रि.)* किसी वस्तु को गठरी बाँधकर कंधे पर लटकाना या पीठ पर बाँधना।

सकुचाना *(हिं.क्रि.)* लज्जित करना।

सुचाना *(हिं.क्रि.)* किसी को सोचने समझने में प्रवृत्त करना।

पहुँचाना *(हिं.क्रि.)* किसी को किसी विशेष अवस्था में ले जाना।

बेचवना, बेचाना *(हिं.क्रि.)* देखो बिकवाना।

तिरछाना *(हिं.क्रि.)* तिरछा होना।

बिछाना *(हिं.क्रि.)* किसी वस्तु को भूमि पर कुछ दूर तक फैला देना।

बजाना (हिं.क्रि.) शब्द उत्पन्न करना, आघात पहुँचाना।

भजाना *(हिं.क्रि.)* दौड़ाना, भगाना।

मँजाना *(हिं.क्रि.)* माँजने का काम दूसरे से कराना।

लजाना *(हिं.क्रि.)* लज्जित होना या करना।

सजाना (हिं.क्रि.) श्रृंगार करना, अलंकृत करना, शोभा देना।

भिजाना *(हिं.क्रि.)* गीला करना।

पूजाना *(हिं.क्रि.)* पूजा में प्रवृत्त कराना अथवा भेंट चढ़वाना, धन लेना, घाव धोना, चोट आदि के गड्ढे भराना, पूर्ति कराना।

भूजाना *(हिं.क्रि.)* देखो भुनाना।

वंजाना *(हिं.क्रि.)* देखो अँजवाना।

भँजाना *(हिं.क्रि.)* तोड़वाना, बड़ी मुद्रा के बदले में छोटी मुद्रा देना, भुनाना, रस्सी, कागज आदि को भाँजने में दूसरे को नियुक्त करना।

मझाना *(हिं.क्रि.)* बीच में धँसना या धँसाना।

समझाना *(हिं.क्रि.)* दूसरे को समझाने में प्रवृत्त करना।

मुरझाना *(हिं.क्रि.)* फूल पत्ती आदि का कुम्हलाना, उदास होना।

सुलझाना *(हिं.क्रि.)* उलझन दूर करना।

खिझाना *(हिं.क्रि.)* चिढ़ाना, तंग करना।

निझाना *(हिं.क्रि.)* छिपकर देखना।

भिजाना *(हिं.क्रि.)* देखो भिगोना।

रिझाना *(हिं.क्रि.)* अपने ऊपर किसी को प्रसन्न कर लेना, लुभाना।

सिझाना *(हिं.क्रि.)* राँधना, उबालना।

बुझाना *(हिं.क्रि.)* जलते हुए पदार्थ को ठंडा करना, सन्तोष देना, जी भरना।

सुझाना *(हिं.क्रि.)* दिखलाना।

कटाना *(हिं.क्रि.)* छेद कराना, काटने का काम दूसरे से कराना।

खटाना *(हिं.क्रि.)* खटाई आना, निभना, ठहरना, निर्वाह होना।

खटखटाना *(हिं.क्रि.)* खटखट करना।

घटाना *(हिं.क्रि.)* न्यून करना, कम करना।

चटाना *(हिं.क्रि.)* चाटने का काम कराना, तलवार, छूरी आदि पर सान देना।

चटचटाना *(हिं.क्रि.)* चटचट शब्द करते हुए टूटना।

सचटाना *(हिं.क्रि.)* अलग करना, घुमाना, हताश करना, भड़काना।

डटाना *(हिं.क्रि.)* खड़ा करना, सटाना।

पटाना *(हिं.क्रि.)* गड्ढे को पाटकर भूमि समतल करना, पाटन बनवाना, मूल्य स्थिर करना, ऋण चुकाना।

चपटाना *(हिं.क्रि.)* चिपकाना।

झपटाना *(हिं.क्रि.)* उकसाना।

अटपटाना *(हिं.क्रि.)* सकुजाना।

चटपटाना *(हिं.क्रि.)* शीघ्रता करना।

छटपटाना *(हिं.क्रि.)* तड़फड़ाना, घबड़ाना।

पटपटाना *(हिं.क्रि.)* भूख, प्यास अथवा सरदी गरमी।

लटपटाना *(हिं.क्रि.)* लड़खड़ाना, लुभाना, डिगना।

रपटाना *(हिं.क्रि.)* सरकाना, फिसलाना।

लपटाना *(हिं.क्रि.)* गले लगाना, लपेटना।

हपटाना *(हिं.क्रि.)* हाँफना।

चिपटाना *(हिं.क्रि.)* चिपकाना, सटाना।

लिपटाना *(हिं.क्रि.)* चिमटाना, गले लगाना।

फटफटाना *(हिं.क्रि.)* इधर-उधर फिरना, हिलाकर फटफट शब्द करना या धोना।

निबटाना *(हिं.क्रि.)* पूरा करना, भुगताना, चुकाना।

चिमटाना *(हिं.क्रि.)* सटाना, लिपटाना।

पलटाना *(हिं.क्रि.)* बदलना, फेरना, लौटाना।

लुटाना *(हिं.क्रि.)* बंद हो जाना।

हटाना *(हिं.क्रि.)* एक स्थान से दूसरे स्थान पर करना, खिसकाना।

अहटाना *(हिं.क्रि.)* आहट लेना, पता लगाना, ढूँढ़ना, खोजना।

पुहटाना *(हिं.क्रि.)* पैरों से कुचलना।

सिटपिटाना *(हिं.क्रि.)* सकुचाना।

फिटाना *(हिं.क्रि.)* भगाना।

मिटाना *(हिं.क्रि.)* रेखा, चिह्न आदि को पोंछ देना या हटाना, नष्ट कर देना।

लिटाना *(हिं.क्रि.)* लेटने की क्रिया कराना।

खुटाना *(हिं.क्रि.)* समाप्त होना।

छुटाना *(हिं.क्रि.)* बंधन से मुक्त करना।

जुटाना *(हिं.क्रि.)* जोड़ना, सटाना, जमा करना।

मुटाना *(हिं.क्रि.)* मोटा हो जाना।

बटाना *(हिं.क्रि.)* ठगा जाना।

लुटाना *(हिं.क्रि.)* दूसरे को लूटने देना, व्यर्थ फेंकना या व्यय करना, अतिदान करना।

लेटाना *(हिं.क्रि.)* दूसरे को लेटने में प्रवृत करना।

मोटाना *(हिं.क्रि.)* स्थूलकाय होना, मोटा होना, अमीर होना, अभिमानी होना।

औंटाना *(हिं.क्रि.)* उबालना, पकाना।

लौटाना *(हिं.क्रि.)* फेरना, पलटाना।

बँटाना *(हिं.क्रि.)* अंश ले लेना, भाग करा लेना।

उठाना *(हिं.क्रि.)* ऊँचा करना, स्थापित करना, चुनना, खोलना, सहना, लगाना, बन्द करना, भड़काना। उठा न रखना-कसर न छोड़ना।

थकठाना *(हिं.क्रि.)* किसी बहुत कसैले पदार्थ के खाने से मुख का स्वाद बिगड़ जाना।

ठठाना *(हिं.क्रि.)* पीटना, ठोंकना।

दिठाना *(हिं.क्रि.)* बुरी दृष्टि लगाना।

बिठाना *(हिं.क्रि.)* बैठाना।

झुठाना *(हिं.क्रि.)* झूठा ठहराना।

पठाना *(हिं.क्रि.)* घुसाना।

बैठाना *(हिं.क्रि.)* दबाकर बराबर करना।

भंडाना *(हिं.क्रि.)* नष्ट करना, तोड़ना।

गढ़ाना *(हिं.क्रि.)* गढ़ने का काम दूसरे से कराना।

चढ़ाना *(हिं.क्रि.)* ऊँचाई पर पहुँचाना, मूल्य बढ़ाना, देवता का अर्पण करना, पुस्तक में लिखना, पकने के लिए आँच पर रखना, मढ़ना।

पढ़ाना *(हिं.क्रि.)* अध्ययन करना, शिक्षा देना, सिखाना, समझाना।

बढ़ाना *(हिं.क्रि.)* फैलाना, लम्बा करना, किसी कार्यालय को बन्द करना, भाव अधिक कर देना, चलाना।

मढ़ाना *(हिं.क्रि.)* मढ़ने का काम दूसरे से कराना।

चिढ़ाना *(हिं.क्रि.)* अप्रसन्न करना, कुढ़ाना।

दिढ़ाना *(हिं.क्रि.)* दृढ़ करना।

फुढ़ाना *(हिं.क्रि.)* क्रोध दिलाना, चिढ़ाना।

बुढ़ाना *(हिं.क्रि.)* बुड्ढा होना।

बेढ़ाना *(हिं.क्रि.)* ओढ़ाना, घिरबाना।

ओढ़ाना *(हिं.क्रि.)* दूसरे के शरीर को वस्त्र से ढाँपना।

पीढ़ाना *(हिं.क्रि.)* पुष्ट करना।

असकताना *(हिं.क्रि.)* आलस्य से पड़े रहना, ऊँघना, जँभाई लेना।

उकताना *(हिं.क्रि.)* उगताना, घबड़ाना।

भुगताना *(हिं.क्रि.)* पूरा करना, बिताना।

पछताना *(हिं.क्रि.)* पश्चात्ताप करना।

जतलाना, जताना *(हिं.क्रि.)* पहिले से सूचना देनेवाला, बतलानेवाला।

बितताना *(हिं.क्रि.)* व्याकुल होना।

तृप्ताना *(हिं.क्रि.)* तृप्त होना।

बतलाना, बताना *(हिं.क्रि.)* निर्देश करना, दिखाना, जताना, समझाना।

रताना *(हिं.क्रि.)* प्रवृत करना।

बरताना *(हिं.क्रि.)* बाँटना।

बिरताना *(हिं.क्रि.)* बाँटना।

नेपताना *(हिं.क्रि.)* किसी से कपड़ा नपवाना।

पस्ताना *(हिं.क्रि.)* देखो पछताना।

सस्ताना *(हिं.क्रि.)* किसी वस्तु का दाम कम होना।

सुसताना *(हिं.क्रि.)* श्रम मिटाना।

सहताना *(हिं.क्रि.)* सुस्ताना।

ऐंचाताना *(हिं.वि.)* तिरछा देखने वाला।

ऐंचाताना *(हिं.वि.)* भैंगा देखने वाला।

चिताना *(हिं.क्रि.)* सावधान करना, याद दिलाना।

पछिताना *(हिं.क्रि.)* देखो पछताना।

जिताना *(हिं.क्रि.)* जीतने में सहायता देना।

झिपिताना *(हिं.क्रि.)* संतुष्ट होना या करना।

बिताना *(हिं.क्रि.)* समय आदि व्यतीत करना।

भिताना *(हिं.क्रि.)* डराना।

हिताना *(हिं.क्रि.)* अनुकूल होना।

अकुताना *(हिं.क्रि.)* घबड़ाना, ऊबना।

जुताना *(हिं.क्रि.)* देखो जोतना।

बुताना *(हिं.क्रि.)* बूझाना।

पैताना *(हिं.पुं.)* देखो पायताना।

व्योंताना *(हिं.क्रि.)* शरीर की नाप के अनुसार कपड़ा कटवाना।

अथाना *(हिं.क्रि.)* अस्त होना, डूबना, गहराई नापना।

अर्थाना *(हिं.क्रि.)* अर्थ लगाना, समझाना।

अरथाना *(हिं.क्रि.)* अर्थ लगाना, व्याख्या करना।

भगदाना *(हिं.पुं.)* भड़काना, भुलाना।

भागदाना *(हिं.पुं.)* सागू नामक वृक्ष के तने के गूदे से तैयार किए हुए दाने, साबूदाना।

फेंदाना *(हिं.क्रि.)* जाल में फँसाना।

खदबदाना *(हिं.क्रि.)* उबलना, चुरना।

रामदाना *(हिं.पुं.)* मरसे या चौराई की जाति का एक पौधा जिसमें बहुत छोटे सफेद दाने लगते हैं।
लदाना *(हिं.क्रि.)* लादने का काम दूसरे से कराना।
गुदाना *(हिं.क्रि.)* गोदने की क्रिया करना।
गुदगुदाना *(हिं.क्रि.)* बच्चों को प्रसन्न करने के लिए उनकी काँख या पैर के तलवे, पेट आदि को सोहराना।
साबूदाना *(हिं.पुं.)* देखो सागूदाना।
बेदाना *(हिं.पुं.)* एक प्रकार का बढ़िया काबुली अनार।
बँधाना *(हिं.क्रि.)* बाँधने का काम दूसरे से कराना।
बिधाना *(हिं.क्रि.)* देखो बिंधाना।
सुधाना *(हिं.क्रि.)* ठीक-ठाक कराना।
औंधाना *(हिं.क्रि.)* उलटाना।
चिकनाना *(हिं.क्रि.)* चिकना करना, मोटा होना।
खनखनाना *(हिं.क्रि.)* खनखन होना, बजना।
घनघनाना *(हिं.क्रि.)* घंटे के समान शब्द करना या होना।
छनछनाना *(हिं.क्रि.)* झनझनाना।
झंकनाना *(हिं.क्रि.)* झंकारना।
ठंठनाना *(हिं.क्रि.)* ठनठन शब्द होना या करना।
ठनठनाना *(हिं.क्रि.)* ठनठन शब्द निकालना, ठनठन शब्द होना।
तनाना *(हिं.क्रि.)* तानने का काम दूसरे से कराना।
बनतनाना *(हिं.क्रि.)* क्रोध करना।
बितनाना *(हिं.क्रि.)* व्याकुल होना।
अपनाना *(हिं.क्रि.)* अपने पक्ष में लाना, अपने अनुकूल करना।
सुपनाना *(हिं.क्रि.)* स्वप्न दिखलाना।
फनफनाना *(हिं.क्रि.)* फनफन शब्द उत्पन्न करना, इधर-उ धर हिलना।
बनाना *(हिं.क्रि.)* प्रस्तुत करना, रचना तैयार करना, आविष्कार करना, दोष हटाकर ठीक करना, मूर्ख ठहराना, अच्छी स्थिति में पहुँचाना, प्राप्त करना, उपार्जित करना।
भनभनाना *(हिं.क्रि.)* भनभन शब्द करना।
बनाना *(हिं.क्रि.)* दूसरे को मानने पर उद्यत करना, स्वीकार करना।
मनमनाना *(हिं.क्रि.)* सोये हुए प्राणी का धीरे-धीरे सचेत होना और हिलना-बोलना।
ढनमनाना *(हिं.क्रि.)* लुढ़क जाना।
परनाना *(हिं.पुं.)* नाना का पिता।
संसनाना *(हिं.क्रि.)* देखो सनसनाना।
सनसनाना *(हिं.क्रि.)* हवा के वेग से शब्द होना, खौलते हुए पानी का शब्द होना।
पहनाना *(हिं.क्रि.)* किसी के शरीर पर वस्त्र, आभूषण आदि धारण कराना।
गिनगिनाना *(हिं.क्रि.)* रोमांच होना।
घिनाना *(हिं.क्रि.)* घृणा करना।
पिनपिनाना *(हिं.क्रि.)* धीमे स्वर में रुक-रुककर बच्चे का रोना।
बिनाना *(हिं.क्रि.)* देखो बनना।
भिनभिनाना *(हिं.क्रि.)* नाक से बोलना।
मलिनाना *(हिं.क्रि.)* मैला होना।
पहिनाना *(हिं.क्रि.)* देखो पहनाना।
उनाना *(हिं.क्रि.)* झुकाना, मोड़ना।
भुनभुनाना *(हिं.क्रि.)* नाक से बोलना, अस्पष्ट स्वर से गाना, भुनभुन शब्द करना, मन ही मन कुछ बड़बड़ाना।
सगुनाना *(हिं.क्रि.)* शकुन बतलाना।
छुनछुनाना *(हिं.वि.)* झनझन करना।
झुनझुनाना *(हिं.क्रि.)* झुनझुन शब्द होना या उत्पन्न करना।
दुधाना *(हिं.क्रि.)* रूई के तुनने का काम दूसरे से कराना।
भुनाना *(हिं.क्रि.)* भुनने का काम कराना, नोट, रुपए आदि का छोटी मुद्रा में बदलना।
सुनाना *(हिं.क्रि.)* कर्णगोचर करना।
पैनाना *(हिं.क्रि.)* छुरी आदि की धार चोखी करना।
कँपाना *(हिं.क्रि.)* इधर-उधर चलना, हिलना, डराना, भय दिखाना।
खपाना *(हिं.क्रि.)* व्यय करना, किसी काम में लाना, निर्वाह करना।
छपाना *(हिं.क्रि.)* छापने का काम कराना, छापेखाने में मुद्रित कराना।
झपाना *(हिं.क्रि.)* बन्द करना, मूँदना।
टपाना *(हिं.क्रि.)* निराहार पड़े रहने देना, निष्प्रयोजन आसरे में रखना।
तड़पाना *(हिं.क्रि.)* अधिक पीड़ा के कारण तड़फड़ाना, गरजना।
तपाना *(हिं.क्रि.)* तप्त करना।
तपाना *(हिं.क्रि.)* तपाना, गरम करना, जाँचना।
पनपाना *(हिं.क्रि.)* ऐसा कार्य करना जिससे कोई वस्तु पनपे।
लपाना *(हिं.क्रि.)* लचीली वस्तु को झोंक से इधर-उधर फटकारना।
कलपाना *(हिं.क्रि.)* तरसाना, रुलाना।
ललचाना *(हिं.क्रि.)* झोंके के साथ इधर-उधर लचना, किसी कोमल वस्तु का हिलना, चमकना।
विलपाना *(हिं.क्रि.)* रुलाना।
छिपाना *(हिं.क्रि.)* ढाँकना, गुप्त रखना, प्रकट न करना।
झिपाना *(हिं.क्रि.)* लज्जित करना।
लिपाना *(हिं.क्रि.)* रंग अथवा किसी गीली वस्तु की तह चढ़वाना।
धुपाना *(हिं.क्रि.)* चुप हो रहना, बोलना।
छुपना, छुपाना देखो छिपना, छिपाना।
छुपाना *(हिं.क्रि.)* धूप दिखाना।

तोपाना *(हिं.क्रि.)* ढाँपने का काम दूसरे से कराना।
उँफाना *(हिं.क्रि.)* हकलाना, खौलते हुए दूध आदि का ऊपर उठना।
चबाना *(हिं.क्रि.)* दाँतों से कुचलना।
डुबाना (हिं.क्रि.) गोता देना, बोरना, नष्ट करना।
डबडबाना *(हिं.क्रि.)* अश्रुपूर्ण होना।
दबाना *(हिं.क्रि.)* धसाना, भार देना, छिपा रखना, विवश करना, धरती में गाड़ना, अनुचित रीति से किसी का माल ले लेना, लाना, दमन करना, शान्त करना।
दबाना *(हिं.क्रि.)* भार से नीचे को आना, संकोच करना, धीमा पड़ना, किसी के दबाव से विवश होना, पीछे को हटना।
चभाना *(हिं.क्रि.)* भोजन कराना।
जँभाना *(हिं.क्रि.)* जँभाई लेना।
मँभाना *(हिं.क्रि.)* गौ आदि पशुओं का चिल्लाना, रँभाना।
रम्भाना *(हिं.क्रि.)* गाय का शब्द करना।
रँभाना *(हिं.पुं.)* गाय का शब्द करना।
निभाना *(हिं.क्रि.)* निर्वाह करना।
विभाना *(हिं.क्रि.)* सुशोभित होना।
उभाना *(हिं.क्रि.)* सिर हिलाते हुए हाथ-पैर पटकना।
चुभाना *(हिं.क्रि.)* धँसाना, गड़ाना।
लुभाना *(हिं.क्रि.)* लुब्ध होना, मोह में पड़ना, लालच में पड़ना, मोहित करना, ललचाना।
सुभाना *(हिं.क्रि.)* शोभित होना।
चोभाना *(हिं.क्रि.)* देखो चभाना।
लोभाना *(हिं.क्रि.)* मुग्ध होना, मोहित करना।
अमाना *(हिं.क्रि.)* पूरी तरह से भरा जाना, समाना।
कमाना उपार्जन करना, परिश्रम करना, सुधारना, बोने के लिए भूमि तैयार करना, परिश्रम करना।
धर्म कमाना धर्म कार्य।
गमाना *(हिं.क्रि.)* गँवाना, खोना।
जमाना *(हिं.क्रि.)* गाढ़ा करना, दृढ़तापूर्वक बैठाना, चोट लगाना, उत्पन्न करना, उपजाना।
झमाना *(हिं.क्रि.)* झपकना, छाना, घेरना।
झमझमाना *(हिं.क्रि.)* चमचमाना।
टिमटिमाना *(हिं.क्रि.)* कम प्रकाश देना, मन्द-मन्द जलना।
तमतमाना *(हिं.क्रि.)* अधिक गरमी या क्रोध के कारण चेहरा लाल होना, चमकना।
धमधमाना *(हिं.क्रि.)* धमधम शब्द करना।
नमाना *(हिं.क्रि.)* झुकाना।
मनमाना *(हिं.वि.)* मनोनीत, यथेच्छ।
रमाना *(हिं.क्रि.)* मोहित करना, संयुक्त करना।
गरमाना *(हिं.क्रि.)* गरम होना, आवेश में आना।
गरमाना *(हिं.क्रि.)* कोमल करना, शान्त करना।
भ्रमाना *(हिं.क्रि.)* बहकाना।
भरमाना *(हिं.क्रि.)* बहकाना, चकित होना।
निर्माना *(हिं.क्रि.)* निर्माण करना, बनाना।
निरमाना *(हिं.क्रि.)* बनाना, तैयार करना।
बिरमाना *(हिं.क्रि.)* व्यतीत करना, बिताना।
विरमाना *(हिं.क्रि.)* अनुरक्त करना, फँसाना।
लमाना *(हिं.क्रि.)* दूर चले जाना, लंबा होना।
बिलमाना *(हिं.क्रि.)* रोक रखना।
समाना *(हिं.क्रि.)* भरना, अँटना।
जिमाना *(हिं.क्रि.)* भोजन कराना।
निमाना *(हिं.वि.)* नम्र, विनीत।
सिमाना *(हिं.पुं.)* सिवाना, हद।
घुमाना *(हिं.क्रि.)* चक्कर देना, टहलना।
झुमाना *(हिं.क्रि.)* झूमने में किसी को प्रवृत करना।
पत्याना *(हिं.क्रि.)* देखो पतिआना।
दयाना *(हिं.क्रि.)* दयालु होना।
प्याना *(हिं.क्रि.)* पिलाना।
ब्याना (हिं.क्रि.) पशुओं का बच्चा पैदा करना।
भयाना *(हिं.क्रि.)* डरना, डराना।
म्याना *(हिं.क्रि.)* म्यान में रखना।
लुरयाना *(हिं.क्रि.)* सहसा आ जाना।
लयाना *(हिं.क्रि.)* देखो लाना।
स्याना *(हिं.वि.)* चतुर, धूर्त, वयस्क, जो बालक न हो।
सयाना *(हिं.वि.)* अधिक वय का, बुद्धिमान, धूत।
धकियाना *(हिं.क्रि.)* धक्का देना, ढकेलना।
नकियाना *(हिं.क्रि.)* नाक से बोलना।
किकियाना *(हिं.क्रि.)* कोलाहल करना, रोना, चिल्लाना।
निकियाना *(हिं.क्रि.)* नोचकर धज्जी-धज्जी अलग करना।
डुकियाना *(हिं.क्रि.)* घूसा मारना।
मूकियाना *(हिं.क्रि.)* किसी के शरीर में मुक्कियों से बार बार आघात करना, मुक्कियों से दबाना, घूसे लगाना।
खियाना *(हिं.क्रि.)* रगड़ खाना, मिटना।
नखियाना *(हिं.क्रि.)* नख गड़ाना।
बखियाना *(हिं.क्रि.)* किसी वस्तु पर बखिया की सिलाई करना, बखिया करना।
रखियाना *(हिं.क्रि.)* पात्रों को राख से माँजना।
तगियाना *(हिं.क्रि.)* देखो तागना।
पगियाना *(हिं.क्रि.)* देखो पगाना।
घिघियाना *(हिं.क्रि.)* गिड़गिड़ाना।
डंड़ियाना *(हिं.क्रि.)* दो कपड़ों की लंबाई के किनारों को एक में मिलाना।
कचियाना *(हिं.क्रि.)* सकुचाना, लज्जा मानना।
चिचियाना *(हिं.क्रि.)* चिल्लाना।
पछियाना *(हिं.क्रि.)* पीछे-पीछे चलना।
जियाना *(हिं.क्रि.)* जिलाना, रखना, पालना।
लजियाना *(हिं.क्रि.)* लजाना।
कंजियाना *(हिं.क्रि.)* धीमा पड़ना, मन्द होना।

अँटियाना *(हिं.क्रि.)* छिपा लेना, गठिया बनाना।
टटियाना *(हिं.क्रि.)* सूखकर कड़ा हो जाना।
मिटियाना *(हिं.क्रि.)* मिट्टी लगाकर स्वच्छ करना।
चोटियाना *(हिं.क्रि.)* चोट मारना, चोटी पकड़ना।
कठियाना *(हिं.क्रि.)* कड़ा होना, सूखना।
भठियाना *(हिं.क्रि.)* समुद्र में भाटा आना।
गठियाना *(हिं.क्रि.)* गाँठ बाँधना, जिसमें घुटने में सूजन और पीड़ा होती है।
सठियाना *(हिं.क्रि.)* वृद्धावस्था के कारण विवेक तथा बुद्धि का कम होना।
ठढियाना *(हिं.क्रि.)* खड़ा होना।
लुढ़ियाना *(हिं.क्रि.)* गोल बत्ती की तरह की सिलाई करना।
खतियाना *(हिं.क्रि.)* प्रतिदिन के आय-व्यय या क्रय-विक्रय के खाते को अलग-अलग लिखना।
घतियाना *(हिं.क्रि.)* अपने दाँव या घात में लाना, चुराना, छिपाना।
पतियाना *(हिं.क्रि.)* विश्वास करना, सच मानना।
बतियाना *(हिं.क्रि.)* बातचीत करना।
लतियाना *(हिं.क्रि.)* पैरों से रौंदना, लात मारना।
जुतियाना *(हिं.क्रि.)* जूतों से मारना, निरादर करना।
हथियाना *(हिं.क्रि.)* हाथ में लेना या पकड़ना, धोखा देकर दूसरे की वस्तु लेना।
बधियाना *(हिं.क्रि.)* बधिया करना या बनाना।
समधियाना *(हिं.पुं.)* समधी का घर।
दीधियाना *(हिं.क्रि.)* दृष्टि स्थिर न कर सकना।
कंधियाना *(हिं.क्रि.)* कंधा देना, कंधे पर रखना।
कनियाना *(हिं.क्रि.)* साथ छोड़ना, आँख बचाकर भाग जाना।
पियाना *(हिं.क्रि.)* देखो पिलाना।
बियाना *(हिं.क्रि.)* पशुओं का बच्चा देना।
तँबियाना *(हिं.क्रि.)* ताँबे के रंग का होना, ताँबे का स्वाद या गन्ध आ जाना।
मिमियाना *(हिं.क्रि.)* बकरी या भेड़ का बोलना।
अरियाना *(हिं.क्रि.)* अरे, तू-तू कहकर बोलना।
फरियाना *(हिं.क्रि.)* छाँटकर अलग करना, पक्ष निर्णय करना, स्पष्ट देख पड़ना।
खरियाना *(हिं.स्त्री.)* झोली या थैली में रखना, अपने अधिकार में ले लेना।
गरियाना *(हिं.क्रि.)* दुर्वचन कहना।
तरियाना *(हिं.क्रि.)* तल में बैठना।
नरियाना *(हिं.क्रि.)* चिल्लाना।
सरियाना *(हिं.क्रि.)* बिखरी हुई वस्तुओं को ढंग से समेटना।
बहरियाना *(हिं.क्रि.)* बाहर निकालना, अलग करना।
धुरियाना *(हिं.क्रि.)* किसी वस्तु को धूल से ढाँपना।
ठुरियाना *(हिं.क्रि.)* सिकुड़ना।
डोरियाना *(हिं.क्रि.)* बन्धन लगाकर पशुओं को एक स्थान से दूसरे स्थान को ले जाना।
कौरियाना *(हिं.क्रि.)* दोनों हाथों से पकड़कर छाती में लगाना।
खलियाना *(हिं.क्रि.)* खाल खींचना।
बगलियाना *(हिं.क्रि.)* अलग करना, बगल में लाना या करना, बगल से होकर जाना।
कोलियाना *(हिं.क्रि.)* छाती से लगाना।
ढोलियाना *(हिं.क्रि.)* ढंग पर लाना।
सियाना *(हिं.क्रि.)* देखो सिलवाना।
खिसियाना *(हिं.क्रि.)* लजाना; *(वि.)* लज्जित होना।
पसियाना *(हिं.क्रि.)* पूरा हो जाना।
बसियाना *(हिं.क्रि.)* बासी हो जाना।
तहियाना *(हिं.क्रि.)* तह लगाना।
भोयाना *(हिं.क्रि.)* भोग कराना।
निअराना *(हिं.क्रि.)* निकट आना।
कराना *(हिं.क्रि.)* करवाना।
चकराना *(हिं.क्रि.)* घूमना, चकित होना, भूलना, व्यग्र होना, घबड़ाना।
टकराना *(हिं.क्रि.)* वेग से ठोकर लगना, धक्का खाना।
बकराना *(हिं.क्रि.)* दोष या करतूत कहलाना।
सँकराना *(हिं.क्रि.)* संकुचित करना।
मुसकराना *(हिं.क्रि.)* बहुत मंद रूप से हँसना।
झुकराना *(हिं.क्रि.)* झोंका देना।
ठुकराना *(हिं.क्रि.)* ठोकर मारना, तिरस्कार करना, उपेक्षा करना।
मुकराना *(हिं.क्रि.)* दूसरे को झूठा बनाना।
ठोकराना *(हिं.क्रि.)* जूते की नोक से प्रहार करना, स्वयं ठोकर खा जाना।
लरखराना *(हिं.स्त्री.)* लड़खड़ाना।
बिखराना *(हिं.क्रि.)* बिखेरना।
अँगराना *(हिं.क्रि.)* अँगड़ाई लेना।
बिगराना *(हिं.क्रि.)* छितराना, फैलाना, बिखराना।
घराना *(हिं.पुं.)* वंश, कुल।
टघराना *(हिं.क्रि.)* पिघलाना।
घरघराना *(हिं.क्रि.)* चरचर शब्द करना; *(पुं.)* परिवार, कुटुम्ब, वंश।
बड़राना *(हिं.वि.)* बर्राना, बरबर करना।
मड़राना *(हिं.क्रि.)* देखो मँडराना।
चराना *(हिं.क्रि.)* छलना, धोखा देना, बहकाना।
चरचराना *(हिं.क्रि.)* चरचर शब्द करते हुए टूटना, घाव का सूखकर पीड़ा उत्पन्न करना।
उचराना *(हिं.क्रि.)* कहलाना, उचड़वाना।
जराना *(हिं.क्रि.)* देखो जलाना।
नजराना *(हिं.क्रि.)* बुरी दृष्टि का प्रभाव होना या लगाना; *(पुं.)* भेंट, उपहार।

झरझराना *(हिं.क्रि.)* किसी पदार्थ को किसी पात्र में झाड़कर गिरा देना।

टरटराना *(हिं.क्रि.)* बकबक करना, टर-टर करना।

डराना *(हिं.क्रि.)* भयभीत करना।

मँडराना *(हिं.क्रि.)* मण्डल बाँधकर या चक्कर देते हुए उड़ना। किसी के चारों ओर घूमना।

बिडराना *(हिं.क्रि.)* तितर-बितर करना।

बिडारना, बिडराना *(हिं.क्रि.)* छितराना, दौड़ाना, भगाना।

मेडराना *(हिं.क्रि.)* देखो मँड़राना।

ढराना *(हिं.क्रि.)* देखो ढराना, ढरकाना।

कतराना *(हिं.क्रि.)* बचकर निकल जाना।

तरतराना *(हिं.क्रि.)* तड़तड़ करना।

बतराना *(हिं.क्रि.)* बातचीत करना।

इतराना *(हिं.क्रि.)* अभिमान दिखलाना, इठलाना।

छितराना *(हिं.क्रि.)* बिखराना, इधर-उधर डालना।

तुतराना *(हिं.क्रि.)* तुतलाकर बोलना।

तोतराना *(हिं.क्रि.)* देखो तुतलाना।

पथराना *(हिं.क्रि.)* किसी को आदरपूर्वक ले जाकर बैठाना।

पथराना *(हिं.क्रि.)* सूखकर पत्थर की तरह कड़ा हो जाना।

थरथराना *(हिं.क्रि.)* भय से काँपना।

छिथराना *(हिं.क्रि.)* छितराना।

अदराना *(हिं.क्रि.)* इतराना, अभिमानी बनना।

कदराना *(हिं.क्रि.)* भयभीत होना, डरना।

गदराना *(हिं.क्रि.)* पकने के समीप पहुँचना, जवानी में अंगों का भरना।

दरदराना *(हिं.क्रि.)* बहुत महीन न पीसना।

सुदराना *(हिं.क्रि.)* सूचित करना।

धराना *(हिं.क्रि.)* पकड़ाना।

पधराना *(हिं.क्रि.)* प्रतिष्ठित करना, आदरपूर्वक बैठाना।

चौंधराना *(हिं.स्त्री.)* वह पद जो चौधरी को उसके काम के लिए दिया जाए।

पराना *(हिं.क्रि.)* भागना।

बराना *(हिं.क्रि.)* अलग करना, बचाना, रक्षा करना, चुनना, छाँटना।

झपराना *(हिं.क्रि.)* झूठा बनाना।

छपराना *(हिं.क्रि.)* छाती से लगाना।

चरपराना (क्रि.) घाव सूखकर पीड़ा होना।

परपराना *(हिं.क्रि.)* चुनचुनाना।

सपराना *(हिं.क्रि.)* काम पूरा करना।

फरफराना *(हिं.क्रि.)* देखो फड़फड़ाना।

हबराना *(हिं.क्रि.)* देखो हबड़ाना।

हरबराना *(हिं.क्रि.)* देखो हड़बड़ाना।

दुबराना *(हिं.क्रि.)* दुर्बल होना।

परभराना *(हिं.क्रि.)* रोवाँ खड़ा होना।

मराना *(हिं.क्रि.)* मारने के लिए प्रेरणा करना।

ठरमराना *(हिं.क्रि.)* ठंड से सिकुड़ जाना।

मरमराना *(हिं.क्रि.)* वृक्ष की शाखा का दबाव पाकर मरमर शब्द करना।

नियराना *(हिं.क्रि.)* निकट आना।

पियराना पीला पड़ना या होना।

सियराना *(हिं.क्रि.)* ठंडा करना।

चर्राना *(हिं.क्रि.)* लकड़ी के टूटते समय चरचर शब्द करना, शरीर में हलकी पीड़ा होना।

टर्राना *(हिं.क्रि.)* कठोर वचन बोलना।

थर्राना *(हिं.क्रि.)* भय से काँपना।

दर्राना *(हिं.क्रि.)* बेधड़क किसी स्थान में प्रवेश करना।

बर्राना *(हिं.क्रि.)* व्यर्थ बकबक करना, स्वप्न की अवस्था में बोलना।

भर्राना *(हिं.क्रि.)* भर्र-भर्र शब्द होना।

करराना *(हिं.क्रि.)* कर्कश शब्द करना, चरचराना।

गरराना *(हिं.क्रि.)* गरजना।

तरराना *(हिं.क्रि.)* ऐंठना।

भरराना *(हिं.क्रि.)* शब्द के साथ गिर पड़ना, एकाएक गिर जाना, भहराना।

दरराना *(हिं.क्रि.)* वेश से आ पहुँचना।

फहराना *(हिं.क्रि.)* देखो फहराना।

भरराना *(हिं.क्रि.)* अरराना, टूट पड़ना।

सरराना *(हिं.क्रि.)* हवा बहने या हवा में किसी वस्तु के वेग से चलने का शब्द।

घिर्राना *(हिं.क्रि.)* घसीटना।

टिर्राना *(हिं.क्रि.)* देखो टर्राना।

झलराना *(हिं.क्रि.)* फैलकर छा जाना।

हलराना *(हिं.क्रि.)* हिलाना, डुलाना, हाथ पर झुलाना।

दुलराना *(हिं.क्रि.)* लाड़ करना।

सराना *(हिं.क्रि.)* किसी काम को पूरा करना।

पसराना *(हिं.क्रि.)* पसारने का काम दूसरे से कराना।

सरसराना *(हिं.क्रि.)* वायु वेग से चलना।

बिसराना *(हिं.क्रि.)* ध्यान में न रखना।

हराना *(हिं.क्रि.)* पराजित करना, थकाना।

गहराना *(हिं.क्रि.)* गहरा होना या करना।

छहराना *(हिं.क्रि.)* छितराना।

झहराना *(हिं.क्रि.)* खिजलाना, शिथिल होकर गिरना।

ठहराना *(हिं.क्रि.)* टिकाना, डेरा देना, स्थिर करना, मूल्य स्थिर करना।

डहराना *(हिं.क्रि.)* चलाना, फिराना।

थहराना *(हिं.क्रि.)* थाह लेना।

पहराना *(हिं.क्रि.)* देखो पहनाना।

फहराना *(हिं.क्रि.)* हवा में उड़ने के लिए किसी वस्तु को छोड़ देना या उड़ना।

भहराना *(हिं.क्रि.)* झोंके से गिर पड़ना, टूट पड़ना, फिसल पड़ना।

भरहराना *(हिं.क्रि.)* भहराना।

महराना *(हिं.पुं.)* महरों के रहने का स्थान।

मल्हराना, मल्हाना *(हिं.क्रि.)* चुमकारना।

लहराना *(हिं.क्रि.)* वायु के वेग से इधर-उधर डुलना।

सहराना *(हिं.क्रि.)* डर के मारे काँपना।

हहराना *(हिं.क्रि.)* कँपाना।

तिहराना *(हिं.क्रि.)* तिबारा करना।

सिहराना *(हिं.क्रि.)* ठंड से काँपना।

बहिराना *(हिं.क्रि.)* बाहर करना।

गुहराना *(हिं.क्रि.)* चिल्लाकर बुलाना।

दुहरा, दुहराना देखो दोहरा, दोहराना।

तेहराना *(हिं.क्रि.)* तीन बार करना।

बेहराना *(हिं.क्रि.)* दरार होना, फटना।

दोहराना *(हिं.क्रि.)* पुकारना, बुलाना।

दोहराना *(हिं.क्रि.)* किसी बात को दुबारा करना, तह करना।

सोहराना *(हिं.क्रि.)* शरीर पर हाथ फेरना।

किराना *(हिं.पुं.)* प्रतिदिन के उपयोग में आने वाले मसाले जो पंसारियों की दुकान पर बिकते हैं।

किरकिराना *(हिं.क्रि.)* पीड़ा देना, दुखाना।

मुसकिराना *(हिं.क्रि.)* देखो मुसकराना।

गिराना *(हिं.क्रि.)* पृथ्वी पर डाल देना, घटाना।

घराना *(हिं.क्रि.)* घिसना, रगड़ना।

झिराना *(हिं.क्रि.)* देखो झुराना।

तिराना *(हिं.स्त्री.)* पानी के तल पर ठहरना, उतराना।

तिराना *(हिं.स्त्री.)* देखो तृणा।

थिराना *(हिं.क्रि.)* किसी तरल पदार्थ को स्थिर करना।

थिरवना, थिराना *(हिं.क्रि.)* डराना।

निराना *(हिं.क्रि.)* पौधों के आस-पास उगी हुई घास आदि को खोदकर हटाना।

पिराना *(हिं.क्रि.)* पीड़ा होना, दुखना।

फिराना *(हिं.क्रि.)* चक्कर देना, नाचना, पलटाना, घुमाना, ऐंठना।

बिरान, बिराना *(हिं.वि.)* दूसरा।

बिराना *(हिं.क्रि.)* मुँह चिढ़ाना।

कलियाना *(हिं.क्रि.)* कली निकलना।

सिराना *(हिं.क्रि.)* ठंडा होना, अवकाश मिलना, समाप्त होना।

हिराना *(हिं.क्रि.)* खो जाना, दूर होना, भूल जाना।

पहिराना *(हिं.क्रि.)* देखो पहनाना।

उराना *(हिं.क्रि.)* चक जाना।

पउराना *(हिं.क्रि.)* पगलाना।

अंकुरना, अंकुराना *(हिं.क्रि.)* अँखुवा फूटना, उत्पन्न होना।

सकुराना *(हिं.क्रि.)* स्वीकार करना।

मुसकुराना *(हिं.क्रि.)* देखो मुसकराना।

खुराना *(हिं.क्रि.)* खुरखुर करना।

घुरघुराना *(हिं.क्रि.)* कण्ठ से घुरघुर शब्द निकलना।

चुरचुराना *(हिं.क्रि.)* चुरचुर शब्द करना।

जुराना *(हिं.क्रि.)* देखो जुटाना।

झुराना *(हिं.क्रि.)* सुखाना, दुबला होना।

ढुराना *(हिं.क्रि.)* ढरकाना, टपकाना।

तुराना *(हिं.क्रि.)* व्यग्र होना, घबड़ाना।

दुराना *(हिं.क्रि.)* हटना, छिपना, दूर करना।

दुरदुराना *(हिं.क्रि.)* तिरस्कार दिखलाते हुए दूर करना।

मधुराना *(हिं.क्रि.)* मीठा होना, सुन्दर हो जाना।

नुराना *(हिं.क्रि.)* चुभलाना।

पुराना *(हिं.वि.)* प्राचीन काल का, जीर्ण, परिपक्व, पुरातन।

फुराना *(हिं.स्त्री.)* प्रमाणित करना।

भुराना *(हिं.क्रि.)* भूलना, भुलाना।

भुरभुराना *(हिं.क्रि.)* चूर्ण आदि को छिड़कना।

चुरमुराना *(हिं.क्रि.)* चूर-चूर होना।

सुरसुराना *(हिं.क्रि.)* खुजली होना।

निहुराना *(हिं.क्रि.)* झुकाना, नवाना।

केराना *(हिं.क्रि.)* अन्न का छोटा बड़ा दाना सूप से अलगाना; *(पुं.)* हलदी मिरची, धनिया आदि मसाला।

डराना *(हिं.क्रि.)* डरवाना।

सेराना *(हिं.क्रि.)* ठंडा होना, तृप्त होना।

हेराना *(हिं.क्रि.)* नष्ट होना, लुप्त हो जाना, मन्द पड़ना।

ठैराना *(हिं.क्रि.)* देखो ठहरना, ठहराना।

तैराना *(हिं.क्रि.)* तैराने का काम कराना।

भोराना *(हिं.क्रि.)* चुक जाना, अन्त होना।

भोराना *(हिं.क्रि.)* चारों ओर घुमाना फिराना।

चोराना *(हिं.क्रि.)* देखो चुराना।

तोराना *(हिं.क्रि.)* देखो तुड़ाना।

मोराना *(हिं.क्रि.)* भ्रम में डालना।

झौंराना *(हिं.क्रि.)* झूमना, इधर-उधर हिलना।

बौराना *(हिं.क्रि.)* पगला हो जाना, सनक जाना।

भौंराना *(हिं.क्रि.)* परिक्रमा करना, घुमाना, ब्याह करना।

रोराना *(हिं.क्रि.)* बक-झक करना।

सौंराना *(हिं.क्रि.)* सँवारना।

हकलाना *(हिं.क्रि.)* बोलने में अटकना।

बिकलाना *(हिं.क्रि.)* व्याकुल होना, घबड़ाना।

खलना *(हिं.क्रि.)* खाली करना, खोदना।

खलखलाना *(हिं.क्रि.)* उबलना, खौलना।

दिखलाना *(हिं.क्रि.)* दृष्टिगोचर कराना, दूसरे को देखने में प्रवृत करना।

सिखलाना *(हिं.क्रि.)* देखो सिखाना

सुखलाना *(हिं.क्रि.)* देखो सुखाना।

बौखलाना *(हिं.क्रि.)* सनक जाना।
वलगलाना *(हिं.क्रि.)* भिगाना।
उगलाना *(हिं.क्रि.)* मुँह से बाहर निकलवाना, दोष स्वीकार करवाना।
पिघलाना *(हिं.पुं.)* पानी के रूप में लाना।
दुघलाना *(हिं.क्रि.)* चुभलाना।
चलाना *(हिं.क्रि.)* चलने में लगाना, व्यवहार करना, व्यापार में वृद्धि होना, किसी अस्त्र से मारना, प्रेरित करना, आरम्भ करना, प्रचलित करना।
ज्वलाना *(हिं.क्रि.)* वमन करने की इच्छा होना, ओकाई आना।
विचलाना *(हिं.क्रि.)* विचलित करना।
मिचलाना *(हिं.क्रि.)* मतली आना।
विचलाना *(हिं.क्रि.)* इधर-उधर हटाना।
बिछलाना *(हिं.क्रि.)* फिसलाना।
जलाना *(हिं.क्रि.)* प्रज्वलित करना, हकाना, भस्म करना, झुलसना, सन्तृप्त करना।
खजलाना *(हिं.क्रि.)* चिढ़ाना, छेड़ना।
खुजलाना *(हिं.क्रि.)* रगड़ना, नख से घिसना, खुजली उठना।
झलझलाना *(हिं.क्रि.)* चमकना, चमचमाना।
झुंझलाना *(हिं.क्रि.)* चिड़चिड़ाना।
झुंगना *(हिं.पुं.)* जुगनू।
अठलाना *(हिं.क्रि.)* क्रीड़ा या कौतूक।
इठलाना *(हिं.क्रि.)* इतराना, गर्व के साथ चलना, मटकना।
बिठलाना *(हिं.क्रि.)* देखो बैठाना।
झुठलाना, झुठवाना *(हिं.क्रि.)* झूठा ठहराना, झूठा बनाना।
मँडलाना *(हिं.क्रि.)* देखो मँडराना।
ढलाना *(हिं.क्रि.)* देखो ढलवाना।
जतलाना, जताना *(हिं.क्रि.)* पहिले से सूचना देनेवाला, बतलानेवाला।
थुलथुलाना *(हिं.क्रि.)* मोटाई के कारण शरीर के मांस का झूलकर हिलना।
बदलाना *(हिं.क्रि.)* देखो बदलवाना।
दुदलाना *(हिं.क्रि.)* दुतकारना।
पँथलाना *(हिं.क्रि.)* फुसलाना, बहलाना।
धुँधलाना *(हिं.क्रि.)* धुँधला पड़ जाना।
भलाना *(हिं.क्रि.)* भाग जाना, भगा देना।
फलाना *(हिं.क्रि.)* फलने में प्रवृत्त करना।
खलबलाना *(हिं.क्रि.)* उबलना, खौलना।
बलबलाना *(हिं.क्रि.)* ऊँट का बोलना, निरर्थक शब्द बोलना।
चुबलाना, चुभलाना *(हिं.क्रि.)* स्वाद लेने के लिए किसी वस्तु को मुख में रखकर जीभ से इधर-उधर डोलाना।
रलाना *(हिं.क्रि.)* एक में एक मिलाना।
अल्लाना *(हिं.क्रि.)* गला फाड़कर चिल्लाना।
झल्लाना *(हिं.क्रि.)* खिजलाना, चिढ़ाना।
किल्लाना *(हिं.क्रि.)* देखो किलकिलाना।
चिल्लाना *(हिं.क्रि.)* हल्ला मचाना।
ललाना *(हिं.क्रि.)* ललचाना।
अललाना *(हिं.क्रि.)* चिल्लाना।
बिललाना *(हिं.क्रि.)* विलाप करना।
मड़मलाना *(हिं.क्रि.)* देखो मरमराना।
झलमलाना *(हिं.वि.)* रह-रहकर चमकना।
तलमलाना *(हिं.क्रि.)* छटपटाना।
चलमलाना *(हिं.क्रि.)* बारंबार खोलना, मूँदना, पछतावा करना।
सलसलाना *(हिं.क्रि.)* सरसराना, खुजलाना, गुदगुदी होना, तर होना।
फिसलाना *(हिं.क्रि.)* किसी को ऐसा करना कि वह फिसल जाए।
फुसलाना *(हिं.क्रि.)* भुलावा देकर चुप कराना, बहलाना।
कहलाना *(हिं.क्रि.)* पुकारा जाना, संदेश भेजना।
टहलाना *(हिं.क्रि.)* धीरे-धीरे चलाना।
दहलाना *(हिं.क्रि.)* भयभीत करना।
नहलाना, नहलवाना *(हिं.क्रि.)* स्नान कराना।
बहलाना *(हिं.क्रि.)* भुलावा देना, बातों में लगाना।
कुम्हलाना *(हिं.क्रि.)* मुरझाना।
हलहलाना *(हिं.क्रि.)* कँपाना, हिलाना।
सहलाना *(हिं.क्रि.)* सुहराना, मलना।
किलकिलाना *(हिं.क्रि.)* कोलाहल करना, खुजलाना।
खिलाना *(हिं.क्रि.)* भोजन कराना, विकसित करना, खेल में लगाना।
खिलखिलाना *(हिं.क्रि.)* सशब्द हँसना।
पघिलाना *(हिं.क्रि.)* देखो पिघलाना।
जिलाना *(हिं.क्रि.)* जीवित करना, पालना, पोसना।
अठिलाना *(हिं.क्रि.)* देखो अठलाना।
ढिलाना *(हिं.क्रि.)* ढीला करना।
शिथिलाना *(हिं.क्रि.)* थकना।
दिलाना *(हिं.क्रि.)* देने का कार्य दूसरे से कराना।
पिलाना *(हिं.क्रि.)* पीने का काम कराना, भीतर करना, किसी छेद में डाल देना।
पिलपिलाना *(हिं.क्रि.)* गूदेदार या रसदार वस्तु को इस प्रकार दबाना कि उसमें का रस ढीला होकर बाहर निकलने लगे।
मिलाना *(हिं.क्रि.)* मिश्रण करना, सन्धि करना, किसी को अपने पक्ष में करना, सटाना, चिपकाना, एक करना, बराबर करना, यह देखना कि प्रतिलिपि मूल के अनुसार है या नहीं।
झिलमिलाना *(हिं.क्रि.)* चकाचौंध होना।
धुमिलाना *(हिं.क्रि.)* धूमिल करना।

बिलाना *(हिं.क्रि.)* नष्ट होना, विलीन होना।
बिलबिलाना *(हिं.क्रि.)* कुलबुलाना।
किलबिलाना *(हिं.क्रि.)* छोटे-छोटे कीड़ों का इधर-उधर रेंगना, असंबद्ध विलाप करना, व्याकुल होकर बकना, व्याकुल होकर रोना और चिल्लाना।
कुँभिलाना *(हिं.क्रि.)* मुरझाना।
सिलाना *(हिं.क्रि.)* सिलने का काम दूसरे से कराना।
हिलाना *(हिं.क्रि.)* झुलाना, कपाना, परचाना।
अकुलाना *(हिं.क्रि.)* घबड़ाना, व्याकुल होना।
घुलाना *(हिं.क्रि.)* गलाना, शरीर दुर्बल करना, मुख में रखकर रस चुभलाना, कोमल करना।
चुलचुलाना, चुलबुली *(हिं.स्त्री.)* खुजलाहट, चुल।
छुलाना *(हिं.क्रि.)* स्पर्श कराना।
छुलछुलाना *(हिं.क्रि.)* थोड़ा-थोड़ा करके पानी डालना।
झुलाना *(हिं.क्रि.)* हिलाना, आसरे में रखना।
डुलाना *(हिं.क्रि.)* चलाना, घुमाना, फिराना।
ढुलाना *(हिं.क्रि.)* ढालना, लुढ़काना।
सुलाना *(हिं.क्रि.)* पूरा होना, गाड़ी के पहिये में चिकना देना।
दुलाना *(हिं.क्रि.)* देखो डुलाना।
दुलार *(हिं.पुं.)* अनुराग, प्रेम, लाड़-प्यार।
पुलपुलाना *(हिं.क्रि.)* किसी कोमल वस्तु का दबाना, चूसना।
फुलाना *(हिं.क्रि.)* किसी वस्तु के फैलाव को वायु आदि का दबाव पहुँचाकर बाहर की ओर बढ़ाना, गर्वित करना।
बुलाना *(हिं.क्रि.)* पुकारना, किसी को अपने पास आने के लिए कहना।
कबुलवाना, कबुलाना *(हिं.क्रि.)* उगलवाना, स्वीकार कराना।
भुलाना *(हिं.क्रि.)* धोखा देना, भ्रम में पड़ना।
रूलाना *(हिं.क्रि.)* रोने में दूसरे को प्रवृत्त कराना।
सुलाना *(हिं.क्रि.)* सोने में प्रवृत्त करना।
हुलाना *(हिं.क्रि.)* लाठी से ठेलना।
खलाना *(हिं.क्रि.)* खेल में लगाना।
फैलाना *(हिं.क्रि.)* इधर-उधर देर तक पहुँचाना, छेद या गड्ढे को बड़ा करना, हिसाब-किताब करना, बढ़ाना, गुणा भाग की क्रिया को ठीक होने की परीक्षा करना, पसारना, बिखेरना, व्यापक करना, प्रसिद्ध करना।
आलाना *(हिं.क्रि.)* भूनना, सेंकना।
घोलाना *(हिं.क्रि.)* देखो घुलाना।
डोलाना *(हिं.क्रि.)* हिलाना, चलाना।
तौलाना *(हिं.क्रि.)* तौलने का काम दूसरे से कराना।
बोलाना *(हिं.क्रि.)* देखो बुलाना।
मोलाना *(हिं.क्रि.)* किसी वस्तु का दाम पूछना अथवा मूल्य स्थिर करना।
सोलाना *(हिं.क्रि.)* देखो सुलाना।
अँकवाना *(हिं.क्रि.)* जँचवाना, कूत करवाना।
लटकवाना *(हिं.क्रि.)* लटकाने का काम दूसरे से कराना।
दबकवाना *(हिं.क्रि.)* दबकाने में किसी दूसरे को प्रवृत करना।
सकवाना *(हिं.क्रि.)* देखने का काम दूसरे से कराना।
पकवाना *(हिं.क्रि.)* पकाने का काम।
बकवाना *(हिं.क्रि.)* किसी से बकवाद कराना।
हँकवाना *(हिं.क्रि.)* हाँक लगवाना।
पिचकवाना *(हिं.क्रि.)* पिचकाने का काम दूसरे से कराना।
फिंकवाना *(हिं.क्रि.)* फेंकवाना।
बिकवाना *(हिं.क्रि.)* बेचने का काम दूसरे से कराना।
चुकवाना *(हिं.क्रि.)* निबटवाना।
झुकवाना *(हिं.क्रि.)* झुकाने का काम दूसरे से कराना।
ढुकवाना *(हिं.क्रि.)* पिटवाना।
थुकवाना *(हिं.क्रि.)* देखो थुकाना।
फुकवाना *(हिं.क्रि.)* भस्म करवाना, जलवाना।
रुकवाना *(हिं.क्रि.)* दूसरे को रोकने में प्रवृत्त करना।
झोंकवाना *(हिं.क्रि.)* झोंकने का काम किसी से कराना।
खवाना *(हिं.क्रि.)* भोजन कराना।
रखवाना *(हिं.क्रि.)* रखने की क्रिया दूसरे से कराना।
परखवाना दूसरे से जँचवाना।
लिखवाना *(हिं.क्रि.)* लिखने का काम दूसरे से कराना।
दुखवाना *(हिं.क्रि.)* दुखाना।
गँवाना *(हिं.क्रि.)* खोना, बिसारना।
गँवाना *(हिं.क्रि.)* नष्ट करना, खोना।
जगवाना *(हिं.क्रि.)* सोते से उठवाना।
दगवाना *(हिं.क्रि.)* दागने के काम में किसी दूसरे को लगाना।
मँगवाना *(हिं.क्रि.)* माँगने का काम दूसरे से कराना।
रगवाना *(हिं.क्रि.)* शान्त कराना।
रँगवाना *(हिं.क्रि.)* दूसरे से रँगने का काम कराना।
लगवाना *(हिं.क्रि.)* लगाने का काम दूसरे से कराना, दूसरे को लगाने में प्रवृत्त करना।
भिगवाना *(हिं.क्रि.)* भिगोने में दूसरे को प्रवृत्त करना।
उगवाना *(हिं.क्रि.)* उत्पन्न कराना।
जुगवाना *(हिं.क्रि.)* संचित करना।
जोगवाना *(हिं.क्रि.)* रक्षित रखना, संचित रखना।
जोगवाना *(हिं.क्रि.)* भोग कराना।
अघयाना *(हिं.क्रि.)* पेटभर खिलाना।
पकड़वाना *(हिं.क्रि.)* पकड़ने में दूसरे को प्रवृत्त करना।
रगड़वाना *(हिं.क्रि.)* दूसरे को रगड़ने में प्रवृत्त करना।
जड़वाना *(हिं.क्रि.)* जड़ने का काम दूसरे से कराना।
झड़वाना *(हिं.क्रि.)* झाड़ने का काम दूसरे से कराना।
उड़वाना *(हिं.क्रि.)* उड़ाने का काम दूसरे से कराना।
छुड़वाना *(हिं.क्रि.)* छोड़ने का काम कराना।
जुड़वाना *(हिं.क्रि.)* शान्त करना।

तुड़वाना *(हिं.क्रि.)* तोड़ने का काम दूसरे से कराना।
मुड़वाना *(हिं.क्रि.)* किसी को मुड़ने के काम में प्रवृत्त करना।
छोड़वाना *(हिं.क्रि.)* छोड़ने का काम दूसरे से कराना।
छोड़ाना *(हिं.क्रि.)* देखो छुड़ाना।
जोड़वाना *(हिं.क्रि.)* जोड़ने का काम दूसरे से कराना।
अचवाना *(हिं.क्रि.)* भोजन के बाद हाथ-मुँह धुलवाना।
रचवाना *(हिं.क्रि.)* रचने का काम दूसरे से कराना।
बिचवाना *(हिं.क्रि.)* दूसरे से आँख बंद कराना।
नुचवाना *(हिं.क्रि.)* नोचने के लिए किसी दूसरे को लगाना।
पंचवाना *(हिं.क्रि.)* पढ़वाना।
अछवाना *(हिं.क्रि.)* सुशोभित करना।
बिछवाना *(हिं.क्रि.)* बिछाने का काम दूसरे से कराना।
पुँछवाना *(हिं.क्रि.)* देखो पुँछवाना।
बजवाना *(हिं.क्रि.)* बजाने में किसी को प्रवृत्त करना।
सजवाना *(हिं.क्रि.)* सजाने का काम दूसरे से कराना।
भिजवाना *(हिं.क्रि.)* भेजने का काम दूसरे से कराना।
पुजवाना *(हिं.क्रि.)* पूजा करने में प्रवृत्त कराना।
भेजवाना *(हिं.क्रि.)* भेजने का काम दूसरे से कराना।
सहेजवाना *(हिं.क्रि.)* सहेजने का काम दूसरे से कराना।
झँवाना *(हिं.क्रि.)* झँवा के रंग का होना, अग्नि का मन्द होना, घटना, कम होना, कुम्हलाना।
छँटवाना *(हिं.क्रि.)* किसी वस्तु का अनावश्यक भाग कटवा देना।
पटवाना *(हिं.क्रि.)* ढँपवाना, गड्ढों को मिट्टी आदि से भरवाना, पानी से तर कराना, दाम चुका देना।
बँटवाना *(हिं.क्रि.)* वितरण करवाना, सबको अलग-अलग करके दिलवाना।
हटवाना *(हिं.क्रि.)* हटाने का काम दूसरे से कराना।
पिटवाना *(हिं.क्रि.)* दूसरे से मार खिलवाना, कुटवाना, ठोंकवाना।
छुड़वाना *(हिं.क्रि.)* देखो छोड़वाना।
घुटवाना *(हिं.क्रि.)* बाल मुँड़वाना।
घोटवाना *(हिं.क्रि.)* रगड़वाना, सिर या दाढ़ी के बाल मुँड़वाना।
गठवाना *(हिं.क्रि.)* जुड़वाना, सिलवाना।
पठवाना *(हिं.क्रि.)* भेजवाना।
बैठवाना *(हिं.क्रि.)* बिठाने का काम दूसरे से कराना, पेड़-पौधे लगवाना।
कढ़ाना, कढ़वाना *(हिं.क्रि.)* बाहर कराना, बाहर निकालना।
पढ़वाना *(हिं.क्रि.)* बँचवाना, किसी के द्वारा शिक्षा दिलाना।
ढुँढ़वाना *(हिं.क्रि.)* अन्वेषण कराना।
चितवाना *(हिं.स्त्री.)* दिखाना, तकाना।
जितवाना *(हिं.क्रि.)* जिताना।
जुतवाना *(हिं.क्रि.)* दूसरे से हल चलवाना।
सुलवाना *(हिं.क्रि.)* सुलवाना।
बगदवाना *(हिं.क्रि.)* भुलवाना।
लदवाना *(हिं.क्रि.)* लादने का काम दूसरे से कराना।
छिदवाना, छिदाना *(हिं.क्रि.)* देखो छेदाना।
खुदवाना *(हिं.क्रि.)* खोदने का काम दूसरे से कराना।
रूँदवाना *(हिं.क्रि.)* पैर से कुचलवाना।
धवाना *(हिं.क्रि.)* दौड़ना।
बँधवाना *(हिं.क्रि.)* बाँधने का काम दूसरे से कराना।
सुधवाना *(हिं.क्रि.)* शोधने का काम दूसरे से कराना।
शोधवाना *(हिं.क्रि.)* शोधने का काम दूसरे से कराना।
नवाना *(हिं.क्रि.)* विनीत करना, झुकाना।
पहचानवाना *(हिं.क्रि.)* पहचानने का काम करना।
जनवाना *(हिं.क्रि.)* प्रसव कराना।
सनवाना *(हिं.क्रि.)* सानने का काम दूसरे से कराना।
बनवाना *(हिं.क्रि.)* बनाने का काम दूसरे से कराना।
मनवाना *(हिं.क्रि.)* किसी को मनाने में प्रवृत्त करना।
हनवाना *(हिं.क्रि.)* हनने का कार्य दूसरे से कराना।
पहनवाना *(हिं.क्रि.)* पहिनने का काम किसी दूसरे से कराना।
पवाना *(हिं.क्रि.)* भोजन कराना, खिलाना।
तपवाना *(हिं.क्रि.)* गरम करने का काम दूसरे से कराना।
टिपवाना *(हिं.क्रि.)* पिटवाना।
लिपवाना *(हिं.क्रि.)* लीपने-पोतने का काम दूसरे से कराना।
चबवाना *(हिं.क्रि.)* चबाने का काम दूसरे से कराना।
दबवाना *(हिं.क्रि.)* दबाने के काम में दूसरे को लगाना।
डुबवाना *(हिं.क्रि.)* डुबाने का काम दूसरे से कराना।
भवाँना *(हिं.क्रि.)* घुमाना, फिराना।
कमवाना *(हिं.क्रि.)* कोई काम कराने के लिए दूसरे को प्रवृत्त करना।
निखरवाना *(हिं.क्रि.)* भुलवाना।
चरवाना *(हिं.क्रि.)* चराने का काम दूसरे से कराना।
डरवाना *(हिं.क्रि.)* देखो डराना।
भरवाना *(हिं.क्रि.)* भरने का काम दूसरे से कराना।
मरवाना *(हिं.क्रि.)* वध कराना।
गिरवाना *(हिं.क्रि.)* दूसरे के द्वारा गिराने का काम कराना।
चिरवाना *(हिं.क्रि.)* फड़वाना।
निरवाना *(हिं.क्रि.)* निराने का काम दूसरे से कराना।
फिरवाना *(हिं.क्रि.)* फेरने का फिराने का काम दूसरे से कराना।
चुरवाना *(हिं.क्रि.)* पकाने का काम दूसरे से कराना।
झुरवाना *(हिं.क्रि.)* किसी वस्तु को सुखाने का काम दूसरे से कराना।
मेरवाना *(हिं.क्रि.)* मिलाना।
हेरवाना *(हिं.क्रि.)* ढुँढ़वाना।
निकलवाना *(हिं.क्रि.)* निकलने का काम दूसरे से कराना।

खिलवाना *(हिं.क्रि.)* भोजन कराना।
दिखलवाना *(हिं.क्रि.)* दिखलाने में दूसरे को प्रवृत्त करना।
गलवाना *(हिं.क्रि.)* गलाने का काम दूसरे से कराना।
जलवाना *(हिं.क्रि.)* जलाने का काम दूसरे से कराना।
झलवाना *(हिं.वि.)* किसी दूसरे से झलने या झालने का काम कराना।
डलवाना *(हिं.क्रि.)* डालने का काम दूसरे से कराना।
ढलवाना *(हिं.क्रि.)* ढालने का काम दूसरे से कराना।
दलवाना *(हिं.क्रि.)* दूसरे से दलने का काम कराना।
बदलवाना *(हिं.क्रि.)* बदलने का काम दूसरे से कराना।
पलवाना *(हिं.क्रि.)* किसी के द्वारा पालन-पोषण कराना।
चिल्लवाना *(हिं.क्रि.)* चिल्लाने में प्रवृत्त करना।
दिलवाना *(हिं.क्रि.)* देखो दिलाना।
निलवाना *(हिं.क्रि.)* नष्ट करना।
मिलवाना *(हिं.क्रि.)* भेंट या परिचय कराना, मेल कराना।
सिलवाना *(हिं.क्रि.)* सिलने का काम दूसरे से कराना।
झुलवाना *(हिं.क्रि.)* झुलाने का काम दूसरे से कराना।
ढुलवाना *(हिं.क्रि.)* ढोने का काम दूसरे से कराना।
तुलवाना *(हिं.क्रि.)* तौल कराना, गाड़ी के पहिये को औंगवाना।
धुलवाना *(हिं.क्रि.)* धोने का काम किसी दूसरे से कराना; *(हिं.स्त्री.)* धोने का काम या शुल्क।
बुलवाना *(हिं.क्रि.)* बुलाने का काम दूसरे से करवाना।
भुलवाना *(हिं.क्रि.)* भ्रम में डालना।
तोलवाना *(हिं.क्रि.)* देखो तौलवाना।
बोलवाना *(हिं.क्रि.)* उच्चारण कराना।
उकसवाना *(हिं.क्रि.)* निकलवा देना।
डसवाना, डसाना *(हिं.क्रि.)* दाँत से कटवाना।
घिसवाना *(हिं.क्रि.)* रगड़वाना।
पिसवाना *(हिं.क्रि.)* पीसने का काम दूसरे से कराना।
रिसवाना *(हिं.क्रि.)* क्रोध दिलाना।
चुसवाना *(हिं.क्रि.)* चूसने का काम दूसरे से कराना।
झुलसवाना *(हिं.क्रि.)* झुलसने का काम दूसरे से कराना।
ठुसवाना *(हिं.क्रि.)* कसकर घुसवाना।
लुसवाना *(हिं.क्रि.)* लुटवाना।
नन्हवाना *(हिं.क्रि.)* स्नान कराना।
जिवाना *(हिं.क्रि.)* देखो जिलाना।
जिवाना *(हिं.क्रि.)* जिमाना, भोजन कराना।
दिवाना *(हिं.क्रि.)* दिलवाना।
भिवाना *(हिं.क्रि.)* झुकाना, नीचे की ओर करना।
पिलाना *(हिं.क्रि.)* देखो पिलाना।
लिवाना *(हिं.क्रि.)* लेने का काम दूसरे से कराना।
धुवाना *(हिं.क्रि.)* देखो धुलाना।
छुवाना *(हिं.क्रि.)* स्पर्श कराना।
कठुवाना *(हि.क्रि.)* सूखकर कड़ा हो जाना, ठंडक से हाथ पैर ठिठुरना।
धुंधुवाना *(हि.क्रि.)* धुआँ देना, धुआँ देकर जलना।
अभुआना *(हि.क्रि.)* अधीर होना, हाथ-पैर पटकना और सिर को धुनना।
मुवाना *(हि.क्रि.)* मार डालना।
जेवाना *(हि.क्रि.)* भोजन कराना।
तेवाना *(हि.क्रि.)* चिन्ता करना, सोचना, विचारना।
देवाना *(हि.वि.)* देखो दीवाना।
धोवाना *(हि.क्रि.)* धुलने का काम किसी दूसरे से कराना।
बोवाना *(हि.क्रि.)* बोने का काम दूसरे से कराना।
सोवाना *(हि.क्रि.)* देखो सुलाना।
नशाना *(हि.क्रि.)* नष्ट करना।
दर्शाना *(हि.क्रि.)* दिखलाना।
दरशाना *(हि.क्रि.)* दरसाना, दिखलाना।
हरषना *(हि.क्रि.)* प्रसन्न होना।
शोधाना *(हि.क्रि.)* शुद्ध कराना।
कसाना *(हि.क्रि.)* किसी पदार्थ में कसैलापन आ जाना, कसवाना।
भकसाना *(हि.क्रि.)* किसी खाद्य पदार्थ का दुर्गन्धित और कसैला हो जाना।
बिकसाना *(हि.वि.)* विकसित कराना, खिलाना, प्रफुल्लित करना, प्रसन्न करना।
उकसाना *(हि.क्रि.)* उभाड़ना, चढ़ाना, आगे बढ़ाना, सुलगाना, छेड़ना।
दसाना *(हि.क्रि.)* बिछाना।
धँसाना *(हि.क्रि.)* मड़ाना, चुभाना, पैढ़ाना।
अनसाना *(हि.क्रि.)* चिढ़ाना।
मनसाना *(हि.क्रि.)* नष्ट करना, बिगाड़ना।
विनसाना *(हि.क्रि.)* नष्ट करना, बिगाड़ना।
खुनसाना *(हि.क्रि.)* क्रुद्ध होना।
पसाना *(हि.क्रि.)* भात का माँड़ निकालना, पसेव निकालना।
बपसाना *(हि.क्रि.)* बासी बनाना, सड़ाना।
फँसाना *(हि.क्रि.)* अटकाना, बझाना।
कसमसाना *(हि.क्रि.)* ऊबना, हिचकना।
ताना *(हि.क्रि.)* ठहनाना, टिकाना, महकाना, दुर्गन्ध करना।
अरसाना *(हि.क्रि.)* अलसाना, नींद लगना।
तरसाना *(हि.क्रि.)* ललचाना।
दरसाना, दरसना *(हि.क्रि.)* दिखलाना।
परसाना *(हि.क्रि.)* स्पर्श कराना।
बरसाना *(हि.क्रि.)* वृष्टि या वर्षा करना, अन्न को ओसाना, अधिक मात्रा या संख्या में चारों ओर से प्राप्त कराना।
सरसाना *(हि.क्रि.)* रसपूर्ण करना, हरा भरा करना।
लसलसाना *(हि.क्रि.)* चिपचिपाना।
झुलसाना *(हि.क्रि.)* किसी पदार्थ के ऊपरी अंश को आधा जला देना।
भुलसाना *(हि.क्रि.)* गरम राख में झुलसाना।

बिलसाना *(हि.क्रि.)* काम में लाना, दूसरे से भोग कराना।
बस्साना *(हि.क्रि.)* दुर्गन्ध देना।
हँसाना *(हि.क्रि.)* दूसरों को हँसाने में प्रवृत्त करना।
बिहँसाना *(हि.क्रि.)* प्रफुल्लित करना।
बसाना *(हि.क्रि.)* धमकाना, डराना।
तिसाना *(हि.क्रि.)* प्यासा होना।
पिसाना *(हि.क्रि.)* पिसवाना।
फिसफिसाना *(हि.क्रि.)* शिथिल होना, ढीला पड़ना।
बिसाना *(हि.क्रि.)* वश में होना।
रिसाना *(हि.क्रि.)* किसी पर कुद्ध होना।
चुसाना *(हि.क्रि.)* चूसा जाना।
ठुसाना *(हि.क्रि.)* भरवाना, कसाना।
पुसाना *(हि.क्रि.)* शोभा देना, अच्छा लगना, बन पड़ना।
फुसफुसाना *(हि.क्रि.)* अति मन्द स्वर से बोलना।
सुसाना *(हि.क्रि.)* सिसकना।
बैसाना, बैसारना *(हि.क्रि.)* देखो बैठाना।
ओसाना *(हि.क्रि.)* दाएँ हुए गल्ले।
कहाना *(हि.क्रि.)* कहलाना, कहा जाना।
गहाना *(हि.क्रि.)* पकड़ाना, धराना।
बहाना *(हि.क्रि.)* ढलकाना, लुढ़काना, पानी की धारा में डालना, खोना, गँवाना।
ढहाना *(हि.क्रि.)* मकान आदि को ध्वस्त कराना।
तहाना *(हि.क्रि.)* लपेटना, तह करना।
बहाना *(हि.क्रि.)* थाह लगाना, किसी के आश्रय को जानने का प्रयत्न करना।
न्हाना *(हि.क्रि.)* देखो नहाना, स्नान करना।
नन्हाना *(हि.क्रि.)* स्नान करना।
पन्हाना *(हि.क्रि.)* देखो पहनना।
नहाना *(हि.क्रि.)* स्नान करना।
रम्हाना *(हि.क्रि.)* गाय का बोलना।
महमहाना *(हि.क्रि.)* महकना।
लहलाना *(हि.क्रि.)* प्रफुल्ल होना, सूखे पेड़-पौधों में नई पत्तियाँ निकलना।
सिरहाना *(हि.पुं.)* चारपाई में सिर की ओर का भाग।
अगिहाना (हि.पु.) अग्नि रखने का स्थान, अँगीठी, भट्ठी।
चिह्नवाना, चिह्नाना *(हि.क्रि.)* पहिचानवाना।
पन्हाना *(हि.क्रि.)* देखो पहनाना।
खनिहाना *(हि.क्रि.)* खाली करना।
बिहाना *(हि.क्रि.)* त्यागना, छोड़ना, बीतना।
सिहाना *(हि.क्रि.)* ईर्ष्या करना।
चुहचुहाना *(हि.क्रि.)* चटकीला जान पड़ना।
कुहाना *(हि.क्रि.)* मन ही मन क्रुद्ध होना, रूठना।
दुहाना *(हि.क्रि.)* किसी अन्य पुरुष से दुहने का काम कराना।
जुहाना *(हि.क्रि.)* एकत्रित करना।
पुहाना *(हि.क्रि.)* गुथवाना, पिरोने का काम दूसरे से कराना।
अमुहाना *(हि.क्रि.)* देखो जंभाना।
ससुहाना *(हि.क्रि.)* सामने आ जाना।
भरूहाना *(हि.क्रि.)* गर्व करना, भड़काना, उत्तेजित करना।
सुहाना *(हि.क्रि.)* शोभा देना, अच्छा लगना।
चेन्हाना *(हि.क्रि.)* देखो पहनाना, दूहते समय गाय, भैंस आदि के मन में दूध उतरना।
कोहाना *(हि.क्रि.)* क्रुद्ध होना, रिसाना।
छोहाना *(हि.क्रि.)* शोभित होना, सजना।
लोहाना *(हि.स्त्री.)* लोहे की वस्तु में खाद्य पदार्थ रखने का रंग या स्वाद आ जाना।
झौहाना *(हि.क्रि.)* कुढ़ना, चिड़ना, चिड़ाना।
कोइना *(हि.पुं.)* महुवे के फल की गुठली।
फिना *(हि.स्त्री.)* मृत्यु, नाश।
बिना (हि.अव्य.) छोड़कर।
बिना *(सं.अव्य.)* अभाव में।
किटकिताना *(हि.वि.)* वह लिखित पत्र जिसके द्वारा ठीकेदार अपना ठेका दूसरे के नाम पर कर देता है।
दच्छिना *(हि.स्त्री.)* देखो दक्षिणा।
परदच्छिना *(हि.स्त्री.)* देखो प्रदक्षिणा।
विधिना *(हि.स्त्री.)* देखो विधना।
विधिना *(हि.पुं.)* विधि, ब्रह्मा।
तिन्ना *(हि.पुं.)* तिन्नी नामक धान।
पिन्ना *(हि.वि.)* सर्वदा रोनेवाला *(पु.)* धुनकी।
मिनमिना *(हि.वि.)* नाक से बोलनेवाला।
दाहिना *(हि.वि.)* दक्षिण, बायाँ का उलटा, अनुकूल।
जीना *(हि.क्रि.)* जीवित रहना, प्रफुल्लित होना।
झीना *(हि.वि.)* छिद्रयुक्त, झंझरा, धीमा, मंद।
पीना *(हि.क्रि.)* जल या दूध, चाय आदि का सेवन।
रीना *(सं.वि.)* मछली के समान सुन्दर आँखोंवाली।
सीना *(हि.क्रि.)* कपड़े, चमड़े आदि के टुकड़ों को डोरे से जोड़ना।
रसभीना *(हि.वि.)* आनंद में मग्न।
पश्मीना *(हि.पुं.)* एक प्रकार का उत्तम कोमल ऊनी वस्त्र।
पसमीना *(हि.पुं.)* देखो पश्मीना।
पसीना *(हि.पुं.)* बसन, रहन।
पसीना *(हि.पुं.)* श्रमवारि, स्वेद।
पुष्पहीना *(सं.स्त्री.)* बन्ध्या, बाँझ स्त्री।
महीना *(हि.पुं.)* काल का वह परिमाण जो वर्ष के बारहवें अंश के बराबर होता है।
ठेंउना *(हि.पुं.)* ठेहना, घुटना।
कुनकुना मन्दोष्ण, गुनगुना।
मकुना *(हि.पुं.)* बिना मूँछ का मनुष्य।
खुनखुना *(हि.पुं.)* बालकों का बजनेवाला खिलौना, झुनझुना, घुनघुना।

गुना *(हि.पुं.)* संख्या सूचित करने के लिए शब्दों के अंत में जोड़ा जाता है जिसका अर्थ "उतनी बार" होता है, यथा-दस गुना, बीस गुना इत्यादि, गणित में गुणा करने की क्रिया।

पचगुना *(हि.वि.)* पाँच गुना।

तिगुना *(हि.वि.)* तीन गुना।

दुगुना *(हि.वि.)* द्विगुण, दूना।

बहुगुना *(हि.पुं.)* चौड़े मुँह का एक गहरा पात्र जो अनेक कामों में लाया जाता है।

दोगुना *(हि.वि.)* देखो दुगुना।

चौगुना, चौगुन *(हि.वि.)* जिसके स्पर्श से चनचनाहट उत्पन्न हो।

झुनझुना *(हि.पुं.)* छोटे लड़कों के खेलने का झुनझुन शब्द करनेवाला खिलौना।

अधुना *(सं.अव्य.)* अभ, आजकल, इन दिनों।

धुन्ना *(हि.वि.)* मन में बुरा माननेवाला।

टुन्ना *(हि.पुं.)* शून्य, बिन्दु।

खटबुना *(हि.वि.)* मंदे का बना हुआ, एक प्रकार का पकवान।

करूना *(हि.स्त्री.)* देखो करुणा।

अनुसना *(हि.वि.)* बिना सुना हुआ।

पहुना *(हि.पुं.)* देखो पाहुना।

पाहुना *(हि.पुं.)* अभ्यागत, अतिथि।

टेहुना *(हि.पुं.)* देखो घुटना।

गूना *(हि.पुं.)* एक प्रकार का पकवान।

चूना *(हि.पुं.)* पत्थर, कंकड़ आदि को फूँककर बनाया हुआ तीक्ष्ण भस्म, किसी वस्तु का ऊपर से नीचे अचानक गिरना, छिद्र से रसकर बहना *(वि.)* छिद्र द्वारा टपकनेवाला।

छूना *(हि.क्रि.)* स्पर्श होना, थोड़ा व्यवहार करना, लीपना, पोतना।

दूना *(हि.वि.)* द्विगुण, दोगुना।

मूना *(हि.पुं.)* पीतल या लोहे की अंकुसी जो टकुवे पर जड़ी रहती है।

सूना *(हि.वि.)* जनहीन, *(पु.)* निर्जन स्थान।

अलूना *(हि.वि.)* बिना नमक मिला हुआ।

खेना *(हि.क्रि.)* नाव चलाने के लिए डांडे को पानी में चलाना, निर्वाह करना।

छेना *(हि.पुं.)* फटे दूध का खोया, पनीर, कंडा।

टेना *(हि.क्रि.)* शस्त्र को पैना करने के लिए पत्थर आदि पर रगड़ना, मूँछ के बालों को खड़ा करने के लिए ऐंठना।

देना *(हि.क्रि.)* किसी वस्तु को अपने अधिकार से हटाकर दूसरे के अधिकार में स्थापित करना, सौंपना, लगाना, डालना *(पु.)* ऋण।

बेना *(हि.पुं.)* बाँस का बना हुआ छोटा पंखा, व्यंजन।

भेना *(हि.क्रि.)* भिगोना, तर करना।

फेना *(हि.क्रि.)* प्राप्त करना, थामना, स्वीकार करना, संचय करना, ऋण लेना, जीतना, मोल लेना, अधिकार में करना।

सेना *(सं.स्त्री.)* युद्ध की शिक्षा पाया हुआ अस्त्र शस्त्र से सुसज्जित मनुष्यों का समूह, *(हि.क्रि.)* सेवा टहल करना, लिए बैटे रहना, चिड़ियों का अंडे पर बैठना।

बकेन, बकेना *(हि.स्त्री.)* वह गाय या भैंस जिसको बच्चा दिए प्रायः साल भर हो गया हो और वह दूध देती हो।

अर्चना *(हि.पुं.)* नेसुआ।

बांग देना मृतक का दाह कर्म करना।

तनेना, तनेन *(हि.वि.)* तिरछा, खिंचा हुआ, टेढ़ा, क्रुद्ध।

उवेना *(हि.वि.)* जूता न पहिने हुए, नंगे पैर का।

जलसेना *(सं.स्त्री.)* समुद्र में पोत पर लड़नेवाली सेना।

बलसेना *(सं.स्त्री.)* सेनादल।

सुरसेना *(सं.स्त्री.)* देवताओं की सेना।

नौसेना *(हि.स्त्री.)* वह सेना जो जहाजों पर से लड़ती हो।

छैना *(हि.वि.)* क्षीण होना, नष्ट होना।

झना *(हि.पुं.)* बोझ बाँधने की हाँकने की छोटी छड़ी *(वि.)* तीक्ष्ण, धारदार चोखा।

मैना *(हि.स्त्री.)* काले रंग का एक प्रसिद्ध पक्षी जो सिखलाने पर मनुष्य की तरह बोली बोल सकता है।

छेना *(हि.पुं.)* वह मिठाई, पकवान आदि जो विवाहादि उत्सवों के उपलक्ष्य में इष्ट मित्रों के यहाँ भेजा जाता है।

चबेना *(हि.पुं.)* सूखा भुना हुआ अन्न, चर्वण, भूंजा।

ओना *(हि.पुं.)* गड्ढे, तालाब आदि का पानी निकालने का मार्ग।

कोना *(हि.पुं.)* कोण, नोकीला किनारा, खंट, पल्ला, लंबाई चौड़ाई मिलने का स्थान।

खोना *(हि.क्रि.)* पास की वस्तु गँवाना।

नोना *(हि.क्रि.)* देखना।

टोना *(हि.पुं.)* मन्त्र-तन्त्र का प्रयोग *(क्रि.)* छूना, हाथ से टटोलना।

ढोना *(हि.क्रि.)* बोझ ले चलना या पहुँचाना, निर्वाह करना।

दोना *(हि.पुं.)* कटोरी के आकार का पत्ते का बना हुआ पात्र।

धोना *(हि.क्रि.)* जल से स्वच्छ करना, पखारना, हटाना, मिटाना।

नोना *(हि.पुं.)* लोनी मिट्टी *(वि)* नमक मिला हुआ, खारा।

पोना *(हि.क्रि.)* गीले आटे की लोई को हाथों में घुमाकर रोटी बनाना, पिरोना, गूँथना, पकाना।

बोना *(हि.क्रि.)* किसी दाने या फल के बीज को इसलिए मिट्टी में ढालना जिससे उसमें अंकुर फूटें और पौधा उत्पन्न हो, बिखराना।

भोना *(हि.क्रि.)* लिप्त होना, भीनना।

मोना *(हि.क्रि.)* तर करना, भिगाना *(पु.)* बांस मूंज आदि का ढपनेदार पिटारा।

रोना *(हि.क्रि.)* दुःख करना, पछताना, बुरा मानना, चिढ़ना, *(पु.)* दुःख *(वि.)* रोनेवाला।

लोना *(हि.वि.)* नमकीन, सुंदर।

सोना *(हि.पुं.)* सुवर्ण, अत्यंत बहुमूल्य वस्तु, बहुत महँगी वस्तु *(हि.क्रि.)* नींद लेना।

तिकोना *(हि.वि.)* तीन कोनेवाला, एक प्रकार का नमकीन पकवान, समोसा।

चौकोना *(हि.पुं.)* जिस आकृति में चार कोण हों।

खोना *(हि.क्रि.)* नष्ट करना, व्यग्र करना, छिपाना।

भिगाना, भिगोना *(हि.क्रि.)* पानी से गीला करना।

अचोना *(हि.पुं.)* आचमनी।

निचोना *(हि.क्रि.)* देखो निचोड़ना।

सजोना *(हि.क्रि.)* देखो सजाना।

टटोना, टटोरना *(हि.क्रि.)* देखो टटोलना।

सुठि, सुठोना *(हि.वि.)* सुंदर, बढ़िया *(अव्य.)* पूरा-पूरा।

डुबोना *(हि.क्रि.)* डुबाना, बिगाड़ना।

डुबोना *(हि.क्रि.)* देखो डुबाना, बोरना।

चुभोना *(हि.क्रि.)* चुभाना, गड़ाना।

निमोना *(हि.पुं.)* पिसे हुए हरे चने या मटर के दानों को भूनकर बनाया हुआ एक व्यंजन।

अलोना *(हि.वि.)* अलवण, बिना नमक का।

सलोना *(हि.वि.)* नमकीन, रसीला, सुंदर।

बिलोना *(हि.क्रि.)* मथना, गिराना।

मिलोना *(हि.क्रि.)* देखो मिलाना।

परोना *(हि.क्रि.)* देखो पिरोना।

किरोना *(हि.पुं.)* कृमि, कीड़ा।

पिरोना *(हि.क्रि.)* तागे आदि को सूई के छेद में डालना।

सिरोना *(हि.पुं.)* इंडूरी, बिड़वा।

छू होना चले जाना।

छूमंतर होना जल्दी से लुप्त होना।

गौना *(हि.पुं.)* द्विरागमन।

छौना *(हि.पुं.)* पशु का बच्चा।

नौना *(हि.पुं.)* नमक जैसा क्षार मिट्‌टी पर उभरना।

पौना *(हि.पुं.)* पौन का पहाड़ा, लोहे की बड़ी करछी या झरनी।

बौना *(हि.पुं.)* बामन, बहुत ठिगना आदमी।

भौना *(हि.क्रि.)* भ्रमण करना, घूमना।

मौना *(हि.पुं.)* घी या तेल रखने का पात्र, मूंज की बनी हुई पिटारी।

रोना *(हि.पुं.)* देखो रोना।

उकौना *(हि.पुं.)* गर्भिणी स्त्री की लालसा, दोहद।

मघौना *(हि.पुं.)* नीले रंग का वस्त्र।

बिछौना *(हि.पुं.)* बिछावन, बिस्तर।

मजौना *(हि.पुं.)* भाड़ में भुंजा हुआ अन्न, चबेना भुनाने का शुल्क।

बेटौना *(हि.पुं.)* बेटा।

बिठौना *(हि.पुं.)* काजल का टीका जो बालक के माथे पर कुदृष्टि न पड़ने के लिए लगाया जाता है।

बुठौना *(हि.पुं.)* लड़का।

बड़ौना *(हि.पुं.)* प्रशंसा।

तरौना *(हि.पुं.)* स्त्रियों के कान में पहिनने की तरकी, कर्णफूल, मिठाई का खोमचा रखने का मोढ़ा।

मरौना *(हि.वि.)* बोझल, भारी।

घिनौना, घिनावना *(हि.वि.)* घृणित, घिनौना।

औनापौना *(हि.वि.)* चौथा हिस्सा कम।

निभौना *(हि.क्रि.)* नवाना, झुकाना, नीचे करना।

कुरौना *(हि.क्रि.)* राशि, ढेरी।

खिलौना *(हि.पुं.)* क्रीड़ा-द्रव्य, लड़कों के खेलने का पदार्थ।

नि *(सं.अव्य.)* एक उपसर्ग जिस शब्द में लगन से 'निषेध संशय, बंधन, अंतर्भाव, समूह, अधोभाव आदि' अर्थ होते हैं।

निः *(सं.अव्य.)* 'विहीन' अर्थ का एक उपसर्ग।

फनि *(हि.पुं.)* देखो फण, फणी।

सनि *(हि.वि.)* समस्त, सब।

मनि *(हि.स्त्री.)* देखो मणि।

शनि *(सं.पुं.)* शनैश्चर ग्रह।

लचकनि-लचक लचीलापन।

मुसकनि *(हि.स्त्री.)* मुसकुराहट।

त्रिलोकनि *(हि.स्त्री.)* दृष्टिवाक, कटाक्ष।

अग्नि *(सं.पुं.)* वह्नि, अनल, आग।

अत्यग्नि *(सं.पुं.)* क्षुधा का अधिक लगना।

तृणाग्नि *(सं.पुं.)* घास-फूस की आग।

मंदाकग्नि *(सं.पुं.)* अग्नि मंद होने का रोग।

बनाग्नि *(हि.स्त्री.)* दावानल।

अठराग्नि *(हि.स्त्री.)* अन्न को पचाने की पेट में की अग्नि।

बड़वाग्नि *(सं.पुं.)* बड़वानल।

कालाग्नि *(सं.पुं.)* प्रलय काल की अग्नि।

दावाग्नि *(सं.पुं.)* वन में लगने वाली अग्नि।

लगनि *(हि.स्त्री.)* लगन।

लचनि *(हि.स्त्री.)* लचक।

रजनि *(सं.स्त्री.)* रात्रि, रात।

बरजनि *(हि.स्त्री.)* रुकावट, मनाही।

कटनि *(हि.स्त्री.)* काट-छाँट।

ठटनि *(हि.स्त्री.)* आडंबर, सजावट।

नटनि *(हि.स्त्री.)* नृत्य, नाच, अस्वीकार।

टूठनि *(हि.स्त्री.)* संतोष, तृष्टि।

रूठनि *(हि.स्त्री.)* देखो रूठना।

छेवधनि *(सं.त्री.)* गंगा नदी।
बननि *(हि.स्त्री.)* बनावट, बनाव-सिंगार।
सिरमनि *(हि.पुं.)* देखो शिरोमणि।
सिरोमनि *(हि.पुं.)* देखो शिरोमणि।
चरनि *(हि.स्त्री.)* चाल, गति।
विचरनि *(हि.स्त्री.)* चलने फिरने की क्रिया।
विचरनि *(हि.क्रि.)* घूमना, चलना फिरना।
बिछुरनि *(हि.स्त्री.)* बिछुड़न।
झरनि *(हि.स्त्री.)* देखो झरन।
ढरनि (हि.स्त्री.) पतन, चित्तवृत्ति, झुकाव, दयाशीलता।
तरनि *(हि.स्त्री.)* देखो तरणि।
धरनि *(हि.स्त्री.)* देखो धरणि।
परनि *(हि.स्त्री.)* आदत, टेक।
परनि *(हि.स्त्री.)* पहनावा।
लरनि *(हि.स्त्री.)* लड़ाई, झगड़ा।
अवनि, अवनी *(सं.स्त्री.)* भूमि, पृथ्वी।
चितवनि *(हि.स्त्री.)* देखो चितवन।
चेतवनि *(हि.स्त्री.)* चितवन।
ध्वनि *(सं.पुं.)* मृदंगादि शब्द, नाद, गूंजन, लय, गूढ़ार्थ आशय।
वेदध्वनि *(सं.पुं.)* देखो वेदघोष।
तलध्वनि *(सं.पुं.)* हथेली (ताली) बजाने का शब्द।
सिंहध्वनि *(सं.पुं.)* सिंहनाद।
महाध्वनि *(सं.पुं.)* बड़े वेग का शब्द।
प्रतिध्वनि *(सं.पुं.)* वह शब्द जो अपने उत्पत्ति स्थान पर फिर से सुनाई पड़े।
नवनि *(हि.स्त्री.)* विनीत माप, दीनता, नम्रता।
रवनि, रवनी *(हि.स्त्री.)* रमणी, सुंदरी
पहिरावनि, पहिरवानी *(हि.स्त्री.)* देखो पहनावा।
लावनि *(सं.स्त्री.)* सौंदर्य, लावण्य।
जीवनि *(हि.स्त्री.)* संजीवनी बूटी।
उवनि *(हि.स्त्री.)* उदय, निकास, उठाव।
कसनि *(हि.स्त्री.)* बंधन, बंधाई।
उकसनि *(हि.स्त्री.)* उत्तेजना, घबड़ाहट।
बाजसनि *(सं.पुं.)* सूर्य।
लसनि *(हि.स्त्री.)* स्थिति, शोभा।
वसनि *(हि.स्त्री.)* निवास, रहना, वास।
ध्वसनि *(सं.पुं.)* मेघ, बादल।
गहनि *(हि.स्त्री.)* टेक, हठ, पकड़।
अगहनि *(हि.स्त्री.)* अनुचित आग्रह, झुरीअड।
लहनि *(हि.स्त्री.)* चाह, अभिलाषा, इच्छा।
वसाहनि *(हि.स्त्री.)* अंगराग।
दहनि *(हि.स्त्री.)* जलाने की क्रिया।
रहनि *(हि.स्त्री.)* चाल ढाल।
खानि *(हि.स्त्री.)* खान, ओर, प्रकार।
जानि *(सं.स्त्री.)* भार्या, पत्नी।
पानि *(हि.पुं.)* हाथ, पानी, जल।
बानि *(हि.स्त्री.)* बनावट, अभ्यास, वचन।
हान, हानि *(सं.स्त्री.)* नाश, क्षय, अभाव, बुराई, क्षति, घाटा।
कलकान, कलकानि *(हि.स्त्री.)* कोलाहल, कष्ट, दुःख।
मुसकानि *(हि.स्त्री.)* मुसकराहट।
चौखानि *(हि.स्त्री.)* चार प्रकार के जीव या अण्डज, पिण्डज, स्वेद और उद्भिज।
पछतानि *(हि.स्त्री.)* पश्चाताप।
कुबानि *(हि.स्त्री.)* बुरा अभ्यास।
ग्लानि *(हि.स्त्री.)* खिन्नता, अरुचि।
गलानि *(हि.स्त्री.)* खिन्नता, खेद, दुःख।
बलानि (हि.स्त्री.) देखो ग्लानि।
मानहानि *(सं.स्त्री.)* अप्रतिष्ठा।
कपहानि *(सं.स्त्री.)* रूप का नाश।
कालहानि *(सं.स्त्री.)* समय को व्यर्थ बिताना।
प्रतिभाहानि *(सं.पुं.)* बुद्धिनाश।
रइनि *(हि.स्त्री.)* रजनी, रात्रि, रात।
तीनि देखो तीन।
पुनि *(हि.क्रि.वि.)* फिर से, दुबारा।
मुनि *(हि.पुं.)* महात्मा, ब्रती, तपस्वी, त्यागी।
शनि *(सं.पुं.)* कुक्कुर, कुत्ता।
शाकुनि *(सं.पुं.)* व्याध, बहेलिया।
लेकधुनि *(सं.स्त्री.)* जनश्रुति।
वेनि *(हि.स्त्री.)* जगह, स्थान।
सेनि *(हि.स्त्री.)* देखो श्रेणी।
ओनि *(हि.स्त्री.)* देखो अवनि।
लोनि *(हि.स्त्री.)* देखो योनि।
योनि (सं.पुं.,स्त्री.) आकर, खान, प्राणियों का उत्पत्ति स्थान।
जगजोनि *(हि.पुं.)* जगयोनि, ब्रह्मा।
तिर्यग्योनि *(सं.स्त्री.)* पशुपक्षी आदि जीव।
जगद्योनि *(सं.पुं.)* शिव, ब्रह्मा, विष्णु, पृथ्वी।
विश्वयोनि *(सं.पुं.)* ब्रह्मा।
देवयोनि *(सं.पुं.)* देवजाति जिनके अंतर्गत विद्याधर, अप्सरा, यक्ष, राक्षस, गन्धर्व, किन्नर, पिशाच, गुह्यक और सिद्ध आते हैं।
सुधायोनि *(सं.पुं.)* चन्द्रमा।
ठौनि *(हि.स्त्री.)* स्थिति, स्थान, देखो ठवनि।
गनी *(हि.स्त्री.)* नोक, कोर, खेद, ग्लानि।
कनी *(हि.स्त्री.)* छोटा टुकड़ा, किनकी, हीरे का छोटा कण, चावल का मध्य भाग, बिंद्र।
तनी *(हि.स्त्री.)* अंगरखे आदि में पल्ला बांधने के लिए लगा हुआ बंध।

थनी *(हि.स्त्री.)* बकरी के गले की लटकती हुई स्तन के आकार की मांस की दो थैलियाँ।

धनी *(हि.वि.)* जिसके पास धन हो, *(पु.)* धनवान् पुरुष।

पनी *(हि.पुं.)* प्रतिज्ञा करनेवाला पुरुष।

मनी *(हि.स्त्री.)* देखो मणि।

रनी *(हि.पुं.)* योद्धा, लड़नेवाला।

वनी *(हि.स्त्री.)* वनस्थली, वन का टुकड़ा, वाटिका।

ककनी *(हि.स्त्री.)* छोटा कंगन, इमली का छोटा फल।

चटकनी *(हि.स्त्री.)* किवाड़ बंद करने की सिटकनी।

ढकनिया, ढकनी *(हि.स्त्री.)* ढाँपने की वस्तु।

फुकनी *(हि.स्त्री.)* बाँस, पीतल आदि की नली जिसमें मुँह की हवा भरकर आग को दहकाने के लिए उस पर छोड़ते हैं, भाथी।

बुकनी *(हि.स्त्री.)* महीन पिसा हुआ चूर्ण, वह महीन चूर्ण जिसको पानी में घोलने से कोई रंग बनता है।

सीतल, बुकनी *(हि.स्त्री.)* सत्तू।

बटखनी *(हि.स्त्री.)* चटकनी, सिटकनी।

पटखनी पटक मारना, पटक देना।

रखनी *(हि.स्त्री.)* रखेली, सुरैतिन।

लेखनी *(सं.स्त्री.)* लिखने का साधन कलम।

ठगनी *(हि.स्त्री.)* ठग की स्त्री, धूर्त स्त्री।

भगनी *(हि.स्त्री.)* देखो भगिनि।

मँगनी *(हि.स्त्री.)* माँगने की क्रिया या भाव।

अरगनी (हि.स्त्री.) वस्त्र इत्यादि टाँगने की रस्सी या लकड़ी।

अलगनी *(हि.स्त्री.)* कपड़ा टाँगने की डोरी।

सिंगनी (हि.स्त्री.) देखो मेंगनी।

उंगली (हि.स्त्री.) गाड़ी के पहिए में तेल देने का काम।

मेंगनी *(हि.स्त्री.)* पशुओं की गोलियों के रूप में विष्ठा।

बैगनी *(हि.वि.)* देखो बैंगनी।

बैगनी *(हि.वि.)* ललाई लिए नीले रंग का।

सोगनी *(हि.स्त्री.)* शोक करनेवाली।

महोगनी *(सं.पुं.)* एक प्रकार का बड़ा सदाबहार वृक्ष, इसकी लकड़ी पुष्ट, टिकाऊ और बहूमूल्य होती है।

धुंधनी *(हि.स्त्री.)* तेल या घी में तला हुआ, भिगाया हुआ अन्न।

सुंघनी *(हि.स्त्री.)* तमाखू के पत्ते की महीन बुकनी जो सूंघी जाती है।

बाड़नी *(हि.स्त्री.)* कोड़ा, बाधुक।

साँड़नी *(हि.स्त्री.)* ऊंटनी जो वेग से चलती है और सवारी के काम में आती है।

खुरचनी *(हि.स्त्री.)* खुरचने का अस्त्र।

पोचनी *(हि.स्त्री.)* महीन छेद करने का यंत्र।

मृगलोचना, मृगलोचनी *(सं.स्त्री.)* हरिण के समान नेत्रवाली स्त्री।

सुलोचनी *(हि.वि.)* सुंदर नेत्रवाली।

जौचनी *(हि.स्त्री.)* चना मिला हुआ जव।

कछनी *(हि.स्त्री.)* जांघिये के ऊपर पहनने का वस्त्र।

भजनी *(हि.वि.)* भजन गानेवाला।

रामजनी *(हि.स्त्री.)* वेश्या, रंडी।

तर्जनी *(सं.स्त्री.)* अंगूठे के पास की हाथ की अंगुली।

रजनी *(सं.स्त्री.)* रात्रि, रात।

तरजनी *(हि.स्त्री.)* अंगूठे के पास की अंगुली।

सजनी *(हि.स्त्री.)* सखी।

मार्जनी *(सं.स्त्री.)* झाड़ू।

केशमार्जनी *(सं.स्त्री.)* कंघी।

बरजनी *(हि.स्त्री.)* देखो मार्जनी।

महाजनी *(हि.स्त्री.)* रुपए के लेन-देन का व्यवसाय महाजनों के यहाँ बही खाता लिखने की एक लिपि जिसमें मात्राएँ आदि नहीं लगाई जातीं, मुडिया अक्षर।

पेंजनी *(हि.स्त्री.)* देखो पैजनी।

पजनियां, पैंखनी *(हि.स्त्री.)* पैर में पहनने का एक गहना जो चलने पर झनझन शब्द करता है, सग्गड़ या बैलगाड़ी के पहिये के आगे की ओर की वह टेढ़ी लकड़ी जिसके छेद में पहिया या धुरा निकला रहता है।

बैंजनी *(हि.वि.)* देखो बैंगनी।

अटनि, अटनी (स.स्त्री.) धनुष का वह भाग जहाँ रोंदा चढ़ाया जाता है।

कटनी *(हि.स्त्री.)* कतरना, कटाई, दौड़।

खटनी अधिक परिश्रम करनेवाली।

चटनी *(हि.स्त्री.)* चाटने की वस्तु, अवलेह।

तटनी *(हि.स्त्री.)* नदी, सरिता।

नटनी *(हि.स्त्री.)* नट की पत्नी।

पटनी *(हि.स्त्री.)* कोठे के नीचे का घर, स्थायी पट्टे पर मिली हुई भूमि।

बहुटनी *(हि.स्त्री.)* बाँह पर पहनने का एक गहना।

घोंटनी *(हि.स्त्री.)* घोंटने की कोई वस्तु।

कढ़नी *(हि.स्त्री.)* मथानी की रस्सी।

बढ़नी *(हि.स्त्री.)* झाड़, बोहारी।

ओढ़नी *(हि.स्त्री.)* स्त्रियों के ओढ़ने का वस्त्र, छोटी चादर।

सुथनी *(हि.स्त्री.)* स्त्रियों के पहनने का पायजामा, सुथना।

पत्नी *(सं.स्त्री.)* स्त्री, भार्या, जाया।

एकपत्नी *(सं.स्त्री.)* पतिव्रता स्त्री।

धर्मपत्नी *(सं.स्त्री.)* विवाहिता स्त्री।

पत्नी *(सं.स्त्री.)* छाया।

रूद्रपत्नी *(सं.स्त्री.)* दुर्गा।

सपत्नी *(सं.स्त्री.)* पत्नी सहित।

कतनी *(हि.स्त्री.)* सूत कातने की टेकुरी।

कर्तनी *(सं.स्त्री.)* कतरनी, कैंची।

नखकर्तनी *(सं.स्त्री.)* नाखून काटने का औजार।

छितनी *(हि.स्त्री.)* बाँस की छिछली टोकरी।

भूतनी प्रेतनी।

कथनी *(हि.पुं.)* बातचीत, बकवाद।

नथनी नथ, नाक में पहनने का गहना।

मथनी *(हि.स्त्री.)* मथने की क्रिया।

हथनी *(हि.स्त्री.)* मादा हाथी, हथिनी।

मदनी *(सं.स्त्री.)* सुरा, मदिरा, कस्तूरी।

विधुबदनी *(हि.स्त्री.)* चंद्रमुखी, सुंदर स्त्री।

विधुवदनी *(सं.स्त्री.)* चंद्रमा के समान मुखवाली स्त्री, सुंदर स्त्री।

सिरधनी *(हि.स्त्री.)* धोती।

चंदनी *(हि.स्त्री.)* चंद्रिका, चंद्रमा का प्रकाश, बिछावन की उज्ज्वल चादर।

खोदनी *(हि.स्त्री.)* खोदने का छोटा अस्त्र।

गोदनी *(हि.स्त्री.)* गोदना गोदने की सुई।

बंदनी *(हि.स्त्री.)* सिर पर पहनने का स्त्रियों का एक आभूषण।

शतघ्नी *(सं.स्त्री.)* एक प्रकार का प्राचीन शास्त्र।

बर्धनी *(सं.स्त्री.)* सम्मार्जिनी, झाड़ू।

करधनी *(हि.स्त्री.)* कमर में पहिनने का आभूषण।

दावनी *(हि.स्त्री.)* राजगीर का भूमि चौरस करने का एक औजार।

निधनी *(हि.वि.)* धनहीन, दरिद्र।

वेधनी *(सं.स्त्री.)* अंकुश।

हरिप्रतोधनी *(सं.स्त्री.)* कार्तिक शुक्ल, एकादशी।

शोधनी *(सं.स्त्री.)* सम्मार्जिनी, झाड़, बोहारू।

कंधनी *(हि.स्त्री.)* किंकिणी, कमर में पहनने का आभूषण।

बन्धनी *(सं.स्त्री.)* शरीर के बंधन स्थान पर की मोटी नसें जो अवयवों को बाँधे रहती हैं।

कन्नी *(हि.स्त्री.)* पतंग को सीधी रखने के लिए इसके एक ओर बाँधी हुई वस्तु।

अठन्नी *(हि.स्त्री.)* आठ आने की चाँदी की मुद्रा।

तन्नी *(हि.स्त्री.)* तराजू की रस्सी जिसमें पल्ला बंधा होता है।

धन्नी *(हि.)* एक जाति।

पन्नी *(हि.स्त्री.)* रांगे या पीतल के बहुत पतले पत्र, सुनहला या रूपहला कागज।

फन्नी *(हि.स्त्री.)* लकड़ी आदि का वह टुकड़ा जो किसी ढीली वस्तु को दृढ़ करने के लिए ठोंका जाता है।

बन्नी *(हि.स्त्री.)* उपज का कोई अंश जो खेत में काम करनवालों को वेतन के बदले में दिया जाता है।

चरन्नी *(हि.स्त्री.)* चवन्नी।

चवन्नी *(हि.स्त्री.)* चार आने के मूल्य का सिक्का।

जननी *(सं.स्त्री.)* उत्पन्न करनेवाली माता।

स्त्रीजननी *(सं.स्त्री.)* वह स्त्री जो केवल कन्या उत्पन्न करती है।

सननी *(हि.स्त्री.)* देखो सानी।

जपनी *(हि.स्त्री.)* जपने की माला।

तपनी *(हि.स्त्री.)* वह स्थान जहाँ पर बैठकर जाड़े के दिनों में लोग आग तापते हैं, कौड़ा।

टिप्पणी *(सं.स्त्री.)* व्याख्या, टीका।

पपनी, पपरी *(हि.स्त्री.)* बरौनी।

दरपनी *(हि.स्त्री.)* छोटा दर्पण।

लगनी *(हि.स्त्री.)* छोटी थाली।

कफनी *(हि.स्त्री.)* साधु के पहनने का बिना सिला हुआ वस्त्र जिसमें गला डालने के लिए एक छिद्र होता है।

आचमनी *(हि.स्त्री.)* छोटे चम्मच के आकार का पात्र जिससे आचमन किया जाता है।

धमनी *(सं.स्त्री.)* नाड़ी आदि का संचार करनेवाली छोटी या बड़ी नली।

रूपमनी *(हि.वि.)* रूपवती, सुंदर।

रमनी *(हि.स्त्री.)* देखो रमणी।

जामनी *(हि.स्त्री.)* देखो यामिनी।

दामिनी *(सं.स्त्री.)* रस्सी, डोरी।

दामनी *(सं.स्त्री.)* बौनी स्त्री।

डोमनी *(हि.स्त्री.)* डोम जाति की स्त्री।

नवनी *(सं.स्त्री.)* आँख की पुतली।

हरिशयनी *(सं.स्त्री.)* आषाढ़ शुक्ला एकादशी।

करनी *(हि.स्त्री.)* कर्म, कार्य, करतब, अन्त्येष्टि क्रिया, राजगीर का वह अस्त्र जिससे वे मसाला उठाते और भीत पर लगाकर उसको चिकनाते हैं।

धरनी *(हि.स्त्री.)* घरवाली, गृहिणी।

चरनी *(हि.स्त्री.)* पशुओं के चरने का स्थान, जिस नांद में चौपायों को खाने के लिए चारा दिया जाता है।

तरनी *(हि.स्त्री.)* नौका, नाव, मिठाई का थाल या खोमचा रखने का छोटा मोढ़ा।

धरनी *(हि.स्त्री.)* देखो धरणी।

मरनी *(हि.स्त्री.)* मृत्यु, दुख, कष्ट।

सुमरनी *(हि.स्त्री.)* नाम जपने की छोटी माला।

सरनी *(हि.स्त्री.)* मार्ग।

हरनी *(हि.स्त्री.)* मादा हरिण, मृगी।

नहरनी *(हि.स्त्री.)* नख काटने का यंत्र।

मोहारनी *(हि.स्त्री.)* पाठशाला में बालकों का एक साथ खड़े होकर पहाड़े पढ़ना।

खिरनी *(हि.स्त्री.)* क्षारिणी वृक्ष।

घिरनी *(हि.स्त्री.)* मराड़ी, चक्कर।

मोरनी *(हि.स्त्री.)* मोर पक्षी की मादा।

चलनी *(हि.स्त्री.)* आटा आदि को महीन छानने की चलनी।

छलनी *(हि.स्त्री.)* आटा चालने का बरतन, चलनी।

टहलनी *(हि.स्त्री.)* दासी, नौकरानी।

चालनी *(हि.वि.)* आटा चालने की चलनी, छलनी।

किलनी *(हि.स्त्री.)* एक कीड़ा जो पशुओं के शरीर पर चिपका रहता है और इनका लोहू चूसता है।
बिलनी *(हि.स्त्री.)* काली, भौंरा, आँख की पलक पर होनेवाली फुंसी।
छोलनी *(हि.स्त्री.)* हलवाई की खुरचनी।
कुबोलनी *(हि.वि.)* बुरी बात कहने वाली।
ठवनी *(हि.स्त्री.)* बैठने का ढंग, मुद्रा, स्थिति।
तवनी *(हि.स्त्री.)* छोटा तवा।
दवनी *(हि.स्त्री.)* देखो दंवरी।
भवनी *(हि.स्त्री.)* गृहिणी, भार्या, स्त्री।
पवनी *(सं.स्त्री.)* यवन जाति की स्त्री।
छावनी *(हि.स्त्री.)* पड़ाव, डेरा, सेना के ठहरने का स्थान।
पठावनि, पठावनी *(हि.स्त्री.)* किसी मनुष्य का कहीं कोई वस्तु लेकर अथवा संदेश पहुँचाने के लिए भेजना, इस कार्य का वेतन।
चितावनी *(हि.स्त्री.)* सावधान करने की क्रिया।
चेतावनी *(हि.स्त्री.)* सावधान होने की सूचना।
दावनी *(हि.स्त्री.)* देखो दांवरी।
सुनावनी *(हि.स्त्री.)* परदेश से किसी संबंधी आदि की मृत्यु का समाचार आना।
पावनी *(सं.वि.)* पवित्र करने वाली।
यावनी *(सं.वि.)* यवन संबंधी।
पधरावनी *(हि.स्त्री.)* आदरपूर्वक किसी प्रतिष्ठित को ले जाकर बैठाने की क्रिया।
रधुरावनी *(हि.स्त्री.)* वह पहिनावा जिसको कोई बड़ा अपने से छोटे को दे।
सावनी *(हि.स्त्री.)* देखो श्रावणी, *(वि.)* सावन महीने का।
प्रसिवनी *(सं.स्त्री.)* जन्म देनेवाली, माता।
जीवनी *(हि.स्त्री.)* जीवन चरित्र।
संजीवनी *(सं.स्त्री.)* जीवदिगिनी औषधि।
सेवनी *(हि.स्त्री.)* सूची, सूई, टांका, दासी।
रोधकओवनी *(हि.स्त्री.)* रोने-धोने का काम।
कर्षनी *(हि.क्रि.)* खींचना।
कसनी *(हि.स्त्री.)* रस्सी, चोली, बैठन, कसौटी, परीक्षा।
ठसनी *(हि.स्त्री.)* ठूसने का गज या छड़।
सनसनी *(हि.स्त्री.)* उद्वेग खलबली।
व्यसन, ब्यसनी *(हि.वि.)* देखो व्यसन, ब्यसनी।
व्यसनी *(हि.वि.)* जिसको किसी प्रकार का व्यसन हो।
ळंसनि, हंसनी *(हि.स्त्री.)* देखो हँसी।
आसनी *(सं.स्त्री.)* छोटा आसन।
चासनी *(हि.स्त्री.)* देखो चाशनी।
डासनी *(हि.स्त्री.)* चारपाई, पलंग।
उपासनी *(हि.स्त्री.)* अन्नप्राशन।
नकधिसनी *(हि.स्त्री.)* अति दीनता।
बिसनी *(हि.स्त्री.)* जिसको किसी बात का व्यसन हो।
चुसनी *(हि.स्त्री.)* बच्चों का चूसने का खिलौना।
उबहनी *(हि.स्त्री.)* रस्सी।
करहनी *(हि.पुं.)* एक अगहनी श्रान।
लहनी *(हि.स्त्री.)* प्राप्ति, फल, भोग।
बाहनी *(हि.स्त्री.)* सेना।
साहनी *(हि.स्त्री.)* सेना, साथी, संगी।
कुहनी *(हि.स्त्री.)* हाथ और बाँह के जोड़ की हड्डी, टेढ़ी बनी हुई नली।
दुहनी *(हि.स्त्री.)* वह पात्र जिसमें गाय, भैंस आदि का दूध दुहा जाता है।
गेहनी *(हि.स्त्री.)* गृहिणी, घरनी, भार्या।
कोहनी *(हि.स्त्री.)* देखो कुहनी।
दोहनी *(सं.स्त्री.)* दूध दुहने का मिट्टी का पात्र, दूध दुहन का काम।
बोहनी *(हि.स्त्री.)* किसी दिन की पहली बिक्री।
सोहनी *(हि.स्त्री.)* झाड़ू, बुहारी, खेत में की घास निकालने की क्रिया।
षडदर्शनी *(हि.पुं.)* दर्शनों को जानने वाला, ज्ञानी।
प्रदर्शनी *(सं.स्त्री.)* वह स्थान जहाँ पर भिन्न-भिन्न प्रकार की वस्तु लोगों को दिखलाने के लिए रखी जाती है।
चाशनी *(हि.स्त्री.)* मिश्री, चीनी अथवा गुड़ का अग्नि पर पकाकर गाढ़ा किया हुआ रस।
टहनी *(हि.स्त्री.)* वृक्ष की पतली डाली।
कानी *(हि.स्त्री.)* एक आँखवाली स्त्री, सबसे छोटी हाथ की अंगुली।
जानी (हि.अव्यय.) मानो, जैसे।
छानी *(हि.स्त्री.)* छप्पर।
तवानी *(हि.स्त्री.)* कपड़े की बुनावट में वह सूत जो लंबाई के बल हो।
थानी *(हि.पुं.)* स्थान का मालिक।
दानी दान करने वाला।
धानी *(सं.स्त्री.)* आधार, वह जिसमें कोई वस्तु रखी जाए, स्थान *(हि.स्त्री.)* धान की पत्ती के समान रंग का।
नानी *(हि.स्त्री.)* माता की माता, मातामही।
पानी *(हि.पुं.)* पानीय, जल, वष्ठि।
बानी *(हि.स्त्री.)* वचन, प्रतिज्ञा, साधु महात्मा का उपदेश, वाणिज्य।
भानी *(सं.वि.)* अभिमानी, गर्वी।
रानी *(हि.स्त्री.)* राजा की पत्नी, स्वामिनी, मालकिन, स्त्रियों के लिए आदरसूचक शब्द।
सानी *(हि.स्त्री.)* वह भोजन जो पानी में सानकर पशुओं को खिलाया जाता है।
ज्ञानी *(सं.वि.)* ब्रह्मज्ञानी, जिसको सच्चा ज्ञान हो।
आनाकानी *(हि.स्त्री.)* जान बूझकर टालना।
टिकानी *(हि.स्त्री.)* टिकाव।

टेकानी *(हि.पुं.)* वह लोहे की कील जो पहिये को रोकने के लिए लगाई रहती है।
रूखानी *(हि.स्त्री.)* बढ़इयों का एक धारदार अस्त्र।
सुखानी *(हि.पुं.)* मल्लाह, मांझी।
झडानी *(हि.पुं.)* रोकने का साधन।
आगमजानी भविष्य जाननेवाला।
सुजानी *(हि.वि.)* ज्ञानी, पंडित।
लोटानी *(हि.क्रि.वि.)* लौटती समय।
जिठानी *(हि.स्त्री.)* पति के बड़े भाई की स्त्री।
जेठानी *(हि.स्त्री.)* पति के बड़े भाई (जेठ) की स्त्री।
क्रिस्तानी *(हि.वि.)* ईसाइयों का धर्म मानने वाला।
एंचातानी *(हि.वि.)* कठिनता, खींच-खाँच, कलह, युद्ध।
एंचातानी *(हि.स्त्री.)* खींचा-खाँची।
पण्डितानी (हि.स्त्री.) पण्डित की स्त्री।
पंडितानी *(हि.स्त्री.)* पंडित की स्त्री, ब्राह्मणी।
पुरोहितानी *(हि.स्त्री.)* पुरोहित की स्त्री।
संनिवानी *(हि.वि.)* अधिकार में रखनेवाला।
तदानी *(सं.अव्य.)* उसी समय, तब।
दीपदानी *(हि.स्त्री.)* घी की बारी हुई बत्ती रखने की डिबिया।
धूपदानी *(हि.स्त्री.)* छोटा धूपदान।
वमदानी *(हि.स्त्री.)* वादले के तार या सलमे सितारे का कपड़ों पर काम।
वरदानी *(सं.पुं.)* मनोरथ पूर्ण करनेवाला।
घूरदानी *(हि.स्त्री.)* घूरे का ढेर।
इदानी *(सं.अव्य.)* अधुना, अभ, अब।
मंसदानी, मसिवानी *(हि.स्त्री.)* दावात।
बालूदानी *(हि.स्त्री.)* बालू रखने की मंझरीदार छोटी डिबिया (रोशनाई) आदि सुखाई जाती है।
छान, चूहेदानी *(हि.पुं.)* चूहों को फँसाने का पिंजड़ा।
मैदानी *(हि.वि.)* मैंदे का बना हुआ, मैदान का।
रजधानी *(हि.स्त्री.)* देखो राजधानी।
राजधानी *(सं.स्त्री.)* वह प्रधान नगर जहाँ किसी देश का राजा या शासक रहता है।
नस्यधानी *(सं.स्त्री.)* सूंघनी रखने की डिबिया।
शतावधानी *(सं.पुं.)* रचने या बनाने वाला।
विधानी *(हि.पुं.)* विधिपूर्वक कार्य करने वाला।
बिनानी *(हि.वि.)* अज्ञानी।
पतपानी *(हि.पुं.)* प्रतिष्ठा, मान।
काला पानी *(हि.पुं.)* देश से निकाले जाने का दण्ड।
तकबानी *(हि.स्त्री.)* व्यग्रता, दमा।
अमानी *(हि.वि.)* अभिमान रहित बिना गर्व का।
अगमानी *(हि.स्त्री.)* अतिथि आदि का आगे जाकर स्वागत करना *(पु.)* नेता, सरदार।
यजमानी *(हि.स्त्री.)* यजमान का भाव या धर्म।
प्रमानी *(हि.वि.)* प्रमाण योग्य, माननीय।
महामानी *(हि.वि.)* बहुत बड़ा घमंडी।
बिमानी *(हि.वि.)* मानरहित।
अभिमानी *(सं.वि.)* गर्वयुक्त, अहंकारी।
गुमानी *(हि.वि.)* अहंकारी, घमंडी।
बहुमानी *(सं.वि.)* अधिक आदरणीय।
बकध्यानी *(हि.वि.)* वह जो देखने में सीधा परंतु वस्तुतः कपटी हो।
पितियानी *(हि.स्त्री.)* चाचा की स्त्री, चाची।
चकरानी *(हि.स्त्री.)* दासी।
चकरनी, चाकरानी *(हि.स्त्री.)* नौकरानी, दासी।
पटरानी *(हि.स्त्री.)* किसी राजा की सबसे बड़ी या मुख्य रानी जिसको राजा के साथ सिंहासन पर बैठने का अधिकार हो।
पाटरानी *(हि.स्त्री.)* देखो पटरानी।
खतरानी *(हि.स्त्री.)* खत्री जाति की स्त्री।
नंदरानी *(हि.स्त्री.)* नंद की स्त्री, यशोदा।
दिबरानी *(हि.स्त्री.)* देखो देवरानी।
शिवरानी *(हि.स्त्री.)* पार्वती।
देवरानी *(हि.स्त्री.)* पति के छोटे भाई की स्त्री।
विरानी *(हि.स्त्री.)* देखो देवरानी।
विधिरानी *(हि.स्त्री.)* सरस्वती।
ठकुरानी *(हि.स्त्री.)* ठाकुर की स्त्री, सरदारिन, रानी, स्वामिनी।
बिदुरानी *(हि.स्त्री.)* मुस्कुराहट।
केरानी *(हि.पुं.)* युरेशियन, दोगुना, यूरोपियन।
चलानी *(हि.स्त्री.)* पैर की अंगुलियों में पहनने का एक गहना।
मातुलानी *(सं.स्त्री.)* मामी।
सैलानी *(हि.वि.)* आनंदी, मनमौजी।
अगवानी *(हि.स्त्री.)* आगे जाकर स्वागत, विवाह के समय कन्या पक्षवालों का वर पक्षवालों की अभ्यर्थता *(पु.)* अग्रसर, अगुआ।
बिचवान, बिचवानी *(हि.पुं.)* मध्यस्थ।
मछवानी *(हि.स्त्री.)* प्रसूता स्त्रियों को दिया जानेवाला एक पाक विशेष।
किसानी *(हि.स्त्री.)* खेती का काम *(वि.)* कृषि संबंधी।
कहानी *(हि.स्त्री.)* कथा, मिथ्या वचन।
चिह्नानी, चिह्नारी *(हि.स्त्री.)* पहिचान, स्मारक।
तिमुहानी *(हि.स्त्री.)* वह स्थान जहाँ तीन सड़कें मिली हों।
चौमुहानी *(हि.स्त्री.)* चतुष्पथ, चौराहा।
अज्ञानी *(सं.वि.)* अबोध, मूर्ख।
ब्रह्मज्ञानी *(सं.वि.)* परमार्थ तत्व का ज्ञान रखनेवाला।
तत्वज्ञानी *(सं.पुं.)* तत्वज्ञ, दार्शनिक।
ज्ञानी *(सं.पुं.)* सब कुछ जानने वाला।

विज्ञानी *(हि.पुं.)* वह जिसको किसी विषय का अच्छा ज्ञान हो, वैज्ञानिक।
रसाइनी *(हि.पुं.)* रसायन विद्या जाननेवाला।
दिनी *(हि.वि.)* बहुत दिनों का पुराना।
रिनी *(हि.वि.)* देखो ऋणी।
सिटकिनी (हि.स्त्री.) एक प्रकार की पतली छड़ जो किवाड़ बंद करने के लिए लगाई जाती है, चटखनी।
लरकिनी *(हि.स्त्री.)* देखो लड़की।
डाकिन, डाकिनी *(सं.स्त्री.)* पिशाची, डाइन, चुड़ैल।
मंदाकिनी *(सं.स्त्री.)* गंगा की वह प्रधान धारा जो स्वर्ग को चली गई है।
दक्खिनी *(हि.वि.)* जो दक्षिण दिशा में हो *(पु.)* दक्षिण देश का रहनेवाला।
जाखिनी *(हि.स्त्री.)* देखो यक्षिणी।
शिखिनी *(सं.स्त्री.)* मोरनी, मुर्गी।
ठगिन, ठगिनी *(हि.स्त्री.)* वह स्त्री जो दूसरे को धोखा देकर उसका धन लूटती है, लुटेरिन।
भगिनी *(सं.स्त्री.)* सहोदरा, बहिन।
धर्मभगिनी *(सं.स्त्री.)* धर्म के अनुसार मानी हुई बहिन, गुरु की कन्या।
मृगिनी *(हि.स्त्री.)* हरिणी।
सौभागिनी (हि.स्त्री.) सोहागिन।
जोगिनी *(हि.स्त्री.)* देखो योगिनी।
योगिनी *(सं.स्त्री.)* योगाभ्यासिनी।
अर्धांगिनी *(सं.स्त्री.)* स्त्री, पत्नी।
सिंधिनी *(हि.स्त्री.)* देखो सिहिनी।
यच्छिनी *(हि.स्त्री.)* देखो दक्षिणी।
सम्मार्जिनी *(सं.स्त्री.)* झाड़ू, बुहारी।
शिंजिनी *(सं.स्त्री.)* धुनष की डोरी, चिल्ला।
श्रुजिनी *(हि.स्त्री.)* सेना।
सरोजिनी *(सं.स्त्री.)* पद्म, कमल।
तटिनी *(सं.स्त्री.)* नदी, सरिता।
पुटिनी *(सं.स्त्री.)* फेनी नाम की मिठाई।
कठिनी *(सं.स्त्री.)* खटिका, खड़िया।
शिखण्डिनी *(सं.स्त्री.)* मयूरा, मारना।
भाण्डिनी *(सं.स्त्री.)* मंजूषा, छोटी पेटी।
वरवर्णिनी *(सं.स्त्री.)* अत्युत्तमा स्त्री।
नतिनी *(हि.स्त्री.)* लड़की की लड़की।
यतिनी *(सं.स्त्री.)* संन्यासिनी।
हस्तिनी *(सं.स्त्री.)* मादा हाथी, हथिनी।
पुतिनी *(सं.स्त्री.)* पुत्रवती स्त्री।
भूतिनी *(हि.स्त्री.)* पिशाचिनी, डाइन।
सीयन्तनी *(सं.स्त्री.)* नारी, स्त्री।
हथिनी *(हि.स्त्री.)* मादा हाथी, हथनी।
मन्थिनी *(सं.स्त्री.)* दही मथने का यंत्र।
हंसनादिनी *(सं.स्त्री.)* मधुरभाषिणी।
कुमुदिनी *(सं.स्त्री.)* चांदनी।
मेदिनी *(सं.स्त्री.)* पृथ्वी, धरती।
नंदिनी *(सं.स्त्री.)* गंगा, ननद, कन्या, पुत्री।
प्रबोधिनी *(सं.स्त्री.)* कार्तिक शुक्ल पक्ष की एकादशी, देवोत्थान।
सुबोधिनी *(सं.स्त्री.)* अच्छे ज्ञानवाला।
विरोधिनी *(सं.स्त्री.)* विरोध करनेवाली।
तिन्नी *(हि.स्त्री.)* तालों में होनेवाला एक प्रकार का छोटा धान।
पिन्नी *(हि.स्त्री.)* आटे या अन्य प्रकार के अन्न के चूर्ण में गुड़ या चीनी मिलाकर बनाई हुई मिठाई।
वानिनी *(सं.स्त्री.)* गर्भवती स्त्री।
लोनिनी *(सं.स्त्री.)* चंचल प्रकृति की स्त्री।
कलापिनी *(सं.स्त्री.)* रात्रि, मयूरी।
कादम्बिनी *(सं.स्त्री.)* मेघमाला, घाट।
गाभिन, गाभिनी *(हि.वि.)* गर्भिणी।
पद्मिनी *(सं.स्त्री.)* पद्मलता, कमलिनी।
सहधर्मिनी *(हि.स्त्री.)* पत्नी।
दामिनी *(सं.स्त्री.)* सुंदरी, भीरू स्त्री।
गजगामिनी *(सं.स्त्री.)* हाथी के समान मंद गति से चलनेवाली स्त्री।
हंसगामिनी *(सं.स्त्री.)* हंस के समान मंदगति से चलनेवाली स्त्री।
सहगामिनी *(सं.स्त्री.)* सहचरी, पत्नी।
जामिनी *(हि.स्त्री.)* देखो यामिनी।
दामिनी *(सं.स्त्री.)* विद्युत, बिजली।
सौदामिनी *(सं.स्त्री.)* बिजली।
भामिनी *(सं.स्त्री.)* स्त्री।
यामिका, यामिनी *(सं.स्त्री.)* रात।
स्वामिन, स्वामिनी *(हि.स्त्री.)* मालकिन।
पदुमिनी *(हि.वि.)* देखो पद्मिनी।
दायिनी *(सं.वि.)* देनेवाली।
ऋनी *(हि.वि.)* देखो ऋणी।
हरिनी *(सं.स्त्री.)* मादा हरिण।
नलिनी *(सं.स्त्री.)* कमलिनी।
कमलिनी *(सं.स्त्री.)* छोटा कमल।
सृगालिनी, सृगाली *(सं.स्त्री.)* सियारिन, लोमड़ी।
मृणालिनी *(सं.स्त्री.)* पद्मिनी, कमलिनी।
वालिनी *(सं.स्त्री.)* मालिन, चंपानगरी।
शैवालिनी *(सं.स्त्री.)* नदी।
वनस्विनी *(सं.स्त्री.)* श्रेष्ठ विचार की स्त्री।
तपस्विनी *(सं.स्त्री.)* तपस्या करने वाली स्त्री।
पयस्विन, पयस्विनी *(सं.स्त्री.)* नदी, दूध देनेवाली गाय, बकरी।

यशस्विनी (स.स्त्री.) कीर्तिमान।
मायाविनी *(सं.स्त्री.)* छल कपट करनेवाली स्त्री।
केशिनी *(सं.स्त्री.)* बड़े-बड़े बालों वाली स्त्री।
देशिनी *(सं.स्त्री.)* अंगूठे और मध्यमा के बीच की अँगुली।
सुआसिनी *(हि.स्त्री.)* देखो सुवासिनी।
विलासिनी *(सं.स्त्री.)* सुंदर युवा स्त्री, वेश्या।
सुवासिनी *(सं.स्त्री.)* सधवा स्त्री।
बिसासिनी *(सं.स्त्री.)* जिस पर विश्वास न किया जा सके।
बाहिनी *(हि.स्त्री.)* सेना।
वाहिनी *(सं.स्त्री.)* सेना।
सुरवाहिनी *(सं.स्त्री.)* गंगा नदी।
सिहिनी *(सं.स्त्री.)* मादा सिंह, शेरनी।
गेहिनी *(सं.स्त्री.)* गृहिणी, भार्या।
अच्छोहिनी *(हि.स्त्री.)* देखो अक्षोहिणी।
मोहिनी *(सं.वि.)* मोहनेवाली।
सोहिनी *(सं.स्त्री.)* शोभायमान, सुंदर।
चीनी *(हि.स्त्री.)* शक्कर *(वि.)* चीन देश का, चीन देश या चाइना संबंधी।
पीनी *(हि.स्त्री.)* तीसी, तिल आदि की खली।
कच्ची चीनी *(हि.स्त्री.)* गलाकर स्वच्छ न की हुई चीनी।
भीनी *(हि.वि.)* मीठी।
नसीनी *(हि.स्त्री.)* संसार, दुनिया।
पुनी *(हि.स्त्री.)* पूर्णिमा, *(पु.)* पुण्यात्मा, धर्मात्मा।
शुनी *(सं.स्त्री.)* कुक्कुरी, कुतिया।
मउनी *(हि.स्त्री.)* छोटी डलिया।
मकुनी *(हि.स्त्री.)* एक प्रकार की पाटी या लिट्टी।
शकुनी *(हि.पुं.)* शकुनों का शुभाशुभ फल जाननेवाला।
लगुनी *(हि.स्त्री.)* हाथ की सबसे छोटी अंगुली।
गंगाजमुनी *(हि.वि.)* दोरंगा, मिला हुआ, सोने चाँदी अथवा पीतल तांबे इन दो धातुओं का बना हुआ, काला तथा सफेद।
झुनझुनी *(हि.स्त्री.)* शरीर के किसी अंग में उत्पन्न एक प्रकार की सनसनाहट।
धुन्नी *(हि.वि.)* नन्हीं, छोटी।
युन्नी *(हि.स्त्री.)* स्तम्भ, खंभा, चांड।
स्वर्धुनी *(सं.स्त्री.)* गंगा।
फुनफुनी (हि.अव्य.) बारंबार।
बरनी *(हि.स्त्री.)* वरौनी।
जामुनी *(हि.वि.)* जामुन के रंग का।
गाहुनी *(हि.स्त्री.)* आतिथ्य सत्कार।
पिउनी *(हि.स्त्री.)* देखो प्यनी।
छिगुनी *(हि.स्त्री.)* हाथ की सबसे छोटी अंगुली।
टिहुनी (हि.स्त्री.) घुटना, कोहनी।
टेंधुनी *(हि.स्त्री.)* घुटने पर की चक्की।
ऊनी *(हि.वि.)* ऊन का बना हुआ।
चूनी *(हि.स्त्री.)* अन्न का कण या छोटा टुकड़ा, माणिक रत्न का छोटा टुकड़ा।
चुंनी *(हि.स्त्री.)* अन्न का कण।
थूनी *(हि.स्त्री.)* स्तम्भ, खंभा, चाड़।
धूनी *(हि.स्त्री.)* देवपूजन अथवा सुगंध के लिए कपूर, अगर, गुगुल आदि सुगन्धित द्रव्यों को जलाकर उठाया हुआ धुआँ, साधुओं के तापने की आग।
पूनी *(हि.स्त्री.)* पवित्रता, शुद्धि *(हि.स्त्री.)* धुनी हुई रूई की बड़ी बत्ती जो सूत कातने के लिए बनाई जाती है।
बतुनिया, बातूनी *(हि.वि.)* बहुत बोलनेवाला, बकवादी।
प्यूनी *(हि.स्त्री.)* पत्थर, धातु आदि काटने का अस्त्र, टांकी।
टेनी *(हि.स्त्री.)* छोटी अँगुली।
वेनी *(हि.स्त्री.)* स्त्रियों की चोटी, वेणी।
तिरबेनी *(हि.स्त्री.)* देखो त्रिवेणी।
नसेनी (हि.स्त्री.) सीढ़ी।
स्त्रेनी *(हि.स्त्री.)* देखो श्रेणी।
त्रिवेनी *(हि.स्त्री.)* देखो त्रिवेणी।
शौरसेनी *(सं.स्त्री.)* प्राचीन काल की एक प्रसिद्ध प्राकृत भाषा।
बिसेनी *(हि.स्त्री.)* सोपान, सीढ़ी।
चबेनी *(हि.स्त्री.)* कर्मकारों का दोपहर का कलेवा।
छोनी *(हि.स्त्री.)* पृथ्वी, भूमि।
सलोनी *(हि.पुं.)* रक्षाबंधन।
अनहोनी *(हि.स्त्री.)* न होनेवाली।
सीनी *(हि.स्त्री.)* रोटी सेंकने का छोटा तवा, तई।
मौनी *(हि.वि.)* मौन व्रत धारण करने वाला, चुप रहनेवाला।
रौनी *(हि.स्त्री.)* देखो रमणी।
कौनी *(हि.स्त्री.)* कृषिकाल की कटाई करना।
निकौनी *(हि.स्त्री.)* निराई का काम या शुल्क।
चिखौनी *(हि.स्त्री.)* स्वाद की थोड़ी सी वस्तु।
अगौनी *(हि.स्त्री.)* अगवानी, अभ्यर्थना।
पचौनी *(हि.स्त्री.)* वाचन।
अंखमिचौनी *(हि.स्त्री.)* देखो आँखमिचौनी।
बटौनी *(हि.पुं.)* नाविक, मल्लाह, मांझी।
कटौनी *(हि.स्त्री.)* अन्न काटने का काम।
कुटौनी *(हि.स्त्री.)* कूटने का काम।
पठौनी *(हि.स्त्री.)* किसी को कुछ देकर कहीं भेजने की क्रिया या भाव।
ओढौनी *(हि.स्त्री.)* देखो ओढ़नी।
कतौनी *(हि.स्त्री.)* कातने की क्रिया, प्रतीक्षा।
चेतौनी *(हि.स्त्री.)* देखो चेतावनी।
खतियौनी *(हि.स्त्री.)* खाता, वह बही जिसमें धन संख्या खतियार लिखी गई हो।
बरौनी *(हि.स्त्री.)* देखो बरनी।

किलौनी *(हि.स्त्री.)* देखो किलनी।
मिलौनी *(हि.स्त्री.)* मिलाने की क्रिया या भाव, मिलावट।
पिसौनी *(हि.स्त्री.)* पीसने का काम, परिश्रम का काम।
अनु संस्कृत का एक उपसर्ग जो पीछे, साथ साथ इधर उधर, सदृश, पास, साथ तथा प्रत्येक अर्थ में शब्दों के पहले लगाया जाता है।
जनु *(हि.क्रि.वि.)* मानो *(स्त्री.)*।
तनु *(सं.स्त्री.)* शरीर, देह, चमड़ा।
धनु *(सं.पुं.)* धनुष, कमान।
धनुआ *(हि.पुं.)* धनुष, कमान, रूई धुनने की धुनकी।
मनु *(सं.पुं.)* मनुष्य, ब्रह्मा के पुत्र जो मानव जाति के आदि पुरुष थे (हि.अव्य.) मानो, जैसे।
हनु *(सं.स्त्री.)* हनु, टुड्ढी।
अतनु *(सं.पुं.)* बिना देह का, अशरीर।
अल्पतनु *(सं.वि.)* वामन, बौना।
प्रयतनु *(सं.वि.)* सुंदर शरीरवाला।
अंतनु *(सं.वि.)* सुंदर स्त्री।
वितनु *(हि.स्त्री.)* बहुत छोटा, बहुत महीन।
वरतनु *(हि.स्त्री.)* सुंदर स्त्री।
वितनु *(सं.वि.)* अति सूक्ष्म।
कुतनु *(हि.स्त्री.)* बुरे शरीरवाला।
सुतनु *(हि.स्त्री.)* सुंदर शरीरवाली स्त्री।
तदनु (सं.क्रि.वि.) तदन्तर।
शक्रधनु *(सं.पुं.)* इन्द्रधनुष।
बहनु *(हि.पुं.)* देखो बहन, थान।
बहनु *(हि.पुं.)* मथन करनेवाला।
जानु *(सं.पुं.)* ऊरुसन्धि, घुटना।
भानु *(सं.पुं.)* सूर्य।
कृशानु *(सं.पुं.)* अग्नि, आग।
बिनि, बिनु (हि.अव्य.) बिना।
विनु (हि.अव्य.) देखो बिना।
सूनु *(सं.पुं.)* सूर्य, पुत्र, बेटा।
धेनु *(सं.स्त्री.)* गाय, हाल की ब्याई हुई गाय।
बेनु *(हि.पुं.)* देखो वेणु, बंशी, मुरली, बांस।
रेनु *(हि.पुं.)* देखो रेणु।
जुगनू *(हि.पुं.)* एक प्रकार का बरसाती छोटा कीड़ा, जिसका पिछला भाग चिनगारी की तरह रह-रहकर चमकता है, खद्योत, पान के आकार का एक गहना जिसको स्त्रियाँ गले में पहनती हैं।
तनु *(सं.पुं.)* देह शरीर।
मुन्नू *(हि.पुं.)* देखो मुन्ना।
नयनु *(हि.पुं.)* मक्खन, एक प्रकार की मलमल जिस पर सफेद बूटियाँ बनी होती हैं।
बांधनु *(हि.पुं.)* उपक्रम, कल्पित वार्ता, मनगढ़ंत।
बोजानू *(हि.क्रि.वि.)* घुटने के बल।
सेनू *(हि.पुं.)* एक प्रकार का बूंटेदार कपड़ा।
ने (हि.प्रत्य.) सकर्मक भूतकालिक क्रिया के कर्ता का चिह्न जो उसके आगे लगाया जाता है।
घने *(हि.वि.)* अनेक, बहुत।
सामने *(हि.क्रि.वि.)* सम्मुख, आगे।
बेठिकाने *(हि.वि.)* निरर्थक, बिना सिर पैर का।
इने-गिने *(हि.क्रि.वि.)* अल्प, थोड़े।
दहिने *(हि.क्रि.वि.)* दाहिनी ओर।
दाहिने *(हि.क्रि.वि.)* दाहिने हाथ की ओर।
तनै *(हि.पुं.)* देखो तनय, बेटा।
शनैः *(सं.अव्य.)* धीरे-धीरे।
भैने *(हि.पुं.)* बहिन का पुत्र, भानजा।
नो *(सं.अव्य.)* नहीं।
मनो (हि.अव्य.) मानो।
नौ *(हि.वि.)* नव, जो गिनती में आठ और एक हो, एक कम दस की संख्या।
नौ *(सं.स्त्री.)* नौका, नाव।
दूनौ *(हि.वि.)* दोनों।
दानो *(हि.पुं.)* देखो दानव।
मानो (हि.अव्य.) जैसे।
पुणो (हिं.स्त्री.) पूर्णमासी, पूर्णिमा।
दोनों *(हि.वि.)* उभय, एक और दूसरा।
पौनो (हिं.स्त्री.) छोटा पौना।

प-हिन्दी तथा संस्कृत वर्णमाला के व्यंजन वर्ण का इक्कीसवाँ अक्षर, इसका उच्चारण ओंठ से होता है, यह स्पर्श वर्ण कहलाता है प-(सं.पुं.) हवा, पत्ता, पतन, अंत।

अप (सं.अव्य.) उपसर्ग की तरह यह शब्द निषेध, अनादर, त्याग, वियोग, बरा, अधिक तथा विरोज अर्थ में व्यवहृय होता है (हि.सर्व.) 'आप' शब्द का संक्षिप्त रूप यथा-अपस्वारथी।
गप *(हि.स्त्री.)* झूठी सच्ची, इधर-उधर की बात, बकवाद, झूठा समाचार।
छप *(हि.स्त्री.)* पानी में किसी वस्तु के गिरने का शब्द।
झप *(हि.क्रि.वि.)* तुरत, छटपट।
झक्खना झप *(हि.पुं.)* फलांग, छलांग।
टप *(हि.स्त्री.)* ओहर, कलंदरा *(पु.)* कान में पहिनने का एक प्रकार का आभूषण, डिबरी की पेंच बनाने का यंत्र।
ढप *(हि.पुं.)* देखो ढब, रीति, युक्ति।
तप *(सं.पुं.)* तपस्या, ग्रीष्मकाल।
बप *(हि.पुं.)* बाप, पिता।
लप *(हि.पुं.)* स्त्री. लचीली वस्तु को पकड़कर हिलाने से उत्पन्न शब्द।

हप *(हि.पुं.)* मुँह में झट से लेकर ओटों को बंद करने का शब्द।
क्षप *(सं.पुं.)* निंदा, बुराई, ठोकर, पर्व, विलम्ब।
ढप *(सं.अव्य.)* संज्ञा तथा क्रिया में लगाने से अधिकता, समीपता, सादृश्य, सामर्थ्य, व्याप्ति, शक्ति, पूजा, मारण तथा उद्योग के अर्थ को प्रकाशित करता है।
अप *(हि.पुं.)* अनाज का सूद, जो किसान महाजन से बोने के लिए अन्न लेने पर उसका सवाई देता है।
सिरखप *(हि.वि.)* परिश्रमी।
धाऊधप *(हि.वि.)* गुप्त रूप से किसी का धन हरण करनेवाला।
झड़प *(हि.स्त्री.)* आवेग, लड़ाई, मुठभेड़, क्रोध।
तड़प *(हि.स्त्री.)* चमक, भड़क, कूदने का काम।
हड़प *(हि.वि.)* निगला हुआ, अनुचित रीति से लिया हुआ।
लपझप *(हि.वि.)* चंचल, चपल, अधीर।
कच्छप *(सं.पुं.)* कूर्म, कछुआ।
मनसजप *(सं.पुं.)* मन में ही (बिना उच्चारण किए) जप करने की विधि।
विष्टप *(सं.पुं.)* स्वर्गलोक।
टपाटेप *(हि.क्रि.वि.)* शीघ्रता से, झटपट।
विटप *(सं.पुं.)* वृक्ष या लता की नई शाखा, झाड़ा, कोपल, पेड़।
सुरविटप *(सं.पुं.)* कल्पवृक्ष।
चिविष्टम *(सं.पुं.)* स्वर्ग।
मण्डप *(सं.पुं.)* देवालय के ऊपर का गोल भाग, चंदवा।
पटमण्डप *(सं.पुं.)* तंबू, कपड़े का बना हुआ घर।
माण्डप *(सं.वि.)* मण्डप संबंधी।
अतप *(सं.वि.)* शान्त, ठंडा।
आतप *(सं.पुं.)* घाम, उष्णता।
निरातप *(सं.वि.)* उष्णता रहित।
महातप *(हि.पुं.)* कठिन तपस्या।
कुतप *(सं.पुं.)* सूर्य, अतिथि, ब्राह्मण।
पादप *(सं.पुं.)* वृक्ष, पेड़।
वनपादप *(सं.पुं.)* जंगली वृक्ष।
दीपपादप *(सं.पुं.)* दीपवृक्ष, दीवट।
अनप *(सं.वि.)* जल से शून्य।
पानप *(सं.वि.)* मद्य पीनेवाला पियक्कड़।
सेनप (सं.पं.) सेनापति।
गप्प *(हि.पुं.)* देखो गप।
गाउधप्प *(हि.पुं.)* दूसरे की वस्तु को अपनानेवाला।
कम्प *(सं.पुं.)* स्फुरण, थरथरी, कंपकंपी।
झम्प *(सं.पुं.)* उछाल, फलांग, कुदान।
हतकम्प *(सं.पुं.)* हृदय का कंपन।
प्रकम्प *(सं.पुं.)* कंपकंपी, थरथराहट।
महीप्रकम्प *(सं.पुं.)* भूमिकम्प, भूडोल।
भूकम्प *(सं.स्त्री.)* दाना माहा।
शिरःकम्प *(सं.पुं.)* सिर का कांपना।
सकम्प *(सं.वि.)* कांपता हुआ।
क्षितिकम्प *(सं.पुं.)* भूकम्प, भुईंडोल।
भूमिकम्प भूडोल।
भुई कम्प, भूई डोल *(हि.पुं.)* भूकम्प, भूचाल।
पृथ्वीकम्प भूकम्प।
महीकम्प *(सं.पुं.)* भूडोल।
भानुकम्प ग्रहण आदि के समय सूर्य के बिम्ब का कांपना।
भूकम्प *(सं.पुं.)* भूचाल, भूंडोल।
स्तन्यप *(सं.पुं.)* दूध पीता बच्चा।
मद्यप *(सं.वि.)* मदिरा पीनेवाला।
मायप *(हि.पुं.)* भ्रातृभाव, भाईचारा।
दर्प *(सं.पुं.)* गर्व, अहंकार, अभिमान।
कंदर्प *(सं.पुं.)* कामदेन, मन्मश।
सर्प *(सं.पुं.)* सांप।
नृप *(सं.पुं.)* नरपति, राजा।
सरीसृप *(सं.पुं.)* सांप।
झरप *(हि.स्त्री.)* झकोरा, झोंका।
अल्प *(सं.वि.)* छोटा, कम, थोड़ा।
कल्प *(सं.पुं.)* विधान, विधि, रीति, चौदह मन्वन्तर का काल।
गल्प *(हि.स्त्री.)* छोटी कहानी, डींग।
शल्प *(सं.पुं.)* प्रलाप, बकवाद।
तल्प *(सं.पुं.)* पलंग, शैया।
मृतकल्प *(सं.वि.)* मरे के समान।
अनल्प *(सं.वि.)* प्रचुर, अधिक।
अत्यल्प *(सं.पुं.)* बहुत थोड़ा, बहुत कम।
संकल्प *(सं.पुं.)* दान पुण्य अथवा देवकार्य आरम्भ करने से पहले दृढ़ निश्चय या विचार प्रकट करना।
सिद्धसंकल्प *(सं.वि.)* जिसकी सब कामनाएँ पूरी हों।
मंजल्प *(सं.पुं.)* कथावार्ता, बातचीत।
स्वल्प *(सं.वि.)* अत्यल्प, बहुत थोड़ा।
पुराकल्प *(सं.पुं.)* प्राचीन काल।
कायाकल्प (हि.पुं.) औषधियों के प्रयोग से वृद्ध शरीर को युवा बनाने की विधि।
दुःसंकल्प *(सं.पुं.)* दुष्ट विचार।
पितृकल्प *(सं.वि.)* पिता के सदृश।
परिकल्प *(सं.पुं.)* बनावट, रचना।
विकल्प *(सं.पुं.)* भ्रान्ति, धोखा, भ्रम, विरुद्ध कल्पना, अनेक विधियों का सम्मिलित होना, व्याकरण में किसी नियम के दो या अधिक भेदों में से इच्छानुसार किसी एक का ग्रहण।
अविकल्प *(सं.पुं.)* असंदिग्ध।
निर्विकल्प *(सं.वि.)* भेद से रहित, स्थिर।

विजल्प *(सं.पुं.)* व्यर्थ की बहुत सी बकवाद।
सुकल्प *(सं.वि.)* अति निपुण।
सुकल्पित *(सं.वि.)* अच्छी तरह से बनाया हुआ।
सुजल्प *(सं.पुं.)* उत्तम भाषण।
सुजस *(हि.पुं.)* देखा सुयश।
वैकल्प *(सं.पुं.)* विकल्प का भाव।
अलप *(हि.वि.)* अल्प, थोड़ा।
कलप *(हि.पुं.)* देखो कल्प।
तलप *(हि.पुं.)* देखो तल्प।
सिलप *(हि.पुं.)* देखो शिल्प।
कुहप *(हि.पुं.)* रात्रिचर, राक्षस।
अत्रप *(सं.वि.)* निर्लज्ज।
वित्रप *(सं.वि.)* निर्लज्ज।
विस्त्रप *(सं.वि.)* निर्लज्ज।
क्षाप *(सं.पुं.)* जल का समूह, समास के अंत में इस शब्द का अर्थ पाने वाला होता है, यथा–दुराप (हि.सर्व.) स्वयं।
चाप *(सं.पुं.)* धनुष, कमान, रेखा गणित में अर्धवृत्त क्षेत्र।
छाप *(हि.स्त्री.)* किसी उभड़े या खुदे हुए ठप्पे का चिह्न।
जाप *(सं.पुं.)* मंत्र की विधिपूर्वक आवृत्ति, जपने की माला या गोमुखी।
टाप *(हि.पुं.)* घोड़े के पर का निचला भाग, वह शब्द जो चलते समय घोड़े के पैर से उत्पन्न होता है।
ताप *(सं.पुं.)* सभ्यता, आँच की लपट, ज्वर, कष्ट, यातना।
थाप *(हि.स्त्री.)* मृदंग, तबले आदि पर पूरे पंजे का आघात, ठोंक, महत्त्व, प्रतिष्ठा, धाक, थप्पड़, छाप, स्थिति।
दाप *(हि.पुं.)* दर्प, अहंकार, गर्व।
थाप *(हि.पुं.)* लंबा-चौड़ा मैदान, दूरी की नाप जो एक या दो मील मानी जाती है *(स्त्री.)* तृप्ति, संतोष।
नाप *(हि.स्त्री.)* परिमाण, माप, किसी निर्दिष्ट लंबाई को एक मानकर यह स्थिर करना कि अमुक वस्तु का विस्तार कितना है, मानदंड।
चाप *(सं.पुं.)* अधम, दुष्कृत्य, अहित, बुराई।
बाप *(हि.पुं.)* पिता, जनक।
भाप *(हि.स्त्री.)* वाष्प।
माप *(हि.स्त्री.)* मापने की क्रिया या भाव, परिणाम।
लाप *(सं.पुं.)* कथन, वार्ता।
साप *(सं.पुं.)* आक्रोश, भर्त्सना।
श्राप *(हि.पुं.)* देखो शाप।
साप *(हि.पुं.)* शाप।
कांप *(हि.स्त्री.)* तीली, पतली छड़।
चांप *(हि.पुं.)* दबाव, भूमि पर पैर पड़ने का शब्द, धक्का।
झांप *(हि.स्त्री.)* किसी वस्तु को ढांपने की वस्तु, नाद, झपकी।
साँप *(हि.पुं.)* भुजंग, सर्प, बड़ा दुष्ट मनुष्य।
स्कन्धचाप *(सं.पुं.)* बहेंगी जिस पर कहार बोझ ढोते हैं।
शक्रचाप *(सं.पुं.)* इन्द्रधनुष।
इन्द्रचाप *(सं.पुं.)* इन्द्रधनुष।
सुरेन्द्रचाप *(सं.पुं.)* इन्द्रधनुष।
चुपचाप *(हि.क्रि.वि.)* मौन रहकर, गुप्त रूप से।
हरिचाप (लं.पुं.) इन्द्रधनुष।
पश्चाताप *(सं.पुं.)* पछतावा।
संताप *(सं.पुं.)* जलन, कष्ट, दुःख।
बताप *(सं.पुं.)* वीरता, बल, पराक्रम, तेज, गरमी।
निष्प्रताप *(सं.वि.)* प्रतापहीन।
महाप्रताप *(सं.वि.)* अत्यंत प्रभावशाली।
परताप *(हि.पुं.)* देखो प्रताप।
मनस्ताप *(सं.पुं.)* पछतावा।
उत्ताप *(सं.पुं.)* उष्णता, गरमी, तपन, उत्तेजना।
परिताप *(सं.पुं.)* दुःख, संताप।
पश्चानुताप *(सं.पुं.)* पछतावा।
कठबाप *(हि.पुं.)* सौतेला पिता।
सराप *(हि.पुं.)* देखो शाप।
बुराप *(सं.वि.)* दुष्प्राय, कठिनता से मिलने योग्य।
अलाप *(हि.पुं.)* देखो आलाप।
कलाप *(सं.पुं.)* समूह, ढेर, मेखला, व्याकरण।
केशकलाप *(सं.पुं.)* बालों का गुच्छा।
मुक्तालाप मोती की माला।
बलाप *(सं.पुं.)* व्यर्थ की बकवाद।
विप्रलाप *(सं.पुं.)* व्यर्थ की बकवाद।
सुप्रलाप *(सं.पुं.)* सुंदर भाषण।
संलाप *(सं.पुं.)* आपस की बातचीत।
आलाप *(सं.पुं.)* संभाषण, कथन, गणित के प्रश्न का निर्देश, संगीत में सातों स्वरों का रागसहित उच्चारण।
कालाप *(सं.पुं.)* सर्प का फन, राक्षस।
वार्तालाप *(सं.पुं.)* बातचीत।
दुरलाप *(सं.पुं.)* कटुवचन, गाली-गलौज।
कलालाप *(सं.पुं.)* भ्रमर, भौंरा।
मिलाप *(हि.पुं.)* मिलने की क्रिया या भाव, मित्रता।
विलाप *(सं.पुं.)* क्रंदन, विकल होकर रोने की क्रिया।
स्वाप *(सं.पुं.)* निद्रा, नींद, स्वप्न।
अभिशाप *(सं.पुं.)* मिथ्यावाद, झूठा दोष।
मिथ्याभिशाप *(सं.पुं.)* झूठा कलंक।
वाष्प *(सं.पुं.)* अश्रु, आंसू, लोहा, भाप।
वास्प *(हि.पुं.)* गरमी, भाप।
भाइप *(हि.पुं.)* भाईचारा, आत्मीयता।
चिपचिप *(हि.पुं.)* लसदार वस्तु से छूने से चिपकने का शब्द।
टिपटिप *(हि.स्त्री.)* बूंद-बूंद कर पानी गिरने का शब्द।

झोणिप *(सं.पुं.)* पृथ्वीपति, राजा।
हस्तिप *(सं.पुं.)* महावत।
झणिप *(सं.पुं.)* राजा, स्वामी, ईश्वर।
नगाश्रिप *(सं.पुं.)* हिमालय पर्वत।
विबुधाश्रिप, विबुधाधिपति *(हि.पुं.)* इन्द्र।
बसुधाधिप (सं.पु.) कुबेर, धनरक्षक, भण्डारी।
सेनाश्रिप *(सं.पुं.)* सेनापति।
सीमाश्रिप *(सं.पुं.)* सीमा का अध्यक्ष।
विद्याधिप *(सं.पुं.)* गुरु, शिक्षक, विद्वान।
विषयाधिप *(सं.पुं.)* शासन करनेवाला।
नगराधिप *(सं.पुं.)* नगरपालक।
बराधिप, श्रराधिपति, धरधीर *(सं.पुं.)* नृप, राजा।
नराधिप *(सं.पुं.)* राजा।
ताराधिप, ताराधीश, तारानाथ *(सं.पुं.)* चन्द्रमा।
पुराधिप *(सं.पुं.)* नगर का अध्यक्ष।
सुराधिप, सुराधीश *(सं.पुं.)* इन्द्र।
क्षेत्राधिप *(सं.पुं.)* खेत का स्वामी।
अनिप *(हि.पुं.)* सेनापति, सेनानायक।
पानिप *(हि.पुं.)* इति, चमक, शान्ति।
कोनिप *(हि.पुं.)* भूपति, राजा।
शिल्प *(सं.पुं.)* कला संबंधी व्यवसाय।
सिल्प *(हि.पुं.)* देखो शिल्प।
सिलिप *(हि.पुं.)* देखो शिल्प।
द्विप *(सं.पुं.)* हस्ती, हाथी।
वन्यद्विप *(सं.पुं.)* जंगली हाथी।
कीप *(हि.स्त्री.)* छोटे मुँह के पात्र में तरल पदार्थ भरने की छुच्छी, टीप।
चीप *(हि.स्त्री.)* छोटी फन्नी।
छीप *(हि.वि.)* क्षिप्र, भगवान् *(स्त्री.)* छाप, चिह्न, शरीर पर के छोटे चिह्न।
टीप *(हि.स्त्री.)* हल्का प्रहार, स्मरण रखने के लिए किसी बात को टांक लेने की क्रिया।
(टीपटाप) (हि.स्त्री.) आडंबर, ठाटबाट।
दीप *(सं.पुं.)* जलती हुई बत्ती, दीया *(हि.पुं.)* देखो दीप।
पीप *(हि.स्त्री.)* फोड़े या घाव के भीतर से निकलने वाला लसलसा सफेद पदार्थ, पीव, रीम।
सीप *(हि.पुं.)* शंख, घोंघे आदि की जाति का एक जलजंतु, सुतुही।
बतीतिप *(सं.स्त्री.)* विश्वास, दृढ़ निश्चय।
प्रतीप *(सं.वि.)* प्रतिकूल, उलटा।
प्रदीप *(सं.पुं.)* दीप, दीया, प्रकाश।
कुलदीप *(सं.वि.)* कुलश्रेष्ठ।
मेधदीप *(सं.पुं.)* वह दीपक जो देवता के निमित्त जलाया गया हो।
समीप *(सं.वि.)* निकट, पास।
अन्तरीप *(सं.पुं.)* भूमि का वह नुकीला भाग जो समुद्र के जल में घुसा हो, दीप, टापू।
द्वीप *(सं.पुं.)* भूमि का वह भाग जो चारों ओर जल से घिरा हो, टापू *(पु.)* गाय का चमड़ा।
उपद्वीप *(सं.पुं.)* छोटा टापू, प्रायद्वीप।
चालद्वीप *(हि.पुं.)* भारत सागर के अंतर्गत सिंहल के समीप एक द्वीपपुंज।
प्रायद्वीप *(सं.पुं.)* स्थल का वह भाग जो तीन ओर पानी से घिरा हो तथा केवल एक ओर स्थल से मिला हो।
नवद्वीप *(सं.पुं.)* बंगाल के नदिया नामक नगर का प्राचीन नाम।
महाद्वीप *(सं.पुं.)* पृथ्वी का वह बड़ा भाग जो चारों ओर प्राकृतिक सीमाओं से घिरा हो, जिसमें अनेक देश हों।
महीप *(सं.पुं.)* पृथ्वीपति, राजा।
घुप *(हि.वि.)* गहरा (अंधकार)।
चुप *(हि.वि.)* मूक, मौन।
छुप *(हि.पुं.)* क्षुप, झाड़ी।
क्षुप *(सं.पुं.)* छोटा वृक्ष, पौधा, झाड़ी।
गुपचुप *(हि.स्त्री.)* एक तरह की मिठाई।
अनुष्टुप *(सं.पुं.)* आठ-आठ अक्षर के चार पाद का छंद।
पुष्प *(सं.पुं.)* कुसुम, सुमन, फूल।
पुष्प *(सं.पुं.)* पुष्टि, पोषण।
खपुष्प *(सं.पुं.)* आकाश, कुसुम, असम्भव बात।
पत्रपुष्प *(सं.पुं.)* छोटा उपहार या भेंट।
विपुष्प *(सं.वि.)* बिना फूल का।
तुरूप *(हि.पुं.)* ताश का एक खेल जिसमें कोई एक रंग प्रधान मान लिया जाता है।
लोलुप *(सं.वि.)* बड़ा लोभी, चटोरा, परम उत्सुक।
पहुप *(हि.स्त्री.)* पुष्प, फूल।
पुहुप *(हि.पुं.)* देखो पुष्प, फूल।
कूप *(सं.पुं.)* कुआँ, इनारा, गर्त, छेद।
धूप *(सं.पुं.)* मिश्रित गन्ध द्रव्यों का जो देवपूजन या सुगन्ध को जलाई जाती है, सूर्य का प्रकाश।
भूप *(सं.पुं.)* नृप, राजा।
धूप *(सं.पुं.)* यज्ञ में वह खंभा जिसमें बलि का पशु बाँधा जाता है।
रूप *(सं.पुं.)* स्वभाव, प्रकृति, सुंदरता, दशा, अवस्था, भेष, शब्द या वर्ण का वह रूपांतर जो उसमें विभक्ति प्रत्ययादि लगाने से बनता है, रूपरेखा, आकृति।
वृप *(सं.पुं.)* पूआ, मालपूआ।
सूप *(सं.पुं.)* पकी हुई दाल, रसदार तरकारी, बाण, तीर *(हि.पुं.)* अनाज फटकने का सीक का डगरा।
रोमकूप *(सं.पुं.)* शरीर के महीन छिद्र।
लोमकूप *(सं.पुं.)* शरीर में रोम की जड़ में का छिद्र।
स्तूप *(सं.पुं.)* मिट्टी आदि का ढेर, ऊँचा टीला।

अनूप *(सं.वि.)* जल से परिपूर्ण।
आपूप *(सं.पुं.)* टिकिया, रोटी, मालपूआ।
अपूप *(सं.पुं.)* गेहूँ या चावल के आटे की लिट्टी।
बृरभूप *(सं.पुं.)* इन्द्र, विष्णु।
यज्ञयूप *(सं.पुं.)* वह खंभा जिसमें यज्ञ का बलि पशु बाँधा जाता है।
अनरूप *(हि.वि.)* कुरूप, भद्दा।
विषमरूप *(सं.वि.)* जो सम रूप का न हो।
नररूप *(सं.वि.)* मनुष्य के समान आकृति का।
स्वरूप *(सं.पुं.)* आकृति, आकार, मूर्ति या चित्र, स्वभाव।
सरूप *(सं.वि.)* सदृश, समान आकार।
आपरूप *(सं.वि.)* अपने रूप रंग का *(सर्व.)* स्वयं, आप *(वि.)* मूर्तिमान, साक्षात।
साररूप *(सं.वि.)* उत्तम रूपवाला।
कालरूप *(सं.वि.)* मृत्यु के समीप।
प्रयरूप *(सं.वि.)* अति सुंदर।
पूर्वरूप *(सं.पुं.)* पहिले का रूप।
एकरूप *(सं.वि.)* समान आकृति का, एक ही ढंग का।
सामरूप *(सं.पुं.)* जिसका केवल नाम मात्र अस्तित्व ज्ञात हो।
यथारूप *(सं.अव्य.)* रूप के समान।
नानारूप *(सं.पुं.)* विविध प्रकार की आकृति।
बिरूप *(हि.पुं.)* कुरूप।
प्रतिरूप *(सं.पुं.)* प्रतिमा, मूर्ति, चित्र।
अप्रतिरूप *(सं.वि.)* जिसकी आकृति का और कोई न मिले।
निरूप *(सं.वि.)* रूपहीन, निराकार, कुरूप, भद्दा *(पु.)* वायु, देवता, आकाश।
विरूप *(सं.वि.)* कुरूप, भद्दा, विरुद्ध, भिन्न।
कुरूप *(सं.वि.)* निन्द्यरूप, भद्दा।
अनुरूप *(सं.वि.)* समान रूप का, सदृश।
स्वानुरूप *(सं.वि.)* अपने समान।
बरूप *(हि.वि.)* कुरूप।
सुरूप *(सं.वि.)* सुंदर, विद्वान।
बहुरूप *(सं.वि.)* नाना रूपयुक्त।
नीरूप *(सं.वि.)* रूपहीन, कुरूप।
शूप *(हि.पुं.)* शूप, सूप।
खेप *(हि.स्त्री.)* उतनी वस्तु जो एक बार ले जाई जाती है, दौड़, पहुँच।
चेप *(हि.पुं.)* कोई गाढ़ा चिपचिपा रस या लासा, उत्साह।
लेप *(सं.पुं.)* लेई के समान कोई गाढ़ी वस्तु जो किसी वस्तु के ऊपर फैलाकर चढ़ाई जाती है, उबटन।
बिच्छेप देखो विक्षेप।
प्रलेप *(सं.पुं.)* शरीर पर किसी औषधि का लेप चढ़ाना।
अवलेप *(सं.पुं.)* उबटन, भूषण, लेप, गर्व।
पादलेप *(सं.पुं.)* पैर में लगाने का लालता, महावर।
वलाबलेप *(सं.पुं.)* दर्प, गर्व, अहंकार।
विलेप *(सं.पुं.)* लेप।
वृक्क्षेप *(सं.पुं.)* दृष्टिपात।
हस्तक्षेप *(सं.वि.)* किसी काम में हाथ डालना।
मनःक्षेप *(सं.पुं.)* फेंकना, छितराना, मिलाना, किसी व्यापार में अंशधारी की अलग-अलग लगाई हुई पूंजी।
आक्षेप *(सं.पुं.)* अपमान, अपवाद, भर्त्सना, गाली।
व्याक्षेप *(सं.पुं.)* विलम्ब, देर, व्याकुलता।
निक्षेप *(सं.पुं.)* इधर-उधर फेंकना, चित्त को इधर-उधर भटकाना, बाधा, विघ्न।
अंगविक्षेप *(सं.पुं.)* चमकना, भटकना।
संक्षेप *(सं.पुं.)* थोड़े में कोई बात कहना।
ओप *(हि.स्त्री.)* चमक, शोभा, रंग।
गोप *(सं.पुं.)* ग्वाला, अहीर, गले में पहिनने का एक आभूषण।
घोप *(हि.स्त्री.)* खड़्ग, तलवार।
चोप *(हि.पुं.)* इच्छा।
छोप *(हि.पुं.)* मोटा लेप चढ़ाने का काम, प्रहार, आघात, छिपाव।
झोप *(हि.पुं.)* यदि, यद्यपि।
टीप *(हि.पुं.)* बड़ी टोपी।
लोप *(सं.पुं.)* विच्छेद, क्षय, नाश, अभाव, अदर्शन, व्याकरण का वह नियम जिसके अनुसार शब्द-साधन में कोई वर्ण हटा दिया जाता है।
ढोंप *(हि.पुं.)* बिंदु, बूंद।
अकोप *(हि.पुं.)* कोप का अभाव।
जकोप *(सं.पुं.)* अधिक, क्रोध, क्षोभ, चंचलता।
वायु प्रकोप *(सं.पुं.)* शरीर का अधिक हो जाना।
इन्द्रगोप *(सं.पुं.)* बीरबहूटी नाम का कीड़ा।
धालिगोप *(सं.पुं.)* धान के खेत की रखवाली करनेवाला।
कनटोप *(हि.पुं.)* दोनों कान को ढांपने की बड़ी टोपी *(पु.)* कनपटी, थप्पड़।
कंटोप *(हि.पुं.)* सिर तथा कानों को ढांपने की एक प्रकार की टोपी।
आटोप *(सं.पुं.)* विस्तार, फैलाव।
घटाटोप *(सं.पुं.)* आडम्बर, पाखण्ड, ओहार, चारों ओर से घिरी हुई बादलों की घटा।
टकातोप (हि.स्त्री.) जहाज पर लगाने की तोप।
आरोप *(सं.पुं.)* निवेशन, स्थापन।
शरारोप *(सं.पुं.)* धनुष, कमान।
विप्रलोप *(सं.पुं.)* पूर्ण लोप, नाश।
विलोप *(सं.पुं.)* नाश, हानि।
खोप *(हि.स्त्री.)* पसूजन, सिलाई का लंबा टांका, फटन।
पा *(हि.पुं.)* जल, पानी।
अपा *(हि.स्त्री.)* अभिमान, अहंकार।
छपा *(हि.स्त्री.)* क्षपा, रात्रि।

तपा (सं.पुं.) ग्रीष्मऋतु।
यपा *(सं.स्त्री.)* लज्जा, लाज।
डपा *(सं.स्त्री.)* वह स्थान जहाँ प्यासों को पानी पिलाया जाता है, पौसरा।
बपा *(सं.स्त्री.)* छिद्र, छेद, बसा, बांबी।
क्षपा *(सं.स्त्री.)* रात्रि, रात।
चतपा *(हि.पुं.)* अपने चारों ओर आग जलाकर धूप में बैठकर तप करनेवाला साधु।
रक्तपा *(सं.स्त्री.)* जीव।
टप्पा *(हि.पुं.)* दो स्थानों के बीच की विस्तृत भूमि का छोटा भाग, अंतर, दूर-दूर की सिलाई, बीच-बीच में का टिकाव।
ठप्पा *(हि.पुं.)* सांचा, छापा।
गड़प्पा *(हि.पुं.)* गड्ढा।
लप्पा *(हि.पुं.)* छत की धरन में लगाई हुई लकड़ी।
कप्पा *(सं.स्त्री.)* कम्पन, कंपकंपी।
कंपा *(हि.पुं.)* लासा लगी हुई बांस की लग्गी जिससे चिड़ीमार पक्षियों को फंसाकर पकड़ते हैं।
अनुकम्पा *(सं.स्त्री.)* दया, कृपा, अनुग्रह।
कृपा *(सं.स्त्री.)* क्रोध, अप्रसन्नता, रोष।
जलप्रपा *(सं.स्त्री.)* पौसरा, सबील।
किरपा *(हि.स्त्री.)* देखो कृपा।
आपा *(हि.पुं.)* अपना अस्तित्व, दर्प, घमण्ड।
आपे में न रहना अधिकार के बाहर होना, अति क्रोध दिखलाना।
छापा *(हि.पुं.)* ठप्पा, मुद्रा, मुद्रायंत्र, प्रतिकृति, असावधान शत्रु पर रात्रि में आक्रमण।
जापा *(हि.पुं.)* सूतिकागृह, सौरी।
टापा (हि.पु.) टप्पा, उजाड़ मैदान।
थापा *(हि.पुं.)* पंजे का छापा।
लापा *(सं.वि.)* कहनेवाला।
सुघड़ापा *(हि.)* सुंदरता, सुडौलपन, कुशलता।
दुजापा *(हि.पुं.)* पूजा की सामग्री।
मोटापा *(हि.पुं.)* स्थूलता।
रँडापा *(हि.पुं.)* वैधव्य, विधवा होने की दशा।
बुढ़ापा *(हि.पुं.)* वृद्धावस्था।
आपाधापा *(हि.स्त्री.)* अपने अपने।
बहनापा *(हि.पुं.)* बहन का संबंध।
बहिनापा *(हि.पुं.)* देखो बहनापा।
तथनापा *(हि.पुं.)* युवावस्था, जवानी।
अनमापा *(हि.वि.)* बिना नपा हुआ।
विवात्यापा *(सं.स्त्री.)* बगुला पक्षी।
सियापा *(हि.पुं.)* मृत व्यक्ति के शोक में कुछ काल तक बहुत सी स्त्रियों का प्रतिदिन इकट्ठा होकर रोने की चाल।
जलापा *(हि.पुं.)* डाह या ईर्ष्या के कारण उत्पन्न होनेवाला दुःख।
सिप्पा *(हि.पुं.)* लक्ष्यवेध, युक्ति, ढंग।
चिपा *(हि.वि.)* चिपकनेवाला।
पीपा *(हि.पुं.)* ढोल के आगे का लोहे या काठ का बड़ा पात्र।
खुरपा *(हि.पुं.)* घास छीलने की बड़ी खुरपी।
कुप्पा *(हि.पुं.)* चमड़े का घी तेल इत्यादि रखने का बड़ा पात्र।
चुप्पा *(हि.वि.)* कम बोलनेवाला, जो किसी बात का उत्तर जल्दी से न देता हो।
झुप्पा *(हि.पुं.)* झब्बा, गुच्छा, झुण्ड।
रूपा *(हि.पुं.)* चाँदी, घटिया चाँदी जिसमें कुछ मिलावट हो।
सुरूपा *(सं.वि.)* सुंदर रूपवाली।
सूपा *(हि.पुं.)* शूर्प, सूप।
खोपा *(हि.पुं.)* छप्पर या घर का कोना, नारियल की गरी का गोला।
झोपा *(हि.पुं.)* झब्बा, गुच्छा।
टोपा *(हि.पुं.)* बड़ी टोपी जो कान तक ढांपने के लिए पहनी जाती है, टोकरा।
भोपा *(हि.पुं.)* एक प्रकार की तुरई, मूर्ख।
खोंपा *(हि.पुं.)* नारियल का आधा टुकड़ा।
अपि *(सं.अव्य.)* भी, ही, अवश्य, निश्चय।
कपि *(सं.पुं.)* बंदर, हाथी, सूर्य।
जलकपि *(सं.पुं.)* शिशुमार, सूंस नामक जलजंतु।
तदपि *(सं.अव्य.)* तथापि, तो भी।
यदपि (हि.अव्य.) देखो यद्यपि।
यद्यपि *(सं.अव्य.)* यदि।
कथमपि *(सं.अव्य.)* किसी प्रकार से।
पुनरपि *(सं.अव्य.)* फिर से।
किमपि कोई भी।
अथापि *(सं.अव्य.)* अब भी, इस तरह।
तथापि *(सं.अव्य.)* तिस पर भी, तो भी।
कदापि *(सं.अव्य.)* कभी कभी, जब तक।
तत्रापि *(सं.अव्य.)* तथापि, तो भी।
लिपि *(सं.स्त्री.)* लिखावट, वर्ण अंकित करने की पद्धति, लिखे हुए अक्षर।
हस्तलिपि *(सं.स्त्री.)* हाथ की लिखावट।
प्रतिलिपि *(सं.स्त्री.)* किसी खेल का अनुकरण।
पाण्डुलिपि, पाण्डुलेख *(सं.पुं.)* लेख आदि का पहला रूप।
ओपि (सं.अव्य.) प्रेम, प्रीति, कान्ति।
पी *(सं.स्त्री.)* पपीहे की बोली, देखो पिय।
कंपकंपी *(हि.स्त्री.)* कम्प, थरथराहट।
सिरखपी *(हि.स्त्री.)* परिश्रम, व्यग्रता।
झड़पाझड़पी *(हि.स्त्री.)* हाथापाई।

तपी *(हि.पुं.)* तपस्वी, ऋषि, सूर्य।
गप्पी *(हि.वि.)* बकवादी।
तपी *(सं.वि.)* संतुष्ट करनेवाला।
दर्पी *(सं.वि.)* अहंकारी, घमण्डी।
सर्पी *(हि.वि.)* धीरे-धीरे चलनेवाला।
विसर्पी *(सं.वि.)* फैलनेवाला।
विकाल्पी *(सं.वि.)* विकल्पयुक्त।
जापी *(सं.वि.)* जप करनेवाला।
तापी *(सं.वि.)* ताप देनेवाला।
कापी *(हि.स्त्री.)* कुम्हार का कच्चा घड़ा पीटने की मुंगरी, गच पीटने की राज की चिपटी मुंगरी।
पापी *(हि.वि.)* पाप करनेवाला, निर्दय, क्रूर, दुराचारी।
वापी *(हि.स्त्री.)* छोटा जलाशय, बावली।
बिआपी *(हि.वि.)* देखो व्यापी।
झांपी *(हि.स्त्री.)* ढांपने की डलिया।
पश्चातापी *(सं.वि.)* पछतावा करने वाला।
संतापी *(सं.पुं.)* दुःख या संताप देनेवाला।
पर्तापी *(हि.वि.)* प्रतापवान, दुःखदायी।
परितापी *(हि.वि.)* दुःखित, व्यथित।
व्यापी *(हि.वि.)* जो व्याप्त हो, व्यापक।
दिग्व्यापी *(सं.वि.)* जो सब दिशाओं में व्याप्त हो।
सर्वव्यापी *(सं.वि.)* सब में रहनेवाला।
विश्वव्यापी *(सं.वि.)* जो संपूर्ण विश्व में व्याप्त हो।
कलापी *(सं.पुं.)* मोर के पर फैलाकर नाचने का समय, मोर।
प्रलापी *(सं.वि.)* अंड बंड बकनेवाला।
चिप्पी *(हि.स्त्री.)* देखो चिप्पड़।
टिप्पी *(हि.स्त्री.)* वह चिह्न जो अंगुली में रंग पोतकर बनाया जाता है।
देवशिल्पी *(सं.पुं.)* विश्वकर्मा।
छीपी *(हि.पुं.)* वस्त्र पर छींट छापने वाला।
सीपी *(हि.स्त्री.)* देखो सीप।
कुप्पी *(हि.स्त्री.)* तेल फुलेल रखने का चमड़े का छोटा पात्र।
चुप्पी *(हि.स्त्री.)* मौन।
बालपुष्पी *(सं.स्त्री.)* यूथिका, जूही।
कूपी *(सं.स्त्री.)* नाभि, छोटा पात्र।
कपी *(हि.वि.)* रूपयुक्त, रूपवाला।
स्वरूपी *(हि.वि.)* स्वरूपयुक्त, जिसने किसी का स्वरूप धारण किया हो।
विरूपी *(हि.वि.)* कुरूप।
ठेपी *(हि.स्त्री.)* बोतल शीशी आदि का मुँह बंद करने का डट्टा।
निक्षेपी *(हि.वि.)* फेंकेनवाला छोड़नेवाला, धरोहर रखनेवाला।
ठेंपी *(हि.स्त्री.)* ढपनी ढेंपी।
ढेंप, ढेंपी *(हि.स्त्री.)* उभड़ा हुआ कोना।
चोपी *(सं.स्त्री.)* गोपपत्नी, अहिरिन।
चोपी *(हि.स्त्री.)* देखो चोप।
टोपी *(हि.स्त्री.)* सिर पर का पहनावा।
शीघ्रकोपी *(सं.वि.)* जिसको शीघ्र ही क्रोध आता हो।
शीघ्रमध्यमपदलोपी *(हि.पुं.)* लुप्त पद समास जिसमें पहले पद का आगामी पद से संबंध बतलानेवाला शब्द लुप्त रहता है।
विलोपी *(सं.वि.)* नाश करनेवाला।
लपी *(सं.स्त्री.)* जल, पानी, अंतरिक्ष।
सपु *(सं.पुं.)* सीसा नामक धातु।
धपु *(हि.पुं.)* शरीर, अवतार, रूप।
बपु *(हि.पुं.)* शरीर, देह।
रिपु *(हि.पुं.)* शत्रु।
षड्रिपु *(सं.पुं.)* काम, क्रोध आदि मनुष्य के छह विकार।
कपू *(हि.पुं.)* शिविर, डेरा।
टापू *(हि.पुं.)* वह भूमिखण्ड जो चारों ओर पानी से घिरा हो, द्वीप।
बापू *(हि.पुं.)* देखो बाबू, बाप।
भांपा, भोंपू *(हि.पुं.)* तुरही की तरह का मुँह से फूंककर बजाने का बाजा।
पै *(हि.पुं.)* रोने या बाजा फूंकने से निकलने का शब्द।
चेपै *(हि.स्त्री.)* चीचपड़, व्यर्थ की बकवाद।
जौ पै (हि.अव्य.) यदि।
जै पै *(हि.स्त्री.)* दोष, त्रुटि *(अव्य.)* प्रति, ओर, निकट, समीप, परंतु, पर, अनंतर, पीछे (प्रत्य.) अधिकरण सूचक विभक्ति, पर, ऊपर करणसूचक विभक्ति-द्वारा से।
अनुनपो *(हि.पुं.)* आत्मीयता, मेल जोल।
चिल्लपों *(हि.स्त्री.)* चिल्लाने का शब्द।
पौ *(हि.स्त्री.)* पौसला, प्याऊ *(पु.)* पैर, जड़।
अपनपौ *(हि.पुं.)* आत्मीयता, अपकार, अहंकार।

फ- हिन्दी वर्णमाला का बाईसवाँ व्यंजन तथा प वर्ग का दूसरा अक्षर इसका उच्चारण स्थान ओष्ठ है। फ-(सं.पुं.) फुफकार, निष्पक्ष भाषण, जुम्भा, फल लाभ।

कफ *(सं.पुं.)* श्लेष्मा, शरीर के भीतर की एक धातु।
डफ *(हि.पुं.)* डफला, चंग बाजा।
शफ *(स.पुं.)* पशु का खुर, वृक्ष की जड़।
लम्फ *(सं.पुं.)* उछाल।
वक्फ *(हि.स्त्री.)* हिम।
कलफ *(हि.पुं.)* माड़ी।
सराफ *(हि.पुं.)* रुपए पैसा या सोने चाँदी-चाँदी का लेनदेन करनेवाला महाजन।

गुम्फ *(सं.पुं.)* ग्रन्थि, गोठ।
गुल्फ *(सं.पुं.)* ऐड़ी के ऊपर की गाँठ।
चेफ *(हि.पुं.)* ऊख का छिलका।
रेफ *(सं.पुं.)* रकार, स्वर्ग, रकार का वह रूप जो अन्य अक्षर के पहिले जाने से उस अक्षर में माथ पर रखा जाता है, राग शब्द।
सरेफ *(सं.वि.)* रेफयुक्त।
विरेफ *(सं.वि.)* रेफशून्य।
दुरेफ *(हि.पुं.)* देखो द्विरेफ।
शोफ *(सं.पुं.)* सूजन।
गप्फा *(हि.पुं.)* बहुत बड़ा ग्रास, लागा।
हरफा *(हि.पुं.)* कटा हुआ चारा रखने का घर।
हलफा *(हि.पुं.)* हिलोरा, लहर।
सराफा *(हि.पुं.)* सराफों की हाट।
काफा *(हि.स्त्री.)* पोपली बुढ़िया।
शिफा *(सं.स्त्री.)* कोड़े की फटकार।
शाखाशिफा *(सं.स्त्री.)* वह शाखा जो नीचे की ओर झुककर भूमि में जाए।
बोफा *(हि.पुं.)* नया निकला हुआ पत्ता, गाभा।
श्रारीफा *(हि.पुं.)* सीताफल, श्रीफल।
सरीफा *(हि.पुं.)* सीताफल।
गुफा *(हि.स्त्री.)* गुहा, कंदरा।
फूफा *(हि.पुं.)* पिता की बहिन का पति।
फि *(सं.पुं.)* पाप, कोप, निष्फल वाक्य।
बर्फी (फा.स्त्री.) देखो बरफी।
कुलफी *(हि.स्त्री.)* धातु का बना हुआ चोंगा जिसमें दूध आदि भरकर बरफ जमाया जाता है।
फांफी *(हि.स्त्री.)* बहुत महीन, झिल्ली, मलाई की पतली तह।
फूफी *(हि.स्त्री.)* पिता की बहिन, बुआ।
हाफू *(हि.पुं.)* बृहस्पतिवार, गुरुवार।
फोंफी *(हि.स्त्री.)* छोटी नली।

ब–हिन्दी वर्णमाला का तेईसवाँ व्यंजन तथा प वर्ग का तीसरा अक्षर इसका उच्चारण दोनों ओठों को मिलाकर किया जाता है।

ब *(सं.पुं.)* वरुण, जल, गंध, कुम्भ।
अब *(हि.क्रि.वि.)* इस समय, अभी, इस घड़ी।
कब *(हि.क्रि.वि.)* किस समय।
जब *(हि.क्रि.वि.)* जिस समय।
डब *(हि.पुं.)* थैला, जेब।
ढब *(हि.पुं.)* ढंग, युक्ति, रीति।
तब (हि.अव्य.) उस समय, इसलिए।
सब *(हि.वि.)* समस्त, जितने हों वे कुल, पूरा।
खरब *(हि.पुं.)* सौ अरब की संख्या।
अरब *(हि.वि.)* अर्बुद, सौ करोड़ की संख्या।
गरब *(हि.पुं.)* देखो गर्व।
दरब *(हि.पुं.)* बन।
परब *(हि.पुं.)* देखो पर्व *(स्त्री.)* किसी रत्न का एक छोटा टुकड़ा।
सरब *(हि.वि.)* देखो सर्व।
करतब *(हि.पुं.)* कर्तव्य, काम, कला।
विड़ब *(हि.पुं.)* बिड़म्ब, आडंबर।
पूरब *(हि.पुं.)* वह दिशा जिसमें सूर्य उदय होता है।
बेढब *(हि.वि.)* जिसका ढंग अच्छा न हो।
डाब *(हि.स्त्री.)* कच्चा नारियल।
तालाब *(हि.पुं.)* जलाशय, सरोवर।
डिंब *(सं.पुं.)* भय, डर, गर्भाशय, फेफड़ा, भय से उत्पन्न कलह, प्लीहा, कीड़े का बच्चा, उपद्रव।
निरब *(सं.पुं.)* नीम का वृक्ष।
बिंब *(हि.पुं.)* प्रतिबिंब, छाया।
बिम्ब *(सं.पुं.)* प्रतिबिंब, छाया।
श्रोणिबिम्ब *(सं.पुं.)* करधनी।
प्रतिबिम्ब *(सं.पुं.)* प्रतिमा, मूर्ति, परछाई।
रविबिम्ब *(सं.पुं.)* सूर्य का मण्डल।
भूबिम्ब *(सं.पुं.)* पृथ्वी की छाया।
कुटुम्ब *(सं.पुं.)* कुल, परिवार।
ऊब *(हि.स्त्री.)* व्यग्रता, उद्वेग।
दूब *(हि.स्त्री.)* एक प्रकार की प्रसिद्ध घास, दूर्वा।
नेब *(हि.पुं.)* सहायक मंत्री, दीवान।
अवरेब *(हि.पुं.)* वक्रचलन, तिरछी चाल, फंदा।
औरेब *(हि.पुं.)* वक्रगति, उलटी चाल, फँसाव।
धोब *(हि.पुं.)* धोये जाने का काम।
लम्ब *(सं.पुं.)* उत्कोच, विषुवत रेखा के समानान्तर रेखा *(वि.)* दीर्घ, लंबा।
शम्ब *(सं.पुं.)* इन्द्र का वज्र।
नितम्ब *(सं.पुं.)* स्त्री का कमर के पीछे का उभड़ा हुआ भाग, चूतड़, किनारा।
लम्ब *(सं.पुं.)* सीधी रेखा के ऊपर खड़ी हुई लंब रेखा।
अवलम्ब, (अवलम्बन) *(सं.पुं.)* आश्रय, सहारा।
अनवलम्ब *(सं.वि.)* निराश्रय।
निरवलम्ब *(सं.वि.)* आधार रहित, निराश्रय।
पुरावलम्ब *(सं.पुं.)* किसी पदार्थ के गुरुत्व केंद्र से सीधे नीचे की ओर खींची हुई रेखा।
निरावलम्ब *(सं.वि.)* निराधार।
आलम्ब *(सं.पुं.)* आश्रय, आधार।
निरालम्ब *(सं.वि.)* निराधार।
वहिर्लम्ब *(सं.पुं.)* रेखागणित में वह लंब जो किसी क्षेत्र के बाहर गिरता हो।

विलम्ब *(सं.पुं.)* अति काल, देर।
अधोलम्ब *(सं.पुं.)* साहुल, पानी की गहराई नापने का यंत्र।
रोलम्ब *(सं.पुं.)* भ्रमर, भौंरा।
झब्बा *(हि.पुं.)* रेशम, कलाबत्तू, सूद आदि के तारों का गुच्छा।
पनडब्बा *(हि.पुं.)* पान रखने का डब्बा।
हब्बा-ढब्बा *(हि.पुं.)* बच्चों की पसली चलने का रोग।
धब्बा *(हि.पुं.)* कलंक, दोष।
बबा *(हि.पुं.)* देखो बाबा।
बां *(हि.पुं.)* गाय बैल के बोलने का शब्द।
बाबा *(हि.पुं.)* पिता, बाप, पितामह, दादा, वृद्ध पुरुष, एक आदरसूचक शब्द जो साधु संन्यासियों के लिए प्रयुक्त होता है, लड़कों के लिए प्यार का शब्द।
ढाबा *(हि.पुं.)* ओलती, जाल, खाने का स्थान।
तांबा *(हि.पुं.)* ताम्र, लाल रंग का एक मुलायम धातु जो पीटने से बढ़ सकता है।
लांबा *(हि.वि.)* देखो लंबा।
डिब्बा *(हि.पुं.)* ढपनेदार छोटा पात्र, रेलगाड़ी का एक कमरा।
शिम्बा *(सं.स्त्री.)* छीमी, फली।
नसीबा *(हि.पुं.)* भाग्य।
पनडुब्बा *(हि.पुं.)* पानी में गोता लगानेवाला।
कुम्बा *(सं.स्त्री.)* कड़वा कद्दू, कद्दू का बना हुआ जलपात्र।
कूबा *(हि.पुं.)* बड़ेरा रखने की टेढ़ी लकड़ी।
तूबा *(हि.पुं.)* गोल लौकी, तितलौकी।
डोग, डोबा *(हि.पुं.)* गोता, डुबकी।
तोंबा *(हि.पुं.)* देखो तुम्बा।
तोंबी *(हि.स्त्री.)* देखो तुम्बी।
अम्बा, अम्बालिका *(सं.स्त्री.)* माता, माँ।
लंबा *(हि.वि.)* विशाल, बड़ा, दीर्घ।
झबा *(हि.पुं.)* देखो झब्बा।
बंबा *(हि.पुं.)* जल का सोता, पानी।
बि *(हि.वि.)* दो, एक और एक।
बिबि *(हि.वि.)* दो।
बी *(पु.)* बीज, दाना।
ढबी *(हि.स्त्री.)* देखो डिब्बी, डिबिया।
तत्तोथबी *(हि.पुं.)* बहलावा, बीच बचाव।
लबी *(हि.स्त्री.)* ऊख का पका हुआ गाढा रस, राब।
हलबी, हलब्बी *(हि.वि.)* हलब देश का (कांच), बढ़िया (कांच)।
बयबी *(हि.वि.)* अपरिचित, बाहरी।
अरबी *(हि.स्त्री.)* एक कंद विशेष जिसकी तरकारी बनाकर खाई जाती है।
मुरबी *(हि.स्त्री.)* धनुष की डोरी, चिल्ला।
(पुरबिया), पूरबी *(हि.वि.)* पूर्व संबंधी, पूरब का।
विडम्बी *(सं.पुं.)* अनुकरण करनेवाला।
प्रलम्बी *(सं.वि.)* सहारा लेने वाला।
सिम्बी *(सं.स्त्री.)* फली, छीमी।
रिकाबी *(हि.स्त्री.)* कटोरी, प्लेट।
चाबी *(हि.स्त्री.)* ताली, कुंजी।
बांबी *(हि.स्त्री.)* दीमक के रहने का भीटा, सर्प का बिल।
गुलाबी *(हि.वि.)* गुलाब के रंग का, थोड़ा हलका।
सीबी *(हि.स्त्री.)* सिसकारी।
डुब्बी *(हि.स्त्री.)* देखो डुबकी।
पनडुब्बी *(हि.स्त्री.)* एक प्रकार का छोटा जहाज जो पानी में डूबकर यंत्र से चलता है।
लंबी (हि.वि.स्त्री.) लंबा शब्द का स्त्रीलिंग का रूप।
मतावलम्बी *(सं.पुं.)* किसी एक मत, सिद्धांत या सम्प्रदाय का अवलम्बन करनेवाला।
विलम्बी *(सं.वि.)* देर करनेवाला।
कुटुम्बा *(सं.वि.)* गृही, परिवार वाला *(पु.)* परिवार के लोग।
तुम्बी *(सं.स्त्री.)* छोटा कद्दू।
तूंबी *(हि.स्त्री.)* सूखे कद्दू का बनाया हुआ जलपात्र।
बलेबी *(हि.स्त्री.)* इमरती की तरह की एक प्रकार की कुण्डलाकार मिठाई, कुण्डली।
जिलेबी *(हि.स्त्री.)* देखो जलेबी।
कोबी *(हि.स्त्री.)* गोभी का फल।
धोबी *(हि.पुं.)* मैले कपड़े को धोकर स्वच्छ करनेवाला, रजक।
नबु *(हि.पुं.)* देखो नीबू।
निलम्बु *(सं.वि.)* क्रोध रहित।
निरम्बु *(सं.वि.)* जलहीन, बिना जल का।
शम्बु *(सं.पुं.)* घोंघा, सीप।
शीताम्बु *(सं.पुं.)* ठंडा जल।
स्वेदाम्बु *(सं.पुं.)* स्वेच्छ जल, पसीना।
गगनाम्बु *(सं.पुं.)* बरसाती पानी।
श्रमाम्बु *(सं.पुं.)* पसीना।
तिलाम्बु *(सं.पुं.)* तिल मिला हुआ जल।
कम्बू *(सं.पुं.)* तस्कर, चोर *(स्त्री.)* शंख।
ढम्बू *(हि.पुं.)* एक प्रकार का कटोरा।
बाबू *(हि.पुं.)* एक आदरसूचक शब्द, भला आदमी, पिता के लिए संबोधन, छोटे राजा के बंधु बांधवों के लिए प्रयुक्त शब्द।
नीबू *(हि.पुं.)* एक मध्यम आकार का कांटेदार वृक्ष जिसका गोल फल खट्टा होता है।
चंबू *(हि.पुं.)* एक प्रकार का धान, टोंटीदार छोटा गडुआ, झारी।
तंबू *(हि.पुं.)* डेरा, शिविर।
बंबू *(हि.पुं.)* बांस की छोटी पतली नली।
अबे (हि.अव्य.) ओ, अरे, क्यों रे।

छानबे *(हि.पुं.)* नब्बे और छह की संख्या का, नब्बे से छह अधिक, 96।
अट्ठानबे *(हि.वि.)* नब्बे और आठ से बनी हुई संख्या 98।
सत्तानबे *(हि.वि.)* नब्बे और सात की संख्या का *(पु.)* नब्बे और सात की संख्या 97।
एक्यानबे *(हि.वि.)* नब्बे और एक *(पु.)* नब्बे और एक की संख्या 91।
निन्यानबे *(हि.वि.)* एक कम सौ की संख्या *(पु.)* नब्बे और नौ की संख्या 99।
चौरानबे *(हि.वि.)* नब्बे और चार की संख्या, 94।
नब्बे *(हि.वि.)* जो गिनती में अस्सी और दस के बराबर हो *(पु.)* यह संख्या 90।
चौबे *(हि.पुं.)* ब्राह्मणों की एक शाखा, चतुर्वेदी।
बे बै *(हि.स्त्री.)* बिक्री, बेचना।
दीबो *(हि.पुं.)* देखो देना।
बंबं *(हि.स्त्री.)* नाद, दुदुंभी, नगाड़ा।

भ–हिन्दी वर्णमाला का चौबीसवाँ व्यंजन तथा प वर्ग का चौथा अक्षर इसका उच्चारण ओष्ठ है। भ–(सं.पुं.) नक्षत्र, ग्रह, पर्वत, भ्रांति।

दर्भ *(सं.पुं.)* कुश, डाभ, कुश का बना हुआ आसन।
गर्दभ *(सं.पुं.)* रासभ, खर, गहदा।
संदर्भ *(सं.पुं.)* प्रबंध, संग्रह, विस्तार, परम्परान्वित रचना।
नभ *(सं.पुं.)* आकाश, शून्य स्थान।
गर्भ *(सं.पुं.)* पेट के भीतर का बच्चा, भ्रूण, उदर पेट, भीतरी भाग।
रत्नगर्भ *(सं.पुं.)* समुद्र।
बीजगर्भ *(सं.पुं.)* परवल।
पीठगर्भ *(सं.पुं.)* वह गड्ढा जो किसी मूर्ति को बैठाने के लिए खोदा जाता है।
श्रीगर्भ *(सं.पुं.)* पृथ्वी का भीतरी भाग।
भूगर्भ *(सं.पुं.)* पृथ्वी का भीतरी भाग।
भूगर्भ *(सं.पुं.)* भूमण्डल, वह शास्त्र जिसके द्वारा पृथ्वी के ऊपरी भाग का स्वरूप तथा उसके प्राकृतिक विभागों का ज्ञान हमको होता है।
हतप्रभ *(सं.वि.)* प्रभारहित।
(हतबुद्धि) *(सं.वि.)* बुद्धिहीन, मूर्ख।
निष्प्रभ *(सं.वि.)* प्रभारहित, बिना चमक का।
महाप्रभ *(सं.वि.)* जिसमें बहुत चमक हो।
मथभ *(सं.पुं.)* कुमुद, कोई, मोती *(वि.)* चंद्रमा के समान प्रभावाला।
सुप्रभ *(सं.वि.)* सुंदर।
गरभ *(सं.वि.)* गर्भ।
रतनागरभ *(हि.स्त्री.)* भूमि, पृथ्वी।
दरभ *(हि.पुं.)* दर्भ, कुश।
शरभ *(सं.पुं.)* सिंह, हाथी का बच्चा, टिड्डी।
प्रगल्भ *(सं.वि.)* उद्धत, निर्लज्ज, धृष्ट, अभिमानी।
कलभ *(सं.पुं.)* हाथी, ऊँट।
बल्लभ *(हि.पुं.)* देखो बल्लभ।
बल्लभ *(सं.वि.)* प्रिय, प्यारा *(पु.)* प्यारा मित्र, पति।
जनवल्लभ *(सं.पुं.)* जनप्रिय, लोकप्रिय।
प्राणवल्लभ *(सं.पुं.)* अत्यंत प्रिय।
हृदय प्रिय, हृदय वल्लभ *(स.पुं.)* प्रियतम, प्रेमपात्र।
शलभ *(सं.पुं.)* शरभ, टिड्डी।
दुर्लभ *(सं.वि.)* दुष्प्राप्य, अनोखा।
दुल्लभ *(हि.वि.)* देखो दुर्लभ।
सुलभ *(सं.वि.)* सहज में मिलनेवाला, सुगम।
द्विजर्षभ *(सं.पुं.)* द्विजश्रेष्ठ, ब्राह्मण।
वृषभ *(सं.पुं.)* बलीवर्द, बैल, साँड़।
ऋषभ *(सं.पुं.)* वृषभ, बैल, यह शब्द के पीछे लगने से श्रेष्ठतम सूचित करता है।
बिरषभ *(हि.पुं.)* देखो वृषभ।
रासभ *(सं.पुं.)* गर्दभ, अश्वतर, खच्चर।
गाभ *(हि.पुं.)* पशुओं का गर्भ।
डाभ *(हि.पुं.)* कच्चा नारियल।
नाभ *(हि.स्त्री.)* नाभि, ढोंढी।
लाभ *(सं.पुं.)* प्राप्ति, उपकार, भलाई।
सनाभ *(सं.पुं.)* सहोदर भाई।
मित्रलाभ *(सं.पुं.)* मित्रों का मिलना।
विभाभ *(सं.पुं.)* विष्णु।
तंतुनाभ *(सं.पुं.)* लूता, मकड़ी।
बांभ *(हि.पुं.)* खंभा, थूनी, चांड।
इभ *(सं.पुं.)* हाथी।
बिडिम्भ *(सं.पुं.)* डिमडिमी, डुगडुगिया।
निष्प्रतिभ *(सं.वि.)* मूर्ख, जड़।
स्वर्णनिभ *(सं.वि.)* सोने के समान।
डिम्भ, डिम्भक *(सं.पुं.)* शिशु, बालक।
जीभ *(हि.स्त्री.)* रसना।
टोभ *(हि.पुं.)* टांका।
ककुभ *(हि.स्त्री.)* दिशा।
दुंदुभ *(सं.पुं.)* दुंदुभि, नगाड़ा।
शुभ *(सं.पुं.)* कल्याणकारी, सुंदर, उत्तम, सुखी।
अशुभ *(सं.पुं.)* अमंगल, पाप, अपराध *(वि.)* बुरा।
सुभ *(हि.वि.)* देखो शुभ।
असुभ *(हि.वि.)* देखो अशुभ।
कुम्भ *(सं.पुं.)* मिट्टी का घड़ा, हाथी के माथे का निचला भाग।
गजकुम्भ *(हि.पुं.)* हाथी के मस्तक पर का दोनों ओर का उभड़ा हुआ भाग।

कौदुम्भ *(सं.पुं.)* जंगली कुसुम, कुसुम्भी।
ऊभ *(हि.वि.)* ऊँचा-नीचा, उठा हुआ, उभड़ा हुआ *(स्त्री.)* व्याकुलता।
खोभ *(हि.पुं.)* देखो क्षोभ।
छोभ *(हि.पुं.)* क्षोभ।
(छोभना) *(हि.क्रि.)* क्षुब्ध होना।
लोभ *(सं.पुं.)* लालच, आकांक्षा, लिप्सा।
डोभ *(हि.पुं.)* देखो शोभा।
क्षोभ *(सं.पुं.)* चित्त की चंचलता।
अछोभ *(हि.वि.)* क्षोभरहित, शांत।
अर्थलोभ *(सं.पुं.)* धन की अभिलाषा।
धनलोभ *(सं.पुं.)* धन की अभिलाषा।
प्रलोभ *(सं.पुं.)* अति लोभ, लालच।
विलोभ *(सं.पुं.)* मोह, भ्रम, माया।
विक्षोभ *(सं.पुं.)* चित्त की उद्विग्नता।
सडक्षोभ *(सं.पुं.)* चंचलता, गर्व, घमंड।
अम्भ *(सं.पुं.)* जल, पानी, आकाश।
खंभ *(हि.पुं.)* स्तम्भ, खंभ, सहारा।
खंभ *(हि.पुं.)* जबड़ा, दाढ़।
जम्भ *(सं.पुं.)* जम्भाई, उबासी।
थंब, थंभ *(हि.पुं.)* स्तम्भ, खंभा, सहारा।
दम्भ *(सं.पुं.)* कपट, छल, धोखा।
लम्भ *(सं.पुं.)* लाभ।
मलखंभ, मलखम *(हि.पुं.)* चार-पाँच हाथ लंबा लकड़ी का मोटा डंडा जिस पर अनेक प्रकार का व्यायाम किया जाता है।
मल्लखम्भ *(हि.पुं.)* देखो मलखंभ।
जयस्तम्भ *(सं.पुं.)* जयसूचक स्तंभ।
स्तम्भ *(सं.पुं.)* खंभा, थूनी, प्रतिबंध, जड़ता, पेड़ का तना।
यज्ञस्तम्भ, यज्ञस्थाणु *(सं.पुं.)* देखो यज्ञयूप।
बृम्भ *(सं.पुं.)* बज्र, सूर्य, राजा।
अरम्भ *(हि.पुं.)* आरम्भ, कोलाहल।
संरम्भ *(सं.पुं.)* क्रोध, युद्ध, लड़ाई।
विश्रम्भ *(सं.पुं.)* विश्वास, प्रेम।
विष्कम्भ *(सं.पुं.)* विस्तार, विघ्न।
प्रतिष्टम्भ *(सं.पुं.)* प्रतिबंध, रुकावट।
विष्टम्भ *(सं.पुं.)* बाधा, रुकावट, आक्रमण।
शिलास्तम्भ *(सं.पुं.)* पत्थर का खंभा।
कीर्तिस्तम्भ *(सं.पुं.)* किसी की कीर्ति स्मरण कराने के लिए बनाया हुआ स्तम्भ।
निबंभ *(हि.पुं.)* स्तम्भ, खंभा।
प्रारम्भ *(सं.पुं.)* आरंभ, **(प्रारम्भिक)** *(सं.वि.)* प्राथमिक, आरम्भ का समय।
सुभारम्भ *(सं.पुं.)* आरम्भ।
उपालम्भ *(सं.पुं.)* निंदापूर्वक तिरस्कार, जलावुना।
समुपालम्भ *(सं.पुं.)* तिरस्कार।
विस्त्रम्भ *(सं.पुं.)* विश्वास।
बिप्रलम्भ *(सं.पुं.)* प्रिय वस्तु का नहीं मिलना।
विलम्भ *(सं.पुं.)* उदारता, उपहार।
सुप्रलम्भ *(सं.वि.)* सहज में मिलने योग्य।
भा *(सं.स्त्री.)* प्रभा, कान्ति, शोभा।
रक्तप्रभा *(सं.स्त्री.)* मेहँदी का पेड़।
रत्नगर्भा *(सं.स्त्री.)* पृथ्वी, भूमि।
प्रभा *(सं.स्त्री.)* दीप्ति, चमक, प्रकाश।
प्रभा (सं.वि.) यथार्थ ज्ञान।
चंद्रप्रभा *(स्त्री.)* चांदनी।
रत्नप्रभा *(सं.स्त्री.)* पृथ्वी।
रत्नमुख्य *(सं.पुं.)* हीरा।
शशिप्रभा *(सं.स्त्री.)* ज्योत्सना, चंद्रिका।
परमा *(हि.स्त्री.)* शोभा, छवि।
वल्लभा *(सं.स्त्री.)* प्यारी स्त्री *(वि.)* प्रियतमा।
सूर्यवल्लभा *(सं.स्त्री.)* कमलिनी।
सभा *(सं.स्त्री.)* वह स्थान जहाँ पर बहुत से लोग बैठकर किसी बात पर परामर्श करते हैं, परिषद, समिति।
राजसभा *(सं.स्त्री.)* वह सभा जिसमें अनेक राजा बैठे हों।
शिष्टसभा *(सं.स्त्री.)* राजसभा।
ससभा *(सं.स्त्री.)* वह स्थान जहाँ पर बैठकर न्यायधीश न्याय करे।
न्यायसभा (स.स्त्री.) न्यायालय।
व्यवस्थापिका सभा (स.स्त्री.) नियम बनानेवाली सभा।
कारिणी सभा *(सं.स्त्री.)* स्थानीय एजेंसी जो किसी बड़ी सभा के अधीन हो।
आभा *(हि.स्त्री.)* दीप्ति, चमक, कान्ति, प्रतिबिम्ब, छाया।
खाभा *(हि.पुं.)* चौड़े मुँह का मिट्टी का पात्र।
गाभा *(हि.पुं.)* हलके रंग का नया निकला हुआ पत्ता, कोंपल।
छटाभा (स.स्त्री.) बिजली की चमक।
अचिराभा *(सं.स्त्री.)* विद्युत, बिजली।
कलजिम्भा *(हि.वि.)* काली जीभवाला, जिसकी कही हुई अशुभ बात सत्य हो।
जिम्भा *(सं.स्त्री.)* जुम्भा, जंभाई, उबासी।
प्रतिभा *(सं.स्त्री.)* दीप्ति, चमक, असाधारण बुद्धिमानी।
विभा *(सं.स्त्री.)* प्रभा, कान्ति, शोभा।
चोभा *(हि.पुं.)* वह पोटली जिसमें दवा बाँधकर शरीर के कोई अंग सेंके जाते हैं।
शोभा *(सं.स्त्री.)* दीप्ति, कांति, छवि, सुंदरता, गोरोचन, चमेली।
अचम्भा *(हि.पुं.)* अचरज, विस्मय।
जम्भा *(सं.स्त्री.)* जंभाई, आलस्य।
भंभा *(सं.स्त्री.)* बिल, छेद।

रंभा *(हि.पुं.)* देखो रम्भा, केला।

रम्भा *(सं.स्त्री.)* कदली, केला *(हि.पुं.)* पेशराज का लोहे का छोटा डंडा।

अभि *(सं.अव्य.)* यह शब्द उपसर्ग की तरह नीचे लिखे अर्थों में प्रयुक्त होता है–और, भीतर, वास्ते, लिए, से, पर, पास, सामने, समीप, अच्छी तरह।

सुरभि *(सं.पुं.)* सुगन्ध *(वि.)* सुगंधित, सुंदर।

नाभि *(सं.पुं.)* पहिये का निचला भाग *(स्त्री.)* ढोंढी, धुन्नी, तुण्डी।

मृगनाभि *(सं.पुं.)* कस्तूरी।

दुण्डुभि *(सं.पुं.)* देखो दुन्दुभि, नगाड़ा।

दुन्दुभि *(सं.पुं.)* बड़ा ढोल, नगाड़ा।

लघुदुन्दुभि *(सं.पुं.)* डुगडुगिया।

रणदुन्दुभि *(सं.पुं.)* युद्ध का नगाड़ा।

सुरदुन्दुभि *(सं.स्त्री.)* देवताओं का नगाड़ा।

भी (हि.स्त्री.) भय, डर *(अव्य.)* निश्चय करके, अवश्य, तक।

अभी *(हि.क्रि.वि.)* इसी समय, तुरंत।

कभी *(हि.क्रि.वि.)* किसी समय।

जभी *(हि.पुं.)* उसी समय, इस कारण से।

स्तम्भी *(सं.वि.)* रोकनेवाला।

अम्भी *(सं.वि.)* अभिमानी, पाखण्डी।

सुरभी *(सं.वि.)* कामधेनु।

सभी *(हि.स्त्री.)* प्रिया।

सभी *(सं.स्त्री.)* गदही।

चाभी *(हि.स्त्री.)* ताली, कुंजी।

नाभी *(सं.स्त्री.)* देखो नाभि।

भाभी *(हि.स्त्री.)* बड़े भाई की स्त्री।

दाभी *(सं.स्त्री.)* अनिष्टकारक।

गुंभी *(हि.स्त्री.)* अंकुर, गाम।

तुंबी, तुंभी *(हि.स्त्री.)* छेनी जिससे लोहे में छेद किया जाता है।

जलकुंभी *(हि.स्त्री.)* जल के तल पर होनेवाली एक वनस्पति।

लोभी *(सं.वि.)* अधिक लोभ करनेवाला, लालची।

लोभी *(सं.वि.)* चंचल, उद्विग्न, व्याकुल।

बंदगोभी *(हि.स्त्री.)* करमकल्ला, पातगोभी।

फूलगोभी (हि.स्त्री.) गोभी की एक जाति जिसमें मंजरियों का बंधा हुआ ठोस पिण्ड होता है।

निर्लोभी *(हि.वि.)* लाभ रहित।

प्रलोभी *(सं.वि.)* लोभ में फँसानेवाला।

विप्रलोभी *(सं.वि.)* बड़ा लालची, ठग।

शम्भु *(सं.पुं.)* शिव, महादेव।

प्रभु *(सं.पुं.)* अधिपति, नायक, स्वामी।

विभु *(सं.पुं.)* वह जो सर्वव्यापक हो, नित्य, अचल, शक्तिमान *(पु.)* आत्मा, ईश्वर, स्वामी।

भू *(सं.स्त्री.)* पृथ्वी, भूमि, स्थान।

कभू *(हि.क्रि.वि.)* देखो कभी।

चब्बू, चब्भू *(हि.वि.)* अधिक भोजन करनेवाला।

स्वयंभू *(सं.वि.)* जो अपने आप उत्पन्न हुआ हो।

स्वयम्भू *(सं.पुं.)* विष्णु, शिव, कामदेव, काल।

जलभू *(सं.पुं.)* मेघ, बादल।

देवभू *(सं.वि.)* जमानत करनेवाला।

भै *(हि.पुं.)* भय, डर।

निरर्भ देखो निर्भय।

चब्भो *(हि.पुं.)* डुबकी।

प्रचम्भो *(हि.पुं.)* आश्चर्य, विस्मय।

अनभो *(हि.पुं.)* आश्चर्य, अचम्भा, अनुभव *(वि.)* अद्भुत, विचित्र।

भौं *(हि.स्त्री.)* भों भों का शब्द।

भौं *(हि.पुं.)* भव, संसार, जगत।

विभो *(हि.पुं.)* हे प्रभु।

विभौ *(हि.पुं.)* देखो विभव।

म–अन्तक हिन्दी वर्णमाला का पच्चीसवाँ व्यंजन तथा प वर्ग का अन्तिम वर्ण। इसका उच्चारण स्थान ओष्ठ और नासिका है।

म *(सं.पुं.)* शिव, चंद्रमा, ब्रह्मा, यम, विष, समय।

कम थोड़ा, न्यून।

खम पट्टे, झोक, मोड़।

गम *(सं.पुं.)* गमन, यात्रा, पहुँच।

धम *(हि.पुं.)* कोमल वस्तु पर कड़ा आघात पड़ने का शब्द।

छम (हि.स्त्री.) घुंघरू बजने का शब्द।

जम जमना, यम का विकृत रूप।

तम *(सं.पुं.)* अंधकार, अंधेरा *(पु.)* मोह, अविद्या।

थम *(हि.पुं.)* खंभा।

दम *(सं.पुं.)* दण्ड, दमन, इन्द्रियों को वश में करना।

धम *(हि.स्त्री.)* किसी भारी वस्तु के गिरने का धमाका।

नम आर्द्र, नमीवाला।

मम (सं.सर्व.) मेरा या मेरी।

बम *(हि.पुं.)* शिव के उपासकों का बम-बम शब्द, वह लंबा बांस जो गाड़ी आदि में आगे की ओर लगा रहता है।

यम *(सं.पुं.)* मृत्यु के देवता, मन तथा इन्द्रियों को वश में करना।

रम एक प्रकार की शराब, रमना, चित्त लगना।

शम *(सं.पुं.)* शांति, मोक्ष, निवृत्ति, क्षमा, उपचार, अंतःकरण अथवा इन्द्रियों का निग्रह।

क्षम *(सं.वि.)* कुल, समान, तुल्य, बराबर, समतल, संख्या *(पु.)* गणित में दी जाती है जिसका वर्गमूल निकालना होता है।

हम *(हि.सर्व.)* उत्तम पुरुष बहुवचन सर्वनाम, मैं का बहुवचन का रूप, अहंकार, अभिमान।

क्षम *(सं.पुं.)* कुशल मंगल, आनंद।

क्षम *(सं.वि.)* उपयुक्त, योग्य, समर्थ।

रूक्म *(सं.वि.)* दीप्तिमान, रूक्मणि का छोटा भाई।

कम कम *(हि.क्रि.वि.)* थोड़ा थोड़ा।

करखम *(हि.पुं.)* देखो मलखंभ।

बिखम *(हि.पुं.)* देखो विषम।

भीखम *(हि.वि.)* भयानक, डरावना।

भीखम *(हि.पुं.)* देखो ग्रीष्म।

उखम *(हि.पुं.)* उष्म, गरमी, ताप।

ऊखम *(हि.वि.)* देखो ऊष्ण।

तिग्म *(सं.वि.)* तीक्ष्ण, तेज।

युग्म *(सं.पुं.)* युगल, द्वन्द्व, जोड़ा।

अयुग्म *(सं.पुं.)* विषम, ताक *(वि.)* जो पूरा न हो।

अगम *(हि.पुं.)* दुर्गम, दुर्घट, अपार।

जंगम *(हि.वि.)* देखो युग्म।

हृदयंगम *(सं.पुं.)* मन में बैठा हुआ।

सरगम *(हि.पुं.)* स्वर ग्राम, संगीत, सातों स्वरों के उतार चढ़ाव का क्रम।

रोमाद्गम *(सं.पुं.)* रोवें का खड़ा होना।

दुर्गम *(सं.वि.)* जहाँ पहुँचना कठिन हो, जिसका जानना कठिन हो, दुस्तर, विकट।

विनिर्गम *(सं.पुं.)* प्रस्थान।

जंगम *(सं.पुं.)* जड़, चेतन, सभी जीव-जन्तु।

तुरंगम *(सं.पुं.)* घोड़ा, चित्त *(वि.)* शीघ्र चलनेवाला।

दूरंगम (सं.वि.) बहुत दूर तक जानेवाला।

दिवंगम *(सं.वि.)* आकाशवाणी, स्वर्गगामी।

संगम *(सं.पुं.)* दो नदियों के मिलने का स्थान, मिलाप, सम्मेलन।

त्रिसंगम (सुं.पुं.) तीन नदियों के मिलने का स्थान।

असंगम *(सं.पुं.)* संगम का अभाव *(वि.)* बिना मेल का।

विहंगम *(सं.पुं.)* पक्षी, चिड़िया, सूर्य।

सुहंगम *(हि.वि.)* बेढंगा, चिकठ, बेढब।

अधिगम *(सं.पुं.)* ज्ञान, प्राप्ति, लाभ।

निगम *(सं.पुं.)* वाणिज्य, व्यापार।

युगम *(हि.पुं.)* देखो युग्म।

सुगम *(सं.वि.)* सरल, सहज।

आगम *(सं.पुं.)* आगमन, आय, उत्पत्ति, उपस्थिति, योग, जोड़, मार्ग, व्याकरण के शब्द साधन में जो वर्ण बाहर से लाया जाए, वेद, शास्त्र, निकट, जानेवाला।

मेघागम *(सं.पुं.)* वर्षाकाल।

यथागम (सं.अव्य.) शास्त्र के अनुरूप।

धनागम *(सं.पुं.)* धन की प्राप्ति।

बिनागम *(सं.पुं.)* प्रातःकाल, तड़का।

निगमागम *(सं.पुं.)* वेदशास्त्र।

धर्मागम *(सं.पुं.)* धर्मशास्त्र।

समागम *(सं.पुं.)* वसंत काल।

अभ्यागम *(सं.वि.)* सम्मुख आया हुआ *(पु.)* अतिथि, पाहुन।

फलागम *(सं.पुं.)* फल आने का काल।

वैधम (सं.पुं.) जय, नीति।

सुग्धम *(हि.वि.)* संकेत में कही हुई।

चमचम *(हि.स्त्री.)* छेने की एक प्रकार की बंगला मिठाई *(क्रि.वि.)* चमचम।

पंचम *(सं.वि.)* पाँचवाँ।

चमाचम *(हि.वि.)* झलकता हुआ।

पश्चिम *(सं.वि.)* अंतिम, जो बाद में उत्पन्न हुआ हो, बाद का *(पु.)* वह दिशा जिसमें सूर्य अस्त होता है।

पच्छम, पच्छिम *(हि.पुं.)* देखो पश्चिम, पिछला, पीछे का।

छमछम (हि.स्त्री.) घुंघरू, पायल आदि के बजने का शब्द *(क्रि.वि.)* ऐसे शब्द के साथ।

छमाछम *(हि.स्त्री.)* गहने के बजने या पानी बरसने का शब्द।

परीक्षम *(हि.पुं.)* पैर में पहिनने का एक आभूषण।

सुच्छम *(हि.वि.)* सूक्ष्म, थोड़ा।

सूछम *(हि.वि.)* सूक्ष्म, थोड़ा।

हैछम *(हि.स्त्री.)* खड्ग, तलवार।

झमझम (हि.स्त्री.) घुंघरू आदि के बजने का शब्द, वर्षा होने का शब्द, चमक, दमक *(हि.)* जगमगाता हुआ *(हि.क्रि.)* चमक-दमक के साथ।

झमाझम *(हि.स्त्री.)* घुंघरू आदि के बजने का शब्द *(हि.क्रि.वि.)* झमाझम शब्द सहित।

अदम *(हि.पुं.)* ढेर, राशि, समुदाय।

अटम *(सं.पुं.)* कोन नापने का यंत्र, धौनिया।

अष्टम *(सं.वि.)* आठवाँ।

लस्टम, पस्टम *(हि.क्रि.वि.)* किसी न किसी प्रकार से।

तुड़म *(हि.पुं.)* नगाड़ा या ढोल का शब्द।

बढम् *(सं.अव्य.)* पर्याप्त, बस।

प्रणम *(हि.पुं.)* देखो प्रणाम।

अधिकतम *(सं.वि.)* सबसे अधिक।

उच्चतम *(सं.वि.)* सबसे ऊँचा।

श्रेष्ठतम *(सं.वि.)* सब में श्रेष्ठ।

विद्वतम *(सं.वि.)* विद्वानों में श्रेष्ठ।

बहत्तम *(सं.वि.)* सबसे बड़ा या श्रेष्ठ।

वसुत्तम *(सं.स्त्री.)* बहुत बड़ा धनी।

सप्तम *(सं.वि.)* सातवाँ।

रूपतम *(सं.वि.)* बड़ा सुंदर, **(रूपता)** *(सं.स्त्री.)* सुंदरता।

द्विजोत्तम *(सं.वि.)* ब्राह्मण।

उत्तमोत्तम *(सं.वि.)* अच्छा से अच्छा।

नरोत्तम *(सं.पुं.)* मनुष्यों में श्रेष्ठ।
सर्वोत्तम *(सं.वि.)* सर्वश्रेष्ठ।
पुरुषोत्तम *(सं.पुं.)* विष्णु, पुरुष श्रेष्ठ, ईश्वर।
नतम *(हि.वि.)* बांका।
तरतम *(सं.वि.)* न्यूनाधिक, थोड़ा बहुत।
आतम *(हि.)* देखो आत्म।
महातम *(हि.पुं.)* देखो माहात्म्य।
पीरतम *(हि.वि.)* प्रिय, प्रियतम।
उत्तम *(सं.वि.)* उत्कृष्ट, श्रेष्ठ।
पीतम *(सं.स्त्री.)* देखो प्रियतम।
पीतम *(हि.पुं.)* पति, स्वामी, प्यारा।
गुरुतम *(वि.)* अधिक भारी। **(गुरुता)** *(स्त्री.)* गुरुत्व, भारीपन, महत्त्व।
परसोत्तम *(हि.पुं.)* देखो पुरुषोत्तम।
नौतम *(हि.वि.)* अत्यंत नवीन, बहुत नया *(पु.)* विनय, नम्रता।
आत्म *(सं.वि.)* अपना निजी, स्वकीय।
अध्यात्म *(सं.पुं.)* परब्रह्म, परमेश्वर *(वि.)* आत्मा या ब्रह्म संबंधी।
प्रथम *(सं.वि.)* प्रधान, मुख्य, पहिला *(क्रि.वि.)* आगे, पहले।
किमर्थम *(सं.अव्य.)* किस कारण, क्यों।
गजरदम बड़े सबेरे, तड़के।
कदम *(हि.पुं.)* कदम्ब वृक्ष।
दमादम *(हि.क्रि.वि.)* लगातार, बराबर।
दुर्दम *(सं.वि.)* प्रचण्ड।
छद्म *(सं.वि.)* बहाना, मिस, कपट।
पद्म *(सं.पुं.)* पृथ्वी, घर।
रक्तपद्म *(सं.पुं.)* लाल कमल।
महापद्म *(सं.पुं.)* एक पद्म की संख्या, सफेद कमल।
नीलपद्म *(सं.पुं.)* नीला कमल।
अधम *(सं.वि.)* खोटा, नीच।
धमाधम *(हि.क्रि.वि.)* प्रहार के शब्दों के सहित।
अधमाधम *(सं.वि.)* बुरे से बुरा।
पुरुषाधम *(सं.पुं.)* अधम मनुष्य।
नराधम *(हि.पुं.)* नीच मनुष्य।
ऊधम *(हि.पुं.)* उत्पात, उपद्रव।
यावज्जन्म *(सं.अव्य.)* जन्म भर।
पुनर्जन्म *(सं.वि.)* एक शरीर छूटने पर दूसरा शरीर धारण करना।
सहजन्म *(सं.वि.)* सहोदर, सगा जुड़वाँ।
प्राग्जन्म *(सं.पुं.)* पूर्व जन्म।
आजन्म *(सं.अव्य.)* जन्मभर।
निरूपम *(सं.वि.)* उपमा रहित।
ढोपम *(हि.पुं.)* सुविधा, सुख का प्रबंध।
संयम *(सं.पुं.)* वश में करने की क्रिया या भाव, उद्योग, प्रयत्न।
प्राणसंयम *(सं.पुं.)* प्राणायाम।
रूवयम् *(सं.अव्य.)* नियमानुसार।
अतिनियम *(सं.पुं.)* व्यवस्था, प्रत्येक के लिए एक नियम।
उद्यम *(सं.पुं.)* उद्यमहीनता।
निरूद्यम *(सं.वि.)* बिना उद्योग का।
कर्म *(सं.पुं.)* कार्य, काम, प्रारम्भ, भाग्य, व्याकरण में वह शब्द जिस पर कर्ता की क्रिया का फल ठहरता है।
कर्म *(सं.पुं.)* होम, चिता में आग लगाने का कार्य।
(अग्निकोण) *(सं.पुं.)* पूर्व और दक्षिण का कोण।
धर्म *(सं.पुं.)* आतप, धूप, घाम।
(धर्मबिन्दु) पसीना।
(धर्मांशु) सूर्य।
चर्म *(सं.पुं.)* चमड़ा, ढाल।
धर्म *(सं.पुं.)* सत्कर्म, पुण्य, सदाचार, कोई विशिष्ट व्यापार, प्रकृति, नियम, नित्य नियम।
भर्म *(हि.पुं.)* देखो भ्रम।
मर्म *(सं.पुं.)* रहस्य, तत्त्व, शरीर का वह स्थान जहाँ पीड़ा होती है और कभी-कभी मृत्यु भी हो जाती है।
अकर्म *(सं.पुं.)* बुरा काम, कुकर्म, पाप, अपराध, अधर्म।
(अकर्मक) *(सं.पुं.)* व्याकरण में जिस क्रिया का कर्म न हो।
(अकर्मण्य) (सं.वि.) आलसी।
सत्कर्म *(सं.पुं.)* अच्छा कार्य, पुण्य।
अन्तकर्म *(सं.पुं.)* नाश, अन्त्येष्टि क्रिया।
भूतकर्म *(सं.पुं.)* प्रेतकर्म।
धर्मकर्म *(सं.पुं.)* अन्त्येष्टि क्रिया।
विषमकर्म *(सं.पुं.)* सांसारिक कार्य।
परकर्म *(सं.पुं.)* दूसरे कार्य।
स्वकर्म *(सं.पुं.)* अपना कार्य।
दशकर्म *(सं.पुं.)* द्विजों के दस संस्कार।
यागकर्म *(सं.पुं.)* यज्ञ का कार्य।
पापकर्म *(सं.पुं.)* निषिद्ध कार्य जिसके करने से पाप हो।
दारकर्म *(सं.पुं.)* विवाह।
कालधर्म *(सं.पुं.)* समय का स्वभाव, मृत्यु।
दाहकर्म *(सं.पुं.)* शव फूँकने का काम।
हीनकर्म *(सं.वि.)* बुरा काम करनेवाला।
शुभकर्म *(सं.पुं.)* मंगलजनक कार्य।
पुण्यकर्म *(सं.पुं.)* जिस कार्य के करने से पुण्य होता है।
दुष्कर्म *(सं.पुं.)* कुकर्म, पाप।
पूर्वकर्म *(सं.पुं.)* पहले किया जाने वाला कार्य।
प्रेतकर्म *(सं.पुं.)* हिंदुओं में वह कर्म जो मृतक के दाह के बाद से सपिण्डी करण तक किया जाता है।
देवकर्म *(सं.पुं.)* वह कर्म जो देवता को प्रसन्न करने के लिए किया जाता है।

केशकर्म *(सं.पुं.)* बालों के सँवारने की कला, केशान्त कर्म संस्कार।
क्षेत्रकर्म *(सं.वि.)* खेत का काम।
रौद्रकर्म *(सं.पुं.)* भयंकर कार्य।
चालकर्म *(हि.वि.)* चूड़ासंस्कार, मुण्डन।
उपाकर्म *(सं.पुं.)* संस्कारपूर्वक वेद ग्रहण।
धर्माकर्म *(सं.पुं.)* पुण्य और पाप।
हिंसाकर्म *(सं.पुं.)* किसी को मारने या कष्ट देने का काम।
वस्तिकर्म *(सं.पुं.)* पिचकारी द्वारा औषधि का जल गुदा में चढ़ाने की क्रिया।
अधिकर्म *(सं.अव्य.)* बड़ा काम।
बलिकर्म बलिदान।
विकर्म *(सं.पुं.)* बाधा, पाप के निवारण का उपाय आदि।
कुकर्म *(सं.पुं.)* बुरा काम।
(कुकर्मा) *(सं.वि.)* कुत्सित काम करनेवाला।
सुकर्म *(सं.पुं.)* सत्कर्म, अच्छा काम।
हरिकर्म *(सं.पुं.)* व्याघ्रचर्म।
वर्त्म *(सं.पुं.)* मार्ग, पथ, आधार।
नयवर्त्म *(सं.पुं.)* नीति मार्ग।
वेदवर्त्म *(सं.पुं.)* आकाश।
सुवर्त्म *(सं.पुं.)* सीधा पथ।
अधर्म *(सं.पुं.)* शीतकाल, जिसमें शरीर में पसीना न हो।
अधर्म *(सं.पुं.)* श्रुति स्मृति विरुद्ध।
हठधर्म *(सं.पुं.)* दुराग्रह, कट्टरपन।
वर्णधर्म *(सं.पुं.)* वर्णाश्रम धर्म।
आपद्धर्म *(सं.पुं.)* विपत्ति के समय विधान करने का धर्म।
सधर्म *(सं.वि.)* तुल्य, समान।
देशधर्म *(सं.पुं.)* देश की रीति के अनुसार व्यवहार।
यथाधर्म *(सं.अव्य.)* धर्म के अनुसार।
पतिधर्म *(सं.पुं.)* पति के प्रति स्त्री का धर्म।
विधर्म *(सं.पुं.)* वह धर्म जो अपना न हो, पराये का धर्म *(वि.)* गुणहीन।
श्रेणीधर्म *(सं.पुं.)* पंचायत की रीति।
स्त्रीधर्म *(सं.पुं.)* स्त्री का रजस्वला होना।
बेधर्म *(हि.क्रि.)* जिसको अपने धर्म का ध्यान न हो।
लोहवर्म *(सं.पुं.)* लोहे का कवच।
क्रम *(सं.पुं.)* अनुक्रम, शक्ति, प्रणाली, आक्रमण, पैर रखने का काम, आगे पीछे रहने की स्थिति, चाल परिपाटी।
भ्रम *(सं.पुं.)* भ्रान्ति, धोखा, संदेह, संशय।
अक्रम *(सं.वि.)* विपरीत, क्रमरहित।
वर्णक्रम *(सं.पुं.)* जाति परंपरा, अक्षर श्रेणी।
पक्रम *(सं.पुं.)* कार्य का आरंभ, वृद्धि, भूमिका, उद्यम, परिस्थिति।
अपक्रम *(सं.पुं.)* व्यतिक्रम।
अवक्रम *(सं.पुं.)* निम्नगति, नीचे जाना।
वशक्रम *(सं.पुं.)* आयुष्य।
संक्रम *(सं.पुं.)* प्राप्ति, सेतु, पुल, उपाय।
कालक्रम *(सं.पुं.)* समय का प्रवाह।
निष्क्रम *(सं.पुं.)* घर से बाहर निकलने का कार्य *(वि.)* बिना क्रम का।
उत्क्रम *(सं.पुं.)* व्यतिक्रम, विपरीत क्रम।
व्युत्क्रम *(सं.पुं.)* क्रम में उलटफेर होना।
वचनोपक्रम *(सं.पुं.)* वाक्यारम्भ।
यथाक्रम *(सं.अव्य.)* क्रमानुसार।
पराक्रम *(सं.पुं.)* शक्ति, बल, सामर्थ्य।
दुराक्रम *(सं.वि.)* जो बड़ी कठिनता से आक्रमण किया जाए।
तिक्रम *(सं.वि.)* अपार, प्रबल।
अनतिक्रम *(सं.पुं.)* सीमा से बाहर न जाना।
अतिक्रम, अतिक्रमण *(सुं.पुं.)* उल्लंघन।
व्यतिक्रम *(सं.पुं.)* विपर्यय, उलटफेर, विघ्न बाधा।
विक्रम *(सं.पुं.)* बल या शक्ति की अधिकता, पराक्रम, गति।
सीमातिक्रम *(सं.पुं.)* सीवान को डांकना।
कालातिक्रम *(सं.पुं.)* समय का उल्लंघन।
महाविक्रम *(सं.वि.)* बड़ा प्रतापवान।
वितिक्रम *(हि.पुं.)* देखो व्यतिक्रम।
सुविक्रम *(सं.वि.)* अत्यंत साहसी।
अनुक्रम *(सं.पुं.)* पिछला क्रम।
वंशानुक्रम *(सं.पुं.)* वंश परम्परा।
पुरुवानुक्रम *(सं.पुं.)* पुरखों से चली आती हुई परम्परा।
अभ्रम *(सं.पुं.)* संदेह या भ्रम का न होना।
सम्भ्रम *(सं.पुं.)* व्याकुलता, भ्रान्ति, तूल, आतुरता, उत्कण्ठा।
मतिभ्रम *(सं.पुं.)* बुद्धि भ्रंश।
विभ्रम *(सं.वि.)* भ्रम रहित *(क्रि.वि.)* बिना संदेह के, बेखटके।
विभ्रम *(सं.पुं.)* भ्रम, संशय, संदेह।
चित्तविभ्रम *(सं.पुं.)* भ्रम, भ्रान्ति।
अतिविभ्रम *(सं.पुं.)* उन्माद रोग।
स्मृतिविभ्रम *(सं.पुं.)* स्मरण शक्ति का नाश, धर्मशास्त्र के विपरीत।
परिश्रम *(सं.पुं.)* प्रयास, उद्यम, व्यायाम।
आश्रम *(सं.पुं.)* वह स्थान जहाँ निराश्रय विधवाओं के पालन पोषण आदि का प्रबंध रहता है।
आश्रम *(सं.पुं.)* ऋषि मुनि का वास स्थान, तपोवन, मठ, विश्राम स्थान, शास्त्रोक्त चार प्रकार का धर्म विशेष।
वर्णाश्रम *(सं.पुं.)* चारों वर्ण का आश्रम।
चतुर्थाश्रम *(सं.पुं.)* संन्यास।
तृतीयाश्रम *(सं.पुं.)* वानप्रस्थ आश्रम।
निराश्रम *(सं.वि.)* आश्रम रहित।
करम *(हि.पुं.)* कर्म, काम, भाग्य।
चरम *(सं.वि.)* अंतिम, सबसे बड़ा।

चीर, चरम *(हि.पुं.)* मृगछाला, बाघम्बर।
धरम *(हि.पुं.)* धर्म।
अधरम *(हि.पुं.)* देखो अधर्म।
नरम *(हि.वि.)* कोमल, लचीला, मृदु।
परम *(सं.वि.)* प्रधान, मुख्य, अत्यंत।
भरम *(हि.पुं.)* भ्रम, भ्रान्ति, संशय।
निभरम *(हि.वि.)* भ्रमरहित *(क्रि.वि.)* बेधड़क।
अभरम *(हि.वि.)* भ्रमरहित, शंका शून्य, भ्रम न करनेवाला, निडर।
मरम *(हि.पुं.)* देखो मर्म।
किरम *(हि.पुं.)* कृमि, कीड़ा।
बिकरम *(हि.पुं.)* देखो विक्रमादित्य।
नीरम *(हि.पुं.)* वह बोझ जो जहाज का समभार करने के लिए रखा जाता है।
मनोरम *(सं.वि.)* सुंदर, मनोहर।
बलम, बलमा *(हि.पुं.)* पति, नायक।
बल्लम *(हि.पुं.)* बरछा, भाला, डंडा, सोंटा, वह सुनहला या रूपहला डंडा जिसको चोबदार राजाओं के आगे आगे लेकर चलते हैं।
बालम *(हि.पुं.)* पति, स्वामी, प्रेमी।
बिलम *(हि.पुं.)* देखो विलम्ब, देर।
गुल्म *(सं.पुं.)* प्लीहा, रोग, वृक्ष जिसमें तना न हो।
वायुगुल्म *(सं.पुं.)* चक्रवात, बवंडर।
नवम *(सं.वि.)* जो गिनती में नव के स्थान में हो, नवाँ।
एकम (सं.क्रि.वि.) इसी प्रकार से, ऐसे ही।
दसम *(सं.वि.)* दसवाँ।
दशमलव *(सं.पुं.)* गणित में वह भिन्न जिसके हर में दस या उसका कोई घात होता है।
पशम *(हि.स्त्री.)* बहुत बढ़िया, कोमल ऊन जिसके दुशाले आदि बनते हैं, अति तुच्छ पदार्थ।
उपशम *(सं.पुं.)* निवृत्ति, छुटकारा।
अश्म *(सं.पुं.)* पर्वत, पहाड़, पत्थर।
पीताश्म *(सं.पुं.)* पुष्परागमणि, पुखराज।
वेश्म *(सं.पुं.)* गृह, घर।
पटवेश्म *(सं.पुं.)* शिविर, तम्बू।
परवेश्म *(सं.पुं.)* वैकुण्ठ, स्वर्ग।
राजवेश्म *(सं.पुं.)* राजा का भवन।
वासवेश्म *(सं.पुं.)* रहने का घर।
मेधवेश्म *(सं.पुं.)* आकाश।
विद्यावेश्म *(सं.पुं.)* विद्यालय।
प्रतिवेश्म *(सं.पुं.)* चीज जो न हो।
भीषम *(हि.पुं.)* देखो भीड़।
भीष्म *(सं.वि.)* भयानक, भयंकर।
विषम *(सं.वि.)* जो समान या बराबर न हो, वह संख्या जो दो से बराबर विभक्त न हो, ताख, बहुत तीव्र, अति कठिन, भयंकर।

ग्रीष्म *(सं.पुं.)* गरमी की ऋतु, गरमी।
ऊष्म *(सं.पुं.)* ग्रीष्मकाल, उत्तार, तीव्रता, क्रोध श, ष, स, ह–ये चार वर्ण।
ऊष्म *(सं.वि.)* गरमी, ग्रीष्मकाल।
असम *(सं.वि.)* अतुल्य, असदृश।
भसम *(हि.पुं.)* देखो भस्म।
लसम *(हि.वि.)* जो खरा न हो, दूषित।
वयासम *(सं.वि.)* समान वयवाला।
प्राणसम *(सं.पुं.)* प्राणों के समान।
भीसम *(हि.पुं.)* देखो भीष्म।
भस्म *(हि.पुं.)* लकड़ी आदि के जलने पर बची हुई राख, चिता की राख, अग्निहोत्र की राख *(वि.)* जो जलकर राख हो गया हो।
शवभस्म *(सं.पुं.)* चिता की भस्म, शव।
रसभस्म *(सं.पुं.)* पारे की भस्म।
तत्सम *(सं.पुं.)* हिन्दी प्राकृत आदि भाषा में प्रयुक्त होनेवाला संस्कृत का शब्द।
प्राप्तिसम *(सं.वि.)* प्राप्त करने योग्य।
विसम *(हि.वि.)* देखो विषम।
विसब्रह्म *(सं.पुं.)* आनन्दस्वरूप आत्मा, आत्मा, चैतन्य।
शब्दब्रह्म *(सं.पुं.)* उँ कार, वेद श्रुति।
परब्रह्म *(सं.पुं.)* निर्गुण और निरूपाधि ब्रह्म।
विजिह्म *(सं.वि.)* वक्र, कुटिल।
सोअहम (सं.) संस्कृत का एक वाक्य जिसका अर्थ वही मैं हूँ।
पख्यम *(हि.पुं.)* आँख की बरौनी।
लक्ष्यम *(स.पुं.)* चिह्न।
राजलक्ष्यम *(स.पुं.)* राजचिह्न।
शीताश्म *(सं.पुं.)* चन्द्रकान्त मणि।
सुसूक्ष्म *(सं.वि.)* अति सूक्ष्म।
अक्षम *(सं.वि.)* क्षमारहित, असमर्थ।
बहुक्षम *(सं.वि.)* अधिक सहनेवाला।
सूक्षम *(हि.वि.)* देखो सूक्ष्म।
आम *(सं.वि.)* अपक्व, कच्चा, जो पच न हो *(हि.पुं.)* आम्र, रसाल, वृक्ष तथा फल दोनों के लिए व्यवहृत होता है।
काम *(सं.पुं.)* यथेष्ट वार्ता, वांछा, कामदेव, तृष्णा, सहवास की इच्छा, चार वर्गों में से एक *(हि.पुं.)* कार्य, कर्म, उददेश्य, व्यवहार, व्यवसाय, रचना, प्रयोजन, नक्काशी।
गाम *(हि.पुं.)* गाँव, ग्राम।
घाम *(हि.पुं.)* आतम, धूप।
चाम *(हि.पुं.)* चर्म, चमड़ा, खाल।
याम *(हि.पुं.)* प्रहर, तीन घंटे या साढ़े सात घड़ी का काल।
झाम *(हि.पुं.)* झब्बा, गुच्छा, डांट डपट, घुड़की, छल, कपट, धोखा, कुएँ की मिट्टी खोदने का यंत्र।

ताम *(सं.पुं.)* क्लेश, व्याकुलता, पाप *(हि.पुं.)* क्रोध, अंधकार, अंधेरा।

थाम *(हि.पुं.)* स्तंभ, खंभा।

दाम *(सं.पुं.)* हार, माला, समूह, अनुसंधान, खोज, धन द्वारा शत्रु को वश में करने की राजनीति *(हि.पुं.)* एक दमड़ी का तीसरा अंश, धन, रुपया पैसा, मूल्य।

श्राम *(सं.पुं.)* घर, शरीर, शोभा, किरण, स्थान, जन्म, तेल, देवस्थान, अवस्था, स्थिति गति, स्वर्ग।

नाम *(सं.अव्य.)* संभावना, क्रोध, विस्मय, स्मरण, विकल्प आदि अर्थ में प्रयुक्त होता है, विभक्तिहीन शब्द *(हि.पु.)* वह शब्द जिससे किसी व्यक्ति, वस्तु या समूह का बोध हो, संज्ञा, प्रसिद्धि।

बाम *(हि.पुं.)* देखो वाम।

(भामा) *(सं.पुं.)* बहनोई *(हि.स्त्री.)* भामा, स्त्री।

माम *(हि.पुं.)* अहंकार, ममता।

राम *(सं.पुं.)* राजा दशरथ के पुत्र जो अवतार माने जाते हैं।

लाम *(हि.पुं.)* सेना, बहुत से मनुष्यों का समूह।

बाम *(सं.वि.)* बायाँ, प्रतिकूल, विरुद्ध, दुष्ट, कुटिल, बुरा।

शाम संध्या।

क्षाम (सं.वि.) कृश, क्षीण।

अकाम *(हि.वि.)* कामनारहित।

पूर्णकाम *(सं.पुं.)* परमेश्वर *(वि.)* जिसकी सब कामनाएँ पूरी हो।

प्रकाम *(सं.वि.)* यथेष्ट।

लब्धकाम *(सं.वि.)* जिसकी मनोकामना पूरी हो गई हो।

वनकाम *(सं.वि.)* जंगल में घूमनेवाला।

पूरनकाम *(हि.वि.)* देखो पूर्णकाम।

निष्काम *(सं.वि.)* कामना रहित।

वर्षकाम वृष्टि की कामना करनेवाला।

सकाम *(सं.वि.)* फल की कामना से कोई काम करनेवाला।

मनस्काम *(सं.पुं.)* मनोरथ, अभिलाषा।

श्रेयस्काम *(सं.पुं.)* मंगल चाहनेवाला।

यशस्काम *(सं.वि.)* यश की कामना करनेवाला।

निहकाम *(हि.पुं.)* देखो निष्काम।

यथाकाम *(सं.अव्य.)* इच्छानुसार।

निकाम *(हि.वि.)* निकम्मा, बुरा।

निःकाम *(हि.वि.)* देखो निष्काम।

त्रिकाम, त्रिकाय *(सं.पुं.)* बुद्धदेव।

श्रीकाम *(सं.वि.)* धन धान्य की कामना करनेवाला।

वक्तुकाम *(सं.वि.)* बोलने का अभिलाषी।

बेकाम *(हि.वि.)* निकम्मा *(क्रि.वि.)* निरर्थक, व्यर्थ।

लगाम (फा.स्त्री) घोड़े के मुँह में रखने की बाग, रास।

घड़ाम *(हि.पुं.)* किसी वस्तु के गिरने का शब्द।

हज्जाम *(हि.पुं.)* हजामत बनानेवाला।

डीमटाम *(हि.स्त्री.)* शृंगार, सजावट, तड़क-भड़क, पाखण्ड।

टूमटाम वस्त्र तथा गहना।

डीमडाम *(हि.पुं.)* ठाटबाट, आडम्बर।

प्रणाम *(सं.पुं.)* भूमि पर डंडे के समान पड़कर प्रणाम करना।

परिणाम *(सं.पुं.)* विकार, प्रकृति का अन्यथा भाव, रूपांतर प्राप्ति, फल।

बताम *(सं.पुं.)* बादाम।

छदाम *(हि.पुं.)* पैसे का चतुर्थांश।

बदाम *(हि.पुं.)* देखो बादाम।

बदाम *(सं.पुं.)* बादाम का फल।

पुष्पदाम *(सं.पुं.)* फूलों की माला।

दुरदाम *(हि.वि.)* कष्टसाध्य।

बादाम *(हि.पुं.)* जामुन आदि वृक्षों की तरह का एक पेड़ जिसका तना मोटा होता है। इसका फल मेवों में गिना जाता है।

उददाम *(सं.वि.)* निरंकुश, उद्दंड, स्वतंत्र, बड़, असीम।

गोदाम *(हि.पुं.)* सामग्री सुरक्षित रखने का स्थान।

मालगोदाम *(हि.पुं.)* वह स्थान जहाँ पर व्यापार का माल जमा रहता है।

सुखधाम *(सं.पुं.)* आनंद का घर, स्वर्ग।

श्रनधाम *(सं.पुं.)* रुपया पैसा और घरबार।

परमधाम *(सं.पुं.)* वैकुण्ठ, स्वर्ग।

नामधाम *(हि.पुं.)* पता ठिकाना।

लामधाम *(हि.पुं.)* कामकाज, धंधा।

धूमधाम *(हि.पुं.)* समारोह, ठाटबाट।

प्रियधाम *(सं.पुं.)* प्यारा स्थान।

देवधाम *(सं.पुं.)* देवस्थान, तीर्थस्थान।

हरिधाम *(सं.पुं.)* विष्णुलोक, वैकुण्ठ।

अनाम *(सं.वि.)* बिना नाम का, अविख्यात।

(अनामक) *(सं.वि.)* अप्रसिद्ध, बेनाम।

उपनाम *(सं.पुं.)* उपाधि, पदवी, प्यार का नाम।

परनाम *(हि.पुं.)* देखो प्रणाम।

दुर्नाम *(सं.पुं.)* दुर्वचन, गाली-गलौज।

सर्वनाम *(सं.पुं.)* सबका नाम या व्याकरण में वह शब्द जो संज्ञा के स्थान में प्रयोग किया जाता है यथा मैं, तू, वह।

स्वनाम *(सं.पुं.)* अपना नाम।

दसनाम *(सं.पुं.)* संन्यासियों के दस भेद।

सनाम *(सं.वि.)* एक नाम का।

हरिनाम *(सं.पुं.)* भगवान का नाम।

कुनाम *(सं.पुं.)* अपनाम, दुर्नाम।

सुनाम *(सं.पुं.)* यश, कीर्ति।

आयाम *(सं.पुं.)* विस्तार, लंबाई, नियम।

प्राणायाम *(सं.पुं.)* योग जिसमें श्वास और प्रश्वास को यथाविधि अपने अधिकार में किया जाता है।

व्यायाम *(सं.वि.)* शरीर पुष्ट करने के लिए किया हुआ शारीरिक श्रम।
श्याम *(सं.वि.)* काला, सांवले रंग का *(पु.)* बादल, कोयल, श्रीकृष्ण का एक नाम।
मेघश्याम *(सं.वि.)* मेघ के समान काला *(पु.)* श्रीकृष्ण।
घनश्याम *(सं.पुं.)* श्रीकृष्ण *(वि.)* मेघ के समान काला।
ग्राम *(सं.पुं.)* गाँव, छोटी बस्ती, ढेर, समूह, संगीत में सातों स्वरों का समूह, सप्तक।
नामग्राम *(सं.पुं.)* नाम और पता।
शालग्राम *(सं.पुं.)* गण्डकी नदी में उपलब्ध एक प्रकार की विष्णु की मूर्ति।
आम्र *(सं.पुं.)* मण्डप, घर।
विस्राम *(सं.पुं.)* देखो विश्राम।
विश्राम *(सं.पुं.)* थकावट दूर करना, सुख, ठहरने का स्थान।
मड़ग्राम *(सं.पुं.)* युद्ध, लड़ाई।
रामराम *(हि.पुं.)* प्रणाम, नमस्कार, भेंट।
सालग्राम *(हि.पुं.)* देखो शालाग्राम।
बिसराम *(हि.पुं.)* देखो विश्राम।
कुहराम *(हि.पुं.)* कोलाहल, उपद्रव।
आराम *(सं.पुं.)* उपवन, फुलवाड़ी।
फलाराम *(सं.पुं.)* फल का बागीचा।
अभिराम *(सं.वि.)* सुंदर, प्रिय, प्रसन्न करनेवाला।
नयनाभिराम *(सं.वि.)* आँखों को प्रिय लगनेवाला, सुंदर।
मनोभिराम *(सं.वि.)* मनोज, सुंदर।
विराम *(सं.पुं.)* ठहराव, विश्राम, बोलते समय वाक्य में वह स्थान जहाँ ठहरना पड़ता हो।
पूर्णविराम *(सं.पुं.)* लिखने में वह चिह्न जो वाक्य के पूरे होने पर लगाया जाता है, नागरी, बंगला आदि में इसके लिए एक खड़ी पाई का प्रयोग किया जाता है।
ललाम *(सं.वि.)* सुंदर, मनोहर, लाल, प्रधान, श्रेष्ठ *(सं.पु.)* चिह्न, सींण।
पीलाम *(हि.पुं.)* साटन नामक कपड़ा।
अवाम *(सं.वि.)* दक्षिण, दाहिना।
क्षुतक्षाम *(सं.वि.)* क्षुधा से पीड़ित।
किम *(सं.अव्य.)* क्या, कौन सा।
तिम *(हि.पुं.)* ढक्का, नगाड़ा, डंका।
हिम *(सं.वि.)* शीतल, ठंडा।
बंकिम *(सं.वि.)* कुछ ढेढ़ा, झुका हुआ।
बंकिम *(हि.वि.)* झुका हुआ, टेढ़ा।
सूच्छम, सूच्छिम *(हि.वि.)* देखो सूक्ष्म।
रिमझिम *(हि.स्त्री.)* छोटी छोटी जल की बूँदों का निरंतर गिरना।
दाडिम *(सं.पुं.)* अनार।
अंतिम *(सं.वि.)* अंत का, पीछे का।
आदिम *(सं.वि.)* आदि में उत्पन्न, पहिला अगला।
मद्धिम *(हि.वि.)* मध्यम, मंदा।
मधिम *(हि.वि.)* देखो मध्यम, मद्धिम।
पुनिम, पुनी *(हि.स्त्री.)* पूर्णिमा।
अग्रिम *(सं.पुं.)* श्रेष्ठ, प्रधान, पहिले का।
किरिम *(हि.स्त्री.)* देखो कृमि।
कृत्रिम *(सं.वि.)* बनावटी, मिथ्याभूत।
अकृत्रिम *(सं.वि.)* जो काल्पनिक न हो, स्वाभाविक।
धीम *(हि.वि.)* देखो धीमा।
नीम *(हि.पुं.)* एक वृक्ष जिसका प्रत्येक भाग कड़वा होता है।
भीम *(सं.वि.)* भीषण, घोर, भयंकर।
मुनीम *(सं.पुं.)* सहायक, वह जो साहूकारों का हिसाब किताब लिखता हो।
सुभीम *(सं.वि.)* बहुत डरावना।
क्षसीम *(सं.वि.)* अनंत, अगाध, अपार।
निस्सीम *(सं.वि.)* सीमा रहित, असीम, अपार।
तुम (हि.सर्व.) तू शब्द का बहुवचन का रूप।
कुंकम *(हि.पुं.)* लाख का बना हुआ पोला गोला जिसके भीतर गुलाल भर कर होली पर लोग एक दूसरे पर फेंकते हैं।
कुंकुम *(सं.पुं.)* केशर, रक्तचंदन, रोली।
कुमकुम *(हि.पुं.)* देखो कुंकुम।
कुमकुदुम *(हि.पुं.)* देखो कुटुम्ब।
द्रुम *(सं.पुं.)* वृक्ष, पेड़।
पदुम *(हि.पुं.)* देखो पद्म।
रत्नद्रुम *(सं.पुं.)* प्रवाल, मूंगा।
दुरद्रुम *(सं.पुं.)* कल्पवृक्ष।
दुर्द्रुम *(सं.पुं.)* पलाण्डू, प्याज।
शिवद्रुम *(सं.पुं.)* बेल का पेड़।
महाद्रुम *(सं.पुं.)* ताड़ का पेड़।
विद्रुम *(सं.पुं.)* प्रवाल, मूंगा।
मरूद्रुम *(सं.पुं.)* बबूल का वृक्ष।
वैद्रुम *(सं.वि.)* विद्रुम संबंधी।
बलसुम *(हि.वि.)* बलुआ, जिसमें बाल हो।
कुसुम *(सं.पुं.)* पुष्प, फूल।
आकाशकुसुम *(सं.पुं.)* असम्भव वार्ता।
झूम *(हि.स्त्री.)* झूमने की क्रिया, झपकी।
धूम *(सं.पुं.)* धूम्र, धुआँ।
धूम *(हि.पुं.)* आंदोलन, उपद्रव, उत्पात, समारोह, प्रसिद्धि।
निर्धूम *(सं.वि.)* जहाँ धुआँ न हो।
विधूम *(सं.वि.)* बिना धुएँ का।
गोधूम *(सं.पुं.)* गेहूँ।
टेम *(हि.स्त्री.)* दीपक की ज्योति, लौ।
छेम *(हि.पुं.)* देखो क्षेम।
नेम *(हि.पुं.)* नियम, बंधेज, रीति।
पैम *(हि.पुं.)* देखो प्रेम।

मेम *(हि.स्त्री.)* यूरोप या अमेरिका आदि देश की स्त्री, ताश का एक पत्ता, बीबी, रानी।
सेम *(हि.स्त्री.)* एक प्रकार की फली जिसकी तरकारी खाई जाती है।
हेम *(सं.पुं.)* सुवर्ण, सोना।
प्रेम *(सं.पुं.)* प्रियता, स्नेह, प्रीति, अनुराग, प्यारा।
कुशलक्षेम *(सं.पुं.)* राजी-खुशी।
कुसलक्षेम *(हि.स्त्री.)* देखो कुशलक्षेम।
ओम् *(सं.अव्य.)* ईश्वर वाचक शब्द प्रणव।
डोम *(हि.पुं.)* भारतवर्ष की एक अनुसूचित जाति।
दोम *(हि.वि.)* दो, दोनों।
धोम *(हि.पुं.)* धूम्र, धूम, धुआँ।
रोम *(सं.पुं.)* लोम, शरीर के बाल, रोआ।
लोम *(सं.पुं.)* शरीर के रोवें, रोवा, बाल, *(हि.पुं.)* लोमड़ी।
सोम *(हि.पुं.)* स्वर्ग, आकाश *(पु.)* सोमवार, चंद्रमा, अमृत।
दीर्घरोम *(स.पुं.)* भालू *(वि.)* बड़े-बड़े बालोंवाला।
नेत्ररोम *(सं.पुं.)* आँख की बरौनी।
विरोम *(सं.वि.)* रोमरहित, बिना रोवें का।
क्लोम *(सं.पुं.)* फुल्फुस, दाहिना फेफड़ा।
प्रतिलोम *(सं.वि.)* विपरीत, उलटा।
अनुलोम *(सं.पुं.)* अनुक्रम, ऊँचे से नीचे का क्रम *(अव्य.)* क्रमानुसार।
व्योम *(हि.पुं.)* आकाश, बादल, जल।
भौम *(सं.वि.)* भूमि संबंधी, भूमि से उत्पन्न।
सार्वभौम *(सं.पुं.)* चक्रवर्ती राजा।
माँ *(हि.स्त्री.)* जन्म देनेवाली माता।
क्षमा *(हि.स्त्री.)* माफी।
छमा *(सं.स्त्री.)* देखो क्षमा।
रमा *(सं.स्त्री.)* क्षान्ति, सहिष्णुता।
आत्मा *(सं.पुं.)* जीवात्मा, चित्त, मन, ब्रह्म।
नष्टात्मा *(सं.वि.)* दुष्ट, खल।
दुष्टात्मा *(सं.वि.)* खोटी प्रकृति का।
सुकृतात्मा *(सं.वि.)* पुण्यात्मा, धर्मात्मा।
शान्तात्मा *(सं.वि.)* शांत स्वभाव का।
जितात्मा *(सं.वि.)* जितेन्द्रिय।
पूतात्मा *(सं.वि.)* शुद्ध अन्तःकरण का।
भूतात्मा *(सं.पुं.)* जीवात्मा।
तदात्मा *(सं.वि.)* उसी के सदृश।
प्रसन्नात्मा *(सं.वि.)* जो सदा प्रसन्न रहे।
पापात्मा *(सं.वि.)* पापिष्ठ, पापी, पातकी।
धर्मात्मा *(सं.वि.)* धर्म करनेवाला, धार्मिक।
परमात्मा *(सं.पुं.)* परब्रह्म, ईश्वर।
पुण्यात्मा *(सं.वि.)* पुण्यशील, धर्मात्मा।
अन्तरात्मा *(सं.पुं.)* अन्तःकरण, जीवात्मा।
दुरात्मा *(सं.वि.)* नीच प्रकृति का, खोटा।
क्रूरात्मा *(सं.पुं.)* निर्दय प्रकृतिवाला मनुष्य।
महात्मा *(हि.पुं.)* वह जिसकी आत्मा का आशय बहुत ऊँचा हो, महानुभाव, बहुत बड़ा साधु, संन्यासी या विरक्त।
पवित्रात्मा *(हि.वि.)* पवित्रा आत्मा।
क्षातमा *(हि.)* देखो आत्मा।
रक्तिमा *(सं.स्त्री.)* ललाई।
प्रथमा *(सं.स्त्री.)* व्याकरण में कर्त्ता कारक।
पद्मा *(सं.स्त्री.)* लक्ष्मी।
अजन्म, अजन्मा *(सं.पुं.)* जिसका जन्म न हो, मोक्ष।
स्वजन्मा *(सं.वि.)* अपने आप से उत्पन्न।
नष्टजन्मा *(सं.पुं.)* वर्णसंकर, दोगला।
अग्रजन्मा *(सं.पुं.)* ज्येष्ठ भ्राता, ब्राह्मण।
(अग्रजात) *(सं.पुं.)* जेठा भाई, बड़ा भाई, ब्राह्मण।
विजन्मा *(हि.पुं.)* जारज, दोगला।
द्विजन्मा *(सं.पुं.)* ब्राह्मण, दाँत, पक्षी, वैश्य *(वि.)* जिसका दो बार जन्म हुआ हो।
दुजन्मा *(हि.पुं.)* देखो द्विजन्मा।
सुजन्मा *(सं.वि.)* अच्छे कुल में उत्पन्न।
पुरोजन्मा *(सं.वि.)* बड़ा भाई।
उपमा *(सं.स्त्री.)* तुलना, अर्थालंकार का एक भेद जिसमें साधारण धर्मविशिष्ट भिन्न जाति की तुलना दो वस्तुओं में दिखाई जाती है।
अम्मा *(हि.स्त्री.)* माँ, माता, महतारी।
निकम्मा *(हि.वि.)* जो कोई व्यवसाय न करता हो।
गुम्मा *(हि.वि.)* कम बोलनेवाला, चुप्पा।
चुम्मा *(हि.पुं.)* चुम्बन।
मध्यमा *(सं.स्त्री.)* बीच की अँगुली।
अकर्मा *(हि.वि.)* काम न करनेवाला।
फूटकर्मा *(सं.पुं.)* छठी।
विश्वकर्मा *(सं.पुं.)* ब्रह्मा।
निष्कर्मा *(सं.वि.)* अकर्मी, आलसी।
निष्कर्मा *(हि.वि.)* जो काम धंधा न करता हो, आलसी।
वर्मा *(सं.पुं.)* क्षत्रियों की उपाधि जो नाम है।
शर्मा *(सं.पुं.)* ब्राह्मणों की एक उपाधि।
दुर्ती, सुर्मा देखो सुरती, सुरमा।
चूर्मा *(हि.पुं.)* देखो चूरमा।
परिक्रमा *(सं.स्त्री.)* किसी ताँव स्थान या देवमंदिर के चारों ओर घूमने के लिए बना हुआ मार्ग।
चंद्रमा *(सं.पुं.)* सुधांशु, शशि।
पैकरमा *(हि.स्त्री.)* देखो परिक्रमा।
बरमा *(हि.पुं.)* लकड़ी आदि में छेद करने का एक अस्त्र।
चूरमा *(हि.पुं.)* एक पकवान जो रोटी या पूरी को चूरचूर करके घी में भूनकर चीनी मिलाकर बनाया जाता है।
मनोरमा *(सं.स्त्री.)* गोरोचन।

ऊष्मा (सं.स्त्री.) गरमी, ग्रीष्मकाल।
श्लेष्मा *(सं.पुं.)* कफ।
सुषमा *(सं.स्त्री.)* परम शोभा, अत्यंत सुंदरता।
उसमा *(हि.पुं.)* बमसा, उबटन।
ब्रह्मा *(हि.स्त्री.)* वह जो सृष्टि की रचना करता है।
ब्रहमा *(हि.स्त्री.)* देखो महिमा।
लक्ष्मा (हि.स्त्री.) देखो यक्ष्मा।
यक्ष्मा *(सं.पुं.)* क्षय नामक रोग।
राजयक्ष्मा *(हि.पुं.)* क्षयरोग।
चशमा *(हि.पुं.)* उपनेत्र।
धामा *(हि.पुं.)* भोजन का नेवता।
नामा *(सं.वि.)* नामधारी, नामवाला।
रामा *(सं.स्त्री.)* सुंदर स्त्री।
वामा *(सं.स्त्री.)* दुर्गा, स्त्री।
हंगामा (फा.पुं.) उपद्रव, कोलाहल।
स्वनामा *(सं.पुं.)* जो अपने नाम से प्रसिद्ध हो।
श्यामा *(सं.स्त्री.)* बांझ स्त्री, रात, छाया, कोयल, सांवा नामक अन्न।
स्यामा *(हि.स्त्री.)* देखो श्यामा।
त्रियामा *(सं.स्त्री.)* निशा, रात्रि।
लघिमा *(सं.स्त्री.)* लघुत्व, छोटापन।
दाघिमा *(सं.स्त्री.)* दीर्घता, लंबाई, भूमध्य के समानांतर पूर्व और पश्चिम की ओर की वे कल्पित रेखाएँ जो अक्षांश को सूचित करती हैं।
क्षुणिमा *(सं.पुं.)* अति सूक्ष्म परिमाण।
पूर्णिमा *(सं.स्त्री.)* पौर्णमासी, पुनवासी।
अरुणिमा *(सं.स्त्री.)* लाली, रक्तता।
प्रतिमा *(सं.स्त्री.)* किसी वास्तविक या कल्पित आकृति के अनुसार बनाई हुई मूर्ति या चित्र।
गरिमा *(सं.स्त्री.)* गुरुता, गौरव, भारीपन, महिमा, भार, अहंकार।
कुलगरिमा *(सं.स्त्री.)* वंशगौरव।
मधुरिमा *(हि.स्त्री.)* मीठापन, सुंदरता।
कालिमा *(सं.स्त्री.)* कालापन, मल, कलंक, दोष, लांछन।
नीलिमा *(हि.स्त्री.)* नीलापन।
धीमा *(हि.वि.)* जिसका वेग मंद हो।
सीमा *(सं.स्त्री.)* किसी प्रदेश या वस्तु के विस्तार का अंतिम स्थान, स्थिति।
कुमा *(हि.पुं.)* लाह का पीला नीला जिसमें गुलाल भरकर होली के त्योहार पर लोग एक दूसरे के ऊपर फेंकते हैं।
पीदुमा *(हि.वि.)* गाय की पूंछ के आकार का।
मि चीन देश की एक जाति का नाम।
कृमि *(सं.पुं.)* कीट, उड़नेवाला कोई कीड़ा।
ऊर्मि *(सं.पुं.)* तरंग, लहर।
रश्मि *(सं.पुं.)* किरण, घोड़े की लगाम।
शीतरश्मि *(सं.पुं.)* चंद्रमा, कपूर।
सूर्यरश्मि *(सं.पुं.)* सूर्य की किरण।
विरश्मि (सं.वित्र.) बिना कारण का।
रस्मि *(हि.स्त्री.)* रश्मि, किरण।
रसमि *(हि.स्त्री.)* देखो किरण।
स्वामि *(हि.पुं.)* देखो स्वामी।
इमि *(हि.क्रि.वि.)* इस प्रकार से।
किमि *(हि.क्रि.वि.)* किस ढंग से, कैसे।
जिमि *(हि.क्रि.वि.)* ज्यों, जैसे।
तिमि *(हि.अव्य.)* उसी प्रकार से।
निमि *(सं.पुं.)* निमष, आँख का मिचना।
हिमि *(हि.पुं.)* हिम, पानी।
क्रिमि *(सं.पुं.)* घुन, कीड़ा।
भूमि *(सं.स्त्री.)* पृथ्वी, स्थान, क्षेत्र, आधार, वासस्थान, प्रदेश, प्रान्त।
तपभूमि *(हि.स्त्री.)* तपोभूमि।
पण्यभूमि *(सं.स्त्री.)* कोठी, गोदाम।
वध्यभूमि वध करने का स्थान।
समरभूमि *(सं.स्त्री.)* लड़ाई का मैदान।
मल्लभूमि *(सं.स्त्री.)* मल्लयुद्ध का स्थान, अखाड़ा।
स्वभूमि *(सं.स्त्री.)* अपनी भूमि।
यज्ञभूमि *(सं.स्त्री.)* वह स्थान जहाँ पर यज्ञ होता है, यज्ञस्थान।
यज्ञक्षेत्रभूमि *(सं.स्त्री.)* खेत।
(क्षेत्रवित्) *(सं.स्त्री.)* मर्म को जाननेवाला।
प्रांतभूमि *(सं.स्त्री.)* सोपान सीढ़ी।
पानभूमि *(सं.स्त्री.)* वह स्थान जहाँ एकत्र होकर लोग मदिरा पीते हैं।
रासभूमि (सं.स्त्री.) रासक्रीड़ा का स्थान।
बासभूमि *(सं.स्त्री.)* वासस्थान।
बहिर्भूमि *(सं.स्त्री.)* बस्ती के बाहर की भूमि।
परेत भूमि श्मशान।
देवभूमि *(सं.स्त्री.)* स्वर्ग।
रवभूमि *(सं.स्त्री.)* अखाड़ा।
चिताभूमि *(सं.स्त्री.)* श्मशान।
मरूभूमि *(सं.स्त्री.)* पेड़, पौधे तथा जलरहित बालूमय विस्तृत भूमि भाग।
सुभूमि *(सं.स्त्री.)* अच्छी भूमि।
नेमि *(सं.स्त्री.)* पहिये का घेस, चक्कर, बज्र कुएँ की जगत।
जितनेमि *(सं.वि.)* क्रोधशून्य *(पु.)* विष्णु।
नौमि *(सं.क्रि.)* एक संस्कृत का वाक्य जिसका अर्थ है–मैं नमस्कार करता हूँ।
अमी *(हि.पुं.)* अमृत।
(अमीरकर) *(हि.पुं.)* अमृत बरसानेवाला चंद्रमा।

दमी *(हि.वि.)* दम लगानेवाला।
यमी *(सं.पुं.)* संयमी।
क्षमी *(सं.वि.)* क्षमाशील, सहिष्णुता, ज्योतिषी।
पंचमी *(सं.स्त्री.)* किसी पक्ष की पाँचवीं तिथि।
वसंत पंचमी *(सं.स्त्री.)* माध शुक्ला पंचमी, श्रीपंचमी।
नागपंचमी श्रावण शुक्ल पंचमी।
श्रीपंचमी *(सं.स्त्री.)* वसंत पंचमी।
पश्चिमी *(हि.वि.)* पच्छिम संबंधी।
लच्छमी *(हि.स्त्री.)* देखो लक्ष्मी।
लछमी *(हि.स्त्री.)* देखो लक्ष्मी।
अंजमी *(हि.पुं.)* देखो संयमी।
अष्टमी *(सं.स्त्री.)* किसी महीने के कृष्ण पक्ष अथवा शुक्ल पक्ष की आटवीं तिथि।
सप्तमी *(सं.स्त्री.)* शुक्ल या कृष्ण पक्ष की सातवीं तिथि।
सतमी *(हि.स्त्री.)* देखो पृथ्वी।
छदमी *(हि.वि.)* कपटी, छली।
मुसम्मी *(हि.पुं.)* मीठा नीबू।
सुम्मी *(हि.वि.)* लाल रंग का।
संयमी *(हि.पुं.)* आत्मनिग्रही, योगी।
उद्यमी *(सं.वि.)* उद्योगी, तत्पर।
निरुद्यमी *(हि.वि.)* जो कोई काम न करता हो।
अकर्मी *(हि.पुं.)* पापी।
पापकर्मी *(हि.वि.)* पापी, पातकी।
स्वकर्मी *(सं.वि.)* स्वार्थी।
दुष्कर्मी *(हि.वि.)* दुराचारी।
सुकर्मी *(सं.वि.)* सदाचारी।
कुर्मी *(हि.पुं.)* देखो कुनबी।
धर्मी *(सं.वि.)* धार्मिक।
अधर्मी *(हि.पुं.)* अधर्मात्मा।
हठधर्मी *(सं.स्त्री.)* अपने मत या सम्प्रदाय पर अड़ने की प्रकृति।
विधर्मी *(हि.पुं.)* वह जो किसी दूसरे धर्म का अनुयायी हो।
सुधर्मी *(हि.वि.)* धर्मपरायण, धर्मनिष्ठ।
करमी *(हि.वि.)* कर्मकार, कर्मठ।
पराक्रमी *(हि.वि.)* पुरुषार्थी, उद्यमी, बलवान।
विक्रमी *(हि.वि.)* बड़ा पराक्रमी।
विभ्रमी *(सं.वि.)* विभ्रमयुक्त।
ममी *(हि.वि.)* परिश्रमी, श्रमजीवी।
आश्रमी *(सं.वि.)* आश्रम में रहनेवाला।
परिश्रमी (सं.वि.) उद्यमी।
हमाहमी *(हि.स्त्री.)* अहंकार।
नवमी *(सं.स्त्री.)* मास के किसी पक्ष की नवीं तिथि।
दशमी *(सं.स्त्री.)* चांद्रमास के किसी पक्ष की दसवीं तिथि।
विजयादसमी *(सं.स्त्री.)* आश्विन मास के शुक्ल पक्ष की दशमी।
दसमी *(हि.स्त्री.)* देखो दशमी।
लक्ष्मी *(सं.स्त्री.)* राजश्री, राजवैभव राजा की शोभा।
गृहलक्ष्मी *(सं.स्त्री.)* सच्चरित्र स्त्री।
आमी *(हि.स्त्री.)* छोटा कच्चा आम, गेहूँ, जब की भुनी हुई बाल।
कामी *(सं.पुं.)* चकवा, कपोत, चंद्रमा, *(वि.)* इच्छुक, अभिलाषी, प्रेमी, *(हि.स्त्री.)* कांसे या अन्य धातु की ढली हुई छड़।
गामी *(सं.वि.)* शीघ्र चलनेवाला।
दामी *(सं.वि.)* चलनेवाला, जानेवाला।
झामी *(हि.पुं.)* छली, कपटी।
नामी *(हि.वि.)* नामवाला, नामधारी।
बामी *(हि.स्त्री.)* देखो बांबी।
मामी *(हि.स्त्री.)* मामा की स्त्री, माँ की भौजाई।
शामी *(हि.स्त्री.)* लोहे पीतल आदि का छल्ला जो छड़ी छाते आदि के छोर पर लगाया जाता है।
सामी *(हि.पुं.)* देखो समी, शामी।
हामी *(हि.पुं.)* स्वीकृति, स्वीकार।
सुआमी *(हि.पुं.)* देखो स्वामी।
अकामी *(हि.वि.)* कामनारहित, निस्पृह।
स्वकामी *(सं.वि.)* केवल अपने लिए काम करनेवाला।
यथाकामी *(सं.वि.)* स्वेच्छाचारी।
नीचगामी *(हि.वि.)* नीचे जानेवाला।
द्रुतगामी *(सं.वि.)* शीघ्र चलनेवाला।
नभगामी *(हि.पुं.)* सूर्य, तारा, देवता, चंद्रमा।
अग्रगामी *(सं.वि.)* आगे जानेवाला।
दूरगामी *(सं.वि.)* जो बहुत दूर तक चला गया हो।
अवगामी *(सं.पुं.)* यात्रा करनेवाला।
ऊर्ध्वगामी *(सं.पुं.)* ऊपर जानेवाला।
सर्वगामी *(सं.वि.)* व्यापक।
वशगामी *(सं.वि.)* वश में लाया हुआ।
सहगामी *(सं.पुं.)* साथी, अनुयायी।
प्राग्गामी *(सं.वि.)* अग्रगामी, पूर्वगामी।
आगामी *(सं.वि.)* नीचे को जानेवाला, नरकगामी।
पुरागामी *(सं.वि.)* अग्रगामी।
जामी *(हि.स्त्री.)* भूमि।
अन्तरजामी *(हि.पुं.)* देखो अंतर्यामी।
प्रणामी *(सं.वि.)* प्रणाम करनेवाला।
बदामी *(हि.वि.)* बदाम के रंग का।
बादामी *(हि.वि.)* बादाम के छिलके के रंग का, अण्डाकार।
रामनामी *(हि.पुं.)* वह चादर या दुपट्टा जिस पर राम राम छपा रहता है, एक प्रकार का गले का हार जिसके बीच के पान में राम अंकित रहता है।
प्रनामी *(हि.पुं.)* प्रणाम करनेवाला।
दशनामी *(हि.पुं.)* संन्यासियों का एक वर्ग।

अन्तर्यामी *(सं.पुं.)* सबके अन्तःकरण में व्याप्त परमेश्वर *(वि.)* भीतर प्रवेश करनेवाला।
प्राणायामी *(सं.वि.)* व्यायाम करने वाला।
असामी *(हि.पुं.)* कृषक, ऋणी, अपराधी, देनदार।

य–हिन्दी वर्णमाला का छब्बीसवाँ व्यंजन। यह स्पर्श वर्ण और ऊष्ण वर्ण के बीच का वर्ण है इसलिए इसको अन्तःस्थ कहते हैं।

य (हि.सर्व.) निकट की वस्तु का निर्देश करने वाला एक सर्वनाम।
य *(सं.पुं.)* यश, योग, यान, संयम, प्रकाश, त्याग।
अय (सं.सर्व.) यह, इसका।
अय (सं.पु) पासा, लोहा।
क्षय *(सं.अव्य.)* बहुत, अधिक, फिर से।
खय *(हि.पुं.)* देखो क्षय।
चय *(सं.पुं.)* ढेर, समूह, गढ़, कोट।
छय *(हि.पुं.)* क्षय, नाश, विनाश।
जय *(सं.पुं.)* जीत।
तय *(हि.पुं.)* देखो तय।
दय *(हि.पुं.)* दया, कृपा, करुणा।
नय *(सं.पुं.)* नीति, न्याय, नम्रता।
पय *(सं.पुं.)* जल, पानी, दूध, अन्न।
भय *(सं.पुं.)* भय हेतु, डर।
मय युक्त, एक दानव का नाम।
लय *(सं.पुं.)* विनाश, लोप, प्रलय, गाने और बजाने का मेल, मूर्छा।
लय (लौ) अनुराग, लगन।
बय आयु, उम्र, घोड़ा।
हय घोड़ा, अश्व।
क्षय *(सं.पुं.)* प्रलय, कल्पान्त, नाश, राजयक्ष्य रोग, समाप्ति, अंत।
त्रय *(सं.पुं.)* त्रिपय, तीसरी संख्या।
पार्थक्य *(सं.पुं.)* पृथक् होने का भाव, वियोग।
शक्य *(सं.वि.)* समर्थनीय, किया जाने योग्य, सम्भव।
वाक्य *(सं.पुं.)* पदों का वह समूह जिससे श्रोता को वक्ता का अभिप्राय जताया जाता है, जिससे उद्‌देश्य का होना आवश्यक होता है।
एकवाक्य *(सं.पुं.)* एक अर्थ बेबाक बातचीत।
मर्मवाक्य *(सं.पुं.)* रहस्य की बात।
प्रतिवाक्य *(सं.पुं.)* प्रतिध्वनि, प्रत्युत्तर।
सुवाक्य *(सं.पुं.)* मधुर भाषा।
शाक्य *(सं.पुं.)* बुद्धदेव।
माणिक्य *(सं.पुं.)* लाल रंग का एक रत्न, मानिक।
आधिक्य *(सं.पुं.)* अधिकता, बहुतायत।
शिक्य *(सं.पुं.)* छत में लटकाने का छींका, सिकहर।
औत्सुक्य *(सं.पुं.)* उत्कण्ठा, उत्सुकता, चिन्ता।
ऐक्य *(सं.पुं.)* एकता, सादृश्य, बराबरी।
सालोक्य *(सं.पुं.)* पाँच प्रकार की मुक्ति में से एक, इसके मुक्त भगवान के साथ एक लोक में वास करते हैं।
सख्य *(सं.पुं.)* सखापन मित्रता।
मुख्य *(सं.क्रि.)* प्रधान, श्रेष्ठ।
लेख्य *(सं.वि.)* लेखनीय, लिखा जाएगा।
दुर्लेख्य *(सं.पुं.)* निन्दित लेखपत्र *(वि.)* जिसकी लिखावट बुरी हो।
आलेख्य *(सं.पुं.)* चित्र।
मौख्य *(सं.पुं.)* मूर्खता का भाव।
मौख्य *(सं.पुं.)* प्रधानता।
सौख्य *(सं.पुं.)* सुख, सुखता।
असंख्य *(सं.वि.)* अगणनीय, अनगिनत।
अखय *(हि.वि.)* क्षय न होनेवाला।
जग्य *(हि.पुं.)* देखो यज्ञ।
यग्य *(हि.पुं.)* देखो यज्ञ।
यच्य *(हि.पुं.)* देखो यक्ष।
भाग्य पूर्व कर्म का फल, नसीब।
अभाग्य *(सं.पुं.)* मंदभाग्य।
हतभाग्य *(सं.वि.)* अभागा।
मंदभाग्य *(सं.पुं.)* मंदभाग्य, पापी *(वि.)* हतभाग्य, अभागा।
निर्भाग्य *(सं.वि.)* मंदभाग्य, अभागा।
सौभाग्य *(सं.पुं.)* अच्छा भाग्य, सुख आनंद, स्त्री का सधवा होना, सुंदरता, ऐश्वर्य।
वैराग्य *(सं.पुं.)* विरक्ति, चित्त की वह वृत्ति जिसके अनुसार संसार की विषय वासना तुच्छ जान पड़ती है और लोग संसार के प्रपंच को त्यागकर एकांत में जाकर ईश्वर का भजन करते हैं।
द्रुग्य *(हि.पुं.)* देखो दुर्ग।
मृग्य *(सं.वि.)* खोजने योग्य।
जोग्य *(हि.वि.)* देखो योग्य।
भोग्य *(सं.वि.)* भौर, योग्य।
अभोग्य *(सं.वि.)* न भोगने योग्य।
योग्य *(सं.वि.)* प्रवीण, चतुर, श्रेष्ठ, उपयुक्त, आदरणीय, उचित, सुंदर, उपाय लगानेवाला, ठीक।
अयोग्य *(सं.वि.)* जो योग्य न हो, अनुचित, अनुपयुक्त, निष्प्रयोजन।
यथायोग्य *(सं.अव्य.)* योग्यतानुसार।
नियोग्य *(सं.वि.)* नियोग करने योग्य।
सुयोग्य *(सं.वि.)* बहुत योग्य।
आरोग्य *(सं.पुं.)* रोग शून्यता *(वि.)* स्वच्छ।
अर्ध्यय *(सं.वि.)* पूजनीय, मूल्यवान, उपहार देने योग्य *(पु.)* पूजा करने के लिए उपकरण।

पदार्घ्य *(सं.पुं.)* वह जल जो किसी अतिथि या पूज्य के पैर धोने के लिए दिया जाए।

श्लाघ्य *(सं.वि.)* सराहने योग्य, श्रेष्ठ।

पाच्य *(सं.पुं.)* वह हलका और शीघ्र पचनेवाला भोजन जो रोगी के लिए लाभकारक हो।

प्राच्य *(सं.पुं.)* पूर्व देश या पूर्वदिशा में उत्पन्न *(वि.)* पूर्वी, पूर्व काल का, पुराना।

वाच्य *(सं.वि.)* कहने योग्य।

दुर्वाच्य *(सं.पुं.)* अपकीर्ति, निंदा कर्ता का बोध करानेवाला।

कर्तृवाच्य *(सं.पुं.)* क्रियापद द्वारा कर्ता को सूचित करनेवाला वाक्य।

भाववाच्य *(सं.पुं.)* व्याकरण का वह रूप जिससे यह विदित होता है कि वाक्य का उद्देश्य उस क्रिया का कर्ता और कार्य नहीं है परंतु केवल कोई भाव है।

उपचय *(सं.पुं.)* वृद्धि, उन्नति, अधिकता, पुष्टि, संग्रह, समूह।

प्रचय *(सं.पुं.)* समूह, झुण्ड, ढेर, वृद्धि, बीजगणित में एक प्रकार का संयोग।

निश्चय *(सं.पुं.)* वह जो अपने संकल्प पर दृढ़ रहे।

निश्चय (सं.पु) निर्णय, विश्वास, पक्का विचार।

सुनिश्चय *(सं.पुं.)* दृढ़ निश्चय।

शिलानिचय *(सं.पुं.)* पत्थर के ढोंको का ढेर।

परिचय *(सं.पुं.)* प्रमाण, अभ्यास, किसी व्यक्ति के नाम धाम गुण आदि का बोध, जान पहिचान।

विषय *(सं.पुं.)* एकत्र करना, परीक्षा।

समुचय *(सं.पुं.)* समाहार, समूह।

संचय *(सं.पुं.)* संग्रह, समूह, ढेर।

धनसंचय *(सं.पुं.)* धन इकट्ठा करना।

अछय *(हि.पुं.)* अक्षय।

यज्य *(सं.वि.)* यजन करने योग्य।

भैषज्य *(सं.पुं.)* औषध।

भाज्य *(सं.पुं.)* विभाग करने योग्य *(पु.)* वह संख्या जो भाजक से भाग दी जाती है।

आज्य *(सं.पुं.)* वृत, घी।

विभाज्य *(सं.वि.)* विभाग करने योग्य।

याज्य *(सं.वि.)* यज्ञ करने योग्य।

त्याज्य *(सं.वि.)* छोड़ने योग्य।

राज्य *(सं.पुं.)* राष्ट्र, जनपद।

गणराज्य *(सं.पुं.)* चुने हुए मुखियों के द्वारा चलाया जानेवाला राज्य।

रामराज्य *(सं.पुं.)* रामचंद्र का शासन जो प्रजा के लिए अत्यंत सुखदायक था।

साम्राज्य *(सं.पुं.)* वह राज्य जिसके अधीन बहुत देश हों।

स्वराज्य *(सं.पुं.)* वह शासन प्रबंध जिसका संचालन अपने ही देश के लोगों के हाथ में हो।

महाराज्य *(सं.पुं.)* बहुत बड़ा राज्य।

अधिराज्य *(सं.पुं.)* साम्राज्य।

आधिराज्य *(सं.पुं.)* आधिपत्य।

कुराज्य *(सं.पुं.)* निंद्य राज्य।

सुराज्य *(सं.पुं.)* वह राज्य या शासक जिसमें प्रजा को सुख और शांति मिले।

इज्य *(सं.पुं.)* पूजनीय व्यक्ति।

विज्य *(सं.पुं.)* व्यापार।

वाणिज्य *(सं.पुं.)* देखो वाणिज्य।

स्त्रीराज्य *(सं.पुं.)* वह देश जहाँ स्त्रियों का राज्य हो।

द्वैराज्य *(सं.पुं.)* वह राज्य जो दो राजाओं में विभक्त हो।

ताजुज्य *(हि.पुं.)* देखो सायुज्य।

सायुज्य *(सं.पुं.)* एकत्व, पाँच प्रकार की मुक्तियों में से एक जिसमें मुक्त पुरुष ब्रह्म में लीन हो जाता है।

पूज्य *(सं.वि.)* पूजनीय, माननीय।

कुलपूज्य *(सं.वि.)* जो परंपरा से वंश में पूजित चला आया हो।

भोज्य *(सं.वि.)* भोजन करने योग्य *(पु.)* खाद्य पदार्थ।

योज्य *(सं.वि.)* व्यवहार करने योग्य *(पु.)* जोड़ी जानेवाली संख्याएँ।

प्रायोज्य *(सं.वि.)* प्रयोग में आनेवाला।

नियोज्य *(सं.वि.)* जो नियुक्त करने योग्य हो।

अजय *(सं.स्त्री.)* पराजय, हार।

अजय *(सं.वि.)* न जीतने योग्य।

दुर्जय *(सं.वि.)* जिसको जीतना कठिन हो।

पराजय *(हि.स्त्री.)* पराभव, हार।

विजय *(सं.पुं.)* जय, जीत।

विजय *(सं.वि.)* जीता जाने योग्य।

दिग्विजय *(सं.पुं.)* युद्ध द्वारा चारों दिशाओं की विजय।

धनंजय *(सं.पुं.)* अग्नि, आग।

मृत्युंजय *(सं.पुं.)* शिव, महादेव।

वैकट्य *(सं.पुं.)* विकटता।

दन्तोष्ठ्य *(सं.पुं.)* वह वर्ण जिसका उच्चारण दाँत और ओंठ से हो।

साठ्य *(सं.पुं.)* शठता, दुष्टता।

पाठ्य *(सं.वि.)* पढ़ने योग्य।

दण्ड्य *(सं.वि.)* दण्डनीय।

अदण्ड्य *(सं.वि.)* जो दण्ड के योग्य न हो।

जाड्य *(सं.पुं.)* जड़ता मूर्खता।

ताड्य *(सं.वि.)* ताड़ने योग्य।

आढ्य *(सं.वि.)* विशिष्ट, धनी, सम्पन्न।

धनाढ्य *(सं.वि.)* धनवान।

बलाढ्य *(सं.वि.)* शक्तिशाली, बलवान।

महाढ्य *(सं.वि.)* बड़ा धनी।

गण्य *(सं.वि.)* गिनने योग्य, माननीय।

अगण्य *(सं.वि.)* तुच्छ, घृणा करने योग्य।

पण्य *(सं.वि.)* व्यवहार करने योग्य, प्रशंसा करने योग्य *(पु.)* व्यापार, माल, हाट, दुकान।

कार्पण्य *(सं.पुं.)* कृपणता, कंजूसी।

अब्रह्मण्य *(सं.पुं.)* ब्राह्मण विरुद्ध, जो कार्य ब्राह्मण के करने योग्य न हो।

स्पर्मण्य *(सं.वि.)* स्मरण करने योग्य।

अरण्य *(सं.वि.)* वन, जंगल।

अरण्य *(सं.वि.)* शरणागत की रक्षा करनेवाला।

आरण्य *(सं.वि.)* वनजात, जंगली।

रण्य *(सं.पुं.)* बड़ा जंगल।

हिरण्य *(सं.पुं.)* सुवर्ण, सोना, धन, चाँदी।

लवण्य *(सं.पुं.)* लवणत्व, अत्यंत सुंदरता।

क्षाणिण्य *(सं.पुं.)* अनुकूलता, उदारता, सुशीलता *(वि.)* दक्षिण संबंधी।

पदाक्षिण्य *(सं.पुं.)* अकृपा, दयाहीनता।

गुण्य *(सं.वि.)* गुणयुक्त, वह अंक जिसको गुणा करना हो।

पुण्य *(सं.पुं.)* धर्म का कार्य, शुभ कार्य, कार्य का संचय *(वि.)* धर्म विहित, पवित्र, शुभ।

नैपुण्य *(सं.पुं.)* निपुणता।

कारुण्य *(सं.पुं.)* करुणा, दया।

तारुण्य *(सं.पुं.)* युवावस्था, यौवन।

क्षैण्य *(सं.पुं.)* क्षीणता।

प्रणय *(सं.पुं.)* प्रीतियुक्त प्रार्थना।

निर्णय *(सं.पुं.)* किसी विषय में कोई सिद्धांत स्थिर करना, विचार, निबटारा, फैसला।

परिणय *(सं.पुं.)* विवाह, ब्याह।

नैश्चित्य *(सं.पुं.)* निश्चय।

क्षौद्धत्य *(सं.पुं.)* धृष्टता।

अन्त्य *(सं.वि.)* अन्तिम, छोटा।

दन्त्य *(सं.वि.)* जिसका उच्चारण दाँत की सहायता से हो, तवर्ग

चिन्त्य *(सं.वि.)* विचारणीय, भावनीय।

मर्त्य *(सं.पुं.)* भूलोक, मनुष्य, शरीर, देह।

लघुतमसमापवर्त्य *(सं.पुं.)* वह सबसे छोटी संख्या जो दो से अधिक संख्याओं से बिना शेष के विभाजित हो सके।

न्यावर्त्य *(सं.वि.)* त्यागने योग्य।

मार्त्य *(सं.वि.)* शरीर का मैल।

कृत्य *(सं.वि.)* किया जाने वाला, कर्तव्य, वेदविहित आवश्यक कर्म।

दृत्य *(सं.वि.)* आदरणीय।

भृत्य *(सं.पुं.)* दास।

परभृत्य *(सं.वि.)* दूसरे का सेवक।

अगस्त्य *(सं.पुं.)* एक वृक्ष।

सत्य *(सं.पुं.)* यथार्थ, ठीक।

असत्य *(सं.वि.)* मिथ्या, झूठ *(पु.)* झूठी बात।

ऐकमत्य *(सं.पुं.)* सम्मान, सम्मति।

अनपत्य *(सं.वि.)* संतानहीन।

दाम्पत्य *(सं.पुं.)* दंपत्ति संबंधी कर्म।

स्थापत्य *(सं.पुं.)* अंतःपुर का रक्षक, *(पु.)* भवन निर्माण।

सापत्य *(सं.वि.)* संतानयुक्त।

आधिपत्य *(सं.पुं.)* स्वामित्व, प्रभुत्व।

सर्वाधिपत्य *(सं.पुं.)* सबके ऊपर प्रभुत्व।

पाश्चात्य *(सं.वि.)* पिछला, पश्चिम देश का या दिशा का।

दाक्षिणापत्य *(सं.वि.)* दक्षिण देश संबंधी।

अमात्य *(सं.पुं.)* मंत्री, सचिव।

महामात्य *(सं.पुं.)* राज्य का प्रधान या सबसे बड़ा मंत्री।

धर्ममहामात्य *(सं.पुं.)* धर्म विषयक मंत्री।

व्रात्य *(सं.वि.)* उपनयन संस्कार रहित, वर्णसंकर, दोगला।

औचित्य *(सं.पुं.)* उपयुक्तता, सत्य।

पाण्डित्य *(सं.पुं.)* विद्वता, पण्डिताई।

आदित्य *(सं.पुं.)* देवता, सूर्य।

(आदित्यवार) *(सं.पुं.)* रविवार।

बालादित्य *(सं.पुं.)* तुरत का उदय हुआ सूर्य।

नित्य *(सं.वि.)* सतत, प्रतिदिन का *(अव्य.)* प्रतिदिन, हर दिन, सर्वदा।

अनित्य *(सं.वि.)* सदा न रहनेवाला, क्षणभंगुर।

पालित्य *(सं.पुं.)* बालों की सफेदी।

लालित्य *(सं.पुं.)* ललित होने का भाव मनोहरता, सुंदरता, अरूणाई, ललाई।

साहित्य *(सं.पुं.)* गद्य पद्य के उन ग्रन्थों का समूह जिनमें लोकहित संबंधी स्थायी विचार रक्षित रहते हैं, वे सब पुस्तकें जिनमें नैतिक सत्य तथा मानव भाव, व्यापकता तथा बुद्धिमानी से प्रकट किए रहते हैं।

पौरोहित्य *(सं.पुं.)* पुरोहिताई।

वैपरीत्य *(सं.पुं.)* प्रतिकूलता।

स्तुत्य *(सं.वि.)* प्रशंसनीय।

दूत्य *(स.पुं.)* दूत का काम।

चैत्य *(सं.पुं.)* मंदिर, देवालय।

दैत्य *(सं.पुं.)* असुर, राक्षस, अति बलवान मनुष्य, दुराचारी व्यक्ति।

शैत्य *(सं.पुं.)* शीत, ठंडक।

त्रितय *(सं.पुं.)* सन्निपात ज्वर *(वि.)* तीन प्रकार का।

तथ्य *(सं.पुं.)* यथार्थता, सत्य, सच्चाई।

अतथ्य *(सं.वि.)* झूठा, मिथ्या, अन्यथा, असमान।

प्राधितथ्य *(सं.पुं.)* यथार्थता।

वैतथ्य *(सं.पुं.)* विफलता।

अपथ्य *(सं.पुं.)* अहितकर, स्वास्थ्य का नाश करनेवाला।

कुपथ्य *(सं.पुं.)* स्वास्थ्य बिगाड़नेवाला आहार विहार।

सुपथ्य *(सं.पुं.)* वह आहार या भोजन जो रोगी के लिए हितकर हो।

नेपथ्य *(सं.पुं.)* वेश, भूषण, अभिनय, नाटक आदि में परदे के भीतर का वह स्थान जिसमें नट नटी नाना प्रकार के वेश सजते हैं।
सामर्थ्य *(सं.पुं.)* शक्ति, बल।
पामार्थ्य *(सं.पुं.)* यथार्थता।
गार्हस्थ्य *(सं.पुं.)* गृहस्थाश्रम।
स्वास्थ्य *(सं.पुं.)* नीरोगता, आरोग्य।
आतिथ्य *(सं.पुं.)* अतिथि की परिचर्या, पहुनई।
अद्य *(सं.अव्य.)* आज, अभी, अब।
(अद्यतन) आज का, नया।
(अनद्यतनभूत) आज दिन से पहिले का काल।
(अद्यपि) *(सं.अव्य.)* अब भी, आज तक।
कद्य *(सं.वि.)* कथनीय, कहने योग्य, (पुं.) छन्द रहित वाक्य।
पद्य *(सं.पुं.)* कविता, काव्य, श्लोक।
महापद्य *(सं.पुं.)* महाकाव्य।
सूचिभद्य *(सं.वि.)* बहुत घना।
मद्य *(सं.पुं.)* सुरा, मदिरा।
पवमद्य *(सं.पुं.)* जव की मदिरा।
अद्य *(सं.अव्य.)* आदि में उत्पन्न, प्रधान।
खाद्य *(सं.वि.)* भक्षणीय, खाया जाने योग्य।
देवसद्य *(सं.पुं.)* देवस्थान, देवालय।
अखाद्य *(सं.क्रि.)* सम्पादन करने योग्य, ज्यामिति शास्त्र की उद्देश्य साधक प्रतिज्ञा।
बाद्य *(सं.पुं.)* बाजा।
जलवाद्य *(सं.पुं.)* जल तरंग।
स्वाद्य *(सं.वि.)* स्वाद लेने या चखने योग्य।
अविद्य *(सं.पुं.)* मूर्ख, लठ।
सर्वविद्य *(सं.वि.)* विषय में विद्वान।
त्रैविद्य *(सं.पुं.)* तीनों वेदों का जाननेवाला।
विन्ध *(सं.वि.)* निन्दनीय, निन्दा करने योग्य।
परिच्छेद्य *(सं.वि.)* बाँटने योग्य।
भेद्य *(सं.वि.)* भेद करने योग्य।
अभेद्य *(सं.वि.)* जो तोड़ा या छेदा न जा सके, जिसका विभाग न हो सके।
सुखभेद्य *(सं.वि.)* शीघ्र टूटनेवाला।
दुर्भेद्य, दुर्भेद *(सं.वि.)* जो सहज में भेदा या छेदा न जा सके।
वेद्य *(सं.वि.)* वेदितव्य, जानने योग्य।
वैद्य *(सं.पुं.)* आयुर्वेद के अनुसार चिकित्सा करनेवाला।
तोद्य *(सं.पुं.)* लड़ाई का डंका।
अदय *(सं.वि.)* दया रहित, निष्ठुर।
निर्दय *(सं.वि.)* दयाहीन, निष्ठुर।
हृदय *(सं.पुं.)* वक्षःस्थल, अंतःकरण, मन, विवेक, बुद्धि।
सहृदय *(सं.वि.)* दयालु, प्रसन्नचित्त।
लघुहृदय *(सं.वि.)* चंचल चित्तवाला।
सुहृदय *(सं.वि.)* सहृदय, स्नेहशील।
हिरदय *(हि.पुं.)* देखो हृदय।
सदय *(सं.वि.)* दयालू, दयायुक्त।
उदय *(सं.पुं.)* मंगल, लाभ, उन्नति, वृद्धि।
अभ्युदय *(सं.पुं.)* मनोरथ की सिद्धि, उन्नति, बढ़ती, आनंद, शुभ फल, आरम्भ, दैवगति, शुभ अवसर।
अरुणोदय *(सं.पुं.)* सूर्योदय से चार दण्ड पहिले का समय, तड़का।
ग्रस्तोदय *(सं.पुं.)* चंद्रमा या सूर्य का ग्रहण लगा हुआ उदय होना।
लब्धोदय *(सं.वि.)* सौभाग्य प्राप्त।
अरूनोदय *(हि.पुं.)* देखो अरूणोदय।
ज्ञानोदय *(सं.पुं.)* ज्ञान की उत्पत्ति।
चंद्रोदय *(सं.पुं.)* चंद्रमा का उदय।
स्वरोदय *(सं.पुं.)* वह शास्त्र जिसमें स्वर द्वारा शुभारम्भ फल बतलाया जाता है।
फलोदय *(सं.पुं.)* फल की उत्पत्ति।
सूर्योदय *(सं.पुं.)* सूर्य के निकलने का समय, प्रातःकाल।
महोदय *(सं.पुं.)* महाशय, बड़ों के लिए आदरसूचक शब्द।
बध्य *(सं.वि.)* मार डालने योग्य।
मध्य (सं.क्रि.वि.) विषय में।
मध्य *(सं.पुं.)* किसी वस्तु के बीच का अंश, कटि, कमर।
दोर्मध्य *(सं.पुं.)* बाहु का मध्य भाग।
भुजामध्य *(सं.पुं.)* बाहु का मध्य भाग।
दिवामध्य *(सं.पुं.)* मध्यान्ह, दोपहर।
ढमरूमध्य *(सं.पुं.)* भूमि का वह संकीर्ण भाग जो बड़े बड़े दो खण्डों को मिलाता हो।
जलडमरूमध्य *(सं.पुं.)* दो बड़े समुद्रों को जोड़नेवाला समुद्र का पतला भाग।
वध्य *(सं.स्त्री.)* वध करने योग्य।
त्रिसन्ध्य *(सं.पुं.)* प्रातः, मध्यान्ह और संध्या ये तीन काल।
नामध्य *(सं.पुं.)* नाम का, नामवाला।
बाध्य *(सं.वि.)* रोका जानेवाला।
अबाध्य *(सं.वि.)* अनिवार्य जो रोका न जा सके।
राध्य *(सं.वि.)* स्तुति करने योग्य।
सुखाराध्य *(सं.वि.)* सुख से आराधनीय।
दुराराध्य *(सं.वि.)* जिसको संतुष्ट करना कठिन हो।
दुराराध्य *(सं.वि.)* दुष्प्राप्य, जो कठिनता से प्राप्त हो सके।
साध्य *(सं.वि.)* साधन करने योग्य, दरल, सहज, प्रतिपद्य।
असाध्य *(सं.वि.)* कठिन, दुष्कर।
दुःखसाध्य *(सं.वि.)* जिसका करना कठिन हो।
सुखसाध्य *(सं.वि.)* जिसके साधन करने में कोई कष्ट न हो, सहज।

कष्टसाध्य *(सं.वि.)* कष्ट से आरोग्य होने वाला, कठिनता से होनेवाला।
यथासाध्य *(सं.अव्य.)* यथाशक्ति।
दुःसाध्य *(सं.वि.)* जिसका सहन करना कठिन हो, जिसका उपाय कठिन हो।
सुसाध्य *(सं.वि.)* जिसका साधन सहज में किया जा सके।
सान्निध्य *(सं.पुं.)* समीपता।
द्वैविध्य *(सं.पुं.)* भ्रम, दुविधा।
मेध्य *(सं.वि.)* पवित्र, बुद्धि बढ़ानेवाला।
अमेध्य *(हि.वि.)* अपवित्र, अशुद्ध।
बेध्य *(सं.वि.)* बेधनीय, छेदने योग्य।
यौध्य *(सं.वि.)* युद्ध करने योग्य।
वैर्ध्य *(सं.पुं.)* लंबाई।
वैध्य *(सं.वि.)* विधि संबंधी, मूर्ख।
मध्य *(सं.वि.)* भिन्न, दूसरा।
जधन्य *(सं.वि.)* अंतिम, बुद्ध, निष्कृष्ट *(पु.)* शूद्र जाति।
जन्य *(सं.पुं.)* हाट, बाजार, निन्दा।
परजन्य *(हि.पुं.)* देखो परिजन्य।
स्पर्शजन्य *(सं.पुं.)* स्पर्श से उत्पन्न।
सजन्य *(सं.वि.)* सजातीय।
राजन्य *(सं.पुं.)* सजातीय।
सौजन्य *(सं.पुं.)* सुजनता, भलमनसी।
सापत्न्य *(सं.पुं.)* सौतपन *(पु.)* सौत का लड़का।
चेतन्य *(हि.पुं.)* देखो चैतन्य।
चैतन्य *(सं.पुं.)* चित् स्वरूप, आत्मा ज्ञान *(वि.)* सचेत, सावधान।
अचैतन्य *(सं.वि.)* चेतनाहीन, जड़।
अधन्य *(सं.पुं.)* हतभाग्य, अभागा।
मूर्धन्य *(सं.वि.)* मूर्धा संबंधी।
मूर्धन्य वे वर्ण जिनका उच्चारण मूर्धा से होता है, यथा ऋ, ॠ, ट, ठ, ड, ढ, ग, र, और ष।
धनन्य *(सं.वि.)* दूसरे से संबंध न रखनेवाला, समूचा, स्वतंत्र।
अनन्य अपना चित्त एक ही विषय में लगानेवाला।
मन्य *(सं.वि.)* माननीय।
निर्मन्य *(सं.वि.)* क्रोध रहित।
पर्मन्य *(सं.पुं.)* मेघ, बादल।
धान्य (सु.पु) छिलका सहित चावल, धान, कोई भी अन्न, चार तिल का एक परिमाण, धनिया।
धनधान्य *(सं.पुं.)* धन और अन्न आदि, सामग्री, सम्पत्ति।
प्राधान्य *(सं.पुं.)* प्रधानता, श्रेष्ठता।
कुधान्य *(सं.पुं.)* क्षुमधान्य, घास।
मान्य *(सं.वि.)* पूजनीय, आदरणीय, अधिक सम्मान योग्य।
सामान्य *(सं.वि.)* साधारण।
असामान्य *(सं.वि.)* असाधारण, विशेष।
बहुमान्य *(सं.वि.)* कठिनता, कड़ापन।
पशुन्य *(सं.पुं.)* पिशनता।
शून्य *(सं.पुं.)* रिक्त स्थान, आकाश बिन्दु, निर्जन स्थान, अभाव *(वि.)* बहुत थोड़ा, असंपूर्ण।
अशून्य *(सं.वि.)* पूर्ण, भरा हुआ।
जीवशून्य *(सं.वि.)* जीवरहित।
लज्जाशून्य *(सं.वि.)* निर्लज्ज।
महाशून्य *(सं.पुं.)* आकाश।
वस्तुशून्य *(सं.वि.)* द्रव्यहीन।
वैन्य *(सं.पुं.)* दीनता, दरिद्रता।
सैन्य *(सं.पुं.)* सेना, शिविर, छावनी *(वि.)* सेना संबंधी।
अन्योन्य *(सं.वि.)* परस्पर।
राजन्य *(सं.पुं.)* क्षत्रिय, राजपुत्र।
तनय *(सं.पुं.)* पुत्र, लड़का, बेटा।
राजतनय *(सं.पुं.)* राजपुत्र।
स्तनय *(सं.पुं.)* दूध पीता बच्चा।
अपनय *(सं.पुं.)* बुरी नीति, खण्डन।
उपनय *(सं.पुं.)* समीप पहुँचाने का कार्य, बालक को गुरु के पास ले जाने का कार्य, उपनयन संस्कार।
विनय *(हि.पुं.)* देखो विनय।
अभिनय *(सं.पुं.)* मन के भावों को प्रकाशित करनेवाली अंगों की चेष्टा, बनावटी सद्भाव से किसी विषय का बनावटी यथार्थ अनुकरण करके दिखाना, स्वान, नाटक का खेल।
परिनय *(हि.पुं.)* देखो परिणय।
विनय *(सं.स्त्री.)* नम्रता, प्रार्थना।
सविनय *(सं.वि.)* विनयसहित।
चारित्र विनय *(सं.पुं.)* शिष्टाचार, नम्रता।
दुर्विनय *(सं.पुं.)* बुरा शिष्टाचार।
अनुनय *(सं.पुं.)* प्रार्थना, विनय।
सुनय *(सं.पुं.)* उत्तम नीति।
दुष्प्राय *(सं.वि.)* दुर्लभ, जो कठिनता से प्राप्त हो सके।
व्याप्य *(सं.पुं.)* व्याप्त करने योग्य।
सामीप्य *(सं.पुं.)* निकटता।
प्रातिरूप्य *(सं.पुं.)* अनुरूपता।
रौप्य *(सं.पुं.)* चाँदी, रूपा।
छप्पय *(सं.पुं.)* एक मात्रिक छन्द जिसमें छह चरण होते हैं।
कतिपय *(सं.वि.)* कुछ, कई एक।
पब्बय *(हि.पुं.)* पर्वत, पहाड़।
लभ्य *(सं.वि.)* उचित, पाने योग्य।
अलभ्य *(सं.वि.)* अप्राप्य, दुर्लभ, अमूल्य।
प्रागल्भ्य *(सं.पुं.)* निर्भयता, साहस, वीरता, प्रबलता।
तुलभ्य *(सं.वि.)* सहज में मिलनेवाला।
सौलभ्य *(सं.पुं.)* सुलभता।

दभ्य *(सं.वि.)* हन्तव्य, मारने योग्य।
सभ्य *(सं.पुं.)* सभासद, सदस्य, वह जिसका उच्चारण अच्छा हो *(वि.)* सभा संबंधी।
असभ्य *(सं.वि.)* अशिष्ट, गंवार।
दाभ्य *(सं.वि.)* शासन किए जाने योग्य।
अभय *(सं.पुं.)* शांति, रक्षा *(वि.)* भयशून्य, निर्भय।
विगतभय *(सं.वि.)* निर्भीक, निडर।
निर्भय *(सं.वि.)* भयरहित, निडर।
विनिर्भय *(सं.वि.)* भयरहित।
निरभय देखो निर्भय।
भवभय *(सं.पुं.)* संसार में बार बार जन्म लेने और मरने का भय।
उभय *(सं.वि.)* हर दो, दोनों।
गम्य *(सं.वि.)* गमनीय, जानने योग्य।
बोधगम्य *(सं.पुं.)* समझ में आने योग्य।
सौगम्य *(सं.पुं.)* सुगमता।
अनधिगम्य *(सं.वि.)* प्राप्त न होने योग्य।
प्रणम्य *(सं.वि.)* प्रणाम करने योग्य, वंदनीय।
तादात्म्य *(सं.पुं.)* तत्स्वरूपता।
सात्म्य *(सं.पुं.)* सरूपता, सारूप्य।
माहात्म्य *(सं.पुं.)* महिमा, महत्त्व, गौरव।
तारतम्य *(सं.पुं.)* न्यूनाधिक्य, कमी बढ़ती का हिसाब।
प्राथम्य *(सं.पुं.)* प्रथमता, पहलापन।
दम्य *(सं.वि.)* दमन करने योग्य।
ताधम्य *(सं.पुं.)* एक धर्म, एक नियमता।
नम्य *(सं.वि.)* झुकने योग्य।
रम्य *(सं.वि.)* सुंदर, मनोहर, रमणीय।
किरणम्य *(सं.वि.)* बहुत सुंदर।
वैषम, वैषम्य *(सं.पुं.)* विषमता।
क्षम्य *(सं.वि.)* क्षमा किए जाने योग्य।
काम्य *(सं.वि.)* कमनीय, सुंदर।
ग्राम्य *(सं.वि.)* ग्राम संबंधी, प्राकृत।
स्वाम्य *(सं.पुं.)* स्वामित्व, मालिकपन।
साम्य *(सं.पुं.)* समता, तुल्यता।
क्षाम्य *(सं.वि.)* क्षमा करने योग्य।
भूम्य *(सं.वि.)* भूमि पर होने योग्य।
असौम्य *(सं.वि.)* अप्रिय, डरावना।
वांगमय *(सं.वि.)* वचन संबंधी, पढ़ने लिखने के विषय का।
अधमय *(सं.वि.)* पापपूर्ण।
पिण्डमय *(सं.वि.)* गोल मटोल टुकड़ा।
रजतमय *(सं.वि.)* चाँदी का बना हुआ।
सुगन्धमय *(सं.वि.)* सुगंधपूर्ण।
तन्मय *(सं.वि.)* दत्तचित्त, मन लगाए हुए, लवलीन।
मृन्मय *(सं.वि.)* मिट्टी का बना हुआ।
चिन्मय *(सं.वि.)* ज्ञानमेय *(पु.)* परमेश्वर।
तन्मय *(हि.वि.)* देखो तन्मय।
धानमय *(सं.वि.)* गर्वयुक्त, घमंडी।
रूपमय *(हि.वि.)* बहुत सुंदर।
ज्योतिर्मय *(सं.वि.)* प्रकाशमय *(सं.पुं.)* सूर्य *(वि.)* जिसमें अधिक तेज हो, तेज से परिपूर्ण।
वज्रमय *(सं.वि.)* वज्र के समान।
जलमय *(सं.वि.)* पानी से भरा हुआ।
वंशमय *(सं.वि.)* बांस का बना हुआ।
बिस्मय, विस्राम देखो विस्मय, विश्राम।
विस्मय *(सं.पुं.)* आश्चर्य।
स्मय *(सं.पुं.)* काल, अवसर, अवकाश, अंतिम काल।
यथासमय *(सं.अव्य.)* समय के अनुसार, जैसा समय हो वैसा।
वर्सासमय *(सं.पुं.)* वर्षाकाल।
कुसमय *(सं.पुं.)* संकट का समय।
आमय *(सं.पुं.)* आघात, चोट, रोग।
शंकामय *(सं.वि.)* शंकायुक्त।
सुधामय *(सं.वि.)* अमृत से भरा हुआ।
अनामय *(सं.वि.)* रोगरहित, आरोग्य।
प्रभामय *(सं.वि.)* दीप्तिमय।
दयामय *(सं.वि.)* दया से पूर्ण।
विनिमय *(सं.पुं.)* परिवर्तन, अदलबदल, बंधक, गिरवी।
मन्युमय क्रोधमय।
गोमय *(सं.पुं.)* गोविष्ठा, गोबर।
तमोमय *(सं.वि.)* अंधकारपूर्ण।
साहम्य *(सं.पुं.)* सहायता।
दक्षाम्य *(सं.पुं.)* गरूड़ पक्षी, गुध।
अत्यय *(सं.पुं.)* अभाव, नाश, दोष।
प्रत्यय *(सं.पुं.)* ज्ञान, बुद्धि, विश्वास, निश्चय, व्याकरण में यह अक्षर या शब्द जो मूल शब्द के अंत में लगाने से विशिष्ट अर्थ निकालता है।
व्यत्यय *(सं.पुं.)* व्यतिका, विपर्यय।
दुरत्यय *(सं.वि.)* अध्ययन करने में अशक्य।
विपर्यय *(सं.वि.)* व्यतिक्रम, मिथ्या ज्ञान, उलटफेर, अव्यवस्था, भ्रम।
लिंगविपर्यय *(सं.पुं.)* व्याकरण में लिंग का परिवर्तन।
व्यय *(सं.पुं.)* खर्च, परित्याग, नाश।
अव्यय *(सं.पुं.)* व्याकरण में वह शब्द जिसका रूप विभक्तियों और वचनों में समान ही रहता है *(वि.)* विकार शून्य, नित्य, बिना आदि अंत का, व्ययहीन, अक्षय।
मितव्यय *(सं.पुं.)* कम व्यय करना।
अपव्यय *(सं.पुं.)* अपरिमित व्यय, दुष्कर्म में व्यय।
सांकर्य *(सं.पुं.)* मिश्रण, मिलावट।
सौकर्य *(सं.पुं.)* सुविधा, सुकरता।
मौखर्य *(सं.पुं.)* बहुत अधिक बढ़-बढ़कर बोलना।

ब्रह्मचर्य *(सं.पुं.)* एक आश्रम का नाम।
आश्चर्य *(सं.पुं.)* विस्मय, अचम्भा।
साहचर्य *(सं.पुं.)* सहगमन, संग, साथ।
सौन्दर्य *(सं.पुं.)* सुन्दरता।
तात्पर्य *(सं.पुं.)* आशय, अभिप्राय।
पारम्पर्य *(सं.पुं.)* कुलक्रम।
वर्य *(सं.वि.)* प्रधान, श्रेष्ठ।
ऐश्वर्य *(सं.पुं.)* धन, सम्मान, आधिपत्य।
परमैश्वर्य *(सं.पुं.)* श्रेष्ट ऐश्वर्य।
मात्सर्य *(सं.पुं.)* ईर्ष्या, डाह।
क्षार्य *(सं.पुं.)* कुलीन, सभ्य, सज्जन, पूज्य, श्रेष्ठ, वेदोक्त प्राचीन सभ्य जाति।
कार्य *(सं.पुं.)* कर्म, काम, कर्तव्य, व्यापार, धंधा, हेतु, फल, प्रयोजन *(वि.)* करने योग्य, लगाया जाने वाला।
माल्य *(सं.पुं.)* फूल, सिर पर धारण करने की माला।
बाल्य *(सं.वि.)* बालक संबंधी, बचपन का।
निर्माल्य *(सं.पुं.)* देवता को अर्पित की हुई वस्तु।
शिवनिर्माल्य *(सं.पुं.)* शिव को अर्पित की हुई वस्तु।
कौटिल्य *(सं.पुं.)* कुटिलता, क्रूरता।
शैथिल्य *(सं.पुं.)* शिथिलता, ढिलाई।
विह्वालील्य *(सं.पुं.)* भुक्खड़पन।
सौशील्य *(सं.पुं.)* शुद्ध स्वभाव, साधुता।
तुल्य *(सं.वि.)* सदृश, समान, बराबर।
अतुल्य *(सं.वि.)* अनुपम, असदृश।
सतुल्य *(सं.वि.)* उसके समान।
मातुल्य *(सं.पुं.)* मामा का घर।
वैपुल्य *(सं.पुं.)* विपुलता, अधिकता।
मूल्य *(सं.पुं.)* किसी वस्तु के बदले में मिलनेवाला धन या दाम।
अमूल्य *(सं.वि.)* मूल्य रहित, बहुमूल्य, अनमोल।
हीनमूल्य *(सं.पुं.)* कम दाम।
दुर्मूल्य *(सं.वि.)* महँगा।
बहुमूल्य *(सं.वि.)* अधिक दाम का।
स्थौल्य *(सं.पुं.)* स्थूलता, स्थूलत्व।
अनोलौल्य *(सं.पुं.)* चित्त की चंचलता।
वलय *(हि.पुं.)* देखो वलय।
मलय *(सं.पुं.)* मालावार प्रदेश।
प्रलय *(सं.पुं.)* संसार के नाना रूपों का प्रकृति में लीन होकर मिट जाना।
परलय *(हि.स्त्री.)* प्रलय, सृष्टि का नाश या अंत।
वलय *(सं.पुं.)* वेष्टन, कंकण, चूड़ी।
भूवलय *(सं.पुं.)* भूमि की परिधि।
किशलय *(सं.पुं.)* कोमल पत्ता।
किसलय *(हि.स्त्री.)* देखो किशलय।
आलय *(सं.पुं.)* घर, आधार, स्थान।
पुस्तकालय *(सं.पुं.)* जिस भवन में पुस्तकों का संग्रह हो।
मखालय *(सं.पुं.)* यज्ञशाला।
द्विजालय *(सं.पुं.)* कोटर।
पाठ्यालय *(सं.पुं.)* पाठशाला, विद्यालय।
दण्डालय *(सं.पुं.)* वह न्यायालय जहाँ पर दण्ड देने का विधान हो।
मुद्रणालय *(सं.पुं.)* मुद्रण करने का स्थान, छापाखाना।
शरणालय *(सं.पुं.)* आश्रय स्थान।
वरूणालय, वरूणावास *(सं.पुं.)* समुद्र।
ग्रन्थालय *(सं.पुं.)* पुस्तकालय।
अनाथालय, (अनाथाश्रम) *(सं.पुं.)* दीन दुखियों को रखने का स्थान, पितृहीन बच्चों की रक्षा का स्थान।
वाचनालय *(सं.पुं.)* पुस्तक, समाचार पत्र आदि पढ़ने का स्थान।
भोजनालय *(सं.पुं.)* पाकशाला, रसोईघर।
पीनालय *(सं.पुं.)* सागर, समुद्र।
प्रतिपालय *(सं.पुं.)* निर्वाह।
निर्मालय *(हि.पुं.)* देखो निर्माल्य।
यमालय *(सं.पुं.)* यमपुर।
विद्यालय *(सं.पुं.)* पाठशाला।
विश्वविद्यालय *(सं.पुं.)* वह संस्था जिसमें सब प्रकार की विद्याओं की उच्च कोटि की शिक्षा दी जाती है।
शून्यालय *(सं.पुं.)* एकान्त स्थान।
न्यायालय *(सं.पुं.)* वह स्थान जहाँ पर अभियोग का न्याय किया जाता है।
हयालय *(सं.पुं.)* अश्वशाला।
तोयालय *(सं.पुं.)* समुद्र, सागर।
विचारालय *(सं.पुं.)* विचारस्थल।
शिवालय *(सं.पुं.)* वह मंदिर जिसमें शिव की मूर्ति या लिंग स्थापित हो।
देवालय *(सं.पुं.)* देवगृह, ठाकुरद्वारा।
चिकित्सालय रोगियों की भली भाँति चिकित्सा करने का स्थान।
रसालय *(सं.पुं.)* वह स्थान जहाँ पर अनेक प्रकार के रस बनाए जाते हों।
महालय *(सं.पुं.)* पितृपक्ष, आश्विन का कृष्ण पक्ष।
शिक्षालय *(सं.पुं.)* पाठशाला।
छात्रालय *(सं.पुं.)* विद्यार्थियों का स्थान।
यंत्रालय *(सं.पुं.)* मुद्रणालय, छापाखाना।
निलय *(सं.पुं.)* गृह, घर, आश्रयस्थान।
विलय *(सं.पुं.)* प्रलय, लोप, नाश, मृत्यु।
कव्य *(सं.पुं.)* जो अन्न पितरों के निमित्त किया जाए।
काव्य *(सं.पुं.)* कविता, ग्रन्थ, रसयुक्त काव्य *(वि.)* कवि।
दृश्यकाव्य *(सं.पुं.)* वह काव्य जो नाट्यशाला में नट लोगों द्वारा दिखलाया जाता है।

महाकाव्य *(सं.पुं.)* सर्गबद्ध वह बड़ा काव्य जिसमें आठ से अधिक सर्ग हों।
गव्य *(सं.वि.)* गौ से प्राप्त, यथा–दूध, दही, घी, गोबर, गोमूत्र आदि।
पंचगव्य *(सं.पुं.)* गो संबंधी पाँच प्रकार के द्रव्य यथा–दूध, घी, दही, गोबर और गोमूत्र।
वक्तव्य *(सं.वि.)* कहने योग्य *(पु.)* वचन, कथन, निंदा।
शङ्कितव्य *(सं.वि.)* शंकर के योग्य।
विजैव्य *(सं.वि.)* जो जीतने योग्य हो।
अन्तव्य *(सं.पुं.)* मन, विचार।
नियन्तव्य *(सं.वि.)* दमन या शासन करने योग्य।
हन्तव्य *(सं.वि.)* मारने योग्य।
क्षन्तव्य *(सं.वि.)* क्षमा करने योग्य।
बन्तव्य *(सं.वि.)* बोने योग्य।
कर्तव्य *(सं.वि.)* करने योग्य, किए जाने योग्य *(पु.)* करने योग्य कार्य, धर्म, उचित काम।
अकर्तव्य *(सं.वि.)* न करने योग्य।
सकर्तव्य *(सं.वि.)* अवश्य करने योग्य।
इतिकर्तव्य नियमानुसार।
(इतिकर्तव्यता) धर्म।
भर्तव्य *(सं.वि.)* भरण पोषण करने योग्य।
स्तव्य *(सं.वि.)* स्तुति करने के योग्य।
वस्तव्य *(सं.वि.)* वास के योग्य।
वास्तव्य *(सं.वि.)* बसने या रहने योग्य, बसनेवाला *(पु.)* बस्ती।
पिधातव्य *(सं.स्त्री.)* ढाँपने योग्य।
विधातव्य *(सं.वि.)* कर्तव्य, करने योग्य।
दातव्य *(सं.वि.)* दान देने योग्य *(पु.)* उदारता।
पातव्य *(सं.वि.)* रक्षा करने योग्य, पीने योग्य।
त्रातव्य *(सं.वि.)* रक्षा करने योग्य।
ज्ञातव्य जानने योग्य।
याचितव्य *(सं.वि.)* माँगने योग्य।
पठितव्य *(सं.वि.)* पढ़ने योग्य।
वदितव्य *(सं.वि.)* कहने योग्य।
वेदितव्य *(सं.वि.)* ज्ञातव्य, जानने योग्य।
प्रतिपव्य *(सं.पुं.)* परदादा का भाई।
क्षमितव्य *(सं.वि.)* क्षमा करने योग्य।
सधयितव्य *(सं.वि.)* साधने योग्य।
वारयितव्य *(सं.वि.)* निवारण करने योग्य।
लालयितव्य *(सं.वि.)* लालन पालन करने योग्य।
श्रावयितव्य *(सं.वि.)* सुनाने योग्य।
स्तवितव्य *(सं.वि.)* प्रशंसा के योग्य।
भवितव्य *(सं.वि.)* भवनीय, अवश्य होनेवाली।
निषेवितव्य *(सं.वि.)* सेवा करने योग्य।
वसितव्य *(सं.वि.)* पहनने योग्य।
सहितव्य *(सं.स्त्री.)* सहन करने योग्य।
रक्षितव्य *(सं.वि.)* रक्षा करने योग्य।
सेकतव्य *(सं.वि.)* सींचने योग्य।
जेतव्य *(सं.वि.)* जेय, जो जीता जा सके।
स्तोतव्य *(सं.वि.)* स्तुति के योग्य।
द्वय *(सं.पुं.)* द्वन्द्व, युग्म, दो (दो) दोहराया हुआ।
दिव्य *(सं.वि.)* स्वर्गीय, प्रकाशमान, चमकीला, अति सुंदर, अलौकिक, अच्छी तरह स्वच्छ किया हुआ।
शातव्य *(सं.वि.)* संध्या काल में करने योग्य।
नव्य *(सं.वि.)* नूतन, नवीन, नया।
भव्य *(सं.वि.)* शुभ, जो देखने में भारी और सुंदर जान पड़े, योग्य, श्रेष्ठ, बड़ा, प्रसन्न।
अभव्य *(सं.पुं.)* अमंगल, दुर्भाग्य *(वि.)* अद्भुत, अशुभ, असभ्य, नीच।
वायव्य *(सं.वि.)* वायु संबंधी, *(पु.)* पश्चिमोत्तर दिशा।
कव्य *(सं.पुं.)* मांस।
पितृव्य *(सं.पुं.)* पिता के भाई, चाचा।
द्रव्य *(सं.पुं.)* वस्तु, धन, सामग्री, जंतु, लाह।
अद्रव्य *(सं.पुं.)* अयोग्य पात्र।
श्रव्य *(सं.वि.)* जो सुना जा सके।
वश्य *(सं.वि.)* किसी की इच्छा के अधीन *(पु.)* दास, सेवक।
दृश्य *(सं.वि.)* दर्शनीय, जो देखने योग्य हो, जो देखने में आ सके, मनोहर, सुंदर।
सादृश्य *(सं.पुं.)* एकरूपता, समानता।
सुदृश्य *(सं.वि.)* देखने में सुंदर।
स्पृश्य *(सं.वि.)* स्पर्श करने या छूने योग्य।
अवश्य *(सं.वि.)* अनधीन, स्वतंत्र रहनेवाला *(अव्य)* निश्चय, निःसंदेह।
परवश, परवश्य *(हि.वि.)* पराधीन।
पारवश्य *(सं.पुं.)* परतंत्रता।
वैवश्य *(सं.पुं.)* विवशता।
नैराश्य *(सं.पुं.)* निराशा का भाव।
उद्देश्य *(सं.पुं.)* उत्पत्ति, बुद्धि, जन्म।
वैश्य *(सं.पुं.)* भारतवर्ष की चार जातियों के वर्गों में से तृतीय वर्ण, वणिक।
आशय *(सं.पुं.)* अभिप्राय, आधार, इच्छा, तात्पर्य, आश्रय, गड्ढा।
पीचाशय *(सं.वि.)* तुच्छ विचार का।
एदाशय *(सं.वि.)* उच्च विचार का।
शुभाशय *(सं.वि.)* धार्मिक।
आमाशय *(सं.पुं.)* जठर, कोष्ठ, पेट।
दुराशय *(सं.वि.)* जिसका अभिप्राय बुरा हो।
जलाशय *(सं.पुं.)* वह स्थान जहाँ पानी जमा हो।
महाशय *(सं.वि.)* महानुभाव, महात्मा, सज्जन।
अतिशय *(सं.पुं.)* अधिकता, बहुतायत।

संशय *(सं.पुं.)* संदेह, आशंका।
प्राणसंशय, (प्राणसंकट), (प्राणसंदेह) *(सं.पुं.)* जीवन की आशंका।
विसंशय *(सं.वि.)* संशयरहित।
प्रमृष्य *(सं.वि.)* न सहन करने योग्य।
भाष्य *(सं.पुं.)* सूत्रों की व्याख्या या टीका।
भाष्य *(सं.पुं.)* पाणिनि व्याकरण के सूत्रों का विस्तृत भाष्य जिसको पातंजलि ने लिखा है।
दुर्विभाष्य *(सं.वि.)* दुर्बोध।
भविष्य *(सं.वि.)* आनेवाला काल।
क्षनद्यतन भविष्य आगामी आधी रात के बाद का समय।
अनद्यतनभूत आधी रात के पहिले का काल।
शिष्य *(सं.पुं.)* विद्यार्थी, चेला।
उपशिष्य *(सं.पुं.)* शिष्य का शिष्य।
प्रशिष्य *(सं.पुं.)* शिष्य का शिष्य।
प्रतिशिष्य *(सं.पुं.)* चेले (शिष्य) का चेला।
हविष्य *(सं.वि.)* जिसकी आहुति दी जानेवाली हो।
मनुष्य *(सं.पुं.)* मनुज, मानव, पुरुष।
निर्मनुज, निर्मनुष्य *(सं.वि.)* निर्जन।
लीलामनुष्य *(सं.पुं.)* छद्मवेशी मनुष्य।
पारूष्य *(सं.पुं.)* कठोरता *(पु.)* बृहस्पति।
पौरूष्य *(सं.पुं.)* पौरुषता, साहस।
आयुष्य *(सं.पुं.)* आयु।
दूष्य *(सं.वि.)* दोष लगाने (निंदा करने) योग्य, नीच, तुच्छ।
विशेष्य (सं.पु) व्याकरण में वह संज्ञा जिसके साथ कोई विशेषण लगा रहता है।
चोष्य *(सं.वि.)* चूसने योग्य।
तौष्य *(सं.वि.)* संतुष्ट करने योग्य।
पोष्य *(सं.वि.)* पोषणीय, पालने योग्य।
विषय *(सं.पुं.)* वह जिस पर कुछ विचार किया जाए, सम्पत्ति, बड़ा प्रदेश या राज्य।
अचिकित्स्य *(सं.वि.)* जिसकी चिकित्सा न हो सके, असाध्य *(रोगी)*।
दुश्चिकित्स्य *(सं.वि.)* जिसकी चिकित्सा न हो सके।
मत्स्य *(सं.वि.)* मीन, मछली।
सवस्त्र *(सं.पुं.)* किसी सभा या समाज का सभाग्रह।
नस्य *(सं.पुं.)* सुंघनी।
वैमनस्य *(सं.पुं.)* द्वेष, शत्रुता।
वयस्य *(सं.पुं.)* समान वय का, हमजोली, मित्र।
निरस्य *(सं.वि.)* खंडनीय, परिहार करने योग्य।
आलस्य *(सं.पुं.)* काम करने में अनुत्साह।
निरालस्य *(सं.वि.)* जिसमें आलस्य न हो, तत्पर *(पु.)* आलस्य का अभाव।
शस्य *(सं.पुं.)* वृक्ष, लता आदि का फल।
नवशस्य *(सं.पुं.)* नया अन्न।
सस्य *(सं.पुं.)* धान्य।
वेदरहस्य *(सं.पुं.)* उपनिषद्।
आस्य *(सं.पुं.)* मुख, मुँह, आकृति।
दीर्घास्य *(सं.वि.)* बड़े मुखवाला।
दास्य *(सं.पुं.)* दासत्व, सेवा।
लास्य *(सं.पुं.)* भाव और, तालसहित नाच।
हास्य *(सं.पुं.)* हंसी, हंसी ठट्ठा, उपहास।
सनसय *(हि.पुं.)* देखो संशय, संदेह।
अगृह्य *(सं.वि.)* न ग्रहण करने योग्य।
सह्य *(सं.वि.)* सहने योग्य।
दुग्राह्य *(सं.वि.)* कठिनता से पकड़े जाने योग्य।
बाह्य (सं.क्रि.वि.) बाहर, अलय।
बाह्य *(सं.पुं.)* भार ढोनेवाला पशु *(वि.)* ढोनेवाला, बाहरी, बाहर का।
गृह्य *(सं.वि.)* गोपनीय, गूढ़।
दुहाय *(सं.वि.)* दुहने योग्य।
भक्ष्य *(सं.पुं.)* खाने तथा न खाने योग्य पदार्थ।
भक्ष्य *(सं.वि.)* खाने योग्य *(पु.)* अन्न, आहार।
दुर्भक्ष्य *(सं.वि.)* जिसका खाना कठिन हो।
रक्ष्य *(सं.वि.)* रक्षणीय, रक्षा करने योग्य।
लक्ष्य *(सं.पुं.)* निशाना लगाने का स्थान, जिस पर किसी प्रकार का आक्षेप किया जाए, उद्देश्य।
विश्वक्षय *(सं.पुं.)* प्रलय।
साक्ष्य *(सं.पुं.)* साक्षी का काम।
परीक्ष्य *(सं.वि.)* परीक्षा करने योग्य।
निरपेक्ष्य *(सं.वि.)* उपेक्षा रहित।
अत्तमोक्ष्य *(सं.अव्य.)* बिना सोचे विचारे।
रौक्ष्य *(सं.पुं.)* रूक्षता, रूखापन।
अक्षय *(सं.पुं.)* जिसका क्षय न हो।
वैकक्षय *(सं.पुं.)* राक्षस।
अनक्षय *(सं.पुं.)* धन का नाश।
सोमक्षय *(सं.पुं.)* अमावस्या।
चंद्रक्षय *(पु.)* अमावस्या।
कुलक्षय *(सं.पुं.)* वंश का ध्वंस।
सड़क्षय *(सं.पुं.)* नाश, ध्वंस, प्रलय।
देहक्षय *(सं.पुं.)* शरीर का नाश, रोग।
पारतन्त्रय *(सं.पुं.)* पराधीनता।
स्वातन्त्रय *(सं.पुं.)* स्वतंत्रता।
कालत्रय *(सं.पुं.)* भूत, भविष्य तथा वर्तमान।
दोषत्रय *(सं.पुं.)* वात, पित्त और कफ।
वैचित्र, वैचित्रय *(सं.पुं.)* विचित्रता।
पित्रय *(सं.वि.)* पितृ संबंधी।
चारित्रय *(सं.पुं.)* चरित्र।
निर्द्रव्य *(सं.वि.)* दरिद्र, धनहीन।
स्राव्य *(सं.वि.)* बहने योग्य।

तालव्य *(सं.वि.)* तालु से उच्चारण किया जानेवाला वर्ण, इ, ई, च, छ, ज, झ, अ, य, और श–ये वर्ण तालव्य हैं।
क्लैक्ष्य *(सं.पुं.)* क्लीवता, नपुंसकता।
शैव्य *(सं.वि.)* शिव संबंधी।
सव्य *(सं.वि.)* वाम, बायाँ, प्रतिकूल।
अपसव्य *(सं.पुं.)* देह का दाहिना भाग, दक्षिण।
प्रतिसव्य *(सं.वि.)* विपरीत, प्रतिकूल।
सेव्य *(सं.वि.)* आराधना करने योग्य।
हव्य *(सं.पुं.)* वह वस्तु जिसकी आहुति अग्नि में दी जाए।
गवय *(सं.पुं.)* नीलगाय।
अन्वय *(सं.पुं.)* वंश, संबंध, संतान, शब्दों को वाक्य रचना के नियमानुसार अर्थात् कर्म और क्रिया के क्रम में रखना, अनुकूलता।
समन्वय *(सं.पुं.)* संयोग, मिलाप।
अनतय *(हि.)* देखो अन्वय।
छिदपधय *(सं.वि.)* जो लौटा न देता हो, जिसमें भाजक का पूरा भाग न लग सके।
मध्य *(हि.पुं.)* जीवन का मध्य भाग।
आय *(सं.पुं.)* लाभ, धनागम।
काय *(सं.पुं.)* शरीर, देह, स्वभाव।
बाय *(हि.स्त्री.)* गौ, बहुत सीधा सादा मनुष्य।
चाय *(हि.स्त्री.)* एक पौधा, जिसकी पत्तियों को उबालकर इसमें दूध और चीनी मिलाकर सर्वत्र लोग पीते हैं।
छाय *(हि.स्त्री.)* छाया।
दाय *(सं.पुं.)* उत्तराधिकारियों में बाँटी जाने वाली संपत्ति।
धाय *(हि.स्त्री.)* वह स्त्री जो दूसरे के पुत्र को दूध पिलाती है तथा उसका पालन-पोषण करती है।
ताय *(हि.पुं.)* ताप, गरमी, धूप, ऊष्णता, जलन *(सर्व.)* देखो ताहि।
नाय *(सं.पुं.)* नय, नीति, युक्ति।
भाय *(हि.पुं.)* भाई, भाव, ढंग।
माय *(हि.स्त्री.)* जननी, माता, माँ।
राय *(सं.पुं.)* छोटा राजा या सरदार, बंदीजन, मत।
वाय *(हि.स्त्री.)* वायु, हवा।
हाय *(हि.पुं.)* पीड़ा अथवा दुःख सूचित करने का शब्द, आह *(स्त्री.)* पीड़ा, दुख, कष्ट।
धांय *(हि.स्त्री.)* तोप, बंदूक आदि के छूटने का शब्द, गिरने का शब्द।
नांय *(हि.पुं.)* देखो नाम *(अव्य.)* नहीं।
पांय *(हि.पुं.)* देखो पाँव।
बांय *(हि.वि.)* वायाँ, खाली, चुका हुआ, लक्ष्य पर न बैठा हुआ।
जांय *(हि.वि.)* उचित।
ठांय *(हि.स्त्री.)* ठौर, स्थान, ठिकाना, बंदूक छटने का शब्द।
नाय *(हि.पुं.)* देखो नाम *(अव्य.)* नहीं।
पांय *(हि.पुं.)* पद, पैर, चरण।
मांय (हि.अव्य.) में, बीच, मध्य में।
चांय चांय *(हि.पुं.)* व्यर्थ की बकबक।
टांय टांय *(हि.स्त्री.)* वाक्‌युद्ध, झगड़ा, कलह।
भांय भांय *(हि.पुं.)* निर्जन स्थान का शब्द।
झांय झांय *(हि.स्त्री.)* झनझन का शब्द, झनकार, सुनसान स्थान में वायु का शब्द।
क्षांयबांय *(हि.पुं.)* असम्बद्ध प्रलाप।
क्षकाय *(सं.पुं.)* देहशून्य, निराकार।
दीर्घकाय *(सं.वि.)* लंबे-चौड़े शरीरवाला।
स्वर्णकाय *(सं.पुं.)* गरुड़।
कृष्णकाय *(सं.पुं.)* भैंसा *(वि.)* काले शरीर का।
पूर्वकाय *(सं.पुं.)* शरीर में नाभि के ऊपर का भाग।
महाकाय *(सं.वि.)* बड़े शरीरवाला।
अतिकाय *(सं.वि.)* दीर्घकाय, स्थूल।
अतिकाय *(सं.पुं.)* प्रतिमा, प्रतिरूप।
देवनिकाय *(सं.पुं.)* देवस्थान, स्वर्ग।
लघुकाय *(सं.पुं.)* नाटे शरीर का।
सुरगागाय *(हि.स्त्री.)* एक प्रकार की जंगली गाय जिसकी पूँछ का चमर बनता है।
लगाय *(हि.स्त्री.)* प्रेम।
नीलगाय *(हि.स्त्री.)* एक प्रकार का बड़ा हरिन जो गाय के बराबर होता है।
स्थिरच्छाय *(सं.वि.)* निश्चल छायायुक्त।
सच्छाय *(हि.वि.)* छायायुक्त।
अजाय *(हि.वि.)* अनुचित, अयोग्य।
परजाय *(हि.पुं.)* देखो पर्याय।
अदाय *(सं.वि.)* पैतृक संपत्ति का अंश न पाने योग्य।
सम्प्रदाय *(सं.पुं.)* कोई विशेष धर्म संबंधी मत, मार्ग, पंथ, रीति।
विदाय *(हि.पुं.)* विसर्जन, प्रस्थान।
समुदाय *(सं.पुं.)* समूह, ढेर, झुण्ड।
बनाय *(हि.क्रि.वि.)* जो बड़ी कठिनता से वश में लाया जा सके।
निरपाय *(सं.वि.)* जिसका नाश न हो।
उपाय *(सं.पुं.)* समीप पहुँचना, निकल आना, साधन, युक्ति।
निरूपाय *(सं.वि.)* उपायहीन।
दुरूपाय *(सं.पुं.)* बुरा विचार।
वृत्युपाय *(सं.पुं.)* अपने शरीर अथवा कुटुम्ब के भरण पोषण का उपाय।
जीवनोपाय *(सं.पुं.)* जीविका।
सुभाय *(हि.पुं.)* स्वभाव।
अध्याय *(सं.पुं.)* ग्रन्थ विभाग, सर्ग, अंगक, परिच्छेद।
अनध्याय *(सं.पुं.)* छुट्टी का दिन, जिस दिन शास्त्र के

अनुसार लिखना-पढ़ना निषिद्ध हो।
उपाध्याय *(सं.पुं.)* वेद वेदांग पढ़ानेवाला अध्यापक, ब्राह्मण की एक उपाधि।
पट्टोपाध्याय *(सं.पुं.)* दानपत्र का लिखनेवाला।
महामहोपाध्याय *(सं.पुं.)* श्रेष्ठ पण्डित, गुरुओं का गुरु, एक उपाधि जो भारत सरकार की ओर से पण्डितों को दी जाती है।
स्वाध्याय *(सं.पुं.)* वेदों का नियमपूर्वक अध्ययन, किसी विषय का अनुशीलन, अध्ययन।
न्याय *(सं.पुं.)* फैसला, नीतिपूर्ण आचरण।
अन्याय *(सं.पुं.)* अनीति, न्यायविरुद्ध आचरण, अत्याचार।
यथाग्रन्थाय न्याय के अनुसार।
धर्माय *(सं.वि.)* धारण करने योग्य *(पु.)* वस्त्र, कपड़ा।
अन्तराय *(सं.पुं.)* प्रतिबंध, विघ्नबाधा!
जानराय *(हि.पुं.)* अत्यंत ज्ञानी पुरुष।
प्रायः *(सं.अव्य.)* बहुधा, विशेषकर।
तृणप्राय *(सं.वि.)* निकृष्ट, निकम्मा।
अभिप्राय *(सं.पुं.)* आशय, तात्पर्य, अर्थ।
धर्मराय *(हि.पुं.)* देखो धर्मराज।
पितृराय *(सं.पुं.)* पिता से प्राप्त धन या संपत्ति, बपौती।
रसराय *(हि.पुं.)* देखो रसराज।
निराय *(सं.वि.)* आय रहित, बिना कर का।
तुराय *(हि.क्रि.वि.)* आतुरता से।
जादौराय *(हि.पुं.)* श्रीकृष्ण।
बलाय *(हि.पुं.)* आपत्ति, विपत्ति, दुःख, कष्ट।
प्रत्यवाय *(सं.पुं.)* पुरवैया हवा।
कषाय *(सं.पुं.)* कषैलापन, कल्क, काढ़ा, निर्वात।
व्यवसाय *(सं.पुं.)* काम करने की चेष्टा।
वेवसाय *(हि.पुं.)* देखो व्यवसाय।
व्योसाय *(हि.पुं.)* देखो व्यवसाय।
बहाय *(हि.वि.)* देखो महान, बहुत।
हायहाय (हि.अव्य.) शोक, दुख या शारीरिक कष्टसूचक शब्द, झंझट।
सहाय *(सं.पुं.)* सहायता, आश्रय।
असहाय *(सं.वि.)* निरवलम्ब, निःसहाय।
निस्सहाय *(हि.वि.)* निराश्रय।
कुसहाय *(सं.पुं.)* बुरा साथी।
जिय *(हि.पुं.)* चित्त, मन।
तिय *(हि.स्त्री.)* स्त्री, पत्नी।
दिय *(सं.वि.)* देय, देने योग्य।
पिय *(हि.पुं.)* स्वामी, भर्ता, पति।
बिय *(हि.वि.)* युग्म, दो, दूसरा।
विय *(हि.वि.)* दो, जोड़ा।
सिय *(हि.स्त्री.)* सीता, जानकी।
वारतिय *(हि.स्त्री.)* वेश्या, रंडी।
दुतिय *(हि.वि.)* द्वितीय, दूसरा।
पानिय *(हि.वि.)* पानी।
अमिय *(हि.पुं.)* अमृत।
(अमियमूरि) *(हि.स्त्री.)* संजीवनी बूटी।
अक्रिय *(सं.वि.)* क्रियारहित, निश्चेष्ट।
निष्क्रिय *(सं.वि.)* व्यापारशून्य, क्रिया या चेष्टारहित।
कुक्रिय *(सं.वि.)* कुकर्म करनेवाला।
सार्वराष्ट्रिय *(सं.वि.)* अनेक राष्ट्रों से संबंध रखनेवाला।
इन्द्रिय *(सं.पुं.)* शारीरिक शक्ति, बल, शरीर के अवयव।
निरिन्द्रिय *(सं.वि.)* इन्द्रिय रहित।
बहिरिन्द्रिय *(सं.स्त्री.)* कर्मेन्द्रिय।
अतीन्द्रिय *(सं.वि.)* अगोचर, जिसका ज्ञान इन्द्रियों के द्वारा न हो सके।
धीन्द्रिय *(सं.पुं.)* ज्ञानेन्द्रिय।
ऐन्द्रिय *(सं.वि.)* इन्द्रिय संबंधी।
पंचेन्द्रिय *(सं.वि.)* पाँच ज्ञानेन्द्रियाँ।
जितेन्द्रिय *(सं.वि.)* जिसने अपनी इन्द्रियों को अपने वश में कर लिया हो।
नियतेन्द्रिय *(सं.वि.)* जितेन्द्रिय।
शब्देन्द्रिय *(सं.पुं.)* कर्ण, कान।
रसनेन्द्रिय *(सं.स्त्री.)* जिह्वा, जीभ।
ज्ञानेन्द्रिय *(सं.पुं.)* वे इन्द्रिय जिनसे जीवों को विषयों का ज्ञान होता है।
कर्मेन्द्रिय *(सं.पुं.)* कर्म करनेवाली पाँच इन्द्रियों यथा–हाथ, पैर, वाणी, गुदा और उपस्थ।
पाद्येन्द्रिय *(सं.पुं.)* शरीर की पाँचों इन्द्रियाँ यथा–आँख, कान, नाक, जीभ और त्वचा।
स्पर्शेन्द्रिय *(सं.वि.)* जिसकी इन्द्रियाँ उसके वश में न हो।
प्रिय *(सं.पुं.)* भर्ता, स्वामी, पति।
अप्रिय *(सं.वि.)* जो अच्छा न लगे।
प्रिय *(सं.वि.)* प्राण के समान, प्यारा, प्रियतम।
धनप्रिय *(सं.पुं.)* मयूर, मोर।
कलहप्रिय *(सं.पुं.)* जिसको कलह बहुत अच्छा लगता हो *(वि.)* झगड़े से प्रसन्न रहनेवाला।
सर्वप्रिय *(सं.वि.)* सबका प्यारा।
वर्षप्रिय *(सं.पुं.)* चातक पक्षी, पपीहा।
रमाप्रिय *(सं.पुं.)* पद्म, कमल, विष्णु।
वरिषाप्रिय *(सं.पुं.)* चातक पक्षी।
शशिप्रिय *(सं.पुं.)* मुक्ता, मोती।
कुप्रिय *(सं.वि.)* अप्रिय।
मरूप्रिय *(सं.पुं.)* उष्ट, ऊँट।
सप्रिय *(सं.स्त्री.)* मंगल, कल्याण, शोभा।
स्रिय *(हि.स्त्री.)* देखो श्रिय।
कालिय *(सं.पुं.)* एक सर्प जिसको श्रीकृष्ण ने अपने वश में किया था *(वि.)* काल संबंधी।

श्रोतिय *(सं.पुं.)* वह ब्राह्मण जिसने वेद का अध्ययन किया हो।
जीय *(हि.पुं.)* देखो जी।
तीय (हि.अव्य.) तक।
बीय, धीया *(हि.स्त्री.)* दुहिता, लड़की।
बीय *(हि.वि.)* देखो बीजा, दूसरा।
सीय *(हि.स्त्री.)* सीता, जानकी।
राजकीय राजा संबंधी, राज्य संबंघी।
नाटकीय *(सं.वि.)* नाटक संबंधी।
परकीय *(सं.वि.)* पराया, दूसरे का।
वर्गीय *(सं.वि.)* वर्ग संबंधी।
संवर्गीय *(सं.वि.)* स्वर्ण से उत्पन्न वर्ण।
स्वर्गीय *(सं.वि.)* स्वर्ग संबंधी।
तुरगीय *(सं.वि.)* स्वर्ग संबंघी।
बंगीय *(सं.वि.)* बंग देश का।
क्षपणीय *(सं.वि.)* फेंकने योग्य।
भ्रमणीय *(सं.वि.)* घूमने फिरनेवाला।
करणीय *(सं.वि.)* करने योग्य।
अकरणीय *(सं.वि.)* न करने योग्य।
स्तरणीय *(सं.वि.)* फैलाने योग्य।
मरणीय *(सं.वि.)* पालने पोसने योग्य।
स्वरणीय *(सं.वि.)* याद करने योग्य।
चिरस्मरणीय *(सं.वि.)* बहुत दिनों तक स्मरण रखने योग्य।
संस्मरणीय *(सं.वि.)* नाम जपने योग्य।
वरणीय *(सं.वि.)* प्रार्थनीय, श्रेष्ठ, बड़ा।
मिश्रणीय *(सं.वि.)* मिलाने के योग्य।
छणीय *(सं.वि.)* हरण करने योग्य।
हरणीय *(सं.वि.)* हरण करने योग्य।
परिहरणीय *(सं.वि.)* हटाने या दूर करने योग्य।
स्वीकरणीय *(सं.वि.)* मानने योग्य।
विचारणीय *(सं.वि.)* विचार करने योग्य।
वातावरणीय *(सं.वि.)* ठगने योग्य।
धारणीय *(सं.वि.)* धारण करने योग्य।
अवधारणीय *(सं.वि.)* निरूपण करने योग्य।
वारणीय *(सं.वि.)* निषेध करने योग्य।
निवारणीय *(सं.वि.)* रोकने या हटाने योग्य।
पुरणीय *(सं.वि.)* पूरा करने योग्य।
प्रेरणीय *(सं.वि.)* प्रेरणा करने योग्य।
श्रवणीय *(सं.वि.)* सुनने योग्य।
वर्षणीय *(सं.वि.)* दबाने या हराने योग्य।
मर्षणीय *(सं.वि.)* क्षमा करने योग्य।
सम्भाषणीय *(सं.वि.)* सम्भाषण करने योग्य।
चूषणीय *(सं.वि.)* चूसने योग्य।
दूषणीय *(सं.वि.)* दोष लगाने योग्य।
पेसनीय *(सं.वि.)* पीसने योग्य।

संतोषणीय *(सं.वि.)* संतुष्ट न होने योग्य।
शीषणीय *(सं.वि.)* सुखाने योग्य।
गर्हणीय *(सं.वि.)* निंदनीय।
स्पृहणीय *(सं.वि.)* वाँछनीय।
भक्षणीय *(सं.वि.)* खाने योग्य।
रक्षणीय *(सं.वि.)* रक्षा करने योग्य।
संरक्षणीय *(सं.वि.)* रक्षा करने योग्य।
प्रतीक्षणीय *(सं.वि.)* प्रतीक्षा करने योग्य।
वीक्षणीय *(सं.वि.)* दर्शनीय, देखने योग्य।
वारतीय *(हि.स्त्री.)* देखो बारस्त्री, वेश्या।
भारतीय *(सं.वि.)* भारत संबंधी, भारत का।
जातीय *(सं.वि.)* जाति संबंधी।
समजातीय *(सं.वि.)* एक ही जाति का।
स्वजातीय *(सं.वि.)* अपनी जाति का, एक ही जाति का।
विजातीय *(सं.वि.)* जो अपनी जाति से भिन्न हो।
तृतीय *(सं.वि.)* तीसरा।
द्वितीय *(सं.वि.)* दूसरा *(पु.)* पुत्र, बेटा।
अद्वितीय *(सं.वि.)* अकेला, अनुपम, प्रधान, विलक्षण।
तदीय *(सं.वि.)* उससे संबंध रखनेवाला, तत्संबंधी, उसका।
मदीय *(सं.वि.)* मेरा।
त्वदीय *(सं.स्त्री.)* तुम्हारा।
भवदीय *(सं.वि.)* आपका, तुम्हारा।
यादीय *(हि.पुं.)* पदवाला।
विलोकनीय *(सं.वि.)* देखने योग्य।
शंकनीय *(सं.पुं.)* शंका करने योग्य।
विशंकनीय *(सं.वि.)* डरपोक।
लेखनीय *(सं.वि.)* लिखने योग्य।
उल्लेखनीय *(सं.वि.)* लिखने योग्य।
श्वाधनीय *(सं.वि.)* प्रशंसनीय।
लंघनीय *(सं.वि.)* लांघने योग्य।
विलंघनीय *(सं.वि.)* लांघने योग्य।
ताड़नीय *(सं.वि.)* दुःख पहुँचाने वाला।
पचनीय *(सं.वि.)* पचने योग्य।
रचनीय *(सं.वि.)* रचना करने योग्य।
अनर्विचनीय *(सं.वि.)* जिसका वर्णन न किया जा सके।
प्रवचनीय *(सं.वि.)* समझाकर कहने योग्य।
पाचनीय *(सं.वि.)* पचाने या पकाने योग्य।
याचनीय *(सं.वि.)* माँगने योग्य।
सूचनीय *(सं.वि.)* सूचना करने योग्य।
रचनीय *(सं.वि.)* शौच करने योग्य।
मोचनीय *(सं.वि.)* मुक्त करने योग्य।
वंचनीय *(सं.वि.)* ठगने योग्य।
शोचनीय *(सं.वि.)* शोक करने योग्य।
वांछनीय *(सं.वि.)* वाहन योग्य।
नजनीय *(सं.वि.)* यजन करने योग्य।

यजनीय *(सं.वि.)* यजन करने योग्य।
त्यजनीय *(सं.वि.)* त्याग करने योग्य।
वर्जनीय *(सं.वि.)* छोड़ने योग्य, निषिद्ध।
परिवर्जनीय *(सं.वि.)* त्याग करने योग्य।
विवर्जनीय *(सं.वि.)* त्याग करने योग्य।
मार्जनीय *(सं.वि.)* परिष्कार करने योग्य।
याजनीय *(सं.वि.)* यज्ञ करने योग्य।
पूजनीय *(सं.वि.)* पूजा करने योग्य, आदरणीय, अर्चनीय।
भोजनीय *(सं.वि.)* भोजन करने योग्य।
प्रयोजनीय *(सं.वि.)* उपयोग का।
पठनीय *(सं.वि.)* पढ़ने योग्य।
दण्डनीय *(सं.वि.)* दण्ड देने योग्य।
गणनीय *(सं.वि.)* गिनने योग्य, प्रसिद्ध।
परिगणनीय *(सं.वि.)* गिने जाने योग्य।
पणनीय *(सं.वि.)* खरीदने या बेचने योग्य।
पर्णनीय *(सं.वि.)* वर्णन करने योग्य।
परिवर्तनीय *(सं.वि.)* बदलने योग्य।
वलनीय *(सं.वि.)* गिरनेवाला।
विचिन्तनीय सोचने योग्य।
कीर्तनीय *(सं.वि.)* वर्णन करने योग्य।
चेतनीय *(सं.वि.)* जानने योग्य।
समर्थनीय *(सं.वि.)* समर्थन करने योग्य।
प्रार्थनीय *(सं.वि.)* प्रार्थना करने योग्य।
स्थानीय *(सं.वि.)* स्थान संबंधी।
अदनीय *(सं.वि.)* भोजन करने योग्य।
वंदनीय *(सं.दि.)* आदर करने योग्य।
दाननीय *(सं.वि.)* दान करने योग्य।
अभ्यदनीय *(सं.वि.)* अभ्यास करने योग्य।
प्रत्तादनीय *(सं.वि.)* प्रसन्न करने योग्य।
निन्दनीय *(सं.वि.)* निन्द्य, निन्दा करने योग्य।
अनिन्दनीय *(सं.वि.)* अनिन्द्य, निर्दोष।
विच्छेदनीय *(सं.वि.)* काटकर अलगाने योग्य।
भेदनीय *(सं.वि.)* भेद करने योग्य।
मोदनीय *(सं.वि.)* आनंद करने योग्य।
बन्धनीय *(सं.वि.)* बांधने योग्य।
बर्धनीय *(सं.वि.)* बढ़ाने योग्य।
संवर्धनीय *(सं.वि.)* बढ़ाने या पालने योग्य।
बोधनीय *(सं.वि.)* समझाने योग्य।
शोधनीय *(सं.वि.)* शुद्ध करने के योग्य।
संसोधनीय *(सं.वि.)* सुधारने योग्य।
हननीय *(सं.वि.)* वध करने योग्य।
माननीय *(सं.वि.)* आदर करने योग्य।
अमाननीय *(सं.वि.)* जो माननीय न हो।
सम्माननीय *(सं.वि.)* आदर के योग्य।
पानीय *(सं.पुं.)* जल, *(वि.)* पाने योग्य, जो पिया जा सके।
स्नानीय *(सं.वि.)* नहाने योग्य।
स्थापनीय *(सं.वि.)* स्थापित करने योग्य।
दापनीय *(सं.वि.)* दण्ड देने योग्य।
यापनीय *(सं.वि.)* प्राप्त करने योग्य।
ज्ञापनीय *(सं.वि.)* निवेदनीय।
दीपनीय *(सं.वि.)* उत्तेजित करने योग्य।
कोपनीय *(सं.वि.)* जिस पर क्रोध किया जा सके।
सकोपनीय *(सं.वि.)* क्रुद्ध करने योग्य।
विडम्बनीय *(सं.वि.)* अनुकरण करने योग्य, चिढ़ाने योग्य।
हवनीय *(सं.वि.)* हवन के योग्य *(पु.)* वह पदार्थ जो हवन करने में अग्नि में डाला जाए।
लोभनीय *(सं.वि.)* लोभ के योग्य।
कमनीय *(सं.वि.)* मनोहर, रुचिकर, सुंदर, प्रिय।
शोभनीय *(सं.वि.)* शोभा के योग्य।
दमनीय *(सं.वि.)* दमन करने योग्य।
नमनीय *(सं.वि.)* झुकने या झुकाने योग्य, नमस्कार करने योग्य, आदरणीय।
अध्ययनीय *(सं.वि.)* पढ़ने योग्य।
शयनीय *(सं.वि.)* शयन करने के योग्य।
पालनीय *(सं.वि.)* पालन करने योग्य।
प्रक्षलनीय *(सं.वि.)* धोने या स्वच्छ करने योग्य।
अतुलनीय *(सं.वि.)* अद्वितीय, अपरिमित।
अतुलित *(सं.वि.)* तुलना न करने योग्य।
स्तुतनीय *(सं.वि.)* स्तुति करने योग्य।
सम्भवनीय *(सं.वि.)* जो हो सकता है।
भावनीय *(सं.वि.)* चिन्ता या विचार योग्य।
सम्भावनीय *(सं.वि.)* कल्पना के योग्य।
विभावनीय *(सं.वि.)* चिन्तन करने योग्य।
जीवनीय *(सं.वि.)* जीविका करने योग्य।
अशनीय *(सं.वि.)* भोजन करने योग्य।
दर्शनीय *(सं.वि.)* देखने योग्य, सुंदर।
वशनीय *(सं.वि.)* वश में करने योग्य।
प्राशनीय *(सं.वि.)* खाने योग्य।
प्रवेशनीय *(सं.वि.)* घुसने योग्य।
दरसनीय *(हि.स्त्री.)* देखो दर्शनीय।
रसनीय *(सं.वि.)* स्वादिष्ट।
शंसनीय *(सं.वि.)* प्रार्थनीय।
प्रशंसनीय *(सं.वि.)* स्तुति के योग्य।
विश्वसनीय *(सं.पुं.)* विश्वास करने योग्य।
भासनीय *(वि.)* ताड़नीय, दण्ड देने योग्य।
दहनीय *(सं.वि.)* जलने या जलाने योग्य।
सहनीय *(सं.वि.)* सहन करने योग्य।
माहनीय *(सं.वि.)* पूजनीय, श्रेष्ट।
सराहनीय *(सं.वि.)* प्रशंसा करने योग्य।
वाहनीय *(सं.वि.)* वहन करने योग्य।

मोहनीय *(सं.वि.)* मोह करने योग्य।
आत्मीय *(सं.वि.)* आत्मा संबंधी, निजी, *(पु.)* संबंधी।
वैक्रमीय *(सं.वि.)* विक्रम संबंधी।
त्रिवर्षीय *(सं.वि.)* तीन वर्ष का, तीन वर्ष ठहरने वाला।
राष्ट्रीय *(सं.वि.)* राष्ट्र संबंधी।
उत्तरीय *(सं.पुं.)* उपरना, ओढ़नी, चद्दर *(वि.)* उत्तर दिशा संबंधी।
तुरीय *(सं.वि.)* गतियुक्त, चतुर्थ, उद्धार करनेवाला।
आसुरीय *(सं.वि.)* राक्षस संबंधी।
शंकरीय *(सं.वि.)* शंकर संबंधी।
स्थलीय *(सं.वि.)* स्थल संबंधी।
काकतालीय *(सं.पुं.)* संयोगवश होने वाला कार्य *(वि.)* आकस्मिक।
जिह्वामूलीय *(सं.वि.)* वह वर्ण जिसका उच्चारण जिह्वा के मूल से होता है यथा–क, ख, ग, घ, ड. का उच्चारण इसे जिह्वमूलीय कहते हैं।
स्वीय *(सं.वि.)* स्वकीय, अपना निजी।
आकाशीय *(सं.वि.)* आकाश संबंधी।
शास्त्रीय *(सं.वि.)* शास्त्र संबंधी।
पुत्रीय *(सं.वि.)* पुत्र संबंधी।
तुय *(सं.वि.)* जल, पानी, शीघ्रता।
राजभूय *(सं.वि.)* राजत्व, राज्य।
राजसूय *(सं.पुं.)* वह यज्ञ जिसको करने का अधिकार केवल सम्राट को होता है।
देय *(सं.वि.)* दातव्य, देने योग्य।
धेय *(सं.वि.)* धारण करने योग्य।
पेय *(सं.पुं.)* पीने की वस्तु *(वि.)* पीने योग्य।
हेय *(सं.वि.)* त्याज्य, छोड़ने योग्य।
ज्ञेय *(सं.वि.)* ज्ञातव्य, जानने योग्य।
दुर्जेय *(सं.वि.)* जिसका जीतना कठिन हो।
निर्णेय *(सं.वि.)* निर्णय करने योग्य।
स्तेय *(सं.पुं.)* चौर्य, चोरी।
अस्तेय *(सं.पुं.)* चोरी का न करना।
पाथेय *(सं.पुं.)* यात्री का रास्ते का कलेवा।
आतिथेय *(सं.पुं.)* अतिथि की सेवा, जिसके यहाँ अतिथि आए।
अदेय *(सं.वि.)* दान न देने योग्य।
प्रदेय *(सं.वि.)* दान करने योग्य।
श्रद्धेय *(सं.वि.)* श्रद्धा के योग्य।
भागधेय *(सं.पुं.)* भाग्य, प्रारम्भ *(पु.)* दायाद, सपिण्ड।
आधेय *(सं.वि.)* दिया जानेवाला, रखा जानेवाला।
अभिधेय *(सं.वि.)* पहिनने योग्य।
विधेय *(सं.वि.)* कर्तव्य, जिसके कार्य का करना उचित हो, होनेवाला, व्याकरण में वह वाक्य जिसके द्वारा किसी के विषय में कुछ कहा जाए।
आग्नेय *(सं.वि.)* अग्नि से निकाला हुआ, आग लगने से शीघ्र जलनेवाला, अग्नि के समान।
भागनेय (सं.पुं) भगिनीपुत्र, भानजा।
अपेय *(सं.वि.)* पीने के अयोग्य।
दुर्नेय *(सं.पुं.)* नीति विरुद्ध आचरण।
भागिनेय *(सं.पुं.)* भगिनीपुत्र, भानजा।
प्रमेय *(सं.बि.)* जो प्रमाण का विषय हो सके।
सारमेय *(सं.पुं.)* कुक्कुर, कुत्ता।
भप्रिय *(सं.पुं.)* भानजा, बहिन का बेटा।
ध्येय *(सं.वि.)* जिसका ध्यान किया जाए, ध्यान करने योग्य, जो ध्यान का विषय हो।
विक्रेय *(सं.वि.)* बिकनेवाला।
श्रेय *(हि.वि.)* धर्म, पुण्य, सदाचार, मुक्ति कल्याण।
बालेय *(सं.वि.)* गर्दभ, गदहा, पुत्र।
वालेय *(सं.पुं.)* रासभ, पुत्र।
सालेय *(सं.पुं.)* मधुरिका, सौफ।
मातुलेय *(सं.पुं.)* ममेरा भाई।
शैलेय *(सं.पुं.)* सेंधा नमक *(पु.)* सिंह, भौंरा *(वि.)* पहाड़ी, पथरीला, पत्थर के समान।
कौतेय *(सं.पुं.)* रजनी वस्त्र।
दुर्ज्ञेय *(सं.वि.)* दुर्बोध, जो सहज में समझ में न आ सके।
कोय (हि.सर्व.) कोई।
खोय *(हि.स्त्री.)* स्वभाव, टेव।
जोय *(हि.स्त्री.)* जोरू, पत्नी, *(सर्व.)* जो, जिस।
तोय *(सं.पुं.)* जल, पानी।
बोय *(हि.स्त्री.)* गन्ध, दुर्गन्ध।
लोय *(हि.पुं.)* नयन, आँख *(स्त्री.)* आग की लौ, लपट *(अव्य.)* देखो लौ।
होय (हि.सर्व.) सो, वही।
मकोय *(हि.स्त्री.)* एक छोटा पाँवा जिसमें गोल छोटे फल लगते हैं।
निस्तोय *(सं.वि.)* जल रहित।
वित्तोय *(सं.वि.)* जलहीन।
बापया *(हि.क्रि.)* बकवाद करना।
शैषया (स.पुं.) सिकहर, छींका *(वि.)* दृढ़।
रखया *(हि.वि.)* रक्षा करनेवाली।
आख्या *(सं.स्त्री.)* नाम, संज्ञा।
व्याख्या *(सं.स्त्री.)* वह वाक्य जो कठिन शब्दों के अर्थ सरल भाषा में स्पष्ट करता हो, टीका, वर्णन।
संख्या *(सं.स्त्री.)* गणना, गिनती।
जनसंख्या *(सं.स्त्री.)* नगर, देश आदि के निवासियों की गणना।
(जना) *(हि.वि.)* उत्पन्न हुआ।
अनवच्छिन्न संख्या अखण्ड राशि।
परिसंख्या *(सं.पुं.)* गणना, गिनती।

मृगया *(सं.स्त्री.)* आखेट।
प्रतिग्या *(हि.स्त्री.)* देखो प्रतिज्ञा।
यदृच्छया (सं.क्रि.वि.) अकस्मात्, दैवयोग से।
वृकूज्या *(सं.स्त्री.)* किसी वृत्त के व्यासार्ष का चिह्न।
पृकज्या *(सं.स्त्री.)* त्रिकोण क्षेत्र की भुजग्रीवा।
क्रमज्या *(सं.स्त्री.)* गणित ज्योतिष में क्रान्तिज्या।
याज्या *(सं.स्त्री.)* गंगा।
कोटिज्या *(सं.स्त्री.)* धनुष के आकार का क्षेत्र।
त्रिज्या *(सं.स्त्री.)* वह रेखा जो किसी वृत्त के केन्द्र से परिधि तक खींची गई हो, व्यासार्थ रेखा।
बाहुज्या *(सं.पुं.)* गणित की भुजज्या।
विजया *(सं.स्त्री.)* एक मातृक छन्द का नाम।
डँट्या *(हि.वि.)* डाँटनेवाला।
बढ़या *(हि.वि.)* बढ़ने या बढ़ानेवाला।
बृजया *(सर्व.)* ब्रजभाषा में कारक का चिह्न लगाने के पहले का यह का रूप।
क्या (हि.सर्व.) प्रश्नवाचक शब्द कौन वस्तु इस शब्द द्वारा किसी विषय में प्रश्न किया जाता है, इसमें कोई विभक्ति नहीं लगती, निराला, अच्छा, (क्र.वि.) क्यों नहीं, काहे को।
ज्या *(सं.स्त्री.)* धनुष की डोरी, चिल्ला, किसी चाप के एक सिरे से दूसरे सिरे तक की रेखा, पृथ्वी, वह लम्ब रेखा जो किसी चाप के एक छोर से दूसरे छोर तक गए हुए व्यास पर गिरती हो।
छया *(हि.पुं.)* बच्चों के लिए प्यार का शब्द।
दया *(सं.स्त्री.)* करूणा।
नया *(हि.वि.)* नूतन, नवीन।
जया *(हि.पुं.)* अनाज तौलनेवाला मनुष्य, एक पक्षी।
भया *(हि.वि.)* हुआ।
मया *(हि.स्त्री.)* देखो माया।
याँ *(हि.क्रि.वि.)* यहाँ।
अगत्या (सं.क्रि.वि.) अकस्मात्।
कृत्या *(सं.स्त्री.)* अभिचारादि कार्य, जादू टोना।
मृत्या *(सं.स्त्री.)* दासी।
हत्या *(सं.स्त्री.)* वध, झंझट, बखेड़ा।
भूतहत्या *(सं.स्त्री.)* जीवहत्या।
ब्रहमहत्या *(सं.स्त्री.)* ब्राह्मण का वध।
दोहत्या *(हि.क्रि.वि.)* दोनों हाथों से, दोनों हाथों के द्वारा *(वि.)* जो दोनों हाथों से किया जाए।
पूर्णतया, पूर्णता *(सं.अव्य.)* पूर्ण रूप से।
(पूर्णता) *(सं.स्त्री.)* पूर्णत्व।
जितया *(हि.वि.)* जीतनेवाला।
रथ्या *(सं.स्त्री.)* रथ या मार्ग।
मिथ्या *(सं.वि.)* असत्य, झूठ।
युगाद्या *(सं.स्त्री.)* वह तिथि जिसमें कोई युग आरंभ हुआ था, यथा–वैशाख शुक्ला तृतीया में सतयुग, कार्तिक शुक्ला नवमी को त्रेता, भाद्रपद कृष्ण त्रयोदशी को द्वापर तथा पौष मास की पूर्णिमा को कलियुग का आरंभ माना जाता है।
विद्या *(सं.स्त्री.)* शिक्षा आदि द्वारा उपार्जित ज्ञान, किसी विषय का विशिष्ट ज्ञान!
अविद्या *(सं.पुं.)* ज्ञान का अभाव, मिथ्या ज्ञान, मोह।
अंकविद्या *(सं.पुं.)* अंकगणित।
तर्कविद्या *(सं.स्त्री.)* न्याय शास्त्र।
राजविद्या *(सं.स्त्री.)* राजनीति।
भोजविद्या *(सं.स्त्री.)* ऐन्द्रजालिय विद्या, बाजीगरी।
विद्या *(सं.स्त्री.)* संगीत शास्त्र।
निर्माणविद्या *(सं.स्त्री.)* मकान, पुल आदि बनाने की विद्या, वास्तु विद्या।
बाणविद्या *(सं.स्त्री.)* बाण चलाने की विद्या।
शब्दविद्या *(सं.स्त्री.)* व्याकरण।
नावविद्या *(सं.स्त्री.)* संगीत शास्त्र।
शिल्पविद्या *(सं.स्त्री.)* शिल्प विषयक विद्या।
आत्मविद्या *(सं.स्त्री.)* ब्रहमविद्या, योगशास्त्र।
ब्रहमविद्या *(सं.स्त्री.)* ब्रह्मज्ञान।
हयविद्या *(सं.स्त्री.)* अश्वविद्या।
शूरविद्या *(सं.स्त्री.)* युद्ध करने की विद्या।
मल्लविद्या *(सं.स्त्री.)* मल्लयुद्ध की विद्या।
खगोलविद्या *(सं.स्त्री.)* गणित ज्योतिष।
भूतत्वविद्या *(सं.स्त्री.)* भूगर्भ शास्त्र।
यन्त्रविद्या *(सं.स्त्री.)* कलों के बनाने और चलाने की विद्या।
महाविद्या *(सं.स्त्री.)* तंत्र में भाषी हुई।
मूर्तिविद्या *(सं.स्त्री.)* मूर्ति गढ़ने की विद्या, चित्रकारी।
भूविद्या *(सं.स्त्री.)* भूमि के तत्त्वों का ज्ञान।
भूतदया प्राणिमात्र पर दया करना।
द्विहृदया *(सं.स्त्री.)* गर्भवती स्त्री।
महोदया *(सं.स्त्री.)* महाशया।
बंध्या *(हि.स्त्री.)* बांझ स्त्री।
बन्ध्या *(सं.स्त्री.)* जिस स्त्री को सन्तान न हो, बांझ स्त्री।
काकबन्ध्या *(सं.स्त्री.)* वह स्त्री जिसको एक ही संतान उत्पन्न हुई हो।
सन्ध्या *(सं.स्त्री.)* दिन और रात के टिकने का समय, संझा।
शोधया शोधनेवाला, सुधारक।
कन्या *(सं.स्त्री.)* दस वर्ष की लड़की, अविवाहिता स्त्री, पुत्री, बेटी।
राजकन्या *(सं.स्त्री.)* राजा की पुत्री।
मान्या *(सं.स्त्री.)* आदर करने योग्य।
शून्या *(सं.स्त्री.)* वन्ध्या स्त्री।
शनया *(सं.स्त्री.)* कन्या, पुत्री, बेटी।
कृपया *(सं.अव्य.)* कृपापूर्वक।

रुपया *(हि.पुं.)* चाँदी की सबसे बड़ी मुद्रा जो भारतवर्ष में प्रचलित है, यह तौल में दस माशे होता है, धन, सम्पत्ति।
जिभ्या (हि.स्त्री.) देखो जिह्वा।
अगम्या *(सं.स्त्री.)* गमन न करने योग्य स्त्री।
अगम्यागमन अगम्या स्त्री के साथ सहवास।
समया *(सं.स्त्री.)* निकट, समीप, पास।
भयूया *(हि.पुं.)* भैया, भाई।
शयूया *(सं.स्त्री.)* खटिया, पलंग, खाट।
शरशयूया *(सं.स्त्री.)* बाण की बनी हुई शैया।
वीरशय्या *(सं.स्त्री.)* रणभूमि।
भूशय्या *(सं.स्त्री.)* भूमि पर सोना।
चर्या *(सं.स्त्री.)* आचरण, वृत्ति, व्यवसाय, सेवा, भक्षण, गमन, जीविका।
व्रतचर्या *(सं.स्त्री.)* व्रत का अनुष्ठान।
दिनचर्या *(सं.स्त्री.)* दिनभर का काम धंधा।
उपचर्या *(सं.स्त्री.)* चिकित्सा, परिचर्या, सेवा।
देवचर्या *(सं.स्त्री.)* देवताओं के निमित्त हवन आदि।
परिचर्या *(सं.स्त्री.)* सेवा, शुश्रूषा, रोगी की सेवा।
कुचर्या *(सं.स्त्री.)* निन्दनार्थ आचरण।
भार्या *(सं.स्त्री.)* दुर्गा, पार्वती, सास, एक अर्धमात्रिक, छन्द का नाम।
भार्या *(सं.स्त्री.)* पत्नी, जाया, दाश, कलत्र।
तुर्या *(सं.स्त्री.)* वह ज्ञान जिससे मुक्ति प्राप्त होती है।
चिरया *(हि.स्त्री.)* देखो चिड़िया।
गौरया *(हि.स्त्री.)* गौरिया, घटक।
कुल्या *(सं.स्त्री.)* नहर, परनाला, कुलस्त्री।
देवकुल्या *(सं.स्त्री.)* गंगा नदी।
लया *(सं.स्त्री.)* लक्ष्मी, गंगा।
हटवया, हटवा *(हि.वि.)* हाट में बैठकर सौदा बेचनेवाला, दुकानदार।
छपवया *(हि.वि.)* छपाने या छपवाने वाला।
रवया *(हि.पुं.)* चाल चलन, ढंग।
वश्या *(सं.स्त्री.)* वशीभूत, स्त्री।
वेश्या *(सं.स्त्री.)* गणिका, रंडी।
स्वर्वेश्या *(सं.स्त्री.)* अप्सरा।
तपस्या *(सं.स्त्री.)* तप, व्रतचर्या।
समस्या *(सं.स्त्री.)* किसी श्लोक या छन्द आदि का वह अंतिम पद जो श्लोक या छन्द बनाने के लिए किसी को दिया जाता है जिसके आधार पर पूरा श्लोक या छन्द बनाया जाता है, संघटन मिश्रण।
आया *(हि.क्रि.)* उपस्थित हुआ, आ पहुँचा।
काया *(सं.स्त्री.)* तन, शरीर।
छाया *(सं.स्त्री.)* प्रकाश का अभाव, परछाई, प्रतिबिम्ब, अनुहार, अंधकार, भूत प्रेत का प्रभाव।
जाया *(सं.स्त्री.)* पत्नी, विवाहिता स्त्री।
ताया *(हि.पुं.)* पिता का बड़ा भाई।
पाया *(हि.पुं.)* गोड़ा, पावा, खंभा।
बाया *(हि.वि.)* प्रिय, प्यारा।
माया *(सं.स्त्री.)* छलपूर्ण रचना, जादू, धूर्तता, अज्ञान, अविद्या, भ्रम।
बायाँ *(हि.वि.)* प्रतिकूल, विरुद्ध, बाएँ हाथ से बजाने का तबला।
दायाँ *(हि.वि.)* दाहिना।
पछाया *(हि.पुं.)* किसी वस्तु का पिछला भाग।
छलछाया *(हि.स्त्री.)* कपट जाल।
प्रतिच्छाया *(सं.स्त्री.)* प्रतिभूति, चित्र, प्रतिबिम्ब, परछाई।
प्रतिछाया *(हि.स्त्री.)* प्रतिबिम्ब, परछाई।
घरजाया *(हि.स्त्री.)* घर का दास।
बधाया *(हि.पुं.)* देखो बधाई।
चौपाया *(हि.पुं.)* चार पैरवाला पशु, अनभाया।
अनभाया *(हि.वि.)* अप्रिय।
मनभाया *(हि.वि.)* जो मन को अच्छा लगे।
पराया *(हि.वि.)* अन्य का, दूसरे का।
टुनहाया *(हि.वि.)* जादू टोना करने वाला।
झलहाया *(हि.पुं.)* ईर्ष्या करनेवाला मनुष्य।
छिया *(हि.स्त्री.)* घृणित वस्तु, मल।
तिया *(हि.पुं.)* वह ताश का पत्ता जिसमें तीन बटियाँ हों।
दिया *(हि.पुं.)* देखो दीया।
पिया *(हि.पुं.)* देखो प्रिय, प्रिया।
बिया *(हि.पुं.)* भ्राता *(वि.)* अन्य, दूसरा।
भिया *(हि.पुं.)* भ्राता, भाई।
सिया *(हि.स्त्री.)* जानकी, सीता।
होय, हिया *(हि.पुं.)* हृदय, हिया।
त्रिया *(हि.स्त्री.)* स्त्री, औरत।
हियाँ (हि.अव्य.) यहाँ, इस जगह।
पुरवइया *(हि.स्त्री.)* देखो पुरवाई।
भइया *(हि.पुं.)* भ्राता, भाई, एक आदरसूचक शब्द जो बराबर वालों के लिए प्रयुक्त होता है।
गइया *(हि.स्त्री.)* गौ, गाय।
कलइया *(हि.स्त्री.)* कलाबाजी, कलैया।
बिस्तुइया *(हि.स्त्री.)* गृहगोधा, छिपकली।
पनसुइया *(हि.स्त्री.)* छोटी नाव।
रसोइया *(हि.पुं.)* रसोई बनानेवाला।
ठकठकिया *(हि.वि.)* बखेड़िया, झगड़ालू।
गलतकिया *(हि.पुं.)* गालों के नीचे रखने का कोमल गोल तकिया।
बोतलिया *(हि.वि.)* बोतल के रंग का, हरा।
पकिया *(हि.स्त्री.)* वह मोटी तह जो किसी गाढ़ी वस्तु के जमने से बन जाती है।

ढोलकिया *(हि.पुं.)* ढोल बजाने वाला मनुष्य।
टिकिया *(हि.स्त्री.)* छोटा गोल टुकड़ा, एक प्रकार की गोल चिपटी मिठाई।
सींकिया *(हि.स्त्री.)* एक प्रकार का महीन कपड़ा जिसमें महीन धारियाँ रहती हैं।
पिचुकिया *(हि.स्त्री.)* छोटी पिचकारी।
झोंकिया *(हि.पुं.)* भाड़ में पत्ते झोंकनेवाला।
अंखिया *(हि.पुं.)* आँख, बीज का महीन अंकुर, कसेरे का ठप्पा।
कनेखिया *(हि.स्त्री.)* कनखी, कटाक्ष।
पखिया *(हि.पुं.)* झगड़ा करने वाला, बगली भाग।
बखिया (फा.पुं.) एक प्रकार की महीन पुष्ट सिलाई।
भिखिया *(हि.स्त्री.)* देखो भिक्षा।
कुखिया *(हि.स्त्री.)* धूर्त स्त्री, वेश्या।
दुखिया *(हि.वि.)* दुःखी, पीड़ित।
मुखिया *(हि.पुं.)* नेता, अग्रसर, अगुआ।
सुखिया *(हि.वि.)* सुखी, प्रसन्न।
संखिया *(हि.पुं.)* एक प्रकार का बहुत विषैला उपधातु या पत्थर।
अगिया *(हि.स्त्री.)* अग्नि, आग।
अंगिया *(हि.स्त्री.)* स्त्रियों की केवल स्तनों को ढाँपने की कुरती जो कंधों से पीठ की ओर बाँधी जाती है।
ठगिया *(हि.पुं.)* धूर्त, छली, वंचक।
पगिया *(हि.स्त्री.)* देखो पगड़ी।
सिंगिया *(हि.पुं.)* एक पौधा जिसकी जड़ बड़ी विषैली होती है।
मूंगिया *(हि.वि.)* हरे रंग का।
जोगिया *(हि.वि.)* गेरू के रंग का।
रोगिया *(हि.पुं.)* रोगी।
(रोगी) *(हि.वि.)* व्याधिग्रस्त, रुग्ण।
रंगिया *(हि.पुं.)* रंगरेज, रंगसाज।
सारंगिया *(हि.पुं.)* सारंगी बजानेवाला।
अंघिया *(हि.स्त्री.)* महीन आटा चालने की चलनी।
जंघिया *(हि.स्त्री.)* जाँघ तक का पायजामा।
जांघिया *(हि.पुं.)* पैजामे की तरह का घुटने तक का पहिनावा।
झड़िया *(हि.पुं.)* साधुओं की टेककर बैठने की कुबड़ी।
छकाड़या *(हि.स्त्री.)* छः कहारों से उठाने की पालकी।
छोकड़िया, छोकड़ी *(हि.स्त्री.)* लड़की, बेटी।
रोकड़िया *(हि.पुं.)* कोषाध्यक्ष।
खड़िया *(हि.स्त्री.)* एक प्रकार की श्वेत मिट्टी, खरिया।
खड़खड़िया *(हि.स्त्री.)* एक प्रकार की पालकी, वीनस।
जढ़िया *(हि.पुं.)* आभूषणों में नगीने जड़नेवाला।
घड़िया *(हि.स्त्री.)* सोना चाँदी गलाने का सुनार का पात्र, मिट्टी का छोटा पात्र।
जड़िया *(हि.पुं.)* आभूषणों में नगीने जड़नेवाला।
बड़िया *(हि.स्त्री.)* बाँह में पहिनने का स्त्रियों का एक गहना।
तड़िया *(हि.स्त्री.)* समुद्र के तट की वायु।
पुवड़िया *(हि.पुं.)* गुदड़ी पहिनने ओढ़नेवाला।
दुघड़िया *(हि.वि.)* दो घड़ी का (मुहूर्त)।
पड़िया *(हि.स्त्री.)* भैंस का मादा बच्चा।
झपड़िया, झपरी *(हि.स्त्री.)* ओहार।
पपड़िया *(हि.वि.)* पपड़ीदार, पपड़ी संबंधी।
फड़िया *(हि.पुं.)* वह पुरुष जो लोगों को अपने घर पर जुआ खेलाता हो।
बड़बड़िया *(हि.वि.)* बकवादी।
गड़बड़िया *(हि.वि.)* उपद्रव करनेवाला।
हड़बड़िया *(हि.वि.)* उतावला।
भड़भड़िया *(हि.वि.)* व्यर्थ की बात करनेवाला।
हड़िया *(हि.स्त्री.)* मिट्टी का लोटे के आकार का चौडे मुँह का पात्र, हाँड़ी, इस आकार का काँच का पात्र जिसमें मोमबत्ती जलाई जाती है।
नाड़िया *(हि.पुं.)* चिकित्सक, वैद्य।
पहाड़िया *(हि.वि.)* देखो पहाड़ी।
चिड़िया *(हि.स्त्री.)* पक्षी, पंछी, पखेरू, ताश में चिड़ी का पत्ता।
पिड़िया *(हि.स्त्री.)* गुड़ आदि का मुट्ठी में बाँध कर बनाया हुआ छोटा टुकड़ा, भेली, मुट्ठी।
गुड़िया *(हि.स्त्री.)* कपड़े की बनी हुई लड़कियों के खेलने की पुतली।
घुड़िया *(हि.स्त्री.)* देखो घोड़िया।
पुड़िया *(हि.स्त्री.)* मोड़कर लपेटा हुआ कागज या पत्ता जिसमें कोई वस्तु रखी जाए, पुड़िया में लपेटी हुई औषधि की एक मात्रा।
मुड़िया *(हि.पुं.)* वह जिसका मस्तक मूँड़ा गया हो।
मुंड़िया *(हिं.वि.)* वह जो सिर मुँडाकर किसी साधु संन्यासी का चेला बन गया हो।
बखेड़िया *(हि.वि.)* बखेड़ा करने वाला, झगड़ालू।
भेड़िया *(हि.पुं.)* एक प्रसिद्ध मांसाहारी जंगली पशु।
कुमैड़िया *(हि.वि.)* वंचक, दली।
चौगोड़िया *(हि.स्त्री.)* चार पावे की ऊनी चौकी।
फोड़िया *(हि.स्त्री.)* छोटा फोड़ा, फुंसी।
कौड़िया *(हि.वि.)* कौड़ी के रंग का।
खचिया *(हि.स्त्री.)* छोटी टोकरी, दौरी।
चचिया *(हि.वि.)* चचा से संबंध रखने वाला।
मचिया *(हि.स्त्री.)* ऊँचे पायों की एक आदमी के बैठने योग्य छोटी चारपाई।
साँचिया *(हि.पुं.)* किसी पदार्थ का साँचा बनानेवाला।
बिछिया *(हि.स्त्री.)* पैर की अंगुलियों में पहिनने का एक प्रकार का छल्ला।

मरजिया *(हि.वि.)* मृतप्राण, अधमरा।
कुजिया *(हि.स्त्री.)* छोटा पात्र, घरिजा।
भुजिया *(हि.पुं.)* उबाले हुए धान का चावल।
टुटपुंजिया *(हि.वि.)* थोड़ी पूँजी का।
तरबूजिया *(हि.वि.)* तरबूज के छिलके के रंग का।
गंजिया *(हि.स्त्री.)* घसियारे की घास भरने की जालीदार थैली।
झांझिया *(हि.पुं.)* झांझ बजानेवाला।
अटिया *(हि.स्त्री.)* झोपड़ी, घास इत्यादि का बँधा हुआ मुट्ठा।
अंटिया *(हि.स्त्री.)* छोटा पुलिन, गंठिया।
कटिया *(हि.स्त्री.)* पशुओं का चारा जो ज्वार, मकई इत्यादि के डंठलों को काटकर बनाया जाता है।
कंटिया *(हि.स्त्री.)* कांटी, छोटी कील, मछली फँसाने की अंकुसी, लोहे की अंकुसियों का गुच्छा जिससे कुएँ में गिरे हुए गगरे, लोटे इत्यादि निकाले जाते हैं, सिर पर पहिनने का एक आभूषण।
खटिया *(हि.स्त्री.)* कम मूल्य का, सस्ता, तुच्छ, नीच, अधम।
टटिया *(हि.स्त्री.)* देखो टट्टी।
पटिया *(हि.स्त्री.)* पत्थर का लंबा, चौरस टुकड़ा, खाट या पलंग की पट्टी, पाठी, माँग, लिखने की पट्टी।
खटपटिया *(हि.वि.)* झगड़ालू, लड़ाका।
बटिया *(हि.स्त्री.)* लोढ़िया, छोटा बट्टा।
मटिया *(हि.स्त्री.)* मिट्टी, मृत शरीर, *(वि.)* मिट्टी के समान, मटमैला।
लटिया *(हि.स्त्री.)* सूत आदि का लच्छा, आंटी।
घटिया *(हि.पुं.)* घाटों पर बैठकर दान लेनेवाला ब्राह्मण, गंगापुत्र।
बिटिनियाँ, बिटिया *(हि.स्त्री.)* बेटी, पुत्री।
मिटिया *(हि.स्त्री.)* मिट्टी का छोटा बरतन, मटकी *(वि.)* मिट्टी का बना हुआ।
कुटिया *(हि.स्त्री.)* छोटा घर या झोपड़ी।
झुरकुटिया *(हि.वि.)* दुबला, पतला।
लटिया *(हि.स्त्री.)* लट, शिखा, चुंदी।
मुटिया *(हि.पुं.)* वह श्रमी जो बोझ ढोता है।
लुटिया *(हि.स्त्री.)* धातु का छोटा लोटा।
पेटिया *(हि.स्त्री.)* मिट्टी का घड़े से छोटा पात्र, मेटी।
मोटिया *(हि.पुं.)* रूक्ष, मोटा देशी कपड़ा, खद्दर, बोझ ढोनेवाला कुली।
टोंटिया टूटे हाथवाला।
कठिया *(हि.वि.)* कड़े छिलकेवाला गेहूँ।
गठिया *(हि.स्त्री.)* बोरा जिसमें अन्न भरकर व्यापारी लोग बैल या घोड़े पर लादते हैं, पोटली, छोटी गठरी, वायुरोग।
टठिया *(हि.स्त्री.)* देखो टाटी।
पठिया *(हि.स्त्री.)* यौवनप्राप्त स्त्री।
मठिया *(हि.स्त्री.)* फूल धातु की बनी हुई हाथ की चूड़ियाँ।
गांठिया मोटा सेव (बेसन का तला)।
मुठिया *(हि.स्त्री.)* किसी अस्त्र की बट।
ठूंठिया *(हि.वि.)* लूला, लँगड़ा।
टंडिया *(हि.स्त्री.)* एक प्रकार का बाँह में पहिनने का आभूषण।
डांडिया *(हि.स्त्री.)* एक प्रकार की साड़ी।
अढ़िया *(हि.स्त्री.)* गारा ढोने की कढ़ैया।
गढ़िया *(हि.पुं.)* किसी वस्तु को गढ़कर बनानेवाला।
ठढ़िया *(हि.स्त्री.)* काठ की ऊँची ओखरी जिसमें धान खड़े होकर कूटा जाता है।
बढ़िया *(हि.वि.)* उत्तम, अच्छा।
लढ़िया *(हि.स्त्री.)* बैलगाड़ी।
नसूढ़िया *(हि.वि.)* जिसके दर्शन मात्र से हानि या दोष हो।
लोढ़िया *(हि.स्त्री.)* छोटा लोढ़ा, बट्टा।
गतिया *(हि.स्त्री.)* बच्चों के गले में बाँधने का रूमाल।
धतिया *(हि.वि.)* धोखा देनेवाला।
छतिया *(हि.स्त्री.)* वक्षःस्थल, छाती।
अढ़तिया *(हि.पुं.)* आढ़त का काम करनेवाला व्यापारी।
आढ़तिया *(हि.पुं.)* आढ़त का व्यवसाय करनेवाला।
दतिया *(हि.स्त्री.)* छोटा दाँत।
धतिया *(हि.वि.)* कुटेव का।
बतिया *(हि.पुं.)* कच्चा छोटा फल।
सुजातिया *(हि.वि.)* अच्छे कुल का।
तांतिया *(हि.वि.)* जो तांत की तरह पतला हो।
पितिया *(हि.पुं.)* पिता का भाई, चाचा।
कुतिया *(हि.स्त्री.)* कुक्कुरी, कुत्ते की मादा, कुत्सित स्त्री, बुरी स्त्री।
दुतिया *(हि.स्त्री.)* द्वितीया।
तूतिया *(हि.पुं.)* नीलाथोथा।
सतपुतिया *(हि.स्त्री.)* एक प्रकार की तरोई जो वर्षा ऋतु में होती है।
पैंतिया एक प्रकार की जंगली पत्ती वाली सब्जी।
रेतिया *(हि.पुं.)* रेतनेवाला।
मोतिया *(हि.पुं.)* एक प्रकार का बेला (फल) जिसकी कली मोती के समान गोल होती है *(वि.)* गोल छोटे दाने का।
सतिया *(हि.पुं.)* स्वस्तिक, एक मंगलसूचक चिह्न जो समकोण पर काटती हुई दो रेखाओं के रूप में बनता है।
चौथिया *(हि.पुं.)* चौथे दिन आने वाला ज्वर।
चंदिया *(हि.स्त्री.)* कपाल का मध्य भाग, खोपड़ी।

मदिया *(हि.स्त्री.)* मादा प्राणी।
हरदिया *(हि.वि.)* हल्दी के रंग का, पीला।
बादिया *(हि.पुं.)* पेंच बनाने का लोहारों का एक अस्त्र।
लादिया *(हि.पुं.)* बोझ लादनेवाला।
निंदिया *(हि.स्त्री.)* निद्रा, नींद।
फुंदिया *(हि.स्त्री.)* फुंदना।
भेदिया *(हि.पुं.)* भेद लेनेवाला।
बंदिया *(हि.स्त्री.)* स्त्रियों के सिर पर पहिनने का एक आभूषण, बंदी।
इन्दिया *(हि.पुं.)* मत, अभिप्राय।
बुदिया *(हि.स्त्री.)* देखो बंदी।
करौंदिया *(हि.वि.)* करौंदे के रंग का।
बधिया *(हि.पुं.)* वह पशु जो अण्डकोश कुचलकर या निकालकर पंड (नपुंसक) कर दिया गया हो।
सिधिया *(हि.पुं.)* देखो सिंगिया।
दुधिया *(हि.वि.)* दूध मिला हुआ सफेद रंग का, दूध की तरह सफेद।
दूधिया *(हि.वि.)* दुग्ध संबंधी, जिसमें दूध मिला हो, दूध के रंग का, सफेद।
बेधिया *(हि.पुं.)* अंकुश।
सेंधिया *(हि.वि.)* भीत में सेंध लगाने वाला।
पटकनिया *(हि.स्त्री.)* पटकने की क्रिया, या भाव, पटकान।
चिकनिया *(हि.वि.)* छैला, बाँका।
मखनिया *(हि.पुं.)* मक्खन बनाने।
नचनिया *(हि.वि.)* नाचनेवाला।
पलटनिया *(हि.पुं.)* पलटन में काम करनेवाला सैनिक।
कीर्तनिया *(हि.पुं.)* भजन गानेवाला, कीर्तन करनेवाला।
अधनिया *(हि.वि.)* आध आने या दो पैसे का।
धनिया *(हि.पुं.)* मसाले का पदार्थ।
बनिया *(हि.पुं.)* व्यापार करनेवाला मनुष्य, वैश्य, मोदी।
मनिया *(हि.स्त्री.)* मनका, गुरिया।
अमनिया *(हि.वि.)* शुद्ध, स्वच्छ, अछूता।
बहुनिया *(हि.पुं.)* मथनेवाला।
बानिया *(हि.स्त्री.)* बनिया, व्यापारी।
फिनिया *(हि.स्त्री.)* कान में पहिनने का एक गहना।
गुनिया *(हि.वि.)* गुणी, गुणवान *(स्त्री.)* कारीगर का समकोण नापने का यंत्र।
छिगुनिया, छिगुनी *(हि.स्त्री.)* कानी अँगुली।
सगुनिया *(हि.पुं.)* शकुन विचारनेवाला।
दुनसुनिया *(हि.स्त्री.)* झुकने की क्रिया या भाव।
लहसुनिया *(हि.पुं.)* धूमिल रंग का एक बहुमूल्य रत्न।
पचनिया *(हि.पुं.)* देखो परचूनी।
कोनिया *(हि.स्त्री.)* लकड़ी या पत्थर की पटिया जो वस्तु रखने के लिए भीत के कोन पर बैठाई होती है।
कोण *(सं.पुं.)* क्रोध, रोष।
तिकोनिया *(हि.वि.)* तीन कोने का, त्रिकोण।
गोनिया *(हि.स्त्री.)* भीत की सिधाई अथवा कोना नापने का एक यंत्र।
नोनिया *(हि.पुं.)* लोनी मिट्टी में से नमक निकालनेवाला।
मौनिया *(हि.स्त्री.)* छोटा मोना।
शगुनिया *(हि.पुं.)* शुभाशुभ शगुनों का विचार करनेवाला व्यक्ति।
मुनिया *(हि.स्त्री.)* लाल नमक, पक्षी की मादा।
गपिया *(हि.वि.)* गप करनेवाला।
तपिया *(हि.पुं.)* तपस्वी।
थापिया *(हि.पुं.)* थापनेवाला।
बहरूपिया *(हि.पुं.)* वह जो नाना प्रकार के रूप धारण करता हो।
बहुरूपिया *(हि.पुं.)* अनेक रूप धारण करने वाला मनुष्य।
झबिया *(हि.स्त्री.)* छोटा झब्बा, फुंदन।
तंबिया *(हि.पुं.)* तांबे का छोटा तसला।
डिबिया *(हि.स्त्री.)* टिकोरा।
डिभिया *(हि.वि.)* पाखण्डी।
खंभिया *(हि.स्त्री.)* छोटा पतला खंभा।
ममिया *(हि.वि.)* जो संबंध में मामा के स्थान पर पड़ता हो, यथा ममिया ससुर, सास आदि।
भूमिया *(हि.पुं.)* ग्राम देवता।
क्रिया *(सं.स्त्री.)* अनुष्ठान, चिकित्सा, प्रयोग, श्राद्ध, प्रयत्न, गति, चेष्टा, हिलना, डोलना, व्याकरण में किसी व्यापार के होने या करने का अर्थसूचक शब्द।
पूर्वकालिक क्रिया वह क्रिया जिसका काल किसी दूसरी पूर्ण क्रिया के पहले होता है।
बीजक्रिया *(सं.स्त्री.)* बीजगणित के किसी प्रश्न की क्रिया।
कर्मवाच्य क्रिया *(सं.स्त्री.)* जिस क्रिया में कर्म प्रधान होकर मुख्य रूप से कर्ता की तरह प्रयोग किया गया हो।
शल्यक्रिया *(सं.स्त्री.)* शस्त्र चिकित्सा, चीर-फाड़ करने की विधि।
प्रक्रिया *(सं.स्त्री.)* प्रकरण, नियत विधि, युक्ति।
वाच्य क्रिया वह क्रिया जिससे कर्ता का बोध स्पष्ट रूप से विदित हो।
तिरस्क्रिया *(सं.स्त्री.)* तिरस्कार, अपमान।
जलक्रिया *(सं.स्त्री.)* पित्रादि का तर्पण।
दाहक्रिया *(सं.स्त्री.)* दाहकर्म।
शस्त्रक्रिया *(सं.स्त्री.)* चीरा लगाने का काम।
प्रतिक्रिया *(सं.स्त्री.)* प्रतिकार, बदला।
अग्निक्रिया *(सं.स्त्री.)* अन्त्येष्टि क्रिया।
अग्निक्रीड़ा *(सं.स्त्री.)* आग का खेल।
अग्निमान्द्य *(सं.पुं.)* पाचन शक्ति में न्यूनता।
लघुक्रिया *(सं.स्त्री.)* तुच्छ कार्य।
कुक्रिया *(सं.स्त्री.)* दुष्कार्य, बुरा काम।

करिया *(हि.पुं.)* पतवार, कर्णधार।
खरिया *(हि.स्त्री.)* खड़िया मिट्टी।
खखरिया *(हि.स्त्री.)* बेसन या मैदे की पतली पूरी।
कंगरिया *(हि.स्त्री.)* सबसे छोटी अंगुली।
धरिया *(हि.स्त्री.)* देखो घड़िया।
गड़रिया *(हि.पुं.)* एक जाति जो भेड़ पालती और उनके बाल के कंबल आदि बनाती है।
उंजरिया *(हि.स्त्री.)* उंजेली, उंजियार *(हि.पुं.)* प्रकाश, उजाला।
पिटरिया *(हि.स्त्री.)* देखो पिटारी।
पुठैरिया *(हि.स्त्री.)* देखो पोटली।
डरिया *(हि.स्त्री.)* देखो डाल, शाख।
मतरिया *(हि.स्त्री.)* देखो माता।
पुतरिया, (पुतरी) *(हि.स्त्री.)* देखो पुतली।
थरिया *(हि.स्त्री.)* देखो थाली।
निंदरिया *(हि.क्रि.)* निंद्रा, नींद।
बदरिया *(हि.स्त्री.)* देखो बादल।
अंधरिया *(हि.स्त्री.)* अंधेरी रात।
नरिया *(हि.पुं.)* अर्धवृत्ताकार मिट्टी का खपड़ा।
प्रिया *(सं.स्त्री.)* नारी, भाग्य, पत्नी।
रूद्रप्रिया *(सं.स्त्री.)* पार्वती।
भरिया *(हि.वि.)* भरनेवाला, पूर्ण करनेवाला, ऋण चुकानेवाला।
रंगभरिया *(हि.वि.)* रंगसाज, चित्रकारी।
कमरिया *(हि.स्त्री.)* छोटा कम्बल, कटि, कमर।
(कमरी) *(हि.वि.)* छोटा कम्बल।
तरबरिया *(हि.पुं.)* खड्ग चलानेवाला।
बरिया *(हि.वि.)* बलवान, पुष्ट।
पवरिया *(हि.पुं.)* ड्योढ़ीदार।
पंवरिया *(हि.पुं.)* द्वारपाल, शुभ अवसर पर द्वार पर बैठकर मंगल गीत गानेवाला, भिक्षुक।
कलवरिया *(हि.स्त्री.)* मद्यशाला।
मुसरिया *(हि.स्त्री.)* चूहे का बच्चा, मुसरी।
सेसरिया *(हि.पुं.)* छल से दूसरे का धन अपहरण करनेवाला।
बरहरिया *(हि.पुं.)* बीच बचाव करनेवाला।
दुपहरिया *(हि.स्त्री.)* मध्यान्ह, दोपहर।
दोपहरिया *(हि.स्त्री.)* देखो दोपहर।
लहरिया *(हि.स्त्री.)* एक ऐसी समान्तर रेखाओं का समूह जो सीधी न जाकर क्रम से मुड़ती हुई जाती है।
बेबहरिया *(हि.पुं.)* लेन देन का।
ब्योहरिया *(हि.पुं.)* महाजनी करनेवाला, सूद पर रुपया ऋण देनेवाला।
झंगारिया *(हि.पुं.)* देवी-देवता को शृंगार करनेवाला, बहुरूपिया।
सिंगारिया *(हि.पुं.)* किसी देवमूर्ति का शृंगार करनेवाला पुजारी।
अधारिया (हि.पु.) बैलगाड़ी का वह स्थान जहाँ पर हाँकनेवाला बैठता है।
न्यारिया *(हि.पुं.)* सोनारों के नियार (कूड़ा करकट को) धोकर इसमें से सोना चाँदी निकालनेवाला, चतुर मनुष्य।
व्यवहारिया *(हि.वि.)* रुपए का लेनदेन करनेवाला महाजन।
किरिया *(हि.स्त्री.)* शपथ, सौगन्ध, कर्तव्य काम, मृतकर्म।
चिरिया *(हि.स्त्री.)* चिड़िया, पक्षी।
तिरिया *(हि.स्त्री.)* स्त्री।
बिरिया *(हि.स्त्री.)* कान में पहिनने का कटोरी के आकार का एक गहना।
कुरिया *(हि.स्त्री.)* मड़ई, झोपड़ी।
खुरिया *(हि.स्त्री.)* कटोरी, छोटा प्याला।
अंगुरिया *(हि.वि.)* अंगूर की लता या रंग के समान।
गुरिया *(हि.स्त्री.)* माला या लड़ी का एक दाना, मनका।
दंतिया, दंतुरिया *(हि.स्त्री.)* छोटे-छोटे दाँत।
पतुरिया (हि.स्त्री) वेश्या, बहू।
बहुरिया *(हि.स्त्री.)* नई वहू।
सिंदूरिया *(हि.वि.)* सिंदूर के रंग का, बहुत लाल।
मंडेरिया *(हि.पुं.)* देखो भंडरिया।
खोरिया *(हि.स्त्री.)* कटोरिया, प्याली।
डोरिया *(हि.पुं.)* एक प्रकार का सूती कपड़ा जिसमें मोटे सूत की लंबी धारियाँ बनी रहती हैं।
चटोरिया चाट खाने वाला।
ढंढोरिया *(हि.पुं.)* डुग्गी बजाकर घोषणा करनेवाला।
पोरिया *(हि.स्त्री.)* छल्ले के आकार का वह गहना जो हाथ या पैर के पोरों पर पहना जाता है।
बोरिया *(हि.स्त्री.)* छोटा थैला, बिस्तर, चटाई।
समोरिया *(हि.वि.)* समवयस्क।
गौरिया *(हि.स्त्री.)* मिट्टी का बचा हुआ छोटा हुक्का।
पौरिया *(हि.पुं.)* द्वारपाल, ड्योढ़ीदार
डलिया *(हि.स्त्री.)* छोटा टोकरा, दौरी।
कुंडलिया *(हि.स्त्री.)* एक छन्द विशेष जो दोहा और रोला छन्द के योग से बनता है।
तलिया *(हि.स्त्री.)* समुद्र की थाह।
दलिया *(हि.पुं.)* वह अन्न जो दलकर टुकड़े-टुकड़े किया गया हो।
दुपलिया *(हि.वि.)* दो पल्लेवाली।
बलिया *(हि.वि.)* बलवान।
स्यामलिया *(हि.वि.)* सांवले रंग का।
मुरलिया *(हि.स्त्री.)* मुरली, बाँसुरी।
छालिया *(हि.पुं.)* कांसे का प्याला जिसमें घी या तेल भरकर छायादान किया जाता है, सुपारी।
जालिया *(हि.वि.)* धोखा देनेवाला *(पु.)* धीवर।
जालिया *(हि.वि.)* धूर्त, छली।
ढालिया *(हि.पुं.)* कसेरा।

दिवालिया *(हि.वि.)* जिसके पास ऋण चुकाने के लिए धन न बचा हो।
देवालिया *(हि.वि.)* देखो दिवालिया।
ठिलिया *(हि.स्त्री.)* मिट्टी की छोटी गगरी, मटकी।
तिलिया *(हि.पुं.)* सरपत, सरकंडा।
पीलिया *(हि.पुं.)* कामला रोग।
कीलिया *(हि.स्त्री.)* कील या कांटा जिसका माथा फैला हुआ हो।
तिलिया *(हि.वि.)* जो तेल की तरह चिकना और चमकीला हो *(पु.)* काला चमकीला रंग, काले चमकीले रंग का घोड़ा।
बेलिया *(हि.स्त्री.)* छोटी कटोरी।
चमेलिया *(हि.वि.)* चमेली के रंग का।
झमेलिया *(हि.वि.)* झगड़ालू।
बहेलिया *(हि.पुं.)* चिड़ीमार, ब्याह।
ठठोलिया *(हि.पुं.)* ठट्ठेबाज।
ठिठोलिया *(हि.वि.)* उपहासी।
संपोलिया *(हि.पुं.)* सांप पकड़नेवाला।
तौलिया *(हि.स्त्री.)* शरीर पोंछने के काम में आनेवाला मोटा अंगौछा।
पौलिया *(हि.पुं.)* देखो पौरिया।
तिरपौलिया *(हि.पुं.)* वह बड़ा स्थान जिसमें तीन बड़े फाटक हों।
त्रिपौलिया *(हि.स्त्री.)* देखो तिरपौलिया।
मौलिया *(हि.स्त्री.)* एक प्रकार की नाव जो ऊपर से ढपी रहती है।
दुभाषिया, दुभासी *(हि.पुं.)* वह जो दो भाषाओं को जानता हो।
बसिया *(हि.वि.)* देखो बासी।
चौमसिया *(हि.वि.)* वर्षा ऋतु के चार महीने में होनवाली *(पु.)* चार मास का बाँट।
रसिया *(हि.पुं.)* रस लेनेवाला, रसिक।
हंसिया *(हि.पुं.)* एक धारदार अर्ध चंद्राकार लोहे का औजार जिससे खेत की उपज काटी जाती है, गरदन के नीचे की हड्डी।
झांसिया *(हि.पुं.)* धोखा देनेवाला।
कुसिया *(हि.स्त्री.)* बेल बूटा बनाने की सूई।
कोसिया *(हि.स्त्री.)* मिट्टी का छोटा पात्र।
धौंसिया *(हि.पुं.)* डाँट-डपट से काम लेनेवाला, नगाड़ा बजानेवाला।
कहिया *(हि.क्रि.वि.)* किस समय, कब।
तहिया *(हि.क्रि.वि.)* उस समय, तब।
पनहिया *(हि.स्त्री.)* देखो पनही, जूता।
पहिया *(हि.पुं.)* वह चक्राकार भाग जो अपनी धुरी पर घूमता हो, चक्र, चक्कर।
चौपहिया *(हि.वि.)* जिसमें चार पहिये हों।
कुल्हिया *(हि.स्त्री.)* छोटा पुरूवा या कुल्हड़।
दुबाहिया *(हि.वि.)* वह योद्धा जो दोनों हाथों से तलवार चलाता हो।
चुहिया *(हि.स्त्री.)* मादा चूहा, छोटा चूहा।
टोहिया *(हि.पुं.)* भेदिया, जासूस।
बटोहिया *(हि.पुं.)* देखो बटोही।
लोहिया *(हि.पुं.)* लोहे का व्यापार करनेवाला, लाल रंग का बैल।
पोहिया *(हि.पुं.)* चरवाहा।
कनियाँ *(हि.स्त्री.)* क्रोड़, गोद, उत्संग।
बपनियाँ *(हि.स्त्री.)* जूती।
बजनियाँ, बजनिहां *(हि.पुं.)* बाजा बजानेवाला।
तनियाँ *(हि.स्त्री.)* लंगोट, कौपीन।
मथनियाँ *(हि.स्त्री.)* मथनी *(पु.)* दूध को मथकर निकालने वाला।
पनियाँ *(हि.वि.)* पानी से उत्पन्न, पानी मिला हुआ।
दूरनियाँ *(हि.वि.)* वृद्ध, बुड्ढा।
अगहनियाँ *(हि.वि.)* अगहन संबंधी।
छहियाँ *(हि.स्त्री.)* छाँह, छाया।
ठहियाँ *(हि.स्त्री.)* ठाँव, ठिकाना।
बहियाँ *(हि.स्त्री.)* बाहु, बाँह।
गलबाँही, गलबहियाँ *(हि.स्त्री.)* गले में प्रेम से बाँह डालना।
महियाँ *(हि.अव्य.)* में।
काँइयाँ *(हि.वि.)* धूर्त, वंचक।
चँइयाँ, चाईं *(हि.पुं.)* ठग, उचक्का *(वि.)* कपटी, छली।
साइयाँ *(हि.पुं.)* देखो साईं।
वारियाँ *(हि.स्त्री.)* निछावर, बलि।
पछाहियाँ *(हि.वि.)* पश्चिम देश का।
विरियाँ *(हि.स्त्री.)* समय, बार।
कुइयाँ *(हि.पुं.)* कूप, कुआँ।
कुँइयाँ *(हि.स्त्री.)* छोटा कुआँ।
गुइयाँ *(हि.पुं.)* साथी, सहचर, स्त्री।
टुइयाँ *(हि.स्त्री.)* छोटी जात का सुग्गा, सुग्गी *(वि.)* नाटा, बौना।
शगुन, शगुनियाँ *(हि.पुं.)* देखो शकुन, शकुनियाँ।
जमुनियाँ *(हि.वि.)* जामुन के रंग का।
गेइयाँ *(हि.पुं.)* साथी, सहचर।
दोनियाँ *(हि.स्त्री.)* छोटा दोना।
चीया *(हि.पुं.)* इमली के बीज।
तीय, तीया *(हि.स्त्री.)* स्त्री, औरत।
दीया *(हि.पुं.)* वह बत्ती जो प्रकाश के लिए जलाई जाती है, दीपक *(स्त्री.)* वह पात्र जिसमें तेल डालकर बत्ती जलाई जाती है।
बीया *(हि.वि.)* द्वितीय, दूसरा *(पु.)* बीज, दाना।

सुकीया *(हि.स्त्री.)* देखो स्वकीया।
तृतीया *(सं.स्त्री.)* प्रत्येक पक्ष की तीसरी तिथि तीज, व्याकरण में करण कारक।
द्वितीया *(सं.स्त्री.)* स्त्री, प्रत्येक पक्ष की दूसरी तिथि।
यमद्वितीया *(सं.स्त्री.)* कार्तिक शुक्ला द्वितीया, भाईदूज।
ठिलुया *(हि.वि.)* निकम्मा, निठल्ला।
अनसूया *(सं.स्त्री.)* ईर्ष्या न करना।
क्षसूया *(सं.स्त्री.)* ईर्ष्या, शत्रुता, ढाह।
ढैया *(हि.स्त्री.)* अढ़ाई सेर तौलने का बटखरा, अढ़ाईगुने का पहाड़ा।
दैया *(हि.स्त्री.)* दई, दव।
नैया *(हि.स्त्री.)* नाव।
अकैया *(हि.पुं.)* खुरजी, गोन, कबाजी।
कनकैया *(हि.स्त्री.)* गुड्डी, पतंग।
चटकैया *(हि.वि.)* भड़कने या भटकानेवाला।
पेटकैया *(हि.क्रि.वि.)* पेट के बल।
रखैया *(हि.पुं.)* देखो रक्षक।
परखैया *(हि.पुं.)* परखनेवाला।
निखया *(हि.वि.)* देखने या दिखलानेवाला।
सुरगैया *(हि.स्त्री.)* कामधेनु।
रंगैया *(हि.पुं.)* रंगनेवाला।
जड़ैया *(हि.स्त्री.)* जड़ी ज्वर।
मड़ैया *(हि.स्त्री.)* पर्णशाला, कुटी।
पुछैया *(हि.पुं.)* पूँछनेवाला।
पुजैया *(हि.पुं.)* पूजा करनेवाला।
कटैया *(हि.वि.)* काटनेवाला।
बंटैया *(हि.पुं.)* बाँटनेवाला।
अढ़ैया *(हि.पुं.)* अढाई सेर की तौल।
कढ़ैया *(हि.वि.)* निकालनेवाला *(स्त्री.)* कड़ाही।
गढ़ैया *(हि.वि.)* गढ़नेवाला।
पढ़ैया *(हि.पुं.)* पाठक, पढ़नेवाला।
मढ़ैया *(हि.वि.)* मढनेवाला।
ततैया *(हि.स्त्री.)* हड्डा, भिड़, बरै *(वि.)* तीव्र कष्ट देनेवाला।
श्रुमकथैया *(हि.स्त्री.)* उत्पात, उपद्रव, कूदफांद, हल्ला।
पथैया *(हि.पुं.)* गांव-गांव घूम-घूमकर माल बेचनेवाला व्यापारी।
सुनैया *(हि.वि.)* सुननेवाला।
पपैया *(हि.वि.)* आम का नया पौधा।
दमैया *(हि.वि.)* दमन करनेवाला।
चरैया *(हि.वि.)* चरानेवाला।
दरैया *(हि.पुं.)* उला दरनेवाला।
धरैया *(हि.वि.)* धरने या पकड़नेवाला।
भरैया *(हि.वि.)* पालन करनेवाला।
कुरैया *(हि.पुं.)* राशि, ढेर।
कलैया *(हि.स्त्री.)* नीचे सिर और पैर ऊपर।
चलैया *(हि.वि.)* चलनेवाला।
तलैया *(हि.स्त्री.)* छोटा ताल।
बलैया *(स.पुं.)* बला, बलाय।
बिलैया *(हि.स्त्री.)* बिल्ली, सिटकिनी, कद्दूकस।
भूलभुलैया *(हि.स्त्री.)* एक प्रकार का घुमावदार और चक्कर में डालनेवाला गृह जिसमें एक ही तरह के बहुत से मार्ग और द्वार रहते हैं, जिसके भीतर जाकर बाहर निकलना कठिन होता है।
हंकवैया *(हि.पुं.)* हाँकनेवाला।
भवैया *(हि.पुं.)* भोजन करनेवाला।
परखवैया *(हि.पुं.)* परखनेवाला।
गवैया *(हि.वि.)* गायक, गानेवाला।
वचवैया *(हि.वि.)* बचानेवाला।
छबैया *(हि.पुं.)* छप्पर, छानेवाला।
जवैया *(हि.वि.)* गमनशील, जानेवाला।
बजवैया *(हि.वि.)* बजानेवाला।
बंटबैया *(हि.वि.)* बांटनेवाला।
पढ़वैया *(हि.पुं.)* शिक्षार्थी, पढ़ानेवाला।
बनबैया *(हि.वि.)* बनानेवाला।
सुनवैया *(हि.वि.)* सुनने या सुनानेवाला।
करवैया *(हि.वि.)* कर्ता, करनेवाला।
चरवैया *(हि.पुं.)* चरने या चरानेवाला।
पुरवैया *(हि.वि.)* देखो पुरवाई।
चलवैया *(हि.पुं.)* चलनेवाला।
पलवैया *(हि.वि.)* पालन-पोषण करनेवाला।
बलवैया *(हि.वि.)* कुचलनेवाला।
दिलवैया *(हि.वि.)* दिलानेवाला।
सवैया *(हि.पुं.)* सवा सेर का बांट, वह पहाड़ा जिसमें प्रत्येक संख्या का सवाया रहता है।
कहवैया *(हि.वि.)* कहनेवाला।
दिवैया *(हि.वि.)* देनेवाला, जो देता हो।
लिवैया *(हि.पुं.)* लेनेवाला।
सुवैया *(हि.वि.)* सोनेवाला।
दसैया *(हि.वि.)* देखने या दिखलानेवाला।
परोसैया *(हि.पुं.)* भोजन परसनेवाला।
पहैया *(हि.वि.)* पकड़नेवाला।
कन्हैया *(हि.पुं.)* श्रीकृष्ण, प्रिय व्यक्ति, सुंदर बालक।
सहैया *(हि.वि.)* सहन करनेवाला।
तिहैया *(हि.पुं.)* तृतीयांश, तीसरा भाग।
पैयां *(हि.स्त्री.)* पैर, पाँव।
सैया *(हि.पुं.)* स्वामी, पति।
बफैया *(हि.पुं.)* बच्चों का घुटने के बल चलने का ढंग।
मौसया *(हि.पुं.)* मालिक, प्रभु, ईश्वर।
पन्हैया *(हि.स्त्री.)* देखो पनही।

कोया *(हि.पुं.)* आँख का ढेला, आँख का कोवा, कटहल का गूदे से भरा हुआ बीजकोष जो खाया जाता है।
खोया *(हि.पुं.)* खूब औटाया हुआ दूध जो पिण्ड सा हो जाता है।
पोया *(हि.पुं.)* नरम छोटा पौणा, बच्चा, सांप का छोटा बच्चा।
फोया *(हि.पुं.)* रूई का लच्छा।
रोयां *(हि.पुं.)* शरीर पर के बाल।
जयी *(हि.वि.)* विजयी, जयशील।
क्षयी *(सं.वि.)* नष्ट होनेवाला, यक्ष्मा का रोगी।
त्रिकुटी त्रयी *(सं.स्त्री.)* तीन वस्तुओं का समूह।
संचयी *(सं.वि.)* संचय करनेवाला, कृपण, कंजूस।
निश्चयी *(सं.वि.)* स्थिर किया हुआ।
विजयी *(हि.पुं.)* वह जिसने विजय प्राप्त की हो, जीतनेवाला।
दिग्विजयी *(सं.वि.)* जिसने दिग्विजय किया हो।
प्रणयी *(सं.पुं.)* प्रेम करनेवाला, पति, स्वामी।
विनयी *(हि.वि.)* विनीत, नम्र।
प्रत्ययी *(सं.वि.)* विश्वासपात्र।
मितव्ययी *(सं.वि.)* परिमित व्यय करनेवाला।
बहुव्ययी *(सं.वि.)* अतिव्ययी।
क्रयी *(सं.वि.)* क्रेता।
विक्रयी *(सं.पुं.)* बेचनेवाला।
आत्मविक्रयी, (आत्मविक्रेता) (सं.) अपने आपको बेचकर दास बननेवाला।
प्रश्रयी *(सं.वि.)* शांत, नम्र, विनीत।
संशयी *(हि.वि.)* संदेह करनेवाला।
थायी *(हि.वि.)* स्थायी, स्थिर, दृढ़।
दायी *(सं.वि.)* दाता, देनेवाला।
मायी *(हि.स्त्री.)* देखो माई।
यायी *(सं.वि.)* गमनशील, जानेवाला *(पु.)* अभियोग चलानेवाला।
शायी *(हि.वि.)* शयनकारी, सोनेवाला।
जाततायी *(सं.वि.)* जान से मारने को उद्यत।
स्थायी *(सं.वि.)* ठहरनेवाला, विश्वस्त।
अस्थायी *(सं.वि.)* अस्थिर, चंचल।
प्रस्थायी *(सं.वि.)* प्रेषित, भेजा हुआ, जो भविष्य में यात्रा करनेवाला हो।
चिरस्थायी *(सं.वि.)* बहुत दिनों तक ठहरनेवाला।
सुखदायी *(सं.क्रि.)* सुखद, सुख देनेवाला।
शुभदायी *(सं.वि.)* शुभ करनेवाला।
उत्तरदायी *(सं.वि.)* भारवाहक।
प्रदायी *(सं.वि.)* दान देनेवाला।
संप्रदायी *(हि.वि.)* मतावलंबी।
रक्तपायी *(सं.पुं.)* मत्कुण, खटमल, *(वि.)* रूधिर पीनेवाला।
अनपायी *(सं.वि.)* स्थिर, निश्चय।
स्तनपायी *(सं.वि.)* जो माता के स्तन का दूध पीता हो।
रूधिरपायी *(हि.पुं.)* लोहू पीनेवाला, राक्षस।
रसापायी *(हि.पुं.)* वह जंतु जो जीभ से पीता है।
अष्टाध्यायी *(सं.स्त्री.)* पाणिनी का बनाया हुआ व्याकरण का ग्रंथ जिसमें आठ अध्याय हों।
स्वाध्यायी *(सं.पुं.)* वेदपाठक।
स्हाध्यायी *(सं.पुं.)* सहपाठी।
न्यायी *(सं.वि.)* न्याय पर चलनेवाला।
मतानुयायी *(सं.पुं.)* किसी के मत के अनुसार आचरण करनेवाला।
पलायी *(सं.वि.)* पलायक, भग्गू।
मध्यशायी *(सं.वि.)* मध्यवर्ती, बीच का।
(जलशयन), जलशायी *(सं.पुं.)* विष्णु।
ऊर्ध्वेशायी *(सं.वि.)* उतान सोनेवाला।
पार्श्वशायी *(सं.वि.)* पास में सोनेवाला।
भूशायी *(हि.वि.)* भूमि पर सोनेवाला।
पर्यनसायी *(हि.पुं.)* व्यवसाय करनेवाला।
मध्यवसायी *(सं.वि.)* उद्यमशील, उत्साही।
सहायी *(सं.वि.)* सहायता देनेवाला।
स्तेयी *(सं.पुं.)* सुनार, चूहा, मूसा।
आग्नेयी *(सं.स्त्री.)* पूर्व और दक्षिण के बीच की दिशा।
मातुलेयी *(सं.स्त्री.)* ममेरी बहिन।
मृत्यु *(सं.पुं.)* प्राण छूटना, शरीर में से प्राणों का अलग होना।
अपमृत्यु *(सं.पुं.)* अस्वाभाविक मृत्यु।
अतुल अतिमृत्यु *(सं.पुं.)* महामारी।
सुमृत्यु *(सं.पुं.)* अच्छी मृत्यु।
मन्यु *(सं.पुं.)* क्रोध, अहंकार।
विमन्यु *(सं.वि.)* क्रोधरहित।
वस्यु *(सं.पुं.)* डकैत, डाकू, चोर, म्लेच्छ, असुर, दैत्य *(वि.)* उपेक्षा करनेवाला।
आयु *(सं.पुं.)* आयुष्य।
वायु *(सं.पुं.)* हवा, वात।
पूर्णायु *(सं.पुं.)* सौ वर्ष का जीवनकाल *(वि.)* पूरे आयुष्यवाला।
शतायु *(सं.पुं.)* वह मनुष्य जिसकी आयु सौ वर्ष की हो।
स्नायु *(सं.स्त्री.)* शरीर में की वायु वाहिनी महीन शिरा, नाड़ी।
मध्यायु *(सं.पुं.)* तैंतीस वर्ष से पैंसठ तक की आयु।
जरायु *(सं.पुं.)* कलंक, खेंड़ी।
स्थिरायु *(सं.पुं.)* चिरंजीवी।
चिरायु *(सं.वि.)* दीर्घायु।
पंचवायु *(सं.पुं.)* शरीर में स्थित प्राण, अपान, समान, उदान और व्यान ये पाँच वायु।
प्राणवायु *(सं.स्त्री.)* प्राण, जीव।
झंझा वायु *(सं.पुं.)* वह आंधी जिसके साथ पानी भी बरसता हो।

महावात, महावायु *(सं.पुं.)* प्रचण्ड वायु।
वायु *(सं.पुं.)* अपान वायु।
यूं *(हि.अव्य.)* यों, इस प्रकार से।
ज्यूं *(हि.अव्य.)* देखो ज्यों।
ये *(हि.सर्व.)* 'यह' के बहुवचन का रूप, यह सब।
दायें *(हि.क्रि.वि.)* दाहिनी ओर।
बायें *(हि.क्रि.वि.)* विपरीत, विरुद्ध, बाईं ओर।
द्यो *(सं.पुं.)* स्वर्ग, आकाश।
प्यो *(हि.पुं.)* पति, स्वामी।
बेकारयो *(हि.पुं.)* पुकारने का संबोधन का शब्द।
स्यों, स्यो *(हि.अव्य.)* सहित, समीप, पार।
यों *(हि.अव्य.)* इस तरह, इस प्रकार से।
क्यों *(हि.क्रि.वि.)* किस कारण, किस लिए, इस शब्द से किसी व्यापार या घटना का कारण व्यक्त होता है, कैसे, किस प्रकार।
ज्यों *(हि.क्रि.वि.)* जिस प्रकार।
त्यों *(हि.क्रि.वि.)* उसी प्रकार, उसी तरह से, उसी समय, तत्काल।
ज्यों-त्यों किसी न किसी प्रकार से।
म्यों *(हि.स्त्री.)* बिल्ली की बोली।
दायों *(हि.पुं.)* दड़िम, अनार।
ज्यौ *(हि.अव्य.)* यदि, जो, यह शब्द बहुधा कविता में प्रयुक्त होता है।
त्यौं *(हि.क्रि.वि.)* देखो त्यों, उस प्रकार से।
स्वयं *(हि.अव्य.)* आपसे आप, आप ही।
अयं *(सं.अव्य.)* क्यों! अरे! यह शब्द संबोधन में प्रयुक्त होता है।
रयं *(सं.पुं.)* धन, ऐश्वर्य।

र - हिन्दी वर्णमाला का सत्ताइसवाँ व्यंजन वर्ण इसका उच्चारण जीभ के अगले भाग को मूर्धा के साथ कुछ स्पर्श करने से होता है। यह स्पर्श वर्ण और ऊष्ण वर्ण के मध्य का वर्ण है। र - (सं.पुं.) अग्नि (वि.) तीक्ष्ण, तीखा।

र *(सं. पु.)* घ्राण, शक्ति, सुगन्ध, गौरव, महत्त्व, गन्ध।
अर *(हिं. पु.)* हठ, जिद।
कर *(सं. पु.)* हाथ, हाथी की सूँड़, काम, महसूल, छल, युक्ति, चौबीस अंगुल की नाप, संबंध कारक का चिह्न, प्रत्यय की तरह शब्द में प्रयुक्त होने से इसका अर्थ 'करनेवाला' होता है; यथा—कष्टकर, सुखकर इत्यादि।
खर *(सं. पु.)* गर्दभ, गदहा, खच्चर *(वि.)* कठिन, कड़ा, तीक्ष्ण।
गर *(सं. पु.)* विष; *(हिं. पु.)* गरदन, गला; (प्रत्य.) बनानेवाला, यथा—बाजीगर, हवाईगर इत्यादि।
घर *(हिं. पु.)* गृह, स्वदेश, जन्मभूमि, कार्यालय, छिद्र, छेद, गृहस्थी, उत्पादक।
चर *(सं. पु.)* भेड़िया, चलनेवाला। *(वि.)* अस्थिर, आपसे आप चलनेवाला, खानेवाला।
छर *(हिं. पु.)* देखो क्षर।
जर *(सं. पु.)* जरा, वृद्धावस्था; *(हिं. पु.)* देखो ज्वर।
झर *(सं. पु.)* पहाड़ से निकला हुआ झरना, सोता, झुंड, समूह, लगातार वृष्टि, लपट, ताले के भीतर का भाग जिसको ताली हटाकर खोलती है।
टर *(हिं. पु.)* कर्कश शब्द, अहंकार युक्त वचन, हठ, ऐंठन।
डर *(हिं. पु.)* भीति, भय, आशंका।
तर *(सं. प्रत्य.)* जो गुणवाचक शब्दों में दो वस्तुओं में से एक का उत्कर्ष या अपकर्ष सूचित करने के लिए प्रयुक्त होता है; यथा-श्रेष्ठतर, कष्टतर।
घर *(सं.वि.)* सच्चरित्र।
थर *(हिं.स्त्री.)* तह, परत।
धर *(सं. पु.)* पर्वत, पहाड़; *(वि.)* धारण करनेवाला।
नर *(सं. पु.)* पुरुष, परमात्मा, विष्णु। *(हिं पुं.)* पानी का कल, नरकट।
प्र *(सं.अव्य.)* एक संस्कृत का उपसर्ग जो गति, उत्कर्ष, उत्पत्ति, आरंभ, ख्याति तथा व्यवहार अर्थ के लिए प्रयोग किया जाता है।
पर *(हिं.अव्य.)* पश्चात्, पीछे, परन्तु, किन्तु; *(पु.)* चिड़िया का डैना, पंख।
बर *(हिं. पु.)* भिड़ नामक कीड़ा, ततैया।
वर *(हिं. पु.)* दूल्हा, आशीर्वाद-सूचक वचन, बल, शक्ति, वट का पेड़; *(वि.)* श्रेष्ठ।
भर *(हिं. पु.)* पुष्टि, मोटाई; *(क्रि. वि.)* द्वारा, बल से; *(हिं.पु.)* एक अस्पृश्य जाति।
टर *(हिं.स्त्री.)* रट, रटन।
पर *(सं.वि.)* श्रेष्ठ, अन्य, दूसरा।
वर *(सं. पु.)* किसी देवी देवता से माँगा हुआ मनोरथ, फल या सिद्धि। *(वि.)* श्रेष्ठ।
शर *(सं. पु.)* बाण, तीर, सरकंडा, नरकट, जल।
सर *(सं. पु.)* सरोवर, तालाब।
हर *(सं. पु.)* शिव, महादेव, गणित में किसी संख्या का भाजक, भिन्न में नीचे की संख्या; *(वि.)* छीनने या लुटनेवाला।
क्षर *(सं.वि.)* नाश होनेवाला।
दिनअर *(हिं. पु.)* दिनकर, सूर्य।
हरिअर *(हिं.वि.)* हरित, हरा।
बहिअर *(हिं.स्त्री.)* स्त्री।
कुंअर *(हिं. पु.)* राजकुमार, राजपुत्र।
राजकुँवर *(हिं. पु.)* राजकुमार, राजा का पुत्र।

तुअर *(हिं. पु.)* अरहर।
सुअर *(हिं. पु.)* शूकर, सूअर।
महुअर *(हिं.स्त्री.)* महुआ मिलाकर पकाई हुई रोटी, एक प्रकार का बाजा जिसको सपेरे बजाते हैं।
चक्र *(सं. पु.)* पहिया, चाप, वर्तुलाकार कोई वस्तु, पहिये के आकार का लोहे का एक अस्त्र, जल का भँवर, बवंडर, मंडली, समूह, प्रदेश, राज्य, घेरा, घुमाव, चक्कर।
दिक्चक्र *(सं. पु.)* आठों दिशाओं का समूह।
षट्चक्र *(सं. पु.)* हठयोग के अनुसार कुण्डलिनी के ऊपर 6 चक्र, षड्यन्त्र।
रथचक्र *(सं. पु.)* रथ का पहिया।
पवनचक्र *(सं. पु.)* चक्रवात, बवण्डर।
भचक्र *(सं. पु.)* नक्षत्र-समूह, राशिचक्र।
कालचक्र *(सं. पु.)* समय का उलटफेर।
राशिचक्र *(सं. पु.)* ग्रहों के चलने का मार्ग या वृत्त।
भूचक्र *(सं. पु.)* पृथ्वी की परिधि, विषुवत् रेखा, अयन वृत्त, क्रान्ति वृत्त।
तक्र *(सं. पु.)* मठा, छाछ।
नक्र *(सं. पु.)* मगर, घड़ियाल।
शुक्र *(सं. पु.)* वीर्य, शक्ति, बल, सामर्थ्य।
सुक्र *(हिं. पु.)* देखो शुक्र।
शक्र *(सं. पु.)* इन्द्र।
सक्र *(हिं. पु.)* शक्र, इन्द्र।
अकर *(सं.वि.)* न किए जाने योग्य, बिना हाथ का।
चक्कर *(हिं. पु.)* गोल घेरा, पहिये का भ्रमण, घुमाव, पहिये का केन्द्र पर घूमना, जटिलता, सिर घूमना, पानी का भँवर, व्यग्रता।
घनचक्कर *(हिं. पु.)* चंचल बुद्धि का मनुष्य, मूढ़, मूर्ख।
रफूचक्कर *(हिं.वि.)* चम्पत।
टक्कर *(हिं.स्त्री.)* ठोकर, भिड़न्त, क्षति, हानि।
ठक्कर *(हिं.स्त्री.)* टक्कर।
लपककर (क्रि. वि.) बड़े वेग के साथ।
सुखकर *(सं.वि.)* सुख देने वाला।
तिग्धकर (सं. पु.) सूर्य, तेज, प्रकाश।
भागकर (सं. पु.) विभाग करनेवाला, बाँटनेवाला।
राजकर (सं. पु.) वह कर जो प्रजा से राजा को मिलता है।
फुटकर, फुटकल *(हिं.वि.)* विषम, अकेला, थोड़ा-थोड़ा, कई प्रकार का।
प्राणकर *(सं.वि.)* शक्तिवर्धन।
गुणकर *(वि.)* लाभदायक।
अकिंचित्कर *(सं.वि.)* असमर्थ, अशक्त।
हितकर *(सं.वि.)* उपयोगी।
धूतकर (सं. पु.) जुआ खेलनेवाला, जुआरी।
तोतकर (हिं. पु.) पपीहा।
शब्दकर *(सं.वि.)* ध्वनिकारक।
भेदकर *(सं.वि.)* भेद करनेवाला।
मोदकर *(सं.वि.)* आनन्द देनेवाला।
बोधकर (सं. पु.) जो प्रातःकाल किसी को जगाता है।
शुभकर *(सं.वि.)* शुभ या मंगल करनेवाला।
विघ्नक, विघ्नकर *(सं.वि.)* बाधा डालनेवाला।
वचनकर *(सं.वि.)* वह जो अपने वचन पर दृढ़ रहे।
बनकर (हिं. पु.) जंगल में होनेवाले पदार्थों की आय।
मकर (सं. पु.) मगर।
श्रमकर (सं. पु.) परिश्रम करनेवाला।
क्षेमकर *(सं.वि.)* मंगलकारक, भलाई।
वाक्यकर (सं. पु.) बातें बनानेवाला।
स्वास्थ्यकर *(सं.वि.)* आरोग्यवर्धक।
व्ययकर *(सं.वि.)* व्यय करनेवाला।
हास्यकर *(सं.वि.)* हँसानेवाला।
कर्कर *(सं.पुं.)* ककड़, हथौड़ा, कुरून पत्थर; *(वि.)* दृढ़, कड़ा, पुष्ट।
वर्कर *(सं.पुं.)* भेड़ का बच्चा, मेमना।
शर्कर *(सं.पुं.)* कंकड़, बालू का कण।
कारकर *(हिं.वि.)* काम करनेवाला।
जलकर *(हिं.पुं.)* जल से होनेवाली आय पर कर।
तलकर *(हिं.पुं.)* वह कर या लगान जो भूस्वामी सूखे तालाब की भूमि पर लगाता है।
बलकर *(सं.वि.)* जिससे बल की वृद्धि हो।
फलकर *(हिं.पुं.)* वह कर जो वृक्षों के फल पर लगाया जाता है।
शकर *(हिं.पुं.)* शक्कर, कच्ची चीनी।
वशकर *(सं.वि.)* वशीभूत।
वंशकर *(सं.पुं.)* वह पुरुष जिसके किसी वंश का आरंभ होता है।
चतुष्कर *(सं.पुं.)* पंजेवाला पशु।
दुष्कर *(सं.वि.)* अत्यन्त दुःख से करने योग्य, दुःसाध्य।
धनुष्कर *(सं.पुं.)* धनुष बनानेवाला।
पुष्कर *(सं.पुं.)* ढोल, मृदंग आदि का मुखड़ा जिस पर चमड़ा मढ़ा जाता है, आकाश, ताल, पोखरा।
तेजस्कर *(सं.वि.)* तेज की वृद्धि करने वाला।
तस्कर *(सं.पुं.)* चोर, चोहा।
श्रेयस्कर *(सं.वि.)* शुभ करनेवाला।
यशस्कर *(सं.वि.)* कीर्तिकारक।
अयशस्कर *(सं.वि.)* अपवादजनक।
भास्कर *(सं.पुं.)* सूर्य, अग्नि।
हासकर *(सं.वि.)* हँसानेवाला।
त्रासक, त्रासकर *(सं.पुं.)* भयभीत करनेवाला, डरानेवाला।
निसकर *(हिं.पुं.)* चन्द्रमा।
पुहकर *(हिं.पुं.)* देखो पुष्कर।
मोहकर *(हिं.पुं.)* घड़े का मोहड़ा।

क्षेत्रकर *(सं.वि.)* खेत तैयार करनेवाला।
आकर (सं. पु.) समूह, भण्डार।
दुखीकर (सं. पु.) दुःख की खान।
पीड़ाकर *(सं.वि.)* दुखदायक।
स्वर्णाकर (सं. पु.) सोने की खान।
लवणाकर (सं. पु.) नमक की खान।
करुणाकर *(सं.वि.)* अत्यन्त दयालु।
करुणानिन्दाकर (सं. पु.) अपवादक।
अदबदाकर (हिं. क्रि. वि.) हठ से, टेक करके।
मुद्राकर (सं. पु.) राज्य का वह प्रधान अधिकारी जिसके अधिकार में राजा की मुद्रा रहती है, वह जो किसी प्रकार की मुद्रा तैयार करता हो।
सुधाकर (सं. पु.) चन्द्रमा।
रत्नाकर (सं. पु.) रत्नों का समूह, समुद्र।
रतनाकर (हिं. पु.) देखो रत्नाकर।
पाकर (हिं. पु.) समस्त भारतवर्ष में होनेवाला एक वृक्ष।
क्षपाकर (सं. पु.) चन्द्रमा, कर्पूर।
छपाकर (हिं. पु.) क्षपाकर, चन्द्रमा।
कृपाकर *(सं.वि.)* दयालु।
पुष्पाकर (सं. पु.) बसन्त ऋतु।
प्रभाकर (सं. पु.) सूर्य, चन्द्रमा, अग्नि।
शोभाकर *(सं.वि.)* शोभा करनेवाला।
पद्माकर (सं. पु.) बड़ा तालाब या झील जिसमें कमल उत्पन्न होते हैं।
पद्माकर *(हिं. पु.)* जलाशय, तालाब।
कुसुमाकर (सं. पु.) बगीचा, कुंज।
वज्राकर (सं. पु.) हीरे की खान।
जलाकर (सं. पु.) समुद्र, नदी, जलाशय आदि।
निशाकर (सं. पु.) चन्द्रमा।
साकर *(हिं.स्त्री.)* देखो साँकल।
निसाकर *(हिं. पु.)* देखो निशाकर।
महाकर (सं. पु.) लंबा हाथ, अधिक लगान; *(वि.)* बड़े हाथवाला।
शिक्षाकर (सं. पु.) सिखलानेवाला।
काँकर (हिं. पु.) कर्कर, कंकड़।
साँकर *(हिं.स्त्री.)* शृंखला; *(वि.)* सँकरा, दुःखमय।
रूचिकर *(सं.वि.)* अच्छा लगनेवाला।
पुष्टिकर *(सं.वि.)* पुष्ट करनेवाला।
व्यतिकर (सं. पु.) व्याप्ति, समूह, व्यसन, संबंध, मिलावट।
शान्तिकर *(सं.वि.)* शांति करनेवाला।
कीर्तिकर *(सं.वि.)* यशकारक।
निकर (सं. पु.) समूह, झुंड, राशि।
हानिकर *(सं.वि.)* अनिष्ट करने वाला।
परिकर (सं. पु.) पलंग, परिवार, अनुचर वर्ग।
सपरिकर *(सं.वि.)* अनचर वर्ग के साथ।
रश्मिकर (सं. पु.) सूर्य की किरण।
शशिकर (सं. पु.) चन्द्रमा की किरण।
निशिकर (सं. पु.) चन्द्रमा।
रजनीकर (सं. पु.) चन्द्रमा।
चमीकर (सं. पु.) वह खान जिसमें से सोना निकलता है।
चामीकर (सं. पु.) सुवर्ण, सोना।
श्रीकर (सं. पु.) लाल कमल।
शीकर (सं. पु.) तृषा, शीत, जाड़ा।
सीकर (सं. पु.) पानी की बूँद, छींटा।
वसीकर *(हिं.वि.)* वश में करनेवाला।
सेतुकर *(सं.वि.)* पुल बनानेवाला।
मधुकर (सं. पु.) भ्रमर।
नानुकर (हिं. पु.) अस्वीकार, नहीं।
हुकर पुकर *(हिं.स्त्री.)* व्यग्रता, अधीरता।
सुकर *(सं.वि.)* सुसाध्य, जो सहज में किया जा सके। सुकरता-*(सं. स्त्री)* सौंदर्य, सुन्दरता।
कूंकर *(हिं. पु.)* कुक्कुर, कुत्ता।
शूकर *(सं. पु.)* वराह, सुअर।
सूकर *(सं. पु.)* शूकर, सुअर।
चोकर *(हिं. पु.)* पीसे हुए अन्न की भूसी या छिलका जो आटे के चालने पर निकलता है।
ठोकर *(हिं.स्त्री.)* चोट लगना, ठेस, जूते का नुकीला भाग।
चोंकर (हिं. पु.) देखो चोकर।
क्योंकर किस प्रकार से। क्यों नहीं-ऐसा ही टीक है।
भयंकर *(सं.वि.)* भयकारक।
भयभयंकर *(सं.वि.)* भयजनक।
शिवंकर *(सं.वि.)* कल्याण करने वाला।
शंकर *(सं.पुं.)* शिव, महादेव; *(वि.)* कल्याण करनेवाला, लाभदायक।
संकर *(हिं.पुं.)* शंकर।
वर्णसंकर *(सं.पुं.)* ब्राह्मणादि वर्ण के अनुलोम या प्रतिलोम से उत्पन्न जाति।
शांकर *(सं.वि.)* शंकर संबंधी।
अक्खर *(हिं.पुं.)* अक्षर, वर्ण।
बखर *(हिं.पुं.)* देखो बक्खर।
आखर *(हिं.पुं.)* अक्षर।
अनाखर *(हिं.वि.)* अक्षर न पहिचाननेवाला, मूर्ख।
पाखर *(हिं.स्त्री.)* राल चढ़ाया हुआ टाट।
भाखर *(हिं.पुं.)* पर्वत, पहाड़।
निराखर *(हिं.वि.)* अपठित, मूढ़, मौन, चुप।
साखर *(हिं.वि.)* देखो साक्षर।
साँखर *(हिं.वि.)* छिद्रयुक्त, पोला।
शिखर *(सं.पुं.)* सिरा, ऊपरी भाग, पहाड़ की चोटी।
भुजशिखर, भुजशिर (सं.) स्कन्ध, कन्धा।
सिखर *(हिं.पुं.)* देखो शिखर।

पुखर *(हिं.पुं.)* पुष्कर, तालाब।
मुखर *(सं.वि.)* कड़ूवा बोलनेवाला, बकवादी, प्रधान।
शेखर *(सं.पुं.)* शिरोभूषण, किरीट, मुकुट, चोटी, माथा, श्रेष्ठतावाचक शब्द।
सेखर *(हिं.पुं.)* देखो शेखर।
खोखर *(हिं.वि.)* खोखला, पोला।
पोखर *(हिं.पुं.)* तालाब, पोखरा।
लोखर *(हिं.पुं.)* नाई, बढ़ई, लुहार आदि के औजार।
अग्र *(सं.अव्य.)* आदि में, सामने, पहिले।
अग्र *(सं.पुं.)* ऊपरी भाग, शिखर, चोटी, अवलम्बन, *(वि.)* प्रधान, प्रथम, अगला। अग्रकर-*(सं.पुं.)* दाहिना हाथ। अग्रकाय-*(सं.पुं.)* शरीर का अगला भाग। अग्रगण्य-*(सं.वि.)* प्रथम, अगुआ, नेता, श्रेष्ठ।
उदग्र *(सं.वि.)* विशाल, ऊँचा, उद्धत।
नग्र *(हिं.पुं.)* देखो नगर।
समग्र *(सं.वि.)* सम्पूर्ण, पूरा।
व्यग्र *(सं.वि.)* व्याकुल, घबड़ाया हुआ।
नासिकाग्र *(सं.पुं.)* नाक का अगला भाग।
एकाग्र *(सं.वि.)* अनन्यचित्त, एक ही ओर मन लगाया हुआ।
शाखाग्र *(सं.पुं.)* शाखा का अगला भाग, अंगुली।
मुखाग्र *(सं.पुं.)* किसी पदार्थ का अगला भाग, ओंठ; *(वि.)* कण्ठस्थ।
तीक्ष्णाग्र *(सं.वि.)* तीखी नोकवाला, जिसकी नोक तेज हो।
दन्ताग्र *(सं.पुं.)* दाँत की नोक का अग्रभाग।
पादाग्र *(सं.पुं.)* पैर की नोक।
बलाग्र *(सं.पुं.)* सेना का अगला भाग, सेनापति; *(वि.)* बलवान्।
मासाग्र *(सं.पुं.)* नाक का अगला भाग।
उग्र *(सं.वि.)* उत्कट, प्रचण्ड, गरम।
अगर *(हिं.पुं.)* एक सुगन्धित धूप।
कगर *(हिं.पुं.)* ऊँचा किनारा, सीमा, मेड़; *(क्रि. वि.)* किनारे पर, अलग से।
टगर *(सं.पुं.)* टंकण, क्षार, सोहागा, विलास; ऐंचा, भेंगा।
डगर *(हिं.स्त्री.)* मार्ग, पथ।
डगरना *(हिं.क्रि.)* लुढ़कन।
डगरा *(हिं.पुं.)* मार्ग, टोकरा, छबड़ा।
मुद्दगर *(हिं.पुं.)* देखो मुगदर।
मुगदर *(सं.पुं.)* काठ का बना हुआ एक प्रकार का गावदुम दण्ड; इसको हाथ में लेकर हिलाते हुए मल्ल कई प्रकार का व्यायाम करते हैं।
नगर *(सं.पुं.)* मनुष्यों के रहने की वह बस्ती जो गाँव और कस्बे से बड़ी हो, जिसमें अनेक जातियाँ रहती हों।
बगर *(हिं.पुं.)* बड़ा घर, द्वार के सामने का खुला स्थान, आँगन।
भगर *(हिं.पुं.)* सड़ा हुआ अन्न, छल, कपट।
मगर *(हिं.पुं.)* इस नाम का एक प्रसिद्ध जल-जन्तु; *(फा.)* परन्तु।
जगरमगर *(हिं.वि.)* देखो जगमग।
रगर *(हिं.पु.)* देखो रगड़।
लगर *(हिं.पुं.)* लग्घड़ नाम का पक्षी।
आगर *(हिं.पुं.)* आकर, खान, ढेर, कोष, निधि; *(वि.)* श्रेष्ठ, कुशल, चतुर।
गागर *(हिं.स्त्री.)* गगरी, छोटा घड़ा।
छागर *(सं.स्त्री.)* छाल, बकरी।
अजागर *(हिं.वि.)* न जागनेवाला।
प्रजागर *(हिं.वि.)* दीप्तिमान्, प्रकाशित, विख्यात।
श्रद्धागर *(सं.पुं.)* पूरी तरह का जागरण।
सजागर *(सं.वि.)* जागृत।
सुजागर *(हिं.वि.)* सुशोभित।
कौजागर *(सं.पुं.)* आश्विन मास की पूर्णिमा, शरदपूर्णिमा, सरदपूना।
नागर *(सं.पुं.)* पौधे संबंधी, नगर में रहनेवाला।
रतनागर *(हिं.पुं.)* समुद्र।
नयनागर *(सं.वि.)* नीतिकुशल।
सागर *(सं.पुं.)* उदधि, समुद्र, बड़ा जलाशय।
उपसागर *(सं.पुं.)* छोटा समुद्र, खाड़ी।
गंगासागर *(सं.पुं.)* वह स्थान जहाँ गंगा समुद्र से मिलती है, यह तीर्थ माना जाता है।
विद्यासागर *(सं.वि.)* सब शास्त्रों को जाननेवाला।
जीगर *(हिं.पुं.)* शरीर, देह, बल।
डाँगर *(हिं.पुं.)* चौपाया; *(वि.)* कृश, दुबला-पतला।
बाँगर *(हिं.पुं.)* नदी के किनारे की वह ऊँची भूमि जहाँ तक नदी का पानी कभी नहीं पहुँचता।
निगर *(सं.पुं.)* भोजन; *(हिं.वि.)* सब।
ढीगर *(हिं.पुं.)* हृष्ट-पुष्ट मनुष्य।
डूँगर *(हिं.पुं.)* खंडहर, टीला, मीठा।
बेगर *(हिं.पुं.)* अचार में मिलाया हुआ मसाला।
डोंगर *(हिं.पुं.)* पहाड़ी टीला, भीटा।
डंगर *(हिं.पुं.)* चौपाया।
धंगर *(हिं.पुं.)* ग्वाल, अहीर, चरवाहा।
नंगर *(हिं.पुं.)* देखो लंगर।
कमंगर *(हिं.पुं.)* कमान बनाने वाला, हड्डी बैठानेवाला, चित्रकार।
दहँगर *(हिं.पुं.)* आग लगाने वाला, दहन करने वाला।
डिंगर *(सं.पुं.)* मोटा आदमी, वन, धूर्त मनुष्य, ठग।
व्याघ्र *(सं.पुं.)* चित्रक, चीता, बाघ।
शीघ्र (सं. क्रि. वि.) तुरंत, चटपट।
साँसतघर *(हिं.पुं.)* कारागार में बहुत छोटी अँधेरी कोटरी।
घर्घर *(सं.पुं.)* घरघराहट का शब्द।

तारघर *(हिं.पुं.)* वह घर जहाँ से तार द्वारा समाचार भेजा जाता है, तार प्राप्त होता है।
झघर *(हिं.पुं.)* देखो लाक्षागृह।
घंटाघर *(हिं.पुं.)* वह ऊँचा घर जिस पर चारों ओर से देख पड़नेवाली धरम घड़ी लगी हो।
रसोईघर *(हिं.पुं.)* पाकशाला।
बंदीघर *(हिं.पुं.)* कारागृह।
सुघर *(हिं.वि.)* देखो सुघड़।
घूघर *(हिं.पुं.)* बालों में पड़े हुए छल्ले।
औघर *(हिं.वि.)* विपरीत, अद्भुत।
अचर *(हिं.पुं.)* स्थिर, अटल, स्थावर।
नाकचर *(सं.पुं.)* आकाश में भ्रमण करनेवाले ग्रह, देवता आदि।
खच्चर *(हिं.पुं.)* गदहे और घोड़ी के संयोग से उत्पन्न पशु।
पटच्चर *(सं.पुं.)* पुराना कपड़ा, चोर।
पाटच्चर *(सं.पुं.)* चोर।
पृष्ठचर *(सं.पुं.)* पीछे चलनेवाला।
ढचर *(हिं.पुं.)* प्रपंच, बखेड़ा; *(वि.)* अत्यन्त जीर्ण तथा दुर्बल।
नक्तचर *(सं.पुं.)* रात को घूमनेवाला, राक्षस, उल्लू।
गगनचर आकाशगामी। गगनधूल-एक प्रकार का कुकुरमुत्ता, केवड़े के फूल की धूलि।
बनचर *(हिं.पुं.)* वन्य पशु, जंगली मनुष्य।
वनचर *(सं.वि.)* जंगल में घूमनेवाला।
कचर-पचर *(हिं.पुं.)* कच्चा फल खाने पर मुख से निकलनेवाला शब्द।
नचर *(सं.पुं.)* मेघ, वायु, सूर्य, राक्षस, ग्रह, नक्षत्र, बाण, पक्षी; *(वि.)* आकाश में चलनेवाला।
तमचर *(हिं.पुं.)* राक्षस।
समचर *(सं.वि.)* समान आचरणवाला।
उभयचर *(सं.वि.)* जल तथा स्थल दोनों में रहनेवाला।
चर्चर *(सं.वि.)* गमनशील, चलनेवाला।
जलचर *(सं.पुं.)* जल में रहनेवाला जन्तु।
थलचर *(हिं.पुं.)* स्थलचर, भूमि पर रहनेवाला प्राणी।
स्थलचर *(सं.वि.)* स्थल पर रहने या विचरनेवाला।
पार्श्वचर *(सं.पुं.)* अनुचर, भृत्य।
नभश्चर *(सं.वि.)* गगनचारी।
दुश्चर *(सं.वि.)* दुष्कर, दुर्गम।
शनश्चर *(सं.पुं.)* शनि ग्रह।
सहचर *(सं.पुं.)* भृत्य, दास, मित्र।
पाचर *(हिं.पुं.)* देखो पच्चर।
क्षपाचर *(सं.पुं.)* निशाचर, राक्षस।
चराचर *(सं.वि.)* स्थावर और जंगम; *(पुं.)* संसार, जगत्।
चराचर *(सं.पुं.)* सब चर और अचर प्राणी।
बिवाचर *(सं.पुं.)* पक्षी, चिड़िया।
निशाचर *(सं.पुं.)* देखो निशाचर।
आँचर (ल) *(हिं.पुं.)* अंचल।
रातिचर *(हिं.पुं.)* निशाचर, राक्षस।
रैनिचर *(हिं.पुं.)* राक्षस।
परिचर *(सं.पुं.)* अनुचर, भृत्य, टहलुआ।
निशिचर *(हिं.पुं.)* निशाचर।
निसिचारी *(हिं.पुं.)* देखो निशिचर।
रात्रिचर *(सं.पुं.)* राक्षस। रात्रिचर्या-*(सं.पुं.)* रात में करने का कर्तव्य।
कुटीचर *(सं.पुं.)* एक प्रकार का संन्यासी; *(हिं.वि.)* छली, कपटी, दुष्ट।
रजनीचर *(सं.पुं.)* चन्द्रमा, राक्षस; *(वि.)* रात में चलनेवाला।
शनीचर *(हिं.पुं.)* देखो शनेश्चर।
तमीचर *(सं.पुं.)* निशाचर, दैत्य।
महाचर *(सं.वि.)* पृथ्वी पर घूमनेवाला।
कुचर *(सं.वि.)* नीच कर्म करनेवाला।
अनुचर *(सं.पुं.)* सहचर, भृत्य, दास।
पार्श्वानुचर *(सं.पुं.)* अनुचर।
भूचर *(सं.पुं.)* भूमि पर रहनेवाला प्राणी।
प्रचर *(सं.पुं.)* मार्ग, गमन।
खेचर *(सं.पुं.)* सूर्य, पक्षी, देवता, बादल, राक्षस; *(वि.)* आकाशगामी।
गगनेचर *(सं.पुं.)* देवता, सूर्यादि ग्रह।
वनेचर *(सं.वि.)* वन में घूमनेवाला।
अग्निशचर *(सं.वि.)* कुंकुम का वृक्ष, केसर का पौधा। अग्निसंस्कार-*(सं.पुं.)* दाह-क्रिया, शव-दाह।
आँचर *(सं.वि.)* थोड़े काल तक ठहरनेवाला; (क्रिं. वि.) शीघ्र, तुरंत।
गोचर *(सं.पुं.)* इन्द्रियों द्वारा ज्ञात विषय, ज्ञान, विषय।
अगोचर *(सं.वि.)* अज्ञात, अप्रकट।
दृग्गोचर *(सं.वि.)* जो आँखों से देख पड़े।
कर्णगोचर *(सं.वि.)* कान से सुन पड़नेवाला।
श्रवणगोचर *(सं.पुं.)* कर्णगोचर।
दृष्टिगोचर *(सं.वि.)* जो देख पड़ सके।
नयनगोचर *(सं.वि.)* देख पड़नेवाला, जो आँख के सामने हो।
वनगोचर *(सं.पुं.)* व्याघ।
बंजर *(हिं.पुं.)* देखो बनचर।
अच्छर *(हिं.पुं.)* अक्षर।
मच्छड़, मच्छर *(हिं.पुं.)* एक प्रसिद्ध छोटा फतिंगा जो वर्षा तथा ग्रीष्म ऋतु में गरम देशों में पाया जाता है।
छरछर *(हिं.पुं.)* कणों का वेग से निकलने का शब्द। छरछराना
माछर *(हिं.पुं.)* मच्छड़।
माँछर, माँछली *(हिं.स्त्री.)* मछली।

वज्र *(हिं.पुं.)* देखो वज्र।

वज्र *(सं.पुं.)* इन्द्र का आयुध विशेष, हीरा, बिजली, पक्का लोहा; *(वि.)* बहुत कड़ा या पुष्ट, भयंकर।

गजर *(हिं.पुं.)* पहर-पहर पर घंटा बजने का शब्द, पारी।

व्रच्चर *(हिं.वि.)* कड़ा, पुष्ट; *(पुं.)* देखो वज्र।

अधजर *(हिं.वि.)* आधा जला हुआ।

बनजर *(हिं.स्त्री.)* देखो बंजर।

गजरबजर *(हिं.पुं.)* अंड बंड, गोलमाल।

जर्जर *(सं.वि.)* जीर्ण, बहुत पुराना, टूटा-फूटा।

विजर्जर *(सं.वि.)* अत्यन्त जर्जर।

निर्जर *(सं.पुं.)* देवता; *(वि.)* जरा या वृद्धावस्था से रहित।

जँरजर *(हिं.पुं.)* देखो जर्जर।

निरजर *(हिं.वि.)* जो कभी जीर्ण न हो।

गाजर *(हिं.पुं.)* एक मोट कन्द का पौधा।

पाँजर *(हिं.पुं.)* पसली, पार्श्व, सामीप्य।

माँजर *(हिं.स्त्री.)* अस्थि पंजर, ठठरी।

पिंजर *(सं.पुं.)* पक्षियों के रखने का पिंजड़ा, हड्डी की ठठरी।

पिंजर, पिंजरा पिंजड़ा।

विजर *(सं.वि.)* जिसको बुढ़ापा न हो।

पीजर *(हिं.पुं.)* देखो पिंजड़ा।

गांजर *(हिं.पुं.)* कनखजूरा।

पंजर *(सं.पुं.)* शरीर की हड्डियों का समूह।

बंजरपंजर *(हिं.पुं.)* शरीर की ठठरी।

अस्थिपंजर *(सं.पुं.)* हड्डी की ठठरी।

बंजर *(हिं.पुं.)* ऊसर।

आलिंजर *(सं.पुं.)* मिट्टी का जल रखने का बड़ा घड़ा।

वनकुंजर *(सं.पुं.)* जंगली हाथी।

झरझर *(हिं.स्त्री.)* वह शब्द जो पानी बरसने, वायु चलने या वर्षा होने से उत्पन्न होता है।

लरझर *(हिं.वि.)* प्रचुर, बहुत अधिक।

निरझर *(हिं.पुं.)* देखो निर्झर।

झराझर *(हिं. क्रि. वि.)* झरझर शब्द करते हुए।

झाँझर *(हिं.वि.)* जर्जर, पुराना, छिद्रमय; *(स्त्री.)* पैजनी, झाँझन।

निर्झर *(सं.पुं.)* झरना, सोता।

पीझर *(हिं.पुं.)* पानी का सोता।

झंझर *(हिं.पुं.)* देखो झण्झर।

झंझर *(हिं.पुं.)* पानी रखने का चौड़े मुँह का मिट्टी का पात्र।

खोंडर *(हिं.पुं.)* वृक्ष के भीतर का पोला भाग।

दंष्ट्र *(सं.पुं.)* दाँत, शकर।

चक्रदंष्ट्र *(सं.पुं.)* शूकर, सुअर।

राष्ट्र *(सं.पुं.)* राज्य, देश, प्रजा।

स्वराष्ट्र *(सं.पुं.)* अपना राज्य।

उष्ट्र *(सं.पुं.)* ऊँट।

कट्टर *(हिं.वि.)* हठी, अन्धविश्वासी।

बट्टर *(हिं.पुं.)* बाँस की पट्टियों का बना हुआ ढाँचा।

निखट्टर *(हिं.वि.)* निष्ठुर, निर्दय।

सटरपटर *(हिं.वि.)* अत्यन्त साधारण, तुच्छ।

मटर *(हिं.पुं.)* एक प्रकार का मोटा अन्न, इसकी कलियों को छीमी कहते हैं जो मीठी होती है और कच्ची भी खाई जाती है।

नीमटर *(हिं.वि.)* जिसको किसी विद्या की पूरी जानकारी न हो।

विष्टर *(सं.पुं.)* कुशा का आसन।

टमाटर *(हिं.पुं.)* एक प्रकार का विलायती बैंगन जो खट्टा होता है।

निटर *(हिं.क्रि.)* जिसमें कुछ दम न हो।

कोटर *(सं.पुं.)* पेड़ का खोखला भाग।

टेंटर *(हिं.पुं.)* आँख के ढेले का उभड़ा हुआ भाग।

कंटर *(हिं.पुं.)* काँच की सुन्दर बोतल।

जठर *(सं.पुं.)* पेट, कुक्षि; *(वि.)* वृद्ध, बूढ़ा।

गट्ठर, गट्ठा *(हिं.पुं.)* बड़ी गठरी, बोझा।

पट्ठर *(हिं.वि.)* आलसी।

जाठर *(हिं.वि.)* जठर संबंधी, जठर में उत्पन्न।

ठाँठर *(हिं.पुं.)* ठठरी।

भड्डर *(हिं.पुं.)* ब्राह्मणों में निम्न श्रेणी की एक जाति।

अपडर *(हिं.पुं.)* भय, शंका।

निडर, निडरपन *(हिं.वि.)* निर्भय, साहसी।

बिडर *(हिं.वि.)* निर्भय, ढीठ।

बवंडर *(हिं.पुं.)* चक्रवात, आँधी।

बोडर *(हिं.पुं.)* चक्रवायु, बवंडर।

सुढर *(हिं.वि.)* सुडौल।

ढेंढर *(हिं.पुं.)* आँख का ढेला।

ओढ़र *(हिं.पुं.)* छल, धोखा, बहाना।

सोढ़र *(हिं.पुं.)* मूर्ख।

दातृ *(सं.वि.)* दान देनेवाला।

धातृ *(सं.वि.)* धारण करनेवाला, पोषक; *(पुं.)* ब्रह्मा, विष्णु, आत्मा, भेद।

भ्रातृ भाई

राजभ्रातृ *(सं.पुं.)* राजा का भाई।

मातृ *(सं.स्त्री.)* जननी, माता।

पितृ *(सं.पुं.)* उत्पादक, जनक, पिता।

अतर *(हिं.पुं.)* पुष्पनिर्यास, फूलों का सुगन्धित सत्व।

अधिकतर *(सं.वि.)* दो पदार्थों में से एक से अधिक।

उच्चतर *(सं.वि.)* दो पदार्थों में ऊँचा।

षटतर *(हिं.पुं.)* तुल्यता, समानता; सादृश्य, उपमा।

श्रेष्ठतर *(सं.वि.)* वह जो दो व्यक्ति या पदार्थों में प्रधान हो।

छत्तर *(हिं.पुं.)* छाता।
अठत्तर *(हिं.वि.)* सत्तर और आठ से बनी हुई संख्या 78।
पदंतर *(सं.पुं.)* पैदल, प्यादा।
पत्तर *(हिं.पुं.)* पतला; *(पुं.)* पत्तल, पत्ता।
पत्तर *(हिं.पुं.)* किसी धातु को पीटकर तैयार किया हुआ पतला टुकड़ा।
सरबत्तर देखो सर्वत्र।
सत्तर *(हिं.वि.)* साठ और दस की संख्या का; *(पुं.)* साठ और दस की संख्या 70।
एकहत्तर *(हिं.वि.)* सत्तर और एक।
पचहत्तर *(हिं.वि.)* सत्तर और पाँच।
अठहत्तर *(हिं.वि.)* सत्तर और आठ से बनी संख्या 78।
सतहत्तर *(हिं.वि.)* सत्तर और सात की संख्या का; *(पुं.)* सत्तर और सात की संख्या 77।
उनहत्तर *(हिं.वि.)* साठ और नव; *(पुं.)* साठ और नव की संख्या 69।
बहत्तर *(हिं.वि.)* सत्तर और दो की संख्या का; *(पुं.)* सत्तर और दो की संख्या 72।
महत्तर *(सं.वि.)* दो पदार्थों में बड़ा या श्रेष्ठ।
छिहत्तर *(हिं.वि.)* सत्तर और छः की संख्या, 76।
तिहत्तर *(हिं.वि.)* सत्तर और तीन की संख्यावाला; *(पुं.)* सत्तर और तीन की संख्या, 73।
चौहत्तर *(हिं.वि.)* सत्तर और चार की संख्या 74।
चरित्तर *(हिं.पुं.)* धूर्तता, बहाना।
पवित्तर *(हिं.वि.)* देखो पवित्र।
उत्तर *(सं.पुं.)* प्रतिवाक्य; *(वि.)* ऊँचा, बड़ा; (क्रिं. वि.) पीछे, बाद में; *(सं.स्त्री.)* दक्षिण के सामने की दिशा।
अनुत्तर *(सं.वि.)* उत्तररहित, चुप, मौन।
समुत्तर *(सं.पुं.)* ठीक उत्तर।
प्रत्युत्तर *(सं.पुं.)* उत्तर का उत्तर।
निरुत्तर *(सं.वि.)* जो उत्तर न दे सके।
दुरुत्तर *(सं.वि.)* दुस्तर, जिसको पार करना कठिन हो, अनुत्तर, जिसका उत्तर देना कठिन हो; *(पुं.)* बुरा उत्तर या जवाब।
लोकोत्तर *(सं.वि.)* अद्‌भुत, विलक्षण।
गूढ़ोत्तर *(सं.पुं.)* किसी गूढ़ अभिप्राय का उत्तर।
मरणोत्तर *(सं.वि.)* मृत्यु के बाद का।
प्रश्नोत्तर *(सं.पुं.)* प्रश्न का उत्तर।
मध्याह्नोत्तर तीसरा प्रहर।
पश्चिमोत्तर *(सं.स्त्री.)* वायुकोण पच्छिम और उत्तर के बीच का कोण।
उत्तरोत्तर *(सं.वि.)* एक के बाद दूसरा; *(अव्य.)* क्रम-क्रम से।
देवोत्तर *(सं.पुं.)* वह सम्पत्ति जो किसी देवता के नाम पर अलग निकाल दी गई हो।
अन्तर *(सं.पुं.)* भेद, व्यवधान; *(वि.)* अन्य, दूसरा; (क्रिं. वि.) भीतर।
जंतर *(हिं.पुं.)* यन्त्र, गले में पहिनने का एक गहना, कठुला।
अनन्तर *(सं.वि.)* बिना अवकाश का, पिछला, पीछे, उपरान्त; *(क्रिं. वि.)* सतत।
तदन्तर, तदनन्तर *(सं.पुं.)* उसके उपरान्त।
अभ्यन्तर *(सं.पुं.)* बीच का स्थान, अन्तःकरण, हृदय; *(वि.)* भीतरी, मध्य का।
धन्वन्तर *(सं.पुं.)* चार हाथ की नाप।
लोकान्तर *(सं.पुं.)* परलोक।
युगान्तर *(सं.पुं.)* दूसरा युद्ध।
योगान्तर *(सं.पुं.)* भिन्न-भिन्न वस्तुओं का संयोग।
पाठान्तर *(सं.पुं.)* पाठभेद।
अर्थान्तर *(सं.पुं.)* दूसरा अर्थ या आशय।
पदान्तर *(सं.पुं.)* स्थानान्तर, दूसरा पद।
स्थानान्तर *(सं.पुं.)* दूसरा स्थान।
बाह्यान्तर *(सं.वि.)* भीतर और बाहर का।
तीरान्तर *(सं.पुं.)* दूसरे।
कालान्तर *(सं.पुं.)* दूसरा समय।
प्रशान्तर *(सं.वि.)* प्रसंग के बीच का।
देशान्तर *(सं.पुं.)* परदेश, विदेश, भूगोल में उत्तरी ध्रुव से दक्षिणी ध्रुव तक गई हुई मध्य रेखा से पूरब या पच्छिम की ओर की दूरी, लम्बांश।
भाषान्तर *(सं.पुं.)* अनुवाद, उल्था।
रसान्तर *(सं.पुं.)* भिन्न रस।
देहान्तर *(सं.पुं.)* दूसरे शरीर की प्राप्ति, मृत्यु।
पक्षान्तर *(सं.पुं.)* दूसरा पक्ष, मतान्तर।
दिगन्तर *(सं.पुं.)* दिशाओं के बीच।
निरन्तर *(सं.वि.)* निबिड़, घना।
दिसंतर *(हिं.पुं.)* देशान्तर, विदेश, परदेश।
न्यूनतर *(सं.वि.)* प्रचलित परिमाप से कम।
लतर *(हिं.स्त्री.)* बेल, वल्ली, लता।
अश्वतर *(सं.पुं.)* खच्चर।
देवतर *(सं.वि.)* बहुत चमकीला।
स्तर *(सं.पुं.)* तह, तबक, परत, शय्या, सैज।
प्रस्तर *(सं.पुं.)* शिला, पत्थर, मणि, बिछावन।
वस्तर *(हिं.पुं.)* देखो वस्त्र।
पलस्तर *(हिं.पुं.)* भीत आदि पर गारे आदि का लेप।
बिस्तर *(हिं.पुं.)* बिछौना, विस्तार, बढ़ाव।
विस्तर *(हिं.पुं.)* देखो विस्तार, आधार, समूह, आसन।
अविस्तर *(सं.वि.)* संकुचित, न फैला हुआ।
दुस्तर *(सं.वि.)* दुर्घट, विकट।
कातर *(सं.वि.)* भयभीत, डरा हुआ।
पातर *(हिं.वि.)* सूक्ष्म, पतला।

आँतर *(हिं.पुं.)* अन्तर।
इतर *(सं.वि.)* अन्य, दूसरा, अवशेष; *(हिं.पुं.)* अतर।
पितर *(हिं.पुं.)* मृत पूर्वपुरुष, मरे हुए पुरखे जिनके नाम पर श्राद्ध और तर्पण किया जाता है।
तितर बितर *(हिं.वि.)* अव्यवस्थित।
ईतर *(हिं.पुं.)* इतरानेवाला।
तीतर *(हिं.पुं.)* एक वेग से दौड़ने वाला छोटा पक्षी।
पीतर *(हिं.पुं.)* देखो पीतल।
भीतर *(हिं.क्रि.)* में; *(पुं.)* हृदय, अन्तःकरण, अन्तःपुर।
दूतर *(हिं.वि.)* दुस्तर।
दक्षिणेतर *(सं.वि.)* दाहिने से इतर, बायाँ।
विबुधेतर *(सं.पुं.)* असुर, दैत्य।
दुलभेतर *(सं.वि.)* दुर्लभ, कठिन, महँगा।
प्रथमेतर *(सं.वि.)* भिन्न, दूसरा।
वामेतर *(सं.वि.)* बाएँ का उलटा, दाहिना।
सत्यतर *(सं.वि.)* सत्य से भिन्न, झूठा।
प्रियतर *(सं.वि.)* जो दो में से अधिक प्रिय हो।
इतरेतर *(सं.वि.)* अन्योन्य, परस्पर।
पूर्वेतर *(सं.वि.)* पूर्व से भिन्न, पश्चिम।
इकोतर *(हिं.वि.)* एक अधिक।
पचोतर *(हि.वि.)* किसी संख्या से पाँच अधिक।
पत्थर *(हिं.पुं.)* पृथ्वी तल का कड़ा खण्ड या पिण्ड, रत्न, बिनौला, ओला, पत्थर की तरह कठोर तथा भारी वस्तु।
मन्थर *(सं.वि.)* निश्चल, बीच, अधम।
थरथर *(हिं.स्त्री.)* भय के कारण कम्पन; (क्रि. वि.) काँपते हुए।
पाथर *(हि.पुं.)* देखो पत्थर।
दिनिथर *(हिं.पुं.)* दिनकर, सूर्य।
बूथर *(सं.पुं.)* बिना सींग का बैल, बिना दाढ़ी मूँछ का मनुष्य, कसैला रस; *(वि.)* जिसमें कसैलापन हो।
लोथर *(हि.पुं.)* उदर, पेट, पेट की थैली।
चन्द्र *(सं.पुं.)* चन्द्रमा।
मुखचन्द्र *(सं.पुं.)* चन्द्रमा के समान मुख की शोभा।
पूर्णचन्द्र *(सं.पुं.)* पूर्णिमा का चन्द्रमा।
भालचन्द्र *(सं.पुं.)* शिव, महादेव।
निश्चन्द्र *(सं.वि.)* चन्द्रमा-रहित।
अतन्द्र *(सं.वि.)* निद्रा-रहित, सचेत।
इन्द्र *(सं.पुं.)* देवताओं के राजा।
निस्तन्द्र *(सं.वि.)* तन्द्रारहित।
सुमन्द्र *(सं.पुं.)* मधुर ध्वनि।
भद्र *(सं.पुं.)* क्षेम, कुशल; *(वि.)* सभ्य, श्रेष्ठ, कल्याणकारी।
पनहियाभद्र (हिं.पु.) सिर पर जूतों की मार।
सुभद्र *(सं.पुं.)* कल्याण, सौभार।
चान्द्र *(सं.वि.)* चन्द्रमा संबंधी।
आर्द्र *(सं.वि.)* भीगा हुआ, ओदा।
दयार्द्र *(सं.वि.)* दयापूर्ण, दयालु।
सार्द्र *(सं.वि.)* आर्द्र, भीगा, गीला।
छिद्र *(सं.पुं.)* छेद, गड्ढा, बिल, दोष, त्रुटि।
परछिद्र *(सं.पुं.)* दूसरे का दोष।
छलछिद्र *(सं.पुं.)* कपट व्यवहार।
निश्छिद्र *(सं.वि.)* बिना छेद का।
सनिद्र *(सं.वि.)* निद्रायुक्त।
उन्निद्र *(सं.वि.)* निद्रारहित, जानता हुआ।
सुनिद्र (सं.वि.) अच्छी तरह सोया हुआ। सुनिद्रा *(सं.स्त्री.)* गहरी नींद।
विनिद्र *(सं.वि.)* निद्रारहित।
दरिद्र *(सं.वि.)* निर्धन, कंगाल।
वागूदरिद्र *(सं.पुं.)* मितभाषी, कम बोलनेवाला।
वारिद्र *(सं.पुं.)* चातक, पपीहा।
मुनीन्द्र *(सं.पुं.)* ऋषि श्रेष्ठ।
भूमीन्द्र *(सं.पुं.)* भूपति, राजा।
छुद्र *(हिं.पुं.)* देखो क्षुद्र।
समुद्र *(सं.पुं.)* जल का बड़ा समूह, अम्बुधि, सागर।
आसमुद्र *(सं.अव्य.)* समुद्र पर्यंत।
सामुद्र *(सं.वि.)* समुद्र संबंधी।
रूद्र *(सं.पुं.)* एक प्रकार के गण देवता जो संख्या में ग्यारह हैं।
क्षुद्र *(सं.वि.)* कृपण, अधम, तुच्छ, अल्प, क्रूर, दरिद्र, खोटा, छोटा।
शूद्र *(सं.पुं.)* आर्यों के चार वर्णों में से अन्तिम वर्ण।
अतिशूद्र *(सं.पुं.)* अन्त्यज।
केन्द्र *(सं.पुं.)* वृत्त का मध्य स्थान।
गुरुत्वकेन्द्र *(सं.पुं.)* किसी पदार्थ के बीच का वह बिन्दु जिस पर यदि उस पदार्थ का संपूर्ण भाव सिमटकर आ जाए तो आकर्षण में भेद न हो।
अगेन्द्र *(सं.पुं.)* हिमालय, सुमेरू।
नगेन्द्र, नगेश *(सं.पुं.)* हिमालय पर्वत।
भृगेन्द्र *(सं.पुं.)* सिंह।
मृगेश, मृगेश्वर *(सं.पुं.)* सिंह।
राजेन्द्र *(सं.पुं.)* राजश्रेष्ठ, राजाओं का राजा, सामन्त।
वारणेन्द्र *(सं.पुं.)* सुन्दर हाथी।
नरेन्द्र *(सं.पुं.)* नरेश, राजा।
शैलेन्द्र *(सं.पुं.)* शैलराज, हिमालय।
ज्ञानवेन्द्र *(सं.पुं.)* राजा।
देवेन्द्र *(सं.पुं.)* देवताओं के राजा इन्द्र।
रसेन्द्र *(सं.पुं.)* पारद, पारा।
राक्षसेन्द्र *(सं.पुं.)* रावण।
महेन्द्र *(सं.पुं.)* विष्णु, इन्द्र।
भगदड़, भगदर *(हिं.स्त्री.)* किसी कारण से त्रस्त होकर बहुत से लोगों का एकाएक भागना।

बगदर *(हिं.पुं.)* मच्छड़।
बुगदर *(हिं.पुं.)* मच्छड़।
मृगदर *(हिं.पुं.)* एक प्रकार की गावदुम लकड़ी की मुगरी जो व्यायाम में उपयोग की जाती है।
खद्दड़, खद्दर *(हिं.पुं.)* हाथ के कते हुए सूत का बुना हुआ कपड़ा, खादी।
चद्दर *(हिं.स्त्री.)* चादर, किसी धातु का लंबा-चौड़ा पत्तर।
निदर *(सं.वि.)* भयशून्य, निडर।
आवआदर *(हिं.पुं.)* आदर, सत्कार।
कादर *(हिं.वि.)* देखो कातर।
हतावर *(सं.वि.)* जिसका आदर घट गया हो।
अनादर *(सं.पुं.)* अपमान, अप्रतिष्ठा।
निरादर *(सं.पुं.)* अपमान।
सादर *(सं.वि.)* आदर-सहित।
नौसादर *(हिं.पुं.)* एक तीक्ष्ण क्षार या नमक जो सींग, हड्डी, खुर, बाल आदि का भभके से अर्क खींचकर निकाला जाता है।
सहादर *(सं.अव्य.)* आदर के साथ।
बाँदर *(हिं.पुं.)* देखो बन्दर।
पीदर *(हिं.स्त्री.)* चिह्न, वह ढालुआ स्थान जिस पर से बैल कुएँ से पुरवट खींचते हैं।
बीदर *(हिं.पुं.)* ताल के किनारे का सिंचाई का पानी चढ़ाने का स्थान।
उदर *(सं.पुं.)* जठर, पेट।
उँदर *(हिं.पुं.)* चूहा।
खूद, खूदड़, खूदर *(हिं.पुं.)* मैल, तलछट।
एकोदर *(सं.पुं.)* सहोदर।
उन्नतोदर *(सं.पुं.)* चाप या वृत्तखण्ड का ऊपरी तल, वह वस्तु जिसका ऊपरी भाग उभड़ा हो।
पावीदर *(सं.पुं.)* सर्प, साँप।
जलौदर *(सं.पुं.)* एक रोग जिसमें पेट में पानी भर जाता है।
सोदर *(सं.पुं.)* सहोदर, सगा भाई।
सहोदर *(सं.पुं.)* एक ही माता के पुत्र। *(वि.)* सगा।
कन्दर *(सं.पुं.)* हाथी का अंकुश, गुहा।
चुकन्दर *(हिं.पुं.)* शलजम के प्रकार की तरकारी।
भगन्दर *(सं.पुं.)* गुदा में व्रण होने का रोग।
बंदर *(हिं.पुं.)* कपि, मर्कट; *(फा.पुं.)* समुद्र के किनारे पर का जहाज ठहरने का स्थान।
बन्दर *(हिं.पुं.)* कपि।
मुछंदर *(हिं.पुं.)* जिसकी दाढ़ी मूँछ बड़ी बड़ी हो, भद्दा, मूर्ख मनुष्य।
द्वन्दर *(हिं.वि.)* झगड़ालू।
बसंदर *(हिं.पुं.)* अग्नि, आग।
छुछुंदर *(हिं.पुं.)* देखो छछूंदर।
समुंदर *(हिं.पुं.)* समुद्र।
सुन्दर *(सं.वि.)* मनोहर, अच्छा, श्रेष्ठ, बढ़िया।
सुन्दरता *(सं.स्त्री.)* मनोहरता।
श्यामसुन्दर *(सं.पुं.)* श्रीकृष्ण।
दुरसुन्दर *(सं.वि.)* अत्यन्त सुन्दर।
छछूंदर, छछुंदर *(हिं.पुं.)* चूहे की जाति का जन्तु।
रंध्र *(हिं.पुं.)* छिद्र।
रन्ध्र *(सं.पुं.)* छिद्र।
सरन्ध्र *(सं.वि.)* छिद्र सहित, छेददार।
नीरन्ध्र *(सं.वि.)* छिद्र-रहित।
अधर *(हिं.पुं.)* नीचे का ओष्ठ; *(वि.)* नीचे को झुका हुआ, नीच, बुरा।
मृगधर *(सं.पुं.)* चन्द्रमा।
नागधर *(सं.पुं.)* शिव, महादेव।
शांगधर *(सं.पुं.)* विष्णु, श्रीकृष्ण।
शांगी *(सं.पुं.)* धनुर्धारी।
दण्डधर *(सं.वि.)* डंडा धारण करनेवाला; *(पुं.)* यमराज, शासनकर्ता, राजा, संन्यासी।
रूपधर *(सं.वि.)* सुन्दर।
रूपधारी *(हिं.वि.)* बहुरूपिया।
धर्मचर *(सं.वि.)* कवचधारी।
दुर्धर *(सं.वि.)* कठिनता से होने योग्य।
धनुधर *(सं.पुं.)* धनुर्धारी।
धनुर्धारी *(सं.वि.)* देखो धनुर्धर।
सरधर *(हिं.पुं.)* तरकस, तूणीर।
नीरधर *(सं.पुं.)* मेघ, बादल।
हलधर *(सं.पुं.)* हल धारण करने वाले, बलरामजी।
विश्वधर *(सं.पुं.)* विष्णु।
शशिधर *(सं.पुं.)* चन्द्रमा।
वंशधर *(सं.स्त्री.)* सन्तति, सन्तान।
शेषधर *(सं.पुं.)* शिव, महादेव।
पक्षधर *(सं.पुं.)* चन्द्रमा, पक्षी।
गदाधर *(सं.पुं.)* विष्णु भगवान्।
सुधाधर *(सं.पुं.)* चन्द्रमा।
वसुधाधर *(सं.पुं.)* पर्वत, विष्णु।
विद्याधर *(सं.पुं.)* एक प्रकार की देवयोनि।
धराधर *(सं.पुं.)* पर्वत, विष्णु, शेषनाग।
कलाधर *(सं.पुं.)* चन्द्र, चन्द्रमा, शिव।
इधर (हिं. क्रि. वि.) यहाँ, इस ओर, में, वहाँ, चारों ओर।
किधर (हिं. क्रि. वि.) कहाँ, किस ओर।
जिधर (हिं. क्रि. वि.) जहाँ, जिस ओर।
तिधर (हिं. क्रि. वि.) उस ओर, उधर।
विधर (हिं. क्रि. वि.) देखो उधर, उस ओर।
धरणिधर *(सं.पुं.)* पर्वत, पहाड़, शेषनाग।
फनिंग, फनिप, फनिधर (हिं. पुं) सर्प।

शशिधर *(सं.पुं.)* महादेव।
बारिधर *(हिं.पुं.)* मेघ, बादल।
क्षितिधर *(सं.पुं.)* पर्वत, पहाड़।
कीर्तिधर *(सं.वि.)* कीर्तिमान्, प्रसिद्ध।
भूमिधर *(सं.पुं.)* पर्वत, पहाड़।
धरणीधर *(सं.पुं.)* देखो धरणिधर।
लक्ष्मीधर *(सं.पुं.)* विष्णु।
श्रीधर *(सं.पुं.)* शालग्राम, चक्र, विष्णु। *(वि.)* तेजस्वी, तेजवान।
पृथ्वीधर *(सं.पुं.)* पर्वत, पहाड़।
बंसीधर *(हिं.पुं.)* वंशीधर, श्रीकृष्ण।
वहीधर *(सं.पुं.)* पर्वत, शेषनाग।
अम्बुधर *(सं.पुं.)* बादल, मेघ।
भूधर *(सं.पुं.)* शेषनाग।
अम्भोधर *(सं.पुं.)* मेघ, बादल, समुद्र।
यशोधर *(सं.वि.)* यशस्वी, कीर्तिमान्।
कंधर, कंधा *(हिं.पुं.)* स्कंध, मोढ़ा।
दशकन्ध, दशकन्धर *(सं.पुं.)* रावण।
धुरन्धर *(सं.पुं.)* बोझ ढोनेवाला मनुष्य या पशु; *(वि.)* भार ढोनेवाला, श्रेष्ठ या प्रधान।
जलंधर *(हिं.पुं.)* पेट में पानी भर जाने का रोग।
किन्नर *(सं.पुं.)* देवयोनि विशेष।
वानर *(सं.पुं.)* बन्दर।
वैश्वानर *(सं.पुं.)* परमात्मा, अग्नि।
चुनर, चुनरी *(हिं.स्त्री.)* देखो चुनरी।
पलेनर *(हिं.पुं.)* चौरस करने की पटिया।
छिप्र *(हिं.वि.)* देखो क्षिप्र।
विप्र *(सं.पुं.)* ब्राह्मण, पुरोहित।
क्षिप्र *(सं.वि.)* फेंकनेवाला।
अपर *(सं.वि.)* पहिला, दूसरा, पिछला।
चपर *(सं.पुं.)* भिक्षा माँगने का खप्पड़, मिट्टी के पात्र का टूटा हुआ भाग।
पटपर *(हिं.वि.)* समतल, चौरस।
खप्पर *(हिं.पुं.)* भीख लेने का पात्र।
छप्पर *(हिं.स्त्री.)* लकड़ी, फूस आदि की बनाई हुई छाजन।
टप्पर *(हि.पुं.)* छाजन, छप्पर।
तत्पर *(सं.वि.)* उद्यत, सन्नद्ध, तैयार, निपुण, दक्ष, चतुर।
सपर *(सं.पुं.)* वह जो आपत्ति में पड़ने पर केवल देवता के भरोसे बैठा रहे।
कर्पर *(सं.पुं.)* कपाल, खोपड़ी, कपोल, गाल, शर्करा।
करपर *(हिं.पुं.)* खोपड़ी; *(वि.)* कृपण।
तरपर (हिं. क्रि. वि.) नीचे-ऊपर।
परस्पर *(सं.अव्य.)* एक दूसरे के साथ, आपस में।
स्वार्थपर *(सं.वि.)* जो केवल अपना ही स्वार्थ देखता हो।
दैवपर *(सं.वि.)* भाग्य पर भरोसा करनेवाला।
कापर *(हिं.पुं.)* कपड़ा, वस्त्र।
चापर *(हि.वि.)* देखो चापड़।
पापर *(हिं.पुं.)* देखो पापड़।
द्वापर *(सं.पुं.)* चार युगों में से एक।
पूर्वापर (सं.क्रि.वि.) अगला और पिछला, क्रमानुसार; *(पुं.)* पूर्व और पश्चिम।
बुद्धिपर *(सं.वि.)* जहाँ तक बुद्धि न पहुँच सके।
पीपर *(हिं.पुं.)* देखो पीपल।
सलीपर *(हिं.पुं.)* बिना एड़ी की जूती, रेल की पटरियों के नीचे बिछाने का लकड़ी का पटरा।
सीपर *(हिं.पुं.)* ढाल।
ऊपर *(हिं.वि.)* उपरि; (क्रिं. वि.) ऊँचे स्थान में, आगे, अधिक, अतिरिक्त, किनारे पर।
कोपर *(हिं.पुं.)* टपका, डाल का पका आम।
फरफर *(हिं.पुं.)* किसी पदार्थ के उड़ने या फड़फड़ाने से उत्पन्न शब्द।
शिफर *(हिं.पुं.)* ढाल।
फोंफर *(हिं.वि.)* खोखला।
अबर, अब्बर *(हिं.वि.)* निर्बल।
अटब्बर *(हिं.पुं.)* आडम्बर।
बर्बर *(सं.वि.)* हकलाता हुआ, असभ्य, उद्दंड; *(पुं.)* असभ्य मनुष्य, शास्त्रों की झनकार।
शयर *(सं.वि.)* चितकबरा।
नुरबर *(हिं. क्रि. वि.)* शीघ्र।
हबर-हबर *(हिं. क्रि. वि.)* हड़बड़ी से।
लहबर *(हिं.पुं.)* ढीला-ढाला पहनावा, चोंगा, झंडा।
कोहबर *(हिं.पुं.)* वह स्थान जहाँ विवाह के समय कुलदेवता की स्थापना होती है।
झाबर *(हिं.पुं.)* दलदली भूमि।
टाबर *(हिं.पुं.)* लड़का, बालक, छोकरा।
डाबर *(हिं.पुं.)* पोखरी, गड्ढा, ताल; *(वि.)* मटमैला जल।
डाबर *(हिं.वि.)* मटमैला।
बराबर (पुं.) नाप, तौल, सामर्थ्य।
छीवर *(हिं.स्त्री.)* वह वस्त्र जिस पर बेलबूटे छपे हों।
पीबर *(हिं.वि.)* पीला, पीले रंग का।
कूबर *(हिं.पुं.)* कूबड़।
घेवर *(हिं.पुं.)* एक प्रकार की मिठाई।
हैबर *(हिं.पुं.)* अच्छा घोड़ा।
अंबर *(हिं.स्त्री.)* देखो अम्बर।
अम्बर *(सं.पुं.)* आकाश, वस्त्र, अभ्रक।
डंबर *(हिं.पुं.)* ढकोसला, आडम्बर।
शंबर *(सं.पुं.)* जल, पानी।
शम्बर *(सं.पुं.)* जल, पानी, बादल।
अटम्बर *(हिं.पुं.)* ढेर, राशि, समुदाय।
बाघम्बर *(हिं.पुं.)* बाघ की खाल।

वागूडम्बर *(सं.पुं.)* बातों की लपेट।
मेघडंबर बहुत बड़ा चंदवा, दलबादल।
बाघंबर *(हिं.पुं.)* बाघ की खाल जो बिछाने के काम में आती है।
पाटम्बर *(सं.पुं.)* रेशमी वस्त्र।
आडम्बर *(सं.पुं.)* हर्ष, दर्प, युद्ध की घोषणा, आरम्भ, मेघ का शब्द, हाथी की चिंग्घाड़।
मेघाडम्बर *(सं.पुं.)* मेघों का विस्तार।
शब्दाडम्बर *(सं.पुं.)* शब्दजाल। शब्दानुशासन।
निराडम्बर *(सं.वि.)* आडम्बररहित।
दिगम्बर *(सं.पुं.)* शिव महादेव।
पितम्बर *(हिं.पुं.)* देखो पिताम्बर।
निरम्बर *(सं.वि.)* वस्त्र-शून्य।
गोलंबर *(हिं.पुं.)* गुंबद, गोलाई।
पीताम्बर *(सं.पुं.)* पीला कपड़ा, रेशमी धोती जिसको पहनकर लोग पूजा-पाठ करते हैं।
नीलाम्बर *(वि.)* नीला वस्त्र पहिनने वाला।
उदुम्बर *(सं.पुं.)* गूलर, देहली, चौखट।
औदुम्बर *(सं.वि.)* गूलर का बना हुआ।
अभ्र *(सं.पुं.)* अभ्रक धातु, बादल, आकाश।
अदभ्र *(सं.वि.)* प्रचुर, अपार।
निरभ्र *(सं.वि.)* मेघ-शून्य।
कालाभ्र *(सं.पुं.)* बरसनेवाला काला बादल।
शुभ्र *(सं.वि.)* उद्दीप्त, सफेद।
अशुभ्र *(सं.पुं.)* कृष्ण, काला।
सुभ्र *(सं.पुं.)* देखो शुभ्र।
विश्वम्भर *(सं.पुं.)* परमेश्वर।
निर्भर *(सं.पुं.)* अवलंबित, आश्रित।
अनिर्भर *(सं.वि.)* थोड़ा, छोटा।
दुर्भर *(सं.वि.)* दुःसह, भारी।
खरभर *(हिं.पुं.)* खड़खड़ाहट।
अभर *(हिं.वि.)* न उठाने योग्य, न ले चलने योग्य।
भाभर *(हिं.पुं.)* पहाड़ों के नीचे तराई के बीच का जंगल।
दूभर *(हिं.वि.)* दुःसाध्य, कठिन।
सूभर *(हिं.वि.)* शुभ्र, सुन्दर, सफेद।
बेसंभर *(हिं.वि.)* बेसुध।
नम्र *(सं.वि.)* झुका हुआ, विनीत।
विनम्र *(सं.वि.)* अति विनीत, सुशील।
आम्र *(सं.पुं.)* आम का वृक्ष या फल।
ताम्र *(सं.पुं.)* ताँबा नामक धातु।
धूम्र *(सं.पुं.)* धुआँ, ललाई लिये काला रंग।
अमर *(सं.वि.)* न मरनेवाला, चिरस्थायी; *(पुं.)* देवता।
चमर *(सं.पुं.)* सुरागाय की पूँछ का बना हुआ चेवर।
कचमर *(हिं.पुं.)* कुचला, कुचली हुई वस्तु।
दुर्मर *(सं.वि.)* जिसकी मृत्यु बड़े कष्ट से हो।
भ्रमर *(सं.पुं.)* मधुकर, भौंरा।
मर्मर *(सं.पुं.)* कपड़े, पत्ते इत्यादि का मरमर शब्द।
चरमर *(हिं.पुं.)* किसी तनी वस्तु के दबने से उत्पन्न शब्द।
श्मर *(सं.पुं.)* कामदेव, स्मरण।
समर *(सं.पुं.)* युद्ध, संग्राम, लड़ाई।
चामर *(सं.पुं.)* चेंवर, मुरछल।
झामर *(सं.पुं.)* एक प्रकार का पैर का गहना, टेकुआ।
डामर *(सं.पुं.)* आडम्बर, चमत्कार, गर्व।
पामर *(सं.वि.)* दुष्ट, नीच कुल में उत्पन्न, दुश्चरित्र।
धीमर *(हिं.पुं.)* धीवर, मल्लाह।
नीमर *(हि.वि.)* दुर्बल, बलहीन।
झूमर *(हिं.पुं.)* सिर में पहिनने का एक प्रकार का आभूषण जिसमें घुँघरू या शब्द लटकते रहते हैं।
तोमर *(सं.पुं.)* भाले की तरह का भारत का एक प्राचीन अस्त्र।
नमर *(हिं.पुं.)* देखो नगर।
बयर *(हिं.पुं.)* देखो बैर।
कायर *(हिं.वि.)* भीरू, कातर, डरपोक।
नायर *(हिं.पुं.)* बड़ी नाव।
करसायर, करसायल *(सं.पुं.)* कृष्णसार, काला हिरन।
नियर *(हिं.अव्य.)* पास, समीप।
पियर *(हिं.वि.)* पीला, पीले रंग का।
नरियर *(हिं.पुं.)* देखो नारियल।
हरियर *(हिं.वि.)* हरे रंग का, हरा।
बिसियर *(हिं.वि.)* विषैला।
कोयर *(हिं.पुं.)* पशुओं को खिलाने का हरा चारा।
अरर *(हिं.अव्य.)* आश्चर्यसूचक शब्द।
कल्लर *(हिं.पुं.)* काली मिट्टी, रेह।
गुल्लर *(हिं.पुं.)* देखो गूलर।
झालर *(हिं.स्त्री.)* लटकता हुआ किनारा जो शोभा के लिए लगाया जाता है, किनारा, छोर।
चीलर *(हिं.पुं.)* जूँ की तरह का एक छोटा कीड़ा।
गूलर *(हिं.पुं.)* एक वृक्ष, पीपल और बरगद की जाति का एक बड़ा वृक्ष।
तीव्र *(सं.वि.)* अत्यन्त तीक्ष्ण।
अवर *(सं.वि.)* अधम, नया, पीछे रहनेवाला, दूसरा।
कवर *(हिं.पुं.)* ग्रास, कौर।
ज्वर *(सं.पुं.)* शरीर की अस्वस्थता में उत्पन्न गरमी।
विषमज्वर *(सं.पुं.)* वह ज्वर जो प्रतिदिन आता है परन्तु इसके आने का कोई नियत समय नहीं होता तथा तापमान भी प्रतिदिन समान नहीं होता।
द्विजवर *(सं.पुं.)* द्विजश्रेष्ठ, ब्राह्मण।
झवर *(हिं.पुं.)* झगड़ा।
नटवर *(सं.पुं.)* नाट्य कला में बहुत चतुर मनुष्य; *(वि.)* बहुत चतुर या चालाक।

चत्वर *(सं.पुं.)* चौमुहानी, चौरस्ता, आँगन।

सत्वर *(सं.अव्य.)* शीघ्र, झटपट।

छित्वर *(हिं.वि.)* धूर्त, छेदक, बैरी।

पतवर (हिं. क्रि. वि.) बराबर से।

बनवर *(हिं.पुं.)* बिनौला।

वनवर *(हिं.पुं.)* ग्रास, कवर।

प्रियवर (सं.वि.) अति प्रिय, सबसे प्यारा।

पवर *(हिं.पुं.)* देखो परवर, परवल।

प्रवर *(सं.पुं.)* गोत्र, सन्तति; *(वि.)* श्रेष्ठ, मुख्य।

सरवर *(हिं.पुं.)* देखो सरोवर, तालाब।

गिरधर *(हिं.पुं.)* श्रेष्ठ पर्वत।

वीरवर *(सं.वि.)* अति वीर।

लवर *(हिं.स्त्री.)* अग्नि की लपट या ज्वाला।

कुरूवर *(हिं.पुं.)* एक प्रकार का कपड़ा जिस पर रेशम के बेल बूटे कढ़े होते हैं।

अश्वर *(सं.पुं.)* यज्ञ।

तब्वर *(हिं.पुं.)* पुत्र।

नश्वर *(सं.वि.)* नष्ट होनेवाला।

अनश्वर *(सं.वि.)* नष्ट न होनेवाला, स्थायी, स्थिर, अटल।

विनश्वर *(सं.वि.)* अनित्य, नष्ट होनेवाला।

ऐश्वर *(सं.वि.)* शक्तिशाली, शिवसंबंधी।

लंकेश, लंकेश्वर *(सं.पुं.)* रावण।

नागेन्द्र, नागेश्वर *(सं.पुं.)* ऐरावत, शेषनाग, बड़ा हाथी, बड़ा सर्प।

जोगेश्वर *(हिं.पुं.)* देखो योगेश्वर।

राजश्वर *(सं.पुं.)* राजाओं में श्रेष्ठ।

राजराज, राजराजेश्वर *(सं.पुं.)* अधिराज, राजाओं का राजा, चन्द्रमा।

प्राणेश, प्राणेश्वर *(सं.पुं.)* पति, स्वामीप्रिय व्यक्ति, बहुत प्यारा।

दिनेश्वर *(सं.पुं.)* दिनेश, सूर्य।

परमेश्वर *(वि.)* सर्वश्रेष्ठ, सबसे उत्तम; *(सं.पुं.)* परमात्मा।

परमेश, परमेश्वर *(सं.पुं.)* सृष्टि आदि का रचनेवाला, त्रिमूर्तक ब्रह्म।

आत्मेश्वर *(सं.वि.)* अपने मन पर अधिकार रखनेवाला।

रामेश्वर *(सं.पुं.)* दक्षिण भारत के समुद्रतट पर का एक स्थान जहाँ पर श्री रामचन्द्रजी का स्थापित एक शिवलिंग है।

मण्डलेश, मण्डलेश्वर *(सं.पुं.)* बारह राजाओं का अधिपति।

सर्वेश, सर्वेश्वर *(सं.पुं.)* सबका स्वामी, ईश्वर, चक्रवर्ती राजा।

देहेश्वर *(सं.पुं.)* शरीर का अधिष्ठाता, आत्मा।

ईश्वर *(सं.पुं.)* शिव, ब्रह्मा, स्वामी, मालिक।

जोगीश्वर *(हिं.पुं.)* देखो योगीश्वर।

जगदीश्वर *(सं.पुं.)* परमेश्वर।

स्वर *(सं.पुं.)* वह ध्वनि जो किसी प्राणी के मुख से अथवा किसी पदार्थ पर आघात पड़ने से उत्पन्न हो, व्याकरण में वह वर्णात्मक शब्द जिसका उच्चारण आप से आप होता है।

अस्वर *(हिं.वि.)* देखो नश्वर।

सस्वर *(सं.वि.)* स्वरसहित, स्वरयुक्त।

महास्वर *(सं.पुं.)* उच्च स्वर।

सुस्वर *(सं.पुं.)* उत्तम स्वर, सुरीला।

गहवर *(हिं.वि.)* विषम, उद्विग्न, व्याकुल।

गहवर *(सं.पुं.)* बिल, कन्दरा; *(वि.)* दुर्गम, गुप्त, विषम।

कावर *(हिं.पुं.)* छोटा बरछा।

जड़ावर *(हिं.पुं.)* जाड़े में पहिनने के कपड़े।

निवछावर *(हिं.स्त्री.)* देखो निछावर।

नेवछावर *(हिं.स्त्री.)* देखो निछावर।

निछावर *(हिं.स्त्री.)* उत्सर्ग, उतारा, नग।

न्योंछावर *(हिं.स्त्री.)* देखो निछावर।

नौछावर *(हिं.स्त्री.)* देखो निछावर।

तावर *(सं.पुं.)* धनुष की डोरी, चिल्ला।

पतावर *(हिं.पुं.)* पेड़ के सूखे पत्ते।

थावर *(हिं.वि.)* देखो स्थावर।

स्थावर *(सं.पुं.)* पर्वत, धनुष की डोरी, अचल सम्पत्ति; *(वि.)* एक ही स्थान में रहनेवाला, स्थायी।

अस्थावर *(सं.वि.)* जंगम।

नावर *(हिं.पुं.)* नाव, नौका।

रावर *(हिं.वि.)* भवदीय, आपका; *(पुं.)* अन्तःपुर, रनिवास।

दिसावर *(हिं.पुं.)* देशान्तर, परदेश।

देसावर *(हिं.पुं.)* देशान्तर, परदेश।

महावर *(हिं.पुं.)* लाख से बना हुआ एक प्रकार का लाल रंग जिससे सौभाग्यवती स्त्रियाँ पैर को रँगती हैं।

काँवर *(हिं.स्त्री.)* बहँगी।

जाँवर *(हिं.पुं.)* प्रस्थान।

झाँवर *(हिं.स्त्री.)* नीची भूमि जहाँ पानी ठहरता हो; *(वि.)* मलिन, मुरझाया हुआ, शिथिल।

ताँवर *(हिं.स्त्री.)* ताप, जूड़ी, मूर्छा।

पाँवर *(हिं.वि.)* पामर, तुच्छ, नीच, मूर्ख।

भाँवर *(हिं.स्त्री.)* परिक्रमा करना।

करियर *(सं.पुं.)* श्रेष्ठ (उत्तम) हाथी।

अविवर *(सं.वि.)* घना, बिना छिद्र का।

लोमविवर *(सं.पुं.)* रोमकूप।

नासाविवर *(सं.पुं.)* नाक का छेद।

निसिवर *(हिं.पुं.)* निशिकर, चन्द्रमा।

खीवर *(हिं.पुं.)* वीर पुरुष

चीवर *(सं.पुं.)* संन्यासियों या भिक्षुकों का फटा वस्त्र।

धींवर *(हिं.पुं.)* कर्णधार, माझी।

तीवर *(सं.पुं.)* मछुवा, बहेलिया।

पीवर *(हिं.पुं.)* मल्लाह, मछुआ।
धींवर *(हिं.पुं.)* देखो धीवर, मल्लाह।
पीवर *(सं.वि.)* स्थूल, गुरू, आरी, मोटा।
कुँवर *(हिं.पुं.)* देखो कुमार।
रघुवर *(सं.पुं.)* श्रीरामचन्द्र।
तुवर *(सं.पुं.)* कसैला रस; *(वि.)* कसैला, तीता।
ऊबर *(हिं.वि.)* अधिक।
छेवर *(हिं.पुं.)* छाला, चमड़ा।
देवर *(सं.पुं.)* पति का छोटा भाई।
पेवर *(हिं.पुं.)* नीला रंग।
कलेवर *(सं.पुं.)* शरीर, देह, चोला।
दुष्कलेवर *(सं.पुं.)* बुरा शरीर।
तालेवर *(हिं.वि.)* धनाढ्य, धनी।
चँवर *(हिं.स्त्री.)* चामर, घोड़े हाथी के सिर पर लगाने की कलँगी, फुँदना, झालर।
झामोवर *(हिं.पुं.)* दुशाला जिसमें सर्वत्र बेलबूटे काढ़े होते हैं।
पेवंर *(हिं.स्त्री.)* सामान, सामग्री।
कँवर *(हिं.पुं.)* तीर का फल।
तरोवर *(हिं.पुं.)* देखो तरूवर, श्रेष्ठ वृक्ष।
मानसरोवर *(हिं.पुं.)* एक प्रसिद्ध बड़ी झील जो हिमालय पर्वत के उत्तर में है।
कोंवर *(हिं.वि.)* नरम, मुलायम, मृदु, कोमल।
पचोंवर *(हिं.वि.)* पाँच तह या परत किया हुआ।
भँवर *(हिं.पुं.)* भौंरा, गड्ढा, जल के बहाव में वह स्थान जहाँ पानी की लहर एक केन्द्र पर चक्कर खाती हुई घूमती है।
स्वयंवर *(सं.पुं.)* भारतवर्ष की एक प्राचीन रीति जिसमें विवाह योग्य कन्या कुछ उपस्थित व्यक्तियों में से अपना वर चुन लेती थी।
वाश्र *(सं.पुं.)* मन्दिर, चौराहा।
मिश्र *(सं.वि.)* मिश्रित, मिला हुआ, गणित में भिन्न प्रकार की संख्या संबंधी।
केशर *(सं.पुं.)* फूलों के बीच के महीन रेशे, सिंह या घोड़े की गर्दन पर के बाल, कुमकुम, केसर।
ऊषर *(सं.पुं.)* रेह की भूमि।
विषमचतुरत्न *(सं.पुं.)* वह असमान बाहु का चतुष्कोण क्षेत्र जिसके सामने की भुजा समानान्तर हो।
एकसर *(हिं.वि.)* अकेला।
बेगसर *(हिं.पुं.)* खच्चर।
टसर *(हिं.पुं.)* एक प्रकार का मोटा रेशम।
शत संवत्सर *(सं.पुं.)* सौ वर्ष।
प्रतिसंवत्सर *(सं.अव्य.)* हर साल, प्रतिवर्ष।
मत्सर *(सं.पुं.)* ईर्ष्या, डाह; *(वि.)* कृपण, कंजूस।
विमत्सर *(सं.पुं.)* अधिक अहंकार।
पसर *(हिं.पुं.)* गहरी की हुई हथेली, आधी अंजली, विस्तार, फैलाव।
अग्रसर *(सं.वि.)* अग्रगामी, नेता।
प्रसर *(सं.पुं.)* विस्तार, फैलाव।
तरतर *(हिं.पुं.)* भूमि पर रेंगने का शब्द।
अवसर *(सं.पुं.)* समय, काल।
सुअवसर *(सं.पुं.)* अच्छा अवसर।
अनिवसर *(सं.वि.)* कुसमय।
लब्धावसर (यं. वि.) जिसने अवकाश या छुट्टी पाई हो।
पुरस्सर *(सं.पुं.)* अगुआ, साथी, *(वि.)* आगे का, पहिला।
वासर *(हिं.पुं.)* आसर, दिन, प्रातःकाल। *(सं.पुं.)* दिवस, दिन।
भवासर *(सं.पुं.)* मूर्ख।
निसवासर *(हिं.वि.)* रातदिन, सर्वदा।
अतिसर *(हिं.पुं.)* अनुचर, भृत्य।
ईसर *(हिं.पुं.)* ऐश्वर्य, महत्त्व।
रसीवर *(हिं.पुं.)* ऋषीश्वर।
सुसर, सुसुर *(हिं.पुं.)* देखो ससुर।
ऊसर *(हिं.पुं.)* वह भूमि जो नोनी हो।
धुसर *(हिं.पुं.)* मटमैला रंग।
धमधूसर *(सं.पुं.)* भधा, मोटा आदमी।
मूसर *(हि.वि.)* धान कूटने का लकड़ी का मोटा डंडा, मूसल।
केसर *(हि.वि.)* फूलों के बीच के महीन तन्तु, कुडुकुम, घोड़े या सिंह की गरदन पर के बाल।
(केसरिया) *(सं.पुं.) (हि.वि.)* पीला, जिसमें केसर मिली हो।
(गर्भकेसरी) फूलों में के बाल सरीखे पतले सूत।
बेसर *(पुं.) (हि.पुं.)* नाक में पहनने की नथ।
परमेसवर *(हि.पुं.)* देखो परमेश्वर।
सेसर *(हि.पुं.)* छल, कपट।
बिसेसर *(हि.पुं.)* देखो विश्वेश्वर।
ओसर *(हि.पुं.)* हाल की ब्याई हुई गाय का दुध।
चौसर *(हि.पुं.)* एक खेल जो बिसात पर चार रंग की चार चार गोटियों से दो मनुष्यों में खेला जाता है।
औसर *(हि.पुं.)* अवसर।
औसर *(सं.पुं.)* गणित में वह राशि जो बँट न सकती हो।
अगहर (हि. वित्र कि. वि.) पहिला, आगे का।
जगहर *(हि.स्त्री.)* जागने की अवस्था।
चहर *(हि.पुं.)* आनन्द का उत्सव।
अठहर *(हि.पुं.)* राशि, ढेर।
कटहर *(हि.पुं.)* देखो कटहल।
ठहर *(हि.पुं.)* ठौर, स्थान।
देहर *(हि.पुं.)* नदी का गहरा स्थान, पाल, कुण्ड।
देहर देहर *(हि.कि.वि.)* घघरते हुए।
धनहर *(सं.वि.)* तस्कर।

पहर *(हि.पुं.)* तीन घंटे का समय।

अमहर *(हि.पुं.)* छीले हुए कच्चे आम की सुखाई हुई फाँक।

रहर *(हि.स्त्री.)* देखो अरहर।

अरहर *(हि.स्त्री.)* एक द्विदल अन्न, जिसकी दाल खाई जाती है।

धरहर *(हि.स्त्री.)* धरपकड़, रक्षा, बचाव, धीरज, तय।

परहर *(हि.स्त्री.)* पैर की पिंडली के ऊपर की हड्डी।

फरहर *(हि.वि.)* शुद्ध, निर्मल, प्रसन्न।

कल्हर *(हि.पुं.)* वेग।

(कल्हरना) *(हि.कि.)* पीड़ा का शब्द करना।

लहर *(हि.स्त्री.)* बड़ा हिलोरा, उमंग।

बलहर *(सं.वि.)* बल, नाशक।

सर्वहर *(सं.वि.)* सब कुछ हरण करनेवाला।

हहर *(हि.स्त्री.)* कँपकँपी, थरथराहट।

भागहर *(सं.वि.)* भाग या अंश लेनेवाला।

तापहर *(सं.वि.)* ज्वर को दूर करने वाला।

पापहर *(सं.वि.)* पाप का नाश करनेवाला।

सिकहर *(हि.पुं.)* छीका।

बिसहर *(हि.पुं.)* सर्प, साँप।

सुठहर *(हि.पुं.)* अच्छा स्थान।

मुडहर *(हि.पुं.)* स्त्रियों की साड़ी का वह भाग जो ठीक सिर पर रहता है।

सुनहर *(हि.पुं.)* श्वान, कुता।

मूलहर *(सं.वि.)* मूलनाशक।

दोपहर *(हि.स्त्री.)* मध्याह्नकाल।

धौलहर *(हि.पुं.)* देखो धोरहर।

खंडहर *(हि.पुं.)* टूटा-फूटा।

ठहर *(हि.स्त्री.)* स्थान, डेरा, टिकाव।

नाहर *(हि.पुं.)* सिंह, शेर, व्याघ्र।

नरनाहर *(हि.पुं.)* नृसिंह, भगवान।

बाहर *(हि.कि.वि.)* किसी निश्चित या कल्पित सीमा से हटकर, सिवाय, अलग, प्रभाव सा अधिकार से पृथक, किसी दूसरे स्थान पर, दूसरे नगर में।

कुराहर *(हि.पुं.)* देखो धरहरा। *(हि.पुं.)* देखो कोलाहल।

मइहर *(हि.पुं.)* स्त्रियों की माता का घर।

लतिहर, लतिहर *(हि.वि.)* लतखोर।

छुतिहर *(हि.पुं.)* वह पात्र जो अशुद्धि के संसर्ग से अशुद्ध हो गया हो।

खेतिहर *(हि.पुं.)* कृषक, किसान।

परिहर *(हि.पुं.)* देखो परिहार।

पीहर *(हि.पुं.)* स्त्रियों के माता-पिता का घर, मायका।

कुहर *(सं.पुं.)* छिद्र, गड्ढा।

कर्णकुहर *(सं.पुं.)* कान का छेद।

छेहर *(हि.वि.)* छाया, साया।

चेंहर *(हि.वि.)* श्रान्त, थका हुआ।

देहर *(हि.स्त्री.)* नदी के किनारे की नीची भूमि।

बैहर *(हि.वि.)* भयानक, प्रचण्ड, कोगधि, *(स्त्री.)* वायु, हवा।

मेहर *(हि.स्त्री.)* देखो मेहरी, पत्नी।

रेहर *(हि.पुं.)* झगड़ा, लड़ाई।

नैहर *(हि.पुं.)* स्त्री के पिता का घर, मायका।

ओहर *(हि.अव्य.)* उस ओर।

दोहर *(हि.स्त्री.)* दो परतों की बनी हुई ओढ़ने की चादर।

नोहर *(हि.वि.)* दुर्लभ, अलभ्य।

मनाहर, मनहरण *(हि.वि.)* मन को हरनेवाला।

मनोहर, मनहरण *(सं.वि.)* सुन्दर।

मुरलीधर, मुरलीमनोहर *(सं.पुं.)* श्रीकृष्ण।

सुमनोहर *(सं.वि)* बड़ा सुन्दरं

ब्योहर *(हि.पुं.)* रुपये के लेनदेन, व्यापार।

थरोहर *(हि.स्त्री.)* प्यास, थाती।

नशोहर *(हि.वि.)* नाश करनेवाला।

सोहर *(हि.पुं.)* एक प्रकार का गीत जिसको स्त्रियाँ घर में बच्चा पैदा होने पर गाती हैं।

ब्योहर *(हि.पुं.)* देखो ब्योहर।

अक्षर *(सं.पुं.)* ब्रह्मा, शिव, विष्णु, मोक्ष, जल, धर्म, तपस्या, आकारादि वर्ण, *(वि.)* अविनाशी।

अनक्षर (सं.) निन्दा गाली, *(वि.)* मूर्ख।

ब्रह्भाव *(सं.पुं.)* प्रणव, ओंकार।

यक्षर *(सं.पुं.)* प्रणव, ओंकार।

निरक्षर *(सं.वि.)* अनपढ़, मूर्ख।

ब्रह्मक्षर *(सं.वि.)* अनेक अक्षरों का पद।

एकाक्षर *(सं.पुं.)* एक स्वर वर्ण, ओंकार।

अनेकाक्षर *(सं.वि.)* जिसमें कई एक अक्षर मिले हो।

पच्चाक्षर *(सं.पुं.)* प्रणव, पाँच अक्षर का मन्त्र।

बीजाक्षर *(सं.पुं.)* किसी बीजमन्त्र का पहला अक्षर।

अदृष्टाक्षर *(सं.पुं.)* अक्षर जो लिखे हुए दिखाई न पड़ें।

दग्धाक्षर *(सं.पुं.)* पिंडल के अनुसार झ, ह, र भ, और ष ये पाँच अक्षर जिनसे किसी छंद का आरम्भ करना मना है।

अन्त्याक्षर *(सं.पुं.)* किसी पद या शब्द का अन्तिम अक्षर।

(अन्त्याक्षरी) *(सं.स्त्री.)* किसी कहे हुए श्लोक या पद्य के अन्तिम अक्षर से आरम्भ होने वाला दूसरा श्लोक।

मुद्राक्षर *(सं.पुं.)* सीसे के ढले हुए अक्षर जो छापने के काम आते हैं।

वधुराक्षर *(सं.वि.)* सुन्दर अक्षर।

स्वाक्षर *(सं.पुं.)* अपना हस्ताक्षर।

साक्षर *(सं.पुं.)* विद्वान्, जो लिखना पढ़ना जानता हो।

आर *(सं.पुं.)* प्रान्त, भाग, गमन, पीतल, पहिऐ का आरा, *(स्त्री.)* लोहे की कील, डंक, टेकुवा।

कार *(सं.पुं.)* कार्य, क्रिया, करने या बनानेवाला, कोई कर्मपद पूर्व में रहने से कार शब्द कर्ता के अर्थ में आता है, यथा–कर्मकार, सुवर्णकार, वर्णमाला के अक्षर के बाद जोड़ने से उस अक्षर का स्वतन्त्र बोध कराता है, यथा–अकार, ककार इत्यादि।

खार *(हि.पुं.)* क्षार, नमक, सज्जी।

चार *(हि.वि.)* तीन और एक की संख्या का, अनेक, कई एक, थोड़ा सा, थोड़ा बहुत, *(पुं.)* सेवक, दास, रीति।

छार *(हि.पुं.)* वनस्पतियों को जलाकर इनका निकाला हुआ नमक, क्षार।

आर *(सं.पुं.)* उपपति, यार, परस्त्री।

झार *(हि.वि.)* एकमात्र, सम्पूर्ण, सब, *(स्त्री.)* ईर्ष्या, डाह, लपेट, चरपराहट।

ठार स्थान, ठिकाना।

डार *(हि.स्त्री.)* शाखा, डाल।

तार *(हि.पुं.)* उतार, ढालुवाँ भूमि।

तार *(सं.पुं.)* रूपा, चाँदी, तारण, उद्धार, नक्षत्र, तारा, *(वि.)* निर्मल, स्वच्छ, *(पुं.)* ऊँचा स्वर, धातु का खींचकर, बनाया हुआ सूत, वह सूत जिसमें बिजली की सहायता से एक स्थान से दूसरे स्थान को समाचार भेजा जाता है, सूत्र, तागा, परम्परा, क्रम, युक्ति, उपाय, व्यवस्था, सुविधा, संगीत का एक सप्तक, करताल, मजीरा।

थार *(हि.पुं.)* बड़ी थाली।

दार *(सं.पुं.)* पत्नी, भार्या।

धार *(हि.स्त्री.)* निरन्तर जल का प्रवाह, पानी का सोता किसी काटने वाले हथियार का पैना किनारा, आक्रमण दिशा, किनारा, छोर।

नार *(हि.स्त्री.)* गरदन, गला, नाला, मोटा रस्सा।

वार *(हि.पुं.)* द्वार, आश्रय, स्थान, *(स्त्री.)* काल, समय, अतिकाल, *(पुं.)* घेरा, रोक।

भार *(सं.पुं.)* गुरुत्व, बोझ, *(हि.पुं.)* उत्तरदायित्व।

रार *(हि.पुं.)* झगड़ा।

लार *(हि.स्त्री.)* वह पतला लसदार थूक जो मुँह में से तार के रूप में निकलती है।

वार *(सं.पुं.)* द्वार, अवरोध, रुकावट, क्षण, सप्ताह का कोई एक दिन।

सार *(हि.पुं.)* पालन पोषण, रक्षा, लोहा।

हार *(हि.पुं.)* सोने चाँदी या मोतियों की माला, अंकगणित में भाजक *(हि.स्त्री.)* पराजय, हानि, क्षति।

क्षार *(सं.पुं.)* लवणरस।

पुतिआर *(हि.पुं.)* विश्वास।

परिआर *(हि.पुं.)* प्रबल, बलवान।

सिआर *(हि.पुं.)* शृंगाल, गीदड़।

कुआर *(हि.पुं.)* आश्विन मास।

सुकुआर *(हि.वि.)* देखो सुकुमार।

दुआर *(हि.पुं.)* द्वार।

दुआरा *(हि.स्त्री.)* छोटा द्वार।

गभुआर *(हि.वि.)* जिस बालक का मुण्डन न हुआ हो।

लुआर *(हि.स्त्री.)* लू।

सुआर *(हि.पुं.)* सूपकार, रसोईयादार।

अवकार *(सं.पुं.)* आकृति, स्वरूप, रचना, चिह्न, अ अक्षर।

धिक्कार *(हि.पुं.)* तिरस्कार, अपमान।

मक्कार *(हि.पुं.)* धूर्त।

हक्कार *(सं.पुं.)* पुकार।

झझकार *(हि.स्त्री.)* झझकारने का भाव या क्रिया।

कटकार *(सं.पुं.)* शिल्पकार, चटाई वाला।

घटकार *(सं.पुं.)* कुम्भकार, कारेंहार।

पटकार *(सं.पुं.)* कपड़ा बुननेवाला, चित्रकार।

फटकार *(हि.स्त्री.)* झिड़की, दूतकार, शाप।

भुष्टकार *(सं.पुं.)* भड़भूँजा।

षट्कार *(सं.पुं.)* षट् शब्द का उच्चारण।

डकार *(सं.पुं.)* ड स्वरूप अक्षर, ड वर्ण।

डकार *(हि.पुं.)* मुख से निकला हुआ उद्‌गार, सिंह, बाघ, आदि की गरज।

पर्णकार *(सं.पुं.)* तनोली, बरई।

स्वर्णकार *(सं.पुं.)* सुनार।

सुवर्णकार *(सं.पुं.)* सोनार।

चमत्कार *(सं.पुं.)* अद्‌भुत, व्यापार, विचित्र, घटना, विचित्रता।

सत्कार *(सं.पुं.)* आदर, सम्मान, पुजा, आतिथ्य।

सतकार *(हि.पुं.)* देखो सत्कार।

रथकार *(सं.पुं.)* रथ बनानेवाला, बढ़ई।

झनकार *(हि.स्त्री.)* देखो झंकार।

ठनकार *(हि.पुं.)* ध्वनि, शब्द।

फनकार *(हि.स्त्री.)* फनफन होने का शब्द।

अपकार *(सं.पुं.)* अनिष्ट, अहित।

अनपकार *(सं.पुं.)* अपकार न करना, सीधापन, भोलापन।

कल्पकार *(सं.पुं.)* नापित, *(वि.)* केश बनानेवाला।

प्रत्युपकार *(सं.पुं.)* किसी अपकार के बदले में किया हुआ अपकार।

कुम्भकार *(सं.पुं.)* कुम्हार जाति।

पच्चमकार *(सं.पुं.)* तन्त्रानुसार मद्य, मांस, मत्स्य, मुद्रा और मैथुन पंच मकार कहलाते हैं।

कर्मकार *(सं.वि.)* काम करनेवाला, *(पुं.)* लोहार।

चर्मकार *(सं.पुं.)* चमार, रथदास।

नाट्यकार *(सं.पुं.)* नाटक करनेवाला।

हिरण्यकार *(सं.पुं.)* सुनार।

भाष्यकार *(सं.पुं.)* सूत्रों की व्याख्या या टीका करने वाला।

पर्कार *(हि.पुं.)* देखो परकार, परकाल।

भद्रकार *(सं.वि.)* कल्याण करने वाला।

प्रकार *(सं.पुं.)* सादृश्य, समानता, भेद, भाँति, तरह, *(हि. स्त्री.)* परकोटा, घेरा।

तत्प्रकार *(सं.पुं.)* उसी तरह।

नानाप्रकार *(सं.वि.)* बहुविधि, अनेक प्रकार से।

बहुप्रकार *(सं.वि.)* अनेक तरह का।

ताम्रकार *(सं.पुं.)* कसेरा जाति।

ललकार *(हि.स्त्री.)* लड़ने के लिए बढ़ावा।

नमस्कार *(सं.पुं.)* प्रणाम, झुककर अभिवादन करने की क्रिया।

तिरस्कार *(सं.पुं.)* अनादर, अपमान।

पुरस्कार *(सं.पुं.)* आदर, पूजा प्रधानता, स्वीकार, उपहार, पारितोषिक।

हँकार *(हि.स्त्री.)* पुकारकर बुलाने की क्रिया, *(पुं.)* ललकार।

सहकार *(सं.पुं.)* सहायक।

भक्षकार *(सं.पुं.)* हलवाई।

पत्रकार *(हि.पुं.)* समाचारपत्र का संपादक।

शास्त्रकार *(सं.पुं.)* शास्त्र बनानेवाला।

बलात्कार *(सं.पुं.)* अत्याचार, अन्याय।

साक्षातकार *(सं.पुं.)* पदार्थों का वह भाग ज्ञान जो इन्द्रियों द्वारा होता है।

जानकार *(हि.वि.)* जाननेवाला, चतुर, दक्ष।

धिक्कार *(सं.पुं.)* भर्त्सना, तिरस्कार, अनादर।

झिझकार *(हि.स्त्री.)* देखो झझकार।

फटकार *(हि.पुं.)* धिक्कार, शाप, कोस, हलकी मिलावट, भावना।

णिरकार *(हि.स्त्री.)* देखो धिक्कार।

किलकार *(हि.स्त्री.)* हर्षध्वनि।

परिष्कार *(सं.पुं.)* शुद्धि, स्वच्छना।

अविष्कार *(सं.पुं.)* प्रकाश, नई विधि।

बहिष्कार *(सं.पुं.)* निकालना, बाहर करना, दूर करना, हटाना।

चीत्कार *(सं.पुं.)* चिल्लाहट।

सीत्कार *(सं.पुं.)* सिसकारी।

चीतकार *(हि.पुं.)* देखो चीत्कार।

बुक्कार *(सं.पुं.)* सिंह का गरजना।

पुचकार *(हि.वि.)* चुमकार।

गुणकार *(वि.)* रसोई बनानेवाला।

थुत्कार *(सं.पुं.)* वह शब्द जो मुँह से थूक निकलते समय उत्पन्न होता है।

फुत्कार *(सं.पुं.)* फूँक, मुँह से हवा का निकलना।

कूपकार *(सं.पुं.)* कुआँ खेदनेवाला।

रूपकार *(सं.पुं.)* मूर्ति बनानेवाला।

सूत्रकार *(सं.पुं.)* सूत्रों की रचना करने वाला।

तैलकार *(सं.पुं.)* तेल पेरनेवाला, तेली।

मोदकार *(सं.पुं.)* मिठाई बनानेवाला, हलवाई।

परोपकार *(सं.पुं.)* दूसरे के हित का काम, दूसरे का उपकार।

कोशकार *(सं.पुं.)* शब्दकोश बनानेवाला।

लोहकार *(सं.पुं.)* लोहार।

(लोहकिट्ट) *(सं.पुं.)* लोहे की मैल।

लौहकार *(सं.पुं.)* लुहार।

अंधकार *(सं.पुं.)* अँधियारा।

अन्धकार *(सं.पुं.)* तिमिर, अँधेरा।

संस्कार *(सं.पुं.)* सुधार, अनुभव, मनोवृत्ति या सुझाव का शोधन, इन्द्रियों पर बाह्य विषयों से पड़ा हुआ प्रभाव, पूर्वजन्म की वासना, चित्त पर पड़ा हुआ प्रभाव।

मूर्तसंस्कार *(सं.पुं.)* अन्त्येष्टि क्रिया।

कंसकार *(सं.पुं.)* कसेरा।

बँसकार *(हि.पुं.)* बाँसुरी।

मन्त्रकार मन्त्र रचनेवाला ऋषि।

पुस्तकाकार *(सं.वि.)* पुस्तक के आकार का, पोथी के रूप का।

टीकाकार *(सं.पुं.)* व्याख्याकार।

एकाकार *(सं.वि.)* एक ही आकृति का।

मुखाकार *(सं.पुं.)* मुख के सदृश।

तदाकार *(सं.वि.)* उसी आकार का।

आकार *(सं.पुं.)* प्राचीर, चहारदीवारी।

सूच्याकार *(सं.वि.)* सूई के आकार का, लंबा और नुकीला।

मायाकार *(सं.पुं.)* एन्द्रजालिक, जादूगर।

चक्राकार *(सं.वि.)* मण्डलाकार, गोल।

मकराकार *(सं.वि.)* मगर या मछली के आकार का।

दुत्कार *(हि.स्त्री.)* देखो धुत्कार।

गुपकार *(हि.पुं.)* अन्धकार, अँधेरा।

निराकार *(सं.वि.)* जिसका कोई आकार न हो, परमेश्वर।

मण्डलाकार *(सं.वि.)* गोल

कुण्डलाकार *(सं.वि.)* वर्तुल, मण्डलाकार।

मालाकार *(सं.पुं.)* माला बनानेवाला माली।

धन्वाकार *(सं.वि.)* कमान के आकार का।

साकार *(सं.वि.)* मूर्तिमान, साक्षात।

हाहाकार *(हि.पुं.)* घबड़ाहट, चिल्लाहट, युद्ध में का कोलाहल।

यात्राकार *(सं.पुं.)* यात्रा करनेवाला।

चिकार *(हि.पुं.)* चिग्घाड़, चीख।

मणिकार *(सं.पुं.)* रत्नों को जड़ कर गहने बनानेवाला।

वृत्तिकार *(सं.पुं.)* वह जिसने किसी सूत्रग्रन्थ पर वृत्त लिखी हो।

स्मृतिकार *(सं.पुं.)* धर्मशास्त्र बनानेवाला।

स्मृतिभ्रम *(सं.पुं.)* स्मरणशक्ति का नाश।

मूर्तिकार *(सं.पुं.)* मूर्तिबनानेवाला, मूर्तिकार।

पथिकार *(सं.वि.)* मार्ग बनानेवाला।

अधिकार *(सं.पुं.)* अधिपत्य, कार्य का भार, पद, विषय, प्रमाण, चेष्टा, प्राप्ति, योग्यता।
अधिकारी *(सं.पुं.)* प्रभु, स्वामी, उपयुक्त पात्र।
मताधिकार *(सं.पुं.)* मत देने का अधिकार।
धर्माधिकार *(सं.पुं.)* न्याय और अन्याय के विचार का अधिकार।
उत्तराधिकार *(सं.पुं.)* सम्पत्ति का क्रमिक स्वत्व।
सर्वाधिकार *(सं.पुं.)* पूर्ण प्रभुत्व।
निकार *(हि.पुं.)* निकालने का काम, निकास।
लिपिकार *(सं.पुं.)* लेखक।
विकार *(हि.वि.)* देखो विकार।
अनधिकार *(सं.पुं.)* अयोग्यता, *(वि.)* अयोग्य, अधिकार रहित।
निर्विकार *(सं.पुं.)* जिसमें किसी प्रकार का विकार या परिवर्तन न हो।
भ्रूविकार भौंहे चढ़ाना।
अंगीकार *(सं.पुं.)* स्वीकार।
प्रतीकार *(सं.पुं.)* अपकार या बदला।
भरीकार *(हि.पुं.)* नगाड़ा बजानेवाला।
स्वीकार *(सं.पुं.)* अंगीकार, प्रतिज्ञा वचन।
अस्वीकार *(सं.पुं.)* स्वीकार का अभाव।
अस्वीकृत *(सं.पुं.)* स्वीकार न किया हुआ।
हीहीकार *(सं.पुं.)* ही ही का शब्द।
झुकार *(हि.पुं.)* हवा का झोंका या झकोरा।
चाटुकार झूठी प्रशंसा करनेवाला।
तुकार *(हि.स्त्री.)* अशिष्ट संबोधन।
धुकार *(हि.स्त्री.)* नगाड़े का शब्द।
हुकार *(सं.पुं.)* ललकार, गरज।
धधूकार *(हि.स्त्री.)* कर्कश शब्द।
फूँकार *(हि.पुं.)* फुत्कार।
धुँकार *(हि.स्त्री.)* गड़गड़ाहट।
हुँकार *(हि.पुं.)* जयकार, गरज।
साहूकार *(हि.पुं.)* बड़ा महाजन, कोठी वाला।
जेजेकार *(हि.स्त्री.)* देखो जय जय कारा।
जैपत्र *(हि.पुं.)* देखो जयपत्र।
ओंकार *(सं.अव्य.)* देखो ओं।
झंकार *(हि.पुं.)* गूँजन, झनझन शब्द।
झंकार *(हि.स्त्री.)* झनकार।
डंकार *(सं.पुं.)* विस्मय, झनकार, ठनाके का शब्द, *(हि.स्त्री.)* ठनाका, झनकार।
मंकार *(हि.पुं.)* भयंकर, ध्वनि या शब्द।
ररंकार *(हि.पुं.)* रकार की ध्वनि।
अलंकार *(सं.पुं.)* आभरण, भूषण, वाक्य का वह विशेष गुण जो सुनने में अच्छा लगे और हृदय को पुलकित करे।
अर्थालंकार *(सं.पुं.)* वह अलंकार जिसमें अर्थ का गौरव दिखलाया जाता है।
रत्नालंकार *(सं.पुं.)* रत्न का गहना।
वाक्यालंकार *(सं.पुं.)* वाक्य की शोभा।
अहंकार *(सं.पुं.)* गर्व, घमंड।
निरहंकार *(सं.वि.)* अभिमान रहित।
खखार *(हि.पुं.)* गाढ़ा कफ या थूक जो खखारने से बाहर निकलता है।
बखार *(हि.पुं.)* भीत या मिट्टी आदि से घेरकर बनाया हुआ अन्न रखने का स्थान।
निखार *(हि.पुं.)* निर्मलता, स्वच्छता।
भिखार *(हि.पुं.)* भिखमंगा, भिखारी।
अगार *(हि.पुं.)* आगार, घर।
कगार *(हि.पुं.)* कगरी, *(स्त्री.)* ऊँचा किनारा, नदी का करारा, टीला।
उदगार *(सं.पुं.)* वमन, डकार, टपकाव, उच्चरण, बढ़ती।
पगार *(हि.पुं.)* पैर में लगी हुई मिट्टी।
लगार *(हि.स्त्री.)* बंधन, लगाव, मेल, लगन, प्रीति, टिकाव, किसी घर के ऊपरी भाग से मिला हुआ कोई ऐसा स्थान जहाँ से वहाँ आ जा सकता है।
पुस्तकागार *(सं.पुं.)* जिस भवन में पुस्तकों का संग्रह हो।
पाकागार *(सं.पुं.)* रसोईघर।
सूतिकागृह *(सं.पुं.)* प्रसवगृह, सौरी।
भाजागार *(हि.पुं.)* भण्डारघर।
भाँडागार *(हि.पुं.)* कोष।
शयनागार *(सं.पुं.)* शयनगृह।
पानागार *(सं.पुं.)* जहाँ बहुत से लोग मिलकर मद्य पीते हैं।
कारागार, कारागृह *(सं.पुं.)* बन्धनगृह।
सुरागार, सुरागृह *(सं.पुं.)* मद्यगृह।
कोशागार *(सं.पुं.)* धनागार।
वस्त्रागार *(सं.पुं.)* कपड़े की दुकान।
यज्ञागार *(सं.पुं.)* शस्त्रशाला।
जुगार *(हि.स्त्री.)* जुगाली।
बगार *(हि.पुं.)* देखो बिगाड़।
अंगार *(हि.पुं.)* जलता हुआ कोयला।
बघार *(हि.स्त्री.)* बघार, तड़का, छोंक।
बरघार *(हि.पुं.)* विस्तार, अनुरोध।
अचार *(हि.पुं.)* फल या तरकारियों में मसाला मिलाकर बना हुआ खाने का खाद्‌य पदार्थ, आचरण, व्यवहार।
कचार *(हि.पुं.)* नदी के किनारे का छिछला पानी।
उच्चार *(सं.पुं.)* उच्चारण, कथन।
उपचार *(सं.पुं.)* चिकित्सा, सेवा, व्यवहार, प्रयोग।
दुरूपचार *(सं.पुं.)* बुरा व्यवहार।
षोडशोपचार *(सं.पुं.)* पूजन के पूर्ण अंग जो सोलह हैं यथा–आसन, स्वागत, पाद्य, अर्ध्य, आचमनीय, मधुपर्क, पुनराचमनीय, स्नान, वसन, आभरण, ग्रन्थ, पुष्प, धूप, दीप, चन्दन और नैवेद्य।

प्रचार *(सं.पुं.)* चलन, प्रसिद्धि।
परचार *(हि.पुं.)* देखो प्रचार।
आचार *(सं.पुं.)* आचरण, अनुष्ठान, नियम।
लोकाचार *(सं.पुं.)* जन समूह का आचार।
शौचाचार *(सं.पुं.)* शुद्धिकर्म।
ग्रन्थेच्छाचार *(सं.पुं.)* जो मन में आए सो करना।
स्वेच्छाचार *(सं.पुं.)* मनमाना काम करना, जो जी में आए वही करना।
शिष्टाचार *(सं.पुं.)* विनय, आदर, नम्रता, सभ्य व्यवहार।
दुष्टाचार *(सं.पुं.)* कुकर्म, कुचाल।
(दुष्टाचारी) *(सं.वि.)* कुकर्मी।
यथाचार *(अव्य.)* रीति के अनुसार।
कदाचार *(स.पुं.)* कुत्सित व्यवहार।
सदाचार *(स.पुं.)* भलमानसी।
पापाचार *(स.पुं.)* पापकार्य, पाप का आचरण।
अधमाचार *(स.पुं.)* बुरा व्यवहार।
समाचार *(स.पुं.)* संवाद।
निराचार *(स.पुं.)* आचारशून्य।
दुराचार *(स.पुं.)* बुरा आचरण।
लाचार *(हि.वि.)* असहाय, व्यर्थ, तुच्छ।
कुलाचार *(स.पुं.)* वंश का उचित धर्म।
अत्याचार *(स.पुं.)* अन्याय, बुरा आचरण।
मायाचार *(स.पुं.)* मायावी।
भैयाचार, भैयाचारी *(हि.वि.)* भ्रातृत्व, भाईचारा।
देशाचार *(स.पुं.)* देश की चाल या व्यवहार।
अतिचार *(स.पुं.)* व्यतिक्रम।
व्यतिचार *(स.पुं.)* पापाचरण।
दधिचार *(स.पुं.)* दही मथने की मथानी।
व्यभिचार *(स.पुं.)* भ्रष्ट आचरण।
विचार *(स.पुं.)* भावना, न्यायालय का वादी प्रतिवादी के विषय में निश्चय।
अविचार *(स.पुं.)* अज्ञान, अन्याय, अत्याचार।
आचारविचार *(स.पुं.)* शुद्ध आचरण, पवित्रता।
सुविचार *(स.पुं.)* उत्तम विचार।
तुचार *(हि.वि.)* तीखा, पैना।
दुचार *(स.पुं.)* अति मनोहर, बहुत सुंदर।
व्याखोच्चार *(स.पुं.)* विवाह के समय वंशावली का वर्णन।
संचार *(स.पुं.)* गमन, चलना।
कछार *(हि.वि.)* नदी या समुद्र के किनारे की नीची भूमि।
पुछार *(हि.वि.)* पूंछने वाला, खोज लेनेवाला।
पुंछार *(हि.वि.)* मयूर, मोर।
बौछार *(हि.स्त्री.)* देखो बौछाड़।
बजार *(हि.पुं.)* हाट।
जूतीपजार *(हि.पुं.)* मारपीट, लड़ाई-झगड़ा।
मार्जार *(स.पुं.)* बिड़ाल, बिल्ली।
शरजार *(हि.पुं.)* बिल्ली।
शारीजार *(हि.पुं.)* लौंडी का पति।
बंजार *(हि.पुं.)* देखो मार्जार, बिल्ली।
पतझड़, पतझार, पतझार *(हि.स्त्री.)* वह ऋतु जिसमें वृक्षों की पत्तियाँ झड़ जाती हैं।
मझार *(हि.क्रि.वि.)* बीच में।
मंझार *(हि.क्रि.वि.)* मध्य भाग में, बीच में।
झंझार *(हि.पुं.)* आग की लपट।
कटार *(हि.पुं.)* दोनों ओर की धार का छोटा अस्त्र।
पटार *(हि.स्त्री.)* पिंजड़ा, पेटी, पिटारा।
पीटार *(हि.वि.)* चोट पहुँचानेवाला।
डिठार, डिठिर *(हि.वि.)* आँखवाला, जिसको सुझाई दे।
कुठार *(स.पुं.)* कुल्हाड़ी, फरसा, नाश करने वाली वस्तु।
सुठार *(हि.वि.)* सुड़ोल, सुंदर आकृति का।
पैठार *(हि.पुं.)* प्रवेश, पैठे।
कोठार *(हि.पुं.)* भण्डारघर।
ठंठार *(हि.वि.)* रिक्त, छूछा, खाली।
भंडार *(हि.पुं.)* कोष, कोठार, भंडारा।
भाण्डार *(हि.पुं.)* भंडारघर।
राजभाण्डार *(स.पुं.)* राजा का कोष।
शुण्डार *(स.पुं.)* मद्य बनाने या बेचने वाला।
हुंडार *(हि.पुं.)* वृक, भेड़िया।
डड्ढार *(हि.वि.)* बड़ी दाढ़ीवाला।
सुढार *(हि.वि.)* सुड़ोल, सुंदर।
ढुंढार *(हि.वि.)* बहुत बुड्ढा।
इकतार *(हि.वि.)* समान, बराबर।
वकता, वकतार *(हि.वि.)* देखो वक्ता।
तार-तार *(हि.पुं.)* निस्तार, मुक्ति, मोक्ष।
भतार *(हि.पुं.)* देखो भर्ता, पति।
कर्तार *(हि.पुं.)* विधाता, परमेश्वर।
भर्तार *(हि.पुं.)* पति, स्वामी।
करतार *(हि.पुं.)* कर्तार, विधाता।
भरतार *(हि.पुं.)* पति, स्वामी।
भारतार *(हि.पुं.)* उधेड़ा हुआ।
अवतार *(स.पुं.)* उतरना, जन्म, देवताओं का मनुष्यादि का शरीर धारण करना।
धर्मावतार *(स.पुं.)* साक्षात् धर्म, अत्यन्त धर्मात्मा, अच्छी तरह न्याय कार्य करने वाला।
लीलावतार *(स.पुं.)* बहु अवतार जिसमें विष्णु ने लीला दिखलाई थी।
प्रस्तार *(स.पुं.)* विस्तार, फैलाव, परत, सीढ़ी, समतल भूमि।
निस्तार *(स.पुं.)* निस्तरण, उद्धार।
विस्तार *(स.पुं.)* लंबे चौड़े होने का भाव, फैलाव।
अविस्तार *(स.पुं.)* अविस्तार का भाव।

निस्तार *(हि.पुं.)* देखो निस्तार।
बिस्तार *(हि.पुं.)* देखो विस्तार।
शतार *(स.पुं.)* वज्र, सुदर्शन चक्र।
लगातार *(हि.क्रि.वि.)* एक के बाद एक।
दातार *(हि.पुं.)* दाता, देनेवाला।
सितार *(हि.पुं.)* एक प्रकार का प्रसिद्ध बाजा जो इसमें लगे हुए तारों को उँगली से झनकारने से बजता है।
उतार *(हि.पुं.)* ऊपर से नीचे आने का कार्य, घटाव, मूल्य का कम होना, समुद्र का भाटा, पानी में चलकर पार करने का स्थान।
कुतार *(हि.पुं.)* असुविधा, अड़चन।
बेतार *(हि.वि.)* बिना तार का, जिसमें तार न हो।
औतार *(हि.पुं.)* देखो अवतार।
नितार *(हि.पुं.)* पानी के स्थिर होने पर उसके जल में बैठी हुई वस्तु।
सूतार *(हि.पुं.)* बढ़ई, सुनार।
सदार *(स.पुं.)* पत्नी रहित।
धड़कदार *(हि.वि.)* चमकीला, भड़कीला।
चटकदार *(हि.वि.)* चटकीला, भड़कीला।
चमकदार *(हि.वि.)* चमकीला, भड़कीला।
सजदार *(हि.वि.)* अच्छी आकृति का सुन्दर।
समझदार *(हि.वि.)* बुद्धिमान।
अड़दार *(हि.वि.)* अड़नेवाला, अड़ियल।
मदार *(हि.पुं.)* आक का वृक्ष, अकवन।
टापदार *(हि.वि.)* जिसका ऊपरी या नीचे का भाग फैला हुआ हो।
कामदार *(हि.पुं.)* राज्य का प्रबंध करनेवाला कारिन्दा, *(वि.)* काम-पानी या कलाबतू के बेलबूटे बना हुआ।
बरदार *(हि.पुं.)* बरछा चलाने वाला।
नंबरदार *(हि.पुं.)* गाँव का वह भूस्वामी जो अपनी पट्टी के तथा हिस्सेदारों का कर आदि लेता हो तथा सरकारी कर जमा करता हो।
नरदार *(स.पुं.)* दूसरे की स्त्री।
झालरदार *(हि.वि.)* जिसमें झालर लगी हो।
कलदार *(हि.वि.)* पेंचदार *(पु.)* टकसाल का बना हुआ रुपया।
दलदार *(हि.वि.)* मोटी तह या परत का।
फलदार *(हि.वि.)* जिसमें फल लगे हों।
रसदार *(हि.वि.)* जिसमें किसी प्रकार का रस हो, स्वादिष्ट।
पहलदार *(हि.वि.)* जिसमें पहल हो।
ताड़दार *(हि.वि.)* काँटेदार, कंटीला।
दाबदार *(हि.वि.)* प्रभावशाली, प्रतापी।
जालवार *(हि.वि.)* जिसमें जाल के समान बहुत से छेद हों।
सिरदार *(हि.पुं.)* देखो सरदार।
फूलदार *(हि.वि.)* जिस पर बेलबूटे या फूल-पत्ते काढ़कर बनाए गए हों।
रेड़दार *(हि.वि.)* अभिमानी, गर्वीला।
देनदार *(हि.पुं.)* ऋणी, दानी।
बेलदार *(हि.पुं.)* भूमि खोदनेवाला।
नोकदार *(हि.वि.)* जिसमें नोक हो, चुभनेवाला, चित्त पर प्रभाव डालने वाला, तड़क-भड़क का।
पोतदार *(हि.पुं.)* कोषालय जिसके पास लगान का रुपया रखा गया हो।
जोतदार *(हि.पुं.)* वह असामी जिसको जोतने बोने के लिए कुछ भूमि मिली हो।
जोतना (हि.क्रि) रथ, गाड़ी, कोल्हू आदि चलाने के लिए रखे गए बैल।
पोद्दार *(हि.पुं.)* देखो पोतदार।
चोपादार *(हि.पुं.)* देखो चोपदार।
अगोरबार *(हि.पुं.)* पहरूआ, रक्षक।
झोलदार *(हि.वि.)* रस भरा हुआ, ढीला ढाला।
विदार *(स.पुं.)* समर, युद्ध।
कोविदार *(स.पुं.)* कचनार का वृक्ष।
रसोईदार *(हि.पुं.)* रसोई बनाने वाला।
चौकीदार *(हि.पुं.)* पहरा देने वाला, गोड़ैत।
झाड़ीदार *(हि.वि.)* झाड़ी के समान।
पूंजीदार पूंजीपति, वह जो किसी व्यवसाय में धन लगावे।
साझेदार *(हि.पुं.)* हिस्सेदार, साझी।
(साझेदारी) *(हि.स्त्री.)* हिस्सेदारी।
पट्टावार *(हि.पुं.)* संयुक्त सम्पत्ति के अंश का स्वामी।
पत्तीदार *(हि.पुं.)* साझीदार, हिस्सेदार।
पानीदार *(हि.पुं.)* चमकदार, माननीय, आत्माभिमानी।
जमीदार *(हि.पुं.)* भू-स्वामी।
धारीदार *(हि.वि.)* वह वस्त्र जिसमें लंबी-लंबी रेखा व धारी हों।
झिल्लीदार *(हि.वि.)* जिसकी ऊपरी तह बहुत पतली हो, जिस पर झिल्ली हो।
उदार *(सं.वि.)* दाता, श्रेष्ठ, सरल, सीधा, शिष्ट, महात्मा, अनोखा।
कुदार *(स.पुं.)* भूमि खोदने का एक साधन, कुदाली।
गुदार *(हि.वि.)* गद्‌देदार।
निरूदार *(हि.वि.)* मुक्ति, छुटकारा।
नाकेदार *(हि.पुं.)* फाटक पर रहने वाला सिपाही, *(वि.)* जिसमें नाका या छेद हो।
ठेकेदार *(हि.पुं.)* ठेका लेनेवाला।
थानेदार *(हि.पुं.)* थाने का प्रधान अधिकारी।
चकलेदार *(हि.पुं.)* किसी प्रान्त का अधिकारी।
पल्लेदार *(हि.पुं.)* आढ़त या दुकान में अन्न तौलनेवाला मनुष्य, बया।

मन्दार *(स.पुं.)* अर्कवृक्ष।
बग्दार *(सं.वि.)* सुंदर, मनोहर।
डोलदार *(हि.वि.)* सुन्दर।
अधार *(हि.पुं.)* देखो आधार।
तिर्यग्धार *(सं.पुं.)* तीव्र धारवाला।
मझधार *(हि.स्त्री.)* नदी की मध्य धारा, बीच धारा।
कर्णधार *(सं.पुं.)* नाविक, मल्लाह।
तक्ष्णधार *(सं.पुं.)* खड्ग, तलवार, (पैनी धारवाला)।
प्राणधार *(सं.वि.)* जीवित, प्राणवाला।
सूतधार *(हि.पुं.)* बढ़ई।
सूत्रधार *(स.पुं.)* नाट्यशाला का व्यवस्थापक या प्रधान नट।
शापोद्धार *(स.पुं.)* शाप के प्रभाव से छुटकारा।
तोयधार *(स.पुं.)* मेघ, बादल।
श्राधार *(स.पुं.)* आश्रय, अवलम्ब, थाला, संबंध।
प्राण आधार *(हि.पुं.)* स्वामी, पति, अति प्रिय व्यक्ति।
धुआँधार *(हि.वि.)* देखो धुआंधार।
प्राणाधार *(स.पुं.)* पति।
जगदाधार *(स.पुं.)* परमेश्वर, वायु, जगदीश।
आधार *(सं.वि.)* आधारयुक्त।
निराधार *(सं.वि.)* अवलम्ब या आश्रय रहित, मिथ्या, अयुक्त।
दुराधार *(सं.वि.)* जो कठिनता से सहारा पा सके।
मूसलाधार *(हि.क्रि.वि.)* वृष्टि जो मोटी धार में हो।
विद्याधार *(स.पुं.)* विद्वान, पंडित।
उधार *(हि.पुं.)* ऋण, देन, मंगनी।
दुधार *(हि.वि.)* दूध देने वाली।
सुधार *(स.पुं.)* सुधारने या दोष मुक्त करने की क्रिया, संस्कार।
अंधार *(हि.पुं.)* अंधकार।
छिनार, छिनाल *(हि.स्त्री.)* व्यभिचारिणी, कुलटा।
दीनान *(स.पुं.)* सुवर्ण-मुद्रा, सोने की मोहर।
सुनार *(स.पुं.)* सोने चाँदी का गहना बनानेवाला।
जेवनार *(हि.स्त्री.)* बहुत से मनुष्य।
जेंवनार *(हि.स्त्री.)* देखो जेवनार।
लोनार *(हि.स्त्री.)* नमक बनाने का स्थान।
ज्योनार *(हि.स्त्री.)* पका हुआ भोजन, रसोई, भोज।
सोनार *(हि.पुं.)* देखो सुनार।
अपार *(सं.वि.)* असीम, असंख्य, अतिशय।
कपार *(हि.पुं.)* देखो कपाल।
बटपरा, बटपार *(हि.पुं.)* देखो बटमार।
आरम्पार *(हि.वि.)* अपार, असीम।
वारपार *(हि.पुं.)* पूरा विस्तार, इधर-उधर का छोर (अव्य) इस किनारे से उस किनारे तक।
बेवपार *(हि.पुं.)* देखो व्यापार।
व्यापार *(स.पुं.)* काम, व्यवसाय, बेंचा-बिक्री।
मुक्तव्यापार *(सं.वि.)* जिसने कारबार छोड़ दिया हो।
निर्व्यापार *(सं.वि.)* बिना काम काज का।
प्रतिपार *(हि.पुं.)* देखो प्रतिपाल।
व्यैपारी, वैपारी *(हि.पुं.)* देखो व्यापार।
ब्योपार, ब्योपारी *(हि.)* देखो व्यापार, व्यापारी।
डफार *(हि.स्त्री.)* चिग्घड़।
फरफार *(हि.पुं.)* परिवर्तन, उलटफेर।
स्फार *(सं.वि.)* विपुल, विकट, प्रचुर।
विस्फार *(सं.वि.)* धनुष की टकार।
अबार *(हि.स्त्री.)* विलम्ब, देर।
झबार *(हि.स्त्री.)* बखेड़ा, टंटा।
बारबार-फिरफिर *(हि.पुं.)* देखो बारंबार।
बारंबार *(हि.क्रि.वि.)* पुनः पुनः लगातार।
दुरबार *(हि.वि.)* अटल।
लबार *(हि.वि.)* मिथ्यावादी, झूठ बोलने वाला, गप्पी।
त्रिवार *(सं.वि.)* तीन बार।
उबार *(हि.पुं.)* मोक्ष, उद्धार, निस्तार।
बहुबार *(स.पुं.)* अनेक बार।
शीर्षभार *(स.पुं.)* माथे पर का बोझ।
दूत, सूसभार *(हि.पुं.)* शिशुमार।
महाभार *(स.पुं.)* भारी बोझा।
उभार *(हि.पुं.)* उठान, ऊँचाई, वृद्धि।
खांभार *(हि.पुं.)* कूड़ा करकट फेंकने का गड्ढा।
खंभार *(हि.पुं.)* चिन्ता, व्याकुलता।
विसंभार *(हि.वि.)* असावधान।
गमार *(हि.पुं.)* गंवार, देहाती।
रंगमार *(हि.पुं.)* ताश का एक खेल।
चमार *(हि.पुं.)* चर्मकार, चमड़े का काम करने वाला, झाड़ू देनेवाला, अन्त्यज।
लूटमार, लूटपाट *(हि.पुं.)* मार-पीट कर किसी का धन छीन लेना।
बटमार *(हि.पुं.)* डाकू, लुटेरा।
लट्ठमार *(हि.वि.)* अप्रिय, कठोर, कर्कश।
धमार *(हि.स्त्री.)* उत्पाद, उपद्रव।
धुंधमार *(हि.पुं.)* देखो धुंधुमार।
मरमार *(हि.स्त्री.)* अत्यन्त, अधिकता।
अपस्मार *(स.पुं.)* मिरगी रोग।
कार्मार *(स.पुं.)* कर्मकार, कोहरा।
कमामार *(हि.वि.)* अनुचित रूप से दूसरे का धन दबा लेनेवाला।
चिड़ीमार *(हि.पुं.)* व्याध, बहेलिया।
मछलीमार धीवर, मल्लाह, मछुआ।
कुमार *(स.पुं.)* पाँच वर्ष का बालक, पुत्र, युवराज।
महाकुमार *(स.पुं.)* युवराज।

सुकुमार *(स.पुं.)* जिसके अंग कोमल हों।
शिशुमार *(स.पुं.)* सूंस नाम का जल जन्तु।
शिशुपन *(हि.पुं.)* बालकपन।
सिसुमार *(हि.पुं.)* सूंस नामक जलजन्तु।
कोमार *(स.पुं.)* बचपन।
त्यार *(हि.वि.)* देखो तैयार।
बमार *(हि.पुं.)* बनाया हुआ।
हथ्यार *(हि.पुं.)* देखो हथियार।
प्यार *(हि.वि.)* कृपाल, दयावान।
प्यार *(हि.पुं.)* प्रेम, स्नेह, प्रेम दिखलाने का कार्य।
बयार *(हि.स्त्री.)* पवन, हवा।
स्यार *(हि.पुं.)* श्रृगाल, गीदड़, सियार।
दुखियार *(हि.वि.)* जिसको किसी बात का दुःख हो, रोगी।
मँझियार *(हि.वि.)* मध्य या बीच का।
बतियार *(हि.स्त्री.)* बातचीत।
हथियार *(हि.पुं.)* अस्त्र-शस्त्र।
अधियार *(हि.पुं.)* किसी सम्पत्ति का आधा भाग।
नियार *(हि.पुं.)* जौहरी या सोनार की दुकान में का कूड़ा करकट।
पनियार *(हि.वि.)* चमकीला, शोभायुक्त।
पियार *(हि.पुं.)* महुवे की तरह का एक वृक्ष जिसके बीज की गरी चिरौंजी कहलाती है।
मरियार *(हि.पुं.)* मट्ठर, आलसी।
सियार *(हि.पुं.)* श्रृगाल, गीदड़, सियार।
विकरार *(हि.वि.)* विकराल, भयंकर।
गंगेबरार *(हि.पुं.)* गंगा या अन्य नदी की धारा या बाढ़ के हटने से निकली हुई भूमि।
मुरार *(हि.पुं.)* कमल की जड़, भसीड़।
खलार *(हि.वि.)* गहरा, नीचा, खाली।
तलार *(हि.वि.)* पीछे की ओर भार से दबी हुई (गाड़ी, इक्का, इत्यादि।
बिलार *(हि.पुं.)* मार्जार, बिल्ला।
लिलाट, लिलार *(हि.पुं.)* देखो ललाट।
अंकवार *(हि.स्त्री)* गोद, छाती।
अनेकवार *(सं.अव्य.)* कई बार, बारंबार।
भट्टारकवार *(स.पुं.)* रविवार।
रखवार *(हि.पुं.)* रखवाला, चौकीदार।
गंवार *(हि.पुं.)* ग्रामीण, देहाती।
अगवार *(हि.पुं.)* घर के सामने का स्थान, ओसते समय जो हलका अन्न भूसे के साथ उड़कर आग्र को चला जाता है।
खिचड़वार *(हि.पुं.)* खिचड़ी दान करने का दिन, मकर सक्रांति।
बड़वार *(हि.वि.)* बड़ा, विशाल।
ज्वार *(हि.स्त्री.)* जुंधरी, समुद्र के जल का उभाड़।
जपवार *(हि.पुं.)* राजा की सभा।
घटवार *(हि.पुं.)* घाट का कर लेने वाला, मल्लाह।
बटवायक, बटवार *(हि.पुं.)* चौकीदार।
तंवार *(हि.स्त्री.)* चक्कर, घुमटा।
कतवार *(हि.पुं.)* कूड़ा करकट।
पवतवार *(हि.स्त्री.)* नाव का वह तिकोन अंग जिसके द्वारा नाव मोड़ी और घुमाई जाती है, कर्ण।
द्वार *(स.पुं.)* मार्ग या छेद, साधन।
राजद्वार *(स.पुं.)* राजा की ड्योढ़ी, न्यायालय।
अर्न्तद्वार *(स.पुं.)* घर का गुप्त द्वार।
घरद्वार *(हि.पुं.)* ठौर, ठिकाना, गृहस्थी।
दसद्वार *(स.पुं.)* शरीर के दस छिद्र।
सिंहद्वार *(स.पुं.)* भवन आदि का प्रवेश द्वार जहाँ पर सिंह की मूर्ति बनी हो।
द्वार *(स.पुं.)* मुख, विवर।
शालाद्वार *(स.पुं.)* घर का द्वार।
बंदनवार *(हि.पुं.)* बन्दन, मालातोरण।
सूर्यवार *(स.पुं.)* रविवार।
शुक्रवार *(स.पुं.)* सप्ताह का छटा दिन।
तरवार *(हि.स्त्री.)* करवाल, खड्ग।
उपरवार *(हि.स्त्री.)* उच्च भूमि।
कलवार *(हि.पुं.)* वह जाति जो मद्य बनाती और बेचती है।
तलवार *(हि.स्त्री.)* करवाल, असि, खड़ग, कृपाण।
अवसार *(हि.पुं.)* देखो सवार।
बसवार *(हि.पुं.)* छौंक, बधार।
अक्षवार *(हि.पुं.)* अखाड़ा, द्यूतगृह।
इतवार *(हि.पुं.)* आदित्यवार, रविवार।
निरवार *(हि.पुं.)* निस्तार, छुटकारा, निबटारा, निर्णय।
तिहवार *(हि.पुं.)* त्योहार, पर्व का दिन।
पुठवार *(हि.क्रि.वि.)* पीछे, बगल में।
बुधवार *(सं.पुं.)* सात वारों में से एक वार जो मंगलवार के बाद और गुरुवार के पहले होता है।
दुर्वार *(सं.वि.)* जिसका निवारण करना या हटाना कठिन हो।
फुलवार *(हि.पुं.)* प्रसन्न।
अनुस्वार *(हि.पुं.)* अनुनासिक वर्ण जो दूसरे वर्ण के साथ मिलकर उच्चारित होता है, यह अक्षर के माथे पर बिन्दु लगाकर लिखा जाता है।
एतवार देखो इतवार।
ऐहवार *(हि.पुं.)* देखो त्योहार।
सोमवार *(स.पुं.)* चन्द्रवार।
फंदवार *(हि.वि.)* फंदा लगाने वाला।
पारावार *(स.पुं.)* आरापार, बारम्बार, सीमा, हद।
निवार *(सं.वि.)* रोकने वाला।
शनिवार *(सं.वि.)* वह वार जो शुक्रवार के बाद तथा रविवार के पहले पड़ता है।

परिवार *(स.पुं.)* परिजन समूह, कुटुम्ब।
सिवार, सिवाल *(हि.पुं.)* शैवाल, जल में फैलनेवाली एक घास।
हिर्वर, हिर्वार *(हि.पुं.)* पाला।
बंदीवार *(हि.वि.)* जिसमें छोटी-छोटी बिन्दिया बनी या लगी हो।
नीवार *(स.पुं.)* तिल्ली का चावल।
कुवार *(हि.पुं.)* आश्विन का महीना।
सुकुवार *(हि.वि.)* देखो सुकुमार।
धीकुवांर *(हि.वि.)* ग्वारपाठा।
दुवार *(हि.पुं.)* देखो द्वार।
पुवार *(हि.पुं.)* देखो पुयाल, पुआल।
लुवार *(हि.पुं.)* वेग की गरम हवा, लू।
वेवरेवार *(हि.वि.)* विवरण सहित।
बारम्बार *(सं.अव्य.)* फिर फिर।
तुषार *(सं.पुं.)* हिम, हिमकण, पाला *(वि.)* जो स्पर्श करने में अति शीत जान पड़े।
दीवार, दुधार *(हि.पुं.)* भाला, बरछा।
सार *(सं.पुं.)* जल, पानी, वन अमृत, जंगल *(पु.)* बल, अभिप्राण भज्जा, वायु, परिणाम, फल, लकड़ी की हीर।
असार *(सं.वि.)* निःसार, तुच्छ।
कसार *(हि.पुं.)* घी में भुना हुआ तथा चीनी मिला हुआ आटा।
पठसार, पठशाला *(हि.स्त्री.)* बच्चों को पढ़ाने की पाठशाला।
अंजनसार *(हि.वि.)* आँखों में अंजन लगाया हुआ।
षटसार *(हि.स्त्री.)* नाट्यशाला।
कृष्णसार *(स.पुं.)* काला हिरन।
हयसार *(हि.स्त्री.)* हाथी रखने का स्थान।
मिलनसार *(हि.वि.)* सबसे हेल-मेल रखनेवाला।
पसार *(हि.पुं.)* विस्तार, फैलाव।
वसार *(हि.पुं.)* विस्तार, फैलाव।
असार *(स.पुं.)* स्निग्ध, गीला।
कालासागर *(स.पुं.)* काला हिरन।
इकसार *(हि.वि.)* समान, सदृश।
भिनसहरा, भिनसार *(हि.पुं.)* प्रातः काल, सबेरा।
छीरसार *(हि.पुं.)* देखो क्षीरसागर।
छीहसार *(स.पुं.)* पक्का लोहा।
खंडसार *(हि.स्त्री.)* शक्कर बनाने का स्थान।
कासार *(स.पुं.)* बड़ा तालाब।
अरकासार *(हि.पुं.)* तालाब, सरोवर।
धारासार *(सं.पुं.)* जल का सतत वृष्टि।
सुरासार *(सं.पुं.)* मद्यसार।
पइसार *(हि.पुं.)* प्रवेश, पैठ।
अतिसार *(सं.पुं.)* उदर का एक रोग जिसमें आंव तथा रुधिर मिला हुआ शौच होता है।

प्रतिसार *(सं.पुं.)* दूरीकरण, अलय करना।
बिसार *(सं.पुं.)* विस्तार, फैलाव, प्रवाह।
अभिसार *(सं.पुं.)* युद्ध, आक्रमण, बल, सहाय।
अनुसार *(हि.क्रि.वि.)* समान, सदृश, अनुकूल।
सार *(सं.वि.)* उसके अनुकूल।
क्रमानुसार (सं.क्रि.वि.) क्रमानुकूल, क्रम से।
तुसार *(हि.पुं.)* देखो तुषार।
दुसार *(हि.पुं.)* आरपार छेद, (क्र.वि.) आरपार।
द्वारासार *(सं.पुं.)* चन्दन।
सूसार *(सं.वि.)* अत्यन्त, उज्ज्वल, उत्तम, अच्छा।
ओसार *(हि.पुं.)* विस्तार, चौड़ाई।
म्योसार *(हि.पुं.)* स्त्री के माता पिता का घर।
भंसार *(हि.पुं.)* भण्डारघर।
संसार *(सं.पुं.)* मर्त्यलोक, जगत्, सृष्टि, गृहस्थी।
(संसारी) *(हि.वि.)* संसार संबंधी, लौकिक।
अहार *(हि.)* देखो आहार।
बड़हार *(हि.पुं.)* बरातियों की वह ज्योनार जो विवाह के बाद की जाती है।
पटहार *(हि.पुं.)* पटवा नामक जाति।
डहार *(हि.पुं.)* कष्ट देने वाला।
कनहार *(हि.पुं.)* कर्णधार, केवट।
देखनहार *(हि.वि.)* देखनेवाला।
सृजनहार *(हि.पुं.)* सृष्टिकर्ता।
सिरजनहार *(हि.पुं.)* सृष्टिकर्ता, परमेश्वर।
मेटनहार *(हि.पुं.)* मिटाने या दूर करनेवाला।
पोतनहार *(हि.स्त्री.)* वह पात्र जिसमें पोतने के लिए मिट्टी घोलकर रखी हो, घर पोतनेवाली स्त्री, आँत, अँतड़ी।
गोदनहार *(हि.पुं.)* शीतला का टीका लगानेवाला।
जाननहार *(हि.वि.)* जाननेवाला।
चितरनहार *(हि.पुं.)* चित्रण करनेवाला।
पहार *(हि.पुं.)* देखो पहाड़।
अग्रहार *(सं.पुं.)* खेत की उत्पत्ति का वह अन्न जो देवता या ब्राहाण को अर्पण करने के लिए अलग कर दिया जाए।
चन्द्रहार *(सं.पुं.)* गले में पहिनने का एक आभूषण।
चन्द्रहास *(सं.पुं.)* खड्ग, तलवार, चाँदी।
प्रहार *(सं.वि.)* आघात, चोट, युद्ध।
पादप्रहार *(सं.पुं.)* लात मारना।
तवलप्रहार *(सं.पुं.)* थप्पड़, तमाचा।
परहार *(हि.पुं.)* देखो प्रहार, परिहार।
फलहार *(हि.पुं.)* देखो फलाहार।
रोबनहार *(हि.पुं.)* रोनेवाला।
सहार *(हि.पुं.)* मांसाहारी।
व्यवहार *(सं.पुं.)* व्यापार, लेन-देन का काम।
व्यवहार *(हि.पुं.)* व्यवहार, रुपए का लेन-देन।

लोकव्यवहार *(सं.पुं.)* सर्व साधारण में प्रचलित रीति।
दुर्व्यवहार *(सं.पुं.)* दुष्ट आचरण।
मिश्रव्यवहार *(सं.पुं.)* गणित की एक क्रिया।
पत्रव्यवहार *(सं.पुं.)* चिट्ठी लिखने और उत्तर पाने की क्रिया।
सदाबहार *(हि.वि.)* जो सर्वदा हरा बना रहे।
बारहार *(सं.पुं.)* बड़े-बड़े मोतियों का हार।
चिहार *(हि.वि.)* परिचित, जान पहिचान।
बिबहार *(हि.वि.)* देखो व्यवहार।
लनीनहार *(हि.पुं.)* खेत की लवन करने वाला, खेत काटनेवाला।
जनहार *(हि.वि.)* सदृश, समान, बराबर।
उपहार *(स.पुं.)* भेंट, आहुति, सम्मान।
कुम्हार *(हि.स्त्री.)* कुम्भकार, मिट्टी के पात्र बनानेवाला।
लेखनहार *(सं.पुं.)* पत्रवाहक, चिट्ठी पत्री ले जानेवाला।
लेनहार *(हि.वि.)* लेनेवाला, लहनदार।
तेवहार *(हि.पुं.)* त्योहार, उत्सव।
वेवहार *(हि.पुं.)* देखो व्यवहार।
आहार *(स.पुं.)* भोजन द्रव्य, अन्न।
शाकाहार *(स.पुं.)* अन्न, फूल, फल, पत्तों आदि का भोजन।
एकाहार (स.पु.) दिन में केवल एक बार भोजन।
अनाहार *(स.पुं.)* अनशन उपवास *(वि.)* भोजन न किया हुआ, निराहार।
मिताहार *(सं.पुं.)* थोड़ा भोजन।
समाहार *(स.पुं.)* संग्रह, मिलान, समास का एक भेद।
मिथ्याहार *(स.पुं.)* प्रकृति के विरुद्ध भोजन करना।
अव्याहार *(स.पुं.)* तर्क वितर्क, असम्पूर्ण वाक्य को सम्पूर्ण करने के लिए कुछ शब्द जोड़ना।
व्याहार *(सं.पुं.)* वाक्य।
निराहार *(सं.पुं.)* जो भोजन न किए हो।
फलाहार *(सं.पुं.)* केवल फलों का भोजन।
लध्वाहार *(सं.पुं.)* हलका भोजन।
चिड़िहार *(हि.पुं.)* बहेलिया, व्याध।
प्रतिहार *(सं.पुं.)* द्वारपाल, चोबदार।
परिहार *(सं.पुं.)* अनादर, उपेक्षा, छूट, खण्डन, दोषादि का त्याग, छिपाने की क्रिया, तिरस्कार।
चिरिहार *(हि.पुं.)* व्याध, बहेलिया।
निहार *(सं.पुं.)* नीहार, हिम, ओस, कुहरा, पाला।
पनिहार *(हि.पुं.)* देखो पनहर।
अनिहार *(हि.पुं.)* वह भृत्य जो रखवालों के लिए नियुक्त किया जाता है।
विहार *(सं.पुं.)* क्रीड़ा, संभोग, संभोग करने का स्थान, बौद्धों का मठ, मनोरंजन के लिए इधर-उधर घूमना।
नीहार *(सं.पुं.)* तुषार, हिम, पाला।
उहार *(हि.पुं.)* देखो ओहार।
गुहार *(हि.स्त्री.)* रक्षा के लिए पुकार।
तुहार (हि.सव.) तुम्हारा।
अनुहार *(सं.पुं.)* सादृश्य, समानता।
मनुहार *(हि.स्त्री.)* विनय, प्रार्थना, आदर, सत्कार।
फुहार *(हि.पुं.)* पानी छींटा, झींसी।
झाड़बुहार *(हि.स्त्री.)* परिष्कार, शुद्धता।
लुहार *(सं.पुं.)* लोहे की वस्तुओं को बनानेवाला।
ओहार *(हि.पुं.)* गाड़ी, पालकी इत्यादि के ऊपर ढांकने का वस्त्र, परदा।
जोहार *(हि.पुं.)* अभिवादन, नमस्कार।
पोहार *(हि.स्त्री.)* पुकार, दोहाई।
मोहार *(हि.पुं.)* द्वार, मोहड़ा, अगला भाग।
लोहार *(हि.पुं.)* एक जाति जो लोहे की चीजें बनाती है।
त्योहार *(हि.पुं.)* उत्सव दिन, पर्व का दिन।
त्यौहार *(हि.पुं.)* देखो त्योहार, पर्व दिन।
सहोर *(सं.पुं.)* संग्रह, संचय, संक्षेप कथन, ध्वंस, नाश, अन्त, प्रलय।
यवक्षार *(सं.पुं.)* जवाखार।
गिर *(हि.वि.)* गिरि, पर्वत, पहाड़ी।
चिर *(सं.वि.)* दीर्घायु, चिरायु।
टिर *(हि.स्त्री.)* देखो टर।
ठिर *(हि.स्त्री.)* गहरी ठंड।
थिर *(हि.वि.)* स्थिर, अचल, स्थायी, शान्त, दृढ़, टिकाऊ।
निर *(हि.पुं.)* निरय, नरक।
निर *(सं.अव्य.)* यह शब्द वियोग अतिक्रम, निषेध आदि अर्थ में उपसर्ग की तरह प्रयुक्त होता है।
फिर *(हि.क्रि.वि.)* पुनः, दुबारा, अनन्तर, उपरान्त, भविष्य में, किसी समय, आगे चलकर, इसके अतिरिक्त।
रिर *(हि.पुं.)* हठ।
शिर *(सं.पुं.)* मस्तक, माथा, सिर, खोपड़ी, शिखर, सबसे ऊँचा भाग, प्रधान, अगुआ, चोटी, सिरा।
सिर *(हि.पुं.)* शिर, कपाल, खोपड़ी, सिरा, चोटी, ऊपरी छोर।
किड़िग्र *(सं.पुं.)* भौंरा, कोयल।
अदिर *(सं.पुं.)* खैर का वृक्ष, कत्था।
सिखिर *(हि.पुं.)* शिखर।
रूचिर *(सं.वि.)* सुन्दर, अच्छा।
सुरूचिर *(सं.वि.)* अति मनोहर।
अजिर *(सं.पुं.)* टोला, आँगन।
रणाजिर *(सं.पुं.)* युद्धक्षेत्र।
झिरझिर *(हि.क्रि.वि.)* धीरे-धीरे।
निखिर *(सं.पुं.)* तीतर नामक पक्षी।
तैतिर *(सं.पुं.)* तीतर पक्षी, गौड़ा।
तितिर *(सं.पुं.)* तीतर नाम का पक्षी।

अथिर *(हि.वि.)* अस्थिर, चलायमान।
अस्थिर *(सं.वि.)* चंचल, अनिश्चित।
सुस्थिर *(सं.वि.)* प्रसन्न, अविचल, दृढ़।
मंदिर *(सं.पुं.)* गृह, घर, जिस घर में देवी या देवता का स्थापन किया हो।
राजमंदिर *(सं.पुं.)* राजभवन।
पानमंदिर *(सं.पुं.)* ग्रहों की गति आदि देखने के लिए वैज्ञानिक यंत्रों में सुसज्जित स्थान, वेधशाला।
नृपमंदिर *(सं.पुं.)* राजगृह, राजभवन।
शवमंदिर *(सं.पुं.)* मरघट।
जीवमंदिर *(सं.पुं.)* शरीर, देह।
देवमंदिर *(सं.पुं.)* देवालय, ठाकुरद्वार।
विलासभवन, विलासमंदिर *(सं.पुं.)* क्रीड़ाघर, नाचघर।
बधिर *(सं.वि.)* बहरा।
रूधिर (सं.पुं.) रक्त, शोणित।
विरूधिर *(सं.वि.)* रक्तहीन।
तिमिर *(सं.पुं.)* अन्धकार, अंधेरा।
घनतिमिर *(सं.पुं.)* गहरा अन्धकार।
वितिमिर *(सं.वि.)* अन्धकारशून्य।
निस्तिमिर *(सं.वि.)* अन्धकार-रहित।
लकीर *(हि.स्त्री.)* रेखा, धारी, पंक्ति।
व्यधिर *(सं.पुं.)* वृद्ध, बुड्ढा, भिक्षुक।
विविर *(सं.पुं.)* खोह, गुहा, बिल।
शिविर *(सं.पुं.)* डेरा, पड़ाव, छावनी, वस्त्र-मण्डल।
सिवि, सिविर *(हि.पुं.)* देखो शिवि, शिविर।
शिशिर *(सं.पुं.)* शीतकाल, *(वि.)* शीतल, ठंड।
शैशिर *(सं.वि.)* शिशिर संबंधी।
कालसिर *(हि.पुं.)* नाव के मस्तूल का सिरा।
सिसिर *(हि.पुं.)* देखो शिशिर।
अहिर *(हि.)* देखो अहीर।
बहिर *(हि.वि.)* पहरा।
बरहिर *(हि.क्रि.वि.)* देखो बाहर।
कीर *(सं.पुं.)* मास *(पु.)* शुक, तोता।
खीर *(हि.स्त्री.)* एक खाद्य पदार्थ जो दूध में चावल पकाकर तथा चीनी डालकर बनता है।
गीर *(सं.स्त्री.)* गिरा, वाणी।
चीर *(हि.पुं.)* पुराने कपड़े का टुकड़ा, लत्ता, चिथड़ा, चीरफाड़ चीरने फाड़ने का काम।
छीर *(हि.स्त्री.)* कपड़े का छोर, कपड़े के फटने का चिह्न।
तीर *(सं.पुं.)* नदी आदि का किनारा, तट।
धीर *(सं.वि.)* धैर्यचित, विनीत, नम्र, गंभीर, धीगा, मनोहर, सुन्दर।
नीर *(सं.पुं.)* जल, पानी, कोई द्रव पदार्थ।
पीर *(हि.स्त्री.)* सहानुभूति, करूणा, दया, पीड़ा, दुःख, प्रसन्न-वेदना।
भीर *(सं.पुं.)* देखो आभीर, अहीर।
भीर *(हि.स्त्री.)* देखो भीड़, संकट, विपत्ति, *(वि.)* भयभीत।
वीर *(सं.वि.)* साहसी और बलवान, शर, सैनिक।
सीर *(सं.पुं.)* हल, जोतनेवाला, बैल *(हि.स्त्री.)* वह भूमि जिसको भूस्वामी स्वयं बहुत दिनों से जोतता चला आता हो।
हीर *(हि.पुं.)* सार, गूदा, शक्ति, बल।
क्षीर *(सं.पुं.)* दूध, जल, पानी।
लखीर *(हि.स्त्री.)* मीठे रस में पकाया हुआ चावल, एक प्रकार की खीर।
रसखीर *(हि.स्त्री.)* पीठा, भात।
राजगीर *(हि.पुं.)* घर बनानेवाला, राज, थवई।
खोगीर *(हि.स्त्री.)* देखो खुगीर।
प्राचीर *(सं.पुं.)* परकोटा।
तंजीर *(हि.पुं.)* नुपूर, घुंघरू।
मंजीर *(सं.पुं.)* नुपूर, घुंघरू।
कुटीर *(स.पुं.)* देखो कुटी।
तुणीर *(स.पुं.)* तरकश।
अधीर *(सं.वि.)* अस्थिर, चंचल, असन्तुष्ट, व्याकुल।
सुधीर *(सं.वि.)* जिसमें बहुत धैर्य हो।
बधीर *(हि.वि.)* देखो अधीर।
प्रेमजाल, प्रेमधीर *(सं.पुं.)* प्रेम के कारण आँखों से निकलनेवाला आँसू, प्रेमाश्रु।
तुधीर *(हि.पुं.)* देखो तुणीर।
पुनीर *(हि.स्त्री.)* देखो तूणीर।
जंबीर *(हि.पुं.)* जंबीरी नीबू।
झलनीबीर *(हि.पुं.)* धान की बाल।
अभीर *(हि.पुं.)* ग्वाला, अहीर।
गभीर *(सं.वि.)* गहरा, गहन, घना।
गंभीर *(सं.वि.)* गहरा, घना, गूढ़ जटिल, कठिन, भारी, सौम्य प्रकृति का।
कुंभीर *(सं.पुं.)* घड़ियाल, नक्र।
करभीर *(सं.पुं.)* सिंह।
काश्मीर *(हि.पुं.)* मोटे ऊन से तैयार किया हुआ वस्त्र।
समीर *(सं.पुं.)* वायु, हवा।
सामीर *(हि.पुं.)* समीर, पवन।
पानमरीर *(हि.स्त्री.)* मनमुटाव।
शरीर (सु.पुं.) गात्र, कलवर, देह।
लिंगशरीर *(सं.पुं.)* सूक्ष्म शरीर।
स्वल्पशरीर *(सं.पुं.)* छोटा शरीर।
मध्यशरीर *(सं.वि.)* पेट, उदर।
सशरीर *(वि.)* शरीरधारी।
सुशरीर *(सं.वि.)* सुडौल शरीरवाला।
सरीर *(हि.पुं.)* सुडौल शरीरवाला।
राजवीर *(हि.पुं.)* राज।

धर्मवीर *(सं.पुं.)* वीर रस के अनुसार वह पुरुष जो धर्म करने में साहसी हो।
करवीर *(सं.पुं.)* कृपाण, तलवार।
अग्रवीर *(सं.पुं.)* सेना का प्रधान योद्धा।
प्रवीर *(सं.पुं.)* बड़ा योद्धा।
धानवीर, दानवीर *(स.पुं.)* अत्यन्त दान देनेवाला।
शूरवीर *(सं.पुं.)* अतिशय योद्धा।
रघुवीर *(सं.पुं.)* श्रीरामचन्द्र।
जदुराज, जदुराय, जदुवर, जदुवीर *(हि.पुं.)* श्रीकृष्ण।
बाजूवीर *(हि.पुं.)* बाजूबंद।
उशीर *(सं.पुं.)* शीत मूलक, खस।
नकसीर *(हि.स्त्री.)* आप से आप नाक से लहू बहना।
बहीर *(हि.स्त्री.)* जनसमूह, भीड़भाड़।
उर *(सं.पुं.)* वक्षः स्थल, हृदय, छाती, मन, चित्त।
खुर *(स.पुं.)* सींगवाले चौपायें के पैर की कड़ी टाप।
गुर *(हि.पुं.)* मूलमन्त्र, युक्ति, भेद।
सूर *(सं.पुं.)* नगाड़ा, तुरही नामक बाजा, *(हि.स्त्री.)* जुलाहे के करकर की लंबी लकड़ी, अरहर का पौधा।
तूर *(सं.वि.)* वेगवान्।
दुर *(सं.अव्य.)* क्रिया के साथ लगाने से इस शब्द का अर्थ "दुष्ट, बुरा निषेध, दुःख थोड़ा संकट तथा दुबला होता है" (हि.अव्य.) तिरस्कारपूर्वक हटाने के लिए इस शब्द का व्यवहार होता है। इसका अर्थ है "दूर हो"।
धुर *(स.पुं.)* गाड़ी या रथ का धुरा, प्रधान स्थान, घन, भूमि की एक नाप जो एक बिस्वे के बराबर होती है, भाग, अंश *(वि.)* दृढ़।
धुर (हि.अव्य.) आगे, पहिले।
पुर *(सं.पुं.)* नगर, गृह, घर, दुर्ग, गढ़, समूह, देह, शरीर *(वि.)* पूर्ण, मरा हुआ *(हि.पुं.)* कुएँ से पानी निकालने का चमड़े का बड़ा डोल, तुरवट।
फुर *(सं.पुं.)* पक्षी का पर फड़फड़ाने का शब्द *(वि.)* सत्य सच्चा।
सुर *(सं.पुं.)* देवता, ऋषि, मुनि।
क्षुर *(सं.पुं.)* नापित का छुरा, पशु का खुर।
कउर *(हि.पुं.)* देखो कर्वर।
लउर *(हि.पुं.)* देखो नेवला, नेउर।
बनउर *(हि.पुं.)* बिनौला।
बउर *(हि.पुं.)* देखो बौर।
मउर *(हि.पुं.)* विवाह के समय दूल्हे के सिर पर पहनाने का फूलों का बना हुआ मुकुट।
रसिआउर *(हि.पुं.)* ऊख का रस।
चाउर *(हि.पुं.)* देखो चावल।
बाउर *(हि.वि.)* बावला, पागल।
बहियाउर *(हि.वि.)* मठे में पका हुआ चावल।
पाउर *(हि.पुं.)* अन्तःपुर *(वि.)* आपका, श्रीमान।
महाउर *(सं.स्त्री.)* देखो महावर।
कुक्कुर *(सं.पुं.)* कुत्ता।
वक्कुर *(सं.पुं.)* वचन, बोली।
फिचकुर *(हि.पुं.)* वह फेन जो मूर्च्छा में मुख से निकलता है।
कुरकुर *(हि.पुं.)* किसी खरी वस्तु के दबकर टूटने से उत्पन्न शब्द।
ठाकुर *(हि.पुं.)* देवता की मूर्ति, परमेश्वर, पूज्य व्यक्ति, स्वामी, सरदार।
चिकुर *(सं.वि.)* सिर के बाल, केश, पर्वत।
मुकुर *(सं.पुं.)* दर्पण, कोरक, कली।
अंकुर *(सं.पुं.)* अंखुआ, कल्ला।
बंकुर *(हि.पुं.)* बंक, टेढ़ा।
भगांकुर *(सं.पुं.)* अर्श रोग, बवासीर।
बीजांकुर *(सं.पुं.)* प्रथम अंकुर, अंखुआ।
धारांकुर *(स.पुं.)* वर्षा की बूंद।
विषांकुर *(सं.पुं.)* शल्य, तीर।
चीखुर *(हि.स्त्री.)* चिखुरी, गिलहरी।
तीखुर, तीखल *(हि.पुं.)* तवक्षीर, हल्दी की जाति का एक प्रकार का पौधा, इसकी जड़ से आरारूट तैयार किया जाता है।
वगुर *(हि.वि.)* बिना गुरु का।
आंगुर *(हि.पुं.)* देखो अंगुल।
पागुर *(हि.पुं.)* जुगाली।
बागुर *(हि.पुं.)* पशु या पक्षी फँसाने का जाल।
इंगुर *(हि.पुं.)* सिन्दूर।
अंगुर *(हि.पुं.)* अंगुल।
भंगुर *(हि.वि.)* नाशवान।
भंगुर *(सं.वि.)* नाश होनेवाला, टेढ़ा।
क्षणभंगुर *(सं.वि.)* अनित्य, क्षणभर में नष्ट हो जानेवाला।
खचुर *(हि.स्त्री.)* व्यर्थ का दोष लगाना।
प्रचुर *(सं.वि.)* अनेक, बहुत।
झींगुर *(हि.पुं.)* एक प्रकार का छोटा कीड़ा जो अंधेरे में रहता है, बरसात में झनझन शब्द करता है, झिल्ली।
निष्ठुर *(सं.वि.)* कठोर, कठिन, क्रूर।
निठुर *(हि.वि.)* निष्ठुर, क्रूर, निर्दय।
चतुर *(सं.वि.)* प्रवीण, निपुण, धूर्त।
सुचतुर *(सं.वि.)* अति चतुर।
आतुर *(सं.वि.)* आहत, पीड़ित, व्याकुल, रोगी, अधीर, दुःखी, उत्सुक।
शोकातुर *(सं.वि.)* दुःख या शोक से व्याकुल।
रोपातुर *(सं.वि.)* व्याधित, पीड़ित।
चातुर *(सं.वि.)* चतुर, धूर्त *(पु.)* चार पहिए की गाड़ी।
क्षुधातुर *(सं.वि.)* क्षुधार्त, भूखा।
कामातुर *(सं.वि.)* काम के वेग से व्याकुल।

भयातुर *(सं.वि.)* डर से घबड़ाया हुआ।
दम्तुर *(सं.पुं.)* जिसके दाँत आगे को निकले हों, दंतूला।
दर्दुर *(सं.पुं.)* भेक, मेढक, मेघ, बादल।
बादुर *(हि.पुं.)* चमगादड़।
बादुर *(हि.पुं.)* शत्रु, प्रतिद्वंद्वी, चमगादड़।
विदुर *(सं.पुं.)* पण्डित, ज्ञानी, जानकार।
बिदुर *(हि.पुं.)* छोटे चिह्न, बुंदकी।
गेंदुर *(हि.पुं.)* देखो सिन्दूर।
मधुर *(सं.वि.)* जिसका स्वाद मीठा हो, मनोरंजक, सुन्दर।
लजाधुर *(हि.वि.)* ललाजू नाम का पौधा।
माधुर *(सं.वि.)* मीठा *(पु.)* चमेली का फल।
विधुर *(सं.वि.)* व्यग्र, व्याकुल।
सेधुर *(हि.पुं.)* देखो सेंदुर, सिन्दूर।
बन्धुर *(सं.वि.)* सुंदर, नम्र, ऊँचा-नीचा।
बंधुर *(हि.पुं.)* मुकुट।
खपुर *(सं.पुं.)* गंधर्व नगर।
अंतःपुर *(सं.पुं.)* अंतर्भवन।
प्रेतपुर *(सं.पुं.)* यमपुरी।
रपुर *(हि.स्त्री.)* स्वर्ग।
नरपुर *(सं.पुं.)* मलोक, मनुष्यलोक।
टिपुर *(हि.पुं.)* अभिमान, घमंड।
रिह्पुर *(सं.पुं.)* विष्णुलोक, वैकुंठ।
नुपूर *(सं.पुं.)* स्त्रियों के पैर में पहिनने का एक गहना, पैंजनी।
बीपुर *(सं.पुं.)* गढ़ या नगर का फाटक, स्वर्ग।
फुरफुर *(हि.स्त्री.)* उड़ने में पर की फड़फड़ाहट से उत्पन्न शब्द।
फुरफुराना *(हि.क्रि.)* उड़कर पैरों से शब्द निकालना, कान में रूई की फुरेरी फिराना।
कर्बुर *(वि.)* अनेक वर्ण का, चितकबरा।
करार, करूवा *(हि.वि.)* कटु, कड़वा।
श्वशुर *(सं.पुं.)* पति या पत्नी का पिता, ससुर।
असुर (हिं.पुं.) राक्षस, दैत्य, प्रेत।
मसुर *(सं.पुं.)* मसूर, मसुरी।
स्वसुर, स्वसुराल *(हि.)* देखो ससुर, ससुराल।
ससुर (हिं.पुं.) पति या पत्नी का पिता, श्वसुर।
पितिया ससुर (हिं.पुं.) पत्नी या पति का चाचा।
बबिया ससुर ससुर का पिता।
आसुर *(सं.वि.)* असुर संबंधी, पैशाची।
भासुर *(सं.पुं.)* स्फटिक, बिल्लौर, वीर योद्धा।
बरासुर *(हि.पुं.)* ब्राह्मण।
सुरासर *(सं.पुं.)* देवता और दानव।
छासुर *(हि.पुं.)* ससुर, ससुराल।
महीसुर *(सं.पुं.)* ब्राह्मण।
भूमिसुर *(सं.पुं.)* ब्राह्मण।
भूसुर *(सं.पुं.)* ब्राह्मण।
बेसुर *(हि.वि.)* जिसका स्वर ठीक न हो, बेमेल स्वर का।
निबहुर *(हि.पुं.)* यमद्वार जहाँ से कोई लौटकर न आए।
पाहुर *(हि.पुं.)* भेंट।
माहुर *(हि.पुं.)* विष, गरल।
घूर *(हि.पुं.)* कूड़ा करकट।
चूर *(हि.पुं.)* टुकड़े, महीन कण।
जूर जलन, दुःख *(वि.)* शुष्क, सूखा।
दूर *(हि.क्रि.वि.)* अनिकट।
धूर *(हि.स्त्री.)* धूलि, धूल।
पूर *(हि.वि.)* परिपूर्ण, भरा हुआ, समूचा, बिना भाग किया हुआ, पूर्ण, भरपूर, तुष्ट, सम्पन्न।
भूर *(हि.वि.)* बहुत, अधिक
मूर *(हि.पुं.)* मूल, जड़, मूलधन।
शूर *(सं.पुं.)* वीर, योद्धा।
सूर *(हि.वि.)* शूरवीर *(हि.पुं.)* सूर्य।
लंगूर *(हि.पुं.)* एक विशेष प्रकार का बंदर जिसका मुँह काला और पूंछ लंबी होती है।
लंगूर *(हि.स्त्री.)* लाङ्गूल, पूंछ।
अमचूर *(हि.पुं.)* सूखे आम की बुकनी।
चकनाचूर *(हि.वि.)* टुकड़े-टुकड़े किया हुआ, अति श्रान्त।
मोतीचूर *(हि.पुं.)* छोटी बूंदियों के लड्डू।
खजूर *(सं.पुं.)* खजूर का वृक्ष या फल।
पिंडखजूर *(हि.स्त्री.)* एक प्रकार का खजूर जिसके फल मीठे होते हैं।
मण्डूर *(सं.पुं.)* गलाये हुए लोहे का मैल।
मंडूर *(हि.पुं.)* मण्डूर, लोहकीट।
तदूर *(हि.पुं.)* ताड़ की जाति का एक वृक्ष जिसके फल छोहारे के आकार के होते हैं, एक प्रकार की मिटाई।
सदूर *(सं.वि.)* समीप का *(सं.पुं.)* सामीप्य।
विदूर *(सं.वि.)* जो बहुत दूर हो।
इंदूर *(हि.पुं.)* चूहा, मूसा।
सुदूर *(सं.वि.)* बहुत दूर।
संदूर *(हि.पुं.)* देखो सिंदूर।
सिन्दूर *(सं.पुं.)* सेंदूर।
कपूर *(सं.पुं.)* एक सफेद रंग का सुगन्धित द्रव्य जो हवा लगने से उड़ जाता है तरल पदार्थ, गुण, किसी पदार्थ का सार, आनंद, प्रेम, जीय अंश, धातुओं को फूंककर बनाया हुआ भस्म।
रसकपूर *(सं.पुं.)* एक सफेद उपधातु।
कर्णपूर *(सं.पुं.)* कान का आभूषण, करनफूल।
कर्पूर *(सं.पुं.)* कपूर।
भरपूर *(हि.वि.)* परिपूर्ण, *(क्रि.वि.)* भली भाँति।
आपूर *(सं.वि.)* व्याप्त, भरा-पूरा।
भरापूर (हि.वि.) जिसमें किसी बात की न्यूनता हो।

मयूर *(सं.पुं.)* शिखी, बर्हि, मोर।
मायूर *(सं.वि.)* मयूर संबंधी, *(सं.पुं.)* मारने की क्रिया या भाव, मारण, आघात (हि.अव्य.) अत्यन्त, बहुत।
केयूर *(सं.पुं.)* बांह में पहिनने का आभूषण, भुजबंध, अंगद।
क्रूर *(सं.वि.)* निर्दय, नृशंस, कठिन, कड़ा।
अक्रूर *(सं.वि.)* जो क्रूर न हो, कोमल।
बिलूर *(हि.पुं.)* देखो बिल्लौर।
रणशूर *(सं.पुं.)* वह जो युद्ध में वीरता दिखलाता हो।
कर्मशूर *(सं.वि.)* कार्यदक्ष, चतुर।
प्रदानशूर *(सं.पुं.)* दानवीर।
मसूर *(सं.पुं.)* एक प्रकार का चिपटा अन्न जिसकी दाल गुलाबी रंग की होती है।
बांगेर *(हि.पुं.)* पशु-पक्षियों को फंसाने का जाल, फंदा।
मुंडेर *(हि.स्त्री.)* देखो मुंडेरा।
पतेर *(हि.पुं.)* पक्षी, चिड़िया, गड्ढा।
अंधेर *(हि.पुं.)* अव्याचार, अन्याय।
दिनेर *(हि.पुं.)* दिनकर, सूर्य।
हथफेर *(हि.पुं.)* थोड़े दिन के लिए बिना लिखा-पढ़ी के लिया गया ऋण।
वर-फेर *(हि.स्त्री.)* निछावर, बलि।
हेरफेर *(हि.पुं.)* चक्कर, घुमाव, उलट-फेर।
चौफेर *(हि.क्रि.वि.)* चारों ओर।
अबेर *(स.स्त्री.)* विलम्ब, देर।
करेर *(हि.वि.)* कठोर, कड़ा।
परेर *(हि.पुं.)* आकाश।
मुरेर *(हि.स्त्री.)* देखो मरोड़।
धनकुबेर *(हि.पुं.)* बड़ा धनी, धनाढ्य मनुष्य।
स्वैर *(सं.वि.)* ऐच्छिक, यथेच्छ।
महावैर *(सं.पुं.)* बड़ी शत्रुता।
जातिवैर स्वाभाविक शत्रुता।
अबसेर *(हि.स्त्री.)* विलम्ब, चिन्ता।
नंबरी सेर *(हि.पुं.)* अस्सी रुपए की तौल का लोहे का अंग्रेजी सेर।
अहेर *(हि.पुं.)* आखेट, मृगया।
महेर *(हि.पुं.)* झगड़ा, देखो महेरा।
केर (हि.प्रत्य.) संबंधसूचक विभक्ति का प्रत्यय, का।
घेर *(हि.पुं.)* चारों ओर का फैलाव।
चेर *(हि.पुं.)* दास, सेवक।
टेर *(हि.स्त्री.)* गाने में ऊँचा स्वर, तान, पुकारने का शब्द, बुलाहट।
फेर *(हि.पुं.)* घुमाव, चक्कर, मोड़ उलझन, संशय, घाटा, प्रभाव, युक्ति, अंतर, धोखा ढंग, दिशा, ओर (हि.अव्य.) पुनः, एक बार फिर।
लेर *(हि.स्त्री.)* लहर।
तेर *(हि.पुं.)* सोलह छटांक या अस्सी तोले की तौल, मन का चालीसवाँ भाग, एक प्रकार का धान, सिंह *(वि.)* तृप्त।
हेर *(हि.स्त्री.)* ढूंढ़, *(हि.क्रि.)* खोजना, जांच-पड़ताल करना।
खैर *(हि.पुं.)* खदिर वृक्ष।
पैर *(हि.पुं.)* चरण, पाँव, वृक्ष, डंठल सहित अन्न का अटाल।
मैर *(हि.स्त्री.)* साँप के विष की लहर।
बैर *(सं.पुं.)* विरोध, द्वेष, शत्रुता।
ओर *(हि.स्त्री.)* दिशा, पक्ष, अलंग *(पु.)* छोर, किनारा, अन्त, आरम्भ।
कोर *(हि.स्त्री.)* प्रान्त भाग, किनारा, द्वेष, नोक, धार, श्रेणी, वैमनस्य।
खोर *(हि.स्त्री.)* संकरी गली।
घोर *(सं.वि.)* भयंकर, घना, कठिन, दुर्गम, अत्यन्त, *(स्त्री.)* गरज।
चोर (सं.पुं.) तस्कर, अनिष्टकारक।
छोर *(हि.पुं.)* किसी वस्तु का किनारा, विस्तार की सीमा, नोक।
डोर *(हि.पुं.)* डोरा, सूत।
तोर *(हि.पुं.)* अरहर।
घोर *(हि.स्त्री.)* निकटता, सामीप्य।
पोर *(हि.स्त्री.)* अंगुली की गाँठ या जोड़, रीढ़, ऊख, बांस आदि का वह भाग जो दो गाँठों के बीच में हो।
बोर *(हि.पुं.)* गुंबज के आकार का एक गहना जो सिर पर पहना जाता है।
भोर *(हि.पुं.)* प्रातःकाल, तड़का।
मोर *(हि.पुं.)* एक सुंदर बड़ा पक्षी *(सर्व.)* मेरा।
रोर *(सं.स्त्री.)* कलकल, कोलाहल, घमासान, चिल्लाहट का शब्द, *(वि.)* प्रचण्ड, उपद्रवी, अत्याचारी।
कोर *(हि.पुं.)* कान का कुण्डल, लटकन, आंसू *(वि.)* उत्सुक, चंचल।
अंकोर *(हि.पुं.)* गोद, अंक, भेंट, घूस।
चकोर *(हि.पुं.)* एक प्रकार का बड़ा पहाड़ी तीतर।
झकोर *(हि.पुं.)* हवा का झटका।
टकोर *(हि.स्त्री.)* आघात, ठेस, शब्द, धनुष की टंकार, तीक्षणता, चरपराहट।
चौकोन, चौकोना, चौकोर *(हि.वि.)* चतुष्कोण, चौखूटा।
अघोर *(हि.वि.)* जो भयानक न हो, प्रिय *(पु.)* महादेव, शिव।
घनघोर *(हि.पुं.)* घनघनाहट, *(वि.)* बहुत घना।
महाघोर *(सं.वि.)* अति भयानक।
अमचोर *(हि.वि.)* आलसी, सुस्त।
चितचोर *(हि.पुं.)* मन को लुभाने वाला, प्रिय, मनोहर।
हिसाबचोर *(हि.पुं.)* वह जो हिसाब किताब लिखने में चोरी करता हो।

काला चोर *(हि.पुं.)* चतुर चोर, का पुरुष।
कनछोर *(हि.पुं.)* देखो रणछोर।
बरजोर *(हि.वि.)* प्रबल *(क्रि.वि.)* बहुत वेग से।
मुहजोर *(हि.वि.)* बड़बड़िया, उद्दण्ड।
लजोर *(हि.वि.)* लज्जावान।
निजोर *(हि.वि.)* बलहीन, निर्बल।
विजोर *(हि.वि.)* निर्बल।
सुजोर *(हि.वि.)* दृढ़।
प्रणोर *(हि.पुं.)* प्रकाश।
अंजोरना *(हि.क्रि.)* प्रकाश करना।
झकझोर *(हि.पुं.)* झटका, झोंका।
बटोर *(हि.पुं.)* जमघट, जमावड़ा, कूड़े करकट का ढेर।
निटोर *(हि.पुं.)* टोला, मुहल्ला।
कठोर *(सं.वि.)* कठिन, कड़ा निर्दय, दारूण, तीक्ष्ण।
पठोर *(हि.पुं.)* दुकान, हाट।
मठोर *(हि.स्त्री.)* दही मथने या मट्ठा रखने की मटकी।
बागडोर *(हि.स्त्री.)* घोड़े की लगाम में बांधने की रस्सी।
अथोर *(हि.वि.)* थोड़ा नहीं, अधिक।
अन्दोर *(हि.पुं.)* आंदोलन।
अंपोर *(हि.पुं.)* कोलाहल।
शतपोर *(सं.पुं.)* पोंड़ा, गन्ना।
शराबोर *(हि.वि.)* भींगा हुआ।
सराबोर *(हि.वि.)* भींगा हुआ।
विभोर *(हि.वि.)* डूबा हुआ।
बभोर *(हि.पुं.)* ताम्बूल, पान।
वामोर *(सं.वि.)* सुंदर जांच।
कौवारोर बहुत कोलाहल।
मरोर *(हि.स्त्री.)* पछतावा।
कलोर *(हि.वि.)* जवान बछिया जो ब्याई या गाभिन न हुई हो।
किशोर *(सं.पुं.)* तरूण अवस्था, शिशु, लड़का, *(वि.)* छोटे वय का।
महोर *(हि.वि.)* गहरा।
बहोर *(हि.पुं.)* फेरा, पलटा *(क्रि.वि.)* फिर से।
और *(हि.वि.)* अन्य, दूसरा, केवल, अधिक, किन्तु।
कौर *(हि.पुं.)* केवल, ग्रास, कोना, चक्की में एक बार पिसने के लिए डाला जाने वाला अन्न।
भैर *(हि.स्त्री.)* उज्ज्वल, *(वि.)* स्वच्छ, निर्मल।
खौर *(हि.स्त्री.)* त्रिपुड़, चंदन का टीका।
भौंर *(हि.पुं.)* चंवर, झालर, फुंदन।
छौर *(हि.पुं.)* देखो क्षोर।
झौर *(हि.पुं.)* प्रपंच, वाद-विवाद।
ठौर *(हि.पुं.)* ठिकाना, स्थान, अवसर, एक प्रकार का मीठा पकवान।
धौंद, घोर *(हि.पुं.)* फलों का गुच्छा।
पौर *(सं.वि.)* नगर संबंधी।
बौर *(हि.पुं.)* आम के वृक्ष की मंजरी।
भौर *(हि.पुं.)* भंवर, भौंरा।
भौंर *(हि.पुं.)* भौर, जल का आवर्त।
मौर *(हि.पुं.)* एक प्रकार का शिरोभूषण जो विवाह के समय पहनाया जाता है, शिरोमणि, प्रधान, गरदन का पिछला भाग।
विलोर *(हि.पुं.)* देखो बिलोर।
सौर (सं.पु.) देखो सौरी।
सौर *(हि.पुं.)* मुण्डन कर्म।
क्षौरिक *(सं.पुं.)* नापित, नाऊ।
पचौर *(हि.पुं.)* गांव का मुखिया।
काव्यचौर *(सं.पुं.)* दूसरे के रचे हुए काव्य को अपना बतलानेवाला।
मुँहचौर *(हि.पुं.)* वह जो लोगों के सामने जाने में संकोच करता हो।
स्त्रीचौर (सं.पुं.) स्त्री को चुरानेवाला।
कुठौर *(हि.पुं.)* बुरा स्थान, बुरा अवसर।
निठौर *(हि.पुं.)* बुरी अवस्था।
कंडौर, कंडौरा *(हि.पुं.)* कंडा पाथने का स्थान, कंडों का ढेर, मोहरौर।
शिरमौर *(हि.पुं.)* शिरोभूषण, मुकुट।
गोहगौर *(हि.पुं.)* पथे हुए कंडों का ढेर।
बिल्लूर, बिल्लौर *(हि.पुं.)* एक प्रकार का स्वच्छ पारदर्शक पत्थर, स्फटिक।
रसौर *(हि.पुं.)* ऊँख के रस में पकाया हुआ चावल।
खरा *(हि.वि.)* तीखा, विशुद्ध, कुरकुरा, बिना मिलावट का, चिमड़ा, निश्छल।
छरा *(हि.पुं.)* छड़ा, लड़ी, रस्सी।
जरा *(सं.स्त्री.)* वृद्धावस्था, बुढ़ापा।
धरा (स.स्त्री.) पृथ्वी, धरती, संसार।
धरा *(हि.स्त्री.)* उर्वी, पृथ्वी।
परा *(सं.अव्य.)* प्राधान्य, गति, विक्रम, आदि अर्थ में प्रयुक्त होता है, अनादर अर्थ में उपसर्ग की तरह प्रयुक्त होता है।
बरा *(हि.पुं.)* एक प्रकार का पकवान जो उड़द की दाल को पीसकर बनाया जाता है।
हरा *(हि.वि.)* हरित, घास या पत्ती के रंग का, प्रसन्न, जो सूखा या मरा न हो, फल-फूल जो पका न हो।
मिठारा *(हि.पुं.)* छाया, परछाहीं।
हुअरा *(हि.स्त्री.)* आटे में महुआ मिलाकर बनाई हुई रोटी।
बकरा *(हि.वि.)* फैला हुआ।
बमचकरा *(हि.पुं.)* बेसन की मोटी रोटी।
धनकरा *(हि.वि.)* प्रकाशमान।

बकरा *(हि.पुं.)* फटे हुए खुर का एक प्रसिद्ध छोटी जाति का चौपाया, अज।

मकरा *(हि.पुं.)* भूरे रंग का एक कीड़ा, मंडुवा नामक अन्न।

शर्करा *(सं.स्त्री.)* शक्कर, खांड़, चीनी।

मधुशर्करा *(सं.स्त्री.)* मधु से बनाई हुई शक्कर।

करकरा *(हि.क्रि.)* खुरखुरा, पड़ने वाला, कठोर।

मस्करा *(हि.पुं.)* ठिठोलिया।

सकरा *(हि.वि.)* जो अधिक विस्तृत न हो, पतला *(पु.)* कष्ट, आपत्ति।

सांकरा *(हि.वि.)* देखो सांकरा, सांकड़ा।

ठिकरा, ठीकरा *(हि.पुं.)* मिट्टी के पात्र का टूटा फूटा अंश।

टुकरा *(हि.पुं.)* खण्ड, टुकड़ा।

टोकरा *(हि.पुं.)* खांचा, झाबा, डला।

ठोकर, डोकरा *(हि.पुं.)* अशक्त बुड्ढा आदमी।

डोकरा *(हि.वि.)* कठिन, कड़ा।

लोकरा *(हि.पुं.)* चिथड़ा।

खखरा *(हि.वि.)* छिद्रमय, सूखा।

बटखर, बटखरा *(हि.पुं.)* तौलने का मान, बांट।

नुनखरा, नुनखारा *(हि.वि.)* स्वाद में नमक के सदृश।

बखरा *(हि.पुं.)* भाग हिस्सा, बांट।

खरखरा *(हि.वि.)* खुरखुरा।

मस्खरा *(हि.पुं.)* देखो मस्करा।

सखरा *(हि.वि.)* जल में पकाया हुआ भोजन।

दुखरा *(हि.पुं.)* देखो दुखड़ा।

पोखरा *(हि.पुं.)* खोदकर बनाया हुआ तालाब।

आंगरा *(हि.पुं.)* अंगारा, एक ऋषि का नाम।

गगरा *(हि.पुं.)* कलश, कलसा, घड़ा।

जंगरा *(हि.पुं.)* मूंग, मटर, उर्द इत्यादि के डंठल, जेंगरा।

टगरा *(हि.वि.)* भेगा, ऐंचाताना।

बगर, दगरा *(हि.वि.)* विलम्ब, देर, मार्ग।

बगरा *(हि.पुं.)* पग।

रगरा देखो रगड़ा।

सगरा *(हि.वि.)* संपूर्ण, कुल।

जांगरा *(हि.वि.)* भाट, बंदी, आंगड़ा।

जिगरा *(हि.पुं.)* साहस।

सिगरा *(हि.वि.)* संपूर्ण, समग्र, सब।

मूंगरा *(हि.पुं.)* काठ का बड़ा हथौड़ा, नमकीन बुंदिया।

डेंगरा *(हि.पुं.)* एक मोटा डंडा।

मोंगरा *(हि.पुं.)* एक प्रकार का बड़ा बेले का फूल।

पोंगरा *(हि.पुं.)* चोंगा, बांस की पोर या नली, *(वि.)* पोला, खोखला, मूर्ख।

मोंगरा *(हि.पुं.)* मेख ठोंकने का हथौड़ा, एक प्रकार की केशर।

कंगरा *(हि.पुं.)* प्रासाद की चोटी, शिखर, मुकुटमणि।

झंगरा *(हि.पुं.)* बांस का गोल टोकरा।

घघरा *(हि.पुं.)* स्त्रियों का लहँगा।

कटघरा *(हि.पुं.)* जंगले का बना हुआ काठ का घर, बड़ा पींजड़ा।

बघरा *(हि.पुं.)* लकड़बग्घा।

तिनघरा *(हि.स्त्री.)* एक प्रकार की तिकोनी रेती।

घाँघरा *(हि.पुं.)* घाघरा, लहँगा।

ढाँघरा *(हि.स्त्री.)* पुत्र, बेटा, लड़का।

निघरा *(हि.वि.)* जिसके घरबार न हो।

कचड़ा-रा *(हि.पुं.)* झाड़न, भूसी-युक्त अन्न।

अचरा *(हि.स्त्री.)* साड़ी का छोर, अंचल।

अँचरा *(हि.पुं.)* स्त्रियों की धोती का अंचल।

अधरा *(हि.वि.)* दुष्ट, वर्णसंकर।

कचरा *(हि.पुं.)* देखो पचड़ा।

कुचरा *(हि.पुं.)* झाड़ू, बढ़नी।

अछरा *(हि.स्त्री.)* अप्सरा, देवांगना।

बछरा *(हि.पुं.)* देखो बछड़ा।

चारबज्त्रा *(सं.स्त्री.)* एक छन्द जिसमें चार पद होते हैं और प्रत्येक पद में ग्यारह अक्षर होते हैं।

उपेन्द्रवज्त्रा *(सं.स्त्री.)* ग्यारह अक्षरों के चार पद का एक छन्द।

कजरा *(हि.पुं.)* काजल, काली आँख का बैल, *(वि.)* जिसकी आँखें काजल लगी हुई दिखाई पड़ें।

गजरा *(हि.पुं.)* फूलों की माला।

तिजरा *(हि.पुं.)* तीसरे दिन आने वाला ज्वर, तिजारी।

पिंजरा *(हि.पुं.)* लोहे, बांस आदि की तीलियों का बना हुआ झाबा जिसमें पक्षी पाले जाते हैं।

बोंजरा *(हि.पुं.)* देखो पिंजड़ा।

ऊजर, ऊजरा *(हि.वि.)* उजला, स्वच्छ।

झँझरा *(हि.वि.)* महीन छेदवाला।

बिझरा *(हि.पुं.)* एक में मिला हुआ मटर, चना, गेहूँ और जव।

बेझरा *(हि.पुं.)* गेहूँ, ज्वार, चना, मटर आदि में से दो तीन मिले हुए अन्न।

बष्ट्रा *(सं.स्त्री.)* दाढ़, चौघड़।

कटरा *(हि.पुं.)* छोटा चौकोर हाट।

पटरा *(हि.पुं.)* लकड़ी का लंबा चोरस पल्ला, धोबी का पाट।

कठरा *(हि.पुं.)* काठ का बड़ा संदूक, काठ का पत्र, कठौता, कठघरा।

ठठरा (हि.पु.) टट्ठर, ओट।

बठरा *(हि.वि.)* जेठा, *(वि.)* अग्रज, वय में बड़ा।

जेठरा *(हि.वि.)* जेठ, बड़ा।

बड़रा *(हि.वि.)* विशाल, बड़ा।

कुंड़रा *(हि.पुं.)* कुंडा, बड़ा मटका।
खेंड़रा *(हि.पुं.)* किसी वस्तु का बड़ा टुकड़ा।
मेड़रा *(हि.पुं.)* किसी वस्तु का मण्ड।
मोड़रा *(हि.पुं.)* पुराने वृक्ष का खोखला भाग।
गोंड़रा *(हि.पुं.)* परिधि, घेरा।
कतरा *(हि.पुं.)* खण्ड, अंश, टुकड़ा।
पतरा *(हि.वि.)* पतला।
भीतरा *(हि.वि.)* अन्तःपुर में आने जानेवाला मनुष्य।
चउतरा *(हि.पुं.)* देखो चबूतरा।
प्रागुत्तरा *(सं.स्त्री.)* पूर्व और उत्तर के बीच की दिशा।
तुतरा *(हि.वि.)* देखो तोतला।
पुतरा (हि.अव्य.) अतः निदान।
नेंतरा *(हि.पुं.)* मल्लयुद्ध।
चकोतरा *(हि.पुं.)* एक प्रकार का खटमीठा जंभीरी नीबू।
गंगोतरा *(हि.पुं.)* एक प्रकार की नारंगी, संतरा।
तेतर, तोतरा *(हि.वि.)* देखो तोतला।
लंबोतरा *(हि.वि.)* लंबे आकार का।
सर्वोतरा *(सं.स्त्री.)* ईशान कोण।
वसोतरा *(हि.वि.)* दस अधिक।
बुहोतरा *(हि.पुं.)* कन्या का पुत्र, नाती *(वि.)* दो, दो से अधिक।
लंबोतरा *(हि.वि.)* लंबे आकार का।
पूर्वोत्तरा *(सं.स्त्री.)* ईशान कोण।
वसातरा *(हि.वि.)* दस अधिक।
बुहोतरा *(हि.पुं.)* कन्या का पुत्र, नाती, *(वि.)* दो, दो से अधिक।
चौतरा *(हि.पुं.)* देखो चबूतरा।
चौंतरा *(हि.पुं.)* देखो चबूतरा।
अन्तरा *(सं.पुं.)* अन्तर, कोना, एक दिन का अन्तर देकर आनेवाला ज्वर, गीत का दूसरा पद।
खतरा *(हि.पुं.)* छेद, दरार, कोना।
संतरा *(हि.पुं.)* बड़ी नारंगी।
पूतरा *(हि.पुं.)* देखो पुतला, बाल-बच्चा।
चबूतरा *(हि.पुं.)* चौरस, ऊँचा स्थान।
अथरा *(हि.पुं.)* मिट्टी का चौड़ा नांद।
साथरा *(हि.पुं.)* बिछौना, चटाई।
दुबरा *(हि.वि.)* स्वच्छ, निर्मल।
थोथरा *(हि.वि.)* निःसार, पोला, व्यर्थ का।
भोथरा *(हि.वि.)* कुंठित, भुधरा।
भौंसरा *(हि.वि.)* जिसकी धार पैनी न हो।
भद्रा *(सं.स्त्री.)* आकाश गंगा, फलित ज्योतिष में द्वितीया, सप्तमी और द्वादशी तिथियों का नाम।
भद्रानिद्रा *(सं.स्त्री.)* स्वप्न, नींद, सुषति।
दीर्घाध्नि *(सं.स्त्री.)* बहुत देर तक रहनेवाली नींद, मत्य।
मुक्तनिद्रा *(सं.स्त्री.)* मृत्यु, मरण।
हरिद्रा *(सं.स्त्री.)* हल्दी।
मुद्रा *(सं.स्त्री.)* किसी के नाम की छाप, मुहर, सोने-चाँदी का सिक्का, चिह्न।
तिलकमुद्रा *(सं.पुं.)* चन्दन आदि का।
स्वर्णमुद्रा *(सं.स्त्री.)* सोने की मुद्रा।
तप्तमुद्रा *(सं.स्त्री.)* शंख, चक्र आदि के लोहे या पीतल के छापे जिनको तपाकर वैष्णव लोग अपने शरीर पर दागते हैं।
रौप्यमुद्रा *(सं.स्त्री.)* चाँदी की मुद्रा।
शूद्रा, शूद्री *(सं.स्त्री.)* शूद्र की स्त्री।
तंद्रा (सं.स्त्री) ऊँच, ऊँघाई।
खदरा *(हि.पुं.)* गड्ढा *(वि.)* व्यर्थ का।
चदरा *(हि.पुं.)* छानने का कपड़ा, छन्ना।
अचरा *(हि.पुं.)* बादल, मेघ।
दरदरा *(हि.वि.)* जिसके कण छोटे हों, जो महीन पिसा न हो।
छिदरा *(हि.वि.)* छितराया हुआ, विवश।
खुदरा *(हि.पुं.)* क्षुद्र वस्तु, फुटकर पदार्थ।
सेदरा, सोदरी *(सं.स्त्री.)* सगी बहिन।
गोंदरा *(हि.पुं.)* कोमल घास या पुआल की बनाई हुई मोटी चटाई।
कन्दरा *(सं.स्त्री.)* गुहा, गुफा, खोह।
कंदरा *(हि.स्त्री.)* गुहा, गुफा।
तंदरा *(हि.स्त्री.)* देखो तन्द्रा।
मंदरा *(हि.वि.)* नाटा, ठिंगना।
अंधरा *(हि.पुं.)* नेत्रहीन, अन्धा।
आंधर, आंधरा *(हि.वि.)* अन्धा, नेत्रहीन।
शिरोधरा *(सं.स्त्री.)* गरदन, ग्रीवा।
चोंधर, चोंधरा *(हि.वि.)* बहुत छोटी आँखवाला, मूर्ख।
सुगन्धरा *(हि.पुं.)* एक प्रकार का फूल।
वसुंधरा *(हि.स्त्री.)* पृथ्वी।
निनरा *(हि.क्रि.)* न्यारा, अलग, दूर।
लूनरा *(हि.पुं.)* खेत की उपज काटने वाला।
खपरा *(हि.पुं.)* देखो खपड़ा।
चपरा (हि.अव्य.) तुरत, झटपट, *(वि.)* झूठा।
चर्परा *(हि.वि.)* देखो चरपरा।
चरपरा *(हि.वि.)* स्वाद में तीखा, चटपटा।
उपरा *(हि.पुं.)* गोल, उत्पल, उपला।
परंपरा *(हि.स्त्री.)* एक के पीछे दूसरा।
परम्परा *(सं.स्त्री.)* परिपाटी, अनुक्रम, एक के बाद एक।
अन्धपरंपरा *(हि.स्त्री.)* बिना विचारे पुरानी प्रथा का अनुसरण।
कबरा *(हि.वि.)* कर्बुर, श्वेत वर्ण पर काले, लाल, पीले या दूसरे रंग के धब्बे।
कबरा, कबरी *(हि.स्त्री.)* चोटी, जूड़ा।

अबरा *(हि.वि.)* शक्तिमान, बली।

डबरा *(हि.पुं.)* छिछला गड्ढा, कुंड।

लबरा *(हि.वि.)* झूठ बोलनेवाला, गप हांकनेवाला।

दुबरा *(हि.वि.)* दुर्बल, दुबला।

दूबरा *(हि.वि.)* दुर्बल, दुबला।

परभरा *(हि.पुं.)* पानी भरनेवाला।

बलभरा *(हि.वि.)* भूमिगृह।

हराभरा *(हि.वि.)* प्रफुल्ल, नवीन।

कमरा *(हि.पुं.)* कोष्ठ, कोठा, कोठरी।

भुखमरा *(हि.वि.)* भुक्खड़ पेटू।

मरमरा *(हि.वि.)* सहज में टूटनेवाला।

हमरा (हि.सर्व.) देखो हमारा।

जियरा *(हि.पुं.)* जीव।

सियरा *(हि.वि.)* शीतल, ठंडा, कच्चा।

हिय, हियरा *(हि.पुं.)* हृदय, मन, छाती।

खर्रा *(हि.पुं.)* लम्बा चिट्ठा।

छर्रा *(हि.पुं.)* कंकड़ आदि का छोटा टुकड़ा, बन्दूक में भरने के सीसे के छोटे-छोटे टुकड़े।

टर्रा *(हि.वि.)* धृष्टता से बोलनेवाला।

ढर्रा *(हि.पुं.)* बटा हुआ मोटा सूत, अधपकी ईंट।

रर्रा *(हि.वि.)* झगड़ालू।

दुर्रा *(हि.पुं.)* कण, टुकड़ा।

धुर्रा *(हि.पुं.)* किसी वस्तु का बहुत छोटा भाग, कण।

बेर्रा *(हि.पुं.)* मिले हुए जव चने का आटा।

टोर्रा *(हि.पुं.)* छिलका सहित अरहर का खड़ा दाना जो दाल में रह जाता है।

गररा *(हि.पुं.)* एक प्रकार का भूरे रंग का घोड़ा।

झलरा *(हि.पुं.)* एक प्रकार का पकवान।

झल्लरा *(सं.स्त्री.)* झांझ, छोटे बच्चों के बाल, स्वेद, पसीना।

पलरा *(हि.पुं.)* देखो पलड़ा।

हालरा *(हि.पुं.)* हिलोरा, झांका।

डबरा *(हि.पुं.)* एक प्रकार का बड़ा कटोरा।

रबरा *(सं.स्त्री.)* शीघ्रता, जल्दी।

अत्यरा *(सं.स्त्री.)* शीघ्रता का भाव।

श्रवरा *(हि.वि.)* उजला, सफेद।

कांवरा *(हि.वि.)* व्याकुल, उद्विग्न।

छावरा *(हि.पुं.)* पशु का बच्चा, छौना।

डावड़ा, (डावरा) *(हि.पुं.)* पुत्र, बेटा।

वावरा *(हि.वि.)* देखो बावला।

लड़बावरा *(हि.वि.)* गंवार, अल्हड़, अनाड़ी।

जीवरा *(हि.पुं.)* प्राण।

जेवरा *(हि.पुं.)* रस्सा।

देवरा *(हि.पुं.)* छोटा देवता, देवर।

बेवरा *(हि.पुं.)* विवरण, ब्योरा।

मसेवरा *(हि.वि.)* मांस का बना हुआ खाने का पदार्थ।

भंवरा *(हि.पुं.)* देखो भौंरा, भ्रमर।

स्वयंवरा *(सं.स्त्री.)* अपने लिए स्वयं वर चुननेवाली स्त्री।

कृशरा *(सं.स्त्री.)* खिचड़ी।

कसरा *(हि.पुं.)* एक प्रकार की गीली खुजली।

रसरा *(हि.वि.)* अभिमानी, घमंडी।

पीतसरा *(हि.पुं.)* ससुर का भाई।

अप्सरा *(सं.स्त्री.)* स्वर्ग की वेश्या, परी, विद्याधारी, अलौकिक सुन्दरता की स्त्री।

आसरा *(हि.पुं.)* आशा, भरोसा, अवलम्ब।

सासरा *(हि.पुं.)* देखो ससुराल।

तीसरा *(हि.वि.)* जो दो के बाद आता हो।

मुसरा *(हि.पुं.)* पेड़ की वह जड़ जिसमें एक ही मोटा पिण्ड धरती के भीतर दूर तक चला गया हो, उसमें शाखाएँ न हों।

दूसर, दूसरा *(हि.वि.)* द्वितीय।

घूसरा *(हि.वि.)* धूल लगा हुआ, मटमैला।

पैसरा *(हि.पुं.)* व्यापार, प्रयत्न, झंझट।

थाहरा *(हि.वि.)* कम गहरा, छिछला।

ओसरा *(हि.पुं.)* अवसर, समय।

नौसरा *(हि.पुं.)* नौ लड़ी की माला या हार।

पौसरा, पौसला *(हि.स्त्री.)* प्यासों को पानी पिलाने का स्थान।

अहरा *(हि.पुं.)* सुलगाये जानेवाले कण्डों का ढेर, ठहरने का स्थान।

ककहरा *(हि.पुं.)* वर्ण समूह, 'क' से 'ह' तक अक्षर।

इकहरा *(हि.वि.)* एक ही टुकड़े का।

एकहरा *(हि.वि.)* एक परत का।

बहरा *(हि.वि.)* अधिक भारी, निम्न, दृढ़, गाढ़ा, कठिन।

पचहरा *(हि.वि.)* पाँच परत का।

कटहरा *(हि.पुं.)* कटघरा।

पनहरा *(हि.पुं.)* पानी भरनेवाला भय, परभरा।

पहरा *(हि.पुं.)* रक्षकगण, रखवाली नियुक्ति।

चौपहरा *(हि.वि.)* चार पहर का।

बहरा *(हि.पुं.)* वह जो कान से कम सुनता हो, जो बिलकुल न सुनता हो।

कहरा *(हि.पुं.)* कहार, सरदार, *(वि.)* श्रेष्ठ, बड़ा।

खरहरा *(हि.पुं.)* एक दाँतेदार कंघी जिससे घोड़े के रोवें स्वच्छ किए जाते हैं।

ढरहरा *(हि.वि.)* ढालवाँ।

धरहरा *(हि.पुं.)* ऊँचा बुर्ज या मकान जिसमें चढ़ने के लिए भीतर की ओर सीढ़ियां बनी रहती हैं।

फरहरा *(हि.पुं.)* झंडा, पताका, *(वि.)* स्पष्ट, शुद्ध, निर्मल, खिला हुआ।

सरहरा *(हि.वि.)* सीधा, फिसलनेवाला।

लहरा *(हि.पुं.)* लहर, तरंग, मौज।

गिरहर, गिरहरा *(हि.वि.)* सुरसुर शब्द से युक्त।
बेलहरा *(हि.वि.)* बांस या धातु की बनी हुई लंबोतरी पिटारी जिसमें पान के बीड़े रखे जाते हैं।
बिलहरा *(हि.पुं.)* बांस का बना हुआ एक प्रकार का चिपटा डब्बा।
दशहरा *(सं.स्त्री.)* ज्येष्ठ शुक्ल दशमी।
भुंइहरा *(हि.पुं.)* भूमि खोदकर बनाया हुआ स्थान।
तिहरा *(हि.वि.)* देखो तेहरा।
कुहरा *(हि.पुं.)* जल का अत्यन्त सूक्ष्म कण जो ठण्डक पाकर वायु की तरह जम जाता है और धीरे-धीरे नीचे उतरता है।
मुहरा *(हि.पुं.)* मुख की आकृति, लक्ष्य।
अकेहरा *(हि.वि.)* जो दोहरा न हो, एक परत का।
फुकेहरा *(हि.पुं.)* मटर या चने का भूना हुआ दाना जिसका छिलका फट कर अलग हो गया हो।
तेहरा *(हि.वि.)* तीन परत किया हुआ त्रिगुणित, तिगुना।
बेहरा *(हि.पुं.)* एक प्रकार की चिपटी पिटारी *(वि.)* पृथक, अलग।
फुलेहरा (हि,प.) बन्दनवार।
सेहरा *(हि.पुं.)* विवाह का मुकुट, मौर।
पैहरा (हि.पुं.) पैकार, बनिया।
कोहरा *(हि.पुं.)* धुएँ के रूप में प्रातःकाल गिरनेवाली ओस।
गोहरा *(हि.पुं.)* सुखाया हुआ गोबर जो जलाने के काम में आता है।
छोहरा *(हि.पुं.)* बालक, लड़का, छोकड़ा।
तोहरा (सं.सर्व.) तुम्हारा।
दोहरा *(हि.वि.)* जिसमें दो परत या तहें हों, दुगुना।
मोहरा *(हि.पुं.)* किसी पात्र का मुख या खुला हुआ भाग, सेना की अगली पंक्ति, किसी पदार्थ का ऊपरी या अगला भाग।
चौहरा *(हि.वि.)* चार तह या परत का, चौगुना।
भौंहरा *(हि.पुं.)* भूमिगृह।
आरा *(हि.पुं.)* लकड़ी काटने की दाँतेदार लोहे की चौड़ी पट्टी, पहिये में बेलन से पुट्टी तक जड़ी हुई लकड़ी की पटरी।
कारा *(सं.स्त्री.)* कारागार, बन्धन।
झारा *(हि.पुं.)* नमकीन, कड़वा, स्वाद में बुरा लगनेवाला।
धारा *(हि.पुं.)* मिट्टी या चूना सुर्खी आदि में जल मिलाकर बनाया हुआ मसाला।
चारा *(हि.पुं.)* पशुओं के खाने की घास-पात, जिस वस्तु को बंसी में लगाकर मछली फंसाई जाती है।
तारा *(सं.स्त्री.)* आँख की पुतली।
दारा *(हि.स्त्री.)* भार्या, पत्नी।
धारा *(सं.स्त्री.)* पानी आदि का बहाव, हथियार की धार, कीर्ति, यश, उन्नति, समूह, झुंड, अधिक वर्षा, पानी का झरना।
नारा *(हि.पुं.)* सूत की डोरी जिससे स्त्रियां घाघरा बांधती हैं, नीवी, बरसाती पानी बहने की नाली, लाल या पीला रँगा हुआ सूत जो देवताओं को चढ़ाया जाता है।
पारा *(हि.पुं.)* चाँदी की तरह श्वेत चमकता हुआ एक तरल धातु।
भारा *(हि.पुं.)* देखो भाड़ा।
मारा *(हि.वि.)* हत, मारा हुआ।
बारा *(हि.वि.)* बाल्यावस्था का, जो सयाना न हो *(पु.)* महीन तार खींचने की जन्ती।
वारा *(हि.पुं.)* लाभ, व्यय की बचत, *(वि.)* उत्सर्ग या निछावर किया हुआ, सस्ता।
सारा *(हि.पुं.)* साला *(हि.वि.)* सम्पूर्ण, समूचा।
हारा *(हि.पुं.)* प्राचीन हिन्दी का एक प्रत्यय जो 'वाला' अर्थ शब्दों में प्रयोग होता है।
फौआरा *(हि.पुं.)* देखो फुहारा।
कुंआरा *(हि.वि.)* अविवाहित।
बेआरा *(हि.वि.)* एक में मिला हुआ जव और चना।
चटकारा *(हि.वि.)* चमकीला, चटकीला।
छुटकारा *(हि.पुं.)* बन्धन से मुक्ति।
धनकारा *(हि.वि.)* गरजनवाला।
हरकारा *(हि.पुं.)* सन्देश अथवा चिट्ठी ले जानेवाला।
हंकारा *(हि.पुं.)* पुकार, बुलाहट।
चिकारा *(हि.पुं.)* सारंगी की तरह का एक बाजा।
टोकरा *(हि.पुं.)* स्मरण दिलाने के लिए कही हुई कोई बात।
अंगारा *(हि.पुं.)* देखो अंगार।
उघारा *(हि.वि.)* खुला हुआ, नंगा।
भाईचारा *(हि.पुं.)* भाई के समान होने का भाव।
पुचारा *(हि.पुं.)* वह गीला कपड़ा जिससे पोता या पुचारा दिया जाता है, पतला लेप करने की क्रिया, हलका लेप, झूठी प्रशंसा।
बिचारा *(हि.वि.)* देखो बेचारा।
पोचारा *(हि.पुं.)* देखो पुचारा।
लछारा *(हि.वि.)* लंबा।
बनजारा *(हि.पुं.)* वह व्यापारी जो बैलों पर अन्न लादकर देश-देश में घूमकर बेचता है।
अनिजारा *(हि.पुं.)* देखो बनजारा।
चिजारा *(हि.पुं.)* राजगीर, मेमार।
पंजारा *(हि.पुं.)* रूई धुननेवाला।
पिटारा *(हि.पुं.)* बांस, बेंत आदि के छिलके का बना हुआ ढपनेदार गोल पात्र।
कठारा, भंडारा *(हि.पुं.)* झुंड, समूह, साधुओं का भोज।
ढढ़ारा, डढ़ारा *(हि.वि.)* जिसको दाढ़ी हो।
तारा *(हि.स्त्री.)* देखो केतु।
पुंछलतारा *(हि.पुं.)* देखो केतु।

ध्रुवतारा *(हि.स्त्री.)* मेरू के अग्रभाग में स्थित वह तारा जो सर्वदा उत्तर में रहता है।

उतारा *(हि.पुं.)* प्रेत बाधा या ग्रह शांति के लिए कुछ पदार्थ किसी के शरीर के चारों ओर धुमाकर चौराहे या नदी किनारे ले जाकर रखना।

पुतारा *(हि.पुं.)* पोतसे के लिए भिगाया हुआ कपड़ा।

चौतारा *(हि.पुं.)* एक बाजा जिसमें चार तार लगे होते हैं।

पोतारा *(हि.पुं.)* देखो पुतारा।

नरदारा *(सं.पुं.)* नपुंसक, हिजड़ा।

इंदार (इनारा) *(हि.पुं.)* कूप, कुआं।

म्हारा (हि.सव.) हमारा।

वंशधारा *(सं.स्त्री.)* कुल-परम्परा।

वरिधारा *(सं.स्त्री.)* कुलपद्धति।

वारिधारा *(सं.स्त्री.)* जल की धारा।

त्रिधारा *(सं.स्त्री.)* तलवार की धार।

दुधारा *(हि.वि.)* जिसमें दोनों ओर धार हो *(पु.)* तलवार खाड़ा।

सुधारा *(हि.वि.)* सरल, सीधा।

दोधारा *(हि.वि.)* जिस शस्त्र में दोनों ओर धार हो।

पतनारा *(हि.पुं.)* परनाला, मोरी।

श्रतनारा, रतनारा *(हि.वि.)* कुछ लाल।

इनारा *(हि.वि.)* भिन्न, न्यारा, अलग।

परपरा *(हि.पुं.)* दूसरी ओर का।

गुब्बारा *(हि.पुं.)* वह गोल या लम्बी थैली जिसमें गरम वायु या किसी प्रकार की भाप भरकर आकाश में उड़ाई जाती है।

दुबारा *(हि.क्रि.वि.)* देखो दोबारा।

चौबारा *(हि.पुं.)* घर के ऊपर की वह कोठी जिसमें चारों ओर खिड़की हो।

हमारा (हि.सर्व.) 'हम' का संबंधकारक रूप।

हत्यारा *(हि.पुं.)* हत्या करने वाला।

न्यारा *(हि.वि.)* अलग, निराला, अनोखा, भिन्न, अन्य।

अम्बारा *(हि.वि.)* निराला, अनोखा।

निन्यारा *(हि.वि.)* देखो न्यारा।

बारान्यारा *(हि.पुं.)* निर्णय, निबटारा।

प्यारा *(हि.वि.)* प्रीति-पात्र।

प्राणप्यारा *(हि.पुं.)* अत्यन्त प्रिय, व्यक्ति, पति, स्वामी।

ब्यारा *(हि.पुं.)* हवा का झोंका।

भयारा *(हि.वि.)* भयानक, डरावना।

पिंजियारा *(हि.पुं.)* रूई ओटनेवाला।

मझियारा *(हि.वि.)* बीच का, मध्य का।

भटियारा *(हि.पुं.)* देखो भटियारा।

भठियारा *(हि.पुं.)* प्रसव का प्रबंध करने वाला।

नियारा *(हि.वि.)* पृथक, अलग, न्यारा।

अनियारा *(हि.वि.)* धारदार, तीक्ष्ण।

पियारा *(हि.वि.)* देखो प्यारा।

गलियारा *(हि.पुं.)* घर का संकीर्ण मार्ग।

घसियारा (हि.पुं.स्त्री.) घसियारिन, घास छीलनेवाला, घास बेचनेवाला।

फुआरा *(हि.पुं.)* देखो फुहारा।

फरारा *(हि.पुं.)* नदी का ऊँचा तट जो बालू से काटे जाने पर बनता है, एक प्रकार की मिठाई, *(वि.)* कठोर, कड़ा, तीक्ष्ण।

गरारा *(हि.वि.)* गर्वयुक्त, प्रबल, प्रचण्ड, *(पु.)* कुल्ली।

उरारा *(हि.पुं.)* उछाल, छलांग, किसी वस्तु पर निरंतर गिरनेवाली जल की धारा।

फजरारा *(हि.वि.)* कज्जलयुक्त।

ढरारा *(हि.वि.)* गिरकर बह जानेवाला।

दरारा *(हि.पुं.)* धक्का, रगड़, दररा।

निरारा *(हि.वि.)* निराला, पृथक, अलग।

दुलारा *(हि.वि.)* प्रिय, प्यारा।

क्वारा *(हि.वि.)* अविवाहित।

अंगवारा *(हि.पुं.)* गांव के किसी अंश का स्वामी।

जवारा *(हि.वि.)* जौ के हरे अंकुर।

बंटवारा *(हि.पुं.)* बांटने की क्रिया, विभाग।

अठवारा *(हि.पुं.)* आठ दिन का काल।

डंडवारा *(हि.पुं.)* खुली हुई नीची भीत।

तवारा *(हि.पुं.)* दाह, तप, जलन।

ठाकुरद्वारा *(हि.पुं.)* देव स्थान।

गुरुद्वारा *(हि.पुं.)* गुरु के रहने का स्थान।

तिवारा *(हि.वि.)* तीसरी बार *(पु.)* वह घर या कोठारी जिसमें तीन द्वार हो, तीन बार उतारा हुआ अर्क या मद्य।

धुवांरा *(हि.पुं.)* धुआं निकलने का छिद्र।

नानसारा *(हि.पुं.)* पति या पत्नी की नानी।

बिसारा *(हि.वि.)* विष भरा हुआ।

उसारा *(हि.पुं.)* छत्ता, ओसारा।

बेसारा *(हि.वि.)* बैठने या ठहरने वाला।

ओसारा *(हि.पुं.)* दालान, छप्पर।

ककड़हारा *(हि.पुं.)* वह जो जंगल से ककड़ी लाकर नगर में बेचता हो।

डंडहारा *(हि.स्त्री.)* द्वार में ताला लगाने के लिए जड़ा हुआ लोहे या पीतल का सरकौवा डंडा।

पनहारा *(हि.पुं.)* पनभरा।

बालनहारा *(हि.पुं.)* रचयिता, बनानेवाला।

कुलहारा (हि.पुं.) माली।

सहारा *(हि.पुं.)* सहायता, भरोसा।

चुड़िहारा *(हि.पुं.)* देखो चुड़िहारा।

फंसिहारा *(हि.वि.)* फंसनेवाला।

फगुहारा *(हि.पुं.)* फगुआ गानेवाला पुरुष।

फुहारा *(हि.पुं.)* जल की वह टोंटी जिसमें से महीन धार या छींट वेग से ऊपर की ओर उठते और नीचे गिरते हैं, जल का महीन छींटा।
बेनहारा *(हि.वि.)* देनेवाला।
फोहारा *(हि.पुं.)* देखो फुहारा।
इरा *(हि.स्त्री.)* भूमि, रात्रि, जल।
गिरा *(सं.स्त्री.)* वाणी, जिह्वा, वचन।
थिरा *(हि.स्त्री.)* स्थिरा, पृथ्वी।
निरा *(हि.वि.)* विशुद्ध, बिना मेल का, एकमात्र, नितान्त, निपट।
शिरा *(सं.स्त्री.)* शरीर में रूधिर वाहिनी नाड़ी।
सिरा *(हि.स्त्री.)* शिरा, *(हि.पुं.)* अन्त, छोर, टोका।
किरकिरा *(हि.वि.)* कंकरीला।
देवगिरी *(सं.स्त्री.)* देववाणी, संस्कृत।
मुंडावरा *(हि.पुं.)* एक प्रकार के फकीर जो अपना सिर, आँख, कान, नाक आदि किसी नुकीले हथियार से घायल करके भीख मांगते हैं और जब कोई जल्दी से भीख नहीं देता तो वे अड़ जाते हैं और अपने अंगों की ओर देखते हैं।
झिरझिरा, झिरझिर *(हि.वि.)* बहुत पतला, झंझरा, झीना।
मोतीझिरा *(हि.स्त्री.)* छोटी शीतला का रोग।
मदिरा *(सं.स्त्री.)* मद्य।
स्थिरा *(सं.स्त्री.)* पृथ्वी।
चीरा *(हि.पुं.)* एक प्रकार का लहरिया रंगीन वस्त्र जिसकी पगड़ी बनती है।
जीरा *(हि.पुं.)* एक प्रकार का मसाला।
तीरा *(हि.पुं.)* देखो तीर।
खीरा *(हि.पुं.)* ककड़ी की जाति का एक फल।
पीरा *(हि.स्त्री.)* देखो पीड़ा *(वि.)* देखो पीला।
कीरा कीड़ा, ककड़ी जैसा एक फल।
बीरा *(हि.पुं.)* देखो बीड़ा।
सीरा *(हि.पुं.)* पकाकर मधु के समान गाढ़ा किया हुआ चीनी का रस, चाशनी।
हीरा *(हि.पुं.)* एक रत्न जो कड़ाई और चमक के लिए प्रसिद्ध है *(वि.)* अति उत्तम वस्तु।
मंजीरा *(हि.पुं.)* करताल नामक बाजा।
पतीरा *(हि.स्त्री.)* पंक्ति, पांति।
भभीरा *(हि.स्त्री.)* झींगुर।
मजीरा *(हि.पुं.)* कांसे की बनी हुई छोटी-छोटी कटोरियों की जोड़ी जिनके बीच में छेद होता है जिनमें से डोरा पिरोकर एक दूसरी से टकराई जाती हैं।
हरीरा (अ.पुं.) दूध में सूजी, चीनी, इलायची आदि डालकर पकाया हुआ एक पेय पदार्थ जो विशेषकर प्रसूता स्त्री को पिलाया जाता है।
छुरा *(हि.पुं.)* नाई का उस्तरा, बेंत लगा हुआ धारदार आक्रमण करने का अस्त्र।
धुरा *(हि.पुं.)* वह लोहे का डंडा जिस पर गाड़ी आदि का पहिया घूमता है।
पुरा *(सं.अव्य.)* प्राचीन काल में *(वि.)* प्राचीन, पुराना *(हि.पुं.)* पुरवा, गांव, बस्ती।
बुरा *(हि.वि.)* निकृष्ट।
सुरा *(सं.स्त्री.)* मद्य, जल, पानी।
बउरा *(हि.वि.)* बावला, पागल।
कुरकुरा *(हि.वि.)* कुरकुर शब्द करने वाला, खरा और करारा।
बांकुर, बांकुरा *(हि.वि.)* पतली धार का टेढ़ा, बांका, चतुर।
रनबंका, रनबांकुरा *(हि.पुं.)* योद्धा, शूरवीर।
पंखुड़ा, पखुरा *(हि.पुं.)* कन्धे और बांह का जोड़, पखुरा।
खुरखुरा *(हि.वि.)* ऊँचा-नीचा।
छांपुरा *(हि.पुं.)* छह अंगुलियोंवाला।
धुरधुरा *(हि.पुं.)* झींगुर।
पचुरा *(हि.पुं.)* स्त्रियों की चोटी में बांधने की डोरी।
चुरचुरा *(हि.वि.)* थोड़े से दबाव में चूरचूर करके टूटनेवाला।
गठुरा *(हि.पुं.)* भूसे की गाँठ।
ठिठुरा *(हि.वि.)* पाले से जकड़ हुआ।
बपुरा *(हि.पुं.)* अशक्त, बेचारा।
बापुरा *(हि.वि.)* तुच्छ, बेचारा, दीन।
भुरभुरा *(हि.वि.)* कुड़कीला।
ससुरा *(हि.पुं.)* श्वसुर, एक प्रकार की गाली।
बेसुरा *(हि.वि.)* जो नियमित स्वर में न हो।
निबहुरा *(हि.वि.)* जो जाकर फिर न लौटे।
लहुरा *(हि.वि.)* वय में छोटा।
चूरा *(हि.पुं.)* किसी वस्तु का पीसा हुआ भाग।
छुरा *(हि.पुं.)* देखो छुरा।
(छूरी) देखो छूरी।
जूरा *(हि.पुं.)* देखो जूड़ा।
झूरा *(हि.वि.)* शुष्क, सूखा *(पु.)* सूखा स्थान, पानी न बरसना।
बूरा *(हि.पुं.)* भूरे रंग की कच्ची चीनी, महीन चूर्ण।
भूरा *(हि.पुं.)* कच्ची चीनी, खांड़।
धूरा *(हि.पुं.)* धूल, चूरा, चूर्ण, बुकनी।
कनखजुरा *(हि.पुं.)* शतपदी, गोजर।
पिगुरा *(हि.पुं.)* बच्चों को सुलाकर झुलाने का पालना।
कस्तूरा *(हि.पुं.)* कस्तूरी मृग।
अधूरा *(हि.वि.)* अपूर्ण, असमाप्त, आधा, अशिक्षित।
बधूरा *(हि.पुं.)* अंधड़, बवंडर।
बवधूरा *(हि.पुं.)* तम्बूरा।
खंबूरा *(हि.पुं.)* जिस चरखे पर तोप चढ़ाई जाती है, भंवरकली, बांक।

मरूरा *(हि.पुं.)* देखो मरोड़।
केरा *(हि.पुं.)* देखो केला।
घेरा *(हि.पुं.)* चारों ओर की सीमा, फैलाव, मण्डल, घिरा हुआ स्थान।
चेरा *(हि.पुं.)* नौकर, दास, चेला।
झेरा *(हि.पुं.)* प्रपंच, झंझट, बखेड़ा।
डेरा *(हि.पुं.)* पड़ाव, टिकान, छावनी, खेमा, निवास स्थान, मकान, नाचने या गानेवालों की मण्डली।
तेरा (हि.सर्व.) संबंधकारक सर्वनाम का मध्यम पुरुष एकवचन।
पेरा *(हि.पुं.)* घर आदि पोतने की पीली मिट्‌टी।
फेरा *(हि.पुं.)* परिक्रमण, टक्कर, लपेट, फेर, बारंबार, आना जाना, घेरा, मण्डल।
चेरा *(हि.पुं.)* बेला, समय, एक में मिला हुआ चना और जव।
मेरा (हि.सर्व.) 'मैं' शब्द का संबंधकारक का रूप, मुझसे संबंध रखनेवाला।
कंधेरा *(हि.पुं.)* कंधा बनानेवाला।
छड़ेरा *(हि.पुं.)* छाजन में लंबे बल की लकड़ी जिस पर ठाठ रखा जाता है।
मुडेरा *(हि.पुं.)* देखो मुंडेरा।
कंचेरा *(हि.पुं.)* कांच का काम करनेवाला।
चचेरा *(हि.वि.)* चाचा संबंधी।
पटेरा *(हि.पुं.)* देखो पटरा, पटेला।
बटेरा *(हि.पुं.)* कटोरा, गहरी थाली।
निबटेरा *(हि.पुं.)* झगड़े का निर्णय, निश्चय।
लुटेरा *(हि.पुं.)* डाकू।
ठठेरा *(हि.पुं.)* कसेरा।
कंडेरा *(हि.पुं.)* धुनिया।
खंडेरा *(हि.पुं.)* खपरैल की छाजन में मगरे पर रखने की लकड़ी।
मुंडेरा *(हि.पुं.)* सबसे ऊपर की छत पर चारों ओर बना हुआ भीत का उभड़ा हुआ भाग।
चितेरा *(हि.पुं.)* चित्रकार, चित्र बनानेवाला।
बहुतेरा *(हि.वि.)* अधिक, बहुत सा *(क्रि.वि.)* बहुत परिमाण में, बहुत प्रकार से।
पथेरा *(हि.पुं.)* ईंट पाथनेवाला कुम्हार।
अंधेरा *(हि.पुं.)* अन्धकार, अंधियारा।
अनेरा *(हि.वि.)* असभ्य, झूठ, दुष्ट, क्रूर।
नुनेरा *(हि.पुं.)* नोनिया, नमक बनानेवाला।
सपेरा *(हि.पुं.)* देखो संपेरा।
फुफेरा *(हि.वि.)* फूफा संबंधी।
निबेरा *(हि.पुं.)* मुक्ति, छुटकारा।
झमेरा *(हि.पुं.)* युद्ध, झगड़ा, लड़ाई, मुटभेड़।
कमेरा *(हि.पुं.)* कर्मकार, खेत में काम करनेवाला।
गरेरा *(हि.पुं.)* घेरा।
चरेर, चरेरा *(हि.वि.)* कर्कश, कड़ा।
बरेरा *(हि.पुं.)* धक्का, रगड़, तोह।
मुरेरा *(हि.पुं.)* मुंडेरा, देखो मरोड़।
फुलेरा *(हि.पुं.)* फूल की बनी हुई छतरी जो देवताओं की मूर्ति के ऊपर लगाई जाती है।
डवेंरा *(हि.पुं.)* एक प्रकार का बड़ा कटोरा।
सबेरा *(हि.पुं.)* प्रातःकाल।
निवेरा *(हि.क्रि.)* छांटा हुआ, चुना हुआ।
कसेरा *(हि.पुं.)* कांसे, फूल इत्यादि के पात्र बनानेवाला तथा बेचनेवाला बनिया।
अवसेरा, असेरा *(हि.पुं.)* आध सेर।
बसेरा *(हि.वि.)* रहनेवाला, बसने वाला *(पु.)* यात्रियों का टिकने का स्थान, वह स्थान जहाँ पक्षी रात में रहते हैं।
बसेरा *(हि.वि.)* निवासी, रहनेवाला।
पौसेरा *(हि.पुं.)* पाव सेर की तोल।
मौसेरा *(हि.वि.)* मौसी के संबंध का।
महेरा *(हि.पुं.)* एक प्रकार का व्यंजन जो दही में चावल पकाकर बनाया जाता है।
खैरा *(हि.वि.)* खैर के रंग का, कत्थई।
पैरा *(हि.पुं.)* पड़े हुए चरण, पैर में पहिनने का एक प्रकार का कड़ा, बांट।
मैरा *(हि.पुं.)* वह मचान जिस पर बैठकर किसान अपने खेत की रखवाली करते हैं।
अगैरा *(हि.पुं.)* कृषि का पहला अन्न।
नंगपैरा *(हि.वि.)* जिसके पैर में जूता न हो।
ओरा *(हि.पुं.)* देखो ओला।
कोरा *(हि.वि.)* व्यवहार में न लाया हुआ, चिह्न रहित, निरक्षर, नया, बिना धुला हुआ।
खोरा *(हि.पुं.)* कटोरा, पानी पीने का पात्र।
गोरा *(हि.वि.)* गौरवर्ण, श्वेत और स्वच्छ रंग का (मनुष्य), यूरोप, अमेरिका आदि का निवासी।
छोरा *(हि.पुं.)* बालक, लड़का, छोकड़ा।
झोरा *(हि.पुं.)* झब्बा, गुच्छा।
टोरा *(हि.पुं.)* तौलने का तराजू।
डोरा *(हि.पुं.)* सूत, तागा, धारी, लकीर।
तोरा (हि.सर्व.) तेरा।
थोर, थोरा *(हि.वि.)* देखो थोड़ा।
पोरा *(हि.स्त्री.)* लकड़ी का मण्डलाकार टुकड़ा।
बोरा *(हि.पुं.)* अन्न आदि रखने का टाट का बना हुआ थैला।
मोरा (हि.सर्व.) मेरा।
सोरा *(हि.पुं.)* शोरा।
झकोरा *(हि.पुं.)* वायु का वेग।
टकोरा *(हि.पुं.)* डंके की चोट।
हिलकोरा, हिलकोर *(हि.पुं.)* तरंग, लहर।

हलकोरा *(हि.पुं.)* पानी की लहर।
सकोरा *(हि.पुं.)* मिट्टी का छोटा पात्र, कसोरा।
रसकोरा *(हि.पुं.)* रसगुल्ला नाम की मिठाई।
सिकोरा *(हि.क्रि.)* देखो कसोरा।
लतखोर, लतखोरा *(हि.वि.)* वह जो सर्वदा लात खाता हो, नीच, दुष्ट, द्वार पर पड़ा हुआ, पैर पोंछन का टानी।
बालखोरा *(हि.पुं.)* सिर के बाल झड़ने का रोग।
मैलखोरा *(हि.वि.)* मैल को छिपाने वाला।
पनचोरा *(हि.पुं.)* वह पात्र जिसकी पेंदी और मुँह छोटा हो।
छिछारा *(हि.वि.)* क्षुद्र, ओछा।
अंजीरा *(हि.पुं.)* प्रकाश।
(अंजोरी) *(हि.पुं.)* प्रकाश।
बिजोरा *(हि.वि.)* निर्बल, बलहीन।
कटोरा *(हि.पुं.)* चौड़ी पेंदी तथा खुले मुँह का बड़ा प्याला।
चटोरा *(हि.वि.)* लोभी, लोलुप।
हिंडोरा *(हि.पुं.)* देखो हिंडोला।
ढिंढ़ोरा, ढंढोरा *(हि.पुं.)* डुगडुगी, ढोल बजाकर की हुई घोषणा।
नचोरा *(हि.पुं.)* गोबर पाथने का स्थान।
बछोरा *(हि.पुं.)* शरीर पर उभड़ा हुआ चकोता।
मनोरा *(हि.पुं.)* भीत पर गोबर से बनाए हुए चित्र।
कमोरा *(हि.पुं.)* चौड़े मुँह का मिट्टी का घड़ा, कछरा।
नन्योरा *(हि.पुं.)* ननिहाल, नाना का घर।
ब्योरा *(हि.पुं.)* विवरण, वृत्तान्त, समाचार।
हिलोरा *(हि.पुं.)* देखो हिलोरा।
बिलोरा *(हि.क्रि.)* देखो बिलोड़ना।
हिलोर, हिलोरा *(हि.पुं.)* तरंग, लहर।
कसोरा *(हि.पुं.)* मिट्टी का कटोरा।
निहोरा *(हि.पुं.)* उपकार, अनुग्रह *(क्रि.वि.)* वास्ते, लिए, निमित्त, द्वारा।
अजिऔरा *(हि.पुं.)* आजी या दादी।
असिऔरा *(हि.पुं.)* बासी भोजन।
पखौरा *(हि.पुं.)* कंधे पर की हड्डी।
पछौरा *(हि.पुं.)* देखो पिछौरा।
पिछोरा *(हि.पुं.)* मनुष्य के ओढ़ने का दुपट्टा या चादर।
दुखौरा *(हि.पुं.)* पूजा के समय देवता को अर्पण करने की सामग्री।
खंडौरा *(हि.पुं.)* शक्कर का बना हुआ लड्डू।
हथौरा *(हि.पुं.)* देखो हथौड़ा।
गिंदौड़ा, गिदौरा *(हि.पुं.)* चीनी को ढालकर जमाई हुई मोटी रोटी।
सिधौरा *(हि.पुं.)* सिन्दूर रखने की डिबिया।
बहनौरा *(हि.पुं.)* बहिन की ससुराल।
निनौरा *(हि.पुं.)* नाना नानी का घर।
बिमौरा *(हि.पुं.)* वल्मीक, बांबी।
ममियाउर, ममियौरा *(हि.पुं.)* मामा का घर।
मकरौरा *(हि.पुं.)* एक प्रकार का छोटा कीड़ा जो प्रायः आम के वृक्षों पर चिपका रहता है।
फुलौरा *(हि.पुं.)* बड़ी फुलौरी, पकोड़ा।
कमोरी *(हि.स्त्री.)* छोटा कमोरा, कछरी।
कौरा *(हि.पुं.)* द्वार।
खौरा *(हि.वि.)* एक प्रकार की खुजली।
चौरा *(हि.पुं.)* चबूतरा, वेदी।
चौरा *(हि.पुं.)* अन्न रखने का गड्ढा।
झौरा *(हि.पुं.)* झंझट, बखेड़ा।
तौरा *(हि.पुं.)* वह रस्सा जिससे मथानी घुमाई जाती है, नेमी।
दौरा *(हि.पुं.)* एक प्रकार का टोकरा।
धौरा *(हि.वि.)* उजला।
पौरा *(हि.पुं.)* पड़े हुए चरण।
भौंरा *(हि.पुं.)* काले रंग का उड़नेवाला एक फतिंगा, बड़ी मधुमक्खी, अन्न रखने का गड्ढा।
रौरा *(हि.पुं.)* हल्ला, कोलाहल, ऊधम *(सर्व.)* आपका।
सौरा *(हि.पुं.)* मस्तक, माथा।
अरि *(स.पुं.)* शत्रु, वैरी।
अरध्नि शत्रु को नाश करनेवाला।
करि *(हि.पुं.)* करी, हाथी।
बरि *(सं.स्त्री.)* गुहा, कन्दरा।
परि एक संस्कृत उपसर्ग जिसको शब्द में जोड़ने से "सर्वोत्तम, अच्छी तरह, अतिशय, त्याग, नियम" अर्थों की वृत्ति होती है।
सरि *(हि.स्त्री.)* सरिता, नदी, समता *(वि.)* सदृश, समान।
हरि *(सं.पुं.)* विष्णु, सिंह, सुग्गा, सर्प, बन्दर, घोड़ा।
अद्रि *(सं.पुं.)* पर्वत, सूर्य।
हिमाद्रि *(सं.पुं.)* हिमालय पर्वत।
पहरि *(हि.स्त्री.)* भूमि।
वनहरि *(सं.पुं.)* सिंह।
पंवरि *(हि.स्त्री.)* ड्योढ़ी।
बरवरि *(हि.स्त्री.)* बराबरी, सादृश्य।
बाखरि *(हि.स्त्री.)* देखो बखरी।
चाचर, चाचरि *(हि.स्त्री.)* होली में गाने का गीत, होली के खेल और स्वांग।
नवछावरि *(हि.स्त्री.)* देखो न्यौछावर।
सरिवरि *(हि.स्त्री.)* समता, बराबरी।
जीवरि *(हि.स्त्री.)* प्राण धारण की शक्ति।
बौवरि *(सं.स्त्री.)* मल्लहिन।
शदुपरि (सं.क्रि.वि.) उसके ऊपर।
महुवरि *(हि.स्त्री.)* महुअर नाम का बाजा, तुबड़ी।

नरकेहरि *(हि.पुं.)* नरसिंह।
चारि *(हि.वि.)* देखो चार।
दारि *(सं.वि.)* दारक, फाड़नेवाला।
नारि *(हि.स्त्री.)* देखो नारी।
वारि *(सं.पुं.)* जल, पानी।
नगारि *(सं.पुं.)* इन्द्र।
जधारि *(सं.पुं.)* पाप नाशक, श्रीकृष्ण।
पौनार, पौनारि *(हि.स्त्री.)* कमल के फूल की डंडी।
अभारि *(हि.पुं.)* दिनकर, सूर्य।
दमारि *(हि.पुं.)* वन की आग।
तिमिरारि *(सं.पुं.)* सूर्य।
मुरारि *(सं.पुं.)* श्रीकृष्ण।
दवारि *(हि.स्त्री.)* वनाग्नि, दावानल।
नयनवारि, नयनसलिल *(सं.पु.)* नेत्रजल, आंसू।
श्रमवरि *(सं.पुं.)* पसीना।
प्रेमवारि *(सं.पुं.)* प्रेम के कारण निकलनेवाला आंसू।
हिमवारि (स.ंपु) ठंडा पानी।
लम्दारि *(हि.स्त्री.)* देखो लू, ग्रीष्म ऋतु की गरम हवा।
नेत्रवारि *(सं.पुं.)* अश्रुजल, आंसू।
उनहारि *(हि.स्त्री.)* समानता, सादृश्य।
गिरि *(सं.पुं.)* पर्वत, पहाड़।
फिरि *(हि.क्रि.वि.)* देखो फिर।
बहुरि *(हि.क्रि.वि.)* इसके उपरान्त, फिर से।
भूरि *(सं.वि.)* प्रचुर, अधिक, बड़ा भारी।
मूरि, मरी *(हि.वि.)* मल, जड़, जड़ी-बूटी।
सूरि *(सं.पुं.)* पण्डित, विद्वान, सूर्य।
जीवनबूटी, जीवनमूरि *(हि.स्त्री.)* संजीवनी नाम का पौधा।
केरि (हि.अव्य.) पुनः, फिर से।
मंभेरी *(हि.स्त्री.)* भय, डर।
कोरि *(हि.)* देखो कोटि।
तोरि *(हि.स्त्री.)* घुमरी, चक्कर।
बहोरि (हि.अव्य.) पुनः, फिर से।
पौरि *(हि.स्त्री.)* देखो पौरी।
री (हि.अव्य.) सखियों के लिए संबोधन का शब्द, अरी।
अरी (हि.अव्य.) स्त्रियों के लिए संबोधन का शब्द।
खरी *(हि.स्त्री.)* खली, खड़िया मिट्टी *(वि.)* खूब सिंकी हुई, विशुद्ध, स्पष्ट।
गरी *(हि.स्त्री.)* नारियल के फल के भीतर का गूदा, बीज के भीतर का कोमल भाग, मींगी।
घरी *(हि.स्त्री.)* घड़ी, तह, परत।
चरी *(हि.स्त्री.)* पशुओं के चरने की भूमि, पौधे जो चौपायों को काटकर खिलाए जाते हैं।
झरी *(सं.स्त्री.)* स्त्रोत *(हि.स्त्री.)* दरार, वह कर जो किसी स्थान में हाट लगाने के लिए दिया जाता है।
बरी *(सं.स्त्री.)* पर्वत की गुहा, खोह।
परी घी आदि निकालने की छोटी जेराची, अन्यलोक की अप्सरा।
बरी *(हि.स्त्री.)* गोल टिकिया, बड़ी, उर्द या मूंग की पीठी के सुखाये हुए छोटे छोटे गोल टुकड़े।
भरी *(हि.स्त्री.)* दस मासे या एक रुपए के बराबर की तौल।
मरी *(हि.स्त्री.)* महामारी।
लरी *(हि.स्त्री.)* देखो लड़ी।
श्री *(सं.स्त्री.)* लक्ष्मी, कीर्ति, कमल, वृद्धि, बल का वृक्ष, ऐश्वर्य, अधिकार, प्रभा, शोभा, कान्ति, सफेद चन्दन, एक आदरसूचक शब्द जो नाम के आगे लिखा जाता है।
पिअरी *(हि.स्त्री.)* हल्दी से रँगी हुई धोती।
हरिअरी *(हि.स्त्री.)* हरापन, हरियाली।
वक्री *(हि.पुं.)* वह जिसके अंग जन्म से टेढ़े हों *(वि.)* अपने मार्ग को छोड़कर पीछे हटनेवाला।
अकरी *(हि.स्त्री.)* हल में बंधा हुआ वह पोला बांस जिसमें से बोते समय बीज गिराया जाता है।
शक्करी *(सं.स्त्री.)* अंगुली, मेखला।
चकरी *(हि.स्त्री.)* दाल दरने या आटा पीसने की चक्की।
फटकरी *(हि.स्त्री.)* देखो फिटकरी।
फिटकरी *(हि.स्त्री.)* देखो फटकरी।
तिलशकरी *(हि.स्त्री.)* तिल पपड़ी।
तस्करी *(सं.स्त्री.)* चोर की स्त्री, चोरी का काम।
मस्करी *(हि.स्त्री.)* ठिठोलियापन।
तिरस्करी *(हि.स्त्री.)* परदा, चिक।
यशस्करी *(सं.स्त्री.)* यश बढ़ाने वाली विद्या।
कांकरी *(हि.स्त्री.)* छोटा कंकड़।
बिक्री *(हि.स्त्री.)* बेचे जाने की क्रिया।
टिकरी *(हि.स्त्री.)* टिकिया, एक प्रकार का नमकीन पकवान।
ठिकरी *(हि.स्त्री.)* मिट्टी के पात्र का छोटा खंड।
सिकरी *(हि.स्त्री.)* देखो सिकड़ी।
किन्डरी *(सं.स्त्री.)* दासी, नौकरानी।
ठीकरी *(हि.स्त्री.)* टूटे हुए मिट्टी के बरतन का छोटा टुकड़ा।
मधुकरी *(सं.स्त्री.)* भ्रमरी, भौंरी, वह भिक्षा जिसमें पका हुआ अन्न दिया जाता है।
बहुकरी *(सं.स्त्री.)* मजिनी, झाड़
सूकरी *(सं.स्त्री.)* शूकरी, सुअरी।
टोकरी *(हि.स्त्री.)* छोटा डला, झांपी।
डोकरी बुढ़िया।
चौकरी *(हि.स्त्री.)* देखो चौकड़ी।
मुँहअखरी *(हि.वि.)* मौखिक।
पखरी *(हि.स्त्री.)* देखो पाखर, पाखरी।
बखरी *(हि.स्त्री.)* एक कुटुम्ब के रहने योग्य ईंट मिट्टी आदि का बना हुआ गांव का घर।

सखरी *(हि.स्त्री.)* कच्ची रसोई।
अनसखरी *(हि.वि.)* केवल दूध और घी के संयोग से बना हुआ पन्चात्र।
पाखरी *(हि.स्त्री.)* टाट का बना हुआ बड़ा चादर जिसको बैलगाड़ी में रखकर अनाज, भूसा आदि लादा जाता है।
निखरी *(हि.स्त्री.)* घी में पकाया हुआ भोजन द्रव्य।
शिखरी *(हि.पुं.)* वृक्ष, पहाड़ी, एक प्रकार का मृग।
ओखरी, ओखली देखो ओखली।
पोखरी *(हि.स्त्री.)* छोटा पोखरा या ताल।
अगरी *(हि.स्त्री.)* अर्गला, सिटकिनी।
गगरी *(हि.स्त्री.)* कलसी, छोटा घड़ा।
छगरी *(हि.स्त्री.)* छोटी बकरी।
टंगरी *(हि.स्त्री.)* देखो टंगड़ी।
पगरी *(हि.स्त्री.)* देखो पगड़ी।
कागरी *(हि.वि.)* तुच्छ, ओछा।
गागरी *(हि.स्त्री.)* घड़ा, गगरी।
नगरी *(सं.स्त्री.)* स्त्री, भारतवर्ष की वह प्राचीन लिपि जिसमें संस्कृत तथा हिन्दी लिखी जाती है।
देवनागर, देवनागरी *(सं.पुं.)* भारतवर्ष की वह प्रधान लिपि जिसमें संस्कृत, हिन्दी, मराठी आदि भाषाएं लिखी जाती हैं।
सामग्री *(सं.स्त्री.)* किसी विशेष कार्य में उपयोग आनेवाले पदार्थ।
सामिग्री *(सं.स्त्री.)* देखो सामग्री।
लुगरी *(हि.स्त्री.)* फटी पुरानी धोती।
डूंगरी *(हि.स्त्री.)* छोटा टीला।
चगरी *(हि.स्त्री.)* बांस की बनी हुई छिछली चौड़ी टोकरी।
अनघरी *(हि.स्त्री.)* कुसमय, बुरा।
घुघरी *(हि.स्त्री.)* देखो घुंघनी।
कड़री *(हि.स्त्री.)* उपपत्नी, रखैल।
कुड़री *(हि.स्त्री.)* गेंडुरी।
थोड़री *(हि.स्त्री.)* नाभि तोंदी।
सहधर्मचरी *(हि.स्त्री.)* स्त्री, पत्नी।
चर्चरी *(हि.स्त्री.)* वह गान जो बसन्त में गाया जाता है।
चरचरी *(हि.वि.)* निन्दक, निन्दा करनेवाला।
सहचरी *(सं.स्त्री.)* पत्नी, भार्या, सखी।
कांचरी *(हि.स्त्री.)* सांप की केंचुली।
चांचर, चांचरी *(हि.स्त्री.)* एक राग जो वसन्त ऋतु में गाया जाता है।
क्षणचरी *(सं.स्त्री.)* राक्षसी, डाइन।
निशाचरी *(सं.स्त्री.)* राक्षसी।
परिचरी *(सं.स्त्री.)* दासी, सहलनी।
चंचरी *(हि.स्त्री.)* पानी का भंवर, होली में गाने का एक गीत।
कछरी *(हि.स्त्री.)* छोटा कछरा, गगरी।
कजरी *(हि.स्त्री.)* बरसात में गाने की एक रागिनी।
बजरी मोटा रेत, मुरम।
बीचरी *(हि.स्त्री.)* देखो बिजली।
गुजरी *(हि.स्त्री.)* कलाई में पहिनने की एक प्रकार की पहुँची।
लेजर, लेजरी *(हि.स्त्री.)* डोरी, रस्सी।
मंजरी *(हि.स्त्री.)* डफली की तरह का एक छोटा बाजा।
पंखरी *(हि.स्त्री.)* अरथी, टिकठी।
मंजरी *(हि.स्त्री.)* मोती, लता।
झंझरी *(हि.स्त्री.)* भीत में बनी हुई जालीदार खिड़की।
झांझरी *(हि.स्त्री.)* झांझ नामक आभूषण।
ठटरी *(हि.स्त्री.)* अस्थि पंजर, किसी वस्तु का ढांचा।
पटरी *(हि.स्त्री.)* काठ का लंबा पतला पटरा, लिखने की पटिया, सड़क के दोनों किनारों पर मनुष्यों के चलने के लिए बना हुआ ऊँचा मार्ग, बगीचों में क्यारियों के चारों ओर चलने का मार्ग, स्त्रियों के हाथ में पहिनने का एक आभूषण।
महाराष्ट्री *(सं.स्त्री.)* अठारह प्रकार की प्राकृत भाषाओं में से एक।
पुटरी *(हि.स्त्री.)* देखो पोटली।
पोटरी *(हि.स्त्री.)* गठरी।
गठरी *(हि.स्त्री.)* बड़ी पोटरी, बुगची।
ठठरी *(हि.स्त्री.)* देखो ठटरी।
मठरी *(हि.स्त्री.)* देखो मट्ठी, टिकिया।
कोठरी *(हि.स्त्री.)* भीत के चारों ओर घेरा हुआ छोटा कमरा।
कालकोठरी *(हि.स्त्री.)* बन्दीगृह की एक संकुचित और अंधेरी कोठरी।
पुंडरी *(हि.पुं.)* भूमि कमल।
पगतरी *(हि.स्त्री.)* उपानह, जूता।
छतरी *(हि.स्त्री.)* छाती, मण्डप, इक्के के ऊपर की छाजन, कुकुरमुत्ता।
कुत्तरी *(हि.स्त्री.)* पुत्री, बेटी।
पतरी *(हि.स्त्री.)* पत्तल।
कर्तरी *(हि.स्त्री.)* कतरनी, कैंची, कटारी।
मरतरी *(हि.स्त्री.)* पृथ्वी।
लतरी *(हि.स्त्री.)* मोठ, खेसारी।
वत्सतरी *(हि.स्त्री.)* तीन साल की बछिया।
पाइतरी *(हि.स्त्री.)* चारपाई का पैताना।
इस्तिरी *(हि.स्त्री.)* कपड़े की तह जमाने का साधन *(हि.स्त्री.)* स्त्री, पत्नी।
भीतरी *(हि.वि.)* भीतरवाला।
सुतरी *(हि.स्त्री.)* देखो सुतली।
पूतरी *(हि.स्त्री.)* देखो पुतली।
पैतरी *(हि.स्त्री.)* रेशम की परेती।
अठोतरी *(हि.स्त्री.)* एक सौ आठ दाने की जप करने की माला।

बढ़ोतरी *(हि.स्त्री.)* उन्नति, बढ़ती।

स्लोतर, सलोतरी *(हि.पुं.)* घोड़ों की चिकित्सा करनेवाला, शालिहोत्री।

जंतरी *(हि.पुं.)* एक प्रकार का सार महीन करने का यंत्र, तिथिपत्र पंजिका।

संतरी *(हि.पुं.)* द्वारपाल, पहरेदार।

अथरी *(हि.स्त्री.)* मिट्टी का खुले मुँह का छोटा पात्र।

कथरी *(हि.स्त्री.)* पुराने चिथड़ों को जोड़कर बनाया हुआ बिछौना, गुदड़ी।

पथरी *(हि.स्त्री.)* अश्मरी नामक रोग, कटोरे के आकार का पत्थर का बना हुआ पात्र।

सांथरी *(हि.स्त्री.)* चटाई, बिछौना।

तन्द्री *(हि.स्त्री.)* तन्द्रा, ऊंघ।

इन्द्री *(हि.पुं.)* देखो इन्द्रिय।

भद्री *(हि.वि.)* भाग्यवान।

रूद्री *(हि.स्त्री.)* वेद के रूद्रानुवाक् या अधभर्षण सूक्त की बारह आवृत्तियाँ।

बदरिया बदरी *(हि.स्त्री.)* देखो बदली।

बारहदरी *(हि.स्त्री.)* चारों ओर से खुली हुई हवादार बैठक।

बारादरी *(हि.स्त्री.)* देखो बारहदरी।

तिवरी *(हि.स्त्री.)* वह कोठरी जिसमें तीन खिड़कियाँ हों।

चुंदरी *(हि.स्त्री.)* देखो चुनरी।

मुंदरी *(हि.स्त्री.)* अंगुलियों में पहनने का सादा छल्ला, अगूंठी।

सुन्दरी *(हि.स्त्री.)* रूप-लावण्यसम्पन्न स्त्री।

सुश्लोकसुन्दरी *(हि.स्त्री.)* अप्सरा।

सुरसुन्दरी *(हि.स्त्री.)* अप्सरा।

धोंदरी, जोंधरी *(हि.स्त्री.)* छोटी ज्वार, बाजरा।

छामोदरी *(हि.वि.)* कृशोदरी, छोटे पेटवाली।

दोग्ध्री *(हि.स्त्री.)* दुधारू गाय।

हथधरी *(हि.स्त्री.)* सहारा लेने की लकड़ी।

विद्याधारी *(हि.स्त्री.)* किन्नरी।

चौधरी *(हि.पुं.)* किसी जाति या समाज का मुखिया।

छपरी *(हि.स्त्री.)* एक कदन्न, खसारी।

उपरी *(हि.स्त्री.)* छोटी गोल गोहरी।

ऊपरी *(हि.वि.)* बाहरी, बनावटी, दिखावा।

फिफरी *(हि.स्त्री.)* पपड़ी।

वारीफरी *(हि.स्त्री.)* देखो वारफेर, निछावर।

डबरी *(हि.स्त्री.)* छोटा गड्ढा।

रबरी *(हि.स्त्री.)* देखो रबड़ी।

बाबरी *(हि.स्त्री.)* सिर पर के लंबे काले बाल।

ढिबरी *(हि.स्त्री.)* वह मिट्टी की कुल्हिया जिसमें बत्ती लगाकर केरोसिन तेल जलाया जाता है, लोहे का छेददार टुकड़ा जो पेंच पर कसा जाता है।

कुबरी *(हि.स्त्री.)* कुब्जा, झुकी भूत की छड़ी।

ओबरी *(हि.स्त्री.)* छोटी कोठरी।

गोबरी *(हि.वि.)* गोबर का लेप।

नंबरी *(हि.वि.)* जिस पर नंबर या संख्या लिखी हो।

रसभरी *(हि.स्त्री.)* एक प्रकार का वसन्त ऋतु में होनेवाला मीठा फल।

जाभरी *(हि.स्त्री.)* गरम राख।

अमरी *(हि.स्त्री.)* देवपत्नी, देवता की।

चमरी *(हि.स्त्री.)* सुरागाय।

डमरी *(सं.स्त्री.)* छोटा डफ, खंजड़ी।

भ्रमरी (सं.स्त्री.) मिरगी रोग, भौंरे की मादा।

अश्मरी *(सं.स्त्री.)* मूत्रकक्ष, पथरी नामक रोग।

कामरि, कामरी *(हि.स्त्री.)* कम्बल, कमरी, कांवर।

दामार, दामरी *(हि.स्त्री.)* रस्सी, डोरी।

पामरी *(हि.स्त्री.)* उपरना, दुपट्टा।

धुमरी *(हि.स्त्री.)* भंवर, चक्कर, घुमड़ी।

ठुमरी *(हि.स्त्री.)* दो बोल का गीत।

पियरी *(हि.स्त्री.)* पीली रँगी हुई डोरी, एक प्रकार का पीला रंग।

चर्री *(हि.स्त्री.)* व्यंगपूर्ण बात।

घिर्री *(हि.स्त्री.)* देखो घिरनी।

झुर्री *(हि.स्त्री.)* सिकुड़न।

ठुर्री *(हि.स्त्री.)* बिना छिलका उतारा हुआ भूना दाना।

ढुर्री *(हि.स्त्री.)* पतला मार्ग, पगडंडी।

मुर्री *(हि.स्त्री.)* कपड़े आदि में ऐंठन या मरोड़।

करری *(हि.स्त्री.)* वनतुलसी।

कुररी *(हि.स्त्री.)* मादा टिटिहरी।

पंचलड़ी या पंचलरी *(हि.स्त्री.)* गले में पहिनने की पाँच लरों की माला।

वल्लरि, वल्लरी *(हि.स्त्री.)* वल्ली, मंजरी, लता।

दुलरी *(हि.वि.)* दुलारा।

दुलरी *(हि.स्त्री.)* देखो दुलड़ी।

दंवरी *(हि.स्त्री.)* देखो दंवरी।

बंबरी *(हि.स्त्री.)* अन्न के सूखे डंठलों में से दाने अलगाने के लिए बैलों के खुरों से रौंदवाने का काम।

भंवरी *(हि.स्त्री.)* भंवर, पानी का पक्कर, जन्तुओं के शरीर पर का वह स्थान जहाँ पर रोवें या बाल एक केन्द्र पर बने रहते हैं।

शर्वरी *(हि.स्त्री.)* रात्रि, निशा, रात।

सर्वरी *(हि.स्त्री.)* शर्वरी, रात्रि।

शार्वरी *(हि.स्त्री.)* रस्से का फंदा।

बावरी *(हि.स्त्री.)* सफेद रंग की गाय।

डावरी *(हि.स्त्री.)* कन्या, बेटी, पुत्री।

डांवरी *(हि.स्त्री.)* पुत्री, कन्या, बेटी।

तबावरी *(हि.स्त्री.)* दाह, ताप, गर्म धूप।

जयश्री *(सं.स्त्री.)* विजयलक्ष्मी, विजय।
अश्रिश्री *(सं.वि.)* अत्यन्त शोभा।
मिश्री *(हि.स्त्री.)* देखो मिसरी।
मधुश्री *(सं.स्त्री.)* बसन्त की शोभा।
केशरी *(सं.पुं.)* सिंह, घोड़ा।
नृ *(सं.पुं.)* मनुष्य, पुरुष।
नृकेशरी *(सं.पुं.)* नृसिंहावतार।
वीरकेशरी *(सं.पुं.)* वीरों में अति श्रेष्ठ।
रसरी *(हि.स्त्री.)* देखो रस्सी।
मिश्री *(हि.स्त्री.)* देखो मिसरी।
मिसरी *(हि.स्त्री.)* स्वच्छ करके जमाई हुई दानेदार सफेद चीनी।
केसरी *(सं.पुं.)* सिंह, घोड़ा।
वागेसरी *(हि.स्त्री.)* सरस्वती।
बंसरी *(हि.स्त्री.)* बंसी।
मशकहरी *(हि.स्त्री.)* मसहरी।
ढहरी *(हि.स्त्री.)* देहली।
तहरी *(हि.स्त्री.)* बरी और चावल की खिचड़ी, मटर की खिचड़ी।
ग्योतहरी *(हि.पुं.)* न्योत में आया हुआ मनुष्य।
जुन्हरी (हि.स्त्री.) ज्वार नामक अन्न।
रहरी *(हि.पुं.)* चौकीदार, पहरेदार, रहरूआ।
दांवरी *(हि.स्त्री.)* रस्सी, डोरी।
बांवरी *(हि.स्त्री.)* सोपान, सीढ़ी, जूता।
बावरी *(हि.स्त्री.)* देखो बावली।
बिभावरी *(हि.स्त्री.)* रात्रि।
विभावरी *(हि.स्त्री.)* रात्रि, वह रात जिसमें तारे चमकते हों।
दिसावरी *(हि.वि.)* विदेश में गया हुआ।
देसावरी *(वि.)* बाहरी।
ईश्वरी *(सं.स्त्री.)* दुर्गा, लक्ष्मी, सरस्वती *(वि.)* दैवी।
तीवरी *(सं.स्त्री.)* तीवर जाति की स्त्री।
जेवरी *(हि.स्त्री.)* डोरी, रस्सी।
पहर, दुपहरी *(हि.स्त्री.)* देखो दोपहर।
सुनबहरी *(हि.स्त्री.)* श्लीपद, फीलपाँव का रोग।
गहरी *(हि.स्त्री.)* ग्वालिन।
पहरी *(सं.पुं.)* पहरा देनेवाला, चौकीदार।
बरहरी *(हि.स्त्री.)* भय से उत्पन्न कंपकंपी।
फरहरी *(हि.स्त्री.)* फल।
फुरहरी *(हि.स्त्री.)* फरफराहट, कंपकंपी, रोमांच।
सरहरी *(हि.स्त्री.)* सरपत की जाति का एक पौधा।
लहरी *(सं.स्त्री.)* लहर, तरंग, *(वि.)* तरंगा, मनमौजी।
फलहरी *(हि.स्त्री.)* वन के वृक्षों के फल, मेवा।
गिलहरी *(हि.स्त्री.)* चूहे के आकार का एक चंचल जन्तु जो वृक्ष पर रहता है, चेखुरी।
मसहरी *(हि.स्त्री.)* वह जालीदार कपड़े का बना हुआ परदा जो मच्छरों से बचने के लिए पलंग के चारों ओर लटकाया जाता है।
बाहरी *(हि.वि.)* बाहर का, पराया जो घर का न हो, जो बाहर से देखा जाए।
बिहरी *(हि.स्त्री.)* अंशदान, चंदा।
सिहरी *(हि.स्त्री.)* ठंड के कारण कंपकंपी।
करूहरी *(हि.स्त्री.)* देखो फुरहरी।
केहरी *(हि.पुं.)* केसरी, सिंह, घोड़ा।
ढेहरी *(हि.स्त्री.)* दहलीज, देहली।
ढेहरी *(हि.स्त्री.)* आश्रय, सहारा।
देहरी *(हि.स्त्री.)* देखो देहली।
बेहरी *(हि.स्त्री.)* अंशदान के रूप में इकट्ठा किया हुआ धन।
मेहरी *(हि.स्त्री.)* स्त्री, पत्नी।
छोहरी *(हि.स्त्री.)* बालिका, लड़की।
मोहरी *(हि.स्त्री.)* किसी पात्र का छोटा मुख।
जौहरी *(हि.पुं.)* रत्न बेचनेवाला।
आरी *(हि.स्त्री.)* छोटा आरा।
कारी *(हि.वि.)* करनेवाला, बनानेवाला।
खारी *(हि.स्त्री.)* एक प्रकार का नोक, *(वि.)* खारा, नमकीन।
गारी *(हि.स्त्री.)* दुर्वचन, गाली।
चारी *(हि.वि.)* आचरण या व्यवहार करनेवाला।
झारी *(हि.स्त्री.)* एक प्रकार की टोंटी लगी हुई लोटिया।
धारी *(हि.स्त्री.)* सेना, समूह, झुंड, रेखा *(वि.)* ऋण लेनेवाला।
नारी *(हि.स्त्री.)* अबला, वामा, स्त्री।
पारी *(हि.स्त्री.)* बारी, ओसरी।
शारी *(हि.स्त्री.)* तट, किनारा, धारा, बाढ़ बगीचे, खेत आदि के चारों ओर बना हुआ घेरा, किसी पात्र की कोर, अवसर, पारी, खिड़की, झरोखा, वह स्थान जहाँ वृक्ष लगाए गए हों।
भारी *(हि.वि.)* अधिक भार का कठिन, विशाल, अधिक, अखण्ड, गम्भीर, प्रबल।
मारी *(हि.स्त्री.)* मरी रोग।
हारी *(हि.वि.)* चुरानेवाला, नाश करनेवाला, जीतनेवाला, मोहित करनेवाला।
पिचकारी *(हि.स्त्री.)* एक नलदार यन्त्र जिससे कोई तरल पदार्थ खींचकर वेग से फेंका जाता है।
चुचकारी *(स्त्री.)* चुमकारने की क्रिया।
पुचकारी *(हि.स्त्री.)* चुमकार।
गुणकारक, गुणकारी *(वि.)* लाभदायक।
स्वागतकारी *(सं.वि.)* अगवानी करनेवाला।
हितकारी *(सं.वि.)* उपकार।
अवकारी *(हि.वि.)* जिसकी बुद्धि नष्ट हो गई हो।

शब्दकारी *(सं.वि.)* शब्द करनेवाला।
खुदकारी *(हि.वि.)* सुखकारक।
विभेदकारी *(सं.वि.)* फूट उत्पन्न करनेवाला।
विघ्नकारी *(सं.वि.)* विघ्न करनेवाला।
वचनकारी *(सं.क्रि.)* आज्ञाकारी।
जुआरी *(हि.पुं.)* जुआ खेलनेवाला।
महुआरी *(हि.स्त्री.)* महुए का जंगल।
जानकारी *(हि.स्त्री.)* अनभिज्ञता, परिचय, विज्ञता, निपुणता।
बकारी *(हि.स्त्री.)* मुख से निकलनेवाला शब्द।
लाभकारी *(सं.वि.)* लाभ करनेवाला।
शिल्पकारी *(सं.पुं.)* वह जो शिल्प का कार्य करता हो।
परोपकारी *(सं.वि.)* दूसरे का हित करनेवाला।
प्रत्युपकारी *(सं.वि.)* उपकार का बदला देनेवाला।
मयकारी *(हि.पुं.)* नाचनेवाला मनुष्य, नचनिया।
प्रत्ययकारी *(सं.वि.)* विश्वास दिलानेवाला।
शीघ्रकारी *(सं.वि.)* शीघ्रता से काम करने वाला।
क्षिप्रकारी शीघ्रता से काम करनेवाला।
चिरकारी *(सं.वि.)* कल्याण करनेवाला शिकारी।
क्लेशकारी *(सं.वि.)* अपमान करनेवाला।
सिसकारी *(हि.स्त्री.)* सिसकारने का शब्द, सिसकारी।
तिरस्कारी *(सं.वि.)* अपमान करनेवाला।
हंकारी *(हि.पुं.)* बुलाकर लानेवाला, दूत।
कलहकारक, कलहकारी *(सं.वि.)* झगड़ालू, विवादप्रिय।
सहकारी *(सं.पुं.)* सहायक।
चित्रकारी *(हि.स्त्री.)* चित्र बनाने की कला।
रूचिकारी *(सं.वि.)* मनोहर।
प्रतिकार, प्रतिकारी *(सं.वि.)* बदला चुकानेवाला।
भीतिकर, भीतिकारी *(सं.वि.)* डरावना।
दुर्गाधिकारी *(सं.पुं.)* दुर्ग का रक्षक।
श्राजाधिकारी *(सं.पुं.)* न्यायालय में बैठकर विचार करनेवाला।
पदाधिकारी *(सं.वि.)* वह जो किसी पद पर नियुक्त हो, अधिकारी।
धनाधिकारी *(सं.पुं.)* कोषाध्यक्ष, भण्डारी।
धर्माधिकारी *(सं.पुं.)* धर्म, अधर्म की व्यवस्था देनेवाला, न्यायाधीश।
स्वत्वाधिकारी *(सं.पुं.)* अधिकारी।
सर्वाधिकारी *(सं.पुं.)* पूरा अधिकार।
बिकारी *(हि.वि.)* विकृत रूपवाला हानिकारक।
विकारी *(हि.वि.)* बुरी वासनावाला, जिसमें उलटफेर हुआ हो।
सिकारी *(हि.वि.)* देखो शिकारी।
जूतीकारी *(हि.स्त्री.)* जूतों की मार।
बुबुकार *(हि.स्त्री.)* उच्च स्वर से रोना।
हुंकारी *(हि.स्त्री.)* हूं करने की क्रिया। एक स्वीकृतिसूचक शब्द।
साहूकारी *(हि.स्त्री.)* रुपए का लेनदेन, महाजनी।
बखारी *(हि.स्त्री.)* छोटा बखार।
भिखारी *(हि.पुं.)* भिक्षुक।
दुखारा, दुखारी *(हि.वि.)* दुख पीड़ित।
सुखरा, सुखारी *(हि.वि.)* सुख देनेवाला।
अंगारी *(हि.स्त्री.)* ऊख का ऊपर का भाग जो काटकर पशुओं को खिलाया जाता है।
जंगारी (ली) *(हि.वि.)* नीले रंग का नीला।
टंगारी *(हि.स्त्री.)* छोटा टांगा।
बिगारी *(हि.स्त्री.)* देखो बेगारी।
सिंगारी *(हि.पुं.)* शृंगार करनेवाला, सजानेवाला।
अचारी *(हि.वि.)* आचार करनेवाला।
गूढ़चारी *(सं.वि.)* गुप्तचारी, भेदिया।
नक्तचारी बिल्ली, उल्लू, राक्षस।
पथगामा, पथचारी *(हि.पुं.)* पथिक बटोही।
स्वच्छन्दचारी *(सं.वि.)* मनमौजी।
पदचारी *(सं.पुं.)* पैदल चलनेवाला।
पादचारी *(सं.पुं.)* पदाति, पैदल चलनेवाला।
बनचारी *(हि.पुं.)* जंगल में रहनेवाला मनुष्य या पशु।
पापचारी *(सं.वि.)* पाप करनेवाला।
अकारी *(सं.वि.)* आकाशगामी।
कर्मचारी *(सं.वि.)* कार्य करनेवाला।
धर्मचारी *(सं.वि.)* धर्म का आचरण करनेवाला।
ब्रह्मचारी *(सं.पुं.)* उपनयन के बाद नियमपूर्वक वेदादि के अध्ययन के लिए गुरु के घर में रहनेवाला।
बालब्रह्मचारी *(सं.पुं.)* वह जिसने बाल्यावस्था से ही ब्रह्मचर्य व्रत धारण किया हो।
व्योमचारी *(सं.पुं.)* देवता, पक्षी।
मध्यचारी *(सं.वि.)* बीच में चलनेवाला।
प्रचारी *(सं.वि.)* प्रचार करनेवाला।
यथेच्छाचारी *(सं.वि.)* मनमौजी।
स्वेच्छाचारी *(सं.वि.)* अपनी इच्छानुसार चलनेवाला।
दुष्टाचारी *(सं.वि.)* बुरा आचरण करनेवाला।
यथाचारी (सं.क्रि.वि.) पूर्व आचार के अनुसार चलनेवाला।
अनाचारी *(हि.वि.)* कुकर्मी।
तमाचारी *(सं.पुं.)* निशाचर, राक्षस।
दिनाचारी *(सं.वि.)* दिन में चलनेवाला।
परिचारी *(हि.वि.)* सेवक।
बिचारी *(हि.वि.)* विचार करनेवाला।
विचारी *(हि.पुं.)* विचार करनेवाला।
विविचर, बिविचारी *(सं.वि.)* आकाशगामी।
बहुचारी *(सं.वि.)* अनेक स्थानों में घूमनेवाला।
बनजारी *(हि.स्त्री.)* बनजारे की स्त्री।
मजारी *(हि.स्त्री.)* मार्जार, बिल्ली।
पुजारी *(हि.पुं.)* देव-मूर्ति की पूजा करनेवाला।

अटारी *(हि.स्त्री.)* छत, घर के सबसे ऊपर के खण्ड की कोठरी।

कटारी *(हि.स्त्री.)* कटार, एक प्रकार का छोटा अस्त्र।

पिटारी *(स्त्री.)* छोटा पिटारा, झांपी।

कठारी *(हि.स्त्री.)* कमण्डल।

कुठारी *(सं.स्त्री.)* कुल्हाड़ी, टांगी *(वि.)* नाश करनेवाली।

पैठारी *(हि.स्त्री.)* प्रवेश, पैठ, गति, पहुँच।

कोठारी *(हि.पुं.)* भण्डारी।

गड़ारी *(हि.स्त्री.)* वृत्त, घेरा, पास पास बनी हुई धारियां, घिरनी, कुवें में से पानी खींचने की चरखी।

गोडारी *(हि.स्त्री.)* पलंग का वह सिरा जिधर पैर रहता है।

भण्डारी *(हि.पुं.)* कोषाध्यक्ष, रसोइयादार।

महतारी *(हि.पुं.)* माता, मां।

मतारी *(हि.स्त्री.)* महतारी, माता।

करतारी *(हि.स्त्री.)* पोतने का कपड़ा।

मदारी *(हि.पुं.)* बन्दर, भालू आदि का तमाशा दिखलाने वाला, कलन्दर, बाजीगर।

देनदारी *(हि.स्त्री.)* ऋणी होने की अवस्था।

छौलदारी *(हि.स्त्री.)* एक प्रकार का छोटा तंबू।

छोलदारी *(हि.स्त्री.)* एक प्रकार का छोटा खेमा।

बिदारी *(हि.वि.)* फाड़नेवाला।

रसोईदारी *(हि.स्त्री.)* भोजन बनाने का काम।

चौकीदारी *(हि.स्त्री.)* रखवाली, वह धन जो चौकीदार रखने के लिए दिया जाए।

पट्टीदारी *(हि.स्त्री.)* भाईचारा, वह भूसम्पत्ति जिसमें अनेक भागी हों।

थानेदारी *(हि.स्त्री.)* थानेदार का पद या कार्य।

अधारी *(हि.स्त्री.)* आधार, आश्रय, साधुओं को टेकने का पतला पीढ़ा जो झंडे के ऊपर जड़ा होता है, माता की सामग्री रखने का झोला, *(वि.)* आश्रय देनेवाली।

तेजधारी *(हि.वि.)* तेजस्वी, प्रतापी।

पटवारी *(हि.वि.)* जो वस्त्र पहिने, जमीन का हिसाब रखनेवाला।

मठधारी *(हि.पुं.)* मठाधीश, अनेक मठों का अधिकारी।

प्राणधारी *(सं.वि.)* प्राणयुक्त, जीवित, चेतन।

पोतधारी *(सं.पुं.)* जहाज का अध्यक्ष।

नामधारी *(हि.वि.)* नामवाला, नामक।

गिरधर, गिरधारी *(हि.पुं.)* कृष्ण, वासुदेव।

रासधारी *(सं.पुं.)* वह मण्डली या व्यक्ति जो श्रीकृष्ण की रासक्रीड़ा अथवा अन्य लीलाओं का अभिनय करता है।

आधारी *(सं.वि.)* सहारा लेनेवाला *(हि.स्त्री.)* सहारा लेने की लकड़ी।

मालाधारी *(हि.पुं.)* पुजारी।

दुधारी *(हि.वि.)* दूध देनेवाली, जिसमें दोनों ओर धार हो।

अनारी *(हि.वि.)* अनार के रंग का, अनाड़ी, मूर्ख।

रतनारी *(हि.स्त्री.)* लाली, लालिमा।

वरनारी *(हि.स्त्री.)* सुंदर स्त्री।

किनारी *(हि.स्त्री.)* सुनहरा या रूपहला गोटा, मोंट।

सुनारी *(हि.स्त्री.)* सुनार का काम।

लूटपारी *(हि.स्त्री.)* डकैती, ठगी।

सुपारी *(हि.स्त्री.)* नारियल की जाति का एक वृक्ष जिसके फल टुकड़े-टुकड़े काटकर पान के साथ खाये जाते हैं।

बेपार, बेपारी देखो व्यापार, व्यापारी।

वेपारी *(हि.पुं.)* व्यापार करनेवाला।

लबारी *(हि.वि.)* झूठा।

खेतीबारी *(हि.स्त्री.)* कृषिकार्य, किसानी।

अंबारी (फा.पुं.) हाथी की पीठ पर रखने का मंडपदार हौदा।

भारभारी, भारभूत *(सं.वि.)* भार उठानेवाला।

चमारी *(हि.स्त्री.)* चमार का व्यवसाय।

धमारी *(हि.वि.)* उत्पाती, उपद्रवी।

चांदमारी *(हि.स्त्री.)* पटरे इत्यादि पर बने हुए चिह्नों को लक्ष्य करके गोली चलाने का अभ्यास।

अम्मारी *(हि.)* देखो अम्बारी।

महामारी *(सं.स्त्री.)* वह संक्रामक और भीषण रोग जिसमें एक साथ बहुत से मनुष्यों की मृत्यु होती है।

कुमारी *(सं.स्त्री.)* बारह वर्ष की कन्या।

शैलकुमारी पार्वती।

सुकुमारी *(सं.वि.)* कोमलांगी, कोमल अंगवाली।

क्यारी *(हि.स्त्री.)* कियारी।

हत्यारी *(हि.स्त्री.)* हत्या करनेवाली, हत्या करने का पाप।

चारपारी *(हि.स्त्री.)* चार मित्रों की मण्डली।

लम्यारी *(हि.पुं.)* भेड़िया।

स्यारी *(हि.स्त्री.)* श्रृगाली, सियारिन।

किनारी *(हि.स्त्री.)* खेतों या बगीचों में थोड़ी-थोड़ी दूर पर दो छोटे-छोटे पेड़ों के बीच की भूमि जिसमें बीज या पौधे बोये जाते हैं।

जियारी *(हि.स्त्री.)* जीवन, जीविका।

तैयारी *(हि.स्त्री.)* तत्परता, समारोह, सजावट, धूमधाम।

अगसारी *(हि.वि.)* अग्रसर, आगे का।

बिलारी *(हि.स्त्री.)* मार्जारी, बिल्ली।

दुलारी *(हि.वि.)* प्रिया, कन्या।

अंकवारी *(हि.स्त्री.)* गोद।

कंखवारी, कंखौरी *(हि.स्त्री.)* कांख, कांख की फोड़िया।

रखवारी *(हि.स्त्री.)* रखवाली।

गंवारी *(हि.स्त्री.)* गंवारपन, अज्ञानता, मूर्खता।

बड़वारी *(हि.स्त्री.)* महत्व, बड़प्पन।

मुड़वारी *(हि.स्त्री.)* गंडरा, चारपाई का सिरहाना।

केड़वारी *(हि.स्त्री.)* शाक, फल आदि बोने का बगीचा।

पटवारी *(हि.पुं.)* वह कर्मचारी जो गांव की भूमि, उसके कर आदि का हिसाब किताब रखता हो।

बनबारी *(हि.स्त्री.)* फल का बगीचा।
बनवारी *(हि.पुं.)* वनमाली, श्रीकृष्ण।
सोमवारी *(हि.स्त्री.)* सोमवार संबंधी।
कारबारी *(हि.वि.)* कार्यकर्ता।
बरबारी *(हि.पुं.)* गृहस्थ, कुटुम्बी।
किलवारी *(हि.स्त्री.)* पतवार, छोटा डांड़ा।
फुलवारी *(हि.स्त्री.)* उद्यान, बगीचा।
स्वारी *(हि.स्त्री.)* देखो सवारी।
अवसारी *(हि.स्त्री.)* देखो सवारी।
तिहवारी *(हि.स्त्री.)* मिष्टान्न, फल आदि जो उत्सव के दिन संबंधियों के घर भेजे जाते हैं।
परिवारी *(हि.पुं.)* कुटुम्बी।
जुवारी *(हि.पुं.)* देखो जुआरी।
देवारी *(हि.स्त्री.)* देखो दिवाली।
बंबारी *(हि.स्त्री.)* देखो दावाग्नि।
पनसारी *(हि.पुं.)* देखो पंसारी।
मिलनसारी *(हि.स्त्री.)* सुशीलता।
पसारी *(हि.पुं.)* देखो पंसारी।
प्रसारी *(सं.वि.)* फैलानेवाला।
कैसारी *(हि.स्त्री.)* मटर की जाति का एक अन्न, लतरी, खेसारी।
खेसारी *(हि.स्त्री.)* दुबिया मटर, लतरी।
शोकहारी *(सं.वि.)* शोक को दूर करनेवाला।
प्राणहारी *(हि.वि.)* प्राण लेनेवाला।
दैवतहारी *(हि.स्त्री.)* जिसको निमंत्रण दिया जाए।
कुटनहारी *(हि.स्त्री.)* धान कूटनेवाली स्त्री।
गोदनहारी *(हि.स्त्री.)* गोदना गोदनेवाली स्त्री।
पिसनहारी *(हि.स्त्री.)* आटा पीसनेवाली स्त्री।
भयहारी *(हि.वि.)* डर दूर करनेवाला।
प्रहारी *(सं.वि.)* मारनेवाला।
फलहारी *(हि.वि.)* जिस खाद्य पदार्थ के बनाने में केवल फलों का उपयोग किया गया हो।
व्यवहारी *(हि.वि.)* व्यापारी, कार्यकर्ता।
व्यवहारी *(हि.वि.)* व्यवहार करनेवाला।
शाकाहारी *(सं.वि.)* फल, फूल तथा शाक खानेवाला।
फलाहारी *(हि.पुं.)* वह जो केवल फल खाकर निर्वाह करता हो *(वि.)* जो केवल फलों से बना हो।
मांसाहारी *(सं.पुं.)* मांस खानेवाला।
चिन्हारी *(हि.स्त्री.)* परिचय।
प्रतिहारी *(सं.पुं.)* द्वारपाल, दरबान।
विपिनबिहारी *(सं.वि.)* जंगल में विहार करनेवाला, श्रीकृष्ण का एक नाम।
रासबिहारी *(सं.पुं.)* श्रीकृष्ण।
परिहारी *(सं.वि.)* हरण करनेवाला।
बलिहारी *(हि.स्त्री.)* श्रद्धा, भक्ति, प्रेम आदि के कारण अपने को निछावर करना।
विहारी *(हि.पुं.)* विहार करनेवाला, श्रीकृष्ण का एक नाम।
गगनविहारी आकाश में घूमनेवाला, पक्षी।
अंगसिहारी *(हि.स्त्री.)* कंपकंपी, जूड़ी।
अनुहारि, अनुहारी *(हि.वि.)* अनुकरण करनेवाला।
जुहारी *(हि.स्त्री.)* झाड़, बढ़नी, सोहनी।
लुहारी *(हि.स्त्री.)* लोहे की वस्तु बनाने का काम।
पैहारी *(हि.वि.)* केवल दूध पीकर रहनेवाला (साधू)।
जतोहारी *(सं.पुं.)* द्वारपालिका, ड्योढ़ीदारिन।
मनोहारी *(हि.वि.)* मन को हरनेवाला।
मनोहारी *(सं.वि.)* मनोहर, चित्ताकर्षक।
बोहारी *(हि.स्त्री.)* झाड़।
त्योहारी *(हि.स्त्री.)* त्योहार के उपलक्ष में मिठाई, धन इत्यादि देना।
लोहारी *(हि.स्त्री.)* लोहार का काम।
पौहारी *(हि.पुं.)* वह जो केवल दूध पीकर रहता है।
त्यौहारी *(हि.स्त्री.)* देखो त्योहारी।
गिरी *(हि.स्त्री.)* किसी बीज के भीतर का गूदा।
चिरी *(हि.स्त्री.)* छोटी चिड़िया।
झिरी *(हि.स्त्री.)* छोटा छेद।
निरी *(हि.वि.)* देखो निरा।
बिरी *(हि.स्त्री.)* देखो बीड़ी, बीड़ा।
सिरी *(हि.स्त्री.)* श्री, लक्ष्मी, शोभा।
गिटाकरी *(हि.स्त्री.)* तान लगाने में स्वर का कांपना।
फिटकिरी *(हि.स्त्री.)* एक प्रकार का खनिज पदार्थ जो लाल, काला, पीला तथा सफेद भी होता है।
किरकिरी *(हि.स्त्री.)* धूल या तिनके का छोटा टुकड़ा, अपमान, हेठी।
बेलगिरी *(हि.स्त्री.)* बेल के फल का गूदा।
राजसिरी *(हि.स्त्री.)* देखो राजश्री।
श्रुतसिरी *(हि.स्त्री.)* गले में पहनने की मोती की कंठी।
मउलसिरी *(हि.स्त्री.)* देखो मौलसिरी।
बहिरी *(हि.वि.)* गहरा, गंभीर।
मिसिरी *(हि.स्त्री.)* देखो मिसरी।
फिरिहिरी *(हि.स्त्री.)* बच्चों का घुमाने का खिलौना, फिरकी।
चकीरी *(हि.स्त्री.)* भिखमंगापन।
लकीरी *(हि.स्त्री.)* बखिया।
पंजीरी *(हि.स्त्री.)* एक प्रकार की मिठाई।
काश्मीरी *(हि.वि.)* कश्मीर देशवासी, कश्मीर देश संबंधी *(स्त्री.)* कश्मीर देश की भाषा।
तबानारीरी *(हि.स्त्री.)* सामान्य गायन।
छुरी *(हि.स्त्री.)* फल तरकारी आदि काटने का बेंटदार चाकू।
धुरी *(हि.स्त्री.)* नगरी।
सूरी (सं.सत्री.) पंडिता, विदुषी।

क्षुरी *(सं.स्त्री.)* छूरी, चाकू।
कुक्कुरी *(सं.स्त्री.)* श्वानी, कुतिया।
अंगूरी *(हि.स्त्री.)* अंगुल, उंगली।
अंजुरी *(हि.स्त्री.)* अंजुली।
लजुरी *(हि.स्त्री.)* कुवें से पानी निकालने की रस्सी।
जुरूझुरी *(हि.स्त्री.)* ज्वर की कंपकंपी।
झुरझुरी *(हि.स्त्री.)* कम्प, कंपकंपी।
ढंडरी, इंडुरी *(हि.स्त्री.)* गड्डुरा।
इंडुरी *(हि.स्त्री.)* गेंडूरी, कुण्डली।
बसुरी *(हि.स्त्री.)* बांसुली, बसुला।
पहुरी *(हि.स्त्री.)* संगतराशी की मठारने की टांकी।
बहुरी *(हि.स्त्री.)* चर्वण, चबेना।
झुरहुरी *(हि.स्त्री.)* देखो झुरझुरी।
ढुरहुरी *(हि.स्त्री.)* पगडंडी।
आतुरी *(हि.स्त्री.)* व्यग्रता, घबड़ाहट।
चातुरी *(हि.स्त्री.)* चतुराई, धूर्तता।
दुरादुरी *(हि.पुं.)* गोपन, छिपाव।
माधुरिया, माधुरी (स.स्त्री.) मद्य, शराब, सौन्दर्य, शोभा, मधुरता, मिठास।
महापुरी (स.स्त्री.) राजधानी।
आसुरी *(सं.वि.)* असुर संबंधी, राक्षसी।
बांसुरी *(हि.स्त्री.)* देखो पंसुली।
बंसुरी, बांसुली *(हि.स्त्री.)* मुख से फूंककर बजाने का एक बाजा, बांसुली।
चिखुरी *(हि.स्त्री.)* गिलहरी।
बिजुरी *(हि.स्त्री.)* देखो बिजली।
मीठी छुरी कपटी मित्र।
मीठीबारी भीतरी मार जिसमें बाहर की चोट के चिह न देख पड़ें।
तीतुरी *(हि.स्त्री.)* देखो पिंडुली।
दीखुरी *(हि.स्त्री.)* घड़ा रखने का मेडरा, बिड़वा।
ढेकुरी *(हि.स्त्री.)* सूत कातने की तकली।
दूरी *(हि.स्त्री.)* दूरत्व।
पूरी *(हि.स्त्री.)* एक खाद्य पदार्थ।
लटूरी *(हि.स्त्री.)* अलक, केश।
कस्तूरी (स.स्त्री.) मृगनाभि से निकलनेवाला एक सुगंधित द्रव्य।
तंदूरी *(हि.पुं.)* एक प्रकार का उत्तम महीन रेशम *(वि.)* तंदूर में बनाया हुआ।
कपूरी *(हि.पुं.)* कपूर के रंग का, हलके पीले रंग का।
पूरनपूरी *(हि.स्त्री.)* एक प्रकार की मीठी कचौड़ी।
ठगमूरी *(हि.स्त्री.)* एक प्रकार की विषैली जड़ीबूटी जिसको खिलाकर ठग लोग पथिकों को अचेत करके लूटते थे।
मयूरी *(हि.वि.)* मोरनी।
सिंदूरी *(हि.वि.)* सिंदूर के रंग का।
केरी (हि.प्रत्य.) 'के' विभक्ति का स्त्रीलिंग का रूप।
चेरि, चेरी *(हि.स्त्री.)* दासी, नौकरानी।
ढेरी *(हि.स्त्री.)* ढेर, समूह, टाल, राशि।
देरी *(हि.स्त्री.)* विलम्ब।
पेरी *(हि.क्रि.)* देखो पिवरी।
फेरी *(हि.स्त्री.)* परिक्रमा, प्रदक्षिणा।
भेरी *(सं.स्त्री.)* नगाड़ा, पटह।
मेरी (हि.सर्व.) 'मेरा' का स्त्रीलिंग का रूप।
हेरी *(हि.स्त्री.)* पुकार।
ठठेरी *(हि.पुं.)* ठठेरे का काम।
गंडेरी *(हि.स्त्री.)* ऊख के छोटे-छोटे खण्ड।
हथेरी *(हि.स्त्री.)* देखो हथेली।
फेराफेरी *(हि.पुं.)* हेराफेरी, इधर का उधर।
हेराफेरी *(हि.स्त्री.)* अदल बदल।
चौफेरी *(हि.पुं.)* चारों ओर घूमना।
ढरेरी *(हि.पुं.)* जंगली मेवा।
पसेरी *(हि.स्त्री.)* पाँच सेर का परिमाण।
पनसेरी *(हि.स्त्री.)* पाँच सेर की बाट।
पंसेरी *(हि.स्त्री.)* पाँच सेर की तौल या बाट।
महेरी *(हि.स्त्री.)* जल में उबाली हुई ज्वार जो नमक मिर्च मिलाकर खाई जाती है।
पुजेरी *(हि.पुं.)* देखो पुजारी।
फुरेरी *(हि.स्त्री.)* रोमांचयुक्त कंपकंपी, रूई लपेटी हुई सींक जो तेल, इत्र आदि डुबोकर काम में लाई जाती है।
पैरी *(हि.पुं.)* पैर में पहिनने का एक चौड़ा गहना।
भैरी *(हि.पुं.)* देखो भैरव।
वैरी *(हि.वि.)* देखो वैरी, विरोधी, शत्रु।
अनगैरी *(हि.वि.)* अपरिचित, पबागा।
हयवैरी *(सं.पुं.)* भैंसा।
पूर्ववैरी *(हि.पुं.)* पहिले का शत्रु।
स्वैरी *(सं.वि.)* स्वतन्त्र, स्वाधीन।
झोरी *(हि.स्त्री.)* झोली।
ओरी *(हि.स्त्री.)* ओलती *(अव्य.)* संबोधन का शब्द जो स्त्रियों के लिए प्रयुक्त होता है।
घोरी *(हि.स्त्री.)* घोड़ी।
चोरी *(हि.स्त्री.)* चुराने का काम।
ब्योरी *(हि.पुं.)* एक प्रकार का मोटा धान।
मोरी *(हि.स्त्री.)* मैला पानी बहने की नाली, परनाली, मोहरी।
रोरी *(हि.स्त्री.)* हल्दी चूने से बनी हुई लाल रंग की बुकनी जिसका तिलक लगाया जाता है।
सोरी *(हि.स्त्री.)* पात्र में महीन छेद जिसमें से होकर पानी टपककर बह जाता है।
अंकोरी *(हि.स्त्री.)* गोद, आलिंगन।
लड़कोरी (हि.वि.स्त्री.) जिस स्त्री की गोद में लड़का हो।

चकोरी *(हि.स्त्री.)* मादा चकोर।
टकोरी *(हि.स्त्री.)* आघात, टक्कर।
ठकोरी *(हि.स्त्री.)* साधुओं की कमर डेकने की लकड़ी।
मुसखोरी *(हि.स्त्री.)* खेत में चूहों की अधिकता।
ठगोरी *(हि.स्त्री.)* जादू टोना।
अघोरी *(सं.पुं.)* अघोर मतावलम्बी।
छोराछोरी *(हि.स्त्री.)* नोच खसोट।
पछोरी *(हि.स्त्री.)* थैली।
बरजोरी *(हि.स्त्री.)* बल का प्रयोग *(क्रि.वि.)* बलपूर्वक।
मुँहजोरी *(हि.स्त्री.)* उद्दण्डता।
जोराजोरी *(हि.क्रि.वि.)* भुजा से भुजा अथवा हाथ से हाथ मिलाकर।
तिजोरी *(हि.स्त्री.)* लोहे की सन्दूक।
कटोरी *(हि.स्त्री.)* छोटा कटोरा।
हथोरी *(हि.स्त्री.)* देखो हथेली।
गदोरी *(हि.स्त्री.)* हाथ हथेली।
त्योरी *(हि.स्त्री.)* दृष्टि, चितवन, अवलोकन।
लरिक सठोरी *(हि.स्त्री.)* लड़कपन।
कौरी *(हि.स्त्री.)* क्रोड, गोद, अंकवार।
गौरी *(सं.स्त्री.)* गोरी स्त्री, पार्वती, आठ वर्ष की कन्या।
चौरी *(हि.स्त्री.)* छोटा चबूतरा या वेदी।
चौंरी *(हि.स्त्री.)* मक्खी हांकने का छड़ी में बंधा हुआ घोड़े की पूंछ के बालों का गुच्छा।
दौरी *(हि.स्त्री.)* छोटी टोकरी।
दौंरी *(हि.स्त्री.)* खेती की उपज के डंठलों में से दाना अलगाने के लिए।
पौरी *(हि.स्त्री.)* ड्योढ़ी, सीढ़ी, खड़ाऊँ।
भौंरी *(हि.स्त्री.)* पशुओं के शरीर पर का रोवें का चक्र।
धौरी *(हि.स्त्री.)* छोटा मोर।
रौरी *(हि.स्त्री.)* कोलाहल।
सौरी *(हि.स्त्री.)* प्रसूतिका।
टकौरी *(हि.स्त्री.)* वह छोटा तराजू (कांटा) जिससे सोना चाँदी को तौलते हैं।
निबकौरी *(हि.स्त्री.)* नीम का फल या बीज।
उभकौरी *(हि.स्त्री.)* उड़द की पीठी की बरी।
कखौरी *(हि.स्त्री.)* कांख की फोड़िया।
लभौरी *(हि.स्त्री.)* भारतीयता की पुराने ढंग की छोटी पतली ईंट, किसी देवता को एक लाख पत्तियां या फल चढ़ाना।
ब्यौरी *(हि.पुं.)* मूंग की बनी हुई बरी।
कोहड़ोरी *(हि.स्त्री.)* कोहड़े और उड़द की बरी।
कोंहड़ौरी *(हि.स्त्री.)* पेठे को मिलाकर उड़द की बनी हुई बरी।
पिछौरा *(हि.स्त्री.)* स्त्रियों की चादर जिसको वे धोती के ऊपर ओढ़ती हैं।
पिठौरी *(हि.स्त्री.)* पीठी की बनी हुई बरी, पकौड़ा आदि।
पथौरी *(हि.स्त्री.)* स्त्रियों के सिर पर पहनने का एक गहना।
बुंदौरी *(हि.स्त्री.)* बूंदी या बुंदिया नाम की मिठाई।
अंकरोरी, अकरौरी *(हि.स्त्री.)* अकटा।
पचौरी *(हि.स्त्री.)* सूजन।
बनौरी *(हि.स्त्री.)* वर्षा के साथ गिरनेवाला ओला या पत्थर।
तिलौरी *(हि.स्त्री.)* तिल मिलाकर बनाई हुई बरी।
बिल्लौरी *(हि.वि.)* बिल्लौर पत्थर का, बिल्लौर के समान स्वच्छ।
फुलौरी *(हि.स्त्री.)* बेसन की पकौड़ी।
अम्हौरी *(हि.स्त्री.)* छोटी छोटी फुन्सियां जो ग्रीष्म ऋतु में शरीर पर सर्वत्र होती हैं, घमौरी।
अरू (हि.अव्य.) और।
चरू *(सं.पुं.)* हवन के लिए पकाया हुआ अन्न।
तरू *(सं.पुं.)* वृक्ष, गाछ, पेड़।
वरू *(सं.पुं.)* काला मृग, पोस्तूरी मृग।
मरू *(सं.पुं.)* मरूभूमि, निर्जल प्रदेश।
वरू (हि.अव्य.) चाहे, कुछ चिन्ता नहीं, भले ही।
नतर, नतरू *(हि.क्रि.वि.)* अन्यथा, नहीं तो।
नातर (हि.अव्य.) अन्यथा, नहीं तो।
कल्पद्रुम *(सं.पुं.)* मुँहमांगी वस्तु देनेवाला।
रद्रु *(सं.पुं.)* कच्छप, कछुआ, दाद।
सुभ्रु *(सं.स्त्री.)* सुंदर भौंह।
अश्रु *(सं.पुं.)* नेत्र जल, आंसू।
श्मश्रु *(सं.पुं.)* मुख पर के बाल, दाढ़ी, मूंछ।
दाधश्रु *(सं.पुं.)* जो दूर तक सुन पड़े, जिसका नाम दूर तक प्रसिद्ध हो।
कशदश्रु (कसेरु) *(सं.पुं.)* पीठ की रीढ़ की हड्डी, एक प्रकार की घास की जड़ जिसका ठोस भाग खाया जाता है।
अश्रु *(सं.पुं.)* चक्षुजल, आंसू।
कादश्रु *(सं.पुं.)* शिल्पी, शिल्पकार।
चारू *(हि.वि.)* सुंदर, रुचिर, मनोहर।
जारू *(सं.पुं.)* आंवल, खेड़ी।
दारू *(सं.पुं.)* काठ, लकड़ी।
जारू *(हि.पुं.)* जाड़ा, पाला, हिम।
पारू *(हि.पुं.)* बड़ा नगाड़ा, जंगी घौंसा *(वि.)* हृदय विदारक, मारनेवाला।
उतारू *(हि.वि.)* उतरनेवाला।
चिरू *(सं.पुं.)* कन्धे और बांह का जोड़।
धीरू *(हि.पुं.)* स्थिर।
भीरू *(सं.वि.)* भयभीत, डरपोक।
अभीरू *(हि.वि.)* निर्भय, निडर।

प्रवभीरू *(सं.पुं.)* शृगाल, सियार।
महाभीरू *(सं.वि.)* अत्यन्त डरपोक।
सुभीरू *(सं.वि.)* बड़ा डरपोक।
गुरू *(सं.पुं.)* देवताओं के गुरू बृहस्पति *(वि.)* अधिक, भारी, पूजनीय, गंभीर, बलवान *(पु.)* मंत्र का उपदेश देनेवाला, आचार्य, विद्या अथवा कला सिखलानेवाला अध्यापक।
गुरू *(सं.पुं.)* मसाले आदि जो पकवान के भीतर भरे जाते हैं।
अगुरू *(सं.पुं.)* अगुरूचन्दन *(वि.)* जो गुरू न हो, गौरवहीन।
लोकगुरू *(सं.पुं.)* जगद्गुरू।
सतगुरू *(हि.पुं.)* अच्छा गुरू, परमात्मा।
राजगुरू *(सं.पुं.)* राजा का गुरू या उपदेशक।
जगतगुरू *(सं.पुं.)* परमेश्वर, अत्यंत पूजनीय पुरुष।
सदगुरू *(सं.पुं.)* अच्छा गुरू, परमेश्वर।
विद्धगुरू *(सं.पुं.)* वह गुरू जिसकी मन्त्रसिद्धि हुई हो।
सुरगुरू *(सं.पुं.)* बृहस्पति।
शनवगुरू *(सं.पुं.)* दानवों के गुरू शुक्राचार्य।
देवगुरू *(सं.पुं.)* देवताओं के गुरू बृहस्पति।
स्त्रीगुरू *(सं.पुं.)* दीक्षा देनेवाली स्त्री।
भदेरू *(हि.वि.)* कुरूप, भद्दा।
वरोरू *(सं.वि.)* सुंदर जांघवाली स्त्री।
करू *(हि.वि.)* कटु, कडुवा।
गरू *(हि.वि.)* गुरू, भारी।
घरू *(हि.वि.)* गृहस्थी, संबंधी, घर का।
जरू *(स.पुं.)* जानु, जाँघ।
भ्रू *(सं.स्त्री.)* भौंह, भौं।
मरू *(हि.वि.)* कठिन, कड़ा।
गोखरू (हि.पुं.) एक पौधा, मोटे तथा बादले गूँथकर बनाया हुआ साज, पैर या हाथ के तलवे में निकलने वाला एक रोग जिसमें रूखे कड़े दाने पड़ जाते हैं।
बछरू *(हि.पुं.)* देखो बछड़ा, बछवा।
घुंघरू *(हि.पुं.)* धातु बनी हुई पीली गुरिया जिसके परस्पर टकराने से घुनघुन शब्द होता है।
कुंदरू *(हि.स्त्री.)* परवल के समान एक फल।
तमरू *(हि.पुं.)* एक बाजा जो बीच में पतला तथा किनारों पर चौड़ा होता है।
डवरू *(हि.पुं.)* देखो डमरू।
डांवरू *(हि.पुं.)* बाघ का बच्चा।
श्वश्रू *(सं.स्त्री.)* पति या पत्नी की माता, सास।
पहरू *(हि.पुं.)* चौकीदार।
बिसहारू *(हि.पुं.)* मोल लेनेवाला।
नाहरू *(हि.पुं.)* नहरूवा नामक रोग।
पाहरू *(सं.पुं.)* चौकीदार।
झारू *(हि.पुं.)* देखो झाड़ू।
जारू *(हि.पुं.)* जूं, ढील।
लारू *(हि.पुं.)* लड्डू
बजारी, बजारू *(हि.वि.)* साधारण सामान्य।
बाजारू *(हि.वि.)* हाट संबंधी।
बंदारू *(हि.वि.)* आदरणीय, पूजनीय।
दुधारू *(हि.वि.)* देखो दुधार।
मेहरारू *(हि.स्त्री.)* स्त्री, औरत।
गंवारू *(हि.वि.)* ग्रामीण, देहाती, बेढंग।
गेरू *(हि.स्त्री.)* खान से निकलने वाली एक प्रकार की लाल मिट्टी।
पखेरू *(हि.पुं.)* पखेरू, पक्षी।
कसेरू *(हि.पुं.)* एक प्रकार के मोथे की गठीली जड़ जो खाने में मीठी होती है।
गोरू *(हि.पुं.)* सींगवाले पशु, चौपाया।
भोरू *(हि.स्त्री.)* भार्या, पत्नी।
टोरू *(हि.पुं.)* देखो टोरी।
वामोरू *(सं.स्त्री.)* सुंदर स्त्री।
रम्भोरू *(सं.स्त्री.)* वह स्त्री जिसकी जांघ केले के खंभे के समान हो।
रे *(सं.अव्य.)* एक संबोधन जिससे आदर का अभाव सूचित होता है।
अरे *(सं.अव्य.)* ए! ओ! देख! आश्चर्यसूचक अव्यय, नीच व्यक्ति के लिए संबोधन होता है।
परे *(सं.अव्य.)* दूर, उधर, उस ओर।
गरे *(सं.अव्य.)* उस ओर, आगे, दूर।
बरे (हि.अव्य.) बदले में, पलटे में, निमित्त, वास्ते (क्रि.वि.) बड़े वेग से, हठ से, ऊँचे स्वर से।
निअर, निअरे *(हि.क्रि.वि.)* निकट, पास में।
मम्तरे *(सं.अव्य.)* मध्य में, बीच में।
नियरे *(क्रि.वि.)* समीप।
मारे (हि.अव्य.) कारण से।
किनारे *(हि.क्रि.वि.)* कोर, सीमा या तट पर, पृथक अवस्था में।
न्यारे *(हि.क्रि.वि.)* दूर, अलग, पास नहीं, पृथक।
नियारे (हि.अव्य.) देखो न्यारे।
मुरारे *(सं.पुं.)* हे मुरारि, संबोधन का रूप।
धीरे *(हि.क्रि.वि.)* मन्द गति से।
रउरे (हि.सर्व.) मध्यम पुरुष का आदरसूचक शब्द, आप।
धुरे *(हि.क्रि.वि.)* पास में।
झरे *(हि.क्रि.वि.)* निरर्थक, व्यर्थ।
मेरे (हि.सर्व.) मेरा का बहुवचन, मेरा का वह रूप जो संबंधवान शब्द के आगे विभक्ति लगाने पर प्राप्त होता है।
अरेरे *(सं.अव्य.)* आश्चर्यसूचक अव्यय।
बहुतेरे *(हि.वि.)* संख्या में अधिक, बहुत से।

रैंरें *(हि.पुं.)* बच्चों के रोने का शब्द।
थौरे *(हि.क्रि.वि.)* संग-संग, साथ-साथ।
नीरे *(हि.क्रि.वि.)* नियारे, पास में।
भीरे *(हि.क्रि.वि.)* समीप में, पास।
झौरे *(हि.क्रि.वि.)* संग, साथ, समीप।
धोरे *(हि.क्रि.वि.)* पास में।
रौरे (हि.सर्व.) आप, संबोधन का शब्द।
सरो *(हि.पुं.)* एक सीधा वृक्ष जो बगीचों में शोभा के लिए लगाया जाता है, बनझाऊ।
परों *(हि.क्रि.वि.)* देखो परसों।
कारो *(हि.वि.)* देखो काला।
गारो *(हि.पुं.)* गर्व, अहंकार।
अतिरो (लो) मश *(सं.वि.)* अत्यन्त रोवों से युक्त।
अगिरों *(हि.स्त्री.)* घर के सामने का खुला स्थान।
कोइरौ *(हि.पुं.)* काछी, कुरमी।
गीरो *(हि.पुं.)* वृक्ष, पेड़।
तेरो (हि.सर्व.) तेरा।

ल–व्यंजन वर्ण का अट्ठाइसवाँ अक्षर, इसका उच्चारण-स्थान दन्त हो।

ल *(सं.पुं.)* पृथ्वी, इन्द्र।
कल *(हि.स्त्री.)* सुख, चैन, आनेवाला या बीता हुआ दिन, बल, अंग, युक्ति, यन्त्र, विशेष्य की तरह इसका प्रयोग "काला" अर्थ में होता है, यथा–कलमुँहा *(क्रि.वि.)* भविष्य में, आज से पहिले के दिन, बीता हुआ दिन।
खल दुष्ट, सरसों आदि।
गल *(सं.पुं.)* गला, कण्ठ।
गलकंबल *(स.पुं.)* गाय के गले पर की लटकती हुई झालर।
चल *(सं.वि.)* चलायमान, अस्थिर।
छल *(स.पुं.)* धोखा, बहाना, कपट।
जल *(सं.पुं.)* पानीय, पानी, अप।
झल *(हि.पुं.)* उत्कृष्ट इच्छा, क्रोध, रोष।
टल टलना, दूर होना।
डल *(हि.पुं.)* खण्ड, अंश, टुकड़ा *(स्त्री.)* झील।
तल *(सं.पुं.)* घर की छत, थप्पड़, तमाचा, अधोभाग, पेंदी, पाताल, हथेली, पैर का तलवा।
चल *(हि.पुं.)* स्थल, ठिकाना, स्थान।
बल *(स.पुं.)* खण्ड, टुकड़ा, झुण्ड, समूह, फूल की पंखड़ी, मण्डली, सेना।
नल *(सं.पुं.)* पद्य, कमल, नरकट *(हि.पुं.)* कोई लंबी पोली वस्तु, धातु की बनी हुई पोली वस्तु, परनाली, शरीर में की मूत्र निकालने की नाली।
पल *(स.पुं.)* समय का एक प्राचीन विभाग जो चौबीस सेकेण्ड के बराबर होता है, घड़ी या दण्ड का साठवां भार।
फल *(स.पुं.)* लाभ, वनस्पति में होनेवाला गूदे से परिपूर्ण वह बीजकोष जो फूलों में से विशिष्ट ऋतु में उत्पन्न होता है, गणित की किसी क्रिया का परिणाम, उद्देश्य की सिद्धि, त्रैराशिक की तीसरी राशि, सूद, क्षेत्रफल, प्रयोजन, गुण, प्रभाव, कर्मों का परिणाम, बाण, भाले।
बल *(स.पुं.)* सेना, स्थूलता, सामर्थ्य, आश्रय, सहारा *(हि.पु.)* लपेट, फेरा, ऐंठन, टेंढ़ापन, सिकुड़न, घुमाव।
मल *(सं.पुं.)* पाप, विष्ठा, पुरीव, कपूर, दोष, विकार।
रल बहना, बह जाना।
हल खेत जोतने का उपकरण।
शुक्ल *(स.पुं.)* श्वेतवर्ण *(पु.)* चाँदी, मक्खन।
(शुक्लता) *(सं.स्त्री.)* श्वेतता।
अकल *(सं.वि.)* अवयव रहित, व्यर्थ, निष्फल, *(हि.वि.)* अखण्ड।
अक्कल *(हि.पुं.)* वल्कल, छिलका, छाल।
आजकल वर्तमान काल में, इन दिनों।
अटकल *(हि.स्त्री.)* अनुमान।
हथकल *(हि.पुं.)* पेच ढीली करने या कसने का एक औजार।
हीनकल *(सं.वि.)* नीच कुल का।
बल्कल *(हि.पुं.)* देखा वल्कल।
वल्कल *(सं.पुं.)* वृक्ष की छाल, इसका बना हुआ वस्त्र।
कलकल *(सं.पुं.)* कोलाहल, पानी के झरने का शब्द, झगड़ा।
बलकल *(हि.पुं.)* देखो वल्कल।
नरकल, नरकस *(हि.पुं.)* देखो नरकड़।
सकल *(सं.वि.)* समस्त।
थकल *(सं.पुं.)* खण्ड, टुकड़ा।
पुष्कल *(सं.पुं.)* एक प्रकार का ढोल *(पु.)* अन्न नापने की एक प्राचीन नाप *(वि.)* प्रचुर, अधिक।
शाकल *(स.पुं.)* खण्ड, टुकड़ा, हवन की सामग्री।
बाकल *(हि.पुं.)* देखो बल्कल।
अतिकल *(सं.वि.)* विपरीत, विरुद्ध *(पु.)* प्रतिपक्षी।
बिकल *(सं.वि.)* व्याकुल, घबड़ाया हुआ।
विकल *(सं.वि.)* व्याकुल, असमर्थ।
अविकल *(सं.वि.)* चिन्ताशून्य, निश्चल, शान्त।
बेकल *(हि.वि.)* व्याकुल।
बैकल *(हि.वि.)* उन्मत्त, पागल।
हकल *(हि.स्त्री.)* हुमेल।
पोकल *(हि.वि.)* निःसार, पोला, खोखला।
मोकल *(हि.वि.)* मुक्त, छोड़ा हुआ।
मटकौअल *(हि.स्त्री.)* मटकने की क्रिया या भाव, मटक।

संकल *(सं.स्त्री.)* सिकड़ी।
ऊखल *(हि.पुं.)* उलूखल, ओखली।
उलूखल *(सं.पुं.)* ओखली।
मेखल *(हि.स्त्री.)* किंकिणी, करधनी।
बौखल *(हि.वि.)* पागल, सनकी, झक्की।
उच्छृंखल *(सं.वि.)* निरंकुश, उद्दण्ड।
क्षुद्धल *(सं.पुं.)* मेखला, करधनी, हथकड़ी, बड़ी।
कगल *(सं.पुं.)* छाग, बकरा।
मदगल *(हि.वि.)* मत्त, बावला।
बमगल *(हि.पुं.)* मस्त हाथी।
अर्गल *(सं.पुं.)* किवाड़ के पीछे लगाने का डंडा, अगरी, ब्योंड़ा।
अनर्गल *(सं.पुं.)* प्रतिबन्ध रहित, व्यर्थ।
अरगल *(हि.पुं.)* देखो अर्गल, ब्योंड़ा *(वि.)* अर्गला।
आगल *(हि.पुं.)* अर्गल, ब्योंड़ा *(वि.)* अर्गला।
छागल *(सं.पुं.)* बकरा, स्त्रियों के पहिनने का एक गहना।
पागल *(सं.वि.)* उन्मत्त, बावला, विक्षप्ति, मूर्ख।
जांगल *(हि.पुं.)* बक, बगला।
डिगल *(हि.दि.)* दूषित, घृणित, नीच।
पिंगल *(हि.वि.)* पीला।
जुगल *(हि.वि.)* देखो युगल।
युगल *(हि.पुं.)* युग्म, जोड़ा।
औगल *(हि.पुं.)* ऊसरभूमि, परती भूमि।
जंगल *(हि.पुं.)* वन।
जग्डल *(स.पुं.)* अरण्य, मांस।
उठगल *(हि.वि.)* मन्द, मूर्ख।
मंगल *(स.पुं.)* कल्याण, कुशल, शुभ, क्षेम।
मंगल पाठक बन्दीजन, स्तुतिपाठक।
अमंगल *(सं.वि.)* अशुभ, अकुशल।
जयमंगल *(सं.पुं.)* राजा की सवारी का हाथी।
पिंगल *(स.पुं.)* नीला और पीला मिला हुआ रंग, उल्लू पक्षी, नेवला, बंदर, अग्नि।
डिंगल एक प्राचीन राजस्थानी भाषा।
पिंगल एक छन्द।
उंगल *(हि.पुं.)* देखो अंगुल।
चुंगल *(हि.पुं.)* पक्षियों का टेढ़ा झुका हुआ पंजा, बटोरा हुआ मनुष्य का पंजा।
अचल *(सं.वि.)* निश्चल, स्थिर, दृढ़।
बतचल *(हि.वि.)* बकवादी, बक्की।
मचल *(हि.स्त्री.)* मचलने की क्रिया या भाव।
अरचल *(हि.स्त्री.)* अड़चन, झमेला।
हलचल *(हि.स्त्री.)* अधीरता, व्यग्रता।
सचल *(सं.वि.)* चलायमान।
निश्चल *(सं.वि.)* स्थिर, अचल।
विनिश्चल *(सं.वि.)* विशेष रूप से स्थिर।
पुंश्चल *(सं.पुं.)* व्यभिचारी पुरुष।
निहचल *(हि.वि.)* देखो निश्चल।
अस्ताचल *(सं.पुं.)* पश्चिमाचल पर्वत।
आचल *(हि.वि.)* मचलनेवाला।
हिमाचल *(सं.पुं.)* हिमालय पर्वत।
चलाचल *(हि.वि.)* चंचल।
विचल *(हि.वि.)* देखो निश्चल।
भूमिचल *(सं.पुं.)* भूकम्प, भूडोल।
निचल *(सं.वि.)* अस्थिर, हिलता डोलता हुआ।
चलविचल *(हि.वि.)* अव्यवस्थित, अंडबंड *(स्त्री.)* व्यतिक्रम।
दृगंचल *(हि.पुं.)* आँख की पलक।
चंचल *(सं.वि.)* अस्थिर, अधीर।
अचंचल *(सं.वि.)* जो चंचल न हो।
वस्त्रांचल *(सं.पुं.)* कपड़े का छोर।
अछल *(हि.वि.)* निष्कपट, निश्छल।
वच्छल *(हि.वि.)* देखो वत्सल।
बछल *(हि.वि.)* देखो वत्सल।
पुच्छल *(सं.वि.)* पूंछदार।
भगतबछल *(हि.वि.)* देखो भक्तवत्सल।
पूरछल *(हि.पुं.)* देखो मोरछल।
मोरछल *(हि.पुं.)* मोर की पूंछ के परों को इकट्ठा बांधकर बना हुआ चंवर।
पाछल *(हि.वि.)* देखो पिछला।
निछल *(हि.वि.)* बिना छल-कपट का।
छीछल *(हि.वि.)* देखो छिछला।
मुगजल *(सं.पुं.)* मृगतृष्णा।
विजजल *(हि.स्त्री.)* बिजली।
विज्जल *(हि.पुं.)* त्वचा, छिलका।
नेत्रजल *(सं.पुं.)* अश्रु, आंसू।
पादजल *(सं.पुं.)* पादोदक।
स्वेदजल *(सं.पुं.)* पसीना।
सिद्धजल *(स.पुं.)* पकाया हुआ जल।
सजल *(सं.वि.)* जल से युक्त, अश्रुपूर्ण।
निरजल *(हि.वि.)* देखो निर्जल।
निर्जल *(सं.वि.)* जल शून्य, बिना जल का, जल के संसर्ग से रहित।
काजर, काजल *(हि.पुं.)* कज्जल।
निशाजल *(सं.पुं.)* पाला, ओस।
महाजल *(स.पुं.)* समुद्र।
मरीचिजल मृगतृष्णा।
विजल *(स.पुं.)* वर्षा न होना, सूखा पड़ना।
सिजल *(हि.पुं.)* जो देखने में सुन्दर हो।
रात्रिजल *(सं.पुं.)* कुहरा।
बोजल *(हि.पुं.)* अपराध, दोष।
पिंजल *(सं.वि.)* व्यग्र, घबड़ाया हुआ।

कपिंजल *(सं.पुं.)* चातक, पपीहा, तीतर।
कज्झल *(हि.पुं.)* ढाल।
झलझल *(हि.वि.)* चमक दमक।
झलाझल *(हि.वि.)* खूब चमकता हुआ।
ओझल *(हि.स्त्री.)* ओट, परदा, बाड़ *(वि.)* छिपा हुआ।
बोझल *(हि.वि.)* भारी।
झोंझल *(हि.पुं.)* क्रोध, रोष, कुढ़न, गुस्सा।
अटल *(हि.वि.)* निश्चल, स्थिर, अवश्य होनेवाला।
अटल *(हि.स्त्री.)* झूठ मूठ की बात, बकवाद।
छटल *(हि.वि.)* छँटा हुआ, चतुर।
ललाटपटल *(सं.पुं.)* मस्तक।
अक्षपटल *(सं.पुं.)* आँख की पलक।
मधुपटल *(सं.पुं.)* मधुमक्खी का छत्ता।
चुटल *(हि.वि.)* जिसको चोट लगी हो।
पेटल *(हि.वि.)* बड़े पेटवाला, तोंदील।
डंठल *(हि.पुं.)* डंठी *(हि.स्त्री.)* पौधों की शाखा या पेड़ी।
अंडल *(हि.वि.)* अंडेवाली।
पंडल *(हि.वि.)* पीले रंग का *(पु.)* शरीर, पिण्ड।
मण्डल *(सं.पुं.)* चन्द्रमा या सूर्य के चारों ओर पड़नेवाला घेरा, बचाना, कार घेरा, समाज, समूह।
मुखमण्डल *(सं.पुं.)* चेहरा।
मेघमण्डल *(सं.पुं.)* आकाश।
लड़मण्डल *(सं.पुं.)* व्यतिक्रम, गड़बड़ी।
राजमण्डल *(सं.पुं.)* किसी बड़े राज्य के आसपास का राज्य।
व्रजमण्डल *(सं.पुं.)* व्रजभूमि, व्रज और इसके आस पास के प्रदेश।
सूर्यमण्डल *(सं.पुं.)* सूर्य का घेरा।
आकाशमण्डल *(सं.पुं.)* गगनमण्डल, खगोल।
रासमण्डल *(स.पुं.)* रासक्रीड़ा का स्थान, रासलीला करनेवालों का समूह।
चामण्डल *(सं.पुं.)* किरणों की मेखला।
प्रभामण्डल *(सं.पुं.)* गोलाकार रश्मि।
तारामण्डल *(सं.पुं.)* नक्षत्रों का समूह।
कान्तिमण्डल *(सं.पुं.)* वह कल्पित वृत जिस पर पृथ्वी के चारों ओर घूमता हुआ सूर्य दीख पड़ता है।
श्रुतिमार्ग, श्रुतिमण्डल *(सं.पुं.)* कर्ण, कान।
रविमण्डल *(सं.पुं.)* वह लाल मण्डल जो सूर्य के चारों ओर देख पड़ता है।
शीशमण्डल *(सं.पुं.)* चन्द्रमण्डल।
नाड़ीमण्डल *(सं.पुं.)* विषुवत रेखा।
महीमण्डल *(सं.पुं.)* भूमण्डल।
वायुमण्डल *(सं.पुं.)* वायुलोक, आकाश।
भूमण्डल *(सं.पुं.)* मण्डलाकार भूमि भाग, पृथ्वी।
गोमण्डल *(सं.पुं.)* भूमण्डल, किरण समूह।
नभोमण्डल *(सं.पुं.)* गगनमण्डल।
कुण्डल *(सं.पुं.)* कान का एक अलंकार, मेखला, बदली में सूर्य या चन्द्रमा के चारों ओर दिखाई पड़नेवाला प्रकाश का घेरा।
विकुण्डल *(सं.वि.)* कुण्डल रहित।
पाटल *(हि.पुं.)* देखो पटल।
अतल *(सं.वि.)* बिना तल का, बहुत गहरा।
अड़तल *(हि.स्त्री.)* आड़, ओट, अवरोध।
पत्तल *(हि.स्त्री.)* पत्तों को सींक से जोड़कर बनाया हुआ पात्र, पत्तल में परोसी हुई भोजन-सामग्री।
पित्तल *(सं.पुं.)* पीतल नामक धातु।
इस्ततल *(सं.पुं.)* हथेली।
पश्थल *(सं.पुं.)* पैर का तलवा।
पादतल *(सं.पुं.)* पैर का तलवा *(पु.)* आपस का निबटारा।
समतल *(सं.वि.)* जिसका तल बिलकुल बराबर हो।
प्रतल *(सं.पुं.)* हाथ की हथेली, पाताल के सातवें भाग का नाम।
करतल *(हि.पुं.)* हथेली।
खरतल *(हि.वि.)* उग्र, प्रचण्ड।
अवस्तल *(सं.पुं.)* किसी वस्तु के नीचे का स्थान।
निस्तल *(सं.वि.)* बिना पेंदी का।
पातल *(हि.वि.)* देखो पातर, पतला।
धरातल *(सं.पुं.)* धरती, पृथ्वी, लंबाई और चौड़ाई का गुणनफल।
तल *(स.पुं.)* करतल, हथेली।
भूमितल *(सं.पुं.)* भूतल।
त्रितल *(सं.वि.)* तीन खण्ड का घर।
जगतीतल *(स.पुं.)* भूमि, पृथ्वी।
पीतरा *(हि.वि.)* जस्ते और तांबे के संयोग से बनी हुई एक उपधातु।
पृथ्वीतल *(सं.पुं.)* संसार, वह धरातल जिस पर हम लोग चलते फिरते हैं।
महातल *(सं.पुं.)* भूतल, पृथ्वी।
कुन्तल *(सं.पुं.)* केश, बाल।
भूतल *(सं.पुं.)* पृथ्वी, संसार, पृथ्वी का ऊपरी भाग, धरातल।
कोतल *(सं.वि.)* ठंडा, शान्त, उद्वेग रहित।
सीतल *(हि.वि.)* देखो शीतल, ठंडा।
बोतल *(हि.वि.)* कांच की लंबी गरदन का पात्र।
धबल *(सं.वि.)* चितकबरा।
थलथल *(हि.वि.)* मोटाई के कारण हिलता हुआ।
स्थल *(सं.पुं.)* भू भाग, भूमि, स्थान, पुस्तक का अंश या परिच्छेद।
युद्धस्थल *(सं.पुं.)* रणभूमि।
नभस्थल *(हि.पुं.)* आकाश।
मध्यस्थल *(सं.पुं.)* कटिदेश, कमर।
विचारस्थल *(सं.पुं.)* न्यायालय।

उरस्थल *(सं.पुं.)* हृदय, छाती।
मरूस्थल *(सं.पुं.)* मरूभूमि।
उथल-पुथल *(हि.स्त्री.)* उलट-पुलट।
मरूथल *(हि.पुं.)* देखो मरूस्थल।
मगदल *(हि.पुं.)* एक प्रकार का लड्डू जो मूंग या उड़द के आटे में घी और चीनी मिलाकर मथकर बनाया जाता है।
बद्दर, बद्दल *(हि.पुं.)* देखो बादल।
अवलबवल *(हि.वि.)* उलटफेर, हेरफेर।
रामदल *(स.पुं.)* श्री रामचंद्र की बन्दरों की सेना, ऐसी प्रबल सेना जिसको हराना कठिन हो।
बलदल *(हि.स्त्री.)* वह भूमि जो बहुत गहराई तक गीली और मृदु हो, कीचड़।
नवदल *(सं.पुं.)* नया पत्ता।
बादल *(हि.पुं.)* मेघ।
दलबादल *(हि.पुं.)* बादलों का समूह, बड़ी सेना।
बिदल *(सं.वि.)* बिना दल का, जिसमें दो दल हों, दाल।
तुलसीदल तुलसी की पत्ती।
तुलसीदास भारतवर्ष के एक सर्वप्रधान भक्त कवि जो सरयूपारीण ब्राह्मण थे।
दुदल *(हि.वि.)* द्विदल *(पु.)* दला।
पैदल *(हि.पुं.)* पदाति, पैदल सिपाही, पाँव-पाँव चलना।
बदलौदल *(हि.स्त्री.)* अदलबदल, हेरफेर।
बृहदल *(सं.पुं.)* बांह, बाह।
धांधल *(हि.स्त्री.)* उपद्रव, ऊधम, धोखा।
अनल *(सं.पुं.)* अग्नि, वायु।
बड़वाग्नि, बड़वानल *(सं.पुं.)* समुद्र के भीतर की अग्नि या तप।
दावाग्नि, दावानल *(सं.पुं.)* वन में लगनेवाली आग।
तुषाग्नि, तुषानल *(सं.पुं.)* भूसी या करसी की आंच।
फेनल *(हि.वि.)* फेनयुक्त।
चपल *(सं.वि.)* चंचल, चुलबुला।
वाक्चपल *(सं.पुं.)* वाचाल, बकवादी।
मूखचपल *(सं.वि.)* जो बढ़-चढ़कर बोलता हो।
उत्पल *(सं.पुं.)* पद्म, कमल।
रक्तोत्पल *(सं.पुं.)* लाल कमल।
शोभितोत्पल *(सं.पुं.)* लाल कमल।
बोलोत्पल *(सं.पुं.)* लाल कमल।
बालोत्पल *(सं.पुं.)* नीला कमल।
महोत्पल *(सं.पुं.)* पद्म।
चप्पल *(हि.पुं.)* चिपटी एड़ी का जूता।
पिप्पल *(सं.पुं.)* अश्वत्य, पीपल का पेड़।
विपल *(सं.पुं.)* पल का साठवां भाग।
पीपल *(हि.पुं.)* बरगद की जाति का एक प्रसिद्ध वृक्ष, एक लता जिसके पत्ते पान की तरह होते हैं।
पथल तुषार, पाला।
उपल *(सं.पुं.)* पत्थर, रत्न।
हिमउपल *(सं.पुं.)* ओला, पत्थर।
कोपल *(हि.स्त्री.)* नई पत्ती जो किसी पौधे में से निकलती है।
कोंपर, कोंपल *(हि.स्त्री.)* डाल का पका हुआ आम, बांस का कोमल अंकुर।
रतीपल *(हि.पुं.)* लाल सुरमा, लाल खड़िया, गेरू।
दीप्तोपल *(सं.पुं.)* सूर्यकांत मणि।
सितोपल *(सं.पुं.)* स्फटिक, बिल्लौर।
धनोपल *(सं.पुं.)* ओला, बिनौला।
दहनोपल *(सं.पुं.)* सूर्यकांत मणि।
श्रवलोत्पल *(सं.पुं.)* कुमुद।
चन्द्रोपल *(सं.पुं.)* चन्द्रकांत मणि।
स्पर्शोपल *(सं.पुं.)* पारस पत्थर।
अफल *(सं.वि.)* निष्फल, व्यर्थ, शक्तिहीन।
भागफल *(सं.पुं.)* गणित में वह संख्या जो भाज्य को भाजक से भाग देने पर प्राप्त हो, लब्धि।
योगफल *(सं.पुं.)* दो या अधिक संख्याओं का जोड़।
पृष्ठफल *(सं.पुं.)* किसी पिण्ड के ऊपरी भाग का क्षेत्रफल।
हथफल *(हि.पुं.)* हथेली की दूसरी ओर पहनने का एक प्रकार का गहना।
गुणनफल *(पु.)* वह संख्या जो दो अंकों के गुणा करने से प्राप्त हो।
धनफल *(सं.पुं.)* लंबाई, चौड़ाई और मोटाई, गहराई या ऊँचाई तीनों का गुणनफल, वह गुणनफल जो किसी संख्या को उसी संख्या से दो बार गुणा करने से प्राप्त हो।
कर्मपाक, कर्मफल *(सं.पुं.)* धर्म या अधर्म करने से सुख दुःख मिलने का परिणाम।
रामफल *(हि.पुं.)* सीताफल, शरीफा।
निर्फल *(हि.वि.)* देखो निष्फल।
रफल *(हि.पुं.)* ऊनी चादर।
निरफल *(हि.वि.)* निष्फल।
शिरफल *(हि.पुं.)* स्त्रियों का सिर पर पहनने का एक आभूषण।
जलफल *(सं.पुं.)* श्रृड़ाटक, सिंघाड़ा।
सफल *(सं.वि.)* सार्थक, कृतकार्य।
सीसफल *(हि.पुं.)* फूल के आकार का एक आभूषण जो सिर पर पहना जाता है।
क्षेत्रफल *(सं.पुं.)* क्षेत्रान्तर्गत स्थान का परिणाम।
निहफल *(हि.वि.)* देखो निष्फल।
इच्छाफल *(सं.पुं.)* गणित में फल की उत्पत्ति।
मुक्ताफल *(सं.पुं.)* मोती।
शीताफल *(सं.पुं.)* शरीफा।

सीताफल *(सं.पुं.)* शरीफा।
रम्भाफल *(सं.पुं.)* कदलीफल, केला।
फलाफल *(सं.पुं.)* अच्छा और बुरा।
प्रतिफल *(सं.पुं.)* प्रतिबिम्ब, छाबा, प्रत्युपकार।
निफल *(हि.वि.)* देखो निष्फल।
विफल *(सं.वि.)* व्यर्थ, निष्फल।
पुंगीफल *(हि.पुं.)* देखो पुड़ीफल।
पानीफल *(हि.पुं.)* सिंघाड़ा।
लक्ष्मीफल *(सं.पुं.)* बेल।
फल *(सं.पुं.)* बेल का फल।
रघुफल *(सं.पुं.)* मीठा नारियल, दाख।
सुफल *(सं.पुं.)* सुंदर फल, अच्छा परिणाम *(वि.)* सुंदर फलवाला, कृतार्थ।
अबल *(सं.वि.)* दुर्बल।
योगबल *(सं.पुं.)* तपोबल।
अड़बल *(हि.वि.)* अड़नेवाला।
भुजबल *(सं.पुं.)* बाहुबल।
दबल *(हि.पुं.)* पैसा।
जगद्बल *(सं.पुं.)* वायु, हवा।
हीनबल *(सं.वि.)* शक्तिहीन।
कम्बल *(सं.पुं.)* भेड़ के ऊन की बनी ऊनी चादर।
शम्बल *(सं.पुं.)* तट, किनारा।
शुम्बल *(सं.पुं.)* जलती हुई लकड़ी, मसाल।
दुर्बल *(सं.वि.)* बलहीन, दुबला पतला, कृश।
निर्बल *(सं.वि.)* बलहीन।
दुरबल *(हि.पुं.)* प्राचीन समय, पूर्व जन्म।
प्रबल *(सं.वि.)* बलवान, प्रचण्ड, उग्र।
परबल *(सं.वि.)* देखो प्रबल।
अपरबल *(सं.वि.)* बलवान।
निरबल *(हि.वि.)* देखो निर्बल।
कलबल *(हि.पुं.)* उद्योग, उपाय, *(स्त्री.)* कोलाहल।
खलबल *(हि.पुं.)* हलचल, गड़बड़ी, कोलाहल।
बलबल *(सं.पुं.)* सैन्य समूह।
पलबल *(हि.पुं.)* देखो परबल।
दलबल *(हि.पुं.)* कोलाहल, गड़बड़ी।
हलबल *(हि.पुं.)* देखो हलचल।
सबल *(हि.वि.)* बलवान, सैन्ययुक्त।
बिहबल *(हि.पुं.)* बिह्वल, व्याकुल।
हड़ाबल *(हि.स्त्री.)* कड्डी का ढांचा।
बावल *(हि.पुं.)* अन्धड़, आंधी।
साबल *(हि.पुं.)* बरछी, भाला।
अतिबल *(सं.वि.)* बड़ा बलवान।
निबल *(हि.वि.)* देखो निर्बल।
वस्तुबल *(सं.पुं.)* किसी पदार्थ का गुण।
शत्रुबल *(सं.पुं.)* शत्रु की सेना।

अनभल *(हि.पुं.)* बुराई, अहित।
भूभल *(हि.स्त्री.)* गरम राख या धूल।
अम्ल *(सं.वि.)* खट्टा *(पं.)* खटाई।
अमल *(सं.वि.)* निर्मल, स्वच्छ, दोष रहित।
कमल *(सं.पुं.)* पद्म।
कमलगट्टा *(हि.पुं.)* कमल का बीज।
सूर्यकमल *(सं.पुं.)* सूरजमुखी का वृक्ष।
खटमल *(हि.पुं.)* एक चिपटा कीड़ा जो खाट इत्यादि में उत्पन्न हो जाता है।
कम्बल *(हि.पुं.)* देखो कम्बल।
निर्मल *(सं.वि.)* कलंकहीन।
निर्मलता, विनिर्मल *(सं.वि.)* अति निर्मल।
सुनिर्मल *(सं.वि.)* अति स्वच्छ।
परमल *(हि.पुं.)* ज्वार या गेहूँ का भूना हुआ दाना।
निरमर, निरमल *(हि.वि.)* देखो निर्मल।
मलमल *(हि.स्त्री.)* महीन सूत से बना हुआ एक प्रकार का पतला कपड़ा।
झलमल *(हि.पुं.)* अल्प प्रकाश।
ढलमल *(हि.वि.)* शिथिल।
लबलमल *(सं.पुं.)* तलछट, तरौंछ।
यमल *(सं.पुं.)* युग्म, जोड़ा, यमज।
करमल *(सं.वि.)* मलिन, पापी।
तहमल *(सं.वि.)* समूल, मूलयुक्त।
नेत्रमल *(सं.पुं.)* आँख का कीचड़।
शाकाम्ल (सं.पु) इमली।
मछिका मल सिक्थ, मोम।
नासिकामल *(सं.पुं.)* नाक का मल, नटा।
डामल *(हि.स्त्री.)* जीवनपर्यन्त कारागार।
पामल *(सं.पुं.)* यमज, जुड़वां लड़के।
श्यामल *(सं.पुं.)* काले रंग का, सांवला।
परिमल *(सं.पुं.)* उत्तम गंध।
कलिमल *(सं.पुं.)* पाप।
विमल *(सं.वि.)* निर्मल, स्वच्छ, निर्दोष।
सुमल *(हि.वि.)* देखो, तुमुल, प्रचण्ड।
धूमल *(सं.पुं.)* कृष्ण लोहित वर्ण *(वि.)* धुएं के रंग का।
कोमल *(सं.वि.)* सुकुमार, सुंदर, मनोहर।
दोमल *(हि.पुं.)* संखिया विष का एक भेद।
रिझामल *(हि.वि.)* रीझनेवाला।
उतायल *(हि.पुं.)* स्वरा, शीघ्रता।
पायल *(हि.स्त्री.)* नुपूर, पायजेब।
निरमायल *(हि.पुं.)* देखो निर्माल्य।
बायल *(हि.वि.)* जो दांव खाली जाए।
मरायल *(हि.वि.)* जिसने कई बार मार खाई हो, निर्बल *(पु.)* घाटा।

मुछियल *(हि.पुं.)* बड़ी-बड़ी मूंछ वाला।

अड़ियल *(हि.वि.)* अड़कर जानेवाला, हठी।

सड़ियल *(हि.वि.)* सड़ा गला हुआ, तुच्छ, नीच।

सठियल *(हि.वि.)* लाठी बांधनेवाला।

डढ़ियल *(हि.वि.)* डाढ़ीवाला।

लतियर, लतियल *(हि.वि.)* जो सर्वदा लात खाता हो, लतखोर।

मरियल *(हि.वि.)* देखो सड़ियल।

कोयल *(हि.स्त्री.)* कोकिल।

खरल *(हि.पुं.)* औषधि इत्यादि घोंटने की पत्थर या लोहे की कुंडी।

गरल *(सं.पुं.)* विष।

तरल *(सं.पुं.)* चंचल, हिलता हुआ, चपल, बहनेवाला द्रव।

सरल *(सं.वि.)* सीधा, सहज, कपट रहित।

अबिरल *(हि.वि.)* देखो अविरल।

अविरल *(सं.वि.)* सघन, निविड़।

कुरल *(सं.पुं.)* कुन्तल, काकुल।

अल्ल *(हि.पुं.)* वंश का नाम, उपगोत्र।

गल्ल *(हि.पुं.)* गाल।

मल्ल *(हि.पुं.)* पहलवान।

रल्ल *(हि.पुं.)* कोलाहल, हल्ला।

शल्ल *(सं.पुं.)* त्वचा, चमड़ा, वृक्ष की छाल।

चुल्ल *(हि.पुं.)* एक हाथ की हथेली का गड्ढा।

पुल्ल *(सं.वि.)* विकसित, खिला हुआ।

प्रफुल्ल *(सं.वि.)* विकसित, खिला हुआ, कुसुमित, फूला हुआ।

परफुल्ल *(हि.वि.)* देखो प्रफुल्ल।

कलल *(सं.पुं.)* गर्भ में लिपटी हुई झिल्ली, जरायु।

पलल *(सं.पुं.)* मांस, कीचड़, तिल का चूर्ण *(पुं.)* सेवार, बल, शक्ति।

शलल *(सं.पुं.)* साही का कांटा।

कुलल *(हि.स्त्री.)* कल्लोल, खेलकूद।

कपल *(हि.पुं.)* ग्रास, कौर, किनारा।

ज्वल *(सं.पुं.)* दीप्ति, ज्वाला, प्रकाश।

उज्ज्वल *(सं.वि.)* चमकीला, विमल।

शाद्वल *(सं.पुं.)* दूब, हरी घास।

धवल *(सं.पुं.)* सफेद, उजला, निर्मल, सुंदर।

नवल *(सं.पुं.)* नवीन, नया, सुंदर।

परवल *(हि.पुं.)* एक प्रकार की लता जिसके फलों की तरकारी बनती है।

हरवल *(हि.स्त्री.)* हलवाहों को बिना ब्याज के दिया हुआ धन।

जिह्वल *(सं.वि.)* भोजनालोलुप, चटोरा।

विह्वल *(सं.वि.)* व्याकुल, घबड़ाया हुआ।

अविह्वल *(सं.वि.)* जो व्याकुल न हो।

अविल *(हि.स्त्री.)* खेढ़ी, जिससे गर्भ में बच्चा लिपटा रहता है।

चबर, चावल *(हि.पुं.)* तण्डल, धान के भीतर से निकला हुआ अन्न, रत्ती के आठवें भाग के बराबर का परिमाण।

आंवल *(हि.क्रि.वि.)* आंवला।

चंडावल *(हि.पुं.)* सेना के पीछे का भाग, वीर योद्धा, पहरेदार, चौकीदार।

सबल *(हि.पुं.)* राजा, प्रधान, सरदार, एक प्रकार का आदरसूचक संबोधन का शब्द।

उतावल *(हि.स्त्री.)* व्यग्रता *(क्रि.वि.)* शीघ्रता से।

कृषीवल *(सं.पुं.)* किसान।

केवल *(सं.वि.)* एकमात्र, अकेला, श्रेष्ठ, उत्तम, उत्कृष्ट *(पु.)* भ्रान्ति शून्य ज्ञान *(क्रि.वि.)* सिर्फ, मात्र।

निरकेवल *(हि.वि.)* बिना मेल का, स्वच्छ।

चिरकेवल *(हि.वि.)* निर्मल, शुद्ध।

देवल *(सं.पुं.)* देवताओं की पूजा करके जीविका निर्वाह करने वाला।

(पुजारी) *(सं.पुं.)* देवमन्दिर, देवालय।

जुतियौवल *(हि.स्त्री.)* आपस में जूता की मार।

कुशल *(सं.पुं.)* कल्याण, मंगल, शिव *(वि.)* चतुर, शिक्षित, प्रवीण।

अकुशल *(सं.पुं.)* अमंगल, अशुभ *(वि.)* अनिपुण।

कुशल मन्त्र जाननेवाला।

मुशल *(सं.पुं.)* मूसल।

पेशल *(सं.पुं.)* दक्ष, प्रवीण, चतुर।

कौशल *(सं.पुं.)* कुशलता, चातुरी।

हस्तकौशल *(सं.पुं.)* काम करने में हाथ की कुशलता।

वृषल *(सं.पुं.)* घोड़ा।

पदस्ल *(सं.पुं.)* मदिरा पीने का स्थान।

वत्सल *(सं.वि.)* संतान के लिए प्रेम पूर्ण।

भक्तवत्सल *(सं.स्त्री.)* भक्तों पर स्नेह करनेवाला।

मातृवत्सल *(सं.वि.)* माता के प्रति भक्ति करने वाला।

पुत्रवत्सल *(सं.वि.)* पुत्र के प्रति अधिक प्रेमयुक्त।

रसल *(हि.वि.)* रसयुक्त, रसीला।

नरसल *(हि.पुं.)* देखो नरकट।

मासल *(सं.वि.)* देखो मांसल।

मांसल *(सं.वि.)* मांसयुक्त, स्थूल, मोटा, पुष्ट।

मूसल *(हि.पुं.)* धान कूटने का एक अस्त्र, मूसल।

पेसल *(हि.वि.)* देखो पेशल।

मूसल *(हि.पुं.)* धान कूटने का लंबा मोटा डंडा।

मठकौशल *(हि.स्त्री.)* सभा, पंचायत।

कहल *(हि.पुं.)* गरमी, उमस, ताप।

चहल *(हि.स्त्री.)* कीच, कीचड़, आनंद का उत्सव।

टहल *(हि.स्त्री.)* सेवा, शुश्रूषा, चाकरी।

कटहल *(हि.पुं.)* एक वृक्ष जिसमें हाथ भर लंबे कांटेदार मोटे फल लगते हैं, पनस।

गड़हल *(हि.पुं.)* एक बड़ा वृक्ष जिसके फल बेडौल होते हैं और खाने में मीठे होते हैं।

दहल *(हि.क्रि.)* डर से कांप उठना।

अठपहला, अठपहल *(हि.क्रि.)* आठ पहल का।

रहल *(हि.पुं.)* समतल अंश, परत, तह, किसी कार्य का आरंभ।

चहल पहल *(हि.स्त्री.)* आनंद की धूम।

चोपहल *(हि.वि.)* जिसमें चार पहल होते हैं।

बहल *(हि.पुं.)* बल से खींची जाने वाली एक प्रकार की छतरींदार गाड़ी।

महल बड़ा भवन।

रंगमहल *(हि.पुं.)* भोग विलास का स्थान।

हलहल *(हि.पुं.)* किसी वस्तु में भरे हुए जल को हिलाने पर उत्पन्न शब्द।

हलाहल *(सं.पुं.)* बहुत तीव्र विष।

कोलाहल *(सं.पुं.)* कलकल ध्वनि, चिल्लाहट।

दुहल *(हि.स्त्री.)* हंसी ठट्ठा, ठिठोली।

कुतूहल *(सं.स्त्री.)* कौतुक, क्रीड़ा, खेल, आश्चर्य, अचम्भा।

कौतूहल *(सं.पुं.)* किसी नये या अपरिज्ञात विषय के जानने सुनने या देखने का आग्रह।

आल *(सं.पुं.)* मछली या मेढ़क का अंडा *(वि.)* अधिक, भीगा।

पुआल *(हि.पुं.)* पयाल।

काल *(सं.पुं.)* समय, अवसर, दुर्भिक्ष, अंतिम काल *(हि.क्रि.वि.)* कल।

खाल *(हि.स्त्री.)* त्वचा, चमड़ी, भाथी की धौंकनी, नीची भूमि, गहराई, नाला।

गाल *(हि.पुं.)* कपोल, गण्ड।

चाल *(हि.स्त्री.)* गति, गमन, चलने का ढंग, आचरण, रीति, ढंग, कपट।

छाल *(हि.स्त्री.)* वृक्षों के ऊपर का आवरण, वल्कल, बोकला।

जाल *(सं.पुं.)* पशु, पक्षी या मछली पकड़ने के लिए तार, सूत आदि का दूर-दूर पर बना हुआ पट, गवाक्ष, झरोखा, फँसाने की युक्ति, मकड़ी का जाला, झूठी कार्रवाई।

झाल *(हि.पुं.)* झांझ, खाँचा, टोकरी, तरंग, लहर।

टाल *(हि.स्त्री.)* बड़ी राशि, ऊँचा।

डाल *(हि.स्त्री.)* शाखा, फानून की खूंटी, डलिया।

ढाल *(हि.पुं.)* थाली के आकार का चमड़े का बना हुआ एक अस्त्र जो रक्षा के काम आता है।

ताल *(सं.पुं.)* करतल, हथेली, ताली, ताड़ का पेड़, उपनेत्र (चश्मे) के पत्थर या कांच का एक पल्ला, मजीरा, झांझ।

थाल *(हि.पुं.)* आलवाल, बांवला।

दाल *(हि.स्त्री.)* दला हुआ अन्न जो सालन की तरह खाया जाता है, दाल के आकार की कोई वस्तु।

नाल *(सं.पुं.)* कमलदण्ड, गर्भस्थ बालक की नाभि से मिली हुई मज्जातन्तु की दबी हुई रक्त की नली।

पाल *(सं.पुं.)* द्वारपाल।

फाल *(हि.स्त्री.)* किसी ठोस वस्तु में से काटा हुआ पतला टुकड़ा *(पु.)* ढग, फलांग *(स्त्री.)* कटी हुई सुपारी।

फाल *(सं.पुं.)* लोहे की चौकोर छड़ जिसका सिरा नुकीला होता है।

बाल *(सं.पुं.)* बालक, लड़का, लोभ, केश, कुन्तल *(वि.)* वह जो पूरी बाढ़ पर न पहुँचा हो *(स्त्री.)* कुछ अन्न के पौधों के डंठल का अग्रभाग जिसमें दानों के गुच्छे लगे रहते हैं।

भाल *(सं.पुं.)* ललाट, मस्तक, कपाल *(हि.पुं.)* भाला, बरछा।

भाल *(हि.पुं.)* एक स्तनपायी भयंकर चौपाया जो जंगलों और पहाड़ों में पाया जाता है।

माल *(हि.स्त्री.)* माला, हार, पंक्ति, वह द्रव्य जिससे कोई वस्तु बनी हो, गणित में वर्ग का घात, धन, संपत्ति, सामग्री, क्रय विक्रय पदार्थ।

राल *(सं.पुं.)* धूना का वृक्ष, वह तरल गोंद जो इस वृक्ष से निकाला जाता है।

लाल *(हि.पुं.)* छोटा प्रिय बालक, दुलार, प्यार, लाल रंग की एक प्रसिद्ध छोटी चिड़िया, मानिक नाम का *(वि.)* लाल रंग का, अति क्रुद्ध।

हाल *(हि.स्त्री.)* लोहे का वह बन्द जो पहिये के घेरे पर चढ़ाया जाता है।

अकाल *(सं.पुं.)* कुसमय, दुर्भिक्ष *(वि.)* अनवसर।

यागकाल *(सं.पुं.)* यज्ञ करने का उपयुक्त समय।

मेघकाल वर्षाकाल।

(मेघगर्जन) बादलों की गड़गड़ाहट।

अपूर्ण काल जो उचित समय में समाप्त न हो, अधूरा।

तत्‌काल *(हि.क्रि.वि.)* देखो तत्काल।

शरत्काल *(सं.पुं.)* शरद ऋतु।

अन्तकाल *(सं.पुं.)* मृत्यु, मरण।

प्राप्तकाल *(स.पुं.)* उचित समय *(वि.)* जिसका काल आ गया हो।

शीतकाल *(सं.पुं.)* हिम ऋतु।

भूतकाल *(सं.पुं.)* बीता हुआ समय।

वृद्धकाल *(सं.पुं.)* बुढ़ापा।

वृद्धता *(सं.स्त्री.)* बुढ़ापा।

पनकाल *(हि.पुं.)* अति वर्षा के कारण अकाल।

पुष्पकाल *(सं.पुं.)* वसन्त ऋतु।

शीर्षकाल *(सं.पुं.)* अनेक दिन।

परकाल *(हि.पुं.)* देखो परकार।

तुषारकाल *(हि.पुं.)* शीतकाल।

(तुषारकिरण) चन्द्रमा।

चिरकाल *(सं.पुं.)* दीर्घकाल, बहुत समय।
बालकाल *(सं.पुं.)* बाल्यावस्था।
पूर्वकाल *(सं.पुं.)* प्राचीन काल।
दुष्काल *(सं.पुं.)* कुसमय, दुर्भिक्ष, अकाल।
हकाल *(सं.पुं.)* वर्तमान समय।
यथाकाल *(सं.पुं.)* उपयुक्त समय में।
संध्याकाल *(सं.पुं.)* संध्योपासना करने का समय।
अतिकाल *(सं.पुं.)* कुसमय, विलम्ब।
निकाल *(हि.पुं.)* निकास।
कलिकाल *(सं.पुं.)* कलियुग।
विकाल *(सं.पुं.)* अतिकाल, देर।
त्रिकाल *(सं.पुं.)* भूत, भविष्य तथा वर्तमान काल, प्रातः मध्यान्ह और संध्या।
दुकाल *(हि.पुं.)* दुष्काल, अकाल।
शिशुकाल *(सं.पुं.)* बचपन।
सुकाल *(सं.पुं.)* सुसमय, उत्तम समय।
कंकाल *(हि.पुं.)* अस्थिपंजर।
सायंकाल *(सं.पुं.)* संध्या समय।
श्रृगाल *(सं.पुं.)* गीदड़, सियार।
डगार, उगाल *(हि.पुं.)* थूक, खखार।
सूगाल *(सं.पुं.)* सियार, गीदड़।
पोंगाल *(हि.पुं.)* बड़ा भोंपा।
कंगाल *(हि.वि.)* निर्धन, दरिद्र, भुक्खड़।
गंगाल *(हि.पुं.)* पानी रखने का खुले मुँह का बड़ा पात्र।
बरबाल, घरघाल *(हि.वि.)* परिवार का नाश करनेवाला।
अचाल *(हि.पुं.)* न चलनेवाला।
उचाल *(हि.पुं.)* घुइयां, अरूई, बंडा, एक प्रकार की चाट।
बाकचाल *(हि.पुं.)* चक्कर, भ्रमण।
वाकचाल *(हि.वि.)* बड़ा बकवादी।
अण्चाल *(हि.पुं.)* कुचाल, खोटाई।
खुरचाल *(हि.स्त्री.)* बुरा आचरण।
वाचाल *(सं.वि.)* बोलने में चतुर।
विचाल *(हि.पुं.)* अन्तर।
कुचाल *(हि.स्त्री.)* बुरा अभ्यास।
सुचाल *(हि.स्त्री.)* सदाचार, सुचाली *(हि.वि.)* अच्छे चाल-चलन का।
भूचाल *(हि.पुं.)* भूकम्प, भूडोल।
भूंचाल *(हि.पुं.)* भूकम्प।
भोंचाल *(हि.पुं.)* देखो भूकम्प।
भौचाल *(हि.पुं.)* देखो भूकम्प।
उछाल *(हि.स्त्री.)* कूद फांद, उत्तेजना, क्रोध, उलटी, वमन।
बाग्जाल *(सं.पुं.)* लपेट की बात।
मेघजाल बिजली।
बृहज्जाल *(सं.पुं.)* बड़ा जाल।
इन्द्रजाल *(सं.पुं.)* छल, धोखा, माया, बाजीगरी।
भंवरजाल *(हि.पुं.)* संसार के झगड़े।
जंजाल *(हि.पुं.)* झंझट, प्रपंच, बखेड़ा, बड़े मुँह की तोप।
अटाल *(हि.पुं.)* बहुत ऊँचा घर।
अट्टाल *(सं.पुं.)* घर में सबसे ऊपर की छत पर का कमरा।
डौलडाल *(हि.पुं.)* युक्ति, उपाय।
चण्डाल *(सं.पुं.)* श्वपच, डोम।
चाण्डाल *(सं.पुं.)* श्वपच, डोम *(वि.)* कुकर्मी, दुरात्मा।
बिड़ाल *(सं.पुं.)* बिलाव, बिल्ली।
भोंडाल *(हि.वि.)* जिसमें कंकड़, पत्थर के ढोके हों।
कंडाल *(हि.पुं.)* सिधा, तुरही, राबी रखने का पड़ा पात्र जिसका मुँह खुला होता है।
चंडाल *(हि.पुं.)* श्वपच, डोम।
चण्डाल *(सं.वि.)* श्वपच।
कंडाल *(हि.पुं.)* दुंदुभि, नगाड़ा।
भड़ाल *(हि.पुं.)* वीर, योद्धा, लड़ाका।
चालढाल *(हि.स्त्री.)* व्यवहार, ढंग।
निढ़ाल *(हि.वि.)* अशक्त, शिथिल।
मृणाल *(सं.पुं.)* कमल की डंडी, कमलनाल।
पड़ताल *(हि.स्त्री.)* अनुसंधान, गांव या नगर के पटवारी द्वारा खेतों की उत्पत्ति आदि विषयक जांच-पड़ताल।
हड़ताल *(हि.स्त्री.)* किसी बात पर असंतोष प्रकट करने के लिए दुकानें आदि बंद रखना।
पताल *(हि.पुं.)* देखो पाताल।
करताल *(सं.पुं.)* झांझ, मजीरा।
परताल *(हि.स्त्री.)* देखो पड़ताल।
केसताल *(सं.पुं.)* झांझ, मजीरा।
पाताल *(सं.पुं.)* विवर, गुफा, बिल पृथ्वीतल के नीचे का सातवां लोक।
बिताल *(हि.पुं.)* देखो भाट, बन्दी।
बेताल *(सं.पुं.)* द्वारपाल, संतरी।
चींताल *(हि.वि.)* चतुर, साहसी, निपुण।
स्थाल *(सं.पुं.)* थाल, परात, थाली।
केवटीदाल *(हि.स्त्री.)* दो या अधिक प्रकार की एक में मिली हुई दाल।
कड़कनाल *(हि.स्त्री.)* चौड़े मुँह की तोप।
हथनाल *(हि.पुं.)* वह तोप जो हाथी की पीठ पर रखकर चलती है, गजनाल।
पद्मनाल *(सं.पुं.)* मृणाल।
हथनाल *(हि.स्त्री.)* घोड़ों से खींची जानेवाली तोप।
करनाल *(हि.पुं.)* नरसिंघा, भोंपा।
परनाल *(हि.स्त्री.)* बहुत चौड़े मुँह की तोप।
मुनाल *(हि.पुं.)* देखो मृणाल।
मुँहनाल *(हि.स्त्री.)* धातु की बनी हुई वह छोटी नली जो हुक्के की सटक के अगले भाग में लगी रहती है।

कोहनाल *(सं.पुं.)* नारच नाम का अस्त्र।
विक्नाल *(सं.पुं.)* दसों दिशाओं के पालन करने वाले देवता।
दशदिक्पाल *(सं.पुं.)* दसों दिशा की रक्षा करनेवाले दस देवता।
कपाल *(सं.पुं.)* मस्तक, माथा, छप्पर, घड़े का टुकड़ा, भिक्षापात्र।
नरकपाल *(सं.पुं.)* मृतक की खोपड़ी।
लोकपाल *(सं.पुं.)* दिक्पाल।
विग्पति, दिग्पाल *(हि.पुं.)* देखो दिक्पाल।
अजपाल *(सं.पुं.)* गड़ेरिया।
ठंठपाल *(हि.वि.)* निर्धन, धनहीन।
प्रणतपाल *(सं.पुं.)* दीन रक्षक।
अन्तपाल *(सं.पुं.)* द्वारपाल।
ठनठन गोपाल *(हि.पुं.)* निर्धन मनुष्य।
मदनगोपाल *(सं.पुं.)* श्रीकृष्ण।
चक्रपाल *(सं.पुं.)* सूबेदार, चकलेदार।
कृपाल *(हि.वि.)* देखो कृपाल।
करपाल *(सं.पुं.)* खड्ग, तलवार।
नगरपाल *(सं.पुं.)* नगर रक्षक, चौकीदार।
राष्ट्रपाल *(सं.पुं.)* राष्ट्रपति।
नृपाल *(सं.पुं.)* नृपति, राजा।
नरपाल *(सं.पुं.)* राजा।
तिरपाल *(हि.पुं.)* रंग चढ़ा हुआ टाट।
पुरपाल *(सं.पुं.)* नगरपाल, कोतवाल।
बालगोपाल *(सं.पुं.)* परिवार के बच्चे।
पीलपाल *(हि.पुं.)* हाथीवान, महावत।
कोशपाल *(सं.पुं.)* कोषाध्यक्ष।
मषपाल गड़ेरिया।
वत्सपाल *(सं.पुं.)* बच्चा पालने वाला।
रक्षपाल *(सं.पुं.)* रक्षा करनेवाला।
प्रजापाल *(सं.पुं.)* प्रजा का पालन करनेवाला।
प्रतिपाल, प्रतिपालक *(सं.वि.)* रक्षक, पोषक।
निशिनाथ, निशिनायक, निशिपति, निशिपाल *(सं.पुं.)* चन्द्रमा।
बन्दीपाल *(सं.पुं.)* कारागृह का रक्षक।
पृथ्वीपति, पृथ्वीपाल *(सं.पुं.)* पृथ्वीपालक, राजा।
बन्धुपाल *(सं.पुं.)* अपने कुटुम्ब का पालन करनेवाला।
पशुपाल *(सं.पुं.)* पशुओं को पालने वाला।
भूपाल *(सं.पुं.)* नृप, राजा।
भोपाल *(सं.पुं.)* गोरक्षक, श्रीकृष्ण, ग्वाला।
चौपाल (हि.पुत्र.) बैठने-उठने का स्थान जो ऊपर से ढपा तथा चारों ओर से खुला हो, एक प्रकार की खुली पालकी।
स्फाल (सं.पु) स्फूर्ति, तीव्रता।
उफाल *(हि.पुं.)* लंबी डग।
अबाल *(सं.वि.)* जो बालक न हो, तरुण।
करवाल *(सं.पुं.)* नख, तलवार।
प्रबाल *(हि.पुं.)* देखो प्रवाल, मंगा।
परवाल *(हि.पुं.)* आँख की बरौनी।
परवाल *(हि.पुं.)* देखो प्रवाल, मूंगा।
उबाल *(हि.पुं.)* आंच लगने पर फेन के साथ ऊपर को उठना।
अंबाल *(हि.पुं.)* पंक, कीचड़, सेवार।
देखभाल *(हि.स्त्री.)* निरीक्षण, जांच पड़ताल।
संभाल *(हि.स्त्री.)* रक्षा, पोषण का भार।
जयमाल *(हि.स्त्री.)* वह माला जिसको स्वयंवर के समय कन्या अपने चुने हुए वर के गले में डालती थी।
करमाल *(हि.पुं.)* कर्म, भाग्य।
किरमाल (हिपु.) खड्ग, तलवार।
गोलमाल *(हि.पुं.)* अव्यवस्था, गड़बड़ी।
जैमाल *(हि.स्त्री.)* देखो जयमाल।
गबाल *(हि.पुं.)* वह सम्पत्ति जिसका कोई उत्तराधिकारी न हो।
बबाल *(हि.वि.)* दयाल, कृपालु।
पयार, पयाल *(हि.पुं.)* धान के सूखे डंठल जिसमें से दाने निकाल दिए गए हों, पुआल।
व्याल *(हि.पुं.)* रात्रि का भोजन।
व्याल *(सं.पुं.)* सर्प, व्याघ्र, कोई हिंसक पशु।
घड़ियाल *(हि.पुं.)* घंटा, एक हिंस्र जलजन्तु, ग्राह।
कुरियाल *(हि.स्त्री.)* पक्षियों का आनन्द से बैठकर पर खुजलाना।
सियाल *(हि.पुं.)* देखो सियार।
कराल *(सं.वि.)* भयंकर, डरावना, प्रशस्त।
अकराल *(सं.वि.)* सौम्य, रम्य, सुंदर।
वकरार विकराल *(हि.वि.)* डरावना, भयानक।
राजमराल *(सं.पुं.)* राजहंस।
अन्तराल *(सं.पुं.)* मध्य भाग, धरा, रिक्त स्थान।
मराल *(सं.पुं.)* राजहंस, काजल, बादल।
कराल *(हि.स्त्री.)* विस्तार, फैलाव।
सुसराल *(हि.स्त्री.)* ससुर का घर।
पुराल *(हि.पुं.)* देखो पयाल।
ससुराल *(हि.स्त्री.)* पति या पत्नि के पिता का घर।
नन्दलाल *(हि.पुं.)* नन्द के पुत्र, श्रीकृष्ण।
बल्लाल *(हि.पुं.)* देखो दलाल।
असलाल *(हि.वि.)* देखो अश्लाल।
कुलाल *(सं.पुं.)* कुम्भकार, कुम्हार।
तुलाल *(हि.स्त्री.)* तरंग, लहर।
ग्वाल *(हि.पुं.)* गोप, ग्वाल, अहीर।
प्रयागवाल *(हि.पुं.)* प्रयाग तीर्थ का पंडा।
ज्वाल *(सं.पुं.)* अग्नि शिखा, अग्नि की लौ, आंच।

पुठवाल *(हि.पुं.)* पृष्ठ रक्षक।
पवतवाल *(हि.स्त्री.)* देखो पतवार।
कोतवाल *(हि.पुं.)* नगरपाल, प्रबंध कारक, पंचायत सभा इत्यादि का निमंत्रण देनेवाला।
वरवारि, करवाल *(सं.पुं.)* कृपाण तलवार।
प्रवाल *(सं.पुं.)* विद्रुम, मूंगा।
दलवाल *(सं.पुं.)* सेनापति।
आलवाल (सं.पु) वृक्ष के चारों ओर का थाला।
आवाल *(सं.पुं.)* देखो आलवाल।
यात्रावाल *(हि.पुं.)* यात्रियों को दर्शन आदि करानेवाला पंडा।
लिवाल *(हि.पुं.)* मोल लेनेवाला।
कोठीवाल *(हि.पुं.)* महाजन, साहूकार।
दिल्लीवाल *(हि.वि.)* दिल्ली नगर का, एक प्रकार का दिल्ली का बना हुआ जूता।
देवाल *(हि.वि.)* दाता, देनेवाला।
लेवाल *(हि.पुं.)* लेनेवाला।
सेवार, सेवाल *(हि.स्त्री.)* बालों के लच्छों की तरह पानी में फैलनेवाली एक प्रकार की घास, शैवाल।
विशाल *(सं.वि.)* अति विस्तृत और बड़ा भव्य, प्रसिद्ध।
डकसाल (र) *(हि.स्त्री.)* टंकशाला, मुद्रा ढालने की कार्यशाला।
घुड़साल *(हि.स्त्री.)* घोड़ों को बांधने का स्थान।
भंड़सार, भेंड़साल *(हि.स्त्री.)* वह गोदाम जहाँ सस्ता अन्न मोल लेकर महंगा बेचने के लिए इकट्ठा किया जाता है।
बंदसाल *(हि.पुं.)* बंदीगृह।
पनसाल *(हि.स्त्री.)* पौसरा।
बसाल *(सं.वि.)* रसीला, मीठा, स्वादिष्ट, शुद्ध *(पु.)* आम।
विसाल देखो विशाल।
शत्रुसाल *(हि.वि.)* शत्रु के हृदय में शूल उत्पन्न करनेवाला।
नानिहाल *(हि.पुं.)* नाना-नानी के रहने का घर।
बिहाल *(हि.वि.)* व्याकुल।
गृहाल *(हि.पुं.)* गोशाला।
सुहाल *(हि.पुं.)* मैदे का बना हुआ एक प्रकार का नमकीन पकवान।
फटेहाल *(हि.पुं.)* कंगाल, दरिद्र।
सोहाल *(हि.पुं.)* देखो सुहाल।
चोटइल *(वि.)* चोट खाया हुआ।
(चोटहा) *(वि.)* जिसके अंग पर आघात का चिह्न हो।
अरइल *(हि.वि.)* ठिठकनेवाला।
पाइल *(हि.स्त्री.)* देखो पायल।
बिगराइल *(हि.वि.)* देखो बिगड़ैल।
किलकिल *(हि.स्त्री.)* विवाद, झगड़ा।
चिकिल *(सं.वि.)* कीचड़, पंक।
कोकिल *(सं.पुं.)* कोयल, परभूत।
अंकिल *(हि.पुं.)* दागकर छोड़ा हुआ सांड।
पड़िल *(सं.वि.)* कीचड़ से भरा हुआ।
अखिल *(सं.वि.)* सम्पूर्ण, पूरा, सब।
कहगिल *(हि.स्त्री.)* भीत में लगाने की मिट्टी या गारा।
आगिल *(हि.वि.)* अगला, आगे होनेवाला।
तिमिड़ल *(सं.पुं.)* ह्वेल नामक मछली।
पिच्छिल *(हि.वि.)* जिस पर से पैर फिसल जाए, चिकना।
पिच्छिल *(सं.वि.)* गीला और चिकना, फिसलनेवाला।
पाछिल *(हि.वि.)* देखो पिछला।
खटिल *(सं.वि.)* अत्यंत कठिन।
मांझिल *(हि.वि.)* बीच का।
स्थण्डिल *(सं.पुं.)* यज्ञ के लिए स्वच्छ की हुई भूमि।
निढिल *(हि.वि.)* जो ढीला न हो, कसा हुआ।
क्षैतिल *(सं.पुं.)* गण्डक, गड़ा।
शिथिल *(सं.वि.)* श्रान्त, थका हुआ, मन्द, धीमा, अदृढ़, अस्पष्ट।
सिथिल *(हि.वि.)* देखो शिथिल।
मन्दिल *(हि.पुं.)* देवालय।
मंदिल *(हि.पुं.)* देखो मंदिर।
अग्दिम, तुन्दिल *(सं.वि.)* स्थूलों पर, तोदीला।
अनिल *(सं.पुं.)* वायु, हवा।
फेनिल *(सं.वि.)* फेनयुक्त।
अनमिल, अनमिलत *(हि.वि.)* संबंध रहित, पृथक।
झिलमिल *(हि.स्त्री.)* प्रकाश की चंचलता, एक प्रकार का सुंदर महीन वस्त्र *(वि.)* रह-रहकर चमकने वाला।
तिलमिल *(हि.स्त्री.)* चकाचौंध।
धूमिल *(हि.वि.)* धुंधला, धुएं के रंग का।
कपिल *(सं.वि.)* भूरा, तामड़ा, मटमैला।
करिल *(हि.पुं.)* कोंपल, कोमल पत्ता *(वि.)* काला।
सरिल *(सं.पुं.)* देखो सलिल, जल।
कुरिल *(हि.पुं.)* चर्मकार, चमार।
कलिल *(सं.वि.)* मिश्रित, मिला हुआ।
सलिल *(सं.पुं.)* जल, पानी।
सम्तस्सलिल *(सं.वि.)* जिसके जल का प्रवाह गुप्त हो।
मैनसिल *(हि.पुं.)* मनःशिला, एक प्रकार की धातु जो मिट्टी की तरह पीली होती है।
भदैसिल *(हि.वि.)* भद्दा, कुरूप।
तिल *(हि.पुं.)* एक पौधा जिसमें काले या सफेद दाने होते हैं, इसको पेरकर तेल निकाला जाता है जो 'मीठा टेरा' कहलाता है, शरीर पर का काले रंग का छोटा धब्बा, गोदाना जो काली बिन्दी के आकार का होता है, आँख की पुतली के बीच की गोल बिन्दी।
विल *(सं.पुं.)* छिद्र, कन्दरा।
शिल *(हि.पुं.)* देखा शिला।
सिल *(हि.स्त्री.)* शिला, पत्थर, चट्टान, पत्थर की पटिया जिस पर बट्टे से मसाला आदि पीसा जाता है।

कील *(सं.पुं.)* खूंटी, परेग, स्तम्भ, खम्भा, बहुत छोटा टुकड़ा *(हि.स्त्री.)* कुम्हार के चाक की खूंटी, नाक में पहिनने का आभूषण, फोड़े के ऊपर का भाग।

कील *(सं.पुं.)* कील, कांटा, *(हि.स्त्री.)* लाई, लावा, एक प्रकार का गहना जो कान या नाक में पहिना जाता है।

चील *(हि.स्त्री.)* बाज की जाति की एक चिड़िया।

छील *(हि.स्त्री.)* छिल जाने का चिह्न।

झील *(हि.स्त्री.)* चारों ओर भूमि से घिरा हुआ एक प्राकृतिक जलाशय, बहुत बड़ा तालाब।

डील *(हि.पुं.)* शरीर का विस्तार।

ढील *(हि.स्त्री.)* शिथिलता, बालों में पड़नेवाली जुएं।

नील *(सं.पुं.)* गहरा नीला रंग।

पील *(हि.पुं.)* सफेद लंबे कीड़े जो फलों के सड़ने पर उनमें पड़ जाते हैं।

पील *(स.पुं.)* अस्थिखण्ड, कीड़ा, बाण।

भील एक जनजाति।

मील दूरी का नाम।

रील डोरी, धागा।

शील *(सं.पुं.)* चरित्र, चाल, व्यवहार, स्वभाव, उत्तम आचरण।

सील *(हि.स्त्री.)* आर्द्रता, सीड़, तरी *(हि.पुं.)* देखो शील।

लील *(हि.वि.)* नीला, नीले रंग का *(पु.)* नील।

स्वच्छील *(सं.वि.)* स्वभाव से ही काम करनेवाला।

तरजील *(हि.वि.)* क्रोधयुक्त।

कंडील *(हि.स्त्री.)* कन्दील, लालटेन।

तुण्डील *(सं.वि.)* तोंदील।

श्वेतनील *(सं.पुं.)* बादल।

श्लील *(सं.वि.)* शुभ, मंगलदायक।

अश्लील (सं.वि.) भद्दा, कुत्सित।

दुखशील *(सं.वि.)* जो सर्वदा दुःख भोगता हो।

त्यागशील *(सं.वि.)* दानशील, उदार।

हठशील *(सं.वि.)* हठी।

दमनशील *(सं.वि.)* दमन करनेवाला।

सहनशील *(सं.वि.)* सन्तोषी।

दानशील *(सं.वि.)* दाता, दानी।

पापशील *(सं.वि.)* दुष्ट स्वभाव का।

कर्मशील *(सं.वि.)* यत्न करनेवाला, परिश्रमी।

धर्मशील *(सं.वि.)* धार्मिक।

विषमशील *(सं.वि.)* उद्धत, उद्दण्ड।

पुण्यशील *(सं.वि.)* अच्छे स्वभाववाला।

विनयशील *(सं.वि.)* विनययुक्त, सुशील।

भद्रशील *(सं.वि.)* सच्चरित्र।

लज्जाशील *(सं.वि.)* जो बात-बात में लज्जा करता हो।

क्षमाशील *(सं.वि.)* क्षमाभाव।

प्रगतिशील *(सं.वि.)* गतियुक्त।

कुशील *(सं.वि.)* असभ्य।

दुःशील *(सं.वि.)* बुरे स्वभाव का।

सुशील *(सं.वि.)* विनीत, नम्र, सरल, सीधा।

कुल *(सं.पुं.)* वंश, जाति, समूह, झुण्ड।

चुल *(हि.स्त्री.)* खुजलाहट।

जुल *(हि.पुं.)* धोखा, छल, दम, पट्टी।

छुल *(हि.वि.)* मूर्ख।

तुल *(हि.वि.)* देखो तुल्य, बराबर।

अकुल *(सं.वि.)* जो अच्छे वंश का न हो।

राजकुल *(सं.स्त्री.)* राजवंश।

सत्कुल *(सं.पुं.)* उत्तम कुल।

सकुल *(सं.पुं.)* नेवला।

टरकुल *(हि.वि.)* सामान्य।

मरकुल *(हि.पुं.)* देखो नरकट।

बकुल *(सं.पुं.)* मौलसिरी का वृक्ष।

वकुल *(सं.पुं.)* मौलसिरी।

स्वकुल *(सं.पुं.)* अपना वंश।

देवकुल *(सं.पुं.)* देवताओं का कुल, देवता समूह।

संकुल *(सं.पुं.)* युद्ध, लड़ाई।

असकुल *(सं.वि.)* विस्तीर्ण, खुला हुआ।

आकुल *(सं.वि.)* व्यग्र, विह्वल, उद्विग्न, व्याप्त।

शोकाकुल *(सं.वि.)* शोक से व्याकुल।

क्षमाकुल *(हि.वि.)* न घबड़ाया हुआ।

भयाकुल *(सं.वि.)* डर से घबड़ाया हुआ।

धर्माकुल *(सं.वि.)* बहुत घबड़ाया हुआ।

व्याकुल *(सं.वि.)* व्यग्र, विकल, घबड़ाया हुआ।

व्याकुलता *(सं.स्त्री.)* विकलता, घबड़ाहट।

निद्राकुल *(सं.वि.)* निद्रा से पीड़ित।

निराकुल *(सं.वि.)* जो घबड़ाया न हो।

वाकुल *(हि.पुं.)* देखो वल्कल।

दुष्कुल *(सं.पुं.)* निन्दित कुल।

मुकुल *(सं.पुं.)* शरीर, आत्मा, कली।

गुरुकुल (सं.पु.) गुरु का कुल, गुरु का वह स्थान जहाँ पर से विद्यार्थियों को अपने साथ रखकर शिक्षा देते हैं।

सुकुल *(सं.पुं.)* उत्तम वंश या कुल *(वि.)* जो उत्तम कुल में उत्पन्न हो।

गोकुल *(सं.पुं.)* गोसमूह, गोशाला।

रजोकुल *(हि.पुं.)* देखो राजकुल।

अंगुल *(सं.पुं.)* आठ गज की नाप।

चंगु, चंगुल *(हि.पुं.)* पकड़, पशुओं या पक्षियों का पंजा, अंगुलियों की पकड़।

पंगुल *(सं.वि.)* लंगड़ा।

केंचुल *(हि.स्त्री.)* सांप की अपने आप गिर जानेवाली खाल।

मंजु, मंजुल *(हि.वि.)* मनोहर, सुंदर।

मंजुल *(सं.वि.)* मनोहर, सुंदर।

जड़ुल *(हि.वि.)* चंचल।
तंडुल *(हि.पुं.)* चावल।
अतुल *(सं.वि.)* अनुपम, बहुत अधिक।
वर्तुल *(सं.वि.)* वृत्ताकार, गोल।
सुवर्तुल *(सं.वि.)* एकदम गोल।
मातुल, मातुलक *(सं.पुं.)* माता का भाई, मामा।
राहुल *(हि.वि.)* सनकी, बौंड़हा।
तीतुल *(हि.पुं.)* देखो तितल, तितिर।
पृथुल *(सं.वि.)* बड़ा भारी, स्थूल, अधिक।
मृदुल *(वि.)* कोमल, सुकुमार, दयालु।
तंदुल *(हि.पुं.)* देखो तण्डुल, चावल।
सिन्धुल *(सं.पुं.)* हाथी।
विपुल *(सं.वि.)* बृहत्, अगाध संख्या या परिणाम में अधिक।
रफूल *(सं.पुं.)* तंबू।
कुल्बुल *(हि.पुं.)* छोटे-छोटे कीड़ों की गति का शब्द।
चुलबुल *(हि.स्त्री.)* चंचलता, चपलता।
कुलबुल *(हि.क्रि.)* धीरे-धीरे हिलना डोलना।
तुमुर, तुमुल *(सं.पुं.)* सेना का कोलाहल, लड़ाई का शब्द *(वि.)* प्रचण्ड, उग्र।
परिफुल्ल *(सं.वि.)* अत्यन्त खिला हुआ, रोमांचित।
वनपांशुल *(सं.पुं.)* व्याध, शिकारी।
बहुल *(सं.वि.)* प्रचुर, अधिक।
कूल *(सं.पुं.)* नदी का किनारा।
मूल *(हि.स्त्री.)* चौपायों की पीठ पर डालने का चौकोर वस्त्र।
चूल *(हि.स्त्री.)* लकड़ी का वह पतला सिरा जिस पर कोई पदार्थ घूमता है।
तूल *(स.पुं.)* आकाश, कपास, तेम्हर आदि के ढोंढे के भीतर का धुआं *(हि.पुं.)* एक प्रकार का लाल रंग का कपड़ा *(हि.वि.)* तुल्य, सदृश, समान।
थूल *(हि.वि.)* स्थूल, भारी।
धूल *(हि.स्त्री.)* मिट्‌टी रेत आदि का महीन कण, रण, रज।
भूल *(हि.स्त्री.)* दोष, अपराध, अशुद्धि।
शूल *(सं.पुं.)* प्राचीन समय का बरछा *(वि.)* तीक्ष्ण।
सूल *(हि.पुं.)* बरछा, भाला, कोई चुभनेवाली नुकीली वस्तु, भाला चुभने के समान पीड़ा।
हूल *(हि.स्त्री.)* लासा लगा हुआ चिड़िया फंसाने का बांस, भाले डंडे छुरे आदि की नोक से भोंकने की क्रिया, कोलाहल।
ढुकूल *(सं.पुं.)* महीन वस्त्र।
अनुकूल *(सं.वि.)* पक्षपाती, आश्रय देनेवाला।
लंगूर *(हि.पुं.)* पूंछ, दुम।
लंगूल *(सं.पुं.)* पूंछ।
दुगूल *(हि.पुं.)* देखो दुकूल।
हृच्छूल *(सं.पुं.)* हृदय का शूल, रोग।
टालमटूल *(हि.पुं.)* मिस, बहाना, ढेर, कुटना, दलाल।
अतूल *(हि.वि.)* अतुल्य, अनुपम।
स्थूल *(सं.वि.)* पावर, मोटा।
स्थूलता *(सं.स्त्री.)* मोटापन, भारीपन।
अस्थूल *(सं.वि.)* सूक्ष्म, पतला *(हि.)* स्थूल।
शार्दूल *(सं.पुं.)* व्याघ्र, बाघ *(वि.)* सर्वोत्तम, सर्वश्रेष्ठ।
सार्दूल *(हि.पुं.)* देखो शार्दुल, सिंह।
नकफूल *(हि.पुं.)* नाक में पहनने का एक प्रकार का आभूषण।
हाथफूल *(हि.पुं.)* हथेली के पीछे की ओर पहनने का एक आभूषण।
कनफूल *(हि.पुं.)* करनफूल।
करनफूल *(हि.पुं.)* कान का एक गहना।
सिरफूल *(हि.पुं.)* स्त्रियों का एक आभूषण जिसको वे सिर पर पहनती हैं।
बेणीफूल *(हि.पुं.)* सिर पर पहनने का एक प्रकार का गहना, सीसाफूल।
तंबूल *(हि.पुं.)* पान, देखो ताम्बूल।
ताम्बुली, ताम्बूल (सं.) नागवल्ली, पौधे।
ताबूल *(सं.पुं.)* पान।
अमूल *(सं.वि.)* मूल रहित, बिना जड़ का।
वर्गमूल *(सं.पुं.)* किसी वर्गांक का वह अंक जिसको उसी से गुणा करें तो गुणनफल वही वर्गांक हो।
गुणमूल *(सं.पुं.)* बाहुमूल, कांख।
मार्तण्डमूल अकवन की जड़।
पिण्डमूल *(सं.पुं.)* गाजर शलजम।
पदमूल *(स.पुं.)* पैर का तलवा।
पादमूल *(सं.पुं.)* गणित में किसी घन राशि का मूल अंक यथा 64 का घन मूल 4 है।
दोर्मूल *(सं.पुं.)* कक्ष, कोख।
करमूल *(सं.पुं.)* कलाई।
समूल *(स.पुं.)* मूलयुक्त, जड़वाला, जिसको कोई हेतु हो *(क्रि.वि.)* मूल सहित।
आमूल *(सं.अव्य.)* मूल पर्यन्त।
भुजामूल *(सं.पुं.)* बाहुमूल, कांख।
शिरामूल *(सं.पुं.)* नाभि, ढोंढ़ी।
शामूल *(सं.पुं.)* ऊनी वस्त्र।
निमूल *(हि.वि.)* मूल रहित।
बाहूमूल *(सं.पुं.)* कन्धे और बांह का जोड़, कांख।
बाहूमूल काँख।
दन्तशूल *(सं.पुं.)* दाँत की पीड़ा।
तिरशूल *(हि.पुं.)* देखो त्रिशूल।
त्रिशूल *(सं.पुं.)* एक प्रकार का अस्त्र जिसके सिर पर तीन फल होते हैं।

हालहूल *(हि.स्त्री.)* हल्लागुल्ला, हलचल।

खेल *(हि.पुं.)* क्रीड़ा, उछल कूल, खिलवाड़, स्वांग, अभिनय।

झेल *(हि.स्त्री.)* हलका धक्का, हलोरा।

ढेल *(हि.पुं.)* देखो ढेला।

तेल *(हि.पुं.)* किसी बीज या वनस्पति आदि से निकाला हुआ स्निग्ध पदार्थ।

बेल *(हि.पुं.)* बिल्व, श्रीफल *(स्त्री.)* वे छोटे कोमल पौधे जो अपने बल पर ऊपर नहीं उठ सकते, लता, बल्ली, फीते पर बना हुआ जरदोजी या रेशम का काम।

मेल *(सं.पुं.)* संयोग, मित्रता, अनुकूलता, अनुरूपता, ढंग, प्रकार, मिलावट, समता, संगति, एकता।

रेल *(हि.स्त्री.)* बहाव, धावा, अधिकता।

सेल *(हि.पुं.)* भाला, बरछा।

हेल *(हि.पुं.)* घनिष्टता, मेलजोल।

नकेल *(हि.स्त्री.)* ऊँट की नाक में बंधी हुई रस्सी।

नारिकेल, नारिकेर *(सं.पुं.)* नारियल।

नारियल *(हि.पुं.)* खजूर की जाति का एक वृक्ष जो खम्भे की तरह पचास साठ गज ऊँचा होता है, नारियल के फल का बना हुआ हुक्का।

लड़कखेल *(हि.पुं.)* बालकों का एक खेल, अति सहज कार्य।

पड़ेल *(हि.पुं.)* गांव का मुखिया या चौधरी।

ठेलाठेल, ठेलाठेली (हि.पुं.स्त्री.) धक्कम धक्का।

कड़ुआ तेल *(हि.पुं.)* सरसों का तेल।

मीठा तेल *(हि.पुं.)* तिल या पोस्ते के दाने का तेल।

बड़नेल *(हि.पुं.)* बांस में घड़ा बांधकर बनाया हुआ ढांचा जिस पर चढ़कर छोटी नदी पार हो सकती हो।

कठबेल *(हि.पुं.)* कपित्थ, कैथ।

अमरबेल *(हि.स्त्री.)* एक लता जो वृक्ष पर फैलती है।

कुरबेल *(हि.स्त्री.)* देखो झमेला।

पचमेल *(हि.वि.)* कई तरह या मेल का।

पेंचमेल *(हि.वि.)* जिसमें पाँच वस्तु मिली हों।

अनमेल *(हि.वि.)* बिना मिलावट का, विशुद्ध।

घालमेल *(हि.पुं.)* अनेक प्रकार की वस्तुओं की एक साथ मिलावट।

तालमेल *(हि.पुं.)* मेल-जोल, सुअवसर।

हेलमेल *(हि.पुं.)* घनिष्ट संबंध, संग-साथ।

कुलेल *(हि.पुं.)* सुगन्धयुक्त तेल।

कुहेल *(हि.पुं.)* संकट, क्लेश।

गैल *(हि.स्त्री.)* पाग, गली।

चैल *(सं.पुं.)* वस्त्र, कपड़ा, पहिनावा।

छैल *(हि.पुं.)* बना ठना सुंदर मनुष्य, बांका।

छैल *(हि.स्त्री.)* चोट, टेस।

सैल *(हि.पुं.)* एक चौपाया जिसकी माँ गाय कहलाती है, मुर्ख मनुष्य।

फैल *(हि.स्त्री.)* विस्तृत, लंबा-चौड़ा।

मैल *(हि.वि.)* मलिन, मैला *(स्त्री.)* धूल, मैली करने की वस्तु, दोष, विकार।

रेल *(हि.स्त्री.)* समूह।

शैल *(सं.पुं.)* चट्टान *(पु.)* पर्वत, पहाड़ *(वि.)* पथरीला, कठोर।

बगैल *(हि.वि.)* जिसमें कुछ दोष हो *(पु.)* छली, कपटी।

फुट्टेल *(हि.वि.)* झुंड या समूह से अलग रहनेवाला, अभागा।

बगड़ैल *(हि.वि.)* थोड़ी बात पर क्रुद्ध होनेवाला, हठ करनेवाला।

खपड़ैल *(हि.पुं.)* खपड़े की छत या छाजन।

पुड़ेल *(हि.स्त्री.)* प्रेतनी, भूतनी, डायन *(पु.)* खड़िया मिट्टी।

करेल *(हि.स्त्री.)* एक प्रकार की काली मिट्टी जो गरमी के दिनों में तालाब के पानी सूखने पर निकलती है।

दुधैल *(हि.वि.)* बहुत दूध देनेवाली।

खपरैल *(हि.पुं.)* खपड़े से छाई हुई छत।

गुस्सैल *(हि.वि.)* चिड़चिड़ा।

ओल *(सं.पुं.)* सूरन *(हि.स्त्री.)* गोद, आड़, रक्षा, बहाना, शरण।

कोल *(सं.पुं.)* बंड़ा, कोड़, गोंद, आलिंगन।

खोल *(हि.स्त्री.)* आवरण, मूल, मोटे कपड़े की चादर।

गोल *(सं.पुं.)* वर्तुलाकार पदार्थ गोलाध्याय नामक ग्रन्थ, वृत्त *(पु.)* गोलाकार पिण्ड, सब ओर वर्तुल।

घोल *(हि.पुं.)* घोलकर बनाया हुआ पदार्थ, मट्ठा।

झोर, झील *(हि.पुं.)* तरकारी आदि का गाढ़ा रसा *(हि. वि.)* ढीला, निकम्मा।

टोल *(हि.स्त्री.)* समूह, मण्डली, जत्था, झुंड, चटसाल।

डोल *(हि.पुं.)* कुएँ से पानी खींचने का लोहे का गोल बरतन, हिंडोला, झूला, हलचल।

ढोल *(सं.पुं.)* कान का परदा *(हि.पुं.)* एक प्रकार का दोनों ओर चमड़ा मढ़ा हुआ मेंढरा जो गले में लटकाकर बजाया जाता है।

ढोल *(सं.वि.)* चंचल, हिलता डोलता हुआ, अति उत्सुक।

दोल *(सं.पुं.)* देखो तौल।

पोल *(हि.पुं.)* अवकाश, शून्य स्थान, खोखलापन।

बोल *(हि.पुं.)* वचन, व्यंग, ताना, प्रतिज्ञा।

मोल *(हि.पुं.)* मूल्य, दाम।

रोल *(हि.पुं.)* पानी का तोड़, बहाव *(स्त्री.)* कोलाहल।

खगोल *(सं.पुं.)* आकाशमण्डल, खगोल विद्या।

कचकोल *(हि.पुं.)* कपाल, खोपड़ी, खप्पर।

दक्षिण गोल *(सं.पुं.)* वे छह राशियाँ जो विषुवत रेखा के दक्षिण में हैं।

भूगोल *(सं.पुं.)* नक्षत्रचक्र, खगोल।

तुर्यगोल समय जानने का एक प्राचीन यन्त्र।
पटझोल *(हि.पुं.)* अंचल।
टटोल *(हि.स्त्री.)* टटोलने का भाव, जांच करना, परखना।
ठठोल *(हि.पुं.)* हंसी, उपहास।
अडोल *(हि.वि.)* न डोलनेवाला।
फूलडोल *(हि.पुं.)* चैत्र शुक्ल एकादशी के दिन होनेवाला एक उत्सव।
डामाडोल *(हि.वि.)* देखो डांवांडोल।
डंबाडोल *(हि.वि.)* चंचल, विचलित।
हिंडोल *(हि.पुं.)* देखो भूकम्प।
अतोल *(हि.वि.)* बिना तौल का, अनोखा।
बहतोल *(हि.स्त्री.)* पानी बहाने की नाली।
कपोल *(सं.पुं.)* गण्डस्थल, गाल।
पिंजरापोल *(हि.पुं.)* गोशाला, पशुशाला।
अबोल *(हि.वि.)* अवाक्, चुप, मौन।
बड़ाबोल *(हि.पुं.)* अहंकार के शब्द।
अनबोल *(हि.वि.)* न बोलनेवाला, मौन।
अमोल *(हि.वि.)* देखो अमूल्य।
अनमोल *(हि.वि.)* अमूल्य, अत्युत्तम, सुंदर।
निर्मोल *(हि.वि.)* अमूल्य।
निरमोल *(हि.वि.)* अमूल्य, अनमोल।
कागारोल *(हि.पुं.)* काकरव, कोलाहल।
कलोल *(हि.पुं.)* क्रीड़ा, आमोद, प्रमोद।
कल्लोल *(सं.पुं.)* बड़ी लहर, हर्ष, आनन्द।
व्यालोल *(सं.वि.)* अत्यंत चंचल।
किलोल *(हि.पुं.)* देखो कल्लोल।
महालोल *(सं.वि.)* अत्यंत चंचल।
विलोल *(सं.वि.)* चंचल, चपल।
हिलोल *(हि.पुं.)* देखो हिलोर।
कौल *(सं.वि.)* उत्तम कुल में उत्पन्न।
डौल *(हि.पुं.)* ढांचा, शैली, ढच, प्रकार, उपाय।
तौल *(सं.पुं.)* तुला, तराजू।
धौल *(हि.वि.)* थप्पड़, तमाचा, चांटा *(हि.पुं.)* उपद्रव, दंगा, मारपीट।
नौल *(हि.पुं.)* देखो नेवला, नकुल।
पौल *(हि.स्त्री.)* मार्ग।
डीलडौल *(हि.पुं.)* शरीर का ढांचा, काठी।
कुडौल *(हि.वि.)* कुढंगा, भद्दा।
सुडौल *(हि.वि.)* सुंदर आकृति का।
बेडोल *(हि.वि.)* भद्दा, बेढंगा।
बतौल *(हि.वि.)* बेतौल, बिना तौल का।
नापतौल *(हि.स्त्री.)* नाप जोख।
शरतौल *(हि.पुं.)* एक प्रकार का बड़ा हथौड़ा।
पिस्तौल *(हि.स्त्री.)* छोटी बंदूक, तमंचा।
धमरौल *(हि.स्त्री.)* ऊधम, उपद्रव।
कला (स.स्त्री.) सूद, ब्याज, शिल्प, अंश, तीन काष्ठा का समय, वृत्त का 1800 वां भाग, लेश, अल्प समय, संख्या, सूर्य का बारहवां भाग, छटा, शोभा, युक्ति, ढंग।
गला *(हि.स्त्री.)* गरदन, कंठ, गले के भीतर की नाली जिसमें से शब्द निकलता है और आहार पेट के भीतर जाता है, गले का शब्द, पांव का ऊपर पतला भाग।
छला *(हि.पुं.)* छल्ला या अंगूठी।
डला *(हि.पुं.)* खण्ड, टुकड़ा, दौरा, टोकरा।
पला *(हि.पुं.)* तराजू का पलड़ा, पल्ला, किनारा, अंचल।
तला *(हि.पुं.)* किसी वस्तु के नीचे का तल, पेंदी, जूते के नीचे का चमड़ा।
भला (हि.अव्य.) उत्तम, श्रेष्ठ, अच्छा, बढ़िया *(पु.)* लाभ, कल्याण।
लला *(हि.पुं.)* प्यारा पुत्र, बच्चों के लिए प्यार का शब्द।
जला *(हि.पुं.)* मलिन्द, भौंरा।
चकला *(हि.पुं.)* पत्थर या काठ का गोल चिकना पटरा जिस पर रोटी बेली जाती है, चौका, जिला।
चटकला *(हि.पुं.)* देखो चुटकुला।
तकला *(हि.पुं.)* टेकुआ।
ललितकला *(सं.स्त्री.)* वे कलाएं जो लालित्य की हों।
शिल्पकला *(सं.स्त्री.)* हस्तकौशल।
बकला *(हि.पुं.)* पेड़ की छाल, फल के ऊपर का छिलका।
दमकला *(हि.पुं.)* वह यन्त्र जिसके द्वारा किसी तरल पदार्थ का फौवारा बड़े वेग से दूर तक फेंका जाता है।
अरकला *(हि.पुं.)* अगेला, रोक, सिकड़ी।
पत्थरकला *(हि.पुं.)* पुरानी चाल की बन्दूक।
चन्द्रकला *(स्त्री.)* चंद्रमण्डल का सोलहवां अंश, चन्द्रमा का अंश, चन्द्रमा की किरण।
ध्वंसकला *(सं.स्त्री.)* हत्या।
रहैकला *(हि.पुं.)* तोप लादने की गाड़ी।
इकला *(हि.वि.)* देखो अकेला।
विकला *(सं.स्त्री.)* कला का साठवां भाग, अति सूक्ष्म काल।
कला *(सं.स्त्री.)* चन्द्रमा की कला।
एकला *(हि.वि.)* अकेला, एकाकी।
मोकला *(हि.वि.)* अधिक चौड़ा।
फोंकला *(हि.वि.)* छिछला।
मेखला *(सं.स्त्री.)* करधनी, कमरबंद, गोल घेरा।
खोखला *(हि.वि.)* पोला।
खड़गला *(सं.स्त्री.)* मेखला, करधनी, तागड़ी, श्रेणी, नियम।
शंगला, सूश्रंखला *(हि.स्त्री.)* देखो श्रंखला।
अगला *(हि.वि.)* आगे का, पहिला।
पगला *(हि.पुं.)* देखो पागल।
बगला *(हि.पुं.)* सफेद रंग का एक प्रसिद्ध पक्षी।
चौबगला *(हि.पुं.)* कुरता, फतुही आदि में बगल के नीचे तथा कली।

अर्गला *(सं.स्त्री.)* किवाड़ बन्द करने के लिए प्रयोग होनेवाली वस्तुं।
बलगला *(हि.वि.)* आर्द्र, भींगा हुआ।
चांगला *(हि.वि.)* आरोग्य, चतुर।
झांगला *(हि.वि.)* ढीला-ढीला पोशाक।
कंगला *(हि.वि.)* देखो कंगाल।
जंगला *(हि.पुं.)* छड़ों की पंक्ति, कटघरा।
सर्वमंगला *(सं.स्त्री.)* सब प्रकार की मंगल करनेवाली, दुर्गा, लक्ष्मी।
बंगला *(हि.पुं.)* एक खण्ड का घर जिसके चारों ओर बरामदे होते हैं, घर की ऊपरी छत पर बना हुआ हवादार कमरा, बंगाल देश का पान, बंगाली भाषा *(वि.)* बंगाल संबंधी।
मनचला *(हि.वि.)* साहसी, निडर, रसिक।
मचला *(हि.वि.)* मचलनेवाला।
चूरबला *(हि.वि.)* पुरातन, पुराना, पहिले जन्म का।
सांचला *(हि.वि.)* सत्यवादी, सच्चा।
निचला *(हि.वि.)* नीचे का, नीचे वाला।
बचला *(हि.वि.)* बीच का, बीचवाला।
बोचला *(हि.पुं.)* मोहित करने के लिए अंगों की गति या चेष्टा, हावभाव।
पंचला *(सं.स्त्री.)* लक्ष्मी, बिजली।
छिछला *(हि.वि.)* पानी का तल जो गहरा न हो।
निछला *(हि.वि.)* बिना मिलावट का।
पिछला *(हि.वि.)* पीछे की ओर का बीता हुआ, भूतकाल का, बाद का।
ढचला *(हि.वि.)* उज्ज्वल, दीप्तिमान।
दचाला *(हि.पुं.)* प्रकाश, दिन।
डचेरा, उजला *(हि.पुं.)* प्रकाश।
उज्जरा, उज्ज्वला *(हि.वि.)* उज्ज्वल, श्वेत।
मझला *(हि.वि.)* मध्य का, बीच का।
मुडला *(हि.वि.)* मुंडा, बिना बाल का।
पतला *(हि.वि.)* कृश, झीना, हलका, अधिक तरल।
करतला *(हि.पुं.)* कपड़े, चमड़े आदि की चौड़ी पट्टी जो कंधे पर से छाती और पीठ पर होती हुई तिरछी लटकती है और जिसमें तलवार लटकाई जाती है।
चितला *(हि.वि.)* चितकबरा, रंग-बिरंगा।
ओतला (सं.स्त्री.) वसन्त रोग, चेचक।
सीतला *(हि.स्त्री.)* देखो शीतला।
दुतला *(हि.पुं.)* लकड़ी, मिट्टी, धातु, कपड़े आदि की बीनी हुई पुरुष की मूर्ति।
कतला *(हि.पुं.)* किसी वस्तु का पतला टुकड़ा।
ऊतला *(हि.वि.)* उतावला, चंचल।
धेंतल, धेतला *(हि.पुं.)* महाराष्ट्री जूता।
रेतला *(हि.वि.)* रेतीला।
पैतला *(हि.वि.)* छिछला, कम गहरा।
तोतला *(हि.वि.)* तुतलाकर बोलनेवाला।
बोतला *(हि.पुं.)* तवे पर घी लगाकर सेंकी हुई चपाती, परांठा।
पैचला *(हि.वि.)* छिछला, उथला।
कोचला *(हि.पुं.)* थैला, उदर, पेट।
गदला (फा.वि.) मटमैला, गंदा।
गेंदला *(हि.वि.)* मलिन, अपवित्र।
शतदला *(सं.स्त्री.)* सेवती, गुलाब।
खिदला *(सं.वि.)* जिसमें पत्ते न हो।
बदला *(हि.पुं.)* प्रतीकार, प्रतिफल।
चदला *(हि.वि.)* खल्वाट, गजा।
अंधला *(हि.पुं.)* झूठा आडम्बर, ढोंग, बहाना।
अंथला *(हि.पुं.)* दुष्ट, छली।
धुंधला *(हि.वि.)* धुएँ के रंग का, अस्पष्ट, थोड़ा, अंधरा।
घपला *(हि.पुं.)* गड़बड़, गोलमाल।
चपला *(सं.स्त्री.)* लक्ष्मी, बिजली, चंचला, जीभ।
उपला *(हि.पुं.)* गोहरा, कण्डा।
सितोपला *(सं.स्त्री.)* शर्करा, चीनी, मिश्री।
गोपला *(हि.वि.)* सिकुड़ा हुआ, पचका हुआ, बिना दाँत का।
डफला *(हि.पुं.)* डफका नाम का बाजा।
दफला *(हि.पुं.)* देखो डफला।
स्कन्दफला *(सं.स्त्री.)* खजूर।
तिफला *(हि.स्त्री.)* हर्रा, बहेड़ा, बीज आमला ये तीन फल।
नीमकला *(सं.स्त्री.)* बैगन, भंटा।
त्रिफला *(सं.स्त्री.)* हर्रा, बहेड़ा और आमले का फल।
पानुफला *(सं.स्त्री.)* कदली, केला।
चौफला *(हि.वि.)* जिसमें चार फल या धार हों।
अबला *(सं.स्त्री.)* मिट्टी का छोटा पात्र।
धबला *(हि.पुं.)* एक प्रकार का ढीला पहनावा।
दुबला *(हि.वि.)* दुर्बल, कृश।
कमला *(सं.स्त्री.)* लक्ष्मी, सुंदर स्त्री. नारंगी।
(कमलाकर) *(स.पुं.)* पद्म।
झलमला *(हि.वि.)* चमकीला।
आमला *(हि.पुं.)* आंवला।
कामला *(सं.स्त्री.)* पाण्डु रोग।
धूमला *(हि.वि.)* धुंधला, मलिन।
तरापला चपल, तीव्र।
कोयला *(हि.पुं.)* जली हुई लकड़ी का वह भाग जो पूरी तरह से राख न हुआ हो परन्तु काला पड़ गया हो।
डरला *(हि.वि.)* डरावना, भयंकर।
परला *(हि.वि.)* दूसरी ओर का, उधर का।
बिरला *(हि.वि.)* कोई-कोई, इक्का-दुक्का।
उदला *(हि.वि.)* पिछला, जो आगे का न हो।

कल्ला *(हि.पुं.)* अंकुर, जबड़े के नीचे का गले का भाग।
करमकल्ला *(हि.पुं.)* बन्दगोभी, पाव गोभी।
इकल्ला *(हि.वि.)* अकेला, एकहरा।
छल्ला *(हि.पुं.)* अंगूठी, मुंदरी, कोई मण्डलाकार वस्तु।
(छल्ली) *(हि.स्त्री.)* छाल, छोटा छल्ला।
पुछल्ला *(हि.पुं.)* आश्रित, पीछे लगा रहनेवाला, आवश्यक वस्तु के साथ अन्य वस्तु।
पुंछल्ला *(हि.पुं.)* देखो पुंछाला।
झल्ला *(हि.पुं.)* बड़ी टोकरी, खांचा, वर्षा, बौछार *(वि.)* जो बहुत गाढ़ा न हो, सनकी, पागल।
निठल्ला, निठल्लू *(हि.पुं.)* धड़धड़ शब्द, धड़का, भीड़भाड़।
तल्ला *(हि.पुं.)* तले की परत, अस्तर।
भितल्ला *(हि.पुं.)* दोहरे कपड़े का भीतरी पल्ला *(वि.)* भीतर का।
छोतला, दोतल्ला *(हि.वि.)* दो खण्ड का।
पल्ला *(हि.पुं.)* किसी वस्त्र का अंचल, दूरी, पास, तराजू का पलड़ा, पटल, किवाड़ी, पहल, चादर जिसमें अन्न बांधकर लोग ले जाते हैं, दुपलिया टोपी का एक भाग।
तिपल्ला *(हि.वि.)* ऊपरी भाग या तल।
बल्ला *(हि.पुं.)* लकड़ी का मोटा लंबा डंडा।
दोपल्ला *(हि.पुं.)* दो पल्ले का।
पपल्ला *(हि.पुं.)* दूध पीने वाला बच्चा।
लल्ला *(हि.पुं.)* देखो लला।
पनसल्ला *(हि.स्त्री.)* वह स्थान जहाँ यात्रियों को पानी पिलाया जाता है।
हल्ला *(हि.पुं.)* कोलाहल, चिल्लाहट।
बहल्ला *(हि.पुं.)* प्रसन्नता, आनंद।
मोहल्ला *(हि.पुं.)* देखो मुहल्ला।
इल्ला *(हि.पुं.)* त्वचा के ऊपर निकला हुआ मसा।
किल्ला *(हि.पुं.)* मेख, खूंटा, अंकुर।
टिल्ला *(हि.पुं.)* धक्का, ठोकर, चोट।
ठिल्ला *(हि.पुं.)* घड़ा, गगरा।
डिल्ला *(हि.पुं.)* बैल के कंधे पर का उठा हुआ कूबड़, ककुत्थ।
दिल्ला *(हि.पुं.)* किवाड़ के पल्ले में जड़ा हुआ लकड़ी का चौखट, दिलाहा।
पिल्ला *(हि.पुं.)* कुत्ते का छोटा बच्चा।
बिल्ला *(हि.पुं.)* नर बिल्ली, चपरास की तरह की पतली पट्टी जो बांह पर या गले में पहनी जाती है।
चिलबिल्ला *(हि.वि.)* चपल, चंचल।
चिबिल्ला *(हि.वि.)* देखो चिलबिल।
कुल्ला *(हि.पुं.)* मुख में पानी भरकर तथा चारों ओर घुमाकर बाहर फेंकने का कार्य।
खुलमखुल्ला *(हि.क्रि.वि.)* प्रकाश्य रूप से, सबके सामने।
रसगुल्ला *(हि.पुं.)* एक प्रकार की छेने की मिठाई।
पुल्ला *(हि.पुं.)* नाक में पहिनने का एक गहना।
बुल्ला *(हि.पुं.)* बुदबुद, बुलबुला।
धबला (स.स्त्री.) सफेद गाय *(वि.)* उजली।
उतावला *(हि.वि.)* व्यग्र, घबड़ाया हुआ।
बवला *(हि.वि.)* विक्षिप्त, पागल।
ओवला *(हि.पुं.)* एक वृक्ष, जिसके गोल फल कसेलापन लिए कुछ खट्टे होते हैं।
सांवला *(हि.वि.)* श्याम वर्ण का।
नेवला *(हि.पुं.)* गिलहरी के आकार का मांसाहारी एक जन्तु जो भूरे रंग का होता है।
धूसला *(हि.वि.)* देखो धूसरा।
ढकोसला *(हि.स्त्री.)* पाखण्ड।
घोंसला *(हि.पुं.)* नीड़, खोंता।
धहला *(हि.पुं.)* पंक, कीचड़।
जहला *(हि.स्त्री.)* ताप, गरमी।
नहला *(हि.पुं.)* ताश का वह पत्ता जिसमें नौ बूटियां रहती हैं।
सुनहरा, सुनहला *(हि.वि.)* सोने के रंग का।
सोनहला *(हि.पुं.)* देखो सुनहला।
पहला *(हि.वि.)* जो क्रम में प्रथम हो।
तिनपहल, तिनपहला *(हि.वि.)* जिसमें तीन पहल हों, तीन पहलवाला।
रूपहला *(हि.वि.)* चाँदी के रंग का।
बेहला *(हि.पुं.)* सारंगी की तरह का एक प्रकार का अंग्रेजी बाजा।
सोहला *(हि.पुं.)* मांगलिक गीत, सोहर।
आला *(हि.पुं.)* ताखा, मोखा, अरधा।
काला *(हि.वि.)* निम्न, नीचा।
गाला *(हि.पुं.)* धुनी हुई रूई का गोला।
चाला *(हि.पुं.)* प्रस्थान।
छाला *(हि.पुं.)* छाल या चमड़े के ऊपर की झिल्ली का उभड़ आना।
जाला *(हि.पुं.)* मकड़ी का बुना हुआ जाल, आँख का एक रोग जिसमें पुतली के ऊपर झिल्ली सी पड़ जाती है, माड़ा, पानी रखने का मिट्टी का बड़ा पात्र, झरोखा।
झाला *(हि.पुं.)* मकड़ी का जाला।
ढाला *(हि.वि.)* रिक्त, निठल्ला।
टाला *(हि.पुं.)* कामकाज न रहना, *(वि.)* व्यवसायहीन।
ताला *(हि.पुं.)* किवाड़ संदूक, आदि में बंद करने का वह यन्त्र जो विशिष्ट ताली से ही खुलता है।
नाला *(हि.पुं.)* वर्षा का जल बहने की चौड़ी नाली।
पाला *(हि.पुं.)* वायु में मिले हुए भाप के अत्यन्त सूक्ष्म कण जो पृथ्वी के ठंडी रहने पर उस पर बूंदों के रूप में जम जाते हैं, हिम बैठने की जगह, सीमा निर्धारित करने के लिए बनी हुई मेड़।

बाला *(सं.स्त्री.)* बारह वर्ष से सोलह वर्ष तक की स्त्री, एक प्रकार का आभूषण।
माला *(सं.स्त्री.)* श्रेणी, पंक्ति, गले में पहनने का फूलों का हार, गजरा, जप करने की माला।
लाला *(सं.स्त्री.)* मुख से निकलने वाली लार, थूक *(हि.पुं.)* आदरसूचक एक संबोधन का शब्द, महोदय।
शाला *(सं.स्त्री.)* स्थान, गृह, घर।
साला *(हि.स्त्री.)* शाला, गृह, घर *(हि.पुं.)* पत्नी का भाई।
परकाला *(हि.पुं.)* सीढ़ी, खण्ड, टुकड़ा।
मुँहकाला *(हि.पुं.)* अप्रतिष्ठा, एक प्रकार की गाली।
निकाला *(हि.पुं.)* निकालने का काम, बहिष्कार, किसी स्थान से निकाले जाने का दण्ड।
सुखाला *(हि.वि.)* आनंददायक।
बंगाला *(हि.पुं.)* बंगाल प्रान्त।
मृगछाला *(हि.स्त्री.)* हरिन का चमड़ा।
पुंछाला *(हि.पुं.)* पूंछ की तरह जोड़ी हुई वस्तु।
अटाला *(हि.पुं.)* ढेर, राशि।
घोटाला *(हि.पुं.)* गड़बड़, उपद्रव।
निठाला *(हि.पुं.)* ऐसा समय जब कोई काम धंधा न हो।
गवाला *(हि.पुं.)* मोटा ओढ़ना या बिछौना।
परनाला *(हि.पुं.)* मोरी, पनाला।
पनारा, पनाला *(हि.पुं.)* देखो परनाला।
मकरपाला *(फा.पुं.)* एक प्रकार का पकवान।
भोलाभाला *(हि.वि.)* सीधा सादा।
मेघमाला *(सं.स्त्री.)* बादलों की घटा।
कण्ठमाला *(सं.स्त्री.)* गले में पहिनने का बाहरी फोड़ा।
वर्णमाला *(सं.स्त्री.)* वर्ण, श्रेणी, किसी बाबा के क्रम से लिखे हुए अक्षर।
पदमाला *(सं.स्त्री.)* पद श्रेणी, पैरों का चिह्न।
विद्युन्माला *(सं.स्त्री.)* बिजली का समूह।
चन्दनमाला *(सं.स्त्री.)* तोरण, चन्दनवार।
वनमाला *(सं.स्त्री.)* जंगली दानों की माला।
मोहनाला *(सं.स्त्री.)* सोने के दानों की बनी हुई माला।
दीपमाला *(सं.स्त्री.)* जलते हुए दीपकों की पंक्ति।
मटरमाला *(हि.स्त्री.)* बड़े-बड़े दानों की माला।
अक्षरमाला *(सं.स्त्री.)* वर्णमाला।
श्रुतिमाला *(सं.पुं.)* ब्रह्मा।
श्रीमाला *(सं.स्त्री.)* गले में पहनने का एक आभूषण।
दुमाला *(हि.पुं.)* पाश, फन्दा।
कौडिमाला *(हि.वि.)* कोकई, हलका नीला जिसमें गुलाबी की कुछ आभा हो।
गुनिमाला *(हि.वि.)* गुणी।
पनियाला *(हि.पुं.)* एक प्रकार का रंगीन कपड़ा।
निमाला *(हि.पुं.)* कटोरी।
सियाला *(हि.पुं.)* जाड़े की ऋतु।
मटराला *(हि.पुं.)* जव के साथ मिला हुआ मटर।
निराला *(हि.पुं.)* एकान्त स्थान *(वि.)* निर्जन, एकान्त, अद्‌भुत, विलक्षण।
रखवाला *(हि.पुं.)* चौकीदार।
ज्वाला *(सं.स्त्री.)* आग की लपट।
उदर ज्वाला जठराग्नि, भूख।
मतवाला *(हि.वि.)* उन्मत्त, पागल।
पालनवाला *(हि.पुं.)* एक प्रकार का शाक, पाला हुआ पुत्र।
देवाला *(हि.पुं.)* महाजन की वह अवस्था जब उसके पास अपना ऋण चुकाने के लिए धन न रह जाए।
शिवाला *(हि.पुं.)* शिवालय।
दीवाला *(हि.पुं.)* देखो दिवाला।
फेरीवाला *(हि.पुं.)* घूम-घूमकर सौदा बेचनेवाला व्यापारी।
देवाला *(हि.पुं.)* देखो दिवाला।
पैसेवाला *(हि.पुं.)* धनी, धनवान।
पाकशाला *(हि.स्त्री.)* महानद रसोई बनाने का घर।
पथिकशाला *(स्त्री.)* सराय, यात्रियों के ठहरने की धर्मशाला।
शुल्कशाला *(सं.स्त्री.)* वह स्थान जहाँ पर कर या चुंगी चुकाई जाती है।
टंकशाला *(सं.स्त्री.)* टकसाल।
मखशाला *(सं.स्त्री.)* यज्ञशाला।
रंगशाला *(हि.स्त्री.)* नाटक घर।
रंगशाला *(हि.स्त्री.)* नाट्यगृह।
पाठशाला *(सं.स्त्री.)* अध्ययनगृह विद्यालय।
तृवशाला *(हि.स्त्री.)* रसोईघंर।
सूदशाला *(सं.स्त्री.)* पांकशाला।
वेषशाला *(सं.स्त्री.)* वह स्थान जहाँ पर नक्षत्रों और तारों आदि को देखने और उनकी दूरी, गति आदि जानने के यन्त्र हों।
शिल्पशाला *(सं.स्त्री.)* शिल्पगृह।
तुरंगमशाला *(सं.स्त्री.)* यात्रियों के लिए धर्मार्थ बना हुआ गृह, सत्र, विचारालय।
नाट्यशाला *(सं.स्त्री.)* नाटक घर।
पण्यशाला *(सं.स्त्री.)* विक्रय गृह।
नृत्यशाला *(सं.स्त्री.)* नाचघर।
हयशाला *(सं.स्त्री.)* अश्वशाला।
भक्तशाला *(सं.स्त्री.)* रसोइया घर।
अश्वशाला *(सं.स्त्री.)* घुड़साल।
यन्त्रशाला *(सं.स्त्री.)* वेधशाला।
विचित्रशाला *(सं.स्त्री.)* अजायबघर।
यज्ञशाला *(सं.स्त्री.)* यज्ञगृह, यज्ञ करने का स्थान।
वाणिशाला *(सं.क्रि.)* अश्वशाला।
अग्निशाला *(सं.स्त्री.)* अग्नि रखने का स्थान।
पक्षिशाला *(सं.स्त्री.)* चिड़ियों के रहने का स्थान।

तन्तुशाला *(सं.स्त्री.)* वह स्थान जहाँ पर कपड़ा बुना जाता है।
गोशाला *(सं.स्त्री.)* गौ के रहने का स्थान।
कसाला *(हि.पुं.)* क्लेश, कष्ट, परिश्रम।
मसाला *(हि.पुं.)* किसी पदार्थ को तैयार करने के लिए आवश्यक सामग्री।
दोसाला *(हि.वि.)* दो वर्ष का पुराना।
मुहाला *(हि.पुं.)* पीतल की चूड़ी जो शोभा के लिए हाथी के दाँत पर चढ़ाई जाती है।
इला *(सं.स्त्री.)* पृथ्वी, वाक्य, गाय।
शिला *(सं.स्त्री.)* पाषाण, पत्थर का बड़ा टुकड़ा, चट्टान।
सिला *(हि.स्त्री.)* शिला।
लांगला *(हि.वि.)* पहिले का, सामने का।
पछिला *(हि.वि.)* देखो पिछला।
कोठिला *(हि.पुं.)* देखो कुठला।
ढिलढिला *(हि.वि.)* ढीलाढाला, तरल।
षट्तिला *(सं.स्त्री.)* माघ महीने की कृष्ण पक्ष की एकादशी का नाम।
कपिला *(सं.स्त्री.)* शुभ्र वर्ण की गाय।
पिलपिल, पिलपिला *(हि.वि.)* नरम या ढीला कि दबाने से भीतर रस या गूदा बाहर निकल आए।
झिलमिला *(हि.वि.)* झंझरा, झीना ठहर-ठहरकर हिलता प्रकाश देनेवाला।
धूमिला *(वि.)* धुंधला।
शासनशिला *(सं.स्त्री.)* वह शिला जिस पर राजा की कोई आज्ञा खोदी गई।
अन्तःसलिला *(सं.स्त्री.)* वह नदी जिसका जल बालू के भीतर भरा रहता है।
गहिला *(हि.वि.)* उन्मत, पागल।
बहिला *(हि.वि.)* बन्ध्या, बाँझ।
पहिला *(हि.वि.)* प्रथम, पहिले, आरम्भ में।
महिला *(सं.स्त्री.)* स्त्री।
सिलहिला *(हि.वि.)* फिसलने योग्य।
रोहिला *(हि.पुं.)* चना।
कीला *(सं.स्त्री.)* कील, मेख, बड़ी कील।
खीला *(हि.पुं.)* बड़ा काँटा या कीला।
गीला *(हि.वि.)* भीगा हुआ, तर।
टीला *(हि.पुं.)* पृथ्वी के तल से ऊँचा भाग, भीटा, छोटी पहाड़ी।
टीला *(हि.वि.)* जो तना न हो, जो दृढ़ता से बंधा न हो।
नीला *(हि.वि.)* नीले रंग का, नीलम।
पीला *(हि.पुं.)* एक प्रकार का हल्दी या सोने के सदृश रंग, शतरंज का एक मोहरा।
लीला *(सं.स्त्री.)* क्रीड़ा, खेल, विचित्र कार्य, अवतारों का अभिनय।
लचकीला *(हि.वि.)* लचकने योग्य।
घटकीला *(हि.वि.)* चोंचला के साथ, अंडों को हिलानेवाला।
चटकीला *(हि.वि.)* भड़कीला, चमकीला।
भड़कीला *(हि.वि.)* भड़कदार, चमकीला, डरकर उत्तेजित होने वाला।
पकीला *(हि.पुं.)* देखो परकाला।
चमकीला *(हि.वि.)* चमकदार, भड़कीला।
फरकीला *(हि.पुं.)* देखो फड़कीला।
महकीला *(हि.वि.)* सुगन्धित महकदार।
नुकीला *(हि.वि.)* नोकदार।
नोकीला *(हि.वि.)* देखो नुकीला।
दुखीला *(हि.वि.)* दुःखपूर्ण।
हड़गीला *(हि.वि.)* व्यग्र, घबड़ाया हुआ।
रगीला *(हि.पुं.)* हठी, दुष्ट।
रंगीला *(हि.वि.)* आनन्दी, प्रेमी।
एचीला *(हि.वि.)* लचीला।
नचीला *(हि.वि.)* चंचल।
सजीला *(हि.वि.)* सजधज के साथ रहनेवाला।
लजीला *(हि.वि.)* लज्जायुक्त।
धजीला *(हि.वि.)* सुन्दर ढंग का, झंडा।
कटीला *(हि.वि.)* तीक्ष्य, पैना, प्रभाव, शीला, हृदयग्राही, नोकदार।
फंटीला *(हि.वि.)* काँटेदार।
चुटियाला, चुटीला *(हि.वि.)* चोट खाया हुआ, भड़कीला।
गठीला *(हि.वि.)* गाँठदार, सुडौल, गठा हुआ।
हठीला *(हि.वि.)* अपनी प्रतिज्ञा का पक्का।
कंकड़ीला *(हि.वि.)* कंकड़ मिला हुआ।
जड़ीला *(हि.वि.)* जड़दार, जिसमें जड़ हो।
पपड़ीला *(हि.वि.)* जिस पर पपड़ी जमी हो।
हड़ीला *(हि.वि.)* जिसमें हड्डी हो।
पतीला *(हि.वि.)* पतला।
तीला *(हि.वि.)* जो मन्द न हो।
रेतीला *(हि.वि.)* बालुकामय, बछआ।
मदीला *(हि.वि.)* मद में भरा हुआ।
तोवीला, तांदेल *(हि.पि.)* देखो तांदिल।
पनीला *(हि.वि.)* जलयुक्त।
कबीला *(अ.स्त्री.)* पत्नी, जोड़, समूह।
छबीला *(हि.वि.)* सुन्दर, सोहावना।
फबीला *(हि.वि.)* शोभा देनेवाला।
डरीला *(हि.वि.)* शाखायुक्त।
पथरीला *(हि.वि.)* पत्थरों से युक्त।
झबरा-झबरीला *(हि.वि.)* जिसके बिखरे हुए लंबे बाल हो।
छहरीला *(हि.वि.)* छरहरा।
जहरीला *(हि.वि.)* विषैला।
रामलीला *(सं.स्त्री.)* रामजी के जीवन काल के किसी कृत्य का अभिनय या नाटक।

बाललीला *(सं.स्त्री.)* लड़कों का खेल।
रासलीला *(सं.स्त्री.)* वह क्रीड़ा या नृत्य जो कृष्ण ने गोपियों के साथ शरत पूर्णिमा को आधी रात के समय किया था।
भवीला *(हि.वि.)* भावयुक्त, भावपूर्ण।
गर्वीला *(हि.वि.)* अभिमान से भरा हुआ, घमंडी।
बकसीला *(हि.वि.)* जिसके खाने से जीभ ऐंटने लगे और मुख का स्वाद बिगड़ जाए।
पसीला *(हि.वि.)* गुथा हुआ।
गेसीला *(हि.वि.)* नोकदार चुभनेवाला।
रसील, रसीला *(हि.वि.)* रस भरा हुआ, स्वादिष्ट, आनन्द देनेवाला।
अरसीला *(हि.वि.)* आलस्य से भरा हुआ।
बरसीला *(हि.वि.)* बरसनेवाला।
लसीला *(हि.वि.)* लसदार, चिपचिपा।
नेउला *(हि.पुं.)* देखो नेवला।
खुला *(हि.वि.)* अवरोध-हीन, स्पष्ट।
तुला *(सं.स्त्री.)* सादृश्य, तुलना।
हुला *(हि.पुं.)* लाठी की नोक या छोर।
चुटकुला *(हि.पुं.)* कोई विलक्षण वार्ता, कोई विनोदपूर्ण बात, अधिकगण करनेवाली, विशिष्ट औषधि।
अकुला *(हि.पुं.)* देखो बंगला।
शझकुला *(सं.स्त्री.)* सुपारी काटने का सरोता।
बगुला *(हि.पुं.)* बक पक्षी।
तुरगुला *(हि.पुं.)* लोलक, कर्णफूल।
बटुला *(हि.पुं.)* बड़ी बटलोई।
कठुला *(सं.स्त्री.)* बच्चों के गले में पहनने की माला।
भातुला *(सं.स्त्री.)* मामी।
बेतुला *(हि.वि.)* बेढंगा।
बेतुला *(हि.वि.)* बडे-बड़े दाँतवाला।
पुलपुला *(हि.वि.)* जो इतना कोमल हो कि छूने से धँस जाए।
विपुला *(सं.स्त्री.)* वसुन्धरा, पृथ्वी।
आदिनिपुला *(सं.स्त्री.)* एक प्रकार का आर्या छन्द।
पुरबला, पुरबुला *(हि.वि.)* पहिले के पूर्वजन्म संबंधी।
चुलबुला *(हि.वि.)* चपल, चंचल, चुलबुलाना।
झुलमुला *(हि.वि.)* देखो झिलमिल।
भुलभुला *(हि.पुं.)* गरम राख।
वसूला *(हि.पुं.)* बढ़ई का लकड़ी छीलने और गढ़ने का अस्त्र।
थूला *(हि.वि.)* हृष्ट, पुष्ट।
झूला *(हि.पुं.)* हिंडोला, एक प्रकार का पुल जो पुष्ट रस्सों, जंजीरों या तारों का बना होता है।
तूला *(सं.स्त्री.)* कपास, रूई।
घूला *(हि.पुं.)* खण्ड, टुकड़ा।
पूला मूंज आदि का घेंघा हुआ गट्ठा।
लूला *(हि.वि.)* जिसका हाथ कट गया हो या बेकाम हो गया हो, लूंजा।
हूला *(हि.पुं.)* शस्त्र आदि से हुलने की क्रिया।
वसूला *(हि.स्त्री.)* मेमार का बसूले के आकार का छोटा अस्त्र।
एला *(सं.स्त्री.)* इलायची।
केला *(हि.पुं.)* कदली वृक्ष।
चेला *(हि.पुं.)* शिष्य, छात्र, विद्यार्थी।
ठेला *(हि.पुं.)* टक्कर, धक्का, एक प्रकार की गाड़ी जिसको आदमी धकेलकर चलाते हैं।
ढेला *(हि.पुं.)* पत्थर, ईंट आदि का टुकड़ा।
धेला *(हि.पुं.)* आधे पैसे के मूल्य का तांबे का सिक्का।
बेला *(हि.पुं.)* आक्रमण।
बेला *(हि.पुं.)* एक छोटा पौधा जिसमें सफेद सुगन्धित फूल लगते हैं।
मेला *(हि.पुं.)* बहुत से लोगों का जमावड़ा, उत्सव, खेल, कौतुक देखने के लिए बहुत से लोगों की भीड़।
रेला *(हि.पुं.)* पंक्ति, समुद्र, मुक्का, अधिकायत।
बेला *(सं.स्त्री.)* समय, क्षण, काल अवसर, समुद्र का किनारा।
सेला *(हि.पुं.)* रेशमी चादर या टुकड़ा साफा।
हेला *(हि.पुं.)* पुकार, चिल्लाहट, आक्रमण, ठेलने का काम, मेहतर।
अकेला *(हि.वि.)* एकाकी, अद्वितीय, अनुपम।
पहेला *(हि.पुं.)* वह नाव जिसका निचला भाग पटा हुआ हो।
ढकेला *(हि.पुं.)* रस्से की ऐंठन, परत।
इकेला *(हि.वि.)* देखो अकेला।
दुकेला *(हि.वि.)* जो अकेला न हो।
अगेला *(हि.पुं.)* हाथ में सबसे आगे पहनने का आभूषण, भूसे के साथ उड़ने वाला हलका अन्न।
पछेला *(हि.पुं.)* स्त्रियों के हाथ में पहनने का एक गहना, मठिया *(वि.)* वछिला।
(पछेली) *(हि.स्त्री.)* हाथ का एक आभूषण।
बढ़ेला *(हि.पुं.)* जंगली सुअर।
सौतेला *(हि.वि.)* सौत से उत्पन्न।
गवेला *(हि.पुं.)* रूई आदि से भरा हुआ बहुत मोटा बिछोना।
कंवला, कंवेला *(हि.वि.)* मैला, कुचैला।
अधेला *(सं.वि.)* आधे पैसे की मुद्रा।
तपेला *(हि.पुं.)* भट्ठी।
तबेला *(हि.पुं.)* घोड़साल।
अन्तबेला *(सं.स्त्री.)* मरण काल।
जबेला *(हि.वि.)* जिस पर दबाव पड़ा हो, शीघ्र होनेवाला।
अलबेला *(हि.वि.)* अनुपम, अनोखा।

फुबेला *(हि.स्त्री.)* बुरा अवसर, बुरा समय।
झमेला *(हि.पुं.)* झंझट, झगड़ा जखड़ा, भीड़भाड़।
करेला *(हि.पुं.)* कारबेल्ल, एक प्रकार की लता जिसमें हरे कड़वे फल लगते हैं जो तरकारी बनाने के काम में आते हैं।
मुंगरेला *(हि.पुं.)* कलोंजी या मेंग रेला नाम का दाना।
नवेला *(हि.वि.)* नवीन, नया, तरुण।
अतिवेला *(सं.स्त्री.)* विलम्ब, असमय।
सन्धिवेला (स.स्त्री) सन्ध्या का समय।
कंवेला *(हि.पुं.)* स्त्रियों के कंधे पर रहनेवाला।
गहेला *(हि.वि.)* हठी, अहंकारी।
महेला (हि. स्त्री) पशुओं को खिलाने का एक पौष्टिक पदार्थ।
हुहेला (हि. वि) दुःसाध्य, दुःखदायी।
सुहेला *(हि.वि.)* सुखदायक, सुन्दर।
चैला *(हि.पुं.)* कुल्हाड़ी से चीरी हुई लकड़ी का टुकड़ा।
छैला *(हि.पुं.)* सुन्दर वस्त्र पहिना हुआ मनुष्य।
थैला *(हि.पुं.)* कपड़े का टाट का बना हुआ झोला।
थैला *(हि.वि.)* छोटा थैला रूपयों से भरा हुआ कोष तोड़ा।
पैला *(हि.पुं.)* अन्न नापने की डलिया।
मैला *(हि.पुं.)* कूड़ा-करकट *(वि.)* दूषित जिस पर मैल जमी हो।
सैला *(हि.पुं.)* लकड़ी का छोटा डंडा मेख, गुल्ली, मुंगरी, चैला।
कुचेला *(हि.वि.)* मलिन वस्त्रवाला।
मैला-कुचैला *(हि.वि.)* बहुत मैला।
सुंदैला *(हि.वि.)* लम्बोदर तोंदवाला।
थनैला *(हि.पुं.)* स्त्रियों के स्तन पर होनेवाला एक प्रकार का फोड़ा।
पनैला *(हि.पुं.)* गरम कपड़ों के नीचे अस्तर देने का चिकना गाढ़ा कपड़ा।
बनैला *(हि.वि.)* वन्य जंगली।
घटमैला *(हि.वि.)* मिट्टी के रंग का धूमिल।
गुबरैला *(हि.पुं.)* गोबर में उत्पन होनेवाला एक प्रकार का कीड़ा।
ओला *(हि.पुं.)* वर्षा के साथ गिरा हुआ हिम का टुकड़ा।
गोला *(हि.पुं.)* किसी पदार्थ का वर्तुलाकार पिण्ड।
चोला *(हि.पुं.)* साधु का पहिनने का ढीला लंबा कुरता।
झोला *(हि.पुं.)* कपड़े की बड़ी थैली।
टोला *(हि.पुं.)* मोहल्ला, टोलिया।
तोला *(हि.पुं.)* बारह माशा या छानव।
ढोला *(हि.पुं.)* हिंडोला, झूला।
पोला *(हि.वि.)* पुलपुला, खोखला।
भोला *(हि.वि.)* सरल, सीधा साधा।
रोला *(हि.पुं.)* कोलाहल, घमासान युद्ध।
बोला *(सं.स्त्री.)* जिहा, जीभ।
मझोला *(हि.पुं.)* बीच का, मध्यम आकार का।
भटोला *(हि.पुं.)* वह भूमि जो माठ को दी गई हो।
खटोला *(हि.पुं.)* छोटी चारपाई या खटिया।
हिंडोला *(हि.पुं.)* पालना, झूला।
सपोला *(हि.पुं.)* साँप का छोटा बच्चा।
झंपोला *(हि.पुं.)* छोटा झाँप, छबड़ा।
फफोला *(हि.पुं.)* चमड़े का पोला, उभाड़ जिसके भीतर पानी भर जाए, छाला।
मिठबोला *(हि.पुं.)* मधुरभाषी।
बड़बोला *(हि.वि.)* लंबी-चौड़ी बातें करनेवाला।
अमोला *(हि.पुं.)* आम का भूमि से निकला हुआ नया पौधा।
ग्योला *(हि.पुं.)* देखो नेवला।
पहोला (हि.वि.) अभिमानी।
धोला *(हि.वि.)* धवल, उजला, सफेद।
पोला *(हि.पुं.)* बिना खूंटी का खड़ाल।
रोला *(हि.पुं.)* हल्ला, ऊधम।
बिनौला *(हि.पुं.)* कपास का बीज।
अलि *(सं.पुं.)* भ्रमण, भौरा, सखी सहेली।
बलि (पु. पु.) उपहार, भेंट, चढ़ावा।
वलि *(सं.पुं.)* रेखा, लकीर।
जल अलि *(सं.पुं.)* पानी का भँवर।
तिलखलि *(सं.पुं.)* तिल की खली।
पुष्पांजलि *(सं.पुं.)* अंजुली भर कर फूल जो किसी देवता पर चढ़ाए जाएँ।
कुसुमांजलि *(सं.पुं.)* पुष्पांजलि।
जलांजलि *(सं.पुं.)* प्रेत पितर आदि का जल से तर्पण।
तिलांजलि *(सं.स्त्री.)* मृतक संस्कार।
मातलि *(सं.पुं.)* इन्द्र के सारथी का नाम।
नरबलि (पं. पु.) देवता की वह पूजा जिसमें नर की हत्या की जाती है, नरमेध।
शल्मलि *(सं.पुं.)* सेमल का वृक्ष।
शाल्मलि *(सं.पुं.स्त्री.)* सेमल का वृक्ष।
पल्लिं *(सं.स्त्री.)* कुटी, ग्राम, छिपकली।
वल्लि *(सं.स्त्री.)* लता, पृथ्वी।
रोमावलि, रोमावली *(सं.स्त्री.)* रोमी की पंक्ति जो पेट के बीच में नाभि के ऊपर होती है।
त्रिवलि *(सं.स्त्री.)* पेट में पड़नेवाली तीन मूल रेखा।
आलि *(सं.स्त्री.)* सखी, सहेली।
कालि *(हि.कि.वि.)* आगामी दिन, कल।
पालि मध्य एशिया में प्रचलित एक प्राचीन लिपि जिसमें लिखे हुए अशोक के समय के अनेक शिलालेख पाए जाते हैं।

भालि *(हि.स्त्री.)* बरछी, शूल, काँटा।
चालि *(सं.स्त्री.)* पंक्ति, श्रेणी, कोना।
शालि *(स.र.)* धान्य, धान।
व्यालि *(हि.स्त्री.)* सर्पिणी, नागिन।
कुलि *(हि.कि.वि.)* सम्पूर्ण, सब।
धूलि *(सं.पुं.)* मिट्‌टी, रेत आदि का महीन चूर्ण।
गोधूलि *(सं.स्त्री.)* संध्या का समय।
नर्णतूलि *(सं.स्त्री.)* चित्रकार की कूंची।
केलि *(सं.स्त्री.)* परिहास, हँसी-ठट्‌ठा, क्रीड़ा।
बेलि *(हि.स्त्री.)* देखो बेल।
बालकेलि *(सं.स्त्री.)* लड़कों का खेल।
पोलि *(हि.स्त्री.)* फुलका, रोटी।
पौलि *(सं.पुं.)* मस्तक, सिर, किरीट, प्रधान व्यक्ति मौलिक-मूल संबंधी।
रोलि *(हि.स्त्री.)* वपल, घोल।
शिरोमौलि *(सं.पुं.)* सिर का रत्न।
अली *(हि.स्त्री.)* सखी, सहेली, पंक्ति, भौरा।
कली *(हि.स्त्री.)* बिना खिला हुआ फूल, कुरते इत्यादि में लगाने का तिकोना कटा हुआ कपड़ा।
खली *(हि.स्त्री.)* तेल निकालकर बची हुई सीठी।
गली *(हि.स्त्री.)* पतला मार्ग से दो घरों की पंक्तियों के बीच में रहता है।
छली *(हि.वि.)* कपटी।
ढली *(हि.स्त्री.)* खण्ड, छोटा टुकड़ा।
तली *(हि.स्त्री.)* तल, पेंदी, तलछट, तलाक।
थली *(हि.स्त्री.)* स्थली, स्थान, टिकाना, भूमि।
नली *(हि.स्त्री.)* छोटी पतली नली।
पली *(हि.स्त्री.)* किसी खड़े पात्र में से घी या तेल निकालने की एक प्रकार की करछी।
फली *(हि.स्त्री.)* पौधों के वे फल जो चिपटे और लंबे होते हैं जिनमें बीज भरे होते हैं।
बली *(सं.वि.)* पराक्रमी, बलवान।
रली *(हि.स्त्री.)* आनन्द, प्रसन्नता।
लली *(हि.स्त्री.)* लड़की के लिए प्रेम का शब्द, दुलारी लड़की।
वली *(सं.स्त्री.)* श्रेणी, पंक्ति, रेखा।
शली *(हि.स्त्री.)* साही नामक पशु।
छिपकली *(हि.स्त्री.)* गोह जाति का एक जन्तु जो घरों में रहता है।
मवरकली *(हि.स्त्री.)* लोहे या पीतल की वह कड़ी जो कील में इस प्रकार जड़ी रहती है कि चारों ओर घूम सके।
वल्कली *(सं.वि.)* वल्कलधारी।
चंपाकली *(हि.स्त्री.)* गले का एक आभूषण।
दिअरी, दिअली *(हि.स्त्री.)* मिट्‌टी का बहुत छोटा दीया।
टिकली *(हि.स्त्री.)* छोटी टिकिया, छोटी बिन्दी।

सिकली *(हि.स्त्री.)* धारदार हथियारों को मांजने और उन पर सान चढ़ाने की क्रिया।
केकली (ढेंकुली) कुएँ से पानी निकालने का एक यन्त्र, धान कूटने का एक प्रकार का लकड़ी का यन्त्र।
बेकली *(हि.स्त्री.)* व्यग्रता, घबड़ाहट।
उखली *(हि.स्त्री.)* पत्थर या लकड़ी का वह पात्र जिसमें अन्न डालकर मूसल में कूटकर इसकी भूसी अलगाई जाती है।
मेखली *(हि.स्त्री.)* कटिबन्ध, करवनी।
कुंजगली *(हि.स्त्री.)* पौधों या लताओं से केंपा हुआ मार्ग, पतली संकरी गली।
बगली *(हि.वि.)* बगल का, बगल से संबंध रखने वाला, कपड़े का वह टुकड़ा जो अंग कुरते आदि के वक्त लगाया जाता है।
चौबगली *(हि.स्त्री.)* बगलेबन्दी।
लोंगली *(हि.पुं.)* बन्दर।
थिगली *(हि.स्त्री.)* किसी फटे हुए वस्त्र के छेद पर लगाने की चकती, पेबन्द।
उंगली *(हि.स्त्री.)* अँगुली।
कनउंगली *(हि.स्त्री.)* कानी अँगुली।
थेगली *(हि.स्त्री.)* देखो थिगली।
पोगली *(हि.स्त्री.)* छोटी नली, पुपली।
जंगली *(हि.वि.)* जंगल संबंधी, अपने आप उगनेवाले पौधे।
बंगली *(हि.वि.)* झगड़ालू।
पुश्चली *(हि.स्त्री.)* असती, कुलटा, छिनार।
चलाचली *(हि.स्त्री.)* बहुत से लोगों का प्रस्थान, चलने की तैयारी।
मछली *(हि.स्त्री.)* मत्स्य, मीन।
कंजली (हि. क्रि.) श्यामता, कालिश।
गंगाजली *(स्त्री.)* वह धातु की सुराही या पात्र जिसमें यात्री लोग गंगाजल भरकर ले जाते हैं।
बिजली *(हि.स्त्री.)* वह शक्ति जिसके कारण वस्तुओं में आकर्षण और अपकर्षण होता है और जिसमें कभी-कभी ताप और प्रकाश भी उत्पन्न होता है, विद्युत, बादलों के टकराने तथा रासायनिक क्रिया से उत्पन्न होनेवाला वह प्रकाश जो आकाश में कभी-कभी देख पड़ता है।
पटली *(हि.स्त्री.)* पंक्ति।
पोटली *(हि.स्त्री.)* छोटी गठरी या बगुचा।
पिडरी, पिडली *(हि.स्त्री.)* टाँग।
कुण्डली *(सं.पुं.)* जन्मपत्रिका, सर्पिणी सर्पवत् बैठने की मुद्रा।
जुंडली *(हि.स्त्री.)* कुण्डली, गेडुरी।
घण्डली *(सं.स्त्री.)* गोष्ठी, समूह।
लाड़ली *(हि.वि.स्त्री.)* दुलारी।

कंतली *(हि.स्त्री.)* चौकोर कटी हुई मिठाई।
पतली *(हि.स्त्री.)* द्यूत, जुआ।
तितली *(हि.स्त्री.)* एक उड़नेवाला कीड़ा या फतिंगा।
पुतली *(स.पुं.)* प्रतिर्ति, धुतली।
पुतली *(हि.स्त्री.)* लकड़ी, मिट्टी, धातु अथवा कपड़े की बनी हुई स्त्री की आकृति, गुड़िया, आँख के बीच का काला भाग।
सुतली *(हि.स्त्री.)* डोरी, रस्सी।
पलचली *(हि.स्त्री.)* बन्दरों के गाल के बीच की थैली जिसमें वे खाने की वस्तु भर लेते हैं।
स्थली *(हि.स्त्री.)* जलशून्य भूमि, स्थान।
पाकस्थली *(सं.स्त्री.)* उदर में पक्वाशय आहार का पाचन होता है।
वनस्थली *(हि.स्त्री.)* जंगल का कोई भाग।
वनस्थली *(सं.स्त्री.)* वनभूमि, जंगली प्रदेश।
कोथली *(हि.स्त्री.)* केला, रंभाफल, एक प्रकार का हिरन।
कन्दली *(सं.स्त्री.)* कदली, केला।
बवली *(हि.स्त्री.)* फैलकर, छाया हुआ बादल, एक स्थान या पद से दूसरे स्थान पर नियुक्ति।
बेवली *(हि.स्त्री.)* टिकली।
धांधली *(हि.वि.)* उपद्रवी।
चपली *(हि.स्त्री.)* जूती, चट्टी।
पिप्पली *(सं.स्त्री.)* पीपल की लता इसका शहतूत के आकार का फल।
उपली *(वि.)* ऊपरी।
दुपली *(सं.स्त्री.)* बाँस आदि की पोली नली, बच्चों के खेलने का एक प्रकार का खिलौना।
मूँगफली *(हि.स्त्री.)* चिनिया बादाम।
डफली *(हि.स्त्री.)* छोटा डफ, खंजड़ी।
खलबली *(हि.स्त्री.)* व्यग्रता, हलचल, उबाल।
रजबली *(हि.पुं.)* भूपति, राजा।
महाबली *(हि.वि.)* बहुत बड़ा बलवान।
हड़भली *(हि.स्त्री.)* शीघ्रता।
अमली *(हि.स्त्री.)* इगली।
कमली *(हि.स्त्री.)* छोटा कम्बल, कमरी।
साल्मली *(हि.पुं.)* देखो शाल्मली।
ढामली *(सं.वि.)* कामला रोग से पीड़ित।
इमली *(हि.स्त्री.)* एक बड़ा वृक्ष जिसके फल और पत्तियाँ खट्टी होती हैं।
पिपली *(हि.स्त्री.)* नारियल की खोपड़ी का टुकड़ा।
नारियली *(हि.स्त्री.)* नारियल की खोपड़ी।
रंगरली *(हि.स्त्री.)* आमोद-प्रमोद।
तल्ली *(सं.स्त्री.)* नोका, नाव।
भितल्ली *(हि.स्त्री.)* चक्की के नीचे का पाट।
पल्ली *(सं.स्त्री.)* छिपकली, गोघा, बिसतुइया।
टोपल्ली *(हि.वि.)* दो पल्लेवाला *(स्त्री.)* दो टुकड़े कपड़ों को एक में सिलकर बनाई हुई टोपी।
बल्ली *(हि.स्त्री.)* छोटा बल्ला।
अमरवल्ली *(सं.स्त्री.)* अमरबेल, आकाश बवर।
किल्ली *(हि.स्त्री.)* कील, मेख, खूंटी।
खिल्ली *(हि.स्त्री.)* हँसी, ठिठोली, पान का बीड़ा।
गिल्ली *(हि.स्त्री.)* देखो गुल्ली।
झिल्लिका, झिल्ली *(सं.स्त्री.)* कोई विशेष, झींगर।
झिल्ली *(हि.स्त्री.)* किसी वस्तु की पतली तह, महीन छाल।
ठिल्ली *(हि.स्त्री.)* छोटी गगरी।
तिल्ली *(हि.स्त्री.)* प्लीहा, पिलही, तिल नामक अन्न।
तपतिल्ली *(हि.स्त्री.)* प्लीहा रोग।
बिल्ली *(हि.स्त्री.)* सिटकिनी, बिलैया।
सिल्ली *(हि.स्त्री.)* पत्थर की छोटी पतली पटिया, पटरी।
गुल्ली *(हि.स्त्री.)* गुठली, छोटा टुकड़ा।
फुल्ली *(हि.स्त्री.)* फुलिया, फूल के आकार का कोई आभूषण।
वेल्ली *(सं.स्त्री.)* वेल, लता।
अवली *(हि.स्त्री.)* पंक्ति, समूह, झुण्ड।
गादूली *(हि.वि.)* हरा-भरा।
धुवली *(हि.स्त्री.)* सफेद गाय।
विहली *(हि.पुं.)* वह जो बहुत घबड़ा गया हो।
गावली *(हि.स्त्री.)* दलाली।
तिलचावली *(हि.स्त्री.)* तिल और चावल की खिचड़ी।
पडूंजावली *(सं.स्त्री.)* पद्य-समूह।
वाणावली *(सं.स्त्री.)* तीरों की वर्षा।
पदावली *(सं.स्त्री.)* वाक्यों की श्रेणी, भजनों का संग्रह।
विरदावली *(सं.स्त्री.)* यश की कथा।
विरूदावली *(सं.स्त्री.)* किसी के प्रताप, पराक्रम आदि का विस्तारपूर्वक वर्णन।
रत्नावली *(सं.स्त्री.)* मोती की माला, मणियों की माला।
ज्वावली *(सं.स्त्री.)* शब्द की विभक्तियों का वर्णन।
भावली *(हि.स्त्री.)* खेत की उपज की बँटाई जो भूस्वामी और कृषक के बीच होती है।
नामावली *(सं.स्त्री.)* नामों की सूची।
कुसुमावली *(सं.स्त्री.)* फूलों का गुच्छा।
पावली *(हि.स्त्री.)* सीढ़ियाँ लगा हुआ छोटा गहरा तालाब या चौड़े मुँह का कुआँ।
वंशावली *(सं.स्त्री.)* पूर्व पूर्वजों की नामावली।
झांवली *(हि.स्त्री.)* आँख की कनखी।
तसली *(हि.स्त्री.)* छोटा तसला।
पसली *(हि.स्त्री.)* मनुष्यों की छाती के अस्थि पंजर की गोलाकार आड़ी हड्डियों में से एक पर्श।
पेसली *(हि.स्त्री.)* देखो पसली।
पुफसली *(हि.वि.)* दोनों फसलों में (अर्थात रबी और भदई दोनों में) उत्पन्न होनेवाला *(वि.)* सन्दिग्ध, अनिश्चित।

हंसली *(हि.स्त्री.)* गरदन के नीचे और छाती के ऊपर की धन्वाकार हड्डी, गले में पहनने का एक मण्डलाकार गहना।

बांसली *(हि.स्त्री.)* मुरली, बाँसुरी।

कुसली *(हि.स्त्री.)* आम की गुठली।

बहली *(हि.स्त्री.)* एक प्रकार की छतरीदार या परदेदार बैलगाड़ी।

देहली *(सं.स्त्री.)* द्वार के चौखट के नीचे लगी हुई लकड़ी।

आली *(सं.स्त्री.)* सखी, सहेली, पंक्ति।

काली *(सं.स्त्री.)* दुर्गा, पार्वती, कालिका।

खाली रिक्त।

गाली *(हि.स्त्री.)* दुर्वचन, निन्दा, कलंक-सूचक वाक्य।

वाली *(हि.वि.)* धूर्त, उपद्रवी।

छाली कटी सुपारी।

जाली *(हि.स्त्री.)* पत्थर, धातु आदि में बने हुए छोटे-छोटे छिद्रों के समूह, एक प्रकार का कसीदे का काम, महीन छेदवाला वस्त्र, कच्चे आम की गुठली के ऊपर के रेशे।

टाली *(हि.स्त्री.)* आधे रुपए का सिक्का, अठन्नी।

ठाली बिना काम के।

डाली *(हि.स्त्री.)* फूल-फल या खाने-पीने की वस्तु, सजाकर किसी के यहाँ भेजने की टोकरी, छितनी।

ताली *(सं.स्त्री.)* कुंजी, मेहराब के बीचोबीच का पत्थर या ईंट, हथेलियों को परस्पर पीटने की क्रिया।

थाली *(हि.स्त्री.)* छोटा थाल।

नाली मोरी।

पाली *(हि.स्त्री.)* पात्र का ढपना, परई, एक प्राचीन भाषा जिसमें बौद्धों के धर्मग्रन्थ लिखे हुए हैं।

पाली *(हि.वि.)* पालन करनेवाला, रक्षा करनेवाला।

बाली *(हि.स्त्री.)* कान में पहिनने का एक प्रसिद्ध आभूषण।

भाली *(हि.स्त्री.)* भाले की नोक।

माली *(हि.पुं.)* फूल बेचनेवाली जाति-विशेष, वह पुरुष जो बगीचों व पेड़-पौधे लगाने और सींचने का काम करता है।

लाली *(सं.स्त्री.)* लाल होने का भाव।

साली *(हि.स्त्री.)* पत्नी की बहिन।

होली *(हि.अव्य.)* शीघ्र, जल्दी से।

हरियाली *(हि.स्त्री.)* घास, पेड़-पौधों आदि का विस्तार।

दुआली *(हि.स्त्री.)* वह आरा जिसको दो आदमी चलाते हैं।

अकाली *(सं.पुं.)* सिक्खों का एक समुदाय।

पखाली *(हि.पुं.)* मसक में पानी भरने वाला।

कगाली *(हि.स्त्री.)* रोमन्थ, पागुर।

बंगाली *(हि.पुं.)* बंगाल देश का निवासी।

सुरचाली *(हि.पुं.)* उपद्रवी, बखेड़िया।

पज्जाली *(सं.स्त्री.)* गुड़िया।

बोलचाली *(हि.स्त्री.)* देखो बोलचाल।

कुचाली *(हि.वि.)* कुमार्गी, दुष्ट।

भुजाली *(हि.स्त्री.)* खुखरी, छोटी बरछी।

जजाली *(हि.वि.)* उपद्रवी, झगड़ालू, बखेड़िया।

बटाली *(हि.स्त्री.)* रूखानी।

कुडाली *(हि.स्त्री.)* कुठारी, कुल्हाड़ी।

बढ़ाली *(हि.स्त्री.)* कटारी, कटार।

प्रणाली *(सं.स्त्री.)* नाली, परिपाटी, श्रेणी, रीति या पद्धति।

लेखाप्रणाली *(सं.स्त्री.)* लिखने का ढंग।

पाउपद्धति, पाठप्रणाली *(सं.स्त्री.)* पढ़ने की रीति या ढंग।

हरताली *(हि.वि.)* उपद्रवी।

स्थाली *(सं.स्त्री.)* मिट्टी की कटोरी, हंडिया।

प्रनाली *(हि.स्त्री.)* प्रणाली।

परनाली *(हि.स्त्री.)* छोटी मोरी।

दुनाली *(हि.वि.)* जिसमें दो नली लगी हो (स्त्री) दुनाली बंदूक जिसमें एक साथ दो गोलियाँ भरी जा सके।

भवपाली *(सं.स्त्री.)* संसार की रक्षा करनेवाली शक्ति।

वनमाली *(सं.पुं.)* श्रीकृष्ण।

दीपमाली *(हि.स्त्री.)* दीवाली।

करमाली *(सं.पुं.)* सूर्य।

तीचिमाली *(सं.पुं.)* सूर्य।

मरीचिमाली सूर्य या चन्द्रमा।

रोमाली *(सं.स्त्री.)* देखो रोमावली।

शिरोमाली *(हि.स्त्री.)* महादेव।

कड़ियाली *(हि.स्त्री.)* घोड़े की लगाम।

हरियाली *(हि.स्त्री.)* हरे-हरे पेड़-पौधो का समूह या विस्तार।

ककराली *(हि.स्त्री.)* कांख या फोड़ा।

दल्लाली *(हि.स्त्री.)* देखो दलाली।

रखवाली *(हि.स्त्री.)* रक्षा करने की क्रिया या भाव।

कोतवाली *(हि.स्त्री.)* कोतवाल के रहने का स्थान, कोतवाल का पद।

करवाली *(हि.स्त्री.)* छोटी तलवार, करौली।

दिवाली *(हि.स्त्री.)* देखो दीपावली।

कोठीवाली *(हि.स्त्री.)* महाजनी, मुड़िया लिपि।

दीवाली *(हि.स्त्री.)* एक उत्सव व कार्तिक की अमावस्या के दिन जिसमे सन्ध्या के समय नगर में तथा घर के बाहर जलते हुए दीयों की पंक्ति रखी जाती है।

दुवाली *(हि.स्त्री.)* परतला में लगा हुआ तस्मा जिसमें तलवार आदि लटकाई जाती है।

धनशाली *(सं.वि.)* धनवान, धनी।

धैर्यशाली *(सं.वि.)* धैर्ययुक्त, शांत।

बलशाली *(सं.वि.)* बलवान।

विभवशाली *(सं.वि.)* ऐश्वर्ययुक्त।

वैभवशाली *(सं.वि.)* जिसके पास बहुत धन हो।

प्रतिभाशाली *(सं.वि.)* प्रभावशाली।

सुषमाशाली *(सं.वि.)* जिसमें अधिक शोभा हो।

मतिशाली *(हि.वि.)* मेधावी, बुद्धिमान।
बुद्धिशील *(सं.वि.)* बुद्धिमान।
तपसाली *(हि.पुं.)* तपस्वी।
तिली *(हि.स्त्री.)* तिल, तिल्ली।
बिली *(हि.वि.)* हार्दिक, अति घनिष्ठ।
शिली *(हि.स्त्री.)* चौखट के नीचे की लकड़ी, डहरी।
कोइली *(हि.स्त्री.)* आम की गुठली।
इमिली *(हि.स्त्री.)* देखो इमली।
झिलमिली *(हि.स्त्री.)* अनेक पतली आड़ी पटरियों का ढांचा जो किवाड़ों में प्रकाश, धूल आदि रोकने के लिए जड़ा रहता है।
कीली *(हि.स्त्री.)* किसी चक्र के बीच में लगी हुई खूँटी, कील, किल्ली।
पीली *(हि.स्त्री.)* पान का बीड़ा, गिलोरी।
नीली *(हि.वि.)* नीले रंग का।
फीली *(हि.स्त्री.)* घुटने के नीचे एड़ी तक का भाग।
पतीली *(हि.स्त्री.)* चौड़े मुँह की बटलोई, देगची।
कुली *(सं.पुं.)* बोझ उठाने वाला मनुष्य, मुटिया।
टकुली *(हि.स्त्री.)* पत्थर काटने की टांकी।
नकुली *(सं.स्त्री.)* नेवली, नेवले की मादा।
शष्कुली *(सं.स्त्री.)* कर्णरन्ध्र, कान का छेद।
टिकुली *(हि.स्त्री.)* देखो टिकली।
ढंकी, ढेकुली *(हि.स्त्री.)* अनाज कूटने की ढेकुली।
अंगुली *(सं.स्त्री.)* अंगुली, उँगली।
जाड़ागुली *(सं.स्त्री.)* साँप का विष उतारने की विद्या।
केंचुली *(हि.स्त्री.)* देखो केंचुल।
खचुली *(हि.स्त्री.)* खाज, खुजली।
पतुली *(हि.स्त्री.)* कलाई में पहिनने का एक गहना।
मातुली *(सं.स्त्री.)* मामी।
बिंदुरी, बिंदुली *(हि.स्त्री.)* माथे पर का गोल टीका, टीकुली।
पसुली *(हि.स्त्री.)* देखो पसली।
सिकहुली *(हि.स्त्री.)* कास या मूंज की बनी हुई छोटी डलिया।
धूली चोकर-दलिया।
धूली *(सं.स्त्री.)* धूल।
मूली *(हि.स्त्री.)* एक पौधा जिसकी जड़ खाने में तीक्ष्ण तथा मीठी होती है।
घूली *(हि.स्त्री.)* सफेद चिह्न जो आँख की पुतली पर पड़ जाता है।
तूली *(हि.स्त्री.)* प्राणदण्ड देने की एक प्राचीन रीति जिसमें अपराधी नुकीले डंडे के ऊपर बैठा दिया जाता था और उसके मस्तक पर चोट दी जाती थी, फाँसी।
शूली *(पु.)* जिस पर चढ़ाकर प्राचीन काल में प्राणदण्ड दिया जाता था, त्रिशूल।
केली केले की उपजाति।
चेली शिष्या।
ठेली हाथ ठेला।
डेली टुकड़ा।
तेली *(हि.पुं.)* हिन्दुओं में एक शूद्र जाति जो सरसों, तीसी, तिल आदि पेरकर तेल निकालने का व्यवसाय करती है।
थैली *(हि.स्त्री.)* आधा रुपया, अठन्नी।
भैली *(हि.स्त्री.)* गुड़ आदि की पिण्डी।
मैली *(हि.पुं.)* संगी, हेलमेल रखनेवाला।
सेली *(हि.स्त्री.)* छोटा भाला, बरछी।
सहेली *(हि.स्त्री.)* सहेली, सखी।
अठखेली *(हि.स्त्री.)* खेलकूद, उछलकूद।
रखेली *(हि.स्त्री.)* रखनी, सुरैतिन।
पटेली *(हि.स्त्री.)* छोटा पटला।
कठेली लकड़ी का छोटा कठौता।
हथेली *(हि.स्त्री.)* करतल।
अधेली *(हि.स्त्री.)* आठ आने मूल्य की चाँदी की मुद्रा अठन्नी।
बहनेली *(हि.स्त्री.)* वह जिसके साथ बहनापा हो।
धूपेली *(हि.स्त्री.)* गरमी के दिनों में पसीने से निकलनेवाली फुन्सी।
तबलबेली *(हि.स्त्री.)* उत्कण्ठा, आतुरता।
चमेली *(हि.स्त्री.)* एक लता जिसमें सुगन्धित श्वेत पुष्प होता है।
फुलेली *(हि.स्त्री.)* फुलेल रखने का काँच का पात्र।
तालवेली *(हि.स्त्री.)* व्याकुलता।
पहेरी, पहेली *(हि.स्त्री.)* समस्या, बुझौवल, फेरवट की बात।
सहेली *(हि.स्त्री.)* अनुचरा, संगिनी।
चैली *(हि.स्त्री.)* चीरी हुई लकड़ी का छोटा चैला।
थैली थैलिया।
मैली गंदी।
रैली जुलूस।
सैली *(हि.स्त्री.)* छोटा सैला, टोकरी।
शैली *(सं.स्त्री.)* चाल, ढंग, रीति प्रथा, प्रणाली, परिपाटी, वाक्य-रचना।
पोली *(हि.स्त्री.)* क्रोड़, गोदी, अंचल।
कोली तन्हवाय, कपड़ा बुनने वाला।
खोली *(हि.स्त्री.)* आवरण।
गोली *(हि.स्त्री.)* वटिका, पटिया, लड़कों के खेलने का काँच या मिट्टी का छोटा गोलाकार पिण्ड, बंदूक में भर कर छोड़ने का सीसे का ढला हुआ छोटा गोल पिण्ड।
चोली *(हि.स्त्री.)* स्त्रियों की एक प्रकार की अंगिया।
छोली छोलदारी, तम्बू।

झोली थैला।

टोली *(हि.स्त्री.)* बस्ती का छोटा भाग, समूह झुंड, मंडली, जत्था।

डोली *(हि.स्त्री.)* शिविका, पालकी।

ढोली *(सं.वि.)* ढोल बजानेवाला।

ठिठोली *(हि.स्त्री.)* दो सौ पान की गड्डी।

दोली *(सं.स्त्री.)* देखो डोली।

पोली *(सं.स्त्री.)* पतली रोटी।

बोली *(हि.स्त्री.)* वाणी, अर्थयुक्त शब्द या वाक्य, वचन नीलाम करने वाले और लेनेवाले का चिल्लाकर दाम कहना।

भोली सीधी।

रोली *(हि.स्त्री.)* देखो रोरी।

होली होलिका।

सिघकोली *(हि.स्त्री.)* कास, मूंज आदि की बनी हुई छोटी डलिया।

नंगाझोरी, नंगाझोली *(हि.स्त्री.)* किसी छिपाई हुई वस्तु का पता लगाने के लिए किसी मनुष्य के वस्त्र को उतरवाकर अथवा वस्तु को भली भांति हाथों से टटोलकर देखना।

ठिठोली *(हि.स्त्री.)* हँसी।

रस्तोली *(हि.स्त्री.)* गली।

थपोड़ी, थपोली *(हि.स्त्री.)* हथेली।

तंबोली *(हि.पुं.)* पान बेचनेवाला मनुष्य, बरई।

बहोली *(हि.स्त्री.)* कुरते आदि का हाथ का भाग।

कौली जेट, कमर।

पौली *(हि.स्त्री.)* पोरी, ड्योढी।

आँख मिचौली, आँख मीचली, आँख मुचाई (मुंदाई) *(हि.स्त्री.)* लड़कों का एक खेल।

करौली *(हि.स्त्री.)* नोकदार घोपने की छुरी।

खलु *(स.अव्य.)* निश्चय करके, अब।

उमण्डलु *(सं.पुं.)* काठ या नारियल का बना हुआ संन्यासियों का पात्र, तुम्बा।

तालु *(सं.पुं.)* मुख के भीतर ऊपर की ओर की पूरी छत।

सालु *(हि.पुं.)* ईर्षा, डाह, कष्ट।

लज्जालु *(हि.वि.)* लज्जाशील।

लटालु *(हि.वि.)* लोलुप, लंपट, बुरा।

पिण्डालु एक प्रकार का सफतालु।

क्रोधालु *(सं.वि.)* क्रोधी।

कृपालु *(सं.वि.)* दयालु।

दयालु *(सं.वि.)* दयावान, कृपालु।

दीनदयालु *(सं.वि.)* दुखियों पर दा करनेवाला।

हृदयालु *(सं.वि.)* सहृदय, सुशील।

तनलालु *(सं.वि.)* आलस्ययुक्त, आलसी।

तद्रालु *(हि.वि.)* ऊँघनेवाला।

निद्रालु *(सं.वि.)* निद्राशील, सोनेवाला।

तृषाल, तृषालु *(सं.वि.)* पिपासित, प्यासा।

लू *(हि.स्त्री.)* ग्रीष्म ऋतु की गरम हवा।

उल्लू *(हि.पुं.)* उलूक *(वि.)* मूर्ख।

उठल्लू *(हि.वि.)* एक स्थान पर रहनेवाला, बिना प्रयोजन इधर से उधर घूमनेवाला।

पल्लू *(हि.पुं.)* बिना पैर का कीड़ा जो सड़े हुए फल, घाव आदि पर पड़ जाता है।

टहलू *(हि.पुं.)* नौकर, सेवक।

चौपहलु *(हि.पुं.)* देखो चौपहला।

चौपहला, चौपहलु *(हि.वि.)* वर्गात्मक, चार पहल का।

आलू *(हि.पुं.)* एक प्रकार का कन्द जो तरकारी बनाकर खाया जाता है।

ढालुआं, ढालू *(हि.वि.)* देखो ढालवा।

तालू *(हि.पुं.)* मुख के भीतर की ऊपरी छत।

पालू *(हि.वि.)* पालतू, पाला हुआ।

बालू *(हि.पुं.)* पत्थर का वह महीन चूर्ण या कण जो वर्षा के जल के साथ पहाड़ पर से आता है और नदियों के किनारों पर जम जाता है, रेणुका रेत।

सालू *(हि.पुं.)* एक प्रकार की लाल रंग की साड़ी जो मांगलिक कार्यों में पहनी जाती है।

भुखालू *(हि.वि.)* भूखा।

लजारू, लजालू *(हि.पुं.)* लजाधर नाम का पौधा।

झगड़ालू *(हि.पुं.)* कलहप्रिय।

पिंडालू *(हि.स्त्री.)* सकरकन्द, सुधली।

रतालू *(हि.पुं.)* पिण्डालू, बाराहीकन्द।

सतालू *(हि.पुं.)* एक छोटा वृक्ष जिसके गोल फल खाए जाते हैं, आड़ू।

व्यालू *(हि.पुं.)* रात का भोजन।

शयालू *(सं.वि.)* जिसको नींद आती हो।

धकेलू *(हि.पुं.)* धक्का देनेवाला।

घरेलू *(हि.वि.)* घर में रहनेवाला पलुआ, पालतू, घर का, निज का।

भले *(हि.क्रि.वि.)* भली भांति, अच्छी तरह से (अव्यय) वाह।

तले *(हि.क्रि.वि.)* नीचे, नीचे की ओर।

पहले *(हि.अव्य.)* आरंभ में पूर्व काल में।

लाले *(हि.पुं.)* लालसा, अभिलाषा।

घुंघरारे, घुघराले *(हि.वि.)* घुंघरूवा, घुमावदार बाल।

अकेले *(हि.क्रि.वि.)* बिना साथी के।

दुकेले *(हि.क्रि.वि.)* दूसरे व्यक्ति को साथ लिए हुए।

लै *(हि.अव्य.)* पर्यंत, तक, तुल्य, उमाड़।

परलै *(हि.पुं.)* देखो प्रलय।

लो *(हि.अव्य.)* इसका प्रयोग श्रोता का ध्यान अपनी ओर आकृष्ट करने के लिए होता है।

लो *(हि.अव्य.)* तक।

लौ *(हि.स्त्री.)* आग की लपट, ज्वाला, दीपक की टेम, आशा, कामना।

व–*हिन्दी या संस्कृत भाषा का उनतीसवाँ व्यंजन वर्ण, यह अन्तस्थ अर्ध व्यंजन माना जाता है, इसका उच्चारण-स्थान दंत अथवा दंतोष्ठ माना जाता है।*

अव कव *(हि.अव्य.)* और, *(सं.अव्य.)* यह शब्द अवश्य, तिरस्कार, बराबर तथा मेल अर्थ में प्रयुक्त होता है।

छव देखो छवि।

जव *(सं.पुं.)* वेग, *(हि.पुं.)* यव।

दव *(सं.पुं.)* वन, जंगल, वह अग्नि जो जंगल में आप से आप लग जाती है।

धव *(सं.पुं.)* पति, स्वामी।

नव *(सं.पुं.)* स्तोत्र, *(वि.)* नवीन, नूतन, नया, दस से एक कम की संख्या का, *(पुं.)* आठ और एक की संख्या 9।

भवं *(हि.स्त्री.)* देखो भौंह।

भव *(सं.पुं.)* जन्म, उत्पत्ति, संसार, क्षेम, कुशल, प्राप्ति, कारण, हंतु, जन्म-मरण का दुःख (हि.पुं.) भय, डर, *(वि.)* कल्याणकारक, शुभ, उत्पन्न, जन्मा हुआ।

पव *(सं.पुं.)* जव नाम का अन्न, चार धान या छह संरसों की तौल का मान।

रव *(सं.पुं.)* शब्द, ध्वनि, गुंजार।

लव *(सं.पुं.)* बहुत छोटी मात्रा, खेत की कटाई, अल्प समय।

शव *(सं.पुं.)* मृत शरीर।

स्व *(सं.पुं.)* धन, *(पुं.)* आप, निज, जाति, बन्धु।

सव *(सं.अव्य.)* सब जगह, हर एक स्थान में।

चक्कव *(हि.वि.)* चक्रवर्ती (राजा)।

परिपक्व *(सं.वि.)* प्रौढ़, अच्छी तरह से पका हुआ, अनुभवी, निपुण, प्रवीण।

लगव *(हि.वि.)* मिथ्या, झूठ, असत्य।

पुंगव *(सं.वि.)* किसी शब्द के अन्त में जोड़ने से इसका अर्थ श्रेष्ट होता है।

नरपुंगव *(सं.पुं.)* मनुष्यों में श्रेष्ठ।

मुनिपुंगव *(सं.पुं.)* मुनि श्रेष्ठ।

राघव *(सं.पुं.)* रघु के वंश में उत्पन्न।

लाघव *(सं.पुं.)* अल्पत्व, कमी, अल्पता, लघुता, हाथ की चातुरी।

हस्तलाघव *(सं.पुं.)* हाथ की चतुराई।

माँडव *(हि.पुं.)* मण्डप।

उच्छव *(हि.पुं.)* देखो उत्सव, उत्साह।

महोच्छव, महोच्छा *(हि.पुं.)* महोत्सव।

आर्जव *(सं.पुं.)* सरलता, सदाचार, सच्चाई।

प्रतिजव *(सं.वि.)* बहुत तीव्र चलने वाला, *(पुं.)* वेगयुक्त गति।

पुरोजव *(सं.वि.)* आगे बढ़ने वाला।

पाटव *(सं.पुं.)* पटुता, निपुणता।

सौष्ठव *(सं.पुं.)* उपयुक्तता, सुन्दरता।

ताण्डव *(सं.पुं.)* नृत्य, नाच, पुरुष का नाच।

प्रणव *(सं.पुं.)* ओंकार, परमेश्वर।

वैष्णव *(सं.वि.)* विष्णु संबंधी, *(पुं.)* विष्णु-भक्त।

महार्णव *(सं.पुं.)* बड़ा समुद्र।

सखत्व *(सं.पुं.)* मित्रता।

पच्चत्व *(सं.पुं.)* मरण, मृत्यु।

शठत्व *(सं.पुं.)* शठता।

शण्डत्व *(सं.पुं.)* हिजड़ापन।

तत्व *(हि.वि.)* मुख्य, प्रधान, *(पुं.)* शक्ति, बल।

तत्त्व *(सं.पुं.)* यथार्थता, वास्तविक स्थिति, स्वरूप, सार वस्तु, सारांश, पंचभूत।

पच्चतत्व *(सं.पुं.)* पाँच तत्वों का समुदाय जो पृथ्वी, जल, तेज, वायु और आकाश हैं।

ब्राह्मत्व *(सं.पुं.)* ब्राह्मणत्व।

ममत्व *(सं.पुं.)* ममता, स्नेह, अभिमान, गर्व।

वक्तव *(सं.पुं.)* व्याख्यान, कथन।

कर्तत्व *(सं.पुं.)* कर्ता का धर्म।

नरत्व *(सं.पुं.)* मनुष्यत्व।

स्वत्व *(सं.पुं.)* अधिकार।

षत्व *(सं.पुं.)* मूर्धन्य, षकार का भाव, ष होना।

सत्व *(सं.पुं.)* अस्तित्व, सत्ता, तत्व, चैतन्य, प्राण।

महत्व *(सं.पुं.)* श्रेष्ठता, बड़प्पन।

राजत्व *(सं.पुं.)* राजा का पद।

भाषातत्व *(सं.पुं.)* शब्द तत्व का विज्ञान।

प्राथत्व *(सं.पुं.)* प्रभुता, प्रभुत्व।

भ्रातृत्व *(सं.पुं.)* भ्राता का भाव या धर्म।

दातृत्व *(सं.पुं.)* दानशीलता।

दासत्व *(सं.)* सेवावृत्ति।

पात्रत्व *(सं.पुं.)* योग्यता।

निस्तत्व *(सं.वि.)* तत्वहीन, निःसार।

मलिनत्व *(सं.पुं.)* मलिनता।

प्रियत्व *(सं.पुं.)* प्रेम, स्नेह।

विनिद्रत्व *(सं.पुं.)* जागरण।

पितृत्व *(सं.पुं.)* पिता का भाव या धर्म।

निःसत्व *(सं.वि.)* जिसमें तत्व या सार न हो।

नीचत्च *(सं.पुं.)* नीचता।

धीरत्व *(सं.पुं.)* धीरता।

तुंगत्व *(सं.पुं.)* तुंगता।

तुच्छत्व *(सं.पुं.)* ओछापन।

पुरुषत्व *(सं.पुं.)* पुरुषत्व, पुरुष का धर्म।

भूतत्व *(सं.पुं.)* भूत का भाव या धर्म।

शुद्रत्व *(सं.पुं.)* शूद्रता।

पूर्वत्व *(सं.पुं.)* पुरानापन।
अविवेकत्व अज्ञानता, मूर्खता।
ज्येष्ठत्व *(सं.पुं.)* ज्येष्ठता, बड़ाई।
नेतृत्व *(सं.पुं.)* नायकता, अध्यक्षता।
देवत्व *(सं.पुं.)* देवता का भाव, देवता का धर्म।
भोगत्व *(सं.पुं.)* भोग का भाव या धर्म।
शौचत्व *(सं.पुं.)* शौच का कार्य।
प्रौढ़त्व *(सं.पुं.)* प्रौढ़ता।
भर्तत्व *(सं.पुं.)* पति का भाव या धर्म।
विद्वत्व *(सं.पुं.)* पाण्डित्य।
भार्यात्व भार्या का भाव या धर्म।
सखित्व *(सं.पुं.)* बन्धुता, मित्रता।
पतित्व *(सं.पुं.)* स्वामित्व।
प्रतिनिधित्व *(सं.पुं.)* प्रतिनिधि होने का कार्य या भाव।
मोनित्व *(सं.पुं.)* मौन।
स्वामिता, स्वामित्व *(सं.पुं.)* प्रभुत्व।
स्थायित्व *(सं.पुं.)* स्थिरता, दृढ़ता।
द्वित्व *(सं.पुं.)* दोहरा होने का भाव।
कवित्व *(सं.पुं.)* कविता रचना की शक्ति।
महित्व *(सं.पुं.)* महत्व, प्रभुता।
पटुत्व *(सं.पुं.)* पटुता, दक्षता।
पृथुत्व *(सं.पुं.)* देखो पृथुता।
लघुत्व *(सं.पुं.)* तुच्छता, छोटापन, हलकापन।
बन्धुत्व *(सं.पुं.)* मित्रता।
बहुत्व *(सं.पुं.)* आधिक्य, अधिकता।
स्तव *(सं.पुं.)* स्तोत्र, स्तुति, गान।
वास्तव *(सं.वि.)* सत्य, यथार्थ, *(कि.वि.)* वास्तव में, सचमुच।
कितव *(सं.पुं.)* दुष्ट, वचक, धूर्त।
कैतव *(सं.पुं.)* शठता, छल, धोखा, *(वि.)* जुआरी, शठ, दुष्ट।
द्वन्द्व *(सं.पुं.)* युग्म, जोड़ा, लड़ाई, एक प्रकार का समास जिसमें सब शब्द जो जोड़े हैं, प्रधान रहते हैं, और उनका अव्यव एक ही क्रिया के साथ होता है।
द्वन्द्व *(सं.पुं.)* मिथुन, जोड़ा, युग्म, दो मनुष्यों का परस्पर लड़ना, जोड़, कलह, झगड़ा।
समाहार द्वन्द्व *(सं.पुं.)* द्वन्द्व समास का वह भेद जिसमें उसके पदों के अर्थ के सिवाय कोई विशेष अर्थ भी सूचित होता है, जैसे–दाल-रोटी, हाथ-पाँव इत्यादि।
निर्द्वन्द्व *(सं.वि.)* जिसका विरोध करने वाला कोई न हो, स्वच्छन्द।
प्रतिद्वन्द्व *(सं.पुं.)* बराबरी करने वालों की लड़ाई।
मार्दव *(सं.पुं.)* अहंकार रहित होना, सरलता।
जादव *(हि.पुं.)* देखो यादव।
दुरध्व *(सं.पुं.)* कुपथ, कुमार्ग।
सेंधव *(सं.पुं.)* सेंधा नमक।
सार सेंधव *(सं.पुं.)* सेंधा नमक।
बधिव *(सं.पुं.)* भाई-बन्धु।
बान्धव *(सं.पुं.)* भाई-बन्धु, नातेदार, मित्र।
राघव *(सं.पुं.)* विष्णु, नारायण, बसन्त ऋतु।
वधुमाधव *(सं.पुं.)* बसन्तकाल।
दानव *(सं.पुं.)* असुर, राक्षस।
मानव *(सं.पुं.)* मनुष्य।
अभिनव *(सं.वि.)* नवीन, नया।
पूनव *(हि.स्त्री.)* देखो पूर्णिमा, पूर्बी।
उदभव *(हि.पुं.)* देखो उद्भव।
वनोद्भव *(सं.पुं.)* वन में उत्पन्न।
जहलोद्भव *(सं.वि.)* जल में उत्पन्न होने वाला।
पद्मोद्भव *(सं.पुं.)* ब्रह्मा।
स्वर्गोदभव *(सं.वि.)* स्वर्ग में उत्पन्न, *(सं.पुं.)* देवता।
देहोवभव *(सं.वि.)* शरीर से उत्पन्न।
पुष्पभव *(सं.पुं.)* मकरन्द, मधु।
सम्भव *(सं.पुं.)* हेतु, कारण, जन्म, उत्पत्ति, प्रसंग, संभावना, संकेत।
असम्भव *(सं.वि.)* असंगत।
कुमारसम्भव *(सं.पुं.)* महाकवि कालिदास कृत एक महाकाव्य का नाम।
स्वसम्भव *(सं.वि.)* जो अपने से उत्पन्न हो।
रससम्भव *(सं.पुं.)* रूधिर।
यथासम्भव *(सं.अव्य.)* जहाँ तक हो सके।
शाम्भव *(सं.वि.)* शिव सम्बन्धी।
प्रभव *(सं.पुं.)* जन्म, हेतु, जल, निकलने का मार्ग, पराक्रम।
सदाभव *(सं.वि.)* सदा रहने वाला।
पराभव *(सं.पुं.)* पराजय, हार।
अभिभव *(सं.पुं.)* पराजय, अनादर, तिरस्कार।
परिभवन, परिभव *(सं.पुं.)* अनादर, तिरस्कार, पराजय।
विभव *(सं.पुं.)* ऐश्वर्य, धन, सम्पत्ति।
अनुभव *(सं.पुं.)* प्रयोगों से प्राप्त किया हुआ ज्ञान।
तनुभव *(सं.पुं.)* पुत्र, बेटा।
स्वानुभव *(सं.पुं.)* अपना अनुभव।
वैभव *(सं.पुं.)* विभव, महिमा, महत्व।
मनोभव *(सं.पुं.)* कन्दर्प, कामदेव, *(वि.)* मन से उत्पन्न।
विसमव (हि पुं.) देखो विस्मय।
अवयव *(सं.पुं.)* अंश, भाग, टुकड़ा, शरीर का कोई भाग, वाक्य विशेष।
निरवयव *(सं.वि.)* अवयवों से रहित, निराकार।
खर्व *(सं.पुं.)* सौ अरब की संख्या, *(वि.)* छोटा, बौना।
महाखर्व *(सं.पुं.)* सौ खर्व की संख्या।
निखर्व *(सं.पुं.)* वामन, बौना।
गर्व *(सं.पुं.)* अहंकार, अभिमान।
अगर्व *(सं.वि.)* गर्वरहित।
ऊर्ध्व *(सं.पुं.)* उच्च, ऊँचा, ऊपरी।

पर्व *(सं.पुं.)* बाँस की गाँठ, अगुव का जोड़, उत्सव, पूर्णिमा और प्रतिपद की सन्धि, अंश, भाग, अवसर, सूर्य अथवा चन्द्रमा का ग्रहण।
शर्व *(सं.वि.)* शिव, महादेव, *(सं.वि.)* सम्पूर्ण, समग्र, सब।
पार्श्व *(सं.पुं.)* काँख के नीचे का भाग, पसलियाँ, निकटता, समीपता।
पारिपार्श्व *(सं.पुं.)* सेवक, अनुचर।
लोकरव *(सं.पुं.)* जनश्रुति।
द्रव *(सं.वि.)* आर्द्र, गीला, तरल, पिघला हुआ।
अद्रव *(सं.वि.)* घना, गाढ़ा।
पुष्पद्रव फूल का रस।
उपद्रव *(सं.पुं.)* उत्पाद, अत्याचार, ऊद्यम, आपत्ति।
निरूपद्रव *(सं.वि.)* उपद्रव-रहित।
कलरव *(हि.पुं.)* कूजन, मधुर ध्वनि।
प्रसन्न *(सं.पुं.)* झरना, बहना।
सिंहस्थ *(सं.पुं.)* सिंह की गरज।
कुद्रव *(सं.पुं.)* कोद्रव, अन्न, कोदो।
विरव *(सं.वि.)* शब्दरहित।
कैरव *(सं.पुं.)* शत्रु, जुआरी।
भैरव *(सं.वि.)* भयंकर, डरावना।
गौरव *(सं.पुं.)* सम्मान, आदर।
रौरव *(सं.पुं.)* एक नरक का नाम।
महारौरव *(सं.पुं.)* एक नरक का नाम।
पूर्व *(सं.वि.)* पहिले का प्राचीन, पुराना, पिछला, *(पुं.)* वह दिशा जिसमें सूर्य उदय होता है, *(अव्य.)* पहले।
अपूर्व *(सं.वि.)* विचित्र, निराला, उत्तम, श्रेष्ठ।
यथापूर्व *(सं.अव्य.)* पहिले के समान, ज्यों का त्यों।
सत्पूर्व *(सं.वि.)* सर्वप्रथम, सबसे पहिला।
श्रुतपूर्व *(सं.वि.)* जो पहले सुना गया हो।
भूतपूर्व *(सं.वि.)* वर्तमान काल के पहिले का, इस समय से पहिले का।
अभूतपूर्व *(हि.वि.)* पहिले न होने वाला, जो पहिले न हुआ हो।
खल्व *(सं.पुं.)* गंजापन।
पल्लव *(सं.पुं.)* नये निकले हए कोमल पत्ते, किसलिए।
पंचपल्व *(सं.पुं.)* आम, जामुन, कथ, बिजौरा और बल अथवा आम, पीपल, बर पाकर और औदुम्बर।
रक्तपर्णव *(सं.पुं.)* लालपन।
करपल्लव *(सं.पुं.)* अँगुली, हाथ।
उपल्लव *(सं.पुं.)* आकाश से तारा टूटना, विप्लव, विपत्ति।
भूतसंप्लव *(सं.पुं.)* प्रलय।
विप्लव *(सं.पुं.)* उपद्रव, हलचल, विपत्ति, अव्यवस्था।
चित्त विप्लव *(सं.पुं.)* उन्माद।
राष्ट्रविप्लव *(सं.पुं.)* विद्रोह, बलवा।
मालव *(सं.पुं.)* अवन्ति देश, मालवा, मालवा देश।
अहिलव *(हि.पुं.)* अधिकता, बढ़वी।
पेलव *(सं.वि.)* बुद्धू, कोमल।
बिल्व *(सं.पुं.)* बेल का वृक्ष।
अश्व *(सं.पुं.)* घाटक, घोड़ा।
पृषचश्व *(सं.पुं.)* वायु, हवा।
रोहिताश्व *(सं.पुं.)* अग्नि।
रथाश्व *(सं.पुं.)* रथ में जोतने का घोड़ा।
विश्व *(सं.पुं.)* समस्त ब्रह्मांड, *(वि.)* समस्त, अधिक।
पाशव *(सं.वि.)* पशु संबंधी।
केशव *(सं.पुं.)* परमात्मा, विष्णु।
शैशव *(सं.पुं.)* बाल्यावस्था, बचपन, *(वि.)* बचपन का।
राजस्व *(सं.पुं.)* भूमि आदि का वह कर जो राजा को दिया जाता है।
सर्वस्व *(सं.पुं.)* सम्पूर्ण सम्पत्ति, सब कुछ, कुल।
निस्व *(सं.वि.)* दरिद्र, गरीब।
प्रसव *(सं.पुं.)* बच्चा जनने की क्रिया, प्रसूति, जन्म, उत्पत्ति।
उत्सव *(सं.पुं.)* आनन्दजनक व्यापार, पर्व त्योहार।
निरूत्सव *(सं.वि.)* उत्सव हीन।
मधूत्सव *(सं.पुं.)* बसन्तोत्सव।
रथोत्सव *(सं.पुं.)* रथ यात्रा नामक उत्सव।
दीपोत्सव *(सं.पुं.)* दीपावली, दीवाली।
पुष्पोत्सव *(सं.पुं.)* कुसुम क्रीड़ा, फूल का खेल।
महोत्सव *(सं.पुं.)* कोई बड़ा उत्सव।
पुत्रोत्सव *(सं.पुं.)* पुत्र के जन्म दिन में किया जाने वाला उत्सव।
आसव *(सं.पुं.)* फलों का मद्य, अरिष्ट।
पुष्पजासब *(सं.पुं.)* फूलों से बनाई हुई मदिरा।
सैसव *(हि.पुं.)* देखो शैशव।
सत्पजिहृव *(सं.पुं.)* अग्नि।
द्विजिहृव *(सं.पुं.)* सर्प, साँप, पिशुन, दुष्ट, चोर।
सुजिहृव *(सं.वि.)* मधुरभाषी।
आहव *(सं.पुं.)* युद्ध, लड़ाई, ललकार।
आव *(हि.पुं.)* आयुष्य।
शाव *(हि.स्त्री.)* शून्य स्थान, पोत में माल रखने की कोठरी।
चाव *(हि.पुं.)* अभिलाषा, लालसा, प्रेम, चाह।
ठाव *(हि.पुं.स्त्री.)* थान, ठाँव।
ताव *(हि.पुं.)* वह उष्णता जो किसी वस्तु को गरम करने या पकाने के लिए दी जाए, क्रोध का आवेश, अहंकार, कागज का एक तख्ता।
दाव *(सं.पुं.)* वन, जंगल, बड़वानल।
पाव *(हि.पुं.)* चतुर्थ भाग, एक सेर का चौथाई भाग, चार छटाँक का परिमाण।

भाव *(सं.पुं.)* मन का विकार, सत्ता, अभिप्राय, स्वभाव, चित्त, आत्मा, चेष्टा, चोचला, आदर, प्रतिष्ठा, श्रद्धा, भक्ति, कल्पना, ढंग, अवस्था।

राव *(सं.पुं.)* ध्वनि, शब्द, *(हि.पुं.)* राजा, सरदार, श्रीमान, धनिक।

हाव *(सं.पुं.)* आकर्षण करनेवाली चेष्टाएँ।

गाँव *(हि.पुं.)* ग्राम, छोटा बस्ता।

छाँव *(हि.स्त्री.)* प्रतिबिम्ब, छाया, शरण।

ठाँव *(हि.पुं.)* ठिकाना, जगह।

दाँव *(हि.पुं.)* कार्य साधन का उपाय, जाल, युक्ति, छल, खेलने की बारी।

पाँव *(हि.पुं.)* पाद, पैर।

अकाव *(हि.पुं.)* अकाई, कुवाई।

पकाव *(सं.पुं.)* पकाने का भाव।

टिकाव *(हि.पुं.)* पड़ाव।

चुआव *(हि.स्त्री.)* चुआने की क्रिया।

झुकाव *(हि.पुं.)* किसी ओर नवने या झुकने की क्रिया या भाव, प्रवृत्ति।

रुकाव, रुकावट *(हि.पुं.)* रुकने की क्रिया।

देखाव *(हि.पुं.)* बनावट, तड़क भड़क।

लगाव *(हि.पुं.)* ऊख के पौधे का ऊपर का भाग।

लगाव *(हि.पुं.)* संबंध।

लगावट *(हि.स्त्री.)* प्रीति, प्रेम, संबंध।

अलगाव, अलगावा *(हि.पुं.)* वियोग।

पचाव *(हि.पुं.)* पचने की क्रिया या भाव।

बचाव *(हि.पुं.)* बचाने का भाव, रक्षा।

उछाव *(हि.पुं.)* देखो उत्साह।

सुलझाव *(हि.पुं.)* सुलझाने की क्रिया।

रिझाव *(हि.पुं.)* किसी का अपने ऊपर प्रसन्न होने का भाव।

अदाव, अदाउ *(हि.पुं.)* लगाव, विद्वेष।

कटाव *(हि.पुं.)* काट छाँट, बनावटी।

पटाव *(हि.पुं.)* पाटने की क्रिया, पटा हुआ स्थान, पाटन, भरठा।

निबटाव *(हि.स्त्री.)* निर्णय।

खरमिटाव *(हि.पुं.)* प्रातराश, कलेवा।

मनमुटाव *(हि.स्त्री.)* वैमनस्य।

उठाव *(हि.पुं.)* देखो उठान।

कुठाँव *(हि.पुं.)* बुरा स्थान।

अकड़ाव *(हि.पुं.)* खिंचाव, ऐंठन।

जड़ाव *(हि.पुं.)* जड़ने का काम।

पड़ाव *(हि.पुं.)* वह स्थान जहाँ यात्री ठहरते हैं।

सड़ाव *(हि.पुं.)* सड़ने की क्रिया या भाव।

बुड़ाव *(हि.पुं.)* डुबाव।

कढ़ाव *(हि.पुं.)* कसीदे का काम।

चढ़ाव *(हि.पुं.)* चढ़ने की क्रिया या भाव-वृद्धि। चढ़ाव-उतार, ऊँचा-नीचा स्थान।

बढ़ाव *(हि.पुं.)* विस्तार, वृद्धि अधिकता।

मतमढ़ाव *(हि.पुं.)* व्यर्थ वाद बढ़ाना, झगड़ा बढ़ाना।

पछिताव *(हि.पुं.)* देखो पछतावा।

बर्ताव *(हि.पुं.)* व्यवहार।

बरसाव *(हि.पुं.)* व्यवहार।

भावताव *(हि.पुं.)* किसी वस्तु का मूल्य या भाव।

प्रस्ताव *(सं.पुं.)* प्रकरण, छिड़ी हुई बात, चर्चा, सभा के सामने उपस्थित की हुई बात, भूमिका।

लदाव *(हि.पुं.)* भार, बोझ।

समुदाव *(हि.पुं.)* समुदाय।

अदाँव *(हि.पुं.)* कठिनता, धोखा।

तनाय, तनाव *(हि.पुं.)* तानने का भाव या क्रिया।

बचाव *(हि.पुं.)* रचना, शृंगार, युक्ति।

अपाव *(हि.पुं.)* अन्याय, अत्याचार।

छुपाव *(हि.पुं.)* देखो छिपाव।

तपाव *(हि.पुं.)* तप, गरमाहट।

उपाव *(हि.पुं.)* देखो उपाय।

पीलपाँव *(हि.पुं.)* पैर के फूल जाने का एक रोग। *(वि.)* पाँवपाँव चलने वाला, *(कि.वि.)* पाँवपाँव, पैदल।

दबाव *(हि.पुं.)* दबाने की क्रिया, चाँप।

डुबाव *(हि.पुं.)* डूबने भर की जल की गहराई।

अभाव *(सं.पुं.)* सत्ता की शून्यता, अनवस्था, विरोध, दुर्भाव।

पृथम्भाव *(सं.पुं.)* देखो पृथकत्व।

सतभाव *(हि.पुं.)* सज्जनता, सच्चाई।

सद्भाव *(सं.पुं.)* मेलजोल।

अर्न्तभाव *(सं.पुं.)* चित्त की भावना, अभिप्राय।

वक्रभाव *(सं.पुं.)* कुटिलता।

प्रभाव *(सं.पुं.)* प्रताप, तेज, सामर्थ्य।

निष्प्रभाव *(सं.वि.)* प्रभाव रहित, बिना सामर्थ्य का।

सप्रभाव *(सं.वि.)* तेजस्वी, पराक्रमी।

महाप्रभाव *(सं.पुं.)* अति बलवान।

परभाव *(हि.पुं.)* देखो प्रभाव।

अनन्यभाव *(सं.वि.)* केवल ईश्वर में ध्यान लगाने वाला।

स्वभाव *(सं.पुं.)* मन की प्रवृत्ति, प्रकृति, बात।

दु:स्वभाव *(सं.पुं.)* बुरा स्वभाव, *(वि.)* बुरे स्वभाव का।

मित्रभाव *(सं.पुं.)* मित्रता।

वानभाव *(सं.पुं.)* चोचला।

बालभाव *(सं.पुं.)* लड़कपन।

आवभाव *(हि.पुं.)* आदर, सत्कार।

हावभाव *(सं.पुं.)* पुरुषों का चित्त आकर्षण करने वाली स्त्रियों की चेष्टा।

आविर्भाव *(सं.पुं.)* प्रकाश, संचार, उत्पत्ति।

अहिर्भाव *(सं.पुं.)* बाह्य भाव।

शुद्धभाव *(सं.पुं.)* स्वच्छ भावना।
दुर्भाव *(सं.पुं.)* बुरा भाव, द्वेष, मनोमालिन्य।
प्रादुर्भाव *(सं.पुं.)* आविर्भाव, उत्पत्ति।
वस्तुभाव *(सं.पुं.)* वस्तु का धर्म या गुण।
साधुभाव *(सं.पुं.)* सज्जनता।
महानुभाव *(सं.वि.)* महाशय, कोई बड़ा आदरणीय व्यक्ति।
सुभाव *(हि.पुं.)* स्वभाव।
अंगागिभाव *(सं.पुं.)* गौण और मुख्य भाव का संबंध।
प्रकृतिभाव *(सं.पुं.)* स्वभाव, व्याकरण में संधि का वह नियम जिसमें दो पदों के मिलने से इनमें से किसी में कोई परिवर्तन न हो।
परिभाव *(सं.पुं.)* अनादर, तिरस्कार।
वक्रीभाव *(सं.पुं.)* टेढ़ापन, कपट।
अक्ष्यीभाव *(सं.पुं.)* व्याकरण में समास का एक भेद।
द्रवीभाव *(सं.पुं.)* गलने का भाव।
एकभाव *(सं.पुं.)* समभाव, एकरूप।
भेदभाव *(सं.पुं.)* अन्तर।
तिरोभाव *(सं.पुं.)* अदर्शन, आच्छादन।
जमाव *(हि.स्त्री.)* जमने या जमाने का भाव।
(जमावट) *(हि.स्त्री.)* जमने का भाव।
घुमाव *(हि.पुं.)* घूमने का भाव।
म्याँव *(हि.स्त्री.)* बिल्ली की बोली।
नियाव *(हि.पुं.)* देखो न्याय।
रासग्राव *(हि.पुं.)* ऊख के रस में पका हुआ चावल।
हियाव *(हि.पुं.)* साहस, दृढ़ता।
बृहद्राव *(सं.पुं.)* उलूक, उल्लू।
गर्राव *(हि.पुं.)* चौपायों के गले में बाँधने का रस्सी का फन्दा।
बराव *(हि.पुं.)* निवारण, बचाव।
भराव *(हि.पुं.)* भरने का भाव, भरने का काम।
श्राव *(सं.पुं.)* श्रवण, कान।
स्राव *(सं.पुं.)* क्षण, लार।
मुखस्राव *(सं.पुं.)* थूक, लार।
व्रणस्राव *(सं.पुं.)* घाव या फोड़े में से पीव निकलना।
रक्तस्राव *(सं.पुं.)* शरीर के किसी अंग से रूधिर बहना।
प्रस्राव *(सं.पुं.)* अच्छी तरह से बहना।
शराव *(सं.पुं.)* मिट्टी का पात्र, पुरवा, एक सेर का परिमाण।
सराव *(सं.पुं.)* पीने का पात्र, कसोरा।
गहराव *(हि.पुं.)* गहराई, गहरापन।
रेगाराव *(हि.पुं.)* छोटा राजा, सरदार।
विद्राव *(सं.पुं.)* बहना, पिघलना।
किराव *(हि.पुं.)* मटर।
गिराव *(हि.पुं.)* गिरने का कार्य।
घिराव *(हि.पुं.)* घेरने का काम, घेरा।
चिराव *(हि.पुं.)* चीरने का भाव या क्रिया।
कविराव *(हि.पुं.)* देखो कविराज, भाट, श्रेष्ठ कवि।
गहिराव *(हि.पुं.)* देखो गहराव।
केराव *(हि.पुं.)* मटर।
पैराव *(हि.पुं.)* इतना गहरा पानी जो तैरकर ही पार किया जा सकता हो।
मेराउ, मेराव *(हि.पुं.)* मिलाव, समागम।
निठुराव *(हि.पुं.)* निठुराई।
दुराव *(हि.पुं.)* किसी से बात गुप्त रखने का भाव, कपट, छल।
चलचलाव *(हि.पुं.)* यात्रा, प्रस्थान, मृत्यु।
तलाव *(हि.पुं.)* तालाब, ताल।
बहलाव *(हि.पुं.)* मनोरंजन, प्रसन्नता।
मिलाव *(हि.पुं.)* मिलाप, मिलावट।
ऊदबिलाव *(हि.पुं.)* जल, थल दोनों में रहने वाला नेवले के आकार का एक जंतु।
पुलाव *(हि.पुं.)* मांस और चावल को एक साथ पकाकर बना हुआ एक व्यंजन।
फुलाव *(हि.पुं.)* फूलने का भाव या अवस्था।
फैलाव *(हि.पुं.)* विस्तार, प्रचार।
द्राव *(सं.पुं.)* बहाव, गमन, गरमी, ऊष्णता, पसीजकर बहने की क्रिया।
घवाव *(हि.पुं.)* प्रवाद, निन्दा की चर्चा, पीठ पीछे की निन्दा।
छुवाव *(हि.पुं.)* संसर्ग, संबंध।
धसाँव *(हि.पुं.)* धँसने की क्रिया, दलदल।
मृगशाव *(सं.पुं.)* हरिण का बच्चा।
पसाव *(हि.पुं.)* माड़, पीच।
रसाव *(हि.पुं.)* रसने की क्रिया या भाव।
बतकहाव *(हि.पुं.)* वाद-विवाद।
प्रहाव *(हि.पुं.)* प्रवाह, बहने की क्रिया या भाव, बहती हुई धारा।
तिहाव *(हि.पुं.)* रोष, क्रोध झगड़ा।
करिहाव *(हि.पुं.)* कटि, कमर।
इव *(सं.अव्य.)* सदृश, तरह, समान।
जिव *(हि.पुं.)* देखो जाँव।
दिव *(सं.स्त्री.)* आकाश, दिन, *(पुं.)* वन जंगल।
दिव *(हि.वि.)* देखो दिव्य।
पिव *(हि.पुं.)* देखो पिय।
शिव *(सं.पुं.)* मंगल, सुख, कल्याण, *(पुं.)* महादेव, मोक्ष।
सचिव *(सं.पुं.)* मन्त्री, सहायक, मित्र।
अर्थसचिव *(सं.पुं.)* राज्य के अधिक विषयों की देखभाल करने वाला मन्त्री।
नर्मसचिव *(सं.पुं.)* विदूषक।
राजिव *(हि.पुं.)* राजीव, कमल।

पार्थिव *(सं.पुं.)* पृथ्वीपति, राजा, *(वि.)* मिट्टी आदि का बना हुआ।

सदाशिव *(सं.वि.)* सर्वदा कल्याण करने वाला।

पुष्टिव *(सं.वि.)* पुष्टि देने वाला।

जीव *(सं.पुं.)* प्राणी, जीवधारी, जीवात्मा।

नीव *(सं.पुं.)* देखो नींव।

पीव *(हि.पुं.)* पिय, पति, देखो पीव।

झीव *(सं.वि.)* उन्मत, मतवाला।

नीव *(हि.स्त्री.)* भीत का आधार, स्थिति, जड़, मूल।

अजीव *(सं.वि.)* अचेतन, निर्जीव।

सजीव *(सं.वि.)* जीवित, जिसमें प्राण हो, *(पुं.)* जीवधारी।

जयजीव *(हि.पुं.)* अभिवादन का शब्द।

चिरंजीव *(सं.वि.)* अनेक वर्षों तक जीवित रहने वाला, *(पुं.)* आशीर्वाद का शब्द।

निर्जीव *(सं.वि.)* प्राणहीन, मृतक।

दुर्जीव *(सं.पुं.)* बुरा जीवन।

राजीव *(सं.पुं.)* पद्म, कमल, नील कमल, हाथी।

निष्ठीव *(सं.पुं.)* थूक, खखार।

अतीव *(सं.अव्य.)* अतिशय, अत्यन्त।

दशग्रीव *(सं.पुं.)* रावण।

तृव *(हि.सर्व.)* देखो तव।

द्रुव *(हि.वि.)* दो संख्या का, दो।

भुव *(सं.पुं.)* संसार, पृथ्वी।

स्वयंभुव *(सं.पुं.)* ब्रह्मा, शिव, वेद।

ध्रुव *(सं.वि.)* दृढ़, निश्चित, स्थिर।

अध्रुव *(सं.पुं.)* अनिश्चित, चंचल।

सुश्रुव *(सं.वि.)* प्रसिद्ध।

खारूव *(हि.पुं.)* एक प्रकार का लाल रंग जो मोटे कपड़ों के रँगने में प्रयुक्त होता है, इस रंग से रँगा हुआ मोटा कपड़ा।

विषुव *(सं.पुं.)* ज्योतिष के अनुसार वह काल जब सूर्य विषुवत् रेखा पर पहुँचता है, और दिन-रात बराबर होते हैं।

एव *(सं.अव्य.)* इस प्रकार से, ऐसे ही, भी।

छेव *(हि.पुं.)* चोट, घाव, आने वाली आपत्ति, अनिष्ट।

टेव *(हि.स्त्री.)* अभ्यास, ज्ञान।

देव *(सं.पुं.)* देवता, राजा, पूज्य व्यक्ति।

भेव *(हि.पुं.)* रहस्य, भेद।

सेव *(हि.पुं.)* सूत के रूप का बेसन का बना हुआ एक पकवान।

अतएव *(सं.अव्य.)* इस कारण से।

अछेव *(हि.वि.)* बिना छिद्र का।

अदेव *(सं.पुं.)* निशाचर, राक्षस लोग।

जनदेव *(सं.पुं.)* नरपति, राजा।

धनदेव *(सं.पुं.)* धन के देवता, कुबेर।

नरदेव *(सं.पुं.)* नृपति, राजा ब्राह्मण।

बलदेव *(सं.पुं.)* बलराम।

विश्वदेव *(सं.पुं.)* वह देवता जिनकी पूजा नान्दी मुख श्राद्ध में होती है।

वैश्वदेव *(सं.पुं.)* विश्वदेव के उद्देश्य से किया जाने वाला होम या यज्ञ।

कामदेव *(सं.पुं.)* मदन, अनंग।

वासदेव *(हि.पुं.)* देखो वासुदेव।

महादेव *(सं.पुं.)* शिव।

क्षितिदेव *(सं.पुं.)* भूदेव, ब्राह्मण।

अधिदेव *(सं.पुं.)* परमेश्वर।

भूमिदेव *(सं.पुं.)* भूपति।

महिदेव *(सं.पुं.)* ब्राह्मण।

अभेव *(हि.पुं.)* अभेद।

दुरभेव *(हि.पुं.)* दुर्भाव, मनमुटाव।

स्वयंमेव *(सं.कि.वि.)* आप ही आप।

फलेव *(हि.पुं.)* जूस को गाढ़ा करने के लिए इसमें मिलाया हुआ आटा या मसाला।

पसेव *(हि.पुं.)* रिसकर निकलने वाला जल, स्वेद, पसीना।

कुटेव *(हि.स्त्री.)* कुत्सित स्वभाव।

जैव *(सं.वि.)* जीवन संबंधी।

दैव *(सं.वि.)* देवता संबंधी, *(वि.)* प्रारब्ध, भाग्य विधाता, ईश्वर, आकाश।

अदैव *(सं.वि.)* दुर्भाग्ययुक्त।

शैव *(सं.वि.)* शिव, संबंधी, *(पुं.)* शिव का उपासक।

हतदैव *(सं.वि.)* भाग्यहीन, अभागा।

सदैव *(सं.अव्य.)* सर्वदा।

दुर्देव *(सं.पुं.)* दुर्भाग्य, पाप, बुरा संयोग।

सुदैव *(सं.पुं.)* सौभाग्य, अच्छा भाग्य।

रोंव *(हि.पुं.)* रोआँ, लोभ।

झंव *(हि.पुं.)* गुच्छा।

बेलंव *(हि.पुं.)* देखो विलंब।

वा *(सं.अव्य.)* या, अथवा, *(हि.सर्व.)* व्रज भाषा में प्रथम पुरुष के एक वचन का वह रूप जिसमें कारक के चिह्न लगाए जाते हैं।

चवा *(हि.स्त्री.)* चारों ओर से बहने वाली हवा।

रवा *(हि.पुं.)* किसी पदार्थ का बहुत छोटा टुकड़ा, कण, सूजी।

सवा *(हि.स्त्री.वि.)* सम्पूर्ण और एक का चतुर्थांश, चौथाई सहित।

सवाई *(हि.स्त्री.)* एक और चौथाई, सवा।

चकवा *(हि.पुं.)* चक्रवाक पक्षी।

चिकवा *(हि.पुं.)* मांस बेचने वाला, कसाई।

बुकवा *(हि.पुं.)* उबटन, बटना।

ठोकवा *(हि.पुं.)* देखो ठोंकवा।

झोंकवा *(हि.पुं.)* भट्ठी या ईंधन फेंकने वाला।

मसखवा *(हि.पुं.)* मांसाहारी।

भगवा *(हि.पुं.)* लँगोटा।
मघवा *(सं.पुं.)* इन्द्र।
कड़वा *(हि.वि.)* देखो कटु।
दड़वा *(हि.पुं.)* किसी वस्तु को रखने का टपनेदार छोटा पात्र, रेलगाड़ी की एक कोठरी।
पड़वा *(हि.स्त्री.)* प्रत्येक पक्ष की पहली तिथि, *(पुं.)* भैंस का बच्चा।
पंड़वा *(हि.पुं.)* भैंस का बच्चा।
मंड़वा *(हि.पुं.)* मण्डप।
घड़वा *(सं.स्त्री.)* घोड़ी।
जोड़वा *(हि.वि.)* गर्भ से एक ही साथ दो बच्चे, यमज।
कंठफोड़वा *(हि.पुं.)* भूरे रंग की एक चिड़िया।
मचवा *(हि.पुं.)* खटिया या चौकी का पावा।
भजवा *(हि.पुं.)* भड़भूजा।
खटवा *(सं.स्त्री.)* पलंग, चारपाई, खटोला।
पटवा *(हि.पुं.)* वह जो सूत या रेशम में गहनों को गूंथता है।
घड़वा *(हि.स्त्री.)* घोड़ी।
इंडवा *(हि.पुं.)* गंडुरी जिसको सिर पर रखकर लोग बोझ उठाते हैं।
एड़वा *(हि.पुं.)* सिर पर बोझ के नीचे रखने की कपड़े की गड्डी, बिडुआ।
बुढ़वा *(हि.वि.)* देखो बुड्ढा।
ससत्वा *(सं.स्त्री.)* गर्भवती स्त्री।
अथवा *(सं.अव्य.)* किसी या पक्षन्तर में अन्तर।
यद्धातद्धा *(सं.अव्य.)* कभी-कभी।
चंदवा *(हि.पुं.)* सिंहासन या गद्दी के ऊपर लगा छत्र।
सधवा *(सं.स्त्री.)* वह स्त्री जिसका पति जीवित हो, सुहागिन।
विधवा *(हि.स्त्री.)* विधवा, वह स्त्री जिसका पति मर गया हो, राँड।
कनवा *(हि.स्त्री.)* एक छटाँक का परिमाण।
अरवा *(हि.पुं.)* बिना उबाले धान से निकाला हुआ चावल।
पिअरवा *(हि.पुं.)* पति, *(वि.)* प्यारा।
करवा *(हि.पुं.)* धातु या मिट्टी का टोंटीदार लोटा, गड़वा।
तरवा *(हि.पुं.)* देखो तलवा।
धरवा (हि. वि.) भारी, विशाल।
परवा *(हि.स्त्री.)* किसी पक्ष की पहली तिथि।
पचहत्तरवां *(हि.वि.)* जिसका क्रम चौहत्तर के बाद हो।
सुनकिरवा *(हि.पुं.)* एक प्रकार का हरे रंग का फतिंगा।
बिरवा *(हि.पुं.)* वृक्ष, पौधा, चना।
पुरवा *(हि.पुं.)* छोटा गाँव, पूर्व दिशा से चलने वाली हवा, मिट्टी का कुल्हड़।
दूर्वा *(सं.स्त्री.)* दूब नाम की घास।
दूरवा *(हि.पुं.)* देखो दूर्वा।
पूर्वा *(सं.स्त्री.)* पूर्व दिशा।
केरवा *(हि.पुं.)* तार का दो तीन बार लपेटकर बनाया हुआ छल्ला।
पेरवा *(हि.पुं.)* कोल्हू में किसी वस्तु को पेरनेवाला।
खेरवा *(हि.पुं.)* कलाई पर पहनने का आभूषण।
हेरवा *(हि.पुं.)* खोज, अन्वेक्षण।
तलवा पैर के नीचे का भाग।
नलवा *(हि.पुं.)* गाय, बैल को दवा पिलाने की बाँस की ढरकी।
मलवा *(हि.पुं.)* कूड़ा करकट, ईंट आदि।
सोहन हलवा *(हि.पुं.)* एक प्रकार की मेवा आदि की बनी हुई मिठाई।
ठिलवा *(हि.पुं.)* मिट्टी का घड़ा।
तिलवा *(हि.पुं.)* तिल का लड्डू।
झुलवा *(हि.पुं.)* देखो झूला, पालना।
विश्वा *(हि.पुं.)* बीस पल का एक मान।
बिस्वा *(हि.पुं.)* एक बीघे का बीसवाँ भाग।
बेसवा *(हि.पुं.)* वेश्या, रंडी।
बहया *(हि.पुं.)* सँड़सा।
गहवाना *(हि.कि.)* पकड़ने का काम दूसरे से कराना।
वाँ *(हि.अव्य.)* वहाँ, उस जगह।
अवाँ *(हि.पुं.)* देखो आँवा।
झवाँ *(हि.पुं.)* देखो झाँवा।
नवाँ *(हि.वि.)* आठवें के बाद और दसवे के पहले, नौवा।
भवाँ *(हि.स्त्री.)* चक्कर, भौंरी।
पुड़वा *(हि.स्त्री.)* चीनी में पकाया हुआ आम का गूदा।
जुड़वा *(हि.वि.)* एक ही साथ उत्पन्न दो बच्चे, यमल, युग्म।
पछ्वाँ *(हि.वि.)* पश्चिमी।
कटवाँ *(हि.वि.)* कटा हुआ, काटकर बना हुआ।
लपेटवाँ *(हि.वि.)* लपेटकर बनाया हुआ, घुमाव-फिराव का, गूढ़ अर्थ का।
सड़सठवाँ *(हि.वि.)* गिनती में सड़सठ के स्थान पर रहने वाला।
बासठवाँ वह जो क्रम के स्थान पर बासठ के स्थान पर हो।
उमेठवाँ *(हि.वि.)* ऐंठा हुआ।
चौसठवाँ *(हि.वि.)* तिरसठ के बाद का।
आठवाँ *(हि.वि.)* अष्टम।
मनवाँ *(हि.वि.)* नरमा, राम, कपास।
पचपनवाँ *(हि.वि.)* जो गिनती में चौवन के बाद हो।
सत्तावनवाँ *(हि.वि.)* जो क्रम में सत्तावन के स्थान पर हो।
सत्तरवाँ *(हि.वि.)* जो क्रम से सत्तर के स्थान पर हो।
सतहत्तरवाँ *(हि.वि.)* वह जो क्रम से सतहत्तर के स्थान पर हो।
बहत्तरवाँ जिसका स्थान बहत्तर पर पड़े।

ढलवाँ *(हि.वि.)* साँचे में ढालकर बनाया हुआ।

ढालवाँ *(हि.वि.)* ढालकर बनाया हुआ।

ढालवाँ *(हि.वि.)* ढालू, ढालदार।

दसवाँ *(हि.वि.)* गिनती में दसवें स्थान पर।

पचासवाँ *(हि.वि.)* गिनती में पचास के स्थान पर पड़ने वाला।

तेंतालिसवाँ *(हि.वि.)* जो क्रम मे तेंतालिस के स्थान पर हो।

सेंतालिसवाँ *(हि.वि.)* जिसका स्थान सेंतालिस पर हो।

बयालिसवाँ जो क्रम में बयालिस के स्थान पर हो।

सत्ताईसवाँ *(हि.वि.)* जो क्रम में सत्ताईस के स्थान पर हो।

बाइसवाँ *(हि.वि.)* देखो बाईसवाँ।

बाईसवाँ *(हि.वि.)* जो क्रम में बाईस के स्थान पर हो।

पचीसवाँ *(हि.वि.)* जो गणना में पचीस के स्थान पर हो।

छत्तीसवाँ *(हि.वि.)* पैंतीस के बाद की संख्या का।

तेईसवाँ *(हि.वि.)* जो क्रम में तेईस के स्थान पर हो।

सैंतीसवाँ *(हि.वि.)* जो क्रम में सैंतीस के स्थान पर हो।

बीसवाँ *(हि.वि.)* बीस के स्थान पर पड़नेवाला।

छब्बीसवाँ *(हि.वि.)* संख्या में पचीस के बाद का।

चौबीसवाँ *(हि.वि.)* संख्या में तेईस के बाद का।

चालीसवाँ *(हि.वि.)* उनतालीस के बाद का।

कहवाँ *(हि.कि.वि.)* कहाँ, किस स्थान पर।

तहवाँ *(हि.कि.वि.)* उस स्थान पर।

पंद्रहवाँ *(हि.वि.)* जो पन्द्रह के स्थान पर हो।

बारहवाँ *(हि.वि.)* जो बारहवें स्थान पर हो।

तेरहवाँ *(हि.वि.)* जो क्रम में तेरह के स्थान में हो।

चौदहवाँ *(हि.वि.)* क्रम में तेरह के स्थान के बाद में हो।

सोलहवाँ जिसका स्थान पन्द्रह के बाद हो।

छावा *(हि.पुं.)* पुत्र, बेटा, बच्चा।

झावा *(हि.पुं.)* टोकरा, खाँचा।

ढावा *(हि.कि.)* निश्चित करना, स्थापित करना।

धावा *(हि.पुं.)* आक्रमण, चढ़ाई।

पावा *(हि.पुं.)* पावा।

लावा *(हि.पुं.)* भूना हुआ धान।

जाँवा *(हि.पुं.)* ईंट जो अधिक पकने के कारण काली हो गई हो।

पाँवा *(हि.पुं.)* कंगनी जाति का एक अन्न।

जिआवा *(हि.कि.)* देखो जिलाना।

दिखावा *(हि.पुं.)* आडम्बर, ऊपरी तड़क-भड़क।

तड़ावा *(हि.स्त्री.)* आडम्बर, छल, कपट।

उचावा *(हि.पुं.)* स्वप्न में बकझल।

पजावा *(हि.पुं.)* ईंट पकाने का स्थान।

चढ़ावा *(हि.पुं.)* वर की ओर से कन्या को विवाह के दिन पहनाया हुआ गहना।

बढ़ावा *(हि.पुं.)* उत्तेजना, प्रोत्साहन।

पछतावा *(हि.पुं.)* अनुताप, पश्चाताप।

बधावना, बधावा *(हि.पुं.)* बधाई, मंगलाचार।

पहनावा *(हि.पुं.)* पहिनने के प्रधान वस्त्र, वे वस्त्र जो मुख्य अवसर पर पहिने जाते हैं।

पहरावा *(हि.पुं.)* देखो पहनावा।

तिलोवा *(हि.पुं.)* बड़ा कुर्वा।

बुलावा *(हि.पुं.)* निमन्त्रण।

जुठिहावा *(हि.पुं.)* जूठा खानेवाला मनुष्य।

आवां *(हि.पुं.)* गड्ढा जिसमें कुम्हार लोग मिट्टी के पात्र पकाते हैं।

लावाँ *(हि.पुं.)* वह गड्ढा जिसमें कुम्हार बर्तन पकाते हैं, पजावा।

निनावाँ *(हि.पुं.)* महीन जाज दाने जो जीभ और मसूढ़े पर निकल आते हैं।

दिवा *(सं.पुं.)* दिवस, दिन।

शिवा (सं स्त्री.) दुर्गा, पार्वती, मुक्ति, श्रृगांली, सियारिन।

किवा *(सं.अव्य.)* अर्थात, अथवा।

पड़िया *(हि.स्त्री.)* प्रतिपदा।

पछिवाँ *(हि.वि.)* पश्चिम की, *(स्त्री.)* पश्चिम की हवा।

परिवा *(हि.स्त्री.)* किसी पक्ष की पहिली तारीख, प्रतिपदा।

पीवा *(हि.वि.)* स्थूल, पुष्ट, मोटा।

ग्रीवा *(सं.स्त्री.)* कन्धा, गरदन, गला।

पचासीवा *(हि.वि.)* जो क्रम में 85 के स्थान पर हो।

सतासीवा *(हि.वि.)* जिसका स्थान अस्सी और सात पर पड़ता हो।

जुआ *(हि.पुं.)* देखो युवा, धूर्त।

धुंवा *(हि.पुं.)* देखो धुआं।

पुवा *(हि.पुं.)* पूवा, मालपूवा।

भुवा *(हि.पुं.)* रूई, धुवा।

युवा *(हि.वि.)* युवक।

सुवा *(हि.पुं.)* सुग्गा।

कुवाँ *(हि.पुं.)* कूप, कुआँ।

नकुवा *(हि.पुं.)* नासिका, तराजू की डंडी में का छेद।

अगुवा *(हि.वि.)* मुखिया, नेता।

गडुवा *(हि.पुं.)* टोंटी लगा हुआ लोटा।

लड़वा, लड्डुवा *(हि.पुं.)* मोदक, लड्डू।

गुडवा *(हि.पुं.)* कपड़े का बना हुआ पुतला।

छड़ुवा *(हि.वि.)* छोड़ा हुआ, मुक्त।

केंचुवा *(हि.पुं.)* वर्षा ऋतु का एक कीड़ा, पेट में पड़ जाने वाला कीड़ा, जो केंचुए के आकार का होता है।

कछुवा *(हि.पुं.)* देखो कच्छप।

पटुवा *(हि.पुं.)* पटसन, जूट।

बटुवा *(हि.पुं.)* कपड़े या चमड़े की थैली जिसमें कई घर रहते हैं, बड़ी बटलोई।

टेंटुवा *(हि.पुं.)* गला, घेंटू।

इंडुवा *(हि.पुं.)* कपड़ा लपेटकर बनाई गई गेंडुरी जिसको माथे पर रखकर इस पर लोग बोझ ले जाते हैं।
गेंदुवा *(हि.पुं.)* गडुवा, तकिया।
अनुवा *(हि.पुं.)* जिस स्थान पर खड़े होकर कुएँ से जल निकाला जाता है।
ढेबुवा *(हि.पुं.)* पैसा।
स्त्रुवा (सं.स्त्री.) हवन करने की लकड़ी की बनी हुई छोटी करछी।
उरवा *(हि.पुं.)* उलक, उल्लू।
तलुवा *(हि.पुं.)* बाँस का पोर, छोटी नली।
हलुवा *(हि.पुं.)* एक प्रसिद्ध मीठा खाद्य-पदार्थ, मोहन-भोग।
महुवा *(हि.पुं.)* देखो महुआ।
पूवा *(हि.पुं.)* देखो पूआ।
धूवा *(हि.पुं.)* देखो धुआँ।
खेवा *(हि.पुं.)* नाव का किराया, भरी हुई नाव।
छेवा *(हि.पुं.)* छीलने या काटने का काम।
टेवा *(हि.पुं.)* वह लग्नपत्र जिसमें विवाह की मिति, दिन, घटी, पक्ष आदि लिखी रहती है।
देवा *(हि.वि.)* देने वाला।
केवा *(हि.पुं.)* मिट्टी का गिलावा, कहगिल, लेप।
सेवा (सं.स्त्री.) टहल, चाकरी, आराधना, पूजा।
परसेवा *(सं.स्त्री.)* दूसरे की सेवा।
राजसेवा *(सं.स्त्री.)* राज की सेवा।
द्विजसेवा *(सं.स्त्री.)* द्विज की सेवा।
तीर्थसेवा *(सं.स्त्री.)* तीर्थयात्रा।
ठाकुरसेवा *(हि.स्त्री.)* किसी देवता का पूजन।
टोवा *(हि.पुं.)* पानी की गहराई नापनेवाला माँझी।
लोवा *(हि.स्त्री.)* लोमड़ी।
खोवा *(हि.पुं.)* देखो खोया।
कौवा *(हि.पुं.)* वायस, काक, कण्ठ के भीतर का लटकता हुआ मांस का खण्ड, घाँटी।
चौवा *(हि.पुं.)* हाथ की अँगुलियों का समूह, चार अंगुलियों में लपेटा हुआ तागा, ताश का पत्ता जिसमें चार बूटियां हों।
झौवा *(हि.पुं.)* रहट की बनी हुई दरी।
पौवा *(हि.पुं.)* एक सेर का चौथाई अंश, पाव भर।
नौवा *(हि.पुं.)* देखो पवघा।
लटकावाँ *(हि.वि.)* लटकानेवाला।
काकाकौवा *(हि.पुं.)* बड़ा तोता।
दिखौवा *(हि.वि.)* देखो देखाऊ।
कटौवा *(हि.स्त्री.)* कटने वाला।
उठौवा *(हि.वि.)* उठाने योग्य।
बनौवा *(हि.वि.)* कृत्रिम, बनावटी।
बुलावा *(हि.पुं.)* देखो बुलावा।
कवि *(सं.पुं.)* कविता गान इत्यादि का रचयिता, छन्द बनानेवाला, पंडित, सूर्य, ब्रह्मा।
छवि *(सं.स्त्री.)* शोभा, क्रान्ति, सौन्दर्य।
नवि *(हि.स्त्री.)* गाय को दूध दुहाते समय बछड़े के गले में बाँधने की रस्सी।
पवि *(सं.पुं.)* वज्र, बिजली, मार्ग, थूहर का वृक्ष।
रवि *(सं.पुं.)* सूर्य, नावक, सरदार।
हवि *(सं.पुं.)* वह द्रव्य जिसकी आहुति अग्नि में दी जाए।
सत्काव *(सं.पुं.)* श्रेष्ठ कवि, उत्तम कवि।
छनछवि *(हि.स्त्री.)* क्षणप्रभा, बिजली।
छिनछवि *(हि.स्त्री.)* विद्युत, बिजली।
अटवि, अटवी *(सं.स्त्री.)* वन, जंगल।
पदवि *(सं.स्त्री.)* पद्धति, परिपाटी।
नीवि *(सं.स्त्री.)* पण, पूँजी, स्त्री के कमर पर का वस्त्र बाँधने का डोरा, कमर में लपेटी हुई धोती की गाँठ, लहँगे में पड़ी हुई डोरी।
भुवि *(हि.स्त्री.)* पृथ्वी, भूमि।
वैष्णवी *(सं.स्त्री.)* विष्णु की शक्ति।
पृथ्वी *(सं.स्त्री.)* सौर जगत का वह ग्रह जिस पर हम सब प्राणी चलते-फिरते हैं।
पृथवी *(हि.स्त्री.)* देखो पृथिवी।
पदवी *(सं.स्त्री.)* पद्धति, परिपाटी, विधि, उपाधि।
करवी *(हि.पुं.)* एक प्रकार का भूना हुआ चावल, मुरमुरा।
करवी *(हि.स्त्री.)* चौपायों का खाना, चरी।
वरवी *(हि.पुं.)* सँड़सी, करछूम पौना।
दरवी सर्प, साँप।
करपल्लवी *(सं.स्त्री.)* हाथ के संकेत की बातचीत।
तपस्वी *(सं.पुं.)* तपस्या करने वाला मनुष्य।
अतितपस्वी *(सं.पुं.)* बड़ी तपस्या करने वाला।
पयस्वी *(हि.वि.)* जिसमें जल हो।
यशस्वी *(सं.वि.)* शूरवीर।
यशस्वी *(हि.वि.)* कीर्तिमान, जिसका बहुत यश हो।
अयशस्वी, अयशी *(सं.वि.)* अपवादित, दुर्नाम।
माँडवी *(हि.पुं.)* अतिविशाखा, विवाह-मण्डप, मड़वा।
माध्वी *(सं.स्त्री.)* मद्य, महुवे की बनी हुई मदिरा।
साध्वी *(सं.स्त्री.)* पतिव्रता स्त्री।
माधवी *(सं.स्त्री.)* इस नाम की लता जिसमें चमेली के समान सुगन्धित फूल लगते हैं, मदिरा, मधु से बनाई हुई चीनी।
दानवी *(सं.स्त्री.)* राक्षसी, *(हि.वि.)* दानव संबंधी।
मानवी *(सं.स्त्री.)* नारी, स्त्री, *(वि.)* मनुष्य संबंधी।
आहवी *(सं.स्त्री.)* जह, तनया, गंगानदी।
ईडवी *(हि.स्त्री.)* पगडा।
धन्वी *(सं.पुं.)* धनुर्धर, वीर, निपुण।
गर्वी *(हि.वि.)* अहंकारी, घमण्डी।
दर्वी *(सं.स्त्री.)* करछी, चम्मच, चमचा।
दीर्घजिह्वी *(सं.पुं.)* कुक्कुर, कुत्ता।

अनुभवी *(सं.पुं.वि.)* अनुभव प्राप्त।
पूर्वी *(हि.वि.)* पूरब का।
आनपूर्वी *(सं.पुं.)* क्रमानुसार।
तेजस्वी *(सं.पुं.)* तेजयुक्त, प्रतापी।
ओजस्वी *(सं.पुं.)* प्रतापी, प्रभावशाली।
भावी *(हि.स्त्री.)* भाग्य, प्रारम्भ, अवश्य होने वाली बात, *(वि.)* भावना करनेवाला, सोचनेवाला।
मेधावी *(सं.पुं.)* जिसकी धारणा शक्ति तेज हो, पंडित, विद्वान।
तथाभावी *(सं.वि.)* उसी स्वभाव का।
परिभावी *(हि.वि.)* तिरस्कार किया हुआ, *(पुं.)* तिरस्कार या अपमान करने वाला।
दार्वी *(सं.स्त्री.)* देवदार।
विद्रावी *(सं.वि.)* भागनेवाला, गलने वाला।
स्रावी *(सं.वि.)* रसनेवाला।
विरावी *(हि.वि.)* कोलाहल करने वाला।
विप्लावी *(हि.वि.)* उपद्रव करनेवाला।
मायावी *(सं.वि.)* बड़ा छली।
हियावी *(हि.पुं.)* हृदय, मन, वक्षस्थल।
पृथिवी *(सं.स्त्री.)* अचला, भूमि, धरणी।
जीवी *(सं.पुं.)* भट, योद्धा।
ठीवी *(सं.वि.)* थूक से भरा हुआ।
दीर्घजीवी *(सं.वि.)* बहुत दिनों तक जीने वाला।
वनजीवी *(सं.पुं.)* लकड़हारा।
अल्पजीवी अल्पआयु।
शिल्पजीवी *(सं.पुं.)* शिल्पी।
श्रमजीवी *(सं.वि.)* परिश्रम करके पेट पालने वाला।
अक्षरजीवी *(सं.पुं.)* लेखक।
हलजीवी *(सं.वि.)* हल चलाकर खेती करने वाला किसान।
सहजीवी *(हि.वि.)* एक साथ जीवन धारण करनेवाले।
शस्त्रजीवी *(सं.वि.)* सैनिक।
चिरजीवी *(सं.वि.)* दीर्घजीवी, अमर।
चिरंजीवी *(हि.वि.)* देखो चिरंजीवी।
आलजीवी *(सं.पुं.)* धीवर, मछुआ।
सेनाजीवी *(सं.पुं.)* सैनिक, योद्धा।
राजोपजीवी *(सं.पुं.)* राजकर्मचारी।
मत्स्योपजीवी *(सं.पुं.)* धीवर, मल्लाह।
फलोपजीवी *(सं.वि.)* जो केवल फल खाकर जीविका निर्वाह करता हो।
शस्त्रीपजीवी *(सं.पुं.)* शस्त्र द्वारा अपनी जीविका चलानेवाला।
भूमिजीवी *(सं.पुं.)* खेतिहर, किसान।
अनुजीवी *(सं.पुं.)* आश्रित, सेवक।
दुवी *(हि.वि.)* देखो दानो, *(वि.)* बैरी, शत्रु।
देवी *(सं.स्त्री.)* देवपाली, देवता की स्त्री, दुर्गा, पटरानी।
सेवी *(सं.वि.)* सेवा या आराधना करनेवाला।
वाग्देवी *(सं.स्त्री.)* वाणी, सरस्वती।
तीर्थसेवी *(सं.वि.)* तीर्थ-यात्रा करने वाला।
विद्यादेवी *(सं.स्त्री.)* सरस्वती।
दैवी *(सं.स्त्री.)* देवता संबंधी, देवकृत, आकस्मिक, प्रारम्भ से होनेवाली।
सजीवी *(हि.वि.)* देखो सजीव।
बानवे *(हि.वि.)* नब्बे और दो संख्या का, *(पुं.)* नब्बे और दो की संख्या 92।
पंचानवे *(हि.वि.)* नब्बे और पाँच की संख्या का, *(पुं.)* नब्बे और पाँच की संख्या 95।
छियानवे *(हि.वि.)* देखो छानवे।
तिरानवे *(हि.वि.)* नब्बे और तीन की संख्या का, *(पुं.)* नब्बे और तीन की संख्या 93।
गर्वे *(हि.स्त्री.)* आशय, बात, अवसर।
अतिबरवै *(हि.पुं.)* हिन्दी का एक छन्द।
नावै *(हि.पुं.)* देखो नाम।
दुवे *(हि.पुं.)* ब्राह्मणों की एक उपाधि।
पेंवें *(हि.पुं.)* प्रेम, स्नेह।
सुवो *(हि.पुं.)* शुक, सुग्गा।
स्वं *(हि.वि.)* अपना, निजी।

श–*हिन्दी वर्णमाला में व्यंजन का तीसवाँ वर्ण, इसका उच्चारण स्थान तालू।*

दश *(सं.वि.)* पाँच की दूनी संख्या, दस।
मश *(सं.पुं.)* क्रोध, मच्छर।
यश *(हि.पुं.)* प्रशंसा, ख्याति, कीर्ति।
वश *(सं.पुं.)* एक व्यक्ति का दूसरे पर प्रभाव।
पुक्कश, पुक्कस *(सं.पुं.)* अधम, नीच।
कर्कश *(सं.वि.)* निर्दय, कठोर, कड़ा, कटिदार, क्रूर।
षोडश *(सं.वि.)* सोलहवां, सोलह की संख्या।
पणश *(सं.पुं.)* कटहल।
एकादश *(सं.वि.)* ग्यारह, ग्यारहवाँ।
द्वादश *(सं.वि.)* दस और दो की संख्या, *(पुं.)* बारह की संख्या।
द्विदश *(सं.वि.)* बीस की संख्या।
बहिवश *(सं.पुं.)* विदेश, परदेश।
त्रियश *(सं.पुं.)* देवता, *(वि.)* तीस।
चतुर्दश *(सं.पुं.)* चौदह, *(वि.)* चौदहवाँ।
रोमश *(सं.पुं.)* मेष, भूडा, सुअर।
लोमेश *(सं.वि.)* बड़े-बड़े रोवे वाला।
अयश *(सं.पुं.)* अपयश, अपवाद, अकीर्ति।
सुयश *(सं.वि.)* अति यशस्वी, *(पुं.)* सुकीर्ति, अच्छा यश।
अपयश *(सं.पुं.)* अपकीर्ति, लांछन।
दुर्यश *(सं.पुं.)* अपयश, अपकीर्ति।

अर्श *(सं.वि.)* अश्लील, *(पुं.)* बवासीर रोग।
दुर्वश *(सं.वि.)* भयंकर रूप का।
स्पर्श *(सं.पुं.)* वर्गाक्षर, छूना, व्याकरण में उच्चारण भेद से क से लेकर म तक के पचीस व्यंजन वर्ण।
आदर्श *(सं.पुं.)* दर्पण, प्रतिलिपि, टीका, अनुकरण करने योग्य पदार्थ।
परामर्श *(सं.पुं.)* विचार, युक्ति, निर्णय, मन्त्रणा।
विमर्श *(सं.पुं.)* समालोचना, परामर्श।
कृश *(सं.वि.)* दुबला, पतला, दरिद्र, अधूरा।
वृश *(सं.पुं.)* आँख, ज्ञान, दर्शन।
स्वल्पदृश *(सं.वि.)* बहुत कम देखनेवाला।
सदृश *(सं.वि.)* तुल्य, अनुरूप, समान।
तत्सदृश *(सं.वि.)* तथाविध, उसके समान।
विसदृश *(सं.वि.)* विपरीत, विरुद्ध।
तादृश *(सं.वि.)* उसी तरह, उसी के समान, तुल्य।
एतावृश *(सं.वि.)* ऐसा, इसके सदृश।
यादृश *(सं.वि.)* जिस प्रकार का, जैसा।
कीदृश *(सं.वि.)* किस प्रकार का, कैसा।
मृश *(सं.पुं.)* बहुत अधिक।
विमृश *(सं.पुं.)* आलोचना।
दरश *(हि.पुं.)* देखो दर्श।
कलश *(सं.पुं.)* घड़ा, गगरा, घरों के शिखर पर का कँगूरा।
अवश *(सं.पुं.)* पराधीन, विवश।
पच्चदश *(सं.पुं.)* पन्द्रह की संख्या।
आत्मवश *(सं.वि.)* स्वाधीन, जितेन्द्रीय।
अपरवश *(हि.वि.)* पराधीन।
स्ववश *(सं.पुं.)* जितेन्द्रीय।
देववश *(हि.कि.वि.)* दैवयोग से।
विवश *(सं.वि.)* पराधीन, परवश।
अनेकशः *(सं.अव्य.)* अनेक बार।
पच्चशः *(सं.अव्य.)* पाँच-पाँच करके।
शतशः *(सं.अव्य.)* सौ बार।
क्रमशः *(सं.अव्य.)* क्रम-क्रम से, धीरे-धीरे।
नित्यशः *(सं.अव्य.)* प्रतिदिन, सर्वदा।
सायशः *(सं.अव्य.)* सब प्रकार से।
अक्षरशः *(सं.कि.वि.)* अक्षर-अक्षर करके।
(अक्षरोरी) *(हि.स्त्री.)* वर्णमाला, अक्षरों के लिखने की रीति।
सर्वशः *(सं.अव्य.)* पूर्ण रूप से।
आश *(सं.पुं.)* भोजन, खाना खाने वाला।
काश *(सं.स्त्री.)* एक प्रकार की घास, कास, खाँसी का रोग।
ताश *(हि.पुं.)* खेलने के लिए मोटे कागज का आयताकार टुकड़ा जिस पर लाल या काले रंग की बूटियाँ या तस्वीरें बनी रहती हैं।
दाश *(सं.पुं.)* धीवर, केवट।
पाश *(सं.पुं.)* फन्दा, जाल, डोरी, रस्सी।
माश *(हि.पुं.)* देखो माष।
प्रकाश *(सं.पुं.)* दीप्ति, धूप, ज्योति स्पष्ट रूप से समझ में आना, प्रसिद्धि।
निष्प्रकाश *(सं.वि.)* जिसमें प्रकाश न हो।
सुप्रकाश *(सं.वि.)* उत्तम प्रकाशयुक्त।
अवकाश *(सं.पुं.)* अवसर, समय।
अनवकाश *(सं.पुं.)* अवकाश न होना।
निरवकाश *(सं.वि.)* जिसमें अवकाश न हो।
यथावकाश *(सं.अव्य.)* अवकाश के अनुसार।
सावकाश *(सं.पुं.)* अवकाश, छुट्टी, *(कि.वि.)* सुविधा से।
सकाश *(सं.पुं.)* समीप, निकट।
आकाश *(सं.पुं.)* नभ, गगन, बहुत ऊँचा स्थान।
निराकाश *(सं.वि.)* आकाश-शून्य।
विकाश *(सं.पुं.)* विस्तार, प्रकाश, फैलाव, खिलना।
संकाश *(सं.अव्य.)* समीप, निकट।
पिण्डाश *(सं.पुं.)* भिक्षुक, भिखारी।
पुरोडाश *(सं.पुं.)* यज्ञीय द्रव्य।
हताश *(सं.वि.)* आशारहित, निराश।
भग्नाश *(सं.वि.)* हताश।
प्राणनाश *(सं.पुं.)* प्राणत्याग।
सर्वनाश *(सं.पुं.)* सत्यानाश।
विनाश *(सं.पुं.)* ध्वंस, नाश।
जगद्विनाश *(सं.पुं.)* प्रलय-काल।
भुजपाश *(सं.पुं.)* गले में हाथ डालना, पलबाँही।
प्रेमपाश *(सं.पुं.)* प्रेम का फन्दा या जाल।
केशपाश *(सं.पुं.)* बालों की लट।
लोहपाश *(सं.पुं.)* लोहे की जंजीर।
अभ्याश *(सं.पुं.)* निकट, पड़ोस।
प्रातराश *(सं.पुं.)* प्रातःकाल का जलपान, कलेवा।
निराश *(सं.वि.)* आशा-रहित।
दुराश *(सं.पुं.)* जिसको अच्छी आशा न हो।
पलाश *(सं.पुं.)* पत्र, पत्ता, पलाश का फूल, *(वि.)* निष्ठुर, कठोर।
एकाश *(सं.पुं.)* एक भाग या हिस्सा।
अधिकांश *(सं.पुं.)* अधिक भाग या हिस्सा, *(कि.वि.)* प्रायः बहुधा।
भाजकांश *(सं.पुं.)* वह संख्या जिससे किसी राशि को भाग देने पर कुछ न बचें।
षष्ठांश *(सं.पुं.)* छठा भाग।
नतांश *(सं.पुं.)* वह वृत्त जिसका केन्द्र भूकेन्द्र पर रहता है और जो विषुवत् रेखा पर लम्ब होता है।
शतांश *(सं.पुं.)* सौवाँ भाग।
चतुर्यांश *(सं.वि.)* चौथाई भाग।

अर्धांश *(सं.पुं.)* अर्धभाग।
अर्धाकार *(सं.पुं.)* अ अक्षर का आधा भाग।
दशमांश *(सं.पुं.)* दसवाँ भाग।
दिव्यांश *(सं.पुं.)* दिवाकर, समय।
तृतीयांश *(सं.पुं.)* तीसरा भाग या हिस्सा।
चक्रांश *(सं.पुं.)* राशि चक्र का 360 वाँ अंश।
खरांश *(सं.पुं.)* सूर्य, सूरज।
अग्रांश *(सं.पुं.)* अग्रभाग।
सारांश *(सं.पुं.)* संक्षेप, सार, तात्पर्य।
फलांश *(हिं.पुं.)* तात्पर्य, सारांश।
अक्षांश *(सं.पुं.)* पृथ्वी की धुरी जिस अंश पर पृथ्वी घूमती है।
निश *(हि.स्त्री.)* रात्रि।
विश *(सं.पुं.)* बीसवाँ।
अनिश *(सं.वि.)* निरन्तर, अविरत।
अहनिश *(सं.अव्य.)* दिन-रात, सर्वदा।
कपिश *(सं.पुं.)* मटमैला, रंग, *(वि.)* भूरे रंग का।
बालिश *(सं.वि.)* मूर्ख, अबोध।
विदिश *(सं.स्त्री.)* दो दिशाओं के बीच का कोण।
कुलिश *(सं.पुं.)* वज्र, बिजली, कुठार।
कोटिश *(सं.अव्य.)* करोड़ों, अनेक प्रकार से।
ईश *(सं.वि.)* अधिकारयुक्त, प्रधान, बड़ा, *(पुं.)* स्वामी, नेता, राजा।
कीश, कीस *(हिं.पुं.)* बन्दर, पक्षी, सूर्य।
शीश *(हिं.पुं.)* देखो शीर्ष।
शचीश *(सं.पुं.)* इन्द्र।
चण्डीश *(सं.पुं.)* वचण्डपति, शिव।
उष्णीश *(सं.पुं.)* पगड़ी, मुकुट।
अधीश, अधीश्वर *(सं.पुं.)* अधिपति, प्रभु, अध्यक्ष, राजाधिराज।
अधिपति, तमीश *(सं.पुं.)* चन्द्रमा।
वागीश *(सं.वि.)* अच्छा बोलनेवाला।
(मठाधिपति), मठाधीश *(सं.पुं.)* मठ का महन्त।
दिनाधीश *(सं.पुं.)* सूर्य, मदार का वृक्ष।
न्यायाधीश *(सं.पुं.)* न्यायकर्ता।
निशाधीश *(सं.पुं.)* निशापति, चन्द्रमा।
वारीश *(सं.पुं.)* समुद्र।
क्षितीश *(सं.पुं.)* भूमिपति, विष्णु।
निरीश *(सं.वि.)* बिना मालिक का, नास्तिक।
पृथ्वीश *(सं.पुं.)* भूपति, राजा।
मुनीश *(सं.पुं.)* मुनिश्रेष्ठ।
कुश *(सं.पुं.)* काँस जाति की एक घास।
हुश *(हि.अव्य.)* अनुचित बात बोलने पर रोकने के लिए यह शब्द कहा जाता है।
अंकुश *(सं.पुं.)* हाथी हाँकने का लोहे का डंडा।
निरकुंश *(सं.वि.)* बिना अंकुश या प्रतिबन्ध का, स्वेच्छाचारी।
हुश *(हि.वि.)* अशिष्ट, असभ्य, गँवार।
केश *(सं.पुं.)* कुन्तल, सिर के बाल, किरण, रश्मि।
देश *(सं.पुं.)* पृथ्वी का वह भाग जिसका कोई विशिष्ट नाम हो और जिसके अन्तर्गत अनेक नगर, ग्राम, आदि हो, जनपद।
भेश *(हि.पुं.)* देखो वेश।
लेश *(सं.पुं.)* कण, अणु, सूक्ष्मता।
वेश *(सं.पुं.)* वस्त्र, आदि पहनने का ढंग, पहनने के वस्त्र, वस्त्रगृह।
दीर्घकेश *(सं.पुं.)* बाल, *(वि.)* जिसके बाल लंबे हो।
मुक्तकेश *(सं.वि.)* जिसका जूड़ा खुला हो।
राकेश *(सं.पुं.)* पूर्ण चन्द्रमा।
लंकेश *(हि.पुं.)* रावण।
हृषीकेश *(सं.पुं.)* विष्णु, श्रीकृष्ण, हरिद्वार के पास का एक तीर्थस्थान।
द्विजेन्द्र, द्विजेश *(सं.पुं.)* द्विजश्रेष्ठ, ब्राह्मण।
दुजेश *(हि.पुं.)* देखो द्विजेश।
गणेश *(सं.पुं.)* पार्वती नन्दन जिनका सिर हाथी का है।
गोबरगणेश *(हि.वि.)* महा मूर्ख।
शतेश *(सं.पुं.)* सौ गाँव का अधिपति।
उद्देश *(सं.पुं.)* लक्ष्य, अनुसन्धान, हेतु।
तुरदेश *(हि.पुं.)* देवलोक, स्वर्ग।
सन्देश *(सं.पुं.)* संवाद, समाचार, एक प्रकार की बंगला मिठाई।
प्रियसन्देश *(सं.पुं.)* प्रिय संवाद।
निम्नदेश *(सं.पुं.)* तल देश, निचला भाग।
अपदेश *(सं.पुं.)* निमित्त, लक्ष्य, बहाना।
सदुपदेश *(सं.पुं.)* कपट, छल, कुल, वंश, निन्दा।
उपदेश *(सं.पुं.)* परामर्श, आदेश, दीक्षा, शिक्षा, हित की बात, सीख, मन्त्र, कथन।
म्युपदेश *(सं.पुं.)* छल, वचना।
हितोपदेश *(सं.पुं.)* भलाई के उपदेश।
धर्मोपदेश *(सं.पुं.)* धर्मशास्त्र, धर्म की बात।
मध्यदेश *(सं.पुं.)* भारतवर्ष का वह प्रदेश जिसके उत्तर में हिमालय, दक्षिण में विन्ध्य पर्वत, पश्चिम में कुरुक्षेत्र और पूर्व में प्रयाग है।
अवान्तर देश प्रान्त के बीच का प्रदेश।
प्रदेश *(सं.पुं.)* किसी देश का बड़ा विभाग, प्रान्त।
परदेश *(सं.पुं.)* दूसरा देश, विदेश।
तलदेश *(सं.पुं.)* ग्रीवा, गला, गरदन।
स्वदेश *(सं.पुं.)* मातृभूमि।
निरक्षवेश *(सं.पुं.)* भूमध्य रेखा के उत्तर तथा दक्खिन के वे देश जहाँ दिन-रात बराबर होते हैं।
आदेश *(सं.पुं.)* उपदेश, आज्ञा।

एकादेश *(सं.पुं.)* एक आज्ञा, व्याकरण में दो शब्दों के स्थान में एक ही आदेश।
सिद्धावेश *(सं.पुं.)* सफल वाक्य।
प्रत्यादेश *(हि.पुं.)* निराकरण, खण्डन।
फलादेश *(सं.पुं.)* किसी बात का फल या परिणाम बतलाना, फल कहना।
निवेश *(सं.पुं.)* शासन, आज्ञा, कथन।
निर्वेश *(सं.पुं.)* उल्लेख, वर्णन, नाम, संज्ञा, चेतन, निश्चय कथन, आज्ञा।
प्रतिनिर्वेश *(सं.पुं.)* वह जिसका उल्लेख पहले किया जा चुका हो।
विदेश *(सं.पुं.)* परदेश।
(विदेशी) *(हि.पुं.)* परदेशी।
मरूदेश *(सं.पु.)* मरुभूमि, मारवाड़ देश।
सुदेश *(सं.पुं.)* उत्तम देश।
वनोधेश *(सं.पुं.)* वन के बीच का स्थान।
दिनेश *(सं.पुं.)* आदित्य, सूर्य।
विजयेश *(सं.पुं.)* शिव, महादेव।
नरेश *(सं.पुं.)* नरेन्द्र, राजा, नृप।
वरेश *(सं.पुं.)* सर्वेश्वर, भगवान।
वासराधीश, वासरेश *(सं.पुं.)* सूर्य।
तारेश *(हि.पुं.)* चन्द्रमा।
क्लेश *(सं.पुं.)* दुःख, कष्ट, पीड़ा, वेदना, कलह।
अक्लेश *(सं.पुं.)* क्लेश का अभाव।
कलेश *(हि.पुं.)* देखो क्लेश।
वलेश *(सं.पुं.)* वरूण, समुद्र।
लवलेश *(हि.पुं.)* अत्यन्त थोड़ी मात्रा, थोड़ा संसर्ग।
थपवेश *(सं.पुं.)* स्थिति, बैठक।
छलवेश दूसरों को ठगने के लिए धारण किया हुआ वेश।
प्रायोपवेश *(सं.पुं.)* अनशन, व्रत।
प्रवेश *(सं.पुं.)* यति, पहुँच।
वस्त्रदेश *(सं.पुं.)* कपड़े का बना हुआ घर, खेमा।
परवेश *(हि.पुं.)* देखो प्रवेश।
आवेश *(सं.पुं.)* मन की प्रेरणा, अहंकार, क्रोध, गर्व, पहुँच।
समावेश *(सं.पुं.)* एक पदार्थ का दूसरे पदार्थ के अन्तर्गत होना।
उपनिवेश *(सं.पुं.)* दूर देश से आकर नए स्थान में बसना, नगर के पास की छोटी बस्ती।
अभिनिवेश *(सं.पुं.)* मनोयोग, दृढ़ संकल्प, तत्परता, मृत्यु।
परिवेश *(सं.पुं.)* परिधि, वेष्टन, घेरा।
सुवेश *(सं.वि.)* सुन्दर वेश से सुसज्जित।
देवदेवेश *(सं.पुं.)* महादेव।
महेश *(सं.पुं.)* शिव, महादेव, ईश्वर।
नैश *(सं.वि.)* निशा संबंधी, रात का।

कोश *(सं.पुं.)* अण्ड, अंडा, फूल की बँधी हुई कली, तलवार की म्यान, समूह, ढेर, आवरण, खेल, संचित धन, रेशम का कोश, अकारादि क्रम से लिखी हुई पुस्तक जिसमें शब्दों के अर्थ दिए हों।
बीजकोश *(सं.पुं.)* वह फल जिसमें बीज रहते हों।
वित्तकोश रुपया पैसा रखने की थैली।
विश्वकोश *(सं.पुं.)* वह ग्रन्थ जिसमें संसार के सब विषयों का विस्तृत वर्णन रहता हो।
क्रोश *(सं.पुं.)* रूलाई, कोस, ढोल।
आक्रोश *(सं.पुं.)* शाप, निन्दा, अपवाद।
व्याकोश *(सं.पुं.)* तिरस्कार करते हुए, कटुक्ति कहना, चिल्लाना।
दंश *(सं.पुं.)* गोमक्षिका, दाँतों से काटने की क्रिया, साँप के काटने का घाव, द्वेष, वर, दाँत, विषैले तन्तुओं के डंक, कटूक्ति।
वंश *(सं.पुं.)* सन्तति, गोत्र, कुल, जाति पीठ की रीढ़, वर्ग।
अनश *(सं.वि.)* बिना टुकड़े का।
त्यंश *(सं.पुं.)* तिगुना अंश, तिगुना भाग।
भ्रंश *(सं.पुं.)* ध्वंस, नाश, *(वि.)* भ्रष्ट।
अपभ्रंश *(सं.पुं.)* बिगाड़, विकृति, बिगड़ा हुआ शब्द, *(वि.)* बिगड़ा हुआ।
गलंश *(हि.स्त्री.)* वह सम्पत्ति जिसका स्वामी मर गया हो और उसका कोई उत्तराधिकारी न हो।
राजवंश *(सं.पुं.)* राजा का कुल।
पृष्ठवंश *(सं.पुं.)* पीठ की हड्डी, रीढ़।
अद्वंश *(सं.पुं.)* उत्तम वंश।
दिगंश *(सं.पुं.)* क्षितिज वृत का तीन सौ साठवां अंश।
वाम्योत्तरदिगंश *(सं.पुं.)* भूगोल में लम्बांश या दिगंश।
मतिभ्रंश *(सं.पुं.)* पागलपन।
निरंश *(सं.पुं.)* बिना अक्षांश का।
निर्वंश *(सं.वि.)* जिसके आगे वंश में कोई न हो, वंशरहित।
दशा *(सं.स्त्री.)* अवस्था, चित्त, कपड़े का किनारा, दिए की बत्ती।
कर्कशा *(सं.स्त्री.)* झगड़ालू स्त्री, *(वि.)* लड़ाकी।
ग्रहदशा *(सं.पुं.)* ग्रहों की स्थिति के अनुसार किसी मनुष्य की भली या बुरी अवस्था, अभाग्य।
दुर्दशा *(सं.स्त्री.)* बुरी अवस्था, बुरी दशा, दुर्गति।
पृथुदशा *(सं.वि.)* बहुदशी, चतुर, प्रवीण।
कलशा *(सं.स्त्री.)* छोटा घड़ा, गगरी।
आशा *(सं.स्त्री.)* दिशा, किसी पदार्थ के मिलने की इच्छा।
माशा *(हि.पुं.)* एक तोल का बारहवां भाग, आठ रत्ती का एक माप या बाँट।
बताशा *(हि.पुं.)* देखो बतासा।
प्रत्याशा *(सं.स्त्री.)* आकांक्षा, भरोसा।
कुआशा *(हि.स्त्री.)* दुराशा।

दुराशा *(सं.स्त्री.)* व्यर्थ की आशा।
दिशा *(सं.स्त्री.)* ओर, क्षितिज।
निशा *(सं.स्त्री.)* रात्रि, रात।
उपदिशा *(सं.स्त्री.)* दो दिशाओं के बीच की दिशा।
प्रदिशा *(सं.स्त्री.)* दो मुख्य दिशाओं के बीच का कोना।
अन्तरदिशा *(सं.स्त्री.)* दो दिशाओं के बीच की दिशा।
वहनिशा *(सं.स्त्री.)* रात्रि का मध्य भाग, आधी रात, प्रलय की रात्रि।
कुशा *(हि.पुं.)* देखो कुश।
शशि *(सं.पुं.)* चन्द्रमा।
राशि *(सं.पुं.)* पुंज, समुच्चय, ढेर, राशिचक्र का बारहवाँ भाग।
वर्णराशि *(सं.पुं.)* वर्ण-समूह।
अनन्तराशि *(सं.पुं.)* वह संख्या जिसका अन्त न हो।
(अनन्तरूप) *(सं.पुं.)* असंख्य रूप वाला, परमेश्वर।
व्यक्तराशि *(सं.स्त्री.)* गणित में ज्ञात राशि।
अव्यक्तराशि बीजगणित में अज्ञात राशि।
समिथ राशि *(सं.पुं.)* गणित में एक से नव तक की संख्या।
जलराशि *(सं.पुं.)* जल-समूह, समुद्र।
लघुराशि *(सं.स्त्री.)* छोटी संख्या।
तेजोराशि *(सं.पुं.)* तेज का समूह।
निशि *(सं.स्त्री.)* रजनी, रात।
दिवानिशि *(सं.स्त्री.)* दिन रात।
यशी *(सं.वि.)* यशस्वी, कीर्तिमान।
वशी *(सं.वि.)* जितेन्द्रिय, अपने को वश में करने वाला।
शरच्छशी *(सं.पुं.)* शरद काल का चन्द्रमा।
षोडशी *(सं.वि.स्त्री.)* सोलहवीं, सोलह वर्ष की स्त्री, नवयौवना स्त्री।
एकादशी *(सं.स्त्री.)* प्रत्येक चान्द्र मास के शुक्ल तथा कृष्ण पक्ष की ग्यारहवीं तिथि।
निर्जला एकादशी *(सं.स्त्री.)* जेठ सुदी एकादशी।
चतुर्दशी *(सं.स्त्री.)* महीने के किसी पक्ष की चौदहवीं तिथि।
नरकचतुर्दशी *(सं.स्त्री.)* कार्तिक की चौदस।
नृसिंह चतुर्दशी वैशाख मास की शुक्ला चतुर्दशी।
त्रियोदशी *(सं.स्त्री.)* प्रत्येक पक्ष की तेरहवीं तिथि, तेरस।
दर्शी *(सं.वि.)* देखने वाला, भेंट कराने वाला।
दीर्घदर्शी *(सं.पुं.)* वह जो सब बातों का परिणाम सोच लेता हो।
सूक्ष्मदर्शी *(सं.वि.)* समक्ष बातों को समझने वाला।
सर्वदर्शी *(सं.पुं.)* सब कुछ देखने वाला, परमेश्वर।
परिणामदर्शी *(सं.कि.)* सोच-विचारकर काम करने वाला।
परादर्शी *(सं.वि.)* चतुर, विद्वान, दूरदर्शी।
प्रियदर्शी *(सं.वि.)* सबको प्रिय समझनेवाला।
दिव्यदर्शी *(सं.वि.)* अलौकिक।
दूरदर्शी *(सं.वि.)* दूरदर्शक, बहुत दूर की बात सोचनेवाला, *(वि.)* पंडित, बुद्धिमान।
बहुदर्शी *(सं.पुं.)* जिसने बहुत कुछ देखा हो, अनुभवी।
स्पर्शी *(हि.वि.)* छूनेवाला।
हृदयस्पर्शी *(सं.वि.)* हृदय पर प्रभाव डालनेवाला।
अतलस्पर्शी *(सं.वि.)* बहुत गहरा, अगाध।
तादृशी *(सं.स्त्री.)* उसी के समान, वैसी।
काशी *(सं.स्त्री.)* वाराणसी, बनारस।
नाशी *(सं.वि.)* नाश होनेवाला, नष्ट होने वाला।
प्रनाशी *(सं.वि.)* नाश करने वाला।
सर्वनाशी *(सं.वि.)* सब का नाश करने वाला।
प्रत्याशी *(हि.वि.)* अभिलाषी।
ग्राशी *(सं.वि.)* भक्षक, खानेवाला।
फलाशी *(सं.वि.)* फलभोजी।
कव्वाशी *(सं.वि.)* कव खानेवाला।
बहाशी *(सं.वि.)* बहुत भोजन करने वाला।
आकाशी *(हि.स्त्री.)* वह चाँदनी जो आतप इत्यादि से बचने के लिए तानी जाती है।
मासाशी *(सं.पुं.)* राक्षस।
मिताशी अल्पभोजी।
निराशी *(सं.वि.)* आशाहीन, हताश।
निरामिषाशी *(सं.वि.)* मांस न खाने वाला, जितेन्द्रिय।
मूलाशी *(सं.वि.)* कन्द मूल खाकर रहने वाला।
केशी *(सं.पुं.)* घोड़ा, सिंह, *(वि.)* बालदार, किरण युक्त।
देशी *(हि.वि.)* देश का, देश संबंधी, अपने देश का बना हुआ, स्वदेश में उत्पन्न।
पेशी *(सं.स्त्री.)* शरीर के भीतर की मांस की गाँठ, पट्ठा।
देशी *(हि.वि.)* वेष धारण करने वाला।
स्वल्पकेशी *(सं.पुं.)* जिसको बहुत कम बाल हो।
सुकेशी *(सं.स्त्री.)* वह स्त्री जिसके बाल सुन्दर हो।
प्रदेशी *(सं.वि.)* प्रदेश संबंधी।
परदेशी *(सं.वि.)* दूसरे देश में रहने वाला।
स्वदेशी *(सं.वि.)* अपने देश का, अपने देश में उत्पन्न या बना हुआ।
मांसपेशी *(सं.स्त्री.)* शरीर के भीतर का मांसपिंड।
जोशी *(हि.पुं.)* देखो ज्योतिषी।
पच्चकोशी *(सं.स्त्री.)* पाँच कोस की लंबाई-चौड़ाई के बीच में बसी हुई काशी नगरी।
पंचकोशी *(हि.स्त्री.)* काशी की परिक्रमा।
वंशी *(सं.स्त्री.)* मुरली, बाँसुरी।
पशु *(सं.पुं.)* चार पैर से चलने वाला रोवाँ और पूँछयुक्त प्राणी, प्राणिमात्र, जीव, देवता, पागल, यज्ञ।
पर्शु *(सं.पुं.)* परशु, फरसा।
परशु *(सं.पुं.)* कुठार, कुल्हाड़ी।
नरपशु *(सं.पुं.)* जिस मनुष्य का आचरण पशु के सदृश हो।

यज्ञपशु *(सं.पुं.)* वह पशु जिसका यज्ञ में बलिदान किया जाता है।
पांशु *(सं.पुं.)* धूलि, रज, बालू।
आशु *(सं.वि.)* शीघ्र।
आशुकवि *(सं.पुं.)* कवि जो तत्क्षण कविता बनाता हो।
चण्डाशु *(सं.वि.)* तीक्ष्ण किरणवाला, *(पु.)* सूर्य।
प्रांशु *(सं.वि.)* उच्च, उन्नत।
शीताशु *(सं.पुं.)* चन्द्रमा।
सुधांशु *(सं.पुं.)* चन्द्रमा।
शिशु *(सं.पुं.)* बालक, छोटा लड़का।
अंशु *(सं.पुं.)* सूर्य, किरण, ज्योति, वेग, अल्प मात्रा।
शं *(सं.पुं.)* शिव, महादेव, शास्त्र, शस्त्र, *(पुं.)* शुभ, कल्याण, मंगल, सुख।

ष-*संस्कृत या हिन्दी वर्णमाला के व्यंजन वर्णों में से इकतीसवाँ अक्षर। इसका उच्चारण स्थान मूर्धा है।*

ष *(सं.पुं.)* ध्वंस, नाश, अवशेष, मुक्ति, स्वर्ग, *(वि.)* सुन्दर।
कष *(सं.पुं.)* कसौटी, सान।
मष *(सं.पुं.)* मत्स्य, मीन, मछली।
मष *(हि.पुं.)* देखो मख।
निकष *(सं.पुं.)* कसौटी, सान चढ़ाने का पत्थर।
अकल्मष *(सं.वि.)* पापरहित, निर्दोष।
विकल्मष *(सं.वि.)* पाप रहित।
कर्ष *(सं.पुं.)* सोलह माश का परिणाम, अस्सी रत्ती की तौल, खेती का काम।
प्रकर्ष *(सं.पुं.)* उत्तयता, अधिकता।
दन्तकर्ष *(सं.पुं.)* दाँत किरकिराना।
अपकर्ष *(सं.पुं.)* घटाव, अपमान, निरादर, नीचे की ओर खींचना।
आकर्ष *(सं.पुं.)* वितान, खिंचाव, तनाव, चुंबक।
सन्निकर्ष *(सं.पुं.)* समीपता।
निष्कर्ष *(सं.पुं.)* सारांश, सार, निचोड़।
उत्कर्ष *(सं.पुं.)* श्रेष्ठता, बुद्धि, प्रशंसा, अधिकता।
घर्ष *(सं.पुं.)* क्रोध, अविनय, अनादर।
दन्तसंघर्ष *(सं.पुं.)* दाँत किरकिराना।
दुर्धर्ष *(सं.वि.)* प्रबल, प्रचण्ड।
अमर्ष *(सं.पुं.)* क्रोष, रोष, सहनशीलता, साहस।
दुर्मर्ष *(सं.पुं.)* जिसको सहन करना मुश्किल हो।
वर्ष *(सं.पुं.)* किसी द्वीप का प्रधान भाग, वृष्टि, वर्षा, मेघ, बादल, संवत्सर, बारह महीने का काल।
भरतवर्ष *(हि.पुं.)* देखो भारतवर्ष।
भारतवर्ष *(सं.पुं.)* वह देश जो उत्तर में हिमालय पर्वत तक, दक्षिण में कन्याकुमारी तक, पश्चिम मे सिन्धु नदी तक तथा पूर्व में ब्रह्मपुत्र नदी तक विस्तृत है।
प्रवर्ष *(सं.पुं.)* अति वृष्टि।
नववर्ष *(सं.पुं.)* नया वर्ष, नई वर्षा।
रामहर्ष, रोमहर्षण *(सं.पुं.)* रोमांच, रोवाँ खड़ा होना।
लोमहर्ष *(सं.पुं.)* रोमांच, पुलक।
प्रहर्ष *(सं.पुं.)* हर्ष, अत्यंत आनन्द।
सहर्ष *(सं.वि.)* हर्षयुक्त, हर्षसहित।
शिराहर्ष *(सं.पुं.)* नसों का झनझनाना।
करष *(हि.स्त्री.)* कर्ष, खिंचाव, तनाव।
हरष *(हिं.पुं.)* देखो हर्ष, प्रसन्नता।
अशर्ष *(सं.वि)* समूचा, दोषरहित, पूरा, समाप्त।
भाष *(हि.पुं.)* भाषा।
कस्माष *(सं.वि.)* काला, चितकबरा।
कुस्माष *(सं.पुं.)* कुलची, उड़द, बाँस।
आर्ष *(सं.वि.)* ऋषि मुनि संबंधी।
निरअभिलाष *(सं.वि.)* अभिलाषारहित।
मिष *(सं.पुं.)* छल, कपट, बहाना।
विष *(सं.पुं.)* वह पदार्थ जो प्राणी के शरीर में प्रविष्ट होने पर प्राण ले लेता है अथवा स्वास्थ्य नष्ट कर देता है।
ज्योतिष *(सं.वि.)* ज्योतिष संबंधी।
अमिष *(सं.पुं.)* संसारी, सुख, अकपट, सत्य, *(वि.)* निच्छल।
सामिष *(सं.पुं.)* मांस, भोजन, तृष्णा।
निमिष *(सं.पुं.)* आँख मिंचना, पलकों का गिरना।
वरिष *(सं.पुं.)* वत्सर, वर्ष।
मखद्विष, मखद्वेषी *(सं.पुं.)* राक्षस, असुर।
विद्विष *(सं.पुं.)* शत्रु, बैरी।
वष *(सं.पुं.)* बिच्छू।
किल्विष *(सं.पुं.)* पाप, अपराध, रोग।
अकिल्विष *(सं.वि.)* पापरहित।
विकिल्विष *(सं.पुं.)* पाप का अभाव।
किलविष *(हि.पुं.)* किल्विष, पाप।
आशीविष *(सं.पुं.)* सर्प, साँप।
निराशिष *(सं.वि.)* बिना आशीर्वाद का।
महिष *(सं.पुं.)* भैंसा।
शीर्ष *(सं.पुं.)* मस्तक, सिर, अग्रभाग, चोटी।
मार्गशीर्ष *(सं.पुं.)* अगहन का महीना।
सहनशीर्ष *(सं.पुं.)* विष्णु।
द्विशीर्ष *(सं.वि.)* अग्नि, आग, *(वि.)* जिसमें दो सिर हों।
शिरिष *(सं.पुं.)* सिरिस का पेड़।
पुरीष *(सं.पुं.)* विष्ठा, मल, गम।
दावीष *(सं.पुं.)* स्वर्ग, समुद्र, सोना।
तुष *(सं.पुं.)* अन्न के ऊपर का छिलका, भूसी।
रुष *(सं.पुं.)* क्रोध, रोष।
सुष *(हि.पुं.)* देखो सुख।
उतुष *(सं.वि.)* बिना भूसे व छिलके का।
सतुष *(सं.वि.)* भूसासहित, अन्न।

निस्तुष *(सं.वि.)* जिसमें भूसी न हो, निर्मल।
विदुष *(सं.पुं.)* विद्वान, पंडित।
धनुष *(सं.पुं.)* कमान।
इन्द्रधनुष *(सं.पुं.)* देखो इन्द्रचाप।
हरिधनुष *(सं.पुं.)* इन्द्रधनुष।
मनुष *(सं.पुं.)* मनुष्य, पति।
वनमानुष *(हि.पुं.)* वह पशु जो बन्दर से बड़ा होता है, जिसका आकार मनुष्य से बहुत मिलता-जुलता है, बिलकुल जंगली आदमी।
वनमानुष *(हि.पुं.)* बिना पूँछ का बड़ा जिसका आकार मनुष्य से बहुत मिलता है।
व्यायुष *(सं.पुं.)* बाल्य, यौवन, और स्थविर ये तीन अवस्थाएँ।
परुष *(सं.वि)* कठोर, कड़ा, निष्ठुर, अप्रिय, निर्दय।
तरुष *(सं.वि.)* क्रोधयुक्त, कुपित।
पुरुष *(सं.पुं.)* मनुष्य, पूर्वज, पति, मनुष्य का शरीर या आत्मा, सूर्य, व्याकरण में सर्वनाम और तदनुसारिणी क्रिया के रूपों का वह भेद जिससे यह निश्चय होता है कि सर्वनाम अथवा क्रियापद अपने लिए अथवा अन्य के लिए प्रयोग किया गया है, यथा–मैं उत्तम पुरुष तुम मध्यम पुरुष।
प्रथम पुरुष *(सं.पुं.)* आदि पुरुष, व्याकरण में वह सर्वनाम जिसके विषय में कुछ कहा जाता है, यथा–वह पुरुष, वह स्त्री, वह पशु आदि।
उत्तम पुरुष *(सं.पुं.)* श्रेष्ठ मनुष्य, व्याकरण में वह सर्वनाम जो बोलनेवाले के लिए प्रयुक्त होता है।
मध्यम पुरुष *(सं.पुं.)* व्याकरण के अनुसार वह व्यक्ति जिससे कुछ कहा जाए।
तत्पुरुष *(सं.पुं.)* व्याकरण में एक प्रकार का समास जिसमें उत्तर वह की प्रधानता होती है।
सत्पुरुष *(सं.पुं.)* पूज्य पुरुष।
पूर्वपुरुष *(सं.पुं.)* बाप, दादा, परदादा आदि पुरखा।
राजपुरुष *(सं.पुं.)* राज्य का कोई अधिकारी।
पुराण, पुरुष *(सं.पुं.)* विष्णु।
कापुरुष *(सं.पुं.)* निन्दित पुरुष।
महापुरुष *(सं.पुं.)* महात्मा, महानुभाव, श्रेष्ठ मनुष्य।
रक्षापुरुष *(सं.पुं.)* पहरेदार।
किंपुरुष *(सं.पुं.)* किन्नर, नीच, मनुष्य।
किम्पुरुष *(सं.पुं.)* किन्नर, बुरा आदमी।
प्रतिपुरुष *(सं.पुं.)* प्रतिनिधि।
त्रिपुरुष *(सं.पुं.)* पिता, पितामह और प्रपितामह, शिव, महादेव।
सुपुरुष *(सं.पुं.)* सत्पुरुष, सज्जन।
पौरुष *(सं.पुं.)* पराक्रम, साहस, उद्यम, उद्योग, *(वि.)* पुरुष संबंधी।
कलुष *(सं.पुं.)* मलिनता, पाप, *(वि.)* मलिन, निन्दित।
व्रत्युष, प्रत्युष *(सं.पुं.)* प्रभात, सबेरा।
पियुष *(हि.पुं.)* देखो पीयुष।
पीयुष *(सं.पुं.)* सुधा, शमन।
भेष *(हि.पुं.)* देखो वेश।
मेष *(सं.पुं.)* भेड़ा।
वेष *(सं.पुं.)* नेपथ्य।
शेष *(सं.पुं.)* अनन्त, सर्पराज, समाप्ति, अन्त, परिणाम।
हमेष *(हि.पुं.)* अभिमान, अहंकार।
वाजिमेष *(सं.पुं.)* अश्वमेष।
निमेष *(सं.पुं.)* पलक मारने भर का समय, पल, क्षण।
श्लेष *(सं.पुं.)* संयोग, मिलान, जोड़।
संश्लेष *(सं.पुं.)* आलिंगन, मेल, मिलाप।
विश्लेष *(सं.पुं.)* शिथिलता, विकास, वियोग, विछोह।
द्वेष *(सं.पुं.)* शत्रुता, बैर।
प्रद्वेष *(सं.पुं.)* विरोध, शत्रुता, बैर।
राजवेष *(सं.पुं.)* राजा का पहिनावा।
विद्वेष *(सं.पुं.)* शत्रु।
परिवेष *(सं.पुं.)* परिधि, सूर्य का मंडल।
भुक्तशेष *(सं.पुं.)* उच्छिष्ट, जूठा।
अवशेष *(सं.वि.)* बचा हुआ, शेष, *(पुं.)* बची हुई वस्तु।
भग्नावेष *(सं.पुं.)* किसी टूटे हुए पदार्थ के टुकड़े।
नामशेष *(सं.वि.)* जिसका केवल नाम मात्र बच गया हो।
सावशेष *(सं.वि.)* अवशेषयुक्त।
पात्रशेष *(सं.पुं.)* खाकर छोड़ा हुआ अन्न आदि, उच्छिष्ट, जूठा।
निरशेष *(सं.वि.)* समग्र, समूचा।
निशेष *(सं.वि.)* जिसमें कुछ बाकी न हो।
निःशेष *(सं.वि.)* संपूर्ण, समूचा।
विशेष *(सं.पुं.)* अन्तर, भेद समानता, विचित्रता, नियम, तत्व, अधिकता, पदार्थ, अवयव, अंग, वैशेषिक।
अविशेष *(सं.पुं.)* भेद का अभाव, *(वि.)* तुल्य, समान, बराबर।
कोष *(सं.पुं.)* कुंड्मल, कली, तलवार की म्यान, अष्टा, पात्र, भण्डार।
तोष *(सं.पुं.)* संतोष, तृप्ति, प्रसन्नता, *(वि.)* अल्प, थोड़ा।
दोष *(सं.पुं.)* पाप, शरीर का विकार जो वात, पित्त, कफ के कुपित होने से उत्पन्न होता है।
दोष *(सं.पुं.)* दूषण, अवगुण, परायापन, अभियोग, कलंक।
पोष *(सं.पुं.)* पालन-पोषण, वृद्धि, तृप्ति, उन्नति।
मोष *(सं.पुं.)* चोरी, लूट, ठगी।
रोष *(सं.पुं.)* क्रोध, कुढ़न, विरोध।
शोष *(सं.पुं.)* सूखने का भाव, शोषण, यक्ष्मा रोग, बच्चों का सुखण्डी का रोग।
अन्तकोष *(सं.पुं.)* भण्डारघर का भीतरी कमरा।
गर्भकोष *(सं.पुं.)* गर्भाशय, बच्चादानी।
पद्मकोष *(सं.पुं.)* कमल के बीज का छत्ता।

देहकोष *(सं.पुं.)* त्वचा, चमड़ा।
मूत्रकोष *(सं.पुं.)* मूत्राशय।
नेत्रकोष आँख का परदा।
पेशीकोष *(सं.पुं.)* अण्डकोष।
मधुकोष *(सं.पुं.)* मधुमक्खी का छत्ता।
रथकोष *(सं.पुं.)* रथ का शब्द।
जयघोष *(सं.पुं.)* धनुष की टंकार।
निर्घोष *(सं.वि.)* शब्द-रहित।
संतोष *(हि.कि.)* देखो सन्तोष।
सन्तोष *(सं.पुं.)* शान्ति, तृप्ति, प्रसन्नता, हर्ष।
आशुतोष *(सं.पुं.)* शिव, *(वि.)* शीघ्र प्रसन्न होने वाला।
पानदोष *(सं.पुं.)* मद्यपान का दोष।
ब्रह्मदोष *(सं.पुं.)* ब्रह्महत्या, ब्राह्मण की हत्या करने का पाप।
प्रदोष *(सं.पुं.)* सूर्यास्त के बाद चार दण्ड का काल।
संदोष *(सं.वि.)* दोषसहित, अपराधी।
प्राप्तिदोष *(सं.वि.)* जिसने कोई अपराध किया हो।
निर्दोष *(हि.कि.वि.)* बिना कोई अपराध किए हुए।
निर्दोष *(सं.वि.)* दोषरहित।
विदोष *(सं.वि.)* दोष रहित।
सरोष *(सं.वि.)* रोषयुक्त, कुपित।
विरोष *(सं.वि.)* क्रोधरहित।
मुखशोष *(सं.पुं.)* प्यास के कारण मुँह सूखना।
पौष *(सं.पुं.)* पूस का महीना।
कषा *(सं.स्त्री.)* कशा, चाबुक।
सज्जषा *(सं.स्त्री.)* पिटक, पिटारी।
वर्षा *(सं.स्त्री.)* पानी बरसने की ऋतु, पानी बरसने की क्रिया।
तृषा *(सं.स्त्री.)* आकांक्षा, अभिलाषा, इच्छा, लोभ, प्यास।
अमृषा *(सं.अव्य.)* सचमुच, वस्तुतः।
इरषा *(हि.स्त्री.)* देखो ईर्ष्या।
पुरषा *(हि.पुं.)* देखो पुरखा।
भाषा *(सं.स्त्री.)* वाक्य, बोली, किसी विशेष जनसमूह में प्रचलित बातचीत करने का ढंग।
ब्रजभाषा *(सं.स्त्री.)* मथुरा, आगरा तथा इसके आसपास के प्रदेश में बोली जाने वाली भाषा।
मातृभाषा *(सं.स्त्री.)* वह भाषा जिसका बोलना माता की गोद में रहते हुए बालक सीखता है।
परिभाषा *(सं.स्त्री.)* किसी शब्द का इस प्रकार अर्थ करना कि जिसमें उसकी विशेषता और व्याप्ति पूर्ण रूप से निश्चित हो जाए, किसी शास्त्र ग्रन्थ आदि की विशिष्ट संज्ञा, ऐसा जो किसी शास्त्र में निर्दिष्ट अर्थ में व्यवहार किया जाता हो।
देवभाषा *(सं.स्त्री.)* संस्कृत भाषा।
अभिलाषा *(सं.पुं.)* इच्छा, मनोकामना, लोभ।
जिगमिषा *(सं.स्त्री.)* गमन करने की इच्छा।
वरिषा *(सं.स्त्री.)* वर्षा।
हितिषा *(सं.स्त्री.)* ईर्ष्या, स्पर्धा।
ईर्षा *(सं.स्त्री.)* क्रोध, डाह।
(ईर्ष्यालु) *(सं.वि.)* ईर्ष्या करने वाला, डाह करने वाला।
मनीषा *(सं.स्त्री.)* बुद्धि, प्रशंसा।
चिकीर्षा *(सं.स्त्री.)* करने की इच्छा।
जिगीषा *(सं.स्त्री.)* विजय प्राप्त करने की इच्छा।
विभिगीषा *(सं.पुं.)* विजय प्राप्त करने की अभिलाषा, उन्नति।
तितीर्षा *(सं.स्त्री.)* तैरने की अभिलाषा, ढर्रे जाने की इच्छा।
मंजुषा *(हि.स्त्री.)* छोटा, पेटारा।
प्रस्नुषा *(सं.स्त्री.)* पतोह, पुत्र की स्त्री।
मुमुर्षा *(सं.स्त्री.)* मरने की अभिलाषा।
ऊषा *(सं.स्त्री.)* अरुणोदय, सबेरा।
भूषा *(सं.स्त्री.)* आभूषण, गहना।
विभूषा *(सं.स्त्री.)* अलंकार, गहना।
वेषभूषा *(सं.स्त्री.)* पहनावा।
शुश्रूषा *(सं.स्त्री.)* सेवा, परिचर्या, टहल।
पादशुश्रूषा *(सं.स्त्री.)* चरण-सेवा।
शरीर-शुश्रूषा *(सं.स्त्री.)* देह की सेवा।
सुश्रूषा *(हि.स्त्री.)* देखो शुश्रूषा।
द्वेषा *(सं.अव्य.)* दो प्रकार के।
पुरोषा *(सं.पुं.)* पुरोहित।
राजर्षि *(सं.पुं.)* वह ऋषि जो राजवंश या क्षत्रिय कुल का हो।
सप्तर्षि *(सं.पुं.)* ब्रह्मा के सात मानस पुत्र जो ऋषि थे।
ब्रह्मर्षि *(सं.पुं.)* ब्राह्मण ऋषि।
महर्षि *(सं.पुं.)* अति श्रेष्ठ ऋषि।
देवर्षि *(सं.पुं.)* नारद, अवि, मरीचि, भारद्वाज आदि ऋषि।
कृषि *(सं.स्त्री.)* खेती, किसानी।
ऋषि *(सं.पुं.)* शास्त्रप्रणेता, वेद मंत्रों का प्रकाशक, ज्ञान द्वारा संसार पार करनेवाला।
भाषी *(हि.वि.)* कहने या बोलने वाला।
मितभाषी *(सं.वि.)* स्वल्पभाषी।
प्रियभाषी *(सं.वि.)* मधुर वचन बोलने वाला।
पूर्वाभाषी *(सं.वि.)* पहिले बोलने वाला।
पूर्वाभिलाषी *(सं.वि.)* पहिले बोलने वाला।
द्विभाषी *(सं.पुं.)* दो भाषा जानने वाला मनुष्य।
दूभाषी *(हि.पुं.)* देखो द्विभाषी।
दूर्भाषी *(सं.वि.)* कटु वचन बोलने वाला।
सुभाषी *(हि.वि.)* मधुर बोलने वाला।
बहुभाषी *(सं.वि.)* बहुत बोलने वाला, बकवादी, *(पुं.)* वह जो अनेक भाषा जानता हो।
ज्योतिषी *(हि.पुं.)* ज्योतिषशास्त्र जानने वाला मनुष्य, दैवज्ञ, गणक।

महिषी *(सं.स्त्री.)* भैंस, पटरानी।
भटमहिषी *(हि.स्त्री.)* प्रधान रानी, पटरानी।
मनीषी *(हि.पुं.)* पण्डित।
विदुषी *(सं.स्त्री.)* स्त्री, विद्वान स्त्री।
मानुषी *(सं.वि.)* मनुष्य संबंधी।
द्वैषी *(सं.वि.)* विरोध करने वाला।
हितैषी *(सं.वि.)* भला चाहने वाला, *(पुं.)* मित्र।
जोषी *(हि.पुं.)* ज्योतिषी।
तोषी *(सं.वि.)* तृप्त करने वाला।
दोषी *(सं.वि.)* दोषयुक्त, अपराधी।
सन्तोषी *(सं.वि.)* सन्तुष्ट।
निर्दोषी *(हिं.वि.)* जिसने कोई अपराध न किया हो।
इषु *(सं.पुं.)* बाण, तीर।
विषु देखो विष।
जिगीषु *(सं.वि.)* परिश्रमी, मेहनती।

स–हिन्दी वर्णमाला का बत्तीसवाँ व्यंजन वर्ण इसका उच्चारण स्थान दन्त है। (सं.पुं.) ईश्वर, शिव, विष्णु, सर्प, पक्षी, चन्द्रमा, वायु, जीवात्मा, क्रान्ति, ज्ञान, चिन्ता।

अस *(हि.सर्व.)* ऐसा, यह, *(वि.)* इस प्रकार का।
कस *(सं.पुं.)* कसोटी, जाँच, परीक्षा, अवरोध, सार, कसाव।
ठस *(हि.वि.)* कड़ा, ठोस, दृढ़, सुस्त, मट्टर, कृपण, खोटा, (रुपया)।
जस *(हि.पुं.)* देखो यश, *(हि.कि.)* जैसा।
तस *(हि.वि.)* तैसा, वैसा।
नस *(हि.स्त्री.)* शरीर के भीतर के तन्तुओं का वह लच्छा जो पेशियों के छोर पर रहता है, और दूसरी पेशियों को और हड्डियों को बाँधे रहता है, रक्तवाहिनी नली, पत्ते के बीच का तन्तु।
बस *(हि.पुं.)* देखो वश।
मस *(हि.कि.)* देखो मसि, रोशनाई, मूँछ निकलने के पहिले ओंठ पर का कालापन।
रस *(सं.पुं.)* किसी वस्तु के खाने का स्वाद, शरीरस्थ धातु विशेष, कोई।
लस *(सं.पुं.)* चिपकने या चिपकाने का गुण।
हस *(हि.स्त्री.)* ईर्ष्या, डाह, टोक, कोस, फटकार।
अकस *(हि.पुं.)* शत्रुता, द्वेष, विरोध।
बकस *(हि.पुं.)* कपड़ा, कागज, आदि रखने का संदूक, छोटा डब्बा।
करकस *(हि.वि.)* कर्कश, कड़ा।
अरकस *(हि.पुं.)* तीर रखने का चोगा।
आलकस *(हि.पुं.)* देखो आलस्य।
इक्कस *(हि.पुं.)* ईर्षा, डाह।
बुक्कस *(सं.पुं.)* चाण्डाल।
राकस *(हि.पुं.)* राक्षस, *(हि.स्त्री.)* राक्षसी, निशाचरी।
टिकस *(हि.पुं.)* कर, महसूल।
निकस *(सं.पुं.)* निकष, कसौटी।
बुकस *(हि.पुं.)* भंगी, मेहतर।
चौकस *(हि.वि.)* सावधान, सचेत।
सुरोकस *(सं.पुं.)* स्वर्ग।
दिविकस *(सं.वि.)* स्वर्ग में रहनेवाला।
वर्चस *(सं.पुं.)* तेज, अन्न।
वच्छस *(हि.पुं.)* छाती, सीना।
राछस *(हि.पुं.)* देखो राक्षस।
कंजस *(हि.पुं.)* कृपण, सूम।
समंजस *(सं.वि.)* उचित, ठीक।
असमंजस *(सं.पुं.)* अनुपयुक्त विषय *(वि.)* असदर्श, अतुल्य, *(पु.)* अड़चन, कठिनाई।
अपजस *(हि.पुं.)* अपयश, दुर्नाम।
राजस *(सं.वि.)* वह शक्ति जो गुण से उत्पन्न हो, आवेश, क्रोध।
तेजस *(सं.पुं.)* देखो तेज।
हतौजस *(सं.वि.)* तेजहीन, दुर्बल।
बहौजस *(सं.वि.)* बड़ा तेजस्वी।
पिस *(हि.स्त्री.)* दुःख या शोक से छाती पीटना।
ठसाठस, ठसठस *(हि.वि.)* ठूँस के भरा हुआ।
मोठस *(हि.वि.)* मौन, चुप।
धाड़स *(हि.स्त्री.)* देखो ढाढ़स।
ढाढ़स *(हि.पुं.)* आश्वासन, धैर्य, सांत्वना।
वीभत्स *(सं.पुं.)* घृणा।
(वीभत्सिक) *(सं.वि.)* घृणित, निन्दित।
वत्स *(सं.पुं.)* शिशु, बालक।
सवत्स *(सं.वि.)* जिसके साथ बच्चा हो।
अतस(अतः) *(सं.अव्य.)* इस कारण से।
बेंतस *(सं.पुं.)* बेंत।
दुआदस *(हि.वि.)* द्वादश, बारहवाँ।
दुवादस *(हि.वि.)* देखो द्वादश, बारह।
चौदस *(हि.स्त्री.)* किसी पक्ष की चौदहवीं तिथि।
अंधस *(हि.पुं.)* पाप, पातक।
जातवेघस *(सं.पुं.)* अग्नि, सूर्य।
पनस *(सं.पुं.)* कटहल।
फनस *(हि.पुं.)* कटहल।
वैखानस *(सं.पुं.)* वानप्रस्थ, वनचारा।
चानस *(हि.पुं.)* ताश का एक खेल।
नानस *(हि.स्त्री.)* सास की माता।
मानस *(सं.पुं.)* मन, हृदय, मनुष्य, संकल्प, विकल्प।
नियतमानस *(सं.वि.)* जितेन्द्रिय।
महानस *(सं.पुं.)* पाकशाला।
पिनस *(सं.पुं.)* देखो पीनस।

पिन्नस *(हि.स्त्री.)* देखो पीनस।
विनस *(सं.वि.)* बिना नाक का।
पीनस *(सं.पुं.)* नाक का एक रोग, *(हि.स्त्री.)* पालकी।
खुन्नस *(हि.स्त्री.)* क्रोध, बिगाड़, अनबन।
उमस *(हि.स्त्री.)* दुर्गन्ध, उपासना, *(हि.कि.)* दुर्गन्धि होना, सड़ जाना।
आपस *(हि.स्त्री.)* आत्मीयता, मेल जोल।
तापस *(सं.पुं.)* तपस्या करने वाला।
उदबस *(हि.वि.)* शून्य, सूना, उजाड़।
बरबस *(हि.कि.वि.)* बलपूर्वक, व्यर्थ।
परवस *(हि.वि.)* पराधीन।
विवस *(हि.वि.)* विवश, लाचार।
रभस *(सं.पुं.)* वेग, हर्ष, उत्सुकता।
तमस *(सं.पुं.)* अन्धकार, अज्ञान।
फदरमस *(हि.स्त्री.)* मारपीट।
कलमस *(हि.पुं.)* देखो कल्मष।
तामस *(सं.पुं.)* क्रोध, अज्ञान, मोह अन्धकार, अंधेरा।
मलीमस *(सं.पुं.)* पाप, दोष।
उमस *(हि.स्त्री.)* आन्तरिक उत्ताप।
वयस *(हि.स्त्री.)* देखो वयस।
वयस *(सं.पुं.)* जीवन काल, अवस्था।
अनयस *(हि.वि.)* अनुत्तम, बुरा।
कृष्णायस *(सं.पुं.)* इस्पात, लोहा।
तीक्ष्णायस *(सं.पुं.)* पक्का, लोहा, इस्पात।
आयस *(सं.वि.)* महिमय, *(पुं.)* लोहा।
रजायस *(हि.स्त्री.)* आज्ञा, इच्छा।
पायस *(सं.पुं.)* खीर।
वायस *(हि.पुं.)* देखो वायस।
वायस *(सं.पुं.)* काक, कौवा।
विहायस *(सं.पुं.)* आकाश, पक्षी।
वैहायस *(सं.वि.)* आकाश संबंधी।
लघीयस *(सं.वि.)* बहुत छोटा या हलका।
गरीयस *(सं.वि.)* अत्यंत भारी, प्रबल।
श्रेयस *(सं.पुं.)* अतिशय, मंगल।
निश्रेयस *(हि.पुं.)* कल्याण, मोक्ष।
ग्रस *(हि.पुं.)* छल, छिद्र।
अरस *(सं.वि.)* बिना स्वाद का, नीरस।
रंगरस *(हि.पुं.)* आनन्द, मंगल।
चरस *(हि.पुं.)* गाँजे के पेड़ से निकला हुआ गोंद जिसको लोग गाँजे की तरह पीते हैं, वन-मयूर, एक प्रकार का पक्षी।
षटरस *(सं.पुं.)* छह प्रकार का रस या स्वाद।
षडरस *(सं.पुं.)* छह प्रकार का स्वाद या रस, यथा-मधुर, अम्ल, लवण, कटु, तिक्त और कषाय।
तरस *(हि.पुं.)* दया, करुणा।
बतरस *(हि.पुं.)* वार्तालाप का आनन्द।
दरस *(हि.पुं.)* दर्शन, भेंट, सुन्दरता।
अनरस *(हि.पुं.)* रसहीनता, रूलाई, गैर, दुःख, कष्ट।
परस *(हि.पुं.)* स्पर्श, छूने की क्रिया, पारस पत्थर।
अपरस *(हि.विं.)* अस्पृश्य, जो छूने योग्य न हो।
फरस *(हि.पुं.)* समतल भूमि।
बरस *(हि.पुं.)* वर्ष, बारह महीने का समूह।
अमरस *(हि.पुं.)* अमावट।
नवरस *(सं.पुं.)* शृंगार आदि काव्य के प्रधान नौ रस।
द्रवरस *(सं.पुं.)* गीला रस।
त्वरस *(सं.पुं.)* फल, फूल, पत्ती आदि को कूट-पीसकर निकाला हुआ रस।
सरस *(सु.वि.)* रसयुक्त, रसीला, स्वादिष्ट, मधुर, नया, मनोहर, सुन्दर।
आदरस *(हि.)* देखो आदर्श।
तामरस *(सं.पुं.)* कमल, सोना, ताँबा।
रामरस *(हि.पुं.)* नमक।
तालरस *(सं.पुं.)* ताड़ का मद्य, ताड़ी।
शालरस *(सं.पुं.)* राल, धूना।
सालरस *(सं.पुं.)* राल, धूना।
तिलरस *(सं.पुं.)* तिल का तेल।
सुपरस *(सं.पुं.)* देखो स्पर्श।
एकरस *(हि.वि.)* एक ढंग का, समान।
ढारस *(हि.पुं.)* आश्वासन।
पारस *(हि.पुं.)* स्पर्श मणि, एक कल्पित पत्थर जिसके विषय में लोगों में ऐसी प्रसिद्धि है कि इसमें लोहा छुलाने से स्वर्ण हो जाता है, अत्यन्त लाभ देने वाली तथा उपयोगी वस्तु।
ग्यारस *(हि.स्त्री.)* एकादशी तिथि।
सारस *(सं.पुं.)* एक प्रसिद्ध सुन्दर बड़ा पक्षी।
लाक्षारस *(सं.पुं.)* महावर।
निरस *(सं.वि.)* नीरस, रसहीन, फीका, निःसत्व, असार, सूखा।
विरस *(सं.वि.)* नीरस, फीका, बिना रस का।
हिरस *(हि.पुं.)* ईर्षा।
वीरस *(सं.वि.)* सूखा, स्वाद रहित।
कुरस *(सं.पुं.)* बुरा, रस, आसव, मदिरा।
तेरस *(हि.स्त्री.)* किसी पक्ष की तेरहवीं तिथि।
धनतेरस *(हि.स्त्री.)* कार्तिक कृष्ण त्रयोदशी।
गोरस *(सं.पुं.)* गाय का दूध, दही, मठा, छाछ।
रजोरस *(सं.पुं.)* अन्धकार, अँधेरा।
औरस *(सं.पुं.)* समान जाति की विवाहित भार्या से उत्पन्न पुत्र।
चौरस *(हि.वि.)* जो ऊँचा-नीचा न हो, समतल, बराबर।
अलस *(सं.वि.)* दीर्घसूत्री, आलसी।

कलस *(सं.पुं.)* देखो कलश।
अनलस *(सं.वि.)* आलस्य-रहित।
निरलस *(हि.वि.)* आलस्यहीन।
निरालस *(हि.वि.)* बिना आलस्य का।
आलस *(हि.पुं.)* आलस्य।
मदालस *(सं.पुं.)* मद के कारण आलस्य।
महालस *(सं.पुं.)* बड़ा आलस्य।
अवस *(हि.कि.वि.)* अवश्य।
सर्वस *(हि.वि.)* देखो सर्वस्व।
पावस *(हि.स्त्री.)* वर्षाकाल, बरसात।
अमावस *(हि.स्त्री.)* अमावस्या।
परदिवस *(सं.पुं.)* आज से दूसरा दिन।
प्रतिदिवस *(सं.अव्य.)* देखो प्रतिदिन।
दुर्दिवस *(सं.पुं.)* दुर्दिन, बरसात का दिन।
अनुदिन, अनुदिवस *(सं.अव्य.)* प्रतिदिन।
दुदिवस *(सं.पुं.)* देखो सुदिन।
विवस *(हि.वि.)* देखो विवश।
पेबस *(हि.पुं.)* हाल की लाई हुई गाय या भैंस का दूध।
रक्तवासस *(सं.स्त्री.)* लाल कपड़ा पहनने वाला।
रहस *(हि.पुं.)* निर्जन स्थान, गुप्त भेद, छिपी बात।
सहस *(हि.वि.)* सहस्त्र, सौ।
साहस *(सं.पुं.)* बलपूर्वक कार्य करने की क्रिया, अत्याचार, क्रूरता।
दुःसाहस *(सं.पुं.)* अनुचित साहस।
रक्षस *(हि.पुं.)* राक्षस, दानव।
ब्रह्मराक्षस *(सं.पुं.)* वह राक्षस जो मरकर प्रेत योनि को प्राप्त हुआ हो।
आस *(सं.पुं.)* आसन, बैठक, *(हि.स्त्री.)* आशा, भरोसा।
कास *(सं.पुं.)* खाँसी, कफ, काँस।
घास *(सं.स्त्री.)* भूमि पर उगने वाला छोटा तृण, पशुओं का चारा।
दास *(सं.पुं.)* शूद्र, सेवक।
नास *(हि.कि.)* सुँघनी।
पास *(हि.पुं.)* पार्श्व, ओर, निकटता, *(अव्य.)* निकट, समीप में, अधिकार में।
वास *(हि.पुं.)* निवास, रहने का स्थान, गंध, महक।
भास *(सं.पुं.)* दीप्ति, प्रकाश, चमक, स्वाद, मिथ्या ज्ञान।
मास *(सं.पुं.)* वर्ष का बारहवाँ भाग, महीना।
रास *(सं.पुं.)* कोलाहल, ध्वनि, गूँज, गोपियों की वह क्रीड़ा जिसमें वे श्रीकृष्ण के साथ घेरा बनाकर नाचती थीं *(हि.स्त्री.)* ढेर, समूह, जोड़, झुंड, सूद, ब्याज।
लास *(सं.पुं.)* एक प्रकार का नाच, मटक, जूस।
वास *(सं.पुं.)* अनस्थान, गृह, घर।
सास *(हि.स्त्री.)* पति या पत्नि की माता।
हास *(सं.पुं.)* हँसी, उपहास, निन्दा।
त्रास *(सं.पुं.)* डर, भय, कष्ट।
श्रास *(हि.स्त्री.)* सुतली, डोरी, रेशा।
डाँस *(हि.स्त्री.)* गले का वह शब्द जो सूखी खाँसी के साथ निकलता है।
गाँस *(हि.स्त्री.)* ग्रन्थन, बन्धन, बैर, ईर्ष्या।
डाँस *(हि.पुं.)* बड़ा मच्छर।
धाँस *(हि.स्त्री.)* मिर्च, तमाखू, आदि की तीव्र गन्ध जिससे खाँसी आने लगती है।
फाँस *(हि.स्त्री.)* पाश, बंधन, वह रस्सी जिसका फन्दा डालकर पशु-पक्षी फँसाए जाते हैं, महीन काँटा, पतली, तीली या खमाची।
बाँस *(हि.पुं.)* तृण जाति का एक प्रसिद्ध वनस्पति जिसके कंडों में थोड़ी-थोड़ी दूर पर गाँठ होती है और गाँठों के बीच पोला होता है, लाठा।
माँस *(सं.पुं.)* शरीर का धातु विशेष।
साँस *(हि.स्त्री.)* श्वास, दम, अवकाश, छट्टी, वह दरार जिसमें से हवा आ जा सकती है, श्वास का रोग।
पियास *(हि.स्त्री.)* देखो प्यास।
अकास *(हि.पुं.)* आकाश, गगन।
प्रकास *(हि.पुं.)* देखो प्रकाश।
परकास *(हि.पुं.)* देखो प्रकाश।
सुपरकास *(हि.पुं.)* ताप, गरमी।
निकास *(हि.पुं.)* क्रम, द्वार, आग, वह स्थान जिसमें से होकर कोई वस्तु निकले, मूल स्थान, संकट, छुटकारे का उपाय, आय का ढंग।
विकास *(हि.पुं.)* देखो विकास।
औकास *(हि.पुं.)* देखो अवकाश।
नखास (अ. पुं.) वह बाजार जिसमें चौपाए और विशेष कर घोड़े बिकते हैं।
अगास *(हि.पुं.)* आकाश, द्वार पर का चबूतरा।
बिकास *(हि.पुं.)* देखो विकास।
कचास *(हि.स्त्री.)* देखो कचाई।
उनचास *(हि.वि.)* चालीस और नव।
पचास *(हि.वि.)* चालीस और दस।
उच्छास *(हि.पुं.)* देखो उच्छवास।
बयास *(हि.स्त्री.)* वायु, हवा।
खटास *(हि.स्त्री.)* खटाई, खट्टापन।
मिठास *(हि.स्त्री.)* मीठापन।
संडास *(हि.वि.)* शौचकूप।
अरदास *(हि.स्त्री.)* प्रार्थनापत्र, निवेदन।
कालिदास *(सं.पुं.)* भारत के अतिप्रसिद्ध महाकवि का नाम।
उदास *(सं.वि.)* उदासीन, दुःखी, निरपेक्ष, तटस्थ।
दादानुदास *(सं.पुं.)* सेवक का सेवक, अति तुच्छ सेवक।
रेदास *(हि.पुं.)* एक प्रसिद्ध भक्त जो जाति से चमार था।

कटनास *(हि.पुं.)* नीलकंठ पक्षी।
अन्ननास *(हि.पुं.)* एक फल जो खाने में मीठा लगता है।
सत्यानास *(हि.पुं.)* सर्वनाश, ध्वंस।
विनाश *(हि.पुं.)* सत्यानाश, सर्वनास।
विनास *(हि.पुं.)* विनाश।
कपास *(हि.पुं.)* देखो कार्पास।
आसपास *(हि.कि.वि.)* समीप, इधर-उधर, *(पुं.)* पड़ोसी।
कार्पास *(सं.पुं.)* रूई का पौधा।
उपास *(हि.पुं.)* देखो उपवास।
सुपास *(हि.पुं.)* सुःख, सुविधा।
वनवास *(हि.पुं.)* वन में रहने या बसने की क्रिया या अवस्था।
आभास *(सं.पुं.)* संकेत, झूठा दिखावा, मिथ्या ज्ञान।
उद्भास *(सं.वि.)* प्रकाश, चमक, शोभा।
अलुक समास *(सं.पुं.)* व्याकरण में वह समास जिसमें विभक्ति बनी रहती है।
अधिक मास *(सं.पुं.)* मलमास, लवन का महीना।
षण्मास *(सं.वि.)* छः मास, आधा वर्ष।
चन्द्रमास *(सं.पुं.)* वह मास जो चन्द्रमा की गति के अनुसार विभक्त किया गया हो।
मलमास *(सं.पुं.)* अधिक मास जो प्रति तीसरे वर्ष होता है।
चतुर्मास *(सं.वि.)* बरसात के चार मास।
चतुरमास *(हि.पुं.)* देखो चतुर्मास।
चातुर्मास *(सं.पुं.)* वर्षा के चार मास। *(वि.)* चार मास में होने वाला।
समास *(सं.पुं.)* संग्रह, संक्षेप, समर्थन, व्याकरण में दो या अधिक पदों को मिलाकर एक पद बनता है।
नित्य मास *(सं.पुं.)* कु शब्द तथा आदि शब्द के साथ जो समास होता है, वह नित्य समास होता है।
प्रतिमास *(सं.अव्य.)* हर महीने।
लोमास *(सं.पुं.)* गीदड़।
न्यास *(सं.पुं.)* उपनिधि, धरोहर, छाती, निक्षेप।
संन्यास *(सं.पुं.)* चतुर्थ आश्रम, संसार के प्रपंच से अलग होने की अवस्था, त्याग।
शिलान्यास *(हि.पुं.)* किसी भवन की नींव देने का कार्य।
विन्यास *(सं.पुं.)* ठीक स्थान पर रखना या बैठाना, जड़ना।
उपन्यास *(सं.पुं.)* वाक्य का प्रयोग, वाक्य को आरंभ करना, प्रस्ताव, विचार, धरोहर, रोचक कहानी, किस्सा।
अनयास *(हि.कि.वि.)* देखो अनायास।
अभ्यास *(सं.पुं.)* पुनरावृत्ति, साधन, अनुशीलन, स्वभाव, आवृति।
वज्राभ्यास *(सं.पुं.)* गणित में गुणा करने की एक विधि।
शराभ्यास *(सं.पुं.)* बाण शिक्षा।
प्रयास *(सं.पुं.)* प्रयत्न, उद्योग, श्रम।
व्यास *(सं.पुं.)* विस्तार, फैलाव, गोल वस्तु की मध्य रेखा।
अर्धव्यास *(सं.पुं.)* वृत की त्रिज्या।
निर्यास *(सं.पुं.)* कषाय, काढ़ा।
पुष्पनिर्यास *(सं.पुं.)* मकरन्द, फूल का रस।
विपर्यास *(सं.पुं.)* व्यतिक्रम, मिथ्या ज्ञान।
आयास *(सं.पुं.)* अति यत्न, परिश्रम।
अनायास *(सं.वि.)* बिना क्लेश या परिश्रम का, *(अव्य.)* सहज में।
सायास *(सं.वि.)* कष्ट-सहित।
शस्त्राभ्यास *(सं.पुं.)* शस्त्र शिक्षा।
पियास *(हि.वि.)* देखो प्यास।
ग्रास *(सं.पुं.)* कोर, पकड़, सूर्य या चन्द्र ग्रहण लगना, तृण, घास।
सर्वग्रास वह ग्रहण जिसमें सूर्य चन्द्र का संपूर्ण मण्डल छिप जाता है।
गरास *(हि.पुं.)* देखो ग्रास, कवर।
वरास *(हि.पुं.)* भीमसेनी कपूर।
गिरास *(हि.पुं.)* देखो ग्रास, कौर।
तिरास *(हि.पुं.)* देखो त्रास।
अनुप्रास *(सं.पुं.)* एक अलंकार जिसमें किसी वाक्य में एक ही पद अथवा एक ही अक्षर का बार-बार प्रयोग किया जाता है।
अन्त्यानुप्रास *(सं.पुं.)* एक शब्दालंकार जिसमें आदि स्वर के साथ स्वर अनुस्वार अथवा विसर्ग संयुक्त व्यंजन कई बार दोहराया जाए।
तृरास *(हि.पुं.)* वेग।
कुकलास *(सं.पुं.)* गिरगिट।
पलास *(हि.पुं.)* पलाश, ढाक।
उल्लास *(सं.पुं.)* आनन्द, हर्ष, प्रकाश।
समुल्लास *(सं.पुं.)* आनन्द, प्रसन्नता, ग्रन्थ का प्रकरण या परिच्छेद।
सोउल्लास *(सं.वि.)* आनन्दपूर्वक।
गिलास *(हि.पुं.)* पानी पीने का गोल लंबा पात्र।
बिलास देखो विलास।
कविलास *(हि.पुं.)* कैलास, स्वर्ग।
विलास *(सं.पुं.)* हर्ष, आनन्द, सुख, मनोरंजन, हावभाव।
भोगविलास *(सं.पुं.)* आमोद-प्रमोद।
हुलास *(हि.पुं.)* आनन्द की उमंग, उत्साह।
कैलास *(सं.पुं.)* हिमालय की एक चोटी का नाम।
बकवास (हि. स्त्री.) बकबक करने का अभ्यास।
स्वर्गवास *(सं.पुं.)* स्वर्ग में रहना, मरना।
उच्छवास *(सं.पुं.)* ऊपर को खींची हुई श्वास, विकास, अध्याय।
श्वासोच्छवास *(सं.पुं.)* वेग से साँस खींचना और बाहर निकालना।

पटवास *(सं.पुं.)* शिविर, तम्बू, वस्त्र को सुगन्धित करने का द्रव्य।
रनवास *(हि.पुं.)* महल में रानियों के रहने का स्थान, अन्तःपुर।
वनवास *(सं.पुं.)* जंगल में निवास।
अल्पवास *(सं.पुं.)* माघ मास में गंगा तट पर संगम के समीप झोपड़ी में रहना।
मवास *(हि.पुं.)* आश्रय, शरण, रक्षा, रक्षा स्थान।
वेश्ववास *(सं.पुं.)* रहने का घर।
प्रवास *(सं.पुं.)* अपना घर या देश त्यागकर दूसरे देश में निवास करना।
श्वास *(सं.पुं.)* प्राणवायु, साँस, दम, दमे का रोग।
श्वासकास दमा, खाँसी।
श्वास रोध दम घुटना।
श्वास *(हि.स्त्री.)* साँस, दम, प्राण।
प्रश्वास *(सं.पुं.)* साँस लेते समय वह वायु जो नाक से वाहर निकलती है।
ऊर्ध्वश्वास *(सं.पुं.)* लंबी साँस, मरते समय की श्वास।
स्वास *(हि.स्त्री.)* देखो साँस।
सहवास *(सं.पुं.)* मैथुन।
पियवास *(हि.पुं.)* देखो प्रियवास।
पीतवास *(सं.वि.)* पीला वस्त्र पहिनने वाला।
उपवास *(सं.पुं.)* भोजन का अभाव, अनशन, वह व्रत जिसमें भोजन नहीं किया जाता।
दुरवास *(हि.पुं.)* दुर्गन्ध।
निःश्वास *(सं.पुं.)* प्राणवायु का नाक या मुख से निकलना, नाक से निकली हुई वायु।
निःस्वास *(हि.पुं.)* देखो निःश्वास।
बिस्वास *(हि.पुं.)* देखो विश्वास।
विश्वास *(सं.पुं.)* मन का दृढ़ निश्चय।
अन्धविश्वास *(सं.पुं.)* विवेक रहित विश्वास।
बिसवास *(हि.पुं.)* देखो विश्वास।
निश्वास, निश्वस्य *(सं.पुं.)* दीर्घ निश्वास का परित्याग, आह भरना।
आवास *(सं.पुं.)* वास स्थान।
दूतावास *(हि.पुं.)* दूत के रहने का स्थान।
श्रद्धावास *(सं.पुं.)* स्वर्ग।
मकरालय, मकरावास *(सं.पुं.)* समुद्र।
शंकरावास *(सं.पुं.)* कैलास।
कारावास *(सं.पुं.)* कारावास में बंद रहने की स्थिति।
तिवास *(हि.पुं.)* तीन दिन का काल।
प्रतिवास *(सं.स्त्री.)* सुगन्धित, पड़ोस।
अधिवास *(सं.पुं.)* ठहरने का स्थान।
निवास *(सं.पुं.)* रहने का स्थान, आश्रम, गृह, घर।
श्रीनिवास *(सं.पुं.)* लक्ष्मी का निवास।
सुवास *(हि.स्त्री.)* सुगन्ध, सुन्दर निवास।
सुवास *(सं.पुं.)* अच्छी गन्ध, सुन्दर घर।
मेवास *(हि.पुं.)* दुर्ग, गढ़, सुरक्षित स्थान।
पितिया सास *(हि.स्त्री.)* स्त्री या पति की चाची।
ददिया सास *(हि.स्त्री.)* पति या पत्नी की दादी।
ददिहाल *(हि.पुं.)* दादा का घर।
निसास *(हि.पुं.)* देखो निःश्वास।
बिसास *(हि.पुं.)* विश्वास।
अट्टहास *(सं.पुं.)* ठहाके की हँसी।
उपहास *(सं.पुं.)* निन्दा-सूचक हास, हँसी, ठट्ठा।
इतिहास प्राचीन, प्रमुख घटनाओं की जानकारी।
प्रहास *(सं.पुं.)* वेग की हँसी, ठहाका।
लहास *(हि.पुं.)* शव।
महाहास *(सं.पुं.)* ठहाके की हँसी।
प्रतिहास *(सं.पुं.)* हँसी करनेवाले के साथ हँसी।
परिहास *(हि.पुं.)* क्रीड़ा, खेल, हँसी, दिल्लगी।
सुहास, सुहासी *(हि.वि.)* सुन्दर, मुस्कुरानेवाली।
वित्रास *(सं.पुं.)* भय, डर।
अमांस *(सं.वि.)* मांस हीन, दुर्बल।
महामास *(सं.पुं.)* मनुष्य के शरीर का मांस।
अधिमास *(सं.वि.)* वह रोग जिसमें शरीर में कहीं पर का मांस बढ़ जाता है।
विर्मास *(सं.वि.)* जिसमें मांस न हो, अति दुर्बल।
हरांस *(हि.पुं.)* मन्द ज्वर।
अठबाँस *(हि.पुं.)* आठ कोने का।
धुवांस *(हि.स्त्री.)* उड़द का आटा।
ढेलवांस *(हि.स्त्री.)* ढेला फेंकने का रस्सी का बना हुआ फन्दा।
उर्सास *(हि.स्त्री.)* उच्छवास, साँस।
निसाँस, निसांसा *(हि.पुं.)* ठंडी साँस, *(वि.)* मृतप्राय।
इस *(हि.वि.)* यह शब्द का रूप विशेष जो विभक्ति जुटने पर 'इस' इसे जाता है।
जिस *(हि.वि.)* जो का वह रूप जो उसको विभक्ति युक्त विशेष के साथ आने से प्राप्त होता है।
तिस *(हि.सर्व.)* का, ता, तिस, पर, ऐसा होने पर, ऐसी स्थिति में।
दिस *(हि.स्त्री.)* दिशा।
निस *(सं.अव्य.)* यह शब्द निषेध निश्चय, साकल्प तथा अतिक्रम वर्ष में व्यवहृत होता है।
निस *(हि.स्त्री.)* निशा, रात्रि, रात।
फिस *(हि.वि.)* कुछ नहीं।
मिस *(हि.पुं.)* बहाना, हीला, पाखंड।
बिस *(हि.पुं.)* देखो विष।
सिस देखो शिशु।
अनइस *(हि.वि.)* निकृष्ट, उधर्म।
उन्नइस *(हि.वि.)* देखो उन्नीस।

घिसघिस *(हि.स्त्री.)* गड़बड़ी।
बत्तिस *(हि.वि.)* देखो बत्तीस।
कपिस *(हि.पुं.)* रेशमी वस्त्र।
सर्पिस *(सं.पुं.)* हवि, घृत।
घिसपिस *(हि.स्त्री.)* मेलजोल।
टिरफिस *(हि.स्त्री.)* प्रतिवाद, विरोध।
काबिस *(हि.पुं.)* एक रंग जिससे रंगकर मिट्टी के बर्तन पकाए जाते हैं।
रिस *(हि.स्त्री.)* क्रोध, रोष।
दिरिस *(हि.पुं.)* देखो दृश्य।
बरिस *(हि.पुं.)* वर्ष, साल।
सरिस *(हि.वि.)* देखो सदृश, समान।
हरिस *(हि.स्त्री.)* हल की वह लंबी लकड़ी जिसके एक सिर पर फालवाली लकड़ी जड़ी होती है।
चालिस *(हि.वि.)* देखो चालीस।
पंचालिस *(हि.वि.)* देखो पैंतालिस।
पैंतालिस *(हि.वि.)* चालिस और पाँच की संख्या का, *(पुं.)* चालीस और पाँच की संख्या।
तैंतालिस *(हि.वि.)* चालीस और तीन की संख्या का, *(पुं.)* चालीस और तीन की संख्या।
सैंतालिस *(हि.वि.)* जो संख्या में चालिस और सात हो, (पुं.) चालीस और सात।
बयालिस *(हि.पुं.)* चालीस और दो की संख्या 42, *(वि.)* जो संख्या चालीस और दो हो।
चौवालिस *(हि.विं.)* चालीस और चार की संख्या।
बंपुलिस *(हि.स्त्री.)* म्युनिसिपैलिटी आदि का बनाया हुआ सार्वजनिक मलत्याग करने की स्थान।
भिस्स *(हि.स्त्री.)* कमल की जड़।
ईस *(हि.पुं.)* ईश, ईश्वर।
खीस *(हि.विं.)* नष्ट, उजाड़, *(स्त्री.)* चिड़, क्रोध, बिगाड़, लज्जा।
ठीस *(हि.विं.)* धन, पुष्ट, दृढ़।
तीस *(हि.वि.)* बीस और दस की संख्या का जोड़, *(पुं.)* बीस और दस की संख्या।
बीस *(हि.वि.)* दस की दूनी संख्या का *(पुं.)* दस की दूनी संख्या, 20।
रीस *(हि.स्त्री.)* स्पर्धा, डाह, ईर्ष्या।
इक्कीस *(हि.वि.)* बीस और एक, *(पुं.)* बीस और एक की संख्या।
अट्ठाईस, अट्ठाइस *(हि.वि.)* बीस और आठ से बनी हुई संख्या 28।
सत्ताईस *(हि.वि.)* बीस और सात की संख्या का, *(पुं.)* बीस और सात की संख्या 27।
बाईस *(हि.वि.)* बीस और दो की संख्या।
साईस *(हि.पुं.)* घोड़े की सेवा करने वाला नौकर।
तेईस *(हि.वि.)* बीस और तीन की संख्या का।
पचीस *(हि.वि.)* बीस और पाँच की संख्या।
एकतीस *(हि.वि.)* तीस और एक, *(पुं.)* तीस और एक की संख्या 31।
इकतीस *(हि.वि.)* तीस और एक।
अड़तिस, अड़तीस *(हि.वि.)* तीस और आठ से बनी हुई संख्या।
छत्तीस *(हि.पुं.)* तीस और छह की संख्या 36।
उनतीस *(हि.वि.)* एक कम तीस, *(पुं.)* बीस और नौ की संख्या।
बत्तीस *(हि.वि.)* तीस और दो की संख्या का, *(पुं.)* तीस और दो की संख्या 32।
अरतीस, अरतिस *(हि.वि.)* अड़तीस, 38 की संख्या।
छितीस *(हि.पुं.)* क्षितीश, भूपति, राजा।
तेतीस *(हि.वि.)* देखो तेंतीस।
सैंतिस *(हि.वि.)* जो संख्या में तीस और सात हो, *(पुं.)* तीस और सात की संख्या 37।
चौंतिस *(हि.वि.)* तीस और चार की संख्या 34।
चौंतिसवाँ *(हि.वि.)* तेंतीस संख्या के बाद का।
उन्नीस *(हि.वि.)* दस और नौ।
छब्बीस *(हि.वि.)* बीस और छह की संख्या।
चौबिस, चौबीस *(हि.वि.)* बीस और चार की संख्या का, यह संख्या 24।
हरीस *(हि.स्त्री.)* देखो हरिस।
बारीस *(हि.पुं.)* समुद्र।
चालीस *(हि.वि.)* तीस और दस की संख्या का।
इकतालिस *(हि.वि.)* चालीस और एक की संख्या।
अड़तालिस, अड़तालीस *(हि.वि.)* चालीस और आठ से बनी हुई संख्या।
तेतालिस *(हि.वि.)* देखो तेंतालिस।
छियालिस *(हि.वि.)* चालीस और छह की संख्या।
चिटनबीस *(हि.पुं.)* चिट्ठी-पत्री, हिसाब-किताब, लिखने वाला लेखक।
असीस *(हि.स्त्री.)* देखो आशीष।
कसीस *(हि.पुं.)* लोहे का एक प्रकार का मूरचा।
आसीस *(हि.पुं.)* आशीर्वाद।
उस *(हि.सर्व.)* वह का रूप।
पुस *(हि.पुं.)* बिल्ली को पुकारने का प्यार का शब्द।
फुस *(हि.स्त्री.)* अति मन्द स्वर।
घुस, भुस *(सं.पुं.)* अनाज के ऊपर का छिलका।
भुस *(हि.पुं.)* भूसा।
भुरकुस *(हि.पुं.)* चूर्ण, चूरा।
आंकुस *(हि.पुं.)* देखो अंकुश।
मानुष *(हि.पुं.)* मनुष्य, आदमी।
फुप्फुस *(सं.पुं.)* फेफड़ा।

पुस्फुस *(सं.पुं.)* फुसफुस रोग।
दुर्मुस *(हि.पुं.)* लोहे या पत्थर का डंडा लगा हुआ गदा के आकार का एक यंत्र जो मिट्टी या कंकड़ पीटने के काम में आता है, दूरमिस।
दुरमुस *(हि.पुं.)* गदा के आकार का यन्त्र जिसमें कंकड़ या मिट्टी पीटकर बैठाई जाती है।
बुस्स *(हि.पुं.)* टीला, बाँध।
धूस *(हि.पुं.)* उत्कोच।
जूस *(हि.पुं.)* मूँग, अरहर आदि की पकी हुई दाल का पानी, उबाली हुई वस्तु का रस, युग्म संख्या।
तूस *(हि.पुं.)* भूसी, भूसा, पहाड़ी बकरी की ऊन।
पूस *(हि.पुं.)* पौष मास।
कूस *(हि.पुं.)* छप्पर आदि छाजने की सूखी हुई लम्बी घास, तृण, तिनका, खर।
मूस *(हि.पुं.)* चूहा।
(मूसवानी) *(स्त्री.)* चूहा फँसाने का पिंजरा।
घूँस *(हि.स्त्री.)* उत्कोच, घूस।
सूँस *(हि.स्त्री.)* एक बड़ा जल जन्तु।
मक्खीचूस *(हि.वि.)* बहुत बड़ा कृपण।
कारतूस *(हि.पुं.)* मोटे कागज की एक नली जिसमें गोली, छर्रा, तथा बारूद भरी रहती है।
मिटियाफूस *(हि.वि.)* जो दृढ़ न हो।
केस *(हि.पुं.)* देखो केश।
ठेस *(हि.स्त्री.)* आघात, ठोकर, चोट।
देस *(हि.पुं.)* देखो देश।
भेस *(हि.पुं.)* वेष।
लेस *(हि.स्त्री.)* वस्त्र के किनारे पर सिली हुई गोंट।
सेस *(हि.वि.)* देखो शेष।
नखतेस *(हि.पुं.)* चन्द्रमा।
अदेस *(हि.पुं.)* आज्ञा, आदेश।
अदेस *(सं.पुं.)* अयोग्य, स्थान।
धनेस *(हि.पुं.)* धन का स्वामी, कुबेर।
बरेस *(हि.स्त्री.)* एक प्रकार की छींट।
अवेस *(हि.पुं.)* देखो आवेश।
रसेस *(हि.पुं.)* पारद, पारा।
महेस *(हि.पुं.)* देखो महेश।
निर्देस *(हि.पुं.)* देखो निर्देश।
बिदेस *(हि.पुं.)* अन्य देश, परदेश।
बिसेस *(हि.वि.)* देखो विशेष।
सुदेस *(हि.पुं.)* स्वदेश।
मेंस *(हि.स्त्री.)* द्वेष, तीर की नोंक।
धेंस *(हि.पुं.)* डुबकी, गोता।
भेंस *(हि.स्त्री.)* गाय की जाति का काला पशु जिसको लोग दूध के लिए पालते हैं।
कोस *(हि.पुं.)* कोश, दो मील की दूरी।
ओस *(हि.स्त्री.)* रात्रि में आकाश से भूमि पर गिरनेवाला वाष्पीय जल।
तोस *(हि.पुं.)* देखो तोष।
दोस *(हि.पुं.)* देखो दोष।
पोस *(हि.पुं.)* पालनेवाले के साथ प्रेम।
रोस *(हि.पुं.)* देखो रोष, क्रोध।
तोंस *(हि.स्त्री.)* धूप से उत्पन्न प्यास जो किसी तरह न बुझे।
धोंस *(हि.कि.)* घुड़की, धमकी, डांट-डपट, कपट, धोखा।
पंचकोस *(हि.पुं.)* पाँच कोस की लंबाई-चौड़ाई के बीच में बसी हुई भूमि।
अड़ोस-पड़ोस *(हि.पुं.)* आस-पास, समीप।
निरतोस *(हि.पुं.)* निचोड़, सारांश।
अदोस *(हि.पुं.)* देखो अदोष।
परदोस *(हि.पुं.)* देखो प्रदोष।
निसतोस *(हि.कि.वि.)* रात दिन।
निभरोस *(हि.वि.)* निराश, हताश।
पड़ोस *(हि.पुं.)* आसपास का स्थान, समीपवर्ती स्थान।
तरोंस *(हि.पुं.)* तट, किनारा।
कलौस *(हि.वि.)* कालापन, कलंक।
चलनौस *(हि.पुं.)* चोकर, चालव।
बलोंस *(हि.पुं.)* सच्चा, खरा।
कंस *(सं.पुं.)* काँसा, प्याला, कसोरा।
डंस *(हि.पुं.)* जंगली मच्छर, डाँस, वह स्थान जहाँ पर डंक अथवा विषैले कीड़े का दाँत चुभा हो।
दंस *(हि.पुं.)* देखो दंश।
नंस *(हि.पुं.)* ध्वंस, नाश।
वंस *(हि.पुं.)* वंश, परिवार।
हंस *(सं.पुं.)* एक प्रकार का जलचर पक्षी, सूर्य, शुद्ध आत्मा, परब्रह्म।
बंतस *(हि.पुं.)* देखो अवतंस, शिरोभूषण।
अवतंस *(सं.पुं.)* किरीट, मुकुट, हार, माला।
विधंस *(हि.पुं.)* विध्वंस, नाश।
नृशंस *(सं.पुं.)* क्रूर, निर्दय, अपकारी, *(सं.स्त्री.)* निर्दयता, क्रूरता।
स्त्रंस *(सं.पुं.)* भ्रंस, नाश।
ध्वंस *(सं.पुं.)* विनाश, क्षति, हानि।
प्रध्वंस *(सं.पुं.)* नाश।
परिध्वंस *(सं.पुं.)* अत्यंत नाश।
विध्वंस *(सं.पुं.)* नाश, अनादर, बैर।
अनुशंस *(सं.वि.)* दयावान।
निसंस *(हि.वि.)* नृशंस, क्रूर, निर्दय।
परमहंस *(सं.पुं.)* ज्ञान की परम अवस्था को पहुँचा हुआ संन्यासी।
कलहंस *(सं.पुं.)* राजहंस, जलकुक्कुट, कलहकार।
परिहंस *(हि.पुं.)* परिहास, हँसी।
दसा *(हि.स्त्री.)* देखो दशा।

घसा *(हि.पुं.)* शरीर के किसी भाग में काले रंग का उभरा हुआ मांस का छोटा दाना, *(हि.पुं.)* मच्छड़, मस।
रसा *(सं.स्त्री.)* पृथ्वी, रसना, जीभ।
वसा *(सं.स्त्री.)* मेदा, धातु।
वसा *(हि.स्त्री.)* वसा, चर्बी, बर्रे, भिड।
नकसा *(हि.पुं.)* मानचित्र।
भकसा *(हि.वि.)* जो अधिक समय तक पड़ा रहने के कारण दुर्गन्धयुक्त हो गया हो।
संड़सा *(हि.पुं.)* गरम लोहे को पकड़ने का लोहार का एक औजार।
जिघत्सा *(सं.स्त्री.)* भोजन करने की इच्छा, भूख।
मृतवत्सा *(सं.स्त्री.)* वह स्त्री जिसकी सन्तति मर गई हो।
विकृत्सा *(सं.स्त्री.)* विशेष निन्दा।
औवसा *(हि.स्त्री.)* अवदशा, दुर्भाग्य।
मनसा *(हि.स्त्री.)* अभिलाषा, कामना। *(कि.वि.)* मन के द्वारा, मन से।
दीप्सा *(हि.स्त्री.)* व्याप्ति।
कपसा *(हि.स्त्री.)* चिकनी गीली मिट्टी।
धमसा *(हि.पुं.)* नगाड़ा, धौंसा।
रसमसा *(हि.वि.)* आनन्द में मग्न, गीला, श्रान्त।
पायसा *(हि.पुं.)* पड़ोस।
दर्सा *(हि.स्त्री.)* वस्त्र के किनारे का पल्ला।
सर्सा *(हि.स्त्री.)* देखो सरसों।
अनरसा *(हि.पुं.)* पीसे हुए चावल की मिठाई।
अन्दरसा *(हि.पुं.)* एक प्रकार की मिठाई।
फरसा *(हि.पुं.)* कुठार, फरसा।
फरसा *(हि.पुं.)* चौड़ी धार की कुल्हाड़ी।
पुरसा *(हि.पुं.)* ऊँचाई या गहराई की एक नाप जो प्रायः साढ़े चार या पाँच हाथ की होती है।
दोरसा *(हि.वि.)* जिसमें दो तरह का स्वाद या रस हो।
कलसा *(हि.पुं.)* पानी रखने का घड़ा।
लसलसा *(हि.वि.)* लसदार, चिपचिपा।
लालसा (सं स्त्री.) अधिक अभिलाषा, उत्सुकता।
घस्सा *(हि.पुं.)* घिस्सा, रगड़।
ठस्सा *(हि.पुं.)* ठसक, अहंकार।
मस्सा *(हि.पुं.)* देखो मसा।
रस्सा *(हि.पुं.)* मोटी रस्सी।
सहसा *(सं.अव्य.)* एकाएक, अचानक, अकस्मात।
क्षासा *(हि.स्त्री.)* आशा, सोना-चाँदी मढ़ा हुआ डंडा जिसको चोबदार उत्सव में लेकर आगे-आगे चलते हैं।
कासा *(हि.पुं.)* दरियाई नारियल का पात्र जो भिक्षुक रखते हैं, कटोरा, प्याला।
दासा *(हि.पुं.)* वह चबूतरा जो आँगन के चारों ओर भीत से सटाकर उठाया जाता है।
नासा *(सं.स्त्री.)* नासिका, नाक, नथना।
पांसा *(हि.पुं.)* छपहल, छोटे टुकड़े जिन पर बिन्दियाँ बनी होती हैं, जो चौसर खेलने के काम आता है, कामी, गुल्ली या पीपल या काँसे का ठप्पा।
बासा *(हि.पुं.)* वह स्थान जहाँ पकी हुई रसोई दाम देने पर मिलती है।
मासा *(हि.पुं.)* देखो माशा।
लासा *(हि.पुं.)* कोई लसदार या चिपचिपी वस्तु, वह चिपचिपा पदार्थ जिससे बहेलिए चिड़ियों को फँसाते हैं।
पचासा *(हि.पुं.)* एक ही प्रकार की पचास चीजों का समूह।
मुटासा *(हि.वि.)* वह जो कुछ धन कमा लेने से असावधान और घमंडी हो गया हो।
गँड़ासा *(हि.पुं.)* चारा काटने का अस्त्र।
मुँड़ासा *(हि.पुं.)* सिर पर बाँधने का मुरेठा।
बतासा *(हि.स्त्री.)* चीनी की चाशनी टपकाकर बनाई हुई एक प्रकार की मिठाई।
निवासा *(हि.वि.)* जिसको नींद आती हो।
तिर्यगनासा *(सं.वि.)* टेढ़ी नाकवाला।
उपासा *(हि.पुं.)* अन्न जल न ग्रहण करनेवाला।
पिपासा *(सं.स्त्री.)* तृष्णा, प्यास, लोभ, लालच।
अठमासा *(हि.वि.)* आठ महीने का।
सतमासा *(हि.पुं.)* सात महीने पर उत्पन्न होने वाला बच्चा।
चौमासा *(हि.पुं.)* चातुर्मास, वर्षा के चार महीने।
पियासा *(हि.वि.)* प्यासा।
दिलासा *(हि.पुं.)* आश्वासन, ढाढ़स।
श्वासा *(हि.स्त्री.)* श्वास, साँस।
रोवासा *(हि.वि.)* जो रोने पर तैयार हो।
मुहाँसा *(हि.पुं.)* युवावस्था में मुख पर निकलने वाले दाने या फुन्सियाँ।
जिज्ञासा *(सं.स्त्री.)* जानने की इच्छा।
काँसा *(हि.पुं.)* काँस्य, ताँबे और जस्ते को मिलाकर बना हुआ धातु।
झाँसा *(हि.पुं.)* छल, धोखाधड़ी।
पाँसा *(हि.पुं.)* हड्डी या हाथीदाँत के बने हुए चौसर खेलने के चौकोर टुकड़े।
नाँसा नाक के ऊपर की हड्डी जो दोनों नयनों के बीच में रहती है।
साँसा *(हि.पुं.)* श्वास, प्राण, जीवन, बड़ा कष्ट।
मीमांसा *(सं.स्त्री.)* विचारपूर्वक, तत्व निर्णय।
शरीरक मीमांसा *(सं.स्त्री.)* वेदान्त सूत्र।
अनवाँसा *(हि.वि.)* पहले पहल काम में लाया हुआ।
अठवाँसा *(हि.वि.)* आठ महीने में जन्म लेने वाला।
किसा *(हि.सर्व.वि.)* कोई का।
दिसा *(हि.स्त्री.)* देखो दिशा।
निसा *(हि.स्त्री.)* सन्तोष, तृप्ति, देखो निशा।

चिकित्सा *(सं.स्त्री.)* रोग दूर करने तथा शरीर नीरोग करने की विधि।
विवित्सा *(सं.स्त्री.)* जानने की इच्छा।
लिप्सा *(सं.स्त्री.)* अभिलाषा, इच्छा, लालच।
घिस्सा *(हि.पुं.)* रगड़, धक्का, ठोकर।
भिस्सा *(सं.स्त्री.)* अन्न, अनाज।
मिस्सा *(हि.पुं.)* कई तरह की दालों को पीसकर बनाया हुआ आटा।
हिंसा *(सं.वि.)* वध, हत्या, कष्ट।
अहिंसा *(सं.स्त्री.)* अद्रोह, किसी प्राणी को किसी प्रकार का कष्ट न देना।
प्रतिहिंसा *(सं.स्त्री.)* बदला चुकाने के लिए हिंसा करना।
घीसा *(हि.पुं.)* देखो घिसा।
सीसा *(हि.पुं.)* एक मूल धातु जो बहुत भारी होती है, जिसका रंग नीलापन लिये होता है।
ईसा *(सं.स्त्री.)* अभिलाषा, वाँछा, इच्छा।
छत्तीसा *(हि.पुं.)* नाई, हज्जाम, *(वि.)* धूर्त, चतुर।
छतीसा *(हि.वि.)* चतुर।
असीसा *(हि.पुं.)* सिरहाना, तकिया।
आसीसा *(हि.पुं.)* तकिया।
सुसा *(हि.स्त्री.)* स्वसा, बहन।
अंगुसा *(हि.पुं.)* अंखुआ, अंकुर, मोटी अँगुली।
युयुत्सा *(सं.स्त्री.)* युद्ध करने की लालसा।
जुगुप्सा *(सं.स्त्री.)* निन्दा, बुराई, गर्हणा।
पुर्सा *(हि.पुं.)* देखो पुरसा।
कुस्सा *(सं.पुं.)* कुदाल, कुदाली।
बुस्सा *(हि.पुं.)* मोटे ऊन की बनी हुई लोई।
भूसा *(हि.पुं.)* तुष, भूसी।
(भूसी) *(हि.स्त्री.)* अन्न तथा दाने के ऊपर का छिलका।
मूसा *(हि.पुं.)* चूहा।
घूँसा *(हि.पुं.)* बंधी हुई मुट्ठी, डुक।
ऐसा *(हि.कि.वि.)* इस प्रकार से, इस तरह से, *(वि.)* इस ढंग का, इस प्रकार का।
सन्देसा *(हि.पुं.)* समाचार।
संदेसा *(हि.पुं.)* सन्देश, समाचार।
नैसा *(हि.वि.)* बुरा।
जैसा *(हि.वि.)* जिस आकृति या गुण का, जिस प्रकार का, जितना, जिस परिमाण का, सदृश, तुल्य, समान, बराबर।
वैसा *(हि.वि.)* उस प्रकार का, वैसा।
पैसा *(हि.पुं.)* तीन पाई अथवा पाव आने के मूल्य की ताँबे की मुद्रा, धन।
वैसा *(हि.कि.वि.)* उस प्रकार या तरह का, वैसे, उसी प्रकार से।
भैंसा *(हि.पुं.)* भैंस का नर।
ठोसा *(हि.पुं.)* हाथ का अँगूठा, ठेंगा।
चक्रगोसा *(हि.पुं.)* राज्य रक्षक, सेनापति।
परोसा *(हि.पुं.)* एक मनुष्य का खाने भर का भोजन जो कहीं भेजा जाता है।
भरोसा *(हि.पुं.)* अवलम्ब, विश्वास।
तौंसा *(हि.पुं.)* अधिक गरमी या ताप।
भौंसा *(हि.पुं.)* जन समूह, भीड़-भाड़।
मौसा *(हि.पुं.)* माता की बहन का पति।
धौंसा *(हि.पुं.)* डंका, बड़ा नगाड़ा।
मंसा *(हि.स्त्री.)* अभिप्राय, इच्छा, आशय।
प्रशंसा *(सं.स्त्री.)* स्तुति।
परसंसा *(हि.पुं.)* देखो प्रशंसा।
असि *(सं.पुं.)* खड्ग, तलवार।
मसि *(सं.पुं.)* लिखने की रोशनाई।
ससि *(हि.पुं.)* शशि, चन्द्रमा।
अवसि *(हि.कि.वि.)* अवश्य, निश्चय।
नवससि *(हि.पुं.)* द्वितीया का चन्द्रमा।
रहसि *(हि.स्त्री.)* एकान्त स्थान।
विध्वंसि *(हि.वि.)* नाश करने वाला।
रासि *(हि.स्त्री.)* देखो राशि।
वासि *(सं.पुं.)* कुठार, बसूला।
रायरासि *(हि.स्त्री.)* राजा का कोष।
निसि *(हि.स्त्री.)* देखो निशि।
रिसि *(हि.स्त्री.)* रिस, क्रोध।
अहनिसि *(हि.अव्य.)* देखो अहनिश।
सी *(हि.स्त्री.)* समान, तुल्य, चीत्कार।
बसी *(हि.पुं.)* बकरा।
रसी *(हि.पुं.)* देखो रसिक।
लसी *(हि.स्त्री.)* लस मिला हुआ, लगाव, दही और पानी का पेय।
जोतसी *(हि.पुं.)* देखो ज्योतिषी।
आलकसी *(हि.वि.)* आलसी।
भाकसी *(हि.स्त्री.)* भट्ठी, भरसाई।
संगसी *(हि.स्त्री.)* देखो सँड़सी।
अजसी *(हि.वि.)* अख्यात, यशहीन।
राजसी *(वि.)* राजा के योग्य, ठाठदार, भड़कीला।
तेजसी *(हि.वि.)* तेजयुक्त, तेजस्वी।
सड़सी *(हि.स्त्री.)* देखो सड़सा।
सड़सी *(हि.स्त्री.)* छोटा सड़सा।
वाराणसी *(सं.स्त्री.)* काशी का प्राचीन नाम।
अतसी *(सं.स्त्री.)* अलसी, तीसी।
रोदसी *(हि.स्त्री.)* पृथ्वी।
बनसी *(हि.स्त्री.)* देखो वंशी।
तपसी *(हि.पुं.)* तपस्या करने वाला।
लपसी *(हि.स्त्री.)* कोई गीली गाढ़ी वस्तु।
आपसी *(हि.वि.)* आत्मीय संबंधी।

तापसी *(सं.स्त्री.)* तपस्या करने वाली स्त्री।

फलसी *(हि.स्त्री.)* फल आदि तोड़ने की लग्घी जिसके सिरे पर लोहे का चन्द्राकर फल लगा होता है।

बेबसी *(हि.स्त्री.)* विवशता, पराधीनता।

तामसी *(सं.वि.)* तमोगुणवाली।

पापीयसी *(हि.वि.)* पाप करने वाली।

जोयसी *(हि.कि.)* देखो ज्योतिषी।

करसी *(हि.स्त्री.)* कंडे का चूरचार, उपला, उपली, गोहरी।

चरसी *(हि.पुं.)* चरस पीने वाला।

बरसी *(सं.स्त्री.)* वह श्राद्ध जो किसी मृतक के उद्देश्य से उसके मरने की तिथि के ठीक एक वर्ष बाद होता है।

गृंधसी *(सं.स्त्री.)* एक वात रोग जिसमें कमर, पीठ तथा जाँघ में पीड़ा रहती है।

तामरसी *(सं.स्त्री.)* कमलिनी।

अरसी *(हि.स्त्री.)* दर्पण जड़ी हुई अँगूठी जिसको स्त्रियाँ अँगूठे में पहनती हैं।

भुरसी (दक्षिणा) *(हि.स्त्री.)* वह थोड़ी-थोड़ी दक्षिणा जो यज्ञ के अन्त में उपस्थित ब्राह्मणों को दी जाती है।

गोरसी *(सं.स्त्री.)* मिट्टी का वह पात्र जिसमें आग रखी जाती है, अंगीठी।

अलसी *(हि.स्त्री.)* अतसी, तीसी।

कलसी *(हि.स्त्री.)* छोटी गगरी, छोटा कँगूरा।

आलसी *(हि.वि.)* आलस्ययुक्त।

लालसी *(हि.वि.)* अभिलाषी, उत्सुक।

हुलसी *(हि.स्त्री.)* आनन्द, हुलास।

अस्सी *(हि.पुं.)* सत्तर और दस की संख्या।

बस्सी *(हि.पुं.)* बकरा, *(वि.)* बधिया।

रस्सी *(हि.स्त्री.)* रज्जु, डोरी।

लस्सी *(हि.स्त्री.)* लस, चिपचिपाहट, छाछ, मठा।

वाससी *(सं.पुं.)* वस्त्र, कपड़ा।

हँसी *(हि.स्त्री.)* ठिठोली, विनोदपूर्ण उक्ति, निन्दा।

साहसी *(सं.पुं.)* जो साहस करता हो।

राक्षसी *(सं.स्त्री.)* असुर की स्त्री।

दासिका, दासी। *(सं.स्त्री.)* दास की पत्नी, टहलनी।

पासी *(हि.पुं.)* ब्याव, बहेलिया, *(स्त्री.)* फन्दा, फाँसी, एक जाति।

बासी *(हि.वि.)* देर का, एक दिन पहले बना हुआ खाना, जो हरा भरा न हो, सूखा या कुम्हलाया हुआ, कुछ देर तक रखा हुआ।

मासी *(हि.स्त्री.)* माँ की बहन, मौसी।

रासी *(हि.वि.)* कृत्रिम, बरा, छोटी नाप का।

बासी *(हि.वि.)* बसने वाला, रहने वाला।

खाँसी *(हि.स्त्री.)* खाँसने का रोग, शब्द, कास रोग।

गांसी *(हि.स्त्री.)* किसी अस्त्र का अगला भाग, गाँठ, छल कपट।

फाँसी *(हि.स्त्री.)* फँसाने का फंडा, मृत्युदण्ड जो गले में फन्दा डालकर दिया जाता है।

हाँसी *(हि.स्त्री.)* उपहास, निन्दा।

इक्कासी *(हि.वि.)* देखो इक्यासी।

टकासी *(हि.स्त्री.)* दो पैसे प्रति रुपए का ब्याज।

निकासी *(हि.स्त्री.)* बिक्री, खपत, चुंगी, भरती, लदाई, प्राप्ति, आय।

कुक्करखाँसी *(हि.वि.)* सूखी खाँसी जिसमें कफ नहीं निकलता।

अगासी *(हि.स्त्री.)* पगड़ी।

पचासी *(हि.वि.)* अस्सी और पाँच।

अठासी *(हि.स्त्री.)* अस्सी और आठ से बनी हुई संख्या।

अट्ठासी *(हि.वि.)* अस्सी और आठ से बनी हुई संख्या 88।

सतासी (हि. पि.) अस्सी और सात की संख्या।

पगदासी *(हि.स्त्री.)* जूता, खड़ाऊ।

घरदासी *(हि.स्त्री.)* गृहिणी, भार्या।

उदासी *(सं.पुं.)* विरक्त पुरुष, संन्यासी, त्यागी, *(सं.वि.)* बैरागी, तटस्थ, निष्पक्ष।

रैदासी *(हि.पुं.)* रैदास भक्त के सम्प्रदाय का।

उन्नासी *(हि.वि.)* सत्तर और नव।

सत्यानासी *(हि.वि.)* नाश करने वाला, अभागा।

कपासी *(हि.वि.)* कपास के फूल के रंग का, हल्का पीले रंग का।

मुपासी *(हि.वि.)* आनन्ददायक।

बनवासी *(हि.वि.)* वन में रहने वाला, वनवासी।

तिबासी *(हि.वि.)* वह खाद्य पदार्थ जो तीन दिन का बासी हो।

उबासी (हि. स्त्री) जम्भा, जँभाई।

पूर्णमासी *(सं.स्त्री.)* चन्द्रमास की अन्तिम तिथि या पन्द्रहवां दिन।

पौर्णमासी *(सं.स्त्री.)* पूर्णमासी।

बारहमासी *(हि.वि.)* सब ऋतुओं मे फलने फूलने वाला।

ओनामासी (हि. स्त्री) ओं नमो सिद्धम-विद्यारम्भ समय का मांगलिक वाक्य आरंभ।

इक्यासी *(हि.वि.)* अस्सी और एक, *(वि.)* अस्सी और एक की संख्या।

एक्यासी *(हि.वि.)* अस्सी और एक।

संन्यासी *(हि.पुं.)* जिसने संन्यास ग्रहण किया हो, बैरागी, त्यागी।

बयासी *(हि.वि.)* अस्सी और दो की संख्या का।

छियासी *(हि.वि.)* अस्सी और छह की संख्या का।

चपरासी *(हि.पुं.)* सिपाही, अर्दली।

तिरासी *(हि.वि.)* अस्सी और तीन की संख्या का, *(पुं.)* अस्सी और तीन की संख्या।

निरासी *(हि.वि.)* निराश, उदास।

विरास, विरासी *(हि.)* देखो विलास, विलासी।
चौरासी *(हि.वि.)* अस्सी और चार की संख्या।
कलासी *(हि.स्त्री.)* पत्थर या लकड़ी के जोड़ में की रेखा।
खलासी *(हि.पुं.)* नाव या पोत पर काम करने वाला मनुष्य।
लवलासी *(हि.स्त्री.)* प्रेम का लगाव।
विलासी *(हि.पुं.)* कामी पुरुष।
हुलासी *(हि.वि.)* उत्साही, आनन्दी।
परलोकवासी *(हि.वि.)* मृत्यु प्राप्त।
स्वर्गवासी *(सं.कि.)* मृत, जो मर गया हो।
अनवासी *(हि.स्त्री.)* बिम्बासी का बीसवाँ भाग।
वनवासी *(हि.पुं.)* जंगल में रहने वाला।
नवासी *(हि.वि.)* अस्सी और वन की संख्या का।
मवासी *(हि.स्त्री.)* गढ़ी, *(पुं.)* गढ़पति।
विषयवासी *(सं.वि.)* जनपद वासी।
नगरवासी *(हि.वि.)* पुरवासी, नागरिक।
प्रवासी *(सं.वि.)* परदेस में रहने वाला।
परवासी *(सं.वि.)* दूसरे के घर में रहने वाला।
लवासी *(हि.वि.)* बकवादी।
बिलवासी (सें वि.) बिल में रहने वाला।
बिसवासी *(हि.वि.)* जिस पर विश्वास किया जा सके।
तिवासी *(हि.वि.)* देखो तिवासी।
प्रतिवासी *(सं.वि.)* पड़ोस में रहने वाला, पड़ोसी।
निवासी *(सं.वि.)* बसनेवाला, रहने वाला।
मेवासी *(हि.पुं.)* गढ़ में रहने वाला, घर का मालिक।
कचवासी *(हि.स्त्री.)* एक बिस्वे का बीसवाँ भाग।
बिसासी *(हि.वि.)* छली, कपटी।
प्रहासिक, प्रहासी *(सं.पुं.)* लोगों को हँसाने वाला।
लहासी *(हि.स्त्री.)* नाव या जहाज बाँधने की रस्सी।
खिसी *(हि.स्त्री.)* लज्जा, ढिटाई।
जोतिसी *(हि.पुं.)* ज्योतिषी।
बीसी *(हि.स्त्री.)* बीस वस्तुओं का समूह, कोड़ी।
सीसी *(हि.स्त्री.)* सीत्कार, सिसकारी।
सी (हि. प्रत्य.) देखो सो।
बाईसी *(हि.स्त्री.)* बाईस वस्तुओं का अथवा बाईस पदों का समूह।
गदहपचीसी *(हि.पुं.)* सोलह वर्ष से पचीस वर्ष तक की अवस्था जब मनुष्य की बुद्धि अपरिपक्व रहती है।
छत्तीसी *(हि.वि.)* छलछंदवाली, छिनाल।
बत्तीसी *(हि.स्त्री.)* बत्तीस का समूह, मनुष्य के नीचे-ऊपर के दाँतों की पंक्ति जिसकी पूरी संख्या बत्तीस होती है।
छब्बीसी *(हि.स्त्री.)* छब्बीस वस्तुओं का समूह।
आवासीसी *(हि.स्त्री.)* अर्धकपाली।
तुसी *(हि.स्त्री.)* छिलका, भूसा।
अँकुसी *(हि.स्त्री.)* लोहे की झुकी हुई कील जो किसी पदार्थ के लटकने के काम आती है।
मउसी *(हि.स्त्री.)* देखो मौसी।
पेउसी *(हि.स्त्री.)* ब्याई हुई गाय या भैंस का पहिले दिन का दूध।
कुंसी *(हि.स्त्री.)* छोटी फुड़िया।
जुसी *(हि.स्त्री.)* खाँड़ का पसेव।
टूसी *(हि.पुं.)* खण्ड, टुकड़ा, कली।
टूसी *(हि.स्त्री.)* फूल की कली।
भूसी *(हि.स्त्री.)* देखो भूसी।
कानाफूसी *(हि.स्त्री.)* गुप्त बात, कान में धीरे से कही हुई बात।
रूसी *(हि.वि.)* रूस देश का रहने वाला, रूस संबंधी, *(स्त्री.)* रूस देश की भाषा, सिर पर जमने वाला रूसी के समान छिलका।
जासूसी *(हि.स्त्री.)* जासूस का काम।
देसी *(हि.वि.)* स्वदेसी, अपने देस का।
बेसी *(हि.कि.वि.)* अधिक।
दरेसी *(हि.स्त्री.)* तैयारी।
घोसी *(हि.पुं.)* अहीर, ग्वाला।
निरओसी *(हि.वि.)* निर्णय करने वाला।
निजरोसी *(हि.वि.)* निराश्रय।
परोसी *(हि.पुं.)* देखो पड़ोसी।
भरोसी *(हि.वि.)* भरोसा करने वाला, विश्वसनीय, जिस पर भरोसा किया जाए।
पड़ोसी *(हि.पुं.)* पड़ोस में रहने वाला।
मौसी *(हि.स्त्री.)* माता की बहन, मौसी।
बंसी *(हि.स्त्री.)* बाँसुरी, मछली फँसाने का एक अस्त्र।
ध्वंसी *(सं.वि.)* नाश करने वाला।
निरवंसी *(हि.वि.)* निर्वंश।
सु *(सं.अव्य.)* वह उपसर्ग जिसको संज्ञा में जोड़ने से उत्तम श्रेष्ट, सुन्दर आदि अर्थ को सूचित करता है *(वि.)* अच्छे, उत्तम, श्रेष्ट, *(सर्व.)* वह।
असु *(सं.पुं.)* प्राणवायु।
पसु *(हि.पुं.)* देखो पशु।
वसु *(हि.पुं.)* अग्नि, किरण, देवता, ढोंका एक गण, रत्न, धन, सुवर्ण, जल।
परसु *(हि.पुं.)* देखो परशु।
आयसु *(हि.पुं.)* आज्ञा।
पुरावसु *(सं.पुं.)* भीष्म।
महावसु *(सं.पुं.)* बड़ा धनी।
आसु *(हि.सर्व.)* इसका, *(कि.वि.)* शीघ्र, जल्दी।
आसु *(हि.वि.)* जिसका।
वासु *(हि.सर्व.)* उसका।
यासु *(हि.सर्व.)* देखो जातु।
पांसु *(सं.पुं.)* धूलि, रज।
पिपासु *(सं.वि.)* उत्कष्ट, इच्छा करनेवाला, लालची।
जिज्ञासु *(सं.वि.)* जानने की इच्छा रखने वाला, खोजी।

निसु *(हि.स्त्री.)* निशा, रात्रि, रात।
सिसु *(हि.पुं.)* देखो शिशु, बालक।
विवित्सु *(सं.वि.)* जानने के लिए उत्सुक।
लिप्सु *(सं.वि.)* लाभ की इच्छा करने वाला।
युयुत्सु *(सं.वि.)* लड़ने की इच्छा रखने वाला।
तसु *(हि.पुं.)* इमारती गज का चौबीसवाँ भाग जो प्रायः सवा इंच के बराबर होता है।
तस्सु *(हि.पुं.)* देखो तसु।
आँसु *(हि.पुं.)* अश्रु, आँख में से निकलने वाला जल।
झाँसु *(हि.पुं.)* छल करनेवाला।
किसु *(हि.पुं.)* देखो किसी।
पिस्सु *(हि.पुं.)* उछलनेवाला एक छोटा कीड़ा जो मच्छरों की तरह काटता है।
नीसुआ, नीसु *(हि.पुं.)* भूमि में गड़ा हुआ लकड़ी का कुन्दा जिस पर रखकर गड़ाँसे से चारा काटा जाता है।
पीसू *(हि.पुं.)* एक प्रकार का कीड़ा, देखो पिस्सु।
केसू *(हि.पुं.)* देखो टेसू।
टेसू *(हि.पुं.)* पलाश के फूल।
कोसू *(हि.पुं.)* कोने वाला।
से *(हि.)* करण और अपादान कारक का कवच, तृतीया और पंचम की विभक्ति *(हि.वि.)* समान, सदृश *(सर्व.)* वे, *(स्त्री.)* सी।
इसे *(हि.कि.वि.)* इसको, इसके लिए।
ऐसे *(हि.कि.वि.)* इस रीति या प्रकार से।
कैसे *(हि.कि.वि.)* किस प्रकार से, किस कारण से, क्यों, किसलिए।
तैसे *(हि.कि.वि.)* उस प्रकार से, वैसे।
सौ *(हि.स्त्री.)* सौहें, *(प्रत्य.)* सो, सा।
सौ *(हि.वि.)* नब्बे और दस की संख्या का, *(पुं.)* नब्बे और दस की संख्या।
असों, असा *(हि.कि.वि.)* इस साल, वर्तमान वर्ष में।
अतरसो *(हि.कि.वि.)* परसों के आगे का या बाद का दिन।
अकोतरसो *(हि.वि.)* एक सौ और एक की संख्या।
एकोतरसो *(हि.वि.)* एक सौ एक।
पचोतरसो *(हि.पुं.)* एक सौ पाँच की संख्या।
अठोतरसो *(हि.वि.)* एक सौ आठ की सख्या।
नरसो *(हि.कि.वि.)* परसों से पहले या बाद का दिन।
परसो *(हि.अव्य.)* बीते हुए कल से एक दिन पहले आने वाला, कल से एक दिन आगे।
सरसो *(हि.स्त्री.)* संघर्ष, एक धान्य जिसके छोटे गोल बीजों से तेल निकाला जाता है।
रासो *(हि.पुं.)* किसी राजा का पद्यमय जीवनचरित्र।
आसों *(हि.कि.वि.)* इस वर्ष, इस साल।
कैसो *(हि.)* देखो कैसा।
जैसो *(हि.कि.वि.)* देखो जैसा।
कोसो *(हि.कि.वि.)* कई कोस की दूरी पर।
सं *(हि.अव्य.)* तृतीया और पंचमी विभक्ति का चिह्न, सो, से।
सं *(सं.अव्य.)* एक अव्यय जिसका व्यवहार संगीत, समानता, शोभा आदि सूचित करने के लिए होता है, यथा–संताप, संयोग आदि।

ह–*संस्कृत तथा हिन्दी वर्णमाला का तेंतीसवाँ व्यंजन, उच्चारण विभाग के अनुसार यह ऊष्म वर्ण कहलाता है, इसका उच्चारण-स्थान कण्ठ है।*

ह *(सं.पुं.)* मंगल, शुभ, आकाश।
गह *(हि.स्त्री.)* पकड़।
जह *(हि.पुं.)* नदी के कच्चे घाट पर बल्ले गाड़कर ऊपर बनाया हुआ मचान जिस पर से मनुष्य नाव पर चढ़ते हैं।
तह *(हि.स्त्री.)* परत, तल, पेंदी, झिल्ली, महीन, पटल।
दह *(हि.पुं.)* नदी के भीतर का गड्ढा।
मह *(हि.अव्य.)* देखो महँ।
वह *(हि.सर्व.)* इस शब्द से किसी तीसरे मनुष्य का संकेत होता है, कर्ता कारक प्रथम पुरुष सर्वनाम का एक वचन, (बहुवचन-वे), इस शब्द से देर या परोक्ष की वस्तु का निर्देश होता है।
सह *(सं.अव्य.)* सहित, समेत, *(वि.)* विद्यमान, उपस्थित, सहनशील, *(पुं.)* समानता, बराबरी।
जहँ *(हि.कि.वि.)* जहाँ, जिस स्थान पर।
नहँ *(हि.पुं.)* नख।
पहँ *(हि.अव्य.)* निकट, समीप, पास।
महँ *(हि.अव्य.)* में।
अकह *(हि.वि.)* न कहने योग्य, बुरा।
अनोकह *(सं.पुं.)* वृक्ष, पादप, पेड़।
अग्रह *(हि.वि.)* जो ग्रहण न किया जा सके।
मगह *(हि.पुं.)* मगध देश।
करगह *(हि.पुं.)* कपड़ा बुनने का यन्त्र।
तजह *(हि.स्त्री.)* धनुष, कमान।
पटह *(हि.पुं.)* दुदुंभी, नगाड़ा।
चौदह *(हि.वि.)* जो गिनती में दस और चार हो।
नृपह *(हि.पुं.)* राजा।
निबह *(हि.पुं.)* देखो निअह, समूह, झुण्ड।
मातामह *(सं.पुं.)* नाना।
प्रमातामह *(सं.पुं.)* मातामह का पिता, दादा।
पितामह *(सं.पुं.)* पिता का पिता, दादा।
प्रपितामह *(सं.पुं.)* दादा के बाप, परदादा।
पूर्वपितामह *(सं.पुं.)* प्रपितामह, परदादा।
महामह *(सं.पुं.)* बड़ा।

अर्हं *(वि.)* योग्य, पूजनीय, मूल्यवान।
विगर्ह *(सं.पुं.)* निन्दा।
वर्ह *(सं.पुं.)* मोर का पंख, मोर।
गृह *(सं.पुं.)* मिट्टी या ईंट का बना हुआ वास स्थान, घर, कुटुम्ब, वंश।
ध्वजगृह *(सं.पुं.)* वह घर जिस पर झंडा फहराया जाता है।
शयनगृह *(सं.पुं.)* सोने का कमरा या घर।
नृपगृह राजमहल।
नृपति *(सं.पुं.)* राजा।
भूगर्भगृह भूमि के भीतर का घर।
स्वगृह *(सं.पुं.)* निज का घर।
यन्त्रगृह *(सं.पुं.)* वेधशाला।
वस्त्रगृह *(सं.पुं.)* छोलदारी।
शस्त्रगृह *(सं.पुं.)* शस्त्र रखने का घर।
शिल्पगृह *(सं.पुं.)* शिल्पशाला।
पितृगृह *(सं.पुं.)* श्मशान, बाप का घर।
राजगृह *(सं.पुं.)* राजभवन।
स्नानगृह *(सं.पुं.)* जिस कोठरी में स्नान किया जाता है।
मानगृह *(सं.पुं.)* कोप भवन।
वासगृह *(सं.पुं.)* शयनागार, अन्तःपुर।
लतागृह *(सं.पुं.)* लतामण्डप।
देवतागृह *(सं.पुं.)* ठाकुरद्वार।
विद्या गृह *(सं.पुं.)* विद्यालय, पाठशाला।
धारागृह *(सं.पुं.)* वह घर जिसमें जलयन्त्र लगे हों।
मदिरागृह *(सं.पुं.)* मद्यशाला।
रक्षागृह *(सं.पुं.)* सूतिकागृह।
परिगृह *(हि.पुं.)* कुटुम्बी, आश्रितजन।
प्रेतगृह *(सं.पुं.)* श्मशान, मरघट।
देवगृह *(वि.)* मनभाव, मन्दिर।
पृथ्वीगृह *(सं.पुं.)* गह्वर, गुफा।
शिरोगृह *(सं.पुं.)* अट्टालिका, कोठी।
अस्पृह *(सं.वि.)* विरक्त।
विगतस्पृह *(सं.वि.)* देखो निस्पृह।
निःस्पह *(सं.वि.)* आशाशून्य, इच्छारहित।
निस्पृह *(सं.वि.)* जिसको किसी प्रकार का लोभ या लालच न हो।
वृह *(सं.पुं.)* ध्वनि, हाथी की चिंघाड़।
ग्रह *(सं.पुं.)* सूर्य की परिक्रमा करने वाला तारा।
संग्रह *(सं.पुं.)* वह ग्रन्थ जिसमें अनेक विषयों की बातें एकत्र की गई हों।
करगृह *(सं.पुं.)* विवाह, कर लेने का काम।
केशगृह *(सं.पुं.)* बलपूर्वक झोंटा खींचना।
नानाशब्द संग्रह *(सं.पुं.)* अनेक शब्दों का संग्रह, शब्दकोष।
पंद्रह *(हि.वि.)* दस और पाँच की संख्या का, *(पुं.)* दस और पाँच की संख्या।
सतरह *(हि.पुं.)* देखो सत्तरह।
आग्रह *(सं.पुं.)* अनुरोध, अनुग्रह, हठ।
तुलाग्रह *(सं.पुं.)* तुलादण्ड, तराजू में बंधी हुई डोरी।
सत्याग्रह *(सं.पुं.)* किसी न्यायपूर्ण पक्ष के लिए निरन्तर शान्तिपूर्वक हठ करना।
साग्रह *(सं.वि.)* आग्रह सहित।
प्रतिग्रह *(सं.पुं.)* ग्रहण, स्वीकार, ब्राह्मणों का विधिपूर्वक दिए हुए दान को लेना, पाणिग्रहण।
प्राणनिग्रह *(सं.पुं.)* प्राणायाम की क्रिया।
विपिग्रह *(सं.पुं.)* प्रतिबन्ध, बंधेज।
मनोनिग्रह *(सं.पुं.)* चित्त की वृत्तियों का विरोध।
परिग्रह *(स.पुं.)* दान लेना, ग्रहण करना, अनुग्रह, कृपा।
दारपारिग्रह *(सं.पुं.)* विवाह।
विग्रह *(सं.पुं.)* विभाग, दूर करना, व्याकरण में यौगिक शब्दों अथवा समस्त पदों को अलग करना, युद्ध, कलह।
पदविग्रह *(सं.पुं.)* समास, समास वाक्य।
दुर्गह *(सं.वि.)* जो कठिनता से पकड़ा जा सके।
अनुग्रह *(सं.पुं.)* दया, कृपा।
लोकानुग्रह *(सं.पुं.)* संसार की भलाई।
अठारह, अट्ठारह *(हि.वि.)* दस और आठ से बनी हुई संख्या।
बारह *(हि.वि.)* दस और दो की संख्या का, *(पुं.)* दस और दो की संख्या।
ग्यारह *(हि.वि.)* दस और एक, *(पुं.)* दस और एक की संख्या।
विरह *(सं.पुं.)* वियोग।
तेरह *(हि.वि.)* दस और तीन की संख्या का, *(पुं.)* दस और तीन की संख्या।
कलह *(सं.पुं.)* विवाद, झगड़ा, लड़ाई।
वाक्कलह *(सं.पुं.)* बातों का झगड़ा।
प्रेमकलह *(सं.पुं.)* प्रेम के कारण हँसी-दिल्लगी या झगड़ा करना।
लहलह *(हि.वि.)* लहलहाता हुआ, आनन्द से फूला हुआ।
कुलह *(हि.स्त्री.)* कुलाह, टोपी।
दूलह *(हि.पुं.)* दुलहा, पति, स्वामी।
सोलह *(हि.वि.)* दस और छह की संख्या का, *(पुं.)* दस और छह की संख्या।
सुखवह *(सं.वि.)* आनन्द देने वाला।
योगवह *(सं.वि.)* मिलावट से तैयार किया हुआ।
दुरूह *(सं.वि.)* दुःसह।
दुर्वह *(सं.वि.)* जिसको उठाकर ले जाना कठिन हो।
शुभावह *(सं.वि.)* मंगलजनक।
भयावह *(सं.वि.)* भयंकर, डरावना।
दुविषह *(सं.वि.)* असह्य।

असह *(सं.वि.)* अक्षम, न सहने योग्य।
कष्टसह *(सं.वि.)* कष्ट या दुख सहन करने वाला।
वसह *(हि.पुं.)* वृषभ, बैल।
सर्वसह *(सं.वि.)* सब कुछ सहने वाला।
सर्वसह *(सं.वि.)* सब प्रकार का क्लेश सहने वाला।
दारूवह *(सं.पुं.)* लकड़ी ढोने वाला।
दुसह *(हि.वि.)* असह्य, जो सहना कठिन हो।
दुस्सह *(हिं.वि.)* देखो दुःसह।
अहह *(सं.अव्य.)* क्लेश, शोक, आश्चर्य इत्यादि सूचक अव्यय, हाय, अरे।
हँह *(हि.अव्य.)* हाय।
आह *(हि.अव्य.)* हाय, *(स्त्री.)* शोक, पीड़ा, दुःख, खेद।
काह *(हि.कि.वि.)* क्या, कौन-सी वस्तु।
गाह *(हि.पुं.)* घात, एकड़।
चाह *(हि.स्त्री.)* इच्छा, अभिलाषा।
डाह *(हि.स्त्री.)* ईर्ष्या, द्वेष, जलन।
थाह, थाव *(हि.स्त्री.)* जल की गहराई का अंत, जलाशय का तल भाग, परिमिति, हद।
दाह *(सं.पुं.)* भस्म करने या जलाने की क्रिया, शव जलाने की क्रिया, सन्ताप, अत्यन्त दुःख, ईर्ष्या।
नाह *(हि.पुं.)* नाव।
नाह *(सं.पुं.)* नाथ, स्वामी, मालिक।
वाह *(सं.पुं.)* वाहन, सवारी।
लाह *(हि.स्त्री.)* लाख, चपड़ा, *(पुं.)* लाभ।
साह *(हि.पु.)* साधु, सज्जन, महाजन, सेठ।
बाँह *(हि.स्त्री.)* बाहु, भुजा, बल, शक्ति, सहारा, भरोसा, सहायक।
कान्ह *(हि.पुं.)* श्रीकृष्ण।
नान्ह *(हि.वि.)* छोटा, महीन, पतला।
किटाह *(हि.पुं.)* किसी पुरुष का तीसरा विवाह।
गजगाह *(हि.पुं.)* हाथी की छल, पाखर।
अवगाह *(सं.पुं.)* स्नान, अन्तःप्रवेष्ट, *(वि.)* गहन, अथाह।
अनवगाह *(सं.वि.)* बहुत गहरा, अथाह।
कुबाह *(हि.स्त्री.)* अशुभ, विषय।
उच्छाह *(हि.पुं.)* देखो उत्साह।
पर्छाह *(हि.स्त्री.)* पश्चिम की ओर का प्रदेश।
धूँपछाह जिसमें ताने और बाने का विभिन्न रंग होता है।
कटाह *(सं.पुं.)* कछुवे की खोपड़ी, तेल या घी रखने का पात्र।
चंडाह *(हि.पुं.)* एक प्रकार का मोटा वस्त्र।
सप्ताह *(सं.पुं.)* सात दिनों का काल।
अथाह *(हिं.वि.)* अपार, अनन्त, अतिगूढ़, अगाध।
हृदाह *(सं.पुं.)* कलेजे की जलन।
दिग्दाह *(सं.पुं.)* एक उत्पाद विशेष जिससे सूर्यास्त होने पर भी दिशाएँ लाल जलती हुई देख पड़ती हैं।
प्रदाह *(सं.पुं.)* दावाग्नि, लंग की आग, शरीर में जलन जो अधिक ज्वर आने में उत्पन्न होती है।
शवदाह *(सं.पुं.)* मनुष्य के मृत शरीर को जलाने की क्रिया।
विदाह *(सं.पुं.)* हाथ-पैर में होने वाली जलन।
अघाह *(सं.वि.)* वध करने योग्य।
दिननाह *(सं.पुं.)* दिननाथ, सूर्य।
नरनाह *(हि.पुं.)* नृप राजा।
सनाह *(हि.पुं.)* कवच।
अहिनाह *(हि.पुं.)* शेषनाग।
निबाह *(हि.पुं.)* निर्वाह, निरन्तर व्यवहार।
निरबाह देखो निर्वाह।
उमाह *(हि.पुं.)* उत्सुकता, उमंग।
मतिमाह *(हिं.वि.)* मतिमान।
पुण्याह *(सं.स्वा.)* पुष्प, दिन, मंगल दिवस।
ब्याह *(हि.पुं.)* देखो विवाह, पाणिग्रहण।
त्र्याह *(सं.पुं.)* तीन दिन का काल।
बियाह *(हि.पुं.)* विवाह, ब्याह।
भार्माह *(सं.वि.)* जो विभक्त करने योग्य हो।
महार्ह *(सं.वि.)* महापूज्य।
ग्राह *(सं.पुं.)* ग्रहण, पकड़, मगर, घड़ियाल, आग्रह।
कर्णग्राह *(सं.पुं.)* कर्णधार, मल्लाह, माँझी।
जीवग्राह *(सं.पुं.)* बन्दी, कैदी।
अतिग्राह *(सं.पुं.)* मगर, घड़ियाल।
कराह *(सं.पुं.)* पीड़ा का शब्द।
वराह *(सं.पुं.)* शिशुमार, संस।
मराह *(हि.स्त्री.)* श्लाघा, प्रशंसा।
वाराह *(सं.पुं.)* शूकर, सुअर।
कुराह *(हि.स्त्री.)* कुमार्ग, बुरा मार्ग।
मलाह *(हि.पुं.)* देखो मल्लाह।
गजबलाह *(हि.पुं.)* मेघ, बादल।
जलवाह *(सं.पुं.)* मेघ, बादल।
नवाह *(सं.पुं.)* नव दिन।
प्रवाह *(सं.पुं.)* जल का सोत, प्रवाह।
परवाह *(हि.पुं.)* देखो प्रवाह, व्यग्रता, चिन्ता, भरोसा।
सार्थवाह *(सं.पुं.)* वणिक, बनिया।
भरवाह, भरवाहक *(सं.वि.)* लोभ देने वाला।
निर्वाह *(सं.पुं.)* पालन, निर्वाह, समाप्ति।
निरवाह *(हि.पुं.)* देखो निर्वाह।
सेतवाह *(हि.पुं.)* चन्द्रमा।
पोतवाह *(सं.पुं.)* मल्लाह, माँझी।
उद्वाह *(सं.पुं.)* विवाह।
पुनर्विवाह *(सं.पुं.)* दुबारा विवाह।
वारिवाह *(हि.पुं.)* बादल।
शालिवाह *(सं.पुं.)* अन्न ढोने वाला बैल।

विवाह *(सं.पुं.)* पाणिग्रहण, परिणय, ब्याह, वारकर्म।
अम्बूवाह *(सं.पुं.)* पानी भरने वाला।
वायुवाह *(सं.पुं.)* धुआँ।
एकादशाह मरने के दिन से ग्याहरवें दिन किया जाने वाला।
द्वादशाह *(सं.पुं.)* बारह दिनों में किया जाने वाला यज्ञ।
बिसाह *(हि.पुं.)* क्रय।
उत्साह *(सं.पुं.)* हर्ष, कल्याण, उमंग।
निरुत्साह *(सं.वि.)* बिना उत्साह के।
हतोत्साह *(सं.वि.)* जिसको कुछ करने का उत्साह न रह गया हो।
प्रोत्साह बहुत उत्साह।
पुष्पलिह *(सं.पुं.)* भ्रमर, भौंरा।
मधुलिह, मधुलोलप *(सं.पुं.)* भ्रमर, भौंरा।
चिह्न *(सं.पुं.)* किसी वस्तु को पहचानने का चिह्न।
तिन्ह *(हि.सर्व.)* देखो तिन।
सिंह *(सं.पुं.)* मृगेन्द्र, पशुराज।
नृसिंह *(सं.पुं.)* विष्णु का नरसिंह रूपी अवतार।
जीह *(हि.स्त्री.)* देखो जीभ, जिव्हा।
ठीह *(हि.पुं.)* ऊँचा टीला, भीटा।
दीह *(हि.वि.)* दीर्घ, लंबा, बड़ा।
पीह *(हि.स्त्री.)* वसा।
दुजीह *(हि.पुं.)* द्विजिह, सर्प।
पैवरीह *(हि.स्त्री.)* खड़ाऊ।
विरीह *(सं.वि.)* चेष्टाशून्य, विरक्त, उदासीन, तटस्थ।
चील्ह *(हि.स्त्री.)* देखो चील।
उहु *(हि.अव्य.)* हाय, नहीं।
कुहु *(सं.स्त्री.)* कोयल की बोली।
गुह *(हि.पुं.)* विष्ठा।
जुह *(हि.पुं.)* देखो यूथ।
तुम्ह *(हि.सर्व.)* देखो तुम।
(तुम्हारा) *(हि.सर्व.)* तुम का सम्बन्ध कारक का रूप।
मुँह *(हि.पुं.)* मुख, चेहरा, ऊपरी भाग या किनारा।
प्रत्युह *(सं.पुं.)* विघ्न, बाधा।
भूमिरूह *(सं.पुं.)* वृक्ष, पेड़।
पंकरूह *(सं.पुं.)* पद्म, कमल।
वनरूह *(हि.पुं.)* जंगली पेड़।
कररूह *(सं.पुं.)* नख, अंगुली, तलवार।
द्रुह *(सं.पुं.)* वृक्ष, पुत्र, बेटा, *(वि.)* द्रोह करनेवाला।
सिररूह *(हि.पुं.)* देखो शिरोरूह।
जलरूह *(सं.पुं.)* पद्म, कमल।
पाणिरूह *(सं.पुं.)* अँगुली, नख।
क्षितिरूह *(सं.पुं.)* वृक्ष।
शिरसिरूह *(सं.पुं.)* केश, बाल।
तनुरूह *(सं.पुं.)* रोम, रोवां, पुत्र।
भुरूह *(सं.पुं.)* वृक्ष, पेड़।
नलिनीरूह *(सं.पुं.)* कमल की नाल।
महीरूह *(सं.पुं.)* वृक्ष, पादप, पेड़।
तनोरूह *(हि.पुं.)* देखो तनुरूह।
सरोरूह *(सं.पुं.)* पद्म, कमल।
शिरोरूह *(सं.पुं.)* सिर के ऊपर के बाल।
ऊह *(हि.अव्य.)* क्लेश, विस्मय आदि सूचक शब्द।
कूह *(हि.स्त्री.)* हाथी का चिग्घाड़।
ढूह, (ढूहा) *(हि.पुं.)* अटाला, राशि, ढेर।
यूह *(हि.पुं.)* यूथ, झुण्ड, समूह।
सूँह *(हि.अव्य.)* सन्मुख, सामने।
हूह *(हि.स्त्री.)* युद्धनाद, कोलाहल।
गज्जूह *(हि.पुं.)* हाथी का झुण्ड।
नाहनूह *(हि.स्त्री.)* अस्वीकार, नहीं-नहीं का शब्द।
समूह *(सं.पुं.)* समुदाय, ढेर।
व्यूह *(सं.पुं.)* समूह, निर्माण, रचना।
चक्रव्यूह *(सं.पुं.)* युद्ध के समय किसी व्यक्ति या वस्तु को सुरक्षित रखने के लिए उसके चारों ओर मण्डलाकार सेना स्थापित करना।
गेह *(सं.पुं.)* गृह, घर।
छेह *(हि.पुं.)* देखो छाँव, खण्डन, नाश, *(वि.)* टुकड़ा किया हुआ।
तेह *(हि.पुं.)* क्रोध, अहंकार, घमंड।
देह *(सं.पुं.)* शरीर, तनु, शरीर का कोई अंग।
स्नेह *(हि.पुं.)* स्नेह, प्रीति, प्रेम, घी।
वेह *(हि.पुं.)* वेध, छिद्र, छेद।
मेह *(हि.पुं.)* मेघ, बादल, वर्षा।
रेह *(हि.स्त्री.)* खार मिली हुई मिट्टी जो ऊसर में पाई गई हो।
अगेह *(सं.वि.)* जिसके पास घर बार न हो।
राजगेह *(सं.पुं.)* राजभवन।
वासगेह *(सं.पुं.)* देखो वासगृह।
भूमिगेह *(सं.पुं.)* तहखाना।
अछेह *(हि.वि.)* अखण्डित, बहुत।
अदेह *(सं.वि.)* शरीर-रहित।
मध्यदेह *(सं.पुं.)* उदर, पेट।
सदेह *(सं.कि.वि.)* बिना शरीर त्यागे हुए।
सन्देह *(सं.पुं.)* संशय, द्विधाभास।
निःसन्देह *(सं.वि.)* जिसमें सन्देह न हो, *(कि.वि.)* बिना सन्देह के।
विदेह *(सं.पुं.)* वह जो शरीररहित हो, राजा जनक का एक नाम।
सुदेह *(सं.पुं.)* सुन्दर शरीर, *(वि.)* सुन्दर।
तिलस्नेह *(सं.पुं.)* तिल का तेल।
सस्नेह *(सं.वि.)* प्रीति युक्त।

निःस्नेह *(सं.वि.)* रसहीन, प्रेमरहित, जिसमें चिकनाहट न हो।

सनेह *(हि.पुं.)* देखो स्नेह, प्रेम।

प्रमेह *(सं.पुं.)* बहुमूत्र का रोग।

मधुप्रमेह *(सं.पुं.)* वह रोग जिसमें मूत्र के साथ शक्कर आती है।

अवलेह *(सं.पुं.)* चाटकर खाई जानेवाली औषधि, चटनी।

ओह *(हि.अव्य.)* दुःख अथवा आश्चर्यसूचक अव्यय, अरे, हाय।

कोह *(हि.पुं.)* क्रोध।

खोह *(हि.स्त्री.)* गुफा, कन्दरा।

जोह *(हि.स्त्री.)* खोज, प्रतीक्षा।

टोह *(हि.स्त्री.)* अन्वेषण, खोज, ढूँढ़।

दोह *(सं.पुं.)* दोहन, दुहने का काम, देखो दोह।

गोह *(हि.स्त्री.)* डुबकी, गोता।

मोह *(सं.पुं.)* अविद्या, मूर्छा, अज्ञान, भ्रान्ति, प्रेम।

लोह *(सं.पुं.)* लोहा नामक धातु।

बिछीय, बिछोह *(हि.पुं.)* वियोग, विरह।

बिछोह *(हि.पुं.)* प्रिय से अलग होना।

व्यपोह *(सं.पुं.)* विनाश।

ऊहापोह *(सं.वि.)* तर्क द्वारा संशय मिटाया हुआ।

प्रमोह *(सं.पुं.)* मूर्च्छा।

समोह *(सं.पुं.)* संग्राम, युद्ध, *(वि.)* मोहयुक्त।

व्यामोह *(सं.पुं.)* मोह, अज्ञान।

महामोह *(सं.पुं.)* सांसारिक सुखों का भोग।

निमोह *(सं.वि.)* मोह शून्य।

विमोह *(सं.पुं.)* भ्रम, अज्ञान।

द्वरोह *(सं.पुं.)* अंकुर, अँखुआ।

द्रोह *(सं.पुं.)* द्वेष, बैर।

राजद्रोह *(सं.पुं.)* राजा अथवा राज्य के प्रति किया हुआ द्रोह।

प्राणद्रोह *(सं.पुं.)* प्राणहत्या।

अभिद्रोह *(सं.पुं.)* अनकार, अत्याचार।

विद्रोह *(सं.पुं.)* द्वेष, राज्य को हानि पहुँचाने वाला, उपद्रव।

राजविद्रोह *(सं.पुं.)* राजविप्लव।

प्रोह *(सं.स्त्री.)* पर्व, सन्धिस्थान।

बरोह *(हि.स्त्री.)* बरगद की जटा जो नीचे की ओर बढ़ती हुई भूमि में जाकर जड़ पकड़ लेती है।

अवरोह *(सं.पुं.)* अवतरण, उतार, शाखा का अग्रभाग, वृक्ष के ऊपर चढ़ने वाली बेल।

आरोह *(सं.पुं.)* आक्रमण, नीचे से ऊपर की ओर।

तुरगारोह *(सं.पुं.)* अश्वारोही।

रणरोह *(सं.वि.)* रथ पर बैठकर युद्ध करनेवाला।

समारोह *(सं.पुं.)* धूमधाम, आडम्बर, आरोहण होना।

त्वरारोह *(सं.पुं.)* पारावत, कबूतर।

वसारोह *(सं.पुं.)* छत्रक, कुकुरमुत्ता।

भौंह *(हि.स्त्री.)* भृकुटी, भौं।

सौंह *(हि.पुं.)* शपथ, सौगन्ध।

सौंह *(हि.स्त्री.)* शपथ, *(कि.वि.)* सामने, आगे।

हा *(सं.अव्य.)* शोक या दुःखसूचक शब्द, *(पुं.)* वध करनेवाला, मारनेवाला।

अहा *(हि.अव्य.)* प्रसन्नतासूचक शब्द।

कहा *(हि.पुं.)* कथन, बातचीत, *(कि.वि.)* कैसे, किस प्रकार से, *(सर्व.)* क्या, *(वि.)* कौन।

महा *(सं.वि.)* अत्यन्त, बहुत, अधिक।

म्हा *(हि.सर्व.)* मुझे।

हहा *(हि.स्त्री.)* हँसने का शब्द, ठट्ठा, बिनती।

बेकहा *(हि.वि.)* जो किसी का कहना न मानता हो।

दगहा *(हि.वि.)* दाग वाला, जिसने मृतक का दाहकर्म किया हो।

पगहा *(हि.पुं.)* पशु बाँधने की रस्सी।

बगहा *(हि.पुं.)* देखो बीघा।

गडहा *(हि.पुं.)* गर्त, गड्ढा।

हड़हहा *(हि.पुं.)* जंगली बैल, *(वि.)* अति दुर्बल, जिसके शरीर में केवल हड्डी रह गई हो।

दुकहहा *(हि.वि.)* जिसका दाम दो दमड़ी या एक छदाम हो, तुच्छ, नीच।

डेड़हा *(हि.पुं.)* जल का सर्प।

डोड़हा *(हि.पुं.)* जल में रहने वाला सर्प।

बोड़हा *(हि.वि.)* पागल, सनकी।

चहचहा *(हि.पुं.)* चहक, हँसी, ठट्ठा, *(वि.)* आनन्द उत्पन्न करने वाला।

कटहा *(हि.वि.)* दाँत काटने वाला।

घटहा *(हि.पुं.)* घाट का ठेकेदार, एक पार से दूसरे पार जाने वाली नाव।

कुट्हा *(हि.पुं.)* महाब्राह्मण, महापात्र।

चौपहा *(हि.वि.)* सर्वनाशी।

फटहा *(हि.वि.)* फटा हुआ।

डहडहा (हि. हि.) हरा-भरा, प्रफुल्लित, टटका।

गवहा *(हि.पुं.)* गर्दभ।

अजदहा *(फा.पुं.)* बड़ा अजगर।

नन्हा *(हि.वि.)* छोटा।

पनहा *(हि.पुं.)* कपड़े या भीत आदि की चौड़ाई, गूढ़ आशय।

किनहा *(हि.वि.)* कृमियुक्त।

दखिनहा *(हि.वि.)* दक्खिन का, दक्षिणी।

पिनपिनहा *(हि.वि.)* निरन्तर रोने वाला बच्चा।

होनहा *(हि.वि.)* जादू-टोना करने वाला।

बेबहा *(हि.वि.)* अमूल्य।

कमहा *(हि.वि.)* काम करनेवाला, श्रमी।

अर्हा *(सं.वि.)* पूजा।

गर्हा *(सं.स्त्री.)* निन्दा।
खरहा *(हि.पुं.)* शशक।
पितृहा *(सं.पुं.)* पिता की हत्या करने वाला।
उतरहा *(हि.वि.)* उत्तर संबंधी, उत्तरी।
स्पृहा *(सं.स्त्री.)* वांछा, कामना।
धनस्पृहा *(सं.स्त्री.)* धन की अभिलाषा।
बरहा *(हि.पुं.)* खेत में सिंचाई के लिए बनाई हुई छोटी नाली, मोटा रस्सा।
छिरहा *(हि.वि.)* हठी।
बिरहा *(हि.पुं.)* एक प्रकार का गीत।
रिरहा दीनतापूर्वक भिक्षा माँगनेवाला।
विरहा *(हि.पुं.)* एक प्रकार का गीत जिसको अहीर गड़रिए गाते हैं।
पुरहा *(हि.पुं.)* वह मनुष्य जो पुरघट का पानी गिराने के लिए नियुक्त रहता है।
मुरहा *(हि.पुं.)* वह बालक जो मूल नक्षत्र में उत्पन्न हुआ हो।
फोरहा *(हि.वि.)* किनारदार, नुकीला।
खोरहा *(हि.पुं.)* चतुष्पथ।
टलहा *(हि.वि.)* खोटा-सिक्का।
क्लहा *(हि.पुं.)* कोमल पत्ता, कोपल।
लहलहा *(हि.वि.)* आनन्दी।
निलहा *(हि.वि.)* नील संबंधी।
मुलहा *(हि.वि.)* मूल नक्षत्र में उत्पन्न।
तेलहा *(हि.वि.)* तेलयुक्त, जिसमें तेल पड़ा हो।
नसहा *(हि.वि.)* जिसमें नस हो।
रहा, सहा *(हि.वि.)* बचा हुआ।
रिसहा *(हि.वि.)* क्रोधी।
हाँ *(हि.अव्य.)* स्वीकृति अथवा सम्मतिसूचक शब्द।
कहाँ *(हि.कि.वि.)* किस स्थान पर।
जहाँ *(हि.कि.वि.)* जिस स्थान पर।
वहाँ *(हि.कि.वि.)* वहाँ, उस स्थान पर।
दधनहाँ *(हि.पुं.)* एक प्रकार का शस्त्र जिसमें नख के समान चिपटे टेढ़े काँटे रहते हैं, यह अँगुलियों में पहना जाता है।
महाँ *(हि.अव्य.)* देखो महँ।
यहाँ *(हि.कि.वि.)* इस स्थान में।
गवहाँ *(हि.वि.)* ग्रामीण, देहाती।
आहा *(हि.अव्य.)* हर्ष तथा आश्चर्यसूचक शब्द।
गाहा *(हि.स्त्री.)* कथा, वर्णन।
फाहा *(हि.पुं.)* घाव, फोड़े आदि पर लगाने की मरहम से तर की गई रूई।
राहा *(हि.पुं.)* चक्की के नीचे का मिट्टी का चबूतरा।
साहा *(हि.पुं.)* साधु, राला।
हाहा *(हि.पुं.)* हँसने का शब्द, गिड़गिड़ाने का शब्द।
कड़ाहा *(हि.पुं.)* लोहे की बड़ी कड़ाही।
नान्हा *(हि.वि.)* नन्हा, छोटा।
बेब्याहा *(हि.वि.)* अविवाहित, कुँवारा।
तिराहा *(हि.पुं.)* तिरमुहानी।
दोराहा *(हि.पुं.)* वह स्थान जहाँ से आगे की ओर दो मार्ग जाते हों।
चोराहा *(हि.पुं.)* देखो चौराहा।
बौराहा *(हि.वि.)* पागल, सनकी।
आल्हा *(हि.पुं.)* एक विख्यात वीर जो पृथ्वीराज के समय महोबे में थे।
जुलाहा *(हि.पुं.)* कपड़ा बुनने वाला मुसलमान, तन्तुकार।
चरवाहा *(हि.पुं.)* चौपायों को चराने वाला।
हरवाहा *(हि.पुं.)* हल चलाने का काम या वेतन।
बेसाह, बेसाहा *(हि.पुं.)* माल, सौदा।
अहाहा *(हि.अव्य.)* हर्षसूचक अव्यय।
नाहा *(हि.अव्य.)* नहीं।
माहाँ *(हि.अव्य.)* देखो महँ।
हाहाँ *(हि.अव्य.)* वह शब्द जिसको बोलकर किसी काम को करने से तुरंत रोकते हैं।
इहाँ *(हि.कि.)* यहाँ, इस स्थान में।
भड़िहा *(हि.पुं.)* तस्कर, चोर, ठग।
पनिहा *(हि.वि.)* पानी में रहने वाला।
पुरविहा, पुरविवा *(हि.वि.)* पूर्व देश में उत्पन्न, पूरब का।
अरिहा *(सं.वि.)* शत्रु का नाश करने वाला।
पितरिहा पीतल का बना हुआ।
ररिहा *(हि.पुं.)* रटनेवाला, भिखमंगा।
अलिजिहा, अलिजिहिका *(सं.स्त्री.)* गले की भीतर की घण्टी, कौवा।
कुटिहा *(हि.वि.)* कटुक्ति बोलने वाला।
छुरिहा *(हि.वि.)* अस्पृश्य. कलंकित।
रोटिहा *(हि.पुं.)* वह सेवक जो भोजन पर काम करता हो।
ईहा *(सं.स्त्री.)* उद्यम, व्यवसाय, वांछा, चेष्टा।
ठीहा *(हि.पुं.)* भूमि में गड़ा हुआ लकड़ी का कुन्दा जिस पर रखकर कसेरा, बढ़ई, सोनार आदि कपटने से ठोंकने आदि का काम करते हैं, बैठने के लिए ऊँचा किया हुआ स्थान, सीमा, गधी, हद।
पपीहा *(हि.पुं.)* चातक।
अनचीन्हा *(हि.वि.)* अपरिचित।
गुहा *(सं.स्त्री.)* गड्ढा, गुफा, कन्दरा।
भूमिगुहा *(सं.स्त्री.)* सुरंग।
खदुहा *(हि.पुं.)* खोटा मनुष्य।
कामदुहा, कामदुआ *(सं.स्त्री.)* कामवेग।
घुड़मुहां *(हि.पुं.)* लम्बध मुख वाला मनुष्य।
करमुहाँ *(हि.वि.)* कलंकयुक्त।
कलमुहाँ *(हि.वि.)* काले मुँहवाला, कलंकित।

समुहा *(हि.वि.)* सामने का।
दोमुँहा *(हि.वि.)* जिसके दो मुख हो, दोहरी चाल चलनेवाला, कपटी।
कवहा *(हि.पुं.)* देखो फावड़ा।
दुल्हा, दुलहा *(हि.पुं.)* देखो दूल्हा।
उहवाँ, उहाँ *(हि.कि.वि.)* देखो वहाँ।
दुमुँहा *(हि.वि.)* दो मुखवाला।
दुधमुँहा *(हि.वि.)* जो अभी तक माता का दूध पीता हो, शिशु, बालक, छोटा बच्चा।
सामुँहा *(हि.पुं.)* आगे का भाग।
चूहा *(हि.पुं.)* मूषक, मूसा।
धूहा *(हि.पुं.)* टीला, राशि, ढेर।
फूहा *(हि.पुं.)* रूई का गोला।
कूल्हा *(हि.पुं.)* पैर के दोनों ओर की उभरी हुई हड्डी।
चूल्हा *(हि.पुं.)* मिट्टी का अथवा लोहे का बना हुआ वह पात्र जिसमें आँच रखकर पकाने का काम होता है।
दमचूल्हा *(हि.पुं.)* एक प्रकार का चूल्हा जिसके बीच में जाली होती है, और बगल में हवा देने के लिए एक बड़ा छेद होता है।
केहा *(हि.पुं.)* मयूर, मोर।
तेंहा *(हि.पुं.)* घमण्ड, अहंकार।
निसनेहा *(हि.स्त्री.)* देखो निःस्नेहा।
सेल्हा *(हि.पुं.)* देखो सेला।
अनैहा *(हि.पुं.)* उपद्रव, उत्पाद।
धुनैहा *(हि.पुं.)* देखो धुनैहा, बहना।
कोहा *(हि.पुं.)* चौड़े मुँह का मिट्टी का बड़ा पात्र जो खप्पर के आकार का होता है।
खौंहा *(हि.वि.)* पेटू, भुक्खड़, मरभुख।
दोहा *(हि.पुं.)* हिन्दी का एक पात्रावृत छन्द।
पोहा *(हि.पुं.)* पशु, चौपाया।
रोहा *(हि.पुं.)* आँख की पलक के भीतर दाने पड़ जाने का रोग।
दोकोहा *(हि.पुं.)* वह ऊँट जिसकी पीठ पर दो ककुद (कूबड़) हों।
निचौंहाँ *(हि.वि.)* झुका हुआ।
बतरोहाँ *(हि.वि.)* बातचीत करने को उत्सुक।
बरसौहाँ *(हि.वि.)* बरसनेवाला।
कौहा *(हि.पुं.)* बड़ेर की आड़ में लगाई जाने वाली लकड़ी।
बिचौहा *(हि.पुं.)* मध्यस्थ।
तुतरोहा *(हि.वि.)* देखो तोतला।
खिसौहाँ *(हि.वि.)* लज्जित के सदृश।
भटकौहाँ *(हि.वि.)* भ्रम में डालने वाला।
थकौहाँ *(हि.वि.)* शिथिल।
झपकौहाँ *(हि.वि.)* निद्रा में भरा हुआ।
डबकौहाँ *(हि.वि.)* डबडबाया हुआ।
थरकौहाँ *(हि.वि.)* काँपनेवाला।
दुखौहाँ *(हि.वि.)* दुःखदायी।
रखौहाँ *(हि.वि.)* रूखाई लिये हुए।
भगौहाँ *(हि.वि.)* वह जो भागने के लिए तैयार हो, कायर।
लगौहाँ *(हि.वि.)* जिसको लगन लगाने की अभिलाषा हो।
नचौहाँ *(हि.वि.)* सर्वदा इधर-उधर घूमने वाला।
उचौंहाँ *(हि.वि.)* उभड़ा हुआ।
सकुचौंहाँ *(हि.वि.)* संकोच करने वाला।
तिरछोहाँ *(हि.वि.)* जो कुछ तिरछापन लिये हो।
उपदा, उपदौंहाँ *(हि.वि.)* निदाता हुआ।
भदौंहाँ *(हि.वि.)* भादों महीने में होने वाला।
पसरौंहाँ *(हि.वि.)* पसारने या फैलानेवाला।
बगलौंहाँ *(हि.वि.)* बगल की ओर झुका हुआ, तिरछा।
ललौंहाँ *(हि.वि.)* ललाई लिये हुए।
सरसौंहाँ *(हि.वि.)* सरस बनाया हुआ।
रिसौंहा *(हि.वि.)* क्रोध से भरा हुआ।
हि *(सं.अव्य.)* हेतु, कारण, निश्चय तथा सभ्रम अर्थ में इस शब्द का प्रयोग होता है। हिन्दी की एक पुरानी विभक्ति जिसका प्रयोग पहले सभी कारकों में होता था, परन्तु बाद में इसका प्रयोग (को अर्थ में) कर्म और सम्प्रदाय में ही होने लगा।
अहि *(सं.वि.)* सर्प, सूर्य, जल, बादल, पृथ्वी।
जहि *(हि.सर्व.)* जिसको, जिसने।
तहि *(सं.अव्य.)* उस समय, तब।
नहि *(हि.अव्य.)* निषेध या अस्वीकृतिसूचक अव्यय।
(नहीं तो) इस बात के न होने पर।
(नहीं सही) कुछ चिन्ता नहीं।
यहि *(हि.वि.सर्व.)* यह का वह रूप जो प्राचीन हिन्दी में किसी विभक्ति लगाने के पूर्व प्रयुक्त होता था, ए का विभक्ति युक्त रूप।
लहि *(हि.अव्य.)* पर्यन्त तक।
पहि *(सं.पुं.)* पृथ्वी।
महि *(हि.अव्य.)* देखो महँ।
वन्हि *(हि.स्त्री.)* देखो वहि।
बहि *(सं.अव्य.)* बाहर, जो भीतर न हो।
काहि *(हि.सर्व.)* किसको, किसे।
चाहि *(हि.अव्य.)* अपेक्षा, से।
ताहि *(हि.सर्व.)* उसको, उसे।
पाहि *(हि.अव्य.)* समीप, निकट, पास।
माहि *(हि.अव्य.)* भीतर, में, पर।
याहि *(हि.सर्व.)* इसको, इसे।
काल्ह, काल्हि *(हि.)* देखो काल।
साहि *(हि.पुं.)* राजा।
त्राहि *(सं.कि.)* रक्षा करो, बचाओ।
तिहि *(हि.सर्व.)* देखो तेहि।

विहि *(हि.स्त्री.)* देखो विधि।

हिहि *(सं.अव्य.)* हँसने का शब्द।

बहुब्रीहि *(सं.पुं.)* एक प्रकार का समास जिसमें दो या दो से अधिक पदों के मिलने से जो समस्त पर बनता है, वह किसी अन्य पद का विशेषण होता है।

उहि *(हि.सर्व.)* देखो वह।

तुहि *(हि.सर्व.)* तुझ, तुझको।

मुंहि *(हि.सर्व.)* देखो मोहि।

केहि *(हि.वि.)* किस, किसको।

तेहि *(हि.सर्व.)* उसको, उसे।

तोहि *(हि.सर्व.)* तुझको, तुमको, तुझे।

मोहि *(हि.सर्व.)* मुझे, मुझको।

ही *(सं.अव्य.)* वह शब्द जो प्रभाव डालने के लिए अथवा स्वीकृति, परिमिति, निश्चय, अल्पता, शून्यता आदि सूचित करने के लिए प्रयोग किया जाता है।

टही *(हि.स्त्री.)* प्रयोजन सिद्ध करने की युक्ति।

दही *(हि.पुं.)* खटाई डालकर लगाया गया दूध।

बही हिसाब किताब लिखने की व्यापारी कापी।

सही सत्य, वास्तव में।

ककही *(हि.स्त्री.)* कंघी।

कंगही *(हि.स्त्री.)* देखो कंघी।

मगही *(हि.वि.)* मगध देश का, मगह में उत्पन्न, *(पुं.)* एक प्रकार का पान।

अनही *(हि.स्त्री.)* अन्न से बना हुआ, अनाजी।

गडही *(हि.स्त्री.)* छोटा गडहा।

सुतही *(हि.स्त्री.)* देखो सुतही।

दोतही *(हि.स्त्री.)* एक प्रकार की चादर।

चौतही *(हि.स्त्री.)* चार तह करके बिछाने की मोटी चाँदनी।

मालवही *(हि.स्त्री.)* एक प्रकार की छप्पर लगी हुई नाव।

पनही *(हि.स्त्री.)* उपानह, जूता, जूती।

पानही *(हि.स्त्री.)* पनही, जूता।

भिनही *(हि.क्रि.वि.)* प्रातःकाल, सबेरे।

हिसाब बही *(हि.स्त्री.)* वह पुस्तक जिसमें लेन-देन का ब्यौरा लिखा जाता है।

लेखा बही *(हि.स्त्री.)* वह बही जिसमें रोकड़ के लेन-देन का हिसाब लिखा जाता है।

कच्ची बही *(हि.स्त्री.)* पूर्ण रूप से निश्चित न किए हुए हिसाब लिखने की व्यापारी बही।

मातामही *(सं.स्त्री.)* नानी।

प्रमातामही *(सं.स्त्री.)* प्रमातामही की पत्नी, परनानी।

पितामही *(हि.स्त्री.)* पितामह की स्त्री, दादी।

गही *(सं.वि.)* निन्दा करनेवाला।

ही *(सं.वि.)* निन्दाकारक।

वही *(हि.स्त्री.)* मयूर, मोर।

गृही *(सं.पुं.)* गृहस्थाश्रमी, गृहस्थ।

अन्तगृही *(सं.स्त्री.)* तीर्थस्थान के भीतर के प्रधान स्थानों की यात्रा।

आग्रही *(सं.वि.)* आग्रह करने वाला, हठी।

धुराग्रही *(हि.वि.)* जो बिना उचित-अनुचित विचार किए हुए अपने मत पर अड़ा रहता है।

निग्रही *(हि.वि.)* रोकने वाला, दबाने वाला, दण्ड देनेवाला।

विग्रही *(हि.वि.)* युद्ध करनेवाला।

नौग्रही *(हि.स्त्री.)* हाथ में पहिनने का एक गहना।

स्पृही *(सं.वि.)* अभिलाषा करनेवाला।

बरही *(हि.पुं.)* मोर, ईंधन का बोझ, पत्थर आदि उठाने का मोटा रस्सा, प्रसूता का सन्तान उत्पन्न करने के बारहवें दिन का स्नान तथा अन्तः क्रियाएँ।

गिरही *(हि.पुं.)* गृहस्थ, घर, मकान।

बिरही *(हि.पुं.)* वियोग से पीड़ित पुरुष।

तुरही *(हि. स्त्रीं.)* मुँह से फुलाकर बजाने का एक बाजा।

सुरही *(हि.स्त्री.)* सोलह चित्ती कोड़िया जिससे जुआ खेला जाता है।

सोरही *(हि.स्त्री.)* वे सोलह कड़ियाँ जिससे जुआ खेला जाता है।

उषही *(हि.पुं.)* अन्य देश का पुरुष, अपरिचित मनुष्य।

कहीं *(हि.क्रि.वि.)* किसी अनिश्चित स्थान में, यदि, कदाचित, अधिक।

जहीं *(हि.अव्य.)* जिस स्थान पर।

छपही *(हि.स्त्री.)* स्त्रियों के पाव में पहनने का एक गहना।

वहीं *(हि.अव्य.)* उसी स्थान पर।

काही *(हि.वि.)* घास के रंग का, काला।

पाही *(हि.स्त्री.)* पाँच वस्तुओं का समूह।

राही *(हि.स्त्री.)* वह खेती जिसका किसान दूसरे गाँव में रहता है।

बाही *(हि.वि.)* जलाने या भस्म करने वाला।

लाही *(हि.स्त्री.)* लाल रंग का वह छोटा कीड़ा जो वृक्षों पर लाह उत्पन्न करता है, *(वि.)* मटमैले लाल रंग का।

दुतवाही *(हि.वि.)* शीघ्र ले जाने वाला।

साही *(हि.स्त्री.)* एक प्रसिद्ध चौपाया जिसकी पीठ पर नुकीले काँटें होते हैं।

आवाजाही *(हि.स्त्री.)* आवागमन।

पूजाही *(हि.स्त्री.)* पूजा की सामग्री रखने का पात्र।

कड़ाही *(हि.स्त्री.)* छोटा कड़ाहा।

बिदाही *(हि.पुं.)* दाह उत्पन्न करनेवाला पदार्थ।

मनाही *(हि.स्त्री.)* निषेध, रोक।

कौड़ियाही *(हि.स्त्री.)* कौड़ियों में चुकाई जाने वाली मजदूरी।

हृदयगाही *(हि.वि.)* मन को लुभाने वाला।

फलगाही *(सं.वि.)* फल लेने वाला।

अंकुशगही महावत।

दोषग्राही *(सं.वि.)* दुर्जन, दुष्ट।
पिपराही *(हि.पुं.)* पीपल का जंगल।
कुराही *(हि.वि.)* कुमार्गी।
चटकवाही *(हि.स्त्री.)* शीघ्रता।
चरवाही *(स्त्री.)* पशुओं को चराने का काम, चराने का शुल्क।
धनवाही *(हि.स्त्री.)* तपे हुए लोहे को धन में पीटने का काम।
प्रवाही *(सं.वि.)* बहने या बहाने वाला, तरल, द्रव।
बिरवाही *(हि.स्त्री.)* छोटे-छोटे पौधों का कुंज।
संवाही *(हि.वि.)* हाथ पैर दबाने वाला, ढोनेवाला, पहुँचानेवाला।
धारावही *(सं.वि.)* धारा रूप में, बिना रुकावट के, आग को बढ़ाने वाला।
दोसाही *(हि.वि.)* जिस वर्ष में दो फसलें होती हैं।
छाँही *(हि.स्त्री.)* देखो छाँह।
पछाँही *(हि.वि.)* पश्चिम।
परिछाही *(हि.स्त्री.)* देखो परछाई।
गँही *(हि.कि.वि.)* समीप, निकट, पास।
बाही *(हि.स्त्री.)* देखो बाँह, बाँहु।
तरूवाही *(हि.स्त्री.)* वृक्ष की शाखा, हरे रंग का।
काहीं *(हि.अव्य.)* पास, द्वारा।
ताहीं *(हि.अव्य.)* ता, तई।
नाहीं *(हि.अव्य.)* नहीं।
माहीं *(हि.अव्य.)* देखो माहिं।
सिंही *(सं.स्त्री.)* शेरनी, सिंघा नाम का बाजा।
हीही *(हि.स्त्री.)* ही ही करके हँसने की क्रिया।
सितुई, सितुही *(हि.स्त्री.)* सुतुही।
फुही *(हि.स्त्री.)* महीन, महीन बूँदों की झड़ी।
द्रुही *(सं.स्त्री.)* दुहिता, कन्या, बेटी।
भरूही *(हि.स्त्री.)* लेखनी बनाने की एक प्रकार की कच्ची किलक।
तुरूही *(हि.स्त्री.)* देखो तुरही।
थूही *(हि.स्त्री.)* मिट्टी का ढेर, मिट्टी का खंभा जो कुएँ पर बनाया जाता है, जिस पर लकड़ी रखकर पानी खींचने के लिए गडारी लगाई जाती है।
फूही *(हि.स्त्री.)* पानी की महीन बूँद।
गेही *(हि.पुं.)* गृहस्थ।
तंदेही *(हि.स्त्री.)* प्रयत्न, प्रयास, आशा।
सनेही *(हि.वि.)* प्रेमी।
प्रमेही *(सं.पुं.)* प्रमेह का रोगी।
सेल्ही *(हि.स्त्री.)* छोटा दुपट्टा, गाँती।
कोही *(हि.वि.)* क्रोधी।
छोही *(हि.वि.)* प्रेमी, स्नेही, अनुरागी।
दोही *(सं.वि.)* दूहनेवाला, *(पुं.)* गोप, ग्वाला।
मोही *(हि.वि.)* मोहित करनेवाला, प्रेम करनेवाला, अज्ञानी।
रोही *(हि.वि.)* चढ़नेवाला।
योही *(हि.अव्य.)* ऐसे ही, इसी प्रकार से, व्यर्थ ही।
सिकोही *(हि.वि.)* गर्वीला, घमंडी।
निछोह, निछोही *(हि.वि.)* निर्दयी, निष्ठुर।
बटोही *(हि.पुं.)* पथिक, यात्री।
अमोही *(हि.वि.)* कठोरहृदय, दयाहीन।
प्रमोही *(सं.वि.)* मोहजनक।
निर्मोही *(हि.वि.)* निर्दय, कठोर हृदय का।
निरमोही *(हि.वि.)* देखो निर्मोही।
विमोही *(सं.स्त्री.)* लुभाने वाला।
अरोही *(हि.पुं.)* सवार।
द्रोही *(सं.वि.)* द्रोहक, द्रोह करने वाला।
राजद्रोही *(सं.वि.)* राजा या राज्य द्रोही।
हयारोही *(सं.वि.)* अश्वारोही, घुड़सवार।
विद्रोही *(सं.वि.)* राज्य को हानि पहुँचानेवाला।
सौंही *(हि.कि.वि.)* सम्मुख, सामने।
बहु *(सं.वि.)* एक से अधिक, अधिक, बहुत, *(वि.)* झाड़ू देनेवाला, बहुत से काम करनेवाला।
लहु *(हि.अव्य.)* देखो लौ।
जानहु *(हि.अव्य.)* मानो।
बानहु *(हि.अव्य.)* मानो।
हुँ *(हि.अव्य.)* अतिरिक्त, और भी।
हुँ *(हि.अव्य.)* स्वीकृतसूचक शब्द, हाँ।
चहुँ *(हि.वि.)* चार, चारों।
कतहुँ *(हि.अव्य.)* किन, ओर।
मानहु *(हि.अव्य.)* मानो जैसे यथा।
महुँ *(हि.अव्य.)* देखो महं।
सहुँ *(हि.अव्य.)* सम्मुख, सामने।
बाहु *(सं.पुं.)* भुजा, बाँह।
बाहु *(सं.स्त्री.)* भुजदण्ड, रेखागणित में क्षेत्र के किनारे की रेखा, भुजा।
राहु *(सं.पुं.)* नवग्रहों में से एक ग्रह।
महाबाहु *(सं.वि.)* लंबी भुजाओंवाला, बलवान।
अतिबाहु *(सं.पुं.)* अधिक, बाहुबल का मनुष्य।
द्विबाहु *(सं.पुं.)* मनुष्य आदि दो बाहु वाले जीव, *(वि.)* जिसके दो बाहु हों।
सुबाहु *(सं.वि.)* दृढ़ या सुन्दर बाहु वाला।
मुहु *(सं.अव्य.)* बार-बार, फिर-फिर।
मुँहुमुँहु *(सं.अव्य.)* बारंबार, फिर-फिर।
बहू *(हि.स्त्री.)* पुत्रवधू, पतोहू, नवविवाहिता स्त्री, दुलहिन, पत्नी।
लहू *(हि.पुं.)* रक्त, रूधिर।
हूँ *(हि.अव्य.)* स्वीकारसूचक शब्द, है का उत्तम पुरुष एक वचन का रूप।

कहूँ *(हि.क्रि.वि.)* कहीं।
भहूँ *(हि.स्त्री.)* देखो भौंह।
काहु, काहू *(हि.सर्व.)* किसी।
लाहू *(हि.पुं.)* लाभ।
साहू *(हि.पुं.)* सज्जन, महाजन, धनी।
हाहू *(हि.पुं.)* कोलाहल, हलचल।
तिहूँ *(हि.वि.)* तीन, तीनों।
पीहू *(हि.पुं.)* देखो पीसू।
कुहू *(सं.स्त्री.)* कोयल की ध्वनि।
सूहू *(सं.पुं.)* उग्रसेन के एक पुत्र।
हूहू *(सं.पुं.)* एक प्रकार के गन्धर्व, *(हि.पुं.)* अग्नि के जलने का शब्द, धाँय-धाँय।
ऊँहूँ *(हि.अव्य.)* नहीं, कभी नहीं, यह नहीं हो सकता।
केहू *(हि.सर्व.)* कोई।
केहूँ *(हि.क्रि.वि.)* किस प्रकार, कैसे।
गेहूँ *(हि.पुं.)* गोधूम, एक प्रसिद्ध अन्न जिसका आटा खाया जाता है।
रोहू *(हि.स्त्री.)* एक प्रकार की बड़ी मछली।
लोहू *(हि.पुं.)* रक्त, रूधिर।
पतोहू *(हि.स्त्री.)* बेटे की स्त्री।
कोल्हू *(हि.पुं.)* तेल या ऊख पेरने का यन्त्र।
हे *(सं.अव्य.)* संबोधन का शब्द जो पुकारने के पहले बोला जाता है।
अहे *(हि.अव्य.)* अरे, अहो।
है *(हि.क्रि.)* होना क्रिया का वर्तमान का एक वचन में रूप।
कहें *(हि.पुं.)* को, *(क्रि.वि.)* कहाँ।
हैं *(हि.अव्य.)* एक आश्चर्यसूचक शब्द, असम्मतिसूचक शब्द, है का बहुवचन।
आहे *(हि.अव्य.)* हैं।
काहे *(हि.क्रि.वि.)* क्यों, किसलिए।
चाहे *(हि.अव्य.)* इच्छा हो, या तो, होने वाला हो तो।
हेहे *(सं.अव्य.)* सम्बोधन सूचक शब्द।
तुम्हें *(हि.सर्व.)* तुमको।
सामुहें *(हि.क्रि.वि.)* सामने।
हैं हैं *(हि.पुं.)* धीरे-धीरे हँसने का शब्द।
निचौंहे *(हि.क्रि.वि.)* नीचे की ओर।
तिरछोहे *(हि.क्रि.वि.)* वक्रता से, तिरछापन लिए हुए।
पिछोहे *(हि.क्रि.वि.)* पिछली ओर।
अहो *(सं.अव्य.)* हाय, धिक्कार, वाहवाह, क्यों।
हहो *(सं.अव्य.)* संबोधन, दर्प, घमंड।
हो *(हि.पुं.)* पुकारने का शब्द, विस्मय, *(हि.क्रि.)* होना क्रिया का सामान्य काल का तथा मध्यम पुरुष बहुवचन के वर्तमान काल का रूप, है, था।
ताहों *(हि.क्रि.वि.)* उसी स्थान पर, वहीं।
एहो *(हि.अव्य.)* संबोधन का शब्द, अरे, हे, ओ।
ओहो *(हि.अव्य.)* विस्मय तथा आनंद प्रकट करने के लिए इस शब्द का प्रयोग होता है, अरे, अहो, अहा।

क्ष अन्तक

अक्ष *(सं.पुं.)* आँख, जुआ खेलने का पासा, पासे का खेल, छकड़ा, गाड़ी की धुरी, पृथ्वी के भीतर की वह कल्पित रेखा जिस पर पृथ्वी घूमती है, रूद्राक्ष, सर्प, ग्रहों के भ्रमण करने का मार्ग।
कक्ष *(सं.पुं.)* बाहूमूल, काँख।
यक्ष *(हि.पुं.)* देखो यक्ष।
दक्ष *(सं.वि.)* निपुण, चतुर, कुशल।
पक्ष *(सं.पुं.)* पन्द्रह दिन का काल, पक्षियों का डेना, पर, किसी विषय के दो या अधिक परस्पर भिन्न अंगों में से एक, सेना थल।
भक्ष *(सं.पुं.)* खाने का काम, खाने का पदार्थ।
यक्ष *(सं.पुं.)* देवयोनि, विशेष।
रक्ष *(सं.वि.)* रक्षा, राक्षस।
प्रक्ष *(हि.वि.)* पूछनेवाला।
वृक्ष *(सं.पुं.)* पेड़।
(वृक्षधर) *(सं.पुं.)* बन्दर।
लक्ष *(सं.पुं.)* ब्याज, बहाना, *(वि.)* एक लाख, सौ हजार।
वक्ष *(हि.पुं.)* वक्ष-स्थल, हृदय, छाती।
अदक्ष *(सं.वि.)* जो निपुण न हो।
सपक्ष *(सं.वि.)* तुल्य, समान, समर्थक, अनुकूल।
समक्ष *(सं.वि.)* सम्मुख, सामने।
अध्यक्ष *(सं.पुं.)* प्रधान, कार्यकर्ता, अधिष्ठाता, अधिकारी, सम्पादक।
प्लक्ष *(सं.पुं.)* पाकर का वृक्ष, सात कल्पित द्वीपों में से एक।
एकपक्ष *(सं.वि.)* पक्षपाती।
कृष्णपक्ष *(सं.पुं.)* चन्द्रपक्ष का पक्ष, अँधियारा पाख।
परपक्ष *(सं.पुं.)* विरोधियों का दल।
वरपक्ष *(सं.पुं.)* वरयात्रा, बारात।
सहभक्ष *(सं.पुं.)* साथ में भोजन करना।
प्रत्यक्ष *(सं.वि.)* इन्द्रियग्राह्य, इन्द्रियगोचर, जो आँख के सामने हो, *(हि.क्रि.वि.)* आँखों के सामने।
अप्रत्यक्ष *(सं.अव्य.)* अदृश्य, अज्ञात, परोक्ष, गुप्त।
शतलक्ष *(सं.पुं.)* सौ लाख, करोड़।
पितृपक्ष *(सं.पुं.)* आश्विन मास का कृष्ण पक्ष।
सिद्धपक्ष *(सं.पुं.)* प्रमाणित बात।
निष्पक्ष *(सं.वि.)* पक्षपातरहित।
दीपकवृक्ष *(सं.पुं.)* एक प्रकार का दीवट जिसमें दिया रखने के लिए अनेक शाखाएँ होती हैं।
पुररक्ष *(सं.पुं.)* नगर का रक्षक।
शुद्ध पक्ष *(सं.पुं.)* शुक्ल पक्ष।
पूर्वपक्ष *(सं.पुं.)* कृष्णपक्ष, शास्त्रार्थ में संशय हटाने के लिए जो प्रश्न किया जाता है।

आक्ष

हाटाध्यक्ष *(सं.पुं.)* हाट का अध्यक्ष।
दानाध्यक्ष *(सं.पुं.)* दान किए हुए धन को बाँटने वाला अधिकारी।
कार्याध्यक्ष *(सं.पुं.)* देखो कार्याधिकारी।
विचाराध्यक्ष *(सं.पुं.)* न्यायाधीश।
कालाध्यक्ष *(सं.पुं.)* सूर्य।
दलाध्यक्ष *(सं.पुं.)* सेनापति।
धर्माध्यक्ष *(सं.पुं.)* धर्माधिकारी।
काकपक्ष *(सं.पुं.)* मस्तक के दोनों ओर के बालों की रचना।
निर्पक्ष *(हि.वि.)* पक्षपात रहित।
द्विपक्ष *(सं.पुं.)* पक्षी, चिड़िया।
विपक्ष *(सं.पुं.)* प्रतिद्वन्द्वी, शत्रु, विरोध, खण्डन, व्याकरण में बाधक नियम या अपवाद, *(वि.)* विरुद्ध, प्रतिकूल, बिना पक्ष या डेने का।
प्रतिपक्ष *(सं.पुं.)* प्रतिवादी, शत्रु, विरुद्ध पक्ष।
निष्प्रतिपक्ष *(सं.वि.)* शत्रुहीन।
सुपक्ष *(सं.वि.)* सुन्दर पंखोंवाला।
दुर्भक्ष *(सं.वि.)* जो जल्दी से न खाया जा सके, खाने में जो अच्छा न हो।
सुरक्ष *(सं.वि.)* अच्छी तरह रक्षा किया हुआ।
(सूरक्षण) *(सं.पुं.)* रखवाली।
भाक्ष *(सं.वि.)* खाने योग्य।
द्राक्ष *(सं.स्त्री.)* दाख, अंगूर।
एकाक्ष *(सं.वि.)* एक नेत्रवाला, काना।
कटाक्ष *(सं.पुं.)* तिरछा चितवन, आक्षेप।
शकटाक्ष *(सं.पुं.)* गाड़ी का धुरा।
पद्माक्ष *(सं.पुं.)* कमलगट्टा, विष्णु।
भल्लाक्ष *(सं.वि.)* जिसको कम देख पड़ता हो, मन्ददृष्टि।
गवाक्ष *(सं.पुं.)* झरोखा, छोटी खिड़की।
हरियाक्ष *(सं.वि.)* हरिण के समान आँखोंवाला।
रोहिताक्ष *(सं.पुं.)* लाल आँख।
लाहिताक्ष *(सं.पुं.)* कोकिल, कोयल, *(वि.)* जिसकी आँख लाल हो।
मदिराक्ष *(सं.वि.)* जिसकी आँखें मद से भरी हो।
शिवाक्ष *(सं.पुं.)* रूद्राक्ष।
विरूपाक्ष *(सं.वि.)* डरावनें नेत्रवाला।
रूद्राक्ष *(सं.पुं.)* एक बड़ा वृक्ष जिसके गोल फल की माला बनाकर शैव लोग पहनते और जप के व्यवहार में लाते हैं।
मृगांक्ष *(सं.पुं.)* बड़ी बड़ी आँखों वाला।
निराकांक्ष *(सं.वि.)* जिसको अभिलाषा न हो।

इक्ष

तिक्ष *(हि.वि.)* तीक्ष्ण, तीखा, चीखा।
रिक्ष *(हि.पुं.)* देखो ऋक्ष, रीछ, भालू।
ऋक्ष *(सं.पुं.)* नक्षत्र, तारा, राशि, भालू।
तितिक्ष *(सं.वि.)* सहनशील।
दुर्भिक्ष *(सं.पुं.)* अकाल।
सुभिक्ष *(सं.पुं.)* ऐसा समय जिसमें भोजन प्रचुर मिले और अन्न प्रचुर हो।
क्षमिक्ष *(सं.वि.)* क्षमाशील।
अन्तरिक्ष, अन्तरीक्ष *(सं.पुं.)* आकाश शून्य स्थान, स्वर्गलोक, *(वि.)* अप्रकट, गुप्त।
अष्टपरीक्ष *(सं.वि.)* जिसकी जाँच कठिनता से हो।
रूक्ष *(सं.वि.)* रूखा, नीरस, सूखा।
लक्ष *(हि.स्त्री.)* अग्नि की ज्वाला, लुआठी, ग्रीष्म ऋतु की गरम हवा, उल्का, टूटता तारा।
अनपेक्ष *(सं.वि.)* अपेक्षा न करनेवाला, पक्षपातरहित।
नैरपेक्ष *(सं.पुं.)* अपेक्षा का अभाव।
निरपेक्ष *(सं.वि.)* जिसको किसी वस्तु की आकांक्षा न हो, तटस्थ, *(पुं.)* अनादर।
सापेक्ष *(हि.पुं.)* परस्पर निर्भर रहने वाला।
भैक्ष *(सं.पुं.)* भिक्षा माँगने की क्रिया।
मोक्ष *(सं.पुं.)* मुक्ति, छुटकारा।
परोक्ष *(सं.पुं.)* अप्रत्यक्ष, अनुपस्थित, *(वि.)* गुप्त छिपा हुआ।
अपरोक्ष *(सं.अव्य.)* प्रत्यक्ष।
कक्षा *(सं.स्त्री.)* काछ, लांग।
कक्षा *(सं.स्त्री.)* कष्ट, नाश, या आपत्ति।
खकक्षा *(सं.स्त्री.)* आकाशमण्डल की परिधि।
भकक्षा *(सं.स्त्री.)* नक्षत्र की कक्षा।
ग्रहकक्षा *(स्त्री.)* वह वृताकार पथ जिस पर ग्रह भ्रमण करता है।
आकाशकक्षा *(सं.स्त्री.)* क्षितिज।
प्रविक्षा *(सं.स्त्री.)* देखने की अभिलाषा।
रिरक्षा *(सं.स्त्री.)* रक्षा करने की इच्छा।
परिरक्षा *(सं.स्त्री.)* परिपालन।
ववक्षा *(सं.स्त्री.)* बोलने की इच्छा।
लक्षा *(हि.स्त्री.)* लाक्षा, लाह।
लाक्षा *(सं.स्त्री.)* लाख, लाह।
लधुद्राक्षा *(सं.स्त्री.)* किशमिश।
कांक्षा *(सं.स्त्री.)* अभिलाषा, इच्छा।
आकांक्षा *(सं.स्त्री.)* इच्छा, अभिलाषा, अभिप्राय।
धनाकांक्षा *(सं.स्त्री.)* धन की अभिलाषा।
निराकांक्षा *(सं.स्त्री.)* लोभ, लालसा का न होना।
दुराकांक्षा *(सं.स्त्री.)* बुरे विषय की अभिलाषा।

इक्षा

दिक्षा *(हि.स्त्री.)* देखो दीक्षा।
भिक्षा *(सं.स्त्री.)* भीख माँगी हुई वस्तु।
रिक्षा *(सं.स्त्री.)* लीख।

लिक्षा *(सं.स्त्री.)* जूँ का अंडा, लीख।

शिक्षा *(सं.स्त्री.)* पढ़ने पढ़ाने की क्रिया, विद्या का अभ्यास, दक्षता, निपुणता, उपदेश, दण्ड, शासन।

रणशिक्षा *(सं.स्त्री.)* युद्धाभ्यास।

तितिक्षा *(सं.स्त्री.)* सरदी-गरमी सहन करने का सामर्थ्य, क्षमा, शान्ति।

ईक्षा

दीक्षा *(सं.स्त्री.)* संकल्पपूर्वक अनुदान, मन्त्र का उपदेश, गुरु से नियमपूर्वक मन्त्र ग्रहण करना, गुरुमन्त्र।

वीक्षा *(सं.स्त्री.)* देखने की क्रिया।

प्रतीक्षा *(सं.स्त्री.)* प्रतीक्षण, आसरा।

परीक्षा *(सं.स्त्री.)* गुण दोष विवेचन, जाँच पड़ताल।

घटपरीक्षा *(सं.स्त्री.)* देखो तुला।

समीक्षा *(सं.स्त्री.)* यत्न, अच्छी तरह से देखने की क्रिया।

उक्षा

मुमुक्षा *(सं.स्त्री.)* मुक्ति की अभिलाषा।

एक्षा

अपेक्षा *(सं.स्त्री.)* आकांक्षा, इच्छा, किसी पद का दूसरे पद में अन्वय।

उपेक्षा *(सं.स्त्री.)* उदासीनता, घृणा, तिरस्कार, अनादर।

उत्प्रेक्षा *(सं.स्त्री.)* उपेक्षा, आरोप, उलटा विचार, एक काव्यालंकार जिसमें प्रस्तुत वस्तु में अन्य प्रकार की संभावना की जाती है।

निरपेक्षा *(सं.स्त्री.)* अवज्ञा, निराशा।

मुखापेक्षा *(सं.स्त्री.)* दूसरे का मुख ढापना।

क्षि

अक्षि *(सं.स्त्री.)* नयन, नेत्र, आँख।

कुक्षि *(सं.स्त्री.)* जठर, पेट, कोख।

वीरकुक्षि *(सं.स्त्री.)* वह स्त्री जो वीर पुरुष जनमाती है।

क्षी

पक्षी *(सं.पुं.)* विहंगम, शकुन्त, चिड़िया, *(हि.वि.)* पक्षपाती।

भक्षी *(सं.वि.)* भक्षक, खानेवाला।

विपक्षी *(सं.वि.)* विरुद्ध पक्ष का।

प्रतिपक्षी *(सं.पुं.)* विपक्षी, विरोधी।

पच्चपक्षी *(सं.पुं.)* प्रश्नादि द्वारा शकुन जानने का शिवोक्ति एक शास्त्र।

नरभक्षी *(सं.पुं.)* दैत्य, दानव, राक्षस।

सर्वभक्षी, (सर्वभक्ष) *(सं.वि.)* सब कुछ खानेवाला।

मांसभक्षी, (मांसभोजी) *(सं.पुं.)* मांस खानेवाला।

परिरक्षी *(हि.वि.)* रक्षाकारी, बचानेवाला।

साक्षी *(सं.पुं.)* वह जिसने किसी घटना को अपनी आँखों से देखा हो, दर्शक, *(स्त्री.)* साखी।

मृगाक्षी *(सं.स्त्री.)* मृगनयनी।

वामाक्षी *(सं.स्त्री.)* सुन्दर स्त्री।

जगत्साक्षी *(सं.पुं.)* सूर्य।

हरिणाक्षी *(सं.वि.)* हरिण के समान नेत्रवाली स्त्री।

कूटसाक्षी *(सं.पुं.)* झूठ बोलनेवाला साक्षी।

प्रेक्षी *(सं.वि.)* बुद्धिमान।

निरपेक्षी *(सं.वि.)* अपेक्षा न रखनेवाला।

मुखापेक्षी *(सं.पुं.)* वह जो दूसरे की कृपादृष्टि के भरोसे रहता हो।

क्षु

चक्षु *(सं.पुं.)* देखने की इन्द्रिय, आँख।

ज्ञानचक्षु *(सं.पुं.)* पण्डित, विद्वान।

दिव्यचक्षु *(सं.पुं.)* ज्ञानचक्षु।

दिदृक्षु *(सं.वि.)* जो देखना चाहता हो।

वियक्षु *(सं.वि.)* यज्ञ करने का इच्छुक।

विचक्षु *(सं.वि.)* नेत्रहीन, अन्धा।

प्रज्ञाचक्षु *(वि.)* जिसके पास प्रज्ञारूपी चक्षु हो, अन्धा।

इक्षु *(सं.पुं.)* ईख, गन्ना।

भिक्षु *(सं.पुं.)* भिक्षुक, भिखारी।

तितिक्षु *(सं.वि.)* क्षमाशील, सहिष्णु।

बुभुक्षित दुभुक्षु *(सं.वि.)* क्षुधित।

मुमुक्षु *(सं.पुं.)* वह जो मुक्त की कामना करता हो।

दरूक्षु *(सं.वि.)* रूक्ष, रूखा।

त्र अंतक

अत्र *(सं.अव्य.)* इस विषय में, इस स्थान में, यहाँ पर, यहाँ।

छत्र *(सं.पुं.)* छाता, छतरी।

तत्र *(सं.कि.वि.)* से, स्थान पर, वहाँ।

पत्र *(सं.पुं.)* पत्ता, चिड़ियों का पर, पत्री, चिट्ठी, धातु की चादर, लिखा हुआ कागज, पत्ता, समाचारपत्र।

सत्र *(सं.पुं.)* निश्चित अवधि की सभा।

क्षत्र *(सं.पुं.)* क्षत्रिय, राष्ट्र, राज्य।

अस्त्र *(सं.पुं.)* आयुध, तलवार, शस्त्र।

(अस्त्रशाला) *(सं.स्त्री.)* अस्त्रागार।

वस्त्र *(हि.पुं.)* देखो वस्त्र।

वस्त्र *(सं.पुं.)* कपड़ा।

शस्त्र *(सं.पुं.)* लोहा, अस्त्र, खड्ग, तलवार।

दशवक्त्र *(सं.पुं.)* रावण।

अछत्र *(हि.पुं.)* राज्यहीन, बिना छत्र का।

नछत्र *(हि.पुं.)* देखो नक्षत्र।

अन्नछत्र *(सं.पुं.)* भूखे कंगालों को भोजन बाँटने का स्थान।

यत्रतत्र *(सं.अव्य.)* जहाँ तहाँ।

अपत्र *(सं.पुं.)* बिना पंख का, बिन पत्ते का।

कंगपत्र *(सं.पुं.)* बाण, तीर।

खडगपत्र *(सं.पुं.)* तलवार की धार।

स्मरणपत्र *(सं.पुं.)* वह पत्र जो किसी को कोई बात याद दिलाने के लिए लिखा जाए।

शतपत्र *(सं.पुं.)* कमल, पद्म, *(वि.)* सौ पत्तों वाला, सौ पंखवाला।
शपथपत्र *(सं.पुं.)* सौगन्ध खाकर लिखित पत्र।
गमनपत्र वह पत्र जिसके द्वारा एक स्थान से दूसरे स्थान को जाने का अधिकार मिलता हो।
जयपत्र *(सं.पुं.)* वह पत्र जिस पर किसी विवाद के बाद राजकीय मन्तव्य लिखा जाता है।
नियमपत्र *(सं.पुं.)* प्रतिज्ञापत्र।
सर्वत्र *(सं.अव्य.)* सब ओर, चारों ओर, पूर्ण रूप से।
कलत्र *(सं.पुं.)* भार्या, पत्नी, स्त्री।
परकलत्र *(सं.पुं.)* दूसरे की स्त्री।
नववस्त्र *(सं.पुं.)* नया वस्त्र।
अग्न्यस्त्र *(सं.पुं.)* अग्निबाण, तोप।
अन्नसत्र *(सं.पुं.)* वह स्थान जहाँ भूखों को अन्न बाँटा जाता है।
सहस्त्र *(सं.पुं.)* दस सौ अथवा एक हजार की संख्या।
शतसहस्त्र *(सं.पुं.)* एक लाख।
वर्षसहस्त्र *(सं.वि.)* हजार वर्ष।
नक्षत्र *(सं.पुं.)* तारों का वह गुच्छा या समूह जो चन्द्रमा के पथ में घूमता है।
उपनक्षत्र *(सं.पुं.)* सत्ताइस नक्षत्रों के छोटे-छोटे तारे।
लोकतन्त्र *(सं.पुं.)* संसार का इतिहास।
आवरणपत्र पुस्तक आदि की रक्षा के लिए इस पर लपेटा हुआ पत्र।
ज्ञातपत्र *(सं.पुं.)* धूप से बचने का छाता।
निछत्र *(हि.वि.)* छत्रहीन, बिना छत्र का।
सुवृक्ष्र *(सं.वि.)* जिसकी छाती सुन्दर हो।
एकछत्र *(सं.वि.)* अभिन्न शासन का, *(पुं.)* अनन्य शासन।
शुष्कपत्र *(सं.पुं.)* सूखा पत्ता।
वस्त्र *(सं.पुं.)* महीन कपड़ा।
फाड़पत्र *(सं.पुं.)* अतिरिक्त पत्र पुस्तक या समाचार पत्र का वह अंश जो छूटे हुए भाग की पूर्ति के लिए जोड़ दिया जाता है।
अभिनन्दनपत्र किसी महान व्यक्ति के आगमन पर सन्तोष तथा आनन्द प्रकट करने के लिए निमित्त अर्पण किया हुआ ताम्रपत्र।
विनयपत्र *(सं.पुं.)* प्रार्थनापत्र।
त्यागपत्र *(सं.पुं.)* दानपत्र, वह पत्र जिसमें किसी तरह के त्याग का उल्लेख हो।
ताड़पत्र *(सं.पुं.)* ताड़ का पत्ता।
प्रमाणपत्र *(सं.पुं.)* वह लिखा हुआ।
भुर्जपत्र *(सं.वि.)* भोजपत्र।
शासनपत्र *(सं.पुं.)* वह लिजला या ताम्रपत्र जिस पर किसी राजा की आज्ञा लिखी या खोदी हुई हो।
दानपत्र *(सं.पुं.)* वह लेख पत्र जिसके द्वारा कोई सम्पत्ति किसी को दान में दी जा सकती है।
ताम्रपत्र *(सं.पुं.)* ताँबे की चद्दर का टुकड़ा जिस पर प्राचीन समय में दानपत्र आदि खुदवाए जाते थे।
समाचारपत्र *(सं.पुं.)* समाचार का पत्र।
तालपत्र *(सं.पुं.)* ताड़ का पत्र।
बिल्वपत्र *(सं.पुं.)* बेल की पत्ती।
शैवपत्र *(सं.पु.)* बिल्वपत्र।
दोषपत्र *(सं.पुं.)* वह कागज जिसमें अपराधी के अपराधों का विवरण लिखा रहता है।
शुद्धिपत्र *(स.पुं.)* वह पत्र जिसमें छापे की अशुद्धियाँ बतलाई जाती हैं।
निषेधपत्र *(सं.पुं.)* वह पत्र जिसके द्वारा किसी प्रकार का निषेध किया गया हो।
बेलपत्री *(हि.पुं.)* बेल की पत्ती।
नियोगपत्र *(सं.पुं.)* वह पत्र जिसमें किसी की नियुक्ति के विषय में लिखा हो।
भोजपत्र *(हि.पुं.)* मझोले प्रकार का एक वृक्ष जिसकी छाल प्राचीन समय में पुस्तकादि लिखने के काम में आती थी।
शपथपत्र *(सं.पुं.)* प्रतिज्ञापत्र।
प्रतिष्ठापत्र *(सं.पुं.)* सम्मानपत्र।
व्यवस्थापत्र *(सं.पुं.)* वह पत्र जिसमें किसी शास्त्रीय व्यवस्था का विधान लिखा हो।
प्रार्थनापत्र *(सं.पुं.)* निवेदन पत्र।
सूचनापत्र *(सं.पुं.)* विज्ञापन, विज्ञप्ति।
प्रतिज्ञापत्र *(सं.पुं.)* वह पत्र जिस पर कोई प्रतिज्ञा लिखी हो।
निपत्र *(हि.वि.)* पत्रहीन।
सूचीपत्र *(सं.पुं.)* तालिका।
निरस्त्र (सं.) बिना अस्त्र का।
निर्वस्त्र *(सं.वि.)* वस्त्रहीन, नंगा।
दिव्यास्त्र *(सं.पुं.)* देवताओं को दिया हुआ अस्त्र, मन्त्रों की शक्ति से चलनेवाला अस्त्र।
शास्त्र *(सं.पुं.)* ऋषि-मुनियों द्वारा बनाया हुआ वह प्राचीन ग्रंथ जिसमें मनुष्यों के हित के लिए अनेक प्रकार के कर्तव्य बतलाए गए हों, किसी विशिष्ट विषय का क्रमबद्ध ज्ञान, विज्ञान।
मुक्तशास्त्र *(सं.पुं.)* प्रमाणशास्त्र।
अर्थशास्त्र *(सं.पुं.)* अर्थनीति विषयक शास्त्र।
शब्दशास्त्र *(सं.पुं.)* व्याकरण।
मनःशास्त्र *(सं.पुं.)* मनोविज्ञान।
धर्मशास्त्र *(सं.पुं.)* वह ग्रंथ जिसमें समाज के शासन के निमित्त नीति और सदाचार संबंधी नियम लिखे हो।
शस्त्रशास्त्र *(सं.पुं.)* धनुर्वेद, शस्त्रशिक्षा, *(सं.स्त्री.)* शस्त्र चलाने की विद्या।
शिल्पशास्त्र *(सं.पुं.)* वह शास्त्र जिसमें हाथ से पदार्थों के बनाने का वर्णन लिखा होता है, गृह निर्माण।

व्यवहारशास्त्र *(सं.पुं.)* धर्मशास्त्र।
मानसशास्त्र *(सं.पुं.)* मनोविज्ञान।
रसशास्त्र *(सं.पुं.)* रसायन शास्त्र।
मानवशास्त्र *(सं.पुं.)* मानव जाति की उत्पत्ति तथा विकास का शास्त्र।
शरीरशास्त्र *(सं.पुं.)* शरीरविज्ञान, वह शास्त्र जिसमें शरीर के सब अवयवों की रचना और इनके कार्य का विवेचन होता है।
सूपशास्त्र *(सं.पुं.)* पाकशास्त्र।
स्मृतिशास्त्र *(सं.पुं.)* धर्मशास्त्र।
विविशास्त्र *(सं.पुं.)* व्यवहारशास्त्र, स्मृतिशास्त्र।
हेतुविद्या, हेतुशास्त्र *(सं.स्त्री.)* तर्कशास्त्र।
छात्र *(सं.पुं.)* विद्यार्थी, शिष्य, चेला।
पात्र *(सं.वि.)* अनेक गुणों से सम्पन्न, *(पुं.)* आधार, भोजन, नाटक का अभिनेता अथवा नायक या नायिका।
मात्र *(सं.अव्य.)* केवल, निश्चय।
क्षात्र *(सं.पुं.)* क्षत्रियों का कर्म।
अगात्र *(सं.वि.)* बिना शरीर का।
नवछात्र *(सं.पुं.)* नवीन विद्यार्थी।
अपात्र *(सं.वि.)* असमर्थ, कुपात्र, मूर्ख।
मृदापात्र *(सं.पुं.)* मिट्टी का पात्र।
विश्वासपात्र *(सं.वि.)* विश्वास का पात्र।
यज्ञपात्र *(सं.पुं.)* काठ के बने हुए पात्र जो यज्ञ में काम आते हैं।
पूर्णपात्र *(सं.पुं.)* वस्तुपूर्ण पात्र, जलपूर्णपात्र।
प्रेमपात्र *(सं.पुं.)* वह जिससे प्रेम किया जाए।
कृपापात्र *(सं.पुं.)* दयाभाजन।
दयापात्र *(सं.वि.)* वह जिस पर दया करना उचित हो।
महापात्र *(सं.पुं.)* प्रधानमंत्री, वह ब्राह्मण जो मृतक कर्म का दान लेता है।
भिक्षापात्र *(सं.पुं.)* भीख माँगने का पात्र।
पीतिपात्र *(सं.पुं.)* जिसके साथ प्रीति की जाए।
मसिपात्र *(सं.पुं.)* देखो मसिदानी।
सुगात्र *(सं.वि.)* सुन्दर शरीर वाला।
दुपात्र *(सं.वि.)* अयोग्य, अनधिकारी।
सुपात्र *(सं.पुं.)* अच्छा पात्र, वह जो किसी कार्य के लिए उपयुक्त हो।
दानपात्र *(सं.पुं.)* काठ का बना हुआ पात्र।
यावन्मात्र *(सं.अव्य.)* थोड़ा-थोड़ा।
महामात्र *(सं.वि.)* प्रधान, श्रेष्ठ, *(पुं.)* प्रधान मन्त्री।
किंचितमात्र *(सं.वि.)* परिमित, थोड़ा सा।
अतिमात्र *(सं.वि.)* प्रमाण से अधिक।
इतिमात्र *(सं.वि.)* केवल, इतना ही।
पैमात्र *(सं.वि.)* विमाता से उत्पन्न, सौतेला।
पच्चरात्र *(सं.पुं.)* पाँच रात में होने वाला।
पश्चिमरात्र *(सं.पुं.)* रात्रि का शेष भाग।
नवरात्र *(सं.पुं.)* आश्विन शुक्ल प्रतिपदा से लेकर नवमी तक के नौ दिन, चैत्र शुक्ल प्रतिपदा से लेकर नवमी पर्यन्त नौ दिन।
मध्यमरात्र *(सं.पुं.)* निशीथ, आधी रात।
प्रतिरात्र *(सं.अव्य.)* प्रत्येक रात को।
द्विरात्र *(सं.पुं.)* दो रात में होनेवाला, *(पुं.)* दो रात।
पूर्वरात्र *(सं.पुं.)* रात्रि का पूर्व भाग।
प्रदेहपात्र *(सं.पुं.)* जिससे प्रेम किया जाए।
अहोरात्र *(सं.पुं.)* दिनरात, *(अव्य.)* सर्वदा, निरन्तर।

इत्र

चित्र *(सं.पुं.)* कागज, कपड़े आदि पर अनेक रंगों के मेल से बनी हुई आकृति।
खनित्र *(सं.पुं.)* खन्ता, गैता।
अभित्र *(सं.पुं.)* बैरी, शत्रु, *(वि.)* जिसका कोई शत्रु न हो।
पवित्र *(सं.वि.)* शुद्ध, निर्मल।
लवित्र *(सं.पुं.)* हँसिया, हँसुआ।
नहीत्र *(सं.पुं.)* नौका, नाव।
चरित्र *(सं.पुं.)* स्वभाव, करनी, करतूत।
शब्दचित्र *(सं.पुं.)* अनुप्रास।
विशुद्धचरित्र *(सं.पुं.)* शुद्ध आचरण का।
लोकचरित्र *(सं.पुं.)* मनुष्य के जीवन का इतिहास।
सच्चरित्र *(सं.वि.)* जिसका चाल-चलन अच्छा हो।
कुच्चरित्र *(सं.वि.)* बुरे चरित्र या आचरण का, *(पुं.)* बुरा आचरण।
वंशचरित्र *(सं.पुं.)* वंश का इतिहास।
अपवित्र *(सं.वि.)* अशुद्ध, दूषित, मलिन।
महापवित्र *(सं.वि.)* अति पवित्र।
सुपवित्र *(सं.पुं.)* अति पवित्र।
दुमित्र *(सं.पुं.)* अमित्र, शत्रु।
बह्विमित्र *(सं.पुं.)* वायु, हवा।
चारित्र *(सं.पुं.)* परम्परा का आचार व्यवहार, स्वभाव।
वादित्र *(सं.पुं.)* वाद्य, बाजा।
मृगयामित्र *(सं.पुं.)* चन्द्रमा।
विचित्र *(सं.वि.)* बिलक्षण, असाधारण, रमणीय, सुन्दर।
दौहित्र *(सं.पुं.)* लड़की का पुत्र, नाती।
भुचित्र *(सं.पुं.)* पृथ्वी का मानचित्र।
कुत्र *(सं.अव्य.)* कहाँ, किस अवस्था में।
पुत्र *(सं.पुं.)* तनय, तनुज, लड़का, बेटा।
अपुत्र, अपुत्रक *(सं.पुं.)* पुत्रहीन, बिना बेटे का, निःसन्तान।
प्रपुत्र *(सं.पुं.)* पौत्र, बेटे का बेटा।
सत्पुत्र *(सं.पुं.)* उत्तम सन्तान।
हस्तसूत्र *(सं.पुं.)* हाथ में बाँधने का मंगलसूत्र।
धर्मपुत्र *(सं.पुं.)* धर्म के अनुसार स्वीकृत किया हुआ पुत्र।

आर्यपुत्र *(सं.पुं.)* उपाध्याय का पुत्र, नाट्य भाषा में पति को पुकारने का शब्द।
पोष्यपुत्र पुत्र के समान पाला हुआ लड़का।
राजपुत्र *(सं.पुं.)* राजा का पुत्र, युवराज।
दुष्पुत्र *(सं.पुं.)* कुपुत्र, नीच लड़का।
गंगापुत्र *(हि.पुं.)* घाटों पर दान लेने वाला ब्राह्मण।
निपुत्र *(सं.वि.)* पुत्रहीन, पुत्ररहित।
पृथ्वी पुत्र *(सं.पुं.)* मंगल ग्रह।
कुपुत्र *(सं.पुं.)* माता-पिता की आज्ञा न मानने वाला बेटा।
मूत्र *(सं.पुं.)* मूत।
सूत्र *(सं.पुं.)* तन्तु, सूत, तागा, जनेऊ, व्यवस्था, नियम, कारण, मूल, पता, थोड़े अक्षरों या शब्दों में कहा हुआ, ऐसा पद या वचन जो बहुत अर्थ प्रकट करता हो।
शारीरिक सूत्र *(सं.पुं.)* वेदान्त सूत्र।
ब्रह्मसूत्र *(सं.पुं.)* यज्ञोपवीत, जनेऊ।
यज्ञसूत्र *(सं.पुं.)* यज्ञोपपीत, जनेऊ।
कालसूत्र *(सं.पुं.)* फाँसी की रस्सी।
तुलासूत्र *(सं.पुं.)* तराजू की रस्सी जिसमें पलड़े बँधे रहते हैं।
कटिसूत्र *(सं.पुं.)* करधनी।
श्रोणिसूत्र *(सं.पुं.)* तलवार लटकाने का परतला, कमर की करधनी।
छेत्र *(हि.पुं.)* देखो क्षेत्र।
नेत्र *(सं.पुं.)* चक्षु, नयन, आँख।
बेंत्र *(सं.पुं.)* बेंत।
क्षेत्र *(सं.पुं.)* खेत, शरीर, अन्तकरण, भूतल, भूमि, पत्नी, तीर्थ, रेखाओं से घिरा हुआ स्थान।
उपनेत्र *(सं.पुं.)* आँख में लगाने का चश्मा।
बामनेत्र *(सं.पुं.)* बाईं आँख।
रंगक्षेत्र *(सं.पुं.)* नाटकघर।
बहुभुजक्षेत्र *(सं.पुं.)* रेखागणित में वह क्षेत्र जो चारों ओर अनेक रेखाओं से घिरा हो।
घनक्षेत्र *(सं.पुं.)* वह क्षेत्र जिसकी लम्बाई, चौड़ाई तथा ऊँचाई बराबर हो।
धर्मक्षेत्र *(सं.पुं.)* कर्मभूमि, भारतवर्ष।
पुण्यक्षेत्र *(सं.पुं.)* पुण्यभूमि, आर्यावत।
देवक्षेत्र *(सं.पुं.)* पुण्यस्थान, स्वर्ग।
समाधिक्षेत्र *(सं.पुं.)* कब्रिस्तान।
चैत्र *(सं.पुं.)* चैत का महीना।

औत्र

गोत्र *(सं.पुं.)* नाग, जंगल, क्षेत्र, समूह, धन, बन्धु, वंश, सन्तति, कुल।
लोत्र *(सं.पुं.)* चोरी का माल।
असंगोत्र *(सं.वि.)* भिन्न गोत्र का, जो एक ही गोत्र का न हो।
स्तोत्र *(सं.पुं.)* कविता रूप से किसी देवता का वर्णन, स्तुति।
पौत्र *(सं.पुं.)* पुत्र का पुत्र, पोता।
प्रपौत्र *(सं.पुं.)* पोते का लड़का, परपोता।
अन्त्र *(सं.पुं.)* आँत, अँतड़ी।
तंत्र *(हि.पुं.)* ताँत, समत, कपड़ा, धन।
तन्त्र *(सं.पुं.)* सामग्री, राज्य, शासन, आनन्द, घर, सम्पत्ति, दल, समुदाय, उद्देश्य, दृढ़ विचार, उपाय।
मन्त्र *(सं.पुं.)* वेद की रहस्यपूर्ण बात, परामर्श, देवता के साधन के निमित्त वैदिक वाक्य जिनको पढ़कर यज्ञादि क्रिया की जाती है।
यन्त्र *(सं.पुं.)* किसी विशेष कार्य के लिए बनाया हुआ उपकरण।
पंचतन्त्र *(सं.पुं.)* विष्णु शर्मा विरचित एक संस्कृत ग्रन्थ का नाम।
स्वतन्त्र *(सं.वि.)* स्वेच्छाचारी, भिन्न, पृथक।
परतन्त्र *(सं.वि.)* पराधीन, परवश।
राज्यतन्त्र *(सं.पुं.)* राज्य की शासन प्रणाली।
राष्ट्रतन्त्र *(सं.पुं.)* राज्य का शासन करने की प्रणाली।
सर्वतन्त्र *(सं.वि.)* जिसको सब तन्त्र मालूम हो।
प्रजातन्त्र *(सं.पुं.)* वह शासन पद्धति जिसमें कोई राजा नहीं होता, परन्तु वह समूह समय-समय पर अपना शासक चुन लेता है।
सुतंत्र *(हि.वि.)* स्वतन्त्र।
बीजमन्त्र *(सं.पुं.)* मूल मन्त्र।
अस्वतन्त्र *(सं.पुं.)* पराधीन।
वकयन्त्र *(सं.पुं.)* अर्क उतारने का भभका।
षड्यन्त्र *(सं.पुं.)* किसी मनुष्य के विरुद्ध गुप्त रीति से कोई कार्य, कपटपूर्ण आयोजन।
जलयन्त्र *(सं.पुं.)* जलघड़ी।
दिग्दर्शक यन्त्र *(सं.पुं.)* शीशा लगी हुई डिबिया के आकार का यन्त्र जिससे दिशा का बोध होता है।
तेलयन्त्र *(सं.पुं.)* तेल पेरने का कोल्हू।
तापमान यन्त्र *(सं.पुं.)* गरमी की मात्रा नापने का यन्त्र, जिसको अंग्रेजी में थर्मामीटर कहते हैं।
पातालयन्त्र *(सं.पुं.)* एक प्रकार का यन्त्र जिसके द्वारा कड़ी औषधियाँ पिलाई जाती हैं।
गोलयन्त्र *(सं.पुं.)* ग्रह-नक्षत्र आदि की गति जानने का यन्त्र विशेष।
लौहयन्त्र *(सं.पुं.)* लोहे की कल।
बालूकायन्त्र वह यन्त्र जिसमें औषधि पकने के लिए बालू भरी हाँडी में रखी जाती है।
नलिकायन्त्र *(सं.पुं.)* नली के आकार का जलोदर का पानी निकालने का एक प्राचीन यन्त्र।
वालूकायन्त्र *(सं.वि.)* औषधि बनाने का एक यन्त्र।
छायायन्त्र *(सं.पुं.)* धूपघड़ी।
धरायन्त्र *(सं.पुं.)* फुहारा।

मुद्रायन्त्र *(सं.पुं.)* वह यन्त्र जिसके द्वारा कागज आदि पर लकड़ी या सोने के ढले हुए टाइप में छापा जाता है।
तुलायन्त्र *(सं.पुं.)* तराजू।
वारियन्त्र *(सं.पुं.)* दो घड़ों के मुख मिलाकर बनाया हुआ यन्त्र जो अर्क खींचने के काम आता है।
मेघयन्त्र *(सं.पुं.)* बीजगणित में एक प्रकार का चक्र, चरखा।
पत्रा *(हि.पुं.)* तिथिपत्र, जन्त्री पंचांग, पन्ना, पृष्ठ।
भस्त्रका, भस्त्रा *(सं.स्त्री.)* भाथी।
जात्रा *(हि.स्त्री.)* देखो यात्रा।
मात्रा *(सं.स्त्री.)* परिमाण, किसी वस्तु का नियमित अल्प भाग, अवयव, शक्ति, स्वरसूचक रेखा जो अक्षर में लगाई जाती है।
यात्रा *(सं.स्त्री.)* प्रस्थान, प्रयाण।
रथयात्रा *(सं.स्त्री.)* एक पर्व जो आषाढ़ शुक्ल द्वितीया को होता है।
वरयात्रा *(सं.स्त्री.)* बारात।
देहयात्रा *(सं.पुं.)* देह के रक्षण के उद्यम।
लोकयात्रा *(सं.स्त्री.)* संसार यात्रा, व्यापार।
सुचरित्रा *(सं.स्त्री.)* पतिपरायण स्त्री।
पवित्रा *(सं.स्त्री.)* श्रावण के शुक्लपक्ष की एकादशी, रेशम के दानों की बनी हुई माला।
विपुत्रा *(सं.स्त्री.)* वह स्त्री जिसके कोई पुत्र न हो।
त्रि *(सं.वि.)* तीन।
दुमन्त्रि *(सं.पुं.)* कुमन्त्री, दुष्ट मन्त्री।
रात्रि *(सं.पुं.)* रात्रि, रात, निशा, रजनी।
महारात्रि *(सं.स्त्री.)* महाप्रलय रात्रि।
कालरात्रि *(सं.स्त्री.)* प्रलयरात्रि।
शिवरात्रि *(सं.स्त्री.)* फाल्गुन कृष्ण चतुर्दशी।
शेषरात्रि *(सं.स्त्री.)* रात का पिछला पहर।
खत्री *(हि.पुं.)* भारत की एक जाति, ये लोग अपने को क्षत्रिय वर्ग बतलाते हैं।
पत्री *(सं.स्त्री.)* लिपि, पत्र, चिट्ठी।
स्त्री *(सं.स्त्री.)* नारी, पत्नी।
नात्री *(सं.स्त्री.)* पोती, नातिन।
नछत्री *(हि.वि.)* प्रभावशाली, भाग्यवान।
नक्षत्री *(हि.वि.)* जो शुभ नक्षत्रों में पैदा हुआ हो।
लग्नपत्री *(हि.स्त्री.)* विवाह के मुहूर्त का पत्र जो कन्या का पिता वर के पिता के पास भेजता है।
पुष्पपत्री *(सं.पुं.)* कुसुमशर, कामदेव।
दुःस्त्री *(सं.स्त्री.)* दुष्ट स्त्री।
वारविलासिनी, वारसुन्दरी, वारस्त्री *(सं.स्त्री.)* वेश्या, रंडी।
चिट्ठीपत्री *(हि.स्त्री.)* पत्र-व्यवहार।
षात्री *(सं.स्त्री.)* माता, स्त्री, बच्चों का पालन-पोषण करने वाली स्त्री, धाय।
पात्री *(हि.वि.)* जिसके पास सुयोग्य मनुष्य हो।
यात्री *(सं.वि.)* यात्रा करनेवाला।
रात्री *(सं.स्त्री.)* रात।
जगद्धात्री *(सं.पुं.)* दुर्गा, सरस्वती।
स्तनवात्री *(सं.स्त्री.)* छाती का दूध पिलानेवाली स्त्री।
शास्त्री *(सं.पुं.)* एक उपाधि जो इस नाम की परीक्षा में उत्तीर्ण होने पर विश्वविद्यालय से दी जाती है, शास्त्रज्ञ पण्डित।
धर्मशास्त्री *(सं.पुं.)* वह जो धर्मशास्त्र के अनुसार व्यवस्था देता हो।
विधात्री *(सं.स्त्री.)* विधान करनेवाली।
जनयित्री *(सं.स्त्री.)* जन्म देनेवाली।
धरयित्री *(सं.स्त्री.)* धारण करने वाली स्त्री।
धरित्री *(सं.स्त्री.)* पृथ्वी, भूमि।
पवित्री *(सं.स्त्री.)* कुश का बना हुआ छल्ला जो यज्ञादि के समय अनामिका में पहना जाता है।
सवित्री *(सं.स्त्री.)* प्रसव करनेवाली।
सावित्री *(सं.स्त्री.)* सोहागिन स्त्री।
पुत्री *(सं.पुं.)* पुत्रयुक्त, पुत्रवान, *(स्त्री.)* कन्या, बेटी।
राजपुत्री *(सं.स्त्री.)* राजकन्या।
नपुत्री *(हि.वि.)* देखो निपुत्री।
निपुत्री *(हि.वि.)* निःसन्तान, निपूता।
क्षेत्री *(सं.पुं.)* स्वामी, पति, कृषक।
मैत्री *(सं.स्त्री.)* मैत्री का भाव, मित्रता।
महामैत्री *(सं.स्त्री.)* गाढ़ी मित्रता।
श्रोत्री *(हि.पुं.)* श्रोत्रिय।
पौत्री *(सं.स्त्री.)* पुत्र की बेटी, पोती।
प्रपौत्री *(सं.स्त्री.)* पोते की कन्या, परपोती।
अत्री *(हि.वि.)* आँतवाला।
तंत्री *(हि.स्त्री.)* वीणा आदि तार के बाजे, नस, रस्सी, बाजा बजानेवाला।
मंत्री *(हि.पुं.)* मन्त्री, परामर्श देनेवाला।
मन्त्री *(सं.पुं.)* अमात्य, सचिव।
स्वतन्त्री *(सं.वि.)* स्वाधीन।
महामन्त्री *(सं.पुं.)* राजा का प्रधानमन्त्री।
सुमन्त्री *(सं.पुं.)* कुशल मन्त्री।
शत्रु *(सं.पुं.)* रिपु, बैरी, ओर, द्वेषी।
त्रै *(सं.पुं.)* तीन।

ज्ञ अंक्षक

अज्ञ *(सं.वि.)* ज्ञानशून्य, मूर्ख, *(पुं.)* मूर्ख मनुष्य।
तत्वज्ञ *(सं.वि.)* तत्व को जाननेवाला, ज्ञानी।
यज्ञ *(सं.पुं.)* वह वैदिक कार्य जिसमें सभी देवताओं का पूजन तथा हवन होता है।
प्रज्ञ *(सं.पुं.)* विद्वान, पण्डित।
कृतज्ञ *(सं.वि.)* किए हुए उपकार को माननेवाला।

सिद्धान्तज्ञ *(सं.पुं.)* तत्वज्ञ।
धर्मज्ञ *(सं.वि.)* धर्म को जानने वाला।
मर्मज्ञ *(सं.वि.)* किसी बात का गूढ़ रहस्य जाननेवाला।
मर्मभेदज्ञ *(सं.वि.)* हृदय को अधिक कष्ट पहुँचाने वाला।
आत्मज्ञ *(सं.पुं.)* ब्रह्मज्ञ, सिद्ध।
जययज्ञ *(सं.पुं.)* अश्वमेध यज्ञ।
मनुष्ययज्ञ *(सं.पुं.)* अतिथि, सत्कार।
अल्पज्ञ *(सं.वि.)* थोड़े ज्ञानवाला।
अन्तरज्ञ *(सं.वि.)* धर्मज्ञ विशेषज्ञ।
कालज्ञ *(सं.पुं.)* कुक्कुर, मुर्गा, *(वि.)* स्थितप्रज्ञ, *(सं.वि.)* आत्मसंतोषी।
सुप्रज्ञ *(सं.वि.)* बहुत बुद्धिमान।
त्रिकालज्ञ *(सं.पुं.)* सर्वज्ञ।
तत्वज्ञ *(सं.वि.)* तत्वज्ञानी, जिसको ईश्वर विषयक ज्ञान हो।
सर्वज्ञ *(सं.पुं.)* शिव, विष्णु, सब कुछ जाननेवाला, ईश्वर, देवता।
देशज्ञ *(सं.पुं.)* वह जो देश की वार्ता जानता हो।
विशेषज्ञ *(सं.पुं.)* किसी विषय का अच्छा जानकार।
दोषज्ञ *(सं.पुं.)* चिकित्सक, वैद्य।
रसज्ञ *(सं.वि.)* काव्य के रस को जानने वाला, निपुण, कुशल।
विसंज्ञ *(सं.वि.)* संज्ञाशून्य।
मन्त्रज्ञ मन्त्र जाननेवाला, भेद जाननेवाला।
शास्त्रज्ञ *(सं.पुं.)* शास्त्र को जाननेवाला।
प्राज्ञ *(वि.)* बुद्धिमान, चतुर,पण्डित।
याज्ञ *(सं.वि.)* यज्ञ संबंधी।
शिवज्ञ *(सं.पुं.)* बुद्धिमान, पण्डित, विद्वान।
अभिज्ञ *(सं.वि.)* निपुण, कुशल, बुद्धिमान।
अनभिज्ञ *(सं.वि.)* अपरिचित।
अविज्ञ *(सं.वि.)* निपुण।
दृढ़प्रतिज्ञ *(सं.वि.)* जो अपनी प्रतिज्ञा पर अटल रहे।
सत्यप्रतिज्ञ *(सं.वि.)* सत्यवादी, वचन का सच्चा।
सुप्रतिज्ञ *(सं.वि.)* जो अपनी प्रतिज्ञा पर दृढ़ रहे।
महाविज्ञ *(सं.वि.)* बड़ा ज्ञानवान।
विधिज्ञ *(सं.वि.)* शास्त्रोक्त विधान को जाननेवाला।
बहुज्ञ *(सं.वि.)* बहुदशा।
मनोज्ञ *(सं.वि.)* रूचिर, सुन्दर, मनोहर।
अमनोज्ञ *(सं.वि.)* चित्त को न प्रसन्न करनेवाला।
ज्ञा *(सं.स्त्री.)* जानकारी, कविता की आज्ञा।
प्रज्ञा *(सं.स्त्री.)* ज्ञान, बुद्धि।
अवज्ञा *(सं.स्त्री.)* अनादर, अपमान।
सविनय अवज्ञा राज्य की किसी आज्ञा को न मानना तथा शान्ति रखना।
संज्ञा *(सं.स्त्री.)* चेतना, ज्ञान, बुद्धि संकेत, व्याकरण में वह शब्द जिससे किसी वस्तु का बोध होता है।
आज्ञा *(सं.स्त्री.)* आदेश, अनुमति।
राजाज्ञा *(सं.स्त्री.)* राजा की आज्ञा।
प्रतिज्ञा *(सं.स्त्री.)* किसी काम के करने के लिए दृढ़ निश्चय।
सुप्रतिज्ञा *(सं.स्त्री.)* दृढ़ प्रतिज्ञा।
अनुज्ञा *(सं.स्त्री.)* आज्ञा, अनुमति।
राज्ञी *(सं.स्त्री.)* राजपत्नि, रानी।
(पटरानी) *(सं.स्त्री.)* पटरानी।
साम्राज्ञी महारानी।